A. Deuerling

Blätter für das Bayer. Gymnasialschulwesen

A. Deuerling

Blätter für das Bayer. Gymnasialschulwesen

ISBN/EAN: 9783742890696

Hergestellt in Europa, USA, Kanada, Australien, Japan

Cover: Foto ©Paul-Georg Meister /pixelio.de

Manufactured and distributed by brebook publishing software (www.brebook.com)

A. Deuerling

Blätter für das Bayer. Gymnasialschulwesen

Blätter

für das

Bayer. Gymnasialschulwesen

redigiert von

Dr. A. DEUERLING.

Achtzehnter Band.

München, 1882.
J. Lindauer'sche Buchhandlung.
(Schöpping.)

Inhalts-Verzeichnis.

a) Abhandlungen.

	Seite
Arier, von Zehetmayr	26
Auf welche Weise kann der Unterricht in der deutschen Sprache und Literatur an unseren Studienanstalten methodisch und systematisch betrieben werden? von Zettel . . . 1, 81, 181, 233 u.	329
Der Bearbeiter des Siegfriedsliedes mit dem Bearbeiter des Nibelungenliedes k identisch? von Stölzle . . . . 8 u.	114
Des Horatius 1. u. 9. Sat. des 1. B. in deutscher Übertragung, von Kellerbauer . . . . 347 u.	400
Die Einheit der Naturkräfte, von Gilles	283
Die Mathematik an den humanistischen Gymnasien, von Eckl	448
Die Mathematik an den humanistischen Gymnasien, von Schmitz	90
Die subordinierenden kausalen Konjunktionen bei Lucretius, von Reichenhart	98
Ein Citat des Aristoteles aus Homer, von Steinberger	332
Ein Substantiv im Accus. als Apposition zu einem Satze, v. Eufsner	97
Horat. Epod. 14. u. 15. (übers.), von Proschberger	238
Junggrammatisches, von Spälter	445
Textkritische Bemerkungen zu Ciceros rhetor. Schriften, v. Stangl	215
Über die Ordnung der ersten 12 Oden des Horaz, von Rosenberg	335
Über einen Spezialfall der Pellschen Gleichung, von Günther	19
Vos plaudite, von Zehetmayr	192
Zu Columella, von Helmreich	193
Zu Cornelius Nepos, von Reichenhart	395
Zu Demosthenes und Isaeus, von Gölkel	457
Zu Livius, von Mayerhöfer	239
Zu Posidonius Rhodius, von Sepp	397
Zu Scribonius Largus u. Marcellus Empiricus, von Helmreich 385 u.	460
Zu Xenoph. Hell., von Geist	93
Zum lateinischen Unterricht in der 3. Lat.-Kl., von Miller . . .	189
Zur lateinischen Tempuslehre, von Radlkofer	24

b) Literarische Anzeigen und Rezensionen.

Die nicht mit * bezeichneten Werke sind unter den „Literarischen Notizen" aufgeführt.
Mit † sind die für Schülerbibliotheken geeigneten Bücher bezeichnet.

*Ahn. Class-Book of English Poetry and Prose, von Steinberger	70
Allgemeine Rundschau auf dem Gebiete des Unterrichtswesens aller Länder	328

	Seite
*Arendts-Biedermann, Geogr. Leitfaden, von Schmitz	491
*Arnoldt, Der Chor in Äschylus' Agamemnon, von Metzger	197
*Asher, Über den Unterricht in den neueren Sprachen, von Wolpert	219
†Aurhacher, Gesammelte gröfsere Erzählungen	75
Back, Klopstocks Oden in Auswahl	228
*Basedow, das französ. Verb, von Wolpert	423
*Bergold, Arithmetik und Algebra, von Günther	227
Bernhardt, Abrifs der mhd. Grammatik	171
*Bertram, französ. Übungsbücher, von Wolpert	422
„ Zusammenhängende Stücke zum Übersetzen aus dem Deutschen ins Französ.	229
*Beyer, deutsche Poetik, von Zettel	488
*Blaydes, Aristophanis Ecclesiazusae, von Wecklein	32
*Blümner, Laokoonstudien, von Julius	431
*Boltz, Die hellenische oder neugriechische Sprache, von Krumbacher	127
*Brambach, Die Sophokleischen Gesänge, von Metzger	350
*Brandes, Ein griechisches Liederbuch, von Proschberger	294
*Brendicke, Genealogien sämtl. griechischer Götter und Heroen, von Fugger	353
Brentano—Hutzelmann, Deutsche Grammatik und Stilübungen	229
*Brock, Grundrifs der Geschichte, von Kraus	381
*Zu Bullingers „Aristoteles u. Prof. Zeller" (cfr. H. 17 S. 270)	112, 194, 292 u. 350
*Bürchner, Griechische Münzen	296
Buschmann, Leitfaden für den Unterr. i. d. deutschen Sprachlehre	384
„ Lessings Laokoon	75
† „ Sagen und Geschichten aus dem Altertum	328
*Bussler, Elemente der Arithm. u. Algebra, von Eilles	326
*Chavanne, Afrika im Lichte unserer Tage	325
Ciala, französ. Schulgrammatik mit Übungsstücken	75
*Daniel, Handwörterbuch der franz. Sprache, von Wallner	489
*Deffner, Zakonische Grammatik, von Krumbacher	405
Dombart, Lat. Übungsbuch f. Secunda	501
*Döring, Geschichte der alten Welt, von Liebl	424
„ Heimatkunde	502
*Dreser, Englische Synonymik, von Wallner	372
*Duncker, Geschichte des Altertums	322
*Düntzer, Goethes Dichtung u. Wahrheit, von Koch	149
Durmayr, Poetik	171
*Dziatzko, Des Terentius Adelphoe, von Dombart	354
*Ebener-Mayer, französisches Lesebuch, von Steinberger	372
Eiselen, Goethes Pädagogik	77
Engelien, Schulgrammatik der neuhochd. Sprache	75
*Englmann, Cornelius Nepos, von Eufsner	37
*Fabricius, Die Elegien des Tibullus, von J. Haas	204
*Féaux-Luke, Elementare Planimetrie, von Schmitz	382
*Frauer, Neuhochdeutsche Grammatik, von Baldi	413
Frey, Ciceros ausgewählte Briefe	75
*Fritsche Shakespeares Dramen (Hamlet)	154
*Fuhrmann, Einleitung in die neuere Geometrie, von Günther	434
*Gallenkamp, Synthetische Geometrie, von Eilles	325
Gebete (protest.) zum Gebrauch für Mittelschulen	227
*Gebhardi, die Äneide Vergils, von Deuerling	132
*Geistbeck, Historische Wandlungen in unserer Muttersprache	309

	Seite
Gemoll, Einleitung zu Homer	501
*Gerberding, Deutsche Gedichte, von Brunner	218
Gilbert, Griechische Staatsaltertümer	501
*Gitlbauer, Die Überreste griechischer Tachygraphie, von Ruefs	117
*Der christliche Glaube u. die menschliche Freiheit, von Stichter	373
Greif, Gedichte	382
*Greve, Lehrbuch der Mathematik, von Günther	133
Gurcke, Übungsbuch zur deutschen Grammatik	381
*Gurcke-Wätzold-Schönhof, Deutsche Schulgrammatik, von Brunner	308
*Halm, Ciceros ausgewählte Reden VI, von Hammer	35
*Hanssen, De arte metrica Commodiani, von Dombart	298
*Harnack, Differenzial- u. Integralrechnung, von Günther	165
*Haselmayer-Edel, Deutsches Sprach- und Übungsbuch, von Miller	120
Heine, Cic. Tusculan.	75
Hellwald, Naturgeschichte des Menschen	437
*Henrici-Treutlein, Lehrbuch der Elementar-Geometrie, von Günther	225
Herbst, Encyklopädie der neueren Geschichte	172
*Herding, Horace, trag. de Corneille, von Wallner	153
*Hefs, Abrifs der Psychologie, von Wirth	374
Heynacher, Behandlung der lat. Syntax auf Grund von Cäsars Sprachgebrauch	169
*Hintner, Griechische Schulgrammatik, von Burger	129
Hirsch, Mitteilungen aus d. histor. Literatur	171
*Hirts geogr. Bildertafeln	58 u. 502
*Holder, Jordanis de origine actibusque Getarum, von Eufsner	368
„ Taciti Germania, von Eufsner	411
Hölders geogr. Bibliothek	230
*Hüttemann, Poesie der Ödipussage I, von Steinberger	29
*Jänicke, Die Geschichte des Altertums mit Berücksichtigung der alten Geographie, von Kraus	490
*Jülg, Vita L. Aeli Seiani, von Eufsner	485
Kapff, Studienkalender	76
Kappes, Vergils Äneide	383
*Kirchhoff, Schulgeographie, von Wimmer	323
*Kirchmann, Kants Kritik der reinen Vernunft, von Patin	321
Klein & Thomé, Die Erde und ihr organisches Leben	172
*v. Klöden u. v. Köppen, Deutsches Land u. Volk, 3. u. 4. B.	72
*Klotz-Wecklein, Eurip. Phoenissae, von Metzger	471
Koch-Wilhelm, Deutsche Elementargrammatik	384
„ „ Figuren u. Tropen, Metrik und Poetik	171
*Kock, des Aristophanes' Frösche, von Wecklein	199
Koehler, Homer, Analekta für Schule u. Leben	228
*Köhler, Das Tierleben im Sprichwort der Griechen und Römer, von Burger	297
*Koldewey, Französische Synonymik, von Nifsl	370
Korell, Histoire de la Révolution Française par Mignet IV.	229
*Korn, Ovids Metamorphosen, von Cl. Hellmuth	213
*Krafft, Erklärungen deutscher Klassiker (Braut v. M.), von Koch	486
Kraner-Dittenberger, Cäsar de bello Gallico	168
*Kraufs Fr., Artemidoros' Symbolik der Träume, (Übersetzung) von L. Haas	402

Krefsner, Übungssätze zur Erlernung der französ. unregelmäfs. Verba	229
*Kurts, Geschichtstabellen, von Hasenstab	59
*Kvičala, Neue Beiträge zur Äneis, von Deuerling	360
*Lachelier, Leibnizens Monadologie, von Bullinger	431
Lahmeyer, Ciceronis Laelius	383
Lazarewicz, Flores Homerici	228
*Lehmann, Die tachygraphischen Abkürzungen der griech. Handschriften, von Ruefs	120
*Leixner, Geschichte der fremden Literaturen, von Orterer	158
Lessings Laokoon (mit Einl. v. Gödeke)	228
*Linnig, Bilder zur Geschichte der deutschen Sprache, v. Brenner	302
„ Der deutsche Aufsatz	436
*List, Das Buch des Horaz über die Dichtkunst, von Brunner	481
*Matthiefsen, Übungsbuch für Arithmetik und Algebra, von Günther	198
*Meier Hirsch, (Bertram) Sammlung von Beispielen etc. aus der Algebra, von Eilles	326
*Merkel, Der französische Wortton, von Wolpert	67
Methner, Metrik und Rythmik	501
*Meurer, Französische Synonymik, von Wallner	309
*Meyer-Martus, Geometrie	326
*Milinowski, Geometrie, von Eilles	163
Miller A., die Alexandergeschichte nach Strabo	501
* „ M., Übungsbuch d. deutschen Sprache, von Baldi	151
Naumann, Deutsche Aufsätze	436
*Newton-Imelmann, Die griechischen Inschriften, v. Bürchner	351
*Pädagogische Klassiker, von Wirth	495
Paul, mhd. Grammatik	435
Perthes, Latein. Lesebuch für Sexta	228
*Pfanuschmidt, Des Tacitus Geschichtswerk (Übersetzung)	38
Philologische Wochenschrift	74
*Pohlmann, Beiträge zur Umgestaltung des höheren Schulwesens von Deuerling	51
*Pöhlmann, Die Anfänge Roms, von Wimmer	55 u. 499
*Pökel, Philologisches Schriftsteller-Lexikon	69
*Preufs, De bimembris dissoluti apud scriptores Romanos usu sollemni, von Dombart	147
*Rasson, de Plauti substantivis, von Landgraf	203
*Rauchenstein-Fuhr, Lysias' ausgewählte Reden	115
*Rehdantz, Demosthenes' neun philippische Reden, von Sörgel	472
Reinhard, Caesar de bello Gallico	169
*Reinmuth, Übungsbuch für den Unterricht in der deutschen Orthoepie u. Orthographie, von Baldi	152
*Retzlaff, Griechische Exercitien	407
*Reuter, Literaturkunde, von Brunner	54
†Richter Alb., Bilder aus der deutschen Kulturgeschichte	76 u. 384
* „ Zeittafeln d. deutschen Geschichte (Mittelalter), von Gruber	161
*Richter-Eberhard, Ciceros Rede für Milo, von Landgraf	359
*Ritter, Die Quintilianischen Deklamationen	364
*Röllinger, Mechanik fester Körper, von Heel	71
*Roth, Anthologie lat. Gedächtnisübungen, von Burger	47
*Rudolph, Deutsche Stilübungen, von Brunner	416
*Rüefli, Geometrie, Stereometrie und Trigonometrie	498
Rundschau über das Unterrichtswesen	328
Saalfeld, Cäsars Verfahren gegen d. Gallier	169

	Seite
Sanders, Deutsche Silbenmessung u. Verskunst	171
*Schäfer, Lehrbuch u. Leitfaden für d. evangelischen Religionsunterricht	49
†Schalk, Nordisch-germanische Götter- u. Heldensagen	75
*Schaunsland, lat. Übungsbuch von Gürthofer	413
*Schelle, Astronomie u. mathem. Geographie, von Schmitz	383
Scherer, Geschichte der deutschen Literatur	75, 229
†Schillmann, Vorschule der Geschichte	328
Schlee, Vokabular zu Cäsar	170
*Schlessing, Deutscher Wortschatz, von Brunner	150
*Schmaderer, Anfangsgründe des Lateinischen, von Biedermann	48
*Schmalz, Sallusti de Catil. conjur. liber, von Köhler	409
*Schmitz, Encyklopädie des Studiums d. neueren Sprachen, v. Wallner	153
*Schneider, Typen-Atlas	58
*Schramm, Leitfaden der Logik und empirischen Psychologie, von Wirth	61
*Schröer, Faust von Goethe, von Koch	304
Schuhmann-Heinze, Lehrbuch der deutschen Geschichte	76
*Schwicker, die ungarischen Gymnasien, von Fleischmann	310
*Sepp, Die Wanderung der Cimbern und Teutonen	377
Seyffert, Fausts Leben, von Maler Müller	435
Siebelis-Lamovius, Cornel. Nepos	75
* „ -Polle, Ovids Metamorphosen, von Cl. Hellmuth	215
*Sinram, Aufgaben aus der Arithmetik u. Algebra	227
Sommerbrodt, Ciceronis Cato major	383
*Stegmann, Trigonometrie, von Günther	70
Strafsmann, Handlexikon der Tonkunst	172
*Strehlke, Goethe-Briefe, von Koch	53
*Streifinger, De syntaxi Tibulliana, von Haas	483
*Teichmüller, Literarische Fehden in 4. Jahrh. v. Chr., von Huber	116
Thiel, Schillers Handschuh (Schulbibliothek 5 H.)	77
Tomascheck, Minna von Barnhelm	228
Tschache, Deutsche Aufsätze	436
Tumlirz, Tropen und Figuren (nebst Metrik)	436
*Tücking, Cornelii Taciti annalium libri I et II, von Eufsner	484
*Velsen, Aristophanis ranae, von Wecklein	199
Venediger, Exercitien im Anschlufs an Caesar (b. G.)	169
*Viehoff-Kiy, Deutsches Lesebuch, von Baldi	307
Vollbrecht, Xenophons Anabasis	383
Wagner, Hilfsbuch für den Geschichtsunterricht	172
*Wallnöfer, Albrecht I. und der Ursprung der schweizerischen Eidgenossenschaft	491
*Weber, Grundzüge des Turnunterrichtes I. T.	168
Weber, Allgemeine Weltgeschichte	437
*Wecklein, Sophocles' Philoktetes, von Metzger	293
*Weil, Eschyle. Morceaux choisis von Metzger	34
*Werner, Metrik und Poetik, von Brunner	54
*Westerburg, Der Ursprung der Sage, dafs Seneca Christ gewesen sei, von Gruber	490
*Winderlich, Übersicht der Weltgeschichte in Tabellen, von Gruber	378
Wirth, Deutsche Poetik	436
*Wittstein, Des Plinius Naturgeschichte (Übersetzung), von K. Welzhofer	38
*Wittstock, L'Antiquité Littéraire, von Wallner	66

	Seite
* Wölfflin, Die allitterierenden Verbindungen der lat. Sprache, von Thielmann	43
* Worpitzky, Elemente der Mathematik, von Nachreiner	223
* Zeitschrift für Orthographie (Vietor), von Baldi	152
* Ziegler, Lehrbuch der Logik, von Patin	155
* Zinzow, Psyche und Eros, von Fugger	123
* Zippel, Methodik des lat. Unterrichtes in Sexta, von Biedermann	216

c) Verzeichnis der Programme der bayerischen Studienanstalten und Lateinschulen.

α) vom Jahre 1881 78
β) vom Jahre 1882 439

d) Bericht über die 36. Versammlung deutscher Philologen und Schulmänner in Karlsruhe, von Wolpert 503

e) Verzeichnis der unter den Personalnachrichten aufgeführten Personennamen.

Name	Seite	Name	Seite	Name	Seite
† Afsberger, Studl.	502	Gruber, Studl.	440	Roschatt, Studl.	440
† Babel, Studl.	440	Harster, Prof.	440	Rottmanner, Prof.	79
Baier, Studl.	440	Heid, Studl.	79	Rupp, Prof.	328
Baldi, Prof.	440	Hoferer, Studl.	79	† Sand, q. Prof.	384
Bartenstein, Studl.	502	Hoffmann J., Studl.	440	Sarreiter, Studl.	440
Brunhuber, Studl.	440	Holzapfel, Studl.	79	Schädler, Rel.-L.	502
Cammerer, Studl.	79	† Hörner, Studl.	502	Scheflein, Prof.	79
Döderlein, Studl.	231	Hübsch, Studl.	502	Schöberl, Prof.	79
Eberl, Studl.	440	Köhler, Studl.	440	Schramm, Prof.	79
† Eilles, q. Prof. u. Konrekt.	328	Limpert, Studl.	79	Schubert, Studl.	440
Einhauser, Prof.	440	Lorenz, Prof.	440	Sepp, Studl.	440
Euler, Rel.-L.	502	Lösch, Studl.	440	Sickenberger, Prof.	440
Eussner, Prof.	79	Müller H., Prof.	440	Stadler, Studl.	440
Faltermayer, Prof.	502	Müller K., Studl.	502	Ulmer, Studl.	231
Flasch, Univ.-Prof.	440	Nusser, Studl.	440	Wecklein, Rekt.	440
Fleischmann, Prof.	440	Oechsner Rel.-L.	384	Will, Studl.	79
Fries, Studl.	328	Osthelder, Prof.	440	Wimmer, Studl.	440
Fürtner, Studl.	440	Reger, Rekt.	440	Wurm, Studl.	440
Gehr, Prof.	440	Reichenberger, Studl.	440	Zwanziger, Studl.	440
		Römer, Prof.	440		

Auf welche Weise kann der Unterricht in der deutschen Sprache und Literatur an unseren Studienanstalten methodisch und systematisch betrieben werden?

I.

Selbst auf die Gefahr hin, manche Verdriefslichkeiten wach zu rufen, und ohne mich der Befürchtung zu verschliefsen, man möchte von dieser und jener Seite gegen nachstehende Anschauungen und Vorschläge mindestens ablehnend sich verhalten, finde ich es gleichwohl im Interesse des hochwichtigen Lehrgegenstandes nicht nur statthaft, sondern auch geraten, meinen ganz entschiedenen Standpunkt in obiger Frage den betreffenden Lehrgenossen bekannt zu geben und eine geschlossene Lehrmethode des Deutschunterrichtes dringendst zu empfehlen. — Vor unliebsamen Mifsdeutungen dürfte mich wohl schon der Umstand schützen, dafs ich bereits als Assistent den Unterricht im Deutschen in verschiedenen Klassen geleitet, als Studienlehrer aber mehrere Jahre hindurch an allen Klassen des Gesamtgymnasiums und der Lateinschule neben einander ausschliefslich denselben erteilt und zehn Jahre als eigentlicher Fachlehrer im genannten Lehrbereiche gewirkt habe, mithin einer reichen Fülle von Erfahrungen auf diesem Gebiete mich erfreuen kann.

Es ist an sämtlichen Studienanstalten thunlichst gleichheitliche, systematische Behandlung des genannten Lehrgegenstandes unbedingt notwendig.

Denn darüber wird man kaum einen Zweifel aussprechen hören, dafs der Unterricht im Deutschen an jeder Studienanstalt und innerhalb derselben in jeder Klasse mit einer nahezu souveränen Willkür, ich finde keinen milderen Ausdruck, behandelt wird, wie sie ein methodisches und systematisches Fortschreiten und Ineinandergreifen, somit also ein befriedigendes Resultat, fast unmöglich macht. So lange es noch Deutschlehrer an den Studienanstalten gibt, die, wenn auch von der besten Absicht geleitet, nur nach eigenen Heften lesen zu müssen glauben, ohne die Grenzen der ohnehin sehr dehnbaren Bestimmungen der Schulordnung einzuhalten, im besonderen so lange sie mit der nächstniederen und der nächsthöheren Klasse nicht in ständiger und warmer Fühlung bleiben, was allerdings unter Umständen schwierig ist, so lange wird kein stetiges und harmonisches Fortschreiten der Schüler zu tage treten, ungeachtet dafs viele Persönlichkeiten, was keinen Augenblick angezweifelt werden, soll, den genannten Unterricht an und für sich mit Verständnis und Geschick erteilen. Ein Hauptfehler im gegenwärtigen Deutschunterricht ist unstreitig der, dafs in der Regel von dem nachfolgenden Lehrer nicht dort angebunden wird, wo der Lehrer der nächstvorhergehenden Klasse aufgehört hat, oder aber dafs der Lehrer über die Grenzlinie seines Lehrpensums hinausgeht; so mufs es denn kommen, dafs entweder in den Bereich der nächstniederen Klasse zurück- oder in den der nächsthöheren vorgegriffen, also ein naturgemäfser Übergang vom Leichteren zum Schwierigeren vereitelt wird, sei dies nun in der Sphäre der grammatischen Festigung, sei es in der Wahl und Behandlung der stilistisch zu verarbeitenden Themata, sei es in der Lektüre oder in allem zusammen. Man wende nicht ein, die Pflege der Muttersprache erheische keine so ängstliche Rigorosität der Anordnung, wie die der alten Sprachen oder der modernen Fremdsprachen. Das ist eine grundfalsche Ansicht, die nicht ernstlich genug bekämpft werden kann. Gerade unsere Muttersprache, zur Zeit wieder in einem starken Flusse ihrer Entwicklung begriffen, hat neben der Bildsamkeit und dem Reichtum, neben dem hohen Grad elastischer Kraft, die den feinsten Regungen des Denkens und Fühlens gerecht werden kann, auch die solchen Vorzügen naturnotwendig entspringenden Mängel; namentlich gibt es noch so gar viel Verworrenes und Verschwommenes, Verschobenes und Schwankendes — man vergleiche unter vielen anderen einschlägigen Schriften das neueste Büchlein von G. W. Grube „Streiflichter auf die Wandlungen und Schwankungen im neuhochdeutschen Sprachgebrauch" — und es bedingt ebendeshalb der Unterricht in dieser Sprache eine einheitliche und — sit venia verbo — geradezu stramme Behandlung. Manche Lehrer, und das ist sehr erklärlich, haben, wenn auch das volle Zeug, so doch nicht die warme Lehrfreudigkeit für diesen Gegenstand; warum dies? Gerade von den lehreifrigsten Männern kann man die Äufserung hören, dafs namentlich die grofse Zerfahrenheit und Systemlosigkeit, welche im Betriebe dieses Lehrgegenstandes hersche, ihnen den Deutschunterricht höchst unerquicklich mache. Nun aber nimmt auch die Korrektur der Schul- und Hausaufgaben sehr viel Zeit und Kraft in Anspruch, da, wie jeder Schulmann weifs, mit dem blofsen Anzeichnen der Fehler nichts gefördert wird, sondern entsprechende Winke über Logik und Disposition gegeben, verbessernde Anmerkungen jeder Art beigefügt, anregende Fragen gestellt und instruktive Citate aus bewährten Schriftstellern gegeben werden sollen. Wenn also dieser Unterrichtszweig ohnehin schon, ich wage es hier auszusprechen, in der Behandlung wenigstens weitaus der schwierigste Gegenstand der Gymnasialdidaktik ist, so sollte man nicht diese Schwierigkeiten noch vermehren, indem man Anregungen zur systematischen Betreibung des Deutschunterrichtes leider nur zu oft mit einer gewissen dumpfen Resignation oder gar mit einer Art Widerwillen begegnet. Es mufs in den Deutschunterricht einmal strengere Planmäfsigkeit kommen, soll nicht die Verwirrung und Zersplitterung in unabsehbarem Mafse zunehmen, und alles, meine ich, sollte man mit wohlwollender Freude begrüfsen, was diesen Zweck zu fördern geeignet ist. Ich habe mir nun vorgenommen, in nachstehenden Zeilen einen exakten Lehrplan für jede der neun Klassen unserer Studienanstalten aufzustellen, der mit den Normen der neuesten Schulordnung von 1874 im völligen Einklange steht, ja auf diese sich gründet.

Lehrplan für die I. Lateinklasse.
(wöchentlich 6 Lehrstunden.)

In der 1. Wochenstunde läfst der Deutschlehrer geeignete Stücke aus dem eingeführten Lesebuch laut lesen, ohne eingehendere grammatische Exercitien damit zu verbinden; mit der Erklärung des Inhaltes befafst er sich nur, insoweit dies zum Verständnis des Gelesenen unumgänglich notwendig ist.

Man kann nämlich in den unteren Klassen der Lateinschule nicht oft genug laut lesen lassen. Der Schüler mufs sich selbst hören und immer wieder hören; ebenso wichtig ist es, dafs die Schüler sich gegenseitig hören, damit das Ohr geübt werde, richtig und schön Gelesenes vom falsch und unschön Gelesenen zu scheiden; die Schule sei ein Sprechsaal; deshalb darf es dem Lehrer nicht genügen, blofs gelegentlich und vorübergehend darauf zu achten, wie gelesen wird, sondern es mufs eine bestimmte und zwar nicht zu kurz bemessene Zeit darauf verwendet werden, wenn bei dem Gros der Schüler ein richtiges, geläufiges und schönes Lesen erzielt werden will. Soll aber dies, wie es zur Zeit mehrenteils zu geschehen pflegt, in den für die Lektüre bestimmten Stunden nur nebenher betrieben werden, so ist sehr zu befürchten, es möchte der Lehrer keine ausreichende Zeit hiefür erübrigen, wenn anders der Inhalt der Lesestücke genau dargelegt und erörtert, aufserdem die Normen der Grammatik an den Lesestücken praktisch zur Anschauung gebracht und schliefslich noch die Stilisierung beachtet wird. Es mag das empfohlene Vorgehen für Lehrer und Schüler vielleicht etwas Ermüdendes haben, aber alle anderen Mittel haben sich bislang nicht als ausreichend bewährt. Wird nämlich das laute Lesen nicht in der Schule fleifsig getrieben, zu Hause lesen die wenigsten jungen Leute für sich etwas laut ab; die meisten zeigen namentlich im Beisein der Eltern, Angehörigen, Obsorger eine der Jugend eigentümlich anhaftende Prüderie. Wenn nun freilich nicht in Abrede zu stellen ist, dafs es auch Knaben gibt, die in der Schule aus blöder Scheu oder, von dem irrigen Wahne befangen, Lehrer und Mitschüler müfsten ja doch das Gelesene, weil Deutsch, verstehen, unrichtig und unschön lesen, so bilden diese in den meisten Fällen die Minderzahl. Soviel aber steht fest, dafs eine Unzahl übler Gewohnheiten beim Sprechen und Lesen nur in den untersten Klassen am wirksamsten ausgemerzt werden kann: ich nenne hier das Lispeln, Näseln, Schnarren, Stottern, Überhudeln, Verschlucken der Endsilben, ein häufig vorkommender, aber viel zu selten gerügter Fehler, das leichtfertigfaule Verschmelzen der Konsonantenhäufungen schr, schw, schl, str etc.

das hastige Eilen, ein Hauptfehler gerade der gewandteren Leser, die gerne ihre Fertigkeit zeigen wollen, endlich das peinliche gleichtönige Absingen etc. etc. Dafs fortgesetzte Leseübungen indirekt auch für sprachliche Form Sinn und Auge schärfen und mittelbar wenigstens den Gedankenkreis erweitern können, brauche ich wohl kaum zu berühren. Die eine Hälfte der Lehrstunde wird füglich auf Lesen von Prosa, die andere auf Lesen von Musterstücken in gebundener Sprache verwendet; bei letzterem ist natürlich zumeist darauf zu achten, dafs das leidige Abkappen nach Rhythmus und Metrum einem schönen und natürlichen Lesen weiche. Leider nun gibt es nicht viele Menschen, — auch nicht alle Lehrer verstehen sich darauf — welche Verse richtig und schön zu lesen wissen; die einzig praktische Weisung hiefür ist die: Man lese Verse wie Prosa; das rhythmische und melodische Element sowie der Endreim können doch nicht verloren gehen.

Die 2. Wochenstunde wird der Einübung der Rechtschreiblehre gewidmet und zwar in der Weise, dafs man in der ersten Hälfte mit Zugrundelegung eines gedrängten Orthographïe-Leitfadens und unter Benützung eines ausreichenden Wörterverzeichnisses*) den Schülern die Grundzüge und Normen der Rechtschreiblehre beizubringen sucht, in der 2. Hälfte aber Wörter, Sätze und Zusammenhängendes zur Einübung diktiert.

Auch bei diesen Exercitien wird es förderlich sein, langsames Tempo zu nehmen und erst nach einigen Monaten über alle einschlägigen Paragraphen Orthographieübungen anzustellen. Man wird mir einwenden, auf diese Weise gewinne der Schüler nicht so leicht ein Gesamtbild der deutschen Rechtschreibweise, weil die einzelnen Partien allzu sehr auseinander gehalten würden. Darauf mufs ich erwidern, dafs dem Schüler das Bild des Wortes nach seiner orthographischen Gestaltung nur dann fest und sicher vor Augen bleibt, wenn er dieses unter einer bestimmten Rechtschreibsatzung und umgeben von andern Wörtern, dei denen die gleiche oder verwandte Schreibweise angewendet wird, zu Gesicht und Gehör bekömmt, während gegenteiligenfalls die überwältigende Masse der Wortbilder selbst bei sorgfältiger Behandlung der Orthographienormen von der Mehrzahl der Schüler erfahrungsgemäfs nicht bis zu dem Grade beherrscht wird, dafs sie sofort mit einiger Sicherheit ein zusammenhängendes Diktat niederschreiben können.

In der 3. Wochenstunde und zwar in der 1. Hälfte werden mit Zugrundelegung eines leichtfafslichen grammatischen

---

*) Zu diesem Behufe dürfte sich trotz mancher nicht unbegründeter Einwendungen Englmanns Grammatik der deutschen Sprache, welche im Anhang ein orthographisches Wörterverzeichnis enthält, am meisten empfehlen, da der Verfasser im ganzen die v. Raumer'schen Prinzipien, mithin jene glückliche Verbindung der phonetischen und historischen Schreibweise beachtet, die ohne Zweifel alle übrigen Reformprojekte verdrängen wird.

Leitfadens einfache Sätze, deren Inhalt dem Gedankenkreis der Schüler entspricht, diktiert und dann die Beugungsformen der Nomina (Substantiva, Adjektiva, Pronomina, Numeralia), desgleichen die der vorkommenden und sinn- oder stammverwandten Verba eingeübt.

Dem Einwande, man verliere mit dem Diktieren verhältnismäfsig zu viel Zeit, die man fruchtbringender benützen könne, mufs ich gleich an dieser Stelle kräftigst begegnen, um für die Folge weiterer Bemerkungen über den Wert des mit erstaunlicher Einseitigkeit verworfenen Diktierens überhoben zu sein. Ich halte es nämlich für sehr fördernd, die Schüler überhaupt recht viel schreiben zu lassen. Die Gründe dafür sind didaktische und pädagogische. Die alte Erfahrung nämlich, dafs alles Geschriebene von dem Gedächtnisvermögen leichter beherrscht wird, weil hiebei offenbar ein dreifacher Prozefs vor sich geht, der des Aufnehmens durch das Organ des Gehörs, der des Fixierens durch Vermittlung der Hand, der des Haltens mit dem Gesichtsinn und alles dieses unter der einheitlich reflektierenden Erkenntnis des sogenannten inneren Sinnes, ist bis zur Stunde noch nicht mit dem geringsten Erfolge bekämpft worden. Aber auch im pädagogischen Interesse liegt es, oft und viel zu diktieren, weil hiedurch die Aufmerksamkeit aller Schüler auf das Objekt des Unterrichtes unstreitig leichter erzielt wird, indem jeder einzelne gezwungen ist, wenigstens bis zu einem ausreichenden Grade seine Denkthätigkeit dem zuzuwenden, was er durch das Ohr receptiv aufgenommen und mit Hand und Auge zu sichtbarer Gestaltung umgeprägt hat. Es hat nun die oben genannte Art und Weise der Beugungsübungen selbstverständlich vieles voraus vor dem geistlosen Abtrommeln der Flexionen irgend eines Nomens, das dem Lehrer oder Schüler gerade in den Wurf kommt; denn der Lernende sieht sofort einen Kasus zur Anwendung und damit in sein Verhältnis zum Sinngange gebracht. Laas, Linnig, Röhrig, Jolly u. a. gehen zwar noch weiter und wollen überhaupt die Grammatik „nicht in systematischem Zusammenhange, sondern je nach dem praktischen Bedürfnisse zur Behandlung kommen" lassen. Aber auch hier gilt meines Erachtens das weise Wort „μηδὲν ἄγαν". Mit vollem Rechte hat im 11. Band dieser Blätter Ludwig Mayer betont, dafs man die heutzutage so sehr beliebte „Verbindung der deutschen und lateinischen Grammatik nur insoweit einhalten solle, als man in beiden möglichst gleichzeitig gleiche Abschnitte behandle, von einer auf die andere vergleichend hinweise, namentlich die Erlernung und schärfere Unterscheidung grammatikalischer Begriffe und Verhältnisse etc." bezwecken wolle. Was nun den Umfang des grammatischen Lehrpensums in der untersten Klasse betrifft, so ist er nicht mit Unrecht durch die einschlägige Bestimmung der Schulordnung auf Kenntnisnahme des einfachen Satzes beschränkt. Dabei ist man allerdings versucht zu fragen, ob denn der Lehrer vom zusammengesetzten Satze noch gar nichts sprechen dürfe, nachdem doch bei der

Lektüre und bei den schriftlichen Arbeiten solche Satzbildungen selbstverständlich vor das Auge träten, beziehungsweise zur Anwendung kämen. Darauf erwidere ich, getreu meinem Grundsatze: Der Lehrer hat diese Materie nicht eigens zu behandeln, will er nicht wieder in den Bereich der 2. Klasse vorgreifen; dabei wird er aber natürlich vorübergehend bei der Lektüre auf den Unterschied zwischen einfachem und zusammengesetztem Satz hindeuten und bei der Korrektur der schriftlichen Arbeiten falsche Strukturen zu berichtigen suchen.

Die 4. und 5. Wochenstunde ist ganz den hochwichtigen schriftlichen Übungen zu widmen: diese haben sich jedoch nur auf Nacherzählung und Nachbeschreibung, dann auf Selbstfertigung kleiner Erzählungen und Beschreibungen zu beschränken, wobei zum öfteren die Briefform, welche immer gleichsam eine handsame Lehne für den Eingang und Schlufs bietet, angewendet werden mag.

Bezüglich des Stoffes kann man den Kreis nicht eng genug ziehen. Ich habe mich nicht selten übergriffen und bin nun zu der Überzeugung gelangt, dafs man bei einem Knaben von 9—10 Jahren nicht tief genug herabsteigen kann. Nur was derselbe gänzlich in seinen Auffassungs- und Anschauungsbereich für die Sparte der Erzählung durch lebendige Kundnahme aus dem Munde vertrauenswürdiger Personen oder durch Selbsterlebnis, für die Sparte der Beschreibung durch Autopsie aufgenommen hat, kann und wird er vor allem mit einer gewissen Sicherheit und Lust zu Papier bringen. Nichts ist verkehrter als z. B. Schilderungen von Gegenständen, Naturerscheinungen etc. zu fordern, die der Schüler vielleicht nur dem Namen nach oder aus Büchern kennt, weil er sich keine klare Vorstellung machen, folglich auch nicht zur klaren Darstellung gelangen wird. „Aber die Einbildungskraft wird auf diese Weise verkümmert!" Darauf erwidere ich, dafs auf Belebung der Phantasie erst in späteren Jahren eingewirkt werden soll. Was nun eignet sich zur Nacherzählung und Nachbeschreibung? Die Lesestücke aus dem an der Anstalt eingeführten Lesebuche können nicht dazu verwendet werden, da sie bei der Lektüre ohnehin dem Schüler vor Augen kommen. Es bleibt also nichts übrig, als ein anderes gutes Lesebuch zu Hilfe zu nehmen, oder, was freilich das allerbeste wäre, selbstgefertigte Erzählungen und Beschreibungen zu benützen. In dem Bereiche der Erzählungen mag für diese Klasse der reiche Schatz der ganz mit Unrecht verpönten Anekdoten ausgebeutet werden, da diese durch ihre Kürze und Kurzweiligkeit den Knaben in eine behagliche und eifrige Stimmung versetzen, aufserdem mag man recht treffende kurze Episoden aus der Geschichte des deutschen und bayrischen Volkes, endlich Anmutendes aus dem täglichen Leben verwerten. Zu Nachbeschreibungen sollen auf dieser Stufe mehr die Lehr- als Schönbeschreibungen dienen. Das ganz Gleiche gilt selbstverständlich auch von dem Stoffe zu den selbstgefertigten Erzählungen und Beschreibungen. Dafs nun diese schriftlichen

Übungen, von denen thunlichst viele vom Lehrer sofort durchzunehmen und, wenn auch nur mündlich, zu korrigieren sind, wenigstens zwei volle Stunden beanspruchen, wird kein Lehrer des Deutschen auffallend finden. Denn was zu Hause in diesem Bereiche geschieht, entzieht sich mehr oder minder der Kontrole, indem da und dort auf den verschiedensten Wegen Beihilfe gesucht und gefunden wird. Auch hier mufs ich meine Behauptung von dem grofsen Vorteil des Vielschreibens wiederholen; eine schriftliche Arbeit, und wenn sie noch so ärmlich und linkisch ausfällt, regt Denken und Fühlen des Schülers ungleich lebendiger an, als wenn er dreifsig bis vierzig Blätter liest. Er ist in diesem Falle eben nicht der blofs receptive, sondern der produktive.

In der 6. Stunde endlich treibe man ausschliefslich Lektüre, wobei sich der ganze während der Woche behandelte Lehrstoff hundertfach zur Anschauung drängt. Vor allem suche man mit einem oder zwei Lesestücken prosaischer oder poetischer Gattung zu Ende zu kommen; denn ein Abreifsen schwächt das Interesse des Schülers ungemein; selbstverständlich soll auch bei der Lektüre der Lehrer nicht aus dem Bereich der für die einzelnen Klassen geeigneten Lehrstoffe hinaustreten. Zu diesem Zwecke nun ist vor allem ein Lesebuch erforderlich, das lediglich aus dem Bedürfnisse und praktischen Leben der Schule entstanden und gewachsen ist. Soll nämlich die Lektüre in gleicher Weise wie der Unterricht in der Grammatik und in den schriftlichen Übungen der jeweiligen Altersstufe sowie der davon bedingten Denk-, Anschauungs- und Vorstellungsweise sowie dem Gefühlsvermögen entsprechend betrieben werden, so mufs der Lesestoff für jede einzelne Klasse abgegrenzt werden, wobei nur ausnahmsweise und unter ganz besonderen Umständen der Lehrer je nach dem allgemeinen Stand und Bedürfnis seiner Schule etwas vor- oder auch zurückgreifen mag. Nachdem ein ganzes Lesestück deutlich und schön gelesen worden ist, wobei man sich jedoch der Korrekturen während des Lesens möglichst enthalten soll, weil dies ungleich störender wirkt, als das falsche Lesen des einen oder anderen Wortes von Seite des Schülers, fordert man von einem andern als dem Gerufenen die Inhaltsangabe; dies nämlich dürfte pädagogisch richtiger sein als vorerst das Gelesene zu erklären; denn wie in allem, so mufs auch hier die geistige Selbstthätigkeit der Jugend geweckt und in reger Spannung gehalten werden. Falsch Verstandenes wird korrigiert, nicht Verstandenes erklärt. Sobald sich aber die Schüler daran gewöhnen, in aller Gemächlichkeit die Erklärung des Lehrers abzuwarten und im günstigsten Falle mit einiger Aufmerksamkeit anzuhören (ich habe dabei selbstverständlich immer das Gros der Schüler im Auge), so verscherzt der Lehrer allmählich, ohne vielleicht sich dessen bewufst zu werden, das allergünstigste Moment für die geistige Gymnastik der ihm unterstellten Klasse. Ist nun das Inhaltliche als solches gewürdigt worden, so suche der Lehrer die Normen der Grammatik, soweit er solche während der Woche behandelt hat, an dem Gelesenen zur Anschauung zu bringen; er gehe aber wieder nicht — und hierin möchte ich geradezu eine peinliche Genauigkeit empfehlen — über das im Verlauf der Woche Erlernte und Behandelte hinaus; denn sobald dies geschieht, festigt sich nicht Partie für Partie, sondern es verschwimmt alles ineinander. Der übrige Teil der Stunde wird dem mündlichen Vortrage memorierter kleiner Dichtungen erzählender Natur gewidmet werden, wobei nicht genugsam vor hohlem Pathos und widerlicher Affektation zu warnen ist, in welche schon Knaben dieses Alters zuweilen verfallen; ebenso ist das Gegenteil, monotones, abhackendes Leiern, mit aller Strenge zu verhüten. Man sehe aus jedem Worte, dafs der Schüler das Stoffliche des Gedichtes erfafst und die poetische Schönheit unwillkürlich empfunden habe. Auch bei solchen Vorträgen korrigiere man nur im nötigsten Falle hinein, da der Vortragende mafsleidig wird, wenn er seine Arbeit so zerstückt und zerfetzt sieht. Erst wenn der Schüler zu Ende ist, mache man ihn auf alle Fehler seines Vortrages aufmerksam und trage das Ganze oder wenigstens die schwierigeren Partien selbst vor. —

Aus Vorstehendem mag erhellen, dafs man auch schon in der untersten Klasse der Lateinschule, ohne einem veralteten System zu folgen, wonach ein gewandtfertiges Auskramen aufgezwungenen Gedächtniswerkes das Hauptziel des Deutschunterrichtes war, gleichwohl eine festgeschlossene Methodik beobachten kann.

Regensburg. Dr. K. Zettel.

Der Bearbeiter des Siegfriedsliedes mit dem Bearbeiter des Nibelungenliedes k identisch?

Einer Anregung meines hochverehrten Lehrers H. Universitätsprofessors Dr. Lexer folgend, habe ich mich seit längerer Zeit in meinen Mufsestunden mit der von Feifalik aufgefundenen Nibelungenhandschrift k beschäftigt, die sich im Piaristenkollegium in Wien befindet. Dieselbe hat eine kurze Besprechung in früherer Zeit durch Goedecke in dessen Grundrifs p. 102 und durch Zarnke in seiner Ausgabe des Nibelungenliedes erfahren. Ausführlichere Mitteilungen aber über die Handschrift verdanken wir Holtzmann in Pfeiffer's Germania IV. p. 315—337. Und darauf blieb man seit 1859 angewiesen, bis 1879 die Handschrift im Auftrage des litterarischen Vereins in Stuttgart von A. v. Keller dem Drucke übergeben wurde. Da diese Handschrift der Ausgangspunkt für Erörterung einiger wichtigen Fragen geworden ist, die indes bis heute noch nicht zur Klärung gekommen sind, so habe ich sowohl deshalb, als auch, um den Zweifeln, welche in die Holtzmann'schen Angaben gesetzt werden, ein Ende zu machen, die Handschrift einer erneuten Prüfung unterzogen. Es ist nämlich Muth, welcher in seiner trefflichen Einleitung ins Nibelungenlied (Paderborn 1877), p. 114 meint, es bleibe noch zu untersuchen, ob die Handschrift in der That stellenweise dem gemeinen Texte folge; für denselben steht es noch nicht fest, ob die Hs. nicht noch andere bemerkenswerte Zusätze oder Abweichungen enthalte (p. 113), er nennt es eine ganze vage Behauptung, dafs die Hs. eine ältere Hs. als C voraussetze (p. 114), ja er thut, als wäre die Hs. noch so gut wie unbekannt (p. 113). Eine sorgfältige Untersuchung nun hat mir ergeben, dafs k in der That von Str. 1—458 (so auch Holtzmann) und von 865—921 (Holtzmann fälschlich von 854—923) dem gemeinen Text, von 459—865 und von 921 bis zum Schlufs (2442) dem Texte folge, wie er in C vorliegt. Und zwar sind es nur Aventiure 4, 18 u. 22, in welchen das Abhängigkeitsverhältnis der Hs. k durch Vergleichung der Lesarten bestimmt werden mufste, in den übrigen 35 Aventiuren ist es neben den Lesarten, die ja bei derartigen Fragen immer von untergeordneter Bedeutung sind, der Strophenbestand, aus welchem die Abhängigkeit der Hs. k von B resp. C erhellt. Dafs k an B eine Vorlage hatte, dafür liefert den Beweis 1) dafs k u. B Strophen gemeinsam haben, welche in C fehlen u. 2) dafs in k u. B Strophen gemeinsam fehlen, welche C hat. Für C als Vorlage aber spricht 1) dafs k u. C Strophen gemeinschaftlich haben, welche in B fehlen, 2) dafs in k u. C Strophen gemeinschaftlich fehlen, welche B hat, 3) dafs in k u. C sich immer gleich viele Strophen entsprechen, während des öfteren e i n e r Strophe aus C u. k z w e i Strophen in B gegenüberstehen. Waren in diesem Punkte die Zweifel Muths grundlos, so sind sie mehr berechtigt, was die „bemerkenswerten Zusätze und Abweichungen" betrifft. Denn habe ich auch nur eine einzige Plusstrophe (1746) mehr gefunden, die mir allerdings für die Beurteilung der übrigen von gröfster Bedeutung geworden ist, so habe ich dagegen bei der Untersuchung über die ganze Art der Bearbeitung nicht wenige, ganz auffallende Abweichungen entdeckt. Zugleich bin ich eben dadurch, dafs ich genaue Einsicht in die Art, wie k arbeitete, gewonnen habe, zu dem Schlufs gedrängt worden, die Plusstrophen in k seien nichts anderes als ein mehr oder weniger geschicktes Machwerk des Umarbeiters, und es sei somit in der That eine unbegründete Behauptung, dafs k eine ältere Handschrift als C voraussetze. Doch ich will ja nicht über die Vorlage der Hs. k noch auch über die Plusstrophen und die Art der Bearbeitung — diese beiden Untersuchungen dürfen nicht von einander getrennt werden — etwas sagen, sondern es soll nur, was Zarnke in seiner Ausgabe des Nibelungenliedes über die Identität des Umarbeiters vom Siegfriedsliede mit dem Umarbeiter des Nibelungenliedes schreibt, im Folgenden einer eingehenden Würdigung unterstellt werden.

Die Hs. k trägt nur zwei Überschriften: die erste vor der ersten Aventiure: Das Ist Die Erst Hoch . . . . Mit Seifrit Aus Niderlant Und Mit Krenhilden, und die zweite vor der 20. Aventiure: Das Ist Die Ander

Hochzeit Kunig Etzels Mit Krenhilden Aus Purgunderlant. Die Schlufs-
strophe aber des Siegfriedsliedes lautet also (cf. v. d. Hagens u. Primissers
Heldenbuch Bd. II):

 Die drey brüder Krimhilde Wer weyter hören wöll
 So wil ich im hie weysen - Wo er das finden söl
 Der lefs Seyfrides hochzeit So wirt er des bericht
 Wie es die acht jar gienge Hie hat ein end das dicht.

 Wem sollte bei diesem offenbaren Anklang an die erste Überschrift in
k nicht sofort einleuchten, was Zarnke behauptet: „Es ist also, sagt der
verdiente Gelehrte, der erste Teil dieser Überarbeitung das Lied, auf welches
das Siegfriedslied am Schlufs hinweist (der lefs Seyfrides hochzeit)."
Dann fährt er weiter: „Man darf wohl, ohne zu kühn zu sein, die Umarbeiter beider Lieder (denn auch das Siegfriedslied in der vorliegenden
Gestalt ist offenbar eine Überarbeitung ähnlich der in k) für identisch
halten. Die Strophenform ist in beiden Gedichten der Hildebrandston,
d. i. die Nibelungenstrophe mit Verkürzung des letzten Halbverses um eine
Hebung, so dafs nun alle 4 Verszeilen gleiche Länge haben."

 Zu dieser letzten Behauptung merkt Muth a. a. O. p. 115 an: „Darauf-
hin auf die Identität des Verfassers (richtiger: Umarbeiters!) beider Gedichte zu schliefsen, ist schlechtweg unkritisch."

 Und in der That ist es befremdlich und, denke ich, ziemlich kühn,
auf eine blofse Verweisung hin, die, wie sich zeigen wird, sehr problematischer Natur ist, und nur auf die Gleichheit des Strophenbaues gestützt, einen
solch' apodiktischen Ausspruch zu wagen. Es sind das zwar Momente,
welche bei derartigen Fragen der sogenannten höheren Kritik in betracht
kommen, aber sie sind doch für eine Behauptung wie die Zarnke'sche
mehr unterstützend als stützend. Doch worauf müfste man denn fufsen,
wenn man die Aufgabe hätte, Zarnke zu verteidigen? Könnte man es
anführen, dafs in auffälliger Übereinstimmung beide Bearbeitungen, ohne
von ze Santen etwas zu erwähnen, Siegfried's Heimat nur allgemein als
im „Niderlant" bezeichnen? Dürfte man es geltend machen, dafs beide
Bearbeitungen Siegfried auf dem „Ottenwald" umkommen lassen (k 1000,
Siegfriedslied Str. 177), dafs Siegfried in k wie im Siegfriedslied Friede und
Recht schafft und gefürchtet ist (k 43; 710; Siegfrld. 173) und was man
sonst noch auffinden mag? Mit nichten. Denn eben so wenig kann all das
für die Identität des Umarbeiters beweisend sein, als die Verschiedenheiten
gegen die Identität sprechen, dafs z. B. im Siegfriedsliede Kriemhilde nur
8 Jahre vermählt ist (Str. 12, 161, 179), in k 710 dagegen bis ins 12. Jahr,
oder dafs k 683: di hochzeit wert in freuden bis an den zwelften tag
im Siegfriedslied 172: weret di hochzeyte Mer dan viertzehen tag. Denn
gegenüber solchen Einwendungen ist es leicht, die Verschiedenheiten auf
die betreffende Vorlage zurückzuführen, welcher der Umarbeiter, selbst

wenn er eine und dieselbe Person ist, mit Genauigkeit gefolgt sein kann und die Übereinstimmung auf dieselbe Rechnung zu setzen, so dafs in keinem Falle etwas für den Umarbeiter folgt. Es müssen also andere Gründe gesucht werden, Gründe, welche aus der gleichen oder verschiedenen Art der Umarbeitung einen Schlufs auf den Umarbeiter selbst gestatten. Solche Gründe aber nehmen wir aus der Sprache, dem Reime und der Behandlung des Verses. Denn hier können wir den Umarbeiter in seinem eigenen Schaffen belauschen. Ehe wir aber in diese Untersuchung eintreten, müssen wir uns, die Identität des Umarbeiters der beiden Gedichte vorerst zugegeben, bezüglich der Zeit der Umarbeitung für einen der beiden hier möglichen Fälle entscheiden. Entweder hat der Umarbeiter sich zuerst an das Nibelungenlied gemacht und dann an das Siegfriedslied oder umgekehrt. Die letztere Möglichkeit ist aber sofort ausgeschlossen, sobald wir die Verweisung im Siegfriedslied auf Siegfrieds Hochzeit lesen, — die Richtigkeit der Verweisung einstweilen angenommen — denn man bezieht sich doch sonst auf längst Bekanntes. Also ist das Nibelungenlied zuerst und dann erst das Siegfriedslied umgearbeitet worden. Zu welchen Folgerungen aber bei Festhaltung des Zarncke'schen Standpunktes die nähere Betrachtung der Sprache, des Reimes und Versbaues führen wird, werde ich gleich zeigen.

Freilich wird man, wenn aus der Sprache die Identität des Überarbeiters hergeleitet werden sollte, die Beobachtung, dafs in k eine entschiedene Vorliebe für das Epitheton „werde" und für Zusammenstellung synonymer Ausdrücke herrscht, auch für das Siegfriedslied verwerten können, indem z. B. das Beiwort „werde" in 179 Strophen 12mal vorkommt. Aber müfste man dann nicht auch den Umarbeiter des Rosengartens, des Meerwunders, des Herzog Ernst mit dem Überarbeiter des Siegfriedsliedes und schliefslich mit dem von k identifizieren, Dichtungen, welche dieselben Erscheinungen zeigen? Diese Punkte könnten also für einen Identitätsbeweis nicht ins Gewicht fallen. Dagegen mag es bemerkt werden, dafs im Siegfriedslied sich 15mal eine Wendung findet, die in k nur einmal vorkommt (1340: mein fater gerne tut — Mich euch zu dinste senden), nämlich die Umschreibung der Tempus- und Modusformen des Verbums mit Hilfe von thun: thu gewinnen (76); thu dich heyme keren (164); er that beston (7^2); vgl. ferner 7^3. 9. 10. 17. 67. 90. 123. 126. 128. 134. 159. 165.

Will man nun auch aus dieser Beobachtung keinen Schlufs weder pro noch contra ziehen, da ja in Behandlung der Sprache ein grofser Spielraum möglich sei, so kann man doch einem zwingenden Schlufs gegen die behauptete Identität nicht mehr ausweichen, wenn man Reim und Vers, wo eine strenge Gesetzmäfsigkeit herrscht, geprüft hat. In diesen beiden Dingen nämlich läfst sich wohl erwarten, dafs der Umarbeiter, wenn er für beide Dichtungen derselbe ist, sich gleich geblieben oder im späteren Werke, d. i. im Siegfriedsliede, in Reim und Versbau sich vervollkommnet habe, wie es ja die tägliche Erfahrung lehrt, dafs die späteren Werke von Dichtern, wenn auch nicht immer an Gehalt, so doch an Form gewonnen haben. Indes zur Sache selbst! Wenn man von den allerdings ungemein zahlreichen Reimen, in welchen kurze und lange Vokale gebunden werden, absieht, wofür jene Zeit kein Gehör mehr hatte[1]), so sind es nur zwei Punkte in k, welche unsere Aufmerksamkeit erheischen: Die Bindung von a und o und m und n. Es reimen nämlich: dann (1512), getan (1690), lan (2280) und man (148. 681. 924. 1055. 1362. 1446) auf schon; da, ja auf: fro[2]) (unfro), anderswo, so (271. 319. 342. 429. 480. 649. 882. 1112. 1311. 1457. 1570. 1701. 1707. 1715. 2217); an und von (2027), hat und not[3]) (1676).

Bei 26 solchen Reimen, die sich auf nur 8 Worte (dann, getan, lan, man, da, ja an, hat) beschränken, ist es etwas sonderbar, wenn Holtzmann a. a. O. p. 320, der nur 924. 681. 1053 (statt 1055!) 1512. 1362. 1676. 1690. 1715. 2027 anführt, schreibt: Besonders bemerklich sind die a und o. Wenn demselben Gelehrten die Verbindung von m und n entging, so ist das verzeihlich, da ja nicht mehr als 3 Fälle sich finden lassen: kunigein—hein (st. heim 595) man—nam (2135) u. kam—drän (2182). Denn dann—lobesam (176), han—lobesam (300), lobesam - getan (421) kann man deshalb nicht anführen, weil diesen Beispielen so und so viele andere entgegenstehen, in welchen lobesan gebraucht wird, so 150 und 767 reimend auf man, 324 und 740 auf wolgetan, 466 auf undertan, ein Beweis, dafs der Umarbeiter die ja auch gebräuchliche Form lobesan nach Bedarf im Reime verwendete. Bei der Flüchtigkeit aber, mit der nach des Herausgebers Versicherung die Handschrift geschrieben ist, braucht man keinen Augenblick vor der Besserung der erwähnten Stellen 176, 300 und 412 zurückzuschrecken. Erwähnen wir noch, dafs sich in k nur vier sogen. rührende Reime finden (21. 1191. 1659. 2313), dafs k öfter tan st. thun (z. B. 542) und zweimal quel st. qual (1052 u. 1291) gebraucht, beides des Reimes wegen, dafs nur ein einzigesmal der Reim vernachlässigt erscheint (2072: unverzeit—gut offenbar statt leit, wie der Gedanke fordert), so ist so ziemlich alles hieher Gehörige gesagt. Nur noch ein Wort über den Reim auf der Cäsur! Holtzmann hat hierüber keine Bemerkung; hingegen ist es Goedecke, welcher in seinem Grundrifs p. 102 sich darüber folgendermafsen äufsert:

---

[1]) Unter diesem Gesichtspunkte müssen wir die von Holtzmann a. a. O. p. 320 so sehr getadelten Reime betrachten; diese Reime sind, wie Holtzmann selbst p. 321 zugibt, in Übereinstimmung mit der Sprache jener Zeit. Niemand tadelt den Horaz, dafs er kein Verständnis für die „innumeri numeri" des Plautus hatte. Und einem — ich darf nicht sagen Dichter aus der Verfallzeit, sondern — Umarbeiter, sollte es zum Vorwurf gereichen, wenn er nicht spricht und reimt, wie ein Dichter der Blütezeit! Darnach ist auch Goedeckes Behauptung p. 102: „der Reim ist unerhört frei" zu beurteilen.

[2]) Aber doch 160: do—fro, wenn nicht „da" zu lesen ist.

[3]) got—spat (2299) offenbare Schreibfehler für spot.

„Der innere Reim ist nur da, wo er aus nachlässiger Wiederholung der Wörter aus der vorhergehenden Zeile entstand". Doch mufs dieser Satz in der Weise beschränkt werden, dafs sich 6 Fälle auffinden lassen, in welchen der Reim nicht mit denselben Worten gebildet ist: 464 1—2: geschehn—sehen; 1191 3—4: geleiche—reiche; 1606 3—4: kunde—gesunde; 1621 1—2: mere—sere; 2250 3—4: were—sere; 2296 3—4: pflagen—erschlagen. In allen übrigen Fällen — es sind ihrer 19, mit deren Aufzählung ich die geehrten Leser verschonen will — trifft Goedeckes Behauptung zu. Dafs sich aber ja niemand einfallen lasse, aus diesen Cäsurreimen, die man suchen mufs, irgend einen Schlufs zu ziehen! Was sagt doch Zarnke so treffend über diesen Punkt? „Man ist, schreibt derselbe in seiner Ausgabe, bei der Beurteilung dieser Reime bisher stets von der irrigen Voraussetzung ausgegangen, sie seien beabsichtigt. Das ist nicht der Fall; sie haben sich vielmehr ungewollt und unbeachtet von selbst eingefunden, und das Ohr des Dichters hat sie überhört, wie sicher auch die Mehrzahl der Hörer stets gethan hat und noch jetzt meist thut. Hier beabsichtigte Reime zu finden, ist ebenso unbegründet, wie wenn man den Versuch gemacht hat, in Gedichten der Römer und Griechen aus zufälligen, kaum beim besten Willen zu vermeidenden Gleichklängen das Vorhandensein der Kunst des Reimes behaupten zu wollen. Auch auf den Cäsuren der Nibelungen durften, ja mufsten sich zuweilen unwillkürlich in der Nähe bei einander gleich auslautende Worte einfinden; wie wenig damit aber Reime beabsichtigt wurden, zeigt sich schon dadurch, dafs fast ebensoviele Beispiele wie vom Zusammenreimen der ersten zwei und der letzten zwei Cäsuren sich finden, auch der ersten und dritten oder der zweiten und vierten oder endlich der ersten und vierten sich aufweisen lassen; das zeigt sich ferner auch dadurch, dafs ein nicht geringer Teil dieser Reime in Wiederkehr desselben Wortes besteht, eine Art zu reimen, vor der sich alle guten Dichter gehütet haben und auch der Dichter des Nibelungenliedes, da wo er wirklich reimen will."

Wie steht es nun bezüglich des Reimes mit dem Siegfriedsliede? Hier ist die Verdumpfung des a-Lautes zu o schon viel weiter vorgedrungen. Es reimen nämlich: underthan, than (=der Tann) auf darvon (2.42), abthon und beston (7 statt abthun—bestan), hoch—nach (36), man, gethan, hindan, gewan, thon (st. thun) auf schon (48. 86. 99. 114. 115). gan, zergon, lon (st. lan), auf fron (st. from 98. 115. 158), drat auf tot u. brot (163. 169), furwar auf thor (72). 15 Fälle mit 13 Worten (underthan, than, beston nach, man, gethan, hindan, gewan, gan, zergon, lon, drat, furwar), bei 179 Strophen gegenüber 26 Fällen in k mit 8 Worten bei 2442 Strophen — welches Verhältnis! — k reimt nur dreimal m und n. Und das Siegfriedslied? Siebenmal: im—verbrinn (9), haym—stayn (24. 31), began und Kuperan mit nam (41. 80), plan und man mit wunnesam (83. 91); hieher kann man auch fron—zergon (98) und lon—fron (115) rechnen, da fron statt from steht. Nirgends in k reimt g und ch wie im Siegfriedslied: tag—gesach (23), macht—unverzagt (96). Die in Dialekten heute noch da und dort gebräuchliche Abwerfung der Infinitivendung: en läfst sich für k nur zweimal und nur innerhalb des Verses nachweisen 601: ir wolt mir geb euwr schwester und 936: daz in da antwurt gunden gebirg u. auch der tan. Das Siegfriedslied wirft dieses en auch ab, aber am Ende des Verses rein um des Reimes willen. Man lese nur: 9: im—verbrinn (st. verbrinnen); 10: fliefs (st. fliefsen) — stiefs; 151: erbarm (st. erbarmen) — arm; 165: besitz (st. besitzen) — witz. Was kann man schliefslich zu folgenden Verbindungen sagen, die einen Reim bilden sollen? Wo finden wir so etwas in k wie im Siegfriedsliede: 5: erdt—leer; 17: trach—magdt; 19: was—gebrast; 33: jungeling—kind; 54: erden—gern; 95: maget—erschlagen; 109: reyn—bey; 124: art—war; 125: natur—wur; 140: berg—verzert; 157: zeygt-meyd.

Sprache und Reim weisen gebieterisch auf zwei verschiedene Verfasser hin. Sehen wir zu, ob nicht der Bau des Verses Anhaltspunkte gibt, welche die Identität der beiden Umarbeiter mehr als fraglich erscheinen lassen.

Die Behandlung des Verses nun ist insofern eine sorgfältige zu nennen, als k möglichst alle Senkungen auszufüllen bestrebt ist, so dafs man, wenn $\cup$ die Senkungen, $\perp$ die Hebungen bezeichnet, selten eine Abweichung von dem Schema $\cup \perp \cup \perp \cup \perp \mid \cup \cup \perp \cup \perp \cup \perp$ findet. Ja diese formelle Richtigkeit wird sogar auf Kosten der Grammatik gesucht, indem wichtige Satzteile ausgelassen (z. B. 597. 722. 757. 775. 800 u. s. w.) oder nichtssagende Flickwörter (da, auch, hin u. a.) oft zweimal in demselben Verse ganz sinnlos wiederholt werden (z. B. 624. 866. 1440. 540. 1122 u. s. w.)

Was nun den Auftakt anlangt, um mit dem Anfang zu beginnen, so ist derselbe in k ganz im Gegensatze zum Original geradezu selten zweisilbig, da sich nicht mehr als 7 Fälle belegen lassen, wenn anders ich lesen und skandieren kann: 7^8. 75^1. 1367^2. 1725^2. 1872^4. 2239^4. 2411^2. Im Gegenteil läfst k die Senkung im Auftakte 19 mal fehlen: (173^4. 669^1. 875^1. 908^4. 1039^4. 1059^2. 1210^4. 1284^2. 1424^4. 1767^2. 1771^4. 1849^4. 1858^3. 2114^4. 2149^4. 2308^3. 2361^4. 2423^2. 2435^1), so dafs es fast scheinen möchte, k habe den zweisilbigen Auftakt geflissentlich gemieden. Das Siegfriedslied hingegen hat 21 mal den zweisilbigen Auftakt (24^2. 27^4. 45^3. 48^1. 54^2. 56^1. 83^2. 85^4. 101^3. 103^4. 109^2. 110^1. 110^4. 113^4. 115^2. 116^2. 119^1. 139^4. 156^3. 158^2. 171^4. 177^4). Einen dreisilbigen Auftakt haben im Anfang weder k noch das Siegfriedslied. Während aber k einen solchen auch nicht in der zweiten Vershälfte nach der Cäsur hat, beginnt im Siegfriedsliede die zweite Hälfte des Verses 5 mal mit einem dreisilbigen Auftakte (7^4. 99^1. 110^2. 153^3. 156^1). Dieser Auftakt führt uns von selbst zur Cäsur. In diesem Punkte nun zeigen beide Lieder ein unverkennbares Streben nach einem klingenden Ausgange, den wir im Siegfriedsliede durchweg finden — denn 48[4] und 157[1] ist in Sigmunde u. Kuperane zu bessern, wie es sonst heifst — in k nur an etwa 4 Stellen vermissen (1183[4]. 1476[8]. 1768[4]. 2354[4]). An allen andern ist das Fehlen des klingenden Ausganges nur ein scheinbares (es sind deren ca. 50—60), denn es ist doch offenbar nur Lässigkeit des Schreibers, wenn 448[1] in der Cäsur „sterk", also stumpfer Ausgang und 1578[2] „sterke" steht oder 884[2]: „beleibn" und 252[2]: beleiben, oder 2304[2]: Hilprant statt Hilprande, was man z. B. 2330[8] liest, und so ist in allen übrigen Fällen die Besserung ohne Kühnheit und Schwierigkeit. Denn mit einem epithetischen e ist abzuhelfen. Dieses unorganische oder unechte e nämlich dient dem Umarbeiter von k sowie dem des Siegfriedsliedes zur Erzielung einer klingenden Cäsur. Und zwar erscheint es nicht blofs bei Eigennamen[1]) (Sigmunde, Seifride, Dancwarte, Albereiche, Wolfharte, Ortweine, Siglinge, Kuperane, Eugleine), sondern auch am Nominativ und Akkusativ von anderen konkreten Substantiven, von Participien, an der 3. Person Singular Indikativ Perfekt, bei Adverbien, wofür fast jede Seite im Siegfriedslied wie in k den Beweis liefern kann (z. B. k: 8. 14. 775; 205. 290. 369. 492; Siegfriedslied: 16. 71. 79. 109. — 5. 35. 61. 140. — 90. 124. 7. 37. 21 u. s. w.). Aber doch hat das Siegfriedslied wieder eine Eigentümlichkeit, von der in k keine Spur vorhanden ist. Wo tritt in k das epithetische e an den Infinitiv? Nirgends. Im Siegfriedslied aber ist zu lesen: stane (17) statt stan, und gar seine (28) statt sein = esse. Auch die Zerdehnung von horn in horen (147) mag noch als dem Siegfriedsliede eigentümlich angeführt werden.

Ehe wir von dieser Betrachtung über den Versbau, die jedenfalls nicht zu gunsten der behaupteten Identität spricht, scheiden, müssen noch kurz die Verse berührt werden, welche wegen irgend eines Mangels eine Bemerkung darüber am Platze erscheinen lassen.

Auffallend und, wie mich dünkt, etwas hart zu lesen, sind die beiden Verse:

340[8]: salb fird woll wir hin uber den wilden see:

$\cup \; \underline{\perp} \; \cup \; \underline{\perp} \; \cup \; \underline{\perp} \; | \; \cup\cup \; \underline{\perp} \; \cup \; \underline{\perp}$ wobei nach dem oben aufgestellten Schema eine Senkung und Hebung fehlen würde, oder es ist zu skandieren: $\cup \; \underline{\perp} \; \cup \; \underline{\perp} \; \cup \; \underline{\perp} \; | \; \underline{\perp} \; \cup \; \underline{\perp} \; \cup \; \underline{\perp}$; dann fehlt der Auftakt in der zweiten Hälfte. Gerade so ist es bei

1305: da sprach her Geiselher zu der Schwester sein

Diese beiden Verse sind aber auch die einzigen, welche etwas Ungewöhnliches haben, während doch in allen übrigen die peinlichste Regelmäfsigkeit und Gleichheit herrscht. Diese unsere Behauptung aber erleidet keine Einschränkung durch Verse wie 896[1]. 1404[1]. 1598[8]. 1717[1]. 1771[4]. Denn

---

[1]) Auch der neueren Sprache ist dieses epithetische e nicht ganz unbekannt, vgl. Pfeffel „die beiden Hunde": Vielleicht, sprach Fritze, hilft der Stock; oder Seume „der Wilde": Sahe starr dem Pflanzer in die Augen.

in allen liegt die Besserung, zu der wir durch die offenbare Flüchtigkeit des Schreibers berechtigt sind, am tage. Hier sind die Verse; man urteile selbst:

896[1]; Ich meld auf dein genáde. Ir vil edler Hagen, dir;
also ein dreisilbiger Auftakt. Zwar ist die Verwirrung im Ihrzen und Duzen in k sehr grofs, aber so grofs wie hier, wer kann das glauben? ir mufs getilgt werden.

1404[1]: Waz hoher und tugent vor ie fraw Helche pflag.
Der Vers ist unerträglich, wenn nicht das auch sonst in dieser Verbindung oft vorkommende er (honos) eingesetzt wird, dessen Ausfall durch nichts anderes als eine sogen. Haplographie entstanden ist: waz hoher er und tugent etc.

1598[3]: Vil mer dann zweinzig tausent furt uber allsant
Das Subjekt fehlt: furt er uber allsant.

1717[1]: Der tag nam schir einde. Di meil di ging dahin
Verschreibung statt: ein ende.

1771[4]: Da mufs in beleiben, ir edle kunigein
Subjekt fehlt: da mufs er (nämlich der hort) in beleiben etc.

Im übrigen ist der Vers in k fliefsend und leicht gebaut; im Siegfriedslied dürfte das weniger der Fall sein. Denn keineswegs leicht zu lesen ist ein Vers wie z. B. 72[3]:

er nám zu séyner hende ein schildt als ein stádel thór.
oder 74[2]:

das dich der teuffel hin fûre. Was het ich dir gethán.
Dazu kommt noch, dafs sich in derselben Dichtung nicht weniger als 6 Verse finden, die ich für meine Person nicht anders, als mit 7 Hebungen zu lesen weifs, Verse, die in k rein unerhört sind. Es sind das

90[2]: hat dich der teuffel hingefürt odér hats gót gethán.

101[4]: si sprách ich háb dich rítter in méynes vátters haufs geséhen

102[1]: alsó sprach di iunkfráwe willkum Séyfrid herre meyn
Hagen hat gebessert: bifs willkum; damit ist nichts gewonnen.

159[3]: er sétzt di iúnkfraw hinder sich und thét di Zwérg heym
tréyben

171[2]: Wol áuff di wérden hóchzeyt Fünftzéhen Fúrsten ritten ein

173[4]: das wóell der' teuffel sprách Gunthér das mán so wérdt hie
héld

Liefern nun diese Bemerkungen über den Versbau auch Anzeichen dafür, dafs k und das Siegfriedslied nicht von einem Überarbeiter herstammen? Ganz sicher; für zwei von einander verschiedene Umarbeiter spricht die Abneigung ks gegen den zweisilbigen Auftakt und die Vorliebe für denselben im Siegfriedsliede, das nach der Cäsur sogar einen dreisilbigen Auftakt zuläfst, während in k nichts davon zu entdecken ist. Sieht man ferner, wie k an nur zwei mangelhaften Versen leidet bei 2442 Strophen, das Siegfriedslied hingegen mit seinen 179 Strophen 6 Verse mit 7 Hebungen und überhaupt solche Verse hat, die schwerfällig zu lesen sind, so wird es einem ordentlich schwer, Zarnke zu glauben.

Doch wie? Ist nicht noch ein Rettungsanker für den Identitätsbeweis vorhanden? Das Siegfriedslied ist, wie früher erwähnt, nach dem Nibelungenlied überarbeitet werden. Also ist das Werkchen zu einer Zeit abgefafst, in welcher der Umarbeiter der um sich greifenden Verdumpfung des a zu o, dem weiteren Eindringen des epithetischen e, sowie gewissen sprachlichen Wendungen (er that beston u. s. w.) Konzessionen machen mufste. Aber, sagen wir darauf, wenn der Umarbeiter für beide Lieder wirklich ein und dieselbe Person sein soll, wie ist es dann nicht sonderbar, dafs er das Reimen so sehr verlernt hat? Denn den Einwurf, als habe k deshalb verhältnismäfsig gute Reime, weil es dieselben seiner Vorlage entlehnt habe, wird man angesichts der Thatsache, dafs k sehr oft zu eigenen Reimen greift, im Ernste nicht aufrecht erhalten wollen. Ferner steht es mit dem gewöhnlichen Lauf der Dinge so ziemlich in Widerspruch, dafs der Überarbeiter im früheren Werke eine grofse Gewandtheit und Leichtigkeit im Versbau zeigt und im späteren einen weniger fliefsenden, ja fehlerhaften Vers zu stande bringt.

Das sind lauter Ungereimtheiten, zu welchen wir vom Zarnke'schen Stankpunkt aus gelangen müssen, die aber sofort wegfallen, sobald wir die allerdings packende Idee von der Identität aufgeben. Freilich wäre es recht interessant, den Umarbeiter von k dadurch unserem Interesse näher gerückt zu wissen und in dem sonst Unbekannten einen Mann erblicken zu dürfen, der nicht blofs das Nibelungenlied im Gewande der damaligen Zeit seinen Zeitgenossen zugänglich machte, sondern denselben auch andere Sagenstoffe, wie eben das Siegfriedslied, durch seine Bearbeitungen vermittelte.

Aber da wir dieser Ansicht hoffentlich alle Stütze geraubt haben, so mufs man sich eben zu der Annahme bequemen: die Verschiedenheiten, welche das Siegfriedslied in Sprache, Reim und Versbau zeigt, finden ihre völlig genügende Erklärung nur, wenn wir zwei von einander verschiedene Umarbeiter voraussetzen, über deren Verhältnis zu einander nur soviel mit Bestimmtheit gesagt werden kann, dafs die Umarbeitung des Siegfriedsliedes in späterer Zeit erfolgt sei als die der Nibelungen.

Ist es aber mit der von Zarnke aufgestellten Identität nichts, so fragt es sich doch sehr, ob der Umarbeiter des Siegfriedsliedes nicht doch die die Umarbeitung k gekannt und auf sie mit den bekannten Worten verwiesen habe. Um hierin nicht voreilig zu urteilen, wollen wir zuerst die Art kennen lernen, wie das Siegfriedslied zu citieren pflegt.

Indem nun der Umarbeiter zunächst die Kenntnis des Nibelungenliedes bei seinen Zuhörern (denn das Gedicht war, wie aus mehreren Stellen unwiderleglich hervorgeht, zum Vortrage vor dem Publikum bestimmt)

voraussetzt, genügt es ihm, ganz allgemein darauf anzuspielen (15. 161. 162)
oder sich auf Gehörtes zu berufen (15. 43). Nur zwei Stellen sind es,
wo der Umarbeiter sich auf Geschriebenes bezieht: Strophe 11 und 179.
Erstere lautet:
   Wol mit dem selben bache Schmirt er den leybe seyn
Str. 11 Das er ward aller hürnen Dann zwischen den schultern nit
   Und an der selben statte Er seynen tode lidt
   Als ir in andern dichten Hernach werdt hören wol.
Worauf zielt diese Verweisung? Doch wohl auf das Nibelungenlied.
Aber was soll der Plural „in andern Dichten"? Man wird doch dem
Umarbeiter nicht den gezwungenen, künstlichen Sprachgebrauch aufdrängen
wollen, wornach mit dem Plural auch eine einzige Dichtung bezeichnet
wird? Wenn aber der Plural in seiner eigentlichen Bedeutung steht, wie
ist er aufzufassen? Sehr einfach. Das Nibelungenlied erscheint schon in
frühesten Zeiten in Aventiuren abgeteilt. Jede solche nun betrachtet unser
Umarbeiter als ein dicht. Aber, höre ich einwenden, Siegfrieds Tod —
und auf diesen geht Str. 11 — wird nur in einer Aventiure (wie Sivrit
ermort wart) erzählt. Doch wer, der den Tod Siegfrieds erzählt, wird das
thun, ohne das Vorausgehende zu erwähnen, so dafs er also mindestens
zwei Aventiuren braucht? Wenn aber der Umarbeiter mit dem Plural die
einzelnen Aventiuren meint, was liegt dann näher, als in Str. 179 das
Citat: der less Seyfrides hochzeit so zu verstehen, dafs darunter nichts
anderes gemeint sei, als was in der 11. Aventiure gesagt ist: „wie Sivrit
sin wip heim ze lande fuorte und wie si sit da heime brouten" mit andern
Worten, der Umarbeiter verweise auf eine einzelne Aventiure, welcher er
kurz die Überschrift „Seyfrides hochzeit" gab? Dafs aber darauf die Verweisung gehen mufs, das fordern entschieden die Worte in Str. 179: „so
wirt er des bericht Wie es die acht iar gienge," nämlich in der Zeit von
der Vermählung bis zum Tode Siegfrieds. Dazu aber pafst auch ganz
treffend die erste Zeile: was die drey brüder etc., d. h. was die bei dem
Abschied Kriemhildens thaten, wie sie ihr Land mit ihr teilen wollten, das
wird erzählt in Siegfrieds Hochzeit.
 Man wird diese Ausführungen vielleicht sehr bestechend finden, aber
für eine genauere Prüfung nicht stichhaltig. Denn da tritt mir einer mit
folgendem Raisonnement entgegen: „Deine Auffassung wird unmöglich,
sobald man die erste Zeile in Strophe 179 ins Auge fafst. Dort heifst es:
   Die drey brüder Krimhilde wer weyter hören woell etc.
d. h. was die thaten, wie richtig v. d. Hagen zu der Strophe anmerkt. Diese
Zeile aber mufs mit dem Vorhergehenden in Zusammenhang gebracht und
so verstanden werden: Was die 3 Brüder nach Siegfrieds Tode — dieser
wird in der unmittelbar vorausgehenden Strophe erwähnt — thaten, d. h.
wie sie sich zu Kriemhilde verhielten, das findet sich in Siegfrieds Hochzeit,
nämlich in den von k unter der bekannten Überschrift zusammengefafsten

19 Aventiuren. Nur das eine mufs ich dir zugeben, dafs die Verweisung bei meiner Auffassung eigentlich blofs die Aventiuren 11—19 umfafst und somit etwas allgemein gehalten erscheint." Dagegen aufzukommen, dürfte nicht eben schwer fallen. Einmal mufs uns schon die Allgemeinheit der Verweisung stutzig machen. Kann uns ferner der Widerspruch zwischen der ersten und letzten Zeile entgehen, welcher bei der vorgenannten Auffassung grell zu tage tritt? Die Worte: „so wirt er des bericht — wie es die acht iar gienge" wollen doch nichts anderes, als den Inhalt des Citates; „der less Seyfrides hochzeyt" angeben. Wie aber diese in Einklang bringen mit der obigen Anschauung? Hier sind die 8 Jahre von der Vermählung Siegfrieds bis zu seinem Tode, und dort ist die Zeit von dem Tode Siegfrieds an bis etwa zur zweiten Vermählung Kriemhildens mit Etzel gemeint.

Ist es da nicht natürlicher, einer Auffassung beizupflichten, welche keinen Widerspruch zwischen der ersten und letzten Zeile in Str. 179 aufkommen läfst und so das Citat vor dem Vorwurf der Verschwommenheit schützt? Müssen wir darob auch die zweite Behauptung Zarnkes aufgeben, es wird uns, nachdem wir dem Gedanken, k und das Siegfriedslied seien von einer Hand überarbeitet, zu entsagen genötigt waren, nicht allzu schwer werden, wenn wir gestehen müssen: **Es spricht nichts dafür, dafs der Umarbeiter des Siegfriedsliedes irgend eine Kenntnis von der Bearbeitung k gehabt habe.** Und nun? Werden wir uns nach diesen negativen Resultaten unserer Untersuchung in leeren, leider so beliebten Vermutungen über die Person der Umarbeiter ergehen? Keineswegs. Wir bescheiden uns ruhig, vorerst wieder einmal nichts zu wissen.

Augsburg. Remigius Stölzle.

Über einen Spezialfall der Pell'schen Gleichung.

Durch die Untersuchungen von M. Cantor und P. Tannery ist neuerdings die allgemeine Aufmerksamkeit auf die unbestimmte Gleichung
$$2x^2 - 1 = y^2$$
gelenkt worden. Die Bestimmung der von den Griechen sogenannten „Diametralzahlen", welche bereits Platon bekannt gewesen zu sein scheinen, läfst sich auf diese Gleichung zurückführen. Nun wissen wir aber zwar so viel, dafs man im Altertum eine Anzahl von Auflösungen dieser Gleichung kannte, allein darüber, wie man zu denselben gelangt sein könne, lassen sich höchstens Vermutungen aufstellen. Heutzutage lösen wir bekanntlich die Pell'sche Gleichung
$$Ax^2 - 1 = y^2$$
am einfachsten durch die Entwicklung von $\sqrt{A}$ in einen unendlichen Kettenbruch nach Lagranges Methode. Im vorliegenden Falle führt dieses Verfahren natürlich auf denselben Kettenbruch, welchen man erhält, in-

dem man $\sqrt{A} = \sqrt{P^2 + Q}$ setzt und nun die bereits den Arabern geläufig gewesene Entwickelung
$$\sqrt{P^2 + Q} = P + \frac{Q}{2P} + \frac{Q}{2P} + \ldots$$
anwendet. Man bekommt nämlich auf dem einen wie auf dem anderen Wege
$$\sqrt{2} = 1 + \frac{1}{2} + \frac{1}{2} + \ldots,$$
und bildet man hievon die Näherungswerte
$$\frac{1}{1}, \frac{3}{2}, \frac{7}{5}, \frac{17}{12}, \frac{41}{29}, \frac{99}{70}, \frac{239}{169}, \frac{577}{408}, \frac{1393}{985} \ldots$$
so erkennt man sofort die Richtigkeit folgender wichtigen Behauptung:
Je nachdem die unbestimmte Gleichung
$$2x^2 \mp 1 = y^2$$
vorgelegt ist, hat man x und y gleich dem Nenner und Zähler eines ungeraden oder eines geraden Näherungsbruches zu setzen.

Insbesondere wußte man, wie aus Theons mathematischem Kommentare zu Platons Werken hervorgeht, daß
$2 \cdot 1^2 - 1 = 1^2$, $2 \cdot 5^2 - 1 = 7^2$, $2 \cdot 29^2 - 1 = 41^2$, $2 \cdot 169^2 - 1 = 239^2$
sei. Daß die soeben kurz erörterte Methode damals nicht zur Anwendung gekommen sein könne, unterliegt insoferne keinem Zweifel, als bei keinem alten Arithmetiker bisher eine Spur kettenbruchartiger Algorithmen nachgewiesen werden konnte. Um so anziehender erscheint die Prüfung der Frage, ob nicht auch durch andere, einfachere Verfahrungsweisen dasselbe Ergebnis sich gewinnen lasse. Wenn wir im Folgenden eine solche Methode vorschlagen, so legen wir darauf Gewicht, daß die rechnerischen Kunstgriffe, deren wir uns hiebei bedienen, in keiner Weise aus dem Kreise derjenigen heraustreten, welche auch in dem großen Werke des Diophant vorkommen und sonach überhaupt ein griechisches Gepräge an sich tragen. Es ergibt sich dabei zugleich Folgendes:

Die Kenntnis des vollständigen Systems von Auflösungen der Gleichung $2x^2 + 1 = y^2$ ermöglicht sofort auch die Auflösung der Gleichung $2x^2 - 1 = y^2$, und umgekehrt.

Zunächst werde der Beweis für den zweiterwähnten Fall geführt. Wir können die Gleichung
$$2x^2 + 1 = y^2$$
sofort durch folgende beiden simultanen Gleichungen ersetzen:
$$2x = m(y+1),$$
$$x = \frac{1}{m}(y+1).$$

Drücken wir vermittelst dieser beiden Gleichungen x und y durch m aus, so folgt
$$x = \frac{2m}{2-m^2},$$
$$y = \frac{2+m^2}{2-m^2}.$$
Unter m ist hier jeder beliebige rationale Bruch $\frac{p}{q}$ zu verstehen. Um womöglich die erhaltenen rationalen Lösungen in ganzzahlige überzuführen, setzen wir, da
$$x = \frac{2pq}{2q^2-p^2}, \quad y = \frac{2q^2+p^2}{2q^2-p^2}$$
ist, den Nenner gleich z und erhalten so
$$x = \frac{2q\sqrt{2q^2-z}}{z}, \quad y = \frac{4q^2}{z} - 1.$$
Damit nun x und y ganze Zahlen werden, wird als einfachste Bedingung $z = 1$ angenommen werden müssen. Aufserdem aber handelt es sich, wie behauptet war, nur noch darum, den Wurzelausdruck
$$\sqrt{2q^2-1}$$
zu rationalisieren.

Im anderen Falle substituieren wir der Gleichung
$$2x^2 - 1 = y^2$$
das System
$$x+1 = m(y+x)$$
$$x-1 = \frac{1}{m}(y-x).$$
Ähnlich wie oben findet sich
$$x = \frac{m^2+1}{m^2+2m-1},$$
$$y = \frac{-m^2+2m+1}{m^2+2m-1},$$
oder, wenn m mit $\frac{p}{q}$ vertauscht wird,
$$x = \frac{p^2+q^2}{p^2+2pq-q^2},$$
$$y = \frac{-p^2+2pq+q^2}{p^2+2pq-q^2}.$$
Wir setzen wiederum
$$p^2 + 2pq - q^2 = z,$$
betrachten nunmehr q als die bekannte, p als die unbekannte Gröfse und erhalten so
$$x = \frac{4q^2 + z \mp 2q\sqrt{2q^2+z}}{z},$$
$$y = \frac{-4q^2 - z \pm 4q\sqrt{2q^2+z}}{z}.$$

Man sieht, dafs, für $z=1$, man wiederum nur der Lösungen $2x^2 + 1 = y^2$ bedarf. Ist z. B. $q=2$, so wird $x_1 = 5$, $x_2 = 29$, $y_1 = -7$, $y_2 = -41$; ist $q=12$, so wird $x_1 = 169$, $x_2 = 985$, $y_1 = 239$, $y_2 = -1393$.

Soweit ist nun also die Sache völlig klargestellt. Allein es möchte scheinen, als sei wenig dadurch gewonnen, indem ja nur die Auflösung einer Aufgabe auf diejenige einer anderen kaum minder schwierigen reduziert ist. Dem gegenüber ist jedoch daran zu erinnern, dafs z durchaus nicht notwendig gleich 1 sein mufs.

Die Rationalisierung des Ausdruckes $\sqrt{2q^2 + z}$ besitzt durchaus keine Schwierigkeit, sodald sowohl q als z willkürlich gewählt werden dürfen.

So genügt zum Beispiel die Wahl $q=6$, $z=9$, denn alsdann wird
$$x = \frac{4 \cdot 36 + 9 \mp 12 \cdot 9}{9}, \quad y = \frac{-4 \cdot 36 - 9 \mp 24 \cdot 9}{9}$$
gefunden; es ist also $x_1 = 5$, $x_2 = 29$, $y_1 = 7$, $y_2 = -41$, wie oben. Allein z braucht gar keine ganze Zahl zu sein, es kann vielmehr z. B. ein Bruch von der Form $\frac{1}{p^2}$ dafür gesetzt werden. Für $q=1$, $z=\frac{1}{4}$ wird beispielsweise $x = 4 \cdot \frac{5}{4} = 5$ oder $= 4 \cdot \frac{29}{4} = 29$ und $y = 4 \cdot \frac{7}{4} = 7$ oder $= 4 \cdot \left(-\frac{11}{4}\right) = -41$.

Man überzeugt sich so, dafs bei einiger Geduld und bei einigem Geschick im Tatonnieren die Aufsuchung einer ganzen Reihe von Auflösungen ohne irgendwelche Schwierigkeit erfolgt. Da nun aber von Cantor schlagend dargethan worden ist, dafs gerade das „mathematische Experiment" mit Vorliebe von der pythagoreischen Schule gepflegt worden sei, an welche dann wieder die platonische unmittelbar anknüpfte, so wird der Hypothese, dafs in dieser oder ähnlicher Weise durch Probieren die Gleichung $2x^2 - 1 = y^2$ aufgelöst worden sein könne, einige Berechtigung zuerkannt werden müssen.

Indes ist es auch nicht schwer, selbst diesem geregelten Tatonnieren noch ein präziseres Verfahren zu substituieren. Und zwar gestattet die Idee, von welcher wir ausgingen, eine ziemlich umfassende Ausdehnung auf eine ganze Klasse von Spezialfällen der Pell'schen Gleichung. Einem Euler'schen (resp. Fermat'schen) Lehrsatze zufolge ist jede ganze Zahl entweder selbst ein Quadrat oder aber eine Summe von zwei, drei, vier Quadraten. Die beiden erstgenannten Möglichkeiten werden von jenem Auflösungsmodus der Gleichung $Ax^2 - 1 = y^2$ umschlossen, welchen wir im Folgenden in Vorschlag bringen. Wir setzen A in der Form
$$a^2 + b^2$$
voraus, wo a und b irgendwelche ganze Zahlen vorstellen, die nur nicht beide gleichzeitig der Null gleich sein können, indem sonst y einen imaginären Wert erhielte.

An Stelle der Gleichung
$$(a^2 + b^2) x^2 - 1 = y$$
treten die beiden nachstehenden Gleichungen:
$$ax + 1 = m(y + bx),$$
$$ax - 1 = \frac{1}{m}(y - bx).$$
Aus denselben berechnet sich
$$x = \frac{m^2 + 1}{am^2 + 2bm - a},$$
$$y = \frac{-bm^2 + 2am + b}{am^2 + 2bm - a}$$
oder, für $m = \frac{p}{q}$,
$$x = \frac{p^2 + q^2}{ap^2 + 2bpq - aq^2},$$
$$y = \frac{-bp^2 + 2apq + bq^2}{ap^2 + 2bpq - aq^2}.$$
Da a und b vertauschbar sind, so kann mit demselben Rechte
$$x = \frac{p^2 + q^2}{bp^2 + 2apq - bq^2},$$
$$y = \frac{-ap^2 + 2bpq + aq^2}{bp^2 + 2apq - bq^2}$$
gesetzt werden. Halten wir uns an die erste Lösung, so muſs
$$ap^2 + 2bpq - aq^2 = z$$
sein. Daraus findet man
$$x = 1 + \frac{2(a^2 + b^2) q^2 \mp 2bq \sqrt{(a^2 + b^2) q^2 + a^2 z}}{a^2 z},$$
und für y noch einen etwas verwickelteren, wenn schon ähnlichen Ausdruck.

Um den in den für x und y gefundenen Werten gleichmäſsig vorkommenden Wurzelausdruck in ganzen Zahlen zu lösen, greifen wir auf ein früher bereits vom Verf. dieses angegebenes Verfahren zurück. In einer Note in Liouvilles Journal[1]) ward gezeigt, wie die drei Unbekannte enthaltende Gleichung
$$x^2 - \alpha y^2 = \beta z$$
in ganzen Zahlen aufgelöst werden kann. In unserem Falle ist
$$\alpha = a^2 + b^2, \beta = a^2$$
zu nehmen. Jene Gleichung ist allerdings nicht unter allen Umständen auflösbar, man vermag aber mit Hilfe der erwähnten Methode sofort auch festzustellen, ob in gegebenem Falle eine Lösungsreihe existiert oder nicht. Demgemäſs können wir jetzt Folgendes aussprechen:

---

[1]) S. Günther, Note sur la résolution de l'équation indeterminée $x^2 - ay^2 = bz$ en nombres entiers, Journal des Mathematiques pures et appliquées, Année 1876.

Soll die Gleichung
$$(a^2 + b^2)x^2 - 1 = y^2$$
ganzzahlig aufgelöst werden, so untersuche man zunächst, ob die unbestimmte Gleichung
$$\xi^2 - (a^2 + b^2)\eta^2 = a^2\zeta$$
ganzzahlige Lösungen zuläfst, und suche im günstigen Falle diese Lösungen auf. Hierauf prüfe man jeden einzelnen Wert von ζ darauf, ob er, mit a^2 multipliziert, in dem Ausdrucke
$$2(a^2 + b^2)\eta^2 \mp 2b\xi\eta$$
ohne Rest enthalten sei; so oft dies angeht, hat man eine Auflösung der ursprünglichen Gleichung gefunden.

Ansbach. S. Günther.

Zur lateinischen Tempuslehre.

Die folgenden Zeilen enthalten einen Versuch, zu zeigen, wie der Lehrer den Schülern die gegenseitige Wechselbeziehung der Tempora besonders deutlich machen und durch Beispiele veranschaulichen kann.

An und für sich gibt es drei Zeiten, Gegenwart, Vergangenheit und Zukunft, Präsens, Perfectum, wofür der Deutsche zur Ersparung des Hilfszeitwortes meistens das Imperfectum gebraucht, und Futurum primum (absolute Tempora).

Zu diesen kommen die relativen Tempora, welche angeben, ob eine Nebenhandlung mit der bezüglichen Haupthandlung gleichzeitig ist oder ihr vorangeht. Die relativen Zeiten kommen in sechs Fällen zur Anwendung; da nun aber neben den drei absoluten Zeiten überhaupt nur noch drei Zeiten vorhanden sind, nämlich Imperfectum, Plusquamperfectum und Futurum exactum, müssen die absoluten Zeiten auch die Stelle von relativen ersetzen. Hieraus ergeben sich folgende Regeln:

1) Ist eine Nebenhandlung mit einer gegenwärtigen Haupthandlung gleichzeitig, so steht sie im Präsens, z. B. Lego, quod scribis (was du eben schreibst).
2) Geht sie ihr voran, so steht sie im Perfect, z. B. Lego, quod scripsisti (was du bereits geschrieben hast).
3) Ist eine Nebenhandlung mit einer vergangenen Haupthandlung gleichzeitig, so steht sie im Imperfect, z. B. Legi, quod scribebas.
4) Geht sie ihr voran, so steht sie im Plusquamperfect, z. B. Legi, quod scripseras.
5) Ist eine Nebenhandlung mit einer künftigen Haupthandlung gleichzeitig, so steht sie im Futurum primum, z. B. Legam, quod scribes.
6) Geht sie ihr voran, so steht sie im Futurum exactum, z. B. Legam quod scripseris.

Die Nebenhandlung kann auch in einem Hauptsatz enthalten sein wie in der Verbindung: Regulus Carthaginem rediit. Neque vero tum ignorabat se ad crudelissimum hostem proficisci, wo neque vero tum ignorabat so viel ist, als quamquam non ignorabat. Dagegen enthält in der sogenannten Inversion der Nebensatz die Haupthandlung mit dem Perfect, z. B. Cenabam apud Sejum, cum utrique nostrum redditae sunt a te litterae. So bezeichnet auch in dem Satze: Cum Caesar in Galliam venit, alterius factionis principes erant Aedui, alterius Sequani. (Caes. b. G. VI, 12) „venit" das eigentliche Faktum, „erant" den gleichzeitigen Zustand.

Das absolute Perfect heifst auch „Perfectum historicum", das relative „Perfectum praesens". Die erste Anmerkung zum Perfectum praesens in der Grammatik von Englmann kennzeichnet uns dieses in seiner eigentlichen Natur. In Ausdrücken wie novi, consuevi ist die gegenwärtige Haupthandlung in der deutschen Übersetzung enthalten und im Lateinischen hinzuzudenken. Novi bedeutet also: Ich habe kennen gelernt und nun weifs ich, consuevi: Ich habe mich gewöhnt und jetzt pflege ich.[1]) Wo beim Perf. pass. im Deutschen das „worden" fehlt, ist dies sehr oft ein Kennzeichen, dafs das Perf. das präsentische ist, wie in dem Satze: Nasus ita locatus est, ut quasi murus oculis interjectus esse videatur. Die Nase ist so angebracht (worden und hat daher einen solchen Platz), dafs sie wie eine Mauer zwischen den Augen aufgeführt zu sein (eigentlich: aufgeführt worden zu sein und daher sich zu befinden) scheint. Perfecta praesentia sind auch: Haud facile crediderim nicht leicht dürfte ich je geglaubt haben und auch jetzt nicht leicht glauben, nemo dixerit es dürfte niemand je behauptet haben und auch jetzt nicht behaupten, ne mentitus sis mögest du bisher nicht gelogen haben und auch jetzt nicht lügen.

Auch das Imperfectum steht absolut, indem es eine Wiederholung ausdrückt.

Sehr instruktiv scheinen mir Variationen ein und desselben Satzes, wie: So oft ich in der Stadt ankomme, besuche ich meinen Bruder: Cum in urbem adveni, fratrem meum convenio. (Vgl. Englmann, § 291, Anm. 1.)

So oft ich in der Stadt ankam, besuchte ich meinen Bruder: Cum in urbem adveneram, fratrem meum conveniebam.

Als ich gestern in der Stadt ankam, besuchte ich meinen Bruder: Cum heri in urbem advenissem, fratrem meum conveni.

So oft ich in der Stadt ankomme, werde ich meinen Bruder besuchen: Cum in urbem advenero, fratrem meum conveniam.

Man beachte auch die Unterschiede in den drei Sätzen: Quod tu facis (jetzt), et ipse faciam. — Quod tu facies, et ipse faciam (gleichzeitig mit dir). — Quod tu feceris, et ipse faciam (hinterher).

Günzburg. Radlkofer.

---

[1]) Auch memini und odi gehören hieher.

Arier.

Pütz erklärt in seinem Lehrbuche Arier mit „Herrn". Diese Erklärung ist zunächst für die Schüler, zugleich aber ist sie auch eine stille Anforderung an die Lehrer, diese Deutung tiefer zu begründen. Arier ist verw. zu kelt. Ir-en, daher *ro-„ire"* der Grofsherr; Zeufs-Ebel 860.

In meinem analogisch-vergleichenden Wörterbuche, S. 157 unter Hinweisung auf das Petersb. Sanskr.-W.-B., habe ich für meinen Teil „Arier" als die Aufrichtigen, „Treuen" gegeben und einen Vergleich mit „die Gläubigen", „*fideles*" gewagt. Die Judengeschichte bietet die Essenier, auch = die Treuen, Lieben, Holden („*chasid*", treue); Gesenius S. 314. Haneberg „Geschichte der Offenbarung" S. 507.

Als Adj. heifst *ârja* im Sprachgebrauch getreu, hold .., seiner ursprünglichen Bedeutung nach aber strebend, hinstrebend, zustrebend, aufstrebend, kurz! *studiosus*. Das nächste Wort, auf das das ved. *aria* zurückgeht, ist *ari* (= strebsam, regsam, *erectus*, zu „*ar*" = *or-ior*, woher *ad-or-ior* anstreben, ὄρ-νυ-μι aufrichten, ὀρ-θ-ῶς aufrichtig). Als Substantiv bedeutet *ârja* der „Herr". Wir könnten es zutreffend mit Edel„herr", Mann von Adel geben, denn ahd. *adal* der Adel = *or-igo* (von *or-ior* = *ar-*). Grimm W.-B. 1, 176. Zur Vergleichung stellt sich *the gentleman* (*ârja* d. h. Mann von der „Kaste", d. h. *gens* = *origo*). Petersb. W.-B. 1, 448.

Das Wort Arier wird sich also von selbst unter den Männern von der „Kaste" („*casta" gens*) gebildet haben. Nun kommt es aber in der Geschichte auch vor, dafs ein Stamm von Fremden und Feinden seine Benennung erhielt, so schön auch die erste Bedeutung gewesen sein mag. Die Slaven z. B. heifsen bei den feindlichen Deutschen Sklaven, *the Slaves*, also was den Ariern der gerade Gegensatz, die *Dâsas* (d. h. Sklaven) bedeutete. Und stammt doch das Wort Slaven von slv. *slav-a* (= κλέϝ-ος, skr. *çravas*) der Glanz, die „Herr"lichkeit! Die Bruttier desgleichen. Sie bedeuten „schlechte Knechte" (= *Dâsas*). Vom Feinde bekamen sie diesen Namen und er blieb ihnen. Bei den Ariern kommt ein Umstand hinzu, der einen sie entehrenden Nebenbegriff sehr erklärlich macht. *Arja* war *vox media*, hiefs allerdings hinstrebend, aber auch widerstrebend und zwar bedeutete *arja* der Streber, *the striver*, *malignus* in der Bedeutung boshaft und geizig. Der *ârja* 2. ist so ein entarteter *arja* 1. (= *dâsa*) zu nennen. S. Grafsmann W.-B. zum Rig-Veda 105. *Arja* = schatzsüchtig, ganz das „arg" d. h. geizig, dann altn. *arg-r* (= *malignus*, karg), ohne dafs aber „arg" mit „arj-a" in Zusammenhang gebracht werden darf, denn *arg-* stimmt zu skr. *argh-, rgh-ájati* „reg"sam, er„reg"t sein = *ar-*. Fick 3, 24.

Bis zu den *Dâsas*, wie uns *ârja* ausweist, sind also die Arier herabgewürdigt, wenn sie wirklich *arjas* 2. geworden; denn *dâsa* bedeutet ja *malignus, cupidus*, nimmersatt. *Dâs* ist reduplizierte Form aus *dâ-dâs; dâs-ati* aber heifst schmachten, gierig sein, not leiden, ausgehen .. Die *Dâsas* sind die *pinarii* (= πονηροί die Schurken; von πεν-ία Hungerleiden).

Das griech. δί-ομαι ist mit das-ati verwandt, wobei über den Schwund des s in δε-όμενος (= skr. das-a-mánas schmachtend) zu vergleichen ist skr. tras- = τρέ-ω; θεός (f. θεσ-ός, von θέσ-σομαι, daher θέσ-πετος). Θέσ-ςατος : θέσσομαι = δεσ-πότης Sklavenherr : das-ati („δεσ-εται" = δεῖται). Ähnlich κρύ-ος zu κρύσταλλος. Es gibt angesehene Sprachforscher, die auch das dása für δοῦλος (aus δόσυλος) erklärten. S. jedoch Curtius S. 211. —
Die Dásas würde, um den vollen Verbalsinn hineinzulegen, uns hungrige Schurken heifsen können, ahd. scuryo (zu ndl. schrock = δεόμενος). Diez 375. Auch die Dämonen hiefsen Dásas, die bösen Feinde. — Und wie können die Arjer 2., gleichsam die gefallenen Engel, sich wieder heben? In allem Ernste kann dadurch geholfen werden, dafs árja das gesteigerte á annimmt, denn das gesteigerte árja fafst umgekehrt beinahe alle guten und edlen Eigenschaften in sich. Nehmen wir das Sanskr.-W.-B.! Dieses sagt:

árja, ein Patron., eig. Angehöriger der árjas, „Herr". Das á wie in Bháratas, EN. des Feuergottes Agni- (ignis), eig. Opferbringer, vw. of-fer-ens Op„fer"er, Sohn des Bhárata (der erhalten werden mufs]; s. mein anal.-vergl. W.-B. „fra-"ter. So Jámas, der zwiefache Vergelter sowohl im Himmel als auch in der Unterwelt, ist der Nachkomme des jáma (geminus; vgl. Duilius, Tuisco). árja ist sonach der Erbe der Herrlichkeit, Herr, als Adj. ehrwürdig. árja der Herr : árja ehrwürdig = γέν-αξ der Herr : ven-erabilis. árja = çréshṭa (Petersb. W.-B. I 697). Çréshṭa ist eine Superlativform wie άριστ"ος. Çré- kann nun zu çri gehören (= schön, als Subst. çri das Glück, Heil). Çri schön : çri Heil = κάλλος Schönheit (aus καλ-jας) : goth. haila. Weiter zurück leitet çri auf çri = κλί-νω, ags. hli-n-ian, goth. hlai-n-jan anlehnen. Das war ja die erste Bedeutung von árja : treu sich anlehnend. Die zweifache Bedeutung schön und an-lehnend erinnert an schmuck (= çri), zu sich schmieg-en, „eng" anlehnen. Vgl. zu schmuck und schmiegen zucken und ziegen, bucken und biegen. Der Genius, an den sich die Glückskinder lehnen, hiefs Hli-n, vw. Çri f. Grimm Myth. 828. Fick 1, 438. Arja (= çréshṭa) enthält noch schöneren Sinn, wenn wir mit Grafsmann das çri mit seinem langen i als Metathesis von çir- (= çar kochen) betrachten; da wird dann árja = praeclarus. Çré-shṭa : çir- kochen = clá-rus (Metathesis von cál-eo) : cul-ina die Küche.

árja ist = buddha verständig (aus budh-ta geweckt, „regsam", also synon. ari erregsam). Mit diesem budh- ist stammverwandt biet-en, auf-biet-en (wecken). Daher auch der Gebieter (= árja, der „Herr"). Über bieten = budh- vgl. betriegen = skr. druh Schaden, Betrug üben; lieben = skr. lubh-, lubet. — Ferners heifst dann noch dem Petersb. W.-B.

árja noch sam-gata „entsprechend", angemessen. Sam-gata gehört zu gam- = goth. qim-an kommen, sam-ga-ta „bequem" commodus. Dann

árja ehrenwerth, ehrenhaft, auch heifst árja = αἴσιος gebührlich. Dabei erlaube ich mir, vor dem Gleichklange árja und Ehr-e zu warnen, als stäke anch eine Verwandtschaft in ari und Ehr-e. Ahd. éra die Ehr-e geht ebenso aus „*ais*" hervor, wie Leh*r*er aus goth. *lalsareis*. Also *ér-a* = *aestimatio*. Der EN. *Aes-tii* heifst die Ge-ehr-ten (i. q. Arier), zusammenhängend mit *ais-a* die Schätzung. Grimm W.-B. Entstand ja auch unser W. behr = *hér-*, woher ahd. *hériro* (*Compar.* = *illustrior*), das Subst. „Herr", aus „*kási*", skr. *kás-j* leuchten. Also Herr = *çréshṭa* (von *çri praeclarus*). Das Verbalsuffix *-i, -j* warf sich auf *a* zurück, daher *hér* (aus „*hari*", wie für = altn. *fyri*). Dasselbe *kás-* liegt in *Cas-ci* (= Γραικοί), vw. *cāni* (aus *cas-ni*) die Alten, *seniores, les seigneurs* (i. q. *arier*).

Das germ. h (in Herr) ist nach bekanntem Lautgesetze das skr. k. Daher *calamus* = Halm, *cutis* = Haut, *cel-atus* = Hel-d (i. q. *Cel-ta* der Geschirmte); κυν- = Hund, *cedŏ* = gib he-r, *ci-tra* = hie-nieden. S. mein anal. W.-B. den Buchst. C. Germanisches k dagegen = g.

Dieses Lautgesetz ist von Belang zur Erklärung unseres National-Namens *Germanen*. „Ger"manen ist nicht germanisch, sondern das celt. *ger* und kann auch wie Arier entehrender Name sein. Corn. celt. heifst *ger* die Stimme, γῆρ-υς, woher sie die βοήν ἀγαθοί Schreier heifsen, oder auch *germani* die „deut"lichen, die „Deut"ischen, mit denen sich ein „deutsches Wort" reden läfst. Analog dazu wären die *Tung-ri* (vw. *dingua* = *la langue* die Sprache, celt. ger.). Noch käme für diese Bedeutung zu vergleichen der Völkernamen *Slov-enen* (slv. *sloro* das Wort, *ger*). Nach Zeufs ist es aber geratener, das cambr. *ger* zu *Ger-manen* zu ziehen, wornach *Germani* die Nachbarn, *vicini* hiefsen. Zeufs Celt. Gramm. 773. Der Stamm zu *ger-* findet sich wieder im skr. *ǵar-até* sich (traulich, „treu") nahen, daher *ǵára* m. der Traute, Buhle, zusammenhängend mit altn. **Kar-l** *maritus* der Geliebte. b. Ker-l. (Gar- : Kar-l = *genu* : Knie; wie skr. *ǵaraté* rauschen, as. **kara** wehklage.) Auf unserm Boden sinkt *gerr-* sogar in die von „gemeiner Kerl" *the shark, turpissimus (dása, dásju*). Nur die Dale„karl"ier in Schweden retteten die Ehre ihres Stammvaters, wie auch der National-Name *Sue-ci*, *See-di* Schweden vom Spott und Entwürdigung frei blieb. Sie bedeuten durch *sré-* eben „Herren" (skr. *srá-min dominus*). Sie sind *domini* benannt von goth. *sré-s dominium, la domaine*. Die *Sue-ci* hiefsen „*su-*"*i juris* so gut wie die *Sue-vi* Schwaben, nur dafs letztere eine Herabwürdigung ihres Namens über sich ergehen lassen mufsten, die der Bedeutung der *Dásas* nahe kömmt. Die *Dásas* galten nämlich für unrein, durften sich an den Opfern der von der Kaste (der *árier*) nicht beteiligen. Unsere german. Väter würden die *Dásas ázébar* d. h. nicht opferfähig genannt haben. Für uns ward aus ahd. *zèbar ge-ziefer*, und Nichtschwaben verstehen darunter das Ungeziefer der sogen. Schwaben. Grimm Myth. 36. Anal. W.-B. 117. Die Schwaben entschädigten sich an den Russen und die Russen an den Preufsen, denn russ. heifst das fragliche Ungeziefer *prussakj*. So nennen die Juden unser Bayerland *Chasiráh* (von *chasir* das Schwein), die Deutschen insgesamt die *goim* (Heiden, also *Dásas*). Was thut's? Hat denn „deutsch" etwas Besseres als *Goim* ausgesagt? *Thiudiskai* (woher Deutsch-e) hiefs Heiden, *gentes*, ἔθνη

(l. e. *Dâsas*, Golm). Und doch kam dieses Wort zur vollen Ehre, die dem *ârja* gebührt. Sprich „deutsch" heifst nämlich: sprich „aufrichtig", als Arier, „treu", „ὀρ"θῶς.

Pütz führt Busch's Ansicht an, dafs *arier* zu *arare*.. gehört. Dieses *ar-* steht in Verwandtschaft zu *ar-* „gerade Linien ziehen". S. Kuhn Zt.-Schr. 24, 451, vw. ἄρ-τιος. Auch nach dieser Deutung könnten die Arier „Herrn", *domini* heifsen. Wenigstens gelangte der EN. der *Rauraci* zu dieser Bedeutung. *Raûraci* gehört zum altir. *ruireach* der „Herr", eig. Bauer; von *rû-s*, *ruris* des bebaute Land. S. mein anal. W.-B. 387. Glück „die keltischen Namen" S. 143. In Bayern haben wir Zeller, Zelger, Zilker, Zelcher, die alle dasselbe wie *Rauraci*, bezw. Arier bedeuten, ohne gerade auf das Prädikat „Herr" Anspruch zu machen. Sprachkenner haben den EN. Ἀργ-ος für vw. zu skr. *rag̃-as* gehalten, welches „bebautes Land" bedeutet und die Argiver = *Rauraci*. Arier, wieder sinngleich mit Σάτραι n. pr. (thrac. Stamm), zusammenhängend mit pers. *xatra* die Herrschaft, alles zu skr. *xétra rus*, das Feld, dessen *é* (in *xé-*) zurückgeht auf *xi-* „wohnen" (vgl. çrĕshṭa zu çri). *Xétrapa* der Bauer „Herr" : *xi-* wohnen = Bau-er : goth. *bau-an* wohnen, mhd. *bû* bebautes Land. In der Edda hdt. *Karl* auch Bauer.

Zum Schlusse mufs noch nachdrücklich hingewiesen werden auf Bezzenbergers Beiträge zur Kunde der indogerm. Sprachen III 138 ... Über „Ehr"-e s. besonders Beitr. III 116.

Freising. Zehetmayr.

„Die Poesie der Ödipussage." Erster Teil. Vom Oberlehrer Dr. Hüttemann. Lyceum zu Strafsburg 1880.

„Wie schon bei meinen früheren Programm-Abhandlungen,[1]) so leitete mich auch in dieser der Wunsch, den wissenschaftlichen mit dem praktischpädagogischen Zwecke verbindend, eine Arbeit zu liefern, die auch den Schülern der obersten Klassen eine anregende und belehrende Lektüre gäbe zur Ergänzung und Befruchtung des Schulunterrichtes."

Mit diesen Worten verabschiedet sich der Verfasser in der „Schlufsbemerkung" vom Leser und er darf wohl nicht befürchten, dafs der letztere diese Versicherung in Zweifel ziehe. Das Thema an und für sich ist ein in hohem Grade anregendes. „Die Poesie der Ödipussage" — wie so innig ist doch mit ihr der Ruhm der tragischen Trias verbunden! Sei es des Äschylus' düster gefärbtes „Ἑπτὰ ἐπὶ Θήβας," sei es des Sophokles' „zerknickter Dulder" auf Kolonos, oder des „tragischesten" Dichters wild erregtes Kampfgemälde in den „Phönissen" — stets tritt uns in dem eigentlichen Helden des Dramas ein echter Sohn der Tragödie entgegen! Der Verfasser setzte sich nun die Aufgabe, die Entwicklung und Gestaltung des betreffenden Mythus in der epischen, lyrischen und dramatischen Poesie der Hellenen darzulegen und zwar handelt der bisher erschienene „Erste Teil" von „Epos, Lyrik und Äschylus."

---

[1]) „Die Poesie der Orestessage," 3 Programme des Gymnasiums zu Braunsberg, 1870—72.

Was die erstere Dichtungsgattung betrifft, so haben wir selbstverständlich als Hauptquelle unseres Mythus den Vater aller Poesie, Homer, vor uns; nur in zweiter Linie kann die „kyklische Thebais" d. h. deren vom Verfasser aus Athenäus citiertes Fragment in betracht kommen. Man muſs gestehen, daſs Hüttemann mit vieler Umsicht die einzelnen, sehr zerstreut liegenden Stellen, in denen Homer der Geschicke des thebanischen Herrschergeschlechtes erwähnt, zu sammeln und zu ordnen verstand, um daraus ein Gesamtbild homerischer Kenntnis der Ödipussage zu schaffen. Hauptquelle ist die νεκυομαντεία, d. i. das eilfte Buch der Odyssee (v. 271—280). Der Ansicht des Verfassers, aus der Übersetzung von ἄφαρ (v. 274) mit „plötzlich" eine der Erklärung des Pausanius (IX, 5) entgegengesetzte Folgerung abzuleiten, daſs nämlich bereits Homer von einer der blutschänderischen Ehe entsprossenen Nachkommenschaft gewuſst, möchte ich meinerseits ein, wie ich glaube nicht ganz unbegründetes, Bedenken entgegensetzen. „Ἀλλ' ὁ μὲν ἐν Θήβῃ πολυηράτῳ ἄλγεα πάσχων ‖ Καδμείων ἤνασσε, θεῶν ὀλοὰς διὰ βουλάς· ‖ ἡ δ' ἔβη εἰς Ἀΐδαο πυλάρταο κρατεροῖο ‖ ἁψαμένη βρόχον αἰπὺν ἀφ' ὑψηλοῖο μελάθρου" sagt Homer, nachdem er unmittelbar vorher der widernatürlichen Vermählung des Ödipus mit Epikaste Erwähnung gethan (Od. XI, 275 ss.) Indem der Dichter ausdrücklich von einem ἀνάσσειν des Ödipus nach dem Selbstmorde der Mutter-Gemahlin spricht, indem er ihn ferner (Il. XXIII, 679) in Theben sterben läſst, bedarf meines Erachtens die Behauptung, es seien bereits dem Homer Eteokles und Polyneikes als die Spröſslinge jenes fluchbringenden Ehebundes bekannt gewesen, noch immer des endgültigen Beweises.

Was nun die epische Bearbeitung der Ödipussage betrifft, so bemerkt Hüttemann wohl richtig, „daſs es schon in der Natur des Stoffes begründet gelegen, wenn die Thebais gegenüber der Ilias und Odyssee mehr und mehr in Vergessenheit geriet." Ödipus, um es kurz zu sagen, der fluchbeladene Ödipus, konnte nie der Held eines Epos werden, dessen Grundlage einen Menschen erheischt, der, trotz aller Schicksalsschläge, dennoch das Recht freier Selbstbestimmung nicht aufgegeben hat.

Wie im Epos Homer, so war es Pindar in der Lyrik, welcher den schaurig-schönen Mythus in seiner Weise zu verwerten suchte. (Olymp. II.) „Der Gedanke, der schon in dem alten Epos durchschimmert, daſs Ödipus doch mehr unglücklich als schuldig und darum ehr- und mitleidswürdig ist in seinem Leiden, erscheint tiefer begründet und zu klarerem Bewuſstsein ausgebildet."

Hiemit bahnt sich von selbst der Weg zur Tragödie, der „μίμησις πράξεως σπουδαίας", wie sie Aristoteles (de art. poëtica, cap. 6) in ebenso tiefgedachter als bündiger Weise definiert.

Weit über die Hälfte der Abhandlung — auſser einem zwölf Seiten umfassenden kritischen Anhang — widmet nun der Verfasser wie natürlich des Äschylus' groſser Trilogie, „Laius, Ödipus, Sieben gegen Theben, Sphinx" (Hypothesis: „ἐνίκα Λαίῳ, Οἰδίποδι, Ἑπτὰ ἐπὶ Θήβας, Σφιγγὶ σατυρικῷ.")

Seitdem, Dank der aufgefundenen Didaskalie, „die Sieben gegen Theben" als Schluſsstück eben erwähnter Trilogie erkannt worden, hat sich selbstverständlich die Beurteilung dieses unseres erhaltenen Bruchstückes wesentlich anders gestaltet. Nicht mehr als Mittelglied, sondern als Abschluſs eines wahrhaft tragischen Ereignisses steht das Drama vor uns. Allerdings greift, wenigstens dem Anscheine nach, das letzte Epeisodion störend ein; der Tod hat jeden der feindlichen Kämpfer zu einem stillen Manne gemacht, Ruhe und Friede herrscht, was braucht es neuerdings des Herolds-Rufes, der befiehlt, den „Haderreich" den Hunden vorzuwerfen? (v. 1014.) Ich kann nicht umhin, dem Versuche Hüttemanns, auch für diese ziemlich schwierige Frage eine Lösung zu bahnen, meine Anerkennung zu zollen. „Ein kräftiger Anstofs war nötig", heifst es in seiner Abhandlung p. 40, „um die unter der Last des Leidens darnieder gedrückten Schwestern wieder emporzurichten zur Energie des Handelns. Diesem Zwecke dient der auftretende Herold. Durch jenes harte Verbot einseitig übereilter Strenge, welches dem Polyneikes als einem Feind und Empörer die Grabesehren versagt, wird in Antigone der Heroismus der Schwesterliebe herausgefordert, welcher zu jenem grausamen Heroismus (?) des Bruderhasses einen schönen Gegensatz bildet. Setzten die Brüder wider einander das Leben ein im Streit um schnöde Erdengüter, so trotzt die Schwester für die letzte Ruhe des gefallenen Bruders todesmutig dem ganzen Volke . . . Nach jenem Trotz des Hasses war dieser Trotz der Liebe, der sich mit hehrer Begeisterung gegenüber den niederschmetternden Schlägen des Schicksals und allem, was da noch drohen mag, emporrichtet, einzig geeignet, einen versöhnenden, ja erhebenden Eindruck zu hinterlassen, das Grausen in Mitleid und Wehmut zu verklären." — Ich glaube, dafs nur auf diese Art das den Abschlufs der Trilogie anscheinend störende Episodion erklärt und gerechtfertigt werden kann.

Im „Anhange" sucht der Verfasser, der Hauptsache nach „dem genialen Blicke und Kunstverständnis" R. Westphals folgend, in den Chorgesängen teils durch die Scholien als richtig bezeugte, indessen exegetisch schwierige Stellen von einem neuen Gesichtspunkte aus zu erklären, teils stellt er eigene, mitunter recht ansprechende Konjekturen auf. Zu diesen letzteren möchte ich besonders in der Parodos v. 125 „ἐρύματις" statt ἐξόδμαις, sowie v. 164 „προπόλεος" statt des handschriftlichen προπόλεως gerechnet wissen.

V. 750 „κρατηθεὶς δ' ἐκ φίλων ἀβουλιᾶν" bezieht Hüttemann auf den Ödipus selber, nicht, wie gewöhnlich geschieht, auf dessen Freunde und übersetzt demgemäfs (p. 33 στρ. γ') „Doch er, besiegt infolge holden Unbedachts", indem Ödipus, nicht achtend der Mahnung des delphischen Gottes sondern „im glücklichen (φίλων) Vergessen der Vergangenheit und Zukunft blofs dem Augenblicke lebte, um einmal seiner Lieb' und Ehe froh zu werden."

Eine ganz neue Deutung wird für die schwierige Stelle v. 783 „πατρογόνῳ χερὶ τῶν ‖ κρεισσοτέκνων ὀμμάτων ἐπλάγχθη" gegeben. Den Scholien folgend übersetzt die Mehrzahl der Erklärer (s. bei H. pag. 56) „er beraubte sich der Augen, die besser waren als seine Kinder", oder auch „lieb, wie das liebste der Kinder".

Sehen wir doch einfach zu, was das häufiger vorkommende εὔτεκνος bedeutet. Dieses heifst „mit guten Kindern begabt", oder „mit Kindern wohlgesegnet". (Vergl. εὔτοξος, ἀγανοβλέφαρος u. ä.) Danach würde κρεισσότεκνος nichts weiter bezeichnen als einen, der mit Kindern besser beglückt ist als ein anderer und, poetisch auf das Auge übertragen, „ein Auge, das sich an besserem Kindersegen erfreut". Originalität ist dieser Erklärung jedenfalls nicht abzusprechen, ob sie indessen das Richtige getroffen, ist eine andere Frage. Bei einem geblendeten oder vielmehr sich blendenden und den Kindern fluchenden Vater noch den „besseren" Kindersegen hervorzuheben, ist jedenfalls, beziehe sich auch das Epitheton auf die Vergangenheit, ein sehr gewagter poetischer Sprung, den selbst ein Äschylus bei all' seiner Kürze vor dem Theaterpublikum nicht gewagt haben dürfte.

V. 791 wird, entgegen der Erklärung des Scholiasten, sowie des Hesychius, καμψίπους nicht als „die Kniee beugend oder lähmend", sondern als „krallfüfsig" erklärt. Ich kann mir die Erinyen wohl mit krallenartigen Händen ausgerüstet vorstellen, um ihr verfolgtes Opfer desto sicherer zu haschen, verstehe indessen nicht recht, wozu die Füfse Krallen haben

sollen; zudem weifs ich mir καμψίπους nicht anders als „mit krummem"
oder „gekrümmtem Fufse" zu übersetzen, nicht mit „Kralle"; letzteres ist
ein natürlicher, normaler Körperteil, ersteres bezeichnet meiner Ansicht
nach eine Abnormalität, weswegen Oberdick auf den Gedanken kam, das
Wort „mit lahmen Fufse" zu übersetzen. Es ist wohl der furchtbaren
Majestät der Erinyen angemessener, wenn wir die Eigenschaft oder Wirkung
des κάμπτειν auf diejenigen übertragen, welche vor den rächenden Göttinnen
entsetzt die Flucht ergreifen, denen, gelähmt vor Angst, die Füfse und Kniee
fast den Dienst versagen, wie wir uns ausdrücken „zu brechen" drohen.
Darum stellt, wie Hüttemann selber bemerkt, Hesychius das Wort mit
„καμπεσίγουνος" gleich.

Doch es ist Zeit, meine Zeilen, die ja nicht berichtigend, sondern
berichtend sein sollen, einzuschränken.

Einige Druckfehler mögen hier, um auch in dieser Beziehung das
Amt eines Rezensenten gewissenhaft auszuüben, berichtiget werden: Seite 1
mufs es wohl statt Od. 9, 279 heifsen 11, 274; S. 4 Od. 11, 326 (statt 237),
ebendas. Bellerophontes (statt Bellorophontes), S. 38 έδειξατ' (statt έδειξατ'),
ebenso S. 59, wo dreimal der Accent auf die vierte Silbe gesetzt ist, S. 44
Umrissen (statt Unwissen), S. 46 entwickelten (statt entwickelnden), S. 48
steht Eurip. 1111 ohne den Namen der betr. Tragödie, S. 55 oben εύράξ
(statt εύραξ). Empfehlen dürfte sich ferner, bei den einzelnen Chorgesängen
und noch mehr bei den einzelnen besprochenen Versen und Wörtern im
„Anhange" die entsprechende fortlaufende Versnummer ad marginem hinzu
zu setzen, das Nachschlagen und Auffinden in den Gesamtausgaben würde
dadurch wesentlich erleichtert.

Es ist zu wünschen, dafs der Herr Verfasser seine ebenso belehrenden
als anregenden Forschungen auf dem Gebiete der Ödipussage recht bald
hineintrage in die Geisteswelt eines Sophokles und Euripides und die gewonnenen Resultate wie bisher veröffentliche.

Regensburg. Steinberger.

Aristophanis Ecclesiazusae. Adnotatione critica, commentario exegetico, et scholiis Graecis instruxit. Fredericus H. M. Blaydes.
Halis Saxonum in Orphanotrophei libraria. 1881. X u. 220 S. 8.

Über die neue Aristophanesausgabe von Blaydes im allgemeinen
brauchen wir nicht zu wiederholen, was wir in dem XVI. Jahrgang dieser
Blätter S. 473 ff. bei Besprechung der beiden ersten Bände (Thesmoph.
und Lysistr.) bemerkt haben. Was wir damals für die weiteren Bände
gewünscht haben, gröfsere Sorgfalt und Genauigkeit, ist vorderhand bei
den Ekkles. nicht erfüllt worden. Die Flüchtigkeit der Arbeit tritt recht
deutlich hervor, wenn es in der kritischen Note zu 23 heifst: Qu. προτέρας,
anteriores, dann: ipse conjicio δεῖ τὰς προτέρας πως und noch einmal in
den Addenda et Corrigenda: in ἑτέρας latet forsan προτέρας (ἡμᾶς). Ebenso
zu 907: Qu. τήν τε βάλανον (ἀποβάλοιο) und in den Add. et Corr. Qu. τὴν
τε βάλανον ἀποβάλοιο. Ja in den Nachträgen zu 1020 wird 1020 f. selbst als
Parallelstelle citiert! Arge Flüchtigkeit verrät es auch, wenn zu 19 οὐδεμία
πάρεστιν ἃς ἥκειν ἐχρῆν in der kritischen Note steht: Qu. ὧν (ἐκείνων, αἴ).
Der Kommentar ist wieder nicht immer in Einklang mit dem Texte: 2 ist
die Konjektur κάλλιστα τοῖς σοφοῖσιν ἐξηυρημένον aufgenommen, im Kommentar dagegen die Lesart κάλλιστ' ἐν εὐσκόποισιν ἐξηρτημένον erklärt trotz
der oben stehenden Note: vulgata inepta est, umgekehrt ist das 153 überlieferte μίαν im Text geblieben, im Kommentar die Änderung μιᾶς berück-

sichtigt. Das handschriftliche ἄρτον αὖ (oder ὄρτον) ist von Reiske in ἄρτον αὖον, von Bentley in ἄρτον ἕνα verwandelt worden; dazu bemerkt Bl.: verum videtur ἄρτον ἕνα: doch steht ἄρτον αὖον im Text. Wenn man zu 702 πρὶν ἐκπόθωμαι κτἑ. liest: omissum ἄν non posse defendi exemplo ex anapaestis tetrametris petito v. 629 vere monet Dind., so sollte man meinen, 629 habe Blaydes ἄν nicht für nötig gehalten; nichts desto weniger ist es in den Text aufgenommen. Doch über die willkürliche Behandlung des Textes brauchen wir bei Blaydes kein Wort zu verlieren. Wundern muſs man sich nur über die Bemerkung „sed nil temere mutandum" zu 876, wo allerdings ἐειπήσονται bei βαδιστέον auf keine Weise beanstandet werden darf.

Die Ausgabe bietet in keiner Hinsicht etwas Abgeschlossenes und Fertiges; es muſs der Wurfler nachkommen, der die Spreu vom Waizen scheidet. Unter den zahlreichen Konjekturen heben wir, ohne sagen zu wollen, daſs wir keine bemerkenswerte übersehen hätten, folgende hervor: 280 αὐταί, 298 ὁπόσ᾿ ἄν δοκῇ ταῖς ἡμετέραις φίλαις, 576 δηλοῦν δ᾿ ὅ τι περ δύνασαι καιρός, 682 ὅπως ἄν für ἕως ἄν, 730 ὁεύρ᾿, ἡ κινιχύρα, 810 πλεῖν γε Καλλίου, 891 ἦν δέ γ᾿ ἀπελαύνωσι; 890 σαυτῇ διαλέγου, 1018 τὴν γραῦν προκροῦειν.

Der Kommentar zeichnet sich wieder durch die Fülle der Citate aus, welche besonders die grammatische und sprachliche Seite betreffen. Die sachliche Erklärung ist nicht unbeachtet geblieben, aber der Erklärer, welchen Aristophanes braucht, der Erklärer, welcher ebenso feines Verständnis für die Komik des Dichters hat als mit historischem Blick die genaueste Kenntnis der Zeitgeschichte verbindet, der zu sein kann Blaydes sich nicht rühmen; der muſs überhaupt noch gefunden werden.

Wie schon gesagt hat Blaydes in V. 2 κάλλιστα τοῖς σοφοῖσιν ἐξηυργμένον aufgenommen; die Handschriften bieten κάλλιστ᾿ ἐν εὐστόχοισιν (so R) oder κάλλιστ᾿ ἐν εὐσκόποισιν .. ἐξηυγμένον. An κάλλιστ᾿ ἐν εὐσκόποισιν (scil. τόποις, conspicuis in locis) ἐξηυγμένον (suspensum) ist nicht zu denken. Denn Praxagora hat offenbar die Lampe in der Hand; auch spricht der Zusammenhang dagegen. Blaydes will zwar im folgenden Verse τὰς σὰς für γὰρ σὰς schreiben; aber methodisch ist es nur, wenn man für γὰρ bei der Emendation von V. 2 den richtigen Anhaltspunkt sucht. Der ist nun mit ἐν εὐστόχοισιν gegeben: „wenn man's recht zu deuten versteht". Die Lesart ἐν εὐσκόποισιν aber ist aus dem Glossem ἐν εὖ σκοποῦσιν entstanden. Das zeigt das Scholion, welches auch auf die Emendation ἐξηυργμένον hinweist: κάλλιστα τοῖς σοφοῖς εὐηργμένον. τοῖς εὖ σκεπτομένοις: sowohl τοῖς σοφοῖς, wie τοῖς εὖ σκεπτομένοις ist eine Erklärung zu εὐστόχοισιν, nicht, wie Dindorf meint, τοῖς εὖ σκεπτομένοις melius alteri scripturae convenit; noch weniger ist τοῖς σοφοῖσιν aus dem Scholion für den Text zu entnehmen. V. 23, wo bei der Änderung δεῖ τὰς προτέρας πως der Artikel unbrauchbar ist, scheint angefügt worden zu sein, als in 21 καταλαβεῖν δεῖ τὰς ἕδρας in καταλαβεῖν δ᾿ ἡμᾶς ἕδρας übergegangen war. 115 schreibt Blaydes οἴδ᾿ οἶδα nach Meinekes Konjektur und vermutet nebenbei ἐγᾦδα. Mir scheint τοῦτ᾿ οἶδα dem überlieferten οὐκ οἶδα am nächsten zu liegen, wie ich bereits im N. Rhein. Mus. XXIII S. 550 vorgeschlagen habe. Die dort gemachten Bemerkungen sind Blaydes wie vieles andere unbekannt geblieben. 179 schreibt Blaydes ἐπέτρεψας ἑτέρῳ; als Frage; aber der Satz ist hypothetisch wie ναῦς δεῖ καθέλκειν 197, wo Blaydes wieder ein Fragezeichen setzt. In kühner Weise wird 495 μὴ καί τις ἡμᾶς ὄψεται χημῶν ἴσως κατείπῃ das Futurum beseitigt mit μὴ καί τις ἐξόπισθεν ἡμῶν τῶν κατείπῃ. Die zu 488 angeführte Parallelstelle Plat. Rep. V p. 450 φοβερόν τε καὶ σφαλερὸν μή . . κείσομαι sollte nicht durch die Konjektur κείσωμαι entstellt werden! Wegen des Wechsels von Indikativ und Konj. vgl. Eur. Phoen. 98 f. Auch 746 ἐγὼ καταθήσω τἀμά; entfernt Blaydes das Futurum und schreibt ἐγὼ καταθῶ δὴ τἀμά; das könnte ansprechend erscheinen, wenn es nicht im folgenden hiefse κακοδαίμων ἄρα ἀνὴρ ἔσομαι. Es ist doch klar, dafs vor diesen Worten nur das Futurum richtig ist. 587 schreibt Blaydes nach einer Verbesserung von Bergk τοῦτο γὰρ ἡμῖν δρᾶν ἀπ' ἄλλης ἀρετῆς (für ἀρχῆς) ἐστιν. Ich weifs nicht, ob ἀρετῆς den richtigen Sinn gibt; jedenfalls kann ἀπ' ἄλλης ἀρ. i. nicht „omnium virtutum loco est" bedeuten. Blaydes bemerkt, dafs auch sonst ἀρετή und ὀργή verwechselt werden. Auch εὐχή und ἀρχή werden sonst vertauscht, wie neuerdings Eur. El. 1060 ἀρχή von Vitelli in εὐχή emendiert worden ist. Sollte nicht auch an unserer Stelle ἀπ' ἄλλης εὐχῆς das richtige sein?

„Mox prodibit eodem modo instructa Aves."

Bamberg. Wecklein.

Eschyle. Morceaux choisis publiés et annotés par Henri Weil. Paris, Hachette et Cie. 1881.

In einer hübschen Taschenausgabe nach Art der Schulausgaben französischer Klassiker ist hier eine Auswahl aus Äschylus geboten, welche das Schönste und zugleich das Leichtere und besser Überlieferte aus den Stücken des Dichters enthalten soll.

Nach diesem Grundsatz ist von den Danaiden ganz abgesehen, von Prometheus dagegen der weitaus gröfste Teil aufgenommen; Septem, Perser und Choephoren sind ungefähr zur Hälfte, Eumeniden und Agamemnon nur zum dritten Teil vorgeführt.

Dem Ganzen ist eine Notice sur Eschyle, das Leben und die Charakteristik des Dichters enthaltend, vorausgeschickt; den einzelnen Stücken geht eine vollständige Inhaltsangabe voraus. Kurze Noten unter dem Texte, auf welche durch Zahlen verwiesen ist, enthalten soviel, dafs ein aufmerksamer Schüler, der sein Wörterbuch zur Hand hat, den Sinn des Dichters finden kann.

Ob freilich, was hier geboten wird, auch das Schönste ist, möchte zu bezweifeln sein. Denn von den Teilen der Dramen, welche gerade den gewaltigsten und erhabensten Gedankeninhalt in sich fassen, den grofsen Chorliedern, ist im Prometheus, den Persern und den Eumeniden nur je eines aufgenommen; im Agamemnon und den Choephoren fehlen sie ganz. Die anapästischen und kommatischen Partien können dafür nicht entschädigen, in den Septem auch die Parodos nicht. Freilich sind diese Chöre vielfach und stark verdorben; aber warum soll man nicht auch einmal dem Schüler Gelegenheit geben, zu raten, was wohl hier des Dichters Meinung gewesen, oder zu sagen, wie der Verf. zu Sept. 613: Il ne faut pas perdre son temps à chercher le sens —? Übrigens ist bei diesem Dichter mehr als bei manchem anderen der einfachste Gedanke stets der richtige; und wird dieser Satz festgehalten, so ist die Heilung mancher Stelle möglich.

Um den Umfang des Gegebenen aber genauer zu bestimmen, will ich die Überschriften beisetzen. Prom.: I. Le supplice de Prométhée; II. P. et les Océanides; III. Les origines de la civilisation humaine; IV. Jo; V. P. et le messager de Zeus. — Perser: I. L'exposition du drame; II. Le songe de la reine; III. La bataille de Salamine; IV. L'ombre de Darios (v. 842). — Septem: I. L'exposition du drame; II. Les femmes dans une ville assiégée; III. Les sept couples de combattants; IV. Le chant funèbre (v. 960). — Agam.: I. Le veilleur; II. Les vieillards d'Argos; III. Les signaux de feu

IV. Cassandre; V. Clytemnestre (v. 1447). — Choeph.: I. Les libations funèbres. La reconnaissance; II. Les enfants d'Ag. concertent la vengeance; III. La fausse nouvelle; sa mère, sa nourrice; IV. Clyt. et le vengeur; V. Egarement et fuite d'Oreste. — Eum.: I. La Pythie; II. Apollon et Oreste; III. Le réveil des Furies; IV. Apollon chasse les furies; V. Oreste à Athènes; VI. L'institution de l'Aréopage (v. 710).

Was den Text betrifft, so verweist der Verf. auf seine kritische Ausgabe und seine Untersuchung in der Revue de Philologie. 1881. pag. 65 ff. Die von der grofsen Ausgabe abweichenden Lesarten sind in der Vorrede zusammengestellt.

Ich hebe daraus folgende hervor: Als richtig erscheinen mir aufser Ag. 75 πήκτροις ἰσόπαιδα νέμοντες, was ich selbst p. 60 d. B. vorschlug. Prom. 113 προβαελοόμενος nach Weckl., 239 θέμενος εἶτα, Pers. 135 ἁβροπενθεῖς nach Paley. 478 f. οἳ und τούσδε (sonst nach Med.), Ag. 64 ἐρειπομένου, 272 ἢ γάρ τι nach Karsten, Cho. 773 κυρτός für κρυπτός, 883 πέλων für πέλας, Eum. 18 τοῖσδε nach Kirchh. 169 μαντικόν für μάντις ὤν.

Aufserdem habe ich noch etwa 25 andere, sehr beachtenswerte Konjekturen notiert. Für unrichtig aber halte ich Sept. 620 ποζώκες οἶμα (der Vers ist wohl unecht), Ag. 32 αἰσθήσομαι (es ist nichts zu ändern), 78 Ἄρτως nach Gilbert (mir scheint χώρα falsch), 90 τῶν τε θυραίων dont les images et les autels se trouvent à l'entrée du palais (ich ziehe ἀγρονόμων vor), 1121 δράμεν für ἔδραμε.

Pers. 250 ist nach Heims. für πολὺς πλούτου λιμήν das seltene Wort ταφός gesetzt; warum nicht βαθύς? — Ag. 103 hat der Verf. seine bekannte Konjektur in den Text gesetzt; ich vermute jedoch mehr nach der Hdschr. ἐλπὶς ἀμύνει τὴν θυμοβόρον φροντίδ᾽ ἀπλήστῳ φρενὶ λύπης. — v. 1447 ist θοίνης (mit Karsten) und γλιῶν geschrieben; sollte nicht einfach γλιδῶν zu setzen sein? „Der Wollüstige," — Cho. 754 halte ich für στόχῳ besser κόρῳ. — Eum. 31 verlangt die Änderung κεῖ τις Ἑλλήνων πάρα doch auch wohl die Herstellung des Singular im nächsten Verse. — v. 361 ibid. ist der Gedanke θεῶν δὲ τελέαν ἐπ᾽ ἐμαῖσι δίκαις ἐπικραίνειν oder θεῶν δ᾽ ἐπ᾽ ἐ. δ. τελέαν ἐπικρ. gewifs richtig; doch kann ich meine Vermutung nicht unterdrücken, dafs λιταῖσι aus ἀλιτοῦσι entstanden ist, worauf ἔθνος τόδε hinweist.

Schweinfurt. Metzger.

Ciceros ausgewählte Reden. Erklärt von Karl Halm. VI. Bändchen. Sechste Auflage. Die erste und zweite philippische Rede. Weidmann 1881.

Trotzdem die Halm'schen Ausgaben der Reden Ciceros sehr häufige neue Auflagen erleben, so nimmt man doch überall die sorgsam bessernde Hand des Herausgebers wahr, mit der er in ihm Text wie in den erklärenden Anmerkungen jeden Anstofs wie jede Unklarheit zu beseitigen bemüht ist. Daher lassen sich nur wenige Stellen finden, an denen man Kritik üben könnte. Vielleicht dürften jedoch folgende Bemerkungen einige Beachtung verdienen.

Wenn in der Einleitung § 6 bemerkt wird, Cäsar sei damals im nördlichen Gallien gestanden, als Antonius ihn aufsuchte, und dabei auf II, 48 in ultimam Galliam verwiesen wird, so möchte ich doch bezweifeln, ob Cicero dies mit ultimam habe bezeichnen wollen; ich glaube, es sollte damit nur die grofse Entfernung von Ägypten und die Unterlassung, die Mutter zu besuchen, betont werden; er wird Cäsar im diesseitigen Gallien getroffen (b. G. V. 2) und dann allerdings in das nördliche Gallien begleitet haben.

§ 35 A. 136 sollte die bezeichnendere Stelle I, 31: tuus parvus filius in Capitolium a te missus pacis obses fuit angegeben werden. Zur Schilderung der Unruhen bei dem Leichenbegängnis Cäsars (§ 35) dürfte auch Tacitus ann. I, 8 herangezogen werden.

In den erklärenden Anmerkungen liefse sich p. 39, 7 amplissimis nach Nägelsbach 117, 2 mit ‚höchst anerkennend' geben; ebenso Z. 14 qui in C. Marii nomen invaserat ‚der sich den Namen Marius angemafst hatte' (N. 132, 3). Doch wäre es für den Schüler zweckmäfsiger, wenn er den Ausdruck statt nur den Fundort vorfände (wie p. 110, 17 N. 130, 4), da er wohl nur in seltenen Fällen Nägelsbach zur Hand haben wird.

p. 44, 7 vermifst man eine Erklärung von auderet, ebenso 48, 1 von et ‚und da noch'.

p. 55, 19 hat wohl Eberhard recht, wenn er imbecillum übersetzt ‚steht auf schwachen Füfsen'.

p. 57, 2 vermisse ich: in medullis populi Romani ac visceribus haerebant N. 128, 4 ‚im innersten Herzen des Volkes lebten'.

p. 58, 4 halte ich mit Eberhard: mihi poenarum illi plus quam optarem dederunt die Erklärung ‚als ich wünschte, wenn ich dazu noch in der Lage wäre' für künstlich und unzutreffend. Es ist ein konsekutives Verhältnis zu denken: jene haben zu viel Strafe erlitten, als dafs ich es hätte wünschen können. Beispiele giebt Zumpt 560 A. Statt optaram, wie Eberhard schreibt, hätte wohl Cicero optavi gesetzt, vgl. § 27.

p. 70, 18 könnte tota re ‚in allen Beziehungen, total', temporibus ‚Chronologie' erklärt werden N. 8, 6.

p. 82, 6 schreibt Eberhard richtig sic opinor, da das alleinstehende sic für ‚ja' bei Cicero nicht nachweisbar sei.

p. 92, 4 wünschte ich eine Erklärung von sectio.

p. 98, 1 hätte zu ne tu besser Zumpt 360 A. statt p. Rosc. Am. § 50 angegeben werden sollen, wo ja doch auf die Grammatik verwiesen wird; zudem werden wohl die wenigsten Gymnasiasten, für die ja zunächst diese Ausgabe bestimmt ist, alle Reden Ciceros zumal mit Anmerkungen besitzen.

p. 106, 10 propter proximum dictatoris metum bedeutet nicht ‚wegen der nächsten Furcht vor einem Diktator (wegen der Furcht, welche die Macht und der Name eines Diktators zunächst nach dem eines Königs erregt)', sondern im Hinblick auf Phil. I, 4: cum dictatoris nomen — propter perpetuae dictaturae recentem memoriam — sustulisset ‚wegen der neulichen, jüngst vergangenen Furcht, die der Diktator Cäsar verursacht hatte'; Eberhard giebt deshalb im Anschlufs an eine frühere Vermutung Halms proximi, freilich unnötig. Allerdings würde die Stelle gewinnen, wenn man einschalten könnte propter proximum perpetui dictatoris metum.

p. 121 sollte zu mecum bemerkt werden: sc. age (Eberhard) oder utere, was übrigens vor uti voles (utiles oder ut voles bieten die Handschriften) ausfallen konnte.

Wenn ich nun einige textkritische Bemerkungen anfüge, so will ich niemand die etwaige Priorität wegnehmen, sondern schätze mich glücklich, mit einem Vorgänger unbewufst zusammenzutreffen.

I, § 4. Magnumque pignus ab eo reipublicae datum, se liberam civitatem esse velle, cum dictatoris nomen, quod saepe iustum fuisset, propter perpetuae dictaturae recentem memoriam funditus ex republica sustulisset. Zu iustum ergänzt Halm ‚so lange Diktatoren ad tempus gewählt wurden'; aber dies pafst ebensowenig zu dem Gedanken, A. habe den Namen Diktator wegen der frischen Erinnerung an die beständige Diktatur beseitigt, als die Erklärung Eberhards, ‚wenn das Wohl des Staates einen Diktator erheischte'. Auch die Vermutung Campes: funestum

‚verhängnisvoll, verderblich', kann nicht richtig sein, da nicht das Verderben, sondern die Ungesetzlichkeit der langen Dauer betont werden soll. Ich vermute iniustum unrechtmäßig erworben, ungesetzlich. Vgl. Fam. V, 17, 1: iniustissimis atque acerbissimis incommodis; Leg. II, 11: perniciosa et iniusta populi iussa.

I, 21. Quis est enim hodie, cuius intersit istam legem manere? Halm scheint mir recht zu haben, dafs man einen Ausdruck erwartet, der ein Erhalten, Haben bezeichnet, um auf Grund dieses Gesetzes bei einer Verurteilung Berufung an das Volk zu ergreifen. Doch ist das Passiv nicht nötig, vgl. Zumpt 449 A. 1. Manu tenere würde paläographisch leicht sein, wenn der Sprachgebrauch entspräche. Deshalb wäre es geratener, habere (Jordan) in den Text zu setzen, um das + zu beseitigen, das der Schüler nie sehen sollte.

II. 26 ist his maioribus nicht ‚eine Art abl. qual.', wie Eberhard annimmt, sondern eher ein abl. abs., falls nicht usi nach maioribus ausgefallen ist.

II, 49. Postea sum cultus a te, tu a me adiutus in petitione quaesturae. So Halm; Vaticanus bietet ovatus, die zweite Klasse der Handschriften observatus, offenbar eine alte Konjektur der sinnlosen Überlieferung. Aber ist denn nicht das gewöhnlichste Wort in diesem Zusammenhange commendatus? Vgl. § 79: his igitur rebus praeclare commendatus iussus es renuntiari consul; ebenso § 3. O ist verdorben aus c̄ = con, n ist Überrest der in der Mitte angebrachten Abkürzung.

II, 57 halte auch ich peragratio itinerum für unmöglich. Im Hinblick auf § 62: Italiae rursus percursatio eadem comite inima, in oppida militum — deductio möchte ich itinerum für glossiert oder verschrieben aus Italiae halten. Die Häufung des Wortes hat nichts Anstöfsiges; vgl. § 97 Creta.

II, 64. Una in illa re servitutis oblita civitas ingemuit, servientibusque animis, cum omnia metu tenerentur, gemitus tamen populi Romani liber fuit. Eberhard schliefst serv. animis ein, da der Ausdruck nach servitutis höchst auffällig sei; warum ist gemitus nach ingemuit nicht auffällig? Animis sucht Halm zu halten: ‚während die Herzen und Gesinnungen geknechtet waren und niemand zu handeln wagte, hat das Volk doch seinen Gefühlen Luft gemacht'. Aber hier vermifst man dann die Angabe, wessen Gesinnung geknechtet war; omnium aus omnia zu ergänzen geht nicht an, und deshalb finde ich animis für unmöglich. Man erwartet einen Begriff, der im Gegensatz zum Volke (omnia, pop. Rom.) steht; und diesen bekommt man leicht, wenn man amicis schreibt: seine Helfershelfer waren ihm zu allem behülflich; das sind § 58: lenones, comites nequissimi, § 62: beneficio amicorum, I. 8: mali suasores; zu diesen gehört II, 96 iure consultus, d. h. Sextus Clodius u. a. —

Der Druck ist mit Ausnahme einiger Kleinigkeiten (wie p. 106: A. 114 st. 144) sehr korrekt, bei einem Schulbuche ein schätzenswerter Vorzug.

Landshut. C. Hammer.

Cornelius Nepos. Mit Anmerkungen für Schüler von L. Englmann. München, Hans Englmann. 1882. 108 S.

Wie oft das Buch de vita excellentium imperatorum und die beiden Biographien aus dem Buche des Cornelius Nepos de latinis historicis für die Schule bearbeitet worden sind, möchte wohl niemand zählen. Trotzdem wird man eine neue erklärende Ausgabe von L. Englmann willkommen heifsen — die letzte Gabe, welche wir dem durch reiche Erfahrung und seltene Geschicklichkeit ausgezeichneten Schulmanne verdanken. Der Verleger, ein Sohn des Herausgebers, hat für ansprechende Ausstattung seines ersten Verlagsartikels Sorge getragen. Der Druck ist komprefs, aber deutlich und gefällig; auch für die Anmerkungen sind scharfe Typen gewählt. Da die Erklärung nur die Präparation des Schülers für den Unterricht ermöglichen oder fördern will, so bietet sie vorwiegend Andeutungen zur Konstruktion und zur Übersetzung. Die geographischen Namen sind in einem angehängten Register kurz erläutert; daselbst ist auch die Quantität der Eigennamen bezeichnet. Dem Texte liegt Halms Rezension zu grunde; die Abweichungen sind nicht zahlreich, aber doch zahlreicher als das Variantenverzeichnis angibt. Für den Herausgeber waren hiebei didaktische Rücksichten mafsgebend. Ob es nötig war, Eum. 1, 6 und Timol. 3, 2 die Dativformen alterae und totae durch die regelmäfsigen zu ersetzen, wie jüngst auch Cobet in seiner Textausgabe gethan hat, darf man bezweifeln; die Schüler begegnen dem Dativ alterae ja doch bald bei Cäsar b. G. V 27, 5. Die bei Halm eingeklammerten Stellen hat Englmann gestrichen; auch pädagogisch Bedenkliches, wie praef. 4; Alc. 2, 2 f.; Dion. 4, 4; Ham. 3, 2, ist getilgt. Über einzelne Lesarten und Erläuterungen liefse sich rechten; im ganzen kann man auch aus diesem Buche von Englmann eine Haupttugend des Lehrers lernen: einfache Klarheit. Eufsner.

Des Publius Cornelius Tacitus Geschichtswerke. Übersetzt v. Victor Pfannschmidt. Leipzig, E. Kempe. 1881. 2. 3. 4. 5. Heft (S. 65—288).

Von Pfannschmidts Übersetzung des Tacitus, deren erste Lieferung in diesen Blättern Bd. XVII. p. 462 besprochen wurde, liegen vier weitere Lieferungen vor, welche bis zum 11. Kapitel des IV. Buches der Annalen reichen. Eine Probe genügt, zu zeigen, dafs die Fortsetzung dem Anfang gleicht. Tacitus schreibt Ann. II 50: Adolescebat interea lex maiestatis. Pfannschmidt übersetzt: „Inzwischen brach sich das Majestätsgesetz immer mehr Bahn, griff weiter in alle Kreise und erstarkte immer mehr." Das erinnert weniger an den Stil des Tacitus als an den jenes Göttinger Professors, der, wie Lachmann erzählt, zu seinen Hörern sagte: „Wir kommen nun nachgerade allgemach ganz langsam immer weiter fort zum 10. Kapitel." — Der Umschlag des zweiten Heftes citiert aus einer Kritik des „Magazins für die Literatur des In- und Auslandes" die Worte: „Wir tragen kein Bedenken, diese Übersetzung für die beste zu erklären, die uns von klassischen Prosawerken bekannt ist." Ob hierdurch die Übersetzung Pfannschmidts oder die Kritik des „Magazins" richtiger charakterisiert erscheint, darf den Lesern der Gymnasialblätter zur Entscheidung überlassen werden.

Die Naturgeschichte des Cajus Plinius Secundus. Ins Deutsche übersetzt und mit Anmerkungen versehen von Prof. Dr. G. C. Wittstein in München. 4. und 5. Lieferung (à 2 $\mathcal{M}$). Leipzig, Grefsner und Schramm. 1881.

Auf dem Umschlag der 4. Lieferung, die im Monat März erschien, gibt Wittstein unter dem 28. Sept. 1880 folgende „unlieb verspätete" Erklärung ab: „Kurz nach dem Versenden der ersten Lieferung .... wurde ich durch die Nachricht überrascht, daſs in den letzten Decennien noch einige Werke erschienen sind, welche mir bei der Ausarbeitung entgangen waren." Es werden sodann die Bücher aufgezählt, welche in der Rezension der 1. Lieferung (S. 42 d. 17. Jahrg.) genannt wurden, dazu Oehmichen, Plinianische Studien zur geogr. und kunsthist. Literatur, und Lenz, Naturgeschichte der Alten. Dann fährt W. fort: „Da alle diese Werke bereits zu meiner freien Verfügung stehen, so ziehe ich von jetzt an auch sie zur Vergleichung und Benutzung heran und hoffe, in Erwägung, daſs in der ersten Lieferung der eigentliche Text kaum erst begonnen hat, hierdurch meine Arbeit in jeder Beziehung auf die Höhe der Zeit stellen zu können."

Mit dem ersten Teil dieser Erklärung hat W. seinem Rezensenten in der „Philologischen Rundschau" (Nr. 13), Nohl in Berlin, gezeigt, wie die Worte: „Ich habe mich dabei (bei der Übersetzung) wesentlich der zweiten Sillig'schen Ausgabe .... bedient" zu interpretieren waren. Nohl erfährt daraus — und ich kann mir sein Erstaunen lebhaft vorstellen — daſs W. auſser jener Sillig'schen Ausgabe nur lauter noch ältere Ausgaben zur Hand hatte und Detlefsens Text, den Nohl der Übersetzung gegenüberstellte, um zu zeigen, wie wenig W. Latein verstehe, überhaupt gar nicht kannte. Der zweite Teil der Erklärung sodann drückt eine Hoffnung aus, die, wie ich jetzt mit Bedauern gestehen muſs, niemand wird teilen können. Der Verfasser hat sich die Arbeit viel zu leicht gemacht, die „Höhe der Zeit" denkt er sich offenbar viel zu gering.

Hat nämlich W., nachdem er nunmehr wuſste, welchen Text er seiner Übersetzung zu grunde zu legen habe, die Resultate der neueren Textkritik verwertet? Nein! Es ist die 4. Lieferung, um von der 2. und 3. gar nicht zu reden, auch schon zu rasch erschienen, als daſs er den Rat, die Arbeit einer vollständigen Revision zu unterziehen, inzwischen hätte befolgen können. Die Prüfung der Übersetzung selbst nötigt geradezu zur Behauptung, er habe ernstlich gar nicht daran gedacht, das Versprechen, daſs er die neueren Ausgaben benützen werde, halten zu wollen. Charakteristisch ist die bekannte Stelle von 7,55. Hier bietet cod. F, wie einst der Chiffletianus (ich halte an der Ansicht fest, daſs diese Codices nicht identisch sind), einen ganzen Satz mehr als die übrigen Handschriften, einen Satz, der in den neueren Ausgaben Aufnahme fand, wenn auch Th. Mommsen (Solinus praef. p. 66 Anm.) seine Echtheit bezweifelt (wovon W. sicherlich nichts gewuſst hat). Diesen Satz findet man in der W.'schen Übersetzung weder im Texte noch in einer Anmerkung. Auſserdem habe ich an einer groſsen Anzahl von Stellen, an welchen der neue Text augenfällig und vorteilhaft vom früheren abweicht, die Übersetzung verglichen und dabei gefunden, daſs W. die schlechtere alte Lesart wiedergibt. Schon deshalb muſs über seine Arbeit der Stab gebrochen werden.

W. will ferner jetzt auch die Strack'sche Übersetzung benützt haben. Man hätte dies hoffen und glauben mögen, zumal da er aus der Verweisung auf jene Vorarbeit die eindringliche Mahnung heraushören konnte, daſs er der eigenen Kraft nicht zu viel zutrauen solle. Wie er aber diesen Wink so gar nicht verstanden hat, das dürfte eine einzige Übersetzungsprobe zur genüge zeigen. Küll übersetzt die Worte des Plinius 7,16: In anum Africa familias quasdam effascinantium Isigonus et Nymphodorus tradunt, quorum laudatione intereant probata etc. in folgender Weise ganz schlecht übersetzt: „... durch deren Lob alles Gelobte (probäta!) zu grunde geht." Daraus machte W.: „... durch deren Lobsprüche alles verdirbt." Schon Strack gab laudatio ganz richtig mit „Zauber" (Zauberspruch) wieder, und probäta mit „Schafherden". So ist überhaupt die Strack'sche Übersetzung trotz ihrer vielen Fehler und trotz des antiquierten Standpunktes, den sie angesichts der inzwischen nicht wenig fortgeschrittenen Textkritik einnimmt, den aber auch ganz unverzeihlicher Weise die W.'sche Arbeit, wie gezeigt wurde, mit ihr teilt, immerhin noch weitaus die beste, abgesehen davon, dafs sie, ohne der deutschen Sprache zu grofsen Zwang anzuthun, im allgemeinen den Stilcharakter des Plinius weit besser wahrt als die neueste Übertragung.

Das neue Werk entspricht auch, was die Anmerkungen anbelangt, ganz und gar nicht den Anforderungen, welche die Höhe der Zeit zu stellen berechtigt ist. Külbs in den Erläuterungen tüchtige und unübertroffene Arbeit war dem Verf. ursprünglich nur bis zum achten Buche bekannt gewesen, und so sind bis dahin seine Anmerkungen reichlicher und besser, meistens aber mit denen Külbs dem Gedanken nach identisch und nicht selten geradezu wörtlich abgeschrieben. Von den neuen Anmerkungen ist der gröfste Teil für einen Leser des Plinius überflüssig, wie z. B. die Belehrung über die fasces oder über die rostra; manche enthalten handgreifliche Irrtümer. Dafs Lenzs Werk, die Naturgesch. d. A., von W. benützt worden wäre, davon zeigt sich nirgends eine Spur. Ebenso findet man im ganzen geographischen Abschnitt auch nicht eine einzige Andeutung, ob es ihm wirklich eingefallen ist, auf die Zauberkraft der Wünschelrute Oehmichens vertrauend, demselben auf seine Schatzgräberarbeiten zu folgen und dabei gefahr zu laufen, über die eine oder andere von seinen vielen „Fundgruben" zu stolpern. Schon der Umstand, dafs er Oehmichen allein und nicht auch dessen Vorgänger auf dem Gebiete der Quellenforschung erwähnt, beweist, dafs er es sich an der Nennung des Buches genügen liefs.

Wie steht es aber, wird man fragen, mit den Erläuterungen im naturgeschichtlichen Teile? W. wird doch gewifs hierin zum Verständnis und zur Würdigung des Plinius viel Neues beigebracht haben? Dieser Erwartung gab ich a. a. O. mit voller Zuversicht Ausdruck. Aber welch bittere Enttäuschung folgte! Vergleicht man seine Anmerkungen mit denen Külbs, so sieht man, dafs letztere nicht blofs weit gehaltvoller, sondern auch weit zalreicher sind als jene. An gar manchen Stellen vermag jetzt selbst der Laie, wenn er sich einiger Mühe unterzieht, zur Würdigung des Plinius ein Scherflein beizutragen. Es sei gestattet, dies an einigen Sätzen zu zeigen, die den grofsen Abschnitt über die Elefanten, 8,1—32, entnommen sind — einem Abschnitt, zu welchem W. eine einzige naturgeschichtliche Notiz zu geben weifs, nämlich zu § 28 die auch bei Külb, bei Cuvier in der Lemaire'schen Ausgabe u. s. w. zu lesende Bemerkung über die Schwimmfähigkeit der Elefanten.

8,11 heifst es: Elephanti gregatim semper ingrediuntur, ebenso § 23. Brehm bemerkt in seinem herrlichen Buche „Tierleben" auf S. 478 f. des 3. Bandes der grofsen Ausg., 2. Aufl., dafs jede Familie jener Tiere ihre eigene Herde und einen geschlossenen Verband unter sich bilde, und dafs kein anderer Elefant Zutritt finde, so dafs derjenige, welcher so unglücklich gewesen, durch irgend welchen Zufall von seiner Herde getrennt zu werden, vielleicht übrig zu bleiben oder aus der Gefangenschaft zu entfliehen, gezwungen sei, ein Einsiedlerleben zu führen (also beständig solivagus, § 23, beständig solitarius, § 24, zu sein). „Solche Elefanten werden von den Indern Gundas oder, falls sie sich bösartig zeigen, Rogues genannt." — Plinius fährt fort: Ducit agmen maximus natu, cogit aetate proximus. Anders lautet, was man in Rebaus Naturgeschichte, 8. Aufl. S. 217, liest: „Die Alten gehen voran, die Jungen und die Schwachen bilden das Centrum und die Mitteljährigen machen den Beschlufs. In dieser Ordnung erscheinen sie aber blofs, wenn sie Gefahr befürchten und wenn sie angebaute Felder besuchen. In den Wüsten und Wäldern wandern sie mit weniger Vorsicht herum." — § 24 sagt Plinius: Africa foveis capit, in quas deerrante aliquo protinus ceteri congerunt ramos, moles devolvunt, aggeres construunt omnique vi conantur extrahere (vgl. Plut. de sol. anim. 968). Nach Heuglin und Schweinfurth fangen die Neger des obern Nilgebietes noch heutigentages die Elefanten in derselben Weise, und Heuglin schildert die Versuche der Tiere, den in die tückische Fallgrube gestürzten Genossen zu befreien, in gleicher Weise wie Plinius (Brehm S. 184 f.). — Unser Autor fährt fort: Ante domitandi gratia reges equitatu cogebant in vallem manu factam et longo tractu fallacem, cuius inclusos ripis fossisque fame domabant etc. Höchst interessant ist Tennents Schilderung eines solchen Elefantenfangs auf Ceylon; Brehm teilt sie S. 487—496 mit. Auch in Rebaus Naturgesch. S. 218 f. ist diese Art des in Ostindien üblichen Fanges anschaulich beschrieben; in kürze auch bei O. Lenz 1⁴ p. 391. Der Fangraum, mitunter aus drei Abteilungen bestehend, heifst hier Corral. Er ist von hohen, starken, mit Sträuchern und Bäumen verdeckten Pfählen eingeschlossen, und diese Umzäunung entlang, die nur einen engen Eingang hat, läuft innen ein Graben. Vergleicht man die Worte des Plinius mit diesen Schilderungen der Neueren und mit der (meines Wissens nicht beachteten) die gleiche Sache betreffenden Darstellung Strabos 15,1,42, so ergeben sich folgende Schlüsse: 1. Ante domitandi gratia etc. dürfte auf Afrika, von welchem in vorhergehenden die Rede war, nicht mehr zu beziehen sein; es scheint, dafs es Plinius in diesem Satze, wie in dem nachfolgenden: Nunc dentium causa pedes eorum iaculantur alioqui mollissimos einzig um den (schon von Pintian besonders betonten) Gegensatz zwischen einst und jetzt zu thun war. Sollte aber diese Vermutung nicht gebilligt werden, so mufs man annehmen, dafs bei Plinius eine Verwechslung vorliegt.[1]) Wie nämlich Indien in den Schilderungen der Neueren der Schauplatz jener Art von Elefantenfang ist, so erscheint Indien, nicht Afrika, als solcher auch bei Strabo a. a. O. Dafs Plinius an indische Verhältnisse gedacht oder die ganze Sache verwechselt habe, dürfte auch aus folgender Stelle bei Strabo hervorgehen: Ἵππον δὲ καὶ ἐλέφαντα τρέφειν οὐκ ἔξεστιν ἰδιώτῃ· βασιλικὸν δ' ἑκάτερον νενόμισται τὸ κτῆμα — in Indien (15,1,41). Die Könige also haben in Indien mit den Pferden, die zu halten nur den Königen zustand, die Jagd abgehalten oder abhalten lassen auf jene Tiere, zu deren Besitz ein Recht nur die Könige hatten. Durch eben diese Worte Strabos wird die Lesart reges im obigen Satze sehr empfohlen, wie schon Pintian, freilich ohne Angabe eines Grundes, konjiciert hatte (früher las man greges, was an sich auch stehen könnte, weil wirklich ganze Herden auf die angegebene Weise gefangen wurden und gefangen werden). Ferner möchte durch jene Stelle das Wort equitatu eine besondere Beziehung und Bedeutung erhalten. 2. Was bei Plinius vallis manu facta heifst, das nennt Strabo χωρίον ψιλόν. Die Bäume wurden ausgehauen, die Sträucher und sonstige Pflanzen, damit den gefangenen Tieren alle Nahrung entzogen werde (fame domabant), ausgerodet (χ. ψιλόν); schon eine solche Lichtung mufste gegenüber der Umgebung einer Thalmulde gleichen. Kam dazu noch eine künstliche Umwallung durch das bei Herstellung der Gräben gewonnene Erdwerk und durch die Pallisaden, so mochte das Terrain wie eine „Schlucht" (Urlichs; derselbe Ausdruck ist nach der Schilderung von John Davy bei Lenz gebraucht) oder „Thalschlucht" (Wittstein) erscheinen („Thal" bei Külb zu unbestimmt, „Umwallung" bei Strack nicht wörtlich übersetzt). Unter ripae endlich sind nicht „Kanäle"

---

[1]) Urlichs denkt (siehe unten die Bemerkung gegen Brehm) an die Könige von Mauretanien und Numidien. Von Elefantenjagden dieser Könige ist freilich nirgends die Rede, wohl aber von Elefantenjagden der ägyptischen Könige, 2,183 und 6,171.

zu verstehen — Plinius spricht von keiner Füllung der Gräben mit Wasser, von welcher allerdings bei Rehau Erwähnung geschieht — sondern die „Wände" der Schlucht (Urlichs), vgl. 19,163: area in defossum cavata ripisque undique circumstructis lapide. — Die oben angeführten Schilderungen der Neueren illustrieren auch Plinius § 27: domantur rabidi fame et verberibus, elephantis aliis admotis qui tumultuantem catenis coerceant, ebenso (natürlich nach Weglassung von deprehensum — grege) den ersten Satz in § 24. — § 26 teilt Plinius mit, wie der Troglodyte den Elefanten erlegt (poplitis nervos ferit). Noch heutzutage verfahren, wenn auch in den Vorbereitungen anders, so doch in der Hauptsache ebenso die Nomaden in den Steppen des Atbaragebietes, wie aus einer Schilderung Bakers, der sie treffend Schwertjäger nennt, hervorgeht (Brehm S. 484.) — Zu § 27 a. E. beachte man Brehms Erklärung (S. 471), dafs der afrikanische Elefant seinen indischen Verwandten wahrscheinlich an Gröfse übertrifft (Plinius dagegen: maior Indicis (quam Africis) magnitudo est, ebenso Strabo 15,1,43), jedoch „insoferne hinter ihm zurücksteht, als er auf den Beschauer bei weitem nicht den majestätischen Eindruck ausübt wie die indische Art u. s. w." — Zu § 28: vivere ducenis annis et quosdam CCC dient als Berichtigung, was Brehm S. 497 (vgl. 483) sagt: „Die alte Angabe, dafs der Elefant ein Alter von zwei- bis dreihundert Jahren erreiche, wird durch einzelne Beispiele auf Ceylon allerdings bestätigt, wo einzelne in der Gefangenschaft länger als hundert und vierzig Jahre zugebracht haben. Indes glaubt man jetzt, dafs ihre eigentliche Lebensdauer etwa siebzig Jahre betrage." — Die schwarzgallige Bemerkung des Plinius in § 31: Invenit luxuria commendationem et aliam (aufser dem Elfenbein) expetiti in callo manus saporis, haud alia de causa, credo, quam quia ipsum ebur sibi mandere videtur zielt offenbar auf römische Gourmands ab. Interessant ist es, von Lenz zu erfahren (Klein und Thomé, die Erde und ihr organisches Leben, II 323), dafs auch in der Mitte des dunklen Erdteils die Menschen eben solche Feinschmecker sind; Rüssel und Füfse gelten ihnen als die besten Stücke. Der deutsche Afrikareisende aber konnte der „zähen Masse" keinen Geschmack abgewinnen. — § 1—4 zählt Plinius verschiedene Tugenden der Elefanten auf, darunter probitas und neben der religio siderum auch alienae religionis intellectus. Auch der Sudaner glaubt an eine das Eigentum respektierende Ehrlichkeit des Tieres, er meint, dafs es das Wort des Gottgesandten Mohamed achte; deshalb hängt er beim Herannahen der Erntezeit auf den Feldern vertrauensvoll an hohen Stangen Schutzbriefe auf. Brehm aber schildert nach Heuglins Mitteilungen in einigen drastischen Zügen die gerade entgegengesetzten Neigungen des Dickhäuters (S. 481 f.).

Nirgends findet man bei W. Brehms treffliches Werk citiert, und es bietet doch eine reiche Fülle zuverlässigen Materials teils zur Bestätigung teils zur Berichtigung der Angaben des Plinius und der Alten überhaupt. Über das frühere Verbreitungsgebiet des Elefanten aber hat Brehm eine Vermutung aufgestellt, die eine Widerlegung herausfordert. Er meint nämlich S. 472: „Ob das Tier jemals in den Atlasländern gelebt hat, wie Wagner zu glauben scheint, dürfte fraglich sein." Dieser Vermutung steht gegenüber, dafs Plinius, sichtlich auf eine gute Quelle, wahrscheinlich auf den Numiderkönig Juba (vgl. 5,16) gestützt, an verschiedenen Stellen davon spricht, dafs es in jenen Ländern wilde Elefanten gibt, wie 5,5. 15. 18 und 8,2 (Marokko) und 5,26 (wohl tripolitanisches Gebiet), besonders 8,32 (elephantos fert Africa ultra Syrticas solitudines et in Mauretania etc.). Auch bei Strabo 17,3,4 heifst Mauretanien ἐλεφάντων τροφός. Aus den Atlasländern also werden die Punier ihre Elefanten erhalten haben, dort war wohl die Heimat der Riesentiere, welche der geschworene Todfeind der Römer über die Pyrenäen und die Alpen geführt hat.

Ein Sprichwort lautet: Elephanti corio circumtentust. Es pafst ganz auf Wittstein. Ich habe ihm den Rat gegeben, das Werk einer vollständigen Revision zu unterziehen, andere Rezensenten haben gleich nach dem Erscheinen des ersten Heftes ein iam satis est! ihm zugerufen — er hört auf niemand. Quousque tandem?! Sollte er wirklich wissenswerte neue Erläuterungen zu späteren Büchern beibringen können, so möge er diese zusammenstellen und damit schliefsend seiner Arbeit ein gutes Ende bereiten.

München. Karl Welzhofer.

Die allitterierenden Verbindungen der lateinischen Sprache, von E. Wölfflin. Aus den Sitzungsberichten der Kgl. bayer. Akademie d. Wissensch., philos. Klasse 1881, Bd. 2, Heft 1. München, in Kommission der G. Franz'schen Buchhandlung. 94 S. 8.

Im ersten Teile seiner Abhandlung (S. 1—45) gibt der Verf. zunächst eine Begriffsbestimmung dessen, was er unter Allitteration und allitterierenden Verbindungen verstanden wissen will. Wenn er (S. 4) mit Recht hervorhebt, dafs bei den Mutae nur tenuis mit tenuis, media mit media allitteriert, so verdient doch hervorgehoben zu werden, dafs tenuis und media mit darauffolgendem Konsonanten unter Umständen allitterieren. Ich mache hier besonders auf die Verbindung *gloria claret* Enn. ann. 315 p. 47 V und *clarissima gloria* Eutrop. 3, 1 aufmerksam, in denen die beiden Wörter ebenso gut allitterieren, wie *clara cluebunt* Enn. ann. 4 p. 3 V oder *clara clueret* Lucr. 1, 119 (vgl. im Deutschen ‚Gras und Kraut'), zumal ja *gloria* aus der Wurzel *clu* erst durch Erweichung des *c* in *g* entstanden ist (vgl. Schleicher, Kompendium p. 238). — Mit Recht behandelt der Verf. nur die bewufste Allitteration, nicht auch die zufällige, und legt sich selber die Beschränkung auf, dafs er „nur von der Verbindung oder Gegenüberstellung gleicher Redeteile, also von syntaktisch koordinierten Gliedern sprechen will". Dafs damit die allitterierenden Verbindungen im Lateinischen nicht erschöpft sind, gibt der Hr. Verf. selber zu, und ich erlaube mir, hier auf einige weitere Gruppen aufmerksam zu machen, die sehr wohl systematisch zusammengefafst werden können. Ich meine zunächst die allitterierende Verbindung eines Substantivs und attributiven Adjektivs (vgl. im Deutschen ‚in hellen Haufen'), wofür der Verf. selber in *viva voce* (S. 7 f.) und im Register S. 49 in dem vereinzelt gebliebenen *bona benia* Belege liefert. Hierher gehören im Lat. stehende Ausdrücke wie *caeca caligo* Lucr. 3, 304. Val. Flacc. 4, 596. Sil. It. 5, 34 oder *caeca cupido* Lucr. 3, 59. Ov. met. 3, 620, *caecus c.* Sen. Phaedr. 528, die auch beide für die Aussprache des $c = k$ zeugen, *dulce decus* Hor. carm. 1, 1, 2. Mart. 9, 28, 1 (vgl. *praedulce decus* Verg. Aen. 11, 155 und *dulce et decorum* Hor. carm. 3, 2, 13), *ficta fabula* Corn. 2, 8, 12. Cic. Mil. 3, 8. Phaedr. 1 prol. 7 (vgl. *conficta fabula* Corn. 2, 8, 12), *foeda fuga* Sall. Jug. 38, 7. 43, 1. Liv. 8, 25, 4. 26, 41, 19. 27, 31, 5 u. s. w., *roseus rubor* Ov. am. 3, 3, 5. hist. Apollon. p. 2, 14. 25, 5 Riese u. s. w. Eine weitere bestimmt abgegrenzte Gruppe bilden diejenigen Wendungen, in denen das Verbum und sein Objekt allitterieren, wie in *poenas pendere* z. B. Val. Flacc. 1, 51. 7, 421 oder in dem bekannten *corpus curare*, vulgär *cutem curare* Juv. 2, 105 u. s. w.

Weiter konstatiert der Verf. S. 8 bezüglich des *Gedankenverhältnisses*, in welchem die Teile der allitterierenden Formeln zu einander stehen, dafs sie entweder Synonyma sind, oder zwar verschieden, aber doch notwendig zusammengehörig, oder endlich Gegensätze, die einander ausschliefsen. Daraus ergibt sich für die *Form der Verbindung* S. 9 entweder Aneihung durch die einfachen kopulativen Partikeln *et que atque* (nebst einer Anzahl Variationen S. 12) oder Ausschliefsung durch die disjunktiven Partikeln *aut rel*, schärfer *aut—aut*, *rel—rel*, *seu—seu*, besonders *nec—nec*. Freilich war die älteste Form der Verbindung weder die kopulative noch die disjunktive, sondern das Asyndeton (auch bei zweigliedrigen Verbindungen), wie dies S. 13—16 an einer Reihe von Beispielen im einzelnen nachgewiesen wird, während in dreigliederigen Verbindungen das Asyndeton auch in der guten Prosa durchaus normal ist.

Der folgende Abschnitt über die *Stellung* der allitterierenden Wörter (S. 17—20) enthält eine Reihe von feinen Bemerkungen und Beobachtungen, wie z. B., dafs die volleren Endungen lieber an zweiter Stelle stehen (*fundere fugare*), dafs von verschiedenen Stammvokalen *a* besser ins zweite Glied gestellt wird (*silvas saltusque*), dafs bei ungleicher Silbenzahl (bei Klassikern) das längere Wort den zweiten Platz erhält (*domus dominus*). Abweichungen von letzterer Regel werden im einzelnen motiviert.

Besonders beachtenswert sind die Schlüsse, die sich aus den allitterierenden Verbindungen für die Kenntnis der Aussprache einzelner latein. Buchstaben und Laute ziehen lassen (S. 21 ff.). Dafs *au* in vulgärer Aussprache wie *o* klang, lehren nicht nur die romanischen Sprachen und Festus p. 182, sondern auch plautinische Verbindungen wie *aurum ornamenta, omen auspicium* u. s. w. Dafs aber die Aussprache des *au = o* unter Umständen auch im sermo urbanus platz gehabt haben mufs, glaubt Ref. in seiner Abhandlung „über Sprache und Kritik des lat. Apolloniusromanes" Progr. Speier 1881 S. 24 f. an der Verbindung *aurum ostrum* nachgewiesen zu haben. Die daselbst angeführten Beispiele lassen sich leicht noch vermehren: vgl. Venant. Fort. vit. Mart. 2, 89 *inlita blatta toris aurumque intermicat ostro*, ib. 3, 462 *compositum gemmis auroque ostroque decorum*; vgl. Auson. 157, 19 f. *aurea - ostro*, beide Wörter je am Schlufs des Hexameters. Dazu halte man weiter die Thatsache, dafs *aurum* (und *aura*) auch in Verbindung mit andern mit *o* anlautenden Wörtern (oft mit *os oris*) auftritt, und zwar regelmäfsig an besonders markanten Versstellen: Sil. It. 11, 537 **ora** *admirantum praefulgens anulus* **auro**; Ov. met. 8, 197 **ore** *renidenti modo quas raga moverat* **aura**; ib. 8, 228 f. *remigioque carens non ullas percipit* **auras**, **Oraque** *caerulea*; ib. 15, 512 f . . . **auras** . . . **ore** (beide Wörter je am Hexameterschlufs) u. s. w. Die Häufigkeit der angeführten Beispiele schliefst wohl die Annahme eines Zufalls aus. Auch läfst sich nicht annehmen, dafs die Verbindung *aurum—ostrum* vielleicht ursprünglich in der Volkssprache heimisch war und von da erst in die Dichtersprache hinüberwanderte. Nicht nur, dafs bei den Vulgärschriftstellern jeglicher Beleg für obige Zusammenstellung fehlt, es läfst sich auch nachweisen, dafs sie erst von den augusteischen Epikern (wahrscheinlich Vergil) geschaffen worden sein kann. Denn die ursprüngliche Verbindung, wie sie sich bei älteren Dichtern findet und sich auch später noch erhalten hat, ist *aurum et purpura* Lucr. 1, 1423. Liv. öfter; vgl. *purpura atque aurum* Sen. Phaedr. 387 Leo. Thyest. 909. Doch mufs ich gestehen, dafs ich über den Grad der Verbreitung des *au = o* in der Schriftsprache noch sehr in Zweifel bin. An Stellen wie Cels. 7, 29 p. 317, 31 D *rel auri rel ori*, Venant. Fort. carm. 5, 2, 50 *ut bibat aure fidem, porrigit ore salem*, Sidon. Apoll. epist. 9, 13 (Baret) *el aure et ore* mufs doch wohl eine Verschiedenheit der Aussprache stattgefunden haben, da ja sonst die beiden Wörter völlig zusammengefallen wären. Oder sollte ein Unterschied in der lautlichen Beschaffenheit der beiden *o*-Laute vorhanden gewesen sein, was Wölfflin selber im Nachtrag S. 94 andeutet? Hier ist ein Punkt, wo die Romanisten eingreifen sollten.

Nachdem der Verf. sodann nachgewiesen, dafs unter den neueren Gelehrten zuerst *Joannes Jorianus Pontanus* im 15. Jahrh. zuerst den Ausdruck *allitteratio* gebraucht hat, stellt und beantwortet er die Frage, in welchen Gebieten der Sprache und der Literatur die Allitteration die tiefsten Wurzeln geschlagen habe, und nennt als diese Gebiete die Sakralsprache, den Kurialstil (nebst der Gerichtssprache) und die Volkssprache. Die mit letzterer eng verwandte christliche Literatur (S. 31) hat nicht nur eine Anzahl von bereits vorhandenen Formeln bewahrt, worauf ich selber in meiner oben erwähnten Abhandlung über den Apolloniusroman S. 21 ff. hingewiesen, sondern auch neue gebildet. Zu den ersteren gehört noch *rictum ritumque* im carm. de Pascha 20 (Cyprian. 3 p. 306 H), *luti et lateris* Vulg. exod. 1. 14, *in luto et latere* ib. Judith 5, 10, *in lamentationem et luctum* ib. Tob. 2, 6, welch letzteres eine Variation der von W. angeführten Formel *lamenta luctus* ist, sowie *salutem et sanitatem* ib. 2 Macc. 1, 10.

Was *die Schicksale der Allitteration bis in die modernen Literaturen* (S. 32 ff.) anlangt, so hatte sie ihre Blütezeit in der archaischen Latinität, nahm aber seit dem Ende der Republik in einer Weise ab, dafs einzelne Schriftsteller, wie z. B. Quintilian, sich derselben geflissentlich enthalten zu haben scheinen. Neues Leben gewann sie durch die Reform des Fronto. Dafs aber die allitterierenden Verbindungen zu allen Zeiten in der Volkssprache beliebt waren, beweist unter anderm auch die dem Zeitalter des Theodosius angehörige Komödie Querolus, die nicht nur eine Reihe überlieferter Allitterationen bewahrt, sondern auch eine Anzahl neugebildeter aufweist. Trotzdem aber besitzen die romanischen Sprachen von dem einst so reichen Segen nur noch spärliche Überreste. Der Verf. findet den Grund hievon namentlich in drei Thatsachen. Einmal hat öfters eines der allitterierenden Wörter im Anlaut eine Umbildung erfahren, infolge deren dann die Allitteration hinfällig wurde, sodann hat sich auch die Bedeutung eines der Wörter verändert. So verschwand z. B. *ferrum et fames*, weil *ferrum* nur noch ‚Eisen' bedeutete. Den schlagendsten Beleg hiefür bietet wohl Venantius Fortunatus carm. 8, 3, 21 *quos saxis gladiisque fame site frigore flammis*; trotz der Nähe der drei allitterierenden Wörter *fame frigore flammis*, trotzdem *ferro* so gut in den Vers pafst als *gladiis*, ist dennoch letzteres vorgezogen, offenbar weil die Bedeutung von *ferrum* nicht mehr ganz pafste. — Zum dritten erklärt sich die Auflösung vieler allitterierender Verbindungen durch den *Untergang* eines der Wörter oder gar beider.

Am Schlusse des ersten Hauptabschnittes bespricht der Verf. noch die Frage, ob die Romanen nicht mit ihrem sprachlichen Nachwuchse allitterierende Verbindungen gebildet haben. Bei Entscheidung dieser Frage wird man vielleicht gut thun, auf die lateinisch schreibenden mittelalterlichen Autoren aus romanischen Ländern Rücksicht zu nehmen, bei denen sich dann freilich auch immer Zweifel erheben werden, ob eine bei ihnen vorkommende Allitteration einem alten Klassiker entnommen oder aus einer romanischen Sprache geschöpft und nur mit lateinischem Gewande versehen ist. Wenn wir das Terentianische *amicitia et amor* im spanischen *amor y amistad* wiederfinden, so liegt doch wohl die Annahme näher, dafs das im libellus de Constantino p. 28, 21 auftretende *ab eius amicitia et amore* aus irgend einer romanischen Sprache herübergenommen sei, als dafs es auf einer Nachahmung des Terenz beruhe, von der sich sonst im ganzen libellus keine Spur findet. Ähnlich wird es sich mit dem *nec salvus nec sanus* (vgl. it. *sano e salvo*, fr. *sain et sauf*) in den gesta Romanorum p. 518, 6 (Oesterley) verhalten, wo die Worte jedenfalls auf einem mittelalterlichen Einschub beruhen. — Die von W. in den Anmerkungen S. 94 aus dem Altfranz. angeführte Verbindung *plorer et plaindre* ist keine romanische Neubildung, sondern findet sich bereits in der Vulgata Ezech. 24, 16 *et non planges neque plorabis*.

Zu den S. 45 aus den romanischen Sprachen angeführten Reimen bemerke ich, dafs die Zusammenstellung von *rex* und *lex* nach des Verfassers richtiger Vermutung in der That schon im Lateinischen vorkommt: Cornif. 2, 26, 40 *satius est uti regibus quam uti malis legibus*.

Im zweiten Hauptteil (S. 46—93) gibt nun der Verf. ein alphabetisch geordnetes, äufserst reichhaltiges Verzeichnis von allitterierenden Verbindungen der lateinischen Sprache. Zunächst sei mir nun gestattet, eine Anzahl Allitterationen anzufügen, die ich in diesem Verzeichnis nicht finde: *Acrior alacrior* neque Flor. 2, 13 (4, 2, 46), wo zugleich der Reim mitspielt. — *Arma armamenta* et Flor. 2, 13 (4, 2, 76). — Eine sehr beliebte Zusammenstellung bei Livius ist die von *caedere* und *capere*: 27, 48, 17 *caedendos capiendosque*; 28, 6, 5 *caeduntur capiunturque*; 28, 16, 6 *caesi captique* u. s. w.; vgl. *occidere capere:* Liv. 27, 27, 8 *occisus -captus*, 27, 49, 1 und *capere occidere* 7, 33, 15 u. s. w. — *Clamor clangor* queque Verg. Aen. 11, 192. — *Fides officium* atque Liv. 27, 10, 1. — *Foedus ferus* ac Liv. 28, 22, 5. — *Soles sidera* et-et Verg. cul. 351. — *Turres tecta* ac Verg. Aen. 7, 160; et Verg. Aen. 12, 132; que Ov. trist. 3, 10, 18.

Ferner seien noch zu den vom Verf. aufgezählten Allitterationen einige weitere Belege angeführt: *Arma animi* Liv. 7, 35, 8 *praeter arma et animos*; vgl. 9, 6, 12 *cum armis animos*. — *Armis acie* Liv. 26, 3, 4 *vi aperta*, a., a. *victum*. — *Caedere cadere* Sil. It. 12, 385 *caeduntque caduntque*. — *Caedes cruor* Sen. Agam. 47 *dolus c. c.*; die Form *caede cruenta* Verg. cul. 112 gehört zu der oben von mir besprochenen Form der Allitteration. — *Caput causa* Verg. Aen. 11, 361 o *Latio caput horum et causa malorum*, nachgeahmt von Laktanz inst. 2, 8, 2 *intellegat, quod tandem sit caput horum et causa malorum*; vgl. Verg. Aen. 12, 600 *causam . . crimenque caputque*. — *Caput cervices* Sil. It. 3, 156 *capite et cervicibus*. — Bei Cornificius 4, 53, 66 *triumphis dilata certissimis, clarissimis locupletata victoriis* durfte Langen (Philol. Bd. 37 S. 414) *certissimis* nicht in *celeberrima* ändern; das Wort ist lediglich der Allitteration mit dem folgenden *clarissimis* zu liebe gewählt, und darauf deutet auch die chiastische Wortstellung, durch welche die allitterierenden Wörter neben einander gerückt werden, wie Sall. Cat. 31, 7 *demisso vultu, voce supplici*. — *Colla caput* que Ov. met. 12, 400; *collum cervices* Cic. Vatin. 2, 4 *inflato collo, tumidis cervicibus*. — *Fames flamma* et Claudian. 3, 296 ist eine Kombination aus *fames ferrum* und *ferrum flamma*; letztere Formel findet sich noch Coripp. Joh. 1, 29 *insidiis ferro flammis*, Ov. met. 12, 546 *ferrum flammamque*, Sil. It. 2, 316 *ferro flammare*, id. 6, 702 *f. fl. que*, id. 7, 265 *ferro flammisque*; ebenso *flamma ferrumque* Ov. met. 15, 441, *flammis ferroque* Sil. It. 16, 154. Der Bedeutung nach stimmt dazu *et ferro et face* Sen. Troad. 1073 Leo. — *Fas fides* et-et Sen. Thyest. 47, que-que Sil. It. 17, 69. — *Faustum felix* que Liv. 27, 45, 8; *bonum f. f.* Liv. 8, 25, 10; *b. f. felixque* Liv. 10, 8, 12. — *Fortiter feliciter* que Liv. 28, 9, 7. Wenn Ovid, met. 13, 450 Polyxena *fortis et infelix et plus quam femina virgo* nennt, so will er durch diese Veränderung der bekannten Formel *fortis felix* offenbar bei seinen Lesern eine überraschende Wirkung hervorbringen. — *Fortis fidelis* asynd. Venant. Fort. spur. 6, 1 p. 383 Leo; *forti fidelique opera* Liv. 28, 9, 20. — *Laedo lacesso* Verg. catal. 13 (5), 33 Bährens *nunc laede, nunc lacesse.* — *Laedo laudo* declam. Sall. in Cic. 4, 7 *Bibulum—laedis, laudas Caesarem.* — *Libido licentia* ac Liv. 28, 24, 9. — *Ex more et modestia* Liv. 28, 24, 8. — Zu *movere moliri* vgl. Liv. 28, 28, 10 *amolior et amoveo.* — Die Verbindung *purgare et purum facere* Censorin. 22, 14 schützt wohl auch das *purificat et puram facit* Querol. p. 4, 12 Peiper, wo Klinkhamer *puram facit* ohne weiteres strich. — *Saltus ac saxa* Sen. Oed. 757; *saxa rudesque* Stat. Theb. 5, 352. — *Silvae saxa* et Ov. met. 11, 1 f. 14, 338, que ib. 10, 535, ac Sil. It. 17, 123; vgl. *saxa cum silvis* Sen. Herc. fur. 968; *silvaque et saltibus* Ov. met. 13, 871, *saltus (tractus* Bährens) *silvasque* Verg. cul. 22. — *Inter verbera et vincula* Liv. 28, 19, 12. — *Vinum venus* Cels. 1, 5 [2] p. 126, 22 D *a sole, balneo, vino, venere,* 4, 11 [4, 5] p. 135, 16 D *vinum balneum venus* (sollte hier *balneum* beide Male ebenfalls allitterieren?), que Cels. 5, 26, 6 p. 187, 14 D; *venere et vino* Hor. a. p. 414. — *Vire vale* Venant. Fort. carm. 6, 8, 50; vgl. Liv. 28, 25, 3 *vivere primo, mox etiam valere.* — Zu *vox verba* vgl. Sil. It. 9, 152 f. *verba vicesque . . . vocemve.*

Speier.   Philipp Thielmann.

C. L. Roth, Anthologie lateinischer Gedächtnisübungen in Stellen aus Dichtern. 3. verbesserte Aufl. Nürnberg, Korn. 1880. XII und 160 S., 8.

Die verdienstlichste Eigentümlichkeit dieser Sammlung, nämlich dafs sie eine vollständige Übersetzung aller lateinischen Stücke bietet und dadurch dem Anfänger auf dem kürzesten Wege das Verständnis zahlreicher Perlen lateinischer Dichtung vermittelt, hätte doch wohl verdient irgendwie auf dem Titel angedeutet zu werden.

In der 1829 geschriebenen Vorrede zur ersten Auflage empfiehlt Roth, nachdem er sehr beherzigenswerte Bemerkungen über die Vorteile des Auswendiglernens lateinischer Dichterstellen gemacht hat, es solle dieses Lernen schon in der untersten Klasse seinen Anfang nehmen und fünf Jahre lang fortgesetzt werden, in welchem Zeitraum sich das Ganze (74 Seiten lateinischer Text) bewältigen lasse. Wenn ich nun auch bezweifeln möchte, ob gegenwärtig auch nur zwei Anstalten wirklich das Ganze lernen lassen, so halte ich eine solche Leistung doch nicht für unmöglich, wohl aber ganz entschieden für übertrieben und nicht einmal wünschenswert, weil ja wenigstens ebenso notwendig Prosaisches gelernt werden soll, wozu bei einem solchen Umfang des poetischen Lernstoffes schwerlich mehr Zeit übrig bliebe. 30 bis 40 Seiten würden gewifs vollauf genügen (man denke nur an die nötigen Wiederholungen!), und obendrein würde das Buch wohlfeiler und handlicher werden.

Doch der Lehrer kann ja auswählen, und da wird das Buch gewifs die trefflichsten Dienste leisten. Ich bin auch fest überzeugt, dafs es, gerade wegen der beigefügten Übersetzung, mit dem gröfsten Vorteil in unserer fünften Lateinklasse zur ersten Einführung in die lateinische Poesie gebraucht werden könnte, besser als die betreffenden Blumenlesen mit Anmerkungen. Ferner wäre zu wünschen, das zu anregendem Privatstudium gleichsam herausfordernde Buch möchte seinen Weg in recht viele Schülerbibliotheken der beiden unteren Gymnasialklassen finden. Man spricht viel vom Privatstudium; aber wie sieht es in der Wirklichkeit damit aus?

Der Herausgeber der neuen Auflage, Prof. Westermayer, welcher sich in fast zu weit gehender Bescheidenheit auf dem Titel nicht nennt, hat Auswahl und Anordnung gar nicht angetastet, dagegen die Übersetzung vielfach umgearbeitet. Man kann in der That nicht umhin, dieselbe als eine sorgfältige und geschmackvolle zu bezeichnen.[1]) Was indes Auswahl und Anordnung betrifft, so hätte er vielleicht doch manches allzu Unbedeutende (statt vieler nur ein Beispiel: Nro. 142) ausscheiden und etwas mehr dahin streben sollen, dafs das sachlich Verwandte thunlichst zusammengebracht, wenigstens allzu jähe Sprünge vermieden worden wären. Nach meinem Dafürhalten dürfte das Gnomische besser vertreten sein, und auch aus den Metamorphosen, die doch den Knaben so sehr ansprechen, scheint auffallend wenig, ja zu wenig geboten. Die Rücksicht auf die Besitzer der älteren Auflagen kann ja doch nicht die allein mafsgebende sein.

Passau.   Burger.

Anfangsgründe des Lateinischen von Joseph Schmaderer, kgl. Studienlehrer. E. Huber. Rosenheim 1881. Preis ℳ 1,20. 76 S.

Angeregt wurde der Verfasser zur Ausarbeitung des Büchleins, wie er selbst in der Vorrede sagt, durch ein vom Kollegen Dietsch in Hof 1878/79 über den lateinischen Elementarunterricht verfafstes Schulprogramm. Doch bleibt die praktische Ausführung in mehreren Punkten hinter den dort gestellten Forderungen zurück oder stellt sich gar damit in Widerspruch.

So z. B. will Dietsch, statt den Knaben durch leere Kasusformen zu quälen, den grammatischen Stoff vom ersten Tage an in kleinen leichten Sätzen üben. Statt dessen finden sich hier blofse Kasus- und Verbalformen in grofser Menge bis weit über die Mitte des Buches hinaus. Statt nach Dietsch den Elementarunterricht möglichst einfach zu geben und alles Verwirrende von Anfang an ferne zu halten, wird hier, noch bevor der Schüler mensa deklinieren lernt, das praes. und der imperat. von 10 Verben verlangt!

Mit den Regeln, sagt der Verfasser, sei er nach Dietschs Forderung so sparsam als möglich verfahren und habe denselben möglichst das Gewand eines leicht übersichtlichen Schemas zu geben gesucht. Ich halte aber diese Schemen und Veranschaulichungstafeln (s. z. B. 11, 2 und 49 b) für überflüssig, ja verwirrend, da der Schüler nicht weifs, was er mit ihnen machen soll, und mehrere der Regeln selbst für verunglückt. In einem Elementarbuch sollte man überhaupt die Regeln möglichst in der Fassung der später zu erlernenden Grammatik geben und sie höchstens ändern, wenn sie besser und leichter werden. Das ist aber hier nicht überall der Fall, s. z. B. die keineswegs übersichtliche Regel über das Prädikat (§ 11) oder die verwirrende Regel über das Genus § 7. Dort heifst es nämlich als Zusatz zum natürlichen Genus: Ferner sind allgemein feminina: 1. die Länder z. B. Aegyptus, 2. die Städte und Inseln mit auslautendem Konsonanten. Wie steht es aber nach dieser Regel z. B. mit Pontus, Tibur und den zahlreichen Städtenamen auf um? Weiter heifst es in jener allgemeinen Genusregel: die Länder und andere Namen auf um sind neutra. Die Fassung der Regel ist nicht scharf, abgesehen von dem vagen Ausdruck „andere Namen". Heifst das: die Länder sind neutra und andere Namen auf um sind neutra, oder die Länder auf um und andere Namen auf um sind neutra? Im ersten Falle ist die Regel falsch, im zweiten, der natürlich hier gemeint ist, wird durch eine Ausnahme die allgemeine Regel sofort wieder zerstört. Die Fassung der Regel

---

[1]) S. 41 sollte die häfsliche Form „atheniensisch" beseitigt werden.

in der Grammatik ist entschieden eine bessere. Bei der Regel über das Genus fehlt auch die Bemerkung, dafs die neutra drei gleiche Kasus und im Plural a haben, und überhaupt steht die Regel viel zu spät, da schon zahlreiche Wörter auf um dekliniert sind, ehe der Schüler den Begriff neutrum kennen lernt.

Um den Anfangsunterricht zu erleichtern, hat der Verfasser nach dem Vorschlage Dietschs bei den zwei ersten Deklinationen den Wörtervorrat nach dem Genus der deutschen Substantiva getrennt, eine Anordnung, die man nur billigen kann.

Die in dem Büchlein vorkommenden Übungsbeispiele sind ihrem Inhalte nach gut und im allgemeinen recht abwechselnd, besonders sind die gemischten Beispiele vielfach nach neuen Gesichtspunkten bearbeitet und zeigen color latinus, wenn dieselben auch hie und da für diese Stufe wohl etwas zu schwer erscheinen.

Um so mehr halte ich es für angezeigt, auch auf kleine Mängel aufmerksam zu machen, welche dem Buche noch anhaften.

Vor allem müssen verschiedene absichtliche und zufällige Schreibfehler verbessert werden, z. B. In Accusativ, des Homerus, ergetze, Elephant u. dgl. Wie soll ferner der Schüler bei der in den Minuskeln der Anmerkungen wegen der fehlenden Lettern mangelnden Bezeichnung der Länge und Kürze Wörter wie lacero, formido, obtempero, equitis . . . mit richtiger Betonung sprechen und lernen?

Weiters dürfte es sich empfehlen, Bezeichnungen wie berühmtes (2) und (3) gelehrtes (4) Volk (1) oder: unsere Gegend (!?) schmücken . . . wegzulassen.

Eine Streichung wäre auch angezeigt bei Wörtern wie fringilla Fink, eruca Raupe, admonitio, bene meritus, u. s. w., Wörter, die entweder das Gedächtnis des Schülers unnötigerweise belasten oder sich später von selbst ergeben.

Auch das Interrogativum quis? quod? und besonders das Relativum qui, quae, quod dürften nebst den dazu gehörigen Beispielen zu kassieren sein, da sie unmöglich unter die in der Schulordnung für die 1. Klasse verlangten einfacheren Pronomina gerechnet werden können.

Die Übungsstücke hat Schmaderer, um einer Überladung mit schriftlichen Hausarbeiten vorzubeugen, absichtlich sehr kurz gemacht. Doch geht die Kürzung, namentlich im Anfange, oft zu weit, und der Lehrer ist gezwungen, um die Vokabeln in den einzelnen Kasus genügend einzuüben und Hausaufgaben zu geben (denn diese sind nun einmal Vorschrift), selber Sätze zu verfassen und zu diktieren. Der Verfasser hätte besser gethan, statt der vielen einzelnen Formen, die der Lehrer doch selber alle bilden kann, die Übungsbeispiele zu vermehren.

Werden diese wohlmeinenden Ratschläge befolgt und aufserdem noch die an Ausdehnung entschieden zu dürftig ausgefallenen lateinischen Lesestücke vermehrt, so kann das Büchlein bei einer neuen Auflage dem Unterrichte ersprießliche Dienste leisten.

München. Biedermann.

Lehrbuch und Leitfaden für den evangelischen Religionsunterricht in den oberen Klassen der Gymnasien und anderen höheren Lehranstalten, bearbeitet von C. Otto Schaefer, Rektor und vormals ev. Prediger zu Frankfurt a. M. 2. Auflage. Mit 2 Karten. Frankfurt a. M., Moritz Diesterweg. 1881. 2,20 ℳ

Die Herausgabe dieses Lehrbuchs ist veranlafst durch das von dem Verf. während seiner langjährigen Arbeit in den Schulen der verschiedensten Kategorien erfahrene Bedürfnis eines planmäfsig geordneten, das gesamte Gebiet des evangelischen Religionsunterrichtes umfassenden Lehrbuchs. Von diesem „umfassenden Lehrbuch" ist der obengenannte der 3. Teil. Der 1. Teil enthält bibl. Geschichte, planmäfsig auf 4 Schuljahre verteilt; der 2. Teil, eine Erweiterung des ersten, gibt den Lehrstoff für das 5. und 6. Schuljahr. Der 3. Teil, in seiner ersten Auflage für das 7. und 8. Schuljahr, d. h. für mittlere und höhere Bürger- und Töchterschulen bestimmt, hat in der 2. Auflage eine Umarbeitung und doppelte Redaktion erfahren. Als Ausgabe A bleibt er, was er bisher war; als Ausgabe B ist er für Realschulen und Gymnasien berechnet. Organisch an den 2. Teil sich anschliefsend zerfällt er in 3 Abteilungen: 1) Geschichte der christlichen Kirche in Lebensbildern; 2) Bibelkunde zur Einführung in die heilige Schrift des alten und neuen Testamentes; 3) Evangelische Heilslehre. Abteilung 1 ist, wie die Überschrift sagt, keine pragmatische Geschichtsdarstellung, aber die „Bilder" sind derart ausgewählt und dargestellt, dafs, wenn der Schüler sie sich genau anschaut und einprägt, und wenn der Lehrer sie noch etwas weiter zeichnet und beleuchtet und sie in Zusammenhang bringt mit den als bekannt vorauszusetzenden Momenten der Weltgeschichte, dafs dann der Gymnasiast sowohl die nötige Kenntnis des kirchengeschichtlichen Materials als auch das Verständnis der treibenden Fragen und Prinzipien erhält. Besonders gelungen ist das schwierige Kapitel über die Lehrstreitigkeiten und Concilien p. 31—37 wegen seiner knappen und doch sehr klaren Fassung, — nur wünschte ich gerade hier mafsgebende Namen der Übersichtlichkeit halber gröfser gedruckt, wie es ja auch in anderen Abschnitten der Fall ist; ferner die Darlegung der für die Reformation bedingenden Verhältnisse p. 59—62 und der Überblick über die Geschichte des evangelischen Kirchenliedes. Die Einleitung p. 1—3 ist zu entbehren und mit Beibehaltung nur der 2 letzten Absätze alles andere dem Lehrer zu überlassen behufs Anschlusses an den früheren Unterricht. Ein kurzer Überblick über die die Reformation befördernden politischen und persönlichen Verhältnisse wäre wünschenswert; die Inhaltsangabe der Augustana p. 83 kann wegfallen, da die letztere selbst, wenigstens in ihren ersten 21 Artikeln, im Anhang folgt. P. 96 sollte auch die Aufhebung des Edikts von Nantes erwähnt sein, und in der sonst vortrefflichen Zusammenstellung der „wichtigsten Jahreszahlen und Thatsachen" p. 126 das Apostelconcil nicht vergessen sein. Ein in einer neuen Auflage anzubringendes Namenregister wird die Brauchbarkeit des Buches nur erhöhen.

Die zweite Abteilung, Bibelkunde p. 133—200 und Anhang p. 201—210: „das christliche Kirchenjahr und die Pericopen" bietet das, was von vielen in eigenen Büchern, von andern gleich dem Verfasser in selbständigen Teilen gröfserer Lehrbücher behandelt worden ist. Wegen ihrer Inhaltsangaben, die kurz und doch genügend sind, wegen der jedem einzelnen Buch überschriebenen und dasselbe gleichsam kennzeichnenden Kernstellen und wegen der mit Geschick fast überall gegebenen Weisung für Lesestücke halte ich diese Bibelkunde für eine der besten, die ich, für diesen Gebrauch bestimmt, habe kennen lernen. Die Geographie Palästinas enthält vieles Detail, was entbehrlich ist, die beigegebenen Kärtchen, Palästina und Reisen Pauli, thun sehr gute Dienste.

Die 3. Abteilung „evangelische Glaubens- und Sittenlehre" gibt p. 211—255 eine kurz gefafste Summe dessen, was der Gymnasiast braucht, und läfst dabei dem Lehrer Gelegenheit genug, um durch lebendiges Wort und persönlichen Verkehr den Schüler noch mehr in die Tiefe und event. Weite zu führen. In manchem Stück wäre wohl präcisere Wiedergabe biblischer Begriffe zu wünschen z. B. „Präexistenz des Logos", aber der Lehrer will auch noch etwas zu thun haben.

Die Sprache ist edel und nicht ohne Innigkeit; hart ist nur p. 54 Nr. 24 — die §-Zeichen sollten beigefügt sein — der Ausdruck: „zu einem abgeschlossenen System zusammenfliefsen"; auch kann man nicht gut reden von einem „Befehl" des Herrn, das Salz der Erde zu sein. Mindestens fraglich ist, ob es korrekt ist, zu sagen: „in Preufsen stürzte Markgraf Albrecht das Papsttum" (p. 184), ob Liebe und Majestät als Eigenschaften Gottes aufzuzählen sich theologisch halten läfst (p. 223) und ob man den Menschen eine „zum Tempel Gottes bereitete Stätte" nennen kann p. 229. Die p. 160 unten gegebene Empfehlung des 119. Ps. zur Lektüre wird kaum von vielen befolgt werden. Das Lied „der am Kreuz ist meine Liebe" wird p. 113 Scheffler und p. 114 Mentzer zugeschrieben, was vielleicht damit zusammenhängt, dafs man den Verfasser des Liedes nicht mit Sicherheit kennt.

Druckfehler sind p. 94, Z. 10 v. o. „wär" statt „war" und Z. 15 v. u. „sieben" statt „vier"; p. 108 letzte Z. „weniger" statt „weigere"; p. 202 „Tessareskaidekasiten" statt „Tessareskaidekatiten"; p. 230 Z. 8 v. o. „die" statt „der".

Nach genauer Prüfung und Durchsicht halte ich das Buch für sehr brauchbar und empfehlenswert; im rechtsrheinischen Bayern wird es allerdings den alteingebürgerten, noch wenig übertroffenen Thomasius kaum verdrängen, ob es aber nicht den in der Pfalz vielfach eingeführten Lehrbüchern von Holzweifsig vorzuziehen ist, diese Frage möchte hier wenigstens angeregt sein.

n. r.

Beiträge zur Umgestaltung des höheren Schulwesens von Dr. Walter Pohlmann, ord. Lehrer am Gymnasium mit Realklassen zu Neuwied. 1. Heft. Zur Umgestaltung des Gymnasiallehrplanes, Berlin, 1881. J. A. Wohlgemuths Verlagsbuchh. (Max Herbig). S. 55.

Unsere Zeit ist nur zu reich an Veränderungen auf allen Gebieten des Lebens und an Vorschlägen zu neuen Veränderungen. Die hiedurch bewirkte Unruhe macht sich auch auf dem Gebiete der Erziehung und des Unterrichts bemerkbar und läfst es zu keinen festen Gestaltungen und stabilen Verhältnissen kommen. Während aber die meisten Vorschläge entweder auf die Umgestaltung der Methode oder auf die Einführung neuer Fächer in den Unterricht abzielen, verfolgt Pohlmann die Tendenz, zwar einerseits die Forderungen der Neuzeit nicht unbeachtet zu lassen, andererseits jedoch in manchen Beziehungen auf frühere Standpunkte zurückzugehen.

Die Thatsache, dafs unsere Generation, wenn sie die Schulräume hinter sich hat, die alten Klassiker über Bord wirft, während unsere Väter sich noch in ihren alten Tagen am Homer und Tacitus erfreuten, führt der Verf. darauf zurück, dafs unsere Zeit keine Begeisterung mehr für die humanistischen Studien besitze. Die Ursache hievon findet er in dem Vielerlei der neben einander betriebenen Unterrichtsgegenstände, wodurch eine Vertiefung in den einzelnen Fächern und eine Beherrschung derselben unmöglich werde; Begeisterung und Erwärmung für eine Sache sei nur bei dem möglich, der tiefer in dieselbe eingedrungen. Die Liebe zu einem Fache steige und falle mit dem Grade der betreffenden Kenntnisse. Kaum seien die Elemente einer Sprache auf dem Gymnasium erlernt, so eile man zur Erlernung einer neuen; durch die gleichzeitige Beschäftigung mit so vielen Lehrfächern werde nicht nur das Interesse zersplittert, sondern es könnten auch die Kenntnisse in den einzelnen Disziplinen nicht anders als mangelhaft sein. Daher sei der Gymnasiast am Ende seiner Schulzeit aufser stande, einen halbwegs schwierigen Autor ohne Eselsbrücke zu verstehen, weil eben seine Kenntnisse nicht ausreichten. Sei es da ein Wunder, wenn der gereifte Mann, der seine nicht tiefgehenden Kenntnisse bald vergessen habe, die Alten nicht mehr lesen wolle und könne?

Nachdem der Verfasser viele der bisher zur Vertiefung der Gymnasialbildung gemachten Vorschläge angeführt und verworfen hat, macht er seinerseits Vorschläge zur Abhilfe der bestehenden Mifsstände. Von der Voraussetzung ausgehend, es sei besser, ein Fach tüchtig als zwei Fächer mangelhaft zu erlernen, spricht er sich für Entfernung des Französischen aus dem obligatorischen Unterricht aus und verweist in eingehender Begründung die französische Sprache dahin, wo sich die englische und italienische befinden, nämlich in die Zahl der fakultativen Lehrgegenstände. Durch den Fortfall des Französischen, welches in den preufsischen Gymnasien schon von Quinta an gelehrt wird, würden für die betreffenden acht Klassen im ganzen 19 Stunden frei werden, die zur Verstärkung anderer Fächer verwendet werden könnten. Ein Gleiches könne mit dem Hebräischen geschehen, durch dessen Fortfall in den vier oberen Klassen je zwei Stunden für andere Fächer gewonnen würden.

Zur Erzielung eines tieferen Wissens mufs nach Pohlmanns Ansicht der Unterricht in den oberen Klassen mehr konzentriert werden. Hier erlauben die bereits erworbenen Kenntnisse und der gereiftere Verstand ein tieferes Eindringen in die Wissenschaften. Da macht nun der Verfasser einen Vorschlag, der ihm, wie er selber sich nicht verhehlt, einen bösen Kampf mit den Mathematikern eintragen wird. Er will nämlich den mathematischen und naturwissenschaftlichen Unterricht von den drei obersten Gymnasialklassen ausschliefsen und in die unteren und mittleren Klassen verlegen. Die dadurch in genannten drei Klassen frei werdenden 5—6 Wochenstunden sollen zur Verstärkung des Unterrichts im Lateinischen, Griechischen, Deutschen und in der Geschichte und Geographie verwendet werden. Da Pohlmann aufserdem den naturwissenschaftlichen Unterricht verstärkt wissen will, so würden auch der untersten Klasse 32 Stunden Unterricht für die Woche zufallen.[1]) Dem Einwand, dafs hiedurch eine weitere Überbürdung geschaffen werde, begegnet er mit der Forderung, dafs die Aneignung des Lernstoffes, besonders in den unteren Klassen, soviel als möglich in den Lehrstunden erfolgen müsse. Was jedoch den Ausschlufs der Mathematik aus den drei obersten Klassen betrifft, so werden, glaube ich, die Mathematiker die vom Verfasser aufgestellte Behauptung, in den oberen Klassen könne wegen des bereits erworbenen positiven Wissens und der gröfseren Verstandsreife der Unterricht erst recht fruchtbar gemacht werden, nicht mit Unrecht besonders auf ihr Fach anwenden wollen.

Bei uns in Bayern ist die Anzahl der Unterrichtsfächer und Unterrichtsstunden eine kleinere: wir haben keinen für alle Schüler verbindlichen naturwissenschaftlichen und hebräischen Unterricht, bei uns beginnt der

---

[1]) Dieser Vorschlag hat nichts so Absonderliches, wenn man bedenkt, dafs in dem preufsischen Gymnasium nach dem bestehenden Lehrplane 31 obligatorische Wochenstunden für die Sexta treffen.

französische Unterricht erst in II B, in Preufsen dagegen bereits in V, hier ist das Singen in VI und V, das Zeichnen in VI, V, IV obligatorisch. Da aber auch bei uns über zu geringe Tiefe des Wissens, über Mangel an Konzentration des Unterrichts und trotz des grofsen Zulaufs zu den Unterrichtsstätten über Mangel an Interesse und wahrer Teilnahme für die Studien viel geklagt wird, so dürfte Pohlmanns Schriftchen auch für unsere Verhältnisse lesenswert sein, wenn gleich lebhafter Widerspruch in vielen Dingen nicht ausbleiben wird. Unsere Zeit des Haschens und Jagens will wenig von Vertiefung wissen. Hat irgend eine Wissenschaft grofse Errungenschaften gemacht, so verlangt man, dafs auch ihr die Aufnahme in den Lehrplan der höheren Schulen gewährt werde. Das Ende vom Liede ist dann freilich, dafs, da die Fassungs- und Geisteskraft unseres Jahrhunderts nicht gröfser ist als die der früheren Zeiten, etwas Gediegenes nur von den Befähigten geleistet werden kann. Auf der anderen Seite spricht man wieder von Überbürdung, wenn die minder Fähigen dahin gebracht werden sollen, etwas Ordentliches zu lernen. An diesem Widerspruche krankt unsere Zeit — Gott sei's geklagt.

München.   A. Deuerling.

Göthe-Briefe. Verzeichnis derselben und Angabe von Quelle, Ort, Datum und Anfangsworten. Übersichtlich nach den Empfängern geordnet, mit einer kurzen Darstellung des Verhältnisses Göthes zu diesen, und unter Mitteilung vieler bisher ungedruckter Briefe Göthes. Bearbeitet von Fr. Strehlke. 1. Lieferung. Berlin 1881. Verlag von Gustav Hempel. 8. 64 S.

Wenige literarhistorische Arbeiten dürfen sicher sein, einem so allgemein gefühlten Bedürfnisse entgegenzukommen, wie ein Verzeichnis der Göthe'schen Briefe. Die Bedeutung seiner Korrespondenz für das Verständnis seines Lebens wie der Werke wird wohl von jedem Einsichtsvollen anerkannt werden; aber bei der trotz des Göthejahrbuches fortbestehenden Unart, Göthefunde in den verschiedensten, zum Teil recht abgelegenen Journalen zu veröffentlichen, wird es täglich schwerer, ja fast unmöglich, sich genügende Kenntnis der Briefliteratur des Göthe'schen Kreises zu erwerben. Herr Direktor Strehlke hat sich nun der mühsamen Aufgabe unterzogen, ein Verzeichnis von Göthebriefen zu verfertigen. Zu dem Verzeichnis der mehr als 9000 bereits bekannten Göthebriefe sollen noch viele bisher ungedruckte hinzukommen, auch solche, deren erster Druck schwer zugänglich, neu herausgegeben werden. Nachträge sollen für die dauernde Brauchbarkeit des Verzeichnisses sorgen. Der Herausgeber Strehlke war schon bei der Hempel'schen Götheausgabe mitthätig, seine Arbeiten, besonders die Anmerkungen zu den Gedichten, gehören mit nicht zum Besten der nun unentbehrlich gewordenen Ausgabe. Bei gegenwärtigem Unternehmen hat des verstorbenen Buchhändlers C. A. Diezel's „Versuch eines chronologisch geordneten Verzeichnisses der Briefe Göthes" ihm als Vorarbeit gedient. Es ist sehr zu bedauern, dafs Strehlke von dieser älteren Anordnung abgewichen ist. Ein chronologisch angelegtes Verzeichnis hätte nicht nur, wie die Vorrede vornehm bemerkt, „auch gegeben werden können", es hätte trotz der unvergleichlich gröfseren Schwierigkeit gegeben werden **müssen**; denn es ist in diesem Falle die einzig richtige Methode. Es wäre dringend zu wünschen, dafs Strehlke sich die Mühe nicht verdriefsen läfst, und dem alphabetischen Verzeichnis der Adressaten ein chronologisch geordnetes als zweiten Teil seiner Arbeit folgen läfst; nur dann würde er mit seinem Werke dem bisherigen Mangel wirklich abgeholfen haben.

Im vorliegenden ersten Hefte gibt Strehlke ein Quellenregister der Bücher und Zeitschriften, in denen Göthe'sche Briefe seither veröffentlicht wurden. Die Liste der Briefempfänger selbst beginnt mit der Pariser Akademie der Wissenschaften, und geht hier bis zum Namen Biondi. Ob es Strehlke glücken wird, in den jedem Namen beigegebenen kurzen Notizen überall die richtige Auswahl zu treffen, läfst sich nach dem Vorliegenden noch nicht ermessen. Jedenfalls müssen wir es tadeln, dafs er aus den ihm zur Verfügung stehenden ungedruckten Briefen nur einzelne zur Wiedergabe aussuchte, anstatt alle zu veröffentlichen. Vollständigkeit so viel als irgend möglich bleibt hier die erste Forderung. Ein Brief Göthes, welcher dem einen völlig wertlos erscheint, kann in anderem Zusammenhange ungeahnte Bedeutung erlangen. Unter den von Strehlke bekannt gemachten Briefen sind solche an Achim v. Arnim, an Bertuch, Beroldingen, Friderike Bethmann u. a. Möchte Strehlke die nicht zum Abdrucke gekommenen Briefe im Göthejahrbuche erscheinen lassen, und möchte jeder, die Bitte können wir an dieser Stelle nicht unterdrücken, etwaige Göthefunde und Erklärungen nur im Jahrbuche veröffentlichen, denn nur dann wird er seinen Erwerb allen Freunden der „Göthephilologie" nutzbar machen. Der gegenwärtigen Zersplitterung in Veröffentlichungen über Göthe abzuhelfen, das ja ist in erster Linie der Zweck des Göthejahrbuches.

Marburg. ———————— Max Koch.

Metrik und Poetik. Zum Gebrauch für Lehrer und Schüler an höheren Unterrichtsanstalten und zum Selbststudium bearbeitet von C. Werner. Leipzig, Neumann. 1880. ℳ 3,40.

Literaturkunde, enthaltend Abrifs der Poetik und Geschichte der deutschen Poesie von Wilh. Reuter. 10. Aufl. Freiburg i. B., Herder. 1880. ℳ 1,50.

Werners Buch ist eine im ganzen nicht verdienstliche, in seinem ersten Teile geradezu äufserst schwache Leistung, die keine Empfehlung verdient. Ich erlaube mir, um dies Urteil zu rechtfertigen, ein paar Sätze aus der ‚Metrik' mitzuteilen. Von der Cäsur ist keine Definition gegeben; erst bei der Besprechung des Alexandriners (S. 5) wird gesagt: „Nach den drei ersten Füfsen mufs ein Wort zu Ende sein" und bei der Erklärung des Hexameters (S. 6) heifst es: ‚In der Mitte von langen Versen wird häufig ein Ruhepunkt, die Cäsur genannt, gemacht, sobald es durch das Versmafs erfordert wird. Bei den Hexametern steht die Cäsur im 3. Fufs." S. 9 liest man: „Vers nennt man die Zeilen, die sich mit einander reimen." Die Poetik wird nur sehr schablonenhaft (das Sonett z. B. wird nur nach seiner Strophen- und Reimform charakterisiert), teilweise auch sehr unklar und verworren behandelt. Ich verweise in dieser Beziehung auf die Charakteristiken der Ballade und der Romanze.

Reuters Literaturkunde, die bereits in 10. Aufl. erscheint, ist „aus dem Boden lebendiger Schulpraxis hervorgewachsen", und dies läfst sich auch durchaus nicht verkennen. S. 1—80 wird ein Abrifs der Poetik gegeben, dem auch die ärgsten Feinde des systematischen Unterrichtes auf diesem Gebiete den Schülern getrost in die Hand geben dürfen. Dieser Abschnitt hat vor allem den Vorzug, dafs dem Lehrer noch genügender Spielraum gelassen wird; nur das Kapitel über den Gleichklang scheint mir mit unnötiger Ausführlichkeit behandelt zu sein. Das Wesen des Dramas könnte vielleicht auf eine für den Gymnasiasten verständlichere

Weise dargestellt werden, besonders wenn der Verf. Gottschalls Poetik [oder auch nur Köperts vortreffliches Lehrbuch der Poetik (Leipzig, Arnoldi)] hiefür nutzbar machen wollte. Gottschalls Werk enthält überhaupt so treffliche und auch formell so gelungene Charakteristiken und Bemerkungen, dafs die Verfasser von Schulbüchern nichts Besseres thun können als nach Linnigs Beispiel[1]) einzelne Stellen wörtlich in ihre Werke herübernehmen. — Bezüglich des zweiten Teiles macht der Verf. kein Hehl daraus, dafs „der Kritik der katholische Standpunkt zu grunde gelegt ist", aber gewifs ist das Buch frei von gehässiger Polemik und „übersieht keineswegs das auf dem gegensätzlichen Gebiet entstandene Gute und Schöne". Man vergleiche z. B. nur das über Lessing und Heine Gesagte! Ja ich zweifle sogar sehr, ob ein vorurteilsfreier Akatholik viel anderes beanstanden könnte als dafs (besonders im letzten Abschnitt) mitunter recht obskure „christliche Dichter" angeführt und die bedeutenderen unter ihnen ziemlich ausführlich charakterisiert werden und zwar auf Kosten anerkannter Dichtergröfsen. So sind z. B. dem gröfsten Minnesänger genau ebenso viele Zeilen gewidmet wie dem Dichter Weifsbrodt, und weniger als Lenau, Oskar von Redwitz und — — Wilhelm Molitor. Übrigens müssen die Charakteristiken gerade der für die Schule wichtigsten Dichter nicht nur als gelungen, sondern geradezu als musterhaft bezeichnet werden; nur ist der Hr. Verf. in dem Streben, sich nur auf das Notwendigste zu beschränken, etwas zu weit gegangen. So sollte von Lessings Jugenddramen wenigstens Philotas genannt sein, ebenso hätte seiner Literaturbriefe gedacht werden sollen; Platens mustergültige Sonette und Ghaselen waren hervorzuheben, Uhlands Geburtsstadt durfte nicht unerwähnt bleiben. Was die weniger schulmäfsigen Autoren betrifft, so wären Bodenstedts „Lieder des Mirza Schaffy" anzuführen gewesen; unter den Verfassern von Dorfgeschichten verdient Hermann Schmid eine Stelle (der freilich auch bei Kluge noch immer fehlt!), bei den Geographen sollte nach Ritter doch Peschel genannt sein, unter den Ästhetikern ist zwar Bayer, aber nicht Lemcke erwähnt.

München. A. Brunner.

Pöhlmann, Dr. R. Die Anfänge Roms. Erlangen, Deichert. 1881. 64 S.

Zwei Fragen sind es eigentlich, deren Beantwortung in dieser Schrift versucht wird: 1) In welcher Weise ist Rom entstanden, d. h., ist es von den ersten latinischen Ansiedlern schon als Stadt gegründet worden, oder hat sich die Stadt als sekundäre Ansiedlungsform erst aus zerstreuten Hof- oder Dorfsiedlungen entwickelt (S. 27—64)? 2) Warum ist es an dem Punkte entstanden, wo es steht, oder mit andern Worten: Inwieweit haben geographische Verhältnisse auf die Entstehung der Stadt eingewirkt (S. 1—27)? Wir wollen sehen, ob dem Verf. eine richtige Lösung dieser beiden Fragen gelungen ist.

Als die von der Po-Ebene her über den Apennin nach Süden wandernden Italiker die römische Campagna betraten, fanden sie eine schwach kultivierte, zum gröfsten Teil mit Wald, Busch und Sumpf bedeckte Ebene vor. Den Prozefs ihrer Ansiedlung daselbst könnte man sich nun in folgender Weise vorstellen: Zuerst wären Einzelhöfe entstanden im Wald

---

[1]) In seiner ‚Vorschule der Poetik und Literaturgeschichte' (Paderborn, Schöningh).

zerstreut, um sie herum allmählich gerodete Fluren. Diese hätten sich dann im Laufe der Zeit zu Dörfern entwickelt, und zwar nicht etwa durch Zusammenlegung der zerstreuten Höfe, sondern aus sich selbst heraus, indem die anwachsenden Familien sich neben einander anbauten. Aus einer Anzahl solcher Dörfer wären endlich die latinischen Städte und darunter auch Rom mit der Zeit zusammengewachsen.

Der Verf. bestreitet nun vor allem die Hofsiedlung der Latiner, indem er Argumente dafür beibringt, dafs bei allen Völkern die primitive Art der Ansiedlung das Dorfsystem gewesen ist, und dafs, wo das Hofsystem sich findet, dasselbe nur durch eigentümliche lokale Verhältnisse veranlafst wurde. Es ist richtig, dafs die neuesten Forschungen fast überall auf das Dorf und nicht auf das isolierte Gehöfte als ursprüngliche Ansiedlungsform geführt haben. Für die alten Deutschen hat dies neuerdings wieder A. Meitzen (Jahrbb. d. Nationalökonomie u. Statistik 1881. II. 31 ff) nachgewiesen. Doch verschweigt dieser Forscher nicht, dafs bei den Istävonen am Niederrhein der Einzelhof auftritt, und läfst es unentschieden, ob diese isolierte Siedlung von jenem Stamme dort aus keltischer Zeit schon vorgefunden, oder ob sie durch die Beschaffenheit des Landes erzeugt wurde, oder auch ob sie als eine Eigentümlichkeit des Istävonenvolkes anzusehen ist. Dafs ferner der böhmische Historiker Palacky bei den Slaven Dörfer beobachtet hat, die aus Höfen entstanden sind, teilt der Verf. (S. 51) selber mit. Indes erklärt er derartige Ansiedlungsprozesse für Ausnahmen von der Regel und gibt nicht zu, dafs wir uns die Ahnen der Römer als eine Art von Hinterwäldlern in der Tiberebene vorstellen.

Aber sie sind nach ihrer Einwanderung daselbst auch keine Dorfbauern, sondern sofort Städter gewesen, wie P. meint. Als sie nach längerem Aufenthalt in der Po-Ebene den Apennin überschritten, hatten sie sozusagen den ersten Kursus der Kulturentwicklung bereits absolviert gehabt und kamen als gelernte Städtegründer an den Tiber. Sie bauten sich nicht in Dörfern auf der Campagna, sondern in einer Stadt, d. h. in einem ummauerten Raume auf dem Hügelrande an, der die Ebene beherrscht. Von da zogen sie jeden Morgen hinab auf die Felder, um abends in ihre sicheren Wohnstätten auf dem Hügel zurückzukehren. Also eine Ackerstadt im sizilischen Stile. Der Verf. beruft sich für diese Ansicht, dafs Rom nicht durch Synoikismus aus Weilern oder Dörfern entstanden, sondern sofort als fertige Stadt aus dem Boden gesprungen sei, auf die bekannten Forschungen Helbigs über „die Italiker in der Po-Ebene", welcher dort in den „Terremare", d. h. im Mündungsgebiete des Po deutliche Spuren städtischer Siedlung gefunden hat. Wenn also — so argumentiert P. — die Italiker am Po bereits Städte gebaut haben, so ist nicht anzunehmen, dafs sie am Tiber sich in zerstreuten Dörfern ansiedelten.

Ich weifs nicht, ob diese Argumentation etwas Zwingendes hat. Die Italiker wanderten aus dem angebauten Lande am Po in die Wildnis am Tiber. Ich kann mir recht gut denken, dafs die früheren Städter sich in Dorfschaften über die waldige Campagna hin verteilten und so zu roden begannen. Überdies ist diese primitive Art latinischer Siedlung durch eine Stelle bei Dionys. IV, 15. bezeugt, wo es heifst, dafs die Stadt Rom aus pagi (πάγοι) zusammenwuchs. Unter pagus ist aber sicherlich ein Dorf mit seiner Flur, und nicht wie der Verfasser darzuthun versucht, ein geschlossener Flurbezirk ohne Dorf zu verstehen. Auch Th. Mommsen trägt in seiner Römischen Geschichte (I, 37) die Ansicht vor, dafs das älteste Rom ein Konglomerat aus einer Anzahl von Campagna-Dörfern war, deren Bewohner sich am Fufse des Palatin, auf dem die „Gauburg" stand, angesiedelt haben. P. eröffnet deshalb gegen den berühmten Historiker eine ziemlich energische Polemik, ohne jedoch, wenigstens nach meinem Gefühle, dessen Behauptungen zu erschüttern.

Auch bei Behandlung der zweiten oben bezeichneten Frage über die bei der Entstehung Roms mitwirkenden geographischen Einflüsse tritt der Verf. gegen Mommsen in die Schranken. Dieser stellt nämlich solche Einflüsse in Abrede, indem er schreibt: „die Stätte, auf der Rom liegt, sei minder gesund und minder fruchtbar als die der meisten alten Latinerstädte und die Örtlichkeit sei überhaupt für den Ansiedler nichts weniger als lockend." Dagegen nimmt nun P. die gesunde Lage Roms in Schutz; die Hügel der Stadt seien ein von der Natur gebotener Zufluchtsort gewesen, der den Bewohnern Schutz gewährte gegen die fieberhauchende Campagna — was nebenbei bemerkt, ein Beweis für die von ihm perhorreszierte Dorfsiedlung wäre, da ja die Ansiedler über die sanitären Zustände der Ebene erst als Bewohner derselben hätten Erfahrungen machen können. Indes, die Hügelhöhen feiten niemand gegen die Malaria. Diese tritt ja bekanntlich in den oft überschwemmten Stadtteilen am Tiber sogar weniger auf als auf den Hügelhängen. Wir besitzen aus dem Altertum Zeugnisse genug dafür, dafs Rom von jeher ein Fiebernest war (Jordan, Topogr. v. Rom I, 148 ff) — Zeugnisse, denen gegenüber sich der Verf. nicht auf ein paar pathetisch und optimistisch klingende Äufserungen von Cicero und Livius über Roms gesunde Lage hätte berufen sollen (S. 6). Und er durfte das um so weniger, als ihm anderwärts (S. 20) die Berücksichtigung von Äufserungen anderer alter Autoren über den dürren unfruchtbaren Boden der Stadt für „unkritisch" gilt. Diese letzteren Zeugnisse stimmen nämlich nicht zu der von ihm gegen Mommsen vertretenen Ansicht, dafs das Weichbild Roms ein produktives Gebiet war. Freilich mufs er schliefslich selbst einräumen, dafs „der römische Boden auch hinsichtlich der Ergiebigkeit für den Ackerbau hinter anderen Teilen der Landschaft zurückstehe" (S. 20). Es wird also bei Mommsens Meinung sein Bewenden haben: weder Klima noch Produktivität konnten den römischen Stadtboden zu einer Ansiedlung empfehlen.

Und doch eignete er sich für eine solche in vorzüglicher Weise. Die zum Tiber vorspringende und von ihm bespülte Gruppe von Tuffhügeln bot nämlich eine trefflich gesicherte Lage gegen die von Etrurien herandringenden oder aus den sabinischen Bergen hervorbrechenden Feinde. Diese, einer natürlichen Festung ähnliche Bodenplastik ist das einzige geographische Moment, das bei der Gründung Roms in betracht kommen kann, und der Verf. versäumt nicht, dasselbe (S. 9—14) in eingehender Weise zu besprechen.

Dafs die merkantilen Gesichtspunkte, welche man unter Hinweisung auf die Verkehrsstrafse des Tiber als mafsgebend bei der Gründung Roms geltend gemacht hat, gänzlich zurückgewiesen werden (S. 24—27), läfst sich nur billigen. Solche volkswirtschaftlichen Erwägungen lagen gar nicht im Horizont eines römischen Stadtgründers; dieser konnte noch nicht ahnen, was aus Rom infolge seiner Lage am Tiber, im Centrum Italiens und nahe am Centrum des Mittelmeeres einst werden würde.

Wenn wir also auch nicht in allen Punkten mit dem Verf. einverstanden sein können und wenn wir insbesondere seine Polemik gegen Mommsen nicht als erfolgreich anzuerkennen vermögen, so sind wir doch weit entfernt, den Wert seines Buches zu unterschätzen. Es enthält eine Fülle von feinen und anregenden Bemerkungen. Auch darf dasselbe in methodischer Hinsicht als eine Bereicherung für die „historische Erdkunde" gelten, da es den Versuch macht, die ursächlichen Beziehungen zwischen geographischen und geschichtlichen Thatsachen in bezug auf einen bestimmten Punkt der Erdoberfläche nachzuweisen. Seitdem K. Ritter zum erstenmal einen solchen Zusammenhang zwischen Landesnatur und Volksgeschichte als wissenschaftliches Prinzip aufgestellt hat, ist von seinen Schülern und Jüngern gar viel über diese Frage geschrieben worden, aber leider mit mehr Geist und Phantasie als nüchterner Forschung. Nur Detailuntersuchungen über die einzelnen historischen Erdräume, in der Art, wie sie Pöhlmanns Schrift enthält, können hier zum Ziele führen. Zwar sind bereits solche vorhanden, darunter namentlich J. G. Kohls Forschungen über „die geographische Lage der Hauptstädte Europas" (Leipzig 1874), worin S. 39—81 auch Rom behandelt wird. Allein dieses Werk ist in manchen Partien etwas dilettantisch gearbeitet und nicht durchweg auf ausreichende Studien basiert.

Schliefslich bemerken wir noch, dafs P.s Buch frisch geschrieben und gut ausgestattet ist. Die griechischen Citate hätten einer sorgfältigeren Korrektur bedurft; wir lesen z. B. τήν (S. 11) ᾗ (statt ἡ S. 17) οὐδήν (S. 18) πολλῶ (S. 35).

München.   ——————   J. Wimmer.

Dr. Oskar Schneider, Typen-Atlas. Naturwissenschaftlich-geographischer Hand-Atlas für Schule und Haus. Dresden 1881. 2,40 ℳ.

Dieser Atlas stellt sich die Aufgabe, „diejenigen Objekte aus der Menschen-, Tier- und Pflanzenwelt, welche beim geographischen Unterricht erwähnt werden, zur Anschauung zu bringen". Er löst dieselbe in vorzüglicher Weise. So wird z. B. Europa auf 3 Blättern dargestellt, auf dem ersten in ethnographischen, auf dem zweiten in zoologischen, auf dem dritten in botanischen Typen. Die Bilder sind gut und korrekt gezeichnet. Auf einem beigegebenen Kärtchen von Europa zeigen eingetragene Ziffern, welche den numerierten Typen entsprechen, in höchst instruktiver Weise die geographische Verbreitung der einzelnen Menschenrassen, Tiere und Pflanzen, so dafs der Beschauer im stande ist, mit Hilfe dieser Ziffern sich förmliche Landschaftsbilder zu gestalten. Das Werk darf demnach als ein ausgezeichnetes Hilfsmittel beim geographischen Unterricht empfohlen werden.   ——————   J. W.

Ferdinand Hirts geographische Bildertafeln. Eine Ergänzung zu den Lehrbüchern der Geographie, insonderheit zu denen von Ernst von Seydlitz. Für die Belebung des erdkundlichen Unterrichts und die Veranschaulichung der Hauptformen der Erdoberfläche. Mit besonderer Berücksichtigung der wichtigsten Momente aus der Völkerkunde und Kulturgeschichte. Herausgegeben von Dr. A. Oppel und A. Ludwig, unter Mitwirkung von Prof. Fritsch u. s. w. I. Teil. Allgemeine Erdkunde. Mit 324 Holzschnitten und kartographischen Darstellungen. Ferd. Hirt, Breslau. 1881.

Geht man in der Erinnerung auf einige Jahrzehnte zurück und vergleicht das Jetzt mit dem Damals, so mufs man staunen, wie weit es die neueste Zeit in dem Bestreben gebracht hat, den Unterricht durch Anschauung fruchtbar zu machen. Dieses Bestreben kam insbesondere der Geographie zu statten und nicht das geringste Verdienst hat sich hiebei die Verlagshandlung von Hirt in Breslau erworben, welche der 18. Auflage der gröfseren Schulgeographie von Seydlitz einen Illustrationsanhang beifügte, ohne den Preis des anerkannt vortrefflichen Buches (3,75 ℳ.) zu erhöhen. Dieser Illustrationsanhang wurde nun in erweiterter Form als besonderer Atlas bearbeitet, von dem nunmehr der 1. Teil vorliegt. Die Herausgeber setzten sich die Aufgabe, „die wesentlichsten Formationen der Erdoberfläche mit Berücksichtigung der sich anschließenden Leistungen der Kultur darzustellen".

Von der Voraussetzung ausgehend, dafs von einzelnen Lehrern einzelne Zweige des geographischen Unterrichts unter Zuhilfenahme dieser Bildertafeln eingehender behandelt werden, wählte die Verlagshandlung die Form loser, einzeln käuflicher Bildertafeln. Preis des einzelnen Bogens 20 ₰, 20 Bogen gemischt 3 ℳ.; 20 Bogen derselben Nummer 2,70 ℳ. Die komplete Sammlung ist in 3 Ausgaben: broschiert 3,60 ℳ., einfach gebunden 4,50 ℳ., Prachtband 5 ℳ zu beziehen.

Es würde zu weit führen, eine Beschreibung der einzelnen Bogen auch nur andeutungsweise zu geben. Wir bemerken nur, dafs die Abbildungen zunächst Vegetationsbilder aus der Urzeit (Steinkohlen-Juraperiode etc.), Gebirgstypen, wie die Formationen der Dolomit-Granit-Basaltfelsen, Kalkgebirge, etc.), Ansichten von der Alpenwelt und ihren Wundern, von Vulkanen und heifsen Quellen. Mittelgebirgen, Hügellandschaften und Ebenen, Küsten und Inseln darstellen. Wir lernen das Leben und Treiben auf und unter dem Meere, auf den Flüssen, die meteorologischen Erscheinungen, Baumcharaktere aus den verschiedenen Zonen, eine Fülle von Völkertypen kennen, die letzten 3 Bogen enthalten Bilder von Reisen und Jagden. Unter den sauber und hübsch ausgeführten Abbildungen sind kurze Erläuterungen und Beschreibungen der dargestellten Ansichten, Instrumente und Geräte beigefügt.

Dazu erschien vor kurzem, von denselben Fachmännern herausgegeben: Erläuternder Text zur 1. Abt. von F. Hirts Geographischen Bildertafeln. 8⁰ S. 77, Preis 1 ℳ. Derselbe ist lediglich fürs Haus, nicht für die Schule bestimmt und gibt eingehendere Erklärungen der bildlichen Darstellungen. Wir stehen nicht an, das treffliche Werk Lehrern wie Schülern bestens zu empfehlen.

Geschichtstabellen. Übersicht der politischen und Kulturgeschichte mit Beilage der wichtigsten Genealogien in synchronistischer Zusammenstellung für Schulen und den Selbstunterricht bearbeitet von Friedrich Kurts, Rektor in Brieg. Dritte, vermehrte, bis auf die Gegenwart ergänzte Auflage. Leipzig, T. O. Weigel. 1881. Fol. 2,60 ℳ

Die synchronistische Behandlung der Geschichte ist auf allen Lehrstufen geboten; nur durch sie wird ein umfassender, richtiges Verständnis bedingender Überblick gewonnen. Geradezu unabweislich ist sie auf der obersten zusammenfassenden Lehrstufe. Ein Hilfsmittel hiezu bieten synchronistische Tabellen. Die hier zu besprechenden, 1860 in erster, 1875 in zweiter, 1881 in dritter Auflage erschienenen 28 Tabellen unterscheiden sich von anderen sogenannten Geschichtstabellen durch die zweckmäfsige Anlage und die ungemeine Reichhaltigkeit des Stoffes. Letztere wird ermöglicht durch das größere Format, durch engen Druck und ökonomische Ausnützung des Raumes. Jede Tabelle erstreckt sich über ein oblonges, 2 Folioseiten breites Blatt und bildet ein für sich abgeschlossenes je einen Hauptabschnitt der Geschichte umfassendes Ganzes. Tabelle 1 mit 5 enthält die alte Geschichte in 4 Zeiträumen; Tab. 6 sieben Genealogien zur alten Geschichte; Tab. 7 eine Übersicht der Völkerwanderung; Tab. 8 mit 11 die mittlere Geschichte in 3 Zeiträumen; Tab. 12 und 13 eilf Genealogien zur mittleren Geschichte; Tab. 14 mit 22 die neue Geschichte in vier Zeiträumen; Tab. 23 eine Gesamtübersicht des Geschichtsfeldes; Tab. 24 mit 28 achtzehn Genealogien zur neuen Geschichte. Zahl und Gruppierung der die Geschichte der einzelnen Staaten und Völker umfassenden senkrechten Kolumnen ist nicht etwa die einzelnen Perioden hindurch stereotyp festgehalten, sondern wechselt je nach dem durch den Gang der Ereignisse bedingten Stoffe auf jeder Tabelle. Hervorzuheben ist die eingehende Berücksichtigung, welche Kultur und Literatur in der letzten Kolumne jeder Tabelle gefunden haben. Von 1740 an ist Kultur und Literatur, von 1815 an Kultur, deutsche und aufserdeutsche Literatur in je einer eigenen Kolumne behandelt. In der alten Geschichte ist auch der Entwicklung der Verfassungen in Griechenland und Rom und der christlichen Kirche, am Ende des Mittelalters den Entdeckungen und den Vorläufern der Reformation je eine Kolumne gewidmet.

Diese dritte Auflage, die auch in Einrichtung und Ausstattung durch doppelseitigen Druck und besseres Papier gewonnen hat, nennt sich mit Recht eine vermehrte. Keine Seite, auf der nicht Änderungen, Verbesserungen und Zusätze angebracht, leere Räume ausgefüllt wären; namentlich sind die Tabellen der neueren Geschichte einer gründlichen Revision unterzogen worden. Die Ereignisse von 1851—71 sind auf 1½ Tabellen ausgedehnt, so dafs eine Tabelle (Nr. 22) eingeschaltet wurde; die 2. Hälfte derselben füllen die neu hinzugekommenen Ereignisse von 1871—81 aus. — Auf Tab. 23 hätte es sich wohl empfohlen, die Kolumnen Frankreich und England an die Kolumne Schweiz anzuschliefsen wegen der gemeinsamen keltischen Urbevölkerung. Auf Tab. 14 ist die 1. und 2. Kolumne umgestellt; wäre es nicht entsprechender gewesen, die 2. und 3. umzustellen: Reformation, Deutschland, Türkenkriege? Auf Tab. 11 ist wohl von 1453 an der Teilungsstrich zwischen der 1. u. 2. Kolumne wegzulassen. Tab. 8 letzte Kolumne ist 470—577 als Lebenszeit des Cassiodorius (dies ist der richtige Name) angegeben; dieselbe steht nicht fest; diese Zahl aber findet sich in keinem der kompetenten Werke; richtiger wäre wohl 477—570 (vid. Ebert, Gesch. d. christl.-lat. Lit. p. 474 und 476). Tab. 7 ist in der Kolumne Ostgothen die Reihenfolge der Ereignisse unter Theoderich nicht genau. Der Kampf gegen die Gepiden mag noch 488 stattgefunden haben; die Schlacht aber bei Aquileia (richtiger am Isonzo) fällt auf den 28. Aug., die bei Verona auf den 30. Sept. 489, die an der Adda auf den 11. August 490 (vid. (Clint. F. R. pag. 701; Dahn II. p. 79).

Eine dankenswerte Zugabe bilden die zahlreichen sorgfältig zusammengestellten Genealogien. Sie sind in der 3. Auflage zweckmäfsiger gruppiert und durch Zusätze erweitert worden. Auf Tab. 13 hat durch Raumausnutzung noch das Haus Luxemburg Platz gefunden. Dafür ist auf Tab. 24 an seine Stelle die Jülich'sche Erbfolge getreten. Zugleich ist auf dieser Tab. Nr. 3: die Askanier in Brandenburg und Sachsen, weggefallen und die Genealogie der Burggrafen von Nürnberg aus dem Hause Zollern aufgenommen worden. Auf Tab. 25 ist an Stelle der Jülich'schen Erbfolge die Genealogie des Hauses Braunschweig getreten. Auf Tab. 26 ist die Genealogie der Jagellonen in Polen mit der der Wasa verbunden worden. Auf Tab. 25 hat der Verf. in der Genealogie der Wittelsbacher die beiden letzten Wilhelme als I. und II., und nur die drei letzten Albrechte als I., II. und III. bezeichnet. Diese Numerierung erscheint willkürlich. Die sonst allgemein gebräuchliche Bezeichnung ist folgende: Albrecht I. ist der vierte Sohn Ludwigs d. B., auf der Tabelle Albert Graf von Holland. Albrecht II. († 1399) ist sein zweiter Sohn, Herzog von Bayern-Straubing, als sein Vater nach Wilhelms I. eingetretenem Wahnsinn die Regierung in Holland übernommen. Dieser Albrecht fehlt auf der Tabelle, ebenso sein jüngerer Bruder Johann (vergiftet 1425). Albrecht III. ist der auf der Tabelle als Albrecht I., Albrecht IV. der als Albrecht II., Albrecht V. der als Albrecht III. bezeichnete. Wilhelm I. ist der dritte Sohn Ludwigs d. B., Wilhelm II. ist der älteste Sohn Albrechts I., des vierten Sohnes Ludwigs d. B., Wilhelm III., † 1435, ist der Bruder Ernsts, Herzogs von Bayern-München. Er fehlt auf der Tab. Wilhelm IV. ist der auf der Tab. als Wilhelm I., Wilhelm V. der als Wilhelm II. bezeichnete. — Der Fürstenwalder Vertrag, in welchem Otto, jüngster Sohn Ludwigs d. B., entsagt, fällt ins Jahr 1373. Die an Philipp v. Orleans, Bruder Ludwigs XIV., verheiratete Schwester Karls v. Pfalz-Simmern heifst Elisabeth Charlotte. Max I. nahm den Königstitel 1. Jan. 1806 an. (Durch Verschiebung der Lettern ist in der Jahreszahl seines Todes die Ziffer 2 eine Zeile zu hoch gekommen.)

Plan und Anlage der Tabellen im ganzen ist äufserst zweckmäfsig. Aber wenn der Verf. auch darin Recht hat, dafs in der Wahl des aufzunehmenden Stoffes allen Anforderungen zu genügen unmöglich sei, so ist doch zu bedauern, einmal dafs infolge des Bestrebens im einzelnen möglichst viel Materie zu bieten, die kompendiöse Sprache, besonders in der neueren Geschichte, oft schwer verständlich wird, z. B. Tab. 3 Kolumne Ägypten: Erwerbungen an der Südküste von Kleinasien, ebenso Phönizien und Palästina; oder Tab. 20 erste Kol. unten: 1849, 20. Dez. D. Reichsverweser legt nieder, u. a. m.; dann dafs diesem Bestreben die streng synchronistische Parallelstellung der Kolumnen von 1815 an schon in den früheren Ausgaben, für diese dritte wenngleich weniger auffallend auch Tab. 14 und 15 zum Opfer gefallen ist. Eine synchronistische Tabelle kann sich nur durch eine dem Auge geradezu aufdringliche Übersichtlichkeit als Schul-Lehrmittel legitimieren; diese wird, abgesehen von der Anlage, nur durch Beschränkung auf das Wesentliche ermöglicht. Durch Überladung wird ihr Hauptwert: Übersichtlichkeit, alteriert; sie bietet zu wenig, weil sie zu viel bietet. Als Schulbuch dürften sich daher die Tabellen in ihrer jetzigen Gestalt kaum empfehlen. Der Verf. scheint das auch zu fühlen, wenn er in der Vorrede sagt, es sei in dieser dritten Auflage „wiederum darauf sorgfältig bedacht genommen worden, die Tabellen immer näher an ihre Bestimmung für den Geschichtsfreund und für das Selbststudium heranzuführen." Dafs sie in dieser Richtung Nutzen gewähren, beweist eine dritte Auflage. Der Schule aber würde ein Dienst erwiesen, wenn der Verf. oder sonst ein Berufener die Tabellen mit Beibehaltung der Anlage einer Umarbeitung mit knapper Beschränkung auf das für die Schule Wesentliche und mit gröfserem Drucke unterzöge.

München. Hasenstab.

Leitfaden der Logik und der empirischen Psychologie für den Unterricht an Gymnasien und anderen höheren Lehranstalten und zum Selbstunterricht. Von Dr. G. Schramm. I. Heft: Logik, 114 Seiten. II. Heft: Psychologie, 100 Seiten. Bamberg, Kommissionsverlag der Schmidtschen Buchhandlung (L. Schindler). 1881.

Nach unserer Schulordnung sollen bekanntlich die Hauptthatsachen der empirischen Psychologie und die wichtigsten Lehren der formalen

Logik in den Ober-Klassen der Gymnasien behandelt werden. Nun gibt es zwar für diesen Unterricht eine ziemliche Anzahl Schulbücher, wie die Leitfäden von Trendelenburg, Stoy, Beck, Rumpel, Wentzke, Hollenberg, Drefsler, Helm, Hefs; aber es bleibt immerhin fraglich, ob eine dieser Arbeiten, von denen überdies nicht alle die Logik und Psychologie zugleich behandeln, den Stoff so vortrefflich für Primaner zurecht legt, dafs der Versuch einer noch besseren Zurechtlegung, wie ihn der Verfasser in beiden vorliegenden Heften gemacht hat, unberechtigt erscheinen könnte.

Obwohl aus dem Wortlaut der Schulordnung hervorzugehen scheint, dafs erst die Psychologie und dann die Logik vorgetragen werden soll, und nicht ersichtlich ist, auf welchen der beiden Lehrstoffe das Hauptgewicht zu legen sei, so hat doch der Verf. nicht nur die Logik zuerst bearbeitet, sondern sie auch sichtlich in den Vordergrund gestellt, jedenfalls mit Rücksicht auf den an vielen Gymnasien bestehenden Brauch. Hiedurch tritt er in Gegensatz zu Beck, Drefsler und anderen, welche die Psychologie vor die Logik stellten, und in noch schärferen Gegensatz zu Wentzke, welcher die Logik als Teil der Psychologie dargestellt hat. Soviel dürfte wohl feststehen, dafs die Psychologie das Allgemeinere, die Logik das Speziellere ist. Vom Standpunkte der Didaktik läfst es sich aber sehr gut rechtfertigen, dafs man vom Spezielleren zum Allgemeineren fortzuschreiten trachtet. Dagegen läfst sich darüber streiten, ob denn wirklich das Hauptgewicht auf die Logik zu legen oder ob nicht vielmehr eine ausgiebigere Behandlung der Psychologie noch besser geeignet sei, das Interesse der Primaner für philosophische Studien zu wecken.

Die Herstellung eines Leitfadens für die philosophische Propädeutik ist eine sehr schwierige Aufgabe, deren Lösung nicht nur gediegene Vorstudien und bedeutende Übung im selbständigen Denken, sondern auch grofse Liebe zur Sache und ein gereiftes Verständnis für die Bedürfnisse des jugendlichen Geistes voraussetzt. An keiner dieser Vorbedingungen hat es dem Verf. gefehlt. Wenn seine Arbeit auch nicht in so hohem Grade vor den vorhandenen Schulbüchern dieser Gattung sich auszeichnet, dafs sie dieselben ohne weiteres zu verdrängen im stande wäre, so verdient sie doch sicherlich neben diesen alle Beachtung und ist auch als erste Leistung eines bayrischen Philologen auf diesem Feld (Netzles Programm kann ja nicht als Schulbuch gelten) für bayerische Gymnasiallehrer um so interessanter.

Bei Behandlung der Logik hat sich der Verf. durchaus an das seit Aristoteles Übliche gehalten und dies im ganzen recht gut zur Darstellung gebracht. Nur scheint die Schreibart für einen Leitfaden hie und da etwas zu breit und halte ich manches für entbehrlich, z. B. die Erwähnung der Angriffe auf das Gesetz des ausgeschlossenen Dritten (§ 11) und einen Versuch der Abwehr dieser Angriffe (§ 12), der nicht einmal in allen Teilen gelungen sein dürfte, ferner das über die Philosophie und die philosophischen Systeme Gesagte (§ 91 bis § 99). Wollte man die auf die logischen Sätze unternommenen Angriffe bereits in einem Leitfaden behandeln, welcher mit diesen Sätzen selbst erst bekannt machen soll, so dürfte man nicht mit den Angriffen auf das Gesetz vom ausgeschlossenen Dritten sich begnügen. Denn die logischen Sätze sind fast alle ohne Ausnahme mehr oder weniger interessant angefochten worden. Und die Arten der philosophischen Systeme zu besprechen, ist nicht Sache der Logik. Die formale Logik handelt nur vom System im allgemeinen, gleichviel ob die Metaphysik oder irgend eine Spezialwissenschaft seinen Inhalt bildet.

Die Logik des Aristoteles ist nach meiner Ansicht mehr von der Oberfläche der Spracherscheinungen geschöpft als aus einer Beobachtung des tiefer liegenden Denkprozesses selbst hervorgegangen. Denken und Sprechen sind zweierlei Dinge, mag auch W. v. Humboldt als sprachphilosophischer Spinozist an ihre Identität geglaubt haben. Eine das wissenschaftliche Bedürfnis befriedigende Logik könnten wir erst dadurch erhalten, dafs wir die Denkthätigkeit selbst erfassen lernten und gründlich dahinter kämen, nach welchen Gesetzen richtige Begriffe, Urteile und Schlüsse naturgemäfs in der Seele entstehen, sich weiter entwickeln und zum wissenschaftlichen System erwachsen, ganz abgesehen von der sprachlichen Form, in welcher sie der Einzelmensch dem andern zur Mitteilung bringt und sich selbst klar zu machen sucht. Die Aristotelische Logik ist viel zu sehr Grammatik und Rhetorik, viel zu wenig eigentliche Noëtik, wie wir sie brauchten, um wirklich das Denken lehren zu können. Seine Kategorien sind mehr eine Klassifikation der Wörter als der Begriffe. Er läfst uns im Ungewissen darüber, was eigentlich ein Begriff und was ein Urteil ist; und ob wirklich jemals ein vernünftiger Schlufs im Menschengeiste die Form eines Aristotelischen Syllogismus von Natur gehabt hat, wird mir oft recht zweifelhaft. Sicherlich aber wäre nichts ungerechter als wenn ich diese meine vielleicht ganz unbegründeten allgemeinen Bedenken gegen die hergebrachte Logik den Verf. entgelten lassen wollte.

Im einzelnen hätte ich folgendes zu bemerken: der Verfasser hält mit Aristoteles Individualbegriffe für unmöglich (§ 35), „da jeder Begriff nur durch Abstraktion von einer Mehrheit gleichartiger Objekte genommen werden kann." Trotzdem gibt er im nämlichen Absatz zu, dafs z. B. Göthe nach seinem inneren Wesen begriffen werden kann. Also: das Individium ist unbegreiflich, kann aber doch begriffen werden! Ferner heifst es § 39, dafs im logischen Urteil das Verhältnis von 2 Begriffen bestimmt wird. Wenn ich nun z. B. urteile: „München ist eine Stadt", so könnte dies gar kein Urteil sein, weil München etwas Individuelles ist und man davon nach § 35 keinen Begriff gewinnen kann. Man könnte sonach von keinem Individuum logisch richtig etwas urteilen. Somit wäre z. B. jede Verurteilung eines Verbrechers vor Gericht ein logischer Fehler. Wir haben hier einen Mangel der Logik des Aristoteles vor uns, dessen Wurzel tief in seine ganze Philosophie hineinreicht.

§ 17, Abs. 1 heifst es: „jeder Satz uber enthält ein Urteil". Dagegen steht § 40, Abs. 2: „aber nicht jeder Satz ist ein Urteil". Dieser evidente Widerspruch scheint mir ein Beleg dafür, dafs in der hergebrachten Lehre vom Urteil etwas nicht in Ordnung sein mufs.

§ 21 wird gesagt, dafs „jedem wahren Begriff ein reales Fundament, eine gegebene Erscheinung zu grunde liegen mufs", und § 22 wird behauptet, dafs sich überhaupt Begriffe formulieren lassen von allem, was sprachlich Subjekt eines Satzes sein kann, also auch von jedem beliebigen nicht realen Phantasiegebilde; denn Subjekt eines Satzes kann ein solches recht wohl sein. Auf diese Weise könnte ein Primaner die Sache mifsverstehen, weshalb ich den § 21 lieber streichen und die Bemerkung, dafs der Begriff der Gedanke von dem Wesen eines Objektes der äufseren oder inneren Wahrnehmung ist, in den § 20 stellen möchte, in welchem sie ja ohnehin eigentlich schon enthalten ist. Für jeden Begriff mufs etwas da sein, was begriffen wird, gleichwie für jeden Sieger einer da sein mufs, welcher besiegt wird. Dafs nun der Sieger nicht dem Besiegten, dafs das Begriffene nicht dem Begriff gleich ist, leuchtet einem Primaner von selbst ein. Sollte der Verf. hier erkenntnistheoretische Streitpunkte im Auge gehabt haben, so würde auch dies die Sonderexistenz des Paragraphen nicht rechtfertigen, weil sie dem Primaner unbekannt sind und ein näheres Eingehen auf dieselben viel zu weit führen müfste.

§ 1 heißt es: Zum Zweck der Erkenntnis der Wahrheit ist es auch nötig, alle Beziehungen des Denkobjektes zu dem, was es nicht ist, aufzusuchen. Dagegen ist § 42 in der Anm. gesagt: „Die sogenannten unbestimmten Urteile (z. B. der Mensch ist keine Bank) sind gar keine Urteile." — Warum sollen sie denn keine Urteile sein, wenn es doch zur Erkenntnis der Wahrheit gehört, alle Beziehungen des Denkobjektes auch zu dem, was es nicht ist, aufzusuchen? Zur allseitigen Erfassung des Begriffes „Mensch" gehört auch, daß man sich vorstellt, wie er sich etwa zu einem Ding, wie die Bank ist, verhält. Denke ich mir nun den Menschen als etwas Nicht-Bankartiges, so habe ich einen logisch richtigen Gedanken gefaßt, welcher sogar in der Praxis als vernünftiges Urteil ausgesprochen werden kann. Gesetzt, A liegt auf dem Boden, und B setzt sich zufällig auf ihn, so kann A logisch richtig zu B sagen: „Ich bin keine Bank" oder allgemeiner: „Der Mensch ist keine Bank."

Ob das Urteil die Grundform jedes Gedankens ist, wie § 17 hervorgehoben wird, ließe sich anzweifeln, weil das Urteil aus Begriffen besteht, welche doch auch gedacht werden müssen, also Gedanken sind. Man könnte also mit gleichem Rechte sagen: Der Begriff ist die Grundform des Denkens. Nun ist aber eine Begriffsbildung ohne Schließen unmöglich; darum könnte man sogar den Schluß als das Grundlegende erklären. Jedenfalls ist es vorsichtiger, die Frage, ob Begriffe, Urteile oder Schlüsse die grundlegende Denkthätigkeit sind, in einem Leitfaden unentschieden zu lassen.

An verschiedenen Stellen, z. B. § 87, Abs. 1, ist betont, daß das menschliche Denken nichts schöpferisch setzen kann. Diese Bemerkung kann leicht mißverstanden werden. Sind denn nicht die Werke der Technik, der Kunst und Wissenschaft im Menschengeiste schöpferisch gesetzt, bevor sie zur sichtbaren Ausführung gelangen? Wer anders hat die Iliade, das Corpus Juris, die Lokomotive geschaffen, als der Menschengeist?

Die Auswahl der Beispiele in der Lehre vom Urteil und Schluß ist, soviel ich sehen konnte, eine recht geschmackvolle.

Im II. Heft hat mir ganz besonders gefallen, daß Sch. das Vorhandensein der inneren Wahrnehmung und eines inneren Sinnes, welcher den Stoff der inneren Wahrnehmung dem Geiste zuführt, bestimmt ausgesprochen hat. Dagegen dürfte es doch zu gewagt sein, mit ihm (§ 43, Abs. 2 a. E.) behaupten zu wollen, daß die Erscheinungen der inneren Wahrnehmung in sich selbst wahr sind und daher vor denen der äußeren Wahrnehmung den Vorzug haben; daß sie sind, wie sie erscheinen. Denn es gibt auch Täuschungen des inneren Sinnes. Ich weiß recht wohl, daß der Verf. hier die Autorität des Cartesius für sich hat. In diesem Punkte scheint mir aber eben Cartesius zu irren. Die Existenz eines Gegenstandes, den ich mit den Händen packe, ist mir ebenso gewiß, wie meine eigene, die ich mit dem inneren Sinn wahrnehme. Der innere Sinn ist ein Sinn, so gut wie die anderen Sinne. Er ist eine Art des Gemeingefühls und sein Organ sind wahrscheinlich die im Großhirn sich verzweigenden äußerst feinen sensorischen Nervenfasern, gleichwie das Auge samt dem Nervus opticus Organ des Gesichts ist. Seine Leistungen sind denen der übrigen Sinne koordiniert und nicht superordiniert.

§ 3, der den Wert und die Bedeutung der Psychologie darlegen soll, übergeht den Nutzen, welchen die psychologischen Studien für das Seelenleben des Betreibenden selbst haben, indem sie dessen inneren Sinn und Willen stärken und durch Selbsterkenntnis zur Selbstbeherrschung führen. Darauf müßte man nach meinem Gefühl Primanern gegenüber ein besonderes Gewicht legen.

Die §§ 5—16 bewegen sich ganz auf dem Gebiete der spekulativen Psychologie, obwohl eigentlich nur empirische Psychologie geboten werden soll. Sch. glaubt diesen fast den 5. Teil des Ganzen füllenden Exkurs in die Spekulation nicht entbehren zu können, aber sicher mit Unrecht. Denn so gut man den Knaben die 4 Species lehren kann, ohne mit ihm vom Wesen der Zahl und der Quantität zu philosophieren, ebenso kann man auch den Begriff der Seele vorläufig als etwas Gegebenes ansehen und mit Primanern blofs empirische Psychologie treiben, wie vorgeschrieben ist. Sch. bekennt sich in seinen spekulativen Darlegungen zum Realismus Herbarts und sucht entgegenstehende Ansichten zu widerlegen. Allein es wäre doch lediglich eine Täuschung, wollte man Schülern einreden, dafs Herbarts Realismus oder die Monadenlehre von Leibniz vollkommen unbestreitbar sind. Seit dem Erscheinen von Kants Kritik der reinen Vernunft steht wenigstens soviel fest, dafs alle metaphysischen Hypothesen über das Wesen der Seele vom Standpunkt der reinen Vernunft aus, den auch Sch. einnimmt, gleich gut und gleich schlecht sind, weil man sie mit ebenso starken Gründen beweisen und anfechten kann. Ferner lehrt Kants Kritik der praktischen Vernunft, dafs nur vom Standpunkt der Ethik aus ein endgültiges Urteil über den Wert der metaphysischen Hypothesen gewonnen werden kann. Und hierin hat Kant nach meiner Überzeugung ganz allein das Richtige getroffen. Denn alles metaphysische Denken ist eine willkürliche Geistesthätigkeit, also ein geistiges Handeln. Alles Handeln fällt aber unter das Gesetz der Ethik. Folglich stehen auch die metaphysischen Spekulationen unter dem Gesetz der Ethik und müssen in erster Linie sittlichgut sein. Eine unabweisbare Forderung der Sittlichkeit ist aber die Selbstachtung. Folglich ist diejenige Hypothese über das Wesen der eigenen Seele die beste, welche der Selbstachtung am meisten entspricht. Auf diesem Wege gelange ich zur Überzeugung von der ewigen, gottähnlichen Natur der Menschenseele. Jeder andere Weg scheint mir durch Kants Kritik gründlich abgesperrt zu sein.

§ 13, Abs. 1 nebst Anm. nimmt die Hypothese der Naturforscher von den Atomen und Molekülen als wissenschaftliches Ergebnis an. Aber gegen diese Hypothese unserer Physiker und Chemiker sprechen eine Menge Gründe. Sie behaupten nämlich, dafs die Atome die kleinsten Teile der Grundstoffe sind. Dies ist aber unvereinbar mit den sonstigen Ergebnissen der exakten Forschung. Denn alle bis jetzt genau erforschten Körper haben sich als teilbar erwiesen. Die Atome sind Körper, weil sie ja einen endlichen Raum einnehmen. Folglich müssen auch sie teilbar sein. Sind sie aber teilbar, so sind sie auch nicht mehr die kleinsten Teile der Grundstoffe, weil es ja dann noch kleinere Teile gibt. Ferner sind alle bisher genau erforschten Körper der Ausdehnung fähig und porös. Die Atome sind Körper. Folglich müssen auch sie der Ausdehnung fähig und porös sein. Dem widerspricht abermals die Lehre der Naturwissenschaftler, welche behaupten müssen, dafs die Atome sich ewig gleich bleiben und nicht porös sind. Zudem ist kein einziger unter allen bis jetzt bekannten Körpern einem zweiten Körper vollkommen gleich. Folglich darf auch kein einziges Atom einem zweiten Atom vollkommen gleich sein. Dem widerspricht abermals die Lehre der Atomisten, welche behaupten, dafs z. B. ein Atom Eisen einem zweiten Atom Eisen vollkommen gleich sei. Auch müssen alle Gegenstände der exakten Forschung nach ihrem Gewicht und nach ihrer Gröfse genau bestimmbar sein. Das Gewicht und die Gröfse eines Atoms wagen aber die Atomisten nicht einmal eine auch nur entfernte Vermutung aufzustellen, geschweige denn dafs sie dieselben wissenschaftlich zu bestimmen vermöchten. Folglich ist kein Atom geeignet, Gegenstand exakter Forschung zu sein, und die ganze Atomistik ist zur exakten Forschung unbrauchbar. Endlich sind die Atome mit den Sinnen nicht wahrnehmbar, mithin etwas Übersinnliches. Das Übersinnliche ist aber niemals Gegenstand der empirischen, exakten Forschung. Folglich ist die ganze Atomistik eine metaphysische Hypothese, welche an so vielen Widersprüchen leidet, dafs man sie in einem Schulbuch nicht ohne weiters als unumstöfsliche Wahrheit annehmen darf. § 14, Abs. 2 spricht sogar von organisierten Atomen, deren Dasein womöglich noch zweifelhafter ist, wie das der Atome und Moleküle überhaupt.

§ 15 führt 6 Thathandlungen und Thatsachen auf; durch welche sich die Menschenseele von der Tierseele unterscheidet. Von allen diesen ist aber nur Punkt d) sicher, welcher das Sprachvermögen anführt. Alle übrigen lassen sich mit Gründen anzweifeln, welche ich aus Rücksicht auf den ohnehin stark verbrauchten Raum hier nicht entwickeln kann. Nur soviel möchte ich bemerken, dafs die Tiere ganz sicherlich begreifen, urteilen und schliefsen, aber eben nur unbewufst und unwillkürlich, während der Mensch dies bewufst und willkürlich thut.

Über Schlaf und Traum glaubte Sch. nichts sagen zu dürfen, weil die Wissenschaft nach ihrem jetzigen Standpunkt nur Aufschlüsse hypothetischer Natur über dieselben geben kann. Aber der Verf. ist ja sonst kein prinzipieller Gegner der Hypothesen; und die über Schlaf und Traum haben noch dazu zum Teil soviel Wahrscheinlichkeit, dafs man sie in einer empirischen Psychologie nicht ganz übergehen sollte. Hypothetisch ist ja auch z. B. die Lehre vom freien Willen, welche § 86 entwickelt wird. Was dort gegen den Determinismus gesagt ist, scheint mir nicht stichhaltig. Die inneren Einflüsse, nach denen sich das Wollen des Menschen richtet, sind eben seine eigenen Gedanken und Gefühle, sein eigener Geist und sein eigenes Herz, er selbst. Und wer sich vom eigenen Geist und Herzen leiten läfst, ist frei. So widerstreitet der Determinismus des Sokrates der Lehre von der menschlichen Freiheit keineswegs.

Doch nun genug der Bekrittelung. Ich glaube, dafs jeder Lehrer der philosophischen Propädeutik beide Hefte mit Nutzen durchlesen wird, wenn er auch mit dem Inhalt nicht überall einverstanden sein kann. Die Frage zu entscheiden, ob sie zur Einführung an unseren Gymnasien geeignet sind, ist nicht meine Sache. Jedoch wünsche ich dem Verf. als Kollegen und Genossen in philosophischen Bestrebungen von Herzen, dafs es ihm gelingen möge, seinen Arbeiten eine Stelle unter den genehmigten Lehrbüchern zu verschaffen. Meine Bemängelungen können und sollen dies nicht hindern. Ich habe mir zufällig mehrere an Schulen eingeführte Werkchen dieser Art genauer angesehen und kann sagen, dafs ich an jedem von diesen mindestens ebenso viel auszusetzen hätte, wie an dem vorliegenden Leitfaden. Überhaupt ist es ja ganz besonders auf diesem Gebiete viel leichter, Fremdes zu tadeln, als selbst etwas Besseres zu liefern.

Bayreuth.   Wirth.

L'Antiquité Littéraire. Extraits des Classiques Grecs et Latin traduits en français. Choisis et présentés avec quelques éclaircissements par Albert Wittstock. Jéna, Hermann Costenoble. 1881.

Es liegt in diesem Buche eine Sammlung der schönsten Werke der besten griechischen und römischen Schriftsteller im Auszuge in französischer Übersetzung vor. Diese Übersetzungen sind von den bedeutendsten Namen der französischen Literatur gefertigt, die Auswahl ist mit grofser

Kenntnis der altklassischen Zeit sehr sorgfältig getroffen und auch die äufsere Ausstattung des Buches ist in jeder Beziehung befriedigend. Es kann also nur die Berechtigung der Veröffentlichung einer derartigen Sammlung in Frage gestellt sein. Ich lasse die Meinung derer beiseite, die der Ansicht sind, dafs die Gegenwart mit der Mannigfaltigkeit ihrer staatlichen Einrichtungen und der Vielfältigkeit der verschiedenen Zweige des Wissens uns näher berühren, als das Altertum, wenn es uns auch in seinen besten Erzeugnissen vorgeführt wird. Dem gegenüber steht fest, dafs alle Versuche, ohne altklassische Studien zu einer gründlichen Bildung zu führen, mehr oder minder als gescheitert zu betrachten sind. Dennoch aber erscheint es mir keineswegs unnütz, gute Erzeugnisse aus der griechischen und römischen Zeit in guten Übersetzungen zu veröffentlichen, namentlich wenn es, wie das beim vorliegenden Buche der Fall ist, so geschieht, dafs die chronologisch geordnete Reihenfolge der ausgewählten Stücke einen Überblick über die gesamte griechische und römische Literatur gewährt. Den Zöglingen jener Schulen, in denen ihrer realistischen Richtung halber das Griechische und Lateinische nicht gelehrt werden, bietet eine solche Sammlung Gelegenheit, sich ein Bild von der Literatur des Altertums zu verschaffen. Aufserdem wird die durch eine derartige Lektüre angeregte Vergleichung der alten und modernen Sprache auch bei den klassisch Gebildeten nicht ohne wesentlichen Einflufs bleiben.

München.   Wallner.

Der französische Wortton. Von T. Merkel, Prof. u. Vorstand der höh. Bürgerschule zu Freiburg. Beilage zum Jahresbericht der höh. Bürgerschule in Freiburg i. Br. 1880.

Dieses mit sehr vielem Fleifse ausgearbeitete und von nicht geringer Belesenheit Zeugnis gebende Programm will einen Beitrag liefern zur Lösung der in letzterer Zeit in Deutschland mehrfach erörterten Frage vom französischen Wortton, eine Frage von vorwiegend theoretischem Werte, die praktische Bedeutung nur für uns Deutsche hat, weil wir, um richtiges Französisch lehren zu können, uns doch erst klar sein müssen, welches die richtige Aussprache sei. Deshalb verdient auch obige Arbeit beachtet zu werden, da der Verfasser mit grofser Genauigkeit so ziemlich alles berücksichtigte, was bislang über diesen Gegenstand geschrieben wurde, freilich neben dem Bedeutenden auch recht viel Unbedeutendes. Das Programm besteht aus der eigentlichen Abhandlung, einem schon im Jahre 1873 gehaltenen Vortrag, und aus Bemerkungen hiezu, welche mehr als den doppelten Raum einnehmen und viel vorteilhafter in wesentlich gekürzter Form mit dem ersten Teil zu einem einheitlichen Ganzen verarbeitet worden wären; so ist es dem Leser hübsch schwer gemacht, den Ausführungen des Verfassers überall aufmerksam zu folgen.

Als Ergebnis seiner Untersuchung stellt Merkel 5 Thesen auf, von denen ich nur die erste und die letzte als die wichtigsten anführe: die Lehre vom Wortton auf der letzten Silbe sei falsch, und die gegenwärtige französische Aussprache lege den Nachdruck auf die volltönende erste Silbe. Diese Behauptungen stützt er erstens auf seine Beobachtung, dann auf die Aussprüche einiger, welche die gleiche Ansicht vertreten, insbesondere auf den bekannten englischen Phonetiker Sweet. Wie sehr letzterer Unrecht hat, wurde erst jüngst von einem gründlichen Kenner des Französischen, Prof. Storm, in seinem zu Anfang dieses Jahres erschienenen Buche: „Englische Philologie"[1]) eingehend bewiesen, und was Merkels eigne Beobachtungen anlangt, so hat er sich wie Sweet und so manch ein anderer von seinem Ohre täuschen lassen, oder er hat nicht immer an der rechten Quelle geschöpft. So beobachtete er z. B. ganz sicher falsch, wenn er im besten Glauben behauptet (a. a. O. p. 9 Z. 31 ff.), dafs man in der französischen Schweiz nie spräche: l'armée française, l'assemblée nationale, und in Paris nie: Paris, Boulogne, Quartier latin etc., sondern stets: l'armée française etc., Paris, Quartier latin etc.; denn jeder, der hierüber aus eigner Erfahrung urteilen kann, wird dem widersprechen müssen. Ich wenigstens hörte nie in gebildeten Kreisen eine derartige Aussprache, glaube aber wohl beobachtet zu haben, dafs die Landbevölkerung in einigen Gegenden der französischen Schweiz geneigt ist, auf der ersten zu betonen, wie ja im grofsen und ganzen von den Franzosen die Schweizer Aussprache überhaupt für hart erklärt wird. Trotz allem, was Merkel dagegen sagt, müssen wir entschieden aussprechen: man legt in Frankreich den Hauptaccent stets auf die letzte gesprochene Silbe, was die gröfsten in- und ausländischen Autoritäten schon längst anerkannt haben und jeder aufmerksame, mit einem genügend feinen Ohr begabte Beobachter früher oder später erkennen mufs. Daran aber, dafs einzelne trotz des redlichen Bestrebens, das Rechte zu finden, sich andauernd täuschen, ist in erster Linie der im Französischen so bewegliche oratorische Accent schuld, welcher je nachdem, auf jede Silbe des Wortes gelegt werden und wohl auch dem Hauptaccent an Stärke gleichkommen, ja ihn übertreffen kann; eine weitere Ursache dürfte vielleicht in Folgendem ihre Erklärung finden: wollen wir ein Wort in allen seinen Silben klar und deutlich aussprechen, so bedarf es von vornherein einer gewissen Kraftanstrengung, wenn ich so sagen darf, eines Ansatzes der Stimme — an explosion of the voice; wo, wie im Germanischen, der Wortaccent auf der Stammsilbe ruht, wird das dadurch sich ergebende Mehr der Betonung mit diesem zusammenfallen, da etwaige unbetonte Vorsilben mehr oder weniger verschluckt werden; wo aber, wie in der französischen Sprache, bei vorherrschendem Endbetonungsgesetz jede Silbe deutlich gesprochen sein will, sie müfste denn ein stummes „e" enthalten, da wird sich dieser Stimmenansatz viel stärker bemerklich machen, so dafs er vollständig als Nebenaccent gehört wird, so z. B. in: aristocratie, raison, ordonner, décevoir etc. Dieser naturgemäfse Nebenaccent nun kann, wenn er auch bei nationaler Aussprache nicht oder nur in seltenen Fällen an Schwere dem eigentlichen Wortaccent gleichkommt, leicht ein wenig geübtes oder nicht sehr feines germanisches Ohr täuschen, um so leichter, als auch der Hauptaccent auf der letzten gesprochenen bei weitem nicht so schwer ist wie unser germanischer Accent auf der Stammsilbe oder wie überhaupt der Ictus anderer moderner Sprachen. Dieser Umstand freilich wird in unserer Schulpraxis, vorzüglich in Nord- und Mitteldeutschland, nur zu häufig übersehen, und der Schüler daran gewöhnt, die letzte Silbe, resp. die penultima, im Französischen ebenso schwer zu betonen, wie die Stammsilbe in seiner Muttersprache, eine Art des Sprechens, die ebenso falsch und für ein französisches Ohr ebenso schrecklich, wenn nicht noch unerträglicher ist, als die in Süddeutschland häufig gehörte Betonung auf der ersten Silbe. Man lehre also nicht mehr schlechtweg:

---

[1]) Ich gedenke, in kurzem eine Besprechung dieses vortrefflichen Buches in unseren Blättern zu bringen.

„Jedes zwei- oder mehrsilbige Wort hat den Ton auf der letzten, wenn diese ein stummes „e" enthält auf der vorletzten Silbe", sondern sage dem Schüler: „Im Französischen ist jede Silbe, die nicht ein stummes „e" enthält, zu betonen, d. h. klar und deutlich auszusprechen, die letzte gesprochene Silbe aber hat den Accent, d. h. sie wird um ein geringes mehr betont als die übrigen Silben."

Augsburg. Wolpert.

Philologisches Schriftsteller-Lexikon von W. Pökel. 1. Lieferung. Leipzig, A. Krüger. 1881. ℳ 1.

Da die früheren sogenannten Gelehrtenlexika veraltet sind, so kann das Unternehmen des verdienten Herausgebers der K. W. Krüger'schen Bücher, ein Verzeichnis der philologischen Schriftsteller bis in die neueste Zeit herab mit Angabe ihrer Schriften und der Zeit und des Ortes des Erscheinens ihrer Werke zu geben, als zeitgemäſs erscheinen. Bei den älteren Philologen sind die nötigen Personalnotizen kurz beigefügt, bei den neueren sind die bezüglichen Angaben nicht ganz gleichmäſsig ausgefallen.

Das Verzeichnis der älteren Schriftsteller ist natürlich leichter herzustellen, da nicht wenige Vorarbeiten hier zu gebote stehen. Anders liegt die Sache bei den Autoren der neueren Zeit. Hier muſs jedenfalls, wenn das Werk seiner Bestimmung entsprechen soll, mit der gröſsten Genauigkeit die möglichste Vollständigkeit verbunden sein. Letztere aber dürfte meines Erachtens nur dann zu erreichen sein, wenn der Herausgeber des Lexikons, sobald er sich einmal für die Aufnahme eines neueren Schriftstellers entschieden hat, von diesem selbst, oder wenn das nicht mehr möglich ist, von dessen Angehörigen oder Freunden sich die nötigen Aufschlüsse erholte. Auch die gröſste Sorgfalt und der aufopferndste Fleiſs, Eigenschaften, die dem Herausgeber bekanntermaſsen in sehr hohem Grade zukommen, werden sonst Vergebliches anstreben.

Daſs Pökel die Programmliteratur als solche ausgeschlossen hat, ist zu billigen; denn die Auffindung und Registrierung derselben ist ein Ding der Unmöglichkeit; zudem enthält sie Leistungen von sehr ungleichem Wert. Aber sobald einmal ein Gelehrter wegen anderweitiger Publikationen im Lexikon Aufnahme gefunden hat, sollten seine Programmabhandlungen, wenn auch mit möglichst gekürzter Titelangabe, verzeichnet sein; denn die bloſse Beifügung „Progr." nützt nichts und könnte ebenso gut wegbleiben, wie auch mit den Bezeichnungen „Ethnogr." oder „Archäol. Schr." kaum viel gewonnen ist.

Es ist natürlich, daſs bei derartigen Werken immer mancherlei nachzutragen und zu verbessern sein wird. Ich will in Folgendem einige kleine Beiträge liefern. Unter F. Deycks sollte erwähnt sein: Fragm. net. glossarii Latini e cod. Werthiensi saec. XI. Monasterii 1854 (ind. lect.); bei L. Diefenbach das wichtige Werk: Glossarium Latino-Germanicum mediae et infimae aetatis e cod. manuscr. et libris impressis concinnauit L. Diefenbach. Francof. a. M. 1857. Bei W. Bauer sollte als Lebenszeit 1828—31. Dez. 1880 angegeben sein statt 1830 — 1. Januar 1881. Bei W. Christ ist übersehen: Beiträge zur kirchlichen Literatur der Byzantiner. München 1870. In Kommission bei G. Franz. Bei A. Deuerling ist nachzutragen: Ciceros Bedeutung für die römische Literatur. Augsburg, Kollmann 1866. Ferner gibt die Anführung der (übrigens als Programm erschienenen) Schrift: Glossae quae Placido non adscribuntur in dieser kurzen Fassung einen verkehrten Sinn; notwendig ist die Beifügung der nächstfolgenden Worte: nisi in libro glossarum.

Class-Book of English Poetry and Prose by F. H. Ahn. Second Edition. Cologne. Published by M. Dumont-Schauberg. 1881.

Die Frage, ob den Schülern der oberen Klassen zur Lektüre in den modernen Sprachen eine Chrestomathie oder ein Klassiker in die Hände gegeben werden soll, wird von den meisten Lehrern zu gunsten der letzteren Alternative entschieden. Aber die eine vortreffliche Seite kann einer guten Chrestomathie nicht abgesprochen werden, dafs sie dem Schüler eine Übersicht der literarischen Entwicklung des fremden Volkes in gediegenen Mustern gibt. Eine solche treffliche Chrestomathie bietet das Class-Book des Herrn Dr. Ahn, welche nunmehr in zweiter Auflage erschienen ist. Das Buch gibt klar und einfach geschriebene Skizzen über die verschiedenen Perioden der englischen Literatur. Den Musterstücken, welche den chronologisch geordneten Autoren entnommen sind, geht eine kurze Biographie des betreffenden Dichters voraus. In Noten, welche mit verständigem Mafse gegeben sind, werden die im Texte vorkommenden geographischen, geschichtlichen und mythologischen Anspielungen erläutert, auch grammatikalische Schwierigkeiten gehoben. Was die Auszüge aus den einzelnen Schriftstellern betrifft, so sind dieselben trefflich gewählt. Nur die hervorragendsten Autoren sind berücksichtigt und von einigen sind Werke fast in ihrem vollen Zusammenhange gegeben, z. B. Shakespeares Julius Caesar, Sheridans School for Scandal und Walter Scotts the Lay of the Last Minstrel. Der Herausgeber hat in der zweiten Auflage seiner Chrestomathie einige der älteren und weniger gekannten Autoren weggelassen und damit einerseits mehr Raum gewonnen zu ausgedehnteren Auszügen aus den hauptsächlichsten modernen Schriftstellern und andererseits das Buch sowohl in bezug auf Umfang als auf Preis den Ansprüchen, welche die Schule an ein Buch stellt, näher gebracht. Der Appendix über die amerikanische Literatur, die bis in die neueste Zeit der Betrachtung unterzogen wird, wird manchem Lehrer angenehm sein. Die Chrestomathie kann daher aus den angeführten Gründen jenen Lehrern, die eine solche der Lektüre eines einzelnen Klassikers vorziehen oder sie vielleicht neben einem solchen als kursorische Lektüre benützen wollen, nur angelegentlichst empfohlen werden.

München.   Steinberger.

Die Grundlehren der ebenen und sphärischen Trigonometrie von A. Stegmann, Kgl. Gymnasialprofessor in München. Kempten, Verlag der J. Kösel'schen Buchhandlung. 1881. IV. 81 S.

Ohne besonders hervorragende Eigentümlichkeiten zu besitzen, vereinigt dieses Buch in guter Ordnung und Darstellung jene Summe trigonometrischen Lehrstoffes in sich, welcher in der III. Gymnasialklasse einer bayerischen Studienanstalt füglich zur Verwendung gelangen kann. Die Goniometrie basiert, was wir nur billigen können, auf dem Verhältnisbegriff, doch wird im unmittelbaren Anschlufs daran auch gezeigt, wie die trigonometrischen Funktionen in einem Kreise vom Halbmesser Eins graphisch versinnlicht werden können. Die ebene Trigonometrie behandelt das rechtwinkelige Dreieck nur ganz vorübergehend, wogegen in deren räumlichem Gegenstück sowohl die rechtwinkeligen, als auch — und das sollte in keinem Lehrgang unterlassen werden — die Quadrantendreiecke eingehend abgehandelt werden. Der Cosinussatz im Raume ist mit zwei Beweisen bedacht worden, deren einer auf direkter Konstruktion, der andere auf der Zerfällung in zwei rechtwinkelige Dreiecke beruht. Dafs die Gauss'schen und Neper'schen Gleichungen nicht fehlen, wird den Lehrern nur erwünscht sein, doch werden viele wohl die kaum minder schwer zu erweisende L'Huilier'sche Formel für den sphärischen Excefs vermissen. Dem theoretischen Vortrag ist eine stattliche Anzahl von Beispielen und Übungen angereiht, worunter wir allerdings zahlreichen Bekannten aus dem trefflichen Reidt'schen Werke begegnen.

Nur in einem Punkte glauben wir mit der Methode des Autors rechten zu sollen. Die Summenformel für $\sin(\alpha+\beta)$ wird (S. 12) auf einen Beweis gestützt, der bei all seiner unleugbaren Eleganz doch nur so lange richtig ist, als $\alpha+\beta < 90^0$ bleibt. Gleichwohl wird (S. 14) mit Hilfe dieses Satzes zu beweisen gesucht, dafs $\sin 90^0 = \sin(45^0+45^0) = 1$ ist, und dieser Beweis mufs mithin verworfen werden. Es fehlt eben unseres Erachtens an einem gehörigen Nachweise für den Umstand, dafs die Formeln für

$$\left.\begin{array}{c}\sin\\ \cos\end{array}\right\} \alpha \pm \beta$$

für alle beliebigen Argumentwerte zu Recht bestehen. Eine analoge Einwendung würde man freilich gegen viele Elementarwerke zu machen in der Lage sein.

Ansbach. S. Günther.

Leitfaden für den Unterricht in der Mechanik fester Körper von G. Röllinger, k. Studienlehrer. Augsburg, Kranzfeldersche Buchhandlung. 1881.

Unser eigens gearteter Schulplan für die humanistischen Gymnasien bezüglich des Unterrichtes in der Physik, wobei nur die Gesetze der Statik und Dynamik der festen Körper gewöhnlich ohne alle Experimente erörtert und dann als Untergrund für mathematische Übungen benutzt werden, hat auch dem entsprechende Lehrbücher hervorgerufen. Zu Lehrbüchern dieser Art gehört auch das oben angeführte. Dasselbe enthält auf 48 Seiten die Lehren der Statik und Dynamik fester Körper, und auf weiteren 16 Seiten Übungsbeispiele und ist im ganzen mit vielem Fleifse durchgearbeitet. Figuren sind keine beigegeben, da, wie der Verfasser bemerkt, er dieselben aus pädagogischen Gründen weggelassen hat, damit der Schüler die Figuren selbst zu zeichnen und den Werdeprozess durchzumachen genötigt ist. Um das Büchlein ganz unserem Lehrplane anzupassen, wäre es vielleicht auch angezeigt gewesen, die allgemeinen Eigenschaften der Körper aufzunehmen. Referent erlaubt sich nun im Nachfolgenden auf einige der Verbesserung fähigen Stellen aufmerksam zu machen.

Der in § 6 als Beweismittel benützte Versuch ist eine petitio principii, denn er fufst auf den erst im § 53,1 aufgestellten Gesetzen der Rolle. § 15,4: Ist nur bei der Berechnung die Möglichkeit einer doppelten Lösung angeführt, während sie die Konstruktion doch auch gibt; ferner ist an dieser Stelle mit P, P_1 einmal der Dreieckswinkel, das anderemal sein Nebenwinkel bezeichnet. § 16: Konnte sich Referent mit der Ausdrucksweise: „Ich zeichne zwei aufeinander senkrechte Achsen X und (Y) wie in der Trigonometrie" nicht befreunden. § 30: Ist als selbstverständlich hingestellt, dafs die Richtung der Schwerkraft durch den Erdmittelpunkt gehen müsse, und sicher hätte dieses mehr eines Beweises bedurft als § 19,4. Sehr schön und einfach hiefür ist der Beweis wie ihn Jolly in seinem Büchlein „Prinzipien der Mechanik" gibt. § 34: Mufs die Teilung nicht blofs in n Teile, sondern in n gleiche Teile stattfinden. Dieses Beispiel mit seiner verkappten Integralrechnung hätte auch weggelassen werden können. Es machen dem Lehrer schon die Pendelgesetze Schmerzen genug. Referent hat in dieser Zeitschrift 1877 ein dem Standpunkte der Schüler mehr angemessenes Verfahren zur Bestimmung der Pendelgesetze angegeben. § 36: Ist nicht beachtet, dafs die Zerlegung des Prisma in lauter kleine Prismen parallel zur Grundfläche stattfinden mufs; § 39 findet dieselbe Aufserachtlassung statt. Vielleicht wäre es auch zu empfehlen, bei § 69 das 2. Newton'sche Gesetz, dafs eine Kraft auf einen bewegten Körper gerade so wirkt, wie auf einen ruhenden, anzuführen.

Druckfehler: In § 10, wo für P_1 und P_2 stehen mufs P_0 und P_3, und Seite 17 Zeile 6 von oben mufs statt „Punkte" stehen „Grunde".

Freising. Heel.

Deutsches Land und Volk. Vaterländische Bilder aus Natur, Geschichte, Industrie und Volksleben des deutschen Reiches. 2. gänzlich umgestaltete Auflage unter Redaktion von Dr. G. A. von Klöden und F. von Köppen. Verlag von Otto Spamer. 3. Band. Bilder aus den neuen Reichslanden und aus dem südwestlichen Deutschland. Bearbeitet von Dr. Albrecht, J. Butters, Dr. F. A. Finger, Dr. Nik. Hocker, F. v. Köppen, J. Längin, Dr. C. Mehlis u. a. unter Redaktion von Dr. v. Klöden und R. Oberländer. Mit 140 Text-Illustrationen, 3 Tonbildern und 2 Karten. gr. 8. VI und 554 S. Leipzig 1880. geh. ℳ 5., eleg. geb. ℳ 6,50.

Die erste Hauptabteilung behandelt in 20 Abschnitten die oberrheinische Tiefebene und ihre Grenzwälle. In die Beschreibung des Rheines, der mit den zu seinem Stromgebiete gehörenden Gewässern von den Quellen bis zu den Mündungen vorgeführt wird, des Wasgaugebirges, Schwarzwaldes, Odenwaldes und der Rheinebene wird manche anziehende kulturgeschichtliche Schilderung, wie der Klöster St. Gallen, Reichenau und der Klosterschulen eingeflochten. Zugleich findet die historische Bedeutung einzelner Erscheinungen eine zweckmäfsige Würdigung, so die Völkerscheide der Vogesen, das Völkerthor bei Belfort; den grofsen Völker- und Verkehrsstrafsen wird mit Recht eine besondere Aufmerksamkeit gewidmet. Geschichts- und Lebensbilder, wie das Oberlins, des Vaters des Steinthales, oder Hebels, des alemannischen Volksdichters, fesseln das Gemüt des Lesers. Mitteilungen aus dem Reiche der Sagen machen ihn auch mit dieser Seite des Lebens der verschiedenen Landschaften bekannt. Wichtige Städte wie Strafsburg, Freiburg, Darmstadt, Karlsruhe, Baden oder andere interessante Wohnstätten, wie „ein Schwarzwalddorf" finden eine ausführliche Beschreibung. Leben und Thätigkeit der Bewohner werden gleichfalls eingehend dargestellt, z. B. die Industrie im Schwarzwald, die Gewerb- und Fabrikthätigkeit in Baden und an der Ill. Dann folgt in ähnlicher Weise eine Schilderung der Pfalz; ein Abschnitt über Land und Leute im Elsafs schliefst diesen Teil des Buches ab. In der 2 Hauptabteilung wird die Mosel mit Metz und Trier und das lothringische Hügelland nach den gleichen Gesichtspunkten behandelt.

Diese bei weitem nicht erschöpfende Inhaltsübersicht wird schon zeigen, dafs der in reicher Fülle gebotene Stoff geeignet ist, den Gesichtskreis der Jugend in anregender Weise zu erweitern. Was aber die Darstellung betrifft, so wäre bei Berührung konfessioneller Verhältnisse oft eine mafsvollere Haltung zu wünschen. Wenn wir Ausdrücke wie „Kampf wider das Mönchtum" (S. 396), „Karl Theodors übertünchtes jesuitisch-bigottes Regiment" (S. 454), „Pfaffengezänk" (S. 472), den Schlufssatz der Reflexionen über die Reliquien in den alten Kaiserinsignien (S. 459), die ganz unnötige Betonung des Glaubensunterschiedes bei den höchst überflüssigen Reflexionen S. 401 ff. nicht billigen, so wird uns deshalb niemand der Engherzigkeit beschuldigen, der bedenkt, dafs dieses Werk vornehmlich für die gesamte deutsche Jugend bestimmt ist, dafs es das Gefühl der Zusammengehörigkeit aller deutschen Stammesbrüder pflegen und nähren will. Auch mit den schönen Worten, die S. 424 zu lesen sind, scheint uns eine solche Sprache nicht im Einklang zu stehen. Sickingens Bild ist übrigens sehr einseitig gezeichnet. Es soll ferner die sprachliche Form bei derartigen Schriften, die ja auch formell für den Leser ein bildendes Muster sein sollen, untadelhaft sein; eine Schreibart, wie sie etwa der ephemeren Tagesliteratur eigen ist, kann hier nicht zweckmäfsig erscheinen. Von diesem Standpunkte aus ist es nicht zu billigen, wenn S. 400 von dem „Ukas" der provisorischen Regierung in der Pfalz im Jahre 1849 oder S. 401 von dem Gymnasium, Lehrerseminar u. s. w. als dem „Bildungsapparat von Kaiserslautern" gesprochen wird. Auch Wendungen wie: „Die verehrlichen Herren Franzosen" (S. 431), „das war ein sonderbarer Heiliger" (S. 436 vom Pfalzgrafen Friedrich IV.), „der königliche Gemahl konnte nun sehen, ob er auf gütlichem Wege oder durch Gewalt seine bessere Hälfte wieder gewänne" (S. 464 von Wilhelm von Holland) und noch manche andere werden keinen Beifall finden können, ebenso die in einzelnen Partien mit Vorliebe gewählte ironische Färbung der Darstellung. An manchen Stellen wird ein allzu rhetorisch-deklamatorischer Ton angeschlagen; z. B. würde eine wirklich anschauliche, im einzelnen durchgeführte Beschreibung des Domes in Speier oder des jetzigen Worms verglichen mit der alten Stadt entschieden mehr nützen als die zahlreichen Exklamationen. Überhaupt sollte auf vollständig klare Darstellung mehr Gewicht gelegt werden; wenn z. B. bei Gelegenheit der Friedensverhandlungen zu Baden S. 226 einfach von der „Rijswiker Klausel" die Rede ist, ohne alle weitere Erklärung, so wird dies sicherlich vielen Lesern unverständlich bleiben. Irrtümlich wird S. 11 ein vollständiges Zufrieren des Bodensees für 1870/71 bemerkt, S. 33 steht Gundersheim statt Gandersheim, S. 75 Schlofs Laupen am Rheinfalle statt Lauffen, S. 296 Höhlenthal statt Höllenthal.

4. Band. **Bilder aus den Landschaften des Mittelrheins.** Unter Mitwirkung von Dr. F. A. Finger, Dr. N. Hocker, Jos. Steinbach verf. und herausgeg. von Dr. C. Mehlis. Mit 98 Text-Ill., 3 Tonbildern und 1 Karte. Leipzig 1881. gr. 8. VIII und 320 S. Preis geh. ℳ 4., eleg. geb. ℳ 5,50.

Die 7 Abschnitte der ersten Abteilung schildern den Rhein und seine Anlande von Mainz bis Koblenz. Nach einem ausführlichen Kapitel über Mainz wird der Hunsrück und das Nahethal, der Taunus mit seinen Bädern, der Rheingau, das Lahnthal mit Rücksicht auf Gestaltung und Formation des Bodens, auf den landschaftlichen Charakter, die Produkte und die Geschichte der einzelnen Gegenden, auf die Thätigkeit und Art der Bewohner betrachtet. Den historisch merkwürdigen Orten, den zahlreichen Burgen, den Altertümern und Sagen wird besondere Aufmerksamkeit gewidmet. In ähnlicher Weise werden in sieben Kapiteln der 2. Abteilung der Rhein und seine Ufer von Koblenz bis Bonn behandelt, wobei auch das Thal der Ahr, Aachen und seine Umgegend, die Eifel mit ihren erloschenen Feuerbergen, die Hochfläche der Venn und das Siebengebirge zur Darstellung kommt; ein achtes Kapitel: deutsches Leben im Mittelalter am Rhein bildet den Schlufs dieses Bandes.

Auch dieser Band bietet eine Fülle von interessantem Stoff; die Darstellung aber ist nicht durchaus der Bestimmung des Buches angemessen, oft erinnert sie allzu sehr an die Feuilletonmanier, die immer geistreich und neu erscheinen will. So Wendungen wie: „Die Herren der Schöpfung von jenseit des Wassers" (S. 103), „über dem Bilde des Doppelthales mit seinen Bastionen und Türmen, seinem Leben und Treiben wölbt sich der grofse Resonanzboden des blaustählernen Himmels" (S. 132), „Theekesselgedanken" (S. 233), „die drei Gläser Neuwieder Bier noch rasch hinter die Binde giefsen" (S. 253), „der Vertrag von Verdun, der das Frankenreich dritteilte" (S. 312) und noch viele andere; ja manchmal (z. B. S. 12 und 58) werden in geradezu phantastischer Weise Traumgesichte zur Einkleidung des Darzustellenden gewählt. Reflexionen machen sich im Übermafse breit, ganz untergeordnete Dinge, wie das Anlanden, die Einkehr und Erfrischung in den Gasthäusern werden zu oft und zu umständlich geschildert. Natürlich darf die Darstellung in solchen Schriften nicht durch Trockenheit abschreckend sein, sie soll aber auch nicht zu gesuchten Putz greifen, der nie von gesunder Wirkung auf die Jugend sein kann. Dafs der Studentenkommers auf dem Drachenfels Aufnahme fand, ist nicht zu billigen; oder kann die Schilderung der „Pro patria - Suite, welche die Hanseaten von Bonn mit den Heidelberger Schwaben auszufechten hatten" mit den dabei gebrauchten Kunstausdrücken und die Mitteilung der Studentenlieder samt der Schilderung des „Landesvaters" als besonders zweckentsprechend erscheinen?

Was die sachliche Durchführung betrifft, so müssen vor allem die Thatsachen vollkommen richtig und klar dargestellt sein. Dies ist nicht der Fall, wenn es S. 105 heifst: Solche Würde und solche Länder kamen durch die Vermählung seiner (Konrads, des Halbbruders Friedrich I.) Urenkelin Agnes mit Heinrich dem Welfen in den dreifsiger Jahren des 13. Jahrhunderts an die Wittelsbacher." Gleichfalls unrichtig wird S. 113 gesagt: „Durch die Vermählung Ottos des Erlauchten mit der Urenkelin Heinrichs des Löwen gelangte das ganze Besitztum des Pfalzgrafen Heinrich des Welfen in die Hände der Wittelsbacher." Auch sind die beiden ausgehobenen Sätze sehr schwer miteinander in Einklang zu bringen. Die Abbildungen sind im allgemeinen gut gewählt und gut ausgeführt; schlecht ist das Bild S. 49, die Verabschiedung des französischen Gesandten Benedetti, wo nicht einmal die Züge König Wilhelms erkennbar sind.

Möge bei den folgenden Bänden und bei neuen Auflagen der schon vorliegenden in formeller Hinsicht alles vermieden werden, was einer rückhaltlosen Empfehlung des prächtig ausgestatteten Werkes, das unserer Jugend soviel des Schönen und Belehrenden bietet, entgegenstehen kann!

Literarische Notizen.

Philologische Wochenschrift. Unter Mitwirkung von G. Andresen und H. Heller herausgegeben von W. Hirschfelder. 1. Jahrg. vom 1. Oktober 1881 beginnend. Verlag von S. Calvary & Co. in Berlin. Preis vierteljährlich 6 ℳ. Inhalt: Recensionen, Auszüge aus historischen und philologischen Zeitschriften, Verzeichnisse von philolog. Programmabhandlungen, Berichte über Versammlungen von Schulmännern und über Universitätsvorlesungen, Mitteilungen über Entdeckungen und archäologische Funde in Ägypten, Bibliographie.

Neue Auflagen aus dem Teubner'schen Verlage: Ciceronis Tusculan. disputationum libri V. Für den Schulgebrauch erklärt von Otto Heine. 1. Heft: Libri I et II. Dritte verbesserte Auflage. ℳ 1,20. 2. Heft: Libri III—V. Dritte verb. Auflage. ℳ 1,50. Leipzig. 1881. — Cornelius Nepos für Schüler von J. Siebelis. 10. Aufl. besorgt von Dr. M. Jancovius. 1881. ℳ. 1,20. — Französische Schulgrammatik mit Übungsstücken von Otto Giala. Untere Stufe. Zweite vermehrte Auflage. 1881. — Ausgewählte Briefe Ciceros. Für den Schulgebrauch erklärt von J. Frey. 3. Aufl. 1881. ℳ 2,25.

Schulgrammatik der neuhochdeutschen Sprache von Engelien. 4. Aufl. Berlin, Schultze. 1881. ℳ 1,50. Das Buch — ein Auszug aus des Verfassers grofser Grammatik der neuhochdeutschen Sprache (s. 15. Bd. S. 233 d. Bl.) — wird sich namentlich denjenigen Lehrern als nützlich erweisen, deren Aufgabe es ist, die Schüler, welche Mittelhochdeutsch lernen, mit der historischen Entwicklung der Sprache einigermafsen vertraut zu machen; es ist auch ausdrücklich für Oberklassen bestimmt.

Geschichte der deutschen Literatur von Scherer. 3. Lief. (Über Lief. 1 und 2 s. S. 90 des 17. B.) Die 3. Lief. (S. 145) beginnt mit Heinrich von Veldeke. Daran schliefsen sich Hartmann von Aue und Gottfried von Strafsburg. Gleichzeitige Lyriker sind in etwas auffallender Weise nicht nur unter die allgemeine Kapitelüberschrift „die höfischen Epen", sondern auch unter die mit dem Namen der angeführten Dichter überschriebenen Abschnitte eingereiht. S. 170 folgt Wolfram von Eschenbach, S. 185 werden die Epigonen (Rudolf von Ems etc.) geschildert. S. 195 beginnt das 7. Kap., das den Titel „Sänger und Prediger" trägt, denn „auf Ritterspiel, Tanz und Gastereien folgte Fasten, Kasteiung und Werke der Barmherzigkeit . . . der Sänger wird von dem Prediger abgelöst". Das Kapitel wird durch die herrliche Charakteristik Walthers v. d. V. eröffnet, die mit wenigen Abänderungen in die Lesebücher für die oberen Klassen aufgenommen werden sollte. Den 2. Abschnitt des Kapitels bildet „der Minne- u. Meistergesang" (Ulrich v. Lichtenstein — Heinrich v. Meifsen etc.), den dritten „Lehrdichtung, Satire, Novelle" (der Winsbeke, Thomasin von Zirclaria).

Lessings Laokoon von Buschmann. 2. Auflage. Paderborn, Schöningh, 1881. ℳ 1,20. Eine handliche Schulausgabe mit erklärenden Anmerkungen, die der Empfehlung wert ist. Wesentlich erhöht wird der Wert des Büchleins durch den beigegebenen Holzschnitt der Laokoongruppe.

Nordisch-germanische Götter- und Heldensagen für jung und alt von Gustav Schalk. Oldenburg, Verlag v. Gerhard Stalling, 1881. 8. 198 S. ℳ 1,50. An die Göttersagen schliefsen sich die Heldensagen der Edda und die Fritjofssage an. Die einfache und hübsche Darstellung macht das Buch auch für Schülerbibliotheken geeignet.

Gesammelte gröfsere Erzählungen von L. Aurbacher. Aus den Schriften und dem Nachlafs des Autors zusammengestellt und mit einem Vorwort herausgegeben von J. Sarreiter. Freiburg, Herder. 1881. ℳ 1,50. Schon wiederholt wurde in diesen Blättern (Jahrg. 1880 S. 193 ff., 1881. S. 137—138) der Schriften Aurbachers Erwähnung gethan,

Der vorliegende Band enthält Novellen, Geschichten, Märchen u. s. w. zehn an der Zahl, von denen die Hälfte aus dem Nachlasse des Verfassers von dessen Neffen zum erstenmale herausgegeben werden, während die übrigen früher in der „Charitas" des Dichters E. v. Schenck veröffentlicht worden sind. Die erwähnten Erzählungen bewegen sich nicht in dem gewöhnlichen, ausgetretenen Geleise, sondern sie vereinigen Eigenartigkeit und Mannigfaltigkeit der Erfindung mit natürlicher Einfachheit und Schönheit des Stils. Besonders sei der streng sittliche Standpunkt des Verfassers hervorgehoben, weshalb das Buch reiferen Gymnasialschülern unbedenklich in die Hand gegeben werden kann.

Lehrbuch der deutschen Geschichte für Seminare und höhere Lehranstalten zur Belebung des Geschichtsunterrichts mit einer Auswahl von Geschichtsbildern aus den Quellenschriften versehen und bearbeitet von Dr. G. Schumann und W. Heinze. 1. Heft 2. Ausgabe bis zum Jahre 1024. Preis 2 ℳ.; 2. H. 2. Ausg. — 1519 Pr. ℳ 2,40; 3. H. — 1871 Pr. ℳ 3,60. Hannover, Verlag von K. Meyer. 1878—79. gr. 8. XVIII und 752 S. — Dieses Buch will zunächst ein Hilfsmittel für die Lehrerbildung und für den Geschichtsunterricht in den Volksschulen sein; es kann wegen der zahlreichen, meist recht gut gewählten Abschnitte aus den Quellenschriften auch auf anderen Unterrichtsstufen mit Nutzen gebraucht werden.

Bilder aus der deutschen Kulturgeschichte von Albert Richter. Leipzig, Fr. Brandstetter. I. Lieferung. 1. und 2. Hälfte à 50 ₰. Der Verfasser will das gesamte materielle und geistige Leben unseres Volkes in lebensvollen Bildern den Lesern vor die Augen führen. Das vorliegende Heft umfafst folgende Kapitel: 1. Die Urbewohner Deutschlands. 2. Deutschland jetzt und ehemals. 3. Die Religion der alten Germanen. 4. Altgermanische Totenbestattung. 5. Sprache und Schrift der Germanen 6. Kriegswesen. 7. Standesverhältnisse. 8. Familienrecht und Familienleben. 9. Volksversammlungen der alten Deutschen. 10. Handel der Germanen. 11. Altdeutsches Gewerbe. 12. Einwirkungen Roms auf die Germanen zur Zeit des Kaisers Augustus. 13. Die Germanen der Völkerwanderungszeit. 14. Dorfansiedelungen nach der Völkerwanderung. 15. Die ersten städtischen Ansiedelungen in Deutschland. 16. Die altdeutschen Volksrechte. Durch womöglich den Originalen nachgebildete Illustrationen, z. B. Geräte und Waffen aus der Steinzeit, Ansicht eines aus Funden in den Schweizerseen rekonstruierten Pfahldorfes etc., wird das Verständnis wesentlich gefördert. Das Werk, wenn komplet, empfiehlt sich auch für Lesebibliotheken der oberen Gymnasialklassen, da es die Ergebnisse der strengen Wissenschaft in einfachem, anmutigen Gewande vorführt und geeignet erscheint, bei der Jugend Interesse und Verständnis für die Vergangenheit unseres Volkes zu erwecken. Von der 2. Lieferung an erscheinen die übrigen Lieferungen in 6 Bogen zu je 1 ℳ. Das ganze Werk wird 10, höchstens 11 Lieferungen umfassen.

Studienkalender für die Jahre 1881—1885. Herausgegeben von Dr. Reinhold Kapff. Nürtingen a. N. Verlag des Verfassers. Grofse Ausgabe. Titel in Schwarzdruck 1,10 ℳ, in Golddruck 1,20 ℳ. Die grofse Ausgabe enthält 1. eine Übersichtstafel über die wichtigsten Längen-, Flächen- und Hohlmafse, sowie über Geld und Gewicht bei den Römern und Griechen, in ihrem Verhältnis zu einander und berechnet auf metr. Mafs und Gewicht, bezw. Markwährung; 2. eine röm. Kalendertafel; 3. eine Anweisung, die Jahre ab urbe condita sowie jene der Olympiaden in die der christlichen Zeitrechnung umzurechnen; 4. eine Darstellung des Kalenders der franz. Republik von 1792—1805; 5. die 5 christl. Kal. von 1881—1885; 6. 8 Stundenplanformulare mit deutscher, englischer, lateinischer und französischer Angabe der Wochentage. Aufser dieser für Lehrer und ältere Schüler an humanistischen Lehranstalten berechneten Ausgabe existiert noch eine mittlere, kleine und kleinste Ausgabe mit niedrigeren Preisen; zudem gibt es neben den 4 verschiedenen Ausgaben für 4 Jahre auch solche für 2 Jahre. Jeder Kalender enthält ein besonders eingehenktes Heftchen von quadratischliniertem Schreibpapier für Bemerkungen. Wir können den durch seine klare und präcise Fassung sowie durch sein starkes und dauerhaftes Material ausgezeichneten Kalender bestens empfehlen.

Schulbibliothek. H. 5. „Der Handschuh" v. Schiller in 13 Sprachen. Eine polyglotte Zusammenstellung von Fr. Thiel. Leipzig. Fr. Thiel. 1881. Das interessante Schriftchen bringt zunächst die Schiller'sche Ballade „Der Handschuh" mit komischen Original-Illustrationen von einem jungen weimarischen Künstler W. Wellner und mit fortlaufender Übersetzung in französischer, holländischer, englischer, italienischer, lateinischer und neugriechischer Sprache, von welchen die letztere von dem griechischen Gesandten Herrn Rangabé in Berlin mangels einer bereits vorhandenen neu verfafst ist, dann folgt eine russische, böhmische, polnische, slovenische, hebräische und rumänische (letztere Original-) Übersetzung des Gedichtes, das also auf diese Weise in 13 Sprachen erscheint. Diese polyglotte Zusammenstellung erfreut alle Freunde und Verehrer des Dichters um so mehr, als so ziemlich alles sorgfältig gesammelt ist, was zum Verständnis und zur Erklärung des Gedichtes und seiner Quelle, sowie über den Helden desselben beigebracht werden kann. (Neu ist die Hinweisung auf den in sämtlichen Schillerausgaben vorhandenen Druckfehler in den „Denkwürdigkeiten aus dem Leben des Marschalls von Vieilleville" (des Grafen Sorges statt Lorges). Auch die Form und die äufsere Darstellung des Gedichtes (musikalische Kompositionen, Illustrationen) sind berücksichtigt. Das Ganze ist zu einem Sammelwerkchen über den Handschuh angewachsen und damit ist der Schalk unwillkürlich in einen sehr schätzenswerten Ernst gefallen.

Göthes Pädagogik. Vortrag, gehalten zum Besten der Wilhelm-Augusta-Stiftung für Frankfurter Lehrerkinder. Von Dr. F. Eiselen. Frankfurt a. M., M. Diesterweg. 1881. 50 ₰. Die durch den Rahmen eines Vortrags begrenzte Darstellung sucht nachzuweisen, dafs der grofse, alles umfassende Geist Göthes in einer Zeit, in welcher alle Welt durch Rousseaus Ideen der Erziehungslehre in Bewegung gesetzt ward, von diesen Eindrücken nicht unberührt geblieben ist, dafs aber auch in des Dichters Gemüt überhaupt ein besonderer pädagogischer Zug gelegen war, den er zunächst bekundete durch die Teilnahme und Aufmerksamkeit, welche er der Entwicklung und Erziehung jugendlicher Geister zuwendete. Zeugnisse für seine pädagogische Neigung und seinen erzieherischen Sinn bieten sein Leben wie seine Werke. Aus ersterem werden einzelne Beispiele aufgeführt, wie seine Erziehungsmethode des jungen Friedrich von Stein; von seinen Werken finden neben einigen hervorragenden Gedichten natürlich eine genauere Besprechung die beiden, welche am ausgiebigsten über Erziehung sind: „Die Wahlverwandtschaften" für die weibliche Erziehung und „Wilhelm Meisters Wanderjahre" für die männliche, zu deren Verständnis der utopische Sozialplan für eine Ansiedelung in Amerika mit Recht näher in betracht gezogen und erläutert wird. Das Ganze ist ein Abrifs, ein Bild der Götheschen Pädagogik, wenn man überhaupt von einer solchen sprechen kann, und der Erziehungsanschauungen und Ideen des auf weltbürgerlichem Standpunkte fufsenden Dichtergeistes.

Programme der bayerischen Studienanstalten und Lateinschulen vom Jahre 1881.

Amberg: Neumeyer, Agis und Kleomenes. Zwei Lebensbilder aus der letzten Zeit des spartanischen Staates nach den Quellen entworfen. — **Ansbach:** Günther, Beiträge zur Geschichte der neueren Mathematik. — **Aschaffenburg:** Degenhart, Kritisch-exegetische Bemerkungen zu Ciceros Schrift *de natura deorum*. — **Augsburg** (St. Anna): Muhl, Zur Geschichte der alten attischen Komödie. — **Augsburg** (St. Stephan): Labhardt, *Quae de Judaeorum origine judicarerint reteres*. — **Bamberg:** Mayerhöfer, Die Florentiner Niobegruppe. — **Bayreuth:** Hofmann, Vorübergang der Venus vor der Sonnenscheibe am 6. Dezember 1882. — **Burghausen:** Cammerer, *Quaestiones Thucydideae. De orationibus directis operi Thucydideo insertis*. — **Dillingen:** Pfeifer, Harmonische Beziehungen zwischen Scholastik und moderner Naturwissenschaft. — **Eichstätt:** Brückl, *Hodoeporicon S. Willibaldi* oder S. Willibalds Pilgerreise geschrieben von der Heidenheimer Nonne. (Übersetzt und erläutert). — **Erlangen:** Kelber, Zu Julius Maternus dem Astrologen. — **Frankenthal:** Reichenhart, Die subordinierenden kausalen Konj. bei Lucretius (*I. quod, quia, quando, quandoquidem, quatenus*). — **Freising:** Seisenberger, Der biblische Schöpfungsbericht (Genesis I, 1—2, 3) ausgelegt. — **Günzburg:** Radlkofer, Auswahl deutscher Synonyma für den Schulgebrauch. — **Hof:** Sörgel, Demosthenische Studien I. — **Kaiserslautern:** Wollner, Sammlung poetischer Beispiele zu den Hauptregeln der griechischen Syntax. — **Kempten:** Lehmann, Probe einer Übersetzung des Livius (B. 29). — **Landau:** Molenaar, John Miltons verlorenes Paradies. 1. Buch (ins Deutsche übertragen). — **Landshut:** Einhauser, Die drei Spiranten der griechischen Sprache. Ein Beitrag zum Unterricht im Griechischen. — **Lindau:** Renn, *Parrulae ad tria V. Martialis epigrammata commentationes*. — **Metten:** Braunmüller, Namhafte Bayern im Kleide des hl. Benedikt. II. Reihe. — **München** (Ludwigsg.): Seibel, Die Klage um Hektor im letzten Buche der Ilias. Eine homerische Studie. — **München** (Maximiliansg.): Stumpf, *De Nesiotarum republica commentatio*. — **München** (Wilhelmsg.): Rück, *De M. Tullii Ciceronis oratione de domo sua ad pontifices*. — **Neuburg:** Eberl, Studien zur Geschichte der letzten zwei Agilulfinger. — **Neustadt:** Müller, Zur Übersetzung und Erklärung des Livius (II, 1—20). — **Nürnberg:** Schröder, Auflösungen von Aufgaben aus der Trigonometrie. — **Passau:** Knabenbauer, Orakel und Prophetie (Eine apologetische Parallele). — **Regensburg** (altes Gymnasium): Obermaier, Die *conjugatio periphrastica actira* und der *irrealis* im Lateinischen. — **Regensburg** (neues Gymnasium): Krebs, Die Präpositionen bei Polybius. I. — **Schweinfurt:** Kern, Zum Gebrauch des Ablativ bei Vergil. — **Speier:** Thielmann, Über Sprache und Kritik des lateinischen Apolloniusromanes (Nebst einem doppelten Anhang: 1. Verbesserungen zum lateinischen Konstantinusroman von Thielmann. 2. Die Vulgata als Vorbild des Konstantinusromans von Landgraf). — **Straubing:** Wex, Die Metra der alten Griechen und Römer in Massen des deutschen Reiches übersichtlich dargestellt. — **Würzburg:** Schepfs, Handschriftliche Studien zu Boethius *de consolatione philosophiae*. — **Zweibrücken:** Stich, *Adnotationes criticae ad Marcum Antoninum*.

Personalnachrichten.

Ernannt: Studl. Dr. G. Schramm von Bamberg z. Gymn.-Prof. in Würzburg; Ass. Cl. Cammerer in Burghausen z. Studl. daselbst; Ass. J. Scheftlein in Zweibrücken zum Studl. in Frankenthal; Klafsverw. K. Limpert in Lindau z. Studl. daselbst.

Versetzt: Studl. M. Hoferer v. Münnerstadt n. Aschaffenburg; der nach Aschaffenburg versetzte Studl. M. Heid wurde in Münnerstadt belassen; Prof. M. Rottmanner v. Würzburg a. Max-Gymn. in München; Studl. Ph. Will v. Burghausen n. Bamberg.

Quiesziert: Bleibend der im zeitlichen Ruhestand befindl. Prof. Dr. A. Eufsner in Würzburg; Prof. J. Schöberl a. Max-Gymn. in München und Studl. N. Holzapfel in Frankenthal auf ein Jahr.

Verlag von T. O. WEIGEL in Leipzig.

Geschichtstabellen.

Übersicht der politischen u. Kultur-Geschichte mit Beigabe der wichtigsten Genealogien in synchronistischer Zusammenstellung.

Für Schulen und zum Selbstunterricht bearbeitet von

Friedrich Kurts.

Dritte, vermehrte, bis auf die Gegenwart ergänzte Auflage. 1881. In 4.

In 2 Abteilungen (Alte und mittlere Geschichte. — Neuere Geschichte.) à 1,30 ℳ oder in einem Bande à 2,60 ℳ gebunden.

Diese Tabellen sind in das Verzeichnis der vom Hohen Königlichen Bayerischen Ministerium zum Gebrauche an den Studienanstalten empfohlenen Bücher aufgenommen.

Cornelii Taciti Germania.

Besonders für Studierende erläutert
von
Dr. Anton Baumstark.

Neue wohlfeile Ausgabe. 1881. Preis 1,20 ℳ.

Diese neue wohlfeile Ausgabe des für die Benutzung an höheren Unterrichtsanstalten eingerichteten Werkchens mit dem ausführlichen Kommentar des bekannten scharfsinnigen Tacitus-Erklärers möge zu allgemeinem Gebrauche, dem der ehemalige höhere Preis im Wege stand, angelegentlich empfohlen sein. 2(1

Modell einer electrischen Eisenbahn.

Durch ein Flaschenelement in Betrieb zu setzen.

Mit Schienengeleis auf Holzbrett, Pferdebahnwaggon-Bekleidung und kleines Bunsenelement 10 ℳ.

Ernst Heitmann,
Internationale Lehrmittel-Handlung
Leipzig.

Herder'sche Verlagshandlung in Freiburg (Baden).

Soeben sind in **neuer Orthographie** erschienen und durch alle Buchhandlungen zu beziehen:

Geistbeck, Dr. M., Leitfaden der mathematisch-physikalischen Geographie für Mittelschulen und Lehrerbildungsanstalten. **Dritte, durchgesehene Auflage, mit vielen Illustrationen.** gr. 8°. (VIII u. 151 S.) ℳ 1,50. Geb. in Halbleder mit Goldtitel ℳ 1,90. (Satzeinrichtung nach den Anforderungen des österr. Ministeriums für Kultus und Unterricht.)

Pütz, W., Lehrbuch der vergleichenden Erdbeschreibung für die oberen Klassen höherer Lehranstalten und zum Selbstunterricht. **Zwölfte, verbesserte Auflage** bearbeitet von F. Behr. gr. 8°. (VIII u. 376 S.) ℳ 2,80. Geb. in Halbleder mit Goldtitel ℳ 3,40. (Satzeinrichtung nach den Anforderungen des österr. Ministeriums für Kultus und Unterricht.)

Rolfus, Dr. H., Leitfaden der allgemeinen Weltgeschichte, ergänzt und erläutert durch **Anmerkungen.** Für erweiterte Schulanstalten und zum Selbstunterricht. Dritte, verbesserte und bis auf die neueste Zeit geführte Auflage. Dritte Abteilung: **Die neue Zeit.** 8°. (XI u. S. 417—719.) ℳ 2. Vollständig in 3 Abteilungen oder in einem Bande. 8°. (XIV u. 719 S.) ℳ 5. Geb. in Halbleinwand mit Goldtitel ℳ 5,50.

—— Dasselbe. **Ausgabe ohne Anmerkungen. Zweite, verbesserte und bis auf die neueste Zeit geführte Auflage.** 8°. (XII u. 390 S.) ℳ 3.

Soeben erschienen:

Caesaris, C. Julii, Commentarii de bello gallico. Für den Schulgebrauch erklärt von **Dr. H. Walther,** Realschul-Oberlehrer in Grünberg i./Schl. 1. Heft: Lib. I u. II nebst einer Einleitung und drei Karten. 104 Seiten. gr. 8. geh. ℳ 1,30.

Hoffmann, Dr. A., Professor an der Realschule zu Münster i. W. **Mathematische Geographie.** Ein Leitfaden zunächst für die oberen Klassen höherer Lehranstalten. Mit fünfzig in den Text gedruckten Figuren und einer Sternkarte. Dritte verbesserte Auflage. 160 Seiten. gr. 8. geh. ℳ 2,—

Paderborn.   Ferdinand Schöningh.

Auf welche Weise kann der Unterricht in der deutschen Sprache und Literatur an unseren Studienanstalten methodisch und systematisch betrieben werden?

II.

Lehrplan für die II. Lateinklasse.

(Wöchentlich 3 Lehrstunden.)

Da für diese Klasse nur drei Stunden in der Woche unserm Lehrgegenstande zugedacht sind, so muſs der betreffende Lehrer sehr haushälterisch mit der Zeit umgehen, will er anders eine ersichtliche Förderung seiner Schüler erzielen.

Am besten wird er, meines Erachtens, zurecht kommen, wenn er die erste Wochenstunde zu grammatischen Übungen in Erweiterung des einfachen Satzes sowie der leichteren Formen des zusammengesetzten, und zwar nach einem kurzen Einblick in den grammatischen Leitfaden, verwendet. Das meiste hievon aber ist schriftlich abzumachen; denn bei der Lektüre gibt es immerhin für einen ökonomischen Lehrer so viel Zeit, daſs er an den einschlägigen Lesestücken die Grammatik mündlich einüben kann. Man wird nämlich unter allen Umständen zugeben müssen, daſs der Schüler einer unteren Klasse sich viel eher und leichter seiner Fehler gegen die Satzbildung bewuſst wird, wenn er das Satzbild auf dem Papier oder auf der Tafel fixiert vor sich hat. Daſs nun aber mit der Bildung zusammengesetzter Sätze zugleich die Lehre von den Konjunktionen und mittelbar die nötigste Weisung über die Interpunktion sich verbindet, ist eine aus dem Wesen dieser grammatischen Übungsstufe notwendig sich ergebende Folge. Die orthographischen Exercitien brauchen jetzt nicht mehr wie in der I. Klasse spezifisch vorgenommen zu werden, sondern es gibt die eben behandelte Übungsstunde sowie die zweite Wochenstunde ausreichende Gelegenheit, die Schüler in der Rechtschreiblehre zu festigen. —

Die zweite Lehrstunde nun werde lediglich zu schriftlichen Stilübungen benützt. Hier gehe man aber einen kleinen Schritt weiter als in der I. Klasse und sorge dafür, daſs in der einen Stunde Nacherzählungen und Nachbeschreibungen, in der andern der darauffolgenden Woche nach gegebenen Anhaltspunkten von den Schülern selbst Erzählungen und Beschreibungen (jetzt mag man auch Schönbeschreibungen, aber nur ganz spärlich versuchen lassen) gefertigt werden. Der Stoff hiefür soll nicht der ganz gleiche wie in der vorhergebenden Klasse sein; das blofs Anekdotenhafte der Erzählung werde ungleich weniger betrieben und weiche gegen das zweite Semester einem mehr vaterländisch-geschichtlichen Stoffbereiche oder aber solchen Verhältnissen und Erscheinungen, wie sie aus dem wirklichem Tagesleben, soweit es dem Schüler zugänglich ist, genommen werden können. Was den historischen Bereich anlangt, so wird man in unserer Klasse noch nicht in das griechische und römische Altertum zurückgreifen wollen, während sich dieses für die nächstfolgende Klasse empfehlen dürfte, wo bereits der Geschichtunterricht in die Zahl der obligaten Unterrichtsfächer aufgenommen ist, und vorzugsweise die alte Geschichte in allgemeinsten Umrissen, beziehungsweise in biographischen Charakterbildern vorgeführt werden soll. Auch bei den Beschreibungen und Schilderungen brauchen nicht mehr die geradezu augenfälligen und ganz zunächst liegenden Stoffe, wie Zimmer, Garten etc. etc., verwendet zu werden, sondern es mögen bereits die gewöhnlichen Naturerscheinungen und Elementarereignisse, aber auch nur insoweit der Schüler eine lebendige Anschauung des betr. Stoffes gewonnen haben kann, oder auch namhafte Strafsen, Plätze, Denkmäler, Anlagen, landschaftliche Objekte etc. gewählt werden. Wie bereits oben erwähnt, ist eine kleine Disposition vorauszuschicken. Bei Erzählungen genügen die Topen:

a) Zeit- und Ortsverhältnisse,
b) Vorbereitende Umstände,
c) Begebenheit,
d) Folgen und Wirkungen.

Bei Beschreibungen mag man nachstehende Anhaltspunkte geben:

a) Augenfällige Erscheinung,
b) Eigenschaften (Umfang, Gröfse, Dauer etc.),
c) Ähnlichkeit mit anderen Dingen,
d) Ursprung,
e) Einflufs,
f) Zweck,
g) Ende.

Gar zu detaillierte Dispositionen sind zu vermeiden, weil in diesem Falle die Mehrzahl der Schüler nichts mehr weiter anzufangen weifs, als dem vollständigen Gerippe eine nur dürftige Gewandung zu geben. Ich halte aber nun einmal an dem Grundsatze fest, welchen H. R. Hildebrand in seinen geistvollen Abhandlungen vom deutschen Sprachunterricht in der Schule etc. etc. mit den schlagenden Worten vertritt: „Der Lehrer des Deutschen sollte nichts lehren, was die Schüler aus sich finden können, sondern all das unter seiner Leitung sie finden lassen."

In der dritten Lehrstunde pflege man wie in der I. Kl. ausschliefslich Lektüre, wobei man das in den zwei vorhergegangenen Wochenstunden in grammatischer und stilistischer Beziehung Angeeignete und Erworbene so verwerten wird, dafs dem Schüler ein befriedigendes Verständnis von dem Ineinandergreifen der drei Lehrstunden ermöglicht wird.

Da in dieser Klasse die gesonderten Leseübungen in Wegfall kommen dürften, so hat der Lehrer in der für die Lektüre angesetzten Stunde alles zu beobachten, was in der ersten Wochenstunde für die I. Lateinklasse zu beobachten ist. Auch jetzt gehe man nicht aus dem Bereiche der für den Gedanken- und Anschauungskreis solcher Schüler bestimmten Lesestücke hinaus, und wenn das Lesebuch nicht die exakte Einteilung nach Klassen oder Kursen hat, so benehme man sich mit dem Lehrer der I. Klasse, um in Erfahrung zu bringen, welcher Lesebereich noch nicht zur Verwendung gekommen ist. Denn abgesehen davon, dafs bei einer wiederholten Durchnahme gleicher Stücke erklärlicher Weise das Interesse der Jugend sich abschwächt, mufs diese auch sofort gewahr werden, dafs ein strenges, methodisches Fortschreiten von seiten der Lehrerschaft nicht beachtet wird, wogegen ein solches in den andern Lehrdisziplinen sofort in die Augen fällt, sicherlich ein Umstand, der vom pädagogischen Standpunkte aus thunlichst zu verhüten ist.

Was endlich die mündlichen Vorträge betrifft, so gilt in der Hauptsache das nämliche, was von der I. Klasse gesagt ist.

Es wird dem aufmerksamen Leser nicht entgangen sein, dafs ein derartiger streng geordneter Lehrgang, wie ich ihn nunmehr für die zwei untersten Klassen der Lateinschule dargelegt zu haben glaube, keineswegs einem pedantischen Schematismus diene, wie es auf den ersten Blick vielleicht den Anschein haben könnte, sondern dafs es mir lediglich darum zu thun war, nicht immer bei allgemeinen Erörterungen stehen zu bleiben, sondern eine feste Handhabe zu bieten, die vielleicht der eine oder andere von den jüngeren Lehrern erfasse, welche beim Antritte ihres Amtes und zunächst in den beiden unteren Klassen gerade vor diesem Unterrichtsgegenstande mit einer begreiflichen Ratlosigkeit da zu stehen pflegen. Denn das Studieren von Handbüchern und Leitfäden, die ja bekanntlich oft weit auseinandergehen, reicht nicht nur nicht aus, sondern macht unter gewissen Umständen nur noch unsicherer. —

Lehrplan für die III. Lateinklasse.
(Wöchentlich 3 Lehrstunden.)

Wenn ich bei Behandlung des Deutschunterrichtes in der I. und II. Lateinklasse die Behauptung aufgestellt habe, dafs man des grammatischen Leitfadens nicht entbehren könne, gleichwohl aber keinem theoretischen Mechanismus zu verfallen brauche, so gestaltet sich für die nunmehr genannte Klasse die Sache einigermafsen anders. Je weiter nämlich das

Sprachgefühl entwickelt ist, desto leichter wird ein eigentlicher grammatischer Unterricht gerade an solchen Lehranstalten, in denen das Latein einen wesentlichen Bestandteil des Unterrichtes ausmacht, zwar nimmermehr entbehrlich, aber mindestens mehr summarisch zu behandeln sein. In der III. Lateinklasse, dem abschliefsenden Teil des ersten Studientirociniums, mufs aber immerhin noch ganz besonders auf die praktische Verwertung des in der Grammatik aus der lebendigen Anwendung entnommenen Theorems gesehen werden. Jedenfalls scheinen Th. Lion u. a. viel zu weit zu gehen, wenn sie jeglichen systematischen Unterricht selbst in niederen Kursen als unnütze Zeitvergeudung für gänzlich verwerflich halten. Auf dieser Seite stehen zwar auch Wackernagel, Schaub, Hülsmann, Schrader etc., welche behaupten, dafs durch einen derartigen Unterricht das natürliche Sprachgefühl seiner Sicherheit beraubt und so die freie Entfaltung beeinträchtigt werde, aber es dürfte doch wohl sehr bedenklich sein, von dem Lesen der deutschen Schriftwerke und von den praktischen Übungen in mündlichen und schriftlichen Vorträgen gröfserer zusammenhängender Stilarbeiten ausschliefslich ein befriedigendes Resultat zu erwarten. Denn wer sollte nicht zugestehen müssen, dafs der Schüler zumal in zweifelhaften Fällen die Grammatik recht gerne zu rate zieht, auf dafs er sehe, wie das aus der Praxis Abstrahierte sich zu seiner individuellen Praxis verhalte. Das Gegenteil müfste nach meinem Dafürhalten allmählich eine Verflachung der der deutschen Sprache und Nachlässigkeiten in ihrem Gebrauch zur Folge haben, eine Gefahr, der namentlich die Schule mit ihrer ganzen Macht entgegenzutreten hat.

Ich bleibe also dabei, dafs auch in dieser Klasse noch, der ebenfalls drei Wochenstunden für Deutschunterricht zugewiesen sind, der grammatische Leitfaden Stütze und fördernder Ratgeber sei.

Eine summarische Darlegung der zur praktischen Behandlung kommenden Nebensätze aus der Grammatik zu Anfang jeder ersten Lehrstunde dürfte genügen. Einige Monate des I. Semesters mag man noch die Bildung von zusammengesetzten Sätzen dadurch erleichtern, dafs man einen Hauptgedanken angibt, um welchen sich entweder bestimmt verlangte Nebensätze gruppieren oder nach dem freien Ermessen der Schüler an- und umgefügt werden. Ich will ein Beispiel geben:

Man füge an je einen der nachstehenden überzuordnenden Hauptsätze zwei koordinierte Nebensätze und zwar 1. Folgesätze, 2. Bedingungssätze, 3. Deklarativ- (Subjekt- und Objekt-) Sätze, 4. Indirekte Fragesätze, 5. Kausalsätze, 6. Finalsätze, 7. Koncessivsätze, 8. Temporalsätze, 9. Komparativsätze.

1. Der dreifsigjährige Krieg hat ganz Deutschland verwüstet — —
2. Ich werde es an einer angemessenen Belohnung nicht fehlen lassen — —
3. Wem sollte darüber ein Zweifel aufsteigen — —

4. Der achtsame Lehrer wird wohl seine Schüler gefragt haben — —
5. Der ritterliche Kaiser Maximilian verirrte sich auf einer Gemsjagd in den Steingeklüften der Martinswand — —
6. Der verwegene Reisende bestieg den Vesuv — —
7. Numa Pompilius, der Nachfolger des kriegerischen Romulus, suchte das verwilderte Volk durch die heiligen Satzungen der Religion wieder zu veredeln — —
8. Mit Recht macht uns ein wahrer Freund auf unsere Schwächen und Fehler aufmerksam — —
9. O möchten die Bürger des Staates dem gemeinsamen Wohl ein Opfer bringen können — —

Also wird z. B. 4. „Der achtsame Lehrer wird wohl seine Schüler gefragt haben, ob sie seine Darlegungen verständen und welchen Nutzen für das Leben sie sich daraus versprächen."

Instruktiv dürfte es auch sein, mehrfach zusammengesetzte Sätze herstellen und dabei bestimmte Substantiva und Verba in Anwendung bringen zu lassen. Z. B. Der Schüler gebe ein Satzbild, bestehend aus zwei einander beigeordneten Hauptsätzen, welche zwei Nebensätzen übergeordnet sind, von denen der eine zu dem andern in untergeordnetem Verhältnis steht, und wende hiebei in einem der genannten Sätze das Verb „beschönigen" an. „Wer bei jeder Gelegenheit, die sich ihm bietet, seine offenkundigen Fehler zu beschönigen sucht, der wird nicht nur mit Recht von anderen ungünstig beurteilt, sondern er ist auch selbst vom Wege der Besserung weit entfernt." Es hat nämlich diese Art, sich an einen Begriff anzulehnen, den hochschätzbaren Vorteil, dafs sich der noch junge Geist koncentrieren und beschränken lernt. Eine andere Gattung heilsamer Beschränkung liegt darin, dafs man den Bereich bestimmt, welchem der Gedankenstoff zu den Satzbildungen entnommen werden solle, der Geschichte (biblischen oder profanen), Geographie, Naturlehre, dem täglichen Leben etc.

Alsdann lasse man nach Bildung einschlägiger Musterbeispiele, die etwa auf die Schultafel geschrieben werden können, recht viele mehrfach zusammengesetzte Sätze, also etwas kompliciertere Satzbilder, schriftlich anfertigen, die übrigens nicht an Langatmigkeit leiden dürfen, sondern leicht zu überschauen sind. Zu diesem Behufe mag man verschiedene Wege einschlagen. Ich erlaube mir, den Lehrgenossen denjenigen zu zeigen, der mich schneller und sicherer ans Ziel gebracht hat als alle andern. Man verlange z. B., ich will gleich in medias res springen, nach einer zuerst auf der Tafel angebrachten Schablone einen mehrfach zusammengesetzten Satz, von denen die beiden ersteren einander beigeordnete Nebensatzglieder seien, denen ein dritter als übergeordneter Hauptsatz folge; diesem aber schliefse sich ein zweiter koordinierter Hauptsatz an. $a + b \overset{A + B}{\frown}$.

Mit Aufwand von einigen Minuten zur Erklärung der schematischen Form ist alles gethan. Beim ersten Beispiele nun mag man noch selbst vorangehen. „Wenn die Saaten grünen und die Lerche mit wirbelndem Gesang in die Lüfte steigt, weitet sich auch das Herz des Menschen und möchte alle Glückseligkeit des Lenzes in sich aufnehmen." Nun frage man zu allererst nach Sinn und Inhalt, dann zeige man, inwieferne die vorgeschriebene Satzbildform eingehalten sei. Die kleinen Buchstaben bedeuten natürlich die Nebensätze, die grofsen die Hauptsätze, Reihenfolge und Überordnung zeigen sich durch Neben- und Hoch- beziehungsweise Tiefstellung. Ein weiteres Beispiel mag nachstehendes sein:

$$\frac{A^1}{a+b} + \frac{A^2}{\underbrace{c}_{d}}$$

„Der Kampf der Thebaner, so hartnäckig er war und so wenig Erfolg er hatte, kann gleichwohl als eine Grofsthat in der Geschichte angesehen werden, insoweit er zeigte, wie viel die Kraft der Gemüter zumal in aufgeregter Zeit vermag."

A^2 will besagen, dafs der Hauptsatz A^1, der durch zwei untergeordnete Nebensätze unterbrochen ist, hier wieder aufgenommen wird.

In umgekehrter Weise diktiere man derartige Satzbilder und verlange von den Schülern die schematische Gliederung.

„Mit jedem Gegner wag' ich's,
„Den ich kann sehen und ins Auge fassen,
„Der, selbst voll Mut, auch mir den Mut entflammt."

$$\frac{A}{a+b+c^1 \ (d) \ c^2}$$

Das in Klammern gesperrte d bezeichnet den gekürzten Kausalsatz „weil er selbst voll Mut ist."

„Ich schenkte ihm 300 Rubel, und als ich erfuhr, dafs derselbe in Kiew einen Anverwandten habe, der ihn zu sehen wünsche, stellte ich ihm frei, ob er seine Reise fortzusetzen gedenke, oder ob er umkehren wolle."

$$A + \underbrace{\underbrace{\underbrace{a}_{b}}_{c}} \quad \frac{B}{d+e}$$

Im II. Semester wird man, der betreffenden Bestimmung der Schulordnung entsprechend, kleinere Periodenbilder anfertigen lassen. Hiebei nun ist die gröfste Sorgfalt und Aufmerksamkeit nötig, wenn man nicht statt einer harmonisch ansteigenden Protasis und einer ebenso abfallenden Apodosis einer unerquicklichen Reihe von hohlen Tiraden und lästigen Gedankenwiederholungen wird begegnen wollen. Bevor man überhaupt an Periodenbildung geht, mache man die Schüler aufmerksam, daſs die deutsche Sprache weniger als andere namentlich als die lateinische und griechische zum Periodenbau sich eigne, zunächst weil sie den beiden genannten Sprachen gegenüber an Participialformen Mangel habe; gleichwohl könne man mit einiger Übung und einem gewissen Geschmacke schöne Perioden fügen. Nach einer möglichst kurzen Darlegung der Theorie vom Periodenbau gebe man vorerst das schematische Gerippe und verlange vom Schüler nur die Bekleidung, also etwa, um sofort ein entsprechendes Beispiel zu geben, in nachstehender Weise:

„Der Schüler erweitere zu einer wohlgeordneten und harmonischen Periode den Gedanken: „Der Herbst mahnt an die Vergänglichkeit des Lebens" und beachte folgendes System:

$$A. a + b (+ c) : B. a + b.$$

Bevor man nun an die Arbeit selbst gehen läſst, erklärt man, daſs A und B die beiden Hauptteile der Periode (Protasis und Apodosis) bezeichne, von denen die erstere aus zwei Hauptgliedern $a + b$ und einem beigeordneten Nebengliede $+ c$, letztere nur aus zwei Hauptgliedern $a + b$ bestehen solle.

Nachdem der zu erweiternde Grundgedanke gegeben ist, wird man wenigstens für den Anfang die Schüler aufmerksam machen, daſs schon in dem Gegebenen, also hier in den Worten: „Der Herbst mahnt an die Vergänglichkeit des Lebens" die Zweiteilung enthalten ist, nämlich 1. „der Herbst"; 2. „mahnt an die Vergänglichkeit des Lebens", und daſs weiter nichts nötig sei als eine naheliegende Individualisierung des Begriffes „Herbst" und „Vergänglichkeit des Lebens". Annähernd werden die Schüler dann wohl zu einer kleinen Periode gelangen, welche lauten mag:

[A] Wenn die welken Blätter zur Erde fallen; $a +$ wenn die rauhen Winde über die Stoppelfelder fahren, $b +$ und dichte Nebelwolken den Morgen verdüstern (c): dann [B] wird der denkende und fühlende Mensch an das Hinfällige alles Irdischen gemahnt; $a +$ dann wird er den Wert der Erdengüter nicht überschätzen b.

Auch bei diesen Übungen ist darauf zu sehen, daſs das stoffliche Moment nicht über die Anschauungs- und Begriffsgrenze des betr. Alters hinausgehe, und ist namentlich das Lehrpensum der Geschichte hiebei ins Auge zu nehmen, die ja bereits in den allgemeinsten Umrissen dargelegt wird.

In der zweiten Wochenstunde mache der Schüler wie in der vorausgegangenen Klasse stilistische Versuche auf dem Gebiete der Erzählung und Beschreibung. Hier die richtigen Grenzen gerade in dieser Klasse zu treffen, ist nicht gar zu leicht; man steht zwischen den allerersten Versuchen und dem etwas gereifteren Standpunkte der mittleren Lateinklasse. Im ganzen wird man auch in dieser Klasse nicht fehlgreifen, wenn man die Ansprüche an Erfindung und selbständige Verarbeitung noch thunlich beschränkt und nur um ein weniges über den Themenbereich der vorausgegangenen Klasse hinausgreift. Dies mag darin bestehen, dafs man die Geschichte, den neuen Lehrgegenstand, zum Objekt kleiner stilistischer Arbeiten macht. Es ist dies der beste Anfang korrekter und geordneter schriftlicher Ausdrucksweise bei Darlegung des richtig und klar aufgefafsten Gelesenen oder Gehörten. Ich kenne nichts Gewinnreicheres in dieser Beziehung, als Vorgänge aus der Geschichte, welche vorher etwas eingehender besprochen worden sind, in solcher Weise zu verwerten. Wie dankbar ist es z. B., die Schlacht bei den Thermopylen zum Gegenstande einer kurzen geschichtlichen Erzählung zu machen, indem man die notwendigsten Topen a) Zeit- und Ortsverhältnisse, b) Vorbereitende Umstände, c) die Hauptbegebenheit, d) Folgen und Wirkungen auseinanderhalten läfst und so das während der Geschichtsstunde sachlich Durchsprochene jetzt in der Lehrstunde für deutsche Stilistik zum Gegenstande einer freithätigen Reproduktion macht. Zugleich kann man einige beschreibende Episoden verlangen, welche, selbstverständlich nicht zu ostentativ, dem erzählenden Teile einverwoben werden können; den treffendsten Anlafs dazu gibt z. B. die landschaftliche Schilderung des betreffenden Engpasses. In ähnlicher Weise mag die Schlacht bei Marathon und Salamis unter Zugrundelegung des Nepos in der Weise bearbeitet werden, dafs diese Elaborate nicht lediglich eine freie Übertragung des lateinischen Textes bieten.

Gilt das Gesagte von den Erzählungen, so wird es analog, wenn auch nicht in dem ausgedehnten Mafse, von den schriftlichen Schulübungsarbeiten gelten müssen, welche sich auf dem Felde der Beschreibung und Schilderung bewegen. Im ganzen wähle man noch Themata wie in der II. Lateinklasse und trete nur etwas über diesen Rahmen hinaus, indem man Geschichte und Lektüre, welche auch hierin ein reiches stoffliches Substrat bildet, mit kluger Auswahl zu verwerten strebt. — Dafs sich mit diesen Schulübungen ein besonderes Augenmerk auf die von der Schulordnung verlangte Fertigkeit in der Interpunktion und Orthographie verbinden mufs, bedarf keines weiteren Wortes.

In der 3. Stunde werde wie in den beiden unteren Klassen ausschliefslich das Lesebuch gehandhabt. Wenn es aber in der I. und II. Lateinklasse mit Nachdruck geboten war, den ganzen während der Woche behandelten Lehrstoff bei der Lektüre selbst in seiner Anwendung vor Augen zu führen, so wird der Lehrer dieser Klasse zwar auch keine günstige Gelegenheit vorübergehen lassen, bei recht instruktiven Stellen einerseits auf Satzstruktur und Periodenbau aufmerksam zu machen, anderseits die Gliederung einer geordneten Erzählung und Beschreibung blofszulegen, aber er wird das alles mit Mafs betreiben; denn jetzt mufs der Leiter des deutschen Unterrichtes bereits das Prinzip festhalten, dafs der Schüler mehr in den Zusammenhang und das Ganze des Inhalts eingeführt werde. Es soll namentlich bei Lektüre von poetischen Stücken nicht durch zu viele grammatische Skelettierung das „Unmittelbare, Frische und Volle der Anschauung" genommen werden. Ein grofser Fehler aber wäre der, wenn man Sachliches, Ästhetisches und Sprachliches promiscue behandelte. Dadurch würde alles zerzaust, und wenn Dr. Julius Köster behauptet, dafs eine rauhe Hand den reinen Genufs des Inhaltes verkümmern und zerstören könne, sobald das Lesebuch schlechterdings zur Folie der Grammatik dienen solle, so scheint er mir keine zu gewagte Behauptung aufzustellen. Das herrliche Werk Wackernagels über Wesen und Gebrauch eines guten Lesebuches hat heute noch sein volle Geltung: „Das Lesebuch soll durch die reiche Abwechslung, die es bietet, durch die Mannigfaltigkeit des Edlen und Schönen seiner kleinen Literatur die jungen Herzen anmuten wie ein heimeliger Garten mit schönen Blumen und lauschigen Plätzchen, wohin sich der Geist gerne zurückzieht, wo Herz und Gemüt sich sammelt" etc. etc. Es ist nämlich nicht genugsam hervorzuheben, dafs wir hauptsächlich in der deutschen Lehrstunde das Herz der Jugend veredeln sollen; denn wie leicht verkrustet es unter der oft plumpen Wucht des zu Lernenden! Darum spare man die streng grammatisch-stilistischen Bemerkungen ans Ende und lasse vorerst das Lesestück seinem Inhalte nach voll und ganz auf die Schüler einwirken. Ich habe zwar selbst mein Lesebuch mit einer grofsen Anzahl grammatischer Anmerkungen, beziehungsweise anregender Fragen versehen, aber lediglich zu dem Zwecke, dafs der Schüler nach der Durchlesung des betreffenden Lesestückes auch sehe, wie die abstrahierten Regeln seines grammatischen Leitfadens sich in dem Angewendeten finden.

Was die Reihenfolge des zu Lesenden betrifft, so halte ich es für angemessen, je ein Stück aus dem prosaischen und eines aus dem poetischen Lesebereich durchzugehen, und zwar in Prosa zuerst die der erzählenden Darstellung, hierauf die der beschreibenden, schliefslich noch einige wenige der abhandelnden, in Poesie vorerst in analoger Weise erzählende Gedichte, dann lyrische Dichtungen zu behandeln. Die ganze Art der Behandlung wird zwar dem individuellen Ermessen des Lehrers anheimgestellt bleiben, aber gleichwohl wird er nur innerhalb des oben beschriebenen Grenzbereiches Förderliches erzielen. Hinsichtlich der Durchnahme gelesener Musterstücke sind Gudes „Erläuterungen" etc. und unseres verehrten Kollegen Stephan Eusebius „Poesie und Prosa" (Gedichte als Aufsatzübungen) in der Hand des Lehrers treffliche Hilfsmittel.

Der mündliche Vortrag mag sich auch in dieser Klasse an die für die ersten beiden Kurse angedeuteten Normen der Behandlung halten. Nur werden der höheren Altersstufe des Vortragenden entsprechend bereits etwas gröfsere Gedichte epischer Natur und zuweilen auch kleinere Partien in ungebundener Sprache zum Vortrag kommen.

Regensburg. Dr. Karl Zettel.

Die Mathematik an den humanistischen Gymnasien.

Es ist eine alljährlich sich wiederholende Klage, dafs die Kenntnisse der Absolventen humanistischer Gymnasien in der Mathematik meist sehr gering sind, weit geringer als in den philologischen Fächern.

Der Hauptgrund für die mangelhaften Leistungen in diesem Gegenstande liegt in der demselben allzukärglich zugemessenen Zeit.

Der lateinische Unterricht wird 9 Jahre lang erteilt und zwar treffen für die einzelnen Klassen in den einzelnen Jahren 7—10 Wochenstunden[1], für alle Klassen zusammen in den 9 Jahren 73 Wochenstunden. Eigene Stunden sind für Grammatik, eigene für stilistische Übungen angesetzt; die Klassikerlektüre ist das trefflichste Mittel zum Vertrautwerden mit der Sprache. Täglich kann der Philologe gröfsere oder kleinere häusliche Übungen fordern.

Aber der Mathematiker hat für seinen Lehrstoff nur fünf Jahre mit je vier Wochenstunden zur Disposition. Eigene Übungsstunden anzusetzen wird ihm nur höchst selten möglich sein; aus Furcht vor Überlastung der Schüler darf er keine gröfseren Anforderungen an den häuslichen Fleifs stellen. Daher vermag er nicht die Mehrzahl der Schüler über den theoretischen Teil und die Auffassung der Lehrsätze hinaus zu einer Gewandtheit in selbständiger Lösung namentlich geometrischer Aufgaben zu bringen, bei welchen keinerlei Formel oder Schablone die Auffindung der nötigen Hilfsmittel erleichtert; denn hiezu gehört eine ausgiebige Übung, so gewifs als ein rein grammatikalischer Unterricht niemals Fertigkeit im Gebrauche einer Sprache zu erzielen vermag.

Um nun höhere Leistungen in der Mathematik zu erhalten, wäre es möglich, erstens den Schülern eine längere Unterrichtszeit und mehr häusliche Arbeit aufzuerlegen, ferner das mathematische Lehrpensum quantitativ zu beschränken, endlich könnte man die der Mathematik zugewiesene Zeit auf Kosten anderer Fächer ausdehnen.

An unsern Realgymnasien sowohl als auch an den nichtbayerischen Gymnasien ist allerdings die Stundenanzahl eine beträchtlich höhere; aber es darf wohl die kürzere Unterrichtszeit als ein grofser Vorzug unserer humanistischen Anstalten gelten; denn 5 Stunden Schule und 3—4 Stunden häusliche Arbeit, wie sie ein gewissenhafter Schüler aufwenden mufs, ist für in rascher körperlicher Entwicklung begriffene junge Leute ein vollwichtiges Mafs geistiger Anstrengung. In den vier untersten Kursen aber könnte man wohl den Unterricht auch auf 26 Wochenstunden ausdehnen, wenn man zugleich dafür sorgte, dafs die täglichen Hausarbeiten für Schüler von Durchschnittsbegabung nicht mehr als etwa 2 Stunden in Anspruch nähmen. Denn die Länge der Schulzeit hätten dann die Latein-

---

[1] 1. L.-Kl. 7, 2. und 3. je 10, 4. und 5. je 8, I. u. II. G.-Kl. je 8, III. u. IV. je 7 Wochenstunden.

schüler mit den meisten deutschen Schülern gemein, und der häuslichen Selbstarbeit kann bei den Kindern doch weder mit Rücksicht auf ihre Ausdauer noch hinsichtlich des möglicherweise zu erzielenden Erfolges gleiche Bedeutung wie bei den Gröfseren beigelegt werden.

Der Umfang des mathematischen Lehrpensums ist absolut nicht mehr einschränkbar; im Gegenteil, wenn es sich irgendwie ausführen liefse, sollten Aufgaben der mathematischen Geographie als Anwendung der sphärischen Trigonometrie gelöst, und auch in der Physik etwas mehr als blofs ein paar Gesetze der Mechanik gelehrt werden.

Nun bleibt noch die Möglichkeit zu prüfen übrig, ob sich nicht die Anforderungen in andern Fächern zu gunsten der Mathematik beschränken liefsen. Der Schreiber dieser Zeilen sollte eigentlich als Nicht-Philologe es nicht wagen, seine Ansicht in dieser Frage öffentlich auszusprechen; aber ein Philologe würde in bezug auf Mathematik in ähnlicher Lage sein, und nur selten möchte man einen Mann treffen, der beide Gebiete gleichzeitig beherrschte. Auch ist ja ein über dem speziellen Fachwissen stehendes pädagogisches Interesse allen Lehrern, Philologen wie Mathematikern, gemeinsam. Es wird jedem, der die Schulordnung unbefangen studiert, gar bald einleuchten, dafs an eine wesentliche Reduktion der Anforderungen in irgend einem Fache nicht gedacht werden kann. Nur in bezug auf Stilübungen könnte man vielleicht darauf verzichten, die Übersetzung modern gedachter und modern geschriebener Abhandlungen ins Lateinische zu kultivieren. Es haben solche Übersetzungen doch nur einen Wert, welcher etwa mit der Aufstellung einer Hypothese in den Naturwissenschaften verglichen werden kann (?); und sie eignen sich daher eher für einen akademischen als für einen nur auf abgeschlossenem Wissen fufsenden Schulunterricht. Ob sich übrigens durch den genannten Verzicht etwa eine Stunde für die Mathematik in der Oberklasse gewinnen liefse, ist zweifelhaft. Daher könnte nur dadurch für dieselbe Raum geschaffen werden, dafs der Lehrstoff andrer Fächer teilweise nach den untern Klassen verschoben würde. Dies wäre hauptsächlich möglich in Latein und Arithmetik. Als die Studienzeit auf neun Jahre erweitert wurde, wurde der Lehrstoff des untersten Kurses nahezu halbiert, in den oberen Klassen aber nur wenig geändert. So ist denn die nicht besonders schwierige lateinische Formenlehre auf fast zwei Jahre verteilt. Sollte es da nicht ohne Schädigung des Erfolges bei passender Verschiebung der Jahrespensa möglich sein, je eine Stunde mehr in den ersten zwei, eine Stunde weniger in der vierten Klasse für den lateinischen Unterricht anzusetzen oder wenigstens in leztgenannter Klasse den betreffenden Lehrstoff ohne Verminderung der Stundenzahl zu kürzen? Die gröfsten Änderungen aber zu gunsten der Mathematik könnten in bezug auf den Arithmetikunterricht angeordnet werden. Dieser ist namentlich in der vierten Lateinklasse mit zwei Wochenstunden recht stiefmütterlich bedacht. Dabei sollen noch Proportionen gelehrt werden, und gerade diese in ihrer Bedeutung zu würdigen und richtig aufzufassen ist eine der schwierigeren Aufgaben der Elementarmathematik. Wenn man dieselben aber nur als ein Rechnungsverfahren lehrt, so sind sie weitaus weniger nützlich als Regeldetri und Kettensatz und jedes bei Schlufsrechnungen angewendete Verfahren. Um nun für die Mathematik mehr Zeit zu schaffen, könnte man dieselbe bereits in der vierten Klasse mit vier Wochenstunden beginnen lassen. Es müfste dann der Arithmetikunterricht mit je 4—5 Stunden in den ersten drei Klassen erteilt werden. Das Latein bekäme je eine Stunde in den zwei ersten Klassen mehr, und wenn dann trotzdem dieser Unterricht in der vierten Klasse nicht geschmälert werden sollte, könnte daselbst durch Wegfall des Kalligraphieunterrichtes die Anzahl von 26 Wochenstunden eingehalten werden. Das Arithmetikpensum aber wäre folgendermafsen zu verteilen:

I. Klasse: Die vier Grundrechnungsarten mit benannten und unbenannten Zahlen, die gemeinen Brüche in einfachen Beispielen.

II. Klasse: Schwerere Aufgaben über die gemeinen Brüche, Decimalbrüche, unvollständige Zahlen, Mafse des metrischen Systems.

In den ersten zwei Klassen wird nur das Notwendigste von der Terminologie und den Gesetzen der Arithmetik gelehrt, die Hauptaufgabe ist, Gewandtheit im Gebrauche der Zahlen zu gewinnen; grofse Klammerrechnungen und künstlich-komplicierte Ausdrücke sind zu vermeiden.

III. Klasse: Im Winter Schlufsrechnungen aller Art; im Sommer werden, natürlich nur mit Anwendung von Zahlen, sämtliche Gesetze der Arithmetik abgeleitet, so dafs letztere Übungen eine Propädeutik für die Algebra bieten.

IV. Klasse: So wird es den Schülern nicht allzu schwer werden, jetzt das bisherige Pensum der fünften Klasse zu lösen. Indem die mathematische Stundenanzahl für alle folgenden Kurse unverändert bliebe, würde die fünfte Klasse das jetzige Pensum der ersten Gymnasialklasse erledigen. Diese hingegen würde die Algebra und Planimetrie der jetzigen zweiten behandeln, und fände durch Ausschlufs der Stereometrie mehr Zeit zur Lösung geometrischer Aufgaben, namentlich zur Anwendung der Algebra auf Geometrie.

Der zweiten Gymnasialklasse würde die Algebra der jetzigen dritten und die ganze Stereometrie zugeteilt. Der dritten fiele die ebene und sphärische Trigonometrie sowie die Physik der bisherigen dritten und vierten Klasse zu. Für die Oberklasse wäre dann als neues Pensum nur die mathematische Geographie nebst Anwendung der sphärischen Trigonometrie übrig, und reichlich Zeit zu Repetitionen und zu etwaiger Erweiterung der physikalischen Kenntnisse vorhanden.

Einen lebhaften Einwand gegen obige Vorschläge werden wohl manche erheben: Wie können die Kinder der untersten Klassen den gesteigerten Anforderungen nachkommen?

Dafs dieselben körperlich nicht überangestrengt werden, wenn nur das richtige Mafs mit Hausaufgaben eingehalten wird, und namentlich der Arithmetiklehrer, mit seinen Schulstunden sich begnügend, nicht viel Anspruch auf häusliche Leistungen macht, ist bereits erwähnt worden. Was aber das Fassungsvermögen der Schüler betrifft, so hat der Schreiber dieser Zeilen die auch von Philologen bestätigte Erfahrung gemacht, dafs häufig ein Knabe infolge seines höheren Alters oder seines sehr grofsen Fleifses oder seiner guten häuslichen Anleitung in den untersten Klassen noch leidlich gute Resultate erzielt, obwohl Mangel an genügender Fähigkeit zur weitern Betreibung der Studien von unbefangenen Beobachtern gleich anfangs klar erkannt wird. Solche Schüler, die nur sehr ausnahmsweise freiwillig gehen, kann man dann erst in einer höheren Klasse von den Studien wegweisen. Weil dies aber aufserordentlich hart ist für junge Leute, die bereits das schulpflichtige Alter überschritten haben, deswegen ist es insbesondere bei dem gegenwärtig allzugrofsen Zudrange zu den Gymnasien wünschenswert und gut, nicht genügend begabte Knaben schon frühzeitig einem andern Berufe zuzuführen.

An und für sich stellt ja der obige Vorschlag auch keine höheren Anforderungen an die Intelligenz der Schüler: die vermehrte Formenlehre der ersten Klasse erleichtert das lateinische Pensum der vierten; bisher war die Mathematik der fünften Klasse viel leichter als die Proportionenlehre der vierten: der obige Vorschlag würde die Proportionenlehre beseitigen und den Unterricht in der vierten Klasse noch erleichtern durch die arithmetisch-mathematische Propädeutik der dritten.

Der Schreiber dieser Zeilen ist weit entfernt, seine Vorschläge für unanfechtbar zu halten, im Gegenteile freut er sich, wenn sie nur als verbesserungsfähig einer Diskussion gewürdigt werden, und Anregung zur Beseitigung eines nicht zu leugnenden Mifsstandes geben.[1])

Neuburg a/D. A. Schmitz.

Zu Xenoph. Hell. 5, 2, 87.

Καὶ ἐκπέμπουσι Τελευτίαν μὲν ἁρμοστήν, τὴν δ' εἰς τοὺς μυρίους σύνταξιν αὐτοί τε ἅπαντες συνεξέπεμπον καὶ εἰς τὰς συμμαχίδας πόλεις σκυτάλας διέπεμπον, κελεύοντες ἀκολουθεῖν Τελευτίᾳ κατὰ τὸ δόγμα τῶν συμμάχων. Die übereinstimmende Lesart aller Handschriften ἅπαντες kann hier unmöglich richtig sein. Denn wenn ἅπαντες richtig wäre, so müfste es zu αὐτοί gehören, die αὐτοί aber können nur die Lacedämonier sein, von den Lacedämoniern aber kann ἅπαντες unmöglich ausgesagt sein.

---

[1]) Obgleich die Redaktion mit den Ausführungen des Hrn. Verfassers nicht in allen Punkten übereinstimmt, glaubt sie doch dieselben unverkürzt zum Abdrucke bringen zu müssen, da sie immerhin einen beachtenswerten Grundgedanken enthalten und geeignet erscheinen, zu weiteren Erörterungen anzuregen. Anm. d. Red.

Das haben denn auch die Erklärer eingesehen und es sind deswegen verschiedene Änderungsvorschläge gemacht worden.

Morus wollte ἅπαντες ganz getilgt wissen. Allein dieses ist nicht wohl annehmbar, weil gar nicht eingesehen werden kann, wie dieses unnötige und unmögliche Wort in den Text gekommen sein soll, wenn es nicht von jeher darin war. Dindorf spricht sich für ἅπασαν aus, wagt es aber doch mit Recht nicht, diese Konjektur in den Text aufzunehmen, weil es doch seinen Schriftzeichen nach von ἅπαντες zu verschieden ist, und weil es kaum möglich ist, dafs aus dem so ganz passenden ἅπασαν das unmögliche ἅπαντες entstehen konnte. Reiske, Goldhagen und Wolf wollten ἅπαντας statt ἅπαντες lesen und haben deswegen μὲν hinter ἐκπέμπουσι gesetzt statt hinter Τελευτίαν, haben τὴν δ᾽ εἰς τοὺς μυρίους σύνταξιν als Acc. der Beziehung und ἅπαντας als das alleinige Objekt von συνεξέπεμπον aufgefafst. Allein hier mufste μὲν gegen die Leseart aller Handschrift versetzt werden; auch ist die ganze Ausdrucksweise doch ziemlich auffallend.

Ich möchte nun ebenfalls ἅπαντας statt ἅπαντες lesen. Allein ich möchte sonst gar nichts ändern, sondern ἅπαντας als nähere Bestimmung zu τὴν σύνταξιν betrachten, so dafs es die nämliche Bestimmung wie das von Dindorf vorgeschlagene ἅπασαν enthalten würde. Σύνταξις ist ein Collectivum. Es ist aber im Griechischen sehr häufig der Fall, dafs adjektivische Bestimmungen zu einem Collectivum nach dem natürlichem Geschlechte behandelt werden. So z. B. Xen. Hell. 7, 5, 26 συνεληλυθυίας γὰρ σχεδὸν ἁπάσης τῆς Ἑλλάδος καὶ ἀντιταγμένων. Xen. Hell. 1, 4, 12 ἐπεὶ δ᾽ ἑώρα (τὴν πόλιν) ἑαυτῷ εὔνουν οὖσαν καὶ στρατηγὸν αὐτὸν ᾑρημένους καὶ ἰδίᾳ μεταπεμπομένους τοὺς ἐπιτηδείους κτλ. Xenoph. Hell. 1, 4, 13 ὅ τε ἐκ τοῦ Πειραιῶς καὶ ὁ ἐκ τοῦ ἄστεως ὄχλος ἠθροίσθη πρὸς τὰς ναῦς, θαυμάζοντες καὶ ἰδεῖν βουλόμενοι τὸν Ἀλκιβιάδην. Auffallend sind besonders die zwei ersten Parallelstellen, weil in ihnen von zwei durch καί verbundenen Participien das eine nach dem grammatischen, das andere nach dem natürlichen Geschlechte konstruiert ist.

Ich glaube deswegen, dafs ἅπαντας in Beziehung auf σύνταξιν nach allen Seiten hin vollständig entspricht. Denn 1) gibt es den allein möglichen Sinn „ihr Kontingent zu den 10,000 aber schickten sie selbst vollzählig mit". 2) ist die Änderung der Handschriften eine sehr geringe und leichte. 3) War es sehr leicht möglich, dafs ein mit den Gesetzen der griechischen Sprache nicht ganz vertrauter und den Zusammenhang wenig oder gar nicht berücksichtigender Abschreiber die Beziehung auf das entferntere σύταξιν nicht erkannte, sondern es mit dem unmittelbar danebenstehenden αὐτοί τε übereinstimmen liefs.

5, 4, 21.

Θρᾷξι δ᾽ αὐτῷ ἡμέρα ἐπεγένετο καὶ οὐδὲ ταῦτ᾽ ἐποίησεν ὥστε λαθεῖν, ἀλλ᾽ ἐπεὶ ἀπετράπετο, βοσκήματα διήρπασε καὶ οἰκίας ἐπόρθησε. Es sind hier verschiedene Verbesserungsvorschläge gemacht worden, welche aber alle fast die nämlichen Schwierigkeiten haben wie die Lesart der Handschriften.

Ich glaube deswegen, daſs es am besten ist, die Lesart der Handschriften beizubehalten und zwar um so mehr, da sich dieselbe ganz gut rechtfertigen läſst. Nur fasse ich ταῦτα nicht, wie Morus, als S u b j e k t , sondern als O b j e k t von ἐποίησεν auf und übersetze also „in T h r i a a b e r ü b e r r a s c h t e i h n d e r T a g u n d e r t h u t n i c h t e i n m a l d i e s e s , d a ſ s e r u n b e m e r k t b l i e b, sondern, als er sich abgewendet hatte, raubte er Herden und verwüstete Häuser.

Οὐδέ, nicht einmal, steht hier ganz passend, weil es ein Minimum bezeichnet. Sphodrias hätte diesen Zug überhaupt gar nicht unternehmen sollen. Wenn er ihn aber trotzdem unternahm, so hätte er alles thun sollen, um ihn glücklich auszuführen. Wenn er aber den Zug ohne die Zustimmung seiner Regierung auf den Rat der Feinde Spartas unternahm und ihn trotzdem nicht glücklich ausführte, so hätte er doch wenigstens das thun sollen, daſs sein Unternehmen möglichst verborgen blieb. Wenn er nämlich seine Soldaten ruhig wieder heimgeführt hätte, ohne irgend jemand zu verletzen, so hätte man ihn vielleicht nicht beachtet oder er hätte wenigstens sagen können, er habe einen Übungsmarsch gemacht oder er hätte sonst irgend eine Ausrede gebrauchen können, wenn sie auch noch so unwahrscheinlich gewesen wäre. Aber n i c h t e i n m a l d i e s e s M i n i m u m t h a t e r. Ταῦτα ist a n k ü n d i g e n d und bezieht sich auf ὥστε λαθεῖν. Daſs der Plural steht mit Beziehung auf einen einzigen Satz, kann nicht beanstandet werden, denn die griechische Sprache ist überhaupt nicht so konsequent wie die lateinische und insbesondere kommt es bei allen Klassikern häufig vor, daſs ταῦτα auf einen einzigen Satz und manchmal auch umgekehrt, daſs sich τοῦτο auf mehrere Sätze bezieht. Abgesehen davon, daſs u n d z w a r mit Beziehung auf einen Satz immer καὶ ταῦτα heiſst, vergleiche man z. B. aus Xenoph. Hell. 5, 1, 32 ἀπαγγέλλετε δ' αὐτοῖς καὶ ταῦτα, ὅτι, εἰ μὴ ποιήσουσι ταῦτα, ἔκσπονδοι ἔσονται. 5, 2, 5 οἱ δὲ Λακεδαιμόνιοι οὐκ ἔφασαν σκέψεσθαι, εἰ μὴ καὶ διοικοῖντο κατὰ κώμας. Οἱ δ' αὖ νομίσαντες ἀνάγκην εἶναι, συνέγραψαν καὶ ταῦτα ποιῆσειν. Xenoph. Hell. 3, 3, 2; 3, 4, 6; 4, 1, 9; 4, 1, 32; 4, 3, 2; 4, 3, 8; 4, 3, 19; 4, 4, 1; 4, 6, 1; 4, 8, 4 u. s. w. Ὥστε λαθεῖν haben auch alle Verbesserungsvorschläge beibehalten. Das einzige, was man beanstanden könnte, wäre die phraseologische Ausdrucksweise. Allein diese ist kein Beweis gegen die Echtheit der Stelle, weil Xenophon überhaupt ziemlich nachlässig schreibt und weil deswegen bei ihm Anakoluthe und phraseologische Ausdrücke sehr gewöhnlich sind. Wie schwerfällig und umständlich ist z. B. Xenoph. Hell. 1, 4, 6 οὐκ ἔφασαν δὲ τῶν οἵωνπερ αὐτὸς ὄντων εἶναι καινῶν δεῖσθαι, πραγμάτων οὐδὲ μεταστάσεως· sie sagten, nicht die Sache solcher, die so seien, wie er sei, sei es, Neuerungen oder einer Umwälzung zu bedürfen.

7, 2, 22.

An dieser Stelle haben alle Handschriften ἐπεὶ δὲ Χάρης ἤρξατο πορεύεσθαι, προῆγεσαν αὐτοῦ οἱ τῶν Φλιασίων ἱππεῖς καὶ πεζοί, während unsere jetzigen

Ausgaben αὐτῷ statt αὐτοῦ haben. Ich halte die Konjektur αὐτῷ für unrichtig, dagegen das handschriftliche αὐτοῦ für vollständig richtig.

Liest man nämlich αὐτῷ, so muſs man dieses als eine Art Dativus ethicus auffassen, wie dieser allerdings auch sonst unter gleichen Verhältnissen vorkommt. Die grammatische Zulässigkeit von αὐτῷ beanstande ich deswegen nicht, wohl aber den mit demselben notwendig verbundenen Gedanken. Der Dativus ethicus αὐτῷ würde nämlich offenbar voraussetzen, daſs Chares Oberanführer des ganzen phliasischen Heeres war, wie er dieses auch in allen Parallelstellen, auf die man sich hier beruft, voraussetzt z. B. Xenoph. Hell. 5, 4, 59 ἐπεὶ δ' ἔχων τὸ στράτευμα (Κλεόμβροτος) πρὸς τῷ Κιθαιρῶνι ἐγένετο, προῄεσαν αὐτῷ οἱ πελτασταί ὡς προκαταληψόμενοι τὰ ὑπὲρ τῆς ὁδοῦ. Chares war aber keineswegs Oberanführer des phliasischen Heeres, sondern er kommandierte nur seine Söldner und stand sogar nicht einmal im ständigen Dienste der Phliasier. Die Phliasier hatten ihn vielmehr nur zu einer vorübergehenden Dienstleistung, nämlich zur Geleitung eines Lebensmitteltransportes von Korinth nach dem durch Mangel an Lebensmitteln hart bedrängten Phlius angeworben. Als er nun auf diese Weise nach Phlius gekommen war, so hat man ihn allerdings dann eingeladen, auch an anderen Unternehmungen teilzunehmen. Man vergleiche hiezu Xenoph. Hell. 7, 2, 18 ἤδη δὲ παντάπασιν ἀποροῦντες (οἱ Φλιάσιοι) Χάρητα διεπράξαντο σφίσι παραπέμψαι τὴν παρακομπήν. Hell. 7, 2, 19 ἐπεὶ δὲ ἐνέτυχον τοῖς πολεμίοις, εὐθὺς ἔργου τε εἴχοντο καὶ παρακελευσάμενοι ἀλλήλοις προσέκειντο καὶ ἅμα Χάρητα ἐπιβοηθεῖν ἐβόων. Hell. 7, 4, 1 στρατευσαμένων δὲ πάντων, Ἀθηναίων ἐπ' αὐτὸν καὶ τὸν Χάρητα μεταπεμψαμένων ἐκ τῆς Θυαμίας.

Während nun so der Dat. eth. einen der Situation durchaus nicht entsprechenden Gedanken in den Satz hinein tragen würde, entspricht dagegen der durch den von allen Handschriften beglaubigten Genetiv αὐτοῦ ausgedrückte Gedanke dem Zusammenhange vollständig. Liest man nämlich mit den Handschriften αὐτοῦ, so ist dieser Genet. naturnotwendig abhängig von προῄεσαν und heiſst: es marschierten vor ihm voraus die Reiter und Fuſsgänger der Phliasier. Dieser Gedanke drückt aber die Situation vollständig richtig aus. Denn das phliasische Heer und die Söldner des Chares bildeten zwei getrennte selbständige Abteilungen und zwar marschierten die Phliasier voraus, während Chares in einiger Entfernung nachfolgte.

Um nämlich den Chares zur Teilnahme an dem Handstreiche auf Thyamia zu bewegen, suchten ihn die Phliasier zu überzeugen, daſs er bei diesem Überfalle gar nichts riskiere, sondern ohne Mühe und Gefahr sich groſsen Ruhm und groſse Verdienste erwerben könne. Sie selbst wollten den Kampf allein durchführen und er solle nur als eine Art Reserve für den Notfall in einiger Entfernung hinter ihnen marschieren. Xenoph. Hell. 7, 2, 20 ἡγησόμεθα μὲν οὖν ἡμεῖς οἱ ἱππεῖς καὶ τῶν ὁπλιτῶν οἱ ἐρρωμενέστατοι· σὺ δὲ τὸ ξενικὸν ἔχων ἐὰν ἀκολουθῇς, ἴσως μὲν διαπεπραγμένα σοι καταλήψει, ἴσως δὲ ἐπιφανεὶς οὐ τροπήν, ὥσπερ ἐν Πελλήνῃ, ποιήσεις. κτλ.

Dillingen.   Geist.

Ein Substantiv im Accusativ als Apposition zu einem Satze.

In der Revue de philologie V 101 f. liest man, Beispiele aus Cicero für den in der Überschrift bezeichneten Fall fänden sich weder bei Kühner noch bei Dräger. Richtig ist aber, dafs sowohl in Kühners Ausführlicher Grammatik II § 67, 7 als auch in Drägers Historischer Syntax I 309 (schon in der ersten Ausgabe) die Erscheinung besprochen und durch Beispiele auch aus Cicero erläutert ist. Die Darstellung bei Dräger hat die Note von Madvig zu Cic. de fin. II 23, 75 und Nipperdeys Anmerkung zu Tac. ann. I 27 verwertet. Madvig deutet an, dafs von jener Apposition, die zu einem Satze ein Urteil hinzufüge, aufser den von ihm mitgeteilten, von Dräger wiederholten Stellen wohl kein Beispiel bei Cicero vorkomme. In der Rev. de philol. a. a. O. wird jedoch der Versuch gemacht, or. Phil. II 34, 85 unde diadema? non enim abiectum sustuleras, sed attuleras domo meditatum et cogitatum scelus die Worte meditatum et cogitatum scelus als accusativische Apposition des vorausgehenden Satzes zum Ausdruck eines Urteils des Redners zu erklären. Allein wenn auch die von Halm und Koch-Eberhard vorgetragene Auffassung irrig sein sollte, so würde man, da in keinem sicheren[1] Beispiel bei Cicero ein anderes Substantiv als rem im appositionellen Accusativ zu einem Satze erscheint, jene Worte eher als Nominativ fassen, wie Campe im Philologus X 628 f., und dieselben dann als Epiphonem erklären.[2]

Die accusativische Apposition zum Ausdruck des Erfolges oder der Absicht der im voranstehenden Satze enthaltenen Handlung hat, wie Dräger lehrt, zuerst Sallust angewandt: hist. I 45, 12 nach Kritz (41 nach Dietsch) mercedem scelerum; IV 19, 8 Kr. (61 D.) pacis mercedem; vgl. die Note von Kritz zu III 82, 26 (62 D.).

Livius gebraucht die Apposition zu einem Satze in doppeltem Sinne: einerseits wie Cicero zur Anfügung eines Urteils z. B. IV 17, 4 rem incredibilem; IV 34, 6 rem aeque difficilem atque incredibilem; XXXIV 46, 12 rem .. saepe temptatam; andrerseits wie Sallust zur Bezeichnung der Wirkung oder des Zweckes z. B. I 13, 5 monumentum eius pugnae .. Curtium lacum appellarunt (I 36, 5 .. fuisse memorant, ut esset .. monumentum).

---

[1] Neutra können an sich nicht als sichere Belege für den Accusativ oder Nominativ gelten.

[2] Glücklicher als die oben besprochene Stelle aus Ciceros Philippischen Reden ist in der Rev. de ph. V 191 eine andere behandelt: I 7, 15. Nur hätte bemerkt werden sollen, dafs die Emendation si sequi minus audebitis rationem atque auctoritatem meam schon von Th. Gomperz gefunden war.

Vgl. Riemann, Études sur la langue et la grammaire de Tite-Live p. 210.
Auf den von Livius betretenen Bahnen schreiten die Späteren weiter fort;
s. Vogel, Sprachgebrauch des Curtius § 26 Anm. Dräger, Syntax und Stil
des Tacitus ² § 77.

Gofsrau, Lat. Sprachlehre ² § 313 will nur die zweite Art der accusativischen Apposition zu einem Satze anerkennen; die von Cicero angewandte erste Art sucht er in anderer Weise zu erklären.

Würzburg.   Eufsner.

Die subordinierenden kausalen Konjunktionen bei Lucretius. II. Teil.[1])

V. Cum.

Dafs diese Konjunktion von dem relativen Pronomen (Wurzel ka) stammt, während die gleichlautende Präposition dem Demonstrativstamm (sa) angehört, darf jetzt wohl für ausgemacht gelten.[2]) — Über ihre Bedeutung und Konstruktion hat E. Hoffmanns Werk neues Licht verbreitet.[3]) Cum bezeichnet nach ihm ursprünglich die temporale Verbindung und Zusammengehörigkeit zweier Handlungen. Diese sind, *objektiv* betrachtet, einander koordiniert; dann steht auch der abhängige Satz im *Indikativ*. Werden aber die beiden Handlungen *subjektiv* zu einander in Beziehung gesetzt, so tritt der Modus der Abhängigkeit ein, der *Konjunktiv*. Dies ist besonders dann der Fall, wenn die Handlung des relativen Gliedes in einem *koncessiven* oder *kausalen* Verhältnis zu der des demonstrativen steht, wiewohl auch hier der *Indikativ* möglich ist; dann überläfst es eben der Redende dem Hörenden, die logische Beziehung selbst herauszufinden.

Ich beschränke mich in diesem Abschnitt, wie ich es bei quod gethan, auf das *kausale* cum und werde in einem Exkurs eine Übersicht über den Gebrauch des temporalen und koncessiven geben. Es hat nun gerade für Lukrez Arnold Krause in seiner Dissertation über quom mir vorgearbeitet.[4]) Da ich aber mit seinen Aufstellungen in manchen Stücken nicht übereinstimme, so halte ich, um nicht wegen jeder einzelnen Stelle mit ihm mich

---

[1]) Der erste Teil, in dem quod, quia, quando, quandoquidem und quatinus behandelt sind, erschien als Programm zur Lateinschule Frankenthal 1881. — Die Citate gebe ich nach der Zählung von Bernays.
Bei dieser Gelegenheit sei gleich bemerkt, worauf eine freundliche Mitteilung des Herrn Professors Woltjer in Amsterdam mich aufmerksam machte, dafs schon Creech v. III 216 ff. — nicht II, wie durch einen Druckfehler auf p. 11 meines Programmes steht — und 421 ff. quatinus liest.

[2]) cf. Vaniček Etymologisches Wörterbuch der lateinischen Sprache ¹ p. 26 und 170; dazu H. Jordan Kritische Beiträge zur Geschichte der lateinischen Sprache 1879 p. 217.

[3]) Emanuel Hoffmann Die Konstruktion der lateinischen Zeitpartikeln. 2. Aufl. Wien 1873; von p. 60 an.

[4]) A. Krause de quom conjunctionis usu ac forma. Berlin, 1876 (Diss.); besonders von p. 26 an.

auseinandersetzen zu müssen, eine erneute Prüfung des ganzen Materials für das Beste. Ist ja doch auch meine Anordnung eine von Krause ganz verschiedene.

A. Mit *kausaler* Bedeutung gebraucht Lukrez bei cum sehr selten den *Indikativ*. Sicher finde ich mit solcher nur folgende drei Stellen, an denen sowohl im Hauptsatz wie im Nebensatz das *Präsens* steht:

II 859 ff. quae *cum* ita *sunt*, . . . necess*est*
IV 82 ff. lintea de summo *cum* corpore fucum
    mitt*unt*, effigies quoque deb*ent* mittere tenvis
    res
IV 1125 ff. surg*it* amari aliquid, . . .
    cum conscius ipse animus se forte remord*et*
    desidiose agere aetatem.[1])
(VI 130 übergehe ich, weil kritisch ganz unsicher.)

B. Mit *Konjunktiv* ist es verbunden:
  1. im *Praesens*, und zwar
    a) neben *Ind. Praes.* im demonstrativen Gliede:
I 136 ff. nec me animi fall*it* . . ., multa novis verbis praesertim *cum*
                                                     sit agendum
II 53 f. quid dubita*s* . . , omnis *cum* in tenebris praesertim vita labor*et*
  314 ff. motus surpere deb*ent*,
    praesertim *cum*, quae possimus cernere, cel*ent*
    saepe tamen motus cet.
  338 ff. *cum sit* eorum copia tanta, ...
    deb*ent* . . . non omnibus omnia prorsum
    esse pari filo cet.
  725 semina *cum* porro dist*ent*, . . . necess*ust* (= IV 647)
  741 ff. *cum* caecigeni . . . cognosc*ant* corpora tactu,
    scire lic*et* cet.
III 361 desiper*est*, contra cum dic*at* sensus eorum
  578 ff. *cum* corpus nequ*eat* perferre animai
    discidium, ... quid dubita*s* cet.
IV 64 ff. hiscend*ist* nulla potestas,
    praesertim *cum sint* in summis corpora rebus
    multa minuta
  783 ff. cre*at* natura paratque,
    cum praesertim aliis eadem in regione locoque
    longe dissimilis animus res cogit*et* omnis
  936 ff. quare utrimque secus *cum* corpus vapul*et* et *cum*
    perveni*ant* plagae per parva foramina nobis . . .
    f*it* . . . ruina

---

[1]) cf. I. Teil p. 8 Anm. 14; dies ist die einzige Stelle, wo cum durch *aut* mit quod und quoniam verbunden ist.

V 243 ff. maxima mundi
　　　cum videam membra ac partis consumpta regigni,
　　　scire licet cet.
　380 ff. tantopere inter se cum maxima mundi
　　　pugnent membra . . . nonne vides cet.
　734 übergehe ich, weil in den Cod. das Verbum fehlt.)
　746 ff. quo minus est mirum, si . . . luna gignitur et . . deletur,
　　　cum fieri possint tam certo tempore multa
　1054 ff. quid . . . mirabile tantoperest . . .
　　　(1057) cum pecudes multae, cum denique saecla ferarum
　　　dissimiles soleant voces variasque ciere.
VI 565 ff. metuunt . . manere,
　　　cum videant tantam terrarum incumbere molem;
　　　　　b) neben *Konj. Praes.* im demonstrat. Gliede (Potentialis):
IV 570 f. quae bene cum videas, rationem reddere possis
　　　tute tibi atque aliis;
　　　　　c) neben *Konj. Perf.* (ebenfalls potential):
VI 855 f. (sol) non quierit calidum supera de reddere parte,
　　　cum superum lumen tanto fervore fruatur;
　　　　　d) neben *Ind. Perf.* (und zwar *praesentisches* Perf.)
V 898 ff. flamma quidem cum corpora fulva leonum
　　　tam soleat torrere atque urere . . . qui fieri potuit;
　　　　　e) in *abhängiger Rede:*
II 1044 ff. quaerit enim rationem animus, cum summa loci sit
　　　infinita . . . . , quid sit ibi porro cet.;
　　　2. Mit *Konj. Perfecti,* und zwar:
　　　　　a) neben *Ind. Praes.* im dem. Gliede:
II 525 f. distantia cum sit
　　　formarum *finita,* necesse est
　1052 ff. verisimile esse putandumst,
　　　(1058) cum praesertim hic sit natura factus cet.
III 693 nec, tam *contextae* cum sint, exire videntur cet.
　　　(Über VI 336 s. Exkurs II des 1. Teils p. 14 f.)
　　　　　b) neben *Futurum:*
V 50 ff. nonne decebit
　　　hunc hominem numero divom dignarier esse,
　　　cum bene praesertim multa . . . dare dicta suërit;
　　　　　c) in *abhängiger Rede:*
IV 472 f. quaeram, cum in rebus veri nil riderit ante,
　　　unde sciat cet.;
　　　3. mit *Konj. Imperf.* neben *Ind. Imperf.* im dem. Gliede:
VI 1177 ff. mussabat . . . medicina . . .
　　　quippe patentia cum totiens ac nuntia mortis
　　　lumina versarent oculorum expertia somno,

wo die auffällige Verbindung mit *quippe* schon von Holtze[1]) hervorgehoben ist.

Zusammenstellung:

1. Mit Indikativ: 3 mal.

2. Mit Konjunktiv, abzüglich der Stellen, wo derselbe durch den des übergeordneten Satzes oder durch Abhängigkeit bedingt erscheinen könnte (nämlich B 1 b, c, e und 2 c): 22 mal, im ganzen also $22 + 4 + 3 = 29$ mal.

Vergleichen wir dieses Resultat mit den Ergebnissen des vierten Exkurses, so finden wir, dafs der *temporale* Gebrauch von cum bei Lukrez weitaus überwiegt (231) und dafs hier gewöhnlich der *Indikativ* steht (der Konj. nur 14-, resp. 21 mal). *Koncessives* (34) und *kausales* (29) *cum* kommen ziemlich gleich oft vor; bei beiden ist, wie nach der Erörterung am Eingang selbstverständlich, der Konjunktiv der gewöhnliche Modus (der Indikativ nur 10-, resp. 3 mal). Hienach steht Lukrez in seinem Gebrauch in einem wesentlichen Gegensatz zu Plautus, der wie Dräger § 534 nach Lübbert angibt, den Konjunktiv nur als Potentialis und in indirekter Rede zum kausalen Quom setzt, und zu Terenz, bei dem nur 2 mal der Konj. direkt von der Partikel abhängt.

Excurs IV.

Gebrauch des temporalen und koncessiven Cum.

A. Das temporale cum[2]) steht:

1. mit *Ind. Praes.*:

a) neben *Ind. Praes.* im demonstrativen Gliede:

I 127, 281 465 (3 mal); [937 = IV 12][3])

II 32, 114, 144, 158, 175, 191, 194, 217, 248, 272, 323, 415, 416 (auch mit Perf.), 435 ff. (3 mal wiederholt), 559, 811, 812, 996, 1022, 1139 (auch mit Perf.), 1166 (21 mal)[4]); [904 kritisch unsicher];

III 102, 112, 146, 147, 150, 289, 595, 649, 651, 701, 729, 877, 890, 918, 923, 1004, 1048 (17 mal); [358 kritisch unsicher];

IV 34, 56 ff. (3 mal wiederholt) 74, 94, 144, 202, 221, 222, (= VI 929 und 30), 244, 257, 263, 271, 292, 336, 351, 385, 403, 441, 451 (auch mit Perf.), 543 ff. (2 mal), 547, 573, 615, 757, 786 ff. (2 mal), 875, 883, 918, 935, 1022, 1031, 1097 f. (2 mal), 1110, 1158 (34 mal); [793 kritisch unsicher].

---

[1]) Synt. Lucr. Lineamenta p. 194.

[2]) Ich habe das *explikative* und das *attributive* Cum, von denen Krause l. l. p. 21 ff. handelt, nicht abgesondert, weil ich es für meine Übersicht nicht für notwendig hielt.

[3]) Dieser Vers ist wohl mit Bockemüller zu streichen.

[4]) Natürlich zähle ich solches wiederholtes cum nur als eins.

V 214, 323, 465, 775, 1030, 1059 f. (2 mal), 1064, 1065, 1069 (2 mal), 1075, 1093, 1202, 1218, 1224, 1234 (15 mal);
VI 51, 135, 144, 158, 207, 214, 215, 255, 279, 294, 295, 314, 359, 362, 469, 472, 505, 513, 523, 557, 582, 630, 726, 752, 845, 896, 950, 955, 1108, 1127 (30 mal); [302 kr. uns.]
$$(3 + 21 + 17 + 34 + 15 + 30 = 120);$$
    b) neben *Konj. Praes.*: III 110;
    c) neben *Ind. Perf.*: III 679;
    d) *neben abhängigem Inf. Praes.*: I 882, 884 (2 mal);
  2. mit *Konjunkt. Praes.*:
    a) neben *Ind. Praes.*:
I 914; II 41, 44, 849; VI 567 (5 mal);
    b) neben *Konj. Praes.*:
III 422, 852, (2 mal);
    c) in *abhängiger Rede*:
I 1065, V 63 (2 mal);
  3. mit *Indik. Perf.*:
    a) neben *Ind. Praes.*:
I 177, 291, 391, 406, 903 (5 mal);
II 416 (mit Praes. verbunden), 766, 806, 831, 872, 898, 993, 1139 (mit Praes. verb.) — (8 mal) [85 kr. uns.]
III 121, 159, 221 ff (3 mal wiederholt), 439, 474, 1063, 1081, (7 mal);
IV 148, 307, 314, 392, 451 (mit Pr. verb.), 626, 755, 805, 972, 1207 (10 mal);
V 811, 1036, 1093, 1193, 1338 (5 mal);
VI 160, 180, 196, 211, 297, 307, 311, 350, 436, 507, 594, 733, 742, 804, 824, 1094 (16 mal), [336 kr. uns.];
$$(5 + 8 + 7 + 10 + 5 + 16 = 51 \text{ mal});$$
    b) neben *Konj. Praes.*:
I 1077 (im Relativsatz); VI 310, 827, 1121, (in Folgesätzen); V 758 (Potentialis) — (5 mal);
    c) neben *Ind. Perf.*:
III 832, V 397, VI 5, 9. (4 mal);
    d) neben *Konj. Perf.*: in abhängiger Frage: III 867;
    e) neben abhängigem *Inf. Perf.*: VI 124;
    f) neben *Ind. Impf.*: V 1442;
  4. mit *Konj. Perf.*:
    a) neben *Konj. Praes.*: III 849;
    b) in *abhängiger Rede*:
I 319, IV 40, V 383, 394 (4 mal);
  5. mit *Ind. Imperf.*:
    a) in beiden Gliedern:
V 1140, 1255, 1393, VI 1200, 1230 (5 mal)
    b) neben *Perf.* (hist.): VI 644;

6. mit *Konj. Impf.*:
    a) neben *Ind. Impf.* (condicional): I 892;
    b) neben *Konj. Impf.* (condicional): V 345;
    c) neben *Ind. Perf.*:
I 62, V 174, 1020 (3 mal);
    d) in *abhängiger Rede*: II 635;
7. mit *Konj. Plusqu.* in *abhängiger Rede*: VI 1044;
8. mit *Fut. I*:
    a) in beiden Gliedern:
I 380, IV 984 (2 mal);
    b) neben Imp. Fut.: VI 189;
9. mit *Fut. II*:
    a) neben *Praes.*: IV 166, VI 534 (2 mal);
    b) neben *Fut. I*: III 836.

Hierher gehört auch *cum — tum*:
I 127 und III 374 (mit Ind. Praes. in beiden Gliedern) (2 mal); (I 698 quod mihi cum vanum tum delirum esse videtur ist nur *ein* Verbum vorhanden);

ferner *cum primum*:
    a) mit *Ind. Praes.* in beiden Gliedern:
II 624; V 461, 1061; VI 462 (4 mal);
    b) mit *Ind. Perf.* neben Ind. Praes.: V 224.

Die Form *Quom* kommt an *fünf* Stellen vor, immer mit Praesens in beiden Gliedern:
I 834, II 929, III 1066, IV 584, 1197;
dazu darf man aber wohl noch rechnen: IV 1201 (Perf. neben Praes.) und V 1080, wo die beste Handschrift *quoin* bietet.[1]

Zusammenstellung.
1. Indikativ:

	Praes.	Perf.[2]	Imperf.	Fut. I.	Fut. II.
	120	48	5	2	2
	1	5	1	1	1
	1	4			
	2	1			
	3	1			
		1			
cum primum:	4	1			
cum-tum:	2				
quom:	6	1			
	136	62	6	3	3 = 210.

[1] cf. Krause p. 34.
[2] Abzüglich der 3 mit Praes. verbundenen Stellen.

2. Konjunktiv:

Praes.	Perf.	Imperf.	Plusqu.	In abhängiger Rede:		
				Praes.	Perf.	Imperf.
5	1	1	1	2	4	1
2		1				
		3				
7	1	5	1	2	4	1 = 21

B. Das koncessive cum steht:
1. mit *Indikativ Praes.*:
    a) in beiden Gliedern:
I 726, 825 (= II 690), II 29, 859, III 107, 643, IV 426, 743 (8 mal);
    b) neben *Konj. Praes. in einem abhängigen Satz*:
I 566, III 109 (2 mal);
  2) mit *Konj. Praes.*:
    a) neben *Ind. Praes.*:
I 519, II 190, 469, 696, IV 104, 784, V 479, 679, 1086, VI 678, 976, 1071 (12 mal);
    b) neben *Konjunkt. Praes.*:
IV 716, 912, V 818 (in einem abhängigen Satz), VI 859 (Potentialis) — (4 mal);
    c) neben *Fut I*: II 918;
    d) in *abhängiger Rede:*
I 749, II 71, 309, 1052, III 101, IV 256, 459 (7 mal).

Zusammenstellung.

Indik. Praes.	Konj. Praes.:	
8	12	(in abhängiger Rede):
2	4	7
	1	
10	17	7 = 84.

VI. Quoniam.

Über die Zusammensetzung von quoniam aus *quom* und *iam* braucht man kein Wort zu verlieren. Seine Bedeutung ergibt sich daraus von selbst: es führt „den Grund an, der als dem Angeredeten *bekannt* vorausgesetzt wird: *da nun einmal*."[1]) Diese Kenntnis kann derselbe entweder aus dem früher Erörterten geschöpft haben oder sie ist das Resultat der allgemeinen Erfahrung, ohne weiteres evident. Eine temporale Beimischung mag man wohl in diesen Sätzen finden, allein so, „ut vix discerni possit, utra (significatio) valeat", wie Holtze sich ausdrückt[2]). Ich wage daher keine Scheidung solcher Stellen vorzunehmen,[3]) aufser wo durch *quoniam docui* mit fol-

---

[1]) Draeger hist. Synt. II² 677.
[2]) Syntaxis priscorum script. Latin. II 369.
[3]) Krause sagt p. 28 von quoniam: „quam coniunctionem (Lucretius) sensu temporali *decies* . . . adhibuit", führt aber die Stellen nicht an.

gendem abhängigem Satz der Übergang zu einem neuen Abschnitt gemacht wird, nämlich:

I 265 *nunc age*, res *quoniam docui* non posse creari
de nilo (nämlich im Vorhergehenden) . . . . [1]
(v 269) *accipe* praeterea cet.
951 sed *quoniam* docui solidissima materiai
corpora perpetuo volitare invicta per aevom (nämlich von 599 an),
nunc age, ... *evolvamus*.
II 478 *quod quoniam docui, pergam* conectere rem cet.
(Derselbe Vers 522); hier vertritt quod den abhängigen Satz.
III 31 *quoniam docui*, cunctarum exordia rerum
qualia sint . . . . . (im 2. Buch),
(v. 35) hasce secundum res animi natura videtur
atque animae claranda meis *iam* versibus esse.
IV 26 animi *quoniam docui* natura quid esset . . . (Inhalt des III. Buches)
(29) *nunc agere incipiam* tibi cet.
VI 43 *quoniam docui* mundi mortalia templa
esse . . . . . (nämlich im V. Buch),
(v 46) quae restant *percipe porro*.

Hieher gehören aufserdem:

II 747 *quod quoniam vinco* fieri, *nunc esse docebo*
ex ineunte aevo nullo coniuncta colore
und
V 769 *quoniam* magni per caerula mundi
qua fieri quidquid posset ratione *resolvi*, . . .
(v 777) *nunc redeo* ad mundi novitatem cet.

Nicht immer jedoch ist quoniam bei docui temporale Partikel; es liegt dann der Hauptgedanke in dem abhängigen Satz, der nur grammatikalisch dem docui untergeordnet ist; dies ist der Fall:

I 543 at *quoniam* supra *docui* (nämlich v 265 ff.) nil posse creari
de nilo neque quod genitum est ad nil revocari,
esse immortali primordia corpore debent
III 425 principio *quoniam* tenuem constare minutis
corporibus *docui* (nämlich v 206 ff) . . . .
(428) iam longe mobilitate praestat cet.
IV 750 nunc igitur, *quoniam docui* (nämlich im unmittelbar Vorgehenden)
me forte leonem
cernere per simulacra . . . scire licet cet.

Wie an diesen drei Stellen, so liebt es Lukrez auch sonst, entweder wo er zu einem neuen Abschnitt übergeht oder wo er die Gründe für

---

[1] Die Hinweise auf frühere Erörterungen gibt meistenteils Bockemüller in seiner Ausgabe, der überhaupt an sehr vielen Stellen über die Natur von quoniam spricht.

seine Behauptungen der Reihe nach aufzählt, einen Satz mit quoniam vorauszuschicken, der entweder auf Vorausgehendes verweist oder allgemein Bekanntes vorbringt.

1. Auf Früheres[1]) bezieht er sich:

I 503 principio quoniam duplex natura duarum
dissimilis rerum longe constare repertast (nämlich 418 ff.)
511 quoniam genitis in rebus inanest. (cf. 346 ff. u. 487 ff.)
584 denique iam quoniam generatim reddita finis
crescendi rebus constat cet. (cf. 199 ff.)
II 83 nam quoniam per inane vagantur (wie im I. Buch erörtert ist)
95 quod quoniam constat
817 praeterea quoniam non certis certa figuris
est natura coloris cet. (cf. 737)
(834 wird weiter unten behandelt werden);
III 546 et quoniam mens est hominis pars una cet. (cf. v. 94—416)
IV 52 principio quoniam mittunt in rebus apertis
corpora res multae
(dieses quoniam wird nach einer hier folgenden Parenthese v. 61
wieder aufgenommen mit: quae quoniam fiunt):[2])
601 ff. praeterea partis in cunctas dividitur vox,
ex aliis aliae quoniam gignuntur
V 235 principio quoniam terrai corpus et umor . . .
(238) omnia nativo ac mortali corpore constant
(cf. 91 ff. und II 1144)
VI 631 postremo quoniam raro cum corpore tellus
est et coniunctast oras maris undique cingens (Erfahrung und I 1000);
dazu kommt noch:
II 963, wo Munro und Bockemüller die Lesart der Cod., welche Lachmann
in propterea geändert hatte, wieder aufnahmen:
praeterea quoniam dolor est cet. (cf. II 435 ff.)

2. Auf die Erfahrung stützt er sich:

I 208 postremo quoniam incultis praestare videmus
culta loca et manibus melioris reddere fetus
(I 753 ist mit Bockemüller quod iam für quoniam zu lesen.)
859 praeterea quoniam cibus auget corpus alitque
1083 praeterea quoniam non omnia corpora fingunt
in medium niti cet.
II 67 nam certe non inter se stipata cohaeret
materies, quoniam minui rem quamque videmus
788 ff. tum porro . . . ex albis quoniam non alba creantur

---

[1]) Da, wo auf die unmittelbar vorausgehende Erörterung bezug genommen wird, habe ich eine Verweisung für überflüssig gehalten.
[2]) cf. Holtze Synt. Lucr. p. 153.

795 praeterea quoniam nequeunt sine luce colores
esse cet.
810 et quoniam plagae quoddam genus excipit in se
pupula cet.
III 508 et quoniam mentem sanari, corpus ut aegrum,
cernimus
632 et quoniam toto sentimus corpore inesse
vitalem sensum et totum esse animale videmus
IV 228 praeterea quoniam manibus tractata figura
in tenebris quaedam cognoscitur esse eadem cet.
467 denique nil sciri siquis putat, id quoque nescit,
an sciri possit, quoniam nil scire fatetur
696 ff. deinde videre licet . . . quoniam per saxea saepta
non penetrat
929 principio externa corpus de parte necessum est,
aëriis quoniam vicinum tangitur auris,
tundier cet.
947 et quoniam non est quasi quod suffulciat artus
1236 crassius his porro quoniam concretius aequo
mittitur
V 1361 (vorher 1359 at . . .) arboribus quoniam bacae glandesque caducae
tempestiva dabant pullorum examina supter
VI 623 ff. tum porro . . . ventis
una nocte vias quoniam persaepe videmus
siccari cet.

Umgekehrt setzt unser Dichter oft, wenn er am Ende einer Auseinandersetzung, so zu sagen, das Facit zieht, zu dessen nochmaliger Begründung einen Satz mit quoniam bei, welcher das Vorausgegangene kurz zusammenfasst[1]) oder auf frühere Erörterung hinweist.

I 569 admixtum quoniam semel est in rebus inane (cf. v. 511)[2])
607 quae quoniam per se nequeunt constare
626 quae quoniam sunt
794 quoniam, quae paulo diximus ante,
in commutatum veniunt;
(weiter unten werden I 339, 345 und 524, die hierher gehören, behandelt);
II 378 natura quoniam constant neque facta manu sunt
unius ad certam formam primordia rerum (cf. v. 335)

---

[1]) cf. Bockemüller zu IV 1103 (Bernays 1102).
[2]) Es hiefse den Raum dieser Zeitschrift über Gebühr in anspruch nehmen, wollte ich, was eigentlich notwendig wäre, auch den übergeordneten Satz jedesmal citieren.

512 quae quoniam non sunt, sed rebus reddita certa
finis utrimque tenet summam (cf. v. 478)
808 qui quoniam quodam gignuntur luminis ictu
III 130 quapropter quoniamst animi natura reperta
atque animae quasi pars hominis
176 corporeis quoniam telis ictuque laborat
203 nunc igitur, quoniamst animi natura reperta
mobilis egregie (cf. v. 177)
348 quoniam coniunctast causa salutis (cf. v. 324)
577 quoniam coniunctast causa duobus (cf. v. 557)
667 in multas quoniam partis disciditur aeque
IV 61 quae quoniam fiunt
84 ex summo quoniam iaculantur utraque
95 in promptu quoniam est in prima fronte locata
289 aëribus binis quoniam res confit utraque
539 multa loquens quoniam amittit de corpore partem
(V 258 s. weiter unten)
V 280 adsidue quoniam fluere omnia constat (wie im II. Buch ausgeführt ist)
793 e terra quoniam sunt cuncta creata
819 quoniam genus ipsa creavit
humanum atque animal prope certo tempore fudit
VI 377 ancipiti quoniam bello turbatur utrimque.

Bezug auf Früheres findet sich aufserdem noch an folgenden Stellen:
I 581 quoniam fragili natura praedita constat[1])
963 extra summam quoniam nil esse fatendum (scil. est.)
II 37 quoniam nil nostro in corpore gazae
proficiunt neque nobilitas nec gloria regni
92 quoniam spatium sine fine modoquest
immanemque patere in cunctas undique partis
pluribus ostendi (nämlich I 958 ff.)
287 de nilo quoniam fieri nil posse videmus[2]) (cf. I 150 ff.)
856 quoniam nil ab se mittere possunt (cf. I 609 ff.)
II 1148 nequiquam, quoniam nec venae perpetiuntur,
quod satis est, neque quantum opus est natura ministrat
III 529 scinditur aeque animae haec quoniam natura nec uno
tempore sincera existit
765 quoniam mutata per artus
tanto opere amittit vitam sensumque priorem (cf. 668)
IV 18 (= I 943) quoniam haec ratio plerumque videtur
tristior esse

---
[1]) Diesen Vers streicht Bockemüller.
[2]) Von Tohte athetiert.

109 quoniam primordia tantum
   sunt infra nostros sensus cet.
728 corporis haec quoniam penetrant per rara cet.
1102 nequiquam, quoniam nil inde abradere possunt
V 150 quae quoniam manuum tactum suffugit et ictum
365 quoniam admixtumst in rebus inane (cf. I 569)
388 nequiquam, quoniam verrentes aequora venti
   deminuunt radiisque retexens aetherius sol (cf. 311 f.)

Einmal „führt Lukrez eine Satzung der Schule durch quoniam ein, die erst im Nachfolgenden ihre Erklärung findet":[1])

I 675 quoniam certissima corpora quaedam
   sunt.

Die übrigen Stellen mit quoniam werden unter die Rubrik der täglichen Erfahrung und der Evidenz fallen:

I 21 quae quoniam rerum naturam sola gubernas cet.
  32 quoniam belli fera moenera Mavors
     omnipotens regit
 111 aeternas quoniam poenas in morte timendumst
 303 quoniam sensus impellere possunt
 362 corporis officiumst quoniam premere omnia deorsum
 562 quoniam refici rem quamque videmus cet.
 604 alterius quoniamst ipsum pars cet.
 623 quod quoniam ratio reclamat vera negatque
     credere posse animum[2])
 753 quoniam primordia rerum
     mollia constituunt
 893 quorum nil fieri quoniam manifesta docet res
II 520 ancipiti quoniam mucroni utrimque notantur
 837 oculis quoniam non omnia cernere quimus
III 239 nil horum quoniam recipit res posse creare
     sensiferos motus
 536 qui quoniam nusquamst
 714 partibus amissis quoniam libata recessit
 862 id quoniam mors eximit esseque prohet
     illum cet.
1071 temporis unius quoniam, non unius horae,
     ambigitur status
IV 226 perpetuo quoniam sentimus et omnia semper;
     (derselbe Vers VI 934);

---

[1]) Bockemüller zu d. St.
[2]) cf. I. Teil Excurs III p. 15, wo ratio statt natura zu lesen ist.

462 nequiquam, quoniam pars horum maxima fallit
propter opinatus animi.

Diese Verbindung mit nequiquam ist besonders häufig in diesem und dem folgenden Buch angewendet, sonst nur in dem schon oben citierten v. 1148 des II. Buches. Aufser den gleichfalls dort angeführten Stellen IV 1102 und V 388 und der unten beim Konjunktiv zu erwähnenden IV 1180 finde ich sie noch:

IV 1125 nequiquam, quoniam medio de fonte leporum
surgit amari aliquid[1])

V 843 nequiquam, quoniam natura absterruit auctum
1121 nequiquam, quoniam ad summum succedere honorem
certantes iter infestum fecere viai
1229 nequiquam, quoniam violento turbine saepe
correptus nilo fertur minus ad vada leti
1269 nequiquam, quoniam cedebat victa potestas cet.
1311 nequiquam, quoniam permixta caede calentes
turbabant saevi nullo discrimine turmas
1330 nequiquam, quoniam ab nervis succisa videres
concidere atque gravi terram consternere casu.

Doch, kehren wir zu unserer Aufzählung zurück:

IV 496 aequa fides quoniam debebit semper haberi
525 quoniam possunt impellere sensus
564 in privas quoniam se dividit auris cet.
733 omne genus quoniam passim simulacra feruntur
738 nulla fuit quoniam talis natura animalis
831 nil . . . quoniam natumst in corpore cet.
886 quoniam coniuncta tenetur
1084 quae quoniam certas possunt obsidere partis

V 1101 quoniam mitescere multa videbant
verberibus radiorum cet.
1132 invidia quoniam ceu fulmine summa vaporant cet.

VI 548 quoniam plaustris[2]) concussa tremescunt
tecta.

Merkwürdig ist an zwei Stellen der Übergang zur synonymen Bedeutung mit quod und quia, indem quoniam einem *demonstrativen Ausdruck* im Hauptsatz entspricht:[3])

---

[1]) cf. pag. 99 bei cum und die dortige Anm. 1. Munro und Bockem. machen hier auf die Wortmalerei des Dichters aufmerksam.

[2]) Plaus*tris* Bockem. mit den Hdschr.

[3]) Draeger setzt II 678 diesen Gebrauch erst in die *spätere* Zeit und bringt Beispiele erst vom Auct. Bell. Afr. an.

1. mit *tanto magis*.¹)

III 792 ff. (= V 138) quod *quoniam* nostro quoque constat corpore certum
dispositumque videtur . . . .. *tanto magis* infitiandum;

2. mit *propterea*:

II 834 postremo *quoniam* non omnia corpora vocem
mittere concedis (cf. v. 810 ff.) neque odorem, *propterea* fit cet.

Hierher gehört auch das conclusive *ergo* im Nachsatz:²)

I 524 alternis igitur . . corpus inani
distinctum *quoniam* nec plenum naviter extat
nec porro vacuum, sunt *ergo* corpora certa

V 258 *quoniam* dubio procul esse videtur
omniparens eadem rerum commune sepulcrum,
ergo terra tibi libatur cet.

An sämtlichen bisher betrachteten Stellen steht bei unserer Konjunktion der *Indikativ*. Der *Konjunktiv* findet sich nirgends als durch die Konjunktion bedingt, sondern nur:

a) als *Potentialis*:

IV 1180 nequiquam, quoniam tu animo tamen omnia *possis*
protrahere in lucem cet.;

b) als *Condicionalis*:

I 339 principium quoniam cedendi nulla *daret* res
345 undique materies quoniam stipata *quiesset*;
1020 quoniam cogi disiecta *nequisset*;

c) in *abhängiger Rede*:

IV 1150 quoniam foedo afflictentur amore.

Es sind dies im ganzen 118 Stellen mit *kausaler* Bedeutung gegen 8 mit *temporaler*. Mit den anderen kausalen Konjunktionen verglichen (quod 70-, quia 96-, quando 7-, quandoquidem 23-, quatinus 4-, cum 29 mal), weist quoniam gegen jede einzelne ein ziemlich bedeutendes Mehr auf. Es ergibt sich also, dafs sich seiner Lukrez mit einer gewissen Vorliebe bedient; betrachtet er ja doch seine Gründe als ganz besonders einleuchtend und singt von sich:³) iuvat . . insignem meo capiti petere coronam, . .
quod *obscura de re tam lucida* pango
carmina.

Anm. Aufser den von mir behandelten Konjunktionen usurpiert Herr Krause p. 28 auch die Partikel *ubi* kausale Bedeutung bei Lukrez. Doch fügt er selbst bei: „Non quo L. ipse sensisse putandus sit particulam . . . causali sensu — a se haberi." Dann *ist* eben ubi nicht kausal.

Frankenthal. Reichenhart.

---

¹) cf. I. Teil p. 6 A. 7 und p. 9 A. 17.
²) cf. Holtze Synt. Lucr. p. 153.
³) cf. Prooemium zu IV.

Zur Anzeige meines Aristoteles-Zeller.

Die angedeutete Schrift fand in diesen Blättern (Heft 6, S. 270 f.) eine wohlwollende, wenn auch nur „in wenigem beistimmende" Besprechung. Der Referent hat bei zwei von den erörterten vier Hauptpunkten der Aristotelischen Philosophie gegen meine Auffassung Bedenken erhoben; einen derselben betreffend wünscht er ausdrücklich Auskunft, die ich ihm hiemit in möglichster Kürze geben möchte. Ich hatte gesagt, im Unterschiede von jener Form, die den Menschen zum Menschen, die Gans zur Gans mache, werfe Aristoteles zuweilen alle anderweitigen (körperlichen) Formbestimmtheiten, durch die sich dieses Individuum von jenem unterscheidet, in den einen Topf der dem Zufall und beständiger Veränderung unterworfenen „Materie", ohne sie deshalb mit der sog. materia prima zu konfundieren oder ihren Charakter als (sinnliche) Formbestimmtheiten zu leugnen. Da meint nun aber mein Kritiker: „Diese individuellen Merkmale sind alle durchaus etwas Wirkliches. Die ὕλη dagegen wird von Aristoteles überall als das blofs Mögliche erklärt. Wie passen nun die Wirklichkeiten in den Topf der Möglichkeit?" Er illustriert dann seine Frage durch den „Hühnerhund Feldmann", der auf der letzten Jagd einen viel Gewinsel zur Folge habenden Streifschufs erhalten und nun eine wirkliche Schramme zeige, die aber nach der Philosophie des Aristoteles nun und nimmer hätte wirklich werden können, da sie zur „Materie" des Hundes gehöre. „Aristoteles", so sagt und fragt mein Kritiker, „hat in der That in seiner Lehre keinen Raum für die Wirklichkeit individueller Merkmale. Auch mufs er die Erkennbarkeit der individuellen Merkmale leugnen, weil für ihn nur das Allgemeine erkennbar ist ... Hat also Zeller nicht Recht, wenn er hier eine Unbegreiflichkeit bei Aristoteles konstatiert?"

Ich kann leider nur antworten: Nein, Zeller hat entschieden Unrecht; noch mehr Unrecht aber hat mein Herr Kritiker mit seinen Voraussetzungen. Zeller gegenüber zeige ich, dafs Feldmann durch seine spezifische, ihn von innen heraus gestaltende und belebende Form (seine Hundsseele nämlich) ein Individuum ist, durch seine spezifische Form, die trotz ihres mit allen übrigen Hundeseelen spezifisch identischen Wesens dennoch seine aparte individuelle Form ist; und gegen diese meine Nachweisungen aus Aristoteles wird sich nichts sagen lassen, auch mein Herr Kritiker läfst sie gelten. Was aber die individuellen Merkmale à la Streifschufs und Schramme betrifft, so gehören diese nicht der spezifischen Form Feldmanns, sondern seiner „Materie" an, sind individuelle Bestimmtheiten seiner Körperlichkeit, der äufseren Basis, der Bedingung, der — „Materie" (Möglichkeit) also seines Hundeseins. Diese „Materie" ist indes keineswegs ein abstrakt Mögliches, das gar nichts ist; ein Mögliches aber im relativen Sinne, etwas, woraus was gemacht werden kann, ist diese körperliche Materie allerdings. Aristoteles führt so oft (cf. z. B. Metaph. VII, 10) als Beispiele der Materie (eines Zirkels, einer Bildsäule) Erz und Holz an. Die sind freilich auch Wirkliches, aber im Verhältnis zum Zirkel und zur Bildsäule sind sie etwas Mögliches, sind der Zirkel, die Bildsäule in Möglichkeit. Und auch erkennbar sind sie als Erz, als Holz, die Nichterkennbarkeit ist eine blofs relative: der Zirkel, die Bildsäule schauen aus ihnen noch nicht heraus. So sind auch, wenn ich den Feldmann totschlagen und seine Überreste zerlegen lasse, seine Knochen, seine Zähne u. s. w. etwas Wirkliches und erkennbar, erkennbar eben als das, worauf das Wort lautet, als Knochen, Zähne u. s. w.; dafs es aber Feldmanns Knochen und Zähne sind, das weifs nur ich, der ich den Feldmann kannte und unter meinen Augen zerlegen liefs. In der Definition des Hundes Feldmann liegt es nicht, gerade diese Haut, diese Knochen zu haben. Die Definition hat die spezifische Bestimmtheit einer Sache zum Gegenstande, bei Feldmann also dies, dafs er ein animalisch Lebendiges und speziell ein Hund ist; dafs er als einzelner gemeint ist, als der Feldmann, das sagt sein Name. Das Weitere aber, was um und an dem Feldmann ist, wie er individuell bestimmt ist, die Dimensionen seiner Gestalt, seine Zeichnung, Farbe u. s. w., auch die Schramme, die so und so gestaltet ist, gerade hier am „linken oberen Vorderschenkel" sitzt u. s. f., desgleichen seine Charaktereigentümlichkeiten, alles das kann ich auch erkennen nach Aristoteles. Ausdrücklich sagt er in dem citierten Kapitel der Metaphysik (1036, a, 4 f.), dergleichen werde durch Denken oder sinnliche Wahrnehmung erkannt (μετὰ νοήσεως ἢ αἰσθήσεως γνωρίζεται) und unterscheidet (ibid., nur ein paar Zeilen weiter unten) die ὕλη als αἰσθητή und νοητή, d. h. als sinnlich wahrnehmbare und intelligible; aber eine Definition gibt es von dergleichen nicht nach Aristoteles, sondern nur eine mehr oder minder ausführliche und nie erschöpfende Beschreibung.

Definierbar sind übrigens selbstverständlich auch solche accidentelle Existenzen wie eine Wunde, eine Schramme. Der Begriff der Schramme der in allen Schrammen der gleiche ist, der ist erkennbar in der Weise, dafs ich ihn definieren und so für jedermann fafsbar machen kann; nicht aber ist dies der Fall bezüglich der gerade so und so aussehenden, diese Dimensionen habenden, gerade hier sitzenden Schramme Feldmanns; die kann ich nur zu beschreiben versuchen und der Beschreibung etwa eine Zeichnung oder noch besser einen Gypsabgufs nebst einer Darstellung in Farben beigeben — wobei aber immer der Zweifel offen bleibt, ob durch alle diese Mittel zusammen die sinnliche Bestimmtheit der Schramme bis in ihre kleinsten Details hinein ganz adäquat wiedergegeben ist. Wenn die Wissenschaft auf alle diese besondersten Besonderheiten des Individuellen ginge, alles und jedes Individuellen, also in der Zoologie auf die besondersten Besonderheiten aller einzelnen Hunde und Gänse u. s. f.: wie dickleibig müfsten da die Bücher sein, wie viele technische Beigaben müfsten sie begleiten! Glücklicherweise ist das nicht Aufgabe der Wissenschaft, in der Regel wenigstens nicht, wenn sie auch einmal die „wahrhaftige Länge Christi" oder das Exterieur des Sokrates oder die drei Haare des bekannten grofsen Staatsmannes interessieren sollten. Welche Federn die Gänse der Juno gehabt, welche „Gesichter" — „Hat ja jede ein anderes Gesicht", meinte einmal ein Gänsehirtchen auf die Frage, wie es denn wisse, wem jede von den vielen Gänsen gehöre — darum kümmert sich nicht einmal die Geschichtswissenschaft, in der die Schilderung bedeutender Individualitäten noch am ehesten am platze ist. Immerhin kann die Wissenschaft, soweit sie ein Interesse daran hat, auf die breiteste Beschreibung einer Sache sich einlassen, kann von den zufälligsten Zufälligkeiten Notiz nehmen. Wie reimt sich aber das mit dem Satze, dafs die Wissenschaft auf das Allgemeine gehe, für dessen Evidenz Aristoteles (Metaph. XIII, 10, Mitte) sich auf „die Beweise und Definitionen" beruft, sofern man nämlich keinen Schlufs ziehen könne aus der Thatsache, dafs irgend ein Dreieck zwei rechte Winkel habe, sondern nur aus der, dafs alle Dreiecke so beschaffen sind (δῆλον δ' ἐκ τῶν ἀποδείξεων καὶ τῶν ὁρισμῶν. οὐ γὰρ γίνεται συλλογισμός, ὅτι τόδε τὸ τρίγωνον δύο ὀρθαί, εἰ μὴ πᾶν δύο ὀρθαί)? Antwort: ein Widerspruch läge hier nur dann vor, wenn Aristoteles voraussetzen würde, nur die substanzielle (oder Wesens-) Form und das Allgemeine in diesem Sinne sei erkennbar, also in unserm Fall das durch seine Hundeseele gegebene Hundesein des Feldmann. Dem ist aber nicht so. Aristoteles sagt nur, dafs die Wissenschaft das Allgemeine zum Gegenstand habe, nur das Allgemeine wifsbar sei. Ich kann nach Aristoteles, wie wir oben hörten, neben der spezifischen Bestimmtheit Feldmanns als eines Hundes auch seine ihn von andern Hunden unterscheidenden individuellen Merkmale und Eigentümlichen erkennen; es müssen also auch diese in einem gewissen Sinne etwas Allgemeines sein, wenn sie auch in ihrer Vereinigung nicht eine spezifische Bestimmtheit bilden, nicht mit dem Hundesein Feldmanns in einen Begriff sich zusammenfassen lassen, so dafs sich mit einem Worte alles aussprechen liefse. Diese individuellen Merkmale setze ich vielmehr nach Aristoteles zu dem Begriff „Hund" hinzu und beschreibe so den Feldmann. Wenn aber vor allem die allgemeine Bestimmtheit „Hund" notwendig ist, um den Hund Feldmann zu beschreiben, so kommen weiterhin in dieser Beschreibung ebensoviele accidentelle allgemeine Bestimmtheiten (Begriffe) vor als Worte. Wachsamkeit, Treue, Haar, Schweif, Schramme; Länge, Zeichnung, Farbe; sein, laufen, bellen, u. s. w., das sind lauter Allgemeinheiten und ermöglichen damit das Erkennen und Wissen. Sie können alle, wie das oben von der Schramme angedeutet worden, definiert werden nach Aristoteles, nach welchem (cf. Metaph. VII, 4) Definierbarkeit und begriffliches Wesen allerdings zunächst der Substanz, in zweiter Linie aber auch allem Accidentellen zukommt, soweit es sich nämlich um etwas öfter Vorkommendes, Allgemeines handelt; Wenn der Feldmann lauter Eigentümlichkeiten hätte, für die es keinen Begriff und Namen gäbe, die anderwärts gar nicht vorkämen, so könnte ich ihn auch nicht beschreiben, könnte höchstens lautlich und bildlich alles nachzumachen suchen, was um und an dem Feldmann ist. „Wenn das Allgemeine in den Dingen, ihre spezifische Bestimmtheit nicht wäre, so gäbe es kein Wissen, sondern lediglich ein nichts begreifendes Angaffen und Beschnüffeln von — immer wieder andern Einzelheiten" (Aristoteles und Professor Zeller in Berlin, S. 17), von denen sich natürlich auch keine Mitteilung machen liefse aufser durch bildliche Darstellung und Naturlaute.

Dafs Aristoteles in seiner Lehre Raum habe für die Wirklichkeit individueller Merkmale und dafs dieselben auch erkennbar seien nach derselben, glaube ich hiemit meinem Herrn Kritiker, seinem Wunsche entsprechend, gezeigt zu haben. Ich möchte aber noch im übrigen thun und ihm wenigstens andeuten, wie er auch in Bezug auf den zweiten Punkt, den er bei mir nicht gelten lassen will, im Unrecht ist. (Schlufs folgt.)

Dillingen. A. Bullinger.

Zur Notiz.

In dem Aufsatze S. 8 f. dieses Bandes ficht Herr Rem. Stölzle gegen Windmühlen. Von dem Augenblicke an, wo mir die Hs. k des Nibelungenliedes im vollständigen Abdruck zuging, hat es keiner Viertelstunde bedurft, um mich zu überzeugen, dafs die früher auf die wenigen bekannten Fragmente hin geäufserte Vermutung, der Umarbeiter des Siegfriedliedes und der von k seien identisch, unhaltbar sei. Ich habe das auch bereits bei der Besprechung jenes Abdruckes im Litt. Centralblatte 1881 Nr. 44 S. 1472 öffentlich ausgesprochen.

Leipzig, Februar 1882. Dr. Fr. Zarncke.

Die kurze Besprechung des Abdrucks der Nibelungenhandschrift k in Nr. 44 des Litterarischen Centralblattes vom 30. Okt. 1881 ist mir leider entgangen, und somit erscheint meine Polemik, in deren Ergebnis ich mich zu meiner Genugthuung mit Herrn Universitätsprofessor Dr. Friedrich

Zarncke in Übereinstimmug befinde, in der That überflüssig. Denn was der um die Kritik des Nibelungenliedes hochverdiente Gelehrte „auf die wenigen bekannten Fragmente hin" früher vermutete: ... „man darf wohl, ohne zu kühn zu sein, die Umarbeiter beider Lieder für identisch halten", hat derselbe nun a. a. O. zurückgenommen, wo es heifst: ... „es ist nicht daran zu denken, dafs zwischen der Bearbeitung des Nibelungenliedes und der des Siegfriedsliedes irgend ein Zusammenhang stattfinde, was man früher, ehe man längere Partien unseres Gedichtes übersehen konnte, wohl geneigt sein durfte."

Augsburg im Februar 1882. R. Stölzle.

Ausgewählte Reden des Lysias. Erklärt von Rudolf Rauchenstein.[1]) Zweites Bändchen. Achte Auflage besorgt von Karl Fuhr. Weidmann, 1881. ℳ 1,20.

Nach dem Tode des um die Erklärung des Lysias hochverdienten Rauchenstein übernahm Fuhr die Besorgung der neuen Auflage; er teilte sie in zwei Bändchen, deren zweites die Reden 19,7, 22, 30, 23, 24 und 32 enthält. Man bemerkt überall die sorgsam bessernde Hand, besonders wenn es sich um die Feile des deutschen Ausdruckes handelt; doch liest man noch p. 6 ‚Konnexität', p. 57 ‚gewifs ein Argument, das nicht auf den Boden fiel', p. 99 ‚Mittel zu Trölereien', p. 100 ‚weislich' u. a.

In den erklärenden Anmerkungen hätte manche Stelle verständlicher (es handelt sich ja um Schüler) gefafst werden sollen; dahin gehört z. B. S. 6. A. 1 ἂν ἐγὼ μὲν ‚der Sprecher sagt im Gegensatz zu anderen Verteidigern, die ihm abgehen'; vgl. Frohberger z. St. S. 10, XIX § 12 τριηραρχήσαντι ‚darin liegt doch wohl nicht, dafs der Vater — war' versteht man den polemischen Ton nicht, wenn man nicht Frohberger z. St. und die früheren Ausgaben Rauchensteins vergleicht. Doch ist Fuhr hier meines Erachtens fehl gegangen. Der Vater hatte das Kommando eines Kriegsschiffes übernommen dem Strategen Konon zu liebe, der sein alter Freund war, und da wurde er angegangen u. s. w. Denn er mufs auf der (persischen) Flotte des Konon bei der Expedition um den Peloponnes gewesen sein, als Konon das bekannte Verlangen an ihn richtete; sonst hat die Stellung der Participia keinen Sinn.

In der Aufnahme eigener Konjekturen war der neue Herausgeber sparsamer, als man nach seinen früheren Arbeiten hätte erwarten sollen. Die Lesarten des cod. Palatinus sind sorgfältig verzeichnet, doch habe ich mir u. a. noch an den Rand bemerkt XIX, 60 ὀλίγον μὲν οὖν χρόνον. Bezüglich der verderbten Stelle VII, 22 καίτοι εἰ φῄς μ' ὑδεῖν τὴν μορίαν ἀφανίζοντα (P hat φῄς. μὴ ὁεῖν) dürfte es sich doch empfehlen, um einen lesbaren Text herzustellen, zu schreiben φῆναι (Meutzner) με[ἰδεῖν]; denn sicher will hier der Redner auf die φάσις und dann ἐφήγησις hinweisen; dazu stimmt auch § 29 ἀπογράψαι (ἀπογάψασθαι unnötig nach Meutzner) με μορίαν ἀφανίζειν. — XXXII, 5 scheint mir mit Herwerden ὁμοπάτριον ein Glossem aus § 4 zu sein; καὶ ὁμομ. aber nach Hertlein einzusetzen, macht den sonst symmetrisch schön gebauten Satz schleppend und benimmt ihm alles Pathos. Jedenfalls aber steht die Bemerkung im Anhang ‚Nach § 4 kann beides entbehrlich scheinen' nicht im Einklang mit der Anmerkung unter dem Texte. In derselben Rede § 29 hat der Herausgeber τῶν τεττ. μνῶν nach Markland eingesetzt. Ich halte diesen Zusatz für unnötig und glaube, dafs

---

[1]) Auf dem Titelblatte steht Rauschenstein.

der Redner im Affekte nur die Hauptsumme nennen, das Ausrechnen der 40 Minen aber dem aufmerksamen Zuhörer überlassen wollte: ein bei den Rednern nicht seltener Kunstgriff.

Was helfen aber dem Schüler die Konjekturen in den Anmerkungen? Soll das heifsen, dafs er, der oft die einfachen Regeln nicht fest beherrscht, urteilen soll über den Wert dieser oder jener Vermutung? Ebenso zu tadeln sind die vielen kritischen Zeichen <>, + u. a., wie bereits für das erste Bändchen treffend Röhl Z. f. G. W. 1881 p. 196 hervorgehoben hat. Vergleicht man auch im zweiten Bändchen nur Seite 6—11, so findet man nicht weniger als zwölf <> d. h. Zeichen für aufgenommene Konjekturen; dafs diese den Leser und besonders den unerfahrenen Schüler stören, ist wohl klar. Da mufs man sich wirklich nach den früheren Zuständen in den Auflagen Rauchensteins zurücksehnen. Auch darin mufs jeder Röhl beistimmen, dafs es mindestens Verwirrung anrichtet, wenn wie Einl. S. 1 A. 3 oder S. 12 A. 19 oder S. 34 [1]) eine Menge abweichender Ansichten zur Auswahl vorgeführt werden. Dahin gehören auch Wendungen wie XXXII, 7. ἀντίγραφα ‚man erwartet συγγραφάς Schuldtitel. Aber es sind wohl Abschriften vom Testament und von Schuldtiteln‘ oder ebendort § 20 ‚Nach οὐκ ἔχων könnte man vermuten sei εἰπεῖν — ausgefallen. Jedoch der Sinn ist: da er nicht wufste‘ u. s. w. — Der Druck ist im ganzen korrekt, nur steht z. B. p. 102. 10 δακρυόντες. hr.

Literarische Fehden im vierten Jahrhundert v. Chr. von Gustav Teichmüller. Breslau, Verlag von Wilhelm Köbner. 1881.

Der Titel des genannten Werkes klingt zwar etwas modern, bezeichnet aber nichtsdestoweniger gut den Inhalt eines Buches, welches viel des Belehrenden und Anregenden bietet und auf welches ich deshalb die Freunde Platons und der literarischen Bestrebungen und Richtungen jenes Zeitalters besonders aufmerksam machen möchte. Während bei dem fast gänzlichen Mangel an authentischen Nachrichten über die schriftstellerische Thätigkeit Platons die Erklärer dieses Autors von Schleiermacher an bis auf Zeller sich damit begnügten, mehr oder minder ansprechende Hypothesen über die geistige Entwicklung dieses Philosophen aufzustellen und danach die Reihenfolge seiner Schriften zu bestimmen, bei welchem ganz subjektiven Verfahren es natürlich zu keiner Übereinstimmung kommen konnte, schlägt T., teilweise nach dem Vorgange Sauppes und anderer, einen neuen Weg ein, um positive Thatsachen zu gewinnen. Statt eines abstrakten Phantasiegebildes sieht er in Platon einen Menschen und Schriftsteller von Fleisch und Blut, der seine Zwecke hatte und zu verwirklichen suchte, dabei aber auf eine Welt gleichfalls strebender Menschen mit abweichenden Zielen traf und von dieser sich vielfach in seiner Wirksamkeit gehemmt sah, gleichwie umgekehrt jene anderen Menschen sich ebenso häufig durch Platon gehindert sehen mufsten. Diese Kollisionen in der Erfüllung der Lebensaufgaben, schliefst nun T., müssen notwendig in den Schriften der betreffenden Männer zum Ausdrucke gekommen sein, und es ist nur unsere Sache, die betreffenden Stellen aus dem Nachlasse der Alten herauszufinden und einander gegenüberzustellen, um ihre gegenseitigen Beziehungen erkennen zu lassen. Statt also mit Schleiermacher jeden Dialog als notwendiges Glied in der Darstellung des platonischen Systems anzusehen, weist T. den Zufälligkeiten im schriftstellerischen Leben Platons einen weiten Spielraum ein, indem er jeden Dialog als Wirkung einer Ursache, die „in gewissen Reizen von aufsen" gegeben war, betrachtet. Als solche Reize erscheinen ihm in erster Linie „literarische Arbeiten, in denen Platon sich angegriffen fühlte, oder indem er seinem eigenen Einflusse auf die Gesellschaft entgegenwirkende Elemente niederschlagen wollte". Dies der Standpunkt, von welchem ausgehend T. die bedeutenderen Autoren des 4. Jahrh. bis zum Tode des Isokrates ins Verhör nimmt, in ihren Schriften polemische Anspielungen aufspürt und schliefslich diese Schriften selbst zu einander ins Verhältnis von Ursache und Wirkung zu bringen sucht. Und man mufs gestehen, dafs T. bei dieser verwickelten Arbeit, auch wenn man von seinen weiteren Hypothesen ganz absieht, ein ungewöhnliches Mafs von Belesenheit und Scharfsinn an den Tag gelegt hat. Den Glanzpunkt seiner Arbeit aber möchte ich in seiner Würdigung des Isokrates gegenüber Platon und Aristoteles erkennen. Die berühmten Stellen des Phaidros und Euthydemos über den genannten Rhetor erhalten, im Anschlusse an die epochemachende Abhandlung des Altmeisters Spengel, ihre ebenso einfache als schlagende Erklärung; die Abfassungszeit der berührten Dialoge, namentlich des Euthydemos, mit welchem bisher die Erklärer so wenig anzufangen wufsten, wird in überraschender Weise präcisiert. Auch die übrigen Gespräche der ersten Periode — Protagoras, Staat, Gastmahl, Phaidon, Theaitetos, Menon — erhalten ihre mehr oder minder zwingende, stets auf sachliche Gründe gestützte chronologische Bestimmung. Ganz neu ist der von T. versuchte Nachweis, dafs Platon in den Gesetzen, und zwar erst vom neunten Buche an, auf Angriffe keines Geringeren als des Aristoteles selbst antworte. Fände diese Annahme den Beifall der kompetenten Richter, so würden wir annähernd sichere Schlüsse auf die Zeit der in Rede stehenden aristotelischen Schriften (Nikomachien und Rhetorik) bilden können. T. selbst glaubt in seinem Werke die beiden höchsten Probleme der Geschichte der alten Philosophie: Bestimmung der Reihenfolge der platonischen Dialoge und authentische Äufserungen Platons selbst über die Angriffe seines Schülers und Rivalen Aristoteles glücklich gelöst zu haben. Jedenfalls hat er einen wichtigen Beitrag zur Entwirrung der platonischen Frage geliefert.

Passau. Huber.

Die Überreste griechischer Tachygraphie im codex Vaticanus Graecus 1809 von Dr. Michael Gitlbauer. Wien, K. Gerold. 1878.

Gewifs hat das Emporblühen der neueren Stenographie auch auf das eingehendere Studium der tachygraphischen Überreste der alten Völker den gröfsten Einflufs ausgeübt. Das Näherliegen des Materials, sowie die gröfsere Anzahl der Vorarbeiten haben es wohl hauptsächlich mit sich gebracht, dafs bisher die tironischen Noten mit gröfserer Neigung bearbeitet wurden, als dies bei der griechischen Tachygraphie der Fall ist. Doch das uns zur Besprechung vorliegende Werk zeigt, dafs auch die letztere eine Kraft gefunden hat, die der Sache vollständig gewachsen ist. Stenographen und Paläographen dürfen sich Glück wünschen, dafs das Hauptmaterial über die griechische Geschwindschreibekunst gerade einem Manne zugefallen ist, der schon in seiner ersten gröfseren Publikation geradezu epochemachend in der Geschichte der Wiederentdeckung dieses vor wenigen Jahren fast noch ganz vernachlässigten Studiums auftritt. Das Buch enthält soviel des Interessanten, dafs es schon aus diesem Grunde gerechtfertigt erscheinen dürfte, wenn wir uns im Nachfolgenden über den Inhalt desselben, namentlich des ersten, allgemeinen Teils etwas eingehender verbreiten.

Den Hauptstock des tachygraphischen Materials bildet der cod. Vat. 1809. Daraus hatte zwar schon Angelo Mai Proben veröffentlicht, aber ohne Angabe der Nummer der Handschrift, und so kam es, dafs sich auch der Herausgeber der Palaeographia critica, Kopp, vergeblich bemüht hat, das Buch zur Einsichtnahme zu bekommen, welches erst in neuester Zeit bei Gelegenheit der Publikationen Wattenbachs wieder zum Vorschein kam. Es ist ein Pergamentkodex aus dem 11. Jahrhundert in Oktav und enthält, wie am Rande der ersten Seite bemerkt ist, „Quaestiones theologicae ex Grotta ferrata etc." Aus dem Vorhandensein des Wappens des Papstes Gregor XV. auf dem Einbande darf vielleicht geschlossen werden, dafs die Handschrift im ersten Drittel des 17. Jahrhunderts der vatikanischen Bibliothek einverleibt wurde. Nachdem Wattenbach für seine „Schrifttafeln", Berlin 1876—1877, vier Seiten der Handschrift hatte photographieren lassen, welche Gitlbauer entziffert hat, wurden für die kaiserliche Akademie in Wien sämtliche 47 tachygraphischen Seiten jenes Kodex aufgenommen und Gitlbauer zur Publikation überlassen. Weiteres Material zur griechischen Tachygraphie findet sich besonders in den Bibliotheken zu Berlin, Leipzig und Paris.

Die Hauptfrage, die G. mit vollem Recht vor allen anderen erledigen zu sollen glaubt, ist die nach dem Alter dieser Kurzschrift. Lipsius wollte sie bis auf Xenophon zurückführen, der die Lehrvorträge des Sokrates nachstenographiert haben sollte. G. weist die Scheingründe, welche für diese Annahme sprechen, zurück und gibt Zeibig Recht, welcher in seiner „Geschichte und Literatur der Geschwindschreibekunst" 2. Auflage, Dresden 1878, Seite 12 sagt, es liege auf der Hand, dafs einer so gewaltigen Neuerung wie die Geschwindschreibkunst ist, der besten Dienerin der Beredsamkeit, Erwähnung, und zwar nicht blofs beiläufig hätte geschehen müssen, wenn diese Kunst wirklich vor Ciceros Zeit in Griechenland erfunden und geübt worden wäre. Allerdings lassen sich gewisse Beziehungen zwischen den tironischen Noten und der griechischen Tachygraphie nachweisen, namentlich nahe Verwandtschaft einzelner Buchstaben und Silbenzeichen; aber aus diesen Verhältnissen einen Schlufs auf die Priorität der griechischen Tachygraphie ziehen zu wollen, wäre unrichtig. Im zweiten Jahrhundert nach Christus waren die tironischen Noten allenthalben so bekannt, dafs wir mit G. wohl annehmen dürfen, der in einem Briefe des Flavius Philostratus aus Lemnos (Zeibig, S. 39 Anm. 6) erwähnte εἰς τάχος γράφων sei ein wirklicher griechischer Stenograph gewesen. Diese Stelle aus dem Jahre 195 ist der älteste Beleg für das wirkliche Vorkommen der griechischen Tachygraphie. Dafs sich auch die Kirchenlehrer des zweiten und dritten Jahrhunderts der Tachygraphie bedient haben, wird uns sicher bezeugt. Nun entsteht die Frage, wie sich unsere Überreste zu jener ältesten Tachygraphie verhalten. Unser Hauptmaterial gehört erst der Zeit um das Jahr 1000 nach Christus an. Allerdings findet sich eine Papyrusurkunde aus dem Jahre 104, die uns sehr zweckdienlich sein könnte, da sie eine stenographische Unterschrift enthalten soll. Aber wir müssen vorläufig auf eine auch nur annähernd richtige Lesung dieser Zeichen verzichten und werden dies um so lieber thun, wenn wir sehen, dafs sie von Böckh, kleine Schriften, V S. 205 ff. als Ἀπολλώνιος κεχρημάτικα, von Gardthausen dagegen im Hermes XI, 452 ff. als Κλεοπάτρα Πτολεμ(αῖος) entziffert werden wollte. G. weist schlagend nach, wie sowohl die eine, wie die andere Lesung mit allem, was wir aus der griechischen Tachygraphie wissen, in direktestem Widerspruche steht. So viel steht vorläufig fest: Bei dem geringen Material, das wir über die ältere griechische Tachygraphie haben, ist es unmöglich, das Verhältnis zwischen der ältern und der neuern Tachygraphie irgend sicher nachzuweisen. Beim Anblick der neuern tachygraphischen Zeichen sieht jeder praktische Stenograph, wie Dr. O. Lehmann im Panstenographikon, Leipzig 1869, S. 27 richtig bemerkt, auf den ersten Blick, dafs sich mit so komplicierten Formen kaum eine gröfsere Geschwindigkeit im Schreiben erzielen liefs. Es kann nur auf Raumersparnis abgesehen gewesen sein. Die in der neuern Stenographie zur Unterscheidung ähnlicher Laute gesetzten diakritischen Punkte sind in ältern Systemen höchst wahrscheinlich nicht vorhanden gewesen. Man hat gewifs gleiche Laute auch mit gleichen Zeichen dargestellt; erst später setzte man solche unterscheidende Punkte, auch Spiritus und Accente, ja sogar das Jota subscriptum bei. Dagegen haben sich aus der ältern Tachygraphie mannigfache Abkürzungen für besonders häufig vorkommende Wörter, besonders für die Formen von εἶναι und die Präpositionen, in das neuere System fortgepflanzt, in welchem sie, obwohl zum Ganzen nicht mehr passend, doch recht häufig angewendet werden.

Die Frage, wovon die Tachygraphie ihren Ausgang genommen, beantwortet G. mit Bezugnahme auf Berliner Papyrusfragmente, in denen sich Spuren von Rechnungen aus dem Archiv eines Serapeums finden, dahin, dafs sie sich wohl aus einer Geheimschrift herausgebildet habe, mit welcher sich aus naheliegenden Gründen bald vorzüglich die Christen befafst haben. So mag es auch zu erklären sein, dafs alle handschriftlichen Überreste der griechischen Tachygraphie entweder direkt theologischen Inhalts sind oder sich doch in Handschriften von vorwiegend geistlichem Inhalte finden.

An diese allgemeinen Fragen reiht G. eine Aufzählung und Würdigung der Literatur über die griechische Tachygraphie, angefangen von den ersten Entzifferungsbemühungen des Bernhard von Montfaucon, Paris 1708. Es sind nur wenige Namen, die hier erwähnt werden konnten. Besondere Verdienste hat sich unter den früheren namentlich Kopp, der Herausgeber der Tachygraphia veterum, — I. Band der Palaeographia critica — Mannheim 1817, erworben.

Nun folgt die Beschreibung der tachygraphischen Partien des cod. Vat., von denen die zwei erstern, kleineren, die von verschiedenen Händen geschrieben sind, in den angehängten 14 Tafeln veröffentlicht werden. Sie enthalten zum gröfsten Teil Fragmente aus den Werken des hl. Maximus Confessor in der sogenannten Confessio sancti Cypriani Antiocheni; mehrere dieser Stellen, es sind im ganzen 18, sind inedita. Die dritte, noch zu veröffentlichende Abteilung enthält Werke des Pseudodionysius Areopagita.

Die drei ersten Fragmente sind, wie G. an einzelnen Schriftzeichen, besonders οι und οις, überzeugend darthut, von einer Hand geschrieben, die als die älteste erscheint. Von ganz besonderem Interesse ist das letzte und gröfste Stück, welches einen Teil der obengenannten Confessio enthält, deshalb, weil eine Vergleichung des vatikanischen Textes mit dem cod. Paris. 1056, der bisher als einzige Quelle für diese Confessio bekannt war, diesen letzteren als grofsartig interpoliert erscheinen läfst und weil eben diese Vergleichung G. zur Entdeckung verhalf, dafs in der Pariser Handschrift ein Blatt gänzlich fehlt. Leider läfst sich die Lücke aus unserm tachygraphischen Kodex nur zum Teil ergänzen, indem der Schreiber desselben mitten im Texte die Feder weglegte, obwohl er auf der angefangenen Kolumne noch gegen 80 Zeilen zum Fortfahren gehabt hätte.

An diese Darlegung reiht G. die Hauptarbeit, die Entzifferung der Tafeln, zuerst syllabarisch, dann in zusammenhängendem Texte mit angefügtem kritischem Apparate und endlich die 14 Tafeln selbst, in Lichtdruck sehr sauber und deutlich ausgeführt. Die vierte Tafel enthält eine, die

übrigen bis zur 11. je zwei und die 12. bis 14. je drei Kolumnen Text.
Auf den ersten 12 Seiten stehen in jeder Spalte 26 Zeilen; der gröfseren
Deutlichkeit und Übersichtlichkeit wegen hat der Schreiber hie und da
eine Zeile freigelassen. Am Rande einiger Blätter sind von späterer Hand
Bemerkungen gröfseren oder geringeren Umfangs, meist ebenfalls in
Tachygraphie, beigesetzt. Auf den drei letzten Tafeln ist der Text aufserordentlich eng zusammengeschrieben; sie enthalten Kolumnen bis zu
88 Zeilen und Zeilen mit nahe an 30 tachygraphischen Zeichen bei einer
Länge von nur 55 mm. Auf der 13. Tafel stehen auf einem Raume von
22 $\times$ 15 cm über 5000 Silben, eine Leistung in der Kleinschreibekunst,
die nur von unserer modernen Febris micrographica auf Postkarten etc.
noch überboten wird. Wenn auch im allgemeinen zugegeben werden kann,
dafs das Lesen griechischer Notenschrift nicht in dem Mafse Schwierigkeiten macht, als es bei der lateinischen der Fall ist, besonders in dieser
Handschrift, in welcher die Zeichen meist deutlich zu erkennen sind, so
verdient G. doch auch darin alle Anerkennung, dafs er all diese Zeichen,
wenn auch gewifs nicht ohne Nachteil für seine Augen, mit der gröfsten
Sorgfalt entziffert hat.

Kurz nach dem Erscheinen dieses trefflichen Buches fand das bisher
über griechische Paläographie und speziell Tachygraphie erschienene Material
seine erste Verwertung in der Schrift

Die tachygraphischen Abkürzungen der griechischen
Handschriften von Dr. O. Lehmann. Leipzig, Teubner. 1880.

Der Verfasser hält dafür, dafs die bisherigen Bearbeiter der griechischen Paläographie den Abbreviaturen der Bücherschrift zu wenig Beachtung
geschenkt haben. „Und doch dürfte die Kenntnis der verschiedenen
Entwicklungsstadien der Abbreviation, der verschiedenen Formen, welche
eine und dieselbe Abkürzung in den einzelnen Jahrhunderten hatte, für
denjenigen, welcher das Alter einer ihm vorliegenden Handschrift richtig
schätzen will, kaum minder wichtig sein als die Kenntnis der verschiedenen Buchstabenformen. In gewissen Fällen . . . können sogar die Abkürzungen für die Altersbestimmung einzig und allein in Betracht kommen;
denn gerade bezüglich der Abkürzungen zeigt sich in der Regel der Abschreiber als Kind seiner Zeit." L. unterscheidet vier Arten von Abkürzungen und zwar 1. die kirchlichen Abkürzungen, 2. die Bezeichnung des
ν durch einen horizontalen Strich; 3. die, welche er als kurrentschriftliche
bezeichnet; 4. tachygraphische Abkürzungen. Die letztern werden in
seiner Schrift ausschliefslich behandelt. Sie bestehen darin, dafs „gewisse
Buchstaben oder Silben, insbesondere Endsilben und ganze Wörter nicht
mit gewöhnlichen Buchstaben geschrieben werden, sondern mit eigentümlichen Zeichen, von denen mit Gewifsheit (?) anzunehmen ist, dafs sie
aus einer früher im Gebrauch gewesenen Schnellschrift sich erhalten haben."
Diese Abkürzungen werden in Majuskelhandschriften sehr selten, in
Minuskelhandschriften dagegen, namentlich solchen jüngeren Datums,
häufiger und zahlreicher angewendet. Sie sind in schön geschriebenen
Handschriften nur wenig, dagegen in Überschriften, Randbemerkungen,
Scholien und Kommentaren in ausgedehntestem Mafse gebraucht. Diese
Zeichen werden in der Regel über dem unmittelbar vorhergehenden Buch-
staben geschrieben, nur wenige Silben werden unmittelbar mit dem Worte
verbunden.

Die allgemeinen Bemerkungen L.s über Geschichte und Wesen der
griechischen Tachygraphie stimmen zum gröfsten Teil mit den Sätzen
überein, welche Gitlbauer darüber aufgestellt hat. L. fügt noch einige

Vergleichungspunkte mit den tironischen Noten hinzu[1]) und findet, dafs aufser den von G. angeführten Buchstaben ν und ρ vielleicht noch κ, μ, π, σ in der griechischen Tachygraphie eine Ähnlichkeit mit den entsprechenden Formen der tironischen Noten haben. Dafs ον und um durch ein und dasselbe Zeichen in beiden Schriften dargestellt wird, scheint auch dem Ref. nicht auf Zufall zu beruhen. Ebenso dürfte die Bezeichnng der Silbe αν in den tironischen Noten, in der griechischen Bücherschrift und der neuern Tachygraphie als ganz identisch betrachtet werden. Im Gegensatze zu G. wird nun der Satz aufgestellt, die alte griechische Tachygraphie sei nicht eine Silbenschrift, sondern wie die tironischen Noten eine Wortschrift gewesen. Für diesen Satz scheint L. namentlich der Umstand zu sprechen, dafs vermittels jener Stenographie Reden aufgenommen worden sind. Mit einem System, das für jede Silbe ein, wenn auch noch so einfaches Zeichen anwenden mufs, ist aber das Nachschreiben von Reden unmöglich; denn 300 und noch mehr Zeichen in einer Minute zu Papier zu bringen, kann auch dem gewandtesten Schreiber nicht gelingen. Soviel ist also gewifs, dafs die griechischen Tachygraphen im stande sein mufsten, mehrere Silben durch ein Zeichen darzustellen, um einem auch nur langsamen Redner folgen zu können; aber welcher Art dieses System gewesen ist, ob und inwieferne es Ähnlichkeit mit den tironischen Noten gehabt hat, läfst sich, wie G. ganz mit Recht betont, bei dem so unverhältnismäfsig geringen Material, das uns darüber vorliegt, absolut nicht bestimmen. Wenn die neuere Stenographie für die Präpositionen und etliche Formen von εἶναι eigene Siglen besitzt, die vielleicht Überreste des alten Systems sind, so können wir das aus unsern neuen Stenographiesystemen wohl erklären, die ja auch für die am häufigsten vorkommenden Wörter Siglen nicht entbehren können; aber der Schlufs, dafs das ältere System durchgängig in ähnlicher Weise gebildet sei, erscheint doch sehr gewagt. Und auch der Vergleich mit den tironischen Noten beweist wenig, da wir bei dem weit reichlichern Material, das uns über diese vorliegt, immer noch nicht im stande sind, die Methode zu eruieren, nach welcher dieselben gebildet sind. Daraus, dafs viele Silben in der Bücherschrift und in den tachygraphischen Überlieferungen ganz verschieden bezeichnet werden, zieht L. gegen die Ansicht G.s den Schlufs, dafs man sie als Quelle für die Feststellung des ältern tachygraphischen Systems heranziehen dürfe. Dieser Satz gewinnt namentlich durch die spätern Ausführungen L.s an Wahrscheinlichkeit, wenn auch dem Ref. wenigstens die Zeichen der Bücherschrift meist allzu umfangreich erscheinen, als dafs sie der ältern Tachygraphie angehören sollten; sie sind oft länger als die entsprechenden Zeichen der neuern Tachygraphie, während sie doch kürzer sein sollten. Etliche gleichlautende Formen enthalten ein deutliches Verwandtschaftsverhältnis; nämlich tachygraphisches ες doppelt geschrieben gibt in der Bücherschrift das Zeichen für αις[2]), ην doppelt ist gleich ειν, ην mit zwei übergeschriebenen Punkten ist ιν; ebenso ist ης doppelt gesetzt = εις, ης mit zwei Punkten ις; aber die Zeichen für ες und ην sind auch der neueren Tachygraphie angehörig; sie mögen in der ältern ebenso geschrieben wor-

---

[1]) Die Seite 16 bezüglich des Punktes und der Hilfszeichen aufgestellten Regeln samt den dazu gegebenen Beispielen scheinen einer kurz vor dem Erscheinen des Buches herausgekommenen Arbeit über die Tachygraphie der Römer entnommen zu sein, die wir nirgends citiert finden.

[2]) L. hält auch das neutachygraphische ε für identisch mit dem gekürzten αι der Bücherschrift (S. 32); ob mit Recht, mufs noch dahingestellt bleiben.

den sein, beweisen können wir es nicht. Verlassen wir damit den allgemeinen Teil des Buches; er enthält, wenn wir uns auch mit den einzelnen Schlufsfolgerungen nicht immer einverstanden erklären können, doch sehr viel Material, das jeder, der weitere Studien über die griechische Tachygraphie machen will, dankbarst benützen wird.

In dem speziellen Teil hat L. unter Benützung des in Tafeln veröffentlichten Stoffes — die Paléographie universelle von Silvestre war ihm nicht zugänglich — und aufserdem von 36 Handschriften der Dresdener Bibliothek aus dem 10.—15. Jahrhundert zuerst die Stellung der tachygraphischen Abkürzungen und ihre Verbindung mit Accenten, dann die verschiedenen Formen, welche sich von tachygraphischen Abkürzungen finden, eingehendst behandelt und zahlreiche Beispiele angeführt. Er bespricht zuerst die Vokale, dann die Diphthongen αι, αυ und ου, hierauf die Konsonanten κ, λ, τ, dann 22 Silben, die Zeichen für die Präpositionen ἀντί, ἀπό, διά, ἐπί, κατά, παρά, πρό, πρός, ὑπέρ und ὑπό, einige Adverbien und Konjunktionen, nämlich ἄρα, γάρ, δέ, ἤγουν, καί, ὁμοῦ, ὅτι und οὕτως, die Zeichen des Hilfsverbums εἶναι — aufser dem Infinitiv findet sich ἐστί sehr häufig, dagegen andere Formen, wie ἔσται, ἔστω, ἔστωσαν selten — endlich mathematische und einige andere Noten. Für denjenigen, der weiter in das Studium der griechischen Tachygraphie eindringen will, sind die beigebrachten Beispiele sehr lehrreich; L. hat sich alle Mühe gegeben, dieselben namentlich für interessantere und häufiger vorkommende Formen möglichst zahlreich und vielfältig anzuführen. So hat er für καί S. 37 ff. aus 12 ältern Handschriften 14 und aus 12 jüngern vom 10. bis 14. Jahrhundert weitere 12 verschiedene Formen zusammengestellt, in denen überall für αι ein mehr oder weniger verändertes tachygraphisches Zeichen gebraucht ist; dazu kommen S. 91 neue 57 Zeichen aus Handschriften vom 6.—15. Jahrhundert, in denen die ganze Partikel durch ein einziges Zeichen gekürzt erscheint. Ebenso werden für γάρ S. 91 ff. 48 Formen, für δὲ S. 94 f. 28 Belege beigebracht. Überhaupt sind die bedeutenderen Partien alle so eingehend als es bei dem vorliegenden Material eben möglich war, behandelt; es sei hier besonders auf die Endsilbe ον, auf παρά und γάρ hingewiesen. ἐστί wird S. 102 im Gegensatz zu G., welcher die Note aus η mit zwei Punkten für τ entstanden erklärt als η = ι mit zwei Punkten dargestellt. Bei εἰσί wird das Vokalzeichen doppelt gesetzt. So sehr es gerade durch L.s Schrift wahrscheinlich wird, dafs ursprünglich alle I-Laute, also ι, ει und η durch ein und dasselbe Zeichen dargestellt zu werden pflegten, so scheint doch für G.s Deutung, abgesehen von der innern Unwahrscheinlichkeit, dafs man ἐστί durch ητ vertreten liefs, namentlich der Umstand zu sprechen, dafs der älteste Schreiber des cod. Vat. unzweifelhaft ε geschrieben hat; vgl. G. Tafel I a Zeile 8 und I b Zeile 6, wo das Zeichen wohl sicher von oben nach unten geschrieben wurde; wenn spätere Schreiber dasselbe umkehrten und gleich den Querstrich für ν damit verbanden, so hat diese Bezeichnung bei der Frage nach der ursprünglichen Darstellung der Note keine Bedeutung.

Schliefslich möchten wir noch eine interessante Vermutung L.s besonders hervorheben. S. 54 und 77 nämlich sagt er, es sei wahrscheinlich, dafs der Londoner Nonnoskodex Add. ms. 18231 von demselben Paulus geschrieben wurde, der auch die spätesten Teile des vatikanischen Kodex 1809 aus Grotta ferrata niederschrieb.

Aus all dem Angeführten dürfte deutlich genug hervorgehen, dafs auch die Schrift L.s viel Stoff für die Entwicklungsgeschichte der griechischen Tachygraphie bietet. Es wäre gewifs wünschenswert, wenn auch die Handschriften anderer Bibliotheken in dieser Richtung durchgesehen und die bei dieser Arbeit gewonnenen Resultate veröffentlicht würden. Es könnten dann nicht nur allgemein gültige Gesetze über die Anwendung der Abkürzungen in den verschiedenen Jahrhunderten aufgestellt, sondern vielleicht auch nicht unbedeutende Schlüsse auf das Wesen der ältern Tachygraphie gezogen werden. Bezüglich der neuern dürfen wir hoffen, dafs in verhältnismäfsig kurzer Zeit durch die weitern Arbeiten Gitlbauers möglichste Klarheit in das System derselben gebracht werde.

Neuburg a/D. Dr. Ferd. Ruefs.

Psyche und Eros. Ein milesisches Märchen in der Darstellung und Auffassung des Apuleius beleuchtet und auf seinen mythologischen Zusammenhang, Gehalt und Ursprung zurückgeführt von Dr. Adolf Zinzow, Gymnasial-Direktor in Pyritz. Halle a. S., 1881. 332 S. ℳ 6.

Hier sehen wir, um mit Göthe zu reden, auf das Büchlein ein Buch mit seltener Fertigkeit gepfropft, ohne dafs durch dasselbe trotz der Gelehrsamkeit seines Verfassers die Wissenschaft sonderlich gefördert wäre. Im Gegenteil mufs die breite, mehrmals längere Wiederholungen verursachende Anlage des Buches sowie die wenig exakte Methode der Übersetzung und der Beweisführung geeignet erscheinen, ein schlimmes, die wissenschaftliche Forschung gefährdendes Beispiel zu geben.

Zur Aufgabe hat es sich der Verfasser gestellt, die Erzählung von Psyche und Cupido, die Apuleius in seine metamorphoseon libri XI (von lib. IV, 28 bis lib. VI, 24) eingefügt und deren märchenhaften Charakter mit besonderer Gründlichkeit Friedländer[1]) dargethan hat, „aus der etwas unsauberen und verwickelten Umhüllung in der Überlieferung des Apuleius herauszulösen, dann als wirkliches milesisches Märchen zu erweisen und schliefslich auf ihren eigentlichen mythologischen Sinn und Ursprung zurückzuführen".

Eine kurze Durchsicht des Buches soll zeigen, wie es dem Verfasser gelungen ist, diese Aufgabe und mit ihr „ein ungelöstes Rätsel" zu lösen.

Nachdem er in der Einleitung die Geschichte des Psychemärchens von Apuleius bis auf unsere Zeit behandelt hat, teilt er in Abschnitt 1 das Märchen selber „nach der Darstellung des Apuleius" mit. Dieser Teil bietet nun zwar keine getreue Übersetzung, was man doch nach der Überschrift erwarten möchte, sondern nur eine mehr oder weniger vollständige Nacherzählung; trotzdem dürfen wir nicht unterlassen, auf einige Unrichtigkeiten in derselben hinzuweisen. Der Satz auf S. 6 „Aber die beiden konnten ihren Groll nicht für sich behalten" erweckt die falsche Vorstellung, als hätten die Schwestern ihre Gedanken einer dritten Person mitgeteilt. Bei Apuleius heifst es noch dazu V, 10: jamque ista, quae ferimus, non parentibus nostris nec ulli monstremus alii. Was soll ferner auf S. 8 in dem Satz: „Ängstlich zählte sie jetzt nur noch die Tage und die Monate" (V, 12 crescentes dies et menses exeuntes anxia numerat) das „nur noch" besagen? Die handschriftlich sichere Stelle V, 12: quas tibi — sorores appellare non licet ist unrichtig übersetzt „die ich nicht mehr deine Schwestern nennen kann". Der Satz V, 21: At Psyche — aestu pelagi simile maerendo fluctuat etc. hat keineswegs den Sinn, der ihm mit den Worten „Psyche schwankte zerrissen zwischen Wollen und Nichtkönnen" untergelegt wird. Diese Worte Zinzows haben überhaupt keinen Sinn. V, 22: ante lectuli pedes jacebat arcus et pharetra et sagittae ist deutlich

---

[1]) Friedländer, Sittengeschichte Roms T. 1, Anhang 1.

gesagt, dafs Amors Waffenrüstung nicht zu seinen Füfsen im Bett, sondern zu den Füfsen des Bettes lag. Wenn ferner die unbezweifelten Worte VI, 9: trahebat eam nequaquam renitentem übersetzt werden: „sie schleppte die vergeblich Widerstrebende mit sich fort", so ist nicht blofs die Bedeutung von nequaquam verkannt, sondern auch die augenblickliche Stimmung der Psyche, in der sie um des Geliebten willen alles zu dulden entschlossen ist. VI, 18: decidentis sarcinae fusticulos ist zu übersetzen: Stücke von dem herabfallenden, nicht von dem „herabgefallenen" Holz. Das Präsens ist gerade hier bedeutungsvoll, weil das Holz immerfort herabfällt, und derjenige, der es aufheben will, sich ebenso vergeblich abmüht, wie Sisyphos, wie die Danaiden, wie Tantalos. Wenn es endlich S. 21 heifst, Aphrodite habe die Schönheitssalbe zur Pflege ihres kranken Sohnes verwendet, so ist das eine unrichtige Auslegung der Worte VI, 16: nam quod habuit, dum filium curat aegrotum, consumpsit. Aphrodite verwendete die Salbe für sich, denn mit Schönheitssalbe (formositas) heilt man keine Brandwunden.

Das in Abschnitt 1 erzählte Märchen aus der Umhüllung in der Überlieferung des Apuleius herauszulösen ist die Aufgabe des 7. Abschnittes. Ist man aber am Schlusse desselben angelangt, so weifs man doch nicht, wie man sich nach des Verfassers Willen „die Grundform" des Märchens zu denken habe. Denn anstatt dem Beispiel J. Grimms[1]) und Friedländers[2]) zu folgen und genau zu untersuchen, inwieweit der Gang der Handlung im allgemeinen sowie in einzelnen Zügen Gemeingut der indogermanischen Märchendichtung sei, beschränkt sich Zinzow darauf, den rhetorischen Schmuck und sonstigen äufserlichen Aufputz als die Zuthaten des Apuleius zusammenzustellen, und anstatt zweitens zu erörtern, ob nicht etwa Apuleius selber Psyche und die Götter als handelnde Personen in das ursprüngliche Märchen eingeführt habe, nimmt er von vornherein als feststehend[3]) an, dafs das Psychemärchen eine Fabula Graecanica sei, und dafs Apuleius die griechischen Götternamen nur ins Lateinische übersetzt habe. Das ist aber keineswegs so sicher und ausgemacht. Denn man mag über das schöpferische Talent des Apuleius denken, wie man will, auffallend mufs es doch erscheinen, dafs sich weder in Lucians Schrift Λούκιος ἢ Ὄνος noch sonst in der griechischen Literatur eine Spur des Psychemärchens findet. Ja auch die bildende Kunst vor Apuleius hat keine Darstellung aufzuweisen, die ein unserem Märchen entlehntes Motiv enthielte.[4])

Zinzow aber hält, über diese Thatsachen hinweggehend, das Märchen ohne weiteres für Eigentum der Griechen und zwar versucht er in Abschnitt 8 „Der geschichtliche Hintergrund des Märchens" dasselbe als ein altgriechisches und speziell als ein milesisches zu erweisen. Dafs es altgriechisch sei, soll der ganze Inhalt lehren,[5]) welcher lauter griechische Verhältnisse, griechische Kultur, griechische Geschichte, griechisches Lokal zur Voraussetzung habe. Dieser Grund, sage ich, ist kein zwingender. Dessenungeachtet konnte das Märchen doch ein Römer gedichtet haben, wenn er nur, wie Apuleius, griechisch gebildet war; in der Umstand, dafs der ganze Roman der Metamorphosen in Griechenland spielt, mufste ihn sogar zwingen, sein Märchen auch auf griechischen Boden zu verlegen. Wie stimmt ferner zu der Behauptung, dafs das Märchen altgriechisch sei,

---

[1]) Grimm, Kinder- und Hausmärchen, Teil 1, S. XLV.
[2]) Friedländer, a. a. O.
[3]) S. 121 ff.
[4]) Otto Jahn, Archäologische Beiträge S. 127.
[5]) S. 135 ff.

die geringe Achtung, mit der in demselben die Gestalten der alten Religion durchweg behandelt werden? Jupiter zeigt sich lüstern nach schönen Erdenmädchen, Venus ist eine böse Sieben, die wohl auch vino madens nach Hause kommt, Juno und Ceres zeigen sich hartherzig und eigennützig, Merkur spielt als Ausschreier, Vulkan als Koch eine recht lächerliche Rolle. Nimmt man hinzu, dafs diese Frivolitäten ganz zu dem Ton stimmen, der den Schlufs ausgenommen in den Metamorphosen herrscht, so kann man nur in der Ansicht Jahns bestärkt werden, dafs das Märchen, wenn es nicht von Apuleius ganz erfunden sei, doch gewifs einer nicht sehr fernen Zeit und ähnlichen Richtung angehöre.[1]

Für die weitere Behauptung, dafs das Märchen ein milesisches sei, ist, wie der Verfasser sagt,[2] die Angabe wichtig: „Der König holt sich nicht allzufern sein Orakel vom Apollo bei Milet." Erstlich ist das „nicht allzufern" eingeschmuggelt; Apuleius sagt nur IV, 33: pater ... dei Milesii vetustissimum percontatur oraculum. Sodann kann aus den ungenauen örtlichen Angaben, die im Märchen vorkommen, überhaupt nicht bestimmt geschlossen werden, ob Kleinasien oder das griechische Mutterland als Schauplatz desselben zu denken sei. Wie ungenau aber diese Angaben sind, geht aus folgender Zusammenstellung hervor: vom Vater der Psyche heifst es ohne jegliche Andeutung seines Weges, dafs er den milesischen Apollo befrage; Psyche wird von des Vaters Stadt aus auf einen jedenfalls nah zu denkenden Fels geführt; die Schwestern kommen übers Meer her zu den Eltern und zu Psyche, während umgekehrt die irrende Psyche ihre Schwestern aufsucht, ohne dafs ein Meer erwähnt wird, über das sie gekommen wäre; und in dem Augenblick, wo sie sich vom Turm herabstürzen will, rät ihr der Turm VI, 18: Lacedaemo ... non longe sita est, hujus conterminam ... quaere Taenarum. Das Märchen kennt eben, wie Grimm sagt,[3] keine bestimmte Heimat. Übrigens ist der Verf. selber von der Richtigkeit seiner Aufstellung nicht ganz überzeugt, denn während er auf dem Titelblatt das Märchen bestimmt ein milesisches nennt, sagt er S. 121 es sei höchst wahrscheinlich ein speziell milesisches.

„Die mythologische Deutung des Märchens" unternimmt der Verf. im 9. Abschnitt, der nicht weniger als 110 Seiten umfafst. Indem er hier das Märchen nochmals in einzelnen Bruchstücken erzählt, sucht er im Anschlufs an dieselben die Ansicht durchzuführen, dafs die Vorstellung von der Vermählung der Erdgöttin mit dem Sonnengotte, von der Trennung beider während des Winters und ihrer Wiedervereinigung im Frühling, dafs dieselbe Vorstellung also, die im Mythos von Demeter und Persephone und in den Eleusinischen Mysterien zum Ausdruck kam, auch unserem Märchen als leitender Gedanke zu grunde liege. Principiis obsta! Der Gang der Handlung ist ganz kurz gefafst folgender. Zwei Liebende werden durch eigenes Verschulden getrennt und erst nach mancherlei Prüfungen zu dauernder Vereinigung zusammengeführt. Diese Idee ist aber so behandelt, dafs man weder im allgemeinen noch in einzelnen Zügen irgend einen bestimmten Hinweis auf jenen λόγος φυσικός erkennen kann. Dazu kommt, dafs sich für das Motiv der Verschuldung, die in Cupidos Ungehorsam und in Psyches Neugier besteht, in der Vorstellung von dem jährlichen Kreislauf der Vegetation keine Parallele findet. Erscheint also Zinzows Deutung von vornherein als unbegründet, so kann man vollends mit der gewaltsamen Art, mit der er die einzelnen, auch die naivsten Züge des

---
[1] Jahn, a. a. O. S. 128.
[2] S. 136.
[3] Grimm, a. a. O. S. XXI.

Märchens seiner Auslegung anzupassen sucht, gar nicht einverstanden sein. Die Willkür endlich, mit welcher er wieder seiner Deutung zu liebe die von der Kunst fest begrenzten, in ewigen Formen gestalteten Götterbilder zerschlägt und in mythologischen Urstoff zurückzuverwandeln sucht, flöfste mir ein gewisses Grauen ein. Die Art und Weise zu beleuchten, wie der Verf. der Poesie zu Leibe geht, führe ich nur seine Erklärung[1]) der Nausikaascene in der Odyssee an. Darnach ist Odysseus der aus des Winters Nacht und Wust sich herausringende Erd- und Lichtgott Hermes, vom lichten, unmutsvollen, milden Sonnenglanz des bereits aus nächster Nähe grüfsenden Frühlings (Nausikaa!) bestrahlt. Der nach ihm geworfene Ball aber ist der Frühlingsball, zu welchem bereits der ursprüngliche Sonnenball geworden ist. — —

Fragt man nun aber, woher es kommt, dafs alle Deutungen des Märchens von der ersten Auslegung des Fulgentius an bis auf Zinzows physikalische nicht befriedigen und sich nicht durchführen lassen, so ist die einfache Antwort die, weil es überhaupt nicht gedeutet sein will. Denn es hat keine Tendenz, weder eine moralisch-philosophische noch eine religiös-mystische, noch eine physikalisch-mythologische. Wenn ich anders den Geist des Märchens recht verstehe, war es dem Verfasser desselben vielmehr nur um die künstlerische Wirkung zu thun, die das Einführen der Götterwelt in den einfachen Gang eines Märchens machen werde, um den Reichtum an poetischen Gemälden, den diese Verbindung mit sich bringen konnte. Und wenn uns dieses Märchen auch nicht mit den reinen und seligen Kinderaugen ansieht wie unsere deutschen Märchen, wenn vielmehr allenthalben Spuren hervorbrechen, die daran erinnern, dafs es in einer Zeit sinkenden Geschmacks und verderbter Sitten gedichtet ist, so strahlt es doch wieder von einem Abglanz hellenischer Schönheit, der mit immer neuem Reiz und Zauber entzückt. Wer es aber in dem Sinne, wie ich meine, als ein Erzeugnis spielender Phantasie, aufgefafst hat, ohne auch nur ein Wort, geschweige ein dickes Buch darüber geschrieben zu haben, ist — Raphael.

Doch kehren wir zur Besprechung unseres Buches zurück! In Abschnitt 10 werden „zwei Parallelen zum Psychemärchen" angeführt, das indische Märchen von der Tochter des Holzhauers und die altfranzösische Sage von Partenope und Melior, die der Verfasser auch in seiner Weise deutet, während Abschnitt 11 „die erste allegorische Deutung des Psychemärchens" durch Fulgentius erwähnt.

Von Abschnitt 2—6 endlich haben wir noch nicht gesprochen, weil sie mit der eigentlichen Aufgabe des Verfassers nicht in direktem Zusammenhange stehen. In denselben bildet vielmehr Apuleius und sein Roman metamorphoseon libri fast den alleinigen Mittelpunkt. Abgesehen davon, dafs diese ganze Darstellung viel zu weitschweifig ist und auch Wiederholungen enthält,[2]) sind noch zwei Punkte[3]) besonders zu berühren. Zinzow gebraucht nämlich, wenn er den genannten Roman erwähnt, mit Vorliebe den von Augustin[4]) angeführten unrichtigen Titel „der goldene Esel" statt des handschriftlich bezeugten metamorphoseon libri. Es ist das um so mehr zu beanstanden, als gerade dieser Titel metamorphoseon libri es

---

[1]) S. 253 ff.

[2]) vgl. z. B. S. 94 und 107.

[3]) Sie sind schon kurz erwähnt in Nr. 12 des literarischen Centralblattes.

[4]) August. de civitate dei XVIII, c. 18: sicut Apuleius in libris, quos asini aurei titulo inscripsit, etc.

ist, der des Photius[1]) Angabe, Lucian habe seinen Ὄνος nach einem Werk μεταμορφώσεων λόγοι διάφοροι gearbeitet, als richtig erweist und zugleich glaublich macht, dafs auch Apuleius jenes Buch vor sich gehabt habe. Wenn ferner Zinzow für das Leben und die Person des Apuleius auch das als Quelle benützt, was über den Helden des Romans vor XI, 27 ausgesagt ist, so hat vor Goldbacher[2]) schon Teuffel[3]) betont, dafs das nicht erlaubt sei, „weil die Aussagen über die Heimat des Redenden auf beiden Seiten (B. I—X und andererseits B. XI) schlechterdings unvereinbar sind."

Wir glauben nun unseren Bericht abschliefsen zu dürfen und vertrauen, was wir am Eingang behauptet, auch bewiesen zu haben, dafs durch Zinzows Untersuchungen kein neues sicheres Resultat für die Wissenschaft gewonnen ist. Wir wünschen darum, es hätte vor der Drucklegung desselben ein aufrichtiger Freund dem Verfasser zugerufen nicht etwa mit Horaz „nonum prematur in annum", sondern „omnes prematur in annos"!

Kaiserslautern. H. Fugger.

Die hellenische oder neugriechische Sprache. Studien zur Kenntnis derselben, nach ihrem Wesen, ihrer Entwicklung und ihrem jetzigen Bestande, mit vielen Sprachproben aus allen Stilarten und den wichtigsten Dialekten nebst eigener deutscher Übersetzung von Dr. Aug. Boltz, früher Professor der russischen Sprache an der K. Kriegsakademie in Berlin. Darmstadt, L. Brill. 1881. III, 176. gr. 8. ℳ 4.

Plato amicus, magis amica veritas.

Verschiedene Neograeca, Literatur, Volkslieder, Grammatiken, Aussprache, die 5 Hauptstilarten, Entwicklung der Sprache aus und neben der alten. Einflufs der Sinnverschiebung, Wiedergabe moderner Anschauungen durch echt griechische Wörter, lateinische Fremdwörter, die gesprochene Sprache etc. etc. werden hier von dem bekannten Philhellenen skizzenhaft abgehandelt; einen grofsen Teil des Buches füllt ein grammatikalischer Abrifs und zahlreiche Literaturproben; in einem Nachtrage sind die slavischen Wörter im Neugriechischen besprochen. — Feuriger, aber häufig blinder Enthusiasmus charakterisiert diese Arbeit, in der wir eine bedeutende Leistung erkennen würden, wenn wissenschaftliche Fragen durch enthusiastische Apologien gelöst werden könnten. Dem bei der Erforschung der Wahrheit so wichtigen Mahnworte nil admirari zum Trotz schiebt der Verf., von edler Begeisterung für eine schöne und grofse Sache hingerissen, alle Hindernisse rechts und links keck zur Seite, nimmt als Führer vorzugsweise Werke von ausgesprochener Tendenz, stellt unleugbare Thatsachen parteiisch und sogar unrichtig dar und bringt so einen förmlichen Panegyrikus auf die neugriechische Sprache zu stande, der füglich als der eigentliche Zweck seines Buches betrachtet werden kann. Trotz der Versicherung (p. 4) bis zum Jahre 1868 über 20,000 Oktavseiten griechischer Texte und seitdem noch eine ungeheure Literatur gelesen zu haben, bekundet der Verf. kaum die notwendige Vertrautheit mit der Sprache, in die er uns einführen will; zudem verrät das Buch allenthalben den Mangel des notwendigen Mafses allgemein philologisch-sprachwissen-

---

[1]) Photius 129 cod. (Bekker I p. 96 b).
[2]) Zeitschrift für die österreichischen Gymnasien 1872, S. 403 ff.
[3]) Rhein. Mus. XIX, S. 243 ff.; wieder abgedruckt in Teufels Studien und Charakteristiken S. 446 ff.

schaftlicher Vorbildung und das ist auch der Grund dafür, dafs die Leistung des Verf. in einem auffallenden Mifsverhältnisse zu seinem Fleifse und seiner seltenen Liebe zur Sache steht.

Wenn Herr Boltz auch zugibt, dafs sein Buch „arm und eitel Stückwerk" sei und, von jeder Polemik, allem weitschichtigen Beweismateriale absehend, streng sachlich mehr nur andeuten, als ausführen wolle (p. 1), so konnte doch von einem Buche, das nach der Überzeugung des Verf. selbst nur „Ritter vom Geiste" lesen werden (p. II), mehr Korrektheit der einzelnen Angaben und auch mehr wissenschaftlicher Ernst erwartet werden. Oder ist es etwa einem Autor, der zur Belehrung über die griechische Aussprache kein anderes Buch nennt als Mullach, Oekonomos und Rangabé, selbst aber die Frage mit allgemeinen Aphorismen abfertigt und z. B. zum Beweise, dafs das Deutsche sogar 8 verschiedene Schreibungen für den I-Laut habe, auch ū (hūte) uud ūh (frūh) anführt, ernstlich um die Wahrheit zu thun? Als charakteristisches Beispiel für seine sprachwissenschaftliche Auffassung sei nur angeführt, dafs er zum Beweise der vielfachen Erhaltung des Dativs im Neugriechischen auch Formen nennt wie ἀτί, παρἑκει (p. 67), da doch in solchen Adverbien der Kasus (übrigens wohl nicht Dativ, sondern Lokaliv) schon in der ältesten uns bekannten Periode des Griechischen längst erstarrt war! Die sonstigen zahlreichen Unrichtigkeiten, wunderlichen Behauptungen und der unwissenschaftliche Charakter des Buches überhaupt werden dem Fachmanne sofort auffallen und eine weitere Auseinandersetzung und Widerlegung des Einzelnen hiefse hier gegen Windmühlen kämpfen.

Die seltsame und nicht einmal korrekte Sprache des Verf. ist schon neulich von Wattenbach (deutsche Literaturzeitung N. 39) getadelt worden; was dort von der Übersetzung des Lampros'schen Rechenschaftsberichtes gesagt ist, gilt auch von dem neuen Werke des Verf.; besonders fällt auf die Vorliebe für Ausdrücke wie flott („Der flott weiterlebende äolische Dialekt etc."), schneidig („schneidige Arbeit", „die schneidigsten Beweise" etc."), sowie manches Unerlaubte in der Konstruktion (z. B. „auf Grund nahezuer Identität" p. 62). Ebenso gilt, was W. l. c. von der Übersetzungskunst des Verf. bemerkt, auch von dem hier besprochenen Buche. P. 26 übersetzt er „ὅτι καίεται . . . . σὰν μέσα στὸ Ἀρκάδι ὁ Γαβρηλ" — „dafs es sich verbrennt . . . . wie in Arkadien der Gavrill"; die Katastrophe aber, auf welche angespielt wird, betrifft nicht Arkadien, sondern das berühmte Kloster Arkadi auf Kreta, das beim letzten Aufstande dieser Insel von seinen heldenmütigen Verteidigern, als jeder Widerstand vergeblich war, in Brand gesteckt wurde; über die Marotte, bei uns längst eingebürgerte Namen wie Gabriel nach der neugriechischen Aussprache umzubilden, wollen wir mit dem Verfasser nicht rechten. „Λαμπροκοπᾷ ἡ ποδλια" (p. 28) heifst nicht „der Hahn spreizt sein Gefieder", sondern „es strahlt das Siebengestirn"!

Zu loben ist, um neben den Schatten- auch die Lichtseiten des Buches nicht zu verschweigen, besonders die scharfe Betonung der Notwendigkeit die verschiedenen Stilarten[1]) im Neugriechischen streng zu scheiden, eine Forderung, die noch von keinem der vorhandenen Lehrbücher auch nur annähernd erfüllt wird (v. bayr. Gymnasialbl. 1881, 414). Manchem wird auch die Zusammenstellung von Sprachproben angenehm sein, zumal da die Beschaffung der in Griechenland selbst gedruckten Bücher oft umständlich und sehr kostspielig ist. Wenn der wissenschaftliche Wert dieser „Studien" auch gering ist, so mögen dieselben doch

---

[1]) Verf. schreibt stets Styl.

manche Anregung bewirken, und darin stimmt dem Verf. ja gewifs jeder bei, dafs eine gröfsere Verbreitung des Studiums der neugriechischen Sprache, die er enthusiastisch bald mit einer Perle und einem Juwel, bald mit einer Wunderblume oder einer Prinzessin vergleicht, im höchsten Grade wünschenswert ist.
München. K. Krumbacher.

V. Hintner, Griechische Schulgrammatik. Wien, Hölder. 1882. 234 S., 8.

Eine Bearbeitung der griechischen Sprachlehre auf Grund der Ergebnisse vergleichender Sprachforschung, welche sich würdig den verdientesten Nachfolgern von Curtius, Koch und Lattmann, anreiht. Wie aus dem Nachwort hervorgeht, berücksichtigt das Buch besonders österreichische Schulverhältnisse.

Der Herr Verf. weicht vielfach sehr wesentlich von seinen Vorgängern ab. Zu den auffallendsten Neuerungen möchte wohl gehören, dafs als Stamm zu νίκη nicht mehr νικα, sondern νικη angesetzt wird, und ähnlich τιμη, ποιη und δουλω als Stämme von τιμάω, ποιέω und δουλόω auftreten. Ich will nichts dagegen sagen, obschon ich eine Angabe darüber vermisse, wie aus νίκη der Plural νῖκαι werden kann. Es hat eben, wie der Herr Verf. ganz richtig bemerkt, die Annahme der „organischen Dehnung" auch ihr Mifsliches. Sodann werden Seite 55 (ich werde immer nach Seiten citieren) φυγ und λιπ als schwache Stämme bezeichnet, φευγ und λειπ dagegen als starke. Wurde hier einmal so gründlich von Curtius abgewichen, so hätte 77 die von demselben herrührende Benennung starker Aorist der nicht angeführt werden sollen. Dafs im starken Aorist der schwache Stamm erscheine — das dürfen wir dem Schüler doch nicht bieten.

An sich mögen diese Neuerungen ganz ersprielslich sein, jedenfalls sind sie von dem offenbar in der sprachwissenschaftlichen Literatur sehr bewanderten Herrn Verf. nicht ohne reifliche Überlegung gemacht worden. Denn von grofser Sorgfalt, Sachkenntnis und didaktischer Begabung zeugt das ganze Buch. Ich will nur auf einiges besonders Verdienstliche aufmerksam machen.

Da ist zunächst das Kapitel über Konsonantenveränderungen (12), welches so recht geeignet ist dem Schüler Einsicht in diese wichtigen Wandlungen zu gewähren. Hiezu trägt nicht wenig bei, dafs nach Lattmanns Vorgang durch die ganze Formenlehre eigens hergestellte durchstrichene Lettern verwendet werden, wo es sich darum handelt den Ausfall von Konsonanten anschaulich zu machen. Geradezu musterhaft dürfen ferner die Paradigmen der Verba contracta (60 ff.) genannt werden, welche in ihrer Übersichtlichkeit einen entschiedenen didaktischen Fortschritt gegen Curtius darstellen und wohl auch der Koch'schen Einteilung vorzuziehen sind. Ähnlich verhält es sich mit dem Paradigma des aktiven und medialen Aorists (88), während sich das Paradigma ἐπαιδεύθην (76) durch die Eigenheit auszeichnet, dafs es dem Konjunktiv die aufgelöste Form παιδευ-θέ-ω in kleinerer Schrift zur Seite stellt. Was das vollständige Paradigma παιδεύω betrifft, so kann man es nur billigen, dafs Herr Hintner hier die wohl schwer zu übertreffende Anordnung Kochs genau wiedergibt, in welcher ich nur statt „aktive Formen" (des Passivums) geschrieben wünschte „aktiv gebildete Formen" (92). — Die Erlernung der unregelmäfsigen Verba ist in passender Weise durch Anführung von Substantiv-Stämmen erleichtert, z. B. ἀρέ-σαι durch Hinweis auf ἀρε-τή; wie ähnlich sowohl in der Formenlehre als in der Syntax am rechten Orte auf lateinische Beispiele verwiesen wird, eine Art von „Sprachvergleichung in der Schule", welche schwerlich jemand tadeln dürfte. — Um auch etwas aus der Syntax anzuführen, so ist, abgesehen von dem allenthalben hervortretenden Streben nach guten und inhaltsreichen Beispielen, z. B. der schwierige Genitiv recht wohlgegliedert und lernbar dargestellt. 181 wird ein sehr praktisches Schema der Bedingungssätze gegeben. Einen besonderen Beweis von Sorgfalt und praktischem Blick finde ich endlich in einer Anzahl unscheinbarer Anmerkungen, welche an der rechten Stelle vor gewissen Irrtümern warnen, z. B. beim Akkusativ (139) davor, λοιτελεῖν oder ἔπεσθαι mit diesem Kasus zu verbinden; beim Imperativ (173) davor, einen Befehl durch den Konjunktiv auszudrücken u. s. w. Durchweg bemüht sich der Herr Verf., seine Grammatik durch das Streben nach Kürze und übersichtlicher Deutlichkeit zu einem so recht schulmäfsigen Lehrmittel zu machen. Dazu thut vor allem Beschränkung des Lehrstoffes not, und es ist anzuerkennen, dafs Herr Hintner nach derselben trachtet, obwohl er wenigstens für die Formenlehre das Geständnis macht, er habe sich durch äufsere Gründe abhalten lassen „vorläufig in der Kürzung weiter zu gehen". Ich glaube zum entschiedenen Schaden seines Buches. Formen wie γινώσκω, γίνομαι, ἄξας, ἰδίων u. s. w. würde ich ohne weiteres streichen. Die Terminologie eines „gnomischen Präsens" (167) oder eines eigenen „modus urbanitatis" (173) würde ich den Schülern vorenthalten und so noch in vielen Fällen, besonders in der Syntax, ganz wesentlich kürzen. Vielleicht leidet indes die Syntax deswegen an etwas zu grofser Stoffülle, weil in Österreich dieselbe „mit Ausnahme einzelner Partien nicht systematisch durchgearbeitet wird oder vielmehr durchgearbeitet werden kann" (233) und daher mehr darauf berechnet ist, dem nachschlagenden Schüler Auskunft zu geben. Allein sicher wäre selbst in diesem Falle kürzer — besser.

Wenn ich nun im Folgenden mir erlaube auf eine Anzahl kleiner Unebenheiten und Versehen aufmerksam zu machen, endlich auch da und dort eine Änderung oder einen Zusatz vorzuschlagen, so möge dies als ein Beweis des Interesses angesehen werden, welches ich dem Buche entgegenbringe. Der Herr Verf. ist gewifs der erste zuzugeben, dafs bei Abfassung einer Grammatik auch das Kleinste nicht als zu klein gelten darf. Was zunächst den sprachlichen Ausdruck betrifft, so geht es nicht an zu sagen, gewisse Verba „haben das Augment am Stamm des Verbums zwischen der Präposition" 57. Ebenso wird statt „Stämme auf ᾱ sind, wenn...." (18) wohl zu ändern sein „liegen vor" oder „sind vorhanden". — Das französierende Adjektiv „temporell" 178 wünschte ich in „temporal" geändert, welche Form ja ohnedies 189 angewendet wird. Dasselbe gilt von „conditionell" 181. Der Herr Verf. geht ja sonst in seiner Vorliebe für die lateinische Form der Kunstausdrücke eher zu weit, indem er überaus häufig von einem „indicativus, optativus, imperativus" u. s. w. redet, wenn er auch die handlichere Form „Infinitiv" u. s. w. nicht völlig achtet. Wollen wir herzhaft die „us" abwerfen, wo es geht. Spricht ja doch auch niemand mehr von einem „Artikulus" oder einer „Grammatika". Und weil ich nun so recht am Kleinmeistern bin, so will ich auch nicht verschweigen, dafs mir in einer griechischen Grammatik die Orthographie „sillabisch" (57 und 70) nicht am Platze scheint. Silbe hat den Umdeutschungsprozefs durchgemacht, syllabisch durchaus nicht, oder man mufs auch „phisisch" und „Sintax" schreiben.

Was mir von sachlich Unrichtigem aufgefallen ist, beschränkt sich auf einige leichtere Versehen, wie z. B. dafs 127 διδάσκαλος wiederholt mit Schüler, 40 und 74 λέγω mit lego, 86 παραινέω mit lobe übersetzt wird. Für falsch halte ich auch ὄμνυμι περὶ τῶν θεῶν schwöre bei den Göttern

139. — Wenn der Schüler, wie von ihm verlangt wird (10), die Vokale in ποιέαι „nacheinander" zusammenzieht, so kommt er ebenso gut auf „ποιείᾳ" als auf das gewünschte ποιῇ. — 125 findet sich das formale Versehen, dafs auf „I. Einfache Wörter" kein entsprechendes „II. Zusammengesetzte Wörter" folgt.

Auf die Erzielung eines fehlerfreien Druckes ist viel Fleifs verwendet worden, so dafs ich nur einen wirklich schlimmen und sinnstörenden Verstofs gefunden habe. 200 steht nämlich folgende ganz falsche, ja unverständliche Regel: „Das τ von κατ assimiliert sich jedem folgenden [ ] λ und μ und geht vor P-Lauten in μ, vor K-Lauten in nasales γ über". Eine Vergleichung von Kochs Grammatik (6. Aufl., S. 341), wo sich die wörtlich gleiche Fassung dieser Regel findet, zeigt, dafs an der von mir durch die eckigen Klammern bezeichneten Stelle genau die folgenden Worte ausgefallen sind: „Konsonanten; das ν von ἄν assimiliert sich einem folgenden", durch deren Einschub alles in Ordnung kommt. Aufserdem merke ich von Druckfehlern nur noch an ὠμώσθην 121. ἀπομειβόμενος 208. ἐπικεῖθετο 210. εὐηθής 103. στασιμός 125. ἐντιμόν 195. θύρᾳσιν 37. patronimica 124. — Ist 30 absichtlich ἀμήτωρ betont, während 39 ἄπατορ steht?

Schliefslich noch einige Vorschläge und Wünsche. Ich würde dahin trachten, dafs die Anmerkungen nur solche Regeln enthielten, die man beim ersten Durchnehmen allenfalls auch übergehen könnte, aber nicht unentbehrliche Dinge, z. B. dafs φυ in πε-φυ redupliciert (69), oder die Konstruktion des so sehr wichtigen χρῆσθαι (154). So wäre ich auch dafür, 33 das über βοῦς Gesagte grofs zu drucken, desgleichen die wichtigen Paradigmen μέγας und πολύς (39) und wohl auch τίς (50). Was hiedurch an Raum verloren ginge, käme reichlich wieder herein, wenn die Citate der syntaktischen Beispiele ohne Ausnahme gestrichen würden. — Ist 31 der Dativ χρέᾳ absichtlich nicht angegeben? 207 wäre eine Erklärung wünschenswert, warum ωυ ein uneigentlicher Diphthong sei, nebst Angabe der Aussprache. 196 würde besser gedruckt καί-δέ (mit Trennungsstrich).

Man kann vielleicht verschiedener Ansicht darüber sein, ob man gut daran thue, eigens hinzuschreiben, wie eine Form nicht lauten darf, z. B. περικλοῦ 22, πλοῦμεν 59. Ich halte es geradezu für schädlich. — Ἕμαρται 103 würde ich nicht aus ἐ-σμαρ-ται, sondern mit Curtius aus σε-σμαρ-ται erklären. — Statt des Erklärungsversuchs von ἔφηνα aus ἔφανσα, ἔφανια 83 möchte ich einen andern wagen: ἐφαν-σα, ἐφαν-ά = ἐφην-α (Übergang des σ in Spiritus asper, welcher mit Hinterlassung von Ersatzdehnung ausfällt). — Da ποιη als Stamm zu ποιέω angenommen ist, so könnte 75 angeführt werden παιδευ-θη : παιδευ-θί-ω = ποιη : ποιέ-ω. Ebenso 103 παιδευ-θη : παιδευ-θι-ίην = τι-θη : τι-θε-ίην. — Als Gedächtniswort für die Auslaut-Konsonanten ν, ρ, σ schlage ich statt Νηρεύς (15) vor „nur sie".

Um nun nach so vielen Einzelheiten noch einmal von dem Ganzen zu sprechen, so fasse ich mein Urteil dahin zusammen, das schön ausgestattete, auf einem soliden wissenschaftlichen Unterbau ruhende, dabei fleifsige und praktische Buch habe die griechische Schulgrammatik entschieden gefördert und könne mit Nutzen dem Unterricht zu grund gelegt werden. Möge dem Herrn Verf. recht bald die Ausführung seines Planes vergönnt sein, sich ausführlich über die pädagogisch-didaktischen Grundsätze auszusprechen, von welchen er sich bei seiner Arbeit leiten liefs, wobei er es nicht versäumen darf, zum Besten der Schule auch die Hauptergebnisse seiner in dem Nachwort erwähnten Sammlung des „statistischen Materials zur griechischen Formenlehre" zu veröffentlichen.

Passau.   Burger.

Die Äneide Vergils für Schüler bearbeitet von Dr. Walther Gebhardi, K. Gymnasialoberlehrer. 1. Teil: Der Äneide 1. und 2. Buch mit einer Einführung in die Lektüre des Gedichtes. 1879. 2. Teil: Der Äneide 3. und 4. Buch. 1881. Paderborn, F. Schöningh.

An Vergilerklärern und Vergilausgaben ist kein Mangel. Wenn nun in Herrn Gebhardi ein neuer Herausgeber des röm. Dichters auf den Plan getreten ist, so können wir das nur freudig begrüfsen, da derselbe bei verschiedenen Gelegenheiten seine Vertrautheit mit Vergil sowie seinen Scharfsinn und seine glänzende Befähigung dargethan hat. Trotzdem es bei der grofsen Anzahl von Ausgaben der Äneis und von kritischen und exegetischen Schriften über dieses Gedicht fast unmöglich zu sein scheint etwas Neues zu bieten, so mufs doch Gebhardis Ausgabe in ihrer Anlage und Durchführung unbedenklich als eine durchaus originelle Leistung bezeichnet werden.

Nachdem er in seiner Widmung an K. Nauck und O. Brosin sich über die Grundsätze ausgesprochen hat, nach welchen er bei der Ausarbeitung verfuhr, behandelt er in der Einleitung (p. XI—XIV) in 20 §§ die wichtigsten Fragen, die sich auf des Dichters Person und persönliche Verhältnisse, auf seine Gedichte im allgemeinen und die Äneis im besonderen, auf sein Verhältnis zu Augustus, seinen Tod, sein Fortleben bei der Nachwelt und in der Volkssage u. s. w. beziehen, in kurzer und trefflicher Darstellung. Im Kommentar selbst hat er, um bei den Schülern, für welche die Ausgabe ausschliefslich bestimmt ist, ein tieferes Verständnis der Dichtung zu vermitteln, aus neueren Schriften, z. B. aus Prellers Mythologie, aus Schömanns griech. Altertümern, aus Kieperts alter Geographie wörtliche Anführungen gegeben. Aufser Homer, Vergils Vorbilde, sind auch unsere vaterländischen Dichter, wie Seume, Wieland, Göthe zur Vergleichung herbeigezogen; dafs Schillers Nachbildungen des 2. und 4. Gesangs der Äneide sowie Lessings Laokoon an gar manchen Stellen fruchtbare Anregungen geben, wird man erklärlich finden. Dem Zwecke der Belebung und Veranschaulichung dienen die Hinweise auf Abbildungen, so „auf die Götter und Heroen der Griechen" und die kunsthistor. Bilderbogen von Seemann, Frommels Bilder zur Äneide, Richs illustriertes Wörterbuch, die Conze'schen Tafeln, Genellis Umrisse. Auch die Nachahmungen Vergils von seiten Dantes, Tassos, Camoës' sollen nicht blofs dem Schüler einen Begriff von dem Ansehen des Dichters in späterer Zeit geben, sondern auch das Verständnis der betreffenden Stellen fördern. Dafs Gebhardi die alten und neueren Erklärer oft redend einführt, entstammt seinem Bestreben, nirgends als Plagiator zu erscheinen.

Als einen besonderen Vorzug des Kommentars möchte ich die Feinheit in der psychologischen Motivierung hervorheben: Gebhardi spürt den Vorgängen im Innern der geschilderten Personen nach, er besitzt eine poetisch gestimmte Seele, welche dem Dichter nachzufühlen versteht, er lebt und fühlt mit den Personen des Gedichtes und weifs uns lebhaft in ihre Situationen zu versetzen. Was wir da lesen, ist nicht trockene Stubengelehrsamkeit: überall frisches Leben, überall Bewegung. Ich achte das nicht gering in seiner Wirkung auf den begeisterungsfähigen jungen Leser, für den das Buch zunächst bestimmt ist; sind ja oftmals die Erklärungen zu den alten Dichtern so abgefafst, dafs man wohl erkennt, dafs ihre Verfasser sich keineswegs in das Wesen und die Phantasiewelt der Dichter versenken konnten.

Die Bemerkungen Gebhardis sind ferne von Trivialität, vielfach geistvoll und fein; ich hebe aus dem grofsen Reichtum nur einiges hervor, so dasjenige, was er über den Vergleich II 304 ffg. mit Beziehung auf Homer und Schiller erörtert, dann was er zu dem Traume des Äneas II 281 anmerkt. Er versteht es ferner, durch den Hinweis auf ähnliche Wendungen in anderen Sprachen, oft durch einen Wink, ein Wort die Sache klar und anschaulich zu machen. Trefflich sind manche Winke für die Übersetzung z. B. II 325: *Fuimus Troes, fuit Ilium* „absolute Perfekta, deren Sinn durch eine andere Wendung zum Ausdruck kommen mufs". Präcis und elegant ist die beigefügte Übersetzung schwieriger Ausdrücke, wenn gleich in dieser Beziehung vielleicht des Guten zu viel geschehen ist.[1]

Die zur Repetition am Ende eines jeden Buches gestellten Fragen können sehr gut zu deutschen Ausarbeitungen benützt werden; nur dürften manche über den Horizont eines Sekundaners hinausgehen, wie z. B. „Ist Dido ein tragischer Charakter?", andere zu umfassend oder zu unbestimmt gehalten sein, wie „Gottesdienst und Götterglaube".

Schon aus diesen wenigen Andeutungen ist wohl ersichtlich, dafs in Gebhardis Ausgabe der Äneide eine Fülle neuen und anregenden Stoffes niedergelegt ist. Doch möchte ich auch auf die Kehrseite hinweisen. Nicht alles, was für den Schüler wissenswert ist, ist überall zweckmäfsig angebracht. Wie der Lehrer bei der Erklärung eines Autors sich oftmals Zügel anlegen und manches für die Schüler Wissenswerte unterdrücken mufs, um nicht durch Neben- und Beiwerk den Autor in den Hintergrund zu drängen, so soll auch der Verfasser einer Schulausgabe sich weise Beschränkung auferlegen, in der Erwägung, dafs zunächst dem zu behandelnden Schriftsteller selbst das Wort gebührt. Sonst wird der Schüler durch die vielen Einzelheiten vom Zusammenhang der Gedanken und dem lebendigen Verständnis des Ganzen losgerissen. Setzen wir den Fall, der Schüler bereite sich mit Hilfe des Gebhardischen Kommentars sorgfältig für die jedesmalige Stunde vor, er gebe sich Mühe alles darin Enthaltene zu verstehen — und Gebhardi hat es ihm hiebei nicht allzu leicht gemacht —, nehmen wir ferner an, er befinde sich im Besitze auch nur einiger der in unserer Ausgabe zur Veranschaulichung beigezogenen Lehrmittel und benütze dieselben in der gewünschten Weise, so wird nicht nur eine unverhältnismäfsig grofse Zeit auf die Vorbereitung zu verwenden sein, sondern es wird auch über den vielen interessanten Nebenbeschäftigungen der Dichter selbst an die zweite Stelle gerückt werden. Dagegen wird der Lehrer aus der schönen Fülle des Buches zur Belebung des Unterrichts vieles mit Nutzen verwerten können.

Die erklärenden Anmerkungen in einer Klassikerausgabe für Schüler müssen kurz und klar sein, sie dürfen dem Schüler keine Rätsel aufgeben. Nun aber hat Gebhardi, um das Nachdenken der Schüler zu reizen, häufig seine Bemerkungen so gefafst, dafs sie über das Verständnis des Schülers, von dem man gewifs eine Kenntnis der Vergilliteratur nicht erwarten kann, also auch nicht erwarten soll, geradezu hinausgehen. Er erwartet (s. N. Jahrb. v. Masius 1880 S. 613), dafs dieselben „von dem Lehrer erklärt und ergänzt werden". Also einen Kommentar zum Kommentar! Das kann man unmöglich billigen, auf diese Weise würde das Mittel selbst zum Zwecke erhoben. Der Schüler hat im Vergil ohnehin Schwierigkeiten genug zu lösen, erschweren wir ihm die Sache nicht noch weiter.

---

[1] Doch vermisse ich andrerseits I 207 *vosmet rebus servate secundis* einen Hinweis auf die richtige Übersetzung von *rebus*, auf welche der Schüler für sich kaum kommt: „Sparet euch auf für eine glückliche Zukunft!"

Neu und ganz vorzüglich sind Gebhardis **Dispositionsangaben**
zu den einzelnen Gesängen, welche uns die Anlage und Gliederung des
Gedichtes klar vor Augen stellen. Aber auch hier möchte ich einen Vorbehalt machen. Dürfte es sich nicht empfehlen, dafs diese Dispositionen
blofs zur Kenntnis des Lehrers kämen, der nach Beendigung der Lektüre
eines Gesanges dessen Gliederung durch die Schüler selbst auffinden liefse
und diese Auffindung etwa zum Gegenstande einer häuslichen Arbeit
machte? Gebhardis Dispositionsangaben würden ihm gewifs hiebei die
trefflichsten Dienste leisten.

Indes über dergleichen Dinge läfst sich streiten, in einem Punkte
aber mufs ich dem Herausgeber der Äneide entschieden entgegentreten
und dieser betrifft seine **Behandlung des Textes** und die **Handhabung der sog. höheren Kritik**. Seinen Standpunkt hierin hat
Gebhardi in der Widmung p. IV sowie schon früher an anderen Orten
wiederholt dargelegt. Es soll, wie es in der Widmung heifst, der Schule
nur das Beste geboten werden, nichts Unfertiges, nichts Übertünchtes.
In der Zeitschr. f. d. G. 1878 S. 209 erklärt er, die Schule, die nur nach
dem Besten greifen solle, könne ein unvollendet und unüberarbeitet
gegen den Willen des Autors uns erhaltenes Werk, da sie Ersatz genug
habe, nicht brauchen. Ferner: „einen Text liefern zu wollen, wie er
von Vergil geliefert worden wäre, mit dem Anspruch auf wissenschaftliche Gültigkeit à la Hofmann Peerlkamp, sei ein Unding, im
Dienste der praktischen Idee aber eine Notwendigkeit." Ja in den N. J.
von Masius 1880 S. 613 rechtfertigt Gebhardi seine Änderung des überlieferten *haec finis* in *hic finis* durch pädagogische Erwägungen! Zu diesem Standpunkte kann ,ich mich im Interesse des **Dichters** und der
Wahrheit nicht emporschwingen. Der Schüler erfährt, dafs die Äneide
ein unvollendetes und darum auch unvollkommenes Gedicht sei, das der
Dichter sogar deshalb verbrennen wollte. Er wird darauf aufmerksam
gemacht, keinen Anstofs an den mancherlei sprachlichen und sachlichen
Unebenheiten des Gedichtes zu nehmen; die Menge der dichterischen
Schönheiten kann ihm auch so noch hohen Genufs bereiten. Wohin aber
kämen wir, wenn diese Methode Gebhardis bei Homer, Vergil und anderen
Autoren platz griffe? Zwar hat er zur Beruhigung ängstlicher Seelen die
von ihm als Interpolationen oder als unvollkommen beanstandeten Verse
nicht ganz beseitigt, sondern nur unter den Text gestellt. Aber wenn dieses
Gebhardische Prinzip Billigung fände, so würde mit gleichem Rechte ein
anderer Herausgeber wieder anderen Versen des Dichters dasselbe Schicksal
angedeihen lassen, wie denn auch wirklich andere Gelehrte und vielfach mit
besseren Gründen Verse der Äneis verwerfen, welche Gebhardi als gut
vergilisch gelten läfst. Ich erinnere nur an die Verse I 431—436 (von
cum gentis an), gegen deren Echtheit Kvičala sehr treffende Gründe anführt,
an II 579, einen Vers, welchen der nämliche Vergilforscher beanstandet,
während Gebhardi nichts dagegen zu erinnern hat, an IV 528, für dessen
Echtheit sich Gebhardi im Widerspruche mit den meisten Gelehrten ausspricht. Daraus ersieht man, dafs denn doch viel Subjektivismus mit
unterläuft, der, wenn man ihn bei der Textesgestaltung der in der Schule
gelesenen Klassiker als leitendes Prinzip gelten liefse, in seinen Konsequenzen
eine heillose Verwirrung anrichten müfste. Nur nebenbei will ich erwähnen,
dafs Gebhardi auch die Begründung der Athetesen in seine **Ausgabe für
Schüler**, und zwar mitten unter die erklärenden Anmerkungen verlegt
hat. Über das Ungehörige eines solchen Verfahrens glaube ich kein Wort
verlieren zu müssen. Um also auf den von Gebhardi betr. des Textes aufgestellten Grundsatz zurückzukommen, so stimme ich ihm darin bei, dafs

für die Schule nur das Beste gut genug sei; das Beste aber ist die Wahrheit, und gegen diese würden wir uns versündigen, wenn wir den Schülern nicht den römischen, sondern den nach den subjektiven Ansichten eines geistvollen, aber doch dem Irrtum unterworfenen Gelehrten **redigierten** Vergilius bieten wollten. Freilich wird der Lehrer oft Gelegenheit haben, auf die verschiedenen Inkoncinnitäten und Dunkelheiten in den Worten und Gedanken Vergils hinzuweisen, diese Mängel aber aus der Entstehung und Geschichte des Gedichtes hinreichend erklären können.

Doch auch abgesehen von diesen allgemeinen Erwägungen müssen wir teils die Gebhardi'schen Athetesen als v i e l z u w e i t g e h e n d betrachten, teils können wir seinen B e g r ü n d u n g e n nicht beitreten. Wenn I 426. 711. II 76. III 230. 595. 702. IV 126. 273. 285—286. 418. als unecht verworfen werden, so wird diesen Athetesen auch ein konservativer Kritiker beistimmen, da die genannten Verse entweder in den besten Hdschr. fehlen oder entschiedenen Widersinn enthalten oder von Servius nicht erklärt werden oder offenbar in ganz unpassender Weise aus anderen Stellen der vergil'schen Gedichte einfach herübergenommen sind. Auch für I 367 bis 368 III 690. 691. möchte ich mich nicht ins Zeug legen, sondern sie gerne mit einer Klammer umschlossen sehen. Aber in betreff der Beanstandungen vieler anderer Verse, in welcher Beziehung Gebhardi radikaler auftritt als alle anderen Vergilkritiker zusammengenommen, erinnere ich ihn an das, was er in der Zeitschr. f. d. G. 1878 S. 205 sagt: „Du hast diesen Torso als solchen anzuerkennen und zu respektieren. Du hast das Unvollendete als solches aufzusuchen und zu erkennen, nicht bessern zu wollen, wo der Dichter selbst zur Besserung noch nicht gekommen ist." Nachdem er wiederholt auf die Thatsache hingewiesen hat, dafs Vergil viele Verse nur als einstweilige Stützpfeiler zum Tragen des Werkes hingestellt habe, wo er später die bessernde und umgestaltende Hand anlegen wollte, so mufste er daraus auch die entsprechenden Konsequenzen ziehen. Er durfte nicht bei vielen, vielleicht mit Recht Anstofs gebenden Versen sogleich an die Zuthat oder Fiktion eines sciolus, wie er sich mit Vorliebe ausdrückt, oder an das Machwerk eines Grammatikers, Interpolators oder beschränkten Schülers denken. Umsonst wollte Vergil nicht das mühsame Werk vieler Jahre verbrannt wissen; er wufste selbst am besten, dafs demselben viele Gebrechen in Form und Gedanken anhafteten.

Aufser den oben angeführten Versen setzt Gebhardi die folgenden unter den Text und zwar m e i s t o h n e n ä h e r e M o t i v i e r u n g: I 245. 246. 454. 458. 483. 484. 492. 745. 746. II 46. 47. 55. 117. 151. 179. 240. 272. 273. 332. 399—401. 454. 502. 557. 558. (von *iacet* an) 749. 792—794. III 18. 214—218. 284. 285. 348. 355 *(puterasque tenebant).* 428. 566. 567. 589. IV 130—132. 228. (von *Graiumque* an) 244. *(et lumina morte resignat* vgl. Gofsrau z. St.) 256—258. 280 (von *et nox* an) 583—585. Die meisten derselben werden als Fälschungen bezeichnet, ein Teil wird unter die als unvollendet hinterlassenen Verse gerechnet. Dazu kommen mehrere, von denen Gebhardi annimmt, dafs sie aus anderen vergil'schen Stellen herübergenommen seien, so I 745. 746. aus Georg. II 481. 482., II 792—794. aus IV 700—702. III 589. aus Aen. IV 71., IV 285. 286. aus VIII 20. 21. (vgl. Kvíčala N. B. S. 98). Ich gehöre nicht zu denen, welche sowohl betr. der von Gebhardi beanstandeten Verse als auch noch mancher anderer alles in schönster Ordnung finden, aber ich halte es für die Pflicht des Kritikers, einige Pietät gegen das Werk des frommen Dichters zu üben, wie sie etwa seine Freunde Varius und Tucca dem letzten Willen des Dichters entsprechend geübt haben.

Zu den bereits aufgezählten von Gebhardi unter den Text gestellten Versen kommt eine noch gröfsere Anzahl anderer von ihm gleichfalls beanstandeter Verse, die ich separater Besprechung vorbehalten habe, um seine Argumente auf ihren Wert hin zu prüfen; dabei lasse ich Gebhardis Verdienst, das er sich durch den Hinweis auf manche Mängel und Unebenheiten in den betreffenden Stellen erworben hat, gerne gelten, aber ich halte seine Beweisgründe teils nicht für ausreichend, um eine Verwerfung zu rechtfertigen, teils kann ich denselben überhaupt nicht zustimmen.

I 188 *constitit hic arcumque manu celeresque sagittas
corripuit [fidus quae tela gerebat Achates].*

Peerlkamp bezeichnet die eingeklammerten Worte als Interpolation, und Gebhardi komponiert aus den 2 Versen einen neuen Vers:

corripit hic arcumque manu celeresque sagittas.

Wenn er aber den Beweis für die Unechtheit der beanstandeten Worte in v. 174 findet, wo berichtet wird, dafs Achates sogleich nach der Landung Feuer machte, also damit beschäftigt war, Äneas aber inzwischen (v. 180 Aeneas scopulum interea conscendit) den Felsen bestieg, um Umschau zu halten, folglich Achates nicht im Gefolge des Äneas sein konnte, so vergifst er, dafs *interea* recht wohl blofs auf die Beschäftigung der Gefährten des Äneas bezogen werden kann, die das durchnäfste Getreide am Feuer trockneten und mit Steinen zermahlten — eine Beschäftigung, die längere Zeit erforderte, während das Erzeugen von Feuer durch Achates nur kurze Zeit beanspruchte. Wenn ferner *constitit* verworfen wird, weil Äneas die Hirsche während seines Ausschauens erblickte, wobei er nirgends als in Bewegung begriffen geschildert sei, so erledigt sich dieser Einwand leicht durch die Erwägung, dafs nicht anzunehmen ist, Äneas habe von dem Felsen aus, auf welchem er die Hirsche erblickte, dieselben erlegt. Er hatte vielmehr diesen Standpunkt verlassen, der Dichter hält es mit Recht für überflüssig, diesen Umstand eigens zu erwähnen. Vgl. I 438, wo gleichfalls nichts davon erwähnt ist, dafs Äneas von dem Hügel, den er nach v. 419 bestiegen hatte, wieder herabgestiegen ist.

II 405 *ad caelum tendens ardentia lumina frustra,
lumina, nam teneras arcebant uincula palmas.*

Gebhardi: „*Lumina tendere* ist Neuerung nach der Analogie von *manus tendere*. Aus dieser Einsicht entstand der unsinnige erläuternde Zusatz 406. Als ob sie die Augen nicht hätte aufschlagen können, wenn die Hände frei gewesen wären". Daran wird allerdings niemand zweifeln, aber es handelte sich für den Dichter eben darum, zu sagen, sie erhob die Augen flehentlich zum Himmel, da sie die Hände, die gefesselt waren, nicht erheben konnte. Was darin Ungehöriges oder gar Unsinniges liegen soll, sehe ich nicht ein.

II 772 *atque ipsius umbra Creusae
uisa mihi ante oculos et nota maior imago.
obstipui, steteruntque comae et uox faucibus haesit.
tum sic affari et curas his demere dictis:*

Den Vers 774 verwirft Gebhardi, indem er sagt, derselbe sei aus III 48. in den Text geraten, „wo er die Konstruktion unterbricht, denn *affari* und *demere* sind von *uisa* abhängig?" Letztere Behauptung ist mir unverständlich; denn nachdem vorausging: „es erschien vor meinen Augen der Schatten und das Bild der Kreusa", wie soll dann *uisa* mit Ignorierung von *ante oculos* zu *affari* und *demere* in Bedeutung „schien" bezogen werden können? Übrigens redet ihn die Erscheinung wirklich an mit den Worten: *Quid tantum etc.* und v. 790 heifst es: *Haec ubi dicta dedit.* Von einer Traumerscheinung, wo *uisa est affari* am Platze wäre, ist ja keine Rede.

III 262 *siue deae seu sint dirae obscenaeque uolucres.*
Gebhardi verwirft diesen Vers gleich Ribbeck, aber viel energischer; denn R. sagt blofs: fortasse ab interpolatore additus est. „Mit Recht", setzt G. dazu: „Denn wenn sie nicht göttliche Wesen sind, können ihnen keine uota dargebracht werden; dafs sie göttliche Wesen sind, haben die Trojaner aus dem Verlaufe der Handlung genugsam erkennen können. Der Vers ist unsinnig." Gebhardis Begründung ist nichts weniger als stichhaltig; denn nicht den Harpyien werden die uota und preces dargebracht, sondern den grofsen Göttern vgl. v. 264 (Anchises) *numina magna uocat.* Er ruft: v. 265 *di prohibete minas, di, talem auertite casum!* Die Götter sollen die Drohungen der Harpyien und das von ihnen in Aussicht gestellte Unglück ferne halten. Das sind die *preces.* Ferner heifst es v. 264 (Anchises) *meritosque indicit honores,* nämlich den numina magna. Das sind die *uota.*

III 333 *morte Neoptolemi regnorum reddita cessit*
  pars Heleno, qui Chaonios cognomine campos
335 *Chaoniamque omnem Troiano a Chaone dixit,*
  Pergamaque Iliacamque iugis hanc addidit arcem.

Den Vers 335 hält G. für ein Einschiebsel. Aber indem er diesen nicht eben hübschen Vers auswirft, mufs er zu so verzweifelten Interpretationskünsten greifen, dafs er mir den Teufel durch Belzebub auszutreiben scheint. Entweder, meint er, ist zu Chaonios campos aus ‚addidit' ein ‚possedit' zu ergänzen, was unerhört ist, oder zu addidit ‚parti regnorum', was einfach unmöglich ist; denn Chaonia ist eben das Reich des Helenus, also kann Helenus die chaonischen Gefilde, womit sein ganzes Reich bezeichnet wird, nicht seinem Anteil am Reiche beigefügt haben. Auch fehlt nach Auswerfung des v. 335 die rechte Beziehung zu cognomine; vgl. I, 530. *Hesperiam Grai cognomine dicunt.* Die verschiedenen Nachrichten des Seruius über Chaon können doch auch als Argument gelten, dafs der Vers schon vielfach früher erläutert worden war und als vergilisch galt. Endlich kommt es dem Dichter darauf an, zu zeigen, dafs Helenus seine neue Herrschaft nach einem allerdings von Vergil erst zu diesem Behufe erfundenen Trojaner Chaon und auch die neue Burg nach dem heimatlichen Pergama benannte.

III 386. *infernique lacus Aeaeque insula Circae,*
Diesen Vers hält G. aus grammatischen und sachlichen Gründen für ungehörig. Als ersten Grund führt er an, dafs „das Verbum fehle, das aus *nauibus lustrandum* des vorigen Verses nicht entnommen werden könne". Aber nach den vorausgegangenen Worten *lustrandum nauibus aequor* ist die Ergänzung eines Verbums zu lacus und insula gar nicht nötig; denn lustrare heifst ‚durchsegeln' (aequor), und ‚vorbeisegeln', ‚passieren' (lacus, insula). Vgl. zu der letzteren Bedeutung III 429.
  praestat Trinacrii metas lustrare Pachyni
  cessantem longos et circumflectere cursus.
wo lustrare unzweifelhaft heifst „an dem Vorgebirge P. vorbeisegeln".

2. „gelangt", wie G. sagt, „Äneas nicht zur homerischen Insel Alaiη der schönen Zauberin, welche Insel hier gemeint ist, sondern VII 11. „*proxima Circaeae raduntur litora terrae* am Cap Circeji vorbei, wo er gar keine Gefahren zu bestehen hat; denn *Neptunus (ante) fugam dedit et praeter uada feruida uexit*". Dagegen ist zu erinnern, dafs Äneas wirklich an dem Wohnsitze der Circe, also doch wohl der Ääischen vorbeisegelt; vgl. VII 10 flg., wo die Zauberin in ihrer Beschäftigung geschildert und gesagt wird, dafs Äneas und seine Gefährten deutlich das Brüllen der

Löwen, das Heulen der Wölfe u. s. w. hörten, in welche von Circe die Menschen verwandelt worden. Dafs unser Dichter das Vorgebirge Circeji mit der Insel der ääischen Circe identificiert, thut gar nichts zur Sache und ist daraus erklärlich, dafs das Vorgebirge Circeji erst später durch Austrocknung der zwischen ihm und dem Festlande liegenden Sümpfe mit dem letzteren verbunden wurde (vgl. Seruius). Wenn G. als 3. Grund gegen die Echtheit des Verses anführt, dafs Helenus hier nur die Richtung der Fahrt im allgemeinen angebe, ohne gefährliche Momente dieser Fahrt zu berühren, so scheint mir das einen Widerspruch mit dem 2. Punkte zu enthalten; denn hier behauptet G., dafs Äneas nicht zur homerischen Insel der Circe, sondern zum Vorgebirge Circeji komme, wo er gar keine Gefahren zu bestehen habe, also mufs er annehmen, dafs, wenn der Vers echt sein sollte, Äneas bei der Insel der Circe Gefahren zu bestehen haben müfste; unter 3. dagegen erklärt er das Gegenteil: Helenus gebe gar keine gefährlichen Punkte der Fahrt an. Übrigens ist letzteres nur eine Behauptung, auf die ein Beweis nicht gebaut werden kann.

4. meint G., die Erwähnung der inferni lacus ohne weiteren Zusatz sei für Äneas ein Rätsel und durch den Plan und die Grenze dieser Enthüllungen geradezu ausgeschlossen. Warum aber, sage ich, sollte der Dichter bei der allgemeinen Bezeichnung der Gefahr nicht einzelne wesentliche Punkte vorwegnehmen dürfen? Es mag sein, dafs die Erwähnung der lacus inferni für den Äneas ein Rätsel ist, aber der Seher läfst absichtlich manches im Dunkeln; v. 442 *Auerna sonantia siluis* sagt auch nichts mehr, desgleichen v. 394 *nec tu mensarum horresce futuros.* Was den Plan und die Grenzen der Enthüllungen betrifft, so ziemen gerade solche die Sache nur streifende Andeutungen dem Seher.

IV. 21. *coniugis et sparsos fraterna caede penates.*

Nach G. ist dieser Vers entweder vom Dichter unvollendet hinterlassen oder interpoliert. Ersteres ist richtig mit Hinblick auf fraterna caedes in dem sonderbaren Sinne „der von meinem Bruder begangene Mord". Peerlkamps Bemerkung, die G. anführt: „Neque nocabulum *coniugis* mihi placet. Non requiritur. *Miseri* Sychaei sufficit et omnia complectitur" ist einfach lächerlich, da sie verlangt, der Dichter solle sich aufs Notwendigste beschränken. Da wäre nach v. 25

uel pater omnipotens adigat me fulmine ad umbras,
pallentes umbras Erebi noctemque profundam.

v. 26 noch mehr überflüssig. Wer aber möchte den wirklich schönen Vers hier missen?

IV 84. *aut gremio Ascanium, genitoris imagine capta,*
detinet, infandum si fallere possit amorem.

Hiezu bemerkt G.: „Dido verweilt *sola, ubi omnes digressi*, mit ihrer Pein, hat sich aber zu ihrem Amusement das junge Abbild ihres Geliebten reserviert, um wenigstens mit ihm ihre Liebe zu — fallere". Abgesehen von dem nicht eben hübschen Deutsch dürfte Gebhardis Pfeil hier auf den Schützen zurückfliegen. Mit den Worten des v. 83 . . . *illum absens absentem auditque uidetque* beginnt, nachdem zuvor geschildert worden, was Dido beginnt, wenn nach dem abendlichen Gelage Äneas sie verlassen hat, ein neuer Gedanke. Dido hört und sieht überhaupt überall bei Tag und Nacht den Äneas, auch wenn er abwesend ist, da sich ihre Gedanken einzig nur mit ihm beschäftigen, oder sie sucht, indem sie den kleinen Ascanius, das Abbild des Vaters, liebkost, sich über ihre Liebe wenigstens hinwegzutäuschen. Der Übergang zu v. 86 *non coeptae surgunt turres* ist nach Ausmerzung der Verse 84 und 85 viel zu schroff.

IV 328. *ante fugam suboles, si quis mihi paruulus aula*
luderet Aeneas, qui te tamen ore referret.

Aus diesen beiden Versen komponiert G. den folgenden neuen Vers:
ante fugam suboles, quae te tamen ore referret,
weil er die Worte *si quis* . . . . *Aeneas* für „frivol, dem Ernste der Situation nicht angemessen, und der Decenz unseres Dichters für fremd" hält. Ich halte die Indecenz und Frivolität dieser Worte nicht für gröfser als die der vorausgehenden Worte *si qua de te suscepta fuisset ante fugam suboles.* Man erwäge doch auch, dafs die Unterredung des Äneas und der Dido unter vier Augen vor sich geht; und ist es wirklich anzunehmen, dafs „irgend ein frecher Jünger des Priapus", wie Gebhardi in d. Z. f. G. 1878 S. 227 sich ausdrückt, bei dem einen Verse ein Stück hinten und bei dem andern ein Stück vorne angeflickt habe?

IV 548. *tu lacrimis euicta meis, tu prima furentem*
his, germana, malis oneras atque obicis hosti.

Diese von Ribbeck an eine ganz unpassende Stelle (nach 418) versetzten Verse verwirft Gebhardi als unecht. Es ist zuzugeben, dafs die praesentia im Sinne des Perfektums auffallend sind und dafs die beiden Verse den Zusammenhang stören, nicht aber, dafs Dido gegen ihre Schwester ungerechte Vorwürfe erhebe; denn Didos Worte enthalten, wie Ladewig richtig hervorhebt, mehr eine wehmutsvolle Klage. *Prima* vollends kann nicht seltsam sein; denn in der That war Anna die erste, welche, indem sie Didos Bedenken wegen ihrer Liebe zu Äneas leichtfertig hob, sie antrieb, ihrer Leidenschaft nachzugehen, und sie ins Leid stürzte. Mit Recht verweist Kvičala auf Ovid (Her. 7, 191), der offenbar unsere Stelle vor Augen hatte: *Anna soror, soror Anna, meae male conscia culpae.*

IV 558. *omnia Mercurio similis uocemque coloremque*
et crines flauos et membra decora iuuentae:

Manche der von G. vorgebrachten Bedenken sind nicht unbegründet. Allein wenn er mit Hinweis auf Aen. IX 646 und Hom. Od. II 268 das Unpassende dieser Verse daraus schliefst, dafs von einer Wandlung, wie an den genannten Stellen, hier nicht die Rede sei, so ist zu entgegnen, dafs es in v. 556 heifst: huic se forma dei uultu redeuntis eodem obtulit in somnis, dafs also der Dichter nicht eine Erscheinung des Gottes selbst, sondern nur eine Traumerscheinung im Auge hat, von der ganz gut gesagt werden kann, dafs sie in allen Stücken dem Merkur glich. Wenn G. vollends meint, die Verse 574—577 konstatierten, dafs Äneas zwar die Erscheinung als eine göttliche, aber durchaus nicht den Merkur selbst erkannt habe, dafs auch der Ausdruck umbrae v. 571 den unbestimmten Eindruck andeute, den Äneas von der Traumerscheinung erhalten habe, so vergifst er, dafs die Worte v. 556 *eodem uultu redeuntis* ganz deutlich den Merkur bezeichnen mit Hinweisung auf die frühere bei Tageslicht erfolgte leibhaftige Erscheinung des Gottes. Und sagt der Dichter nicht v. 574 ff. *deus aethere missus ab alto . . . ecce iterum stimulat* und v. 577 *imperioque iterum* (κελεύσματι αὖθις γενομένῳ Kvičala) *paremus ouantes?* Die Worte *sequimur te, sancte deorum, quisquis es* beziehen sich auf das Unbestimmte, welches jede Traumerscheinung mit sich bringt (vgl. Kvič. N. B. S. 179.)

Ich gehe jetzt zu den Erklärungen Gebhardis über und bemerke zunächst betreffs der Form, dafs mir die vielen Einmischungen lateinischer Wörter in die deutsche Darstellung als unschön erscheinen. G. geht hiebei offenbar von der Erwägung aus, dafs der lat. Ausdruck oft signifikanter sei, als der betreffende deutsche. Aber der nämliche Zweck liefse sich erreichen, wenn der lat. Ausdruck in Klammern beigefügt oder die lat. Stelle nach dem Wortlaute citiert würde; geht ja Gebhardi auch sonst nicht allzu sparsam mit dem Raume um. Man betrachte nur den folgenden Satz in der Anm. zu IV 481. „*Ubi maximus Atlas;* VI 796 *caelifer,* der den Sänger Jopas ... docuit, selbst im Besitze der *caelestium diuina cognitio,* wie sich Cicero ausdrückt, und der auch bemerkte, dafs man ihn deshalb *caelum sustinere* liefs." Dem Schüler mufs ein reines und gutes Deutsch geboten werden. Was das Sachliche in den Erklärungen betrifft, so gesellen sich zu den vielen vortrefflichen Bemerkungen G.s auch gar manche unrichtige und unhaltbare. Der Grund hievon scheint mir in dem an sich löblichen Streben des Herausgebers nach Selbständigkeit zu liegen; er ging nicht selten an der vorhandenen guten und richtigen Erklärung vorbei, um eine weniger gute, zweifelhafte oder unrichtige einzuführen.

I 19. *progeniem sed enim Troiano a sanguine duci*
audierat, Tyrias olim quae uerteret arces.

G. merkt an: „*uerteret, euerteret,* final". Eine finale Bedeutung kann *uerteret* unmöglich haben. Man kann allenfalls sagen, wie es v. 21 u. 22 heifst, ein Volk werde kommen, um Libyen den Untergang zu bereiten, nicht aber: eine Nachkommenschaft werde **abgeleitet**, damit sie die tyrischen Burgen zerstöre. Heyne erklärt: Enimuero e Troiana stirpe ortum habituram esse acceperat gentem, quae Carthaginem esset euersura. Das Imperfekt steht ohne Zweifel im Sinne eines Futurs, mag man eine konsekutive Bedeutung des Relativs annehmen oder nicht. Vgl. Aen. I 235. Hinc fore ductores reuocato a sanguine Teucri, qui mare, qui terras omni dicione tenerent. IV 229. sed fore qui ... Italiam regeret. Ich halte den coni. fut. *uerteret* auch in grammat. Beziehung nicht für inkorrekt; denn direkt müfste es heifsen: Progenies a sanguine ducitur (= ortum habebit), quae arces uertet.

I 52. *Aeoliam uenit.* Wenn G. hiezu bemerkt: „An die Insel Aeolia unter den liparischen ist wohl kaum zu denken. Aeolia ist das Windland des Windgottes", so ist er im Irrtum. Vergil verlegt die aus Homer entlehnten Örtlichkeiten wo möglich nach Italien oder in dessen Nähe, so die Insel der Circe, den Wohnort der Kyklopen; umsomehr das Land Aeolia, dessen Name als der einer lipar. Insel seinen Zeitgenossen lebendig vorschwebte. Rast ja auch der von Aolus losgelassene Sturm in Siciliens Nähe. Vgl. aufserdem Aen. X 36. Quid repetam Erycino in litore classes? quid tempestatum regem uentosque furentes Aeolia excitos?

I 81. . . . *cauum conuersa cuspide montem*
impulit in latus.

G. übersetzt *conuersa cuspide* mit Beziehung auf IX 425. *in me conuertite ferrum:* „mit hin — nicht mit umgewendeter Lanze", übersieht aber dabei, dafs conuertere nur dann „hinwenden' heifsen kann, wenn der terminus in quem dabeisteht. Ebenso stimme ich nicht bei, wenn er *impulit in latus* von einer blofs „magischen Berührung' versteht; denn einmal kann man bei *impellere* nur an einen wirklichen und zwar kräftigen Schlag oder Stofs denken, sodann ist der Speer eben keine Wünschelrute.

I 126. . . . *et alto*
prospiciens summa placidum caput extulit unda.

Die Auffassung von *alto* als dativ geht aus sprachlichen Gründen nicht an, da das präsens nur die Gleichzeitigkeit ausdrückt. Es wäre also zu übersetzen: „Während Neptun über das Meer hinschaute, hob er sein ruhiges Haupt aus den Wogen empor". Man kann aber nur dann über die Meeresfläche hinsehen, n a c h d e m man das Haupt aus dem Wasser bereits herausgehoben hat. *alto* ist ablativ: Neptun hob sein Haupt aus den Wogen empor, indem er dabei herausschaute. Zwar faſst G. prospiciens = ut prospiceret und vergleicht Cic. N. D. II 49. Grues cum loca calidiora petentes mare transmittunt, trianguli efficiunt formam. Allein hier hat petentes den Sinn: I n d e m sie wärmere Gegenden aufsuchen. Keinesfalls ist man genötigt, petentes = ut petant aufzufassen.

I. 261. ... *tibi fabor enim, quando haec te cura remordet, longius et uoluens fatorum arcana mouebo.*

‚uoluere' und ‚mouere' bezieht G. auf den Anstoſs, den Jupiter zur Erfüllung der fata gibt: dadurch, daſs Jupiter die Schicksalsbestimmungen in weiteres Rollen bringt, wird er sie fördern. Aber abgesehen davon, daſs mouere auch mit Zuhilfenahme von longius kaum bedeutet „der Erfüllung näher bringen", fordert das vorausgehende *fabor* als Objekt das folgende *fatorum arcana* und eben dieses *fabor* wird durch *longius uoluens mouebo* näher ausgeführt: „Ich will dir die Geheimnisse der Schicksalsbestimmungen verkünden und sie dir enthüllen,[1]) indem ich sie weiter (d. i. eingehender) erwäge (= mehr in die Einzelheiten eingehe)". Bis jetzt wuſste Venus bloſs das eine, daſs ihrem Äneas Hesperia oder Latium als künftiges Reich bestimmt sei; jetzt aber wird in weiteren Umrissen sein und seiner Nachkommen Schicksal von Jupiter geoffenbart. Auch der Z u s a m m e n h a n g duldet nicht, daſs Jupiter gerade das Wichtigste, daſs er nämlich die Schicksale des Äneas ihrer endlichen Erfüllung jetzt näher bringen werde, in den parenthetischen Versen 261. 262. erwähnt. Der Gedanke ist also folgender: Äneas wird — ich will, weil du dich so sehr um ihn ängstigst, es dir nur sagen und zu deiner Beruhigung eingehendere Enthüllungen machen — in Italien einen gewaltigen Krieg führen u. s. w.

I 307. ... *quas uento accesserit oras*

G. erklärt *uento accedere* als poet. Wendung für appellere. Das ist unrichtig; uento deutet auf den Sturm hin, der die Trojaner an die afrik. Küste verschlug. So erklären die Stelle u. a. Heyne und Goſsrau, welcher letztere passend auf I 333 verweist: Errabam uento huc uastis et fluctibus acti. Vgl. auch I 376 nos ... forte sua Libycis t e m p e s t a s appulit oris.

I 402. *dixit et auertens rosea ceruice refulsit.*

G. erklärt *auertens* für „nicht reflexiv". Dann bezieht er wohl ceruicem aus dem Ablativ rosea ceruice zu auertens. Das ist unmöglich; denn nicht indem sie den Nacken ab-, sondern dem nachschauenden Äneas zuwandte, nahm er das Glänzen ihres rosigen Nackens wahr. Sie wandte beim Fortgehen ihr G e s i c h t ab (se auertens) und so wurde der glänzende Nacken sichtbar.

I 507. *iura dabat legesque uiris operumque laborem* etc.

Ziemlich unklar ist G.s Übersetzung zu iura legesque „gesetzliche Berechtigungen". Dido, mit der Fülle der königlichen Gewalt ausgerüstet, übte dieselbe aus als höchste R i c h t e r i n, indem sie den streitenden Parteien Recht sprach (iura dabat), als G e s e t z g e b e r i n, indem sie allgemeingültige Normen für die Verhältnisse des öffentlichen und Privatlebens aufstellte (leges dabat), und als Inhaberin der obersten V e r w a l t u n g, indem sie Anordnungen betreffs der Bauten machte (operumque laborem aequabat).

---

[1]) Über diese unzweifelhafte Bedeutung von mouere vgl. Weidner, Goſsrau u. a. zur Stelle.

I 546. *quem si fata uirum seruant, si uescitur aura*
aetheria neque adhuc crudelibus occubat umbris.
Zu *umbris* bemerkt G. = morte. Das halte ich für unrichtig, mag man mit Weidner umbris als Dativ fassen, d. h. wenn er noch nicht dem grausamen Schattenreich verfallen ist, oder mit Forbiger als Ablativ d. h. wenn er noch nicht im grausamen Schattenreich ruht (= sich hingelegt hat). Forbiger vergleicht Aen. X 706. Paris urbe paterna occubat. V 371 ad tumulum, quo maximus occubat Hector und fügt hinzu: Umbrae autem pro Orco; quare etiam epitheton Orci (crudelis ut ap. Hor. Od. II, 3, 24: nil miserans. Ep. II, 2, 179 non exorabilis auro) ad eas transfertur. Dafs wir hier an den Ort denken müssen, zeigen die Worte: si uescitur aura aetheria, die nicht blofs bedeuten „wenn er noch lebt", sondern „wenn er noch die Luft des Himmels geniefst", also noch auf der Oberwelt wandelt.

I 697. *cum uenit, aulis iam se regina superbis*
aurea composuit sponda mediamque locauit.

Die hdschr. Lesart *cum uenit, aulaeis* ist zu gut beglaubigt, als dafs man sie gegen den obenangeführten Text G.s vertauschen dürfte, zumal dieser nicht weniger grammatische und sachliche Bedenken hat; denn iam erfordert, mag uenit als praes. histor. oder als Perfekt gefafst werden, eigentlich composuerat und locauerat. Ferner mufs die letzte Silbe von uenit vor dem Vokal gelängt werden, was in der Arsis gerade nicht ungewöhnlich ist, aber immerhin in betracht kommt. Endlich erscheint es als zweifelhaft, ob wirklich aula = περιστύλιον ist und ob Vergil wirklich an das letztere denkt. Die Worte v. 637. *interior domus* und 638. *mediisque tectis* müssen noch lange nicht das Peristyl bezeichnen. Vielmehr scheint v. 725. *uocemque per alta uolutant atria* ziemlich bestimmt auf das Atrium, den Mittelpunkt des röm. Hauses, hinzuweisen. Ich glaube, dafs Seruius so unrecht nicht hat, wenn er zu mediis tectis bemerkt: iuxta cottidianam consuetudinem ait ‚mediis', ut si dicamus „in media domo sua sedens turbatus", wie auch interior domus wohl nichts anderes bedeutet, als das „Innere des Hauses". Wer möchte aufserdem glauben, dafs das häufige *aulis* durch die Abschreiber in das seltenere *aulaeis* verderbt worden sei?

II 483. *apparet domus intus et atria longa patescunt,*
apparet Priami et ueterum penetralia regum,
armatosque uident stantes in limine primo.

G. wird wenig Zustimmung finden, dafs er die gewöhnliche Auffassung verlassend unter den armati die Griechen versteht und als Subjekt zu uident die Troer nimmt. Die Situation ist folgende: Nachdem die Öffnung in die Thüre geschlagen ist, wird den draufsen stehenden Griechen das Innere des Hauses und die lange Halle sichtbar; es zeigen sich die Gemächer des Priamus und der früheren Könige und sie (die Griechen) sehen Bewaffnete ganz vorne (im Hausflur) an der Schwelle der Thüre stehen. Dafs die Troer drinnen die Thüre besetzt hatten und mit einer dichten Schar beschützten, zeigt v. 449. alii (Dardanidarum) strictis mucronibus imas obsedere fores, has seruant agmine denso. Dafs unter der von den Troern besetzten Thüre die Hausthüre gemeint ist, erhellt von selbst; denn nur um diese kann es sich bei dem Sturme auf ein Haus und bei der Abwehr des Sturmes handeln. Der unmittelbar folgende Vers 486. *at domus interior gemitu miseroque tumultu miscetur* etc. zeigt durch seine scharfe Entgegenstellung, dafs der Dichter jetzt erst schildern will, was im Innern des Palastes vorging.

II 699. ... *se tollit ad auras.* Wenn G. anmerkt „mit Bezug auf seine Gebrechlichkeit", so ist das ebenso unrichtig, wie wenn Gofsrau erklärt

„surgit egressurus". Es handelt sich nicht um das Hinausgehen, sondern um das omen accipio, wie der folgende Vers: *affaturque deos et sanctum sidus adorat* deutlich beweist. Richtig Kappes: er erhebt sich, Hände und Blick nach oben gerichtet, wo der Stern erschien.

II 765. *uestis captiua*. Die von G. adoptierte Erklärung des Seruius = uestis captiuorum ist zu verwerfen, vielmehr ist captiua = capta (vgl. Forbiger, Gofsrau). Die Beute wird in den Junotempel geschafft und hier bewacht, so die Tische der Götter, die massiv goldenen Mischkrüge und die erbeuteten Teppiche (Gewänder?), nicht aber die Teppiche der Gefangenen.

II 657. *Mene efferre pedem, genitor, te posse relicto sperasti?*
G. erklärt „pedem efferre auch nur den Fufs rühren". Richtiger: Glaubtest du, ich könnte es über mich gewinnen fortzugehen, während du zurückbleibst? pedem efferre ist = domo egredi.

III 107. *maximus unde pater . . . Teucrus*. Die Gebhardische Erklärung: der ‚hohe' ‚edle' Ahnherr mufs als unrichtig bezeichnet werden gegenüber der herkömmlichen: der sehr alte Vater d. h. der Urahne (maximus natu) vgl. maiores u. v. 129 *Cretam proauosque petamus*.

III 224. *extruimusque toros dapibusque epulamur opimis*.
G. erklärt mit Aufserachtlassung der gewöhnlichen Auffassung von tori = cespites (Rasensitze): „*Tori* aus den Schiffen zum triclinium gelegt". Damit hat er meines Erachtens das Poetische des Ausdrucks und der Sache verwischt. Demnach hätten die Gefährten des Äneas ihre Schiffseinrichtungen, die Sophas oder Pfühle, an die Küste getragen und sich auf ihnen zum Schmause niedergelassen. Weiter unten v. 230 liest man, dafs die Troer durch die Harpyien vertrieben an einer Einbuchtung der Küste sich neuerdings zum Mahle niedersetzten. Nach G.s Erklärung hätten die Äneaden auch hieher ihre Schiffseinrichtungen mitschleppen müssen. Auch die Bedeutung von exstruere „aufschichten" begünstigt diese Auffassung keineswegs. Vgl. auch V 388 *ut uiridante toro consederat herbae*.

III 301. *dapes et tristia dona*. Nach G. ist tristia dona Apposition zu dapes, es ist aber, wie Kappes richtig sagt, Epexegese dazu; vgl. III 12. penatibus et magnis dis.

III 344. . . . *longosque ciebat*
in cassum fletus,
Die bei G. aus Homer angeführte Stelle ὑφ' ἵμερον ὦρσε γόοιο pafst nicht; denn nicht erregte Andromache durch ihre Fragen und Thränen dem Äneas Klagen, sondern sie selbst jammerte in langgezogenen Klagetönen; vgl. Gofsrau zu VI 468.

III 352. *nec non et Teucri socia simul urbe fruuntur*.
G.: *Fruuntur* sie ‚erholen sich' ‚pflegen sich'. Das ist unrichtig. Äneas erkennt in der Stadt des Helenus alles, nur in kleinerem Mafsstabe, dem alten Troja nachgebildet, er umarmt in seiner Freude die Schwelle des (pseudo) skäischen Thores. Auch seine Gefährten erfreuen sich zugleich (mit ihm) der verbündeten Stadt. Auch sie freuen sich, überall Reminiscenzen an ihre Vaterstadt wiederzufinden. Die Richtigkeit dieser Auffassung wird durch die folgenden Verse dargethan:

v. 353. *illos porticibus rex accipiebat in amplis,*
aulai medio libabant pocula Bacchi
impositis auro dapibus pateracque tenebant.

Nachdem sie durch die Stadt, die überall in ihnen Erinnerungen weckt, zum Königspalaste gezogen sind, werden sie daselbst aufgenommen und opfern, worauf selbstverständlich erst die Bewirtung folgt. Wäre G.s Auffassung richtig, so müfste vorher erwähnt sein, dafs Äneas sich im Palaste des Helenus gütlich that, worauf dann logischerweise folgen würde: Auch die Troer thaten sich gütlich.

III 402. *parua Philoctetae subnexa Petelia muro*
Mit Beziehung auf IV 217. mentum mitra subnexus, wo mit Ausnahme eines cod. Leidensis alle Hdschr. subnixus haben, hat G. seine Konjektur subnexa in den Text gesetzt. Möglich, dafs IV 217 subnexus passender ist, obwohl subnixus im Hinblick auf die ähnliche Stelle bei Silius II 397 galeamque coruscis subnixam cristis als Hypallage erklärbar ist. An unserer Stelle will G. subnexa schreiben, weil „die Mauer das Band bildet, welches sich schützend um die Stadt schlingt." Wie aber kann subnectere herumschlingen heifsen? Der Sinn der Stelle ist wohl, dafs Petelia derart am Berge hinauf gelagert war, dafs es sich gleichsam auf die weiter unten am Berge herumgezogene Mauer stützte. Ausgeschlossen ist auch die bildliche Bedeutung nicht „auf seine Mauer trotzend"; vgl. subnixus uictoria, auxiliis.

III 417. *uenit medio ui pontus.* G.s Interpretation: *medio* von der Mitte aus, wo die gröfste Tiefe war, sich verbreitend", welche der herkömmlichen (medio = in medium) widerstreitet, ist mir unverständlich. Nachdem durch ein Erdbeben ein Rifs entstanden war, durch welchen Sicilien von Italien losgetrennt wurde, ergofs sich vom tyrrhenischen und ionischen Meer her das Wasser durch diese Spalte „es kam mit Macht in die Mitte" d. h. es ergofs sich mitten durch die Spalte.

III 600. *per superos atque hoc caeli spirabile lumen.*
Ich begreife G.s Erklärung zu caeli lumen „helles Wetter" nicht; desgleichen wenn er sagt: „spirabilis mit aktiver Bedeutung wie illacrimabilis Pluto." Dann müfste spirabilis nach der Analogie von illacrimabilis =, nicht weinend d. i. erbarmungslos' bedeuten: atmend, hauchend, wehend. Wie aber diese Bedeutung sich mit dem „hellen Wetter" vereinbaren läfst und was das helle Wetter hier heifsen soll, weifs ich nicht. Die vergil'schen Worte bedeuten: „Bei diesem Lebenslichte des Himmels". Das legen schon die vorausgehenden Worte nahe: per sidera testor, per superos. (Vgl. Kvíč. N. B. S. 69).

III 624. *medio resupinus in antro*
G. sagt: „resupinus kann nur heifsen „auf dem Rücken liegend", nicht „rückwärts gebeugt", also *ad saxam frangeret* an der Felsdecke der Höhle." Diese Erklärung wird durch die von G. citierte Stelle Homers (Od. 9, 288.) durchaus nicht unterstützt, ja sie entbehrt nicht der komischen Färbung. Man denke sich die Situation Polyphems, der zwei Gefährten des Odysseus ergreift, sich dann gemütlich auf den Rücken legt[1]) und die Opfer seiner Frefsgier oben an der Decke zerschmettert! Man müfste sich die Höhle ziemlich niedrig vorstellen, wenn Polyphem in solcher Lage die Männer an der Decke zerschmettern konnte, während Homer (9, 182) sagt: σπέος εἴδομεν, ἄγχι θαλάσσης, ὑψηλόν.

IV 69. ... *qualis coniecta cerua sagitta.* Nach G. ist sagitta durch „Geschofs" zu übersetzen, weil conicere kaum vom Pfeile gesagt werden

---

[1]) Möglich, dafs G. meint, Polyphem habe auf dem Rücken liegend die zwei Gefährten des Ulixes ergriffen. Aber abgesehen von dem homerischen ἀναΐξας ἑτάροις ἐπὶ χεῖρας ἴαλλεν, worin als in einem Nebenzuge ja Vergil von seinem Vorbild abgewichen sein könnte, ist doch nicht anzunehmen, dafs sich die Leute des Ulixes so in die Nähe des Ungeheuers drängten, dafs es sofort einige beim Kragen packen konnte.

könne und gleich darauf dafür tela und ferrum gebraucht werde. Er übersieht aber dabei, dafs mit ferrum das Epitheton uolatile verbunden ist und dafs v. 73 es ganz deutlich heifst: haeret lateri letalis harundo. Ähnlich und noch ungewöhnlicher heifst es V 497. von dem Bogenschützen Pandarus, der den Pfeil auf die Achiver abschofs: telum torsisti, ferner V 499. depromunt tela pharetris, von Acestes, der den Pfeil in die Luft abschofs v. 520. telum contorsit in auras. Dafs auch ferrum den Pfeil bedeutet, zeigt V 709. Nachdem Mnestheus sich mit angezogenem Bogen in Positur gestellt hatte (adducto constitit arcu), schofs er los, traf aber die Taube nicht: auem contingere ferro non ualuit.

IV 117. *uenatum Aeneas unaque miserrima Dido*
in nemus ire parant.

Nach G. ist Dido in Junos Augen immer „miserrima", auch wenn die unwillkommene Verbindung derselben mit Äneas gelingt, die sie immer als eine Mifsehe (?) betrachtet. Das ist unrichtig; „höchst unglücklich" wird die Dido von der Juno genannt, weil sie von gewaltigem Liebesweh ergriffen ist; vgl. IV 67. uritur infelix Dido, ferner IV 1. ff.

IV 163. *. . . . diuersa per agros*
tecta metu petiere.

G.s Auffassung, als ob diuersa tecta „zerstreut liegende Hütten" seien, ist unhaltbar. Heyne sagt meines Erachtens richtig: Tecta omnino loca, quibus tegimur; arbores, cauernae etc. Forbiger vergleicht Lucret. V 982 Saxea tecta. In dem von G. gemeinten Sinne würde der Dichter wohl ‚dispersa', nicht ‚diuersa' gebraucht haben. Der Sinn der Stelle ist offenbar: Die Jäger, Schutz vor dem Unwetter suchend, eilten, da und dort (diuersa) ein schützendes Obdach zu erreichen.

IV 192. *cui se pulchra uiro dignetur iungere Dido.*

Uiro soll nach G. heifsen „einem gewöhnlichen Manne". Wie sollte der berühmte Held aus königlichem Geschlechte so genannt werden können! Zudem hat auch ‚uir' diese Bedeutung gar nicht, es heifst vielmehr hier wie auch sonst „Gatte", „Buhle": Welchem als Buhlen sich beizugesellen die schöne Dido nicht unter ihrer Würde halte.

IV 211. *femina, quae nostris errans in finibus urbem*
exiguam pretio posuit

G.: *Pretio* sc. conductum. Letzteres ist wohl ein Druckfehler für conductam. Aber auch dieses ist unmöglich; es ist zu ergänzen: solo, in quo urbem posuit, pretio (= mercede) conducto.

IV 219. *talibus orantem dictis arasque tenentem*
audiit omnipotens . . .

Nach G. soll *orantem* nicht „bitten", sondern „reden" bedeuten: allerdings liege auch in seinen vorwurfsvollen Worten eine Bitte. Dafs jedoch orantem hier wirklich „bitten" heifst, beweist v. 205. multa Jouem manibus supplex orasse supinis, womit der Dichter das Gebet des Jarbas einleitet, ebenso die unmittelbar auf orantem folg. Worte arasque tenentem; denn der Bittende berührte den Altar. Worauf sich des libyschen Königs Gebet bezog, läfst sich zwischen den Zeilen lesen.

IV 233. *. . . nec super ipse sua molitur laude laborem*

Dieser Vers hat folgenden Sinn: „Wenn auch Äneas nicht wegen seines eigenen Ruhmes die Arbeit in Bewegung setzt (d. h. sich der Mühsal unterzieht), so sollte er doch seinen Sohn nicht um die künftige Herrschaft bringen." Was bemerkt nun G. dazu? „Super; unter der moles, welche durch den labor hinweggeräumt werden mufs, ruht die laus, wie ein verborgener Schatz." Mir ist es unerfindlich, was diese Worte mit dem oben erörterten Gedanken zu thun haben.

IV 260. *Aenean fundantem arces ac tecta nouantem conspicit.*

Betreffs der Bedeutung von *arces* verweist G. auf v. 234, wo *arces* sc. montium angemerkt ist. Darnach müfste wohl *arces fundare* heifsen „die Höhen befestigen"; aber diese Bedeutung kommt diesem Verbum nur in übertragener Bedeutung zu, z. B. imperium, remp. fundare. v. 265 sagt Merkur: Tu nunc Carthaginis altae fundamenta locas, demnach heifst *arces fundare* auch an unserer Stelle: die Grundlagen zu Karthagos Burg legen.

IV 611. *accipite haec meritumque malis aduertite numen*

G. sagt: *aduerte* (schr. aduertite) stehe absolut wie oben *paucis, aduerte, docebo*. Das verstehe ich nicht; wovon soll denn *numen*, das doch nur Akkusativ sein kann, abhängig sein, wenn nicht von aduertite?

IV 689. *infixum stridit sub pectore uulnus*

G.s Bemerkung: *stridit uulnus sanguine* „wir sprechen vom kochenden Blut" ist an dieser Stelle unpassend. Allerdings sprechen wir bei zorniger Erregung von kochendem Blut, nicht aber, wenn, wie an unserer Stelle, von einem durch Verwundung hervorquellenden Blutstrom die Rede ist, der ein zischendes, fast plätscherndes Geräusch macht.

IV 702. *supra caput astitit* (Iris).

Die Gebhardische Übersetzung von *supra caput* „häuptlings" ist ungeeignet; denn häuptlings ist = köpflings d. i. mit dem Kopfe voran. Es mufs vielmehr heifsen: ihr zu Häupten.

IV 703. *... hunc ego Diti sacrum iussa fero.*

Nach G. ist *sacrum fero* = sacro. Das ist unrichtig; fero ist hier = aufero, in ähnlichem Sinne wie IV 679 tulisset = abstulisset, wo auch G. übersetzt ‚entführen'. An unserer Stelle ist diese Bedeutung von *ferre* unzweifelhaft geboten; vgl. v. 698. nondum illi flauum Proserpina uertice crinem **abstulerat**, ferner 704. sic ait et dextra crinem **secat**. Der Vers heifst: Dieses dem Pluto geweihte Haar nehme dem Befehle der Juno gemäfs weg (schneide es ab) und löse dich so von deinem Leibe.

Zum Schlusse möchte ich noch auf einige Ungenauigkeiten hinweisen, die sich auf die Fassung der Noten beziehen, und ein oder das andere ‚desiderium' beifügen. I 8. erfordern die schwierigen Worte *quo numine laeso* dringend eine Erklärung; I 26. ist *repostum*, I 249 *compostus* als Kontraktion bezeichnet statt als Synkope; I 320 ist die Bemerkung: „*genu* und *sinus fluentes* Akkusative der näheren Beziehung zu *collecta*" ungenau; denn genu gehört zu *nuda*; II 314 Anm. mufs es heifsen *armis*, nicht *in armis*; III 122 sind im Citat aus Seruius nach occurrisset die Worte ausgefallen: *Contigit ut filius ei primus occurreret*; III 245 erregt die Bemerkung „*praecelsus* = percelsus" die unrichtige Vorstellung von der Existenz eines Wortes percelsus; III 278 ist die Wiedergabe von *ergo* durch „nunmehr" III 279 *uotis* „unter Gebet", „andächtig" kaum zulässig, desgleichen III 607 *uolutans* „sich anschmiegend"; III 328 A. soll es heifsen „Ceres für fruges"; die Erklärung zu III 339 *uescitur aura* gehört schon zu I 546; IV 1. ist die Fassung der Note zu *iamdudum* „die Liebeswunde, welche ihr Amor im ersten Buche beigebracht hatte" zu ändern; IV 65. ist das Citat aus Seruius falsch; IV 680. kann *struxi* nicht heifsen „betten", sondern bedeutet ‚aufrichten' (den Scheiterhaufen); IV 611. A. ist wohl *date* statt *da*, und *dat.* zu *aduertite* statt *aduerte* zu lesen.

Druckfehler: I 426 lies magistratus st. magistratum; I 467 A. fugerent st. fugerunt; II 334 A. mucrone stricto; neci st. mucrone stricta neci; III 305 A. impari st. impare; III 374—376 A. Z. 5 v. u. ist nach ‚Göttern' nicht ausgefallen; III 457 A. l. canat st. cernat und in der 2. folg. Zeile 445 st. 455. III 666. A. celerare st. celare. IV 275 Italiae st. Italia.

Möge Herr Gebhardi die vorstehende eingehende Besprechung als ein Zeichen des hohen Interesses ansehen, mit welchem ich die bisher erschienenen Hefte seiner Vergilausgabe las. Wenn es dabei nicht wenige Ausstellungen zu machen gab, so liegt der Grund hievon, wenigstens zum Teile, einerseits in der Verschiedenheit des Standpunktes, den ich in betreff einer Klassikerausgabe für Schüler ihm gegenüber einnehme, teils in der unvollendeten Gestalt des Gedichtes, ein Umstand, der die Differenzpunkte unter den Erklärern nie verschwinden lassen wird.

Wer sich eingehender mit der Äneide beschäftigt, wird in dieser oder jener Weise sich mit Hrn. Gebhardis Ausgabe auseinanderzusetzen haben. Insbesondere aber sei dieselbe allen Lehrern, welche das trotz seiner Mängel herrliche Werk des röm. Dichters mit ihren Schülern lesen, wegen ihrer Eigenartigkeit und ihres geistvollen, anregenden Inhalts aufs beste empfohlen!

München. A. Deuerling.

De bimembris dissoluti apud scriptores Romanos usu sollemni. Scripsit Siegmundus Preuss, phil. dr., Edenkoben. Mense Aprili MDCCCLXXXI. Typis Mietensii. p. 123.

Wie schon der Titel andeutet, beschäftigt sich diese Arbeit nicht mit dem Asyndeton im allgemeinen, sondern lediglich mit dem zweigliederigen, formelhaften Asyndeton, soweit es sich bei den lateinischen Schriftstellern findet. Ausgeschlossen von der Erörterung sind unverbundene Redeweisen, deren einzelne Glieder aus ganzen Sätzen bestehen, in denen sich naturgemäfs ein feststehender Ausdruck schwerer herausbilden konnte, als bei einzelnen Worten; ausgeschlossen ist ferner die unverbundene Zusammenstellung von drei parallelen Begriffen; ja auch die Fälle werden vorsichtig als nicht völlig hiehergehörig ausgeschieden, in welchen ein formelhaftes zweigliedriges Asyndeton sich mit einem oder mehreren Paaren anderer Asyndeta vereinigt.

Nach der äufseren Abgrenzung des eigentlichen Gegenstandes der Untersuchung galt es denselben innerlich zu gliedern. Da werden nun zunächst zwei Hauptgattungen unterschieden, deren je ein Kapitel gewidmet wird. Die erste Gattung bildet die unverbundene Zusammenstellung von gegensätzlichen Einzelbegriffen. Hier werden wieder zwei Unterarten auseinandergehalten, je nachdem die Gegensätze sich zu einer höheren Einheit zusammenfügen (z. B. ultro citro = gegenseitig — asyndeton copulativum) oder sich gegenseitig ausschliefsen (z. B. velim nolim — asynd. disiunctivum). In der zweiten Gattung (Kap. II) treten verwandte oder identische Begriffe (simile aliquid vel idem declarantia nomina) unverbunden nebeneinander. Innerhalb der beiden Kapitel findet aufserdem noch eine Einteilung statt nach den Arten der Redeteile, nach Adverbien, Substantiven, Verben und Adjektiven oder Participien.

In dieser Weise ist das Ganze übersichtlich geordnet, so dafs es leicht ist, sich zurechtzufinden. Das Nachschlagen wird übrigens auch durch ein Wortregister bequem gemacht.

Im einzelnen galt es nun immer festzustellen, ob die Zusammensetzung paralleler Begriffe wirklich eine **unverbundene** sei und ob dieselbe etwas **Formelhaftes** an sich trage oder nicht. Für die erste Frage war natürlich entscheidend die bestbeglaubigte hschr. Überlieferung, für die zweite das häufige oder wenigstens wiederholte Vorkommen derartiger Zusammensetzungen bei verschiedenen Schriftstellern. Nach beiden Seiten hin ist die Untersuchung, was Gründlichkeit und Besonnenheit anlangt, eine musterhafte. Geradezu bewundernswert ist die umfassende Kenntnis der lateinischen Literatur und der Fleifs, der auf ihre Durchforschung nach hieher gehörigen oder verwandten Erscheinungen verwendet worden ist.

Man kann billig fragen, ob der wissenschaftliche und praktische Gewinn einem so grofsen Mafs von aufgewendeter Kraft entspricht. Der Herr Verf. läfst uns gleich von vornherein nicht im Zweifel, welches Ziel er vor allem im Auge hat. Er will vornehmlich der Willkür der Herausgeber lateinischer Schriftwerke in der Tilgung zweigliederiger Asyndeta, welche dem modernen Sprachgefühl wie auch dem der eigentlichen lateinischen Klassiker weniger entspricht als das mehrgliederige, einen festen Damm entgegensetzen. Diesen Zweck sehen wir durch die mühevolle Arbeit auch erreicht. An vielen Stellen wird das hschr. überlieferte Asyndeton wieder hergestellt, an denen es der Abneigung der Kritiker zum Opfer gefallen war. Besonders oft hat sich der Verf. mit Madvig auseinanderzusetzen, der trotz seines eminenten kritischen Geschickes und seiner sonstigen Besonnenheit auf diesem Gebiete manche kleine Sünde auf dem Gewissen hat.

Sehr interessant ist die übersichtliche Zusammenstellung über das verschiedene Verhalten der lateinischen Schriftsteller dem asyndeton bimembre gegenüber. (S. 9 ff.) Man sieht daraus, dafs das Altlatein einen umfassenden Gebrauch von demselben machte, dafs die klassische Zeit sich demselben einigermafsen entfremdete, in welcher häufig zwar die formelhafte Zusammenstellung zweier parallelen Begriffe beibehalten, aber zwischen dieselben eine Partikel eingefügt wurde. Mit dem hauptsächlich von Afrika aus angeregten Wiederaufleben des archaischen Lateins hängt es zusammen, dafs den Schriftstellern des zweiten Jahrhunderts (Fronto, Gellius, Apuleius, Minucius Felix, Arnobius[1]) das asyndetisch bimembre sich wieder häufiger findet. — Nach dem eben Gesagten möchte es vielleicht scheinen, als ob die Stellung der einzelnen Autoren zum asyndeton bimembre lediglich durch ihre Zeit bestimmt sei. Dafs dies aber nicht durchgängig der Fall ist, wird an recht auffallenden Beispielen nachgewiesen. So wendeten Cicero und Sallust das asynd. bimembre **im allgemeinen häufig an**, vermeiden auch nicht die **formelhafte Art** desselben, doch hegen sie für die letztere auch keine Vorliebe; Cäsar macht einen sehr seltenen Gebrauch vom asynd. bimembre **überhaupt**; Livius dagegen zeigt eine ausgeprägte Neigung **zu allen Arten desselben**.

Ich glaube, die bisherige Besprechung wird hinreichen, um die Schrift als eine recht beachtenswerte zu kennzeichnen. Dafs ich in einzelnem bisweilen die Auffassung des Herrn Verfassers nicht teile, ist selbstverständlich und beweist noch nicht, dafs derselbe in solchen Fällen unrecht hat. So scheint es mir unpassend, dem **ersten Kapitel**, worin nach S. 16 gegensätzliche Parallelbegriffe abgehandelt werden sollten (atque in primo quidem capite dissolutum sollemne in duobus inter se con-

---

[1]) Über die letzten beiden vgl. meine Übersetzung des M. F. Anhang S. 123 und Reifferscheid im Index zu seiner Arnobiusausgabe unter dem Titel „synonymorum paria sine coniunctione".

trariis vel diversis vocabulis adhibitum explicabimus), in der Unterabteilung über das disjunktive Asyndeton auch ter quater, sex septem, plerique omnes einzuverleiben. Logischer wäre es wohl gewesen, für sie im zweiten Kapitel, worin von der Zusammenstellung verwandter Begriffe gehandelt wird, eine besondere Unterabteilung zu schaffen. Ob wir übrigens in plerique omnes ein Asyndeton zu erblicken haben, scheint mir trotz der S. 50 angeführten Stellen, in welchen die Worte durch disjunktive Partikeln geschieden sind, immer noch fraglich. Wir haben es eben doch wohl, was vom Verfasser in Abrede gestellt wird, hier mit einem vulgären Pleonasmus zu thun, wie man auch bei uns unter dem Volk nicht selten den Ausdruck hört „meistens alle". Auch die Wortverbindungen tum deinde, post deinde, deinde porro, denique tandem, sed autem, quoque etiam, ergo igitur fasse ich nicht als Asyndeta, da von diesen zusammengestellten Paaren die einzelnen Glieder nicht immer synonym sind, noch auch unter sich in naher Beziehung stehen oder, wo dies der Fall ist, zusammen einen Pleonasmus bilden. Es hätte sich umsomehr empfohlen, solche Fälle von der Untersuchung fernzuhalten, da der Ursprung und die Eigenart dieser Partikeln vielfach problematisch ist und ihre Bedeutung im Lauf der Zeiten mancherlei Wandlungen erlitt. Der Herr Verfasser ist übrigens selbst im Zweifel, ob er Ausdrücke der eben bezeichneten Art unter das Asyndeton zählen soll (S. 62), entscheidet sich aber schließlich doch dafür (S. 63 f.), weil sich für das Plinius dem Älteren geläufige hinc deinde bei Ammianus Marcellinus an zwei Stellen auch hinc et deinde finde, woraus die parallele Stellung der beiden Partikeln abgeleitet wird. Aber auch angenommen, dafs hier wirklich hinc und deinde Synonyma sein sollten, scheint mir diese Basis doch zu schwach, um die Annahme darauf zu gründen, dafs ein ähnlicher Parallelismus auch bei den übrigen anscheinend synonymen Partikeln vorhanden sei. — Gewifs unrichtig ist es, wenn etwa auch namque enim (Plaut. Trin. 60) als Asyndeton gelten soll (S. 68). Denn nur namque ist hier begründend; enim dagegen kommt aller Wahrscheinlichkeit nach bei Plautus nur im versichernden Sinn vor. Vgl. Langen, Beiträge zur Kritik und Erklärung des Plautus S. 261 ff. Es kann demnach hier ebensowenig von einem Asyndeton die Rede sein, als bei den deutschen Ausdrücken „denn in der That", „denn wahrlich".

Wünschenswert wäre es gewesen, wenn der Herr Verfasser weniger sparsam verfahren wäre beim Ausschreiben der angeführten Stellen, zumal der besonders instruktiven und deshalb an die Spitze der einzelnen Abschnitte gestellten. Er mochte vielleicht fürchten, die Arbeit zu voluminös zu machen. Doch hätte er dadurch Raum gewinnen können, dafs er sich in den dem Ganzen vorausgeschickten und dazwischen eingestreuten Erörterungen etwas kürzer gefafst hätte, deren Breite und allzu subtile Behandlung der Klarheit bisweilen nicht eben förderlich ist.

Erlangen. Dombart.

Erläuterungen zu den deutschen Klassikern. Göthes Dichtung und Wahrheit erläutert von Heinrich Düntzer. 1. Teil: Einleitung. 2. Teil: Erläuterung. Leipzig, Ed. Wartigs Verlag. 1882. 8. 166 u. 322 S.

Man wird es natürlich finden, dafs Düntzer mit Stolz und Selbstbefriedigung diesen Kommentar herausgibt, mit dem er seine 1853 begonnenen Erläuterungen zu Göthes Werken zum Abschlusse gebracht hat. „Trotz aller persönlichen und sachlichen Gegner haben meine in mehrfachen starken Auflagen verbreiteten Hefte zu dem lebendigen Verständnisse von Göthes Hauptdichtungen wesentlich beigetragen." Wir wollen dem gegenüber nicht geltend machen, dafs die Düntzer'sche Erklärungsart mit die Schuld trägt, nicht wenigen die ganze Göthephilologie verleidet zu haben. Die unangenehmen Seiten der Düntzer'schen Schriftstellerei, und dazu gehört vor allem die entsetzliche Weitschweifigkeit, sind oft genug erörtert worden und treten auch hier wieder besonders im 2. Abschnitte des 1. Teiles stark genug hervor. Wir halten es für Pflicht der Dankbarkeit und des Anstandes am Schlusse einer siebenundzwanzigjährigen treuen Arbeit mehr auf die Vorzüge als auf die nur allzu bekannten Schwächen des unermüdlichen Interpreten zu sehen. Wenn wir Bernays, v. Löper und Vollmer ausnehmen, so kann sich wohl nicht leicht jemand mit Düntzer an Detailkenntnis von Göthes Leben und Schriften messen. Für Textgestaltung, Chronologie und Aufdeckung persönlicher und sachlicher Beziehungen hat Düntzer im Laufe seiner langjährigen Arbeit vieles geleistet. Seine Verdienste um Herbeischaffung des Materials sind unleugbar. Selbst zu v. Löpers mustergültigem Kommentare von „Dichtung und Wahrheit" vermag Düntzer einzelne Berichtigungen und Ergänzungen zu geben. So wird vor allem die von Löper nicht behandelte Entstehungsgeschichte des Werkes chronologisch von Düntzer dargestellt. Auch der Nachweis der Bücher, welche Göthe zur Zeit, da er an seiner Autobiographie thätig war, aus der Weimarer Bibliothek entnahm, ist höchst interessant und verdienstlich. Der Kommentar selber aber, das läfst sich nicht leugnen, macht dem v. Löper'schen gegenüber einen fast armseligen Eindruck. Düntzer wirft seinem Vorgänger allzu grofse Ausführlichkeit vor. Vielleicht hätte v. Löper in der That sich eine oder die andere Bemerkung sparen können; aber wer diese reiche Fülle von Sacherklärungen bei Löper gelesen, wird zweifeln, ob es überhaupt notwendig gewesen sei, für solche, deren Teilnahmslosigkeit Löper zu viel bietet, einen eigenen Kommentar zu verfassen. Wir zweifeln nicht im geringsten, dafs Düntzer alles Mitgeteilte auf grund selbständiger, von Löper unabhängiger Forschungen gibt. Wir begreifen, dafs er der Vollständigkeit seiner Götbekommentare wegen auch einen zu „Dichtung und Wahrheit" schreiben wollte; aber bei aller Anerkennung der Verdienste Düntzers, — Ilias post Homerum ist und bleibt eine undankbare Aufgabe.

Marburg. Max Koch.

Deutscher Wortschatz oder Der passende Ausdruck von A. Schlessing. Stuttgart, P. Neff. 1881. br. 5 ℳ, geb. 6 ℳ

Schlessings Werk will dem Schreibenden den jedesmal passenden Ausdruck an die Hand geben und stellt deshalb nach dem Muster des Thesaurus of English Words and Phrases von Dr. P. M. Roget die verwandten Wörter und Phrasen in 1000 Abteilungen zusammen. Die Gegensätze stehen immer nebeneinander, so dafs z. B. Artikel 914 „Mitgefühl", A. 915 „Gefühllosigkeit", A. 918 „Vergebung", A. 919 „Rache" den Hauptbegriff bildet. Fast die Hälfte des Buches nimmt, wie das nicht anders möglich ist, ein alphabetisches Wörterverzeichnis ein. Die Grenzen des sprachlichen Ausdruckes sind, wie es scheint, manchmal ziemlich weit gezogen; so begegnen wir A 917 dem Wort „Danklosigkeit", A. 914 steht „Mit-Betrübniss",[1]) A. 919 heifst es „Rache denken" (st. auf R. d.?). Das

---

[1]) Dafs die offizielle Orthographie unbeachtet blieb, verdient bei der Bestimmung des Buches entschiedenen Tadel.

Wort „bethätigen" haben wir nicht entdecken können, ebensowenig die Phrase „in Betracht kommen". Ob das Werk den Nutzen stiftet, den es anstrebt, müssen wir bezweifeln; denn der Gebildete wird sich kaum darin Rats erholen, wenn er um einen sinnverwandten Ausdruck verlegen ist, und dem Ungebildeten oder dem, der die deutsche Sprache erlernt, können die Zusammenstellungen deshalb sich nicht als nützlich erweisen, weil die Auswahl eine ziemlich genaue Kenntnis der Synonymik voraussetzt. So enthält A. 732 „Mifslingen" unter der Abteilung „Verba" u. a. folgende Wörter und Redensarten: erfolglos sein, übel ankommen, in der Minorität bleiben, ausgepfiffen werden, mit langer Nase abziehen, getäuscht werden, durch die Finger schlüpfen, den Stein des Sisyphus rollen, einen Mohren weifs waschen, vom Regen in die Traufe kommen, auf dem letzten Loch pfeifen, sich zwischen zwei Stühle niedersetzen. Welch genaue Kenntnis der einzelnen Wörter und Phrasen ist notwendig, um nicht in eine falsche oder geradezu komische Sprechweise zu verfallen? Und was fängt der Ungelehrte mit dem Ausdruck „kreisender (st. kreisender) Berg" an, der sich ebenda unter den substantivischen Wendungen „verlornes Spiel, zerplatzte Seifenblase, schlechte Chance" findet? Ähnlich steht A. 57 neben „Neuling" homo novus. Dafs der Verf. hie und da volkstümliche Ausdrücke ohne weiteres neben schriftmäfsige stellt, beweist schon das oben angeführte Citat aus A. 732. Wir glauben, dafs der praktische Nutzen des Buches kaum im Verhältnis zu der unendlichen Mühe steht, welche die Zusammenstellung verursacht hat; eher wäre vielleicht zuzugeben, dafs H. Sch. eine in mancher Beziehung willkommene Vorarbeit für eine deutsche Synonymik geliefert hat.

München.   ———   A. Brunner.

M. Miller, K. Studienlehrer. Übungsbuch der deutschen Sprache für die I. Lateinklasse. Amberg, E. Pohl. 1881.

Das Büchlein, nach dem für die I. Lateinklasse vorgeschriebenen Lehrstoff eingerichtet, will den Schülern der untersten Klasse Gelegenheit bieten zu einer gründlichen Einübung der grammatischen Regeln, namentlich damit die vielen Verstöfse gegen die Formenlehre, die sich dieselben aus der Umgangssprache angewöhnt haben, ein für allemal beseitigt werden. Zu dem Zwecke werden grammatische Unterweisungen über die einzelnen Redeteile gegeben, die zwar im ganzen dem Verständnis dieser Altersklasse angepafst sind, im einzelnen aber teilweise einer genaueren Fassung und gröfserer Klarheit bedürfen. An diese schliefsen sich Übungen für die einzelnen Regeln, wie auch passende Wiederholungsaufgaben an, die, indem sie vorzugsweise auf die schwachen Seiten in der Sprache der Schüler bedacht nehmen, geeignet sind, ihren Zweck zu erfüllen, besonders wenn das Hauptgewicht auf die Übungen und nicht auf die Regeln gelegt wird. Die Übungsaufgaben, die am meisten an dem Büchlein zu schätzen sind, liefsen sich noch da und dort vorteilhaft vermehren z. B. durch Hinzufügung fehlerhafter Beispiele, während die Wiederholungsstücke am Ende des Ganzen, die nur eine notdürftige Auswahl von Gedichten und Prosastücken darbieten, weggelassen werden dürfen, da sie ein Lesebuch doch nicht zu ersetzen im stande sind, aus welchem der Lehrer eine für seine Zwecke passende reichlichere und mannigfaltigere Auswahl treffen kann.

Schweinfurt.   ———   Baldi.

Übungsbuch für den Unterricht in der deutschen Orthoepie und Orthographie in Schule und Haus. In zwei gesonderten Ausgaben: a) für die Hand des Lehrers; b) für die Hand des Schülers. Von Aug. Reinmuth. Fr. Ackermann. Weinheim, 1882.

Beide Büchlein enthalten eine Anleitung nicht nur zur richtigen Schreibung der Muttersprache, in welcher Beziehung sie die amtlichen Regelbücher und Wörterverzeichnisse passend ergänzen, sondern auch, was man seltener findet, eine solche zur Erlernung einer richtigen Aussprache unserer neuhochdeutschen Schriftsprache. Den Regeln, die in der Schulausgabe kürzer gefafst sind, folgen jedesmal Aufgaben und Beispielsammlungen und in der Ausgabe zum Gebrauche des Lehrers ist noch reichlicher Stoff zu Diktaten hinzugefügt, durch welche das Gelernte eingeprägt und geübt werden soll. Dafs insbesondere die Jugend eine deutliche und reine Ausprache der Muttersprache erlerne, darin müssen Haus und Schule zusammenwirken, und dazu kann ein solches Büchlein gute Dienste leisten. Im Anhang zu beiden Schriftchen findet sich ein etwas gar zu weit ausgedehntes Verzeichnis von Fremdwörtern, von denen nicht wenige Verdeutschungen geradezu als Curiosa und Unica betrachtet werden müssen, z. B. Audienz - Anhörung; Courier - Schnellreiter; Excellenz - Vortrefflichkeit; Manufaktur - Handwerkerei; Pergament - Schreibleder; Superintendent - Oberaufseher u. v. a. An Druckfehlern (?) fallen besonders auf: Desparation und im Verzeichnis der Abkürzungen in beiden Ausgaben p. C. = pro Centrum. Diese Verzeichnisse bedürfen einer gründlichen Revision, wenn sie brauchbar sein sollen, wie auch die Beispielsammlungen zur Orthographie von nicht allgemein verständlichen und seltenen Wörtern gesäubert werden müssen.

Schweinfurt. Baldi.

Zeitschrift für Orthographie. Unparteiisches Zentralorgan für die orthographische Bewegung im In- und Ausland. Herausgegeben von Dr. W. Vietor. I. Jahrg. 1880/81. Rostock, Werthers Verlag.

Der erste Jahrgang dieser Zeitschrift, zu deren Mitarbeitern die berufensten Autoritäten des Faches im In- und Auslande zählen, liegt nun abgeschlossen vor. Derselbe enthält nicht nur aus Deutschland, sondern auch aus England, Frankreich, Holland und Dänemark eine Menge von gediegenen, gröfseren und kleineren Beiträgen, welche ganz geeignet sind, zur Orientierung und Aufklärung zu dienen in der so brennenden Frage der allgemeinen Regelung der Orthographie, der Interpunktion und verwandter Gebiete und die zugleich auch den internationalen Meinungsaustausch in Sachen der Orthographie kräftig zu fördern suchen. Diese für eine so gute Sache gegründete und gut geleitete Zeitschrift kann um so mehr empfohlen werden, als in dem begonnenen II. Jahrgang die mit der Orthographie so innig zusammenhängende Orthoepie, besonders in ihren strittigen Punkten, sowie die zu immer gröfserer Anerkennung gelangende Sprachphysiologie eine eingehende Berücksichtigung und Würdigung finden.

Schweinfurt. Baldi.

Horace, tragédie de P. Corneille. Mit Einleitung und Anmerkungen herausgegeben von Dr. Wilhelm Herding, K. Gymnasialprofessor in Bamberg. Erlangen, Andreas Deichert. 1881.

Der Herausgeber gibt in der Einleitung zuerst jene Kapitel des Livius, aus denen Corneille den Stoff zum vorliegenden Drama geschöpft hat, erinnert an die Dreiteiligkeit der Handlung und erwähnt die fast vollständige Übereinstimmung der Situationen mit jenen im Livius; nur die Rolle der Sabina ist von Corneille erfunden. Nach einer Analyse der 5 Akte wird auf frühere Behandlungen desselben dramatischen Stoffes hingewiesen und die Vermutung ausgesprochen, dafs Corneille von Lope die Idee zu seiner Dichtung entlehnt, übrigens ganz selbständig gearbeitet habe. Hierauf folgt die Darlegung der wahrscheinlichen Gründe, warum Horace, der bald nach dem Erscheinen des Cid verheifsen wurde, bis 1640 verzögert wurde. Corneille hatte sich Richelieu und der Akademie unterworfen und Horace bildet einen Wendepunkt in der Entwicklung der franz. Tragödie. Statt einer eignen Würdigung des Stückes und einer Charakteristik der auftretenden Personen (ein Mangel, der von C. Th. Lion in der Zeitschrift für neufranz. Spr. u. Lit., von Körting und Koschwitz in bezug auf den ebenfalls von Herding herausgegebenen Cinna schon getadelt wird und wo zugleich auch vermifst wird, dafs der Herausgeber die Corneille-Ausgaben von Strehlke nicht benützt hat), gibt der Herausgeber das Urteil Voltaires und die merkwürdigen Worte Napoleons auf St. Helena über das Stück.

Die dem Texte beigefügten Anmerkungen sind teils erklärend, teils grammatikalisch und teils etymologisch. In wie weit die Ausgabe Gymnasialschüler im Auge hat, finde ich die Anmerkungen vollständig befriedigend, da sie durchweg bündig gehalten sind. Wenn Tobler und mit ihm C. Th. Lion der Ansicht sind, sporadische Etymologien seien aus den für die Schule bestimmten Ausgaben ganz zu verbannen, so kann ich ihnen in dieser Beziehung nach meiner Schulpraxis nicht beistimmen, wenn auch nicht zu leugnen ist, dafs bei der in diesen Ausgaben notwendigen Kürze nicht immer alles in betracht gezogen werden kann, was zur etymologischen Erklärung wünschenswert ist. Im ganzen ist diese Schulausgabe des Horace, ohne die Vorzüge anderer Ausgaben schmälern zu wollen, für den Gebrauch an den Gymnasien wohl zu empfehlen.

München.   Wallner.

Encyclopädie des philologischen Studiums der neueren Sprachen, hauptsächlich der französischen und englischen. Von Bernhard Schmitz. Zweites Supplement. Zweite Auflage. Nebst einer Abhandlung über Begriff und Umfang unsres Faches. Leipzig 1881. C. A. Kochs Verlagsbuchhandlung.

Da der Verfasser auch in diesem Bändchen mit möglichster Sorgfalt zu werke geht, so wird diese Vervollständigung seiner Encyclopädie sicher die verdiente gute Aufnahme finden. Die Urteile über einzelne Werke werden selbstverständlich nicht immer von allen gleich günstig aufgenommen werden, zumal sie hie und da herbe sind, wie z. B. pag. 50 jenes über die wissenschaftliche Grammatik der engl. Sprache von Eduard Fiedler und Dr. Karl Sachs, wo mir einige Ausdrücke über das gewöhnliche Mafs des Tadels hinauszugehen scheinen. Wenn in diesem Supplemente pag. 76 die Frage aufgeworfen wird, ob es nicht sehr heilsam wäre, den

Schülern gedruckte Präparationen zu franz. und engl. Werken (ähnlich denen zur Ilias) in die Hände zu geben, so kann ich nicht umhin, über diesen Punkt meine vollständig gegenteilige Meinung hier auszudrücken. Dagegen stimme ich den pag. 68 gemachten Bemerkungen über das Ungenügende der Probelektionen gerne bei: „Sie sind nicht zu entbehren; aber eine Probe setzt einige Übung und Erfahrung voraus." Für ganz empfehlenswert halte ich den pag. 82 gegebenen Hinweis auf das notwendige Zusammenwirken sämtlicher Klassen. Es wird dies am meisten in jenen Fällen zu beachten sein, in welchen der Unterricht der verschiedenen Klassen von verschiedenen Lehrern gegeben wird. Nicht unbeachtet möge ferner die Ansicht bleiben, welche der Verfasser über Begriff und Umfang der neueren Sprachen gibt; er sagt nämlich pag. 99, der Gegenstand der neueren Philologie sei: „die franz. und engl. Sprache als lebende Sprachen, Klarheit und Sicherheit im Verständnis und Gebrauch derselben" und verwirft die Ansicht jener, die das Hauptobjekt in dem Werden der Sprachen, in den früheren Sprachstufen (Altfranzösisch, Altenglisch) finden. Ebenso findet er es pag. 116 für unbegreiflich, wie man einseitig behaupten konnte, die Universität sei lediglich eine Anstalt zur Pflege der reinen Wissenschaft, resp. der reinen historischen Gelehrsamkeit und es sei nicht ihre Aufgabe, Lehrer zu bilden. Schliefslich erwähne ich noch die pag. 99 klar ausgesprochene Erklärung über die Verbindung des Französischen und Englischen zu einem Berufsfach.

München. Wallner.

Shakespeares ausgewählte Dramen. Fünfter Band: Hamlet Erklärt von H. Fritsche, Direktor der Friedrich-Wilhelms-Realschule zu Grünberg. Berlin, Weidmann'sche Buchhandlung. 1881.

Die vielen Schwierigkeiten, welche die Lektüre dieses „Gedankentrauerspiels" Shakespeares dem Schüler bietet, sind durch die vorzügliche Ausgabe des Herrn Dr. Fritsche bedeutend vermindert, so dafs wir nicht anstehen, diese Ausgabe allen Kollegen, welche Hamlet in der Schule zu lesen beabsichtigen, aufs wärmste zu empfehlen. Die sachlichen, literarhistorischen und grammatikalischen Erklärungen sind gut ausgewählt, sie sind nicht zu viel und nicht zu wenig, und bei manchen schwierigen Stellen skizziert der Herausgeber auch den Gedankengang, zieht Parallelen und wirft einige Schlaglichter auf die Charaktere und die Ökonomie des Stückes, welche das Verständnis desselben wesentlich erleichtern. Der Text ist im ganzen und grofsen jener Alexander Dyces, die Orthographie ist die moderne, die Verszählung diejenige der Globe-Edition. Einen besonderen Vorzug finden wir in der metrischen Korrektheit, auf welche der Erklärer besonderen Wert legt. Er schickt auch deswegen dem Texte eine kurze, aber mit vielem Glück zusammengestellte Übersicht über die Eigentümlichkeiten des Shakespeare'schen Blankverses voraus und füllt damit eine Lücke aus, welche der Lehrer des Englischen in mancher Grammatik schmerzlich empfindet. In der Einleitung gibt der Herausgeber vollkommen genügende Notizen über die Herkunft der Fabel des Stückes, die Entstehung und die ersten Drucke desselben, über die Idee der Tragödie und die Voraussetzungen ihrer Fabel. Vieles Interesse gewährt die Zusammenstellung der historischen Reminiscenzen, die dem Dichter bei der Schaffung der Tragödie vorschwebten und wovon sich unleugbare Spuren in derselben vorfinden.

Lehrbuch der Logik für den Unterricht an höheren Lehranstalten und zum Selbststudium von Th. Ziegler. 2. Aufl. Bonn, E. Straufs. 1881. — geb. 1 ℳ 80 ₰.

Ein hübsches Gewand auf den Gang zur Schule mitbekommen — das ist bei uns ein gar seltener Fall. Darin mag dies Büchlein prunken, sonst ist es bescheiden und anspruchslos: auf 83 Seiten enthält es kurz, klar und einfach die landläufigen Regeln der alten Schullogik. Es ist aber, als ob in den schon dürren Stamm neuer Saft geschossen wäre; hier zeigt sich ein Trieb und dort einer, am meisten an der Wurzel und am Gipfel: Anfang und Ende des Buches haben Ansätze, welche für die Zukunft geradezu eine neue hoffen lassen.

Das Buch will jedoch nicht originell, sondern nur korrekt sein; aus Rücksicht auf die Schule, glaube ich, und die in ihr stets noch herrschenden Vorurteile ist der Verfasser äufserst konservativ; ja er scheint dieser Rücksicht gelegentlich die eigene Meinung hintangesetzt zu haben.

Das war der Weg zu einem sonderbaren Eklekticismus, der sich schon in Vorrede und Quellenangabe, höchst eigentümlich aber in der kürzesten aller Skizzen der Geschichte der Philosophie (S. 1 Anm.) zu erkennen gibt. Und von einem wissenschaftlichen Wert des Büchleins kann nun leider auch nicht mehr die Rede sein. — Ich sage leider! Denn schon durch die beiläufig an alten Regeln geübte Kritik zeigt der Verfasser seinen Beruf und seine Befähigung, neue Wege zu gehen. Ist denn heutzutage wirklich noch so sehr viel Kühnheit nötig zu diesem Wagnis?

Doch er wollte nicht. Auch die Notwendigkeit einer psychologischen Grundlegung für die Logik würdigte er vollkommen, ohne diesem selbstgefühlten Bedürfnisse irgendwie abhelfen zu wollen. Solche freie Beschränkungen zu tadeln kann indes nur dann Aufgabe der Kritik sein, wenn eben sie zu einem Hindernisse wurden in Erreichung des thatsächlich gewählten, beschränkteren Zieles.

Wie nun? Ist es nicht auch schon um die Korrektheit des Schulbuches geschehen? Wenigstens mufs das Verfahren des Verfassers vom didaktischen wie vom pädagogischen Standpunkte gleich entschieden verworfen werden, wenn er im Texte Regeln in einer Fassung als echt und gültig anführt, die unmittelbar nachher als falsch, wertlos, ungenau, unpassend oder minder gut verurteilt wird; verurteilt wird von ihm, dem Lehrer selbst, oder verurteilt werden wird vom Schüler nach den vom Verfasser beigefügten oder doch nahegelegten Motiven.

Entschieden zu tadeln ist ein solches Verfahren in Fällen, da sich der Verfasser desselben klar bewufst war, wie in den §§ 15, 20, 34; zu bedauern ist es auch dann, wenn er nur gelegentlich die bessere Einsicht verrät, ohne sie bestimmt vortragen, konsequent durchführen und vertreten zu wollen. Und auch das geschieht nicht selten.

Wir sehen wohl, dafs er im allgemeinen keineswegs blind ist für die vielen Schäden, die vielen Spielereien, die sich in der alten Logik von der Gleichsetzung sprachlicher Formen mit Denkformen herschreiben; er weifs z. B. recht gut, dafs es sich bei der sogenannten Umwandlung der Urteile meist nur um eine Umwandlung des Ausdrucks handelt (a. m. O., S. 39 u.); aber er thut keinen Schritt weiter auf diesem Wege, der zu einer wohlthuenden Reinigung hätte führen müssen.

Wir sehen ferner, dafs er den vollen Wert der Induktion, ihre hervorragende, weit überlegene Bedeutung für die heutige Wissenschaft richtig erkennt, ohne dafs er sich entschlöfse, ihr den richtigen Platz und Rang in der Methodenlehre anzuweisen und den traditionellen Scheinvorzügen der deduktiven Art näherzutreten, und wär's nur durch eine Prüfung des Begriffswort „Ursache" auf seinen wahren Wert und Inhalt. Auch würdigt er die ausschliefsliche Bedeutung dieser zwei Wege für die Systembildung, greift aber doch, wahrscheinlich aus Rücksicht auf Kant, behufs Charakterisierung der verschiedenen Arten zu den Namen „analytisch und synthetisch", die sich derart nur unter scholastischen Voraussetzungen begreifen lassen und samt ihrer ganzen Umgebung in § 65 der Philosophiegeschichte angehören.

Sollte ich mich endlich täuschen, wenn ich behaupte, dafs der Verf. den geringen methodischen Wert der Syllogismen oder doch der alten Lehre vom Syllogismus im Grunde selbst anerkennt, so bestimmt er sie S. 54 verteidigt? Man prüfe nur seine Stellung zu den einzelnen Teilen dieser Lehre, man beachte Äufserungen wie die vergleichende S. 70, Zugeständnisse wie S. 56 über die ganze vierte Figur; man lese die Anmerkung zu S. 57 und ziehe hier Konsequenzen über die wahre Natur allgemein verneinender (und bejahender) Prämissen und streiche dann herzhaft das Unnötige (z. B. § 46, 1); man bemerke Äufserungen wie S. 42 über die wahre Bedeutung partikularer Urteile und S. 36 das Beispiel für solche und ihre Umwandlung, da an beiden Stellen die Erkenntnis vorausgesetzt werden mufs, dafs partikulare Prämissen durch zeitliche Modalität oder auch sonst diesen ihren Charakter verlieren. Diese nirgends wieder verwertete Einsicht hätte bestimmt zur Begründung und Annahme der erwähnten kurz abgewiesenen Anklage und zur Entlastung der Logik von ihrem schlimmsten Alp führen müssen.

All das bespreche ich so ausführlich, weil es mir das einfachste Ding der Welt scheint, für die dritte Auflage eine Abhilfe zu schaffen; es ist einfach diese: Regeln und Theorien, die in ihrer überlieferten Form nicht haltbar sind, jedoch auch nicht unterdrückt werden dürfen, weil ihre Kenntnis dem Jünger unserer Wissenschaft gegenüber der älteren Schule oder Generation und zur Lektüre älterer Schriften unentbehrlich ist, treten als Anmerkungen historischer Natur unter die kritischen Sätze.

Werden auf diese Weise die bisherigen historischen Anmerkungen aus dem Buche verdrängt, — um so besser! Denn diese sind desselben schwächste Seite. Der Verfasser zeigt sonst viel Lehrgeschick; welch ein glücklicher Griff z. B., berühmte Sätze und Argumente älterer Philosophen als Beispiele zu verwerten! Ein Verfahren, vorzüglich geeignet, im Schüler mit dem historischen auch das eigentlich philosophische Interesse zu wecken! Und derselbe Autor hat diese Totengerippe eingesetzt, vor denen der Schüler erschrickt, die kein Lehrer wird in Fleisch und Leben zurückzaubern können! Sollte er nicht vielleicht selbst zugeben, dafs Anmerkungen wie S. 17, 18 und besonders S. 19 für Lehrer und Schüler absolut wertlos sind?

Auch sonst sind sie geringer als alle übrigen Teile des Buches, stilistisch nicht so sorgfältig (vgl. auf S. 1 die Wiederkehr des Wortes „wesentlich"), nicht so klar und verständlich (vgl. S. 17 „die vom Sein abstrahierten Begriffe", S. 18 „Korrelat der Begriffe"), vielleicht auch weniger korrekt (vgl. S. 15 die denn doch höchst bedenkliche Wiedergabe der 7. Aristotelischen Kategorie).

Zum Teil sind sie sogar geradezu verwerflich, vgl. S. 19. Ist es wirklich nötig, den Schüler darauf aufmerksam zu machen, dafs die Arten bei Darwin eine andere Bedeutung haben als in der Logik? dafs die Lehre

Darwins mit der Logik vereinbar ist? Fügt man nun gar bei, dafs jedoch den Beweis ihrer Richtigkeit die Naturwissenschaft zu leisten hat, so mag der Schüler schliefsen, dafs sie ihn wohl auch zweifelsohne leistet. Um mich kurz zu fassen: Man mag denken, wie man will, der Name Darwin gehört nicht in Schule und Gymnasium! — Ähnliche Erwägungen dürften auch die Entfernung der §§ 2 und 3 empfehlen.

Hab' ich nun auch viel getadelt, so wäre doch überall leicht abgeholfen; und bei alledem kann mein Endurteil noch ein günstiges sein. Denn hier sind auch Vorzüge, grofse Vorzüge: das sind Kürze, Übersichtlichkeit und wirkliche Klarheit.

Das ist kein kleines Lob. Werden denn nicht die meisten durch die anfänglichen Schwierigkeiten von den philosophischen Studien abgestofsen? Dieses Buch aber ist geeignet, nicht blofs den Besitz der alten Lehre rasch und mühelos zu vermitteln, sondern auch überhaupt Neigung und Interesse für die weiteren verwandten Fragen und Untersuchungen zu erwecken.

Dem Zwecke eines leichteren Verständnisses dienen jetzt in der zweiten Auflage auch Beispiele, die grofsenteils sehr glücklich zu nennen sind. Zu verwerfen jedoch ist eines von ihnen, S. 55, schon deshalb, weil der schwerfällige Ausdruck „bereit andere zu unterdrücken" als terminus gehandhabt werden mufs. Bedenklich scheinen mir ferner S. 50, 2 u. 3. Das Beispiel S. 66, Grillparzer betreffend, ist der literarhistorischen Wahrheit halber auf andere Namen abzuändern (am besten auf Werner).

Dieses allgemeine Lob schliefst nicht aus, dafs nicht hier und dort etwas fafslicher sein könnte; weniger glücklich in dieser Hinsicht erscheint mir z. B. § 15, 1, jedoch abermals leicht zu verbessern.

Zum Zweck, alles, was verwirren kann, zu beseitigen, bemerke ich ferner: 1. Die grundlose Empfehlung der Trichotomie, die nach des Verf. eigener Einsicht selbst für Kant schädlich wurde, ist zu streichen. 2. Schwierigkeiten, die hier nur durch einen Machtspruch gelöst werden können, bleiben aus einem Schulbuche besser weg, so z. B. S. 33, was den Widerspruch in der Bewegung betrifft: 3. Als Beispiel für den indirekten Beweis möge eines gewählt werden, das nicht wie das S. 79 angeführte denselben von vornehrein als unnötig erscheinen läfst, indem die zu beweisende Sache schon so ziemlich in der Definition enthalten ist.

Aufserdem bemerke ich, dafs zur Figurenlehre, soll sie anders in diesem Umfange vorgeführt werden, Kreise deshalb zu wünschen sind, weil sie kein Lernender selbst konstruieren kann.

Zu jenem letzten grofsen Lobe, das ich dem Buche erteilt, habe ich noch ein anderes hinzuzufügen: Der Abschlufs der Logik ist für unsern Autor, fast gegen seinen Willen, im Grunde doch die Induktionslehre geworden. Leider zwar verkennt er an dieser Stelle den grofsen Wert der Wahrscheinlichkeitslehre und ihrer mathematischen Darstellung für die Philosophie; doch bleiben auch für ihn Beobachtung und Experiment als erste und einzige Mittel der Forschung übrig, und dadurch wird er trotz zögernder Mittelstellung zum Propheten der Wahrheit, dafs Heil für die Philosophie nur zu hoffen ist auf diesem Wege, d. i. durch **naturwissenschaftliche Methode**.

Jedes Buch aber sei warm und dringend empfohlen, das geeignet ist, dem Anfänger diese wichtigste Einsicht beizubringen oder zu befestigen.

München. A. Patin.

Illustrierte Geschichte der fremden Literaturen in volkstümlicher Darstellung herausgegeben von Otto von Leixner. Mit über 300 Text-Illustrationen und zahlreichen Tonbildern etc. Leipzig und Berlin. 1881. Verlag und Druck von Otto Spamer. gr. 8. (Vollständig in etwa 30 Lieferungen à 50 ₰ — vorliegend Heft 1—7).

Die früheren umfassenden Darstellungen allgemeiner Literaturgeschichten, wie sie uns z. B. Wachler in seinem „Handbuch der Geschichte der Literatur", Grässe im „Lehrbuch einer allgemeinen Literaturgeschichte aller bekannten Völker der Welt von der ältesten bis auf die neueste Zeit" oder K. Rosenkranz und C. Fortlage auf dem begrenzteren Gebiet der Poesie der verschiedenen Völker vor nahezu 4 oder 5 Dezennien gegeben haben, mufsten schon von wegen des damals noch bestehenden Mangels von brauchbaren Übersetzungen und Kommentaren von mehreren hochbedeutsamen Literaturen des Orients an gröfseren Lücken und zahlreichen Unrichtigkeiten leiden, zu geschweigen der gewaltigen Fortschritte, die seither germanische und romanische Forschung gemacht hat. Und welcher Literarhistoriker wäre im stande auch nur die wichtigsten der selbst für eine nur „volkstümliche" Darstellung in betracht kommenden Schriftwerke in ihren Originalen zur Kenntnis nehmen zu können? Viel reichhaltiger und gesicherter war das Material, das Johannes Scherr für seine „Allgemeine Geschichte der Literaturen" vorlag, wovon die erste Auflage schon 1850—51, die neueste (5.) aber 1879 erschienen ist. Das Buch hat trotz seiner vielen und grofsen Mängel und trotz aller an mehr als einer Stelle zu tage tretenden groben Einseitigkeit der Auffassung die weiteste Verbreitung gefunden[1]). Es war sicherlich keine überflüssige und undankbare Mühe, der sich nunmehr O. v. Leixner in seinem vorwürfigen Werke unterzieht. Seine „illustrierte Geschichte des deutschen Schrifttums" hat nach Inhalt und Ausstattung vor kurzem erst die beifälligste Aufnahme gefunden, wie

---

[1]) Abgesehen von den vielen Monstruositäten im Ausdrucke, von denen sich eine ebenso zahlreiche als ergötzliche Kollektion aus dieses Schriftstellers Werken überhaupt zusammenlegen liefse, achte man nur auf die mannigfaltigen, oft sehr gesuchten und tendenziösen Verdrehungen, ja Verzerrungen in der Schilderung von ihm nicht sympathischen Charakteren und Geistesprodukten, die burschikose, mafslose und im gewöhnlichsten journalistisch-pamphletischen Schimpftone gehaltene Beurteilung von Männern, wie Fr. Schlegel, Brüder Stolberg, von denen einem er (2. Aufl. S. 441) wörtlich sagt: „Auch Christian Gr. v. S. war ein ganz unbedeutender Mensch und Poet, dem nur für kurze Zeit der kraftgenialische Jugendenthusiasmus in das leere Hirn (!) gestiegen, sodafs er etwelchen teutonischen und anderen Bombast von sich gab"; bei J. Görres wird mit keiner Silbe sein grofses Verdienst um unsere Literatur durch die Sammlung und Neubelebung der deutschen Volksbücher wie die Einführung persischer Dichtungen in unsere Sprache irgend erwähnt, von allem anderen zu schweigen, sondern sein Gedächtnis wird mit der geradezu schamlosen Phrase abgefertigt „der mysteriöse Aberwitz hat in des berüchtigten Renegaten und Jesuiten J. Görres christlicher Mystik gegipfelt". Wer noch Trivialeres geniefsen will, der arbeite sich durch des gleichen Verfassers „Deutsche Kultur- und Sittengeschichte"; das ist pikante Kost, da schreitet der Herr Professor mit stolzem Kothurn auf vielbetretenen Pfaden einher — nicht selten freilich und sichtlich gar nicht ungern durch Pfützen watend. Sehr volkstümlich, sehr modern das alles! — aber welche Wissenschaft!

wir sie denn auch, nach dem vorliegenden Teile zu schliefsen, dem eben im Erscheinen begriffenen wünschen und versprechen können. Was er uns bieten will, ist „ein Buch, das jener grofsen Menge von Wifsbegierigen, welche keine Zeit haben, um bändereiche Werke zu lesen, oder die grofsen Einzeldarstellungen zum Gegenstande des Studiums zu machen, einen Überblick über die wichtigsten Dichterwerke gewähren soll, in denen sich der Geist eines Volkes besonders klar ausgesprochen hat." (S 3.) Dabei „soll ein besonderes Gewicht auf die bedeutendsten jener Schöpfungen gelegt werden, die auf die Entwicklung des deutschen Schrifttums von Einflufs geworden sind." Dies wird natürlich bei der Schilderung wie der altklassischen so besonders der romanischen Literatur zur Geltung kommen. „Prosa soll sonach nur in beschränkterem Mafse Aufnahme finden, nur etwa einiges von der Art der Werke eines Macchiavelli, Locke und einiger Encyklopädisten" (S. 4.), eine Beschränkung des Stoffes, die uns freilich weniger gefallen will und gerade auch schon in den bereits vorliegenden Partien des Buches unbefriedigt läfst. Auch enthält der mehr versprechende Titel desselben nichts von dieser Einschränkung. Mit dem Charakter der „Volkstümlichkeit" sodann wird man freilich auch gar manches in den Kauf nehmen müssen, was dem Kenner des einschlägigen Schrifttums als Oberflächlichkeit — geringe gesagt — erscheinen mag. — Die uns vorliegenden 7 Lieferungen nun — also nicht ganz ein Viertel des Ganzen — enthalten vorerst von orientalischen Literaturen die (alt)ägyptische, die hebräische, die der Araber, Perser, Inder und Chinesen und ein paar Blicke auf die hervorragendsten Leistungen der Mongolen, Kalmücken u. s. w. — gewissermafsen die bunt ausgemalte Vorhalle zu dem stattlichen Hauptgebäude, das von der Mitte der 4. Lieferung an die Literaturen von Hellas und Rom, diese erst in den allerältesten Anfängen, umschliefst. Daran soll sich reihen, das Schrifttum der Romanen, der Germanen (ausschliefslich der Deutschen) und Slaven nach all ihren Verzweigungen, vor allem mit wohlberechtigter Betonung der neueren Literaturwerke. Zahlreiche Proben nach den besten Übersetzern, und an solchen ist vielleicht keine Sprache reicher als gerade unsere deutsche[1]), sind aufgenommen. Verzeichnisse der Quellen, die wir allerdings lieber gleich an den betreffenden Stellen gesehen hätten, und der wichtigsten Ausgaben werden die Brauchbarkeit des Buches erhöhen. Die Beigabe von Illustrationen ist allmählich für mehr populär gehaltene Darstellungen sehr beliebt geworden; auch bei diesem Werke hat der längst rühmlich bekannte Verleger in Auswahl und Ausführung recht Dankenswertes geleistet, wie auch die sonstige Ausstattung alle Anerkennung verdient. Den Reproduktionen einiger moderner Darstellungen orientalischer Sujets allerdings können wir für den vorliegenden Zweck nur wenig Wert beimessen, dafür wären am Ende ein paar Nachbildungen mehr von antiken Schrifttypen u. s. f. am Ende erwünschter. Einigemale sind auch die Illustrationen nicht an der passenden Stelle eingefügt. — Die Darstellung des gewandten und vielseitigen Schriftstellers ist fliefsend und anregend und besonders gelungen sind die einleitenden Bemerkungen über die einzelnen Literaturen, Literaturepochen oder hervorragende Literaturgestalten, so über das altindische Epos, die Auseinandersetzungen über Homer und dessen Dichtungen, ebenso was von Pindar, zu dem Wesen der griechischen Komödie in ihren drei Stadien und über das attische Bühnenwesen gesagt wird; ebenso die Hinweise auf

---

[1]) Gediegene englische Übersetzungen der hochwichtigen heiligen Bücher des Orients werden uns die in mehr als 20 Bänden von Max Müller im Vereine mit tüchtigen Fachgelehrten herausgegebenen „Sacred Books of the East" bieten, wovon bereits 10 Abteilungen erschienen sind.

die Nachwirkungen einzelner Literaturerzeugnisse auf spätere und moderne Entwicklungen. Im einzelnen freilich haben sich gar manche Mängel, Ungleichheiten und Unrichtigkeiten eingeschlichen, von denen wir einige berühren zu müssen glauben. Unter den auf dem Gebiete der Aegyptologie hochverdienten deutschen Gelehrten war (S. 10) doch vor allem Lepsius zu nennen. Entschieden zu tadeln ist es bei der Darstellung des Schrifttums der Hebräer, das überhaupt etwas zu kurz weggekommen ist, dafs der Verf. in so manchen Dingen, von denen der Kenner weifs, dafs „adhuc sub iudice lis est", mit soviel apodiktischer Sicherheit auftritt und völlig gar auch noch mit banalen Phrasen, wie „haarspaltende Theologen, tiefsinnige Schwärmer und trockene Gelehrte" (S. 19) oder „verbohrte Theologen" (S. 23) um sich wirft. Entweder schweigen, oder das Streitige der Frage andeuten! Wir erinnern hier nur an das hohe Lied, das Buch Hiob u. s. f. Bei den Übersetzungen hätten wir lieber manches von Delitzsch gelesen, der durch mehr wörtliche Treue den Geist des hebr. Originals richtiger wiedergibt. Die hebr. Prosa mufste durchaus, wenn auch nur in den Hauptzügen, charakterisiert werden. — Auch bei der späteren Literatur der Araber sollten doch Namen wie Ben Sina (Avicenna) und Ibn Roschd (Averroes) nicht fehlen; kleinere Unrichtigkeiten laufen auch mitunter bei der Erörterung der Zoroastrischen Religion und Literatur; von dem Pehlevi-Schrifttum ist gar nichts erwähnt, das Avesta nur ganz ungenügend vertreten und Firdusi auf Kosten der Gesamtdarstellung zu reichlich bedacht. Die türkische Literatur ist (S. 64) nur mit etlichen Zeilen be- oder eigentlich verurteilt, was wir trotz der anerkannten Unselbständigkeit derselben doch zu kärglich finden. Die (alt)syrische Literatur, Jahrhunderte lang blühend und die Vermittlerin griechischen Wissens für Arabien, hätte auch in Kürze wenigstens behandelt werden sollen. In dem Abschnitte „Indien" begegnen wir wiederum der durchaus irrigen Auffassung, das Sanskrit sei die Muttersprache der übrigen indogermanischen Sprachen (S. 66); auch treffen wir in der Schilderung des vedischen Zeitalters mehrfach die bekannten modernen Ausdrücke und modernisierten Auffassungen, die nicht selten das ganze Bild fälschen. Die Brâhmanas-Sûtras- und Upanishads-Literatur durfte nicht mit völligem Stillschweigen übergangen werden, ebenso nicht die Bhagavadgîtâ, die weitaus bedeutendste der philosophischen Episoden des Mahâbhârata, das im übrigen sehr gut behandelt ist. Passend hätte etwa auch darauf noch hingewiesen werden können, wie das indische Drama nie als ein eigentliches Trauerspiel sich darstellt, die Lösung ist stets eine glückliche. Die spätere, überreiche Sanskritliteratur in Prosa, die in mehrfacher Beziehung für die Geschichte des menschlichen Denkens so hochbedeutsam ist — man erinnere sich nur an die durchaus originalen Grammatiker, Philosophen und die Rechtsliteratur — ist kaum mit einer halben Seite bedacht. Aufgefallen ist uns in diesem Abschnitte besonders die Menge wiederkehrender Fehler und Inkonsequenzen in der Schreibung altindischer Wörter, z. B. S. 71 Vjasa und Wâlmiki statt Wjâsa und Wâlmîki, Ramajana und Râmajâna statt Râmâyana u. s. f. Mahâbhârata heifst nicht „der grofse Krieg (S. 71); falsch ist auch die Schreibung Tutinahme und (S. 27) die Bemerkung „Talmud (richtiger Thalmuth)". — In der griechischen Literatur hätten wir mehr Proben aus Homer gewünscht; Äschylus und Euripides hätten etwas kürzer abgemacht werden können im Verhältnis zur Anlage des Ganzen; dafür waren doch in wenigen Zeilen die letzten Ausläufer der griechischen Tragödie (S. 227) und jedenfalls viel ausführlicher die griechische Prosa zu behandeln; sehr mangelhaft ist nämlich das über die Redner Bemerkte, ganz ungenügend die Behandlung von Plato und Aristoteles — letzterer nur in 5 Zeilen! Auch vermissen wir Bemerkungen über Callimachus, überhaupt zur elegischen und epigrammatischen Poesie.[1]) An Druckversehen notieren wir nur aus S. 62: Jolowiez st. Jolowicz, S. 71 Z. 22 v. u. Seogas st. Slokas, S. 85 Z. 2 v. u. Böhtling st. Böhtlingk, S. 143 Planistik st. Plastik, S. 178 Bakchilides st. Bakchylides, S. 252 zwei Druckfehler in einem griechischen Büchertitel, S. 231 ff. ist immer Peisthetäros geschrieben, obschon die Form Peithetäros längst als die nach aller Wahrscheinlichkeit richtigere erkannt und recipiert ist. — Bei der Überschau des bisher Gebotenen überwiegt indessen das Gefühl der Befriedigung und sprechen wir gerne die frohe Erwartung aus, dafs das schöne Werk bald seiner Vollendung entgegengehe und wir dann seinerzeit auch vom Ganzen die Vorzüge rühmen können, die dasselbe zu einem volkstümlichen Buche in des Wortes bestem Sinne gestalten.

München. Dr. Georg Orterer.

Zeittafeln der deutschen Geschichte im Mittelalter von der Gründung des fränkischen Reiches bis zum Ausgang der Hohenstaufen mit durchgängiger Erläuterung aus den Quellen. Für den Gebrauch an höheren Unterrichtsanstalten und zum Selbststudium bearbeitet von Dr. G. Richter. Halle 1881.

Schon früher veröffentlichte Richter Zeittafeln, welche die Periode von der Entstehung der fränkischen Völkervereinigung bis zum Sturz der merovingischen Dynastie (240—751) umfassen. Dieselben Annalen gibt der Verfasser jetzt nochmals vom Jahre 481—751 im Auszug und führt dann das Werk mit gröfserer Ausführlichkeit fort bis zum Tode Konrads IV. im Jahre 1254.

Bezüglich der Benützung seines Buches äufsert sich Richter folgendermafsen: „In erster und nächster Hinsicht ist dasselbe für den Schüler einer Prima bestimmt. Es mufs in seiner Hand sein, wenn es seiner Bestimmung genügen will, und ich hoffe, es werde sich wie die Peter'schen Zeittafeln der griechischen und römischen Geschichte einen Platz unter den Schulbüchern erobern. Besonders soll diese Zeittafel zur Vorbereitung auf den Unterricht dienen. Der Schüler wird gewisse vom Lehrer näher bezeichnete Partien vorher durcharbeiten und versuchen, sich aus den für ihn zusammengetragenen und zugehauenen Bausteinen sich das Geschichtsbild selbst aufzubauen, um es dann in der Stunde im Zusammenhang wiederzugeben. Nach Beendigung gröfserer Abschnitte leite man den Schüler an, den Stoff nach bestimmten Gesichtspunkten durchzuarbeiten, indem er gleichsam durchlaufende Verhältnisse verfolgt. Man lasse ihn z. B. die Entwickelung der päpstlichen Ansprüche an der Hand authentischer Kundgebungen derselben darstellen. Er verfolge die Papstwahlen vor und nach dem Wendepunkt von 1059, die Königswahlen, die Frage der Erblichkeit, des Wahlrechtes der Fürsten; man lasse zusammenstellen, was zur Beleuchtung des Lehn-

---

[1]) Anmerkg. S. 241 mufste für das Verhältnis der griechischen zur orientalischen, resp. indischen Tierfabel, über das sich der Verfasser viel zu unsicher und unklar ausspricht, auf die epochemachende Einleitung zu Benfeys Übersetzung des Pantschatantra ausdrücklich hingewiesen werden, neben der Erwähnung auf S. 93; auch Bernhard Schmidts „Griechische Märchen, Sagen und Volkslieder" enthält sehr viel hier Einschlägiges, obschon es ja vorwiegend Neohellenika berücksichtigt!

wesens dienen mag, die Mission und Kolonisation zusammenhängend schildern, ferner Charakterbilder einzelner Herrscher, die ketzerischen Bewegungen eines Arnold von Brescia u. s. w."

Wenn derartige Anforderungen an einen angehenden Historiker auf der Universität im historischen Seminar gestellt werden, so finde ich dies ganz passend, aber das Gymnasium hat weder Zeit noch Beruf, seine Schüler zu Philologen oder Historikern heranzubilden. Wofür haben unsere grofsen Meister der Geschichtschreibung wie Giesebrecht, Raumer etc. geforscht und geschrieben, wenn jeder Gymnasialschüler sich seine Geschichte wieder ab ovo konstruieren soll? Was mögen da für Elaborate zu tage gefördert werden von Leuten, denen vorerst die nötigsten historischen Grundbegriffe beigebracht werden müssen. Wenn schon die Lektüre eines Klassikers, z. B. des Livius, den Schülern der Obersekunda Schwierigkeiten genug bereitet, um wie viel mehr wird das der Fall sein bei der Übersetzung von Bruchstücken mittelalterlicher Geschichtschreiber, die aus dem Zusammenhang gerissen häufig das Verständnis noch wesentlich erschweren? Wären diese Quellencitate wenigstens in einer guten deutschen Übersetzung angeführt, dann liefse sich noch eher etwas von der Lektüre gröfserer, im Zusammenhang gegebener Partien erwarten.

Ich verweise hiebei auf Wattenbach (Deutsche Geschichtsquellen im Mittelalter p. 24). „Das blofse Nachschlagen und Benutzen einzelner Stellen gibt zu vielen Irrtümern und Mifsverständnissen Anlafs, und nur das Lesen im Zusammenhang gewährt die richtige Anschauung; nur dadurch gewinnt man ein lebendiges Bild von den einzelnen Schriftstellern, wie von der ganzen Zeit und der damals herrschenden Art der Anschauung und Auffassung. Noch besser wird vielleicht in manchen Fällen dieser Zweck erreicht durch die schon von Stein gewünschten Übersetzungen, aus denen uns der Inhalt der Schriften weit reiner entgegentritt, indem der Leser hier nicht durch die einzelnen Schwierigkeiten beschäftigt wird, die sonst leicht seine Aufmerksamkeit zerstreuen. Auch wird man durch die Übersetzungen nicht selten auf Stellen aufmerksam gemacht, die man früher übersah, und wenn die Übersetzung gelungen ist, bietet sie kein unbedeutendes Hilfsmittel dar zum richtigen Verständnis des Textes, welches häufig gar nicht so leicht ist, als der erste Anschein glauben läfst. Denn das mittelalterliche Latein hat viel Eigentümliches, nicht nur in diese Sprache überhaupt, auch in den Sprachgebrauch der einzelnen Schriftsteller mufs man sich erst mit Sorgfalt hineinlesen, um ihn ganz zu verstehen."

Die Anforderung Richters an die Schüler ist auch nicht in Einklang zu bringen mit der bayerischen Schulordnung, in der es § 14 heifst: „Der freie Vortrag der Lehrer und die Mitteilung anziehender Stellen aus mustergültigen Geschichtsschreibern werden zur Belebung des Unterrichts dienen. Gelegentlich ist auf die Hauptquellen der Geschichte und auf die vorzüglichsten historischen Werke hinzuweisen."

Wenn nun schon die Arbeit als solche den Schülern bedeutende Schwierigkeiten bereiten dürfte, so ist noch ein wichtigerer Punkt hereinzuziehen, nämlich der Mangel an Zeit. Richter hat jedenfalls norddeutsche Einrichtungen im Auge, wenn er sagt, ein Schuljahr der Prima pflege der Geschichte des Mittelalters gewidmet zu werden. Auf bayerischen Gymnasien ist der von Richter behandelte Stoff der zweiten Gymnasialklasse (Obersekunda) zugewiesen. Nun reicht das Geschichtspensum dieser Klasse vom Zeitalter der Gracchen bis zum Erlöschen des Hohenstaufischen Hauses und soll in wöchentlich zwei Lehrstunden bewältigt werden. Wer je als Lehrer dieses Thema mit den Schülern durchzugehen hatte, wird mir zugestehen müssen, dafs bei dem zu grofsen Umfang des Stoffes gerade die letzte

Periode, die der Hohenstaufen, dieser Glanzpunkt der deutschen Geschichte, nur sehr ungenügend, zuweilen gar nicht mehr behandelt werden kann, ein Mifsstand, den ich mir bei einer andern Gelegenheit näher zu erörtern erlauben werde. Wo soll da noch die Zeit hergenommen werden, einzelne Partien quellenmäfsig zu bearbeiten?

Wenn ich aber aus den aufgeführten Gründen Richters Zeittafeln für den Schulgebrauch an Gymnasien nicht geeignet erachte, so will ich damit der Trefflichkeit des Buches selbst durchaus nicht zu nahe treten, vielmehr kann das gediegene Werk allen angehenden Historikern und besonders den Geschichtslehrern zum Selbststudium auf das wärmste empfohlen werden.

Regensburg. Dr. Gruber.

Milinowski. Geometrie für Gymnasien und Realschulen. I. Teil: Planimetrie. Leipzig, Teubner. 1881. Pr. ℳ 2.

Schon der Name des Verfassers, der durch seine wertvollen Arbeiten, die er in Schlömilchs Zeitschrift für Mathematik und Physik und in Borchardt's Journal der Mathem. veröffentlicht hat, den Kollegen rühmlichst bekannt sein dürfte, bürgt dafür, dafs wir eine gründliche und auf der Höhe der Wissenschaft stehende Arbeit vor uns haben. Eine genaue Durchsicht derselben zeigt aber auch, dafs sie aus der Feder eines tüchtigen Schulmannes geflossen ist, der es ganz besonders versteht, den Lernenden unvermerkt in die schwierigsten Lehren der Elemente einzuführen.

„Unter den mathematischen Disziplinen hat die Geometrie unzweifelhaft die gröfste bildende Kraft, und zwar liegt dieselbe in der Förderung des räumlichen Vorstellungsvermögens. Die Stärkung desselben mufs daher der Hauptzweck des geometrischen Unterrichtes sein, die geometrische Wahrheit mufs durch Anschauung erkannt werden. Alle Beweise, welche vorzugsweise der Rechnung sich bedienen, sind möglichst zu vermeiden. Der wirkliche Lehrstoff ist in knapper, präciser Form und möglichst geringem Umfange zu geben, seine Anwendungsfähigkeit ist in zahlreichen Konstruktionsaufgaben zu zeigen. Die Konstruktionen selbst, als hauptsächlichstes Mittel zur Kräftigung des Formensinnes, sind wenigstens auf den unteren Stufen auch in den Nebenteilen genau mit Lineal und Zirkel auszuführen. Nach diesen Grundsätzen ist vorliegendes Lehrbuch bearbeitet."

Dies sind die Worte des Verfassers in der Vorrede zu seiner Arbeit, die gewifs jeder Lehrer unterschreiben wird, dem die geistige Bildung und Kräftigung seiner Schüler, die ja das einzige Ziel der Gymnasialbildung sein soll, am Herzen liegt.

Der Verf. ist demgemäfs bestrebt, den Lernenden so früh wie möglich zu selbständigen Konstruktionen anzuregen. Deshalb ist auch schon von Anfang an der Lehrgang ein von dem gewöhnlichen abweichender. In den ersten sechs Paragraphen werden die Definitionen derjenigen geometrischen Gebilde gegeben, welche in der elementaren ebenen Geometrie betrachtet werden, und werden an diese Definitionen 65 Übungen gereiht, zu deren Bearbeitung blofs die Definitionen ausreichen, und die den Schüler mit der Verschiedenartigkeit und der Verknüpfung der definierten Gebilde anschaulich bekannt machen sollen. Auch wird hier schon der wichtige Begriff des geometrischen Ortes gegeben, und werden in den folgenden Paragraphen die wichtigsten geometrischen Örter in fortlaufenden Nummern angegeben. § 7 behandelt das gleichschenklige Dreieck mit einigen Folgerungen bezüglich des rechtwinkligen Dreieckes in 11 Lehrsätzen, die hauptsächlich durch Umlegungen bewiesen werden; das gleichschenklige Dreieck liefert schon reichlichen Stoff zu Übungen. Es sind denn auch diesem Paragraph 90 Aufgaben beigefügt, die die Verwendbarkeit der Eigenschaften des gleichschenkligen Dreieckes in mannigfacher Weise zeigen, worunter sich freilich auch Sätze und Konstruktionsaufgaben befinden, welche in den meisten Lehrbüchern dem Lehrstoffe einverleibt sind, — eine Bemerkung, die auch für die folgenden Paragraphen gültig ist. § 8 Kongruenz, 6 Lehrsätze mit 47 Übungsaufgaben. § 9 Parallellinien, 5 Lehrsätze mit 55 Übungen. § 10 Parallelogramme, 4 Lehrsätze und 113 Übungsaufgaben. § 11 Winkelsumme eines Dreieckes, 2 Lehrsätze und 66 Übungen, § 12 Centri- und Peripheriewinkel, 7 Lehrsätze, 43 Übungen. § 13 Proportionalität der Strecken und Ähnlichkeit, 10 Lehrsätze mit 92 Übungsaufgaben, in welchen auch schon die Konstruktion arithmetischer Ausdrücke zur Sprache kommt. § 14 Flächensätze, 9 Lehrsätze mit 119 Übungen, in welchen die Konstruktion arithmetischer Ausdrücke weitere Berücksichtigung erfährt. § 15 Mittellinien und winkelhalbierende Transversalen eines Dreiecks, 3 Lehrsätze, 81 Übungen. § 16 Harmonische Punkte und Strahlen. Auf die Aufgabe: „eine Strecke in einem gegebenen Verhältnisse zu teilen", wird die Definition der harmonischen Teilung gegründet und werden dann in 12 Lehrsätzen die Haupteigenschaften der harmonischen Gebilde entwickelt. Dann folgen 53 Aufgaben, welche zum Teil einzelne metrische Relationen von harmonischen Punktgebilden, zum Teil die Anwendung der harmonischen Gebilde zur Konstruktion unzugänglicher Gerader und Punkte und andere hieher gehörige Aufgaben, z. B. zwei Strecken durch ein einziges Punktepaar harmonisch zu teilen, und endlich die Lehre von der harmonischen Verwandtschaft und der Transformation der Figuren mittelst derselben enthalten. Den Schluſs bildet die Ableitung der Eigenschaften perspektivischer Dreiecke mittelst der harmonischen Verwandtschaft. § 17 Ähnlichkeitspunkte der Kreise. 3 Lehrsätze, worunter auch der von den Ähnlichkeitstaxen und 32 Übungen. In letzteren kommen unter anderen auch die Kreisberührungen, die inversen Punkte, die Kreise durch die inversen Punkte, das gleichwinklige Schneiden zweier und dreier Kreise durch andere Kreise, das Schneiden von Kreisen und Geraden unter bestimmten Winkeln zur Sprache. § 18 der Sehnensatz. 4 Lehrsätze und 51 Übungsaufgaben, unter denen sich auch das Appollonische Taktionsproblem nach der älteren von Vieta herrührenden Lösung und die Konstruktion quadratischer Gleichungen nebst hieher gehörigen Aufgaben befinden. § 19 der Kreisbüschel. 5 Lehrsätze mit 63 Übungsaufgaben. Wenn schon in den vorhergehenden Aufgaben der Schüler in die feineren Lehren der elementaren Geometrie eingeführt wurde, so geschieht dies hier in noch höherem Maſse. Es werden hier die Schnitte eines Kreises und einer Geraden mit einem Kreisbüschel, die Kreise eines Kreisbüschels, welche bestimmte Bedingungen erfüllen, die Eigenschaften der Orthogonalkreise, der Potenzkreise zweier gegebener Kreise als Kreise des durch letztere bestimmten Kreisbüschels, die Kreise, welche andere unter Durchmessern schneiden, der zweite Potenzart zweier Kreise, das gleichwinklige Schneiden von Kreisen durch andere Kreise, Konstruktion von solchen Kreisen, die gegebene Bedingungen erfüllen, und gleichsam als Anwendung eine äuſserst elegante Lösung des Appollonischen Taktionsproblems, Konstruktion eines Kreises, der vier gegebene Kreise gleichwinklig schneidet, Kreise, welche drei Gerade gleichwinklig schneiden, Konstruktion eines Kreises, welcher drei Gerade gleichwinklig schneidet und eine weitere Bedingung erfüllt, Konstruktion eines Kreises, welcher drei Kreise und eine Gerade gleichwinklig schneidet, der dritte Potenzart zweier Kreise,

Konstruktion eines Kreises, welcher zwei von drei gegebenen rechtwinklig, den dritten nach einem Durchmesser, einen rechtwinklig und zwei nach Durchmessern schneidet, behandelt. § 20 Pol und Polare. 5 Lehrsätze, 40 Übungen. Diese führen den Lernenden noch tiefer in die feinere Geometrie ein. Er wird mit der Theorie der konjungierten Punkte, und mit dem Polardreiecke bekannt gemacht, sowie ausführlich mit der Kreisverwandtschaft, durch die es ermöglicht wird, auf eine elementare und höchst elegante Weise die Theorie des Schneidens von Kreisen durch andere Kreise unter gegebenen Winkeln zu entwickeln, die zuletzt in der Aufgabe gipfelt, einen Kreis zu konstruieren, der drei gegebene Kreise unter drei gegebenen Winkeln α, α', α'' schneidet. Den Schlufs dieser Aufgaben bildet eine Lösung des Appollonischen Taktionsproblems durch Kreisverwandtschaft. § 21 die regelmäfsigen Vielecke und Kreisberechnung. 7 Lehrsätze, 19 Übungsaufgaben, worunter sich auch die annähernde Rektifikation des Kreises durch Konstruktion befindet. § 22 die merkwürdigen Punkte des Dreieckes. 4 Lehrsätze, darunter eine äufserst einfache Darlegung des Feuerbach'schen Kreises, mit 48 Übungsaufgaben, die Konstruktion von Dreiecken aus gegebenen Punkten, und einige merkwürdige Eigenschaften der den drei Berührungskreisen eines Dreieckes, aufser den drei Dreiecksseiten, gemeinschaftlichen Tangenten enthaltend.

Diese Inhaltsangabe zeigt den Reichtum des in diesem ausgezeichneten Buche enthaltenen Materials. Dem Unterzeichneten wenigstens ist unter der Flut von Lehrbüchern über Elementargeometrie noch keines unter die Hand gekommen, das nur annähernd so inhaltsreich gewesen wäre, wenn auch an Umfang weit gröfser als das vorliegende, das nur 123 Seiten umfafst. Das Schneiden von Kreisen unter sich und mit Geraden nach gegebenen Winkeln ist meines Wissens wenigstens noch in keinem Elementarbuche, sei es Lehrbuch oder Aufgabensammlung, behandelt worden, und es verdient schon deswegen der Verfasser den Dank der Lehrer der Mathematik, dafs er diese schöne Theorie den Elementen einverleibt hat. Wer aber, wie der Unterzeichnete, die Schrift durchgearbeitet, und die mehr als 1181 Aufgaben schriftlich bearbeitet hat, wird den Ausspruch gerechtfertigt finden, dafs dieses Buch sowohl in wissenschaftlicher als methodischer Beziehung zu den besten zählt, die bis jetzt über Elementargeometrie erschienen, wenn es nicht geradezu das beste ist. Der Unterzeichnete gesteht gerne ein, dafs er selbst viel aus diesem Buche gelernt hat, und dafs er sich auf den geistigen Genufs freut, den ihm der zweite Teil, der die räumliche Geometrie in gleicher Weise behandeln soll, voraussichtlich gewähren wird. Möge dem Buche die Beachtung zu teil werden, die es verdient!

Landshut.   Eilles.

Die Elemente der Differential- und Integralrechnung. Zur Einführung in das Studium dargestellt von Axel **Harnack**, o. Professor der Mathematik am Polytechnikum zu Dresden. Mit Figuren im Text. Leipzig, Druck und Verlag von B. G. Teubner. 1881. VIII. 409 S.

Das vorliegende Werk sucht innerhalb engerer Grenzen dasselbe Ziel zu erreichen, welches Lipschitz in seinem bekannten gediegenen „Lehrbuch der Analysis" sich gesteckt hat. Herr Harnack will den Studierenden einen Führer in den eigentlich wissenschaftlichen Teil der Infinitesimalrechnung an die Hand geben. Wir fürchten keinen Vorwurf, wenn wir es aussprechen, dafs die weitaus überwiegende Mehrzahl der älteren Lehrbücher vor allem darnach strebt, den Jünger der Wissenschaft in deren mehr technischen Bestandteilen, im Differenzieren und Integrieren, tüchtig einzuüben und ihm zu zeigen, wie grofsen Einflufs diese Operationen auf die Lösung auch der schwierigsten Probleme der Geometrie und der angewandten Mathematik besitzen. Naturgemäfs genügte diesen Anforderungen eine möglichst ausgedehnte Berücksichtigung der Funktionen von reellem Argumente. Unter diesen Umständen pflegten die unendliche Analysis im älteren Sinne und jene moderne Funktionentheorie, welche durch Riemann resp. Cauchy ins Leben gerufen worden war, unvermittelt neben einander zu stehen, ohne dafs die so eminent befruchtende Einwirkung der letzteren auf die erstere, wie sie sich doch bereits in den allerelementarsten Sätzen offenbaren kann, sich wirklich bethätigen konnte. Hier sollen nun eben die Harnack'schen „Elemente" Abhilfe bringen, wobei allerdings zu bemerken ist, dafs die Wahl gerade dieses Titels nicht als eine glückliche bezeichnet werden darf. Werden doch viele, die der Sache nicht näher auf den Grund gehen, durch diese Aufschrift zu dem Glauben kommen, man habe es hier lediglich mit einem Buche zu thun, wie ihrer die Literatur wahrlich gerade genug aufweist, während ihm doch bei genauerem Zusehen das Verdienst nicht abgesprochen werden kann, als Handbuch für den akademischen Anfangsunterricht bahnbrechend zu wirken.

Entsprechend der soeben gekennzeichneten Tendenz des Verf. behandelt derselbe im ersten Buche verhältnismäfsig kurz die reellen Zahlen und die aus ihnen gebildeten Funktionen, allenthalben das Hauptgewicht auf die prinzipiellen Fragen legend. So wird z. B. — ähnlich wie bei Lipschitz — die Lehre von den Irrationalzahlen ziemlich eingehend abgehandelt, weil dieselbe zuerst Anlafs zur Aufstellung und Diskussion des Grenzbegriffes giebt. Hierauf werden die wichtigsten Sätze der Grenzwertrechnung bewiesen; die Beweise sind teils analytisch, teils auch geometrisch, so bei der Ableitung von lim (sin $x : x$). Sehr gründlich gestaltet sich auch die geometrische Interpretation des Differentialquotienten, und zwar wird derselbe — was bei Untersuchungen über Stetigkeit und Unstetigkeit gar nicht zu vermeiden ist — entweder vorwärts oder rückwärts genommen. Auf diese Weise ist es möglich geworden, dem Lernenden schon an dieser Stelle die bemerkenswerte Thatsache zugänglich zu machen, dafs es stetige Funktionen giebt, denen doch nirgendwo ein bestimmter Wert eines Differentialquotienten zukommt. Nunmehr werden die Differentialquotienten der Elementarfunktionen bestimmt, und auch von den höheren Differentialquotienten wird gezeigt, dafs und wie man dieselben in günstigen Fällen in independenter Form erhalten kann. Das achte Kapitel umfafst den Mittelwertsatz, abermals mit sehr hübschen geometrischen Erläuterungen, und dessen Anwendung auf die Entwickelung der Funktionen in Reihen. Es folgen die Funktionen mehrerer Variabelen, die Sätze über totale und partielle Derivierung mit besonderer Berücksichtigung des in neuester Zeit in den Vordergrund getretenen Begriffes der gleichmäfsigen Stetigkeit. Die Theorie der impliciten Funktionen und der $\frac{0}{0}$ Werte beschliefst das erste Buch, welches, wie bereits angedeutet, den doppelten Zweck hat: einmal die Lehren der elementaren Differentialrechnung dem Anfänger noch einmal in Kürze vorzuführen und zweitens in diesem Abschnitte bereits jene Gesichtspunkte nach Möglichkeit hervorzuheben, welche auch bei den tiefer eindringenden Kapiteln der folgenden Bücher sich als mafsgebend erweisen.

Es wird nun gezeigt, in welcher Art die gewöhnlichen Rechnungsweisen der allgemeinen Arithmetik auf die komplexen Zahlen sich übertragen lassen, und wie diese Operationen in dem Äquipollenzenkalkul — wir gebrauchen diesen Ausdruck nur der Kürze halber — ihr geometrisches Substrat finden. Auch die Definitionen von Reihe, Variabele und Funktion müssen eine entsprechende Verallgemeinerung erfahren, wenn das complexe Argument an Stelle des reellen treten soll. Zu diesem Zweck erscheint es nötig, die veränderliche Gröfse sowohl als auch die Funktion geometrisch auf der Zahlenebene darzustellen, wobei jedoch, im strikten Gegensatz zu der die synthetische Geometrie beherrschenden Anschauung v. Staudts, der Ebene nur ein einziger unendlich entfernter Punkt zuerkannt werden darf. Bei mehrdeutigen Funktionen mufs die Ebene durch eine Riemann'sche Windungsfläche ersetzt werden. Im Anschlusse an die berühmte Doktordissertation Riemanns erörtert dann der Verf. die Bedingungen, unter welchen eine Funktion als Funktion einer komplexen Veränderlichen zu gelten hat, signalisiert den Zusammenhang dieser Untersuchungsreihe mit der konformen Kartenprojektion und beweist, dafs eine eindeutige Funktion $f(z)$ auch nur auf eine einzige Weise in eine nach Potenzen von z fortlaufende Reihe entwickelt werden kann. Hieran reiht sich die Theorie des Konvergenzkreises und der sogenannten Verschwindungspunkte, verbunden mit einer Anwendung auf den Satz, dafs jeder algebraischen Gleichung $n$ten Grades auch n Wurzelwerte zukommen. Eine Reihe analoger Schlüsse, die gröfstenteils der als „analysis situs" bezeichneten Disziplin entnommen sind, erledigt auch die Übertragung der komplexen Zahlen auf die impliciten Funktionen.

Die Integralrechnung berücksichtigt in erster Linie wiederum nur die reellen Veränderlichen. Auch hier ist es der Mittelwertsatz, mit Hilfe dessen die Existenzberechtigung des bestimmten und in zweiter Linie erst des unbestimmten Integrales dargethan wird. Die Integration mittelst Zerlegung in Teilbrüche wird, trotzdem die Rechnung sonst in dem Buche zurücktritt, systematischer gelehrt, als in vielen anderen Werken. Ein gleiches darf auch von der Behandlung der irrationalen Integrale gesagt werden. Vor allem möchten wir auf die wichtige Anwendung S. 219 hinweisen, welche höchst beachtenswerte Winke gibt, wie man durch Einführung geometrischer Anschauungen den üblichen Substitutionen den fremdartigen, gezwungenen Charakter benehmen kann. Nicht minder ist anzuerkennen, dafs die vollständige Reduktion beliebiger elliptischer Integrale auf die drei kanonischen Formen Legendres gelehrt wird, indessen ist Referent darüber nicht vollständig ins Klare gekommen, ob nicht auch bei dieser Transformation der zuerst von Unferdinger aufgezeigte, einer besonderen Behandlung bedürftige Ausnahmsfall eintreten könne. Während früher der Konvergenzbegriff nur in weiteren Umrissen skizziert werden konnte, handelt es sich jetzt um das, was man unter „gleichmäfsiger" Konvergenz zu verstehen hat. Endlich werden auch noch die Integrale transscendenter Funktionen einer sorgfältigen Untersuchung unterworfen. Das Studium des bestimmten Integrales in seiner Eigenschaft als Grenzwert einer Summe führt in die feinsten Partien der modernen Analysis ein, als deren eigentlicher Mittel- und Brennpunkt sich bekanntlich neuerdings das Problem von der Darstellung willkürlicher Funktionen durch trigonometrische Reihen herausgebildet hat. Insbesondere rechnen wir es dem Verf. zum Verdienste an, die eigenartigen Forschungen Georg Cantors einem gröfseren Publikum zugänglich gemacht zu haben. Dieselben gewinnen eine erhöhte Bedeutung bei der Diskussion der Doppelintegrale, zu welcher in Kapitel VIII übergegangen wird, nachdem zuvor den speziellen Transscendenten, Gammafunktionen u. s. w. mehrere Seiten gewidmet waren. — Das vierte Buch endlich steht ganz auf dem Boden jener Ideen, welche Riemann in die Mathematik eingeführt und Weierstrafs erheblich vervollkommnet hat: es behandelt vorwiegend die eindeutigen analytischen Funktionen und deren Überführung in Potenzreihen. Die allgemeine Theorie der algebraischen Funktionen ist nur in ihren Grundzügen angedeutet, um den Leser auf das Studium noch verwickelterer Fragen, insbesondere der Differentialgleichungen vorzubereiten. Gefreut hat es uns, dafs auch des Newton'schen Parallelogrammes und der so überaus verwendbaren Cramer-Puiseux'schen Regel mit einigen Worten gedacht ist; in der dazu gehörigen geschichtlichen Notiz — diese Anmerkungen bilden eine besonders empfehlenswerte Seite des Buches — hätte jedoch auch der Name Brook Taylors Erwähnung finden sollen.

Unser Gesamturteil über das Harnack'sche Werk wird jedermann in vorstehender Anzeige zwischen den Zeilen lesen. Dasselbe unseren Gymnasial-Abiturienten, die der Mathematik oder den technischen Fächern sich zuwenden wollen, sofort in die Hand zu geben, würde sich nur in einzelnen, seltenen Fällen empfehlen, dagegen wüfsten wir kein Buch, das es mehr verdiente, vom dritten Semester ab den Studierenden als Richtschnur zu dienen.

Ansbach.   ———   S. Günther.

G. H. Weber, Grundzüge des Turnunterrichts. I. Teil: Methodik. 2. Auflage. München 1881. K. Central-Schulbücher-Verlag (Oldenbourg).

Der Verfasser nennt seine zweite Auflage eine vollständig umgearbeitete und vermehrte; mit Recht; wir können hinzufügen, dafs sie in sehr vielen Punkten auch eine wesentlich verbesserte ist. Viele Übertreibungen und Unrichtigkeiten der ersten Auflage sind nunmehr glücklich beseitigt und der angehende Turnlehrer wird sich aus der neuen Bearbeitung mehr sachliche Belehrung erholen können. Stoff zu Erörterungen böten freilich noch manche Kapitel des Büchleins; doch dürften sich derartige Besprechungen mehr für eine Fachzeitung eignen. Auf einen Punkt möchte ich aber doch im Interesse unserer Schüler aufmerksam machen. Weber sagt: S. 52: „In Mittelschulen mufs das Klassenturnen die Regel, das Riegenturnen die seltene Ausnahme bilden" und S. 53: „Aber immer wieder wird das Riegenturnen sich als eine Gefahr für die Sicherheit der Schüler wie für den Unterrichtserfolg und vor allem auch für die Schulzucht erweisen." Wenn das Riegenturnen — und darin stimme ich mit dem Verfasser vollkommen überein — sich als eine dreifache Gefahr erweist, so glaube ich, ist es die Pflicht eines gewissenhaften Schulvorstandes, den Turnunterricht so lange gänzlich einzustellen, bis er in die Hände von erprobten, verantwortlichen Lehrern gelegt werden kann. Denn wenn die Eltern gezwungen sind, ihre Kinder turnen zu lassen, so haben sie auch ein Recht zu verlangen, dafs wenigstens für die Sicherheit des Lebens und der Gesundheit ihrer Kinder die gröfstmögliche Garantie geleistet wird.

M.   G.

Literarische Notizen.

C. J. Caesaris comm. de bello gallico erklärt von Fr. Kraner. 12. verb. Aufl. von W. Dittenberger. Mit einer Karte von Gallien von Kiepert. Berlin, Weidmann. 1881. ℳ 2,25. Die als gut anerkannte Ausgabe hat ohne wesentliche Umgestaltung durch Benützung der neuen Literatur Verbesserungen im einzelnen erfahren.

C. J. Caesaris comm. de bello gallico zum Schulgebrauch mit Anm. herausgegeben von Herm. Reinhard. Mit einem geogr. und sachl. Register, einer Karte von Gallien, 10 Tafeln Illustrationen und 15 Schlachtenplänen. 3. verb. u. verm. Auflage. Stuttgart, Paul Neff. 1881. geb. ℳ 3,10. Die prächtige Ausstattung dieser Ausgabe hat durch Vermehrung und Vervollkommnung der Illustrationen und Pläne in der neuen Auflage noch gewonnen. Der Text ist wenigstens nicht mehr durch so zahlreiche Druckfehler entstellt wie in der 2. Auflage, aber es wurde auch diesmal in bezug auf die Textgestaltung trotz der sehr berechtigten Äufserungen der Kritik ein wesentlich verschiedener Weg nicht eingeschlagen; es sind sogar bereits gerügte Unrichtigkeiten stehen geblieben, z. B. 3, 21, 3 perfici statt proficí, oder gar 8 praef. 2 Caesaris nostri commentarios rerum gestarum Galliae non comparandos superioribus atque insequentibus ejus scriptis contexui statt non cohaerentibus. In den Anmerkungen läfst sich Ähnliches wahrnehmen; so liest man 7, 82, 3 at interiores dum ea, quae a Vercingetorige ad eruptionem praeparata erant, proferunt, priores fossas explent unverändert die offenbar falsche Erklärung: „priores die vorderen Reihen derer, die unter Vercing. den Ausfall machten", während doch priores fossas ohne Zweifel Objekt und interiores auch in diesem Satze wieder Subjekt ist; zu 8, 39, 1 wird wieder von einer dem Cäsar auf fünfzehn Jahre übertragenen Statthalterschaft gesprochen. Es ist eine gründliche Revision in dieser Hinsicht nötig, damit das sonst so schön angelegte Buch ohne Rückhalt empfohlen werden kann.

C. Julius Cäsar. Sein Verfahren gegen die gallischen Stämme vom Standpunkte der Ethik und Politik von Dr. G. A. Saalfeld, Gymnasiallehrer. Hannover, Hahn'sche Buchhandlung. 1881. gr. 8. VI und 34 S. Ausgehend von der grofsen Verschiedenheit der Ansichten, welche über die den Cäsar bei seinen gallischen Kriegen leitenden Beweggründe in den Werken Drumanns, Mommsens, Napoleons, Peters zu tage tritt sucht der Verfasser im Anschlusse an Drumanns Auffassung darzulegen, dafs Cäsar sich zwar auch in Gallien als genialer Meister in der Politik bewährt habe, vom moralischen Standpunkte aber sein Verfahren gegen die bekriegten Völkerschaften nicht gebilligt werden könne. Dabei durfte aber, um vor verkehrter Einseitigkeit des Urteils zu schützen, der Hinweis darauf nicht vollkommen fehlen, dafs die Künste der Politik überhaupt selten vor den Gesetzen der Moral bestehen können und von den gefeierten Staatsmännern und Kriegshelden nicht etwa Cäsar allein von einer ähnlichen Beurteilung betroffen wird.

Lateinische Exercitien im Anschlusse an Cäsars b. g. I—VII und Ellendt-Seyfferts lateinische Schulgrammatik § 234—342 von Dr. K. Venediger. Bremen, Verlag von M. Heinsius. 1881. 60 ₰ (bei Einführung kartonnirt 60 ₰). Die Übungsstücke sind im allgemeinen zweckmäfsig, bei einzelnen kommen jedoch nicht genug Regeln zur Einübung vor. Manchmal ist der deutsche Ausdruck nicht zu billigen, z. B. c. 3: Mit Unwillen ertrug er es, dafs; c. 9: Ariovist weigerte sich mit der gröfsten Frechheit, zu der Unterredung zu kommen; c. 10: dafs wir besiegt werden werden; c. 58: deren Ansehen beim Volke sehr viel vermag.

Was ergibt sich aus dem Sprachgebrauch Cäsars im bellum gallicum für die Behandlung der lateinischen Syntax in der Schule? Von Dr. M. Heynacher. Berlin, Weidmann'sche Buchhandlung. 1881. gr. 8. 87 S. ℳ 1,60. Die Thatsache, dafs trotz aller grammatischen Übungen in Tertia die Schüler der höheren Klassen keineswegs volle Sicherheit in der Anwendung der Hauptregeln der lat. Syntax besitzen, führt der Verfasser darauf zurück, dafs in Tertia schon viele Dinge behandelt werden, die gar nicht als **Hauptregeln** gelten können, wie tantum abest, ut — ut, der Konj. Perf. der Konj. per. in abhängigen irrealen Bedingungssatze u. s. w. Als Mafsstab für die Wichtigkeit der verschiedenen Regeln soll in Tertia die Sprache Cäsars im bellum g. I—VII gelten; im **Cäsar** nie oder selten vorkommende Regeln sollen auch in der Grammatikstunde in Tertia nicht eingeübt werden. Um nun sichere Anhaltspunkte hiefür zu gewinnen gibt der Verfasser eine statistische Übersicht über das Vorkommen der syntaktischen Regeln in Cäsars b. g. Richtig ist, dafs häufig schon in den unteren Klassen zu vielerlei schwierige Fälle genommen werden und dafs man oft auf gewissen Dingen „herumreitet", wie der Verfasser bemerkt, die in der Sprache des in der Klasse gelesenen Schriftstellers gar nicht oder selten vorkommen; hier ist also Beschränkung geboten und hiezu gibt der Verf. mit vollem Recht Anregung. Aber er geht manchmal auch zu weit oder stellt zu unbestimmte Forderungen auf. Was soll z. B. S. 83 mit dem Vorschlage: „das bei Cäsar (b. g.) nur viermal vorkommende interest kann **gelegentlich** gelernt werden, gesagt sein? Soll eine solche Konstruktion von den Schülern überhaupt gelernt werden, so mufs sie bekanntlich vielfach und systematisch eingeübt werden; von einer „gelegentlichen Erlernung" kann hier nicht die Rede sein. Derartige schwankende und unbestimmte Aufstellungen sind durchaus zu vermeiden; auch mufs nach dem ganzen Charakter unserer Gymnasien der grammatische Unterricht in den alten Sprachen jedenfalls ein systematischer bleiben, wenn man ihn auch mit Recht von unnützer Häufung der Einzelheiten frei zu machen sucht.

Vollständiges Vocabularium zum Cäsar in etymologischer Anordnung eingerichtet zum Nachschlagen und zum Auswendiglernen von Dr. Ernst Schlee, Direktor der Realschule zu Altona. Altona, Verlag von Harder. 1881. 8. 55 S. 90 ₰ Das Buch soll zugleich als Wörterbuch für die Präparation des Schülers und als Vocabularium zum Auswendiglernen dienen. Ohne Zweifel wird der Schüler bei seiner Vorbereitung mehr **denkend** arbeiten und daher mehr für seine geistige Entwicklung gewinnen, wenn er auf dieser Lehrstufe durch die etymologische Anordnung seines Wörterbuches fortwährend angeleitet wird, bei abgeleiteten und zusammengesetzten Wörtern auf das Stammwort zurückzugehen, und wenn er so immer auf die Grundbedeutung der Wörter hingeführt wird. Eine solche Einrichtung begünstigt auch das geisttötende Nachschlagen aus Denkträgheit und das gedankenlose Herausschreiben aus dem Lexikon nicht. Durch Nachweisungen an alphabetischer Stelle soll dafür gesorgt werden, dafs der Schüler jedes Wort finden kann; so wird er bei anceps oder praeceps auf caput verwiesen. Diese Verweisungen müssen jedoch, wenn ein solches Buch auch für den Mittelschlag der Schüler verwendbar sein soll, weniger sparsam angebracht werden. Wenn z. B. inclinare nur unter clivus, obstruere nur unter sternere, contaminare, integer, redintegrare nur unter tangere zu finden ist, so wird in ähnlichen Fällen mancher Schüler ratlos dastehen, **besonders anfangs.** Auch die Angabe der Bedeutungen dürfte manchmal etwas reichlicher sein. Es ist aber der Gedanke, den der Verfasser in seinem Büchlein durchgeführt hat, als ein sehr glücklicher zu begrüfsen; denn dies scheint der richtige Weg zu sein, um die für Schüler berechneten Spezialwörterbücher, welche auf die eigene Thätigkeit der Lernenden so lähmend wirken, zu verdrängen und derjenigen Altersstufe, der die nötige Reife für die Benutzung eines allgemeinen Lexikons noch mangelt, einen zweckmäfsigen Ersatz dafür zu bieten; einzelne Mängel in der Ausführung werden sich ja beseitigen lassen. Daher verdient das Buch wohl beachtet zu werden.

Abrifs der neuhochdeutschen Laut- und Flexionslehre, mit einem Anhang über mhd. Versbau von Bemhardt. 2. Aufl. Halle a. S., Waisenhaus. 1881. Die 2. Auflage ist wesentlich verbessert. Gleichwohl scheint es sehr zweifelhaft, ob das Büchlein neben Martins bekannter mhd. Grammatik, Lexers ‚grammatischer Einleitung' (in seinem Taschenwörterbuch) und namentlich neben Weinholds jüngst erschienener kleiner mhd. Grammatik seine Existenz lange fristen wird.

Abrifs der deutschen Silbenmessung und Verskunst von Daniel Sanders. Berlin, Langenscheidt. 1881. 133 S. in gr. 8. Preisangabe fehlt. Das Buch behandelt die Silbenmessung (dieser Abschnitt ist bereits in der 2. Auflage der ‚Sprachbriefe' enthalten), den Gleichklang (Assonanz, Allitteration und Reim) und die Versfüfse und Versmafse, alles mit jener Sanders eigenen minutiösen Genauigkeit, die auch bei den trockensten Zusammenstellungen nicht ermüdet. Die Fülle der aus den verschiedensten Schriftstellern zusammengetragenen Beispiele ist geradezu erstaunlich. Sanders' neuestes Werk ist kein Schulbuch, kaum ein Handbuch für den Lehrer, sondern ein Repertorium der deutschen Verslehre und ein Hilfsmittel für wissenschaftliche Untersuchungen, welche die formelle Seite der Werke eines Dichters ins Auge fassen.

Grundzüge der Poetik für Mittelschulen und Lehrerbildungsanstalten von Durmayer. Nürnberg, Korn. 1882. Preis ℳ. 1. Das handliche und sehr gut ausgestattete Buch zeigt den Vorzug weiser Beschränkung, namentlich im ersten Teil (Metrik und Strophenbau), weniger im zweiten, der von den Dichtungsarten handelt. Aufserdem hat im zweiten Teil das Streben nach kurzer prägnanter Fassung den Verfasser öfters zu einer schematischen Darstellung verführt, welche gerade die Poetik schwer erträgt; auch in bezug auf Anordnung und Darstellung mancher Einzelheiten sind hier bei einer neuen Auflage manche Änderungen wünschenswert. Übrigens finden sich auch recht gute Definitionen und Charakteristiken; namentlich seien die (nach Freytag gegebenen) Erläuterungen über die Technik des Dramas hervorgehoben.

Figuren und Tropen, Grundzüge der Metrik und Poetik von Koch. 4. Aufl. von Wilhelm. Jena, Fischer. 1880. 52 S. 50 (?) ₰ Über die 3. Auflage wurde auf S. 363 des 14. B. dieser Blätter berichtet. Mehrere dort geäufserte Wünsche, sowie anderweitige Vorschläge der Rezensenten wurden in der neuen Auflage berücksichtigt. Wesentliche Veränderungen hat das Büchlein nicht erfahren.

Mitteilungen aus der histor. Litteratur, herausgegeben von der histor. Gesellschaft in Berlin und in deren Auftrage redigiert von Dr. Ferd. Hirsch. X. Jahrg. 1882. 1. Heft erschienen. Berlin, Gärtner. Die Mitteilungen sollen ausführliche Berichterstattungen sein über die neuesten histor. Werke mit möglichster Bezugnahme auf den bisherigen Stand der Forschungen, eigentliche Kritiken ausgeschlossen. Das Unternehmen wendet sich zunächst an die Lehrer der Geschichte und verdient Unterstützung, zumal auch der Preis mäfsig gestellt ist (Jahrg. von 4 Heften 6 ℳ). Heft 1 enthält 28 Berichte, besonders über Bauer, Themistokles; Müller-Strübing, die att. Schrift vom Staat der Athener; Steindorff, Jahrbücher des deutschen Reichs unter Heinrich III.; Adler, Herzog Welf VI. und sein Sohn; Roth, Augsburgs Reformationsgeschichte; Gindely, dreifsigjähriger Krieg (von pag. 62—68). Nach dem Inhalt des 1. Heftes kann das Unternehmen, das Historiker wie Droysen, Meyer, Hirsch, Brefslau, Koser zu den Mitarbeitern zählt, besonders fürs Lesezimmer empfohlen werden, zumal manche Berichte auch für den Philologen von Wert sind.

Encyklopädie der Neueren Geschichte. In Verbindung mit namhaften deutschen und aufserdeutschen Historikern herausgegeben von Wilhelm Herbst, Dr. theol. et phil., Rektor a. D. der K. Landesschule Pforta. Gotha, Fr. Andr. Perthes. Die Lieferung 1 ℳ Von diesem in den Bl. für d. Bayer. Gymnasialw. bereits besprochenen Werke, cf. 17. Band p. 90, liegen jetzt 9 Lieferungen vor, p. 1—704, reichend bis zu dem Artikel „Dampierre, Heinrich Duval, Graf von". Was die ersten Lieferungen versprochen, haben die folgenden gehalten, ja in manchem Stück noch überboten. So unvollständig das Ganze auch noch ist, so hat es uns doch schon vielfach gute Dienste gethan und kann aufs neue der Beachtung empfohlen werden.

Hilfsbuch für den Unterricht in der Geschichte von F. Wagner, Dr. phil. II. Die mittlere Zeit. Verlag von Alfred Krüger, Leipzig. 1881. 172 S. 1,80 ℳ. Auch in diesem Bändchen hat der Verfasser auf verhältnismäfsig engem Raume sehr viel zu bieten verstanden. In manchen Stücken geht er nur zu sehr auf das Spezielle ein. Seine Methode, in der Geschichte auf die bezüglichen Erzeugnisse in Kunst und Literatur aufmerksam zu machen und aus letzteren treffende Citate zu bringen, verdient auch bei diesem Büchlein wieder hervorgehoben und als belehrend und anregend empfohlen zu werden.

Die Erde und ihr organisches Leben. Ein geographisches Hausbuch von Dr. Klein und Dr. Thomé. Verlag von W. Spemann in Stuttgart. Mit den Lief. 54—57, die Südamerika, Australien, das organische Leben des Meeres und Europa behandeln, ist das schöne Werk abgeschlossen; es wird, wie wiederholt hervorgehoben wurde, beim geographischen Unterrichte treffliche Dienste leisten.

Handlexikon der Tonkunst, herausgegeben von Dr. Aug. Strafsmann. Vollständig in 17—18 Lieferungen zu je ℳ 0,50. Berlin, Verlag von R. Oppenheim. 1882. 1. Lieferung. Dieses Werk verfolgt den Zweck, jedem Musikliebhaber über alles Wissenswerte auf dem grofsen Gebiete der Tonkunst Auskunft zu erteilen. Demgemäfs sind alle Zweige der Musikpraxis, sowie der biographische Stoff gleichmäfsig behandelt und nur in bezug auf den letzteren hat der Verfasser den Gesichtspunkt festgehalten, von den Tonkünstlern der Gegenwart ein möglichst ausführliches Bild zu geben. Die vorliegende Lief. 1 reicht bis zu „Bach, Wilh. Friedemann" und enthält an ausführlichen Artikeln: Abbreviaturen, Ästhetik, Akkord, Arie, sowie an Biographien: Abt, Amati, Auber, Bach u. s. w.

Auszüge.

Zeitschr. f. d. Gymn. 1881. 10.

I. S. 577—596. **Teisches und Venusinisches** von J. C. Pohl. Anakreon liebt das Weintrinken, aber mit Mafs und in behaglicher Ruhe, desgleichen Horatius, der es dem Teïer abgelernt. Mehrere auf dieses Thema bezügliche Oden sind vom Verf. kritisch und exegetisch behandelt. — S. 596—599. **Über Horatius' carm. I 3** von E. Rosenberg. Die Ode, die an das den Vergilius tragende Schiff gerichtet ist, meint wirklich den Dichter, nicht einen mercator Vergilius. — Jahresberichte: Lykurg von Lange (S. 305—334). Ovid und die römischen Elegiker, von H. Magnus (S. 335 und 336).

11.

I. S. 641—650. Über den Unterricht in der neuhochdeutschen Literatur (mit Rücksicht auf W. Herbst) von H. Müller (Fortsetz. vgl. S. 435 des Jahrg. 1881 d. Bl.). Wenn irgend etwas, so kann die neue und neueste deutsche Literatur dem Privatstudium der Schüler ganz oder doch zum gröfsten Teile überlassen werden. Der Primaner mufs durch sein Latein und Griechisch sowie durch die Mathematik soweit vorgebildet sein, dafs er die neueren deutschen Dichter mit Genufs und zu seiner Belehrung lesen kann. Er sei mit dem Inhalt der Hauptwerke vertraut, fertige Urteile darüber braucht er nicht zu haben. Die Bildungsarbeit hört nicht mit der Schule auf, auch das Leben bildet den Mann. Wenn der Gymnasialschüler die nötigen Anweisungen erhalten hat, so mufs er sich mit Hilfe der so zahlreich vorhandenen Literaturgeschichten zurechtfinden können. In Herbsts Hilfsbuch kann für den Unterricht getrost das wegfallen, was nach Schillers Tode kommt; letzteres sei dem Primaner eine Hodegetik zum Selbststudium und zur Orientierung über das Wesentliche. Die Schule hat ihre Pflicht gethan, wenn sie den Primaner zum ferneren Lebenswege ausgerüstet hat und ihm noch einen zuverlässigen Führer mitgibt. — S. 650—678. Beiträge zur griech. Schulgrammatik (insbes. der von Franke — v. Bamberg) von R. Grofser. — S. 679. Zu Nep. Dat. 8, 4 von A. Kolisch. — Jahresberichte. Ovid und die röm. Elegiker, von H. Magnus (Fortsetz.) S. 337—368.

12.

I. S. 705—720. Über den Unterricht in der neuhochdeutschen Literatur auf Gymnasien (mit Rücksicht auf W. Herbst) von H. Müller (Schlufs). Wo soll mit der neueren deutschen Literatur in der Schule begonnen werden? Nach Müllers Ansicht mit Luther, Hans Sachs, Opitzens Schrift „von der deutschen Poëterey". Auch die Bestrebungen der deutschen Sprachgesellschaften, welche ein gewisses Band nationaler Bestrebungen darstellten, dürfen nicht ganz mit Stillschweigen übergangen werden. Klopstock, Lessing, Schiller und Göthe sind es, welche den Mittelpunkt der deutschen Lektüre bilden müssen. Verf. verbreitet sich im einzelnen darüber, welche Schriften dieser Männer in der Schule zu lesen, welche unter Anleitung des Hilfsbuches dem Privatstudium der Schüler zu überlassen sind. Damit das Bild unserer deutschen Literatur kein unvollkommenes sei, sind auch Wieland und Herder nicht zu übergehen; von letzterem ist auch einiges zu lesen, rücksichtlich beider aber auf ihre Bedeutung für die deutsche Literatur hinzuweisen. „Die Schüler müssen erfahren und an ihrem Leitfaden vor Augen sehen, dafs hier für spätere Zeiten noch vieles zu holen ist." — S. 720—725. Ein mythologisches Lied des Horaz von Th. Plüfs. Verf. wendet sich gegen Luc. Müllers Behauptung: der Hymnus auf Bacchus II, 19 enthalte fast nur mythologisches Beiwerk. Vielmehr dient das Mythologische der poet. Darstellung, es gehört zur lyr. Idee und den lyr. Kunstformen, es ist aber nicht selbst an sich das Darzustellende. Die realistische Vorstellung eines besseren glücklichen Lebens gestaltet sich für den Dichter in der künstlerischen Stimmung zu der Idee bacchischen Lebens, eines neu eintretenden bacchischen

Zeitalters, in welchem Natur, Welt, Leben durch den mächtigen Gott unterworfen und umgewandelt werden. — III 759—768 dritte Wanderversammlung der Lehrer an den Gymnasien und Realschulen Nordalbingiens am 10. und 11. Juni 1881 zu Hamburg. Bericht von Bubendey. — Jahresberichte: S. 369—372 Ovid und die röm. Elegiker, von H. Magnus (Schlufs). S. 373—400. Lukianos von O. Wichmann.

1882. 1.

I. S. 1—46. Gymnasium und Realschule. Die Berechtigungsfrage der Realschule I. O. und Vorschläge zu zeitgemäfsen Änderungen im gymnasialen Unterricht von Gymnasialdirektor Dr. Reisacker in Breslau. R. verbreitet sich über die Entstehung der Realschulen I. O. und über die denselben bereits gewährten und von ihnen angestrebten weiteren Berechtigungen. Die gymnasiale Vorbildung für die Universitätsfächer könne durch die von den Realschulen gewährte Vorbildung nicht ersetzt werden. Durch Erteilung der weiteren von den Realschulen gewünschten Berechtigungen würde die ideale Richtung noch mehr zurückgedrängt und der Kultur der Menschheit grofser Schaden zugefügt werden. Die Vorschläge einer zugleich auf die technisch-praktischen und gelehrten Berufsarten gerichteten Vorbildung müfsten zu neuen Schwankungen führen, ohne die Aussicht auf eine gedeihliche Lösung zu eröffnen. Doch will sich der Verf. manchen Mängeln in der dermaligen Organisation der Gymnasien nicht verschliefsen; er macht Vorschläge über Erweiterung des naturgeschichtlichen und physikalischen Unterrichts, über die Lektüre, die durch die grammatisch-stilistischen Übungen in den Hintergrund gedrängt werde, über den Wegfall des griech. und franz. Skriptums bei der Abiturientenprüfung u. s. w. Dagegen möchte er auf der obersten Klassenstufe der Individualität der Schüler mehr Rechnung getragen und auf die spätere Fachbildung Rücksicht genommen sehen, ohne dafs das Gymnasium Fachbildung anzustreben habe. Zu diesem Zwecke macht er verschiedene Vorschläge und begründet dieselben. Er schliefst damit, dafs er der Realschule I. O. wie bisher die Vorbildung für die praktisch-technischen Fächer zuweist. — S. 47—55. Mein Votum in der Realschulfrage von Julius Zupitza. Z., Prof. der englischen Sprache und Literatur an der Berliner Universität, motiviert sein von Schwalbe und Strack bekämpftes Gutachten, worin er auf Grund seiner Erfahrungen an der Universität und in der wissenschaftlichen Prüfungskommission sich zu gunsten der humanistischen Vorbildung ausgesprochen. Seine Begründung basiert er insbesondere auf die Notwendigkeit umfassender lateinischer und wenigstens eines gewissen Mafses griechischer Kenntnisse bei dem Studium des Englischen, vorzüglich des Altenglischen. Zum Schlusse macht er nähere Mitteilungen über die Prüfungsresultate der Gymnasial- und Realschulabiturienten beim Doktorexamen und bei der Prüfung pro facultate docendi an der Berliner Universität. — Jahresberichte: Ciceros philos. Schriften von Th. Schiche (S. 1—32).

☛ Eine reiche Auswahl von Werken, welche als **Preis- und Prämienbücher**, beziehentlich bei **Anlegung und Vervollständigung** von Schüler- etc. Bibliotheken verwendbar und zum grofsen Teil auch **ministeriell empfohlen** sind, bietet das jederzeit **gratis und portofrei** zu erlangende **Verlagsverzeichnis** von

Otto Spamer in Leipzig und Berlin.

☛ Der vom „Gemeinnützigen Verein zu Dresden" herausgegebene **Musterkatalog für Volksbibliotheken** stets zum Preise von 1 M. zu Diensten.

Verlag der Josef Kösel'schen Buchhandlung in Kempten.
Zu beziehen durch alle Buchhandlungen des In= und Auslandes.

Lehrgang der populären Astronomie und mathematischen Geographie.

Für Gymnasien bearbeitet
von
A. Kaspar Schelle,
Professor am k. Gymnasium in Kempten.

Zweite, verbesserte Auflage, mit 27 in den Text eingedruckten Figuren.
8°. Preis ℳ 1,10, in Rück und Eck Leinwand ℳ 1,60.

☛ Durch hohen Ministerial=Erlaß in das Verzeichnis der gebilligten Lehrbücher aufgenommen.

Sechsstellige logarith.-trigonom. Tafeln.
Von Dr. C. BREMIKER.

7. revidierte Auflage. 4 ℳ 20 ₰

Diese **6stelligen** Tafeln gewähren bei **grösserer Sicherheit** und **geringerem Zeitaufwand** eine ganz wesentliche Erleichterung beim Rechnen; sie sind deshalb von Männern der Wissenschaft **allen höheren Lehranstalten, technischen Instituten, Ingenieuren, Baumeistern** etc. empfohlen worden. Der „**Grosse Generalstab der Preuss. Armee**" benutzt jetzt ausschliefslich **diese Tafeln**.

Nicolai'sche Verlagsbuchhandlung
in Berlin.

Verlag von **August Hirschwald** in Berlin.

Soeben erschien:

Systematischer Grundriss
der
Zoologie.

Für den Gebrauch an höheren Lehranstalten, sowie zum Selbst-Unterricht bearbeitet

von

O. Lubarsch,
ord. Lehrer an der Friedrichs-Realschule zu Berlin.

I. Wirbeltiere. 1881. 2 ℳ
II. Wirbellose Tiere. 1882. 2 ℳ

Verlag von **Julius Springer** in Berlin. N.

Soeben erschien:

Lehrbuch der Geschichte

für die oberen Klassen höherer Lehranstalten

von **Dr. Friedrich Hofmann,**
Direktor des Berlinischen Gymnasiums zum grauen Kloster.

Zweites Heft:
Römische Geschichte.
Preis 1 ℳ.

Von demselben Verfasser erschien vor kurzem:
Lehrbuch der Geschichte: Erstes Heft: Griechische Geschichte.
Preis 50 ₰.

Zu beziehen durch jede Buchhandlung.

Ph. Wackernagels
„Deutsches Lesebuch" in neuer Bearbeitung.

Das seit langen Jahren bewährte und beliebte Buch erscheint innerhalb der nächsten Monate in neuer Bearbeitung von der tüchtigen Hand der Herren Seminardirektor E. Sperber in Eisleben und Inspektor J. G. Zeglin in Massow. Die Bestimmung des Buches ist dieselbe geblieben: das Gymnasium, die Real- und höhere Bürgerschule, das Seminar. Vor allem ist sein christlich-deutscher Charakter sorgfältig gewahrt. Durch reichliche Berücksichtigung der neueren Litteratur ist der Umfang um etwa ein Viertel vermehrt. Die Ausstattung ist sauber und der Druck licht und angenehm. Der 1. Teil wird Anfang März ausgegeben.

Die Verlagshandlung C. Bertelsmann in Gütersloh.

Auf welche Weise kann der Unterricht in der deutschen Sprache und Literatur an unseren Studienanstalten methodisch und systematisch betrieben werden?

III.

Lehrplan für die IV. Lateinklasse.

(wöchentlich 2 Lehrstunden.)

Nur zwei Stunden sind es wöchentlich, welche in dieser Klasse dem Spezialunterricht im Deutschen zufallen.

Analog der Unterrichtserteilung in den drei vorausgegangenen Lehrkursen wird die erste Wochenstunde dem grammatischen Teile zugewiesen werden.

Die Schulordnung verlangt aber nach dieser Seite hin „eingehendere Begründung der deutschen Formenlehre; Umformung der direkten Rede in die indirekte; zusammenfassende Übersicht der Satzlehre, Periodenbilder zusammengesetzterer Art und Belehrung über Synonyma" — wahrlich keine dürftige Aufgabe, der man nur dann wird gerecht werden können, wenn man das ganze Studienjahr über an strenger und systematischer Ordnung im Unterricht festhalten wird. Innerhalb des von der obersten Studienbehörde gezogenen Kreises nun mag sich der Lehrer hinsichtlich der Verteilung des Lehrpensums immerhin frei bewegen, so dafs er beispielsweise die Behandlung des grammatischen Stoffes auf je zwei Wochen zerdehnt, indem er in der betreffenden Stunde der einen Woche die Gesetze der schwachen, starken und gemischten Deklination und der beiden Konjugationsformen sowie die nötigste Vorführung synonymer Wörter, Ausdrücke und Redewendungen, in der andern aber die Umwandlung der direkten Redeweise in die abhängige sowie die Sätze- und Periodenbildung gröfseren Umfangs zum Objekte der Unterweisung und Übung machen kann.

Eine rationelle und historisch-linguistische Behandlung der beiden Deklinations- und Konjugationsformen ist freilich erst von einem tieferen Verständnis der Sprachseele, also von einer genauen Kenntnis des Alt- und Mittelhochdeutschen bedingt; gleichwohl wird es der Deutschlehrer bei guter Gelegenheit nicht unterlassen, einen genügenden Ausblick auf die historische Entwicklung der Sprache zu eröffnen, was den regeren Köpfen einen ungemeinen Reiz bietet, indem sie ahnen lernen, wie die geheimnisvolle Werkstätte der Sprachbildung arbeitet. Im ganzen aber mufs sich die Lateinschule darauf beschränken, den Knaben die Kenntnis und Anwendung der stetigen Flexionsformen beizubringen, bei den schwankenden die Auktorität der sprachreinsten Schriftsteller neuerer und neuester Zeit zur Geltung zu bringen, ferner die hervorragendsten Gesetze historischer Grammatik, z. B. Brechung der Vokale, Lautsenkung und Lautverdunkelung, organischen und unorganischen Umlaut, Lautangleichung und Umstellung, Lautverschiebung, schliefslich Grundprinzipien, z. B. dafs die schwachen Formen der Konjugation die Bildungsformen sind, während die ablautenden Verba die ältesten Bestandteile der Sprache ausmachen. Auch in dieser Sparte lasse man es nicht bei mündlichen Erörterungen oder beim Einblick in den grammatischen Leitfaden bewenden, sondern benütze eine Viertelstunde, nach Bedürfnis und Stand der Klasse wohl auch längere Zeit dazu, teils einschlägige Formen niederschreiben und in die betreffende Kategorie einfügen zu lassen, teils in umgekehrter Weise die Kategorien anzugeben, nach welchen Nomina und Verba in verschiedenen Modis und Temporibus zu bilden sind. Dafs für diesen Teil des Unterrichts auch bei der Lektüre eine reiche Ausbeute sich findet, brauchte ich nicht zu erwähnen, wenn ich daran nicht die Bemerkung knüpfen müfste, dafs man im letzteren Falle ein gewisses Mafs zu beobachten habe, wenn die Lektüre nicht zur blofsen Folie der Grammatik werden solle, was wenigstens in dieser Klasse bereits zu vermeiden ist. Den übrigen Teil dieser Stunde benütze man zur Synonymik. Freilich mufs man hierin mit den bescheidensten Anforderungen an die geistige Thätigkeit des jungen Kopfes herantreten, wenn man überhaupt einen Gewinn nach Verlauf des Studienjahres sehen will. Es ist ausreichend viel geschehen, wenn der Schüler dieser Klasse aus der Beobachtung in der Natur- und Kunstwelt oder aus seinen geschichtlichen Kenntnissen heraus den Unterschied synonymer Begriffe sprachlich zu einem halbwegs erträglichen Ausdruck bringt. Immerhin ist diese Arbeit eine äufserst glückliche Gymnastik des Geistes. Auch hiefür mögen einige Beispiele, die man sogar diktieren kann, den Lehrgang beleuchten. Streng genommen gibt es ja in keiner Sprache Wörter, welche vollständig gleichbedeutend sind, sondern es können mehrere einen höheren Begriff gemeinschaftlich haben, aber gleichwohl durch gewisse wesentliche Merkmale von einander abweichen. Nehme man z. B. Argwohn, Mifstrauen, Verdacht, welche sämtlich den Generalbegriff eines auf unzulänglichen Gründen beruhenden ungünstigen Urteils über den Nebenmenschen enthalten, nur dafs das erste Wort die subjektive falsche Vorstellung über die schlimme Absicht des anderen, das zweite die aus objektiven Gründen entstandene Meinung, dafs jemand Böses gethan habe oder thun wolle, das dritte endlich die Voraussetzung künftiger böser Absicht aus den bisherigen Eigenschaften und Handlungen des andern bezeichnet. Übrigens sind derartige Definitionen abstrakter Begriffe nur durch heuristische Methode zu erzielen, und der Lehrer darf zufrieden sein, wenn die Mehrzahl seiner

Schüler konkrete Synonyma unterscheiden lernt. Im ganzen wird er für diese Abzweigung des Deutschunterrichts der Anschauung Sanders', der unser Schrifttum besonders durchmusterte, beipflichten müssen, dafs es nämlich irrig sei, wollte man in einer ausgedehnten Anwendung der Etymologie allein das Richtige finden, in deren mafsvoller Zulassung allerdings eine gewisse Bürgschaft für dasselbe liege. Auch Max Müller in seinen Essays 2, 229 sagt mit vollem Recht: „Die Etymologie eines Wortes kann nimmer seine Definition geben, sie kann uns nur mit dem historischen Beweis versehen, dafs die prädikative Bedeutung eines Wortes zur Zeit seiner Bildung nur eines der vielen charakteristischen Momente des Objekts, auf das es sich bezog, darstellte."

Die zweite Lehrstunde mufs bei der kärglich zugemessenen Zeit für die eine Woche lediglich den schriftlichen Übungen in Erzählungen und Beschreibungen oder in beschreibenden Erzählungen und erzählenden Beschreibungen gewidmet werden, während für die darauffolgende Woche die nämliche Zeit der Lektüre zufällt.

Was nun die ersteren Übungen betrifft, so wird der Lehrer analog der III. Klasse den Stoff zu Erzählungen und sogar zu erzählenden Schilderungen, wenn auch nicht ausschliefslich, so doch vorzugsweise dem einschlägigen historischen Bereiche, also der Geschichtsepoche der römischen Kaiser sowie der mittelalterlichen deutschen und der vaterländischen Geschichte entnehmen lassen; desgleichen mag er ab und zu seinen Nepos zu solchem Zwecke verwerten. Unter sorglicher Beachtung der bereits bei Behandlung der III. Lateinklasse angegebenen Topen halte man auch in dieser Klasse noch an dem sogenannten Entwicklungsprinzip von Dr. Götz und Schiefsl fest.

Von blofsen Nacherzählungen und Nachbeschreibungen, die in den drei unteren Klassen noch ihre Berechtigung haben mögen, sehe man nunmehr ab. Ich wenigstens habe während meiner vieljährigen Lehrthätigkeit fast durchweg die Erfahrung machen müssen, dafs gerade diejenigen Schüler der höheren Lateinklassen, welche Vorgelesenes nahezu wortgetreu wiedergeben konnten, mehrenteils dürftig begabte und denkschwache Knaben waren, welche nichts weiter als ein glückliches Gedächtnis hatten, aber unter Umständen infolge mifspädagogischer Lobhudeleien noch einen gewissen Dünkel nährten, der sie erst wieder verliefs, als sie ihre geistige Armut kennen und fühlen lernten. Ich möchte nunmehr zeigen, wie ich allenfalls die zweite Lehrstunde mit den Schülern arbeiten möchte. Es soll z. B. ein Bergfest geschildert werden, wobei der Natur der Aufgabe entsprechend erzählende (Fest etc.) und beschreibende (Berg etc.) Momente wechseln und einander berühren müssen. Ich rufe einen Schüler von der Durchschnittsbegabung und frage ihn: „Was hast du also zu schildern? Welchen Zweck willst du damit erreichen? Mit welchen Mitteln willst du ihn erreichen?"

Die Beantwortung der ersten Frage wird lauten: „Ein Bergfest". Die der zweiten wird verschwommener und unbestimmter sein, worauf ich ergänzend oder verbessernd also abschliefse: „Damit der Leser ein genaues und lebendiges Bild von dem betreffenden Vorgange erhalte." Die dritte Frage wird dem Gerufenen die meisten Schwierigkeiten bieten; gleichwohl wird er zunächst an den temporären Verlauf der Feier denken, und nun bin ich ihm behilflich, indem ich, womöglich unter begleitender Ausbeute anderer Schüler, zu den weiteren Fragen führe:

1) Wann und wo wurde das Bergfest veranstaltet?
2) Welche waren die entfernteren, welche die näheren Anlässe?
3) Welche Vorbereitungen traf man:
   a) in dem Orte selbst, von wo die Feier ausging?
   b) auf dem Festplatz?
4) Welches war der Verlauf des Festes?
   a) was geschah zuerst?
   b) was folgte?
   c) was bildete den Glanz- und Höhepunkt?
5) Wann und wie schlofs das Fest ab, und welche Nachwirkungen hatte es?

Und jetzt mögen die Schüler die Feder ansetzen, und die meisten werden zu Ende kommen, wenn ihnen auch keine Zeit mehr zur Feile und Glättung der Form übrig bleiben sollte. Dies wird in der nächsten betreffenden Stunde geschehen, in der auch die Arbeiten mehrerer Schüler von denselben laut gelesen und sofort mittels gewandten Stiftes vom Lehrer korrigiert werden können. Über Hause hat bei allen derartigen Schulübungen nichts zu geschehen, weil in den allermeisten Fällen die Selbstthätigkeit des Schülers illusorisch wird. — In ganz ähnlicher Weise verfahre man bei anderen Themen.

Übertragungen aus Poesie in Prosa sollen nach meinem Ermessen nur insoweit eine Übungssparte des Deutschunterrichts bilden, als man immer und überall die Normen einer Erzählung oder Beschreibung herausfindet, so dafs der Schüler schlechterdings niemals an eine ungeordnete Behandlung der sogenannten historischen Stilgattung gewöhnt wird. Würde man davon absehen und nur Verszeile für Verszeile, Strophe für Strophe in eine doch immerhin sehr fragwürdige Prosa umkehren zu lassen, so wäre der Gewinn ein höchst problematischer und würde sich im günstigsten Falle nur auf eine Kundgabe des Inhaltsverständnisses der Dichtung beschränken, was man aber mit grofser Zeitersparnis auf andere Weise bei der Lektüre selbst erreichen kann. Die Gefahr jedoch, die darin liegt, dafs einem Gedichte das Kunstschöne oder auch nur der poetische Duft genommen wird, ist ungleich gröfser als der Nutzen, der etwa resultieren mag. Was hat denn der Schüler davon, dafs er z. B. seinen Uhland'schen „Schenk von Limburg" zu einer platten und banalen Erzählung in ungebundener Sprache zerknetet hat? Sollte er bei einer derartigen banausischen Arbeit nicht vor sich selbst erschrecken, wenn er sehen mufs, wie die frische Unmittelbarkeit der Dichtung, die hier zunächst in der vollendeten Charakteristik des Grafen wie des Kaisers liegt, unter seiner unbeholfenen Feder zu einem grauen, licht- und wärmelosen, mit holperigen Übergängen gepflasterten Machwerk verunglimpft wird? — Die Schulordnung empfiehlt nun allerdings solche Übertragungen, und da ich diesen meinen Exkursen über den Deutschunterricht, wie ich schon gleich in den einführenden Worten zu erklären Anlafs nahm, nur im engsten Anschlufs an den dermaligen bayerischen Studienplan einen praktischen Wert vindiciere, so möchte ich nicht mifsverstanden werden, als ob ich derartige Übertragungen für gänzlich wertlos erachtete, sondern ich verweise nochmal ausdrücklich auf die oben angedeutete Art und Weise. Es wird ein ganz anderes Bild sich ergeben, wenn ich z. B. Uhlands „Singenthal" mit Eusebius Stephan also wiedergebe: „Matt und müde von der Jagd hatte sich der Herzog Kantius in den Schatten einer alten Eiche gelagert. Während er nach seinem Gefolge ausspähte, drangen die sanften Töne einer lieblichen Melodie an sein Ohr. Es war ein junges Bauernmädchen, welches in einiger Entfernung Waldbeeren pflückte und dabei sang. Ihr Lied fesselte den hohen Weidmann derart, dafs er in süfses Träumen verfiel und wie erschreckt sich aufrichtete, als das Mädchen plötzlich vor ihm stand und ihm einen Straufs duftiger hochroter Erdbeeren anbot. „Danke, liebes Kind", sprach freundlich der Herzog; „die Beeren erfrischen den lechzenden Gaumen, dein Gesang aber erquickt das Herz, und auch das meinige hast du gelabt. Singe weiter! Soweit von diesem Hügel aus mein Horn erschallt, ist mein eigen; soweit aber dein Lied dringt, soll fortan dir gehören! Zum Unterpfande nimm diesen goldenen Ring!" Das Mädchen errötete, und der schimmernde Reif glitt in ihre Hand. — Wo nun ehemals Hirsch und Hase, Ur und Eber sich tummelte und die wilde Meute bellte, hat sich seitdem der Forst gelichtet und sind friedliche Hütten entstanden und heifst das Thal, weil es ersungen worden, bis heute Singenthal."

Hier ergeben sich auf den ersten Blick die vier Stufengänge der Erzählung, die Grundtopen einer geordneten Darlegung. Dazu kommt noch, dafs selbst in der ungebundenen Sprachweise der poetische Hauch nicht ganz verloren gegangen ist. Wie grofs aber wäre der Fehlgriff, den man machte, wollte man, wie das zur Not noch in den beiden ersten Klassen angehen mag, den Schüler nur mechanisch operieren lassen, indem er lediglich die Reime wegzufegen, ab und zu ein anderes Wort einzuflicken und höchstens eine kleine Abänderung der Wortstellung zu treffen hätte! In diesem Falle sähe man noch die rudera des anmutigen Poems zerstreut wie bleichende Totenknochen von einem ehedem blühenden Geschöpfe. Lyrische Gedichte in Prosa umzuwandeln, ist geradezu Barbarei, und es wird keinem Lehrer der heutigen Zeit mehr beifallen, eine solche Arbeit dem Knaben zuzumuten. Grundgedanken aber abzulösen, den Kausalnexus darzulegen, Sprachliches zu bemerken ist bei der Lektüre geboten, und selbst hiebei wird der Lehrer dieser Klasse schon Mafs halten, soll die Lektüre nicht durch die Grammatik „entweiht" werden, wie sich, allerdings drastisch, der schon mehrmals erwähnte Julius Köster ausdrückt.

In der ersten Lehrstunde der zweiten Woche hat der Lehrer vorerst die Verwandlung der direkten Redeweise in die abhängige und umgekehrt einzuüben, wozu die Hälfte Zeit genügen dürfte, wenn er es versteht, solche Diktate zu wählen, aus denen bei aller Kürze und Prägnanz gleichwohl sämtliche wesentliche Unterschiede zwischen den beiden Redeformen ans Licht treten. Freilich wäre es ratsam, zu diesem Behufe recht instruktive Beispiele anzufertigen oder ganz besonders lehrreiche Reden griechischen, römischen und deutschen Klassikern zu entnehmen, aber sie vorerst je nach Bedarf und Stand der historischen etc. etc. Kenntnisse der Schüler inhaltlich klarzulegen, damit diese nicht gezwungen werden, mit etwas Unverstandenem grammatisch zu operieren. Dafs in dieser Hinsicht namentlich die alten Sprachen von hohem didaktischem Werte sind, weifs jeder Schulmann, weshalb ich auch nicht anstehe, zu behaupten, es genüge eine verhältnismäfsig kürzere Zeit, und weil diese Art Übung mehrenteils ja doch nur reproduktiver Natur ist, auch zeitweise eine nur mündliche Behandlung.

Den Rest der Stunde würde ich auf schriftliche Bildung umfangreicherer Satzgefüge und reichhaltiger Perioden verwenden lassen. Zu diesem Zwecke würde ich einige gröfsere Satzbilder aus deutschen Klassikern zu gesicht führen und nach diesen Mustern solche von ganz gleicher Struktur, aber anderem Gedankenstoff verlangen. Ich habe zur Veranschaulichung dessen z. B. die Stelle aus Göthe vor mir: „Wir Kinder waren bei diesem Feste besonders interessiert, weil es uns nicht wenig schmeichelte, unsern Grofsvater an einer so ehrenvollen Stelle zu sehen, und weil wir gewöhnlich noch selbigen Tag ihn ganz bescheiden zu besuchen pflegten, um, wenn die Grofsmutter den Pfeffer in ihre Gewürzladen geschüttet hätte, einen Becher oder Stäbchen, ein Paar Handschuh oder einen Räderalbus zu erhaschen." Genau nach diesem Satzbilde gebe ich etwa als neues stoffliches Substrat den Gedanken: „Die zurückgebliebenen Freunde waren auf den Ausgang der Jagd gespannt, weil sie sich von derselben viel versprachen." Die Bildung eines zweiten Beispieles mag hinsichtlich der Zahl und Art der Sätze gänzlich freigestellt werden, der Grundgedanke aber werde noch angegeben. Ein drittes Beispiel endlich sollen die Schüler ausschliefslich de suo zu Papier bringen. Im 2. Semester mag nur die letzte Art der Übung gehandhabt werden. Bei Bildung von Perioden, die nunmehr von gröfserem Umfang sein werden, als dies in der III. Klasse der Fall ist, halte man es wie mit der Bildung mehrfachzusammengesetzter Sätze. Vorerst diktiere man eine Musterperiode aus Göthe, Schiller, Herder, Möser, Bäfsler, Grimm und ähnlich gearteten Autoren, die nach Gedanken und Inhalt von den Schülern mit Hilfe einiger Erörterungen erfafst werden kann. Einen glücklichen Anfang, passende Perioden aus deutschen Klassikern zu treffen, hat H e r c h e r gemacht, wenn ich auch nicht mit sämtlichen Beispielen einverstanden mich erkläre. Die Schüler schreiben etwa die bekannte Stelle aus „Tell" nieder: „Da als ich den Bogenstrang anzog; als mir die Hand erzitterte; als du mit grausam teuflischer Lust mich zwangst, aufs Haupt des Kindes anzulegen; als ich ohnmächtig flehend rang vor dir: damals gelobt' ich mir in meinem Innern mit furchtbarem Eidschwur, den nur Gott gehört, dafs meines nächsten Schusses erstes Ziel dein Herz sein sollte." Der Schüler wird also nach dem Schema A (a + b + c (d) + e — B (a (b) + c) eine Temporalperiode mit einem anderen Grundgedanken etwa: „Als der Giebel des Hauses schon in lichten Flammen stand, stürzte ein hochbeherzter Mann zur Rettung des hilflosen Kranken nach dem ersten Stockwerke" zu bauen haben.

Wie bei der Bildung mehrfachzusammengesetzter Sätze wird auch hier das zweite Beispiel ohne vorbildliche Struktur, jedoch noch mit Angabe des Gedankens, das dritte dagegen frei nach Form und Inhalt von den Schülern bearbeitet werden. Im II. Semester hat man auch hier nur mehr die letzte Gattung zu pflegen. In umgekehrter Weise wird man sowohl bei der Sätze- als Periodenbildung aus angegebenen Mustern das schematische Skelett ablösen lassen. Schliefslich kann man nicht angelegentlich genug darauf aufmerksam machen, dafs selbst mehrfachzusammengesetzte Sätze von gröfserem Umfang noch keine Perioden sind, und dafs die letzteren nur bedingt werden: 1) von der Einheit des Grundgedankens; 2) von der Mannigfaltigkeit der zur Bestimmung oder vervollständigenden Ergänzung des Hauptgedankens beitragenden Nebengedanken; 3) von logischer und anmutender Verknüpfung der letzteren; 4) von der Übersichtlichkeit des ganzen Baues; hiebei ist zu betonen, dafs in der Regel zwei Grofsteile sich ergeben, eine Protasis und Apodosis, und dafs eine steigende Periode bei voraustretenden Nebensätzen, eine fallende bei voraustretendem Hauptsatze entsteht. Ein widerliches Ineinanderschachteln von Sätzen und Satzteilen, welche sowie die geschmacklose Verwendung von Participialkonstruktionen in dem schülerhaften Bestreben liegt, möglichst alle Gedanken in einen Periodensack zu stopfen, möge den Schülern an einigen recht augenfälligen Beispielen gezeigt werden. Ich kann es mir bei dieser Gelegenheit nicht versagen, unter vielen anderen auch aus der „Neuhochdeutschen Grammatik" von Dr. Ludwig F r a u e r mit diesem warnend ein solches Monstrum vorzuführen:

„Wenn im Sommer die zum stattlichen Geschwader vereinigten Panzerschiffe, die Schulschiffe und die Korvetten ihre Reise angetreten haben und in die See gegangen sind; wenn selbst das einzige zur Ostseestation gehörige in Dienst gestellte Kriegsschiff, der Torpedodampfer „Zieten", zu längeren Übungen den Kriegshafen verläfst und dieser dann sein Bild rastloser Thätigkeit, beweglichen Lebens der aus- und einlaufenden Schiffe, ihrer fortwährend kreuzenden Boote, das durch Kanonendonner, durch das Auf- und Niederholen der breiten weifsen Segelflächen, die auf den Masten und Raaen zerstreut arbeitenden Matrosen oder durch den fernen Klang kriegerischer Musik der Schiffskapelle ewig wechselnde frische Farbe erhält, mit der friedlichen Stille und Eintönigkeit vertauscht, so ist es immer die „Barbarossa" und ihr Pendant die „Gefion", welche durch das emsige Treiben der auf ihr und um sie übenden Mannschaften daran erinnert, dafs Kiel eine Marinestation ist." Aus diesem entsetzlichen Wuste, wie er, wer sollte es glauben, leibhaftig in einer angesehenen Zeitung abgelagert ward, lassen sich aber, sobald man jedem geschlossenen Gedanken eine selbständige Periode gewährt, zwei bis drei ganz erträgliche Periodenbilder gestalten, ohne dafs dieses dem Schüler allzu viele Schwierigkeiten bereiten dürfte.

Die zweite Stunde endlich jeder zweiten Woche gehört der Lektüre.

Wenn ich bei Darlegung meiner Gesichtspunkte für die Lektüre in der III. Klasse den Grundsatz aufgestellt habe, dafs der Schüler mehr und mehr in den Zusammenhang und das Ganze des Inhalts eingeführt werden solle, so gehe ich jetzt noch um einen Schritt weiter, indem ich von der Lektüre verlange, dafs sie nunmehr beginne, für den deutschen Unterricht der koncentrierende Mittelpunkt zu werden, und dafs Erweiterung des Gedankenkreises, Bereicherung des Gemütes, Weckung des Geschmackes für alles Wahre und Schöne, schliefslich mittelbarer Gewinn für eigene mündliche und schriftliche Darstellung der Zweck derselben werden solle. Beiden wichtigen Aufgaben soll das Lesebuch Rechnung tragen, wobei der Natur der Sache entsprechend der poetische Teil dem ersteren, weiteren Zwecke, der prosaische vorzugsweise dem zweiten, engeren dienen wird. Wie in den vorausgegangenen Klassen soll auch in dieser eine thunlichst strenge Ordnung beim Lesen befolgt werden. Weil aber jetzt bereits Lesestücke von etwas gröfserem Umfange und tieferem Gehalte zur Behandlung kommen, so dürfte es sich empfehlen, in der einen einschlägigen Lehrstunde ausschliefslich Prosa, in der anderen Poesie vorzunehmen, damit der Gesamteindruck nicht beeinträchtigt werde, den ein gutes Lesestück auf den Lesenden zurücklassen soll. Die Wahl des Lesestoffes, insoweit derselbe nicht durch das Buch selbst schon begrenzt ist, bleibt im ganzen dem Lehrer überlassen; gleichwohl möchte ich folgenden Rat geben. Lesestücke geschichtlichen Inhaltes, die am geeignetsten das betreffende Geschichtspensum selbst fördern, seien das wichtigste Objekt der Lektüre, wobei vorausgesetzt wird, dafs sie nicht blofs trockene Excerpte aus Geschichtslehrbüchern sind; mit diesen wechseln Erzählungen aus Leben und Welt. In der zweiten Lesestunde schliefsen sich naturgemäfs Gedichte mit epischem Charakter an, während in der übernächsten betreffenden Stunde Beschreibungen und Schilderungen aus dem Naturbereiche oder der Sphäre menschlicher Kunstthätigkeit zu lesen sind, welchen lyrische und didaktische Dichtungen mehr oder minder zur Folie dienen können. Was endlich die Verwertung der Lektüre für praktische Handhabung der neuhochdeutschen Schriftsprache zu mündlichem und schriftlichem Gebrauch betrifft, so verweise ich auf das bereits bei Behandlung der III. Klasse Gesagte.

Für den mündlichen Vortrag, der sich sachgemäfs an die Lektüre anschliefsen soll, wird in unserer Klasse ein anderes Verfahren angezeigt sein als in den drei unteren Kursen. Während der Schüler dieser Abteilungen das Memorieren und Vortragen mehr oder minder wenigstens immer noch als Gedächtnisübung bezw. als ein Mittel, aus sich öffentlich herauszutreten, ansehen wird, soll ihm nun allmählich einleuchtend gemacht werden, dafs das Auswendiglernen, sowie der entsprechende Vortrag neben den genannten Zwecken noch einen innerlichen und letzten zu verfolgen hat. Es soll nämlich durch diese Fixierung und Verkörperung schöner Gedanken und Gefühle der Sinn und die Empfänglichkeit für das Schöne und Edle überhaupt gefestigt werden — und wahrlich — es gibt keinen wirksameren Hebel als diesen. Die Wahl der Stücke ist natürlich von grofsem Belang, und es werden sich für diese Altersstufe Parabeln in poetischer Prosa, gröfsere Balladen von Schiller, Uhland, Freiligrath etc. etc. und etwa einige entsprechende lyrica von Eichendorf, Geibel, Chamisso und ähnlich gearteten Poeten ganz besonders eignen.

Regensburg. Dr. Karl Zettel.

Zum lateinischen Unterrichte in der 3. Lateinklasse.

Eine der Hauptschwierigkeiten, welche sich dem Schüler der 3. Lateinklasse beim Übersetzen aus dem Deutschen in das Lateinische darbieten, ist die richtige Übersetzung der deutschen Präpositionen. Man sollte freilich glauben, dafs diese Schwierigkeiten für denjenigen Schüler nicht mehr bestehen können, welcher sich die einzelnen Regeln der Grammatik aus der Kasuslehre zu eigen gemacht hat, — und das wäre in theoretischer Hinsicht auch gewifs richtig; aber eben so richtig ist, wie die Erfahrung lehrt, dafs auch dem mit den Regeln der Kasuslehre wohlbekannten Schüler sich gerade bezüglich der Übersetzung der deutschen Präpositionen die Schwierigkeit ergibt, zu entscheiden, welche der gelernten Regeln in dem treffenden Falle zur Anwendung kommt. So lange aber hierin noch Unsicherheit vorhanden ist, kann von einer genügenden Durchdringung und Beherrschung des Lehrstoffes keine Rede sein. Deshalb mufs der Unterricht sein Augenmerk darauf richten, durch geeignete Übungen das Urteil des Schülers nach dieser Seite hin zu schärfen.

Die Zeit solcher Übungen fällt in die zwei letzten Monate des Schuljahres, wo der behandelte Lehrstoff repetiert oder wenigstens der Hauptsache nach wiederholt übersichtlich behandelt wird. So halte ich es für eine sehr fördersame Übung, den Schülern die Aufgabe zu stellen, nachzuweisen, wie eine jede der deutschen Präpositionen in verschiedenen Wendungen (nach den treffenden Paragraphen der Grammatik) im Lateinischen wiederzugeben ist und dazu entsprechende Beispiele anzuführen. Beispielsweise die deutsche Präposition „an":

1) Im Deutschen steht die Präposition „an", im Lateinischen der **Nominativ** bei deesse und deficere, es fehlt an.., z. B. ea me solatia deficiunt, quae ceteris non defuerunt, Englm. Gramm. § 167; der doppelte Nominativ bei haberi in der Bedeutung man hat etwas an etwas, z. B. virtus aeterna habetur, an der Tugend hat man einen unvergänglichen Besitz.

2) Der **Genitiv** steht als objektiver Genitiv in Verbindungen wie taedium laboris, opinio deorum; iucunda est memoria praeteritorum malorum, Gramm. § 195. Bei Adjektiven, wie inops, arm, z. B. an Hilfe auxilii, fertilis fruchtbar, z. B. an Früchten frugum, sterilis unfruchtbar, affinis beteiligt, Gr. § 199; bei Participien, wie retinens z. B. juris sui an seinem Rechte festhaltend, Gr. § 200. Bei den Verbis meminisse, reminisci, recordari, admonere, commonere, commonefacere, z. B. vivorum memini, nec tamen Epicuri licet oblivisci. — Te veteris amicitiae commonefacio. — Adversae res admonuerunt religionum. Gramm. § 201. Bei taedet, Überdrufs haben an etwas, § 202.

3) Der **Dativ** steht bei assuesco und assuefacio § 189, adiacere z. B. mari, interesse, z. B. pugnae § 187; der doppelte Dativ bei aliquid mihi cordi est, etwas liegt mir am Herzen, § 192.

4) Der **Akkusativ** steht bei ulciscor, aliquem § 167; bei intransitiven Verbis, die eine Bewegung bezeichnen, und durch Zusammensetzung mit Präpositionen transitiv werden, wie praetereo, praeterfluo, praetergredior, praetervehor, praetervolo, z. B. sententiae saepe acutae non acutorum hominum sensus praetervolant, § 169.

Bei adeo wende mich an jemand § 169, despero, verzweifle an etwas § 187, memini aliquem erinnere mich noch an jemand § 201. Der doppelte Akkusativ bei habere, z. B. hunc egregium ducem habemus § 171.

5) Der **Ablativ** steht bei locus oder ähnlichen Begriffen, wenn diese ein Adjektiv oder Pronomen bei sich haben, z. B. hoc loco, idoneo loco § 158. Als ablativus causae bei erkennen, merken, z. B. amicitiae caritate et amore cernuntur § 209, ferner bei gaudere, laetari sich an etwas erfreuen, ergötzen, laborare kranken, z. B. diversis duobus vitiis, avaritia et luxuria, civitas Romana laborat

§ 210; als ablativus limitationis z. B. aeger pedibus, mente captus, numero sex, gloria antecellere, z. B. uri sunt magnitudine paulo infra elephantos. — Doctrina Graecia Romanos superabat, § 211; als ablativus copiae et inopiae bei abundare, affluere, scatere, florere und carere sowie bei dives z. B. abundarunt semper auro regna Asiae. — Est miserum carere consuetudine amicorum § 219. Endlich bei Zeitbestimmungen auf die Frage wann, z. B. luce am hellen Tage § 161.

6) „An" wird durch eine Präposition übersetzt: 1) mit ad: an = in der Nähe, bei, z. B. ad aram; bei ungefährer Zahlangabe, fuimus ad ducentos oder ad ducenti § 176; bei der Richtung, z. B. ad senatum referre, litteras dare ad aliquem § 190; 2) mit prope, nahe an § 177; 3) mit praeter = an — vorbei, z. B. pocula praeter oculos ferebant § 180; 4) mit ex statt des blofsen Ablativs bei den Verbis erkennen, einsehen, merken, z. B. Caesaris adventus ex colore vestitus cognitus est § 209; ferner bei laborare, z. B. ex pedibus, ex capite § 210; bei pendere, z. B. ex arbore pendere; 6) mit in auf die Frage wo, z. B. coronam habere in collo am Halse; 7) mit sub: sub montem succedere § 231.

8) Bei interesse wird die Sache, an welcher gelegen ist, durch einen Infinitiv, Infinitiv mit Akk., oder einen indirekten Fragesatz ausgedrückt z. B. interest omnium recte facere. § 207.

Vorstehende Zusammenstellung könnte in manchen Punkten noch erweitert werden.

Bei der Schwierigkeit nun, welche die richtige Übersetzung der deutschen Präpositionen dem Schüler oft bietet, halte ich es für ein dringendes Bedürfnis, dafs auch die Übungsbücher entsprechend darauf Rücksicht nehmen und geeigneten Übungsstoff in reichlicherer Fülle und Auswahl bieten. Besonders möchte ich diese Forderung an das lateinische Lesebuch für die dritte Lateinklasse stellen. Das in den meisten, wenn nicht in allen bayrischen Lateinschulen eingeführte lateinische Lesebuch von Englmann aber scheint mir seinen Zweck nur in sehr unvollkommener Weise zu erfüllen. Letzterer besteht für diese Klasse hauptsächlich darin, den grammatischen Lehrstoff zur Einübung zu bringen, sodann aber erst den Schüler in die Lektüre lateinischer Klassiker allmählich einzuführen. Das Lesebuch sollte deshalb eine gröfsere Anzahl von Mustersätzen zur Kasuslehre enthalten, freilich nur solche, deren Inhalt dem Schüler verständlicher und leichter zugänglich ist, als so manches Paradigma der Grammatik. Es schadet daher nicht, ja es ist sogar notwendig, die Sätze dem Verständnis des Schülers gemäfs einzurichten. Dadurch würde dem Unterrichtszwecke jedenfalls mehr gedient, als wenn dem Schüler Beispiele vorgeführt und zum Memorieren empfohlen werden, die zwar den besten Autoren entnommen sind, deren Inhalt aber seiner

Auffassung noch zu ferne liegt. An diese Mustersätze sollen sich dann zur Einübung der Kasuslehre eigens eingerichtete, nach guten Autoren bearbeitete, zusammenhängende Lesestücke anschliefsen. Welch' reichlichen, ja unerschöpflichen und ihrem Inhalte nach gerade für dieses Alter so recht geeigneten Stoff hiezu gewähren nur die vielen lebensvollen Schilderungen und Erzählungen des Livius! Ich glaube, wenn an die erwähnten einzelnen Sätze eine entsprechende Zahl solcher Erzählungen und Schilderungen aus Livius und anderen Autoren, in unserem Sinne nach einer bestimmten Methode bearbeitet, sich anschlöfse und das Ganze dem Schulgebrauche in Form eines lateinischen Lesebuches übergeben würde, so hätten wir daran ein wertvolleres und sowohl sachlich als sprachlich schätzbareres Material, als dies z. B. das lateinische Lesebuch von Englmann bietet. Oder soll dieses wirklich geeignet sein, den Schüler in die Lektüre lateinischer Autoren einzuführen? Wie trocken und wenig anregend ist z. B. der Abrifs der römischen Geschichte in dem Englmann'schen Lesebuche gehalten! Wie hart sind die Verbindungen der einzelnen Gedanken in den einzelnen Abschnitten! Wie wenig werden dadurch die Schüler in bezug auf deutschen Stil gefördert, zumal dieselben gerade auf dieser Stufe so selten im stande sind, bei einer zusammenhängenden Arbeit die Gedanken in streng logischer Reihenfolge geordnet aufzuführen! Wie würde andererseits wiederum durch sorgfältig ausgewählte und dem Unterrichtszwecke entsprechend eingerichtete Darstellungen von Episoden aus der griechischen und römischen Geschichte auch dem Geschichtsunterrichte in die Hände gearbeitet, da sich ja der Lehrstoff in der Geschichte nach dem Wortlaute der Studienordnung „hauptsächlich an das Leben und die Thaten hervorragender Männer anzuschliefsen hat."

Amberg.   Miller.

Vos plaudite.

Dem an den Imperativ vorgesetzten *vos* bietet das Mittelhochd. ein schönes Analogon. Im Nibelungenliede begegnet daher *ir lât* (lasset), auch *du*, z. H. *du lâ* (lasse). Schöner noch wäre ein so gut ausgestatteter Imperativ in der Form, in der die Bayern sich aussprechen können. Der Bayer sagt nämlich nicht etwa blofs „patscht" *(plaudite)*, er kann auch über einen Ersatz für *vos* verfügen und sagt patscht-z recht, wie er haut-z zue (f. haut drein) sagen kann (aus haut-iz, *iz* = ihr, Dual). Beim Reflexiv hat die Dualform „-iz" (goth. *iz-vis*) noch ein anderes Duale, nämlich enk (goth. *iggra*, euch beide, euch zwei) und: fercht-z enk net heifst *vos ne timete!* Die Innigkeit in der Aufmunterung wäre treffend gegeben; vergleiche das lat. *tu* in „*tu*" *ne cede malis*, lafst-z enk net waich finna! („weich" verw. zu „weiche" = *cede*). Interessant ist der Vergleich auch insofern, als *vô-s* eigentlich auch Dual-Form (skr. *vâ-m*) ist. S. mein „Vergl. W. B." p. 535.

Freising.   Zehetmayr.

Zu Columella.

Angeregt durch Wölfflins interessante Abhandlung „Über die allitterierenden Verbindungen der lateinischen Sprache", die auch in diesen Blättern S. 43—47 eine eingehende Besprechung gefunden hat, habe ich bei der Lektüre der Scriptores rei rusticae, speziell Columellas, dieser sprachlichen Erscheinung besondere Aufmerksamkeit zugewendet. Das Resultat meiner Beobachtungen erlaube ich mir als ein kleines Supplement zur genannten Schrift im Folgenden kurz mitzuteilen.

Von Wölfflin werden folgende allitterierende (formelhafte) Verbindungen aus Columella angeführt: *alacer* atque *audax* VII, 6, 9. in *colle* quam *campo* III, 2, 24. campus quam collibus III, 1 3. (nicht II, 1 wie durch ein Versehen bei W. steht); *latere* ac *luto* IX, 1, 2; *limosus lutosusque* II, 4, 6; *lusus* ac *lascivia* VII, 12, 12; *luxuriae* et *deliciis* praef. 14; *mediocris* et *modice* siccus III, 5, 3; post hanc tam *multorum* tamque *multiplicium* rerum praedicationem praef. 28; *ordinatus* et *ornatus* XII, 3, 9; *prata* et *pascua* III, 3, 3; *sereno siccoque* die XII, 19, 3. II, 2, 8; *sex* vel *septem* II, 12, 3; *casa* et *vestem* XII, 2, 2; tam *variae* tamque *vastae* scientiae praef. 28.

Dieses Verzeichnis läfst sich durch folgende Allitterationen vervollständigen: nec *caeli* nec *campi* X, v. 50; *capitum* et *capillorum* praef. 5. Dieselbe Verbindung hat auch Apuleius Metam. II, 8 — *colla cervicesque* VIII, 2, 9 (bei W. ist diese Verbindung nur mit einer Stelle aus Cic. in Verr. act. II lib. V § 108 belegt) — *cultum curamque* VII, 5, 1. X, v. 141 (W. führt nur cura cultusque aus Liv. 26, 49, 11. Fronto p. 103. 136 N. an) *edendis educandisque* II, 1, 5 — *fumo* et *fuligine* I, 6, 18. — *fortis fortunae* X, v. 316. — *latos* et *lacertosos* I, 9, 4 (W. hat latera et lacerti aus Cic. Cat. mai. 27) — *leviter* et *laxe* XII, 47, 2 (W. führt laxius aut levius aus Manil. astron. 1, 481 auf) — hinc *maria*, hinc *montes* X, v. 209 (W. belegt diese Verbindung mit einer Stelle aus Lucret. u. Sallust.) — *modus mensuraque* I, 2, 8 (W. hat nur eine Belegstelle aus Sueton. Caes. 26) — *paucae parvaeque* VII, 5, 1. (parvi paucique und parvi et pauci belegt W. mit 3 Stellen: aus Lucret., bell. Alex. u. Cic. Verr.) — *plumam pinnasque* VIII, 4, 4. — *populari* ac *plebeia* mensura I, 3, 10 (W. hat die Verbindung populus plebsque mit Cic. Verr. 5, 36 u. Coripp. laud. Just. 3, 279 belegt) — *refugere* et *reformidare* III, 3, 1. (W. hat nur die Verbindung fuga formido) — *socors* et *somniculosus* I, 8, 2 (aus Plaut. Pseud. 1, 2, 12 führt W. die Substantiva somnus socordiaque an).

Im Anschlufs hieran möchte ich noch auf einige Allitterationen, die W. entweder mit anderen Stellen belegt oder gar nicht anführt, aus *Apuleius* und *Tertullianus* (de spectaculis), wie ich sie mir gelegentlich notiert habe, aufmerksam machen: Apul. Metam. V, 30 *acidas* et *amaras* istas nuptias. — Florid. p. 117 ed. Bipont. *actis* et *auctis*. — Tert. de spect. 18 *calces* et *colaphi*. — Apul. Met. V, 20 *cervicis* et *capitis*. — XI, 21 *clementer* ac *comiter*. — Apul. Flor. p. 128 ed. Bip. magis *fructuosa* insula est quam *frugifera* (W. hat Cic. offic. 3, § 5 frugifera et fructuosa). — Apul. de mag. p. 27 ed. Bip. arbor *infecunda* et *infelix* (cf. Apul. de mundo 36 quae infelicia propter infecunditatem vocamus). — Apul. Flor. p. 134 ed. Bip. *integrum* et *intemeratum*. — Apul. de mag. p. 79 ed. Bip. libidinum ganearumque *lucus, lustrum, lupanar*. (W. lustra ac lupanaria Salv. gub. d. 7, 89 u. 106). — Apul. Met. III, 16 totas artis *manus, machinas* omnes. — IV, 28 tam *praecipua* tam *praeclara*. — Tert. d. spect. 10 *privata* et *propria* (W. proprius ac privatus aus Aug. d. civ. d. 15, 3). — Apul. Met. IX, 14 *saeva scaeva* (W. Apul. Met. 2, 13). — VII, 25 *solutum* et *solitarium* (W. solus et solitarius aus Apul. Met. IV, 9) — VI, 2 *sollicite seduloque*. — Als Beispiele allitterierender Verbindungen eines Substantivs und attributiven Adjektivs, auf welche Thielmann in der Anzeige von Wölfflins Abhandlung (S. 43 dieser Zeitschrift) aufmerksam macht, habe ich aus Apuleius notiert: *candenti canitie* Metam. V, 16. — *atra atria* ib. VI, 19. — *famosa fabula* ib. V, 31. — *roseo rubore* ib. XI, 3.

Augsburg. G. Helmreich.

Zur Anzeige meines Aristoteles-Zeller.
(Schlufs.)

Meiner Erörterung der Aristotelischen Nuslehre, nach welcher letztere als eine vernünftige und dem urverständigen Philosophen gleichsehende sich präsentiert, wird der Vorwurf der Sophistik gemacht. Warum denn? Aristoteles „spricht von ὁ μὲν νοῦς und ὁ δὲ νοῦς und von einem οὗτος ὁ νοῦς offenbar im Gegensatz zu einem ἐκεῖνος. Wenn ich nun sage: „dieser Baum ist verdorrt und jener Baum ist grün", so habe ich doch sicherlich zwei Bäume gemeint, nicht aber gesagt, dafs von dem nämlichen einen Baume die eine Seite verdorrt und die andere grün sei." So mein Kritiker. Nun, in Voraussicht solchen Einwands hatte ich in „Des Aristoteles Erhabenheit etc." (S. 60) daran erinnert, dafs auch wir sagen können: „Wir unterscheiden in unserm Geiste ein Doppeltes, das Denken und das Wollen, es ist also der Geist ein denkender und wollender; des denkenden Geistes Aufgabe ist die Erfassung der Wahrheit, die Aufgabe des wollenden Geistes die vernünftige Selbstbestimmung, das Gute" — ohne dafs uns jemand die Voraussetzung imputieren dürfte, es seien zwei Geister im Menschen, nicht blofs einer. Ich könnte auch auf Fälle verweisen, wo Aristoteles, scheinbar von zwei Subjekten redend, ausdrücklich bemerkt, die zwei seien ein und dasselbe (so De an. III, 7. 431, a, 13, wo wir hören, dafs τὸ ὀρεκτικόν und τό αἰσθητικόν ein und dasselbe seien), oder dies auch nicht thut, ohne dafs die betreffenden grammatischen Subjekte als real verschiedene Subjekte, als zwei Substanzen betrachtet werden dürften. De an. III, 10. 433, a, 14 lesen wir: „Beide also können die Ortsbewegung herbeiführen, die Vernunft und die sinnliche Begierde, und zwar die um eines Zweckes willen denkende, praktische Vernunft; es unterscheidet sich aber diese von der theoretischen durch den Zweck (ἄμφω ἄρα ταῦτα κινητικὰ κατὰ τόπον, νοῦς καὶ ὄρεξις, νοῦς δὲ ὁ ἕνεκά του λογιζόμενος καὶ ὁ πρακτικός· διαφέρει δὲ τοῦ θεωρητικοῦ τῷ τέλει)". Hier könnte nun auch einer meinen, es sei von sachlich verschiedenen Subjekten die Rede, und als Analogiebeweis dafür etwa den Apfelbaum und den Birnbaum vorbringen, die sich durch manches andere und durch ihre Frucht von einander unterscheiden. Allerdings, der Apfelbaum und der Birnbaum sind zwei verschiedene Dinge; der theoretische und der praktische Nus des Aristoteles aber, das sind nicht zwei Nuse, sondern nur ein Nus, und die scheinbar unterscheidenden Attribute sind dem Sinne nach nichts anderes als neben einander wohl verträgliche Prädikate des einen Nus, bezeichnen nichts anderes als zwei Seiten seiner Bethätigung. Und merkwürdig, es gibt meines Wissens niemand, der den Aristoteles hier mifsverstände. Ein paar Kapitel weiter oben aber, De an. III, 5, wo er im theoretischen Nus zwei Momente aufweist und diese mit den Worten „ὁ μὲν τοιοῦτος νοῦς — ὁ δέ" einander gegenüberstellt, da mufs er mifsverstanden werden, weil er eben hier — von jeher mifsverstanden worden. Nehmen wir uns aber die Freiheit, den Text des Aristoteles auch hier unbeirrt durch herkömmliche Interpretationen nach seinem Wortlaute und seinem unmittelbaren und mittelbaren Zusammenhange zu erklären, so möchte die von mir aufgestellte Deutung, dafs nämlich Aristoteles hier nicht von zwei diversen Nusen, sondern nur von zwei Seiten des einen Nus rede, keineswegs als auf Willkür und Sophistik beruhend, vielmehr als die einzig mögliche und notwendige erscheinen.

Aristoteles kommt — um hier meine Beweisführung wenigstens anzudeuten — nachdem er von der ψυχὴ θρεπτικὴ und von der ψυχὴ αἰσθητική gesprochen, De an. III, 4 zum νοῦς, zu demjenigen Teil (μόριον) der Seele, womit sie erkennt und denkt (ᾧ γιγνώσκει τε ἡ ψυχὴ καὶ φρονεῖ). Dieser Nus wird nun (im 4. Kapitel) zunächst nach der passiven (receptiven) Seite seiner Funktion geschildert, nach der Seite, gemäfs welcher er einer Schreibtafel vergleichbar ist, auf der zunächst nichts steht, auf die sich aber alles Mögliche schreiben läfst, nach der Seite, nach welcher er die Gedanken in sich aufzunehmen fähig, in Möglichkeit alle Dinge ist, in Wirklichkeit aber keines derselben, bevor er wirklich denkt. Auf die in den eben gesperrten Worten angedeutete aktive Seite des Nus kommt dann Aristoteles im 5. Kap. zu sprechen, und es wird uns da gesagt, dafs eben auch der Nus es ist, der die Gedanken in sich setzt, dafs er die leere Schreibtafel, die er ist, selbst beschreibt, sich selbst denkend in geistiger Weise zu allen Dingen macht. Beim Übergang zur Hervorhebung dieser aktiven Seite des Nus sagt nun Aristoteles, dafs, wie in der ganzen Natur in jeder Gattung zwei Momente zu unterscheiden seien, das der Materie (der Möglichkeit, der Anlage) und das der Ursache, des schaffenden Prinzips, so auch hier im Geiste (in dem Prozesse nämlich seiner **accidentellen** Selbstverwirklichung im Denken, durch welchen Prozefs er „alles wird" (nicht selbst substanziell erst wird), im γένος (τῆς κατηγορίας) also des ποιεῖν und πάσχειν des Nus, nicht in dem seiner οὐσία). Dann fährt er so fort: „Und es ist (hat Dasein, ist faktisch gegeben) der der einen Seite (der Materie nämlich) entsprechende[1]) Geist durch das Alleswerden, der andere durch das Alles-machen (= dadurch, dafs er alles macht), wie eine zuständliche Beschaffenheit, vergleichbar dem Licht; denn in ge-

---

[1]) In dem Satze: „καὶ ἔστιν ὁ μὲν τοιοῦτος νοῦς τῷ πάντα γίνεσθαι, ὁ δὲ τῷ πάντα ποιεῖν" nahm ich früher (mit andern) eine ungewöhnliche Wortstellung an, wornach τοιοῦτος Prädikat wäre; nachträglich habe ich aber gesehen, dafs es sich hier nicht um eine aufserordentliche Wortstellung handelt, dafs vielmehr τοιοῦτος an dieser Stelle die andern Orts von mir nachgewiesene prägnante Bedeutung hat, grammatisch wenigstens nicht Prädikat, sondern Attribut ist, und der Satz die oben gegebene Übersetzung verlangt.

wisser Weise macht auch das Licht die potenziell vorhandenen Farben zu wirklichen Farben." Diesem letztern, dem thätigen, die wirklichen Gedanken in seinem Compagnon setzenden Nus werden dann, näher präzisierend, die im 4. Kap. dem Nus überhaupt beigelegten Eigenschaften zugesprochen, dafs er nämlich „leidenslos, unvermischt [mit dem Körper] und trennbar [vom Körper]" sei; und von eben diesem thätigen Nus wird gegen Ende des Kapitels gesagt, dafs nur er „unsterblich und ewig". Das Sich-nicht-erinnern (an früher Gedachtes) wird zuletzt daraus erklärt, dafs, während der thätige Nus leidenslos, der „leidende (παθητικός)" korruptibel (φθαρτός) sei und jener ohne diesen nichts denke.

Das Angeführte reimt sich nun ganz gut zusammen, wenn man den Aristoteles nimmt, wie er sich gibt, und nicht den Widerspruch in ihn hineinliest. Aristoteles spricht De an. III, 4 f. nur von einem substanziellen Nus, den er am Anfang des 4. Kapitel „den Teil (nicht die Teile) der Seele" nennt, „womit sie erkennt und denkt", und von dem es weiter unten in demselben Kapitel (429, a, 22 ff.) heifst: ὁ ἄρα καλούμενος τῆς ψυχῆς νοῦς (λέγω δὲ νοῦν, ᾧ διανοεῖται καὶ ὑπολαμβάνει ἡ ψυχή) οὐθέν ἐστιν ἐνεργείᾳ τῶν ὄντων πρὶν νοεῖν (der Nus genannte Seelenteil also — ich nenne aber Nus das, womit die Seele denkt und urteilt — ist keines von den Dingen in Wirklichkeit vor seinem Denken). Dieser substanziell einzige Nus im Menschen zerfährt dann nicht auf einmal in zwei substanziell verschiedene Nuse, auch hat Aristoteles schon von 11 Uhr bis Mittag merken können und hat nicht, nachdem er im 4. Kapitel von dem einen Nus gesprochen, in dem damit zusammenhängenden 5. Kapitel, wo er die aktive Seite des im 4. Kap. vornehmlich nach seiner passiven, receptiven Seite besprochenen Nus hervorhebt, nun noch einen anderweitigen „leidenden Nus" herbeigezogen, der, wie Zeller findet, eigentlich gar kein Nus ist. Vielmehr — wie auch die letzten Worte der eben angeführten Stelle des 4. Kapitels zeigen — ist nur von einem substanziellen Nus die Rede, und dieser ist vor seinem Denken (πρὶν νοεῖν) keines von den Dingen in Wirklichkeit, ist aber alles in Möglichkeit und wird alles in Wirklichkeit — durch sein Denken. Damit sind die zwei Nuse gegeben, von denen das 5. Kapitel handelt. In dem substanziell einen Nus unterscheiden sich gelegentlich seiner accidentellen Selbstverwirklichung im Denken zwei Seiten, die seines passiven (receptiven) Verhaltens und die seiner Aktivität, und diese zwei Momente werden Nuse genannt in keinem anderen Sinne, als in welchem auch der theoretische und der praktische Nus so heifsen. So begreift sich's denn, wie die im 4. Kapitel dem Nus ohne Beisatz zugeteilten Epitheta hinterdrein mit einer Restriktion dem „thätigen Nus" zugesprochen werden. Durchaus und in jeder Weise ist nur dieser Nus — d. h. eben der Nus als thätiger „leidenslos, unvermischt (mit dem Körper) und trennbar (vom Körper)", während sein Compagnon — d. h. er selbst, sofern durch sein Denken die durch sinnliche Wahrnehmung und Vorstellung vermittelten Gedankenbestimmungen der Aufsenwelt in ihm gesetzt worden, eben durch diese Bestimmungen accidentell — das Gegenteil jener Prädikate ist und accidentell „φθαρτός" ist, d. h. jene Bestimmungen zum Teil wieder vergessen kann. Nur in diesem Sinne kann nach dem Zusammenhang das Wort φθαρτός (korruptibel) verstanden werden. Der leidende (receptive) Nus existiert nicht substanziell für sich, kann also auch nicht als Substanz zu Grunde gehen. Er ist nur die accidentelle Existenz des Haftens von Gedankenbestimmungen in dem einen substanziellen Nus und seine Korruptibilität kann also auch nur die accidentelle der Vergefslichkeit sein. — Der „νοῦς παθητικός" am Ende des Kapitels ist offenbar derselbe Nus wie der „νοῦς δυνάμει", der ja im Vorhergehenden auch schon als „πάσχων" bezeichnet worden, und nicht wie so viele wollen, die φαντασία oder wer weifs was sonst. Es behält nach Aristoteles der Nus im eigentlichen Sinne dieses Wortes die „εἴδη", die „νοήματα" in sich (cf. De an. III, 4 429, b, 5 ff. und ibid. 7. 431, b, 7), ist, nachdem er einmal „gelernt oder gefunden", nicht mehr in der Weise wie vorher die blofse Möglichkeit der Gedanken, sondern die Möglichkeit im Sinn des habitus, der virtuellen Zuständlichkeit, gemäfs welcher er von sich aus sich bethätigen kann und keines äufseren Anlasses zu seiner Gedankenenergie bedarf, so aber, dafs von den in ihm gesetzten Gedankenbestimmungen solche, die immer wieder zu aktualisieren er kein Interesse und keine Veranlassung hat, so in ihm sich verwischen, so zurücktreten können, dafs er — für den Augenblick wenigstens — sich ihrer nicht mehr erinnert. Der Nus kann von den in ihm gesetzten Gedankenbestimmungen — die in ihrer Gesamtheit der aktualisierte „mögliche (leidende) Nus" sind — welche vergessen, seine Gedankenenergie — er als „thätiger Nus" — ist unsterblich. —

Wenn mein Kritiker zuletzt auf „so viele spätere Philosophen" verweist, „von denen doch wohl die meisten gesunden Menschenverstand genug besafsen, um den Aristoteles zu verstehen, sich (aber) durch die Philosophie desselben nicht befriedigt fühlten" — so will ich hier nur daran erinnern, dafs Hegel, der letzte grofse Philosoph, der Aristoteles der Neuzeit, bezüglich des alten Aristoteles gemeint hat, „wir hätten ihm nur abzubitten" (wegen seine Lehre entstellender bisheriger Auffassung nämlich), und dafs speziell die Aristotelische Psychologie betreffend derselbe Hegel (Encyklopädie, § 378, am Ende) so sich vernehmen läfst: „Die Bücher des Aristoteles über die Seele mit seinen Abhandlungen über besondere Seiten und Zustände derselben sind noch immer das vorzüglichste oder einzige Werk von spekulativem Interesse über diesen Gegenstand. Der wesentliche Zweck einer Philosophie des Geistes kann nur der sein, den Begriff in die Erkenntnis des Geistes wieder einzuführen, damit auch der Sinn jener Aristotelischen Bücher wieder aufzuschliefsen." —

Dillingen. Bullinger.

Der Chor im Agamemnon des Aeschylus. Scenisch erläutert von Richard Arnoldt. Halle, Richard Mühlmann. 1881. 2,40 ℳ.

Der durch seine Arbeiten über scenische Technik der griechischen Dramatiker rühmlichst bekannte Verfasser bringt in vorliegender Schrift von 90 Seiten einen weiteren interessanten Beitrag zur Erkenntnis der chorischen Technik. Die Hauptresultate sind folgende:

1. Was die Parodos (v. 40—257) betrifft, so wurde der anapästische Teil vom Chorführer recitiert; der daktylische Teil von demselben Chorführer gesungen, wobei der Chor vollstimmig den Refrain nachsang; die trochäisch-jambischen Strophen sang durchweg der ganze Chor. (Zum zweiten Punkte ist die Möglichkeit zugelassen, dafs die beiden Strophen von den beiden Parastaten gesungen wurden.)
2. Die drei Stasima (eine weitere Teilung der Tragödie läfst der Verf. mit Recht nicht zu) wurden vom ganzen Chor vorgetragen.
3. Die Zahl der Choreuten war fünfzehn.
4. Die Anapästen v. 355—866 gehören zum 1. Epeisodion; das Hypermetron, 475—488, für welches die Bezeichnung Epode unpassend, ist unter die fünf Protostaten zu verteilen.

Wie bei einem solchen Thema nicht anders zu erwarten, ist die Schrift voll Polemik. Ich kann auf dieselbe nicht eingehen, wage es aber, auf die Gefahr hin, Eulen nach Athen zu tragen, darzulegen, wie ich mir bisher die Sache zurecht gelegt habe.

1. Da dem Koryphäos nicht allzuviel zugemutet werden darf, so lasse ich v. 60—71 den ersten, v. 72—82 den zweiten Parastaten sprechen. — Die drei daktylischen Strophen denke ich mir von je einem στοῖχος gesungen, wozu der ganze Chor den Refrain nachsingt. — Die nächsten zehn Strophen tragen dieselben στοῖχοι vor, weil dem Sinne nach immer drei zusammengehören; die zehnte singt der erste und beste στοῖχος.
2. Die grofsen Stasima, in welchen des Dichters grofsartigste Gedanken ausgesprochen sind, lasse ich von Halbchören gesungen sein. Das Übergreifen der Gedanken hindert nach meiner Meinung diese Annahme nicht, da vielmehr, wenn in einer Strophe mit dem Schlufssatz eine neue Gedankenreihe anhebt, dieser Satz als das Thema angesehen werden kann, welches der eine Halbchor dem andern vorlegt. Wie bei vollstimmigem Vortrag ein gutes Verständnis erzielt werden konnte, wie auch nur die Choreuten dies alles leisten konnten, kann ich mir nicht denken.
3. Die Frage nach der Zahl der Choreuten kann meines Erachtens so apodiktisch nicht entschieden werden. Denn die Partien, welche für fünfzehn zu sprechen scheinen, lassen sich auch für zwölf ordnen. So nimmt der Verf. bei v. 1072 ff. vierzehn Choreuten als mitwirkend an; wenn man die beiden mittleren Partien, wo Trimeter und Dochmien verbunden sind, unter Chorführer und Halbchorführer teilt, bleiben zwölf Antworten übrig, acht in Trimetern, vier in lyrischen Mafsen. — Ebenso gehört bei der vielbesprochenen Beratung wahrscheinlich v. 1344 und 1347 dem Chorführer, v. 1346 dem Halbchorführer; v. 1370 f. spricht der Chorführer als zwölfter das entscheidende Wort. — Auch der Kommos v. 1448 ff. zerfällt, von der Wiederholung v. 1513—20 abgesehen, in zwölf Teile. — In den Choephoren eröffnet und schliefst der Koryphäos den Kommos v. 306—465; dazwischen singen elf Choreuten. — Und so läfst sich auch Eum. 244—275 und 585—608 einteilen.
4. In bezug auf v. 355—366 endlich sehe ich allerdings, wie der Verf. bei manchem Leser vermutet, den Streit als einen solchen um des Kaisers Bart an. Die Anapäste nehmen eben eine Mittelstellung ein. Dafs sie ebenso wie die vorausgehenden Trimeter vom Koryphäos gesprochen wurden, will ich gern glauben, da inzwischen die Königin die Bühne verlassen hat und eine Pause eingetreten ist. — Was aber das Hypermetron betrifft, so war ich bisher der Ansicht, dafs die Verse nur zwischen Chorführer und Halbchorführer zu teilen seien. Denn v. 351—354 hat der Chorführer sein Vertrauen kundgegeben und den Chor im Folgenden zum Gesang aufgefordert; nun setzt der Führer des Halbchores v. 475—478 seine Zweifel entgegen; entschieden belehrt ihn der Chorführer v. 479—484 eines besseren; der Gegner äufsert nichtsdestoweniger v. 485—488 seine Bedenken; v. 489 ff. kommt die Gewifsheit.

Dies ist meine subjektive Ansicht; es sollte mich sehr freuen, wenn dieser oder jener Gedanke Beifall fände. Auf andere gelehrte Ausführungen des Verf. einzugehen mufs ich mich bescheiden und auf die Schrift selbst verweisen.

Schweinfurt. Metzger.

Aristophanis Ranae. Recensuit Adolphus von Velsen. Lipsiae, Teubner. 1881. VI und 141 S. gr. 8.

Ausgewählte Komödien des Aristophanes. Erklärt von Dr. Theodor Kock. Drittes Bändchen. Die Frösche. Dritte Auflage. Berlin, Weidmann. 1881. 224 S. 8.

Die Ausgabe von Velsen, welche nach möglichst sorgfältiger und genauer Kollation der mafsgebenden Handschriften eine sichere Grundlage der Textkritik bietet, befriedigt ein längst gefühltes Bedürfnis: über ihren Wert brauchen wir kein Wort zu sagen; auch die Einrichtung ist aus der Ausgabe der Ritter bekannt. Als die Thesmophoriazusen in dem unscheinbaren Gewande und ungewohnten Aussehen eines Schulprogramms erschienen, mufsten wir unser Bedauern ausdrücken; der damals ausgesprochene Wunsch, dafs die Fortsetzung der Aristophanesausgabe wieder die würdige Ausstattung erhalte, ist bei der Ausgabe der Frösche auf das beste erfüllt. Die Handschriften, deren Lesarten verzeichnet werden, sind Rav. (R) Ven. (V) Vat. (U) Paris. (A) Ambros. (M). Die Kollation des Vat. hat nicht der Verfasser selbst, sondern Eugen Bormann besorgt.

Die Grundsätze, die bisher in betreff der Wertschätzung der Handschriften galten, scheinen durch die neue Kollation nicht alteriert zu werden, wenn auch erst mit der Vollendung der Ausgabe von Velsen diese Frage zum vollen Abschlufs gebracht werden kann. Der Wert von M ist uns sehr zweifelhaft. Wenn 1047 diese Handschrift κάτω ἐνέβαλε für κατουνέβαλεν R, κατ' οὖν ἔβαλε V bietet, so bedeutet das nichts und Velsen hätte nicht darauf die Konjektur κάτω βάλλειν gründen sollen, die unnütz ist, da κατ' οὖν ἔβαλεν durchaus richtig und gut erscheint, wie auch Kock daran Anstofs nehmen. Ebenso ist 1403 νεκρῶν in M nur eine Korrektur nach dem vorhergehenden ἐφ' ἅρματος, die keine Beachtung verdient und für die Änderung νεκροῦ, welche Velsen vorschlägt, gar nicht in betracht kommt. Es ist aber auch νεκροῦ unnötig, da im Originaltext des Aschylus ἵπποι δ' ἐφ' ἵπποις folgt. Für den Wert von V möchten wir auf eine bemerkenswerte Stelle hinweisen: 216 geben die Handschriften λιμναῖσιν ἰαχήσαμεν. Velsen läfst mit Meineke diesen Text unverändert; Kock hat λίμναις ἰαχήσαμεν. Aber die Messung, welche er angibt, _ _ ᴗ ᴗ _ ᴗ ᴗ ist unrichtig. Vgl. meine curae criticae p. 12. Es mufs λίμναισιν ἀγήσαμεν wie im vorhergehenden Vers Διὸς oder vielmehr Διὸν Διώνυσον ἐν geschrieben werden. So hat bereits Dindorf geschrieben und angedeutet ist diese Schreibung in V mit ἰαγήσαμεν. Wenn dagegen in 309 οἴμοι πόθεν μοι τὰ κακὰ ταυτὶ προσέπεσεν, V προσεπτατο mit γρ. προσέμπεσε gibt, so dürfte die Vermutung von Velsen πόθεν δέ μοι τὰ κακὰ προσέπτατο erweisen, dafs nicht προσέπεσε, sondern προσέπτατο als Glossem zu gelten hat. Recht überraschend ist es, dafs sowohl Velsen als Kock noch jetzt von der handschriftlichen Überlieferung ἄγνωτα abweichen und ἄγνωστα aus dem Scholion aufnehmen. Dindorf gibt zwar hier ἄγνωτα, aber Ai. 717 wieder μετανεγνώσθη, während doch Hesych das richtige μετανεγνώσθη erhalten hat. Methodisch kann in 1011, wo R A μοχθηρούς, V μοχθηροτέρους τ', U M μοχθηροτάτους haben, die Änderung von Velsen μοχθηρούς τούσδ' (ad spectatores se convertit Aeschylus) scheinen. Sie ist aber doch bedenklich; μοχθηροτέρους konnte sehr leicht in μοχθηρούς übergehen; dafs in V ein τ' folgt, ist kein Beweis gegen, sondern für die Überlieferung nach einer Gewohnheit der Abschreiber, die ich an einer anderen Stelle an mehreren Beispielen dargethan habe. Ebenso weifs man, dafs der Wechsel von μοχθηροτέρους und μοχθηροτάτους sehr gewöhnlich ist und nicht die Verbesserung eines ursprünglichen μοχθηροὺς nach Ausfall von τοῦσδ' erweisen kann. Endlich aber entspricht μοχθηροτέροις dem vorausgehenden βελτίους.

Von den Verbesserungen des Verfassers scheinen uns besonders ansprechend die Einfügung von βρεκεκεκὲξ κοὰξ κοάξ nach 245, die Änderung τῆςδε τῆς πορείας (τῇδε τῇ πορείᾳ) 396, οἶδ' ἐγώ 601, ὁμιλεύματ', ἀτειροὺς 819, κακοῖς τις 969, wo aber auch παραττάς nötig scheint, die Tilgung von 979. Ebenso ist κυκνοβατράχων 207 passender als das von Bothe vermutete βατραχοκύκνων; jedoch steht die Notwendigkeit der Emendation noch nicht fest. Auch die Ansicht, dafs ἄπειρος 204 Glossem sei, verdient Beachtung. Zweifelhafter ist ὧν ἀεὶ πανοῦργος 546. Wir halten αὐτός für spafshaft. In 719, wo die Handschriften τοὺς καλούς τε κἀγαθούς bieten, hat Meineke gesehen, dafs der Sinn den Gegensatz von gut und schlecht fordere, und τοὺς κακούς τε κἀγαθούς geschrieben. Velsen setzt τοὺς καλοὺς καὶ τοὺς κακούς. Die Annahme, dafs τοὺς καλούς τε κἀγαθούς aus 728 stamme, ist sehr unwahrscheinlich und da der Mangel des Artikels sich rechtfertigen läfst (vgl. Kock z. d. St.), so ist die Änderung von Meineke ungleich wahrscheinlicher, zumal da die Gegenüberstellung von καλοί und κακοί (πολῖται) noch eines Beleges bedarf. Die Worte Κηφισοφῶντα μιγνός sind mit Recht dem Dionysos zugewiesen: Velsen bemerkt nachträglich, dafs schon Herwerden diese Verbesserung gefunden habe. Minder passend scheint es uns, wenn 790 (als Frage) dem Xanthias zugeteilt wird. Auf die Frage κἀκεῖνος ὑπεχώρησεν αὐτῷ τοῦ θρόνου; müfste der Diener eine Antwort geben. Es ist etwas anderes, wenn derselbe den Witz πλινθεύουσι γάρ; 800 unberücksichtigt läfst. Halm hat den Vers als unecht erklärt und auch Kock ist dieser Ansicht; aber die Rücksicht auf das folgende scheint die Änderung κἀκεῖ μὲν ὑπεχώρησεν zu empfehlen. Leicht konnte κἀκεῖ (d. i. καὶ τότε) μὲν nach dem kurz vorhergegangenen κἀκεῖνος in κἀκεῖνος übergehen. An ἔνδοθι πέψει 814 habe ich früher auch gedacht; aber die Änderung ist einigermafsen bedenklich. In 1001 ist ἕξει unbrauchbar, weil es dem bis zum Ende festgehaltenen Bilde nicht entspricht; wohl aber entspricht diesem ἕλξεις, welches nicht erwähnt ist. Man kennt es ja, dafs eigene Konjekturen viel wahrscheinlicher erscheinen als fremde und schnell in den Text gesetzt werden, mögen sie auch fehlerhaft sein wie πρὶν γ' ἀκοῦσῃς χἀτέραν ἂν σύστασιν 1281, wo ἄν eine unrichtige Stellung hat, während das von mir vermutete χἀτέραν τάσιν μελῶν dem Sinne bestens entspricht (vgl. Schol. Τιμαχίδας γράφει ὡς τῷ ὀρθίῳ νόμῳ κεχρημένου τοῦ Αἰσχύλου καὶ ἀνατεταμένῳ). Nicht einmal die über jeden Zweifel erhabene Verbesserung σωτηρίας 1436, für welche Kock das richtige Verständnis gehabt hat, ist von Velsen berücksichtigt worden! Fremde Emendationen nicht richtig beurteilen ist ein gröfserer Fehler als eigene überschätzen. Die Lücke nach 1192 ist nicht unbegründet, aber nicht absolut nötig: V. 1191 erinnert bereits an die Ermordung des Vaters. Die Umstellung von 1407—10 nach 1400 ist an und für sich ansprechend und stellt eine gute Ordnung der Gedanken her. Bedenken erweckt nur, dafs die Überlieferung des Aristophanes dieses Mittel der Emendation nicht in gleichem Umfang gestattet wie die des Euripides. Velsen freilich wendet dasselbe öfter an, aber an Stellen, die eine andere Behandlung erfordern.

Die übrigen Konjekturen können kaum Beachtung verdienen; es sind darunter mehrere, die besser verschwiegen als in einer kritischen Ausgabe in den Text aufgenommen worden wären, wie πανδοκεῖ' ἐπειθ' 114, περὶ νίκης τε μαθὼν παρὰ 1028, πυρῶν μελῶν 1301. Wir wollen hier nicht weiter darauf eingehen und nur noch betonen, dafs es einer gesunden Methode widerspricht, Verse die augenscheinlich von einem Interpolator herrühren, durch gewaltsame Änderungen oder Umstellungen retten zu wollen. So bleibt

V. 15 auch bei der unstatthaften Änderung σκεύη ποτ' εἰ φέρουσιν ἐν κωμῳδίᾳ recht müfsig und unnütz. Die Änderung in 1133 λαμβάνοις τι kann wenig frommen: 1136 ist nicht nach dem Vorschlage Bergks umzustellen, sondern 1132—35 sind, wie Meineke erkannt hat, als unecht auszuscheiden: 1134 erinnert ebenso an 1229 wie οὐράνιον ὅσον 1135 an 781; 1135 ist ganz zwecklos und γάρ hat keine passende Beziehung. Die V. 1257—60 unterbrechen nach 1263 gestellt den Zusammenhang und wiederholen den Sinn von 1252—56 in so auffallender Weise, dafs man nur an eine Interpolation oder auch Dittographie denken kann. Die Zwischenfrage des Euripides ἔχει δὲ περὶ αὐτοῦ τίνα γνώμην; 1424 ist unpassend und zerreifst das Zusammengehörige ἡ πόλις γάρ εὐστοχεῖ· πόθεν μὲν κτέ. in so eklatanter Weise, dafs nur die Beseitigung von 1424 als methodisch gelten kann. Velsen möchte ἔχει δὲ περὶ αὐτοῦ τὰ νῦν γνώμην τίνα; schreiben. Auch 1432 ist, wie μάλιστα μὲν beweist, eine Dittographie zu 1431 und kann die Änderung von Fritzsche λέοντα, über welche Kock richtige Bemerkungen macht, den Vers nicht retten.

Die neue Auflage der Ausgabe von Kock darf als eine vielfach verbesserte bezeichnet werden. Man kann sich nur freuen, wenn diese Ausgabe, welche auf das beste geeignet ist in das Studium des Dichters einzuführen und zu einem tieferen Verständnis der Komik anzuleiten, immer mehr vervollkommnet wird. Schade, dafs sie diesesmal um einen Augenblick zu früh erschien, so dafs ihr die Ergebnisse der kritischen Ausgabe von Velsen nicht mehr zu gute kommen konnten. Da die Ausgabe bekannt genug ist, können wir uns hier auf einige Bemerkungen beschränken.

Die neuen Zusätze sind nicht immer passend mit dem Kommentar vereinigt, d. h. es sind nicht immer die nötigen Änderungen gemacht worden. Z. B. heifst es unpassend zu 14 „von einem Komiker Lykis wissen wir nichts", da nachher davon die Rede ist, dafs neuerdings auf einem Verzeichnis der Komiker der Name Lykis sich gefunden hat. Es sollte heifsen: „von einem Komiker Lykis als Zeitgenossen des Aristophanes" u. s. w. In der Note zu 659 figuriert noch der Name Aakos, an dessen Stelle sonst jetzt mit Recht der einfache Diener getreten ist. — Kürze ist ein Vorzug solcher Ausgaben; doch sollten die Worte nicht so gespart werden, dafs etwa ohne alle weitere Angabe am Schlufs einer Anmerkung eine Notiz angefügt wird wie: Demeter mit dem Ferkel Conze, Heroen- und Göttergest. LII. — Man kann einem Herausgeber, der nur das erwähnt, was er für gut findet, nicht leicht nachweisen, dafs er das eine oder andere nicht gekannt habe. Wir können also nur sagen, dafs die Bemerkung von O. Benndorf über die Veranlassung des Eupolis und Aristophanes, das Theaterpublikum im Gott Dionysos zu personifizieren, Beachtung verdient hätte. Wir meinen auch, dafs Kock, wenn er unseren Aufsatz im Philol. XXXVI gekannt hätte, von anderem nicht zu reden, jedenfalls in der Note zu 854 die Konjektur ἵνα μὴ 'γκεφάλου hätte tilgen und zu 710 die Note „der armselige Bader ein König — von schlechter Seife und Badelauge" hätte ändern müssen. Auch der falschen Auffassung der Erklärungen, welche Euripides und Äschylus von dem Anfang der Choephoren 1126 ff. geben, glaubte ich in meinen Studien zu Äschylus ein Ende gemacht zu haben; ich habe mich getäuscht. Freilich bringt Kock zu 1126 einen Gegengrund: „wäre die Erklärung des Euripides richtig, so hätte Äschylus ἐποπτεύσας schreiben müssen". Aber er verkennt die Bedeutung von ἐποπτεύων. Orestes sagt: „indem du mit strafendem Blick hinsiehst auf die Vergewaltigung des Vaters, werde ein Helfer". — Die lebendige Auffassung, welche den Kommentar von Kock auszeichnet, verleitet leicht zu dem Fehler, in den Scherzen des Dichters mehr zu suchen als der Dichter hineingelegt hat oder doch mehr als wir wissen können. Wir glauben nicht, daſs ἐπιβάτευον 48 etwas anderes bedeuten kann als „ich war ἐπιβάτης". Wenn Dionysos auf die Frage des Herakles „in den Hades willst du hinab, um den Euripides zu holen?" erwidert „ja und wenn es sein muſs noch tiefer," so ist damit doch nur die groſse Sehnsucht ausgedrückt, nicht aber angedeutet, daſs Euripides wegen seiner vielen poetischen Sünden zu den groſsen Verbrechern der Tartarus gehöre.

Wir knüpfen hieran noch einige Bemerkungen zu einzelnen Stellen des Stücks. In ἵνα μὴ ταλαιπωροῖτο μηδ' ἄχθος φέροι 24 scheint der Optativ φέροι nur unter dem Einfluſs des vorhergehenden ταλαιπωροῖτο gesetzt worden zu sein; dem Sinn entspricht entschieden mehr φέρῃ. Vgl. Krueg. I 54, 8, 2 und was wir in diesen Blättern XVI S. 477 zu Lys. 488 παρέχωμεν . . πολεμοῖτε bemerkt haben. Die Erklärung, welche Kock von ποῖ τῆς ἀπεδήμεις; gibt „wo wolltest du hin?", ist unrichtig. Es kann nur heiſsen: „wohin warst du verreist?" oder „wo kommst du her?" 151 hat Leutsch gewiſs mit Recht als unecht erklärt; auch Velsen hat den Vers in Klammern gesetzt. In 168 τῶν ἐκφερομένων, ὅστις ἐπὶ τοῦτ' ἔρχεται fordert der Sinn ὅστις ἄλλως ἔρχεται („der ohnedies dahin geht"). Vgl. Aesch. Cho. 680 ἐπείπερ ἄλλως, ᾧ ξέν', εἰς Ἄργος κίεις. Man müſste also in ἐπὶ τοῦτο ein Glossem sehen, wenn man den Vers überhaupt als echt erkennen könnte. Hamaker scheint ihn mit Recht als Interpolation bezeichnet zu haben. 308 ist ὁδὶ δὲ δεῖνας ὑπερπυρριᾷ σου nicht nach der einen Erklärung der Schol. von dem Priester des Dionysos, sondern nach der andern von dem αἰδοῖον zu verstehen. Was Velsen 347 in den Text setzt χρονίους κράτων παλαιῶν τ' ἐνιαυτούς scheint uns ebenso abstrus zu sein wie die Vermutung von Kock χρονίους τ' ὀστῶν παλαιῶν ἐνιαυτούς. Für ἄπειρα τοιῶνδε λόγων 354 ist vielleicht τοιῶνδε τελῶν zu schreiben. 364 heiſst διαπέμπων nicht „hinüberschmuggelnd", sondern „durchlassend, ohne Zoll passieren lassend". Mit Recht nimmt 358 Kock an βωμολόχοις ἔπεσιν χαίρει μὴ 'ν καιρῷ τοῦτο ποιοῦσιν Anstoſs; Velsen vermutet βωμολόχων ἔπεσιν χαίρει, μὴ 'ν . . ποιούντων. Ich habe an βωμολόχοις ἔπεσιν . . ποιοῦντων gedacht und ich glaube, daſs dieses genügt und der Verderbnis des Textes am besten erklärt. 405 schreibt man gewöhnlich nach der Konjektur von Bentley τόν τε σανδαλίσκον für τόνδε τὸν σανδ. Velsen setzt καὶ τὸ σανδ. ohne Wahrscheinlichkeit. Warum nicht einfach τόδε τὸ σανδαλίσκον? 467 dürfte vielleicht angemerkt werden, daſs τὸν κύν' ἡμῶν τὸν Κέρβερον etwa bedeutet „unsern guten Kerberus". 548 findet Kock den Plural τοὺς χοροὺς τοὺς προσθίους ganz unbegreiflich; es gibt aber doch zwei Reihen Zähne, also auch zwei Reihen Vorderzähne. 562 ist κἀμοκάτω γε von Herakles doch auffallend. Man erwartet eher κἀβρεμάτω γε. Daſs mit Berichtigung der Personenbezeichnung in 664 f. die Annahme einer Lücke nach 663 (oder wie Velsen will, nach 661) wegfällt, habe ich an einer andern Stelle dargethan. Wie Kock eine solche Änderung gewaltsam nennen kann, ist mir unverständlich. Es ist ja sehr erklärlich, daſs diejenigen, welche die Personenbezeichnung setzten, den V. 663 ebenso miſsverstanden wie ihn die neueren Erklärer miſsverstehen und ihn, nachdem Xanthias aufgefordert, an Dionysos gerichtet glaubten, während Dionysos an der Reihe ist und das Pendant zu Ἄπολλον — ὅς . . ἔχεις : Πόσειδον ὅς κτέ., das auf jenes folgen muſs, nicht der gleichen Person angehören kann. Wozu Kock bei solcher Änderung der Personenbezeichnung noch die Annahme einer Lücke nach 666 für nötig hält, kann ich nicht einsehen. Auch die Lücke, welche Velsen in 664 zur Ausfüllung des Trimeter ansetzt, scheint überflüssig: nach raschem Vortrag der Worte ὃς Αἰγαίου . . μέδεις folgt die durch die geänderte Deklamation angezeigte Vollendung des Trimeter. Darauf hat schon Hermann aufmerksam gemacht. Eine besondere Vorliebe für eigene Einfälle gehört dazu, wenn weder Kock noch Velsen die treffliche Herstellung von 682 ἐπὶ βάρβαρον ἐξομένη κέλαδον würdigt und Kock das unwahrscheinliche und unbrauchbare ἐπὶ βάρβαρον αἰρομένη κέλαδον festhält, Velsen aber das ungefüge und mit dem Sinne des folgenden Verses τρύζει δ'ἐπίκλαυτον . . νόμον nicht in Einklang stehende ἐπὶ βαρβάρῳ ἡδομένῳ κελάδῳ vorschlägt oder vielmehr sofort in den Text setzt. 703 kann ταῦτ' ὀγκωσόμεσθα nicht heifsen „dieses in hochmütiger Verblendung abweisen werden", sondern, da ταῦτα Acc. des inneren Objekts ist, „uns so stolz machen und brüsten werden". In νοεῖν ὁρᾶν ξυνιέναι στρέφειν ἐρᾶν τεχνάζειν 957 meint Velsen, ἐρᾶν sei aus dem Glossem zu τεχνάζειν: ἐρᾶν τεχνῶν entstanden, und möchte κάμπτειν στρέφειν τεχνάζειν schreiben. Sehr unwahrscheinlich! Wahrscheinlicher ist es, dafs nachdem ῥινᾶν (ῥινᾶν στρέφειν τεχνάζειν) in ἐρᾶν übergegangen, dieses des Hiatus wegen nach στρέφειν gesetzt wurde. 1073 bezeichnet Kock μᾶζαν καλέσαι als unrichtig und erwähnt die Änderung κάψαι von Herwerden, während er selber an λεῖξαι denkt; κάψαι und λεῖξαι ist in gleicher Weise unbrauchbar, weil vom Sprechen die Rede sein mufs, eine Änderung aber ist unnötig, weil μᾶζαν καλέσαι bedeutet „μᾶζα, μᾶζα rufen". Vgl. Eur. Med. 21 βοᾷ μὲν ὅρκους, ἀνακαλεῖ δὲ δεξιᾶς πίστιν μεγίστην. Wenn Kock zu 1098 τυπτόμενος ταῖσι πλατείαις ὑποπερδόμενος φυσιῶν τὴν λαμπάδ' ἔφευγε die Note von Fritzsche anführt: sedulo facem suam ipse exstinxit, quo in tenebris ab hominum iniuria verberibusque esset tutior und hinzufügt: „er gibt also den Sieg, dessen erste Bedingung das Brennen der Fackel war, gern auf, um sich nur zu retten", so hat er hier, obwohl er sonst in diesem Gebiete sehr gut bewandert ist, das κατέμπατον nicht erkannt: Die φυσήματα, welche die Fackel ausblasen, sind durch ὑποπερδόμενος näher bezeichnet. Die Erklärung von χωρὶς ἄλλης συμφορᾶς 1164 „aufser dem der zeitweiligen Abwesenheit von der Heimat" ist unrichtig. Kock verkennt den bekannten Gebrauch von ἄλλος (wie von alius). Die Worte bedeuten: ohne Rücksicht auf etwas anderes, das ein Unglück für ihn gewesen wäre wie die Verbannung". Auch die Auffassung von 1195 f. εὐδαίμων ἄρ' ἦν, εἰ κἀστρατήγησέν τε μετ' Ἐρασινίδου „nun wahrlich, wenn Oedipus unter diesen Umständen noch irgendwie glücklich genannt werden kann, dann fehlte ihm zum vollen Glück nichts als dafs er auch noch mit Erasinides Feldherr gewesen wäre" können wir nicht billigen. Die Worte bedeuten doch einfach: „im Vergleich zu solchem Mifsgeschick kann man Erasinides und seine Amtsgenossen noch glücklich nennen". Zu 1308 οὐκ ἐλεσβίαζεν, οὗ bemerkt Kock: „sie trieb nie lesbische Unzucht, wovon gerade das Gegenteil gemeint ist". Wie kann etwas so negiert und doch gemeint sein? Der Sinn ist vielmehr: „diese Muse (d. i. Hetäre) trieb keine lesbische, keine unnatürliche, sondern nur natürliche Unzucht". Für 1339 verweise ich auf Hom ϑ 426 θέρμετε δ' ὕδωρ, woran unsere Stelle eine Reminiscenz enthält. Von der Änderung, welche Velsen in den Text aufgenommen hat, θέρμετε δ' ἔνδον kann keine Rede sein.

Bamberg.   ————   Wecklein.

De Plauti Substantivis scripsit Herm. Rassow, besonderer Abdruck aus dem XII. Supplementbande der Jahrbücher für klassische Philologie. 1881. p. 591—732.

Die vorliegende Schrift zerfällt in VI Kapitel: Cap. I praefatio, cap. II laterculum substantivorum secundum terminationes dispositorum, cap. III Plauti nomina composita, cap. IV de substantivis ex eadem radice vario suffixo derivatis, cap. V de Plauti vocabulis graecis in latinam linguam translatis, cap. VI Plauti substantivorum index. Besonders wertvoll sind cap. II die Zusammenstellung der plaut. Substantiva nach ihren Endungen und cap. VI der Index der Substantiva. Für letzteren, dessen Vollständigkeit (bis auf einige Kleinigkeiten) und Genauigkeit Referent eingehend geprüft hat, sind alle, die sich mit sprachlichen Studien beschäftigen, dem Herrn Verf. gewifs zu Dank verpflichtet, um so mehr, als der Plautusindex von Naudet, abgesehen davon, dafs er nur schwer aufzutreiben ist, schon wegen der in vielen Punkten abweichenden neueren Texte keine Zuverlässigkeit mehr bietet.

Aus den Ergebnissen, die der Verf. aus seiner Untersuchung gewonnen, erwähnen wir das auffallende Fehlen gewisser Substantiva bei Plautus. So setzt er für *ensis* und *mucro* konstant *gladius* und *machaera*, für *potentia* immer *potestas*; ebenso fehlt gänzlich *aestas* und *hilaritas* (dafür *hilaritudo*), *infans* hat noch nicht die Kraft eines Substantivs; *lustra* steht Cas. 2, 3, 26 als Femininum und ist als solches nicht aufgeführt bei Klotz und Georges[7].

Zu den indices ist wie bereits bemerkt nur wenig nachzutragen, so in cap. IV und VI die Nebenform *tergus* zu tergum Asin. 319 ‚tergum familiarem'; *aevus* zu aevum Poen. 5, 4, 14 ‚aevum vitalem'. Im index VI vermissen wir sämtliche in den Fragmenten plaut. Komödien bei Festus, Nonius u. a. erhaltene Substantiva, als *canitudo* aus Paul. ex Fest. 62, 1, *cubitura* und *cursura* Non. p. 198, 25, *recula* Prisc. 3, 33 u. s. w. Dafs ferner der Verf. nicht den Text des Pseudolus nicht nach der Ausgabe von Lorenz (1876) benützt hat, hat den Ausfall von *logista* 250 L. und *offucia* 1176 L. zur Folge. Endlich noch ein Wort über die Anlage derartiger indices. Wir wollen die Knappheit derselben, die sich in vorliegendem Fall auf die Angabe des numerus und casus in der betreffenden Stelle beschränkt, nicht tadeln bei Substantiven, wo ein Mifsverständnis nicht entstehen kann; im andern Fall aber mufs notwendig ein Fingerzeig verlangt werden. Wollen wir uns z. B. bei Rassow Rats erholen über das Vorkommen des Substantivs *mundus*, so finden wir unter *mundo* 9 Stellen aufgeführt und wer diese Stellen nicht im Text nachliest, gewinnt aus R. den festen Glauben, Plautus gebrauche das Wort *mundus* in seiner gewöhnlichsten Bedeutung = Welt. Wer aber im Plautus die citierten Stellen vergleicht, wird überall die Phrase *in mundo esse* oder *habere* finden. Es hat allerdings nicht an Philologen gefehlt, welche in dieser Phrase *mundus* als Substantiv gefafst haben (so Rost opusc. Plaut. I p. 277—280); allein heutzutage wird sie allgemein von den Lexikographen unter das Adjektiv *mundus* gestellt, vgl. Lorenz zu Pseud. 478 und in den kritischen Anmerkungen S. 265 (nicht wie Georges[7]: Lorenz zu *Most.*). Wenn also R. das Wort überhaupt in den index subst. aufnehmen wollte, so mufste er eine kurze erläuternde Bemerkung machen, ev. die Note von Lorenz citieren.

Doch diese kleinen Ausstellungen sollen der ebenso sorgfältigen wie mühsamen Arbeit Rassows keinen Abbruch thun, die geringe Anzahl derselben gereicht ihr im Gegenteil nur zum Lobe.

Schweinfurt. Gustav Landgraf.

Die Elegien des Albius Tibullus und einiger Zeitgenossen. Erklärt von B. Fabricius. Berlin 1881. Nicolai. (XI, 149 S. gr. 8.) ℳ 2,50.

Die Ausgabe ist „für angehende Philologen, für die Privatlektüre der oberen Gymnasialklassen und endlich auch für Freunde des klassischen

Altertums bestimmt" (Vorr. pag. X). Von diesem Standpunkte ausgehend hat sich der Herausgeber eine mehrfache Abweichung gegenüber der handschriftlichen Überlieferung und den übrigen Ausgaben in bezug auf die Anordnung und Reihenfolge der einzelnen Gedichte gestaltet.

Zwar mochte der Herausgeber, dem es hauptsächlich um eine gründliche Interpretation zu thun war, auf diese Fragen kein bedeutendes Gewicht legen, allein ich halte es für eine unabweisliche Pflicht, auch sie mit möglichster Gewissenhaftigkeit zu prüfen, da sie der ganzen Arbeit zu grunde liegen. Die Begründung seines Verfahrens in der Einleitung enthält nun einige ganz irrtümliche Behauptungen, die einer Berichtigung bedürfen. So sagt er pag. VII, dafs die unter dem Namen des Tibull uns überlieferten Gedichte in den Handschriften meist in vier Bücher verteilt sind[1]) und wir nur in einigen Citaten, wie Baehrens nachgewiesen habe, zwei Bücher erwähnt finden. Allein Baehrens hat das Gegenteil nachgewiesen, wie aus seinen diesbezüglichen Erörterungen (Tibullische Blätter, Jena 1876, pag. 48) sich deutlich ergibt. Darnach ist erstens die gangbare Trennung in ein drittes und viertes Buch ganz unbegründet, da in den Handschriften beide Bücher mit einander verbunden werden, und er stellt es als ausgemacht hin, dafs die jetzigen Bücher III und IV von alters her als ein einheitliches Buch auf uns gekommen sind und dafs jene Abteilung erst den Herausgebern des Cinquecento verdankt wird. Demnach steht fest, dafs die ganze Elegiensammlung in den Handschriften in d r e i Bücher geteilt ist, von denen die beiden ersten die echten Gedichte Tibulls, das dritte die pseudotibullischen enthalten. (Cf. Baehrens, Tib. Bl. pag. 36; Krit. Kommentar in seiner Ausgabe des Tib. pag. 3, 36, 57.) Was dann die Citate betrifft, in denen zwei Bücher erwähnt werden sollen, so hat wohl der Herausgeber, wie ich vermute, an jenen catalogus saec. IX. gedacht, welchen Haupt im ‚Hermes‘ (vol. III. pag. 221) edierte. Allein diese Erwähnung ist schon deshalb nicht zulässig, weil es den Anschein bekommen könnte, als ob jene ‚libri duo‘ des catalogus das ganze corpus Tibullianum mit Einschlufs der Pseudotibulliana umfafst hätten, während doch ohne Zweifel nur die beiden Bücher der echten Gedichte Tibulls darunter zu verstehen sind. (Cf. Baehrens, a. a. O. pag. 53 f., dann Tibulli eleg. praef. pag. XXI.)

Unrichtig ist auch die Behauptung des Herausgebers (pag. X), mit Ausnahme von Broukhousius und Baehrens folgen alle Ausgaben in der Reihenfolge der Elegien den Handschriften. Ich habe beide Ausgaben genau verglichen und finde in keiner bezüglich der Reihenfolge eine Abweichung von den übrigen Ausgaben; der erstere hat auch die von den italienischen Herausgebern eingeführte Abteilung in vier Bücher, Baehrens aber beseitigt nur im Gegensatze zu den früheren Ausgaben, jedoch im Einklang mit den Handschriften die bisher übliche Abtrennung in ein III. und IV. Buch und nimmt wohl der leichteren Übersicht halber eine Nummerierung der zusammengehörigen Elegien dieses Buches vor.

Indem der Herausgeber weiter die nicht durchweg zu billigende Ansicht aufstellt, dafs die Handschriften bezüglich der Reihenfolge das Recht des blinden Nachfolgens nicht beanspruchen können, so trägt er kein Bedenken, im Anschlusse an Gruppe und Teuffel eine mit der handschriftlichen Überlieferung im Widerspruch stehende Anordnung der Elegien-Sammlung zu treffen. Da nämlich in der von den Hdschr. befolgten Anordnung der einzelnen Stücke, wenigstens im ersten Buche, ein bestimmter Plan sich

---

[1]) Auffallend ähnlich äufsert sich schon W. Teuffel (Einl. z. s. Übers. p. 11).

nicht erkennen liefs, so unternahm es zuerst O. F. Gruppe i. J. 1838 in seiner Schrift „Die römische Elegie", „in dieses wirre Chaos" Licht zu bringen, indem er die Entstehungszeit und chronologische Aufeinanderfolge der einzelnen Gedichte und Cyklen zu bestimmen suchte, und seine Ergebnisse voraussetzend, weiterführend und abändernd unterschied W. S. Teuffel 1853 in seiner Einleitung zu seiner Übersetzung (cf. Studien und Charakteristiken) in der künstlerischen Entwicklung des Dichters mehrere Stufen und ordnete auch in der Übersetzung selbst die Reihenfolge der Gedichte nach seinem Ermessen. Darnach erblickte er in dem Panegyricus auf Messala einen Jugendversuch des Dichters und nahm in den übrigen Gedichten d r e i Perioden der Entwicklung an, von denen die erste die Gedichte I, 7 und I, 10, sowie die Marathuselegien, die zweite die Delia-, Sulpicia- und Glycera-Elegien, die dritte endlich die Nemesiselegien umfafst. Die Neaeraelegien schrieb er nach den Handschriften dem Lygdamus, einem Nachahmer des Tibull, zu. Dieser Anordnung schlofs sich nun Fabricius an (cf. pag. X), nur mit der Ausnahme, dafs er auch die Sulpiciaelegien den neueren Forschungen gemäfs als dem Tibull nicht gehörig ausschied und IV, 13 und 14 als Tibullische Erzeugnisse gleich hinter die Nemesislieder setzte. Aber wenn es erklärlich ist, dafs Gruppe und Teuffel in anbetracht der damaligen Forschungen eine mehr chronologische Anordnung vornahmen, so hätte Fabricius aus den neueren Untersuchungen von Baehrens die Überzeugung gewinnen können, dafs jenes willkürliche Verfahren in der Anordnung der Gedichte nicht zulässig ist. Wenn er ferner behauptet, die Gelehrten der Neuzeit hätten erkannt, dafs diese Sammlung in dieser Form, wie sie uns bis jetzt bekannten Handschriften geben, nicht selbst von Tibull herrühren kann, dafs man vielmehr einige Zeit nach dem unerwartet schnellen Tode des Dichters alles, was man in seinem Nachlasse gefunden hatte, ohne es zu prüfen und zu sichten, als echt Tibullisches zu einem Ganzen vereinigte, so ist dagegen zu bemerken, dafs dies wenigstens vom ersten Buche der Elegien, auf welches es hier hauptsächlich ankommt, nicht ohne weiteres gelten kann, da es von Tibull selbst der Öffentlichkeit übergeben wurde, wie Baehrens (T. Bl. pag. 20 u. 48) schlagend nachgewiesen hat, und somit auch die Annahme wohlberechtigt ist, Tibull selbst habe die uns in den Handschriften überlieferte Reihenfolge der Lieder angeordnet; denn die Auseinandersetzung der inhaltlich zusammengehörigen Lieder darf uns nicht im geringsten stören, da ja bekanntlich auch von Tibull die bei den römischen Dichtern, wie z. B. bei Catull, beliebte Manier, das Zusammengehörige durch heterogene Elemente zu trennen, befolgt wurde (cf. Baehrens, a. a. O. pag. 23).

Mit dieser Auseinandersetzung will ich aber dem Hrsgbr. nicht das Recht absprechen, eine Abänderung der handschr. Reihenfolge mit Rücksicht auf seinen Leserkreis vorzunehmen. Wenn er von vorneherein erklärt hätte, dafs er im Hinblicke auf die Bestimmung seiner Ausgabe die Anordnung der Hdschr. nicht als Grundlage nehme, wie es in den bisherigen Ausgaben geschehen, sondern aus Zweckmäfsigkeitsgründen ein chronologisches Prinzip befolge und die einzelnen Cyklen der erotischen Elegien als „Elegienkränze" vereinige, so liefse sich gegen eine derartige Zusammenstellung umsoweniger etwas einwenden, als dadurch eine erhebliche Erleichterung und Übersicht bei der Lektüre erzielt würde. Aber entschieden verwerflich finde ich es, wenn er seinem Verfahren den Anschein von wissenschaftlicher Bedeutung beizulegen sucht, worauf es nicht im mindesten Anspruch hat.

Um nun auf die von ihm vorgenommene Ausscheidung mehrerer Gedichte, deren Echtheit er bestreitet, überzugehen, so bemerkt er pag. VII;

„In neuerer Zeit sind die Gelehrten (??) zu der Überzeugung gekommen, dafs ... neben zwei Elegien und zwei Epigrammen nur die Elegien auf Delia und Nemesis dem Tibull gehören, dafs aber die Elegien auf Sulpicia und Corinthus einem anderen bis jetzt unbekannten Dichter und endlich die auf Neaera bezüglichen einem Dichter, der sich selbst Lygdamus nennt, zugeteilt werden müssen." Demnach nahm er in seine Ausgabe die sog. drei Marathuselegien, den Panegyricus auf Messala und die beiden Priapea nicht auf. Meines Erachtens sind aber die Gelehrten so ziemlich darüber einig, dafs das ganze I. und II. Buch echt sei. Die Marathuselegien (I, 4, 8, 9) erklärt der Hrsgbr. freilich für „widerliche, ja scheufsliche Schöpfungen einer leider im Süden Europas damals wie noch jetzt besonders im Oriente heimischen Knabenliebe", für „päderastische Scheufslichkeiten, die man mit wahrer Wut dem lieblichen Dichter aufbürdet", und verharrt so hartnäckig auf seiner Ansicht, „dafs er sie dem Tibull nicht beilegen mag, selbst wenn alle Kenner der Poesie des Tibull es behaupteten". Stat pro ratione voluntas! Was hilft gegen eine solche Voreingenommenheit eine Beweisführung? Niemand spricht sich meines Wissens gegen den Tibullischen Ursprung aus, die Gelehrten streiten nur über die Zeit ihrer Entstehung; Teuffel hält sie für „unfehlbar Tibullisch". Ihr Inhalt wird bei keinem reiferen Leser Anstofs erregen, auch bei unreiferen Lesern dürften sie weniger sittengefährlich sein, als manche Obscenitäten in echt Tibullischen Liedern. Was aber die Hauptsache ist, sie enthalten viele dichterische Schönheiten, die selbst hinter mehreren Delialiedern nicht zurückstehen, „es zeigt sich in ihnen eine noch viel höhere Glut der Farben und eine Kühnheit sinnlicher Phantasie, welche dennoch nirgends ins Gemeine oder Verletzende fällt, und der ganzen Komposition liegt ein Gedanke von höchster Feinheit zu grunde" (Gruppe). — Ferner für die Ausscheidung von Gedicht II, 2 aus den echten Elegien Tibulls bringt er nicht den mindesten Beweis vor; was er pag. 116 darüber sagt, ist nur ein nichtssagendes Gerede. Und wenn nur die auf Nemesis sich beziehenden Gedichte echt sein sollen, ist dann II, 1 eine Nemesiselegie? Ich finde von Nemesis gar nichts darin. — Von den pseudotibullischen Gedichten läfst er den Panegyricus auf Messala weg, „weil es eben keine Elegie ist"; angesichts dieser absichtlichen Beschränkung auf die Elegie kann man natürlich gegen diese Auslassung nichts einwenden, jedoch wäre die Aufnahme dieses Lobgedichtes wünschenswert gewesen, da es von den meisten Gelehrten als Tibullisches Jugendprodukt angesehen wird. — Die beiden Priapea wird wohl niemand wegen ihres schmutzigen Inhalts vermissen, obschon sich nicht mit Bestimmtheit beweisen läfst, dafs sie von Tibull nicht herrühren.

Nach diesen allgemeinen Erörterungen gehe ich zu den einzelnen Elegiencyklen über, wobei ich mich der besseren Übersicht halber an die Anordnung der vorliegenden Ausgabe halte. Bei den Elegien der „ersten Periode" (I, 7 und I, 10) finden sich aufser ihrer Absonderung von der handschriftlichen Reihenfolge keine besonderen Abweichungen, dagegen schliefst er sich bei dem „Elegienkranze" der Delialieder („zweite Periode") der von Teuffel vorgenommenen Umstellung von I, 2 an, indem er es aus der Ordnung der Handschriften herausnimmt und nach I, 5 einreiht. Die Ordnung von I, 2 hängt nun von der Beantwortung der Frage ab, ob Delia damals, als Tibull mit ihr ein Liebesverhältnis anknüpfte, schon mit einem anderen verheiratet war oder nicht. Obschon Baehrens mit ziemlicher Wahrscheinlichkeit sich für ihre damalige Verheiratung ausgesprochen, nimmt dennoch der Hrsgbr. hievon keine Notiz, sondern macht pag. 36 nur einige nichtssagende Bemerkungen über die ganze Liebesgeschichte. — Die einzelnen Gedichte des Deliacyklus bieten keine Veranlassung zu besonderer Besprechung, nur hat der Hsgbr. in I, 2 nach V. 24 ohne Grund einen ohne Zweifel echten Vers ausgestofsen; in I, 6 nimmt er die mehrfachen Versumstellungen von Baehrens an; in I, 1 scheidet er willkürlich zwei Disticha (7—8 und 33—34) als „Randglossen von Abschreibern oder Gelehrten" aus und schliefst sich der Transposition des Abschnittes 25—36 seitens des Baehrens an mit der Abwichung, dafs er erst nach V. 18 einreiht. Eine Begründung jedoch wird durchgehends vermifst.

Die Nemesiselegien im II. Buche betrachtet der Hrsgbr. im Anschlufs an die übrigen Gelehrten mit Recht als ersten Entwurf, scheidet aber behufs Herstellung eines geordneten Zusammenhanges fast bei jedem Gedichte einen oder mehrere Abschnitte von Versreihen als „**Fragmente einer zweiten Überarbeitung**" aus, in denen er „weitere Ausführungen erblickt, die von den Abschreibern oder schon dem ersten Redakteur der Gedichtsammlung in das Vorhandene, wie es ihm eben gut dünkte, eingefügt wurden". Es ist zwar allgemeine Annahme, dafs mehrere das Gepräge Tibullischer Dichtungen an sich tragende Versreihen durch schwulstige Wiederholungen erhebliche Störungen in den Zusammenhang bringen; jedoch ist zu bemerken, dafs schon in der Annahme eines ersten Entwurfes derselben die mangelhaften Übergänge, Unordnungen und eigentümlichen Wiederholungen einige Erklärung finden. Wollte man sich aber bei einigen Stellen damit nicht begnügen, so möchte ich eher der Ansicht von Baehrens beipflichten, dafs der Text auch durch spätere Interpolationen korrumpiert ist. Unter allen Umständen aber ist der Hrsgbr. in der Ausscheidung solcher Abschnitte zu weit gegangen. Was hätten wohl die Elegien bei so totaler Umgestaltung für eine unerträgliche Breite bekommen! In dem Umgearbeiteten kann man mehr vom ersten Entwurfe zu erkennen. Es ist geradezu erstaunlich, wie man auf eine so tolle Idee kommen und sie noch dazu ohne jeglichen Anhaltspunkt als zweifellos, ja als selbstverständlich hinstellen kann. Selbst wenn die Verunstaltung der Tibullischen Produkte durch Spätere — sei es auf was immer für eine Weise — so fest stünde, könnte man doch nicht mit diesem Bewufstsein eigener Unfehlbarkeit das Falsche herausschälen. Wenn er ferner bei II, 4 „aus dem Fehlen einer Widmung der Elegie an einen Freund oder der Verherrlichung desselben, die wir bei allen anderen Gedichten dieses Cyklus finden", den Schlufs zieht, dafs auch sie einer Umarbeitung unterworfen werden sollte, so schiebt er dem Dichter in unmotivierter Weise die Absicht unter, er habe gerade diese Elegien immer einem Freunde widmen wollen.

Den Nemesiselegien reiht der Hrsgbr. die zwei kleineren Gedichte IV, 13 und IV, 14 unter der von Baehrens dafür eingeführten Überschrift „Epigrammata" als echt Tibullische Schöpfungen an. Dabei resumiert er Gruppes gewifs geistreiche Hypothese, die Annahme eines neuen Elegien-Cyklus mit der Überschrift „Glycera" mit bezug auf Horaz (Od. 1, 33 und Ep. 1, 4) in ihren wesentlichen Punkten und glaubt dieselbe einfach mit einem Kraftspruche niederschlagen zu können: „Noch weitere Worte über dieses Hirngespinst toller Konjekturmacher zu verlieren, wäre Wahnsinn." Wie lächerlich klingt doch diese mafslose Übertreibung in dem Munde eines Mannes, der einem Gruppe gegenüber hinsichtlich der Leistungen völlig bedeutungslos erscheint und selbst für seine Behauptung nicht den mindesten Beweis vorbringt! Auch Teuffel hält diese Gedichte für Überreste der „miserabiles elegi" auf Glycera.[1]) Einen Beweis für die Ober-

---

[1]) Die Ansicht des Baehrens, dafs der bei Horaz erwähnte „Albius" ein anderer sei als unserer Dichter, ist so abstrus, dafs nur Fabricius sie

flächlichkeit des Hrsgbrs. liefert sodann seine Behauptung: „Nur hätte Baehrens diese Gedichte dem Tibull lassen und nicht einem Unbekannten zuteilen sollen." Lassen wir aber Baehrens selbst reden (Tib. Bl. pag. 46): „Das einzige Gedicht, welches bestimmt (nach Vers 13) dem Tibull gehört, ist IV, 13 und dieses trägt durchaus den Stempel der Tibullischen Dichtkunst. Möglich, aber keineswegs sicher ist der Tibullische Ursprung bei folgenden drei Stücken" (nämlich IV, 14 und den beiden Priapeen).

Was endlich die pseudotibullischen Gedichte betrifft, so nimmt auch hier der Hrsgbr. willkürliche Umstellungen vor. Allein fürs erste liegt nicht der geringste Grund vor, die Sulpiciaelegien im Widerspruch zu den Handschriften vor den Elegienkranz der Neaera zu stellen; ferner würde es, selbst wenn man gegen die Anordnung des Hrsgbrs. nichts einwenden wollte, doch zweckmäfsig sein, alle nach seiner Auffassung für sich allein dastehenden Gedichte, nämlich II, 2, III, 5 und IV, 5 hinter die zusammenhängenden Cyklen zu stellen.

In der Textgestaltung ist der Hrsgbr. völlig von Baehrens abhängig. Wenn jedoch schon Baehrens von Willkür in der Konjekturmacherei nicht freizusprechen ist[1]), so übertrifft ihn Fabricius noch weit an Kühnheit und Neuerungssucht, indem er eine nicht geringe Zahl blofser Vermutungen von Baehrens, deren dieser nur in seinem kritischen Kommentar Erwähnung thut, ohne Bedenken sogar unter rühmlicher Hervorhebung in den Text aufnimmt. Man kann ferner allerdings angesichts der Bestimmung seiner Ausgabe nicht verlangen, dafs er mit Ängstlichkeit über den Autor oder die Aufnahme einer jeden Konjektur Rechenschaft gibt, aber es ist doch eine Halbheit und Inkonsequenz, wenn er — oft auf derselben Seite — eine oder mehrere Konjekturen von Baehrens bald mit, bald ohne Angabe des Autors, bald unter eigener überflüssiger Begründung aufnimmt. Am besten hätte er diese kritischen Bemerkungen ganz weggelassen, da der Leserkreis, für den die Ausgabe bestimmt ist, weder Interesse daran haben, noch Vorteil daraus ziehen kann. Ich will mich jeder weiteren Auslassung über die Kritik entschlagen, da man es eigentlich mit Baehrens in diesem Punkte zu thun hat, glaube aber doch ein paar Beispiele zur genaueren Charakterisierung anführen zu müssen.

In I, 7, 9 f.: „Non sine me est tibi partus honos: Tarbella Pyrene
Testis et Oceani litora Sanctonici."
erklärt Baehrens (T. Bl. p. 13 f.) das handschriftliche ‚sine me' für unpassend, da es heifse: „nicht ohne mich, d. h. nur mit meiner Beihilfe hast du diese Ehre dir erworben. Zeugen davon (d. h. dieser meiner Beihilfe) sind die Tarbeller." Wie die Herausgeber und Kritiker — fährt er fort — eine solche lächerliche Arroganz, solche dummdreiste Hervor-

---

voll Glaubensseligkeit acceptieren kann, noch willkürlicher aber ist die weitere Behauptung von Fabricius selbst, der Albius des Horaz sei „ein Bekannter und Freund unseres Dichters".

[1]) Die Lachmann'sche Methode bei Feststellung des Textes verteidigte jüngst Max Rothstein (de Tibulli codicibus, Berlin, 1880), indem er zu beweisen sucht, dafs Lachmanns Codices auch fürder als das Fundament zu betrachten seien. Baehrens habe für die bisherige durch Lachmanns B repräsentierte Überlieferung zwei neue und zwar bessere Zeugen im Ambrosianus und Vaticanus gewonnen, der Guelfenbitanus, auf welchen B. so grofsen Wert legt, sei aber wertlos. Baehrens habe mit Unrecht seine codices für allein mafsgebend gehalten und die Lachmann'schen codices für vollständig überflüssig erklärt.

hebung seiner eigenen Person, wodurch Messalas Thaten gänzlich in den Hintergrund gedrängt werden, in einem lediglich dessen Lob gewidmeten Liede, bei dem sonst so bescheidenen und feinfühligen Tibull haben hinnehmen können, das ist eines von jenen Rätseln, denen man zuweilen mit Überraschung begegnet. Es gab nur eine Möglichkeit, wie Tibull den Freund ehren, wie er ihn als solcher Ehre würdig schildern konnte, indem er ihn unter manchen Kämpfen sich dieselbe erwerben liefs...." und darum koniciert er: „non sine marte ibi". — Dieser Argumentation sich anschliefsend erkennt auch Fabricius in der handschr. Lesart „eine höchst unpassende, weil anmafsend verletzende Schreibung" und sieht in Baehrens' Konjektur „eine treffliche Verbesserung". — Aber das Rätsel läfst sich leicht lösen! ‚non sine me' heifst hier: „nicht ohne mich, d. h. nicht ohne mein Beisein, also bei meiner Begleitung". Tibull gehörte nämlich zur cohors des Messala auf dessen aquitanischem Feldzuge. Wer kann nun dem Tibull eine „lächerliche Arroganz" vorwerfen, wenn er als Mitglied der unmittelbaren Umgebung des Messala an allen seinen Kämpfen teilgenommen, persönlicher Zeuge seiner Thaten gewesen und nun in diesem Gedichte den Gönner an seine Anwesenheit in der cohors erinnert? Gerade durch die Erwähnung seines Beiseins gewinnt die Stelle eine gröfsere Bedeutung, da er seine glorreichen Kämpfe als einstiger Augenzeuge anläfslich seines Triumphes besser besingen kann, und aus diesem Grunde werden auch die Örtlichkeiten und Völker genauer angeführt. Zudem ist die Hervorhebung der Kämpfe im allgemeinen sehr unwesentlich, da sich diese bei einer kriegerischen Expedition doch von selbst verstehen. Jeder Zweifel mufs aber schwinden, wenn wir die Stelle I, 3, 1 f. vergleichen, wo Tibull gleichfalls als Mitglied der cohors den Messala auf jenem Zuge nach Osten begleitete, aber durch Erkrankung auf der Insel Corcyra zurückgehalten wurde:

„Ibitis Aegeas sine me, Messala, per undas,
O utinam memores ipse cohorsque mei!"

Hier ist doch wohl an keine „lächerliche Arroganz" zu denken!

Eine richtige Erklärung obiger Stelle ist um so wichtiger, als Fabricius (Vorr. pag. VII), sich auf die „sichere" Verbesserung derselben durch Baehrens stützend, die Teilnahme Tibulls am aquitanischen Feldzuge des Messala in Abrede stellt. Aber abgesehen davon, dafs diese Behauptung des Fabricius sich nach meiner Erörterung als irrtümlich erweist, enthält seine Auseinandersetzung noch einen anderen Irrtum, indem er die Teilnahme des Dichters an jener Expedition des Messala blofs auf dieser Stelle begründet sein läfst. Wohl die wenigsten Gelehrten werden diese Notiz aus jener Stelle geschöpft haben, es liegt vielmehr ein anderes gewichtigeres Zeugnis dafür in der vita des Tibull vor, deren Echtheit und Glaubwürdigkeit Baehrens schlagend nachgewiesen und deren Entstehung er sogar auf Suetons Werk ‚de poëtis' zurückgeführt hat. In dieser vita heifst es: „Messalam .. dilexit, cuius et contubernalis Aquitanico bello militaribus donis donatus est." —

Im Gedichte II, 5 schliefst sich Fabricius den Konjekturen von Baehrens innerhalb der Verse 1—4 an. Den Ausgangspunkt bildet Vers 4:

„Nunc precor ad laudes flectere verba meas,"

in dem Baehrens die Lesart der besseren Handschriften ‚meas' verwirft, da dies nur heifsen könne: ‚um mich selbst zu loben', was aber ‚unsinnig' sei. Mir scheint jedoch nur die Interpretation unsinnig zu sein, denn offenbar kann ‚ad laudes meas' gerade so gut übersetzt werden: „zu meinem Lobliede". Somit will der Dichter ausdrücklich sagen, dafs er ein

Loblied singen will. Ich bin jedoch nicht abgeneigt, der Konjektur Lachmanns ‚mea' wegen der leichteren grammatischen Beziehung den Vorzug zu geben, zumal da der Sinn dadurch keine wesentliche Änderung erleidet. Allein auch diese Verbesserung will Baehrens nicht gelten lassen, weil unklar bleibe, wessen laudes gemeint seien, was aber klar und unzweideutig gesagt werden müsse, und da einzig und allein das Lob des Phöbus gesungen werde, sei ‚tuas' = „zu deiner Verherrlichung" zu schreiben. — Dafs sich das Lob nur auf Phöbus beziehen kann, liegt auf der Hand und ist meines Wissens noch von niemand bezweifelt worden. Denn jedem Leser mufs sich von selbst dieses Gefühl aufdrängen, wie ja auch jener mittelalterliche Abschreiber, welcher der Elegie die Überschrift: „Invocatio Phoebi et eius laudes" gegeben, dies richtig gefühlt hat. Aus diesem Grunde halte ich die Änderung ‚tuas' für unnötig. — Baehrens glaubt dann im vorhergehenden Verse: „Nunc te vocales impellere pollice chordas" das handschriftliche ‚te' in ‚me' ändern zu müssen, indem er meinte, dafs vom Dichter der Gott, dessen Ruhm er preisen will, zwar um seinen gnädigen Beistand für seinen Gesang angefleht, aber unmöglich für sein eigenes Lob die Leier anschlagend und des Dichters Worte lenkend hingestellt werden konnte. Aber kein Leser, welcher die ersten Verse unbefangen liest, wird diesem Einfalle beipflichten; denn wenn der Dichter in denselben den Phöbus anruft, er möge mit Cither und Leier kommen, warum soll es befremden, wenn er in den unmittelbar daraufolgenden Versen ihn als **den Gott der Dichtkunst** bittet, dafs er ihn bei seinem Lobgesange auf ihn als **Gott der Weissagekunst** leiten möge? Überdies dürfte doch die Änderung von Baehrens dem natürlichen Gefühl widerstreiten: „Ich bitte, dafs ich die Saiten berühre." — Fabricius zeigt hier eine auffallende Inkonsequenz; während er, wohl vom richtigen Gefühl geleitet, die Erklärung gibt: „der Dichter bittet diesen Gott, dafs er — also doch Apollo = te! — rühre die tönenden Saiten und lenke die Worte auf das Lob, auf die Verherrlichung desselben", spendet er doch unmittelbar darauf den Konjekturen von Baehrens reichliches Lob: „Statt te, das die Handschriften haben, verbesserte Baehrens ‚me' und ebenso taktvoll änderte er, diesmal mit der zweiten Klasse der Handschriften, das ‚meas' der übrigen in ‚tuas'.

Die weitere Änderung von Baehrens in V. 10 (‚quali' statt ‚qualem') ist so gesucht, dafs sie nicht einmal Fabricius annahm; daher verliere ich kein Wort darüber.[1])

Der gröfste, ich möchte sagen, einzige Vorzug der Ausgabe liegt in dem umfangreichen Kommentar, in dem der Hrsgbr. den Inhalt der Gedichte nach allen Beziehungen unter häufiger Anführung von Parallelstellen erläutert und auch dem nicht philologisch gebildeten Leser verständlich zu machen sucht. „Was die Gelehrten in den Anmerkungen zu ihren Ausgaben des Tibull, in den Übersetzungen und einzelnen Abhandlungen gegeben", hat er zu ausführlichen und eingehenden historischen, mythologischen, geographischen, literarischen und grammatischen Erläuterungen verwertet. Ja man kann ihm vollkommen beistimmen, dafs er keine einzige Stelle unbesprochen gelassen, von denen manche in den bis-

---

[1]) Im Gedichte II, 5 will Baehrens die Verse 19—22, in welchen ‚postquam' vorkommt, nur als „die Weisheit eines gedankenlosen Interpolators" hinstellen und behauptet (T. Bl. pag. 30): „Tibull selbst kennt das prosaische ‚postquam' in seinen ersten Gedichten nicht." Aber in dem nämlichen Gedichte lautet Vers 107, welcher unzweifelhaft echt ist: „Ars bona: sed **postquam** sumpsit sibi tela Cupido." Sapienti sat!

herigen mit Anmerkungen versehenen Ausgaben mit Stillschweigen übergangen wurde; allein es wird auch niemand leugnen können, dafs durch die vielen unnützen Wiederholungen desselben Gedankens, durch den auf jeder Seite so häufig wiederkehrenden Gebrauch von synonymen Wörtern, durch die breiten Erklärungen eines jedem gebildeten Leser geläufigen, ja selbstverständlichen dichterischen Sprachgebrauches der wirkliche Genufs der Lieder in erheblichem Mafse beeinträchtigt wird. Wenn aber der Hrsgbr., wohl selbst im Gefühle übergrofsen pedantischen Erklärungseifers, sich mit den Worten rechtfertigt: „Jeder nehme, was er eben braucht", so scheint er sich über den Zweck eines Kommentars nicht im klaren zu sein. Es unterliegt keinem Zweifel, dafs die Ausgabe durch Weglassung alles Überflüssigen und Selbstverständlichen, durch Vereinfachung und präzisere Fassung vieler Erklärungen an Wert bedeutend gewinnt. Ein paar Beispiele seiner Erklärungsweise dürften meine Ansicht rechtfertigen. Zu I, 2, 86 (miserum sancto tundere poste capul) bemerkt er: „mit heiliger Pfoste, Thüre, Wand das elende, unglückliche Haupt stofsen", statt: das Haupt im Unglücke oder Schmerze an die Thüre etc. stofsen; das Haupt heifst dichterisch miserum, was es auch beim Anstofsen ist, obwohl miser eigentlich nur auf den Büfsenden sich bezieht, also mis. cap. statt „miseri hominis caput". — Zu I, 6, 6 (nescio quem): „irgend einen anderen (eigentlich: ich weifs nicht wen)". — Das weifs doch jeder Lateinschüler! — Zu I, 6, 24 (per causam): „indem ich als Grund angab, also unter diesem Vorwande; es ist soviel wie: per speciem, per simulationem." — Zu I, 7, 42: „Wenn auch die von harten Fesseln geschlagenen Glieder ertönen, d. h. wenn auch am Beine (Fufse) bei der Bewegung die harten Fesseln klirren, also: „wenn man auch in Fesseln, Ketten geschlagen ist." — Zu II, 1, 2 (ritus ut a prisco traditus extat avo): „Wir sagen: nach der Weise, dem Brauche, wie von alters her, wie es vom alten Grofsvater (d. h. von den Vorfahren) überliefert, vererbt (eigentl. vorhanden) ist." — Vgl. noch die Anmerkungen zu II. 1, 41; 42; II, 3, 21.

Häufig vermifst man auch Klarheit des Gedankens und die Ausdrucksweise ist oft sehr geschraubt, wie pag. 82: „.. knüpft dann daran das den durch lange Irrfahrt ermüdeten Troern Glück verkündende Erscheinen der Siegesgöttin." (Vielleicht beabsichtigte Alliteration?) Auch gröfsere Mäfsigung bei der Zurückweisung und Bekämpfung einer fremden Ansicht wäre um so mehr am platze gewesen, als dem Hrsgbr. jede Selbständigkeit in der Forschung abgesprochen werden mufs. Zum Belege mag die Bemerkung pag. 32 genügen: „was die Gelehrten mit wunderbar künstlichen Erklärungen zu rechtfertigen gesucht haben, denn je gröfser der Blödsinn, desto mehr findet man glaubensselige Erklärer".

Die Absicht des Hrsgbrs., diese Elegiensammlung durch eine mit einem deutschen Kommentar versehene Ausgabe einem nicht philologisch gebildeten Leserkreise zugänglich zu machen, verdient unsere volle Anerkennung; allein es läfst sich nicht in abrede stellen, dafs er einen günstigeren Erfolg gehabt hätte, wenn er die oben angeführten Mängel vermieden, insbesondere der haarspaltenden Erklärungssucht mehr widerstanden hätte. Möge er aber seinen Fleifs und seine Mühe dadurch belohnt sehen, dafs seine Arbeit die Anregung zu eifrigerer Lektüre des Dichters gibt!

Und in der That sollten die Gedichte dieser Sammlung auch aufserhalb der Philologenwelt einen gröfseren Leserkreis finden, denn sie zeichnen sich durch formelle und materielle Vorzüge aus, wie wir sie bei keinem anderen römischen Dichter finden. In prunklosen Versen, in einfach anmutiger Sprache versteht der liebliche Dichter seine bald von heifser Liebe bewegten, bald von sanfter Schwermut gedrückten Stimmungen des Herzens, seine „tiefe Sehnsucht nach treuer Liebe" und seine schwärmerische Begeisterung „für den stillen Frieden des Landlebens" zu schildern. Auch die von einem unbekannten Dichter herrührenden Sulpiciaelegien sind so vollendet, dafs sie Heyne mit Recht für „das Schönste und Anmutigste, was die ganze Latinität besitzt" und Baehrens für die „schönsten Perlen römischer Poesie" erklärte.

Die Einführung der Ausgabe zum Schulgebrauche kann überhaupt nicht in betracht gezogen werden, da ihr die fast ausschliefsliche Wahl erotischer Gegenstände in den Dichtungen hindernd im Wege steht.

München. Dr. J. Haas.

P. Ovidi Nasonis Metamorphoseon libri XV rec. Otto Korn. Berlin, Weidmann. 1880. Pr. 2,40 ℳ.

In einer kurzen Einleitung begründet der Verfasser seine Beurteilung der Handschriften und die Grundsätze, die ihm für deren Benützung mafsgebend waren. Er weicht hierin von seinen Vorgängern nur insoferne ab, als er das Original der besten vorhandenen Handschriften höher aufrückt und auf eine bestimmte Zeit, Ausgang des VIII. Jahrhunderts, ansetzt. Auf das Berner Fragment, die älteste Ovidhandschrift, nimmt er hierbei keine Rücksicht, wie er auch dessen Lesarten, die Riese in seiner Ausgabe verzeichnet hat, selten anführt. Neu in den Kreis der Betrachtung gezogen hat er ein Fragment des britischen Museums aus dem XI. Jahrhundert, aus 5 Büchern umfangreiche Abschnitte enthaltend, dem er die erste Stelle unter den bekannten Hdschr. anweist. Vermöge seines Umfanges vermag es die Grundlage für die Textesgestaltung nicht abzugeben, und so sucht Korn wie seine Vorgänger in neuerer Zeit Riese und noch mehr Merkel das Heil in möglichst engem Anschlufs an den cod. Marcianus. In der genauen und vollständigen Wiedergabe von dessen Lesarten besteht das Hauptverdienst der neuen Ausgabe. Merkel erwähnt die Lesarten der Hdschr. nur an Stellen, an denen er eine Änderung des Textes vornimmt, zur Rechtfertigung seiner Vorschläge; Riese hat wohl ein dankenswertes Verzeichnis der Lesarten gegeben; allein dafs die von Korn benützte Kollation viel genauer und sein Verzeichnis der Lesarten viel umfassender ist, ergibt eine Vergleichung der Angaben zu I 591. 604. 693. 694. 698 und vielen andern Stellen zur genüge. Wundern wird man sich zwar mit Recht, wenn auch Korn noch nichts davon weifs, dafs 7 von den 55 Blättern, die in dieser Hdschr. auf die Met. treffen, von jüngerer Hand s. XIV sind, wie das A. Kunz Med. fac. pag. 6 mitteilt. Immerhin aber wird man Korn Glauben schenken, wo seine Angaben denen Rieses widersprechen, wie III 423, IV 605; wenn dagegen XIV 396. Merkel ausdrücklich sagt, antiqui stehe deutlich in M., so wird er dafür gegen Korns entgegenstehende Behauptung einzustehen wissen. Ferner beschränkt sich Korn nicht darauf, anzugeben, wie er den handschriftlichen Bestand liest, sondern er sucht an wichtigen Stellen die Zeichen und Linien der Hdschr. nachzuahmen, er begnügt sich nicht, Rasuren und Korrekturen als solche anzudeuten, sondern bemüht sich, Art und Umfang der Änderung genau zu bezeichnen; was durch Punkte als unrichtig getilgt, was über die Zeile dafür geschrieben ist, gibt er in gleicher Weise wieder mit Angabe, ob die Änderung von dem Schreiber des Codex oder von einem ersten oder zweiten Corrector herrührt; kurz er ist bestrebt, ein getreues Abbild der Hdschr. zu geben, soweit das im Drucke überhaupt möglich ist. Auch der Buchhandlung gebührt alle Anerkennung, dafs sie dazu die Hand geboten hat.

Immer weniger Gewicht legt man auf den cod. Laurentianus; daher ist Korn in der Verzeichnung der Lesarten desselben weniger genau als Riese, wie aus II 289. 362. IV 656. V 227. sich ergibt; doch ist auch diese Hdschr. bis zu ihrem Ende verglichen, während Rieses Kollation nur bis lib. VIII reicht. Wie zuverlässig die früheren Vergleichungen waren, zeigt der Umstand, dafs Merkel die Hdschr. mit XII 280., Riese mit XII 200. endigen läfst, während sie wirklich bis XII 298. reicht.

Unter den zahlreichen jüngeren Hdschr. waren Vertreter zu wählen; dieser Wahl hat sich Korn entschlagen, indem er nur die von seinen Vorgängern, Merkel und Riese, benützten heranzieht: die Erfurter und Hanauer. Doch gibt er auch von diesen die abweichenden Lesarten durchweg, während Merkel seinen E nur anführt, wenn er dessen Lesart in den Text aufnimmt, Riese den H., soweit M und L reichen, nur gelegentlich und dann in Bausch und Bogen mit andern als ç erwähnt und erst in den letzten Büchern ausgeschieden aufführt.

In der Wiedergabe des Textes, sowohl hinsichtlich der Weglassung verdächtiger Verse als in der Auswahl zwischen verschiedenen Lesarten unterscheidet sich Korns Ausgabe nur sehr wenig von der 2. Auflage Merkels, mit dem er den gleichen richtigen Grundsatz befolgt, von M. nur dann abzuweichen, wenn in ihm sicher ein Irrtum vorliegt, oder wenn die anderen Hdschr. eine unzweifelhaft besere Lesart bieten. Zu weit folgt er ab und zu der Autorität des M, wenn sie durch die Übereinstimmung des frag. Britt. verstärkt wird; so möchte ein unbefangenes Urteil die Lesart der geringeren Hdschr. vorziehen II 867. III 48. 120. 186. 381. 482. IV 336. 316. Fremden Konjekturen gegenüber bekundet Korn grofse Zurückhaltung und lobenswerte Strenge; wenn er nur ein gleiches seinen eigenen und denen Haupts gegenüber bethätigte! So aber sind an einer Reihe von Stellen Änderungen versucht, die schon vorgeschlagenen entschieden nachstehen; es verdienten den Vorzug I 15. VII 223. 741. die Verbesserungen Merkels; IX 74. X 225. Madvigs, IX 416. Kochs, X 637. Nicks. Eigentümlich ist es auch, wenn Korn verschmäht, was die Hdschr. bieten, weil es in irgend einer Hinsicht Anstofs gibt, und etwas dafür setzt, was ebensowenig entspricht, wie XI 27. sein repetunt XIII 51. illa. Warum verwirft er XII 175. XIII 243. 244. die Lesart der geringeren Hdschr. und macht an deren Stelle kühne Änderungen? Warum soll M. 2 VIII 117 nicht das Richtige haben, wie er es an vielen Stellen und evident IX 71. gibt?

An diesen Stellen jedoch findet jedermann im kritischen Apparat das Nötige, um sich eine eigene Ansicht bilden zu können. Schlimmer ist es dagegen, wenn fremde Konjekturen gar nicht erwähnt sind, wie X 162. Ungers Amyclaide VI 201. Polles pro re und Merkels pro prole, die sicher besser sind als Haupts aufgenommener Vorschlag. Die Vermutungen Merkels zu V 81. 117. VI 583. VIII 410. X 381; Rieses zu VII 509., Polles zu VIII 650. sind doch ansprechend genug, um eine Erwähnung zu verdienen, vor allem, wenn Korn es für der Mühe wert findet, eigene Vermutungen, deren Unhaltbarkeit nicht einmal er selbst verkennt, mit einem olim temptavi oder conieci anzuführen. VII 223. ist Merkels Emendation angegeben, aber durch einen Druckfehler entstellt; XV 729. soll es wohl Riese heifsen statt Heins.; XIII 312. mufs man vermuten praesto stehe in den Hdschr., während es Konjektur Merkels ist; VIII 714. wollte wohl Merkels Vermutung nu varent curas gegeben werden, dann war der handschriftliche Bestand anzuführen, oder sollte etwa curas Druckfehler für casus sein? irgend ein Fehler liegt dem zu grunde, was jetzt an der Stelle steht, wie sich Nachlässigkeiten des Druckes noch vielfach in dem Buche finden.

So bietet denn die neue Ausgabe an Neuem wenig Erhebliches und hat verschiedene Mängel, oder der eine grofse Vorzug, dafs sie zum erstenmale den kritischen Apparat in weitem Umfange gibt, wird sie jedem, der sich eingehend mit den Metamorphosen beschäftigen will, unentbehrlich machen.

München. Cl. Hellmuth.

P. Ovidii. Metamorphoses, Auswahl für Schulen von Siebelis, besorgt von Polle. Leipzig, Teubner. I. Heft 1880, II. Heft 1881.

Leider mufs man Anstand nehmen, den Schülern den Text der Metamorphosen in die Hand zu geben. Von den Auswahlen, die dieser Umstand veranlafste, hat die von Siebelis weite Verbreitung gefunden. Dafs diese durch verschiedene Vorzüge und den Fleifs der Bearbeitung verdient ist, versteht sich von selbst; auch die XI. resp. X. Auflage zeigt wieder vielfach Verbesserungen sowohl in den Anmerkungen als auch im Texte, aus dem eine Reihe von Versen, die vermöge ihres Inhaltes oder wegen ungeheilter Schäden der Überlieferung Anstofs erregten, entfernt wurden. Dennoch bestehen manche Bedenken gegen die Verwendung des Buches in der Schule. Es erscheint in 2 Heften offenbar zu dem Zwecke, dafs jede Hälfte für sich benützt werden könne und dafs dies wirklich geschieht, erhellt schon aus dem Umstande, dafs die erste Hälfte um 1 Auflage der zweiten voraus ist. Und doch ist dies nach der Anlage des Ganzen unthunlich. Ohne Schwierigkeiten läfst sich zwar die dem 1. Hefte beigegebene Einleitung bei Benützung des 2. Heftes entbehren; umgekehrt bei Benützung des 1. das Register zu den Anmerkungen; unentbehrlich dagegen sind aus einleuchtenden Gründen die geographischen und mythologischen Daten im Eigennamenregister. Es müssen demnach die Schüler zur Benützung des 1. Heftes auch das 2. oder ein Ovidwörterbuch kaufen. Diese Schwierigkeit liefse sich aber leicht vermeiden, wenn das Verzeichnis aufgelöst und die bei einzelnen Wörtern zu gebenden Erläuterungen in die Anmerkungen verlegt würden. Es würde das nicht einmal mehr Raum erfordern und das Buch verteuern, da viele Namen nur an einer Stelle vorkommen, bei sich wiederholenden wäre die Verweisung auf die Stelle des ersten Vorkommens nicht umständlicher als die jetzt überflüssige, aber nicht seltene Verweisung auf das Register. Sollte es aber doch mehr Raum beanspruchen, so liefse sich dieser auf andere Weise einsparen. Kommt es ja doch bei einer Auswahl auf möglichste Vollständigkeit nicht an — ein Gesichtspunkt, der allein die Weglassung von VII 26—28 77—84 150—152 317—320 336 340—342 VIII 475—481 rechtfertigt. Mit ebenso gutem oder besserm Rechte wie diese hätten eine Reihe von Versen wegbleiben können. Die Erzählung von der Entstehung der Tiere nach der Flut 3. 352—274 ist geeignet, Gedanken anzuregen, die besser nicht hervorgerufen werden; 3. 275—287 5. 1—4 6. 131—137 22. 1—10 sind teils überflüssige, teils sogar störende Überleitungen. Ob der Kampf bei der Hochzeit des Perseus in seiner ganzen Ausdehnung 11. 150—383 Aufnahme verdient, ist Sache des Geschmackes. Bei der naturgemäfs langsamen Lektüre in der Schule wird dem Schüler der Überblick so erschwert, dafs die leicht vorzunehmende Ausscheidung umfangreicher Partien sich empfehlen würde; 13. 42 und 47 und noch mehr 14. 23 und 24. werden die meisten Lehrer veranlassen, die betreffenden Abschnitte zu überschlagen. Im zweiten Heft liefsen sich ganze Abschnitte weglassen, die wenig bekannte und interessante oder vom

Dichter selbst nur oberflächlich behandelte Stoffe enthalten, so 27 31 34 35 41 42 44—47 50.

Eine weitere erhebliche Kürzung könnte in den Anmerkungen vorgenommen werden. Eher nachteilig als förderlich sind für den Schüler Bemerkungen auf Dinge bezüglich, die ihm vom grammatischen Unterrichte her bekannt sein müssen; wie 3. 34, 7. 51, 28. 52 zu an, 3. 50 zu ex, 3. 132, 26. 55 zu summus, 4. 79 zu in, 4. 2, 7. 3, 7. 148, 10. 11, 16. 85, 27. 51 zu per, 2. 74, 9. 143, 3. 78, 8. 150, 27, 100 zum Konjunktiv, 4. 100, 7. 22, 3. 214, 9. 13 zum Passiv; 4. 103, 27. 120 zum Relativ, 7. 34, 4, 89, 19. 29 zum Indikativ, 19. 86 zu ad, 3. 26, 18. 93 zu cum, 7. 106 zu quo und zahlreiche andere. Recht überflüssig ist häufig die Andeutung der Übersetzung wie 4. 24, 4. 371, 4. 397, 7. 29, 7. 60, 7. 102, 8. 128, 9. 107, 9. 128, 10. 12, 11. 329, 14. 10, 14. 11, 16. 24, 16. 34, 16. 116, 18. 101, 20. 38, 27. 126 und oftmals. An nicht wenig Stellen dürften auch die Anmerkungen wegen des Plurals für den Singular einzusparen sein, denn immer und immer wieder auf einen längst bemerkten Gegenstand aufmerksam gemacht zu werden, mufs auch einen eifrigen und gutwilligen Schüler ermüden wenn nicht anekeln; 2 Bemerkungen wegen der gleichen Sache in einem Vers wie 7. 210 sind entschieden zu viel und die Art der Citierung, dafs zuerst auf eine ähnliche Stelle verwiesen wird und an dieser erst wieder auf eine andere, an der die Regel aufgestellt ist wie 4. 112, ist geeignet, dem Schüler die Anmerkungen zu verleiden.

Durch eine Beschränkung in derartigen Dingen würde der Verfasser allerdings auf eine volle Ausnützung seiner mit vielem Fleifs gemachten Zusammenstellungen verzichten; aber sein Buch — vielleicht auf den Umfang eines Heftes zusammengezogen — würde entschieden gewinnen. Man könnte dann über gekünstelte Erklärungen und Übersetzungen wie 3. 206, 4. 205, 4. 323, 6. 7, 7. 112, 9. 59, 16. 172 und andere wegsehen und das Buch nicht nur dem Lehrer, dem es jetzt gute Dienste leistet, sondern zur Einführung in der Schule empfehlen.

München. Cl. Hellmuth.

Zur Methodik des lateinischen Unterrichts in Sexta von Dr. Ludwig Zippel, Oberlehrer am städtischen Gymnasium zu Greiz. Greiz, Verlag von Christian Teich. 1881. 32 Seiten.

Der Verfasser geht von der Ansicht aus, dafs der Mangel an Freudigkeit und die Arbeitscheu vieler Schüler heutzutage nicht blofs in den häuslichen Verhältnissen, sondern auch in dem Unterrichte selber und in der bei demselben befolgten Methode zu suchen sei. Um nun den Schüler mit der rechten Lust und Liebe zur Arbeit der Schule zu erfüllen und den Unterricht fruchtbringend zu gestalten, müsse er durch eine gewisse selbständige Behandlung des Stoffes zu unablässiger Selbstthätigkeit genötigt und die geistige Kraft desselben beständig geübt werden, vor allem in dem wichtigsten Gegenstand des Unterrichts, der lateinischen Sprache. Die feste Einprägung der Formen erfordere allerdings fortgesetzte mechanische Gedächtnisübungen, doch dürften sie nicht das Übergewicht im Unterrichte gewinnen, sondern müfsten jenen von Anfang an Übungen an die Seite gestellt werden, welche vorwiegend die Entwicklung der Verstandeskräfte, das selbständige Denken zum Zweck haben. Dieses läfst sich aber nur ermöglichen, wenn der Teil des Unterrichtsstoffes, zu dessen Bewältigung die

Gedächtnisarbeit ausreicht, möglichst beschränkt wird. Es soll demnach der Sextaner möglichst nur das Regelmäfsige lernen, also in der Hauptsache die regelmäfsige Deklination und Konjugation, die wichtigsten Pronomina, die regelmäfsige Komparation. Durch solche Reducierung des Stoffes gewinnt der Lehrer Zeit zu seiner zweiten Aufgabe, den Schüler an selbständiges Denken zu gewöhnen. Dies geschieht aber am besten durch richtige Behandlung des Satzes.

Damit stellt sich der Verfasser auf den Standpunkt des Kollega Dietsch, der in seinem Programm 1878/79 die Forderung aufgestellt hat, dafs jeder Schüler angehalten werde, in jedem Satze nach einem bestimmten Plane selbständig zu verfahren, unterscheidet sich aber dadurch von jenem, dafs er nicht durch deutsche, sondern durch l a t e i n i s c h e Sätze den Schüler in die Satzlehre einführt, und nicht an e i n e m, sondern zugleich an mehreren einander gegenübergestellten die Sache veranschaulicht, wie: Annulus firmus est. Porta firma est. Vinculum firmum est; ferner, dafs er nicht wie Dietsch mit Sätzen beginnt, die als Prädikat ein selbständiges Verbum enthalten (der Kranz schmückt den Dichter), sondern mit solchen, in denen ein Prädikatsadjectivum vorkommt. Auch darin unterscheidet er sich von Dietsch, dafs er die Prädikatsfrage nicht formuliert: was ist mit (dem Dichter)? sondern wer ist irgendwie beschaffen? oder bei Sätzen mit rein verbalem Prädikat: wer thut etwas? wer leidet etwas? ferner, dafs er dieses Konstruieren, sowie das sofortige Niederschreiben der einzelnen mündlich durchgenommenen Worte des Satzes vernünftigerweise blofs für den Anfang und für jede neue Satzform gelten lassen will.

An den oben angeführten an die Wandtafel geschriebenen drei Sätzen erklärt nun Zippel den Schülern die Kennzeichen des S u b j e k t s und P r ä d i k a t s und nach darauf erfolgter Erlernung der 1. Deklination den Begriff S t a m m und E n d u n g, sowie die drei g e n e r a, ferner die Übereinstimmung des Prädikatsadjektivs mit dem Subjekte in g e n u s und c a s u s und nach erfolgter Umsetzung der drei Sätze in den Plural auch die Übereinstimmung in n u m e r u s. Die Erörterung der Kongruenz des Verbums mit dem Subjekte in der P e r s o n verschiebt Zippel bis zur Durchnahme der Konjugation; ähnlich wie Dietsch legt also auch Zippel den gröfsten Teil des Jahres über den Schülern nur Sätzchen vor, deren Subjekt in der 3. Person steht, was ich nicht billigen kann.

Die Ordnung, in der Zippel den ersten Übungsstoff in je 8—10 lateinischen und dann deutschen, später durch das Attribut zu erweiternden Sätzen vorführt, ist folgende: 1. Annulus firmus est. 2. Sicilia insula est. 3. Forma humana pulchra est. 4. Columbae bestiae timidae sunt. 5. Umbra terrae rotunda est. 6. Alauda nuntia aurorae est. 7. Africa patria multarum bestiarum est u. s. w. Diese Anordnung der Sätze ist, da sie vom Leichteren zum Schwereren führt, methodisch, schliefst aber die Richtigkeit anderer Methoden nicht aus, namentlich der, mit Sätzchen zu beginnen, in denen ein selbständiges Verbum Prädikat ist, was vielleicht für den Anfang noch leichter ist. Ebenso richtig dürfte es sein, statt mit lateinischen, mit deutschen Sätzen zu beginnen, jedenfalls müfsten den lateinischen Sätzen gewisse Vorübungen vorausgehen wie Vokabeln, Deklination, Einübung der einzelnen Formen ... Auch die Prädikatsfrage beim Konstruieren sollte bestimmt und ein für allemal fixiert sein, da Fragen wie: wer thut etwas? wer leidet etwas? die Schwierigkeiten des Anfangs nur vermehren.

Omne initium difficile. Dieser Satz gilt auch von der Einführung der Kleinen in die lateinische Sprache, und bei keiner Unterrichtsstufe vielleicht mag sich ein junger Lehrer mehr einer Selbsttäuschung hingeben, als beim lateinischen Anfangsunterricht, der wegen der relativen Unbedeutendheit des Lehrstoffes auf den ersten Blick sehr leicht erscheint, in Wahrheit aber zu den schwierigsten Partien unseres Unterrichtes gehört. Um so mehr ist die Sorgfalt und liebevolle Hingebung des Verfassers an die Besprechung von Fragen hervorzuheben, deren glückliche Lösung unseren Schülern das Lernen erleichtern und sie zu freudiger Arbeit anspornen kann.

München. G. Biedermann.

Deutsche Gedichte zum Gebrauch in den Vorschulen höherer Lehranstalten von Gerberding. 2. Auflage. Berlin, Weidmann. 1881. 71 S. 50 ₰

Das Büchlein, das für Vorschulen eingerichtet ist, also den Bedürfnissen unserer Volksschulen entspricht, wäre für diese Blätter ziemlich bedeutungslos, wenn es sich der Verf. nicht zum Grundsatz gemacht hätte, die Gedichte „in ihrer ursprünglichen Form zu geben". Dadurch, dafs er, „da man in bezug auf die Korrektheit des Textes fast keinem einzigen unserer Schullesebücher trauen darf", aus den Quellen schöpfte, hat die Sammlung wie desselben Verf. „deutsche Gedichte zum Gebrauch in den unteren Klassen"[1]) einen literarhistorischen Wert. Von Dichtern sind namentlich Hey (24 mal), Reinick (9 mal), Löwenstein (6 mal), Pfeffel und Hoffmann von Fallersleben (je 4 mal), Güll (3 mal) vertreten. Von 7 Gedichten waren dem Herausgeber die Originaltexte nicht zugänglich. Nach der auf der hiesigen Staatsbibliothek vorhandenen Ausgabe der Dinter'schen Werke v. J. 1840 ist S. 6 ‚wilder (st. böser) Bub' zu schreiben. (S. 9 hat der Verf. wohl mit Recht Nas' und Ohr, statt des ursprünglichen ‚Nase und Ohr' geschrieben.) Bei Nr. 27 ist nicht ersichtlich, welcher neuhochd. Übertragung des Hebel'schen „Liedleins vom Kirschbaum" der Herausgeber gefolgt ist; von der Reinick'schen Übersetzung (Leipzig, Wigand, 1851) weicht der gegebene Text erheblich ab. Als Verf. des Gedichtes ‚Die Kinder im Walde' (S. 36) wird Pocci bezeichnet. Zum erstenmal erschien das Gedicht wohl in dem von Pocci, G. Görres u. a. herausgegebenen Festkalender, dessen Gedichte fast alle von G. Görres verfafst sind[2]); so wird auch jenes Gedicht diesem, und nicht Pocci zuzuschreiben sein. Gewifsheit hierüber würde die bei Cotta 1844 erschienene Ausgabe der Görres'schen Gedichte verschaffen, die mir für den Augenblick nicht zugänglich ist. Diese Ausgabe gibt wohl auch den authentischen Text. (Der im Festkalender gegebene mufs schon wegen des mangelhaften Verses in der 8. Str. [er hat 2 Silben zu wenig] später verbessert worden sein.) Das von Gerberding mitgeteilte Gedicht weicht sowohl von dem im Festkalender als von dem von Döderlein a. a. O. gegebenen Text an mehreren Stellen ab.

München. A. Brunner.

---

[1]) Eine Anzeige dieses Buches findet sich im 14. Bd. S. 359 dieser Zeitschrift.

[2]) In Döderleins Mustersammlung I, 4. Aufl. (München 1862) ist Görres als Verf. jenes Gedichtes bezeichnet.

Über den Unterricht in den neueren Sprachen, speziellre der englischen, an unseren Universitäten und höheren Schulen. Ein Mahnruf an die Unterrichtsbehörden von Dr. D. Asher. Langenscheidt, Berlin 1881.

Absicht des wegen seines gediegenen Wissens im Neuenglischen bekannten Verfassers ist es, darauf hinzuwirken, daſs bei der Ausbildung der Lehrer der neueren Sprachen, beziehungsweise des Englischen, denn das Französische wird nur ganz nebenbei erwähnt, an unseren Hochschulen viel mehr als bisher auf eine gründliche Erlernung und Kenntnis der lebenden Sprache gesehen werde. Wenn wir nun auch ganz entschieden die volle Berechtigung dieser Forderung, die übrigens Asher nicht allein und nicht zuerst in Deutschland stellt,[1]) anerkennen, so sehen wir uns doch genötigt, in vielen Einzelnheiten ihm entgegenzutreten und zu gestehen, daſs wir in seinem Schriftchen durchaus nicht fanden, was wir erwartet hatten: eine sach- und zeitgemäſse Beleuchtung der Frage. Zuweilen gerät er bei Verteidigung der guten Sache allzusehr in Hitze und vergiſst dabei, den Verhältnissen gebührend Rechnung zu tragen, zuweilen auch, und zwar gerade in den wichtigsten Punkten, steht er der Frage nicht mit der notwendigen Objektivität gegenüber, sondern **neigt viel zu sehr der praktischen Richtung zu**; einige wichtige Punkte endlich, die absolut mit in die Besprechung hätten hereingezogen werden müssen, übersieht er ganz.

Ich unterlasse es, als zu weitführend und ziemlich allgemein bekannt, auseinanderzulegen, wie eine Erlösung aus den früheren, höherer Schulen im höchsten Grade unwürdigen Zuständen der erbärmlichsten Sprachmeisterei nur auf Grundlage einer streng wissenschaftlichen Vorbildung der Lehrer möglich war, wie nur durch diese Forderung der neusprachliche Unterricht in das rechte Geleise, zu Ansehen und Ehren gebracht werden konnte, wie aber dabei in einer noch so jungen Wissenschaft eine gewisse Einseitigkeit nicht zu vermeiden, ja sogar durch die Verhältnisse bedingt war und wie, naturgemäſs, auch die gröſsere Anzahl der so vorgebildeten Lehrer sich mehr durch wissenschaftliche als durch praktische Tüchtigkeit auszeichneten; all dies des näheren zu erörtern unterlasse ich und gehe sofort auf die Besprechung der einzelnen Teile unseres Schriftchens ein.

Abgesehen von den als Anhang beigegebenen schon früher in Zeitschriften erschienenen 4 Artikeln, kann man seinen Inhalt in 2 Abschnitte zerlegen: eine Kritik der bestehenden Verhältnisse, wozu auch die Einleitung zu rechnen ist, und Vorschläge zu deren Besserung. Auf der ersteren, welche sich auf 27 Seiten über alle möglichen Details verbreitet, beruht die Stärke des Verfassers, in den letzteren aber zeigt sich schon räumlich so recht die Schwäche seines Mahnrufes — alles, was er zur Beseitigung der von ihm gerügten Übelstände zu sagen weiſs, nimmt kaum eine einzige

---

[1]) Schon im Jahre 1863 hat einer der Altmeister der Neuphilologie, Prof. Mahn in Berlin, dies gethan in seinem zu Meiſsen gehaltenen und zu Berlin veröffentlichten Vortrag: „Über die Entstehung, Bedeutung, Zwecke und Ziele der romanischen Philologie", jüngst mahnte er von neuem, daſs etwas geschehen müsse, in dem Schriftchen: „Über das Studium der neueren Sprachen auf Hochschulen. Berlin 1880." Gleiche Forderungen stellte Prof. Schmitz in seiner Encyklopädie, und auch bei uns in Bayern hat Prof. Breymann sich in einer bemerkenswerten Abhandlung: „Sprachwissenschaft und neuere Sprachen. Vortrag etc. von Dr. H. Breymann, Prof. der Universität München. 1876." eingehend über unser Thema geäuſsert.

Seite ein —; wie es mit dem inneren Wert der Vorschläge steht, werden wir alsbald sehen.

An der Beweisführung Dr. Ashers, dafs der jetzige Betrieb des neusprachlichen Studiums auf der Universität ein mangelhafter sei, habe ich im allgemeinen zweierlei auszusetzen: erstens war es mindestens nicht notwendig, sich in, ich möchte sagen, kleinlicher Weise, wie es in der Broschüre geschieht, auf Einzelheiten einzulassen; denn es handelt sich nicht sowohl darum, Schritt für Schritt den Beweis zu führen, dafs die praktische Ausbildung mehr berücksichtigt werden müsse, da dies heutzutage kaum mehr von einem Einsichtigen geleugnet wird, als vielmehr darum, darzulegen, auf welche Weise es am besten geschehen könne; zweitens durften nicht in so animoser und einseitiger Weise, wie Asher es thut, aus einzelnen Erscheinungen Schlüsse auf die Allgemeinheit gezogen werden. Daraus z. B. dafs ein oder der andere Universitätsprofessor nicht so viel vom praktischen Betriebe der lebenden Sprache hält, wie er, folgt noch gar lange nicht, dafs Virtuosität in der Konversation „vielleicht von den meisten Universitätsprofessoren als die echte Sprachmeisterei gebrandmarkt wird"; soweit meine Bekanntschaft reicht glaube ich im Gegenteil behaupten zu dürfen, dafs dieselbe von ihnen wohl ausnahmslos an dem hochgeehrt werden wird, der damit gute wissenschaftliche Kenntnisse verbindet. Daraus, dafs in einer Grammatik, von der übrigens selbst Asher sagt: „Sie gehört entschieden zu den besseren Elementargrammatiken .... Es ist auch nicht zu verkennen, dafs er (der Verfasser) viele Mühe auf die Verbesserung seiner Lehrbücher verwendet ...", einige kleine Ungenauigkeiten stehen geblieben sind, schliefst er, dafs der Verfasser die grammatischen Regeln nur mangelhaft kenne;[1]) wollte man stets in so pessimistischer Weise urteilen, so könnte es am Ende einem einfallen, zu behaupten, Asher sei der deutschen Sprache nicht völlig mächtig, weil sich in seiner Abhandlung mehrere Flüchtigkeiten finden.[2]) Auch sehr eigentümlichen Anschauungen huldigt Asher in verschiedenen Dingen; so besonders wenn er sagt, es sei recht schön und lobenswert Gothisch, Angelsächsich, Altenglisch u. s. f. zu studieren und zu lehren, aber um so leichter als die Gefahr sich blofszustellen lange nicht so grofs sei, wie beim Neuenglischen; freilich können die mittelalterlichen Engländer und die Angelsachsen, wie er sich witzig auszudrücken beliebt, es nicht hören, wenn darin Schnitzer gemacht werden, aber an Möglichkeiten, sich zu blamieren, fehlt es trotzdem bei Gott nicht; das mufste schon mancher zu seinem Schaden erfahren. Eine schlimmere

---

[1]) Die in Rede stehende Grammatik ist die von Deutschbein, ein in der That recht brauchbares Buch; unter den wenigen als fehlerhaft bezeichneten Stellen sind 2, wo Ashers Ansicht unrichtig und leicht widerlegbar ist (so kann man sehr wohl sagen „to dress one's self", und es wundert mich, dafs Dr. Asher behauptet, es sei ein schlecht gewähltes Beispiel für das reflexive Zeitwort „weil man in der Regel (ich kann wohl sagen stets) bei diesem Zeitwort das reflexive Fürwort wegläfst", haben ja „to dress" und „to dress one's self" verschiedenen Sinn: der letztere steht in der gewöhnlichen Bedeutung und ist weitaus das häufigere, das erstere mehr von dem Anlegen besserer Kleidungsstücke zu bestimmtem Zwecke gebraucht, z. B. she is dressing for supper (selbst hier setzt Ogilvie das Reflexivum).

[2]) Man liest: p. 21 „Sie gehört zu den — Elementargrammatiken und deren Verfasser"; p. 27. „wie leicht kein zweiter"; p. 28. „— solche, die — dem (Studium) des Neufranzösischen sich beflissen haben"; ebenda „bei den Gebornen" statt Eingebornen u. a. m.

Täuschung aber als die, welcher sich der Verfasser in bezug auf den Zweck unserer Mittelschulen hingibt, kann man sich kaum denken. Seite 2 bestreitet er gelegentlich der Erwähnung der obengenannten Schrift Breymanns[1]) geradezu, dafs der Unterricht nicht nur in den neueren, sondern ebenso in den klassischen Sprachen irgend wie veredelnd und bildend auf den Charakter des jungen Mannes wirken könne, ja er geht sogar so weit, es als fraglich hinzustellen, ob solches der Unterricht in der Religion und Geschichte vermöge. Ich weifs nicht, ob Dr. Asher an einem deutschen Gymnasium erzogen wurde; wie aber dem auch immer sei, sollte man doch wohl meinen, dafs ein Mann, der sich berufen fühlt, über die Universitätsbildung der Lehrer für die Mittelschulen ein gewichtiges Wort zu reden und einen Mahnruf an die Behörden zu erlassen, sich genauer über die eigentliche Bestimmung dieser Anstalten, speziell der Gymnasien klar zu werden versuche, sowie darüber, ob und in wieweit sie ihren Zweck, neben den Hochschulen die Vermittler geistiger Kultur zu sein, erfüllen, bevor er eine so völlig absprechende und ungerechtfertigte Äufserung in die Welt hinaussendet. Denn dafs seine Anschauung eine gänzlich verkehrte und pessimistische ist, hat jahrzehntelange Erfahrung zur genüge bewiesen, und der Umstand, dafs nicht jeder an einer höheren Schule Erzogene auch an Charakter wie an Geist gebildet sie verläfst, oder dafs in allen Fächern einzelne Lehrer, die entweder ihrem Berufe nicht nach allen Seiten hin gewachsen sind, oder ihre Hauptaufgabe verkennen, sich nicht als wahre Pädagogen, als Erzieher der Jugend zeigen, sondern zu blofsen Stundengebern herabwürdigen, durfte Dr. Asher nun und nimmermehr zu jenem Urteil verleiten.

Daraus aber, dafs Dr. Asher in den Lehrern unserer höheren Schulen nicht Erzieher der Jugend, sondern blofse Stundengeber sieht und glaubt, es sei in allererster Linie die praktische Fertigkeit, welche den Lehrer ausmacht, ergibt sich selbstverständlich, dafs er fast nur nach dieser Richtung hin Forderungen an ihn gestellt wissen will, wie man aus dem letzten Abschnitt einer Abhandlung, „Vorschläge zur Besserung der jetzigen Zu-

---

[1]) Auch Breymann thut der Verfasser Unrecht, wenn er ihm vorwirft, er verteidige eben jene Methode, deren Unzweckmäfsigkeit in der gegenwärtigen Schrift nachgewiesen werden solle. Prof. Breymann legt gerade den gebührend hohen Wert auf gründliche Kenntnis der lebenden Sprache, freilich nicht ohne das wissenschaftliche Studium der älteren Perioden; so sagt er p. 41 dafs in den neuphilologischen Seminarien die Studierenden „durch literar-historische und sprachliche Übungen in ihren Studien gefördert werden sollten", und weiter unten: „Dafs auch die m o d e r n - s p r a c h l i c h e S e i t e in den Seminarien B e r ü c k s i c h t i g u n g f i n d e n mufs, l i e g t a u f d e r H a n d". Wenn Asher auf der anderen Seite glaubt, Prof. Storm, der Verfasser des Buches: „Englische Philologie etc.", stimme vollkommen mit ihm überein, so irrt er sich wiederum gewaltig. Storm sagt in seinem Buche ausdrücklich, er wolle nicht Opposition machen gegen die historische Schule, ferner (p. 8): „Um das Sprachstudium würde es aber schlecht stehen, wenn man sich mit einer durch diese Mittel (theoretisches Studium der jetzigen Phase der Sprache, Sprechen, Lektüre, Aufenthalt im Ausland u. s. f.) erworbenen praktischen Fertigkeit begnügen wollte. — Es bedarf eines w i s s e n s c h a f t l i c h e n und h i s t o r i s c h e n S t u d i u m s, auf dafs der Philologe, der künftige Lehrer, die rechte Erkenntnis der Gesetze und der Phänomene der Sprache gewinne, indem er lernt, wie sie entstanden sind." (u. p. 9) „Der Philologe soll sich wissenschaftliche Einsicht in die Sprache und in deren Geschichte erwerben etc,

stände" ersieht. Dieses Kapitel, das doch das eingehendste des ganzen Schriftchens sein sollte, ist weitaus das magerste und unbedeutendste; sehr wichtige Fragen, wie die, ob nicht einzig Studenten mit humanistischer Vorbildung zuzulassen seien, wie lange das Universitätsstudium dauern solle, in welcher Weise am vorteilhaftesten die praktische Ausbildung angestrebt werden könne, sind vollständig übergangen, andere kaum leise berührt, keine wirklich gelöst. Die wenigen Vorschläge, welche gemacht werden, sind soweit sie die Staatsprüfung angehen[1]) eine schon längst überwundene Sache, wenigstens bei uns in Bayern[2]) und meines Wissens auch in Preufsen und anderen deutschen Staaten, soweit sie aber die Universitätsbildung betreffen, sind sie unbedingt unannehmbar, weil nach ihnen die den Neuphilologen gebotene Ausbildung kaum eine philologische genannt werden könnte und eine ebenso einseitige, ich möchte fast sagen, eine noch einseitigere wäre als bisher, nur nach der entgegengesetzten Richtung hin. Was uns not thut ist, nicht eine Hintansetzung des wissenschaftlichen Studiums der älteren Sprachperioden, die Asher vielleicht selbst nicht ernstlich will, die aber eine unausbleibliche Folge der Annahme seiner Vorschläge wäre,[3]) sondern eine enge Verbindung der streng wissenschaftlichen mit der praktischen Ausbildung, soweit letztere überhaupt an der Hochschule erreichbar ist. Gelegenheit zu derartigem Doppelstudium ist übrigens schon jetzt an mehreren deutschen Universitäten geboten, unter andern auch in München, seitdem vor einigen Jahren durch die Fürsorge des Ministeriums eine neue, zweite Professur für Neuphilologie und in Verbindung damit ein neuphilologisches Seminar gegründet wurde.

[1]) Was man zu der Bedingung, die er als 2. aufstellt, sagen soll, weifs ich nicht recht, mindestens erscheint ihr erster Teil komisch; sie lautet wörtlich: „(es sollen) zu Examinatoren nur solche Männer bestellt werden, welche im stande sind, derartige schriftliche Leistungen (eine Klausurarbeit aus der betreffenden Sprache) zu begutachten und bei der mündlichen Prüfung sich ausschliefslich des Englischen bezw. Französischen als Medium zu bedienen."

[2]) Schon nach der alten Prüfungsordnung wurden solche Klausurarbeiten verlangt, nach der seit 1873 eingeführten wird schon viel mehr gefordert, wiewohl auch in dieser Verordnung noch zu einseitig Gewicht auf die praktische Kenntnis gelegt wird; auf die wissenschaftliche Ausbildung soll erst im Spezialexamen vorwiegend gesehen werden.

[3]) S. 27 heifst es: „Es mufs zunächst die lebende Sprache nach allen Richtungen hin gründlich gelehrt und dürfen die älteren Stufen nur nebenher (sic!!) mit berücksichtigt werden, ebenso wie es in Mätzners Grammatik geschieht. Der Dozent mag ..... wohl auch für solche, die in der lebenden Sprache vorgerückt genug sind, um des Unterrichts darin nicht mehr zu bedürfen, ein Kolleg über Altenglisch und Angelsächsisch lesen und Schriften in diesen Sprachen oder dieser Sprache — denn manche identifizieren beide — von den Zuhörern übersetzen und kommentieren lassen". Da aber Universitätsstudenten nur in äufserst seltenen Fällen, wenn überhaupt je, soweit in der theoretischen und praktischen Kenntnis der lebenden Sprache kommen werden, dafs sie eines Unterrichtes darin wirklich nicht mehr bedürfen, so könnte der Universitätsprofessor von diesem höchst grofsmütigen Zugeständnis so gut wie keinen Gebrauch machen.

Wenn ich nun zum Schlusse mein Urteil über den mir vorliegenden **Mahnruf** noch einmal kurz zusammenfassen soll, so glaube ich dem Verfasser gerecht zu werden, wenn ich erkläre: soweit es sich darum handelt, bestehende Mängel in dem Betrieb des **Neuenglischen** (an unseren Hoch- und Mittelschulen) aufzudecken und zu rügen, kann man ihm, Einzelheiten ausgenommen, ohne Bedenken beistimmen, nicht aber in Dingen, die das Studium älterer Sprachperioden angehen; darauf, zur Lösung unserer Frage einen **wesentlichen** Beitrag geliefert zu haben, kann er auch nicht entfernt Anspruch erheben, da sein Schriftchen kaum irgendwelche verwertbaren positiven Resultate aufweist.

Als vorliegende Besprechung schon druckfertig war, erhielt Ref. die seit Oktober angekündigten Gedanken und Bemerkungen über das **Studium der neueren Sprachen** auf den deutschen Hochschulen. Von Dr. Gustav Körting, o. ö. Prof. d. rom. und engl. Philologie a. d. K. Akademie zu Münster. Heilbronn, Henninger. 1882. Es liegt uns hier, soweit sich nach einem blofsen Durchlesen urteilen läfst, eine äufserst sachverständige und gründliche Diskussion des Gegenstandes nach allen Seiten hin vor, wie sie von Prof. Körting nicht anders zu erwarten war.

Augsburg. ——————— Wolpert.

Dr. J. Worpitzky, Professor an der Kgl. Kriegsakademie und am Friedrichs-Werder'schen Gymnasium zu Berlin. Elemente der Mathematik für gelehrte Schulen und zum Selbststudium. Zweite umgearbeitete Auflage. Erstes Heft: Die Arithmetik. Berlin, Weidmann'sche Buchhandlung. 1881. 156 S. Pr. 2,40 ℳ.

Der Verfasser dieses Werkes betont im Vorworte die Wichtigkeit der genauen Erfassung des Zahlbegriffes und des allgemeinen Gröfsenbegriffes wegen der „Entscheidung über die Anwendung des arithmetischen Kalkuls auf Gegenstände der Anschauung". Demgemäfs wird im ersten Abschnitte die allgemeine Gröfsenlehre behandelt. Unter Voranstellung des Kongruenz-Axioms und der daraus zu ziehenden Folgerungen werden die Begriffe: Ganzes und Teil, weniger und mehr, Gröfse, gröfser und kleiner, Null definiert. Der Schlufs dieses Abschnittes gibt in einer Scholie die Definition der Mathematik, welche eingeteilt wird in Zahlentheorie, Arithmetik, Geometrie, Mechanik.

Dann beginnt im zweiten Abschnitte die Arithmetik. Die Definition in § 8, III gestattet, die Zahl als Kennzeichen der Quantität bei beliebiger Qualität der Gröfse ebenso wie letztere dem Kalkul zu unterwerfen. Auf Grund der im ersten und zweiten Abschnitte aufgestellten Definitionen und Axiome gelingt es, die Gesetze der Addition und Subtraktion (§ 12 bis § 16) zu beweisen.

Auf diese Gesetze folgt die Scholie § 17, welche auf die Notwendigkeit hinweist, den Gröfsen- und Zahlbegriff zu erweitern, worauf mittels der Definitionen in § 18 die Erweiterung durch Einführung der algebraischen Gröfsen vorgenommen wird.

In § 23 und § 24 werden Multiplikation und Division definiert und deren Gesetze bewiesen unter der beschränkenden Voraussetzung, dafs der Multiplikator eine ganze absolute Zahl sei. Durch die Scholie § 25 und die Definition in § 26 wird obige Beschränkung aufgehoben und die Gültigkeit der Multiplikations- und Divisionsgesetze auch für algebraische Faktoren gezeigt. Mittels der Scholie in § 32 und der Definitionen in § 33 und § 35 werden die gebrochenen und irrationalen Zahlen eingeführt, womit neuerdings eine Erweiterung des Zahlbegriffes gewonnen ist. Nunmehr ist es möglich, die bisher aufgestellten Gesetze auf gebrochene und irrationale Zahlen auszudehnen.

Daran schliefst sich das Wichtigste über die Proportionen (§ 41 bis § 45), wobei das Produkt von Gröfsen als Produkt der Mafszahlen definiert wird.

Das Folgende enthält die Definitionen des Potenzierens, Radizierens und Logarithmierens und die daraus sich ergebenden Gesetze, deren Gültigkeit zunächst auf positive ganze Exponenten beschränkt ist. Diese Schranken werden beseitigt durch die Definitionen von a^0 und a^{-n} in § 50 und von $a^{\frac{n}{r}}$ und a^α in § 55, wobei $\frac{n}{r}$ eine gebrochene rationale und α eine irrationale Zahl bedeuten.

Von § 56 an werden die schon früher auftauchenden Aufgaben des Potenzierens, Radizierens und Logarithmierens eines Binoms gelöst, indem zuerst der binomische Lehrsatz für ganze Exponenten erwiesen, hierauf nach Ableitung einiger wichtigen Sätze aus der Reihenlehre auf beliebige Exponenten ausgedehnt wird. Aus dem binomischen Satze wird die Reihe für e^x gefolgert, hieraus die Gleichung $\lim\limits_{n=0}\left(\dfrac{a^n-1}{n}\right)=lg\,a$ gewonnen, mit deren Hilfe $lg(1+x)$ in eine für $1 \geq x > -1$ konvergente Potenzreihe entwickelt wird, woraus sich dann $lg(a+b)$ für $b < a$ ergibt. Im Anschlusse hieran findet man die Berechnung der Briggs'schen Logarithmen aus den natürlichen.

Die letzte und allgemeinste Erweiterung erfährt der Gröfsenbegriff durch die Einführung der komplexen Gröfse, welche sowohl die reelle als die imaginäre[1]) Gröfse als Spezialfall in sich schliefst, je nachdem in $a+bi$ entweder $b=0$ oder $a=0$ ist. Auf die elementaren Operationen mit komplexen Gröfsen folgt die Theorie von e^{ix}, wobei sich die Gelegenheit bietet, die fundamentalen Eigenschaften von $\sin x$, $\cos x$, $tg\,x$, $ctg\,x$ in rein analytischer Weise zu entwickeln. § 82 stellt die zweite Grundform der komplexen Zahl $re^{i\varphi}$ auf; daran reihen sich die Moivre'schen Lehrsätze mit den Zusätzen über die Eindeutigkeit der Produkte, Quotienten, Potenzen mit ganzen Exponenten, die n-Deutigkeit der $n$ten Wurzel, die unendliche Vieldeutigkeit des Logarithmus. Den Schlufs dieser Abteilung bildet die Bestimmung von π mit Anweisung zur Bildung sehr rasch konvergenter Reihen.

In einem Anhange wird die Gaufs'sche Darstellung des Zahlensystems gegeben.

Ein zweiter Anhang enthält wichtige Sätze über arithmetische Reihen höherer Ordnung und deren Summation, über die geometrischen Reihen, Zinseszins- und Rentenrechnung, über das Zahlensystem der Basis x und die numerische Rechnung.

Damit haben wir den reichen Inhalt vorliegenden Werkes und dessen Anordnung skizziert. Neben der Quantität müssen wir aber auch die ausgezeichnete Qualität des Dargebotenen rühmend hervorheben.

Vor allem verdient das Fundament des Lehrgebäudes die vollkommenste Anerkennung; auf dem Kongruenzaxiom nämlich und der sich

---

[1]) Zu beachten ist die Bemerkung S. 106, dafs imaginär von imaginarius (bildlich) und nicht von imaginaire (eingebildet) abzuleiten sei.

daran fügenden allgemeinen Gröfsenlehre, die einzig und allein sich dazu eignen, ist der Bau aufgeführt. Hinsichtlich dieses Fundamentes sagten wir oben, dafs es gelinge, die ersten Sätze der Addition und Subtraktion zu beweisen; ohne dieses Fundament sind die sogenannten „Beweise" dieser Sätze nichts als Wiederholungen der zu erweisenden Behauptungen, wie aus anderen Lehrbüchern zur genüge ersichtlich ist.

Was ferner die oben erwähnten Definitionen der direkten und inversen Rechnungsarten und jene Definitionen betrifft, welche die Erweiterung des Gröfsen- und Zahlenbegriffes begründen, so ist besonders zu betonen, dafs durch die in angezeigtem Werke gewählte Darstellung die Notwendigkeit derselben gegenüber jeder sie einführenden Willkür, sowie deren Zweckmäfsigkeit klar hervortritt, und dafs die Aufeinanderfolge eine lückenlose ist, im wohlthuenden Gegensatze zur Lückenhaftigkeit, die man in anderen Lehrbüchern wahrnimmt, in denen, um nur einzelnes herauszugreifen, bewiesen wird: $a^0 = 1$; $a^{-m} = \dfrac{1}{a^m}$, obwohl die Definition der Potenz nur für positive ganze Exponenten vorher gegeben ist, so dafs also eine Potenz wie a^0, a^{-m} bedeutungslos ist.

Zu loben ist die Durchführung des Dualismus zwischen den Gesetzen der direkten und inversen Operationen, der auch durch Nebeneinanderstellung der betreffenden Sätze in die Augen fällt.

Die Genauigkeit in der Fassung der Sätze ist musterhaft, die Beweisführung elegant und strenge. Nur im Beweise des Satzes $e^x = \sum\limits_{n=0}^{n=\infty} \dfrac{x^n}{n!}$ (§ 69) dürfte, um auch der äufsersten Subtilität zu genügen, noch zu zeigen sein, dafs trotz der schliefslich über alle Grenzen unabhängig von n wachsenden Zahl m doch $\lim\limits_{n=\infty}\left(1-\dfrac{1}{n}\right)\left(1-\dfrac{2}{n}\right)\ldots\left(1-\dfrac{m}{n}\right)=1$ ist. Dieser kleinen Schwierigkeit halber hätte Referent § 69 lieber als Scholie gesehen und die Definition $e^x \equiv \sum\limits_{n=0}^{n=\infty} \dfrac{x^n}{n!}$ als Grundlage der Theorie der Exponentialfunktion vorgezogen.

Ref. glaubt sein Gesamturteil am besten auszudrücken, indem er das angezeigte Werk als das philosophische System der Arithmetik bezeichnet.

Druck und Ausstattung sind schön; Druckfehler fanden sich nicht vor; dem nach Inhalt und Form gleich ausgezeichneten Buche wünscht Ref. die weiteste Verbreitung.

Neustadt a/H. (Rheinpfalz).   Nachreiner.

Lehrbuch der Elementar-Geometrie von J. Henrici, Professor am Gymnasium zu Heidelberg, und P. Treutlein, Professor am Gymnasium zu Karlsruhe. Erster Teil. Gleichheit der planimetrischen Gröfsen. Kongruente Abbildung in der Ebene. Pensum der Tertia. Mit 188 Figuren in Holzschnitt. Druck und Verlag von B. G. Teubner. 1881. IV. 152.

Vielfach in der pädagogischen Literatur hervorgetretene Anregungen, mit dem euklidischen Vorbilde in der Schule endgültig zu brechen und auch die Anfangsgründe im Sinne der modern synthetischen Richtung auszuarbeiten, sind für die beiden Verfasser des hier in seinem ersten Teile vorliegenden Kompendiums mafsgebend gewesen. Man wird auch nicht in abrede stellen können, dafs dieser Versuch es nicht bei einem blofsen Anlaufe bewenden liefs, sondern mit Energie durchgeführt worden ist. Die geometrischen Gebilde werden nirgends als starr und ein für allemal gegeben betrachtet, sondern stets wird deren Entstehung auf einen Bewegungsvorgang zurückgeführt. So wird gleich im Anfang eine parallele Gerade zugleich mit dem Begriffe des Strahlenbüschels definiert, wobei als Grundsatz der angenommen wird, dafs durch einen Punkt zu einer Geraden nur Eine Parallele gezogen werden kann — ein Axiom, mit dem man sich, wenn es nur offen als solches ausgesprochen wird, ebensogut wie mit jedem andern einverstanden erklären kann. Das Prinzip der Vorzeichen wird für Strecken und Winkel gleich von Anfang an aufgestellt. Gleich darauf folgt eine eingehende Erörterung des Wesens der Symmetrie mit Anwendung auf die Lehre vom gleichschenkligen Dreieck u. s. w.; daran schliefst sich eine Anzahl von Sätzen über diametrale Punkt- und Geradenpaare. Die Lehre von den Vieleckswinkeln und ihren Summen ergibt sich als Ausflufs einer so zu sagen kinematischen Erwägung, welche dem Sinne nach völlig mit der Thibaut'schen Methode sich deckt; strenge genommen sind also zwei verschiedene Grundsätze zum Ersatze des einen XI. Axiomes eingefügt worden. Die Drehung fafst als besonderen Fall die Parallelverschiebung in sich, mit deren Hilfe die Kongruenz der Vielecke bestimmt wird. Die nunmehr folgende Kreislehre kann sich natürlich von der üblichen Darstellungsweise minder weit entfernen, als die voraufgehenden Abschnitte, doch wird insbesondere auch von der Symmetrie eine sehr ausgiebige Nutzanwendung gemacht. Besonders empfehlenswert scheint uns die Verknüpfung der Lehrsätze über die Peripheriewinkel mit der Theorie des Strahlenbüschels zu sein. Jetzt wenden sich die Verf. zur Betrachtung der merkwürdigen Punkte eines Dreiecks und zu einem tieferen Studium der Viereckseigenschaften, wobei Axen-Symmetrie und Central-Symmetrie ganz im Sinne der strengen Fiedler'schen Definitionen scharf auseinandergehalten wird; wir gestehen, dafs uns dieser Abschnitt lebhaft angesprochen hat. Die Flächenausmessung, incl. pythagoreischer Lehrsatz — von dem übrigens auch der hübsche (Hoppe'sche) Anschauungsbeweis mitgeteilt wird —, die Verwandlung und Teilung von Flächen werden, da hier die projektivische Methode versagt, ziemlich nach den gewöhnlichen Normen abgehandelt. Den Schlufs bildet eine reiche Sammlung von zu beweisenden Lehrsätzen, Konstruktions- und Berechnungsaufgaben, worin manches Neue zu finden ist. Noch möchten wir hervorheben, dafs allerorts im Buche, wo es sich nicht um spezifisch metrische Relationen handelte, die dualistische Zusammengehörigkeit der Theoreme auch äufserlich durch den Druck angedeutet worden ist.

Wir nehmen als selbstverständlich an, dafs ein so umfassender Lehrstoff nicht in Tertia bewältigt werden kann, sondern dafs auch noch die Untersekunda (unsere I. Gymn.-Kl.) hinzugenommen werden mufs. Auch unter dieser Voraussetzung jedoch finden wir das Material etwas sehr reichlich bemessen. Dies kann uns jedoch nicht hindern, diesen neuen Versuch, die geometrischen Grundlehren nach Art Kruses, H. Müllers u. a. dem projektivischen Gedanken anzupassen, als einen in seiner Art sehr gelungenen freudig zu begrüfsen.

Ansbach. S. Günther.

Arithmetik und Algebra nebst einer Geschichte dieser Disziplinen für Gymnasien und Realschulen bearbeitet von L. Bergold, Professor am Gymnasium in Freiburg i. B. Karlsruhe, Verlag von H. Reuther. 1881. XXII. 201 S.

Ein umfängliches Lehrbuch der gesamten Zahlenwissenschaft, welches den Lernenden von den ersten Elementen des Zählens und Rechnens bis in die algebraische Analysis hinein führen soll. Für bayerische Studienanstalten, welche leider bei den quadratischen Gleichungen halt machen müssen, dürfte sich das Buch weniger eignen, dagegen würde es sich den Anforderungen unserer Realgymnasien sehr gut anpassen. Referent hat nirgendwo hervorstechende Eigenschaften wahrgenommen, wohl aber allenthalben eine geordnete und übersichtliche Darstellung. Die historische Einleitung ist zwar nach etwas veralteten Vorlagen gearbeitet, kann aber doch als ihrem Zweck im ganzen entsprechend bezeichnet werden; für eine Neuauflage freilich müsste der Verf. die Anlehnung an neuere Arbeiten sich dringend empfohlen sein lassen.

Ansbach. S. Günther.

Aufgaben aus der Arithmetik und Algebra von Theodor Sinram. 3. Teil. Hamburg, Otto Meifsner. 1881.

Der dritte und zugleich letzte Teil dieser äufserst reichhaltigen Aufgabensammlung enthält 2748 Übungen über die arithm. und geom. Reihe, Zinseszinsrechnung, Kombinationslehre, Wahrscheinlichkeitsrechnung, binom. Reihe, Konvergenz und Divergenz von Reihen, arithm. Reihen höherer Ordnung und figurierten Zahlen, Kettenbrüche, Kongruenz der Zahlen, Determinanten, Moivre'sche Formel, Reihenentwicklungen, imaginären Logarithmen, Gleichungen höheren Grades im allgemeinen und speziell kubischen, biquadratischen und transcendenten Gleichungen.

Daran schliefst sich das „Antwortenheft", das nicht nur die Resultate, sondern bei den schwierigeren Aufgaben und Lehrsätzen auch Anleitungen zur Lösung, resp. zum Beweise, gibt.

Da alle 3 Teile zusammen mehr als 12500 Übungen enthalten, so ist diese Sammlung nicht blofs wegen der grofsen Auswahl, die sie dem Lehrer bietet, sondern auch wegen der strengen Durchführung, überall vom Einfachen zum Komplicierten überzugeben, jedem zu empfehlen, der Mathematikunterricht zu geben hat, zumal er in den Abschnitten über Kombinationslehre und Wahrscheinlichkeitsrechnung, bei denen in andern Übungsbüchern eine gewisse Leere sich zeigt, hinreichendes Material für mehrere Jahre findet. C. S.

Literarische Notizen.

Gebete zum Gebrauch für Mittelschulen. Schweinfurt 1881. Im Kommissionsverlag der G. J. Giegler'schen Buchhandlung. 60 ₰ Auf 23 Seiten bietet der Verfasser, wohl selbst evangelischer Religionslehrer an einer Mittelschule, für 3 Wochen 18 Gebete zur Eröffnung des Unterrichtes, dann je ein Gebet bei Beginn und bei Schlufs des Schuljahres, ferner noch 3 Lieder dar. Bei 7 Gebeten sind die Arbeiten von Kapff, Löhe (Samenkörner) und Kolde benützt. Aus der Praxis hervorgegangen, werden diese ausschliefslich für das Schulleben berechneten Gebete bald sich allgemeinen Eingang verschaffen. Fast immer in der schlichten, kräftigen Sprache des Bibelwortes verfafst, treffen sie den richtigen Gebetston und sie sind demnach ganz dazu angethan, den Geist zur Sammlung und zur Andacht anzuleiten. Nimmt man hinzu, dafs namentlich in den Gebeten für die erste und dritte Woche, die auch inhaltlich der beste Teil der Sammlung sind, auf die so notwendige richtige Kürze gehalten ist, so wird man dies Büchlein als eine willkommene Gabe begrüfsen dürfen. Es hilft einem wirklichen Bedürfnis ab. Möge es in Segen gebraucht werden!

Flores Homerici sive loci memoriales ex Homeri carminibus selecti cum brevi commentario et appendice. In usum scholarum ed. Dr. **Lazarewicz**. Lipsiae, typis Teubneri. 1881. IV und 104 S. gr. 8. 1,20 *M.* Durch ihren Inhalt sich besonders empfehlende, nach der Reihenfolge der Gesänge geordnete Stellen aus Ilias und Odyssee. Die Anmerkungen setzen das sprachliche Verständnis voraus und teilen hauptsächlich Parallelstellen aus anderen Dichtern des Altertums mit, nicht ohne Gelehrsamkeit. Das geschickte Büchlein ist entschieden für homerische Gedächtnisübungen brauchbar, wenn es auch mancher Lehrer vorziehen dürfte, die Stellen aus dem Homer selbst lernen zu lassen.

Homer. Analekta für Schule und Leben. Herausgegeben von C. S. **Köhler**. Leipzig, Grieber. 1881. VIII und 99 S. 2 *M.* Sogenannte geflügelte Worte aus Homer, in deutscher Übersetzung mit Andeutungen über den Zusammenhang, welchem die Stellen entnommen sind. Cui bono? Wer den Homer nicht kennt, wird sicherlich aus der Vossischen Übersetzung leichter klug werden als aus dieser Sammlung. Was soll er denn mit homerischen „geflügelten" Worten wie z. B. „Hebe", „Eris", „Amazone", oder gar „Willkommen!" und „Ein Automat"!?

Lateinisches Lesebuch für die Sexta der Gymnasien und Realschulen von Hermann **Perthes**. Mit der lat. Wortkunde, 1. Kursus 2. Aufl. Berlin, Weidmann. 1881. 54 und 89 S. gr. 8. Für vorliegende neue Auflage wurden die Winke benützt, welche sich in den gedruckten Berichten über die mit den Büchern von Perthes an zwei Gymnasien und einer Realschule gemachten Erfahrungen finden. Die Berichte sprechen sich übereinstimmend durchaus günstig über diese Lehrmittel aus. D' wissenschaftliche Begründung der eigentümlichen Quantitäts-Bezeichnung wird demnächst in einer besonderen Schrift erscheinen.

Lessings Laokoon. Stuttgart, G. J. Göschen, 1881. Dem A_l druck der Lessing'schen Abhandlung geht eine kurze Einleitung dazu von K. **Gödecke** und eine dankenswerte Inhaltsangabe der einzelnen Kapitel voraus.

Klopstocks Oden in Auswahl. Schulausgabe mit erklärenden Anmerkungen von A. L. **Back**. Stuttgart, Göschen. Die Einleitung gibt eine Skizze über Klopstocks Leben, Dichten und Wirken. Die Zahl der ausgewählten Oden beträgt 38, die Angabe der schwierigeren Metra von den meisten der Oden sowie ziemlich reichhaltige Anmerkungen sind für das Verständnis ausreichend. So sehr unsere Zeit Klopstocks hohe Verdienste anerkennt, mit hingebender Liebe werden sich nur mehr wenige der Lektüre seiner Dichtungen widmen.

Minna von Barnhelm, Schulausgabe mit Anmerkungen von Dr. **Tomascheck** in Gratz. Stuttgart, Göschen. Aufser den unter dem Texte befindlichen Anmerkungen sind am Schlusse des Büchleins allgemeine Bemerkungen über die Entstehung, nationale und literar-historische Bedeutung, die Aufnahme, Aufführungen, fremden Bearbeitungen, über Ort und Zeit, Personen, Titel, Plan und Gattung des Stückes angefügt.

Deutsche Grammatik und Stilübungen zunächst für Realschulen. III. Kursus von **Brentano**. 9. Aufl. von **Hutzelmann**. Nürnberg. Korn. 1882. 147 S. Preisangabe fehlt. Das Büchlein enthält die Satzbildungs-, Satzverbindungs- und Interpunktionslehre, ferner syntaktische Aufgaben und die Theorie der Stilübungen nebst Beispielen und Aufgaben. Besonders ausführlich sind die Briefe und die Geschäftsaufsätze behandelt. Die Brauchbarkeit für die humanistischen Anstalten ist eine beschränkte.

Geschichte der deutschen Literatur von **Scherer**. 4. Heft. Dieses Heft setzt das 7. Kap. (Sänger und Prediger) fort. S. 230 folgt ein Abschnitt, der „Die Bettelorden" überschrieben ist. Denn gerade diesen gehören „die Prediger" Berthold von Regensburg und die Vertreter der Gelehrsamkeit, Albert der Grofse, Thomas von Aquin und Meister Eckard an. Das 8. Kap., welches die Zeit von 1348—1517 umfasst, führt den Titel: Das ausgehende Mittelalter. Es zerfällt in die Abschnitte: Schauspiele, Lieder und Gesänge (Meistersänger, Volkslied, in dem Sch. auch den Ursprung der Ballade findet), Reimpaare (Reineke Fuchs, Seb. Brant, Murner, Kaiser Maximilian I.), Prosa (bes. Eulenspiegel), Humanismus. Sehr eingehend ist das Volkslied geschildert, während den Meistersängern wenig Raum gewidmet wird. Auch Brant und Murner sind mit einer nur kurzen Charakteristik bedacht. S. 275 beginnt das bereits ins nächste Heft hinüberreichende Kapitel: Reformation und Renaissance.

Histoire de la Révolution Française depuis 1789 jusqu'en 1814 par M. **Mignet**. Herausgegeben und mit sprachlichen, sachlichen und geschichtlichen Anmerkungen versehen von Dr. **Adolf Korell**, Oberlehrer am Thomasgymnasium zu Leipzig. IV. Band. **Directoire, Consulat et Empire**. Depuis le 27. Octobre 1795 jusqu'en 1814. Leipzig, Teubner. 1881. Mit diesem Bändchen schliefst der Herausgeber seinen Kommentar der Geschichte der französischen Revolution von Mignet. Es ist natürlich, dafs in diesem Bändchen, welches die gewaltigen, Europa erschütternden Ereignisse der Napoleonischen Kriege enthält, die sprachlichen Notizen hinter den historischen Erläuterungen zurücktreten mufsten. Denn um das Büchlein für deutsche Schüler nutzbringend zu machen, mufste es sich der Herausgeber angelegen sein lassen, Anschauungen, die zu sehr den **französischen** Autor verraten, zu korrigieren und dem französischen Urteil das deutsche gegenüberzustellen. Dies hat der Herausgeber auf Grund eigenen Suchens und eingehender Nachforschungen in den besten historischen Werken gethan. So ist die Lektüre dieses Bändchens gerade in den Oberklassen, in welchen jene Zeitperiode das Thema des Geschichtsstudium bildet, von grofsem Werte. Preis (1 ℳ 50 ₰) und Ausstattung sind den Anforderungen einer Schulausgabe vollkommen angemessen.

Übungssätze zur Erlernung der französischen unregelmäfsigen Verben. Zusammengestellt von Dr. **Adolf Krefsner**. Leipzig, Teubner. 1881. Diese Sammlung von Übungssätzen lehnt sich an die Schulgrammatik von Plötz an und ergänzt die in derselben enthaltenen Beispiele über die unregelmäfsigen Verba. Der Verfasser hat diese Sätze glücklich zusammengestellt und will damit der Benützung der zahlreich kursierenden alten Hefte und Übersetzungen von Seiten der Schüler entgegenarbeiten.

Sammlung zusammenhängender Stücke zum Übersetzen aus dem Deutschen in das Französische für die mittleren und oberen Klassen höherer Schulen von W. **Bertram**. (Zugleich Heft 4 des Grammatischen Übungsbuchs.) Bremen, Heinsius. 1880. Zahlreich sind die

Übungsbücher, die alljährlich den Lehrern zur Einführung empfohlen werden und ein wahrer embarras de richesse macht dem Lehrer die Wahl schwierig. Es ist daher Pflicht, diese Wahl durch Hinweis auf ein Buch zu erleichtern, welches in bezug auf Reichhaltigkeit und Auswahl des Materials die beste Anerkennung verdient. Abgesehen vom lehrreichen, Herz und Geist bildenden vortrefflichen Inhalt, bringt es das Gesamtgebiet der Grammatik zur vielseitigen Einübung, so dafs es sich zur Benützung in den Oberklassen von Gymnasien bestens eignet.

Hölders geographische Jugend- und Volksbibliothek. Herausgegeben von Friedrich v. Hellwald und Dr. Friedrich Umlauft. Wien 1881. Alfred Hölder. 11. Bändchen: Das Wasser in seiner geologischen Wirksamkeit von Prof. Carl R. Rieck. Mit 3 Abbildungen. 154 Seiten. 12. Bändchen: Albanien. Schilderungen von Land und Leuten von Georg v. Gyurkovics. Mit drei Illustrationen. 158 Seiten. Ersteres entwickelt die zerstörende, transportierende und ablagernde Thätigkeit des fliefsenden Wassers, des Meerwassers und des Eises, sowie die chemische Thätigkeit des Wassers; letzteres schildert kurz die Erlebnisse einer Reise durch Albanien und gewährt einen trefflichen Einblick in die Natur und Sitten dieses wilden, urwüchsigen, in Europa so gut wie unbekannten Bergvolkes. So instruktiv aber auch und interessant einzelne Abschnitte, namentlich in dem Werkchen über Albanien sind, so eignen sie sich doch nur im allgemeinen für reifere Leser und sind höchstens für die oberen Klassen unserer Gymnasien zur Einstellung in die Schülerlesebibliotheken geeignet.

Auszüge.

Zeitschr. f. d. österreichischen Gymn. 1881. 8. 9.

I. S. 561—588. Homerische Untersuchungen über das 6. Lied vom Zorne des Achilleus in Z und H der Ilias und die darauf bezügliche Literatur. Von H. K. Benecke. — S. 588—601. Zu Vergilius. Von W. Kloučeck (Erklärende und kritische Bemerkungen zur Aeneis). — S. 602. Zu Verg. Aen. I. 446 ffg. Von A. Baar. III. S. 691—707. Die Korrektur der schriftl. Aufsätze aus dem Deutschen in den zwei untersten Gymnasialklassen. Von F. Bauer. Folgende 3 Punkte werden in betracht gezogen: 1. Einhaltung der den Vorschriften entsprechenden äufseren Form. 2. Die häusliche Korrektur des Lehrers. 3. Die Besprechung der korrigierten Aufsätze in der Schule.

10.

I. S. 721—734. Die Rede des Ödipus in Sophokles' Öd. Rex v. 216—275. Von W. Fox. — S. 734—737. Etymologisches. Von H. Rönsch. cerussa (Bleiweifs) stammt nicht von cera, sondern von κηρίσιος = todbringend; scriblita ist durch excribellata = durchgesiebt zu erklären und bedeutet ein Gebäck aus durchgesiebtem feinen Mehle; monobelis (häufig monobilis, vulgär monubilis) heifst „einspitzig", in einer einzigen Spitze emporragend" = μονώβελος. — S. 737. Zu Ausonius Epitaph. X. von K. Schenkl.

11.

I. S. 801—817. Textkritisches zu Ovids Schriften. Von J. Rappold.

12.

I. S. 887—905. **Kirchhoffs Schulgeographie und die Verteilung des geographischen Lehrstoffes.** Von J. Ptaschnik. Kirchhoffs Buch ist bestimmt, nicht blofs einen hervorragenden Platz in der Schulliteratur einzunehmen, sondern auch durch die wesentliche Änderung in der Stoffverteilung einen nachhaltigen Einflufs auf die Behandlung der Geographie in der Schule zu nehmen. Die erste Stufe behandelt die Anfangsgründe, die zweite die Länderkunde und die dritte die allgemeine Erdkunde, während bisher die allgemeine Erdkunde vorangestellt wurde.
— S. 905. **Zur pseudo-quintilianischen declamatio III b.** Von Is. Hilberg. Im cap. 6 ist zu lesen illaqueatus ‚decipula', nicht ‚disciplina'.

1882. 1.

I. S. 1—29. **Zur Caesura κατὰ τρίτον τροχαῖον im Lateinischen.** Von J. Walser. Gegenüber der Behauptung von Bährens, die oben genannte Cäsur sei nur eine griechischen Vorbildern entnommene Erfindung späterer Grammatiker; ein lateinischer Hexameter, der blofs diesen und keinen anderen Einschnitt habe, sei seit Katulls und seiner Zeitgenossen Zeit ein Unding, erbringt W. den Beweis, dafs dieselbe seit Katulls und Konsorten Zeit faktisch und zwar nicht so selten vorkommt.

2.

I. S. 81—96. **Zur Methodik des deutschen Unterrichts in der 1. Klasse.** Von A. Baran.

Personalnachrichten.

Versetzt: Stdl. Fr. Döderlein in Memmingen n. Ansbach.
Quiesciert: Stdl. Dr. K. Ulmer in Ansbach.

Carl Steyer,
Antiquariat für klassische Philologie,
Cannstatt bei Stuttgart

empfiehlt sein reichhaltiges Lager antiquarischer Bücher aus dem Gebiet der Philologie.

Angebote einzelner Werke wie ganzer Bibliotheken dieser Wissenschaft sind stets willkommen und finden schnelle und coulante Erledigung.

Kataloge gratis und franco. 4

Soeben erschien und ist in allen Buchhandlungen zu haben:
Materialien zu französischen Klassenarbeiten.
Für obere Klassen höherer Lehranstalten.
Von Dr. J. B. Peters.
Preis 1 ℳ.

Obiges Buch ist gewissermafsen ein neues Hilfsmittel in der Methodik des neusprachlichen Unterrichts.

August Neumanns Verlag, Fr. Lucas, in Leipzig.

Wilhelm Engelmann in Leipzig.

☞ **In neuer Orthographie!** ☜

Die Weltgeschichte
in übersichtlicher Darstellung

von

Dr. Georg Weber
in Heidelberg.

18. Auflage, durchgängig revidiert, verbessert und vervollständigt.

Mit einem Namen- und Sachregister.

gr. 8. 1882. geh. ℳ 3,—, geb. ℳ 3,80.

Verlag von Friedrich Vieweg und Sohn
in **Braunschweig**.

(Zu beziehen durch jede Buchhandlung.)

Soeben erschien:

Zippel, Hermann, und **Bollmann, Carl, Repräsentanten einheimischer Pflanzenfamilien** in farbigen Wandtafeln mit erläuterndem Text, im Anschluß an die „Ausländischen Kulturpflanzen". Royal-8. geh.

Zweite Abteilung: Phanerogamen. Dritte Lieferung. Mit einem Atlas, enthaltend 12 Tafeln mit 31 großen Pflanzenbildern und zahlreichen Abbildungen charakteristischer Pflanzenteile. Preis 14 ℳ.

Früher erschien:

Erste Abteilung: Kryptogamen. Mit einem Atlas, enthaltend 12 Tafeln mit 59 großen Pflanzenbildern und zahlreichen Abbildungen charakteristischer Pflanzenteile. Preis 14 ℳ.

Zweite Abteilung: Phanerogamen.

Erste Lieferung. Mit einem Atlas, enthaltend 12 Tafeln mit 33 großen Pflanzenbildern und zahlreichen Abbildungen charakteristischer Pflanzenteile. Preis 14 ℳ.

Zweite Lieferung. Mit einem Atlas, enthaltend 12 Tafeln mit 32 großen Pflanzenbildern und zahlreichen Abbildungen charakteristischer Pflanzenteile. Preis 14 ℳ.

Zippel, Hermann, und **Bollmann, Carl, Ausländische Kulturpflanzen** in farbigen Wandtafeln mit erläuterndem Text, im Anschluß an die „Repräsentanten einheimischer Pflanzenfamilien. Royal-8. geh.

Erste Abteilung. Mit einem Atlas, enthaltend 11 Tafeln mit 24 großen Pflanzenbildern u. zahlreichen Abbildungen charakteristischer Pflanzenteile. Zweite, vielfach verbesserte und vermehrte Auflage. Preis 12 ℳ.

Zweite Abteilung. Mit einem Atlas, enthaltend 12 Tafeln mit 29 großen Pflanzenbildern u. zahlreichen Abbildungen charakteristischer Pflanzenteile. Zweite, vielfach verbesserte und vermehrte Auflage. Preis 13 ℳ.

Auf welche Weise kann der Unterricht in der deutschen Sprache und Literatur an unseren Studienanstalten methodisch und systematisch betrieben werden?

IV.

Lehrplan für die V. Lateinklasse.

(Wöchentlich 2 Lehrstunden.)

Die letzte Lateinklasse, in welcher unserm Lehrgegenstande leider nur die gleiche Stundenzahl wie in der vorhergehenden zugewiesen ist, hat die bedeutsame Aufgabe, den Gesamtlehrstoff des Progymnasiums in praktischer Weise zu wiederholen und die gewonnene Kenntnis und Fertigkeit zu festigen.

Es wird also unbeschadet des Prinzips, dafs der Unterricht in der Grammatik der deutschen Sprache als Schriftsprache an gelehrten Schulen notwendig ist, gleichwohl der grammatische Leitfaden aus den Händen gelassen werden können, weil es nunmehr an der Zeit ist, dafs der Lehrer selbst in geregeltem Fortgange und mit lebendigen Worten die Gesetze der neuhochdeutschen Sprache namentlich anläfslich der Durchnahme korrigierter Schul- und Hausaufgaben sowie bei der Lektüre von Prosastücken zur sichtlichen Darlegung zu bringen hat. Würde, wie das nur zu häufig vorkommen mag, gänzlich davon abgesehen, so müfste bedauerlicher Weise vor dem Eintritt des Schülers in das Gymnasium bereits eine gewisse Verflachung der Sprache und Nachlässigkeit im Gebrauche derselben sich einschleichen, Fehler, die der junge Mensch vielleicht gar noch für ein Merkmal geistvollen Wesens ansehen könnte, denn an eitler Selbstgefälligkeit und dünkelhafter Überhebung ist gerade dieses Alter erschreckend reich. Es wird sich deshalb der Unterricht für unsern Lehrkurs etwa so gestalten:

Die erste Wochenstunde wird, da der eigentliche grammatische Unterricht in Wegfall kömmt, ausschliefslich für stilistische Arbeiten verwendet, wobei jedoch immer noch an der Entwicklungstheorie festzuhalten ist und unter gewissen geeigneten Umständen die Einfügung von mehrfachzusammengesetzten Sätzen oder Perioden verlangt werden kann.

Freilich wird man jetzt gut thun, nicht schlechthin und unter jeglicher Bedingung eine bestimmte Anzahl von solchen grammatischen Evolutionen innerhalb einer Erzählung und Beschreibung zu fordern, weil durch einen derartigen vom Lehrer angelegten Schraubstock die originelle Regung manches Schülers ersticken müfste und die individuelle Haltung zur Unmöglichkeit gemacht würde. Man überlasse es also dem Arbeitenden, an entsprechender Stelle jene Satzgefüge zu verwenden, wenn sie sich anders mit Inhalt und Zusammenhang in ungezwungener Weise vereinbaren lassen. Der Stoff zu den stilistischen Übungen werde auch in dieser Klasse teilweise dem betreffenden Geschichtsbereiche, teilweise dem Natur- und Menschenleben, endlich, und zwar nach der didaktischen Richtung hin, der wenn auch noch beengten Lebenssphäre dieser Altersstufe entnommen. Ganz besonderes Gewicht wird man nunmehr darauf legen müssen, dafs die Klasse den Unterschied zwischen objektiver und subjektiver Erzählung erfasse, indem man, wenn das Lesebuch keine streng geschiedenen Proben bieten sollte, selbst eine derartige Darstellung ausarbeite und vorlesen lasse, wobei sich unschwer ergeben wird, dafs die erstere Gattung Beginn, Verlauf und Ende einer Handlung, eines Ereignisses oder einer Begebenheit einfach zur Kenntnis des Lesers zu bringen hat, während die subjektive Erzählung darüber hinausgehen mufs, indem auf den Leser belehrend, unterhaltend, ergreifend, erschütternd zu wirken ist. Was aber die beschreibende Darstellung insbesondere betrifft, so mag man auch hier bereits sorgfältiger als in den unteren Klassen auf den Unterschied zwischen Beschreibung und Schilderung eingehen; namentlich ist zu betonen, dafs bei ersterer zwar die Einheit der Auffassung des betreffenden Gegenstandes allerdings in das Subjekt verlegt werde, weshalb dieses die unmittelbar sinnliche Anschauung in Gedankenform umprägen müsse, dafs aber doch der Stoff selbst dem Subjekte als einem einzelnen Wesen nicht angehöre, sondern dem Objekte; denn eine Beschreibung könne doch eben nur die charakteristischen Merkmale des zu behandelnden Gegenstandes enthalten, und diese blieben ja doch im ganzen dieselben, von welchem Subjekte sie auch immer dargestellt werden wollten, kurz die Beschreibung sei überwiegend objektiver Natur; bei der Schilderung hingegen, seien es nun solche von Naturerscheinungen, Jahres- und Tageszeiten, Gegenden und Ländern, Szenerien und Gruppen, komme es weniger darauf an, die Merkmale des Gegenstandes vollständig auszusprechen als vielmehr diejenigen herauszuheben, in denen man die übrigen so zu sagen mit anschaue. Es sei also hier mehr das Schaffen des Subjektes selbst, welches in betracht komme; auch die Form der Darstellung schildernder Gedanken sei von wesentlicher Bedeutung; endlich werde der Inhalt der Schilderung mehr und mehr der eigene Gefühlsinhalt des Schreibenden, und der Gegenstand selbst diene lediglich zur Unterlage und Veranlassung. Ich glaube sogar, dafs der Lehrer dieser Klasse bereits soweit gehen darf, für gewisse Stoffe, ich nenne beispielsweise „Beim Anblick einer Burgruine" den Ton der Betrachtung anschlagen zu lassen. An das letztgenannte Beispiel anknüpfend möchte ich auch den Lehrgenossen eine von mir vielleicht überschätzte, aber ohne Zweifel instruktive Behandlung mancher Stoffe mitteilen. Die „Burgruine" kann zum Objekt einer Erzählung gewählt werden, indem ich den Schüler in die Zeiten zurückblicken lasse, welche die Burg zur Ruine gemacht haben, oder ich ziehe den Kreis enger und mache es zur Aufgabe, lediglich die derzeitigen Merkmale der Burg zu beschreiben, also eine Art Lehrbeschreibung zu liefern, oder ich will, dafs das individuelle Gefühl des Schreibenden diese beschreibende Darstellung umranke, also eine Schilderung sich gestalte, oder endlich ich lasse eine förmliche Betrachtung anfertigen. Diese Methode scheint mir den immerhin nennenswerten Vorteil zu bieten, dafs der sich Übende unwillkürlich gewahr werden mufs, von wie verschiedenen Gesichtspunkten ein und dasselbe Thema beleuchtet werden kann, und welches diejenigen sind, die vielleicht einander trefflich ergänzen können. Gibt es, um bei unserem Beispiele zu bleiben, ein dankbareres Thema, als in erzählender Weise von den Schicksalen der Burg zu sprechen und daran schildernde Betrachtungen zu knüpfen, oder aber zwischen die einzelnen erzählenden Partien beschreibende und schildernde einzuflechten? Dafs in diesem Falle gesondert weder die Topen für die Erzählung noch für die Beschreibung ausreichen, liegt auf der Hand, sondern dafs sie nur mit einander die Grundlage des Baues bilden werden, wobei selbstverständlich die einen oder andern ganz und gar unbenützt bleiben können. Vor einer krankhaften Sucht ist übrigens nicht genugsam zu warnen, die, wenn auch bei der erzählenden Darstellung weniger, so doch bei der beschreibenden namentlich auf dieser Altersstufe zu grassieren beginnt, ich meine die hohle Schönrednerei. Mit rücksichtsloser Strenge verpöne man alle leeren und abstrakten Ausdrücke, wenn volle, sinnliche, anschauliche stehen sollen, und alles Phantastische und Bombastische führe man auf seinen Nullwert zurück. Freilich darf man hiebei nicht das blofs Phrasenhafte mit dem Schmuck gewählter Diktion vermengen, wenn nicht der gegenteilige Schaden, eine einseitige Verachtung alles sprachlichen Kolorites und poetischen Beiwerkes, daraus erwachsen soll. Auch in dieser Klasse geht es mehrenteils noch an, gegen Ende der Lehrstunde wenigstens einzelne Partien einiger Elaborate zu besprechen; wenn aber dies infolge des Umfangs der Arbeit nicht möglich sein sollte, so verschiebe man es bis zur nächsten einschlägigen Stunde; in der Regel wird der eifrige Schüler die Zwischenzeit zu Hause benützen, selbst die Feile anzulegen, was meines Erachtens einen gröfseren didaktischen und pädagogischen Wert haben dürfte, als wenn die ganze Arbeit in Form einer Hausaufgabe zu bewältigen wäre. —

Die zweite Wochenstunde würde ich zur Lektüre verwenden und im Anschlufs an diese eine entsprechende Belehrung über die wichtigsten Versarten und über deutsche Wortbildung geben.

Ist der Lektüre schon für die IV. Lateinklasse das lohnende Ziel gesetzt worden, mählich und sozusagen unmerklich zum koncentrierenden Mittelpunkt des ganzen Unterrichts im Deutschen zu werden, so soll dieser Zweck in dem das Progymnasium abschliefsenden Lehrkurse ganz besonders im Auge behalten bleiben. Nur möchte ich mich gleich von vorneherein gegen den etwaigen Vorwurf verwahren, dafs aus meinen Prinzipien für den Deutschunterricht in den drei unteren Klassen gegenüber dem soeben ausgesprochenen Grundsatze insofern ein Widerspruch sich herausfinden lasse, als ich an den betreffenden Stellen die Behauptung aufgestellt hätte, die Lektüre solle der Grammatik nicht zur blofsen Folie dienen, für die IV. und V. Klasse aber gleichwohl fordere, dafs dieselbe zum Anfangs- und Ausgangspunkte des Deutschunterrichtes, folglich auch des grammatischen Teiles werden solle. Es ist nämlich ein bedeutender Unterschied, ob mir die Lektüre einzig zur Exerciermeisterin für die grammatischen Regeln wird, oder ob ich, namentlich bei Lesestücken in ungebundener Sprachweise, nach übersichtlicher Darlegung des Inhaltes und eingehender Behandlung des Zusammenhanges einzelner Partien schliefslich auch mit der Sprachform mich befasse, in welcher den Gedanken der zweckdienliche Ausdruck gegeben ist. — Was nun die Wortbildung betrifft, so mag wohl über diese Materie des Unterrichts das Gleiche gelten wie über die Synonyma (Vgl. IV. Lat. Kl.). Die Lehre von der Wortbildung schürft gleichsam den Urgrund der Wörterwurzeln auf und legt diese blofs, so dafs man die Verwandtschaft mit anderen Wörtern nach Form und Bedeutung leichter auffinden mag; aufserdem sucht sie Gesetze zu fixieren, die bei der Wortbildung herrschen. Es entsteht nunmehr die Frage, ob dem Schüler eine ermüdende theoretische Deduktion zu nutzen komme, oder ob es hier vielmehr am Platze sei, an gelegentlichen Fällen bei der Lektüre die erwähnten Normen und die geschichtlichen Phasen der Wortbildung nachzuweisen. Meinem Grundsatze treu möchte ich selbst in dieser Abzweigung nicht gänzlich von einer theoretischen Unterweisung absehen, und wie ich dies aus Anlafs meiner Erörterungen über eingehendere Begründung der deutschen Formenlehre erklärt habe (vgl. IV. Lat. Kl.) sogar schriftliche Übungen in der Schule veranstalten. Nur dagegen, glaube ich, spricht die didaktische Erfahrung, dafs man jeden Paragraph der Lehre von der Etymologie, betreffe es nun die innere Wortbildung oder die durch Zusammensetzung oder die durch Ableitung, auswendig lernen lasse und die einzelnen Beispiele abfrage. Wird nämlich in der Anlehnung an die Lektüre regelmäfsig und mit einer gewissen nachhaltigen Genauigkeit diese Seite des Deutschunterrichts gepflegt, so kann es nicht wohl ausbleiben, dafs zu Ende des Schuljahres bei den mehrsten Schülern ein befriedigendes Gesamtwissen sich ergibt. Dabei dürfen wir den Umstand nicht aus dem Auge lassen, dafs ja erst in den Gymnasialklassen der Geschichte der Sprache bei vielen Gelegenheiten die gebührende Rücksicht zugewendet werden kann, folglich die Sache mit der V. Lateinklasse nicht ihren Abschlufs findet.

In weiterem Anschlufs an die Lektüre und zwar an den poetischen Teil ist nach der Schulordnung auch das Wichtigste von der Verslehre den Zöglingen beizubringen. Dafs unsere Muttersprache eine accuentierende und keine quantitierende ist, mufs natürlich als oberster Grundsatz anschaulich gemacht werden, weshalb auch die eigentliche Lehre von der Quantität in verhältnismäfsig kurzer Zeit abzuthun ist. Es mögen hiebei, aber nur in den ersten betreffenden Lehrstunden, behufs der Einübung der Quantitätslehre kurze schriftliche Schulübungen angeordnet werden, wobei ein besonderes Gewicht auf die richtige Quantität der mittelzeitigen Silben gelegt werden wird, die ja nach Mafsgabe ihrer Umgebung oder auch des jeweiligen Accentes ihr für den bestimmten Fall endgültiges Mafs erhalten. Unumgänglich notwendig ist es auch, darauf hinzuweisen, wie die deutsche Prosodik im Gegensatz zur altklassischen Tonmessung sich gestaltet hat. Endlich wird unter Beiziehung mehrerer formschöner Dichtungen der Unterschied zwischen Metrum und Rhythmus begreiflich zu machen sein. Klar und erschöpfend scheint mir in dieser Frage die Erörterung von Dr. Konrad Beyer in seiner „Deutschen Poetik" zu sein, wenn er sagt: „Metrum bedeutet den Verstakt ($-\cup\ |$ oder $\cup -\ |$ oder $-\cup\cup\ |$ oder $\cup\cup -$) in seiner Wiederholung als dichterisch formelles Zeitmafs. Rhythmus bezeichnet ebendenselben Verstakt als musikalisches Zeitmafs, und in seiner tonlichen Wirkung auf unser Ohr. Das Metrum ist die sichtbare Darstellung von einer Hebung und einer oder zwei Senkungen. Werden diese Silben gelesen, so erzeugen sie den Rhythmus, der hauptsächlich durch das Ohr wirkt und als Seele des körperlichen Metrums erscheint. Beim Metrum kommt das Zeitmafs in betracht, beim Rhythmus der Iktus und Verston." Weil nun das epische und elegische Versmafs auch beim Lateinunterricht behandelt wird, so genügt es, diejenigen Freiheiten, die der deutsche Dichter für die genannten Metra in Anspruch nehmen darf, als unterschiedlich hervorzuheben. Ab und zu wird man ein Viertelstündchen erübrigen, um einige Disticha in der Schule selbst anfertigen zu lassen, zu welchem Behufe man in den ersten Monaten des Schuljahres den Gedanken in ungebundener Form diktieren wird, während später die blofse Angabe eines Stoffes, der natürlich dem Schüler geläufig und interessant sein mufs, ausreichen dürfte. Eines aber möge bei derartigen Exercitien nach Thunlichkeit vom Deutschlehrer vermieden werden: er soll sich nämlich nicht darauf beschränken, dafs der Schüler zur Not einen formrichtigen Hexameter und Pentameter zusammenschweifst, sondern er mufs es in jeder Weise ihm nahe zu legen suchen, dafs die poetische Form auch einem poetischen Gedanken dienen müsse. Der Einwand nun, man könne ja doch nicht jedem Schüler ein poetisches Gefühl in die Brust legen, hat allerdings eine gewisse Berechtigung, wenn er in solcher Allgemeinheit ausgesprochen wird; aber so weit wenigstens kann es der Lehrer bringen, dafs diejenigen seiner Schüler, welche glauben, mit einem fehlerlosen Vers auch schon ein Stück Poesie geliefert zu haben, von diesem lächerlichen Wahne gründlich geheilt werden; und das ist meines Erachtens viel wert. An die bezeichneten antiken reihen sich die vorzüglichsten jambischen und trochäischen Versmafse, namentlich aber die ersteren als die gebräuchlichsten, weil diese sich bei dem trochäischen Charakter der deutschen Sprache als leichte Auftakte so zu sagen von selbst ergeben. Nach der Lehre vom Metrum und Rhythmus behandle man die Reimlehre und mache sie bei der Lektüre anschaulich. Wie bei den antiken Versmafsen kann der Lehrer im weiteren Verlaufe des Jahres auch jambische oder trochäische Verse bilden lassen, wobei freilich vom Endreim gänzlich abzusehen ist.

Memorieren und freier Vortrag passender Stücke aus dem Gelesenen ist unter dem gleichen Gesichtspunkte wie in der vorausgegangenen Klasse zu betreiben und nur insoferne wieder ein Schritt vorwärts zu machen, als das episch-lyrische und das ausschliefslich lyrische Moment, wenn auch nicht in den Vordergrund treten, aber immerhin mehr Beachtung finden soll als in den vorausgegangenen Lehrkursen.

Selbst auf die Gefahr hin, für den ersten Augenblick ein fragwürdiges Lächeln für diesen meinen letzten Vorschlag einzuheimsen, stehe ich doch nicht an, unumwunden meine Überzeugung dahin auszusprechen, dafs gerade lyrische Dichtungen, mit Vorsicht gewählt, auf das Gemüt des jungen Menschen sänftigend und veredelnd einwirken, was besonders in diesem Alter von erheblicher Bedeutung ist, wo ein gewisses derbes und rohes Selbstgefühl jedes didaktische und pädagogische Wirken aufserordentlich zu erschweren geeignet ist.

Regensburg. Dr. Karl Zettel.

Horat. Ep. 14.

Warum Vergessenheit den Sinn umnebelt
Und mich die Trägheit so darniederdrückt,
Als hätte mich ein Becher aus dem Lethe,
Geschlürft mit trocknem Mund, mir selbst entrückt?
So frägst du, trefflicher Mäcenas, stündlich
Und folterst mich mit solchen Fragen gründlich.

So wisse denn: ein Gott, der Gott der Liebe,
Verbeut, die Verse, die ich lange schon
Versprochen und begonnen, abzuschliefsen.
So glühte für Bathyll Anakreon,
Der seiner Liebe Lust und Leid der Laute
In schlichten Melodien anvertraute.

Zwar weifst du selbst, wie solche Gluten brennen,
Doch bist du, Armer, noch beneidenswert,
Denn deine Flamme ist so schön wie jene,
Die einst das stolze Ilion verzehrt,
Mich aber martert Phryne, die Hetäre —
Und dafs ich da der einzige noch wäre!

15.

Nacht war es und in heitrer Himmelsferne
Stand leuchtend Luna in dem Kreis der Sterne,

Als du der Treue Eid mir nachgesprochen,
Den du im Herzen damals schon gebrochen,

Indessen deine Arme mich umfingen,
Wie Epheuranken sich um Eichen schlingen.

So lang der Wolf sich freut am Lämmermorde,
Orion feind ist jedem Schiffesborde,

Apollos Locken ungeschoren wehen,
So lange sollte unser Bund bestehen.

Doch kostet dich's noch manchen Tag der Schmerzen,
Denn Flaccus läfst nicht länger mit sich scherzen,

Trotz deiner Schönheit, der ich sonst gehuldigt,
Wenn mein Verdacht mit Recht dich angeschuldigt,

Du schenkest einem andern Schäferstunden,
Dann ist's vorbei, dann bin auch ich entbunden.

Doch du, der jetzt sich ihre Gunst erhandelt,
Der stolz darauf an mir vorüberwandelt,

Du seiest selbst der schönste Mann auf Erden
Und noch so reich an Landbesitz und Herden,

Mag dir auch golden ein Paktolus fliefsen
Und sich Pythagoras vor dir erschliefsen:

Sie wird es dir kein Jota besser machen,
Dann aber ist die Reih' an mir, zu lachen.

Regensburg.   Proschberger.

Zu Livius.
XXI, 52, 2.

Die Handschrift (P) bietet: „tamen consul alter equestri proelio uno „et vulnere suo *et minutus* trahi rem *malebat*."

Basel. Ausgabe 1539: vulnere suo *minutus*. Weitere Lesarten sind: eminutus, deminutus, comminutus, aeger et minutus etc. Madvig, emend. Liv. 1877, will *minutus* nur bei Wörtern wie *spes* und *animus*, nicht aber wie hier bei einem *homo* gelten lassen und vermutet *admonitus*. Woelfflin dagegen läfst jene Eigenschaft vom *animus* auf die Person übertragen sein und liest *minutus* ohne Berücksichtigung des überlieferten *et*.

Der Umstand, dafs bereits c. 48,7 von dem durch die Wunde verursachten körperlichen Leiden die Rede ist: „Scipio nec vexationem vulneris in via iactati ultra patiens", sowie dafs sein Amtsgenosse Sempronius c. 53, 1 das körperliche Befinden desselben ironisch berührt: „eum animo magis quam corpore aegrum." dieser Umstand läfst uns schliefsen, es habe Cornelius seinen körperlichen Zustand, seine Wunde besonders hervorgehoben, um sein ablehnendes Verhalten in der Kampfesfrage zu rechtfertigen. Demnach ist an unsrer Stelle nicht nur ein moralischer Eindruck, dem *equestri proelio uno* entnommen, sondern auch eine physische Ursache, durch *vulnere suo* bedingt, von Ausschlag für das Hinausschieben der Aktion. Unmöglich aber wird *minutus* der einen wie der anderen Beziehung entsprechen. Könnte man *minutus animo* noch gelten lassen, so wird *minutus corpore* schwerlich einen Verteidiger finden. Wir bedürfen also eines Adjektivs, das wenigstens vom Körper ebenso gesagt wird, wie vom Geiste. Mit Rücksicht auf XXVIII, 15, 6: *fessi* corporibus animisque; I, 25, 11: *fessus* vulnere; XXVIII, 15, 12: *fessi* labore ac vulneribus; XXXVIII, 27, 1: *fessi* et stando et vulneribus, und viele andere Beispiele wird man *fessus* zu ergänzen haben. In dieser Zusammenstellung dürfte zugleich das Anstöfsige, das man bei *minutus*, wenn es allein steht, empfindet, überwunden werden. Nimmt man ferner noch Rücksicht auf das folgende: „*recentis* animi alter eoque *ferocior* nullam dilationem patiebatur", so ist nicht zu bestreiten, dafs *fessus* und *recens* einen nicht minder trefflichen Gegensatz bilden wie *minutus* und *ferox* (bildlich: *stumpf* und *schneidig*).

Diesen Erwägungen gemäfs empfiehlt sich folgender Text:

„tamen consul alter equestri proelio uno et vulnere suo *fessus et*
„*minutus* trahi rem malebat.

XXI, 52, 11.

Die Handschriften (P C) enthalten folgenden Text: „Varia inde pugna *sequentesque* ad extremum aequassent certamen, maior tamen *hostium Romanos* fama victoriae fuit".

Der erste Teil dieses Satzes ist bereits richtig gestellt, indem anstatt *sequentesque cumque* gelesen wird *sequentes cedentesque cum* (Heusinger). Anders verhält sich die Sache mit dem Nachsatz. — Durch Änderung von *Romanos* in *Romanis* suchte man schon früh den Text lesbar zu machen (Basel. Ausg. 1539, I. Fr. Gronov, Drackenborch). Die Härte der Ausdrucksweise aber schien damit nicht beseitigt. — Dem richtigen Vorschlage (Burmann), es sei *hostium caedes* zu lesen, folgte noch ein weiterer von Seite Madvigs, emend. Liv. 1877, Ausg. 1880: *penes Romanos*; den so gestalteten Text hat auch Woelfflin aufgenommen. —

So wenig gegen das Wörtchen *penes* an und für sich einzuwenden ist, so scheint doch bei der Teilung des Gedankens, bei dem gesonderten Hervorheben dessen, was *penes Romanos* war, auch eine stärkere Betonung des Wortes *hostium* gefordert zu sein, so dafs man eher erwartete *hostium tamen* maior caedes. Der Umstand ferner, dafs der Komparativ *maior* so sehr hervorgehoben wird, scheint einer Teilung überhaupt zuwider zu sein; er deutet vielmehr auf die Notwendigkeit einer komparativen Verbindung beider Teile und der Verlegung des Gegensatzes in die Worte *maior . . . caedes* und *fama victoriae*. Die nämlichen Begriffe stellt Livius sehr gerne in ähnlicher Weise gegenüber: X, 14, 2: *minor caedes quam pro tanta victoria fuit;* XXVII, 1, 3: ceterum nequaquam inde *tantum gaudium* fuit, quanta clades inter paucos dies accepta: XXX, 12, 3 und 4: eo se ingens hominem contulit vis: *caedes* in proelio *minor quam victoria* fuit; XXXIII, 37: nam ita *caedis magis quam victoriae* avidi pugnarunt; XXVIII, 33, 6: *maiorque caedes* fuit *quam quantam levia proelia* solent. — Bei dieser Auffassung wird den Römern keineswegs bestritten, dafs sie Sieger waren; aber die Bedeutung des Sieges wird zugleich in das rechte Licht gestellt. War es ja doch nur der Kampf eines römischen Truppenteiles mit karthagischen praedatores, aus dessen günstigem Verlaufe für die Römer Hannibal sogar schöne Hoffnungen für sich ableitete, indem er daran die Erwartung knüpfte, der römische Anführer werde, vertrauensseliger gemacht, bald in eine gröfsere Aktion sich einlassen (Cap. 53, 8.). Wenn jedoch der römische Consul den Sieg als einen vollständigen ausgibt (cap. 53, 1), so erscheint dies leicht begreiflich; ihm mufste es ja vor allem angelegen sein, den gesunkenen Mut der Soldaten wieder zu heben. Wie konnte er es besser als dadurch, dafs er die Bedeutung des Sieges möglichst emporhob? Nicht minder auch wird dies Bestreben gerechtfertigt durch seine Stellung gegenüber seinem Amtsgenossen, siehe hierüber cap. 53, 1 und 2. Auf Grund dieser Erwägungen wird (man vergl. auch XXII, 30, 8: par gloria *apud* Hannibalem hostesque Poenos erat) an unserer Stelle folgender Text am Platze sein:

„Varia inde pugna sequentes cedentesque cum ad extremum ae-
„quassent certamen, maior tamen hostium caedes *quam apud* Roma-
„nos fama victoriae fuit."

XXIII, 34, 12.

In den Handschriften und älteren Ausgaben findet man diese Lesart:
„Qu. Mucium — non tam in periculosum quam longum morbum „implicitum, diu ad belli munia sustinenda inutilem fore, exercitum-„que ibi ut satis firmum pacatae provinciae praesidem esse, ita *parum* „*bello*, quod motum iri videretur." —

Man vermifst in den Worten *parum bello* ein dem *firmum* entsprechendes Adjektiv, da jenes selber nicht gut herangezogen werden kann. Madvig vermutet *ita imparem bello* (Ausg. 1880). Obschon bei dieser Lesart der Gedanke klar erscheint, ohne dafs der Überlieferung besondere Gewalt angethan wird, so sollte man doch das handschriftliche *parum* nicht antasten, sondern eher den Ausfall eines Adjektivs annehmen, welches mit *parum* zusammenfallen konnte. Vielleicht war es *aptum*! Livius bedient sich dieses Adjektivs in ähnlicher Weise nicht ungern sowohl in Verbindung mit *exercitus* als mit *bellum* und anderen verwandten Ausdrücken. X, 25, 4: profectus *apto exercitu*; XXX, 11, 4: omnes, qui *bello apti* erant; XXX, 10, 2: naves minime navali *proelio aptae*: XXI, 47: campi patentes *bello gerendo* Romanis *apti*; XXXIII, 9, 6: phalanx — *aptior itineri quam pugnae*; ebenso XXV, 15, 10; XXV, 36, 5; XXVII, 26, 8; XXVIII, 12, 11; XXXII, 17, 12; XXXV, 26 et 28 etc. Demgemäfs lautet die Stelle:

„exercitumque ibi ut satis firmum pacatae provinciae praesidem „esse, ita *parum aptum* bello, quod notum iri videretur.

XXV, 19, 15.

Der Puteanus überliefert an dieser Stelle folgendes:

„Pugnatum tamen, ut in nulla pari re, duas amplius horas *concita-„tael*, donec dux *stetisset Romanam aciem*.

Die Basel. Ausgabe 1539: *concitata etiam*, donec dux *stetisset, Romana acie*. — I. Fr. Gronov bietet dieselbe Lesart, jedoch mit Weglassung von *etiam*. — Die weiteren Verbesserungsvorschläge sind so mannigfach, dafs es der Mühe lohnt, sie hier folgen zu lassen. So schreibt Weissenborn (Teubn. Ausg. 1870) im Anschlufs an Sigonius und Alschefski: *concitata et, donea dux stetit, invicta Romana acie*. Hertz: *concitata et, donec dux stetisset, Romana acie*; Madvig, emend. Liv. 1877: *sustentante (concitante?) donec dux stetit, se Romana acie*; in der Textausgabe 1880: *concitante*. H. I. Müller (Bch. XXV und XXVI, Weidmann, Berlin 1881: duas *haud* amplius horas (und im Anschlufs an Woelfflin) *constante, donec dux stetit, Romana acie*.

Um abzusehen von den anderen Konjekturen, welche das Gepräge des Unwahrscheinlichen allzu offen zu tragen scheinen, sei hier nur der letzteren (*constante*) mit einigen Worten gedacht. Fürs erste ist hervorzuheben, dafs mit Rücksicht auf das folgende *stetit* von Seite des Feldherrn weit eher das einfache *stante* am Platze wäre, umsomehr als Livius dem *stare* in der gleichen Bedeutung einen viel häufigeren Gebrauch zu teil werden läfst als dem *constare*. Aber auch ohne dieses, so wird der erregte, lebendige Ton, welcher in den Worten: *pugnatum tamen, ut in nulla pari re, duas amplius horas* gelegen ist, eine Einbufse erleiden, wenn die Rede mit der schleppenden, schwerfälligen Participialkonstruktion: *constante, donec dux stetit, Romana acie* zum Abschlufs gebracht wird. Jener gehobene Ton mufs eher noch gesteigert werden. Vielleicht geschieht dies in folgender Weise:

Das handschriftliche *stetitsset* scheint aus der Verschmelzung zweier *stetit* hervorgegangen zu sein, so dafs ursprünglich geschrieben stand:

donec dux stetit, stetit Romana acies.

Gegen die Wiederholung desselben Wortes hat schwerlich jemand etwas einzuwenden, da sie in Verbindung mit dem Chiasmus zur Belebung der Rede nicht wenig beiträgt; ähnlich XXI, 44, 7: Siciliam ac Sardiniam *adimis? adimis* etiam Hispanias! et si inde cessero, in Africam *transcendes; transcendes* autem dico... XXII, 29, 3: caesis *aliis, aliis* circumspectantibus; XXXI, 7, 8: Pyrrho *aequabitis; aequabitis* dico? dazu XXV, 11, 16: *evasuros? evadent.*

Was soll aber aus *concitata et* werden? Soviel ist sicher, dafs das darin ruhende Wort eine Beziehung zum Vorhergehenden erhalten mufs, sei es zu *pugnatum est* oder zu *horas*. Im ersten Falle wäre das Adverbium *concitate* am leichtesten aus der Überlieferung abzuleiten. Adverbialer Ausdrücke bedient sich Livius in ähnlichen Fällen gerne, so XX, 6, 1: tris ferme horas pugnatum est et ubique *atrociter*; XXII, 47, 3: *acrius* tamen quam *diutius* pugnatum est et. Doch läfst sich vielleicht *concitate pugnare* weniger sagen. Daher bleibt nur übrig, darin eine Beziehung zu *horas* zu suchen und zu schreiben; duas amplius horas *continuas* = mehr als zwei Stunden ohne Unterbrechung; vergl. XXIII, 19, 2; 19, 11; 22, 1; XXVII, 42, 9 ctr.

Eine grofse Schwierigkeit bieten hiebei die Worte: *ut in nulla pari re*. Zunächst besteht die Frage, ob man den Ton auf *nulla* oder auf *pari* zu legen habe. Natürlich wechselt dabei auch die Bedeutung von *par*. Man möchte gerne versucht sein, letzterem den Nachdruck zu geben; denn überaus oft gebraucht Livius dieses Adjektiv bei Erzählung von Kampfbegebenheiten, wenn er abwägt zwischen der einen und der andern Partei = bei gleichen Verhältnissen, gleich günstig oder gleich ungünstig; (utrimque steht manchmal dabei, meist ist es zu ergänzen). Auf verhältnismäfsig kleinem Raum begegnet man demselben häufig: XXI, 5, 13: haudquaquam *pari* certamine concursum; XXI, 55, 8: pedestris pugna *par* animis magis quam viribus erat; XXII, 18, 4: haudquaquam *pari* certamine digressi; XXII, 28, 13: si iusta ac si recta pugna esset, haudquaqum *impar* futura; vergl. auch IX, 19, 13; VII, 7, 6; VII, 8, 4; VII, 33, 5; XXXVIII, 21: praelium primo *par* — procedente certamine nihil aequi. — Bei dieser Auffassung wäre das *nullus* nur ein verstärktes *non* wie z. B. XXV, 11, 15; XXIX, 6, 12; XXXI, 7 u. a., und mit *ut* würde ein erklärender Zwischengedanke zu dem folgenden: duas *amplius horas* eingeleitet. Dabei aber stofsen wir auf einen Widerspruch! Liest man *duas amplius horas*, so will jedenfalls die lange Dauer des Kampfes hervorgehoben sein, während die Worte: *ut in nulla pari re* nach obiger Fassung gewissermafsen eine Entschuldigung enthalten für einen nicht zu langen Kampf. Mit Rücksicht darauf schrieb H. J. Müller: *duas haud amplius horas*. Ob aber dies dem Sinne entspricht? Unmöglich wird Livius, der die grofsen Anstrengungen der römischen Truppen angesichts ihrer ungünstigen Lage gegenüber den günstigen Verhältnissen auf Seite der Karthager hervorheben will,[1]) — unmöglich wird er in diesem Falle erklären, der Kampf habe nicht lange, nicht länger als zwei Stunden gedauert, wie aus der Verschiedenheit der Verhältnisse leicht zu entnehmen ist. Im Gegenteil er wird die Sache so darstellen, dafs es den Eindruck macht, nie hätten römische Soldaten unter so ungünstigen Verhältnissen länger dem Feinde Widerstand geleistet als damals. — Um diesen Widerspruch zu beseitigen, kam Madvig, emend. Liv. 1877 auf die Vermutung, es sei nach jenem Zwischensatz vielleicht *non infeliciter* oder ein ähnliches Adverb ausgefallen. Im Anschlufs daran entschied sich Moriz Müller (Neue Jahrbücher 123. u. 124 Bd., 10. Heft, p. 684) dafür, dafs nach *ut in nulla pari re* statt der bestimmten Zeitangabe *duas amplius horas* ein allgemeinerer Begriff, etwa *diu* zu erwarten sei; die Worte *duas amplius horas* führen alsdann das *diu* einfach weiter aus. — Was aber wird damit gewonnen? Wenn in der Erklärung *ut in nulla pari re* gelegen ist, dafs die Verhältnisse ungleich waren, so pafst auch *diu* nicht; man erwartet darauf vielmehr einen Ausdruck, der entweder auf eine kurze Dauer des Kampfes, oder auf einen ungünstigen Ausgang desselben hinweist; andernfalls müfste in *ut* ein koncessiver Sinn liegen, was sonderbar wäre. — Ferner müssen wir gestehen, dafs dieses *diu*, durch den Zwischengedanken von seinem Verbum getrennt und allein hingestellt, als ein recht mattes Ende erscheint. Anders verhält sich die Sache XXIV, 15, 3: *pugnatum est et acriter et diu*. Oder wird man behufs der Gegenüberstellung des allgemeineren *diu* und der bestimmten Zeitangabe aus folgenden von M. Müller angeführten Beispielen für unseren Fall etwas gewinnen? XXIII, 40, 10: *per quattuor horas* pugnatum; *diu* pugnam ancipitem Poeni .. fecerunt; oder XXXVI, 38, 3: *duas amplius horas* certamen sustinuere ...., *tandem* Ligures terga dedere. Sind hier *diu* und *tandem*, an die Spitze des Gedankens gestellt, nicht stark betonte Wörter, voll und breit gesprochen, bei denen die Stimme gewissermafsen einen Ruhepunkt findet? Dazu kommt die weitere Umgestaltung des Textes: „duas amplius horas *constitit pugna, spe concitante, donec dux stetit, Romanam aciem*", wodurch der Überlieferung allzu viel Zwang angethan wird.

Man durfte bei dieser allerdings schwierigen Stelle auf keine andere Weise Klarheit schaffen, als dadurch, dafs der Nachdruck auf *nulla* gelegt, ferner *ut* nicht als erklärend, sondern als vergleichend genommen wird. Sonach bedeuten die Worte: *ut in nulla pari re* — wie nie unter gleichen Verhältnissen, wie in keinem gleichen oder ähnlichen Falle. — Zur Unterstützung dieser Annahme sei noch auf folgenden Umstand hingewiesen. Wenn wir einige Beispiele von solchen erklärenden, mit *ut* gebildeten Einschaltungen ansehen wie X, 26, 9: sed, *ut in re subita*, parum ex-

---

[1]) Cap. 19, 14: haud dubia res erat, quippe inter Hannibalem ducem et centurionem, exercitusque alterum vincendo veteranum, alterum novum totum, magna ex parte etiam tumultuarium ac semermem.

plorato itinere ad iugum perrexit; XXXVII, 5, 1: magnus pavor ac tumultus, *ut in re improvisa*, fuit; XXXVI, 9: qui cum haud dissimilia iis, *ut in causa pari*, quae in (altero) colloquio dicta erant, — egisset; XXVI, 5, 7: Romani, *ut in re trepida*, — ita inter sese copias partiti sunt, ebenso XXII, 22, 19, — so finden wir die nämliche, immer wiederkehrende Stellung des Adjektivs, welche auch Friedersdorf zu XXVI, 5, 7 als die bei Livius regelmäfsige Stellung der Adjektiva im Singular angibt. Diesen Beispielen gegenüber vergleiche man aber folgendes, XXXV, 27: sopitis vigilibus, *ut in nullo propinquo metu*, so wird man hierin eine Ähnlichkeit mit unserem Falle nicht bestreiten können.

Nach allen diesen Erwägungen wird der Text an fraglicher Stelle also zu gestalten sein:

„Pugnatum tamen, ut in nulla pari re, duas amplius horas *continuas:* donec dux *stetit, stetit Romana acies.*"

Bamberg. Ant. Mayerhoefer.

Textkritische Bemerkungen zu Ciceros rhetorischen Schriften.

Zu den Topica

bringen wir neues Material:

Cod. Lat. *Monac.* 6367, ehedem Frising. 167., s. XI., fol. 18ᵇ—26ᵃ. (= γ).

Cod. Lat. *Monac.* 14272, früher Ratisb. S. Emer. 272, s. X., der auf fol. 93ᵇ eine Epistola Ciceronis ad Graecum Trebatium enthält = Top. § 1—5 incl., auf fol. 94ᵃ—128ᵇ den ganzen Text der Topica Ciceros, eingestreut in den Kommentar des Boetius zu ebendieser Schrift. Jenes Fragment bezeichne ich mit μ, diesen Gesamttext mit m.

Cod. *Bamberg.* M. V. 13. s. XI., bei Jaeck no. 337, gibt auf fol. 1ᵇ—18ᵇ den vollen Wortlaut der Topica (= β), auf fol. 21ᵇ—175ᵇ den unverkürzten Text derselben Schrift § 1—76 testimonium, also soweit als die Erläuterungen des Boetius, in die er, wie oben m, eingeschlossen ist, reichen (= π).

Cod. *Bamberg.* M. IV. 1. s. X., bei Jaeck no. 336, liefert auf fol. 37· med. — 41ᵇ die ganzen Topica (= B).

Dazu kommt cod. *Einsiedl.* 324. s. X. mit einem vorzüglichen Text der Topica auf fol. 72ᵃ — 92ᵇ, von Orelli oberflächlich, neuerdings mit Sorgfalt von meinem Freunde K. Weymann dahier, endlich von mir wiederholt verglichen mit genauer Anmerkung aller Korrekturen, Rasuren und sonstiger oft wichtiger Kleinigkeiten (= a, wie bei Orelli).

Nicht unerwähnt soll bleiben, dafs ich eine mit musterhafter Akribie gefertigte Kollation des von Kayser zuerst benutzten cod. *Lugdun.* 84 u. 86 s. X. (vgl. Kays. praef. p. XX) dem Handexemplar K. Halms entnahm, und ergreife ich mit Freuden die Gelegenheit, meinem verehrten Lehrer für die thatkräftige Förderung, welche diese Jugendarbeit durch die rasche Beischaffung des hdschr. Materials erhielt, öffentlich zu danken. Diese Leydener Hdschr. (= 1, wie bei Kayser), zu der durch Halms Vergleichung mehrere nicht unbedeutende Varianten bekannt werden, legte Kayser als die beste aller erhaltenen der Neugestaltung des Textes unserer Schrift zu grunde. Dafs er in ihrer Wertschätzung öfter (vgl. § 11. 73. 78. 79. und besonders 23. 86. 99) zu weit ging, ist bei ihrer Untadeligkeit im Grundstock der Überlieferung erklärlich und eine Erscheinung, die uns in diesem und dem entgegengesetzten Extrem auch in anderen rhetor. Schriften Ciceros und sonst entgegentritt.

Unter dem gesamten neuen Material (= O) verdient besonders β und φ Beachtung, grundschlecht ist gar keine. Übrigens gibt es in den Topica auch jetzt noch Stellen, wo das Wort Bentleys gilt: weit selbst über hundert Codices steht die ratio!

Indem ich darangehe in gedrängter Kürze zu zeigen, dafs der kritische Apparat durch solchen Zuwachs nicht nur an äufserem Umfang, sondern, was nicht blofs mehr, sondern allein etwas sagen will, an innerem Wert und Gediegenheit gewonnen hat, frage ich: I. was läfst sich aus dem neuen Material in Verbindung mit dem alten neu verglichenen **unmittelbar oder mittelbar Neues noch gewinnen? II. welche Neuerungen Kaysers sind zu billigen, welche zu verwerfen?**

I.

§ 9[1]) .. definitio adhibetur *qua* quasi involutum evolvit*ur* id de quo quaeritur a φ, und so hatte Halm konjiciert, ... [qua] quasi involutur evolvit 1m, qu*e* (in Rasur) quasi inv. evolvit'''' B, qu*e* quasi inv. evolvit β π mit den Ausgaben. — Zur vermeintlichen Kakophonie vgl. § 82 ab aliqua quasi und § 39 quo quasi.

§ 14 genus est uxor; eius duae formae: una matrumfamilias, *eae sunt quae* in manum convenerunt; altera *earum, quae* tantummodo uxores habentur: so alle Asg. Die Hdschr. haben an der schwierigen Stelle folgendermassen: ' eae ' sunt quae ... a 2., ' he*e* sunt quae φ, ' hae sunt quae β, e*e* sunt quae m π, he*e* sunt ' quae B, earum quae 1, andere bei Orelli: ut sunt quae, wie oben a 2. Klar ist, dafs die letzte und vorletzte Variante geradezu unlogisch, earum quae, des hier interpolierten 1, aus dem zweiten Teil der Periode entnommen. Ebenso sicher ist, dafs *sunt* ein aus dem Archetypus geflossenes Glossem ist, das auf der Verkennung eines echten Latinismus beruht. Man lese: una matrumfamilias, *eae quae* in m. convenerunt; altera earum quae t. uxores habentur, und es fliefst alles glatt dahin. Das distinguierende is qui ist hier zur Charakterisierung der matresfamilias und Unterscheidung von den uxores unentbehrlich und dabei blofs in der Form eae quae möglich; denn wer earum quae liest, statuiert innerhalb der matresf. selbst zwei species, im Widerspruch mit dem Zusammen-

---

[1]) Des Raumes halber werden hier die ciceron. Schr. blofs nach **§§** citiert.

hang. Anderseits kommt zwischen is und qui im Sinne unserer Stelle nie sum vor, auf dessen Unechtheit, abgesehen vom **Wechsel der Interpunktion** in der Überlieferung, auch 1 hinweist, dessen Variante inhaltlich unmöglich, rein äufserlich die naivste, unmittelbar dem folgenden Satz angemodelte, ist. Man übersetze: „nämlich diejenigen, welche...", was denn auch Boetius in seinem Comment. ed. Orelli 1833 p. 299, 35 übersetzt: ea scilicet quae.

§ 21 Si paterfamilias .. legavit, ... mulier .. non amit*tet* a l O. Boetius p. 305, 24 erklärt: id ei .. non pot*erit* auferri.

§ 21 Quod enim semel *cui* datum est O 1 a 1., blofs a 2. hat *alicui*.

§ 22 Ab *efficientibus causis* β, a causis effic. π in 1., ab effic. rebus a l φ B m 2. und die Asg. Letzteres kommt nie in unserer Schrift, nie bei Boetius vor und ist offenbar dem Ab effectis rebus § 23 nachgebildet. Ab eff. causis gebraucht stets der Kommentator, und Cicero sagt Top. § 58 Proximus est locus rerum efficientium, quae causae appellantur; deinde rerum effectarum *ab efficientibus causis*; § 70 *efficiens causa*, bei knapper Ausdrucksweise steht blofs *causa* z. B. § 11. 71.

§ 32 solebat ... litus ita definire: qua fluctus eluderet: so wird durchweg ediert und auch von allen vorliegenden Hdschr. hat blofs π 1. qu*od*, π 2. quo*ad* dagegen bei Boetius p. 333, 17 vier der von mir zu diesem Kommentar neu verglichenen sechs Codices quo. Fügt man hiezu, dafs eine Oxforder Hdschr. bei Orelli el*i*deret hat, und, was die Hauptsache ist und alle diese toten Buchstaben ersetzt, erwägt man, dafs eluderet eben doch nichts heifst als zum Narren halten, also hier sinnlos ist, so wird nicht überraschen die Lesung: litus ita definiebat quo fluctus elideret. Aus Halms Handexemplar ersehe ich, dafs die Stelle bei Isidor Origg. II, 29, 8 citiert ist und dort eine Freisinger Hdschr. qu*od*, eine zweite nebst einer von Benediktbeuern qua, ferner beide Freisinger 1. manu und die Bened. 2. m. el*i*dit haben. Vgl. aufserdem Tac. ann. 2, 24 pars navium haustae sunt, plures apud insulas longius sitas *eiectae*; milesque nullo illic hominum cultu fame absumptus, nisi quos corpora equorum *eodem elisa* toleraverant. Vergil. Aen. 3, 567. Caes. b. c. 3, 27.

§ 39. genus est aqua pluvia nocens; eius generis formae: loci vitio et manu nocens; quarum altera iubetur ab arbitro coerceri, altera non iubetur lese ich; quorum altera — altera m und eine Hdschr. bei Orelli; quorum alter*um* — alter*um* die übrigen Manuskr. und Ausgaben.

§ 42 Haec ex pluribus perveniens quo vult appelletur inductio, quae Graece ἐπαγωγή nominatur: dafs appel*letur* mit a φ 1., nicht appel*latur* mit den andern Hdschr. zu lesen ist, zeigen Stellen wie § 48 Sunt etiam alia contraria, quae privantia *licet appellemus* Latine, Graeci appellant στερητικά. § 79 quod θέσιν illi appellant, nos propositum *possumus nominare*. § 93 depulsio criminis, quae Graece στάσις dicitur, appelletur Latine status. Endlich § 95.

§ 46 Sequitur similitudinem differentia, *res* maxime contraria superiori: so φ und m 2., ferner je eine Einsiedler, Münchener und Bamberger Hdschr. an der einschlägigen Stelle des Boetius. Die andern Hdschr. und alle Asg. geben: S. s. differentia *rei*, maxime contraria superiori, was ganz unverständlich ist, besonders im Hinblick auf die unmittelbar anschliefsenden Worte: sed est eiusdem dissimile et simile invenire. § 11 ex differentia, und so als Kunstausdruck stets ohne weiteren Zusatz. Ebenso § 41 Similitudo (ohne rei) sequitur ... Über res als Apposition zu einem ganzen Satz siehe Sorof zu Tusc. I, 102., ferner Liv. 31, 23. Quintil. I, 1, 37.

§ 55 bene quam meritam esse *autumas, dicis* male mereri: dicis werfe ich mit allen m. Hdschr. als Glossem zur vorhergehenden seltneren Verbalform ab, wie denn bei Boetius eine m. Hdschr. id est putas geradezu als Glosse hat.

§ 56 Hoc disserendi genus attingit omnino vestras quoque in respondendo disputationes, sed philosophorum *magis, quibus*... Das von interpolierten Codices nach magis zur Erklärung der mifsverstandenen Genetivkonstruktion eingesetzte *est* ist zu tilgen mit allen m. Hdschr. Es ist disputationes attingit in Gedanken zu ergänzen, wie ähnlich das Verb der Leser wiederholt § 41 Similitudo sequitur, quae *late patet*, sed oratoribus et philosophis *magis* quam vobis.

§ 58 Harum exempla, ut reliquorum locorum, paulo ante posui *equidem* ex iure civili; sed haec patent latius lese ich mit β π. Die Asg. und übrigen Manuskripte bieten: ... posui, *et* quidem ... Vgl. § 50: Ab adiunctis ..*posui equidem* exemplum paulo ante, ...: sed locus hic magis ad coniecturales causas ... valet. Warum Kayser in: sed *haec* patent latius das allseits überlieferte und sachlich tadellose haec einschliefst, weifs ich nicht.

§ 59 Sunt .. aliae causae, quae *plene efficiant*, nulla re adiuvante, aliae, quae *adiuvari* velint haben β und π 2. gegen *plane* der übrigen Hdschr. und Ausgaben. vgl. Quintil. II, 2, 8 *Licet* .. *satis* exemplorum ad imitandum ex lectione *suppeditet*, tamen viva illa, ut dicitur, vox alit *plenius* ... Cic. de div. 2, 1 loci quaestio *plene* cumulateque *perfecta*; mit *facere* verbunden bei dem jüngern, mit ostendere bei dem Ältern Plinius. Vgl. Brut. 282, wo E. Woelfflin perfecte pleneque eruditus jüngst vorschlug.

§ 59 .. sola per se; ... sola per sese alle Hdschr.

§ 64 Cadunt etiam in ignorationem *atque inprudentiam* perturbationes animi a β π B, atque in prudentiam m, atque *in im*prudentiam φ mit allen Asg.

§ 70 quae *se ipsa* contenta sunt, meliora, quam quae egent aliis ist mit allen m. Hdschr. zu halten gegen se ipsis sämtl. Asg. vgl. Orat. 52, 176 Ita non modo superiores sed etiam se ipse correxerat, wo dem deutschen Sprachgefühl ipsum allein logisch berechtigt erscheinen. Catil. II, 17 Quos quidem ego ... non tam ulcisci studio quam sanare *sibi ipsos*, placare rei publicae..., wo Ernestis Änderung ipsis von Halm mit Parallelen und der Bemerkung zurückgewiesen wird: ‚in der lateinischen Sprache herrscht durchaus die Neigung vor, das Pron. ipse lieber mit dem Subjekt als mit dem Pron. reflex. zu verbinden'. — Ausführlich handelt hierüber Naegelsb. Lat. Stil.⁶ § 91, 3, Madvig de finn.³ p. 654 und über den gleichen Sprachgebrauch im Griechischen Krüger Gr. Sprachlehre § 51, 2 n. 12. 13.

§ 72 Sed quoniam ita a principio divisimus, ut alios diceremus in eo ipso de quo ambigeretur haerere,.. alios adsumi extrinsecus...: alle Asg. und Hdschr. ambigitur, blofs a ambigetur, woraus sich das mir notwendig scheinende ambigétur ohne Schwierigkeit ergibt. vgl. Boetius p. 385, 40; Ait .. ita sese divisisse in principio, ut alios locos *in ipsis* haerere diceret, *de quibus ageretur*, alios extrinsecus adsumi....

§ 76 Deorum .. virtus natura excell*et*, hominum industria geben a l O, excell*it* die Asg. Wenn nach Prisc. 8, 838 und 10, 896 P. Cicero anderswo schrieb: Quare effice et labora ut excell*eas* und andere nicht selten ebenso konjugierten, so haben wir nicht das Recht, eine bestbeglaubigte Überlieferung nach unserer lieben Schulgrammatik umzugestalten und den Meister römischer Redeform nach der freilich in der Schule notwendigen Engherzigkeit unser §§ zu schulmeistern. Siehe auch Neue Lat. Formenl. II³, 428.

§ 77 .. oracula .. ex eo ipso appellata sunt, quod *inest eis* deorum oratio: so a O gegen die Vulgata, die nach inest ein aus dem folgenden Satz: in quibus insunt quasi quaedam opera divina entnommenes *in* einschaltet.

§ 86 Haec cum in proposi*tis* quaestionibus genera sint, eadem in causas transferuntur: so alle Hdschr., worunter auch β 1., und Hrsg., von denen blofs Kayser erkannte, dafs propositis hier nicht als Verbalform, sondern als Substantiv zu nehmen sei, weshalb er quaestionibus als unecht ausschied. Ich lese mit β 2.: Haec cum in proposi*ti* qu. g. s. e. in c. tr. Betreff des Sachverhältnisses von propositum zu causa und der Singularform des ersteren vgl. § 79. 80. 90.

II.

Die wichtigsten, im Vergleich zu dem vielen Guten, was Kayser aus den Hdschr., besonders l, entnahm, wenigen Stellen, an denen er[2]) nach meinem Dafürhalten mit Unrecht von seinen Vorgängern abwich, sind folgende:

§ 6 inveniendi artem, quae τοπική dicitur, *quae et* ad usum potior erat et ordine naturae prior, totam reliquerunt a φ β π B,... quae ad...

---

[2]) Von späteren Bearbeitungen dieser Schrift ist hier nicht die Rede, weil sie nicht nur keine brauchbaren Neuerungen brachten, sondern selbst die Mängel jener Asg. nicht erkannten und Gutes wie Schlechtes urteilslos abschrieben.

m; ... *quaeque et ad ...*, das K. nach l gibt, halte ich für unrichtig, einerseits weil qua*eque* nach quae τ. dicitur, das zu inveniendi artem sachlich nichts Neues bringt, sondern eine Wiedergabe des vorhergehenden lateinischen Ausdrucks durch den fast geläufigeren griechischen ist, die man ohne Schädigung des Zusammenhangs entbehren kann, nicht gerechtfertigt ist; anderseits könnte, selbst wenn der erste Relativsatz ein neues Moment einführte, der zweite nicht mit que angereiht werden, da das logische Verhältnis beider in der Weise ein verschiedenes ist, dafs der erste als eine Umschreibung oder nähere Bestimmung des Vorhergehenden sich darstellt, während der zweite in reinem Koncessivverhältnis zum Folgenden steht.

§ 11 quae sunt quodam modo affectae l K. Alle andern Hdschr. u. auch der Kommentator stellen stets: quae quodam modo affectae sunt. vgl. § 8. 38.

§ 18 ... non videtur ex edicto *praetoris*.. possessio dari l β π φ 2.; nach häufig vorkommender Verwechslung der ähnlichen Ligaturen haben a m B φ 1.: P. R. statt PR. Dafs K. praetoris bei der drei Zeilen später erfolgenden Wiederholung derselben Phrase nicht wiederholt, dafs er es ferner § 50, wo ausdrücklich auf unsere Stelle verwiesen wird, ausschied mit l, wird durch die sachliche Erwägung der Stellen und einstimmige Überlieferung von a l O ebenso fest bestätigt, als aus den gleichen Gründen praetoris bei erstmaliger Nennung von ex edicto als notwendige nähere Bestimmung, im Widerspruch mit ihm, zu halten ist. Vgl. auch Boet. Comment. pag. 302, 17.

§ 18.. secundum servorum, secundum exulum, secundum *puerulorum* a φ m B, paruulorum β π, puerorum l Kays. Der Kommentar, der bald seruorum — puerorum, bald seruulorum — puerulorum bietet, beweist jedenfalls, dafs das Deminutiv, das hier wirklich in der Vollkraft seiner Bedeutung steht, damals schon vorlag.

§ 23. Si in urbe fines non regantur, *nec* aqua in urbe arceatur nach der allgemeinen hdschr. Überlieferung. *ne* aqua *quidem*, das Madvig de finn.³ p. 806, selbst zweifelnd, empfiehlt, mit K. anzunehmen, hindert mich die Erwägung, dafs unser Schriftchen, von Cicero auf einer Seereise rasch, wie so manches andere, hingeworfen, an sprachlicher Durchfeilung entschieden am tiefsten unter allen seinen theoretisch-rhetorischen Produkten steht, besonders aber der Umstand, dafs hier in der Juristensprache geredet wird, die nicht blofs heutzutage, sondern wie, abgesehen von der übrigen röm. Rechtslitteratur, unser eigenes Werkchen an zahlreichen Stellen zeigt, in Wortwahl, Wortstellung, Satzgefüge manches Eigenartige und von der sonstigen Redeweise, zumal Ciceros, Abweichende hat.

Ebenso wenig halte ich es für angezeigt, § 82 mit Forcellini u. Kays.: ab aliqua quasi con*dic*tione hominum et partione statt des einhellig überlieferten con*dit*ione zu ändern vgl. Nägelsb. L. St.⁶ § 64, 1.

§ 23 Quoniam usus auctoritas fundi biennium est, sit etiam aedium: a u. O, doch ohne m, der hier wie öfter mit l und Kays. geht und usus auctoritas*que* hat. Auch Boetius konstruiert stets auctoritas usus fundi und nur an éiner Stelle hat unter sechs Hdschr. éine que von 2. Hand; übrigens sind derartige Genetivhäufungen, hier durch die Dazwischenstellung des Nominativ gemildert, nicht selten. de or. II, 5, 20 Graecorum disputationum memoriam commovit.

§ 28 si quis ius civile dicat id esse a O: Diese ursprüngliche Stellung ist in l K. mehr bequem zugerichtet zu si quis dicat ius c. id esse.

§ 32. Quod ad definitiones attinet hactenus; reliqua videamus. *Partitione sic* utendum est, nullam ut partem relinquas: so π m B 1., P. *enim* sic B 2., P. *tum* sic a l β K., P. *autem* sic φ: eine Stelle, die an Mannigfaltigkeit ungeschickter Einschiebsel mit § 14 wetteifert.

§ 36. et liminium *illud* productionem esse verbi (postliminii) vult. Kays. streicht das allseits überlieferte illud, das hier, als Ersatz des dem Lateiner mangelnden Artikels, unentbehrlich ist. Siehe Naeg. L. St.[6] § 3, 2, 6.

§ 67 ornate et copio*se* loqui a l O: eloqui Orelli Kays. durch Konjektur, angeblich nachgebildet de or. I, 48 wo es in keiner Hdschr. und Ausgabe, selbst der Kays. nicht, steht; wohl aber liest man im angezogenen und folgenden § copiose loqui, ferner composite ornate copiose loqui, endlich ornate locutus est. vgl. Orat. Part. 79 u. zahlreiche Belegen in allen rhetor. Schriften.

§ 73 aliqua externa re hält mit l blofs wieder m, während alle übrigen das Substantiv zwischen die beiden Adjektiva stellen.

Während zu § 11. 28. 73. für die richtigere Wortstellung m. Hdschr. gegenüber l sich nur mehr oder minder subjektive Gründe beizubringen waren, läfst sich § 78 die Willkür, mit welcher der Schreiber der Leydener Hdschr. und der daraus geflossenen die überlieferte Wortstellung änderte, bestimmt darthun. Es gibt nämlich l K.: quos ingenio *quos doctrina quos studio* praeditos vident, was ich auch ohne die einhellige Überlieferung von a O in: quos ingenio *quos studio quos doctrina* pr. v. umstellen würde; vgl. de or. III, 16 studio et ingenio et doctrina ib. III, 230 et ingenio .. et studio .. et doctrina .. Brut. 26, 98 et ingenio valuit et studio et habuit .. disciplinas. p. Arch. 1. Umgekehrt de or. II, 162 et doctrina et usu et ingenio.

§ 78 in honoribus populi *reque* publica alle Hdschr., nur l u. β 2.: *atque re* p. Hier ist wirklich einmal der triviale Einwand am Ort, dafs es schlechthin keine Wahrscheinlichkeit für sich habe, der Schreiber der Hdschr. ändere das Gewöhnliche zum Seltneren, statt dafs er sich das Häufigere aus dem ihm weniger Geläufigeren umbildet. Übrigens bietet jedes gröfsere Lexikon, Hands Tursell. u. s. w. zahlreiche

Belege für dies Anlehnen von que an einsilbige Worte und im besonderen einsilbige Formen von res.

§ 79 illud primum intelligendum est stelle mit a O gegen 1 K.

§ 86 Ad officium sic: quaeritur suscipiendine sint liberi a O, nur m hat si cū quaer., 1 K. dagegen sic ut cū quaer. vgl. § 82 Causa .. efficiens sic: quaeritur quibus rebus eloquentia efficiatur.

§ 95 .. Graeci κρινόμενον appellant 1 heifst es in K.s kritischen Noten. Da Halms so genaue Kollation schweigt, so glaube ich, dafs 1 2. oder K. selbst wegen des folgenden vocari und vocentur das hdschr. vocant änderte. Aber wer in unsere Schrift varietatem dicendi auriumque delectationem aucupatur, der täuscht sich arg. vgl. § 35 appellant — appellamus — appellat.

§ 99 huic generi.... praecepta suppeditantur aliis libris a 1 1. O, in aliis mit 1 2. β 2. zieht K. vor.

Die sonstigen bedeutenderen Stellen, an denen Kaysers Neuerungen durch meine sämtlichen Hdschr. oder mehrere oder eine bestätigt werden, worüber der Einzelnachweis jedem Neubearbeiter der Topica allzeit zur Verfügung steht, sind folgende:

Echt ist das früher als Interpolation betrachtete illa § 2, autem § 30. 47. 62, igitur § 31, locos § 79, sunt § 81, laudationis finis § 91.

Als Glosseme stellen sich dar die vor Kayser nicht beanstandeten Worte: parietis § 22 (vgl. Boet. p. 306, 20 ff), in § 27, iuris § 28, id § 60; wozu noch kommen die längst als interpoliert erkannten Stellen: sunt § 30. 79, Graeci § 38, loco § 39 (übereinstimmend Boet.), ut § 48. 49, cum fiunt § 86, rursus § 90.

Als zutreffende Textesänderung K.'s werden erhärtet: quam cum § 2, ignoretur § 3, artes § 6 (hat auch a; zu dieser Verwechslung mit partes, durch das vorhergehende duas leicht erklärlich, vgl. de or. I. 59), rationem § 8, L. Aelius § 10 (vgl. Teuffel-Schwabe R. L. § 148, 1), Pugnat § 21, eiusmodi und regantur § 23, explicanda sunt § 27, translatione § 31, appellant § 35, adigere arbitrum non possis § 43, heredes instituisset ut si ... § 44, Graeci, contraria § 49, si quid cum quis und putabis § 51, possint § 52, dicitur § 56, Causarum enim genera § 58, necessitas, necessaria conclusio § 60, maxima § 73, eorum § 80, in qua de commutatione § 82, defenditur § 96, quae ... dicitur § 93, Atque in d. etiam § 93, aut cum § 94.

Im Widerspruch mit meinem Material liest K. meines Bedünkens richtig: Ea est insita et praecepta cuiusque rei cognitio § 31 (a hat übrigens nicht ante percepta, sondern ante praecepta), videbantur § 34 (oder videntur mit einigen Hdschr. bei Boetius?) obtinerent § 44, . Dormientibus § 77, et ex effectis § 88, deue eis § 94, die Textänderungen in § 96.

Streiten läfst sich ohne Erzielung eines decisorischen Endurteils, nach welcher Seite hin das Schwanken der hdschr. Überlieferung zu entscheiden sei: § 22 posset (so auch Boet.) oder possit? § 55 conficiatur oder conficitur (ersteres hat a 1. 1 O), über die Wortstellung § 30. 64. 79 und andere Kleinigkeiten.

Eine beachtenswerte Variante stelle ich an den Schluſs, in der Hoffnung, daſs ein anderer etwas daraus zu machen weiſs. § 63 Cum .. nihil sine causa fiat, hoc ipsum est fortunae eventus: obscura causa et latenter efficitur. Et*iam ea* quae fiunt partim *sunt* ignorata, partim voluntaria..., so die Hrsg.; a O haben einhellig und ohne Variante, nur mit schwankender Interpunktion: eti*am* ut *ea — sint*. Ich zweifle, ob nicht mehr hinter der Korruptel steckt, als daſs ut durch falsche Konstruktion nach efficitur eingeschaltet und dadurch auch sunt zu sint geändert wurde. Nicht minder auffällig ist das Fehlen von enim § 10 in a 1 O, blofs a hat statt dessen is.

De inventione.

de inv. I, 5 .. meo quidem animo .. eloquentiae studendum est ....; *sed* eo quidem vehementius, ne ...: so schreibt mit allen Hdschr. und früheren Hrsg. auch noch A. Weidner 1878. Die ursprüngliche Form dieser Ausdrucksweise findet sich z. B. Caecin. 27 *dixit et eo dixit* libentius, ut..., woraus ersichtlich ist, daſs wir es hier nicht mit einem Gegensatzverhältnis zu thun haben, sondern daſs durch quidem mit dem wirklich wiederholten oder zu ergänzenden Verb des vorhergehenden Satzes und einem Komparativ an den bereits ausgesprochenen Gedanken eine nachdrückliche Wiederholung desselben angereiht wird, die ihre Begründung in einem folgenden Nebensatz mit *eo (hoc)* — *ut (ne, quod, quia, si* u. s. w.) findet. So steht *et eo magis quod* Verr. III, 77. V, 130. har. resp. 31. Rab. Post. 20. ib. 44.; atque eo magis si Verr. III, 1 u. Rab. Post. 44.; sed eo magis quod (si) nirgends bei Cicero in einem derartigen Satzgefüge.

ib. 92 Turpe est, quod aut eo loco, in quo dicitur .... aut ea re, qua de agitur, indignum *propter inhonestatem* videtur: so Schütz mit den Hdschr.; Baiter, der einen derartigen Gegensatz von honestas und Ersatz für das gutlateinische turpitudo u. ähnl. erst bei den Afrikanern nachwies, änderte: inhonestam rem, jedenfalls passender als Weidner, der propter honestatem schreibt und damit geschickt die Schwierigkeit gehoben zu haben sich rühmt. Da dignitas und honestas, also auch ihre Gegensätze, synonym sind, wie auſser andern Stellen klar zeigt ad Attic. 7, 11 haec ait omnia se facere dignitatis causa: ubi est autem dignitas, nisi ubi honestas?, gestehe ich nicht zu begreifen, was bedeutet: aliquid indignum propter honestatem videtur, lese vielmehr: turpe est, quod ... ea re .. indignum *praeterque honestatem* (p̄tq; hon.). Zuerst wurde propter, das geläufiger als die Verbindung jener Präposition und Konjunktion, geändert, dann in Anbetracht des vorhergehenden turpe und indignum auch hon. zu inhonestatem. Die Bedeutung von praeter steht fest aus Analogien, wie pr. modum (Tusc.

V, 105), pr. consuetudinem (Planc. 82. de div. I, 100. u. ö.) pr. naturam (de div. II, 60). Betreff der Stellung der Präposition und der Verbindung eines Präpositionalausdrucks mit einem Adjektiv vgl. Parad. 4 quae quia sunt *admirabilia contraque opinionem* omnium. Der Übersetzer kann que geradezu mit „weil" geben.

ib. 17 .. in qua (comparatione) per contentionem, utrum potius *aut quid potissimum sit*, quaeritur: so die Hdschr., einige ohne sit, das Baiter strich. Weidner tilgte aut quid potissimum, da in dem unmittelbar angefügten Beispiel der comparatio bloſs die Fragestellung: soll ich A oder B sagen? gegeben ist und das aut *quid* potissimum keine besondere Exemplifizierung erhält; Kayser endlich erkannte im ganzen a. qu. p. sit eine Interpolation. Was die Echtheit des gut überlieferten sit betrifft, so genügt es hinzuweisen auf II, 12 quid aequum sit quaeritur. II, 41 .. videndum est quid ... aeque magnum sit und besonders Orat. Part. 98 in quibus (comparationis) causis, *quid aequius aequissimumue sit* quaeritur. Diese letztere Stelle, an die streitige hingehalten, zeigt deutlich, daſs die Verbindung von Komparativ und Superlativ in diesem Falle geradezu formelhaft war, indem man eben sofort erinnern wollte, daſs die comparatio nicht bloſs auf 1 + 1, sondern 1 + x Fälle sich erstrecken könne. Freilich, wer mit Kaysers kritischen Grundsätzen an die zweite Stelle herantritt, muſs aequissimumue sit auswerfen und quid in utrum ändern. Wenn Weidner mit Berufung auf Cornif. 3, 2, wo die comparatio hinsichtlich des utrum potius wie quid potissimmum getrennt an je einem Beispiel klar vorgeführt wird, an unserer Stelle, wo beides zusammengefaſst und versprochen, aber nur das eine durchgeführt wird, das nicht Ausgeführte auch nicht versprochen werden läſst durch Streichung von aut quid potissimum, so erkenne ich mit W. für unsere Stelle einen Mangel an gefeilter und ebener Darstellung an, bestreite aber dem Kritiker das Recht, derartigen Unebenheiten einer Jugendschrift, deren Schwächen der gereifte Cicero selbst in sachlicher und sprachlicher Beziehung trefflich charakterisierte, durch Streichungen abzuhelfen und so das, was der Meister ein incohatum ac rude nennt, zu einem perfectum et expolitum aufputzen zu wollen. Es trifft eben auf unsere Stelle, wenn auf irgend eine, das heute noch ebenso wie vor zwanzig Jahren giltige Wort L. Spengels im Rh. Mus. N. F. 18, 495 zu: Cicero hatte den auctor ad Her. vor sich und benutzte ihn häufig ... immer glaubt er es anders und besser machen zu müssen, macht es aber gewöhnlich schlechter ....

ib. II, 69 Cum Thebani Lacedaemonios bello superassent et fere mos esset Graiis, cum inter se bellum gessissent, ut ii qui vicissent tropaeum aliquod in finibus statuerent victoriae modo in praesentia (al. praesentiam) declarandae causa .... aeneum statuerunt tropaeum. *Accusantur apud Amphictyonas, id est, apud commune Graeciae concilium*. wird nach allen Hdschr. ediert von allen. Nur Schütz strich die schon von Lambin beanstandeten Worte id est — concilium, eine Bemerkung Baiters, die Weidner in seine krit. Noten hätte aufnehmen sollen, jedenfalls mit mehr Recht vorgebracht hätte, als die hdschr. Schreibverschiedenheiten von trophaeum u. ähnl. Wiederhole ich unbewufst einen der von jenen beiden älteren Kritikern vorgebrachten sachlichen Gründe, so bleibt ihnen das Prioritätsrecht selbstredend gewahrt; das sprachliche Moment haben sie sicher nicht betont, ja nicht einmal berührt, sonst wäre das Glossem längst allseitig als solches anerkannt. — Vor allem ist auf eine gewisse Typik in der Sprache der Beispielvorführung, wie sie nicht blofs in unserem Werke, sondern auch bei Cornificius und Quintilian hervortritt, hinzuweisen, gemäfs der es in dem unsrigen entsprechenden Fällen, nach kurzgefafster Darlegung des Sachverhaltes, heifst: accusatur maiestatis (II, 72), arcessitur maiestatis (II, 52) u. s. w., oder einfach accusatur (II, 78), oder accusatur (agitur) apud.. mit Angabe des aufserordentlichen römischen oder einschlägigen nichtrömischen Gerichtshofes, also z. B. apud Areopagitas. Heifst es also hier, nach klarer Bezeichnung des Streitobjekts, der streitenden Parteien und der Zeit, in welcher der Fall spielt, *accusantur apud Amphictyonas*, so ist jeder röm. Leser sich über das historische Verhältnis des Gerichtshofes zu den Prozefsbeteiligten und dessen alleiniges Entscheidungsrecht klar, klarer, als wenn er durch eine sachlich ganz unrichtige Randbemerkung irre geführt wird. Oder gehörten damals nicht blofs die bekannten zwölf Stämme zur pyläisch-delphischen Eidgenossenschaft, und waren die Amphiktyonen überhaupt jemals ein *commune Graeciae concilium*? Ferner handelt es sich hier nicht um ein concilium, ein Wort, das Cicero im richtigen Gefühl dessen ursprünglicher Bedeutung nur mit convocare habere dimittere agere exturbare und ähnlichen Begriffen verbindet (de dom. 74. Sest. 32. de finn. II § 74), sondern um ein commune consilium vgl. leg. agr. I, 19 maiores nostri Capua magistratus, senatum, *commune consilium* sustulerunt. de dom. 73 quod enim est in terris *commune.. consilium* quod non.. iudicarit?. Doch der Interpolator hat ein noch beweiskräftigeres corpus delicti unvorsichtig hinterlassen. Cicero schreibt nämlich in de inv. vierzehnmal: I § 23. X. 26. 40. 68. 76. 85. II, 41. X. 52. 61. 125. 145. 156. 175. *hoc* est; zweimal: II, 15, wo die Unechtheit aus sachlichen Gründen schon längst dargethan ist, und hier *id est*. Zufall! Nun dann ist es wohl auch ein Zufall, dafs, nach Merguets Lexikon, dessen fördernde Beihilfe bei derartigen Untersuchungen wir dankbarst anerkennen, unter 58 Stellen, an denen das erklärende *hoc est* im Sinne unserer Stelle vorkommt, und wovon zwei unecht sind, 32 echte und eine unechte auf die Verrinen treffen, keine einzige auf die vierzehn philipp. Reden, dafs dagegen in den nämlichen Reden gegen Antonius, die ein Vierteljahrhundert nach jener ersten bedeutenden rednerischen Leistung C.s verfafst sind, 14 *id est* sich finden, während 13 Stellen sich auf sämtliche anderen Reden verteilen? Ist es ein Zufall, dafs in den späteren rhetor. Schriften Brut., Orator, Topica, Orat. Part. nicht selten das erklärende *id est*, nie *hoc est* vorkommt? Wir behaupten also, dafs, wenn der junge C. diese Worte geschrieben hätte, er nach seiner damaligen Gesamtschreibweise wie nach dem Stil unserer Schrift im besonderen hoc est gewählt hätte, nicht i., das freilich dem Erklärer geläufiger war. Abgesehen von diesen sachlichen und sprachlichen Erwägungen beweist die Überflüssigkeit einer derartigen Notiz, selbst wenn sie richtig gegeben wäre, schlagend Quintil. V, 10, 111: Cum Thebas evertisset Alexander, invenit tabulas, quibus centum talenta mutua Thessalis dedisse Thebanos continebatur. Has, quia erat usus commilitio Thessalorum, donavit his ultro; postea restituti a Cassandro Thebani reposcunt Thessalos. *Apud Amphictyonas agitur.*

Partitiones Oratoriae.

Part. Orat. 10 ist mit mehreren Hdschr. prop*rium iam* habet ex eo nomen zu stellen, statt des edierten pr. habet iam. Denn dafs durch ein leicht erklärliches Versehen in diesen sonst guten Codices teils tamen habet steht, teils iam nach proprium ausfiel, ändert an der Sache nichts.

Ib. 26 Num quid*nam* . . . restat? wird durchweg mit Hdschr. herausgegeben; ich ziehe die Lesung des cod. Viteberg.: Num quid *iam* . . . restat? vor. vgl. Milo 100.. quid iam restat? Plaut. Curcul. 4, 2, 36 numquid nunc iam me vis?

Ib. 71 Omnia sunt profecto laudanda quae coniuncta cum virtute sunt. Das von Hdschr. ausgelassene und von Baiter verdächtigte coniuncta ist geschützt durch 24, 87 .. alia sunt quasi cum honestate coniuncta.

ib. 77 Temperantia.. in suas itidem res et in communis *distributa* est duobusque modis in rebus commo*dis dis*cernitur, et ea quae absunt non expetendo et ab iis quae in potestate sunt abstinendo. haben alle Hdschr. und Asg. Was discernitur hier will, ist mir unerfindlich; es ist offenbar dis durch Wiederholung der Endsilbe des vorhergehenden Wortes entstanden, vielleicht unter dem Einflufs des parallelen distributa, und *cernitur* herzustellen. C. schreibt cerno (= specto) in re oder re. § 78 hae ... virtutes cernuntur in agendo Top. 80 Causa certis personis ... cernitur aut in omnibus aut in plerisque eorum; propositum autem in aliquo eorum aut in pluribus nec tamen in maximis. de off. I, 93 Sequitur ut de una reliqua parte honestatis dicendum sit, in qua verecundia ... temperantia.. cernitur. Top. 70. Blofser Ablativ: Part. Orat. 76 Est igitur vis virtutis duplex: aut enim scientia cernitur virtus aut actione. ib. 88 Est etiam quaedam quasi materies subiecta honestati, quae maxime *spectatur in amicitiis*. Amicitiae autem *caritate* et amore *cernuntur*. Top. 90. aequitatis loci .. cernuntur bipertito, et natura et instituto.

ib. 77 cuius (magnitudinis animi) est liberalitas in usu pecuniae, simulque altitudo animi in capiendis commodis; et omne, quod est eius generis, *grave sedatum turbulentum*. Dieses dritte Adjektiv, das natürlich zu den beiden vorhergehenden nicht pafst, ist in den verschiedenen Hdschr. mit non, vel non, aut jenen angereiht. Schon die Mannigfaltigkeit der Mittel, mit denen man diesen störigen dritten Genossen den friedlichen ersteren beizugesellen sich mühte, zeigt uns handgreiflich die S o n d e r willkür der Abschreiber, die keine all dieser Partikeln aus der U r v o r l a g e schöpften. A u s d i e s e r ist blofs turbulentus, das frühe schon, wie ich glaube, statt des ursprünglichen *luculentus* geschrieben wurde; turbulentus luculentus lutulentus wurden leicht erklärlich oft verwechselt. vgl. Brut. 129 und Kayser Münch. Gel. Anz. 1851. II, 392. Gegen Klotz, der das dritte, gegen Kayser, der alle drei Adjektiva streicht, spricht die sachliche und sprachliche A n g e m e s s e n h e i t der Adjektiva, die rhetorische D r e i g l i e d e r u n g, welche die Dreigliederung des ganzen Satzgefüges wiederspiegelt, und das bei Cicero oft bemerkbare A u f s t e i g e n wie hier vom zwei-, zum drei-, zum viersilbigen Wort, ein rhythmisches Verhältnis, das a u c h i n d e n d r e i S a t z g l i e d e r n unverkennbar hervortritt, indem das dritte Glied, et omne-luculentum, das zweite, simulque-commodis, dieses das erste, cuius-pecuniae, an Gewicht und Fülle des Ausdrucks überragt.

ib. 111 quod *eo* fit acrius, quo illa maiora ponuntur ist zu lesen statt des hdschr. quod fit. Unter siebzehn Stellen, an denen eo-quo mit betreffendem Komparativ in den Reden Ciceros vorkommt, fehlt blofs Phil. X, 15 das eo, und da ist es von allen Hrsg. mit Recht ergänzt. Livius und die Augusteischen Dichter und Tacitus sind eben nicht ciceronische Puritaner: sie mögen sich eo ersparen.

Orator.

Der gewaltige Fortschritt, den die Textgestaltung der nach elf Jahren w i e d e r h o l t e n A u s g a b e P i d e r i t s unter den Händen eines anonymen Freundes des verstorbenen trefflichen Cicerokenners gewann, eines Namenlosen, der, offenbar ein alter Schulmann und gewiegter Textbearbeiter, mit seltenem Urteil und Besonnenheit die Neuerungen besonders von Jahn, Madvig und Schenkl abwog und verwertete, auch selbst manches solide Neue hinzufügte, läfst es ungemein schwer erscheinen, ohne Neugewinnung von handschriftlichem Material, das besser ist, als der vorhandene, des Musters lateinischer Prosa unwürdige kritische Apparat, nennenswerte Neuigkeiten zu bringen. Nun, Hr. Dr. H e e r d e g e n in Erlangen hat sich der mühevollen, wenn auch materiell nicht eben lohnenden Arbeit unterzogen: er hat den princeps codicum mutilorum, den vielgenannten Abrincensis, verglichen, den er einstweilen in feuerfestem Schrank verschlossen hält; er hat die Pariser Bibliothek nicht ohne Erfolg durchstöbert und hofft eben durch die Liberalität unseres Landsmannes, des Herrn Cardinals Hergenröther, zu den Schätzen des Collegium Romanum vorzudringen. Indem wir ihm in seinem Interesse und um der gemeinsamen Sache willen zu dieser kühnen Fahrt ein herzliches Glückauf! zurufen, bescheiden wir uns einstweilen mit dem vorhandenen Material und suchen aus ihm oder auch nicht aus ihm einiges Neue zu gewinnen; zunächst freilich gilt es, etwas bereits Erworbenes zu erhalten, zu ordnen. Nämlich

§ 48 extr. ist hdschr. überliefert: *quorum* (d. h. der loci argumentorum) ab oratoris iudicio delectus *magnus* adhibebitur quonam modo ille in bonis haerebit et habitabit suis? Th. Mommsen half dem hinkenden Vordersatz durch Einschaltung von *nisi* vor *adhibebitur* auf die Beine. P.² (= Piderit 2. Aufl.) warf magnus aus, das bei delectus, hier = Kritik, unerklärlich und wohl eine kecke Ergänzung des durch NIS hindurch zu der Adjektivendung NUS verstümmelten NISI sei. Um mein Verhältnis zu beiden Vorschlägen sofort bestimmt zu kennzeichnen, stelle ich meine Lesung hieher, die lautet: quor*um nisi* ab or. iud. delectus *magnus* adhibebitur, quonam modo ...? Den Beweis für die Notwendigkeit einer derartigen Stellung von nisi werde ich, da ich besorge, in den rhetor. Schriften einige Stellen übersehen zu haben, die übrigen ciceron. Werke für diese und ähnliche Untersuchungen noch nicht vollständig bemeistert habe, vorläufig nur für die Reden führen.

Für das unserer Stelle völlig entsprechende Satzgefüge, also: ein an das Vorhergehende relativisch angeknüpfter Bedingungssatz mit nisi als Vordersatz eines folgenden Hauptsatzes, führt Merguet elf Stellen an: S. Rosc. 62. Catil. II, 23. III, 68. Verr. IV, 25. V, 122. Quinct. 24. senat. 11. Quirit. 111. Milo 58. Phil. III, 5. V, 42: an sämtlichen Stellen schliefst sich nisi, das mit dem Folgenden verbindet, an das Relativ, das an das Vorhergehende anreiht, naturgemäfs unmittelbar an, ein Gesetz, dessen Verknöcherung wir erkennen in Sätzen wie Verr. III, 215 *quod nisi omnis frumenti ratio* ex temporibus esset et annona...., numquam tam grati hi sesquimodii fuissent; ebenso Verr. II, 64. 160 u. ö. Die oben festgestellte Regel erleidet keine Ausnahme, wenn es Verr. I, 158 heifst: *cui ego nisi* ... restitissem, subsortiebatur; und ib. I, 119 *quem iste collegam nisi* habuisset, coopertus esset in foro...: weder ego noch iste hat hier einen logischen Accent, dient vielmehr lediglich jener allbekannten und in ihrem Ursprung wohl auf das Studium der platonischen Dialoge zurückführenden Eigentümlichkeit Ciceros, die Nominative der persönlichen und hinzeigenden Fürwörter scheinbar pleonastisch zu setzen und mit andern Standesgenossen sich zusammenscharen zu lassen, eine Parataxe, die, neben dem klareren Hervortreten des Verhältnisses der Pronomina unter einander und zum Verbum, besonders der schönen Abrundung der Periode und dem oratorischen Numerus Rechnung trägt. Ob ni, das 14 mal in den Reden steht, vor Konsonanten und den Vokalen a und i, oder ob nisi zu schreiben sei, ist eine völlig untergeordnete Frage; paläographisch ist nach quor*um* beides leicht möglich, jedenfalls erklärlicher als jene wunderbaren Wanderungen und Wandlungen von magnus, auf das, selbst die geradezu pythagoreische

Metamorphose NUS zugegeben, ein Interpolator um so weniger gerät, als es ja nicht einmal der moderne Kommentator erklärlich findet!

Wenn P.² fragt, was soll magnus 'grofs' bei delectus heifsen, so stelle ich die Frage, was soll magnus heifsen dom. 12 nonne fuit eo *maior adhibenda medicina?*, was Verr. I, 111 iam hoc m. *iudicium* hominum de istius singulari improbitate Phil. XIII, 30 ut m. *excusatione* eis opus sit; was Cäcil. 71 nulla *salus* reip. maior est und bei Verbindungen mit amicitia familiaritas vox gemitus pax pietas ratio argumentum, die insgesamt bei demselben Cicero in den verschiedensten Stilgattungen vorkommen? was magnus casus bei Caesar? Vgl. auch Naegelsb. L. St.⁶ § 70.

Niemand wird sagen, magnus sei gleichbedeutend mit 'sorgfältig', 'gewissenhaft' u. ähnl.; gleichwohl mufs es, mit delectus = Auswahl, kritische Sichtung verbunden, mit diesen oder synonymen Begriffen in unserer Sprache wieder gegeben werden. Also lesen und betonen wir: quo*rum nisi* ab oratoris iudicio delectus *mágnus* adhibebitur, quonam modo....? etwa: wenn aber der denkende Redner an diese Fundstätten der Beweispunkte nicht einen **strengen kritischen Mafsstab anlegt**, wie kann er da...?

Im allgemeinen glaube ich, dafs die Lesarten des freilich öfter, aber in simpler Weise interpolierten cod. Abrinc. und seiner Familie (also Gudianus 3., Erlang.) hier noch nicht zu jener Anerkennung durchgedrungen sind, welche die *codd. mutili* in **sämtlichen** rhetor. Schriften verdienen und in de oratore durch Sorof vor allem gefunden haben. So entnehme ich der mangelhaften Kollation bei Orelli:

§ 112 In quo longius *saepe* progredimur (zum Gedanken vgl. § 162), § 117 Quando autem id faciat aut quo modo (Umstellung), § 120 Quid enim est aetas hominis, nisi *ea*, memoria rerum veterum, cum superiorum aetate contexitur? Ferner scheint mir, dafs § 126, wo ediert wird: qui communes appellati sunt eo quod die ursprüngliche Lesung qui c. app. *eo s̄ quod* früh schon in eos quod verderbt wurde³), worauf die einen Abschreiber das ganze eos (= Abrinc.), die andern den ebenso unerklärlichen letzten Buchstaben s abwarfen, während dritte, die Perfectform klar zu machen, in schlichterer Weise sunt eo quod schrieben. Dafs *eo sunt* quod das ursprüngliche ist, zeigt nicht blofs § 130 quibus *eo sum* usus pluribus *quod*..., sondern es **trennt** Cicero **durchweg** diese beiden zusammengehörigen Worte durch ein oder mehrere tonlose andere.

Nicht minder halte ich § 131˙ sed est faciendum etiam, § 148 quis tamen tam se durum agrestemque praeberet, § 155 hanc consuetudo licentiam, § 162 locus hic für die **erste Stellungsweise**; für die vermeintliche Kakophonie in § 148 gibt es zahlreiche Parallelen, von denen hinc haec die mildeste ist.

---

³) Vgl. de or. II, 332, wo die mutili geben: Omnia autem concludenda vel inflammandos iudice vel mitigando; lies: inflammando s̄ iudice, nicht, wie die Asg. und schlechten Hdschr., inflammando iudice.

§ 103 *quae exempla* selegissem, nisi ... nota esse arbitrarer ...: so die Asg. In den codd. mut. steht quae*q*; exempla, worin ich eine Corruptel von quae *ego* exempla erkenne. Zur Stellung vgl. de or. I, 190 hisce ego rebus exempla subiungerem . . . . ib. 219 quorum ego copiam . . . . Orat. 90 hanc ego iudico formam, de or. II, 88 hunc ego . . . Sulpicium ib. III, 68 cuius ego etsi multos auditores cognovi Brut. 20 u. s. w.

§ 116 explicanda est saepe verbis mens nostra de quaque re atque involuta *rei* notit*ia definiendo* aperienda est, gegen involuta*e rei* der andern Hdschr. und aller Asg., mit den mutili zu lesen. Vgl. Top. 9 definitio adhibetur qua quasi involutum evolvitur id de quo quaeritur, und den Kommentar des Boetius zu der Stelle p. 290, 28 ... definitio ... involut*am* nomin*is* significat*ionem* explicat per quandam substantialium partium enumerationem.

§ 165 Haec talia sunt, ut, quia *referuntur ad ea quae* debent *referri*, intellegamus ...: so haben mehrere Hdschr. und, wie aus den Abkömmlingen des Abrinc. zu schliefsen, auch dieser selbst. Dafs die Wiederholung der Präposition (*ad ea adquae* geben die Asg.) bei gleichem Verb in beiden Sätzen unciceronisch ist, hat Madvig de finn.² p. 71 und 97 nach andern wiederhalt betont, und füge ich hiezu nur de or. I, 101. II, 208. Orat. Part. 70 als weitere Belege.

Nach diesem kurzen Hinweis auf die Bedeutung der verstümmelten Hdschr., für die nach meinem Dafürhalten ein tüchtiger neuer kritischer Apparat im Orator und Brutus nicht minder eine dominierende Stellung gegenüber allen vollständigen, aber jüngeren Codices begründen wird, als diese in de oratore jetzt und für immer feststeht, kehre ich wieder zu meinen selbständigen, oder vielmehr zunächst unselbständigen Neuerungen zurück.

Nämlich § 111 bieten die Hdschr.: Multae sunt eius (Demosthenis) totae orationes subtiles . . . ., multae totae graves . . . ., multae variae . . . Iam illud medium quotiens vult arripit et *a gravissimo discedens eo* potissimum *delabitur.*

Orelli - Baiters krit. Apparat sagt: *desc*endens Schuetzius probante Beiero. Das Prioritätsrecht beider in Ehren gehalten, schreibe ich die Stellen aus, die mich zur gleichen, wie mir dünkt, notwendigen Änderung führten. Vor allem de or. III, 227 In omni voce est quiddam medium, sed suum cuique voci. Hinc *gradatim ascendere* vocem utile et suave est ... Est item contra quiddam in remissione gravissimum quoque tamquam sonorum *gradibus descendi*tur. Quintil. XI, 3, 64 ... (vox) in expositione ac sermonibus recta et inter acutum sonum et gravem media. *Attollitur* autem concitatis affectibus, compositis *descendit* pro utriusque rei modo, altius vel inferius. ib. VIII, 4, 28 Eadem fere est ratio minuendi; nam totidem sunt *ascend*entibus quod *descend*entibus gradus. ib. II, 3, 4. VI, 1, 29. I, 12, 14. IX, 3, 55. — Cic. Orat. Part. 12 aut a minoribus ad maiora *ascend*imus aut a maioribus ad minora *debabimur*, also ganz dieselben Verba wie an u. St. ib. § 54. Die Häufigkeit dieses Bildes aus Ciceros Reden ist sattsam bekannt, weniger vielleicht die Vorliebe, mit der sein Erklärer und Nachahmer Boetius sich desselben bedient. Auch in paläographischer Beziehung hat *discedens* (besonders da kurz vorher § 109 *accederent — discederem* vom Abschreiber gelesen wurde) mit *descēdens* verwechselt bei unserm Material um so weniger etwas Ungewöhnliches, als selbst in alten und trefflichen Hdschr., z. B. dem Municeus I zu Tacitus Annalen I—VI, describo discribo deduco diduco u. ähnl. sehr häufig verwechselt wurden. Vgl. zu discedo und descendo auch den krit. Apparat zu Cic. Planc. 14 Hor. ep. I, 20, 5 Curt. X, 2, 17 ed. Zumpt.

§ 149 Collocabuntur . . . verba, ut . . . inter se quam aptissime cohaereant extrema cum primis eaque sint quam suavissimis vocibus . . . .; quod vel maxime desiderat *diligentiam*; est enim quasi structura quaedam, nec id tamen fiet *operose*; nam esset cum *infinitus* tum puerilis *labor*, worauf nach Anführung eines Beispieles folgt: Nolo *tam minuta* haec *constructio* appareat; sed tamen *stilus exercitatus efficiet facile hanc uiam componendi*: so die Codices. Bake und Th. Mommsen, denen das Verdienst zukommt, zuerst über die verderbte Stelle überhaupt nachgedacht zu haben, änderten *efficiet facile*, als Gegensatz zu nolo *tam minuta* appareat, so dafs sie etwa übersetzen: Der geübte Stil wird die Methode dieser Wortfügung zu einer leichten, d. h. geschmeidigen, nicht allzu augenfällig hervortretenden gestalten; so dafs efficiet = reddet, facilem etwa = elegantem.

Ich glaube 1) dafs efficiet facile zu stilus *exercitatus* die Folge ist und einerseits dem vorhergehenden operose und infinitus labor gegenüber steht, anderseits seine positive Erklärung in den unmittelbar folgenden Worten erhält: Nam ut in legendo oculus, sic animus in dicendo prospiciet, ne . . ., indem es sich nicht handelt um die facilitas compositionis, die eingangs des § charakterisiert wird, sondern, wie die Übergangsworte quod vel maxime *desiderat diligentiam* (nämlich oratoris) klar zeigen, um die Art und Weise, wie der *compositor* zu ihr gelangt. Demgemäfs ist 2) efficiet hier = adsequetur, consequetur, wie nicht selten vgl. Verr. III, 47 efficere aut adsequi. ib. III, 42 quid effecisti? quid adsecutus es? Verr. III, 156 und Sulla 57 *facilius efficit rem*; ferner efficere bonum, caedem, facinora, necessitudinem u. s. w. alles bei Cicero; 3) wird der stilus exercitatus ohne Schwierigkeit sich aneignen, nicht hanc *uiā*, sondern hanc *ui* componendi. vis (= facultas, copia) componendi, collocandi, construendi ist völlig gleichbedeutend mit den von diesen Verbalstimmen gebildeten Substantiven auf io, so dafs hier der Wechsel einer derartigen Umschreibung nach dem unmittelbar vorhergehenden constructio stilistisch nur zu loben ist. Vgl. Naegelsb. L. St.[6] § 3, 2 d wo vier Beispiele angeführt werden: Orat. Part. 82 omnis vis laudandi vituperandique ex his sumetur virtutum vitiorumque partibus; ferner vis percipiendi, diligendi (die entsprechende Substantivbildung auf io fehlt!) loquendi. Paläographie:

uī und uiā verwechselt de or. I, 14 und Orat. Part. 93, ui und uia de or. I, 97 u. ö. Den wirklich interessierten Leser bitte ich zu Gedanke und Ausdruck u. St. nachzulesen de or. I, 149—152, woraus, des Raumes halber, blofs die wichtigsten Sätze entnommen werden: *Stilus* optimus est et praestantissimus *dicendi effector* ac magister; ... omnes sententiae omniaque verba ... sub acumen stili subeant et succedant necesse est; tum ipsa *collocatio* conformatioque *verborum* perficitur in scribendo ....; neque *ea quisquam, nisi diu multumque scriptitarit ... consequetur.* de or. III, 125 ... ne ille haud sane, *quemadmodum verba struat* et illuminet, a magistris istis requiret ... Ita *facile* ... ad orationis ornamenta (könnte ebenso gut uim ornamentorum heifsen, nicht aber uiam) sine duce, *natura* ipsa, si modo est *exercitata, delabetur.*

§ 166 Semper haec quae Graeci ἀντίθετα nominant, cum contrariis opponuntur contraria, numerum oratorium *necessitate ipsa* efficiunt, *et eum sine industria*: das die Lesung der Hdschr. und Asg. Natürlich mufs der, der Ausprägung des Gegensatzes von necessitale *ipsa* zu lieb gemachte, echt ciceronische Zusatz (vgl. oben sine duce, natura ipsa ...) heifsen *etiam* sine industria. Zu Sinn und Wort vgl. § 164 ... contraria, quae suapte natura numerosa sunt, *etiam si nihil est factum de industria*. § 175 contrariis relata contraria ... sua sponte, *etiam si id non agas,* cadunt plerumque numerose. Aufserdem § 151 in sermonibus .., ubi *etiam de industria* id faciendum fuit. § 195., endlich § 200 qui ...., *etiam sine* scripto, dicent.

§ 212 Insistit ... ambitus modis pluribus, e quibus unum est secuta Asia maxime, qui dichoreus vocatur, cum duo extremi *chorei* sunt, *id est e singulis longis et brevibus: explanándum* est enim, *quoniam* ab áliis fidem pedes áliis vocabulis nominantur ist zu emendieren aus *quod iam* ab bei Rufinus p. 2715 P. = Schol. Cicer. I, 185. Die dem Rufin. an Alter weit nachstehenden Hdschr. zum Orator haben alle quod ohne iam oder ähnliche Spur der ursprünglichen Lesung. Zur Form vgl. Orat. Part. 41 Sed, *quoniam* de propriis *oritur* plerumque magna *dissensio, definiendum* est ....

§ 226 : .. iudicar*et. et quoniam* diximus ... dicemus, so die Hdschr., aber kein neuerer Hrsg. Ich kann es bei Kayser blofs als willige Befriedigung eines unweigerlichen Hanges zu paläographischen Spielereien betrachten, dafs er die gemeinsame Überlieferung umwarf, durch Annahme einer Dittographie der Silbe et. Dafs quoniam allein hier schlechthin ungenügend sei oder so nicht vorkomme, behaupte ich nicht und bin mir der ursprünglichen Gestalt und Bedeutung des Wortes vollkommen bewufst; aber da sämtliche Hdschr. *et* quoniam diximus — dicemus geben, so weifs ich nicht, warum diese Form des Abschlusses und Überganges nicht ebenso gut am Platze sein sollte wie an den völlig entsprechenden Stellen Orat. Part. 95 *Et quoniam diximus* —, *dicamus.* Wie hier et, so ist in derselben Abschlufsform *sed* mit quoniam verbunden; de inv. I, 109 Sed quoniam ... satis *videmur dixisse* ..., *dicemus* ... *nunc*, ferner de inv. 21 Nunc quoniam ... dictum est, reliquum est ut.., *igitur* Part. Orat. 27, oft *quare* u. ähnl.

§ 227 numerus autem saepe enim hoc testandum est non modo non poetice uinctus (codd.: iunctus) verum etiam fugiens illum... Natürlich läfst die Überlieferung die Beziehung von est im Zweifel, was sicherlich kein Vorzug ist. Die Hrsg. ziehen das an der Grenze von Schaltsatz und fortgesetztem Hauptsatz stehende est zu letzterem, um nicht die beiden folgenden Adjektiva, deren eines ein participiales, gegen Ciceros Sprachgebrauch ohne besonderen Anlafs (Sentenz u. s. w.) ohne das Hilfsverb zu lassen. Meiner Ansicht nach verbindet der nicht voreingenommene Hörer est, mag es auch die moderne Interpunktion von testandum trennen, doch blofs mit diesem, einfach deshalb, weil es dabei steht und stehen mufs. indem es, selbst im Schaltsatz, ein blofses Gerundiv ohne *est* bei Cicero eben nicht gibt; ebenso notwendig aber ist das Hilfsverb zu den beiden folgenden Eigenschaftswörtern, so dafs etwa zu lesen ist: numerus autem — saepe enim hoc testandum *est* — non modo non poetice vinctu*st* verum etiam fugiens illum (oder .. poetice ē vinctus verum ..). In der Gesamtschreibweise aller rhetor. Schriften, und in unserer Schrift § 71. 113. 116. 178. 206. 209. 210. 142: cur aut discere turpe *est* quod scire honestum *est* aut quod nosse pulcherrimum *est* id non gloriosum *est* discere zeigen klar, dafs Cicero est nicht blofs setzt, um Mifsverständnissen der Konstruktion vorzubeugen, also wenn er mufs, sondern selbst rein stilistisch da, wo es uns überflüssig erscheint.

Ich benütze diesen Anlafs, um ähnliche krit. streitige Stellen in anderen rhetor. Schriften zu berühren. de or. I, 18 geben die besten Hdschr. *Tenenda* praeterea *est* omnis antiquitas ... neque .. iuris civilis scientia *neglegenda est*. Piderit-Adler streicht ohne allen Grund das erstere est. vgl. Or. § 116. *explicanda est* saepe verbis mens nostra .. atque involuta rei notitia *aperienda est*. ib. 131 Nec vero miseratione solum mens iudicum *permovenda est* ... sed *est faciendum* etiam ib. 209 Sed quoniam *adhibenda* nonnumquam *est*, primum *videndum est* de or. II, 360 .. hac exercitatione non *eruenda* memoria *est*, si est nulla naturalis, sed, si latet, *evocanda est* völlig symmetrisch. Ja sogar qui *non fuit* orator unus e multis, *potius* inter multos prope singularis *fuit* steht Brut. 274.

Brut. 82 wird ediert: Tum ipse C. Cotta veterator habitus, sed C. Laelius et P. Africanus imprimis eloquentes.; lies habit*ust* s'. Im Brut. steht dreimal: § 57. 129. 134 habitus est (im Sinne von putatus est), siebenmal: § 81. 95 ×. 106. 135. 212. 332 est habitus, zweimal: § 164. 169 est habitus im ursprünglichen Sinne, nie fehlt das Hilfsverb, auch nicht bei Synonymen: iudicatus est 189. est iudicatus 141. numeratus est 221. visus est 224. 247. Ebenso falsch ist es Brut. 174 Horum aetati prope con-iunct*us* L. Gellius, non tam vendibilis orator, quam ut nescires, quid ei deesset statt *coniunctust* (oder coniunctus fuit) zu schreiben, da C. bei dieser in unserer Schrift öfter vorkommenden Phrase stets est oder fuit hinzusetzt; ebenso § 41 proximo saeculo Themistocles insecutus est, § 61 Cethegum consecutus est Cato. Ja ich trage keine Bedenken, Brut. 204: id melius est, quod splendidius *est et* magnificentius gegen alle Überlieferung ein neues est im zweiten Satz zu schaffen. Eine begründende nähere Erörterung über diese und ähnliche Fälle in den rhetor. Schriften behalte ich mir vor.

Die Eile, mit der diese Arbeit erledigt werden mufste, möge den **Nachtrag** entschuldigen, den ich zu einigen Stellen des Orator mir erlaube.

§ 68 .. etsi *quorundam* grandis et ornata *vox* est poetarum, tamen in ea cum licentiam statuo maiorem esse faciendorum iungendorumque verborum tum etiam nonnull*orum* volun*tati* vocibus magis quam rebus inserviunt die Hdschr., ... nonnull*i eorum* vol*uptati* ... inserviunt die Asg. nach Madvig; ich lese tum etiam nonnull*orum* voluntat*es* vocibus magis quam rebus inserviunt; einige in ihren (verkehrten) Neigungen haben es mehr auf (schönklingende) Worte als (tüchtige) Gedanken abgesehen. Vgl. Brut. 83 und Orat. 230.

§ 100 Is est .. eloquens, qui et humilia subtiliter et *magna* graviter et mediocria temperate potest dicere geben die Asg. nach den vollständigen Hdschr. Dafs in diese sachlich und sprachlich fein abgewogene Dreigliederzahl von Gegensätzen magna gegenüber humilia nicht' pafst, sondern *alta* des Abrinc. allein, ist klar. Magna ist am Platz § 101 Is erit igitur eloquens — ut idem illud iteremus — qui poterit *parva* summisse, modica temperate, *magna* graviter dicere, und daraus ist denn auch entschieden die Glosse der jüngeren Codices. Zum Gegensatz humilis — altus vgl. Or. § 82 .. indecorum — apparet, cum verbum aliquod altius transfertur idque in oratione *humili* ponitur, quod idem in *alta* deceret. ib. 192 neque *humilem* et abiectam *orationem* nec nimis *altam* et exaggeratam probat. Brut. 276. 67.

§ 109 halte ich die Wortstellung der mutili: Me cum dico, te, Brute, dico gegenüber Cum dico me, te, Brute, dico für die ältere.

§ 141 ... si profitear me studiosis *discendi* praecepta et quasi vias, quae ad eloquentiam ferent, traditurum: quis tandem id iustus rerum existimator reprehendet? Die Hdschr. und Asg. dicendi, und zwar einige mutili nach praecepta gestellt, aus leicht zu erratenden Gründen. disco = ‚studiere, treibe Theorie, bilde mich streng wissenschaftlich aus', wie sich z. B. ergibt aus de or. I, 16 in maxima *discentium* (statt studiosorum, das ohne Objekt erst beim jüngeren Plinius vorkommt) multitudine, in summa *magistrorum* copia ib. II, 1 quo facilius nos *incensos studio dis-*

cendi a doctrina deterrerent. Brut. 154 Cum discendi causa duobus peritissimis operam dedisset ib. § 249. 311 u. s. w. Also ist hier gegeben Zweck (ad eloquentiam), Mittel (praecepta . . .) und die Bethätigungsweise der beiden bei Verwirklichung genannter Absicht beteiligten Personen, deren einer als Berufsthätigkeit das tradere (= docere) zukommt, während als Wechselwirkung für die ihm gegenüberstehenden das discere sich ergibt, ein Gegensatzverhältnis, das auch im weiteren Verfolg des hier ausgesprochenen Gedankens immer wiederkehrt. So § 142 Sin ea (eloquentia) non modo eos ornat, penes quos est, sed etiam universam rem p., cur aut *discere* turpe est quod scire honestum est, aut, quod nosse pulcherrimum est, id non pulcherrimum est *docere*. § 143. Alteros (die Juristen) . . respondentes audire sat erat, ut ii qui *docerent* nullum sibi ad eam rem tempus ipsi seponerent, sed eodem et *discentibus* (denen, die sich theoretisch ausbilden wollten) satisfacerent et consulentibus (nämlich über bestimmte praktische Fälle). Hier hat der cod. Abrinc. die köstliche Randglosse im Text: discentibus id est studiosis. Endlich § 145. Die besonders in den rhetor. Schriften häufige Verwechslung von dico und disco ist hier § 141 wegen de artificio dicendi litteris multa mandare § 140 doppelt leicht zu erklären.

§ 202 Sed tamen haec nec nimis esse diversa neque *ullo* modo coniuncta intelligi licet der Hdschr. korrigierte Th. Mommsen nullo. Ich entnehme aus Orelli die Variante iuncta des c. Viteberg. und ohne Änderung der Überlieferung lese ich: Sed t. h. nec n. e. d. neque *ullo* modo *non iuncta* intellegi licet. iungo ist eines von jenen Stamm-Verbis, die bei Cicero in jedem genus dicendi sich noch in der ursprünglichen Vollkraft ihrer Bedeutung finden, während die spätere Zeit coniungo u. ähnl., also die Komposita, vorzieht. Boet. Comm. in Cic. Top. p. 316, 32 aliquo modo iunctum. Vgl. Orat. 68. de or. I, 222. II, 237. III, 55 und Merguet.

Brutus.

Diese inhaltlich so bedeutsame, in den häufigen Charakterzeichnungen nicht eben einförmige und besonders auch durch die passenden Ortes eingestreuten dramatischen Szenerien fesselnde Schrift erschien mir durch die ungenügende hdschr. Grundlage und die Fülle von teils offenbaren, teils mit sicheren Argumenten schwer nachzuweisenden Glossemen stets zugleich als eine der verlockendsten und abstofsendsten rhetor. Schriften Ciceros. Was die Verbesserung verderbter Lesarten, die Ausscheidung des Unechten, die Ergänzung des Lückenhaften betrifft, hat der als gründlicher Kenner von Cicero und Babrius rühmlichst bekannte Alfred Eberhard in der 4. Aufl. der Jahn'schen Asg., Weidmann 1877, im grofsen ganzen gewifs die richtige Mitte getroffen in Benützung des von Früheren Geleisteten und eigenen Neuerungen. Von den zahlreichen Stellen, an denen ich nach

Andern mich versuchte oder die ich, gegenüber den Früheren, zuerst beanstande, stelle ich nur einige hieher, reserviere den gröfseren und schwierigeren Teil einer späteren Untersuchung.

§ 3 Si in leviorum artium studio memoriae proditum est *poetas nobiles poetarum* aequalium morte doluisse, *quo ego* tandem animo *eius* interitum ferre debui, cum quo certare erat gloriosius quam omnino adversarium non habere halte ich aus Gründen des Gedankenverhältnisses für notwendig statt der Lesung der Hdschr. und Asg. quo tandem animo. Durch eine Fast-Haplographie fiel der kunstvoll gestellte Nominativ aus.

§ 40. Zusammenhang: Die Beredsamkeit hatte zu a l l e n Zeiten hohe Bedeutung; sonst hätte nicht schon H o m e r dem Ulysses die Kraft der Rede, ihre Anmut dem Nestor zugeteilt, neque ipse poeta hic, heifst es weiter in den Hdschr., tam *idem ornatus* in dicendo ac *plane orator* fuisset. H. A. Kochs Ausscheidung des hier sinnlosen idem stimmten alle späteren Kritiker bei, ohne die dadurch geschaffene oder wenigstens nicht beseitigte sachliche Schwierigkeit des G e s a m t gedankens zu berühren. Oder sollte wirklich die vis *poetica* des göttlichen Homer oder auch nur eines Dichterlings schon mit der blofsen vis *oratoria* gegeben sein und überhaupt der Name Dichter, um nicht zu sagen Dichterfürst, einem der durchweg *plane orator*, noch zukommen? Nimmermehr, sondern das Höchste, das Wesen des ποιητής tiefst Begründende, ist eben das π ο ι ε ι ν, die schöpferische Phantasie, während der ornatus verborum jedenfalls nicht das d u r c h w e g und in allen Teilen herrschende ist, sondern nur b i s w e i l e n, wenn eben der Gegenstand, z. B. Ilias IX im Gegensatz zum Schiffskatalog, es verlangt, stärker hervortritt; so dafs unser Dichter ta*m initi*dum ornatus ac plane orator war und ist. Dasselbe beschränkende Adverb § 280 sententias *satis interdum acutas*, ferner § 29. 158. 193. 236. 326. Zur S t e l l u n g der Partikel vgl. Sorof zu de or. I, 32 quam porro regium.

Diese Stellen zu interdum, wozu noch kommt Orat. § 50 *brevitas* laus est *interdum* in *aliqua* parte dicendi legen nahe, auch Brut. 197 zu lesen: Quae quidem omnia cum perite et scienter, *interdum breviter* et presse et (sed?) satis ornate et pereleganter diceret statt scienter, *item* breviter, das M. Haupt dem überlieferten s*cienter tum ita* breviter entnahm und die Hrsg. billigten. Man wollte zu cum, das man fälschlich als Adverb, nicht als Satzpartikel betrachtete, ein tum gewinnen und zog es vor, aus dem unverständlichen Rest inter ein zurückweisendes Adverb zu machen, statt es ganz auszuwerfen. Man wird bemerken, dafs auch ich, nur in verschiedener Weise, bei der Änderung von § 40 und 197 den kritischen Grundsatz bethätigte: 'wirf kein scheinbar unsinniges Wort weg, sondern suche, den g e d a n k l i c h e n Zusammenhang ergründend, aus dem Unbrauchbaren ein Brauchbares und Besseres zu machen', eine Rechenschaftsablage über Entstehung von Textverderbnissen, die auch in den textlich verderbtesten Schriftwerken gilt.

§ 63 est nonnulla *his* etiam inter ipsos similitudo ist wohl statt *in his* der Hdschr. und Asg. herzustellen. vgl. § 150 esse quandam vobis cum illis similitudinem. leg. I, 25 est homini cum deo similitudo. Ähnlich wurde früher § 43 omnia fuisse *in* Themistocle *paria* et Coriolano statt Themistocli gelesen.

§ 95 P... Popillius cum civis egregius tum *non indisertus* fuit; C. *vero* filius eius *disertus* der Hdschr. und Asg. halte ich für unmöglich wegen des Gedankens. Was vorerst den Wert von *disertus* anlangt, so ist dieser gegeben durch den Gegensatz eloquens in jenem oft erwähnten Worte des Antonius *disertos se* vidisse multos, *eloquentem* adhuc neminem. Über die Kraft der Litotes, die, weil gerade in diesem Werke so häufig angewendet, entschieden abgeschwächt ist und mehr dem Wechsel der Darstellungsform dient, gibt am besten Aufschlufs § 305 Metellus, non ille quidem *orator*, sed tamen *non infans*. Vergleichen wir endlich § 77 *Ipsum* Scipionem accepimus *non infantem* fuisse; *filius quidem* (= aber!) eius, si corpore valuisset, *inprimis* habitus esset *disertus* und § 247 Duo .. Metelli .. non nihil in causis versati, nec sine ingenio nec indocti, hoc erant populare dicendi genus assecuti. Cn. autem Lentulus Marcellinus *nec umquam indisertus et in consulatu pereloquens* visus est und wägen wir das vero unseres Satzes ab, so dürfte die Lesung gerechtfertigt erscheinen: ... Popillius .. non indisertus .. fuit, C. vero filius eius *perdisertus*. Einen Exkurs über die Superlativbildung in den rhetorischen Schriften überhaupt unterdrücke ich hier und bemerke nur, dafs im Brut. im ganzen 22 Zusammensetzungen eines Adjektiv mit *per* als Superlativersatz sich finden, von denen einige ἅπαξ λεγόμενα sind, was bei der Bildung mit disertus (siehe de or. I, 62) gar nicht der Fall ist.

§ 172 Sed domum redeamus, *id est ad nostros revertamur*. Eberhard warf den erklärenden Zusatz mit Lambin aus, was ich für ganz verfehlt betrachte. Zunächst halte ich domum in derartig übertragenem Sinne, ohne erklärenden Zusatz für unmöglich. Weiter ist der am Schlusse des Exkurses stehende Zusatz deshalb besonders passend, weil mit ad nostros revertamur an den Gegensatz der beginnenden Digression Atque etiam apud *socios et Latinos* oratores habiti sunt ... erinnert wird, während ohne dasselbe der Leser domum, ehe er das Folgende liest, als dem unmittelbar vorhergehenden Athenis entgegengesetzt betrachten könnte. Rein sprachlich endlich ist id est untadelig. vgl. Orator 61. 112. 207. 212. 223 und Klussmann in dem sehr geschmackvoll geschriebenen Programm von Gera 1877: Tulliana p. 13 und Merguet unter is und hic. Dasselbe gilt von § 223 Catulum abducamus ex acie, *id est a iudiciis*, wo Eberhard ebenfalls die Streichung der Erklärung durch Manutius billigte.

§ 204 Isocratem in *acerrimo* ingenio Theopompi et *lentissimo* Ephori dixisse traditum est alteri se calcaria adhibere, alteri frenos ist sicher statt le*nissimo* der Hdschr. und Asg. zu lesen. Zu calcaria pafst blofs lentus

(= tardus), das in völlig gleichem Sinn steht § 178. de or. II, 190. 279. 305. 75 (lentus et patiens). 69 (lentus ac p.). Horat. s. I, 9, 64 prensare manu lentissima brachia. Cic. ad Attic. 1, 18, 6 und. mit dem gleichen Gegensatz *acer*, Catil. 2, 21 hosce ego non tam milites acres quam infitiatores lentos esse arbitror. Besonders aber Quintil. 2, 8, 11 An Isocrates ... cum de Ephoro atque Theopompo sic iudicaret, ut alteri *frenis*, alteri *calcaribus* opus esse diceret, aut in illo *lentiore tarditatem* aut in illo paene *praecipiti concitationem* adiuvandam docendo existimavit ...? Übrigens vgl. Vogel Observatt. p. 15.

§ 263 C. Sicinius .. pro*babilis* orator, *iam vero* etiam proba*tus*, ex hac *inopi ad ornandum* disciplina Hermagorae die Hdschr. und Asg.; lies: *tum vero*, unbedingt anerkannt von seinen Zeitgenossen, nicht in jedem Betracht Beifall verdienend nach dem Mafsstab heutiger vollendeter Kunst, die, nach § 294 und 132, im Gegensatz zum mehr archaischen Sicinius, besonders das *copiose et ornate dicere* auszeichnet. Vgl. auch § 201 *illorum hominum* et illius aetatis *iudicio* probatus. ib. 95 *et* summus orator *habitus est et fuit*, ut apparet ex orationibus. Dieselbe Beschränkung, wie sie in probabilis, tum vero probatus gegeben ist, liegt in dem häufig dem Adjektivbegriff beigefügten ut illis temporibus und Ähnl. z. B. § 27. 102. 107. 173. 295. u. s. w.

Im Zusammenhang hiemit steht § 296 Carbonem in summis oratoribus habitum scio; sed cum in ceteris rebus tum in dicendo semper, *quo tum* nihil est melius, id laudari, *qualecunque est*, solet verlangt der Gedanke. Die Hdschr. haben teils quoniam, teils quom (woraus Jahn-Eberhard quo iam), teils quo, welches Letzte alle Asg. aufnahmen.

§ 272 *Reliqui* sunt, qui mortui *sint*, L. Torquatus ....: so die Hdschr. und Asg. Vgl. dagegen § 231 eos qui iam mortui *sunt* nominabo ib. 248. 262: immer Indikativ, ib. 231 statui neminem eorum qui vi*verent* nominare und 251 durch assimilatio modorum der Konjunktiv. In § 272 gibt es keine Erklärung des Konjunktiv, so dafs ich lese: reliqui sunt, *qui quidem* mortui sint, L. Torquatus ...: 'es erübrigen, soferne sie nämlich bereits tot sind, ...' wozu der öfter ausgesprochene Gegensatz sind die annoch Lebenden, an denen keine Kritik geübt werden soll. Zu qui quidem mit Konjunktiv siehe § 180 *omnium*, ... quos quidem ego cognoverim, acutissimum iudico .. Sertorium ib. 203. 61. 189, wo, wie an unserer Stelle, das Relativ an einen Zahl-Adjektivbegriff sich beschränkend anreiht.

§ 273 Nec .. Caelium praetereundum arbitror ...; qui quamdiu auctoritati meae paruit, talis tr. pl. fuit, ut nemo contra civium perditorum popularem turbulentamque dementiam .. a senatu steterit constantius· *quam* eius actionem multum tamen et splendida et grandis et eadem inprimis faceta et perurbana commendabat oratio. Eberhard schrieb constantius· *nimiam* eius ... Die Hauptsache ist immer die Richtung, nach der hin die Corruptel beseitigt werden soll. Ich freue mich, ehe ich Jahns Ausgabe zur Hand nahm, mit Vergleichung von § 239. 214. 225. 237 und vielen anderen auf die gleiche Fährte gekommen zu sein. Wenn ich nun auch glaube, mit voller Sicherheit lasse sich blofs sagen, in quam stecke ein Adjektiv, nicht aber welches, so möchte ich doch noch constanti" antiquam eius actionem oder indignam als sachlich und paläographisch leicht mögliche species desselben genus anführen. Zum Begriff 'altertümlich, schlicht' vgl. Brut. § 94. 137. 82. 132, zu indignus § 246 und 250 dignitas motus. Adjektiva wie inconcinnus und ähnl. wären inhaltlich recht passend, paläographisch zu verschieden.

§ 325 scheint mir das Verderbnis ganz einfach auf einem Ausfall von *et* nach *est* zu beruhen und die richtige Lesung: Post a me Asia tota peragrata *est et* cum summis quidem oratoribus, quibuscum exercebar ipsis lubentibus.

§ 301 Hoc ... florescente Crassus est mortuus, Cotta pulsus, erat Hortensius in bello, Sulpicius legatus, etiam *m*. Antonius haben die Hdschr. und leider noch immer die Ausgaben. Vgl. 301 excellente tum Crasso et Antonio dein Philippo § 307 *Q.* Catulus, *M.* Antonius, *C.* Julius, und so ist natürlich Konsequenz überall. Falsch setzte man früher auch, nach den sonst besten Hdschr. das Pränomen de or. II, 40 Tum *m*. Antonius 231 quamquam *m*. Crasso 260 Maluginensem ilum *m*. Scipionem. III, 11 *C.* Cotta. Über II, 135 *P.* Decius und II, 169 Si *t.* Gracchus habe ich oben schon gehandelt.

ib. 316 halte ich in notandis animadvertendis que vitiis et *in instituendo docendoque prudentissimum* für notwendig.

De oratore,

das den Ausgangspunkt meiner Lesung der rhetorischen Schriften Ciceros bildete, soll den vorläufigen Abschlufs dieser Erörterung geben. Die von mir benützten, noch nicht publizierten, Handschriften sind:

A = cod. Abrincensis fol. 1—60 s. X., 1842 von Schneidewin mit musterhafter Genauigkeit verglichen, durch die Güte A. Fleckeisens geraume Zeit mir überlassen.

E = cod. Erlangensis (Irmischer no. 848) fol. 80ᵇ—146ᵃ s. X., nach K. Halm (1850), auf Anregung Wilhelm Meyers, dem ich überhaupt für manche wissenschaftliche und praktische Ratschläge bei meinen Studien zu Dank verpflichtet bin, von mir neu verglichen.

E^1 = cod. Erlangensis 39 (Irmischer no. 303) fol. 1—60, s. XIV. (Irmischers angebliche subscriptio, als sei die Hdschr. per Johannem Doliatoris a. 1451 geschrieben, findet sich in diesem Codex nirgends.) Die von mir vorgenommene Neuvergleichung erweist Piderits Kollation, die übrigens vor zwei Jahrzehnten sehr fruchtbringend für seine und andere diesbezügliche kritische Arbeiten wirkte, als ungenau.

E¹ª = eiusdem codicis fol. 73ª—78ᵇ, enthält von de or. II, 55 forensibus angefangen sieben nicht zusammenhängende kleinere Abschnitte, voll von Konjekturen, Zusätzen und Auslassungen, von mir als erstem und hoffentlich auch letztem verglichen.

H = codex Harleianus 2736. s. X in., in London, zuerst von Franz Ruehl sorgfältig verglichen und mit seltener Liberalität zur Benützung mir zugesandt.

Da E¹ª eine Blumenlese schlechter Lesungen aus allen möglichen Rezensionen und dem eigenen wüsten ingenium des Abschreibers bietet, ferner E¹, wie sich durch äufsere und innere Gründe sicher darthun läfst, aus A abgeschrieben ist, also ebenso wertlos ist, wo dieser oder ein Stammesgenosse, wie E H, erhalten, als in jenen Partien, die, in den verstümmelten Handschriften ausgefallen, in den vollständigen und teilweise E¹ an Alter überragenden Lagomarsinischen treuer überliefert sind, so bleiben blofs die aus gleicher Quelle geflossenen A E H: sie bilden, so lange ihre im Collegium Romanum kasernierten Kameraden nicht ausrücken, die äufserlich freilich anspruchslose, aber innerlich tüchtige Kampfgenossenschaft, mit der man, da wo sie überhaupt auf den Platz kommt, einen Streit mit dem zahlreichen und prunkvoll aufmarschierenden Volk der italienischen Codices des 14. und noch späterer Jahrhunderte allzeit sonder Furcht wagen mag. Viele Auslassungen sind A E H gemein, andere E H eigentümlich gegenüber A, das Gegenteil seltener; gemein haben ferner alle drei Hdschr. eine nicht zu grofse Anzahl schlichter, unschwer erkennbarer Zusätze, Wiederholungen, Korrekturen, Umstellungen, tragen nicht wenige Spuren der scriptura continua und Majuskeln, in denen ihr Grofsvater, der longobardischen Schriftzeichen, in denen ihr Vater dargestellt war, der, wie aus dem Umfang der zwischen den ungemein häufigen ὁμοιοτέλευτα ausgefallenen Worte zu schliefsen, wohl mit je zwei Kolumnen auf je einer Seite sich präsentierte. Auf orthographische Sondereigentümlichkeiten lege ich ebensowenig Gewicht, als auf die vielfachen Lücken von H an Stellen, wo der Gedankengang nicht unterbrochen ist und erst überbrückt zu werden brauchte, also blofs im Pergament die Veranlassung liegen kann, auf desselben und A Formen wie: quom quoius..., Archaismen, die in E nicht selten den gewöhnlichen gewichen sind; auf des Schreibers von E H öfter eigenartige, doch nie geschmacklose Interpunktionsweise.

Das Verhältnis der drei, bis jetzt in einer den heutigen Anforderungen entsprechenden Genauigkeit und Allseitigkeit verglichenen Handschriften zu ihrem Archetypus, ferner zu den vollständigen Codices und damit zum Laudensis, dem Urquell all' dieser, endlich ihre Beziehung zu einander in breiter Erörterung, wozu das Material gesammelt vorläge, darzustellen, eine solche Arbeit halte ich, so anziehend sie theoretisch im einzelnen ist und bequem den Musterarbeiten dieser Art nachzuschematisieren, vor Neuvergleichung der italienischen mutili, deren einzelne A E H an Alter und Wert sicher nicht nachstehen, für verfrüht und praktisch wertlos, begnüge mich vielmehr, indem ich den Archetypus der mutili mit α, den verlorenen Bruder von A mit B bezeichne, den Geschlechtsbaum, wie ich ihn mir denke, kurz anzudeuten mit:

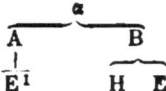

Grundlage für die

Wortstellung

sind die ältesten Hdschr., die hierin, wie in vielen anderen Punkten, durch eine gewisse Schlichtheit und durch Konservatismus im Bestehenlassen des Ungewöhnlichen und kunstvoll Verschlungenen sich auszeichnen vor den jüngeren Abschreibern, welche teils aus Mangel an Sorgfalt teils vom Streben nach Deutlichkeit geleitet absichtlich zierlich verflochtene Wortstellungen aufdröseln, das Allgewöhnliche aus dem Selteneren herstellen, die eine Stelle nach der andern ummodeln und so durch Willkür oder Leichtsinn die Überlieferung trüben. Einen anschaulichen Beleg hiefür bietet das heillose Treiben des Schreibers der jüngern Erlanger Hdschr., von dem die Naivetät des Abrinc., den er abgeschrieben, sehr vorteilhaft absticht. Freilich weisen bei uns schon A E H ungefähr achtzehn Stellen mit fälschlich geänderter Wortstellung auf, so dafs der Archetypus der mutili in diesem Betracht nicht tadellos war. Unter sich rangieren diese 3 Hdschr. betreffs der Gewissenhaftigkeit in der Überlieferung der Wortstellung so, dafs A entschieden am wenigsten selbständig neuerte, mehr E H, doch dabei E wieder mehr als H, nie jedoch E in ungeschickter Art. Weitaus am richtigsten und in wissenschaftlicher Weise hat nach der bewährtesten hdschr. Grundlage, dem jeweiligen Gedanken, Sprachgebrauch und anderen Gesichtspunkten die Wortabfolge in dieser Schrift gründlich umgestaltet Sorof; dafs mit Wilkins nicht auch Adler diese vollberechtigten Änderungen, von denen eine Anzahl sachlich und sprachlich sich bestimmt als notwendig erweisen läfst, annahm, habe ich von Freunden der trefflichen Schulausgabe wiederholt lebhaft bedauern hören und werde selbst, wenn in der nächsten Auflage die Sache wieder beim Alten bleiben sollte, die Nichtberechtigung des Konservatismus in dieser Frage für de oratore eingehend nachweisen. Indem ich also Sorofs Stellungnahme hierin mich im grofsen ganzen anschliefse, führe ich einige Stellen an, wo ich von allen Hrsg. abweiche.

§ 51 .. Quicquid erit quacumque ex arte ..., *orator id, si* ... didicerit, dicet melius quam ipse ille eius rei — artifex E H 2 Lagg., orator id scit oder si orator id sic oder orator si id oder id orator si oder endlich id si orator die übrigen Hdschr. und Asg. Der Accent ruht auf dem ersten und letzten Wort des Hauptsatzes orátor — ártifex, so dafs das auf Bekanntes blofs zurückweisende id mit Recht von der betontesten Satzstelle verdrängt ist. Blofs *E H* haben ferner die **ursprüngliche Wortstellung** nicht geändert:

§ 112 und 113. Dort wird ediert: Perge vero, Crasse, inquit Mucius statt des weniger ebenen und kunstvolleren *Perge vero, inquit, Crasse, Mucius*: eine bei und nach Cicero nicht ungebräuchliche Parataxe der Verba und Nomina je unter sich. vgl. de or. II, 59 Quid est, inquit, Catule? Caesar und ib. III, 226 *Mitte*, obsecro, *inquit, Crasse, Julius*, sermonem istum. Livius XXV, 18 med., *prococo* te, *inquit*, ad pugnam, *Crispine, Badius*. Wie für die Parataxe der Pronomina und manche andere stilistische Eigentümlichkeiten ist auch hier der Meister des griechischen Dialoges das Vorbild; vgl. Phaedon p. 77 C εὖ λέγεις, ἔφη, ὦ Σιμμία, ὁ Κέβης. ib. ἀποδέδεικται μέν, ἔφη, ὦ Σιμμία τε καὶ Κέβης, ὁ Σωκράτης. ib. p. 76 E ὑπερφυῶς, ἔφη, ὦ Σώκρατες, ὁ Σιμμίας. ib. p. 107 B οὐ μόνον γ' ἔφη, ὦ Σιμμία, ὁ Σωκράτης, ἀλλὰ ταὐτά τε εὖ λέγεις καὶ... Umgekehrt Phaed. p. 70 B ἀληθῆ, ἔφη, λέγεις, ὁ Σωκράτης, ὦ Κέβης, ebenso p. 72 D. 82 C. 83 E u. s. w.

§ 113 ist zu lesen: Sic ergo, *inquit*, sentio, *Crassus naturam* ... ad dicendum vim adferre maximam, nicht inquit Crassus, sentio oder ähnliches bequem Zusammenkonstruierte. Für die Gesamtanschauung des Crassus ist naturam ein Schlagwort, das, wenn es auch äufserlich ihm sich anschmiegt, eben diese innere Beziehung der beiden Begriffe in überraschend sinniger Weise beleuchtet. Es ist ähnlich, wie wenn es III, 182 Aristoteles, Catule, vester heifst oder II, 21 ipsos, Catule, Graecos oder Demosth. Olynth. I § 9 τρξήσαμεν, ὦ ἄ 'Αθ., Φίλιππον ἡμεῖς καὶ κατεστήσαμεν τοσοῦτον...: überall ein harmonisches Sichdurchdringen von Inhalt und Form, indem jedes Wort die dem klaren Hervortreten der **Gedankenaccente** des Gesamtsatzes naturgemäfse und förderlichste Stelle einnimmt. **Zur Trennung des inquit von seinem Subjekt** vergleiche de or. II, 245 Licet, inquit, rogare? Philippus. II, 622 Audiamus, inquit, pulchellum puerum! Crassus. Brut. 204 O magnam, inquit, artem! Brutus. ib. 91 Quid igitur, inquit, est causae, Brutus, si ... Plat. Phaed. p. 71 C. ἐγώ σοι, ἔφη, ἐρῶ, ὁ Σωκράτης. p. 78 D ὡσαύτως, ἔφη, ἀνάγκη, ὁ Κέβης, κατὰ ταὐτὰ ἔχειν, ὦ Σώκρατες.

Hier ist auch der Ort, um zu verteidigen de or. I, 69 ... constat inter doctos, hominem *ignarum astrologiae* ornatissimis atque optimis versibus *Aratum de caelo* stellisque dixisse, wozu Wilkins anmerkt: 'Aratum is in an unusual position in the best MSS, but this does not justify the suspicion of an interpolation'. Wahrscheinlich, weil Interpolatoren auf so feinst abgewogene Wortstellungen instinktmäfsig geraten! Man sehe die gedankliche Wechselbeziehung der durchsperrt gedruckten Worte an und man wird sich klar sein über die sachliche Angemessenheit, mit der die Apposition des Subjektsaccusativs hominem *ignarum astrologiae* der Wortstellung nach sich wiederspiegelt in *Aratum de caelo* stellisque, klar sein über das schöne Ebenmaſs der Stellung a b a b, nämlich: Apposition des Subjektsaccusativ mit Angabe des Mittels, woran sich schliefst Subjekt mit Verb und Nennung des Zweckes, während die gewöhnliche Stellung: hominem ign. astr. Aratum, orn. atque optimis versibus de caelo stellisque dixisse und ähnliche durch die Abwesenheit dieser beiden Vorzüge glänzen.

Auch ist nicht zu übersehen der Chiasmus, in dem der unmittelbar folgende, auch durch den Parallelismus des Gedankens verbundene Satz zu dem streitigen steht: si de rebus rusticis hominem ab agro remotissimum, Nicandrum Colophonium, poetica quadam facultate, non rustica scripsisse praeclare. Dieses gleiche Gesetz der **symmetrischen Anordnung und Gruppierung** der einzelnen Satzteile ist es auch, das, abgesehen selbst von belangreichen sachlichen Gründen, die Konjektur Langens, in I, 116 Adest enim fere nemo, quin acutius atque acrius *ritia in dicente* quam recta videat statt in dicente zu schreiben iudicet, als verfehlt erscheinen läfst. Zu I, 69 vgl. noch I, 117 Quis .. non videt C. Caelio, aequali meo, honori fuisse, homini novo, illam ipsam, quamcumque adsequi potuerit, in dicendo mediocritatem? I, 24 uenisse eodem, socer eius qui fuerat, Q. Mucius dicebatur et M. Antonius, besonders aber de domo 3,5 cum virtute gloria rebus gestis *Cn. Pompeius* omnium gentium omnium saeculorum omnis memoriae *facile princeps* tuto se venire in senatum negaret ... ferner c. pop. gr. egit. 6, 15. 7, 16. 8, 19.

II, 39 betrachte ich ita uim mihi oratoris, II, 117 posita causa sit 190 ipse infl. ad eam 230 ipsa ista 318 libitum mihi est, III, 137 isdem illis temporibus, III, 139 civitatibus quidem suis non boni, sed certe docti ... als ursprüngliche Stellung.

Unter den

Textveränderungen,

die mit oder ohne Hilfe des neuen Materials gewonnen wurden, sind folgende hervorzuheben:

I § 11 lese ich minimam copiam *poetarum et orum* egregiorum extitisse und verspare die Begründung der durch den Zusammenhang, wie mir scheint notwendigen Einschaltung et oratorum, bis die Konjektur bekämpft oder ignoriert wird, wobei das eine mir ebenso willkommen ist als das andere.

ib. 14 Ac primo quidem totius rationis ignari, qui neque exercitationis ullam *vi* neque aliquod praeceptum artis esse arbitrarentur, tantum, quantum ingenio et cogitatione poterant, consequebantur: so, nicht das dem synonymen rationis und der Femininform ullam angepaſste *via* haben E H E[1] (also auch A). Die Gegensätze liegen in exercitatio fortgesetzte praktische Übung und ingenium reine Naturanlage einerseits, praeceptum artis schulmäfsige Systematik und cogitatio (vgl. I, 150) selbständiges eigenes Nachdenken über jeden praktisch sich hervorthuenden Einzelfall anderseits. vis hat die ursprüngliche Bedeutung: Wirkung, Erfolg, wozu ganz gut stimmt das folgende tantum quantum ingenio poterant *consequebantur* und § 15 ut ad eam doctrinam, quam suo quisque *studio assecutus* esset, adiungeretur *usus frequens*, qui omnium magistrorum praecepta *superaret*. Zum Ausdruck vgl. auch Ulpian Dig. 10, 4, 1 haec actio perquam necessaria est et *vis* eius *in usu quotidiano* est. Celsus praef. p. 4 non satis *potentem usum esse* proponunt. Cic. de or. I, 146 ego hanc *vim* intellego esse *in praeceptis* ut . . . und oft vis naturae, ingenii u. s. w. — Zur Verwechslung von vī und viā vgl. oben Orat. 150.

ib. 55 Exierant . . cum ipso Crasso adolescentes . . in quibus magnam *tum* spem maiores natu dignitatis suae collocarent, C. Cotta *qui* tribunatum plebis *petébat*, et P. Sulpicius, *qui deinceps* eum magistratum *petiturus* putabatur. Die vollständigen Hdschr. wiederholen, um zu deinceps einen Gegensatz zu gewinnen, das unmittelbar vorhergehende tum nach dem ersten qui; aber der Begriff d a m a l s liegt ja schon in der Kraft des I m p e r f e c t, besonders insoferne dies gegenüber steht dem S p ä t e r des F u t u r petiturus, und wer mit richtiger Betonung dieser die beiden Sätze beherrschenden Gegensätze liest, wird das erklärende tum nicht nur nicht missen, sondern unerträglich finden. Übrigens sind tum und deinceps nicht einmal unmittelbare Gegensätze, da das erstere bedeutet: zu j e n e r Zeit, deinceps aber nicht: zu einer s p ä t e r e n Zeit, sondern der Reihenfolge nach, wenn an ihn die Reihe kam, zu s e i n e r Zeit. — Auch ist dies nicht die einzige Stelle in unserer Schrift, an der Partikeln wie tum, iam, primum, simul, olim eingeschaltet wurden. Siehe I, 57. 104. 102. II, 160. 170.

ib. 49 *ab* civilibus controversiis haben die mutili, die als die älteste Quelle in derartigen Kleinigkeiten mafsgebend sein müssen, a c. c. die jüngeren Hdschr. und Asg. Da derartigen nugae blofs Sorof die einem Hrsg. sehr gut anstehende Akribie zuwendete, so sammle ich hier blofs die ihm entgangenen Stellen, an denen, nach den mutili, ab statt a zu edieren ist: I, 83 ab nostris. 93 ab doctissimis II, 35 ab vitiis 57 ab philosophia. Ferner ist a te, nicht abs te, zu lesen: II. 127. 203. 304. 340 ab tristitia (die mutili haben an beiden letzteren Stellen ad, die vollständigen a).

ib. 65 quae ceteris in artibus *atque* studiis sita sunt lese ich mit den mutili statt aut studiis vgl. bonis etiam studiis *atque* artibus expolitos frgm. p. 73 no. 15 ed. Kays. de or. I, 16 artibus studiis*que*, Orat. Part. 80 rectis studiis *et* artibus. de or. I, 20. 80 rerum magnarum atque artium, das ganz gleichbedeutend. Siehe auch Mur. 22. Arch. 10 Verr. IV, 81.

ib. 91 qui ista nec didic*issent* nec omnino *scisse* curassent die codd. mut.; scisse halte ich nicht für eine falsche Assimilation von scire an die umgeben Tempora praeterita (vgl. 1, 89), sondern für gut ciceronisch, da, m i t u n d o h n e N e g a t i o n, *curo* nicht blofs bei Dichtern (Horaz, Ovid) sondern auch guten Prosaikern mit dem Inf. Perf. verbunden wird. Dafs scisse Cicero nicht als mifslautend erschien, beweist das öftere Vorkommen dieser Form, auch in den rhetor. Schriften.

ib. 102 Atqui, *inquit*, hoc ex te, de quo modo Antonius exposuit, quid sentias *quaerimus* ist herzustellen; H hat so, nur mit Cotta am Rand als Interlokutor, E und E¹ mit Sulpicius über inquit von zweiter Hand. Dafs letzterer, wie dies in allen Asg. geschieht, als Subjekt eingesetzt werde oder in Gedanken ergänzt, ist unrichtig; dafs Cotta statt dessen hingestellt werde ebenso unzulässig, weil gänzlich überflüssig, da eben der aufmerksame Leser kein anderes Subjekt im Stillen suppliert. Nämlich: in der dramatischen Szenerie, die § 96 beginnt, bittet Sulpicius § 98 den Crassus: date (Du und Antonius) nobis (mir und Cotta) hanc veniam, ut ea, quae sentitis *de omni genere dicendi*, subtiliter persequamini in ganz allgemeiner Weise. § 99 lehnt Crassus das Ansuchen höflich ab, weist den Bittsteller an Antonius. § 100 greift Cotta den letzteren Punkt, die Bereitwilligkeit des Crassus, eine derartige Unterhaltung wenn auch nicht zu eröffnen und bestimmend zu leiten, so doch anzuhören und mit eingreifend weiterzuführen, auf und meint: de reliquo iam nostra culpa fuerit, *si te*, nisi omnia, quae *percontati* erimus, explicaris, *dimiserimus*: gewifs eine, freilich auch in seines Freundes Namen gegebene, kräftige Andeutung dessen, was er vorhat. Crassus gibt dem Dränger nach und, 'unter dem Vorbehalte, dafs ich ein etwaiges Nichtwissen unverhohlen bekennen darf, licet, inquit Crassus, vestro arbitratu *percontemini*'. 'Atqui, *inquit*, hoc ex te ... *quaerimus*', antwortet selbstverständlich der unmittelbar Angeredete, der eben einen solchen Frageeifer bekundet und nun wider Erwarten rasch Gelegenheit gefunden, ihn in seinem und seines Freundes Interesse zu bethätigen. Sulpicius eröffnet § 96 das Zwischengespräch und ist von § 99 an blofser, nur innerlich lebhaft beteiligter, Zuhörer, der aber die von ihm angeregte Sache, welche zugleich die des Crassus ist, durch diesen mit einem Feuer ergriffen und einer Thatkraft durchgeführt sieht, die ihn jeder weiteren Unterstützung des siegreichen Genossen überhebt. Und so erweist sich Crassus nur als Mann von feinem Ton, wenn er erwidert Quodsi te, Cotta, arbitrarer aut te, Sulpici, de iis rebus audire velle, adduxissem ... d. h. er spricht den, der **ihn zuletzt** angesprochen und gefragt hat, in seiner **Antwort auch zuerst** an.

Doch noch mehr: die Notwendigkeit, Cotta als Subjekt zu inquit zu denken, ergibt sich aus dem Gespräche des **ganzen ersten Buches**. § 133 und 163 fragt Cotta den Crassus bez. Scävola betreffs der *ars*; dagegen forscht Sulpicius § 148 die Älteren zunächst über die *exercitatio*, erst 205 auch hinsichtlich der ars aus, da seine Wifsbegierde betreffs jener befriedigt sei. Die Nutzanwendung für 102 ergibt sich von selbst.

Endlich: wie der Künstler in die Wortführer eine entgegengesetzte Anschauung legte, um an dem Ja des einen hingehalten an das Nein des andern die richtige Mitte und Wahrheit erwachsen zu lassen, wie er, um diese **verschiedenen Kräfte und Vermögen der Vortragenden allseitig ans Licht treten zu lassen**, eine für das dramatisch-darstellende

Moment höchst wirksame **Mannigfaltigkeit der Interessen in die Hörer** legte, so hat er auch in Sulpicius und Cotta aus guten Gründen nicht denselben **Menschen** vor uns hingestellt, sondern ihnen in der Weise verschiedene persönliche Eigenschaften zugeteilt, dafs der eine als Folie des andern sich darstellt. Sulpicius b e g i n n t gewöhnlich zagend zu fragen, um keine erschöpfende oder nicht die gewünschte Antwort vom Gefragten zu bekommen und Cotta Gelegenheit zu geben zu wiederholter, klar gefafster und entschieden vorgetragener Fragestellung. So ist es in der dramatischen Szenerie § 131 ff. 133; nicht anders § 160, wo Scävola, als nach der Rede des Crassus ein Stillschweigen eintritt, den Cotta, gleichsam als den **Fragesteller von Beruf**, anredet: Quid est, Cotta? quid tac*etis*? Nihilne vobis in mentem venit, quod praeterea ab Crasso requiratis? So auch an unserer Stelle: Sulpicius ersucht ganz allgemein die älteren Männer, ihre Ansichten de omni genere dicendi vorzutragen. Cotta weifs die Ablehnung des Crassus seinem Freunde gegenüber als Zusage zu interpretieren und erklärt, Crassus nicht vom Platze gehen zu lassen, bis er alle ihre Fragen beantwortet, ein Fragen, das er, nach einer liebenswürdig verklausulierten Einwilligung des Crassus, alsogleich kühn verwirklicht.

Da also das Subjekt von inquit nicht zweifelhaft sein kann, so fragt es sich blofs, ob die von zweiter Hand herrührende Randglosse in unsere Texte gehört. Ich antworte: sie gehört nicht einmal in die erklärenden Anmerkungen von Schulausgaben!

§ 204 Sulpicius spricht zu Antonius: Quae cum *abs te* modo commemorarentur, equidem nulla praecepta desiderabam: ipsam tamen istam doctrinam non mediocrem puto. Atqui, si ita placet, *inquit*, trademus etiam quae ... ist zu lesen; die Ausg. haben mit einigen vollst. Hdschr. inquit Antonius, in den mutili fehlt inquit Antonius, in der ed. Rom. 1469 und einigen Lagg. blofs der Eigenname, der bei diesem unmittelbaren Ineinandergreifen von Anrede und Erwiderung überflüssig ist. Ein ganz ähnliches Verhältnis ist II, 127 und 128 sowie 216 und 217.

ib. 120 Non .. pudendo, sed non faciendo id quod non decet *impudentiae nomen effugere* debemus. In Mnemos. II, 409 steht mit lakonisch-niederländ'scher Kürze Ruhnkens Konjektur: impudentiae *crimen*, von keiner Ausgabe auch nur erwähnt. Ich halte sie für richtig, nomen für unhaltbar. Vgl. Verr. III, 166 *crimen* tantae audaciae tantaeque *impudentiae* praetermittam? Flacc. 89 videmurne .. avaritiae *crimen effugere* ib. 7 qui maledictum omne, non modo *crimen effugit*. Synonyma sind infamia, offensio: Leg. agr. II, 91 crudelitatis *infamiam effugerunt*. Verr. I, 103 non dubito quin *offensionem* neglegentiae *effugere* non possim. Orat. 132 *crimen* arrogantiae extimescerem de or. III, 187 ineptiarum *crimen effugiam*. Man sieht also: crimen effugere (oder ein Synonym) mit einem erklärenden Genitiv ist geradezu typisch; doch lassen wir all diese Belege! Fordert nicht die Steigerung im unmittelbar folgenden Satz: Quem vero non pudet, hunc non *reprehensione* solum sed etiam *poena* dignum puto unabweisbar diese Änderung? Oder ist reprehensio nicht das dem Wechsel des Ausdrucks zu lieb gewählte Synonym von crimen? Da drei Zeilen vorher dignum *nomine oratoris* steht, so ist die paläographisch ohnehin leicht denkbare Verwechslung um so weniger bedenklich. — Wem crimen zu kräftig ist, der lese die in ähnlicher Sache gesprochenen Worte I, 172 ceteros non dubitabo primum inertiae *condemnare* sententia mea, post etiam *impudentiae*. 173 extr. 184 extr. 185 in. *Et quoniam de impudentia dixi, castigemus etiam* segnitiem hominum atque inertiam.

ib. 217 ... eademque ratione dicantur *et quos* φυσικούς Graeci nominant *iidem* poetae, quoniam Empedocles physicus egregium poëma fecerit geben alle Hdschr. und Asg. Mit Ausnahme Sorofs, dessen Erklärung von et ich nicht zustimmen kann, schweigen alle Herausgeber; ob aus Überzeugung von der Untadelhaftigkeit der Überlieferung oder Nichtahnen der Schwierigkeit, ist gleichgültig. Ich lese dicantur *ei* quos φυσικούς Graeci nominant iidem (= zugleich auch) poëtae. Vgl. I, 10 ei qui mathematici vocantur und ei qui grammatici vocantur 198 ei qui apud illos πραγματικοί vocantur. 253 ei qui .. pragmatici vocantur (so nach Sorofs evidenter Verbesserung statt et qui) II, 111 ei qui dialectici appellantur u. s. w. Über idem vgl. de or. III. 178 hoc natura est ipsa fabricata .. in oratione ut *ea quae* maximam utilitatem in se continerent plurimum *eadem* haberent vel dignitatis vel saepe etiam venustatis. Orat. 194 Atque *haec quae* sunt apud Aristotelem *eadem* a Theophrasto de paeane dicuntur. — Ein Dutzend von verwechselten et und ei aus dem krit. Apparat unserer und der übrigen rhetor. Schriften zusammenzustellen lohnt sich nicht der Mühe; was sachlich notwendig ist, bedarf gar nicht einer derartigen, prekären Beihilfe.

ib. 219 nobis .. qui in *hoc populo* foroque versamur, satis est ea de *moribus hominum* et scire et dicere, quae non abhorrent ab *horum horum* moribus d. h. Wiederherstellung des vor hoium ausgefallenen horum halte ich für sachlich notwendig. vgl. § 223 Acuto homine nobis opus est et natura usuque callido, qui sagaciter pervestiget, quid *sui cives* iique homines, quibus aliquid dicendo persuadere velit, cogitent sentiant, opinentur expectent, und die sich daran schliefsende Erörterung.

ib. 239 Quaero igitur, quid adiuverit oratorem in his causis *juris scientia*, cum hic juris consultus superior fuerit discessurus, qui esset non suo artificio, sed alieno [hoc est, non *iuris scientia* sed eloquentia] sustentatus: die eingeschlossenen Worte halte ich mit Ellendt und Bake für eine Randbemerkung.

II, 23 volucris videmus procreationis atque utilitatis suae causa effingere et *construere* nidos lese ich mit den mutili, nicht, wie alle jetzigen Asg., *constituere*. Vgl. de nat. III, 129 aves cubila sibi nidosque *construunt* eosque quam possunt mollissime substruunt. Plin. n. h. 19, 49, 1 hirundines (nidos) luto *construunt* ..., das bei ihm mit facere, perficere, confingere nidum u. ähnl. wechselt. Ovid. metam. 15, 397 unguibus et puro nidum sibi construit ore. Tac. ann. 6, 28 sagt blofs struere. Für die Entstehung der Korruptel beachte man die Notiz über den Lagom. 81, der hat construere, darüber von 2. Hand vel constituere, und den krit. Apparat zu de inv. I, 89 wo die Variante instruit neben instituit sich findet und besonders Top. 92 wo man die Wandlungen instruuntur instiuntur instituuntur vor sich sieht.

ib. 55 cum ad ceteras res illustres, tum ad historiam scribendam [maxime] se applicaverunt ist wohl mit den mutili zu lesen.

ib. 64 genus orationis fusum atque tractum et cum lenitate quadam aequabili*ter* profluens sine hac iudicia*li* asperitate; in den vollst. Hdschr. ist aequabili dem vorhergehenden Ablativ assimiliert.

ib. 88 adulescentulum audivi voce et forma aptis..., oratione *autem* celeri et concitata, *set* (so die mutili!) *verbis* effervescentibus et paulo *nimium redundantibus* verlangt schon der Sinn und die Steigerung der Stelle. Denn oratio ist hier natürlich = actio, Vortragsweise.

ib. 100 Lex peregrinum vetat in murum *escendere*; *escendit* hat der Abrinc. allein, und ich sehe es für echt an gegenüber ascendere; ascendit, mit dem es öfter, z. B. Vatin. 34, verwechselt wird. Belege für den höchst bezeichnenden Gebrauch gibt jedes ausführliche Lexikon. Aufserdem siehe Naegelsb. L. St.⁶ § 81, 2.

ib. 108 Alia *est enim*, cum inter doctos homines de iis ipsis rebus quae versantur in artibus disputatur, verbor*um* definitio haben die Asg. und vollst. Hdschr., dagegen die mutili und zwar E: *Aelia es* et enim cum — verborum *m*edefinitio, A: Aelia est etenim cum — verborum *m*edifinitio, genau mit diesen Korrekturen von erster Hand. Ich lese Alia *enim*, cum — disputatur, verborum *est* definitio. Zur Korruptel et enim vgl. II, 142 Est et enim. — ib. 115 ut probemus, ut conciliemus eos nobis qui audia*nt*, *ut*... ist vielleicht aus audi*unt an ut* der mutili zu entnehmen. II, 177 ne cognoscat artem qui audi*at*, und so oft assimiliert: II, 312. III, 55 u. 120.

ib. 135 ambigitur ceperitne pecunias Decius, ohne das Pränomen P. haben in diesem for mel haften Beispiel die mutili. Vgl. § 132 At ipsum negat contra leges licuisse Decius. 134 nihil pertinet ad oratoris locos Opimii persona, nihil Decii. und völlig deckend Orat. Part. 104 in coniectura: ceperitne pecunias Decius. — Ebenso ist 169 Si Gracchus nefarie, praeclare Opimius, aus dem gleichen Grunde, gegen si ' t der mutili, das Richtige. vgl. 132. Part Orat. 104.

ib. 142 .. ut quod homines *innumerabiles* essent, debili*tati a iure* cognoscendo, voluntatem discendi simul cum spe perdiscendi abiceremus die Hdschr.; debilitati *numero* änderte Bake, debilitati *tanto numero* Sorof: beides scheint mir nach *innumerabiles* zu schwach und schlage ich debilitati *mире* cognoscendo vor; eingeschüchtert durch die gewaltige Aufgabe, die wir zu bewältigen haben. — Dafs zu debilitati ein Objekt, wie dies einige Hrsg. annehmen, entbehrt werden könne, wird durch den Sprachgebrauch Ciceros und anderer bestimmt widerlegt.

ib. 146 .. ut ea res ipsa peperisse videatur. Ac si verum quaeritis, quod mihi quidem videatur, haben alle Hdschr. und Asg.; ich halte das zweite videatur sachlich für unmöglich und betrachte es als Assimilation des ursprünglichen videtur an den unmittelbar vorhergehenden Konjunktiv. Derartige Anähnlichungen von Modi an einander liefsen sich, selbst in den mutili unserer Schrift, leicht fünfzehn nachweisen. Auch Orat. 183 wird jetzt, gegen die hdschr. Überlieferung, mit Wesenberg quamquam ... soluta esse videtur oratio mit Recht ediert. Es liegt eben der Konjunktivbegriff schon in der Kraft von *videri*, so dafs ut (wie) oder quod mihi videatur sich, bei Cicero sicher, nirgends findet.

ib. 149 ut in iis locis... revolvatur animus, ut *penitus* insinuet... ist in den jungen Hdschr. zu *pervolv.* wegen des folgenden penitus, das aber die innere Folge des rev. gibt, umgeändert.

ib. 170 Si et ferro interfectus ille... et nemo praeter te ibi visus est et causa nemini et tu*ne* semper audax, quid est quod... de facinore dubitare possimus? So die mutili, die jüngeren Hdschr. und alle Asg. tu; ich vermute tu*te* (oder tu *es*). tu*te* kommt nicht etwa blofs bei den röm. Komikern und in Ciceros Briefen, also in der Volkssprache, vor, sondern auch in den philosophischen Schriften, worüber die Lexika Aufschlufs geben.

ib. 174 Ut .. si aurum cui, quod esset multifariam defossum, commonstrare vellem, satis esse deberet, si signa et *notas ostenderem locorum*, quibus cognitis ipse sibi foderet ...: sic has ego argumentorum *novi notas* quaeren*ti* demonstravi ubi sint haben die Hdschr., Sorof *recognovi notas quaerentiq*; demonstravi, Adler: arg. notas quaerenti demonstravi.

Ich statuiere mit Sorof den nicht seltenen Ausfall von q; vor de und lese im übrigen: argumentorum nota*vi locos* quaerenti*que demonstrari* Vgl. Top. 7 Ut .. earum rerum, quae absconditae sunt, *demonstrato et notato loco* facilis inventio est, sic cum pervestigare aliquod *argumentum* volumus, *locos* nosse debemus; sic enim appellatae ab Aristotele sunt eae quasi *sedes, e quibus argumenta promuntur*, ib. 25 His .. *locis*, qui sunt expositi ad omne *argumentum*, tamquam elementis quibusdam *significatio et demonstratio ad reperiendum* datur. ib. 109 illos *locos* tamquam thesauros aliquos *argumentorum notatos* habet. Orat. 136 tantummodo notetur locus (sententiae ornamentorum) ib. 44. 46. 183. 186 (notatus et cognitus est numerus). de or. II. 162 I. 189. 203.

ib. 196 fehlt das erklärende *magno* in den mutili nach non sine dolore mit Recht; in E ist es von zweiter junger Hdschr. darüber geschrieben.

ib. 292 lies mit Kayser und Wilkins nach den mutili: movere animos (vgl. II, 310), nicht perm. oder commovere der Jüngeren.

ib. 319 apparet eas ex ea causa *quae tum agatur* eccloruisse die Asg.; *quae tum quaeritur* A, blofs queritur E: wegen des engeren Anschlusses an die älteste Überlieferung und des in der nächsten Zeit folgenden agetur ziehe ich quae tum *quaeritur* vor.

ib. 332 Omnia .. concludenda .. vel inflammando *sunt* iudice vel mitigando: so ist inflammandos der mutili aufzulösen vgl. 332 extr. conferendas III, 9 collocutis. Über die Wiederholung des Hilfsverbums habe ich zu Orator 227 gehandelt.

ib. 344 uide*ntur* bieten die mutili, andere vide*mur*, worin dasselbe steckt; wieder andere uide*tur*, das dem vorhergehenden habet angepafst ist. habet ist, unter dem Einflufs des hervorhebenden *ipsa*, auf eloquentia allein bezogen, obwohl noch ein anderes Subjekt vorhergeht. videntur dagegen bezieht sich, wie Sed tamen in laudando iungenda sunt etiam *haec genera virtutum* zeigt, auf alle von Sapientia an vorgeführten Eigenschaften. So zuerst Wilkins.

ib. 357 neque tam *acri* memoria fere quisquam est, ut, non dispositis notatisque rebus, ordinem *verborum omnium aut sententiarum complectatur*; neque vero tam hebeti, ut nihil hac consuetudine et exercitatione adiuvetur ist zu emendiren. Die mutili haben verborum *aut hominum aut* sententiarum. Es war nämlich schon im Archetypus, wie I, 9. 109. 157. 182. u. s. w. hominum aus omnium verschrieben; die denkenden Abschreiber nun warfen das in solchem Zusammenhang unverständliche Wort aus, die nichtdenkenden, aber gewissenhaften Transskriptoren liefsen es stehen und reihten es durch Wiederholung der Partikel aut in den Zusammenhang ein. Diese Interpolationsweise, eine Partikel fälschlich zu wiederholen, findet sich in unseren Hdschr. häufig, siehe I, 34. 115. II, 48. 56. 350. 360 u. s. w.

Dafs omnium durch den Gedanken geradezu gefordert wird, bedarf für den achtsamen Leser keiner weiteren Erörterung. Ich begnüge mich, noch hinzuweisen auf einige ähnliche Stellen: de or. I, 18 quid dicam de thesauro rerum omnium, memoria? quae nisi custos inventis cogitatisque rebus et verbis adhibentur, intellegimus, omnia, etiamsi praeclarissima fuerint in oratore, peritura. II, 355 Qui sit .. memoriae fructus, quid attinet me dicere? omnes fixas esse in animo sententias? omnem descripttum (discriptum?) verborum apparatum? Cornific. III, 10, 33.

ib. 367 Cotta spricht zu Crassus: ... Id autem committere vides, quam homini censorio conveniat. Agite vero, inquit, ut vultis haben die mutili, blofs E über inquit das erklärende Crassus, die jüngeren Codices geben *ille inquit*, eine Stellungsweise des Pronomens, die für Cicero nicht bezeugt ist. inquit ille steht II, 233. 295. III, 18. 47.

III, 16 studio *et* ingenio et doctrina praestans omnibus ist mit den mutili zu edieren, nicht st. atque ing. Siehe die oben zu Top. 78 beigebrachten Stellen.

III, 117 Atque eae quidem disceptationes .. sic fere a doctissimis hominibus *di*scribuntur hat A allein richtig, E das erklärende distribuuntur.

Zum Sinn vgl. unten § 119 Eadem sunt membra .. paulo secus a me atque ab illo *partita ac tributa*. — Ich trage hier nach Orat. 200 Ante .. circumscribitur mente sententia confestimque verba concurrunt, quae mens eadem, qua nihil est celerius, statim *dimittit* ut *suo quodque loco* respondeat; quorum *di*scriptus (die Hdschr. und Asg. descr.) ordo alias alia terminatione concluditur ... Brut. 46 accurate et *di*scripte dicere. de inv. I, 50 in praesentia tantum modo numeros et modos et partes argumentandi *confuse* et permixte dispersimus; post *discripte* et electe *in genus quodque* causae, quod cuique conveniat, *ex hac copia digeremus*. Über die Bedeutung von descr. und discr. und ihre fast ständige Verwechslung vgl. Halm im Progr. von Speier 1846 p. 13.

ib. 125 sit modo is qui dicet aut scrib*et et* institutus .. *et* flagret studio *et* a natura adiuvetur ist mit den mutili zu lesen. Siehe II, 162. Brut. 125. 98.

ib. 135 nemo melior senator; *et idem* facile optimus imperator, „und dabei wiederum"; in den jungen Hdschr. fehlt das et der mutili. Siehe § 134 eidemque.

ib. 144 plus aliquanto attulisti quam tibi era*t tri*butum a nobis A E H, der aus A abgeschriebene E¹ interpolierte bereits er*at at*tributum. Das Simplex hat an sich und durch den Zusammenhang die Kraft von distribuere, wie hier von attrib. vgl. III, 57. Derselbe Fehler Boet. Comment. in Cic. Top. p. 387, 13 Or.

ib. 144 cumque de duabus primis *nobis quidem satis*, sed, *ut ipse dicebas*, celeriter exigueque dixisses geben alle jungen Hdschr. und Asg. *dicebas* fehlt nicht ohne Grund in den mutili, es ist eine erklärende Interlinearglosse, die auf der Verkennung eines Latinismus beruht. Wollte man nämlich in einer kommentierenden Anmerkung etwas ergänzen, so wäre das dic*is*, herausgenommen aus dem folgenden dix*isses*: „als du für uns genug, für dich dagegen = nach deinem Mafsstab zu sprechen freilich d. h. nach deiner Fähigkeit gründlich und umfassend über diesen Gegenstand dich zu äufsern, nur in aller Eile und Gedrängtheit gesprochen hattest .." Vgl. I, 160 ff.

ib. trans*lata alio* quodam modo lese ich, mit Einschaltung von alio vgl. Orat. 93 alio modo transtulit — alio modo, de or. I, 179 simili quodam modo. II, 186 alio quodam genere.

ib. 177 Ex hac versus, ex *hac* eadem dispares numeri conficiuntur der mutili halte ich für richtig.

ib. 195 quae sint in artibus *ac* rationibus recta *aut* prava *diiudicant* ist gegen alle Hdschr. u. Asg. statt *ac* pr. zu lesen. Siehe Brut. 184 quid in dicendo rectum sit *aut* pravum, ego iudicabo.

ib. 189 Sed *ego* te ne laudandi quidem causa interpellavi, ne ... mit der ed. Rom. 1469; eo die Hdschr. und Asg.

ib. 198 tac*iti* omnes non esse illud quod diximus aptum perfectumque *cernunt* geben als ursprüngliche Lesung die mutili und Rufinus de metris p. 2717 P. Vgl. de inv. I § 12 Si taciti .. praeterierimus .. Verr. III, 183 tu umquam tantam plagam tacitus accipere potuisses, nisi ..?
ib. 199 *dixi* de numero atque forma. Sed si habitum *iam* orationis et quasi colorem aliquem *requiritis*, est ... mache ich aus dem *etiam* der mutili, das in den jüngeren Hdschr. zu etiamsi u. s. w. erweitert und umgestellt ist. iam = 'nunmehr, jetzt'.
ib. 217 bieten in einem archaischen Vers, der öfter bei Cicero, doch nicht besser als von unseren jüngeren Hdschr. überliefert, wiederkehrt; die mutili: Haec omnia vid*et* in flammare ; Priamo vi vitam evitar*et;* stelle her: vid*ei*-evitar*ei*, und natürlich auch ohne Hdschr. inflammar*ei*.
ib. 222 Oculos .. natura nobis, ut equo *aut* leoni setas ... dedit, die sachlich gebotene Lesung der mutili bedarf keiner besonderen Empfehlung.

Zum Schlufs[4]) trage, aus guten Gründen gesammelt und selbständig, vor einige Neujahr 1882 mir mitgeteilte Neuerungen meines Freundes L. Sperl cand. philol. et theol. in Leipzig. früher Erlangen, von dessen nicht gewöhnlichen kritischen Anlagen ich lebhaft bedauere, dafs sie nunmehr völlig der Gottesgelahrtheit sich zuwandten.

I, 47 in dicendo gravissimo et *elegant*issimo, Platoni ... (mit Bake; E und H haben et lequent. I. m.). — § 50 quod non habuer*int* hanc dicendi ex arte aliena facultatem sei sachlich notwendig und seine Entstehung durch die erhaltenen Varianten leicht zu erklären. — § 51 orator id si gestellt, wie Sorof, dem ich das Gleiche vor Jahresfrist brieflich empfohlen, in der eben im Erscheinen begriffenen 2. Afl. — § 61 physica ista ipsa quae paulo ante et mathematica et cetera artium propria posuisti mit den mutili gestellt.

§ 104 Est .. apud M. Pisonem adulescentem huic studio deditum, summo homo ingenio nostrique cupidissim*us* Peripateticus Staseas, *homo* nobis sane familiaris ... sei nach den mutili zu edieren.

München (Max-Gymnasium).

Th. Stangl.

---

[4]) An dem Tage, da mir der letzte Korrekturbogen zugestellt wurde, kam mir durch die Güte eines pfälz'schen Freundes auch zu Handen Caspar Hammers Comment. de Cic. Top., Prgr. v. Landau 1879, worin p. 31—34 mehrere Stellen, bereits mit Beiziehung der Bamberger Hdschr., kritisch besprochen, § 31 und 47 evident emendiert werden. Dies mein Versehen gibt mir zur Bemerkung Anlafs, dafs ich zuerst Cicero, besonders den der rhetorischen Schriften, lesen wollte und las, zu einer vollständigen Kenntnis besonders der in Programmen zerstreuten neueren Literatur über die rhetor. Schriften, bei meinen dienstlichen und persönlichen Verhältnissen, nicht vordringen konnte.

Die Einheit der Naturkräfte.

"Es gibt nichts anderes als Kraftzentren von gleicher Intensität in verschiedenen Zuständen der Bewegung, welche abstofsend, umgekehrt proportional dem Quadrate der Entfernung, aufeinanderwirken."[1]

Der Verfasser der "Einheit der Naturkräfte" verwirft die Newton'sche Anziehungskraft als Urkraft, "da bei anziehenden Grundkräften alles im Laufe der Zeit in einen einzigen Punkt zusammengezogen werden würde, wofern man nicht wiederum neue abstofsende Kräfte oder ihnen gleichbedeutende neue Grundeigenschaften der Materie, wie Härte, Elastizität, Undurchdringlichkeit etc. einführen wollte" (S. 9). Allein hier ist Schmitz-Dumont in einem Irrtum befangen. Nehmen wir als einzige Kraft die Newton'sche Anziehungkraft an, so werden zwei Kraftcentra mit wachsender Geschwindigkeit sich auf einander zu bewegen, um sich dann mit abnehmender Geschwindigkeit von einander zu entfernen, bis die Geschwindigkeit gleich Null geworden ist, von welchem Augenblicke an die entgegengesetzte Bewegung beginnt, wobei ein Ruhezustand nie eintreten kann. Auch möchte wohl weniger der Gedanke an ein notwendiges Zusammenfliefsen aller Materie in einen einzigen Punkt, als die vermeintliche Thatsache der Abstofsung die Naturforscher abgehalten haben, die Gravitation als einzige Urkraft anzunehmen. Dieses Bedenken schwindet aber, wenn man das Entfernen der Himmelskörper von einander, welches offenbar und anerkannt nur eine Folge der Newton'schen Anziehungskraft ist, unter diesem Gesichtspunkt betrachtet. Denn aus entsprechender Ferne würde es einem Auge, welches mit den Gesetzen der Bewegungen der Himmelskörper nicht bekannt ist, vorkommen, als wenn die von der Sonne sich weg bewegenden Planeten und Kometen von ihrem Zentralkörper abgestofsen würden. Von diesem nahe liegenden Gedanken ausgehend habe ich in dem Programm des Düsseldorfer Gymnasiums vom Jahre 1880 die abstofsenden Naturkräfte auf die Newton'sche Anziehungkraft zurückgeführt. Dagegen gelingt es Schmitz-Dumont nur scheinbar, die Übereinstimmung der Thatsachen mit seiner Hypothese darzuthun. Um die Einwirkung des Äthers auf ein Ätheratom zu untersuchen, wählt er diejenige Anordnung, wobei je ein Kraftpunkt in einer Würfelecke und im Zentrum jedes Würfels ist. Statt aber nun den Würfel zu betrachten, werden die Wirkungen von vier Kraftpunkten $m\,m'\,\mu\,\mu'$, welche die Ecken eines Quadrats bilden, auf einen Kraftpunkt c berechnet, welcher vom Mittelpunkt des Quadrats senkrecht zu $m\,m'$ verschoben worden. Würde man die Newton'sche Anziehungskraft zu grunde legen, so würde sich, da die Würfelkante gleich 2 und die Verschiebung gleich x gesetzt ist, die Formel

$$K = \frac{2(1-x)}{[1+(1-x)^2]^{\frac{3}{2}}} - \frac{2(1+x)}{[1+(1+x)^2]^{\frac{3}{2}}}$$

---

[1]) Die Einheit der Naturkräfte von Schmitz-Dumont, S. 7.

für die nach der Mitte von mm' ziehende Kraft ergeben. Schmitz-Dumont müfste nun, da er eine abstofsende Kraft von derselben absoluten Gröfse annimmt, denselben Ausdruck mit entgegengesetztem Vorzeichen erhalten. Statt dessen legt er S. 11 die Formel

$$\varphi_m - \varphi_\mu = \frac{1}{1+(1-x)^2} \cdot \frac{1-x}{2-x} - \frac{1}{1+(1+x)^2} \cdot \frac{1+x}{2+x}$$

zu grunde, welche, wie in den nachträglich erschienenen erläuternden Bemerkungen angegeben ist, eine Annäherungsformel sein soll, was aber nicht der Fall ist, da die Ergebnisse von den folgenden nach der richtigen Formel berechneten zu sehr abweichen. Wir erhalten

$K_0 = 0$ für $x = 0$; $K_{0,1} = 0{,}069558$ für $x = 0{,}1$;

$K_{0,2} = 0{,}132155$; $K_{0,3} = 0{,}180436$; $K_{0,4} = 0{,}206617$;

$K_{0,5} = 0{,}203511$; $K_{0,6} = 0{,}163925$; $K_{0,7} = 0{,}084090$;

$K_{0,8} = -0{,}035192$; $K_{0,9} = -0{,}186876$; $K_1 = -0{,}357771$.

Schmitz-Dumont müfste dieselben absoluten Werte, jedoch mit entgegengesetzten Vorzeichen erhalten. Aber auch hierbei würde in den meisten Fällen der Kraftpunkt c nach dem Mittelpunkt des Quadrats getrieben werden.

Ein folgenschwerer Irrtum wird S. 12 gemacht, wo die Ergebnisse der Betrachtung des Quadrats verallgemeinert werden. Denkt man sich ein Ätheratom in dem gleichmäfsig verteilten Äther aus seiner Gleichgewichtslage verschoben und durch diese senkrecht zur Richtung der Verschiebung eine Ebene gelegt, so glaubt der Verfasser fälschlich, dafs der Äther sich aus Punktpaaren zusammensetze, deren Lage in Beziehung auf jene Ebene gleich und entgegengesetzt sei, analog der Lage der Punkte $m\mu$ oder $m'\mu'$ in Beziehung auf die zu $m\mu$ senkrechte Ebene durch den Mittelpunkt des Quadrats (S. 12). Allein im allgemeinen läfst der Äther sich nicht in Punktpaare zerlegen, so dafs die Punkte desselben Paares symmetrisch zu der betreffenden Ebene liegen; und wenn es der Fall wäre, so würde sich nicht ergeben, dafs ein Kraftpunkt bei den gemachten Voraussetzungen nach seiner Gleichgewichtslage zurückgetrieben würde. Nicht als Ecken eines Quadrats, sondern als Ecken oder Mittelpunkte von Würfeln sind die Kraftpunkte aufzufassen, was auch Schmitz-Dumont in den angeführten erläuternden Bemerkungen zuzugeben scheint. Indem wir nun dasselbe Problem bei Zugrundelegung der Newton'schen Anziehungspunkte betrachten, bemerken wir, dafs wir bei Veränderung des Vorzeichens die Ergebnisse für die Hypothese von Schmitz-Dumont erhalten.

Es seien die Kraftpunkte $a_1 a_2 a_3 a_4$ die oberen, $b_1 b_2 b_3 b_4$ die unteren Ecken eines Würfels, und der Kraftpunkt c befinde sich im Mittelpunkte. Wird nun c senkrecht zu der Ebene $a_1 a_2 a_3 a_4$ um x verschoben, so ist nach dem Newton'schen Gesetze die Resultierende der 8 Kräfte, wenn die Würfelkante gleich 2 ist,

$$\frac{4(1-x)}{[2+(1-x)^2]^{\frac{3}{2}}} - \frac{4(1+x)}{[2+(1+x)^2]^{\frac{3}{2}}}.$$

Nennen wir den Wert dieses Ausdrucks A und setzen für x der Reihe nach 0,1; 0,2 u. s. w., so erhalten wir:

$$A_0 = 0; \quad A_{0,1} = \frac{3,6}{2,81^{\frac{3}{2}}} - \frac{4,4}{3,21^{\frac{3}{2}}} = -0,0007958;$$

$A_{0,2} = -0,00631248;\quad A_{0,3} = -0,02098532;$

$A_{0,4} = -0,04865512;\quad A_{0,5} = -0,0922138;$

$A_{0,6} = -0,15324288;\quad A_{0,7} = -0,23169127;$

$A_{0,8} = -0,32568999;\quad A_{0,9} = -0,43159765;$

$A_1 = -0,54433104.$

Das aus dem Mittelpunkte eines Würfels senkrecht zu einer Grenzfläche verschobene Kraftzentrum wird also bei Zugrundelegung der Newton'schen Anziehungskraft nach dem Mittelpunkt zurückgetrieben; mithin muß bei der Hypothese von Schmitz-Dumont das Gegenteil eintreten. Dieser nimmt nun aber in seinen erl. Bem. die sechs nächsten Kraftpunkte in den Mittelpunkten der Nachbarwürfel hinzu.

Dieselben liefern für $x = 0,1$ $\frac{1}{1,9^2} - \frac{1}{2,1^2} - \frac{0,4}{4,01^{\frac{3}{2}}} = 0,0004368$; wir erhalten mithin in diesem Falle $-0,0007958 + 0,0004368 = -0,0003590$ und bei der Hypothese von Schmitz-Dumont $+0,000359$; d. h. bei dieser Hypothese wird der Kraftpunkt von seiner Gleichgewichtslage weiter weggetrieben.

Für den Doppelwürfel (mit der Kante 6), welcher erhalten wird, wenn jede Kante des ursprünglichen einfachen Würfels um sich selbst nach beiden Seiten verlängert und nun jedesmal im Abstande 2 ein neues Kraftzentrum angenommen wird, ergibt sich:

$$A = 3,6 \left\{ \frac{1}{2,81^{\frac{3}{2}}} + \frac{2}{10,81^{\frac{3}{2}}} + \frac{1}{18,81^{\frac{3}{2}}} \right\} + 11,6 \left\{ \frac{1}{10,41^{\frac{3}{2}}} + \frac{2}{18,41^{\frac{3}{2}}} + \frac{1}{26,41^{\frac{3}{2}}} \right\}$$

$$- 4,4 \left\{ \frac{1}{3,21^{\frac{3}{2}}} + \frac{2}{11,21^{\frac{3}{2}}} + \frac{1}{19,21^{\frac{3}{2}}} \right\} - 12,4 \left\{ \frac{1}{11,61^{\frac{3}{2}}} + \frac{2}{19,61^{\frac{3}{2}}} + \frac{1}{27,61^{\frac{3}{2}}} \right\}$$

$$= 1,73550931 - 1,73629147 = -0,00078216.$$

Bilden wir auf ähnliche Weise einen dreifachen Würfel (Kante 10), so ergibt sich bei $x = 0,1$ für die Anziehung von c die Kraft $-0,00077765$. Der erste Würfel zieht also mit der Kraft $0,0007958$ nach unten, d. h. nach der entfernteren Würfelfläche hin, der zweite mit der Kraft $0,00001364$ nach oben und der dritte mit der Kraft $0,00000451$ nach oben. Es liegt mithin die Vermutung nahe, daß die folgenden Würfel kaum in betracht kommen. Nehmen wir nun im Mittelpunkte eines jeden dem ursprünglichen einfachen Würfel kongruenten Würfels ebenfalls einen Kraftpunkt an, so wird der um $x = 0,1$ verschobene Kraftpunkt c von der ersten Gruppe, welche zwischen dem Würfel mit der Kante 2 und dem Würfel von der Kante 6 liegt, mit der Kraft

$$\frac{1}{3{,}61} + 7{,}6\left\{\frac{1}{7{,}61^{\frac{3}{2}}} + \frac{1}{11{,}61^{\frac{3}{2}}}\right\} - 0{,}4\left\{\frac{1}{4{,}01^{\frac{3}{2}}} + \frac{1}{8{,}01^{\frac{3}{2}}}\right\} - \frac{1}{4{,}41}$$

$$- 8{,}4\left\{\frac{1}{8{,}41^{\frac{3}{2}}} + \frac{1}{12{,}41^{\frac{3}{2}}}\right\} = 0{,}000373628$$

angezogen, und von der folgenden Gruppe mit der Kraft 0,00008393. Für den Doppelwürfel erhalten wir also 0,000373628 — 0,00078216 = — 0,00040853 und für den dreifachen Würfel 0,000373628 + 0,00008393 — 0,00077765 = — 0,00032009.

Setzen wir $x = 0{,}8$, so ist die Anziehungskraft des einfachen Würfels — 0,32568999 und des zweifachen Würfels — 0,310921466; nehmen wir die Würfelzentra zwischen dem ersten und zweiten Würfel hinzu, so ergibt sich 0,12072740 — 0,310921466 = — 0,190194066. Die Würfelzentra bilden unter sich Würfel, wovon die ursprünglichen Würfelecken die Zentra bilden.

Wir erhalten also den Satz: Wird ein Kraftpunkt in seiner Würfelkante verschoben, so wird er bei Zugrundelegung der Newton'schen Anziehungskraft in die Gleichgewichtslage zurückgetrieben, nach der Hypothese von Schmitz-Dumont also von der Gleichgewichtslage weiter weggetrieben.

Denken wir uns nun 8 gleiche Himmelskörper so im Weltraum gelegen, dafs ihre Mittelpunkte die Ecken eines Würfels bilden, und in der Axe dieses Würfels das Zentrum eines neunten Himmelskörpers, so wird dieser nach der Mitte der Axe getrieben werden und infolge des Beharrungsvermögens über diesen Punkt hinausgehend hin und herschwingen. Dasselbe wird der Fall sein, wenn in den Ecken des Würfels 8 gleich geladene elektrische Kugeln sich befinden, während ein Körper in der Axe die entgegengesetzte Elektricität enthält.

Es liegt die Vermutung nahe, dafs das eben gefundene auffallende Ergebnis nicht blofs bei dem Würfel vorkommt. Wir wollen daher untersuchen, unter welchen Bedingungen es beim rechtwinkligen Parallelepipedon von der Länge $2l$, der Breite $2b$ und der Höhe $2h$ eintritt. Das Kraftzentrum c sei um x vom Durchschnittspunkt der Diagonalebenen senkrecht zu der oberen Grenzfläche verschoben. Dann ist die Resultierende

$$\frac{4(h-x)}{[l^2+b^2+(h-x)^2]^{\frac{3}{2}}} - \frac{4(h+x)}{[l^2+b^2+(h+x)^2]^{\frac{3}{2}}}.$$

Ist dieser Ausdruck positiv, so wird c nach der oberen, ist er negativ, so wird c nach der entfernteren unteren Grenzfläche getrieben. Den Grenzwert, bei welchem die Resultierende gleich Null ist, erhalten wir, wenn

$$(h-x)[d^2+2hx+x^2]^{\frac{3}{2}} = (h+x)[d^2-2hx+x^2]^{\frac{3}{2}},$$

wobei $l^2+b^2+h^2 = d^2$ gesetzt worden ist. Alsdann ist

$$(h-x)^{\frac{2}{3}}[d^2+2hx+x^2] = (h+x)^{\frac{2}{3}}[d^2-2hx+x^2].$$

Dieser Ausdruck liefert
$$3h^2x = d^2x + \left[\frac{4}{3} + \frac{2d^2}{27h^2}\right]x^3 + \ldots,$$
wobei alle Glieder x enthalten und bei positivem x positiv sind. Wir erhalten also in allen Fällen, wie zu eswarten war, einen Gleichgewichtszustand für $x = 0$. Da
$$3h^2 = d^2 + \left(\frac{4}{3} + \frac{2d^2}{27h^2}\right)x^2 + \ldots,$$
so ist für ein verschwindend kleines x
$$3h^2 = d^2, \text{ oder}$$
$$2h^2 = l^2 + b^2 = d_1^2,$$
wenn d_1 die halbe Diagonale der Grundfläche ist.

Ist $h > \frac{d_1}{\sqrt{2}}$, so bewegt sich c nach oben, ist $h < \frac{d_1}{\sqrt{2}}$, nach unten, also der entfernten Grenzfläche zu. Wenn dagegen x nicht gleich Null ist, so tritt die Bewegung nach unten schon bei gröfserem h ein, da alle Glieder auf der rechten Seite der obigen Gleichung positiv sind.

Aus dem Vorhergehenden ergibt sich folgendes Paradoxon: Schneidet man aus zwei parallelen, um h von einander entfernten, materiellen Ebenen zwei gleiche Kreise aus, deren Durchmesser gleich $h\sqrt{2}$, und zwar so, dafs die Verbindungsstrecke der Mittelpunkte auf den Ebenen senkrecht steht, so wird jede materielle, gleichförmige Kugel, deren Mittelpunkt in jener Verbindungsstrecke liegt, nach der entfernteren Ebene hingezogen und wird als in dieser Strecke hin und herschwingen, wenn keine anderen Kräfte als die Anziehung der materiellen Ebenen auf sie wirken.

Setzt man b gleich Null, so wird c nach dem Mittelpunkt des Rechtecks gezogen, wenn die der Verschiebung parallele Seite gleich oder kleiner als das Quadrat ist, dessen Dividend die andere Rechtecksseite und dessen Divisor $\sqrt{2}$.

Aus dem Vorstehenden geht hervor, dafs die Zurückbewegung von c vorzugsweise darin ihren Grund hat, dafs in der Richtung der Verschiebung der Würfel offen ist. Wird aber der erste Würfel von anderen umschlossen, bei welchen die Kraftpunkte jedesmal in der Entfernung 2 von einander liegen, so schliefsen sich jene offenen Stellen immer mehr. Das Paradoxon, dafs die nähere Gruppe von Kraftpunkten weniger stark anzieht, als die kongruente entferntere, kann also nur dann eintreten, wenn in der Richtung der Verschiebung die gröfsere Leere herrscht, da dann bei der näheren Gruppe die gröfseren Komponenten sich heben und die sich nicht hebenden durch die Multiplikation mit dem Cosinus eines gröfseren Winkels, als bei der entfernteren Gruppe, verhältnismäfsig klein geworden sind. Demnach läfst sich bei einer Verschiebung von c in einer Diagonale des Würfels ein anderes Ergebnis erwarten. Wird z. B. c parallel zu jeder Kante um 0,1 verschoben, so ist jede Seitenkraft

$$0{,}9\left\{\frac{1}{2{,}43^{\frac{3}{2}}}+\frac{2}{2{,}83^{\frac{3}{2}}}+\frac{1}{3{,}23^{\frac{3}{2}}}\right\}-1{,}1\left\{\frac{1}{2{,}83^{\frac{3}{2}}}+\frac{2}{3{,}23^{\frac{3}{2}}}+\frac{1}{3{,}63^{\frac{3}{2}}}\right\}=0{,}00163317;$$

c bewegt sich also in der Diagonale nach der Richtung der Verschiebung. Nehmen wir die 26 nächsten Würfelcentra, die Schichten von je neun Kraftpunkten bilden, hinzu, so üben diese eine Wirkung aus, dafs $X = Y = Z = -0{,}00020901$ ist. Alsdann erhalten wir für jede Komponente $0{,}00163317 - 0{,}00020901 = 0{,}00142416$. Verschiebt man c aus dem Würfelzentrum parallel der einen Kante um 0,6, parallel der zweiten um 0,4 und parallel der dritten um 0,1, so ergeben sich die Komponenten $-0{,}07725828$, $0{,}08426238$ und $0{,}08859267$; bei den Verschiebungen 0,6; 0,4; 0,2 erhalten wir die Komponenten $-0{,}04769424$, $0{,}12472414$ und $0{,}16190076$; bei 0,4; 0,4 und 0,1 die Kraftkomponenten $0{,}01914238$, $0{,}01914238$ und $0{,}05146277$; es sind also im letzten Falle alle drei Komponenten positiv, während in den beiden vorhergehenden Fällen die eine Komponente negativ war. In den angeführten Beispielen wird c nach der nächsten Diagonalebene hingezogen.

Denken wir uns jetzt einen Würfel, der aus fünf quadratischen Schichten besteht, wobei jedes Quadrat 25 Kraftpunkte enthält, die ihrerseits 16 kleine Quadrate bilden, so besteht dieser grofse Würfel aus 64 kleinen Würfeln. Im Mittelpunkte eines jeden dieser kleinen Würfel befinde sich ebenfalls ein Kraftpunkt. Der im Mittelpunkte des grofsen Würfels sich befindende Kraftpunkt a, welcher eine Ecke eines kleinen Würfels bildet, werde parallel zu der ersten Würfelkante um $x = 0{,}3$, parallel zu der zweiten um $y = 0{,}2$ und parallel zu der dritten um $z = 0{,}1$ verschoben, während die Kante des kleinen Würfels wiederum gleich 2 gesetzt ist. Alsdann ergibt sich als Anziehung der 124 Würfelecken

$$X' = 0{,}001645679$$
$$Y' = -0{,}008482814$$
$$Z' = -0{,}006885021;$$

und für die Anziehung der 64 Würfelzentra

$$X'' = -0{,}004011747$$
$$Y'' = 0{,}016742316$$
$$Z'' = 0{,}016198038.$$

Mithin erhalten wir für die resultierenden Komponenten

$$X = -0{,}002366068$$
$$Y = 0{,}008259502$$
$$Z = 0{,}009313017.$$

Dabei ergibt sich, dafs eine weitere Hinzunahme von Ecken und Würfelzentren von geringem Belang ist. Nimmt man z. B. statt 5 Lagen zu je 25 Kraftpunkten nur 4 Lagen zu je 16, so ergibt sich

$$X' = 0{,}001593593$$
$$Y' = -0{,}008273794$$
$$Z' = -0{,}006715612.$$

Wenn man dann statt 64 Würfelzentren nur die einen Würfel bildenden nächsten 8 in betracht zieht, so erhält man

$$X'' = -0,00407294$$
$$Y'' = 0,01704004$$
$$Z'' = 0,01652162.$$

Mithin
$$X = -0,002479347$$
$$Y = 0,008766246$$
$$Z = 0,009806008.$$

Aus dem Vorhergehenden ergibt sich, dafs bei einer gleichmäfsigen Verteilung gleicher Atome kein stabiles Gleichgewicht vorhanden ist, mag man nun annehmen, die Atome bildeten die Ecken von gleichen Würfeln, oder festsetzen, dafs auch in jedem Würfelzentrum sich ein Atom befinde. Macht man die erstere Annahme, so wird jedes aus der Gleichgewichtslage herausgebrachte Atom nach der nächsten Würfelkante getrieben; nimmt man dagegen Würfelzentra an, so werden die Atome, welche die Gleichgewichtslage verlassen haben, nach der nächsten Würfeldiagonale gezogen.

Legen wir die Hypothese von Schmitz-Dumont zu grunde, so erhalten sämtliche obige Rechnungsergebnisse das entgegengesetzte Vorzeichen. Beachten wir nun, dafs auch die Würfelzentra unter sich Würfel bilden, jeder Kraftpunkt mithin eine Würfelecke ist, so ergibt sich, dafs bei der genannten Hypothese jedes Atom, welches seine Gleichgewichtslage verlassen hat, nach der nächsten Würfelkante und zwar mit einer einzigen Ausnahme (unter unendlich vielen) von der Gleichgewichtslage weggetrieben wird. Nur bei der Verschiebung eines Würfelzentrums in der Diagonale des Würfels wird der betreffende Kraftpunkt nach seiner Gleichgewichtslage zurückgetrieben. Die Hypothese von Schmitz-Dumont mufs mithin verworfen werden.

Eine sehr wichtige aber notwendige Folgerung aus den gewonnenen Resultaten ist der Satz, dafs bei Zugrundelegung der Newton'schen Anziehungskraft die Welt nicht einer absolut gleichmäfsigen Verteilung und Erstarrung der Materie entgegengehen kann; denn, nehmen wir an, diese gleichmäfsige Verteilung wäre so nahe erreicht, dafs nur ein einziges Atom um einen fast verschwindend kleinen Weg von der erforderlichen Lage entfernt sei, alle Atome aber in Ruhe wären, so würde jene Abweichung hinreichen, um die Zusammengruppierung von Atomen, also die Aufhebung der gleichmäfsigen Verteilung notwendig herbeizuführen, wobei mit der Zusammengruppierung die Temperatur immer mehr steigen müfste.

Wenn die Atome nur Kraftzentra sind, so gibt es keine Undurchdringlichkeit für sie. Zunächst werden, da wir Würfelzentra annehmen, innerhalb einer Würfeldiagonale Atome sich auf einanderzu bewegen und dann durch- und umeinander schwingen. Ich habe im Programm des Düsseldorfer Gymnasiums vom Jahre 1880 gezeigt, dafs hierbei dasselbe

Ergebnis eintritt, als würde ein Atom durch Zusammenstofs zurückprallen; das von rechts nach links sich bewegende Atom a aber wird nicht von b zurückgestofsen, sondern infolge der gegenseitigen Anziehungskraft bewegt sich a nach links von b, um dann von b zurückgezogen sich nach rechts zurück zu bewegen. So lange die Atomlinie verhältnismäfsig wenige Atome enthält, werden die Schwingungen der einzelnen Atome vorzugsweise in der Richtung der Atomlinie stattfinden und wird die Anziehungskraft mit mehr oder weniger Erfolg dahinstreben, die anders gerichteten Schwingungen mit der Gesamtheit in eine mittlere Richtung zu bringen. Ist aber die Atomlinie relativ mit Atomen gefüllt, so werden die Schwingungen der neu hinzukommenden Atome immer mehr senkrecht zur Atomlinie stattfinden, welche Bewegung sich dann den anderen mitteilt, oder vielmehr ähnliche Schwingungen der anderen Atome bewirkt. Liegen z. B. die Atome a, b, c, d u. s. w., deren Zahl eine beschränkte sei, in einer Geraden, und das Atom m befindet sich in der Nähe dieser Linie, so wird dasselbe von den Atomen der Geraden angezogen und diese im allgemeinen unter einem schiefen Winkel schneidend hin und her schwingen. Da aber die Schwingungsebene nicht auf der Geraden senkrecht steht und die Atome der beiden Seiten der Geraden verschieden stark anziehen und angezogen werden, so wird der Winkel der Schwingungsebene mit der Geraden immer kleiner werden. Nehmen wir aber eine gefüllte Atomlinie, so können wir dieselbe mit Rücksicht auf ein aufserhalb gelegenes Atom annähernd als starre materielle Linie auffassen.

Es sei m die Masse eines Atoms, dessen Entfernung von der materiellen Geraden y sei. Nennen wir den Fufspunkt der von m auf die Atomlinie gefällten Senkrechten O, und nehmen die Gerade als X Axe mit dem Anfangspunkt O, so ist

$$m\mu q \cdot \frac{dx}{x^2 + y^2}$$

die Anziehung eines Punktes der Geraden, der um x von O entfernt ist, wenn q der Querschnitt und μ die Dichtigkeit der Geraden ist. Die Y Komponente dieser Anziehung ist $m\mu q y \cdot \frac{dx}{(x+y)^2}$. Die X Komponenten heben sich auf, und somit erhält man als Gesamtanziehung

$$m\mu q y \int_{-\infty}^{+\infty} \frac{dx}{(x^2 + y^2)^{\frac{3}{2}}} = \frac{2 m \mu q}{y} = \frac{A}{y}.$$

Ich habe bereits in XVIII, S. 123 der Zeitsch. v. Schlömilch zu beweisen gesucht, dafs eine Zurückführung der Kohäsionskraft auf die Newton'sche Anziehungskraft nur dann möglich ist, wenn die Atome in Reihen geordnet angenommen werden. Die obige Entwickelung hat uns zu derselben Annahme geführt. Wir nehmen demnach parallele Atomlinien an, die so geordnet sein mögen, dafs der kürzeste Abstand c sei und die jedesmal vier nächsten die Kanten eines rechtwinkligen prismatischen Raumes bilden. Wir betrachten dann die Einwirkung dieser Atomlinien auf ein Kraftzentrum c. Die Gesamtheit der Atomlinien besteht aus Gruppen von je vier, welche die Kanten eines rechtwinkligen prismatischen Raumes sind. Die Axe eines jeden prismatischen Raumes gehe durch c. Legt man nun durch c eine Ebene senkrecht zu den Atomlinien, so liefert jede Gruppe ein Rechteck. Ein solches sei $fghi$; die Seite fg sei gleich $2a$ und die Seite hi gleich $2b$. Die Anziehung der vier betreffenden Atomlinien ist nun eine solche, als wenn die vier Ecken Kraftzentra seien, deren Anziehung der Entfernung umgekehrt proportional. Es werde nun c aus dem Mittelpunkt des Rechtecks um x senkrecht zu fg verschoben. Alsdann ist die Anziehungskraft, wenn wir die Richtung von c senkrecht zu fg positiv nehmen,

$$\frac{2(b-x)}{a^2+(b-x)^2} - \frac{2(b+x)}{a^2+(b+x)^2}.$$

Dieser Ausdruck ist positiv, wenn

$$b^2 > a^2 + x^2.$$

Ist mithin $b^2 \lessgtr a^2 + x^2$, so wird c nach dem Mittelpunkt des Rechtecks zurückgetrieben. Genannter Bedingung wird genügt, wenn das Rechteck ein Quadrat ist. Wird dagegen c in der Diagonale des Quadrats um x verschoben, so wird es mit der Kraft $\frac{4x^3}{4-x^3}$ nach der nächsten Ecke gezogen.

Ist z. B. $x = 0,1$, so ergibt sich als Anziehungskraft der vier nächsten Atomlinien $\quad A' = -0,00099972.$
Die 12 jene vier umschliefsenden liefern
$$A'' = 0,00001023,$$
und die 20 diese umschliefsenden
$$A''' = 0,00000336.$$
Also erhalten wir
$$A = -0,00098613$$

als Anziehungskraft für die c nächsten 36 Atomlinien. Wir ersehen daraus, dafs die Wirkung der vier nächsten durch die anderen wenig verändert wird, so lange c sich von der Axe des prismatischen Raumes nicht weit entfernt.

Bei den Reihenverbindungen der Atome sind die Diagonalebenen die Orte, wohin die freien Atome getrieben werden, vor allem aber kommt hier die Durchschnittslinie derselben, die Axe des prismatischen Raumes in betracht. Ist eine zweite Parallelgruppe von Atomlinien vorhanden, so werden die Durchschnittslinien der Diagonalebenen der verschiedenen Gruppen Anhäufungsorte der freien Atome sein und Veranlassung bieten zur Bildung einer dritten Gruppe von Parallelreihen, wenn eine solche noch nicht vorhanden sein sollte. Dafs die Reihen derselben Gruppe aber in einer bestimmten Entfernung *e* von einander verbleiben, bewirkt nächst der gegenseitigen Anziehungskraft der Reihen, die von allen Richtungen her wirken, die gegenseitige Abstofsung, welche eintreten mufs, wenn Atome oder Teile einer Reihe mit der Nachbarreihe zusammenstofsen, aber in letzter Hinsicht nur zu denken ist wie die scheinbare Abstofsung eines Kometen durch die Sonne.

Essen. Gilles.

Zur Lehre des Aristoteles von den individuellen Merkmalen.

Bd. XVIII, S. 112 ff. d. Bl. veröffentlicht Herr Prof. Bullinger eine Entgegnung auf meine Anzeige seiner Broschüre „Aristoteles und Professor Zeller etc.", welche ich gerne gelten lassen möchte, wenn sie meine Zweifel an der Richtigkeit der Aristotelischen Lehre auch nur einigermafsen beseitigte.

Herr B. macht sich die Antwort auf meine Frage: „Wie passen nun die Wirklichkeiten in den Topf der Möglichkeit?" sehr leicht, indem er mir ein Zugeständnis unterschiebt, das ich niemals gemacht habe. Er behauptet nämlich, ich hätte seine Nachweisungen aus Aristoteles gelten lassen, dafs z. B. ein Tier durch seine spezifische, es von innen heraus gestaltende und belebende Form (seine Seele) ein Individuum ist. Gerade diesen Punkt habe ich bestritten, wenn ich auch nicht gerade die betreffende Stelle des Schriftchens benützte, um meinen Einwand daran zu knüpfen. Die jedes Tierindividuum gestaltende und belebende Form ist nach Aristoteles niemals eine Individualseele des Tieres, sondern immer nur der Inbegriff aller Artmerkmale. Sie kann dem Tier also auch nichts anderes geben, als diese Artmerkmale und zwar in derjenigen Weise, wie sie jedes Individuum der nämlichen Art genau so ebenfalls hat. Nun hat aber jedes Individuum aufserdem noch eine unbegrenzte Zahl individueller Merkmale, welche keinem Individuum der nämlichen Art auf gleiche Weise zukommen. Woher erhalten diese ihre Wirklichkeit? Nicht aus der Form, weil diese ja nichts als die Artmerkmale in erblicher Gleichheit und Unveränderlichkeit enthält, sondern aus dem Stoff, sagt notgedrungen Aristoteles. Nun ist aber der Stoff nur Möglichkeit, gleichviel ob „abstrakte" (absolute?) oder relative. Denn der Stoff wird blofs zur Wirklichkeit, indem er eine Form annimmt. Die individuellen Merkmale aber sind geformter Stoff, sind Wirklichkeit. Wer macht nun die stoffliche Möglichkeit der individuellen Merkmale zur Wirklichkeit? Wer schafft die individuellen Formen? Die Aristotelische Form kann sie nicht schaffen, weil sie immer nur die Artmerkmale verwirklicht, die in ihr enthalten sind. Die individuellen Merkmale aber sind in ihr nicht enthalten, folglich kann sie dieselben auch nicht verwirklichen.

Es bleibt nur noch ein Ausweg, dem sich mein Herr Gegner auch bereits genähert hat, indem er behauptete, dafs auch bei Beschreibungen eines Individuums immer nur Allgemeines gesagt werden könne. Man müfste nämlich behaupten, dafs jedes Individuum allein für sich bereits eine besondere Art darstellt, dafs es also streng genommen nur Arten und gar keine Individuen gebe, weil alle scheinbar individuellen Merkmale im Grunde genommen doch allgemeiner Natur und Artmerkmale wären. Aber auch dieser letzte Ausweg wird dem Aristoteles und meinem Herrn Gegner durch den Einwand abgeschnitten, dafs alle Artmerkmale auch erblich sein müssen. Vererbt sich aber etwa bei dem vielgenannten Hühnerhund Feldmann des Oberförsters X. in Z. die Eigenschaft, dafs er 10 Jahre, 3 Tage, 4 Stunden, 16 Sekunden lebte, oder dafs seine Körperlänge am 171. Tage seines Lebens 75 Centimeter und $3^1/_{10}$ Millimeter betrug, u. s. w.? Die individuellen Merkmale haben eben gerade das Eigentümliche, dafs sie sich nicht vererben, während die Artmerkmale erblich sind. Die individuellen Merkmale kommen oft Dingen ganz anderer Art zu, nicht aber mit Notwendigkeit den Dingen der nämlichen Art. Sie sind insofern auch etwas Allgemeines und können sprachlich dargestellt werden, weil sie Dingen anderer Art in ganz gleicher Weise zukommen. So z. B. kann ich einen Eisenstab herstellen, welcher bis zur Grenze der Mefsbarkeit genau die Länge eines Hundes hat.

Es bleibt also weiter nichts übrig, als zu gestehen, dafs sich die individuellen Merkmale weder aus der Aristotelischen Form noch aus dem Aristotelischen Stoff erklären lassen, weder aus dem εἶδος noch aus der ὕλη, sondern höchstens aus der τύχη, wenn es überhaupt eine solche gibt.

Man erlaube mir zum Schlufs die Sache noch durch ein Beispiel aus dem Anorganischen zu beleuchten, welches auch Herr B. berührt hat. Ein Zirkelschmied fertigt einen eisernen Zirkel aus einem Eisenstab. Der Eisenstab war also die ὕλη des Zirkels, der Zirkel in Möglichkeit. Der Zirkelschmied gibt nun dem Zirkel seine Form, nämlich 2 möglichst gleich lange Schenkel, die in einem Gelenk zusammengefügt sind und in Spitzen auslaufen. Aber, ohne es zu wollen, hat er hiebei dem Zirkel noch eine Menge individueller Eigenschaften verliehen, die zur Art eines Zirkels gar nicht gehören. Der Zirkel ist nämlich zufällig 317,007 Gramm schwer, sein einer Schenkel wiegt 19 Milligramm mehr als der andere u. s. w. Ich frage nun: Stammen diese individuellen Sonderbarkeiten, die der Zirkelschmied mit dem besten Willen keinem anderen Zirkel alle in der gleichen Weise beibringen kann, aus dem Stoffe? Mit nichten! Sondern jeder Hammerschlag, jeder Feilenstrich des Zirkelschmiedes veränderte das Gesamtgewicht des Zirkels und das Gewichtsverhältnis der Schenkel. Der Stoff war an allen diesen Wandlungen völlig unschuldig. Er bot immer blofs die Möglichkeit, dem Zirkel individuelle Merkmale beizubringen, aber nicht verwirklichte er diese Merkmale selbst. Vielmehr stammt die Wirklichkeit aller individuellen Merkmale des Zirkels aus einer zufälligen Thätigkeit des Zirkelschmiedes.

Ich glaube hiermit den Sachverhalt so klar gestellt zu haben, dafs jeder Unbefangene sich ein Urteil bilden kann. Eine ausführlichere Behandlung der Frage in diesen Blättern würde wahrscheinlich für die Leser derselben nicht interessant genug sein. Mit Rücksicht auf diesen Umstand habe ich mich hier auf das Allernötigste beschränkt. Jedoch bin ich erbötig, die Disputation in jeder von meinem Herrn Gegner gewünschten Form mit derjenigen wissenschaftlichen Gemütsruhe fortzusetzen, welche seine Entgegnung auf meine Anzeige so vorteilhaft vor seinen übrigen Schriften auszeichnet.

Bayreuth.   Wirth.

Die Tragödien des Sophokles zum Schulgebrauche mit erklärenden Anmerkungen versehen von N. Wecklein. Sechstes Bändchen: Philoktetes. München, Lindauer. 1881.

Die Einrichtung dieser Ausgaben ist bekannt und bewährt. Auch bei diesem Stücke ist dem Schüler alles in kürze an die Hand gegeben, dafs er sich zurechtfinden kann.

Nur an wenigen Stellen, wo der Verf. die überlieferte Lesart verteidigt, bin ich mit der Erklärung nicht einverstanden; so v. 29, 190, 429, 496, 661, 1153.

Vom Nauck'schen Texte weicht die Ausgabe an etwa 70 Stellen zum Vorteil ab. Von den von andern Kritikern aufgenommenen Lesarten erwähne ich: v. 209 θρηνεῖ, 276 οὗ, 319 ὧν, 349 μὴ οὐ, 695 ὅς τάν, 1003 ξυλλάβετον, 1462 f. οὐ δὴ δόξης; als richtig vermutet erscheint mir auch und wäre der Aufnahme würdig: v. 42 προστείχοι Herw. und v. 904 προσεικότος Mollweide.

Leicht und entsprechend hat der Verf. selbst geändert: v. 171 μηδέν, 188 ἀθυροστομοῦσα, 228 καψίλως κακούμενον, 1134 ἀλλ' ἄλλα μετ' ἀγκάλα, 1207 ἀπὸ τᾶδε, 1266 κλέπτοντες, 1383 ὠψελῶν τινα. (In den Noten schlägt er noch sehr ansprechend vor v. 491 σπιλάδα, 525 καιρίως, 1134 ἑλίσσει.)

Wesentlich gefördert ist die Herstellung des sehr verschriebenen Kommos v. 827 ff. durch die Aufnahme der Verbesserungen von Turnebus, Brunck, Herwerden, Wunder und Dobrée und durch die Schreibung v. 834 ποῖ δὲ τἀνθένδε βάσει. Die Schlufsverse der beiden Strophen jedoch scheinen mir noch nicht richtig geschrieben und erklärt. Ob v. 855 wieder vier Hexameter folgten, wie der Verf. annimmt, bleibt eine offene Frage.

Die Erklärung von v. 1140 ff.: „es kommt dem Manne zu über das Ungerechte jedesmal sich auszusprechen (τὰ μὲν ἔκδικ' αἰὲν εἰπεῖν), wenn er sich aber ausgesprochen, nicht gehässige Kränkung beleidigender Worte auszustofsen" — ist mir unwahrscheinlich vor allem deshalb, weil ich glaube, dafs ἐξῶσαι nur „verwerfen" bedeuten kann.

Zu anderen Stellen bemerke ich Folgendes: v. 37 möchte ich für das sicherlich falsche κείνου τό lesen κλεινόν γε, wodurch die Ironie noch stärker wird. — v. 505 vermute ich für τὸν βίον : τοὑπιόν; v. 711 für das nach v. 708 sehr lästige φορβάν nach Aesch. Pr. 700 χρείαν; v. 1420 für das nicht erklärbare ἀρετήν das sich aus den nächsten Worten ergebende αἴγλην. In bezug auf v. 691, 1119, 1163 halte ich meine früher geäufserte Ansicht fest.

Was die Interpolation betrifft, so ist der Verf. ziemlich konservativ; doch nimmt auch er an v. 879 f. und 1217—1221 Anstofs. Entschieden aber erkläre ich v. 144—147 für ein späteres Machwerk eines Kritikers, dem die Antwort zu kurz schien, nicht nur wegen der anstöfsigen Form, sondern vor allem wegen der Frage v. 157 f. — Ebenso halte ich v. 1039 für später zugesetzt und v. 22 f., 424 f., 799 f. durch Interpolation verdorben. — Was v. 678 f. betrifft, so erscheint mir 'Ιξίονα ebenfalls als Glossem. Sollte der Vers etwa gelautet haben: κατ' ἄμπυκα δέσμιον ὡς ἔβαλεν δρομάδ(α)? und v. 693 παρ' ᾧ στόνον ἀντίτυπον βαρυβρῶτα πόδ(α) (Weckl. nach Bergk)? Es wäre in diesem Falle anzunehmen, dafs für κλαύσειεν ein vokalisch anlautendes Verbum stand.

Auf manche andere interessante Frage will ich hier nicht eingehen, und nur die neue Ausgabe zur freundlichen Aufnahme empfehlen.

Schweinfurt. Metzger.

Ein griechisches Liederbuch. Verdeutschungen aus griechischen Dichtern von Gustav Brandes. Hannover, Hahn'sche Buchhandlung. 1881. Preis 2 ℳ 40 ₰

Dichtungen aus den klassischen Sprachen können auf dreierlei Weise deutsch wiedergegeben werden. Die primitivste Art ist wohl die, den Urtext einfach wörtlich zu übertragen ohne jede Rücksicht auf die Form desselben. Eine solche Übersetzung mag für den, welcher der Originalsprache mächtig ist, wohl genügen; besonders beliebt ist diese Art von Wiedergabe bei den Studierenden, die sich dadurch ihre Geistesarbeit wesentlich erleichtern. Wer aber als Laie eine solche Arbeit zur Hand nimmt, der wird sich kaum ein Bild von der Schönheit des Originals machen oder gar sich dafür begeistern können. Des Metrums entkleidet liest sich manches recht prosaisch und unschön. Deshalb ist man darüber auch fast durchaus einig, dafs metrisch abgefafste Dichtungswerke, wenn sie zur vollen Wirkung gelangen sollen, nur wieder metrisch übertragen werden dürfen.

Darüber aber gehen die Ansichten auseinander, ob man die gleichen Versmafse beibehalten oder moderne wählen soll. Dem Hexameter, dem Distichon und dem Trimeter sowie anderen einfachen jambischen oder trochäischen Versmafsen hat man schon lange das Bürgerrecht zugestanden; wer einigermafsen auf Bildung Anspruch macht, mufs mit ihnen vertraut sein. Anders verhält es sich aber mit den rein lyrischen Versmafsen: Wer nicht infolge seines Berufes darauf hingewiesen ist, sich mit denselben zu befassen, für den werden sie immer etwas Fremdes, Unsympathisches haben. Ich getraue mir sogar zu behaupten, dafs selbst ein Philologe, wenn man ihm ein unbekanntes Chorlied, einen Pindarischen Siegesgesang, zumal wenn in demselben mehrere Auflösungen von Längen in Kürzen oder Wörter vorkommen, von denen eine oder mehrere Silben der nächsten Verszeile angehören, dafs also selbst ein Philologe sehr oft über den Rhythmus hinweglesen wird, wenn die Verse in fortlaufenden Zeilen gedruckt oder geschrieben sind. Im allgemeinen machen solche Rhythmen auf den Hörer nur den Eindruck einer getragenen Prosa, wobei die metrischen Feinheiten ganz verloren gehen. Die Wirkung steht mit der aufgewandten Mühe und angebrachten Kunstfertigkeit in gar keinem Verhältnis. Dies scheinen auch Göthe und Heine recht gut gefühlt zu haben, die sich mehrfach in ihren Gedichten ziemlich willkürlicher Rhythmen bedienten und dabei doch die gleiche, ja vielleicht eine bessere Wirkung erzielt haben, als wenn sie mühsam nach einem der vorhandenen Systeme gearbeitet hätten. Dafs solche Nachbildungen möglich und mitunter auch sehr gelungen sind, dafür gibt es allerdings Beweise. Allein auch solche Übertragungen dringen in der Regel nur in die Kreise der Klassischgebildeten, dem gröfseren Publikum bleiben sie immer fremd.

Brandes scheint mir daher schon vor allem deshalb ein Verdienst zu besitzen, weil er die dritte Art zu übertragen wählte, die darin besteht, dafs man nicht blofs heimische Worte, sondern auch die allbekannten heimischen Versarten gebraucht. Wie wunderbar schön in dieser Art sind nicht die meisten Gedichte in Stadelmanns Büchlein „Aus Tibur und Teos". Wer „die Weissagung des Nereus" oder „Im Winter" liest, der glaubt deutsche Originaldichtungen und zwar die besten vor sich zu haben. Das versteht jeder, der überhaupt Gedichte liest. Und doch ist es nichts anderes als was Horaz gesagt hat.

Gibt man nun dem Verfasser, wie ich dies thue, die volle Berechtigung seiner Art und Weise zu, so ist es wohl selbstverständlich, dafs man seine Arbeit nicht so sehr auf die philologische Genauigkeit, als auf ihren dichterischen Wert zu prüfen hat. Es handelt sich darum: Hat der Verfasser das Original überhaupt richtig verstanden und hat er dasselbe in ein hübsches deutsches Gedicht umgewandelt? Darauf glaub' ich antworten zu können: Ja, wenigstens ist ihm dies in den weitaus meisten Fällen gelungen. Einige Stellen, wo mir der Verfasser weniger glücklich gewesen zu sein scheint, will ich hier anführen. pag. 25 geben die zwei letzten

Zeilen dem Gedichte allerdings einen gefälligen Schluſs, allein es lag doch kein Grund vor, vom Urtext so weit abzugehen. Das ganze Gedicht behandelt den heiteren Genuſs beim Becher, spricht jedoch von der Liebe, die ja Anakreon sonst genugsam besungen hat, gar nichts. Viel richtiger hätte er sich der Worte Lessings „fort, du hast genug gezecht" bedient. Dabei hätte sich der Verfasser aus dem Plagiate gar kein Gewissen zu machen brauchen, denn er hätte in diesem Falle nur nach dem Beispiel Anakreons gehandelt, der sich auch nicht scheute, die erste Hälfte seines Gedichtes wörtlich dem Archilochos zu entlehnen. pag. 27 liest sich das Gedicht „Alles trinkt" wohl recht gut, allein verglichen mit der Knappheit des Originals, das nur aus 7 kurzen Verszeilen besteht, ist es zu breit gehalten. Auch steht in demselben nichts vom Trunkensein, sondern nur vom Trinken. Anakreon sagt: Alles trinkt: Die Erde, der Baum, das Meer, die Sonne, der Mond — warum wollt ihr mir zu trinken verwehren? Sehr schön ist die Übersetzung aus Soph. Electra, doch kommen hier einige Unrichtigkeiten vor. So steht pag. 49 „Iphigenia," während es doch im Text „Iphianassa" heiſst und so heiſsen muſs, da von der Existenz der Iphigenia niemand Kenntnis haben kann. pag. 50 kann es wohl heiſsen, daſs Orestes kommt, aber nicht „der Schattenfürst vom Acheron". Dieser sorgt nur für das Recht der Toten. Der Ausdruck „sich bei Tische blähen" hat etwas Unschönes, das auch durch den Text nicht gerechtfertigt ist. pag. 52 ist μή', εἰ τῳ πρόσκειμαι χρηστῷ | ξυναίοιμ' εὔχηλος falsch übersetzt; abgesehen von anderen Gründen könnte nach dem Sinn, den Brandes der Stelle gibt, nicht der Indikativ πρόσκειμαι stehen. pag. 72 sind in der Schluſsstrophe die zwei letzten Zeilen „Und ob ich mich auch sorglich vor ihm decke, | so fürcht' ich doch, er schieſst den Pfeil auf mich" überflüssig. Das Original schlieſst viel besser: Doch sieh, da steckst du ja, im Auge Zenophilas verborgen. pag. 114 ist die Auffassung von εὖ πράττειν im Sinne von gesund sein und κακῶς πράττειν im Sinne von krank sein viel zu einseitig. Es heiſst hier wie überhaupt: sich wohl befinden, glücklich sein, beziehungsweise: sich übel befinden, unglücklich sein.

Einige Worte sind noch über die Ergänzungen zu sagen, die Brandes bei einigen Fragmenten vorgenommen hat. Man kann behaupten, daſs er auf diese Art wirklich schöne Gedichte geschaffen hat. Die Nacht nach Alkman würde jedem Dichter Ehre machen.

So sei denn das Büchlein jedermann bestens empfohlen: der Fachmann wird gerne den Urtext in eine hübsche deutsche Form gebracht sehen, der Laie aber wird beim Lesen dieser Übertragungen finden, daſs ihm die Dichter des Altertums menschlich viel näher stehen als er bisher geglaubt hat.

Regensburg. Proschberger.

Bürchner L., Griechische Münzen mit Bildnissen historischer Privatpersonen. Berlin 1881. 31 S. 8. Mit einer Tafel in Lichtdruck. (Separat-Abdruck aus der Zeitschr. für Numismatik IX. Band, 2. Heft.)

Die vorliegende fleiſsig und sorgsam gearbeitete Schrift liefert einen achtenswerten Beitrag zur antiken Ikonographie, welche lange Zeit sowohl von der Archäologie wie von der Numismatik ziemlich stiefmütterlich behandelt worden ist. In gedrängter Kürze erhalten wir einen Überblick über die uns überkommenen griechischen Münzen mit den Bildnissen historischer Privatpersonen. Der Verf. teilt sie in zwei Hauptklassen: 1) literarische Persönlichkeiten und Männer der Wissenschaft, 2) Privatpersonen anderer Art. In der ersten Klasse finden wir an Dichtern: Stesichoros (Tafel, Nr. 10), Arion Nr. 1, Alkaeos Nr. 3, Sappho Nr. 4—9, Anakreon Nr. 11, Aratos Nr. 12; an Historikern: Herodotos Nr. 14 und 15, Theophanes Nr. 16 und dessen mutmafsliche Gemahlin Archedamis Nr. 17; an Philosophen und andern Gelehrten: Pittakos Nr. 2, Bias Nr. 18, Pythagoras Nr. 19 und 20, Herakleitos Nr. 21, Anaxagoras Nr. 22 und 23, Hippokrates Nr. 24, Xenophon, Leibarzt des Kaisers Claudius, Nr. 25; ferner: Chrysippos? Nr. 13, Hipparchos Nr. 26, Lesbonax Nr. 27, Potamon? Nr. 28. Geringer ist die Zahl der Personen der zweiten Klasse: wir begegnen Harmodios und Aristogeiton und neben mehreren sonst unbekannten Persönlichkeiten Antinoos Nr. 33.

Die Bemerkungen am Schlusse der Abhandlung über die geographische Verteilung der Prägstätten, die Prägezeiten, sowie einige Andeutungen vom philologisch-historischen und archäologischen Standpunkte hätten weniger knapp sein sollen, sie bedürfen jedenfalls noch einer weiteren Ausführung und Durcharbeitung. Die beigegebene Tafel ist von Imhoof-Blumers Meisterhand zusammengestellt und trefflich reproduziert. —s.

C. Sylvio Köhler, Das Tierleben im Sprichwort der Griechen und Römer. Nach Quellen und Stellen in Parallele mit dem deutschen Sprichwort. Leipzig, Fernau. 1881. VIII und 221 S., 8.

Ein schön ausgestattetes, sogar mit etwas Papierverschwendung (bei Brockhaus) gedrucktes Buch. Man wird kaum fehlgehen, wenn man es als die Arbeit eines Nichtphilologen ansieht, welchen bei seiner Lesung der Alten besonders das Naturwissenschaftliche und das Sprichwörtliche anzog. Da dem Herrn Verf. Sammelfleifs und auch eine gewisse Sorgfalt für die Ausführung nicht abzusprechen sind, so darf man dem Buche immerhin einigen Wert zuerkennen, besonders da Zusammenstellungen solcher Art schon an sich durch einen gewissen waldwürzigen Hauch aus der Volkssprache für sich einzunehmen pflegen. Indes ist des Unzulänglichen und Verfehlten doch beinahe allzu viel.

Dafs der Begriff des Sprichwortes nicht scharf genug gefafst erscheint, möchte noch am ehesten zu verzeihen sein; es ist vielen anderen Sammlern nicht besser gegangen. Aber z. B. die biblischen Stellen von dem durch ein Nadelöhr gehenden Kamel und von dem Seigen der Mücken und Verschlucken des Kamels (S. 101) sind, wenn überhaupt Sprichwörter, doch gewifs keine griechischen oder lateinischen. Und wie kommen Sätze wie S. 165 Hirundines aestivo tempore praesto sunt, frigore pulsae recedunt — oder S. 117 Lynces clarissime cernunt — unter die Sprichwörter?

Schwerer ins Gewicht fallende Mängel sind die vielfach ungenügende Angabe der Quellen, die verstümmelte Form, in der manche Sprichwörter aufgeführt werden, ganz besonders aber seine ganz unstichhaltige Übersetzungen und Erklärungen. Nur einige wenige Belege! S. 7 und 87 wird nur „Plato, Respublica", S. 24 und 49 nur „Lucian" als Quelle citiert u. s. w. S. 192 lautet ein Sprichwort also: „Lupus pecudem quae non ovili." S. 136 wird das angebliche Sprichwort Γηρᾷ βοῦς, τὰ δ' ἔργα πολλὰ τῷ βοΐ übersetzt: „So alt der Ochs ist, seine Verrichtungen bleiben zumeist die eines Ochsen;" S. 73 Leporem positum tangere (Hor. Sat. I, 2, 105): „Einen Hasen schlagen, wenn er sitzt." Der Greif wird (S. 65) erklärt als „ein Phantasiegebilde der persischen Mythologie. ... Er zieht den Wagen des Phöbos Apollo." S. 150: „Der Phönix bedeutete ewige Jugend und Stein der Weisen,"

In den „Parallelen mit dem deutschen Sprichwort" ist manches Naheliegende übersehen worden; z. B. dafs Κίγκλου πεντότερος (S. 13) unserem „So arm wie eine Kirchenmaus" entspricht; ebenso Lupus ovium custos (S. 190) unserem „Den Bock zum Gärtner machen" u. s. w. — Mit dem S. 181 aus Aristoph. Vögeln 601 angeführten Οὐδεὶς οἶδε πλὴν ὄρνις vergleiche ich aus Walther von der Vogelweide (Pfeiffers Ausgabe, Nr. 9): Niemen bevinde daz wan... ein kleinez vogellin: tandaradei! daz mac wol getriuwe sin.
Passau. ——————— Burger.

De arte metrica Commodiani. Scripsit Fridericus Hanssen Lubecensis. Argentorati apud Carolum J. Truebner. MDCCCLXXXI. Pag. 90. (Doktordissertation.)

Gennadius sagt von Commodian, er habe durch seine gegen die Feinde des Christentums gerichteten poetischen Angriffe die letzteren verblüfft, die Christen aber in Verzweiflung gebracht (illis stuporem, nobis desperationem incutiens). Wir begreifen, dafs er für die Gebildeteren unter seinen Glaubensbrüdern eine Art enfant terrible war. Denn während schon vor seiner Zeit unter den schriftstellerisch thätigen Christen (Tertullian etwa ausgenommen) immer entschiedener das Streben nach Klassizität hervortrat, womit man am nachdrücklichsten den Vorwurf widerlegte, dafs die Christen aus der Hefe der menschlichen Gesellschaft sich rekrutierten, näherte sich Commodian in seinen Dichtungen der Sprache des gemeinen Mannes und wählte eine metrische Form, die schon früh als schwer zu qualifizieren galt.[1]) Dafs die letztere unklassisch im eminenten Sinne ist, wurde nie bestritten; auch darüber ist man lange einig, dafs darin das Quantitätsprinzip teilweise verlassen, dagegen das der Accentuierung in den Vordergrund getreten ist. Ob sich aber die Commodian'sche Metrik in gewisse Regeln bringen lasse, darüber waren bisher die Ansichten geteilt. Teuffel sagt in seiner römischen Literaturgeschichte, die Hexameter Commodians spotteten aller Metrik und Prosodie, und spricht von dem besonders in den Instruktionen über Stock und Stein hinwegsetzenden Bau seiner Verse. Lucian Müller aber de re metr. S. 448 findet doch einige Grundsätze heraus, an welche sich der Dichter gebunden habe.

In die Bahnen des letzteren tritt der Herr Verfasser der vorliegenden Dissertation und widmet der Erforschung der metrischen und prosodischen Gesetze Commodians eine mit sorgfältigem Fleifs geführte Untersuchung. Er kommt dabei zu Resultaten, die ebenso wichtig für die Geschichte der Metrik, als für die richtige Würdigung der Dichtungen Commodians und ihre Textkritik sind. Hanssen hat sich auch sofort selbst daran gemacht, mit Hilfe der von ihm herausgefundenen Normen Heilversuche an dem arg verderbten Text des Dichters zu machen. Dabei wurde er wesentlich unterstützt durch die Lesarten der Cheltenhamer Handschriften, die ihm zum grofsen Teil durch Herrn Prof. Hartel in Wien mitgeteilt wurden.[2]) Mit solchen Hilfsmitteln, wozu noch

---

[1]) Scripsit *quasi versu*, sagt Gennadius.
[2]) Von besonderem Wert sind die Mitteilungen über die Lesarten der noch in keiner Ausgabe verwerteten Pergamenthandschrift der Instruktionen. Die viel ältere und korrektere Hdschr. des Carmen Apologeticum diente dem ersten Herausgeber Pitra zur Vorlage, auf dessen Text und kritischem Apparat die späteren Ausgaben von Rönsch und Ludwig fufsen. Die neue Kollation der Hdschr. zeigt aber, dafs Pitras Angaben vielfach unzuverlässig und unvollständig sind.

die wertvollen Ratschläge Studemunds und Hartels kamen, stellte H. an vielen Stellen die unzweifelhaft richtige Lesart her. Ich will nur einige der gelungensten Emendationen hervorheben.

Instr. 1, 23, 4 f. lautet nach Ludwig:
Barbaro de more sine lege uiuere quaeris,
Ipse tibi inimicus asciam impingere uerbo!

Die beste hschr. Überlieferung (B) lautete bisher im zweiten Verse:
ipse tibi hinnificis asciam in cinere de uerbo.

Dafür bietet nun C (Cheltenhamensis):
ipsetibitibificis asciä incruere de uerbo.

Unter Zuhilfenahme der Lesart des A
ipse tibi infligis
wurde nun (S. 8 f.) nach Hartels Vorschlag der Vers so hergestellt:
Ipse tibi infligis asciam in crure de uerbo, oder:
Ipse tibi asciam infligis in crure de uerbo „i. e. sponte asciam cruribus tuis illidis secundum prouerbium." Das hier angezogene Sprichwort findet sich u. a. Petron. 74, wo es heifst:
„ipse mihi asciam in crus impegi."

Instr. 1, 23, 14 f. nach Ludwig:
In supplicem prodis sub aspectu tyranni.
Senties in fatis, cuias modo Lege inanis.

Der erste unvollständige Vers wird ergänzt durch C, welcher, wie schon die ed. princ. *dei* vor *sub* einsetzt. Dafür schreibt Hanssen nach Hartels Vorschlag (S. 9) *domini* und gibt die Erklärung: „i. e. supplicis partes agis, dum dominus esse uideris". Ich verstehe nicht, wie sich dieser Gedanke in das Ganze fügen soll, und fasse die Stelle anders. Es ist in diesem Akrostichon von solchen die Rede, welche heidnische Sitte mit christlicher vereinen zu können wähnen (de *ubique* paratis). Zu den heidnischen Sitten, welche die Christen am meisten verabscheuten, gehörte die göttliche Verehrung der Kaiser. Darauf scheint mir hier angespielt zu werden. Ich behalte die hschr. Lesart *dei* bei, setze dagegen für das hschr. am besten beglaubigte *tyranne* nach der Marginallesart des A, welche auch die ed. princ. hat: *tyranni*. Dann lautet der Vers:
In supplicem prodis dei sub aspectu tyranni.[1]
„Du zeigst dich öffentlich als demütiger Verehrer des Tyrannen vor Gottes Augen." — Über *in* mit Accus. in der Bedeutung des französischen *en* (als) vgl. meine Bemerkung zu Minuc. Fel. 22, 7 (Anhang S. 134).

Wir sahen nun schon aus mehreren Beispielen (infligis, tyranni), dafs auch der minder gute A bisweilen treffliche Lesarten konserviert hat. Das gleiche ist auch im folgenden Verse der Fall in welchem Ludwig, weil er *inanis* als Adjektiv fafst (lege inanis = nudatus a lege 1, 24, 2), sich nicht zurecht finden kann. Im A ist nämlich über *lege* geschrieben *es*, also „*leges*." Dies nimmt H. mit Recht auf und schreibt nun (S. 70):
Senties in fatis, cuias modo leges inanis.

---

[1] Doch ist unter *tyrannus* vielleicht überhaupt einer der grofsen heidnischen Herren gemeint, wie auch V. 8, wo die Lesart des A *tyranni* für *tua in* gewifs richtig ist. Vgl. Ludwig praef. S. XVIII, wo 14 und 8 verwechselt sind.

Dazu bemerkt er: *cuias* adiectivum esse volo; *modo* idem valere posse ac *nunc* intellegitur ex Ludwigi indice Instructionibus addito; *inanis* ad *inanire* pertinere puto, cf. C. A. 313 Et sic per occulta *inaniuit* fortia mortis.[1])

Der Sinn ist also: „Du wirst im Tode (in fatis, vgl. 1, 27, 6) merken, wessen (eigentl. die wem zugehörigen) Gesetze du zu nichte machst."

Instr. 2, 24, 10 f. nach Ludwig:

  Donas tu de lacrimis: candidatus ille ingratis
  Oppressus usuris deplorat factus egenus.

Die Lesart *ingratis* entstammt den älteren Ausgaben; schon Ludwigs mss. boten *ingratus*; C aber *nigratus*. Darnach hat nun Hanssen (S. 53) hergestellt:

  Donas tu de lacrimis: candidatus ille nigratus etc.

Wenn er nicht etwa aus Versehen die Interpunktion Ludwigs beibehalten hat, scheint ihm der Zusammenhang trotz der Wiederherstellung des vorzüglichen *nigratus*, nicht klar geworden zu sein. Es ist von Wucherern die Rede, welche von dem sauren Schweifs ihrer Schuldner (ille etc.) Spenden an das Volk machen, wenn sie sich um ein Amt bewerben (candidati).

Es ist also so zu interpungieren:

  Donas tu de lacrimis *candidatus*; ille *nigratus*
  Oppressus usuris deplorat factus egenus.

Häufig kann ich freilich den durch den Herrn Verfasser vorgenommenen Änderungen nicht zustimmen, weil sie entweder sich zu weit von der hschr. Überlieferung entfernen oder keinen erträglichen Sinn geben, oder weil die metrischen Gesetze, auf welche sie sich gründen, eine ausnahmslose Geltung schwerlich beanspruchen können, zumal ehe sie selbst noch eine festere Grundlage in einem mit Hilfe des neueren hschr. Materials gereinigten Text bekommen haben. Ich hätte gern öfter das Geständnis gelesen, welches sich S. 14 (am Schlufs) findet: „Hunc versum ut corrigerem mihi non contigit." Wie so häufig in der modernen Textkritik wurde eben die ars nesciendi etwas zu sparsam gehandhabt.

Als Belege mögen auch hier einige Beispiele folgen.

Instr. 2, 31, 1 nach Ludwig:

  Pauperies sana quid, nisi diuitiae (diuitias *mss.*) adsunt?
  Ars certe si fuerit, iam et tu communia fratri.

Dafür schreibt H. im ersten Verse (S. 22):

  Pauperiés saná || quid nisí diuítias *ádfert*?

Auf die Schreibweise *as* statt *ae* im Nom. Plur., welche sich in den Commodianhandschriften wiederholt findet (sprachgeschichtlich vielleicht beachtenswert) darf hier keine Konjektur gebaut werden. Die Einsetzung von *adfert* für *adsunt* bringt nicht viel mehr Klarheit in die Stelle. Es ist wohl einfach die Interpunktion Ludwigs zu ändern:

  Pauperies sana quid? Nisi diuitiae adsunt,
  Ars certe si fuerit, iam et tu communia fratri.

Vgl. darüber den 17. Jahrg. unserer Zeitschr. S. 451. Natürlich ist dann der Vers anders zu messen. Die Cäsur mufs nach quid eintreten.

---

[1]) Es konnte noch darauf hingewiesen werden, dafs *inanire* wie *euacuare* ein Ausdruck des Bibellateins für κενοῦν im tropischen Sinn ist. Tertullian braucht beide Verba abwechselnd bei Übersetzung von 1. Cor. 9, 15 τὸ καύχημα μοῦ οὐδείς κενώσει.

Instr. 1, 25, 8 nach **Ludwig**:
Nunc, si non habes, collige, uindemia uina.
Statt *uina* setzt H. nach C die treffliche Lesart *uenit* ein. Aber damit nicht zufrieden, ändert er auch *non* in *manus*. Er stützt sich hier auf einige der wichtigsten metrischen Gesetze, welche er für Commodian aufgestellt hat. Das erste lautet (S. 29 § 12): „*semper pedis secundi arsis* (gewöhnlich *thesis* genannt, vgl. Note zu S. 7 am Schlufs) *accentu grammatico insignis est*, d. h. „die Senkung des zweiten Fufses hat immer den Hochton[1]).“ Als ein weiteres Gesetz wird vorgeführt (S. 31 § 15): „Um die Quantität der Silben kümmert sich Commodian nur am Ende der beiden Hemistichien.“ Als diejenigen Stellen, wo C die Quantitätsgesetze beobachtet, werden genauer bezeichnet: Die (den grammatischen Ton tragende) Senkung des zweiten Fufses (∪∪ oder —) und die Senkung des fünften mit der Hebung des sechsten Fufses (∪∪ —). Der Verfasser mufs freilich selbst bezüglich des letzten Falles Ausnahmen zugestehen (§ 16)[2]), da eine Anzahl von zweisilbigen Wörtern mit kurzer Paenultima (die den grammatischen Accent trägt) den letzten Fufs des Hexameters bildet[3]). Doch verharrt er dabei, dafs das obige Gesetz bezüglich der Senkung des zweiten Fufses ausnahmslos gelte, so dafs also auch eine grammatisch betonte, kurze Paenultima nicht die zweite Vershälfte des zweiten Fufses einnehmen könne (§ 17). Entgegenstehende Beispiele werden entfernt. Soweit dies auf Grund der hschr. Lesarten geschieht oder durch eine leichte Änderung und mit einem Gewinn für den Sinn der Stelle geschieht, ist das natürlich sehr zu billigen. Zu diesen Fällen gehört aber die obige, wie manche andere dem gleichen Loos verfallende Stelle nicht. Im Gegenteil erscheint der Satz *si manus habes* doch gar zu nichtssagend, während *si non habes* (wenn du nicht hast, d. i. noch keine Vorräte hast) hier ganz sinn- und sachgemäfs ist. Der absolute Gebrauch von habere (= etwas haben, Vorrat haben) hat nichts Anstöfsiges; vgl. Ev. Matth. 25, 29: qui *non habet*, et quod uidetur habere auferetur ab eo (Vulg.). — Die Zahl der Stellen, wo nicht nur die erste Hälfte des 6., sondern auch die zweite des 2. Fufses aus einer grammatisch betonten Kürze besteht, würde noch erheblich vermehrt, wenn man etwa die § 19 aufgestellte Regel anzweifeln würde, wornach in *paroxytonis* qu den vorhergehenden Vokal positione lang macht; ein Zweifel, der eine Stütze erhält durch die gleich darauf besprochene Thatsache, dafs qu keine Position macht an der drittletzten Stelle eines *proparoxytonon* (S. 39) oder eines *paroxytonon* (s. 52 C. A. 799). Es liefse sich am Ende die Sache auch umkehren und sagen: das wiederholte Vorkommen von quóque, áqua, néque u. ä. zeigt in Verbindung mit vereinzelten anderen Fällen, dafs Commodian auch am Ende des ersten Hemistichiums keinen ausnahmslosen Gebrauch von der Regel macht. Dafs er im

---

[1]) Der Widerstreit zwischen dem metrischen und grammatischen Ictus von dem zweiten bis zum vierten Fufs ist auch eine gewöhnliche Erscheinung im normalen lat. Hexameter mit männlicher *penthemimeres* oder *hephthemimeres*.

[2]) Wie ungern er es thut, zeigt sich an dem Ausdruck: „*Videtur* (!) autem poëta interdum in pede sexto admisisse syllabam breuem"; und nun folgen acht schwerlich zu beanstandende Beispiele. — Die gleiche Abneigung, Ausnahmen zuzugestehen, die doch nicht geleugnet werden können, verrät sich S. 53 (Mitte): „*Videtur* tamen etc.

[3]) Die Versus spondiaci dagegen werden, wie auch von den neueren Herausgebern Commodians, mit grausamer Konsequenz vertilgt.

allgemeinen dem sonstigen Gebrauch der lateinischen Dichter folgt, an den bezeichneten Stellen Länge[1]) und Wortaccent zusammenfallen zu lassen, soll damit natürlich nicht bestritten werden.

Instr. 2, 8, 12 hat Ludwig die Lesart der ed. princ. „Volutari *saccis* et petere summo de rege" beibehalten. Hanssen (S. 42) kehrt zu der hschr. Lesart *satis* zurück mit der Bemerkung: *satis* idem valere posse ac *ualde* intelleges ex indice a Val. Rose ad Anthimi librum confecto." Für satis = ualde hätte es wohl keines Citates bedurft; dafs aber die Konjektur (?) des Rigaltius ganz richtig ist, ergibt sich, wenn man unsere Stelle zusammenhält mit folgenden: Cypr. p. 260, 11 (H.) in sacco et cinere *uolutatur* exomologesin faciens dolenter; Tertull. Apol. 40 (Schlufs) in *sacco* et cinere *uolutantes*. Vgl. Ev. Luc. 10, 13 in *cilicio* et cinere *sedentes* paeniterent (Vulg.). Vielleicht ist auch Instr. 2, 9, 20 Orare *saccis* (für satis) zu lesen.

Wenn ich nicht weiter auf die Besprechung der fleifsigen, anregenden und sehr verdienstlichen Dissertation eingehe, geschieht es hauptsächlich aus Rücksicht auf die mehr praktischen Ziele unserer Zeitschrift.

Ich will also mit einigen kurzen Bemerkungen schliefsen.

S. 23 wird statt des bisher überlieferten *profugus* aus C *profans* als Lesart angeführt und daraus *profanus* konjiciert. Einer Konjektur bedurfte es aber hier nicht; denn die Hschr. hat profan꜑. Das Zeichen ꜑ aber bedeutet im Cheltenhamensis nicht *s*, sondern *us*. So hat sie 1, 15, 2 solit꜑; 2, 24, 10 nigrat꜑. Ähnlich die Cheltenhamer Hschr. des C. A. z. B. V. 94 Spit꜑ = spiritus.

S. 67 liest und accentuiert H. Instr. 1, 6, 6 so:

Móribus utrílibús || consília uéstra debéntur.

Aber C hat statt *utrilibus* die Lesart *utique*, welches sonst öfter bei Commodian die Mittelsilbe accentuiert. *Viribus* ist offenbar eine sehr alte Konjektur, hervorgerufen durch das unverstandene *moribus*, welches an sich einen Gegensatz bilden kann zu *uitia*. Vgl. Hor. Epist. 1, 1, 57

Est animus tibi, sunt *mores* et lingua fidesque.

Bei Beginn der Dissertation (§ 1) wird behauptet, die Instruktionen seien um das Jahr 238 geschrieben. Das ist ein alter Irrtum. Vgl. Hilgenfelds Zeitschr. f. w. Theol. XXII S. 36 8.

Erlangen, im Sept. 1881. Dombart.

Franz Linnig. Bilder zur Geschichte der deutschen Sprache. Paderborn 1881. X und 490 S. 6 ℳ.

Es wird so häufig vergessen, dafs die Beschäftigung mit der älteren deutschen Literatur und mit der deutschen Grammatik nicht immer und überall wissenschaftlich zu sein braucht, sondern dafs es in den meisten Fällen schon recht genügend ist, wenn überhaupt das geistige und das patriotische Interesse sich dem immer noch zu wenig gepflegten Gebiet des deutschen Altertumes und Erscheinungen auf dem Gebiet der deutschen Sprache zuwendet. Wo das Interesse einmal geweckt ist, wird sehr bald das Bedürfnis nach weiterer, nach wissenschaftlicher Belehrung sich einstellen. Vorliegendes Buch beschäftigt sich mit der Geschichte der deutschen Sprache. Es ist kein systematisches Werk, sondern greift aus dem Ganzen

---

[1]) Wenn nicht etwa in der 2. Hälfte des 2. Fufses zwei Kürzen stehen, in welchem Fall immer eine der beiden Kürzen den grammatischen Accent trägt.

nur einzelne lichtere und anziehendere Partien heraus und verbindet mit sachlicher Belehrung auch Hinweise auf die Probleme, die sich die Sprachforschung, speziell die deutsche, gegenwärtig gestellt hat, und was regt mehr an, als Fingerzeige auf künftige Leistungen? Dafs es in der Formenlehre nicht nur auf das „was?", sondern auch auf das „warum?" ankommt, ist begreiflicherweise den Schülern der Lateinschule und meist auch denen des Gymnasiums unbekannt; die Antwort auf das „was?" sich zu holen, reizt aber wenig. Linnig versucht nun auf deutschem Sprachgebiet eine Reihe von Erscheinungen nach den Resultaten der neueren Forschung in leicht verständlicher Weise zu erklären, zunächst wird das Neuhochdeutsche berücksichtigt, aber allenthalben mufs natürlich auf das ältere Deutsche und die verwandten Sprachen zurückgegriffen werden; so ist denn auch einleitungsweise die Stellung des Neuhochdeutschen innerhalb des Germanischen, des Germanischen innerhalb des Indogermanischen, des letzteren innerhalb der menschlichen Sprachen überhaupt dargelegt. Es wird über den Ursprung der Sprache, über ihre Entwicklung, ihr Wachstum gesprochen. Es wird die deutsche Lautlehre, die Lehre vom Zeitwort, vom Nomen behandelt. Die dritte Abteilung (S. 273—480) bringt eine „Kulturgeschichte in Wortbildern", d. h. es wird aus den Grundbedeutungen unserer deutschen Worte der Kreis von Begriffen erschlossen, in dem unsere Vorfahren sich bewegten; so sehen wir kategorienweise die auf die verschiedensten Seiten des Menschenlebens bezüglichen Ausdrücke nach Alter und Herkunft untersucht. Die Benützung der Sprache zu kulturhistorischen Untersuchungen ist ja von verschiedenen Seiten her mit bestem Erfolge vorgenommen worden und hat sich auch für die deutsche Urgeschichte bewährt und wird noch manche gute Frucht zu bringen im stande sein.

Was Linnigs Behandlung des Stoffes anlangt, so ist durchaus nicht alles zu loben. Der Verfasser hat nicht die volle Herrschaft über den Stoff und darum fehlt ihm oft die nötige Kritik gegen sich und andere. Aber er erkennt und bekennt das selbst in anspruchsloser Weise und ihm ist der Hochmut, der so häufig Dilettanten unausstehlich macht, völlig fremd. Möge man daher anstatt mit harten Worten zu urteilen etwas Besseres an die Stelle setzen.

Ein paar Bemerkungen mögen genügen um zu zeigen, dafs und wie einzelnes besser zu machen ist. Was zunächst die Anordnung betrifft, so glaube ich, dafs sie, obwohl innerlich berechtigt, aus praktischen Gründen bei einer neuen Auflage zu ändern wäre. Die vorausgeschickten allgemeinen Abschnitte über Ursprung und Wachstum der Sprache, über Schöpfung der Wurzeln u. s. w. sind nicht dazu angetan, gröfsere Kreise für das Sprachstudium zu gewinnen, sondern schrecken eher durch ihren abstrakten Inhalt ab; an einer späteren Stelle des Buches würden sie, glaube ich, leichter verständlich und dadurch anziehender sein. Wirkliche Irrtümer sind z. B. S. 40 „die indogermanische Grundsprache hatte nur die Vokale a, i, u", für die Zeit unmittelbar vor der Trennung ist dies gewifs falsch, sie hatte hier wahrscheinlich die Längen ā, ī, ū und sicher Diphthonge wie oi, ei, ou, eu und eine nicht geringe Zahl anderer Vokale, in der ältesten Gestalt aber, wie es scheint nur a; ebd. „got. tunþus wandelt sich ... zu hd. Zahn": a ist nicht aus u entstanden, sondern es geht tunp- auf dent', zand auf dónt- zurück. S. 41. „in Europa hat nur das Griechische den Dual erhalten"; hier ist wohl vergessen, was Seite 182 aus dem Gotischen bringt, abgesehen von zweifelhaften Nominalformen, die als dualis gelten können und den persönlichen Fürwörtern (bayr. enk, ös). S. 46 dürfte das Magyarische nachzutragen sein. S. 48 Vom Assyrischen haben sich doch nicht blofs Bruchstücke, sondern im ganzen s e h r umfangreiche Denkmäler auf vielen Hunderten von Täfelchen

Cylindern u. s. w. erhalten. S. 50 das Äthiopische ist eine semitische, keine hamitische Sprache (S. Hommel Semiten S. 14 f.). S. 53 Bisutun? sollte Behistan gemeint sein; ebd. hätte das Armenische als Zwischenstufe zwischen dem Eranischen und Slavogermanischen erwähnt werden dürfen; für das Altbaktrische wäre als Hilfsmittel wohl Geigers Handbuch zu nennen gewesen, für das Keltische Zeuss-Ebel. S. 68 f. der gotische Vokalismus ist nicht so einfach und klar als es nach der Orthographie scheint, neben a ist â, neben u auch û vorhanden. S. 70 got. mats ist doch wohl unursprünglicher oder mehr verkürzt als ags. mete, haúrn weniger altertümlich als horna auf einer an. Runeninschrift. S. 71 das Altnordische gehört nicht „vorzugsweise dem norwegischen Altertum" an, sondern dem isländischen. S. 72 a hat im Nordischen drei Umlaute e, ǫ und ö (ǫ und e). S. 73 Die Edda ist durchaus nicht das einzige charakteristische Denkmal im Altnordischen, sondern daneben steht eine unendlich reiche und originelle Prosaliteratur und nicht eddische Gedichte (s. Möbius Analecta norrœna, Winkel Horn Skandin. Literaturgesch.). S. 75 das Friesiche berührt sich in Einzelheiten mit dem Altnordischen, steht aber als Ganzes zwischen Angelsächsisch und Altsächsisch (und Niederfränkisch). Angelsächsische Literaturproben in den Lesebüchern von Zupitza, Sweet u. a. S. 77 Die Runenschrift „diente nur sakralen Zwecken"; das ist unrichtig; die Tausende von nordischen Runeninschriften, heidnischen und christlichen (vom 3. bis 14. Jhd.) dienen zumeist der Ehrung Verstorbener und Lebender, wie unsere Inschriften auf Denkmälern auch. Ebd. Anm. lies Wimmer, Runeskriftens oprindelse og udvikling i norden, Aarböger 1874. S. 118 Die Verdopplung in mhd. mannes, brennen geschahen „meist aus rhythmischen Gründen"? man vergl. doch got. manna, brinnan. S. 123 dafs man bei der Schreibung th in thun, That nicht eine Aspirata schreiben wollte ist richtig, ebenso richtig aber F. Beckers Angabe, dafs t meist wirklich Aspirata ist, also auch in tun = thun, tat = that. S. 164 Dafs Festhalten an der Brechungstheorie Grimms wonach e in beramés ferimus jünger sei als i in biris läfst sich nicht verteidigen; um wie viel klarer wird der ganze Vokalismus durch die neue, jetzt doch kaum mehr anzufechtende Theorie!

Trotz all dieser kleinen Mängel und mancher hier übergangener stehe ich nicht an, das Buch Linnigs ernstlich zu empfehlen, zumal in Gymnasialbibliotheken sollte es nicht fehlen, strebsame Schüler werden zur Ergänzung des mittelhochdeutschen Unterrichts dasselbe mit Nutzen gebrauchen, wenn ihnen nur an das Herz gelegt wird, nicht blindlings alles für unumstöfslich sicher zu halten, was in den „Bildern" ihnen vorgeführt wird. Geht nebenher das Studium auch nur einer Spezialgrammatik, z. B. der mittelhochdeutschen von Paul, so werden schon hiedurch kleine Irrtümer korrigiert werden.

Die Ausstattung des Buches ist dem Verlag entsprechend gut; der Preis für das Gebotene nicht hoch.

München.   Oscar Brenner.

Faust von Göthe. Mit Einleitung und fortlaufender Erklärung herausgegeben von K. J. Schröer. Zweiter Teil. Heilbronn, Henninger. 1881. 8. 543 S.

Das Lob, welches wir dem ersten Teile der Schröer'schen Arbeit in diesen Blättern (Novemberheft 1881, S. 246) gespendet, können wir der Vollendung des Werkes gegenüber nur in erhöhtem Grade wiederholen. Die Anerkennung, welche Löper selbst dem neuen Kommentare zollte, ist die beste Empfehlung desselben und Schröer durfte wohl mit gerechter

Freude im Vorwort zum II. Bande auf das Urteil des kompetentesten Richters verweisen. Löper wird ja stets das Verdienst behalten, durch seine Arbeit allen späteren Kommentaren vorgearbeitet zu haben, und es wird so bald keinem gelingen, das Werk Löpers entbehrlich zu machen. Wohl aber können ausführlichere Arbeiten wie die vorliegende recht gut auch neben Löper selbständige Bedeutung in anspruch nehmen. Und besonders der II. Faust, wenn seine Grundidee auch klar hervortritt, bietet im einzelnen der Erklärung so unendlich viele Schwierigkeiten, dafs nach Löpers knapp gehaltenem Kommentare ein neuer Interpret noch vollauf zu thun hatte, wohl auch künftig noch manches zu thun haben wird. Endlich wird ja dann doch einmal das thörichte Vorurteil gegen den II. Faust schwinden. Seit der Iphigenie in Versen haben alle bedeutenden Werke Göthes, Hermann und Dorothea wie Dichtung und Wahrheit bei ihrem Erscheinen und manches folgende Jahr mehr oder minder grobe Verkennung und Vernachlässigung erfahren. Da ist es nicht zu staunen, dafs sein gröfstes, tiefsinniges Lebenswerk nach fünfzig Jahren noch nicht allgemein Anerkennung gefunden. Die jetzt noch von vielen geteilten Ansichten Vischers repräsentieren doch hoffentlich bereits das Urteil der Minderheit und Göthes Faust kann wohl den Lessing'schen Ausruf in anspruch nehmen: „Ist nicht die ganze Ewigkeit mein!" Arbeiten wie die von Löper und Schröer bürgen dafür, dafs ein Verständnis des II. Faust auch in weiteren Kreisen einmal möglich sein werde. Für die Schule freilich wird sich der II. Teil des Faust wohl nie zur Lektüre eignen.

Schröer hat für seine Erklärungsversuche eine Grundlage gefunden, deren Vorteile ihm aufs trefflichste zu statten kommen. Nicht vom philosophischen Standpunkte aus und von Ideen ausgehend solle man den Dichter erklären. „Was bei Beurteilung Göthe'scher Konzeptionen festzuhalten ist, das ist seine reine, immer von Anschauungen, von Bildern ausgehende Dichternatur. Indem Schiller in seinen Entwürfen mit erstaunlicher Klarheit den ideellen Gehalt darzulegen weifs, wird Göthe unwillig, wenn man nach einem solchen fragt. Von diesem Gesichtspunkte aus bemühte ich mich, überall das Bild zu finden, von dem Göthe bei seinen Schöpfungen ausging. Ich glaube solche Bilder in einigen wichtigen Fällen nachgewiesen zu haben." (S. VI.) Vielleicht die interessanteste Entdeckung Schröers ist, dafs Hans Sachs auf einzelne Szenen von Einflufs gewesen. Wie wunderbar verbindet sich dadurch diese Göthe'sche Dichtung, der man alles Volkstümliche absprechen wollte, mit der deutschen Jugendpoesie Göthes, welcher die Dichter des 16. Jahrhunderts Paten gewesen sind! Das Eindringen des Mephistopheles bei Hofe, das trügerische Spiel mit Geld und Gold und die Beschwörung der Helena am kaiserlichen Hofe sind aus Hans Sachs', „Historia. Die Geschicht Keiser Maximiliani löblicher Gedechtnufs mit dem Alchimisten" und „ein wunderbarlich Gesicht Keiser Maximiliani von einem Nigromanten" (Tittmanns Ausgabe der Spruchgedichte in den „deutschen Dichtern des 16. Jahrhunderts" V. Band, S. 249 und 231).

In der Erklärung des 3. Aktes dürfte Schröer nicht das Richtige getroffen haben. Er legt besonderes Gewicht auf die Bezeichnung „Phantasmagorie, Zwischenspiel zu Faust" und rechnet es sich zum Verdienste an, diesem Titel in seiner Ausgabe ein eigenes Blatt reserviert zu haben. Im Epiloge könne Mephisto sagen (S. LXXIV), der wirkliche Faust sei inzwischen in der Unterwelt gewesen, „das ganze Zwischenspiel sei nichts weiter als eine Phantasmagorie gewesen, bestimmt, uns gefällig zu unterhalten". Dem gegenüber bedarf es nur des Hinweises, dafs in der Ausgabe letzter Hand (Band 41) die Bezeichnung „Phantasmagorie, Zwischenspiel" sich nicht findet. Dieser Titel ward nur dem selbständig erscheinenden Stücke im 4. Bande gegeben, um dem Leser, den diese unvermittelte Dichtung befremden mufste, über sein Erstaunen wegzuhelfen. Sobald dieses Spiel aber in seine Stelle als 3. Akt des Ganzen einrückt, kann von Phantasmagorie und irgendwelcher Vergleichung mit dem Walpurgisnachtstraum des I. Faust (S. LXII. Anm.) nicht mehr die Rede sein. Treffend ist dagegen Schröers Charakteristik jener Dichtungsepisode in den Worten: „Ein Kulturgeschichtliches gilt es auszusprechen und zwar anschaulich und nicht als Idee" (S. LIII). Auch für die Erklärung der „Mütter" ist durch Anführung der Stelle aus Plutarchs „Marcellus" und aus Plutarch „über den Verfall der Orakel" (Kaltwassers Übersetzung S. 285) der Kommentar Löpers glücklich erweitert. Die einleitende Elfenszene hätten wir nach Marbachs Vorgang lieber als „Prolog" denn als „1. Szene" bezeichnet gesehen. Göthe hat absichtlich zwischen Fausts Monolog und der ersten Hofszene eine unvermittelte Lücke eintreten lassen, die Eckermann aus Irrtum für die Aufführung ausfüllen zu müssen glaubte.

Es sei uns erlaubt, aus dem Kommentare selbst noch einige von den Stellen, in denen die Erklärung uns noch Zweifel übrig gelassen hat, hervorzuheben. So ist im I. Akte V. 102 Löpers Deutung von „jugendlichst" = „morgenlich" gewifs verfehlt; Schröer gibt das Richtige, wenn er in dem jugendlichen Schleier die liebliche Ahnung (Unwissenheit) der Jugend gegenüber der traurigen später erkannten Wahrheit erblickt; doch hat Düntzer II, 56 seine Erklärung klarer gefafst. Schröers Bemerkung „jugendlichst erscheint das frische Grün" kann nur die richtige Auffassung verwirren. Für die Geldnot des Reiches, in dem alle Einkünfte im voraus schon verpfändet, hat Löper mit Recht auf Schillers Darstellung im I. Akte der Jungfrau von Orleans als Vorbild verwiesen. In V. 302 „Ihr hegt euch an verderbtem Herzen" beziehen Löper wie Schröer das „Ihr" auf den Kaiser. Dann müfste „euch" grofs geschrieben sein, was noch keine Ausgabe gethan hat. Viel weniger geschraubt ist die Erklärung: „Ihr Narren und Ketzer hegt euch einander an verderbtem Herzen, denn dem Narren sind die Hexenmeister nahe verwandt". In folgenden V. 311—314 verdient entschieden Düntzers Auslegung den Vorzug, der unter „Fastenpredigt" die Rede des Kanzlers (Bischofs) versteht, nicht wie Schröer die Worte des Narren. Das Ganze gewinnt auch an dramatischer Lebendigkeit, wenn der Kaiser je zwei Verse an den Kanzler und an den Narren richtet. Der Sinn von V. 393 „Dich wenn du lügst zur Hölle senden" ist nicht wie Schröer angibt „ihn zum Teufel jagen", sondern „mit dem Tode bestrafen". Der Sprachgebrauch von „ähneln" als transitivem Verbum hätte V. 467 eine Anmerkung und Belegstellen wünschenswert gemacht. Die im Grimm'schen Wörterbuche aus Arnim angeführte ist nicht passend. Für das Auftreten der „Gespielinnen", „Fischer und Vogelsteller", wie der verschiedenen Poeten im Maskenfeste hat Göthe ursprünglich wohl auch dichterisches Aussprechen geplant; wir haben jetzt aber nur die Angabe des Schemas. Sollte die Äufserung „der Herold ruft (im Gegensatze zur häfslichen neuesten Dichtung) die griechische Mythologie hervor, die, selbst in moderner Maske weder Charakter noch Gefälliges verliert" nicht ein Hinweis auf die klassische Walpurgisnacht und den III. Akt werden? Die im Maskenzuge auftretenden Parzen und Furien als Vorspiel des späteren, gleichsam als Motivierung desselben nach Göthes Weise dienen? Schröers Bedenken gegen Löpers Deutung des Zoilo-Thersites als Mephistopheles haben kein Gewicht; von einem „auseinander fallen in zwei selbständige Wesen" ist ja keine Rede. Otter und Fledermaus gehören zusammen. Dagegen hat Schröer V. 978—989 in seiner Deutung der Geschenke des „Knabe-Lenker" gegen Löper (Gaben der Phantasie, die nur für den ideal Gesinnten Wert haben, nicht trügerische

Teufelsgaben) ohne Zweifel recht. V. 1185 „Er ahnet nicht, was uns von aufsen droht" soll wohl von Faust-Plutus a parte gesprochen werden, da „er" sich auf den Herold bezieht. Für V. 1199 möchte ich weder Löpers noch Schröers Erklärung anerkennen. „Sie wissen den Zauberbann zu brechen und in den gefeiten Kreis zu treten", das will der Ausruf der erstaunten Menge sagen; die Vermummung des Kaisers ist nur Plutus (V. 1197) bekannt, der aber gleich darauf (1201) dem Ausrufe der Menge gegenüber meint „Sie wissen nicht wohin sie schreiten". Zu V. 1663 „Versinke denn! Ich könnt auch sagen: steige" darf ein Satz aus Bonaventuras (Schelling) 14. Nachtwache herangezogen werden: „Ich sank nicht, denn es war kein Raum mehr, ebensowenig schien ich emporzuschweben".

V. 2128 stimmen wir Schröer bei, der „Schwebe noch einmal die Runde" als Indikativ auffafst, während Löper darin den Imperativ erblickt. Gerade in der klassischen Walpurgisnacht aber erscheint der Kommentar des letzteren auch Schröer gegenüber in unvergleichlicher Vortrefflichkeit. Auffallend ist es, dafs weder Löper noch Schröer bei dem Triumphzuge Galateas an das von Göthe gekannte und ohne Zweifel auch benützte Vorbild dachten. In Calderons „über allen Zaubern Liebe" S. 341 der Schlegel'schen Übersetzung erscheint ebenfalls Galatea „in einem Triumphwagen, von zwei Delphinen gezogen, viele Tritonen und Sirenen mit musikalischen Instrumenten um sie her"; mancher Zug in der Schilderung (so z. B. dafs Feuer auf dem Wasser leuchtet) scheint von Göthe dorther genommen zu sein.

Zum ersten Verse des III. Aktes hat Schröer selbst Göthes Worte aus dem Briefe an Zelter (4. Januar 1831) citiert: „Helene tritt nicht als Zwischenspielerin, sondern als Heroine ohne weiteres auf". Seine in der Einleitung vorgebrachte Ansicht über die Phantasmagorie wird dadurch von selbst widerlegt; es handelt sich durchaus nicht, wie er auch hier (V. 3876) wieder behauptet, um ein blofses Spiel (vgl. oben). Ein Rückblick auf Göthes Verhältnis zum antiken Trimeter (in welchen Jahren dieser bei ihm herrschte, Einflufs der Montgomeryszene aus der Jungfrau von Orleans) wäre hier vielleicht am platze gewesen, da die Einleitung hierüber fast nichts enthält. Auch über die Mafse der Chorlieder könnten einer künftigen Auflage der Schröer'schen Arbeit willkommene Untersuchungen eingefügt werden. — Aber der uns bemessene Raum verhindert leider weiteres Eingehen auf Einzelheiten. Nur den störenden Druckfehler in V. 1527 möchten wir noch erwähnen, sowie Schröer, der mit Recht äufserste Pietät gegen das Wort des Dichters gewahrt wissen will, auf das eigenmächtige Anwenden gesperrten Druckes in 72 und 73 aufmerksam machen. Dagegen dürfte es in Göthes Sinne sein V. 1367, in dem wir jetzt einen Binnenreim gewahren, in zwei selbständige Zeilen zu zerlegen. Möge Schröers treffliche Arbeit seinem Wunsche gemäfs dazu beitragen, das Verständnis der Faustdichtung in ihrer grofsartigen Gesamtheit kräftig zu fördern.

Marburg. Max Koch.

Deutsches Lesebuch für die unteren Klassen höherer Lehranstalten von Heinrich Viehoff, IX. verbesserte Auflage besorgt von Kiy. Braunschweig, Westermann. 1881. ℳ 2.

Deutsche Lesebücher zum Gebrauch für Schulen niederer und höherer Ordnung tauchen fortwährend massenhaft auf, „als wollte das Meer noch ein Meer gebären", weshalb man mit nicht ganz unberechtigtem Mifstrauen einer jeden neuen Erscheinung auf diesem Gebiete entgegensieht. Die sübjektiven Voraussetzungen, von denen die Verfasser ausgehen, aber auch die Ansprüche und Bedürfnisse der verschiedenen Schulen selbst sind so mannigfaltig, dafs manches derartige Werk nur von einem solchen Gesichtspunkte aus betrachtet werden will und mufs, vorzüglich solange eine allseitige Einigung über die Prinzipien der Anlage eines deutschen Lesebuchs nicht vorhanden ist. Daher erfreuen sich viele solcher Erzeugnisse häufig nur eines ephemeren Daseins oder wenigstens höchst vereinzelten Gebrauchs.

Das letztere gilt nicht von dem vorliegenden Lesebuche, welches bereits in IX., in der neuen Orthographie bearbeiteter Auflage erschienen ist und somit seine Brauchbarkeit zu erproben reichlich Gelegenheit gegeben hat. Der poetische Teil enthält eine reiche gröfstenteils auch gut getroffene Auswahl von Gedichten mit den berühmtesten Namen älterer und neuerer Dichter. Daneben finden sich auch weniger bekannte Namen, was seine Erklärung in dem Streben findet, möglichst viele passende Nummern für die einzelnen Kategorien zu finden, wie dies z. B. in den „Bildern und Liedern aus der Natur", in „Kinderleben und Kinderlust", in den „Allegorien und Rätseln" u. s. w. der Fall ist. Die Gedichte sind nach dem Inhalte geordnet und erleichtern dem Lehrer wie dem Schüler die nötige Auswahl.

Im einzelnen wäre statt Nr. 16 das ungleich schönere Gedicht von Kerner und statt Nr. 83 das volkstümlich gewordene Lied von ebendemselben zu wünschen. Nr. 22 und Nr. 33 würden vielleicht besser wegbleiben, auch von den Mythen und Märchen dürften einige, die gar zu kindlich sind, fehlen. Das Preufsenlied von Thiersch würde doch wohl unter eine Reihe patriotischer Lieder, die aber der Herausgeber nicht gesondert aufgeführt wissen will, aufzunehmen sein. Als Nr. 201 steht es am unrechten Platze. Auch der prosaische Teil zeichnet sich durch eine Fülle leichtverständlicher und lehrreicher Stoffe aus, die in entsprechende Abteilungen gegliedert sind, wobei insbesondere der in zwei Kolumnen geteilte Satz als eine für das jugendliche Auge besonders wohlthuende Einrichtung freudig zu begrüfsen ist. Bezüglich der Ordnung und Aufeinanderfolge der einzelnen Gruppen kann man verschiedener Meinung sein.

In Nr. III tritt eine gar zu grofse Einseitigkeit hervor, die besser vermieden wäre ($^2/_3$ der Darstellungen enthalten Charakterzüge preufsischer Könige). Von den Märchen dürften einige z. B vom Dornröschen doch nicht mehr dieser Alters- und Bildungsstufe angemessen sein. Der Anhang bietet passende Anleitungen zu schriftlichen Übungen in sieben verschiedenen Stufen, die blofs andeutender Natur sein sollen und über deren Gebrauch der Lehrer für die verschiedenen Altersstufen eine Wahl treffen mufs. —

Die kleinen Bemerkungen beeinträchtigen den Wert dieses bereits erprobten Lesebuches nicht, das sich auch durch seine äufsere Ausstattung sowie durch einen besonders deutlichen Druck vorteilhaft empfiehlt.

Schweinfurt. Baldi.

Gottfried Gurckes deutsche Schulgrammatik. Neu bearbeitet von Wätzold und Schönhof. 17. (der neuen Bearbeitung 1.) Auflage. Hamburg, Meifsner. 1881. 226 S. Preisangabe fehlt.

Die Neubearbeitung des (für Bürgerschulen, Realschulen und Mädchenschulen bestimmten) Gurcke'schen Lehrbuches erstreckt sich „auf sämtliche Kapitel mit Ausnahme der Flexionslehre". „Eine eingehendere Darstellung haben besonders die Betonungsgesetze und die Wortbildungslehre erfahren." Aber gerade die von der Betonung handelnden Paragraphen fordern häufig zum Widerspruch heraus. Dafs in Bayern noch lebendig betont wird, ist einfach unrichtig, wenn auch Engelien (Grammatik der neuhochd. Sprache, 2. Aufl. S. 21) mit beneidenswerter Sicherheit sagt: „in Bayern jedoch immer lebendig". Im übrigen ist nicht recht ersichtlich, warum in einer kleinen Schulgrammatik jene angebliche Aussprache der armen Bayern denunciert wird. Die Betonung der Silbe all in Allmacht schwankt durchaus nicht; oder kann man auch Allmácht betonen? Falsch ist ferner die Regel, dafs ch und sch wie verdoppelte Konsonanten gesprochen werden; denn die erste Silbe in ‚Sprache' ist nicht geschärft. Auch kann nicht schlechtweg behauptet werden, dafs ‚Erzdieb' den Ton auf der zweiten Silbe habe. Solche Dinge dürfen, nachdem Hufs seine „Lehre vom Accent der deutschen Sprache" geschrieben und Sanders' „Abrifs der deutschen Silbenmessung und Verskunst" erschienen, anderen nicht mehr nachgebetet werden.

München.   A. Brunner.

Historische Wandlungen in unserer Muttersprache. Ein Beitrag zur Förderung des grammatischen Studiums und Unterrichtes von Dr. Michael Geistbeck. München, Ackermann. 1881. 60 S. ℳ 1,20.

Der Herr Verfasser hat in durchsichtiger Anordnung und interessanter Darstellung die verschiedenen Veränderungsformen zusammengestellt, welche die Entwicklung der deutschen Sprache aufweist. Das Büchlein würde sich besonders auch wegen der aufserordentlich zahlreichen Beispiele ganz dazu eignen, historisches Verständnis unserer Muttersprache im Kreise unserer sogenannten Gebildeten anzubahnen, wenn — diese nur Interesse an derlei Dingen hätten. So mufs sich der Verfasser wohl damit bescheiden, dafs seine Abhandlung in Schülerbibliotheken gestellt wird und in die Studierstube des Lehrers wandert, der darin recht viel für den Unterricht Brauchbares finden wird. Dem Lehrer des Mittelhochdeutschen bietet es nach unserer Ansicht so ziemlich eine Zusammenstellung derjenigen Sprachveränderungen, die der Gymnasiast durch den mhd. Unterricht kennen lernen soll. Vermutungen (z. B. S. 41) wünschten wir bei einer populären Schrift ausgeschlossen. S. 48 war vor allem auf die Sprachgesellschaften des 17. Jahrh. zu verweisen, denen man ja auch mehrere der angeführten Wörter verdankt. S. 25 mufs es heifsen: „seit Otfried"; denn die erwähnte Umschreibung ist ja auch im Mhd. üblich, wie der Herr Verf. S. 60 selbst sagt. Grieswart (S. 37) hätte vielleicht schon deshalb eine Erklärung verdient, weil der erste Teil des Wortes so häufig in geographischen Namen vorkommt. Andere Verbesserungsvorschläge macht Wilmanns in der Zeitschrift für deutsches Altertum (1881 S. 331).

M.   A. B.

Französische Synonymik mit Beispielen und etymologischen Angaben. Für die oberen Klassen höherer Schulen bearbeitet von Dr. Karl Meurer, Lehrer am Kgl. Fr. W. Gymnasium und der Realschule I. O. zu Köln. Zweite gänzlich umgearbeitete, sehr vermehrte Auflage. 1881. Verlag von C. Roemke und Cie. in Köln.

Diese zweite Auflage hat der ersten gegenüber mehrere sehr vorteilhafte Verbesserungen aufzuweisen, welche darauf berechnet sind, das Buch zu einem praktischen Schulbuche zu machen. Ich rechne dazu vor allem die Hinzufügung der Etymologie. Denn wenn ich dem Verfasser auch vollständig darin beistimme, dafs etymologische Ausführungen, die geeignet sind, einem Buche ein gelehrtes Aussehen zu geben, nicht auf das Gymnasium gehören, so kann auf demselben bei der Lektüre in den oberen Klassen doch der Hinweis auf die Abstammung der Wörter von Seite des Lehrers in vielen Fällen kaum unterlassen werden. Dann ist die Vermehrung der Beispiele, welche dem Schüler in zweifelhaften Fällen die völlige Aufklärung geben, sicher von grofsem Nutzen. Die weiteren Verbesserungen hinsichtlich der Anordnung, der Vermehrung und der innern Behandlung der Gruppen, sowie die Hinzufügung der doppelten Register sind vom Verfasser in der Vorrede deutlich auseinandergesetzt, so dafs ich der Ansicht bin, dafs das Buch in seiner jetzigen Form in den Schulen eine willkommene Aufnahme finden werde.

München. Wallner.

Die ungarischen Gymnasien. Geschichte. System. Statistik. Nach amtlichen Quellen dargestellt von Dr. J. H. Schwicker, Kgl. ung. Ober-Gymnasialprofessor. Budapest 1881. 367 S.

Nachdem die Ungarn in politischer Beziehung ihre nationalen Ziele erreicht hatten, mufste bei der selbständigen Ausgestaltung ihres Staatswesens die Schul- und Bildungsfrage in den Vordergrund treten. Bis dahin war auch die Schule der Magyaren von Wien aus geleitet worden und hatte das Schicksal des österreichischen Unterrichtswesens geteilt, je nachdem in demselben reformatorische oder reaktionäre Bestrebungen zur Geltung kamen; jetzt galt es, den überwiegenden Einflufs des Deutschtums auch im öffentlichen Unterrichte zu beseitigen, an dessen Stelle als Grundlage der allgemeinen Bildung durchgehends ungarische Sprache, Literatur und Geschichte zu setzen und so den Prozefs der Magyarisierung des Landes zu beschleunigen. Die Beherrschung und entsprechende Leitung der Schule erscheint als durchschlagendes Mittel, die mannigfachen nationalen und kirchlichen Gegensätze, welche Ungarn aufweist, zu überwinden. Eine ganz besondere Fürsorge hat das ungarische Unterrichtsministerium seit seinem Bestehen dem Gymnasium zugewandt, und das vorliegende Buch verfolgt die Absicht auf Grund einer eingehenden historischen Entwicklung das gegenwärtig in Ungarn herrschende System der Gymnasialbildung einem weiteren Kreis von Fachgenossen darzulegen und ihrem Urteile zu unterstellen. Für uns dürfte eine Prüfung dieser neuesten Gymnasialreform in Ungarn umsomehr Interesse bieten, als hiebei die pädagogischen Grundsätze Herbarts und seiner Schule in ausgedehntem Mafse zur Durchführung kamen. Ein endgültiges Urteil über die leitenden Grundsätze und die bis ins Einzelne ausgearbeiteten Vorschriften der neuen Organisation kann sich übrigens erst dann ergeben, wenn auch ein ausreichender Einblick in die Erfolge derselben gewährt ist; wir können nur untersuchen, wie weit nach sonstigen Erfahrungen der Zweck des Gymnasialunterrichts durch die vorgezeichneten Mittel und die neu eingeführte Methode erreichbar scheint.

Der Darstellung des neuen Systems ist eine Geschichte des ungarischen Gymnasiums vorausgesandt. Wie die Reformation in Deutschland dem Schulwesen neuen Aufschwung gab, so blühten im 16. Jahrhundert auch in Ungarn protestantische gelehrte Schulen, von Deutschen neu eingerichtet; die katholischen Lehranstalten erstarkten erst wieder, als die Jesuiten berufen wurden und neben anderen geistlichen Orden sich der Schule bemächtigten. „Die reicheren Familien", bemerkt übrigens Schwicker, „schickten ihre Söhne nach wie vor auf ausländische Lehranstalten, so dafs die einheimischen Gymnasien zumeist von den Söhnen unbemittelter Eltern

frequentiert wurden." Erst nach Beendigung des siebenjährigen Krieges wurde von der Regierung Maria Theresias, welche bereits dem Grundsatze huldigte, „das Schulwesen ist und bleibt allzeit ein politicum", eine Reform der Schuleinrichtungen in angriff genommen; für Ungarn wurde später eine besondere Studienkommission eingesetzt, von welcher im Jahre 1777 die „Ratio educationis totiusque rei literariae per regnum Hungariae et provincias eidem adnexas" ausging. Zur Durchführung der neuen Studienordnung waren durch Auflösung des Jesuitenordens sehr bedeutende Mittel flüssig geworden. Der Gymnasiallehrkurs bestand aus drei Grammatikal- und zwei Humanitätsklassen; aus dem Lehrplan heben wir nur hervor, daſs die Naturlehre aufgenommen war, das Griechische aber unter den nicht obligaten Lehrgegenständen aufgeführt ist. In den oberen Klassen war damals die lateinische Sprache, in den unteren die ungarische, resp. die Muttersprache der Schüler Unterrichtssprache; Kaiser Joseph suchte zwar später als solche die deutsche Sprache auch für Ungarn durchzusetzen, sah sich aber zuletzt selbst gezwungen, seine Verordnungen zurückzunehmen. Unter Kaiser Franz trat in Wien eine „Studienrevisionskommission" zusammen, deren Ausarbeitungen im Jahre 1806 auch für eine Schulreform in Ungarn Geltung erhielten. Das Land wurde in fünf Studiendistrikte geteilt, an deren Spitze Studien-Oberdirektoren standen; das Gymnasium in Ofen und die Gymnasien an den Sitzen der Akademien führten den Ehrentitel Archi-Gymnasien und sollten den übrigen zum Beispiel dienen. Im Lehrplan finden sich griechische Sprache und Literatur überhaupt nicht, nur griechische Altertümer werden erwähnt; auch die römische Literatur lernte man nur aus Chrestomathien kennen. Die Anforderungen waren überhaupt sehr mäſsig gestellt, und wir können wohl den Lehrplan im ganzen nicht besser kennzeichnen, als wenn wir das Pensum der sechsten oder obersten Gymnasialklasse anführen: Religion, römische Altertümer, Botanik und Mineralogie; Geschichte Ungarns seit Ferdinand I., Geographie von Afrika, Amerika und Australien; Poetik. Gelesen wurden aus einer lateinischen Chrestomathie poetische und rhetorische Stücke. Fortgesetzte lateinische Extemporalien, schriftliche Übungen. So kommt denn auch ein ungarischer Kritiker zu einem sehr absprechenden Urteil über diese Lehranstalten: „Unsere alten Herren (die vor 1848 jeder gründlichen Schulreform abhold waren) hatten in den vormärzlichen Gymnasien nichts gelernt als ein klein wenig Latein."
Nach den Revolutionsjahren wurde die Thun'sche Gymnasialreform auch auf Ungarn übertragen und damit im wesentlichen Lehrplan und Einrichtungen des deutschen Gymnasiums: mit dem Griechischen wurde bereits in der 3. Klasse begonnen; im Untergymnasium sollte vorwiegend die Muttersprache der Mehrzahl der Schüler, im Obergymnasium vorwiegend die deutsche Sprache als Unterrichtssprache in Anwendung kommen. Diese beiden Vorschriften fanden aber vielfach Widerstand. Nach Wiederherstellung der ungarischen Verfassung und Verwaltung wurde im Jahre 1861 ein neuer Lehrplan veröffentlicht. Die nationale Leidenschaft wuſste es durchzusetzen, daſs die deutsche Sprache aus demselben ganz gestrichen wurde; es sollte nur „auf die Wichtigkeit der deutschen Sprache als eines allgemeinen Bildungsmittels, jedoch ohne Zwang, aufmerksam gemacht werden." Infolge der Einführung der ungarischen Sprache als Unterrichtssprache schritt man zu der ebenso rücksichtslosen als der gedeihlichen Entwicklung der Gymnasien verderblichen Maſsregel, die aus den deutsch-österreichischen Erbländern stammenden Professoren zur Disposition zu stellen und an ihre Stelle junge ungeprüfte Kandidaten zu setzen. Schwicker konstatiert die heillose „Verwirrung und Verwüstung", welche der

neue Lehrplan anrichtete. Die allgemeine Unzufriedenheit hatte einen hohen Grad erreicht, als im Jahre 1867 auf Grund der Ausgleichsgesetze ein besonderes ungarisches Ministerium für Kultus und Unterricht ins Leben trat.

Bereits Eötvös nahm einen entschiedenen Anlauf zur Neuordnung des ungarischen Mittelschulwesens überhaupt und es wurden seitdem dem Abgeordnetenhause mehrere Gesetzentwürfe in diesem Betreffe vorgelegt; der letzte im Jahre 1880; abgesehen von der auch bei uns gegenwärtig in den Vordergrund tretenden Frage der Stellung des Gymnasiums zur Realschule besteht in Ungarn noch eine besondere Schwierigkeit in dem Konflikt zwischen den althergebrachten Rechten der deutsch-evangelischen Mittelschulen und der Forderung der staatlichen Oberaufsicht, nachdem Siebenbürgen in politischer und administrativer Hinsicht mit dem eigentlichen Ungarn vereinigt ist. Der unglückliche Lehrplan vom Jahre 1861 für die Gymnasien wurde im Jahre 1871 durch einen anderen ersetzt, in welchem die deutsche Sprache wenigstens wieder als obligatorischer Lehrgegenstand aufgenommen war. Indes waren die Erfolge der neuen Studienordnung keineswegs befriedigend: man klagte allgemein über die Überfülle der Lehrgegenstände, die Anhäufung des Lehrstoffes und die mangelhafte Lehrmethode, welche die Denkkraft und Selbstthätigkeit der Schüler nicht ausreichend fördere. Der vom Minister Pauler im Jahre 1872 errichtete Landesunterrichtsrat, ein aus 9 ständigen und 20 wechselnden Mitgliedern bestehender Beirat für alle Unterrichtsangelegenheiten übernahm daher bereits im Jahre 1878 die Aufgabe, auf Grund der erlangten Erfahrungen den Lehr- und Stundenplan umzuarbeiten und demselben methodische Detail-Instruktionen beizufügen. Dies neu aufgerichtete Lehrsystem, welches erst im letzten Studienjahre zur vollständigen Durchführung kam, führt uns Schwicker in der zweiten Abteilung seines Buches vor. Wir werden einerseits beachtenswerte Neuerungen und Verbesserungen herausheben, andererseits auf diejenigen Bestimmungen der mit grofser Sorgfalt ausgearbeiteten Studienordnung aufmerksam machen, welche dem gewünschten besseren Erfolge der neuesten ungarischen Gymnasialreform im Wege zu stehen scheinen.

Als Aufgabe des Gymnasialunterrichts wird hingestellt: harmonische Entwicklung der Geisteskräfte und Vorbereitung zum Universitätsstudium. Wir vermissen hier die ausdrückliche Hervorhebung des erzieherischen Charakters der Studienanstalten, der durch Vermittlung der richtigen Vorstellungen auszuübenden Einwirkung auf den Willen der Jugend. Die Herbart'sche Psychologie, auf welche jene allgemeinere Zweckbestimmung zurückzuführen sein dürfte, verwirft zwar die scharfe Sonderung gewisser Grundvermögen der Seele, sie erklärt aber Vorstellungen, Gefühle und Begehrungen wenigstens als drei unterscheidbare psychische Phänomene; diese Unterscheidung hätte wohl als Grundlage dienen können für eine bestimmtere Fassung der dem Gymnasialunterricht gestellten Aufgabe. Als wesentliches Mittel zur Erreichung des Zweckes wird in den allgemeinen Bestimmungen die Beschäftigung mit den alten klassischen Sprachen und ihrer Literatur bezeichnet; wir bemerken bereits an dieser Stelle, dafs im neuen Lehrplan zwar das Lateinische den Rang einnimmt, den man darnach für diese Sprache voraussetzt, nicht aber Sprache und Literatur der Griechen.

Nach der neuen Organisation ist die Abstufung in Ober- und Untergymnasium aufgehoben; das vollständige Gymnasium besteht aus acht aufeinanderfolgenden Jahresklassen; doch kann ein Gymnasium auch weniger als acht, aber nie unter vier Klassen haben. Wir können dieser mit den Einrichtungen der meisten deutschen und aufserdeutschen Gymnasien übereinstimmenden Neuordnung nur beistimmen, da wir uns vergebens nach einer genügenden Begründung der in Bayern noch aufrecht erhaltenen Unterscheidung von Lateinschule und Gymnasium umsehen. Die Unterrichtssprache ist in den meisten Gymnasien die ungarische; in den evangelischen Gymnasien Siebenbürgens die deutsche. Doch ist auch sonst in einer Reihe von Gymnasien die Landessprache als Hilfssprache zugelassen.

Der neue Lehrplan enthält gegen unseren bayerischen gehalten einen Zuwachs von drei obligatorischen Fächern, nämlich Naturgeschichte, Chemie und zeichnende Geometrie; daher sind auch für die höheren Klassen 30—32 Lehrstunden festgesetzt; dazu kommt noch eine stattliche Reihe von fakultativen Fächern. Die der allgemeinen Angabe des Lehrzieles angefügten methodischen Bemerkungen geben ein möglichst ins Einzelne ausgeführtes Bild dessen, was in jedem Lehrgegenstand zu erreichen angestrebt wird und in welcher Weise die Lehrer die gestellten Aufgaben durchzuführen haben. Die Einführung einer besseren Lehrmethode, welche bei möglichster Beschränkung des mechanischen Einlernens auf Pflege der Aufmerksamkeit und Entwicklung des Denkvermögens der Schüler gerichtet ist, war bei der Umarbeitung des früheren Lehrplanes mafsgebend.

Als Lehrziel des ungarischen Sprachunterrichts erscheint: Anleitung zu verständigem, nutzbarem Lesen und Einführung in die Literatur, Einsicht in den Sprachbau und Übung im sprachlichen Ausdruck. In ersterer Beziehung wird mit Recht betont, dafs bei der Lektüre in der Klasse bereits von der ersten Stufe an darauf gesehen werden solle, das Gelesene durch eingehende Erklärung und daran sich schliefsende freie mündliche Reproduktion möglichst zum Eigentum der Schüler zu machen; sehr richtig wird ferner ausgeführt, dafs die für die 6. und 7. Klasse vorgeschriebene Theorie der prosaischen Stilformen und Dichtgattungen (Rhetorik und Poetik) durchaus aus der Betrachtung klassischer Muster gleichsam herauswachsen müsse, in der obersten oder 8. Klasse soll ein Überblick der ungarischen Literaturgeschichte gegeben werden: hier wirken unseres Erachtens die Detail-Instruktionen nicht genügend der Gefahr entgegen, dafs durch Häufung von Namen und Zahlen, durch das Streben nach Vollständigkeit Zeit und Aufmerksamkeit der Schüler der Betrachtung wertvoller Literaturerzeugnisse entzogen wird; wenn irgendwo ist hier das multum am Platz und wirkt das multa zerstreuend; ebenso erscheint es fraghaft, ob die andere für diese Klasse gestellte Forderung: Schullektüre gröfserer literarischer und historischer Stücke bei Festhaltung der Gründlichkeit der Lektüre überhaupt erfüllbar ist; zu ausgedehnterem Privatstudium wird aber die Masse der Lehrgegenstände in der Regel keine Zeit übrig lassen. Die grammatische Erkenntnis der Sprache soll zunächst aus den Beispielen der Lesestücke in induktiver, analytischer Weise gewonnen werden; in der 3. Klasse soll sich daran ein systematischer Aufbau schliefsen und damit „die Reihe der systematischen Lehrkurse für sämtliche Gymnasialklassen eröffnet werden". Ob gerade die Muttersprache sich dazu am besten eignet? Wir finden es ganz am platze, dafs bei der Lektüre auch auf die Gesetze der eigenen Sprache aufmerksam gemacht wird, dafs man gelegentlich auch auf eine systematische Grammatik verweist und dafs schliefslich wohl auch ein gedrängter Abrifs schwierigerer Partien durchgenommen wird, aber das Streben, den Gebrauch der Sprache, welche man spricht, ins Einzelne zu verfolgen und in Regeln zu bannen, führt entweder zu einer wissenschaftlichen Behandlung, die über den Horizont der Jugend hinausgeht, oder es wird durch immer erneute Wiederholung von Bekanntem und längst Geübtem das Interesse der Schüler eher abgestumpft als angeregt. Vollständig dagegen stimmen wir mit der Anordnung überein, dafs die Aufgaben zu den schriftlichen Ausarbeitungen durch alle Klassen der jeweiligen Schul- oder Privatlektüre entnommen werden sollen.

Der Unterricht in der lateinischen Sprache erfährt durch die neue Lehrmethode die weitgehendste Umgestaltung. Derselbe soll von Anfang an der Hand zusammenhängender, auch stofflich interessanter Lesestücke erfolgen; allmählich sollen so durch die Kunst des Lehrers und die Selbstthätigkeit der Schüler die einzelnen Bausteine zu dem vollständigen Gebäude der lateinischen Formenlehre und Syntax zusammengefügt werden; die systematische Grammatik soll zuletzt nur zur Festigung des bereits erworbenen Besitzes dienen. Um mensa und laudo einzuüben, werden bereits „stofflich interessante Lesestücke" gefordert; weshalb genügen zu diesem Zwecke nicht interessante einzelne Sätze? Was nützt dem Schüler ein gröfseres Ganzes, wenn die auf jeder Zeile aufstofsenden neuen Schwierigkeiten ein entsprechendes Vorwärtskommen unmöglich machen? Man wird daher gut thun, von solchen Lesestücken wenigstens so lange abzusehen, bis sich die Schüler die ersten Elemente der Sprache angeeignet haben. Wir leugnen dann nicht die Möglichkeit, die neue Lehrmethode durchzuführen, und erkennen auch etwaige Vorteile an, halten aber zugleich die Schwierigkeiten für so bedeutend, dafs das Experiment bei dem gegenwärtigen Stand des ungarischen Gymnasialunterrichts sehr gewagt erscheint. Mehr als das bisherige System fordert diese neue Lehrmethode eine besondere Befähigung, ja eine spezielle Vorbildung der Lehrer; an den ungarischen Gymnasien aber befindet sich seit der Vertreibung der deutschen Professoren eine nicht unbeträchtliche Zahl ungeprüfter Lehrer und es wird überhaupt erst seit jüngerer Zeit in Ungarn der Heranbildung tüchtiger Lehrkräfte besondere Sorgfalt zugewandt. Es ist daher zu fürchten, dafs die Durchführung der neuen Lehrmethode in vielen Fällen zunächst nur Verwirrung verursacht und dafs unter dem etwaigen Gewinne einer besseren Anleitung der Schüler zu selbständigerem Studium die Sicherheit des Wissens beträchtliche Einbufse erleidet. Man sollte mit dem bisherigen System nicht auf einmal brechen, sondern einen vermittelnden Übergang zur neuen Methode suchen. Ob übrigens letztere auch unter den günstigsten Verhältnissen den Vorzug verdiene vor der alten Ordnung, ist eine Frage, deren Erörterung uns hier zu weit führen würde: von der praktischen Erfahrung wird man die endgültig entscheidende Antwort erwarten müssen.

Unseren vollen Beifall finden die Bemerkungen, welche dem Unterricht in der lateinischen Literatur gelten. Das Streben des Lehrers soll insbesondere darauf gerichtet sein, dafs die Schüler nicht blofs Teile der klassischen Werke kennen lernen, sondern dafs ihnen überall die Bedeutung des ganzen Kunstwerkes zum Bewufstsein gebracht wird, dafs sie auch zur Individualität des Autors durchdringen, dafs sie ihn aus seiner Zeit und seine Zeit hinwiederum aus ihm zu verstehen angeleitet werden. Nun ist es freilich unmöglich, ein Werk wie die Äneis in der Schule vollständig zu bewältigen; es dürfte aber genügen, nur einige Gesänge ganz zu vollenden, aus den übrigen aber hervorragende Teile kennen zu lernen in der Weise, dafs von dem Lehrer der Inhalt der nicht zu lesenden Abschnitte ergänzt und besprochen wird; so erscheint es möglich, allmählich einen Einblick in den Bau des ganzen Kunstwerkes zu gewinnen und den Reichtum der dichterischen Darstellung in ausgedehnterem Mafse zu bewundern. Ebenso zeugt es uns von einem richtigen Verständnis für das Erreichbare, wenn die als Lehrziel mit Recht festgehaltene „Erwerbung der Fähigkeit, einen ungarischen Text aus dem Unterrichtskreise richtig ins

Lateinische übertragen zu können" näher dahin begrenzt wird, dafs der Übersetzungsstoff durchaus aus der Lektüre genommen werden soll und abgesehen von der grammatischen Korrektheit nur die Beherrschung derjenigen Ausdrücke und Redensarten gefordert wird, welche die Schüler in den gelesenen Abschnitten der klassischen Schriftwerke kennen gelernt haben.

Dafs in dem verbesserten Lehrplan auch der Unterricht in der griechischen Sprache beibehalten ist, wird jedermann freudig begrüfsen, der die Kenntnis der altklassischen Literatur als beste Grundlage unserer höheren Bildung anerkennt. Freilich schienen die sonstigen Aufgaben des ungarischen Gymnasiums, insbesondere der Umstand, dafs in richtiger Würdigung der Bedeutung der deutschen Sprache auch für Ungarn derselben ein entsprechendes Zeitmafs eingeräumt wurde, eine Beschränkung des griechischen Unterrichts zu erfordern: die Kenntnis Homers und ausgewählter Stellen aus Herodot und Platon, im günstigsten Falle eines Dramas von Sophokles erscheinen als Lehrziel. Die edelste Blüte der hellenischen Literatur, das Drama, soll nur „wenn möglich" Aufnahme finden im Lehrplan, die attische Beredsamkeit und Geschichtschreibung ist ganz ausgeschlossen. Unseres Erachtens sollte aber bei Entwerfung neuer Lehrpläne, wofern nicht an der Grundlage der klassischen Bildung gerüttelt wird, das Streben darauf gerichtet sein, der ursprünglicheren, grofsartigeren griechischen Literatur, den auch von den Römern nachgeahmten Musterwerken, auch in unserem Gymnasialunterrichte eine ihrem inneren Werte entsprechende bevorzugte Stelle gegenüber der römischen einzuräumen; wir möchten daher trotz der Häufung des Lehrstoffes auch in dem neuen ungarischen Lehrplan, worauf wir später zu sprechen kommen werden, an dieser Stelle einer Ausdehnung des Unterrichts in der griechischen Literatur das Wort reden; dieselbe könnte natürlich nur auf Kosten anderer Lehrgegenstände erfolgen, zunächst der lateinischen Literatur, und wir wollen hier nur noch darauf hinweisen, dafs es von ungleich höherem Werte ist, die Schüler zu wirklichem Verständnis einer Tragödie des Sophokles anzuleiten, als mit ihnen die philosophischen Werke und die Briefe Ciceros oder Stücke des Plautus und Terenz zu behandeln. Was übrigens den griechischen Sprachunterricht betrifft, so wird hier zwar auch die neue analytische Lehrmethode empfohlen, aber doch bemerkt, „der Zweck würde durch eine systematische Behandlung ebenfalls erreicht werden". Das Lehrziel wird vielmehr, soweit wir urteilen können, bei der alten Lehrart sicherer erreicht werden schon aus dem Grunde, weil die neue Lehrmethode, indem sie die Aneignung des Lehrstoffes in die Unterrichtszeit verlegt, zeitraubender ist; es ist aber die Unterrichtszeit für den grammatischen Unterricht im Griechischen überhaupt nur kurz bemessen; in zwei Jahreskursen mit wöchentlich 5 Stunden soll die ganze Formenlehre nicht blofs, sondern sollen auch die Hauptpunkte der Syntax bewältigt werden. Nur eine besonders praktische, das Notwendige scharf heraushebende Behandlung der Grammatik könnte bei dieser Ausmessung des Zeitaufwandes zum Ziele führen; weitgehende theoretische Unterweisung wie z. B. sprachvergleichende Exkurse, wie sie in den Detail-Instruktionen empfohlen werden, sind in diesem Falle entschieden zu widerraten; es liegt die Gefahr nahe, dafs das Resultat der Anregung allzumannigfaltigen Interesses nicht gründliches Wissen ist, sondern gelehrter Schein und unhaltbarer Firnis.

Als Lehrziel des Unterrichts in der deutschen Sprache erscheint grammatische Kenntnis und Fähigkeit, einen ungarischen Text über einen dem Studienkreis entlehnten Gegenstand korrekt ins Deutsche übertragen zu können, ferner Verständnis der neueren deutschen Literaturwerke. Der Unterricht beginnt in der 3. Klasse. In bezug auf den grammatischen Unterricht tritt hier die systematische Behandlung wieder in den Vordergrund, aufserdem wird in den Instruktionen mit Vorliebe der praktische Zweck dieses Sprachstudiums hervorgehoben und es wird daher empfohlen, baldmöglichst Sprechübungen anzustellen und dieselben durch alle Klassen fortzusetzen. Der Umfang der poetischen Lektüre im Deutschen ist nicht sehr ausgedehnt — von Schiller und Göthe ist z. B. nur je ein Drama zur Behandlung vorgezeichnet — auch wird es abgelehnt, etwa ein Gesamtbild der neueren, klassischen deutschen Literaturentwicklung mitzuteilen, wenn auch für die einzelnen Werke die Entwicklung der literargeschichtlichen und ästhetischen Gesichtspunkte verlangt und zugegeben wird, dafs „der umfassende Ideenkreis und allgemeine Wert dieser Werke in mancher Hinsicht den nationalen Mafsstab überschreitet". Wir glauben, dafs in den aus ähnlichen einzelnen Bemerkungen ersichtbaren Streben, den Unterricht in der ungarischen und deutschen Literatur in lebendige Wechselwirkung zu bringen, der richtige Weg angedeutet ist und dafs auf diese Weise eine vorurteilslose Würdigung der Bedeutung der klassischen Literaturperiode der Deutschen auch die kühle Zurückhaltung, welche noch als ein Residuum der antideutschen Leidenschaft erscheint, zum Vorteil des Gesamtunterrichts überwinden wird. Was die vorgeschriebene Prosalektüre betrifft, so dürften Abhandlungen wie die W. v. Humboldts über „Hermann und Dorothea" oder die ästhetischen Schriften Schillers nur zur Behandlung mit solchen Schülern zu empfehlen sein, welche durch sprachliche Schwierigkeiten nicht weiter aufgehalten werden; der Zusammenhang der Ideen läfst es in diesem Falle nicht thunlich erscheinen, mit Ausscheidung der schwierigeren Ausführungen die Erklärung auf leichtere Teile zu beschränken.

Aufserordentlich hohe Anforderungen werden in bezug auf Ausdehnung und Methode des Geschichtsunterrichts gestellt. In je drei Stunden soll in der 4. Klasse die Geschichte des Altertums bis auf Augustus, in der 5. und 6. Klasse die allgemeine Geschichte vom römischen Kaisertum bis Napoleon I. bewältigt werden; daran schliefst sich in der 7. Klasse die neueste Geschichte und Darstellung der politischen Verhältnisse der Staaten von Europa und Amerika, endlich in der 8. Klasse eine eingehende Geschichte Ungarns mit Bekanntmachung der Geschichtsquellen und der Historiographie. Dabei wird vor Aufzählung dürrer Namen und Ereignisse gewarnt, und nur auf sichere Kenntnis der wichtigsten Momente und Daten gedrungen; die Aufgabe des Geschichtsunterrichts sei Darstellung der moralischen Prinzipien, der Tendenzen und Interessen in der Entwicklung der Zivilisation, endlich Untersuchung, Vergleichung und moralische Würdigung der in der Weltgeschichte bedeutender heraustretenden Bewegungen und Erscheinungen. Wie sehr wir nun das Streben anerkennen, den Geschichtsunterricht mit lebendigem Geiste zu erfüllen, so müssen wir doch einwenden, dafs uns im allgemeinen die Zielpunkte für diesen Unterricht im Gymnasium zu hoch gegriffen scheinen; dergleichen allgemeine Gesichtspunkte gewinnen nur dann Wert, wenn sie aus einer eindringenden Kenntnis des Einzelnen herauswachsen, aufserdem dienen sie nur zur Förderung der Phrase. Soll aber so, wie es hier verlangt wird, auf dem Gymnasium das Gesamtgebiet der Geschichte umfafst werden, so wird sich nur selten die Zeit finden lassen, hervorragende Erscheinungen in der beabsichtigten Weise zu verwerten. Wer einen Blick in die trefflich ausgearbeiteten Detail-Instruktionen wirft, in welchen die grofsen Ereignisse der Weltgeschichte und speziell der ungarischen Geschichte und die dabei in Frage kommenden allgemeinen, politischen, sozialen und wirtschaftlichen Gesichtspunkte zusammengestellt sind, der wird sich sagen: eine fruchtbare Bewältigung solcher Masse des Stoffes ist in der dafür ausgesetzten Zeit und mit Rücksicht auf die sonstigen Anforderungen eine Sache der Unmöglichkeit. Eine durchgehende Beschränkung erklären wir hier als die erste Bedingung des Erfolgs, und wir halten eine solche vor allem bei der Behandlung der politischen Verhältnisse der Gegenwart, der ungarischen Geschichte und Geschichtsquellen dem Bedürfnisse der Jugend ebenso sehr angemessen als durch die Rücksicht auf das Erreichbare dringend geboten.

Als Aufgabe des Unterrichts in der Geographie, welcher von der 1. bis zur 4. Klasse erteilt wird, bezeichnet der Lehrplan die Kenntnis der natürlichen Verhältnisse der Länder, woran sich die Angabe der wichtigsten Orte, die Beschreibung der Bewohner und ihrer Beschäftigung, der hervorragendsten Gesteinsarten, Pflanzen und Tiere schliefst; die politische Geographie ist abgesehen von der österreichisch-ungarischen Monarchie auf Angabe der Ländergrenzen und der Provinzen zu beschränken; das Genauere wird dem Geschichtsunterricht im 7. Jahreskurse vorbehalten. Der Schüler soll so allmählich zur Erkenntnis geführt werden, wieweit der politische und soziale Zustand der Völker von den natürlichen Verhältnissen abhängig ist. Diese Prinzipien, das aufgestellte Lehrziel und die zur Erreichung desselben angegebenen Mittel verdienen allgemeine Anerkennung; ob aber die Anforderungen in diesem Fache mit dem darauf verwendbaren Zeitmafs in Einklang stehen, liefse sich erst beurteilen, wenn über das von den Schülern anzueignende Wissen in einem nach jenen Prinzipien auszuarbeitenden Lehrbuch bestimmte Angaben vorlägen. Dafs die Betrachtung der politischen Verhältnisse der aufserungarischen Länder von der ihres natürlichen Zustandes, welch letzterer doch das richtige Verständnis der ersteren vermitteln soll, durch zwei Jahreskurse getrennt ist, erscheint bedenklich; auch dürften einzelne Bestimmungen des für die 3. Klasse vorgeschriebenen Pensums aus der physikalisch-mathematischen Geographie über das Verständnis dieser Altersstufe hinausgehen.

Aufser diesen Kenntnissen in vier Sprachen, in Geschichte und Geographie soll auf dem ungarischen Gymnasium noch ein sehr ausgedehntes Wissen und Können in der Naturgeschichte, Chemie, Physik, Mathematik, im geometrischen und Freihand-Zeichnen gewonnen werden. Der Unterricht in der Naturgeschichte soll durch einen vorbereitenden Kursus in der Chemie eingeleitet werden, darauf folgt Mineralogie, Geognosie, Geologie, Botanik und Zoologie. Zwar wird auch für diesen Teil des Gymnasialunterrichts der vorbereitende Charakter in anspruch genommen, zugleich aber wird die systematische Behandlung als notwendig erkannt und in den Detail-Instruktionen eine überraschende Fülle der zu behandelnden Gegenstände mitgeteilt. Das letztere gilt noch betreffs des Lehrstoffes, welcher für den Unterricht in der Physik vorgezeichnet ist. Während auch hier vor der Vertiefung in die Details des Lehrmaterials gewarnt wird, sollen doch in zwei Jahreskursen mit wöchentlich 5 Stunden auf grund von Experimenten die wesentlichen Gesetze der Mechanik, Optik und Wärmelehre, ferner die chemische Konstruktion der Materie, die Erscheinungen des Magnetismus und der Elektricität, endlich die Elemente der Kosmographie bis zu dem Grade zum Verständnis gebracht werden, dafs der Schüler wenigstens teilweise auch befähigt wird, zu selbständiger Anwendung des Gelernten fortzuschreiten. Um die Anforderungen in der Mathematik zu kennzeichnen, führen wir das für die oberste oder 8. Klasse vorgeschriebene Pensum an: a) in der Algebra: Unbestimmte Gleichungen des ersten Grades. Kombinationslehre und binomischer Lehrsatz. Permutationen und Variationen. b) in der Geometrie: Analytische Geometrie mit den rechtwinkeligen Des Cartes'schen Koordinaten, ausführliche Behandlung des Punktes und der Geraden. Zwei und drei Gerade. Das Dreieck und der Kreis. Der Kreis und die Aufgaben, in denen die Kegelschnitte als geometrische Positionen erscheinen. Der Unterricht soll langsam fortschreiten unter vielfach wiederholter Anwendung jedes gewonnenen Resultats; die Lehrmethode ist in diesem Fache wenn möglich noch mehr als aufserdem auf Erweckung der Selbstthätigkeit der Schüler gerichtet; „das Problem bildet den Gegenstand der gemeinschaftlichen Untersuchung, um die Bedingungen der Lösung aufzufinden, wobei verschiedene Lösungsarten eingehend zu besprechen und vom Gesichtspunkte ihrer Zweckmäfsigkeit, Sicherheit, später selbst ihrer Eleganz zu bearbeiten sind". Wir wüfsten nicht, wie man die Aufgabe höher stellen könnte; über die Frage, ob das alles wirklich erreicht werden kann, scheint man ziemlich rasch hinweggekommen zu sein. Zumeist als Vorbereitung für den Unterricht in der Geometrie dient das in der 1. Klasse beginnende und bis zur 4. Klasse fortgesetzte geometrische Zeichnen, wofür ebenfalls umfangreiche Detailbestimmungen gegeben sind.

Als eine Art Abschlufs des Gymnasialunterrichts soll in der obersten Klasse wöchentlich drei Stunden philosophische Propädeutik, die Elemente der Logik und Psychologie umfassend, gelehrt und dabei auch die Einteilung der Wissenschaften und deren Methodik als Vorbereitung für das Universitätsstudium zur Sprache gebracht werden.

Diese Bestimmungen des Lehrplans, insbesondere die Methode, sollen in besonderen Lehrerkonferenzen eingehend besprochen und bis ins Einzelne für die Verhältnisse der einzelnen Lehranstalt zurechtgelegt werden; diese Besprechungen erscheinen auch als Gegengewicht gegen das übrigens auch dadurch noch modifizierte Fachlehrersystem, dafs der Unterricht in mehreren Sprachen z. B. Latein, Ungarisch und Deutsch durch einige Klassen in éine Hand gegeben werden soll. Die Verbesserung der Lehrmethode soll dahin führen, dafs die Aneignung des Lehrstoffes bereits durch den Schulunterricht erreicht und dafs derselbe dann durch stete Wiederholungen und Prüfungen befestigt wird.

An die Entwicklung des Lehrplans schliefst Schwicker die neue Schul- und Prüfungsordnung und endlich eine Reihe statistischer Bemerkungen an. Wir heben auch hier noch einiges heraus. Das Schuljahr beginnt am 1. September und dauert bis Ende Juni des folgenden Jahres und zerfällt in drei Zeiträume: vom 1. Sept. bis 23. Dez., vom 2. Jan. bis Palmsonntag, vom Mittwoch nach Ostern bis 30. Juni. Die Verteilung der Lehrfächer erfolgt durch den Direktor, wobei als zweckmäfsig empfohlen wird, dafs jeder Professor auch in einer höheren Klasse unterrichte. Für jede Klasse wird ein Klassenvorstand ernannt, zumeist derjenige Professor welcher in der betreffenden Klasse die meisten Lehrstunden hat: die Aufrechthaltung der Disziplin und die Kontrolle des Mafses der häuslichen Aufgaben sind seine besonderen Aufgaben. In betreff des Eingreifens des Direktors wird ausdrücklich davor gewarnt, dafs derselbe seine Bemerkungen vor den Schülern mache; auch steht jedem Professor das Recht zu, in seinem jährlich dem Unterrichtsrate zu erstattenden Bericht über seine Thätigkeit an der Lehranstalt bestimmte Anträge in bezug auf den Lehrplan und die Lehrmittel zu stellen. Die Vorschrift über die Disziplinarstrafen sucht eine möglichst milde Handhabung des Strafrechts zur Geltung zu bringen.

Gegen Ende des Schuljahres sollen allgemeine Wiederholungen stattfinden in jedem Lehrgegenstand zu dem Zwecke einer öffentlichen Schlufsprüfung; wir finden diese Repetition des Jahrespensums in den Hauptzügen ebensosehr notwendig, als die Vorschrift gerechtfertigt, dafs sich daran eine Probe schliefsen soll, wieweit das Lehrziel erreicht ist, wie wir denn in unserer bayerischen Studienordnung eine ähnliche Bestimmung, durch solchen Schlufsakt gleichsam das Facit des Schuljahres zu ziehen, vermissen; aber wir verwerfen entschieden für diese Probeleistung die Öffentlichkeit. Die Rücksicht auf das Publikum in der einen oder andern Richtung wird in diesem Falle nie ausbleiben und damit die Gefahr, an Stelle eines dem wirklichen Stand der Klasse entsprechenden Resultats nur wertlosen Schein zu tage zu fördern. Die Anforderungen bei der Maturitätsprüfung sind entsprechend dem umfangreichen Lehrplan im allgemeinen sehr bedeutende; für die Frage der Erreichbarkeit der hier vorgesteckten Ziele wird zunächst der strengere oder mildere Mafsstab, welcher bei der Beurteilung der Schülerleistungen angelegt wird, von Belang sein; da übrigens die Schlufsprüfung gleichsam die Blüte des gesamten Lehrplans ist, so wird das Endurteil über die Durchführbarkeit und den wahrscheinlichen Erfolg des letzteren auch unsere Ansicht über die Berechtigung und mutmafslichen Ergebnisse dieser Anforderungen bestimmen müssen.

Die Anzahl der Gymnasien hat seit dem Bestande des ungarischen Unterrichtsministeriums um elf zugenommen; als erfreuliches Zeichen erwähnen wir aus den statistischen Angaben der letzten Jahre das Wachstum der deutschsprechenden Gymnasialschüler. Was die verschiedenen Konfessionen betrifft, so zeigt die israelitische die relativ stärkste Zunahme; „es studieren an den Gymnasien nahezu fünfmal mehr Israeliten als deren normale Verhältniszahl in der Bevölkerung ausmacht". Es wird aber im allgemeinen geklagt, dafs in den bürgerlichen Kreisen die Sucht überhandnehme, auch weniger befähigte Söhne den „gelehrten" Berufsarten zuzuführen und dafs infolge dessen auch die Menge der beschäftigungslosen Advokaten, Ärzte und Lehramtskandidaten zunehme. Wir empfehlen als Palliativ unter Beschränkung der Anforderungen auf das Erreichbare gleichmäfsig strenge Beurteilung. Eine solche ist aber nur denkbar bei gleichmäfsiger d. h. auf der nämlichen festen Grundlage beruhenden Tüchtigkeit der Lehrerkollegien und ihrer einzelnen Mitglieder. Dies führt uns zuletzt noch auf einen sehr bedenklichen Mifsstand des ungarischen Gymnasialwesens; „an den ministeriellen Gymnasien entbehren auch heute noch über 30 Prozente der „ordentlichen" Professoren und nahezu 80 Prozente der Supplenten der vorgeschriebenen beruflichen Qualifikation". Es rächt sich hier heute noch die nationale Leidenschaft, mit welcher man seinerzeit die deutschen Professoren verabschiedete. Es sind seitdem in Ungarn im Anschlufs an die Einrichtungen in Deutschland zur Hebung des Standes der Gymnasiallehrer in bezug auf Ausbildung und soziale Stellung sehr anerkennenswerte Mafsregeln getroffen worden; wenn aber trotzdem im letztabgelaufenen Schuljahre die Zahl der ungeprüften Lehrer um 4 Percent zugenommen hat, so ist es vornehmste Aufgabe der Unterrichtsbehörde, diesen „dunklen" Punkt in möglichst helles Licht zu setzen und die notwendigen Folgerungen daraus zu ziehen; denn nur durch Aufhellung der Ursachen der Schäden kann ihre Heilung vorbereitet werden. Was nützen die trefflichsten Verordnungen und Lehrpläne, wenn es zweifelhaft erscheint, ob die Lehrkräfte überall befähigt sind, denselben gerecht zu werden?

Wenn wir am Schlusse unserer Erörterung versuchen zu einem Gesamturteil über die besprochene Gymnasialreform zu gelangen, so werden wir am besten davon ausgehen, dafs wir erinnern, welchen hauptsächlich hervortretenden Mängeln des Lehrplans vom Jahre 1871 durch diese Reform abgeholfen werden sollte. Der Tadel richtete sich einmal gegen die bis dahin beobachtete Lehrmethode, von welcher man urteilte, sie erwecke bei der lernenden Jugend nicht das erforderliche Interesse, entwickle nicht zur genüge deren Denkkraft, eifere dieselbe nicht zur Selbstthätigkeit an; nicht minder aber gegen die vorhandene Überfülle der Lehrgegenstände, die Anhäufung des Lehrstoffes und das Streben nach systematischer Vollständigkeit. Dem zuerst gerügten Mangel ist in der That in dem reformierten Lehrplan, wie er in der sorgfältigen und umfassenden Darstellung Schwickers vorliegt, in energischer Weise entgegengearbeitet; wir möchten sagen, ein philosophischer Geist durchdringt das Ganze, überall geht das Streben dahin die Aneignung des Wertvollen und Wesentlichen zu fördern, durch Herstellung des regsten Verkehrs zwischen Lehrenden und Lernenden und Durchführung der sokratischen Methode des Erkennens zu erwirken, dafs das Resultat des Unterrichts ein lebendiges, den Ansporn zu fortschreitender Vertiefung in sich tragendes Wissen werde. Bei aller Anerkennung dieser Prinzipien müssen wir doch darauf aufmerksam machen, dafs gegenüber dem verschiedenartigen Schülermaterial die praktische Ausführung sich vielfach anders gestalten wird und mufs als die Theorie sich ausgemalt hat, und dafs insbesondere die Schule, so sehr sie in erster Linie auf das Verständnis dringen soll, doch niemals von der angestrengten Arbeit des mehr mechanischen Lernens entheben oder dieselbe durch irgend welche Methode ersetzen kann. In den Instruktionen wird zwar verlangt, dafs „die entsprechende Aneignung des Lehrstoffes, dessen eingehende Betrachtung, richtige Auffassung und genaue Einprägung in das Gedächtnis durch den Schulunterricht im Laufe der Lehrstunde erzielt werden soll", dies ist aber bei der vorgeschriebenen Menge des Lehrstoffes nicht durchführbar, falls nicht die dafür angesetzte Zahl der Lehrstunden noch um ein bedeutendes erhöht wird. Eine solche Erhöhung aber wird niemand befürworten; beträgt doch, abgesehen von den zahlreichen fakultativen Lehrgegenständen, die Zahl der Lehrstunden in den unteren Klassen 26, in den mittleren 28—30, in den oberen 32. Wer die Masse des in dieser Zeit zu bewältigenden Lehrstoffes betrachtet, dem wird diese Zahl eher zu niedrig gegriffen erscheinen, aber eben diese Fülle des mitzuteilenden Wissens mufs ihm zugleich die Überzeugung aufdrängen, dafs jener zweite an der vorletzten Studienordnung gerügte Mangel der Häufung des Lehrstoffes durch den neuen Lehrplan keineswegs beseitigt ist, dafs vielmehr daran auch die trefflichsten Absichten des letzteren scheitern werden, es müfste denn sein, dafs man in Ungarn über ein ganz anderes Schülermaterial zu verfügen hätte als in Deutschland. Der in dem ungarischen Lehrplan festgehaltene Versuch, den Lehrstoff, welcher bei uns auf das humanistische und Real-Gymnasium verteilt ist, in eine einheitliche Mittelschule zusammenzudrängen wäre nur mit ganz ausgezeichneten Schülern zu wagen, nicht mit dem gewöhnlichen Mittelschlag. Was die sprachlichen Fächer betrifft, so haben wir bereits oben einer Ausdehnung des Griechischen das Wort geredet, aber nur in der Weise, dafs die dazu erforderliche Zeit durch Beschränkung des Lateinischen gewonnen wird; zu hoch erscheinen uns die Anforderungen in Geschichte und Geographie, da Fleifs und Interesse der Schüler bereits in hohem Mafse in anspruch genommen ist, wenn die Aneignung von vier Sprachen und die Einführung in ihre Literatur in energischer Weise betrieben wird. Je mehr aber das hauptsächliche Prinzip des neuen Lehrplans, die Selbstthätigkeit der Schüler zu wecken und zu fördern, in der Ausführung auch wirklich zur Geltung kommt, desto gröfser wird auch die Anstrengung der Kräfte für jedes einzelne Fach sein, desto zweifelhafter erscheint uns über der Erfolg eines Lehrplans, welcher zu diesen Aufgaben in den sprachlich-historischen Fächern noch ein sehr umfangreiches Gebiet des mathematischen und naturwissenschaftlichen Wissens hinzufügt. So sehr wir die Notwendigkeit der Aufnahme der Mathematik und Naturwissenschaft in den Lehrplan des modernen Gymnasiums anerkennen, so ist doch das Mafs der in diesen Disziplinen zu erwerbenden Kenntnisse in rücksicht darauf in feste Grenzen einzuschränken, dafs der Schwerpunkt des Gymnasialunterrichts in den sprachlich-historischen Fächern beharrt und so eine verderbliche Zersplitterung der Kräfte der Schüler vermieden wird. Dieses Mafs ist aber unsers Erachtens in dem ungarischen Lehrplan weitaus überschritten. Die praktische Durchführung desselben dürfte bald zu der Erkenntnis führen, dafs, solange an dieser Mannigfaltigkeit und Fülle des Wissens festgehalten wird, auf gründliche und sichere Aneignung des Lehrstoffs, auf einen dem Aufwand von Mitteln entsprechenden Erfolg des Unterrichts im allgemeinen nicht zu rechnen ist.

Nürnberg. Dr. Fleischmann.

Immanuel Kants Kritik der reinen Vernunft. Herausgegeben etc. von I. H. v. Kirchmann. Leipzig, Koschny. 1881. 3 ℳ

Die 1. Auflage vorliegender Ausgabe des zweiten Bandes von Kirchmanns unzweifelhaft äufserst verdienstvoller „Philosophischen Bibliothek" erschien im Jahre 1868. Genau hundert Jahre nach dem ersten Erscheinen des berühmten Werkes, mit der Ostermesse 1881, konnte die 5. Auflage ausgegeben werden. Das wäre wohl eine schöne Jahres- und Gedächtnisfeier, wenn man anders annehmen darf, dafs Kants Bücher so oft gelesen und verstanden als gekauft werden.

Die Ausstattung ist die altbekannte, dieselbe wie in den übrigen Bänden; wenn auch nicht gerade reich und schön, doch immerhin anständig, für die Augen nicht anstrengend oder gar schmerzlich; eben ganz dem bescheidenen Preise entsprechend.

Eine 5. Auflage derart bezüglich ihrer Korrektheit, Freiheit von Druckfehlern und ähnlichem zu prüfen, wäre umsomehr verlorene Mühe, als ja schon die 1. Ausgabe ganz auf der älteren Hartensteins beruhte. Ich glaube sie deshalb unbedingt empfehlen zu können.

Was nun aber die Frage anlangt, die jeden Kundigen am meisten, vielleicht allein interessieren wird, so mufs ich leider berichten, dafs das Buch zwar genau nach hundert Jahren, aber wieder nicht so wie vor hundert Jahren erschienen ist. Kirchmann blieb seiner Ansicht und Einrichtung treu, der Text der zweiten Ausgabe ist nach wie vor der Text seines Buches; die Abweichungen der 1. sind teils in Noten unter der Seite, teils in zwei Nachträgen am Ende des Buches geboten. Auch Überwegs gemäfsigter Vorschlag, die abweichenden Stellen in Kolonnen sich unmittelbar gegenüber zu setzen, ist wieder unberücksichtigt geblieben.

Die Anmerkungen nun, welche die kleineren Unterschiede angeben, sind, soweit ich nachgesehen habe, vollständig und genau; dies jedoch nicht im streng kritischen Sinne, sondern nur soweit praktisches Interesse in Frage steht. Abweichungen in einzelnen Worten oder Ausdrücken, in stilistischen und ähnlichen Dingen sind nicht vorgemerkt. Dies Verfahren entspricht der Bestimmung des Buches und der Anschauung des Herausgebers über das Verhältnis beider Ausgaben vollkommen. Manchmal sind jedoch auch Kleinigkeiten, selbst einzelne Worte, nicht ohne Bedeutung. Soll z. B. das Buch auch von der Gestalt der 1. Ausgabe ein vollständiges Bild bieten, so durfte S. 66 nicht wegbleiben, dafs der 2. Abschnitt der Einleitung die Aufschrift 'Einteilung der Transcendentalphilosophie' trug.

Kleinere Zusätze der 2. Auflage sind nicht als solche kenntlich gemacht, z. B. die Paragrapheneinteilung, nebst Überschriften, Numerierungen u. s. f., obwohl dies im ersten Falle für alle folgenden hätte geschehen können. Auf S. 295 ist auch ein gröfserer Zusatz nicht als solcher bezeichnet: Einen mächtigen Einwurf etc., allerdings im folgenden als solcher sofort erkenntlich. Auffallender dagegen ist es, dafs auf S. 201 eine gröfsere Abweichung unmittelbar neben und im Zusammenhange mit einer anderen angegebenen nicht vermerkt ist.

Eine gröfsere Lebensbeschreibung Kants ist aus dem Buche wieder entfernt worden. Wie ich glaube, hätte die jetzige dürftige Notiz füglich auch wegbleiben können.

Die Erläuterungen liegen mir nicht vor.

Auf die Frage über den Wertunterschied zwischen den beiden Ausgaben des Kant'schen Buches selbst näher einzugehen, verbietet mir natürlich Ort und Zweck dieser Anzeige. Ich sehe auch vollkommen ein, dafs die Stimme eines Berichterstatters mehr auf den Herausgeber einen besonderen Eindruck nicht machen wird. Deshalb will ich auch nur anmerken, dafs die scheinbare Ausführung „die Entscheidung in der Sache gebühre Kant selbst und dieser behandle die zweite Ausgabe als die bessere" keinerlei Gewicht haben kann, so lange nicht die bekannten Anklagen gegen die Motive fraglicher Abänderung endgültig abgewiesen sind. Wenn ferner Kirchmann sagt, Schopenhauer habe nur deshalb den Text der 1. Auflage so hoch gestellt, weil er in ihr eine gröfsere Übereinstimmung mit seinem System zu finden glaubte, so heifst dies, wenn ich recht verstehe, ganz genau: deshalb weil er darin eine gröfsere Übereinstimmung mit dem fand, was ihm die Wahrheit zu sein schien. Diese Insinuation kann uns also der Pflicht einer objektiven Prüfung keineswegs entheben.

Ein Machtspruch meinerseits beweist freilich nichts. So mich aber einer um Rat früge, so antwortete ich ihm: Greife unter den wohlfeilen Ausgaben nur deshalb, weil da der Text der 1. Ausgabe vorliegt, in Gottes Namen lieber zu dem Kehrbach-Reclam'schen Augenpulver.

München, im Dezember 1881. A. Patin.

Max Duncker, Geschichte des Altertums. Fünfter Band Dritte, vierte und fünfte Auflage, Leipzig, Duncker & Humblot. 1881.

Diese Fortsetzung der rühmlichst bekannten Geschichte des Altertums, die in den früheren Auflagen nur vier Bände umfafste und sich nur auf den alten Orient erstreckte, wird von allen Freunden der Geschichte freudigst begrüfst werden. Der Verfasser hat es unternommen, seine früher gesondert erschienene griechische Geschichte von neuem durchzuarbeiten und seinem Hauptwerke einzuverleiben. Er hat sich damit allerdings einer schwierigen Aufgabe unterzogen; denn seit dem Erscheinen seiner griechischen Geschichte vor mehr als zwanzig Jahren hat die Forschung auf diesem Gebiete nicht geruht und anderseits kostet es einem Autor immer Überwindung, frühere Aufstellungen zurückzunehmen oder einzuschränken. In letzterer Beziehung dürfte denn auch mancher sich der Ansicht zuneigen, dafs der Verfasser in vielen Punkten den Ergebnissen anderer Forscher etwas gröfsere Konzessionen hätte machen sollen; in den Anmerkungen hat der Verfasser gegen seine sonstige Gewohnheit nur wenig auf die neuere Literatur bezug genommen. Doch soll damit das Verdienst dieses bedeutenden Werkes nicht verkleinert werden: die möglichst genaue und vollständige Durcharbeitung des überaus schwierigen und verworrenen Quellenmaterials über die griechische Urzeit ist allein schon ein Unternehmen, welches auf den Dank sowohl der Altertumsfreunde als der Detailforscher Anspruch hat und es ist keine Selbstüberhebung des Verfassers, wenn er in der Vorrede die Erwartung ausspricht, dafs sein Werk wie in seiner früheren Gestalt, so auch in seiner neuen Überarbeitung zu weiteren Forschungen anregen und gute Frucht tragen werde. Bei der Feinheit und Klarheit der Darstellung wird der Leser auch durch die vielen gröfseren Untersuchungen und Reflexionen, durch welche der Verfasser seinen Aufstellungen Wahrscheinlichkeit zu geben sucht, nicht ermüdet.

München. H. W.

A. Kirchhoff (Professor d. Erdkunde a. d. Univ. Halle), Schulgeographie. Halle a/S., Verl. d. Buchh. d. Waisenhauses. 1882. 248 S. Preis 2 ℳ

In diesem Buche, dessen Verfasser als einer der ersten Geographen Deutschlands gilt, wird der gesamte Stoff in 3 „Lehrstufen" geteilt: 1. Anfangsgründe, 2. Länderkunde, 3. Allgemeine Erdkunde. Die Anfangsgründe (S. 3—32) enthalten „Vorbegriffe", dann eine „Globuslehre" und schliefslich eine „Kurze Übersicht der Länderkunde". Wie wenig darin bei dem Schüler vorausgesetzt wird, ergibt sich aus dem Umstande, dafs z. B. sogar Begriffe wie „Urwald", „Residenz", „Industrie" in kurzen Anmerkungen ihre Erklärung finden.

Die zweite Lehrstufe (S. 35—216) bildet den Hauptteil des Buches. Nach einem einleitenden Abschnitt aus der allgemeinen Erdkunde werden in 6 Kapiteln die einzelnen Erdteile behandelt. Für „Mitteleuropa" (Österreich und Deutschland) ist ein eigenes Kapitel (S. 146—216) bestimmt. Wir haben hier eine wirkliche „Länder-" nicht „Staatenkunde". Als Einteilungsprinzip werden nämlich die physikalischen Formen der Erdoberfläche und nicht die politischen Gestaltungen auf derselben zu grunde gelegt. Es sind deshalb auch die verschiedenen Staaten nicht in geschlossenen Kapiteln, sondern, soweit sie nicht (wie Italien oder Spanien) mit natürlichen Grenzen zusammenfallen, in zerstreuten Abschnitten behandelt, so dafs also z. B. an die Beschreibung der Alpen sofort auch die Beschreibung der schweizerischen, bayerischen und österreichischen Landesteile sich anschliefst, welche zum Alpengebiete gehören. Wir halten dieses Hervorheben des physikalischen Momentes vor dem politischen für einen entschiedenen Vorzug des Buches.

Die Beschreibung der einzelnen Länder ist in hohem Grade gelungen. Mit klaren kräftigen Strichen wird Bodenplastik und Vegetation eines jeden Erdraums gezeichnet. In Entwerfung von solchen Landschaftsbildern zeigt der Verf. eine besondere Meisterschaft. In der so wichtigen Produktenkunde liefert er nicht, wie so viele Kompendienschreiber ein blofses Register von Tieren, Pflanzen und Mineralien, sondern macht die charakteristischen Produkte eines Landes, d. h. diejenigen, durch welche Volkswirtschaft, Industrie und Verkehr beherrscht werden, namhaft. Aufserdem trifft man auf eine Fülle von Bemerkungen, wie sie nur einem Meister der Geographie als Resultat der eingehendsten Detailstudien zu gebote stehen. Kein pädagogisch verwertbares Ergebnis der modernen Forschung blieb unbeachtet; der ganze Schatz der geographischen Wissenschaft ist für die Schule ausgemünzt. Dabei versteht es sich von selbst, dafs in einem Lehrbuche nur vollkommen beglaubigte Thatsachen und keine Hypothesen Platz finden konnten. Und von diesem Gesichtspunkte aus wäre vielleicht eine noch größere Strenge in Ausscheidung von bloß Hypothetischem zu empfehlen als sie hier gehandhabt wird. So heißt es (S. 108), daß Rom an derjenigen Stelle des Tiber erbaut wurde, bis zu welcher kleine Seeschiffe hinaufzufahren vermochten und wo also ein guter Markt zu halten war. Es wird also hier vorausgesetzt, daß merkantile Verhältnisse auf die Entstehung Roms Einfluß geübt hätten, eine Ansicht, die in neuester Zeit mit Recht bestritten worden ist. Zu den überflüssigen Dingen in einem geographischen Schulbuche rechnen wir auch ethnographische Charakteristiken, weil sie in der Regel wenig zutreffend sind. Ein Kenner Tirols wird sich z. B. kaum des Lächelns enthalten können, wenn er hier (S. 159) liest, daß dieses Land „von einfachen, treuherzigen Menschen" bewohnt sei.

Sehr zu rühmen ist, daß in dieser Länderkunde jede unnütze Gedächtnisbelastung mit Zahlen vermieden wird. Statt der ganz unpraktischen Quadrat-Kilometer, welche bekanntlich zu Riesenziffern anwachsen, kommt hier wieder die alte Quadratmeile zu Ehren. Flächenmaße und Einwohnerzahlen werden in übersichtlichen Tabellen zusammengestellt; die Bevölkerungsdichtigkeit wird in punktierten Quadraten graphisch veranschaulicht.

Die Berücksichtigung moderner Forschung seitens des Verf. tritt besonders in der 3. Lehrstufe zu tage, wo in sechs Abschnitten die physikalische Erdkunde behandelt wird. Als besonders reichhaltig und klar heben wir das 2. Kapitel über „die Lufthülle", d. h. die Meteorologie, hervor. Der Schüler wird hier mit den neuesten Begriffen der physikalischen Geographie, z. B. mit „Sturm- und Aspirationszentren", mit „Steigungsregen" und „Windschatten", bekannt gemacht.

In sprachlicher Hinsicht zeichnet sich das Buch nicht bloß durch Klarheit, sondern fast durchweg auch durch Korrektheit aus. Neologismen sind nicht selten. Wenn sie sich als notwendig erweisen, d. h. wenn der bisherige Sprachvorrat zur prägnanten Bezeichnung geographischer Verhältnisse nicht ausreicht, so sind neugebildete Wörter gewiß am platze, so z. B. „Verbreiterung" oder „rechtwinklig gekniet" (von einem Flußlaufe). Dagegen möchten wir nicht „Umring" sagen für das übliche „Umkreis", und nicht „bogig" für „bogenförmig". Auch der Ausdruck „Sinkstoffe" dürfte sich wegen seiner Kakophonie nicht empfehlen; wir haben ja dafür „Schwemm-" oder „Sedimentstoffe". Als ganz besonderen Vorzug müssen wir es ferner hervorheben, daß bei jedem ausländischen Ortsnamen die Aussprache und Accentuierung in Klammern auf das sorgfältigste beigefügt ist.

Fügen wir zum Schlusse noch hinzu, daß das Buch auch in bezug auf Druck und Papier vortrefflich ausgestattet erscheint, so dürfen wir dasselbe wohl ohne Bedenken als das bisher niemals erreichte Ideal einer Schulgeographie hinstellen. Vollständige Beherrschung des Stoffes und pädagogisches Geschick halten sich darin die Wage. Es übertrifft insbesondere die vielgerühmten und vielgebrauchten Kompendien von Seydlitz und Daniel, indem es sowohl die trockene und skelettartige Form des ersteren als auch die allzubreite dem geographischen Lesebuche sich nähernde Darstellungsweise des letzteren vermeidet. Wir möchten deshalb diese Schulgeographie zur Einführung in unseren Mittelschulen auf das wärmste empfehlen. Die Disposition desselben entspricht zwar nicht vollständig der bei uns üblichen Gliederung des geographischen Unterrichtsstoffes, könnte jedoch beim Unterrichte unserm Lehrgang unschwer angepaßt werden.

München. J. Wimmer.

I. **Chavanne**, Afrika im Lichte unserer Tage. Wien, Hartleben. 1881. 184 S.

Dafs in diesem Buche die neuesten Entdeckungen und Forschungen mit Sorgfalt und Umsicht benützt wurden, hat bereits ein kompetenter Beurteiler, nämlich Nachtigal, in der „deutschen Literaturzeitg." (wenn ich nicht irre) anerkannt. Um mich von der Art der Darstellung zu überzeugen, studierte ich zunächst das zweite Kapitel über die Sahara (S. 19—67), von welchem vorauszusetzen war, dafs es das beste im Buche sei, da der Verf. über die Sahara bereits früher eine gröfsere Monographie veröffentlicht hat. Ich war aber wenig befriedigt. Das Ganze ist ziemlich verworren und unklar. Anstatt die Hauptgliederung der Sahara an die Spitze zu stellen, bringt sie der Verf. erst episodisch S. 37. Im Eingang ist mehrfach von „Hamada- und Sserirflächen" die Rede; was man darunter zu verstehen hat, erfährt der Leser erst S. 29 und 32. Der orographische Teil enthält viele „nuda locorum nomina", aber wenig landschaftliche Beschreibungen. Solche kommen erst im zweiten (geologischen) Abschnitte, darunter die treffliche auf Autopsie beruhende Schilderung von Prof. Zittel, eine wahre Oase in diesem Wüstenkapitel. Auch die stilistische Darstellung hat manche Mängel. Neben monströsen Satzgebilden erscheinen noch andere Stilgebrechen, denen man heutzutage, wo die Kunst der Darstellung auch in fachwissenschaftlichen Schriften etwas gilt, nur sehr ungern begegnet. Die beigegebene Höhenschichtenkarte von Afrika ist sehr hübsch, aber für den Leser wenig brauchbar, da die im Buche genannten Objekte meistenteils nicht darauf verzeichnet sind. **J. W.**

Gallenkamp, Synthetische Geometrie. II. Abteilung. Linien und Flächen II. Ordnung nach den Methoden der Geometrie der Lage. Iserlohn, Verlag von J. Baedeker. 1880.

Das vorliegende Schriftchen ist die zweite Abteilung des vierten Teiles der Elemente der Mathematik desselben Verfassers. Es werden darin die Lehren der synthetischen Geometrie, wie schon der Titel besagt, nach von Staudts Methoden vorgetragen. Im ersten Kapitel wird auf die Betrachtung perspektivischer Dreiecke und Vierecke die Definition harmonischer Grundgebilde erster Stufe gegründet und daran die Betrachtung der projektivischen Grundgebilde gereiht. Das zweite Kapitel beschäftigt sich mit den Kurven und Kegelflächen zweiter Ordnung (und zweiter Klasse) als Erzeugnissen zweier projektivischer Grundgebilde erster Ordnung in der Ebene und im Strahlenbündel und leitet deren Fundamentaleigenschaften ab. Im dritten Kapitel wird die Polarität behandelt, und wird darauf die Definition des Mittelpunktes und der Durchmesser der Kurven zweiter Ordnung gegründet. Das vierte Kapitel enthält die Involutionen erster und zweiter Ordnung, woran sich ungezwungen die Theorie der Kegelschnittbüschel und Kegelschnittschaaren und die Theorie der Brennpunkte reiht. Das fünfte Kapitel betrachtet die Kegelflächen zweiter Ordnung als Erzeugnisse projektivischer Punktreihen auf windschiefen Trägern und projektivischer Ebenenbüschel mit windschiefen Axen. Im sechsten Kapitel treten uns die projektivischen Grundgebilde der zweiten Stufe d. i. die Kollimation und Reciprocität ebener Systeme und Strahlenbündel entgegen, wobei auch das ebene Polarsystem und das Polarsystem im Strahlenbündel zur Sprache kommt. Das siebente Kapitel führt uns die Erzeugnisse reciproker Strahlenbündel d. i. die Flächen zweiter Ordnung vor Augen und macht uns mit den Fundamentaleigenschaften derselben bekannt. Im achten Kapitel wird die Polarität der Flächen zweiter Ordnung behandelt und werden darauf die Definitionen vom Mittelpunkt, Durchmesser, Axe gegründet. Das neunte Kapitel endlich beschäftigt sich mit der Kollimation und Reciprocität räumlicher Systeme und daran anschliefsend mit dem räumlichen Polarsystem. Diese Inhaltsangabe zeigt, dafs in dem Büchlein die Grundlehren der synthetischen Geometrie zusammengestellt sind. Dies geschieht in einer streng logischen Form, und einer zwar sehr knappen, aber doch vollständig deutlichen und wohlverständlichen Sprache. Das Buch kann zur Einführung in das Studium der synthetischen Geometrie Mathematikbeflissenen nicht warm genug empfohlen werden.

Landshut.   —————   Eilles.

Meier Hirsch. **Sammlung von Beispielen, Formeln und Aufgaben aus der Buchstabenrechnung und Algebra.** 18. verbesserte Auflage von H. Bertram. Altenburg, Verlagshandlung H. A. Pierer. 1881.

Diese altbewährte Aufgabensammlung ist durch ihre Vortrefflichkeit so bekannt, dafs uns ein Urteil darüber erspart werden kann. Wir wollen nur bemerken, dafs sie in der neuen Auflage nicht unerheblich vermehrt ist, und dafs auch die Determinanten, die sich in der Algebra immer mehr Bahn brechen, Berücksichtigung gefunden haben, indem die grundlegenden Erklärungen und Sätze bis zum Multiplikationssatze aufgenommen wurden.

Landshut.   —————   Eilles.

Bussler. **Elemente der Arithmetik und Algebra.** Berlin 1881. Verlag von Theod. Chr. Fr. Enslin.

In diesem Lehrbuche, das aufser dem für die humanistischen Gymnasien vorgeschriebenen Lehrstoffe auch noch die kubischen Gleichungen und die höheren arithmetischen Reihen enthält, werden die Lehren der Arithmetik und niederen Algebra ganz deutlich und übersichtlich vorgetragen, und nimmt dasselbe unter der Schar von Büchern dieser Art einen ehrenvollen Platz ein. In einem Punkte können wir dem Verfasser nicht beistimmen, darin nämlich, dafs statt des Wortes „Unbekannte" in algebraischen Gleichungen auch das Wort „Veränderliche" (Variable) gebraucht wird.

Landshut.   —————   Eilles.

C. Meyer, weiland Professor am Gymnasium zu Potsdam, **Lehrbuch der Geometrie** für Gymnasien und andere Lehranstalten, herausgegeben von Professor H. C. E. Martus, Direktor der Sophien-Realschule in Berlin. I. Teil. Planimetrie. 13. Auflage. Leipzig 1881. Verlagsbuchhandlung von C. A. Koch.

Das durch Herrn Professor Dr. E. Martus der Öffentlichkeit übergebene Lehrbuch der Geometrie von C. Meyer ist das Resultat langjähriger — die erste Auflage ist bereits 1837 erschienen — in der Schule selbst gesammelter Erfahrungen. Dasselbe zeichnet sich infolge dessen vor vielen anderen modernen Erzeugnissen dieser Art, bei denen oft weiter nichts als eine gewisse Neuerungssucht das Motiv ihrer Entstehung gewesen zu sein scheint, in jeder Beziehung sehr vorteilhaft aus, sowohl in bezug auf

Einteilung als auch auf Auswahl des aufgenommenen Lehrstoffes. So ist es besonders der erste Abschnitt, der von der Einteilung der Geometrie und von den dem Anfänger nötigen Begriffserklärungen (Definition, Lehrsatz, Grundsatz, Zusatz u. s. w.) handelt. Auch ist daselbst in ganz richtiger Würdigung der Sache aufmerksam gemacht auf die Kombination des Zeichens der Kongruenz aus dem der Gleichheit und Ähnlichkeit. Auch § 11, der von der Anwendung der Buchstabenrechnung auf geometrische Gebilde handelt, wird in den meisten Lehrbüchern der Geometrie vermifst; während doch die Anwendung derselben bei so vielen späteren Aufgaben nicht zu umgehen ist. Nicht allgemein befriedigen dürfte, wie der Verfasser in seiner Vorrede zur 5. Auflage selbst bemerkt, die Behandlung der Parallelen-Theorie, die schon so vielfach Gegenstand eingehender Erörterungen war, die jedoch bisher noch nie zu einem allseitig befriedigenden Resultate führten und gemäfs der Sache wohl auch nie dazu führen werden. Dafs Lehrsatz § 23 als Anwendung der Sätze über Parallele sich einfacher beweisen läfst als es hier geschieht, unterliegt keinem Zweifel. Doch da an dieser Stelle ein indirekter Beweis nicht zu umgehen ist, so müfste eben obiger § 23 einem andern gleichfalls indirekten Beweise Platz machen, so dafs der Anfänger immerhin verhältnismäfsig früh mit dem indirekten Beweisverfahren bekannt gemacht werden mufs.

Die dem § 35 beigegebenen Zusätze 1 und 2 dürften besser wegbleiben oder doch erst bei dem Viereck Platz finden, etwa in der Form von Aufgaben zur Selbstübung, woran gerade der erste und zweite Kurs etwas Mangel leidet; besonders vermifst man eine gröfsere Auswahl von Dreieckskonstruktionen. Sehr erwünscht mufs dagegen Lehrern wie Schülern sein die ausführliche und deutliche Behandlung der Lehre der geometrischen Proportionen vor dem Abschnitte der Ähnlichkeit, da vielfach dem Lehrer die Zeit mangelt, diesen Abschnitt der Arithmetik eingehender zu repetieren und die Schüler dieses Pensum der 4. Lateinklasse ja meist nicht mehr inne haben. Endlich ist auch noch des X. Abschnittes zu erwähnen, der in seinen 3 ersten Paragraphen den Begriff des Messens in ebenso klarer als vollständiger Behandlung enthält. Indem § 107 den Begriff des Rationalen und Irrationalen nicht nur für abstrakte Zahlen, sondern auch für begrenzte Gerade dem Schüler in möglichster Klarheit zur Anschauung bringt.

Was die Anordnung des Ganzen betrifft in Hinsicht der den Lehrsätzen angefügten Beweise, so sind viele derselben nur angedeutet und ist auf die zum Beweise nötigen Sätze hingewiesen; manche Zusätze sind ganz ohne Beweis den betreffenden Lehrsätzen angereiht, so dafs dem Lehrer immerhin noch genug Stoff zur Ergänzung beim Unterrichte bleibt und das Buch den Lehrer keineswegs überflüssig macht. Anderseits sind die dem nicht vollständig durchgeführten Beweise beigegebenen Andeutungen vollständig ausreichend, um strebsamere Schüler in den Stand zu setzen, selbständig die Beweise zu vollenden und auf die leichteren derselben sich zu Hause für die Klasse vorzubereiten. Es unterliegt sonach keinem Zweifel, dafs vorliegendes Lehrbuch der Geometrie, wie es schon seit Jahren der Fall war, auch in seiner neuen Auflage jedem Geometrieunterrichte mit Nutzen zu grunde gelegt werden kann und dafs dasselbe auch für humanistische Gymnasien mehr geeignet erscheinen dürfte als manche seiner Genossen, worauf hiemit alle geehrten Fachmänner aufmerksam gemacht sein mögen. W.

Literarische Notizen.

Allgemeine Rundschau auf dem Gebiete des Unterrichtswesens aller Länder. Eine internationale Monatsschrift unter Mitwirkung tüchtiger Fachmänner, herausgegeben und redigiert von Prof. Fr. Körner, Realschuldirektor. Berlin, Verlag von W. Ifsleib. Inhalt: 1. Verordnungen und Gesetze aus Deutschland, Österreich, Frankreich, u. s. w. 2. Stimmen über pädagogische Tagesfragen. 3. Unterrichtsproben. 4. Stoffe zur Belebung des Unterrichts und der Weiterbildung. 5. Unter der Rubrik 'Schule und Leben' Berichte über Lehrerversammlungen der verschiedensten Art, über Schulausstellungen etc. 6. Unter der Aufschrift 'Verschiedenes' Notizen über Vorkommnisse, die ins Gebiet der Schule einschlagen. 7. Literaturberichte. Monatlich erscheinen 2 Hefte, 24 Hefte bilden einen Band. Preis des Heftes 60 Pf. Diese Ztschr. läfst zwar gymnasiale Verhältnisse nicht unberücksichtigt, fafst jedoch mehr Volks-, Bürger- und Realschulen ins Auge.

Rundschau über das Unterrichtswesen aller Länder, red. von M Überschaer, deren 2. Jahrgang mit dem Mai 1882 schlofs. Verlag von J. W. Gadow und Sohn in Hildburghausen. Die Ztschr., ähnlichen Inhalts, wie die voraus erwähnte, erscheint jährlich in 12 Heften, Abonnement für das Quartal ℳ 1,50. Die Abhandlungen sind zahlreicher vertreten als in der Allgemeinen Rundschau. Interessant ist z. B. im 1. Hefte des 2. Jahrgangs (Juni 1881) ein Aufsatz von Fr. Zimmer über den Gesang und Gesangsunterricht in den höheren Schulen, worin beklagt wird, dafs der Gesang an den Gymnasien vielfach im argen liege und gegen früher nicht mehr mit Liebe gepflegt werde.

Sagen und Geschichten aus dem Altertum von Dr. J. Buschmann, Oberlehrer am Königl. Gymnasium zu Trier. Erster Teil. Vierte verbesserte Auflage. Druck und Verlag von Ferdinand Schöningh, 1881. 219 S. 1,50 ℳ. Das Büchlein zeichnet sich durch übersichtliche Gruppierung der einzelnen Partien und durch leichtfafsliche Darstellung aus. Es behandelt in anmutigem Erzählungstone die interessantesten Mythen und wichtigsten Ereignisse des Altertumes. Man kann also dasselbe als Vorbereitung zum Studium der alten Geschichte den Schülern der unteren Lateinklassen und zum Anschaffen für die Lesebibliotheken dieser Kurse aufs wärmste empfehlen; insbesondere sollte es in keiner der dritten Lateinklasse, in welcher nach der Schulordnung diese Stoffe zu behandeln sind, fehlen.

Vorschule der Geschichte. Sagen und Geschichten zum Schulgebrauch bearbeitet von Rich. Schillmann. Berlin, Nicolai'sche Verlagsbuchhandlung. 1881. 8. 185 S. ℳ 1. Der Verf. wollte für die ersten Anfänge des Geschichtsunterrichtes aus der griechischen und deutschen Sage, aus der griechischen und römischen Geschichte zusammenstellen, was für zehn- bis elfjährige Kinder wissenswert ist. Auswahl des Stoffes und Einfachheit der Darstellung lassen das Buch auch als geeignet für Schülerbibliotheken jener Altersstufe erscheinen.

Personalnachrichten.

Ernannt: S. Fries, Inspektor am Alumneum bei St. Anna in Augsburg, zum Studl. in Memmingen.
Quiesciert: dauernd der temporär qu. Prof. J. Rupp in Freising.
Gestorben: der qu. Prof. und Konrektor K. Eilles in München.

Auf welche Weise kann der Unterricht in der deutschen Sprache und Literatur an unseren Studienanstalten methodisch und systematisch betrieben werden?

V.

Bevor ich daran gehe, Methode und Ziele des deutschen Unterrichtes in den Gymnasialklassen zu besprechen, möchte ich noch in Kürze der Vollständigkeit halber meine unmafsgeblichen Ansichten darüber kundgeben, wie man es an der Lateinschule mit den Haus- und Schulaufgaben halten könne, wenn man sich von ihnen erheblichen Nutzen versprechen wolle.

Im § 27 der Schulordnung ist über den Zweck der Hausaufgaben gesagt: „Zur Einübung des Lehrstoffes und zur Anregung der eigenen Thätigkeit der Schüler ist, abgesehen von den kleineren Übungen, welche sämtlich von dem Lehrer zu kontrollieren sind, als Hausaufgabe wenigstens eine Arbeit in der Woche aus einem sprachlichen Unterrichtsgegenstande zu geben und vom Lehrer zu korrigieren. An kleineren Anstalten und bei geringerer Schülerzahl sind verhältnismäfsig mehr Korrekturen vorzunehmen." Nachdem also der Zweck der Hausaufgaben fortwährende Einübung des Erlernten und Aufgenommenen sowie Anregung des eigenen Lerneifers sein mufs, mithin eine stetige und harmonische Förderung des Schulunterrichtes erwartet werden darf, ergibt sich die Notwendigkeit, dafs in dieser Frage eine strenge systematische Ordnung beobachtet werde. Vorerst ein Wort über die Anzahl der deutschen Hausaufgaben! Der Lehrstundenzahl entsprechend würden durchschnittlich für die I. Lateinklasse auf den Monat zwei, für die II. und III. auf je zwei Monate drei, für die IV. und V. auf jeden Monat eine Hausaufgabe treffen. In bezug auf den Stoff für diese häuslichen Arbeiten möchte ich folgenden Vorschlag machen: In den ersten drei Klassen der Lateinschule betone man während des ganzen ersten Semesters mehr das grammatische Moment, im zweiten das stilistische. In der vierten Klasse mag man der grammatischen Seite des Unterrichtes bei Hausaufgaben das erste Quartal des Jahres widmen, während die übrigen Arbeiten dem Zwecke der Übung in sprachlicher Darstellung geordneter oder erst zu ordnender Gedanken dienen soll. Der Lehrer der fünften Klasse endlich wird nahezu ausschliefslich die prosaischen Formen objektiver Darstellung zum Vorwurfe seiner Hausaufgaben machen. Ich habe absichtlich den Zeitraum für die grammatischen Exercitien ziemlich weit ausgedehnt, und aufserdem noch die Kontinuität hervorgehoben, weil ich auch hierin von meiner Grundanschauung nicht abgehen kann, dafs nur durch Übungen, die sich möglichst unmittelbar fortsetzen, etwas Gedeihliches erzielt wird. Gegen die etwa zu befürchtende Eintönigkeit, welche durch eine derartige Behandlung in den Übungsgang der Schüler eintreten könne, dürfte einesteils der reiche Wechsel des Schulunterrichtes andernteils der wie in allem so auch hier absolut notwendige Takt des Lehrers wirksam ankämpfen. Wenn ich oben von Hausaufgaben für grammatische Übungen gesprochen habe, so nehme ich hiebei nicht einmal diejenigen Abzweigungen aus, die man in der Regel trotz ihrer hochwichtigen Bedeutung nur so nebenher zu berücksichtigen pflegt, sondern ich möchte selbst aus der Flexionslehre, Synonymik und Wortbildung wenigtens eine Hausaufgabe im Jahre bearbeitet wissen. Desgleichen wird der Lehrer der fünften Klasse gegen Ende des Jahres eine Arbeit aus der Verslehre geben müssen.

Dafs bei den Hausaufgaben stilistischer Natur im engeren Sinne nicht selten auch die Lektüre beigezogen werden mufs, liegt in der naturnotwendigen Wechselbeziehung zwischen den vorliegenden sprachlichen Musterstücken und den Bestrebungen der Schüler, solchen Mustern nach Thunlichkeit nachzuarbeiten und das Stilgefühl zu entwickeln und zu stärken. Und nunmehr noch ein Wort über Korrektur! Bei grofser Frequenz mufs der Lehrer darauf verzichten, jede einzelne Schülerarbeit aus dem Deutschen der Korrektur zu unterwerfen, was unstreitig auf Kosten anderer ungleich erspriefslicherer Beschäftigungen geschehen würde. In Berücksichtigung dieses Umstandes wird es daher sein angelegentliches Bestreben sein, die Korrekturen in der Weise vorzunehmen, dafs wenigstens innerhalb eines gewissen Zeitraumes — die Grenzen mag er sich nach Stand der numerischen Verhältnisse selbst abstecken — jeder Schüler der Klasse eine Hausarbeit sorgfältig korrigiert zurückerhalte. Denn weit besser ist es, einen Teil der Arbeiten gar nicht, als alle zusammen nur flüchtig zu korrigieren; im letzteren Falle wird der Schüler unwillkürlich ein ungünstiges Urteil über den Fleifs und die Sorgfalt des Lehrers sich bilden, wogegen er im ersteren leicht zu der billigen Einsicht kommen mufs, dafs eine derartige Überbürdung jenem nicht wohl zugemutet werden könne. Die lässigen Schüler hingegen sind stetsfort zu kontrollieren, damit sie sich nicht in einer gewissen Sicherheit wiegen lernen. Was nun insbesondere die Korrektur der über Haus zu bearbeitenden Aufsätze anlangt, so wird es in den meisten Fällen, namentlich aber in den höheren Klassen, nicht genügen, Unrichtigkeiten gegen Struktur und Zusammenhang oder gar sinnwidrige Gedanken lediglich durch irgend ein Zeichen bemerkbar zu machen, sondern es wird nötig sein, wie ich dies schon eingangs meiner Abhandlungen berührt habe, Fragen, Bemerkungen und Winke am Rande anzubringen. Freilich gibt es auch in jeder Klasse, und zwar nicht so gar selten, Schüler, bei denen es mehr fruchtet, blofs eine leichte Andeutung zu geben; solchen gegenüber ist man pädagogisch sogar verpflichtet, die Korrekturen nicht in Worten zu detaillieren, sondern in diesem Falle gilt die Maxime: Wenn der Schüler aus eigenem Antriebe feilt und bessert, sohin eine Art Selbstkritik ausübt, so trägt ihm das mehr geistigen Gewinn ein als die skrupuloseste Korrektur. Die Durchnahme der Hausaufgaben könnte zweckdienlich in der Art gehandhabt werden, dafs man mehrere Arbeiten mittelmäfsiger Schüler — mit den ganz schwachen vertrödelt man die Zeit, die dem Gros der Klasse in ungerechtfertigter Weise entzogen wird — von einem der besseren ablesen läfst, dann unter Beachtung der Korrekturnotizen mit demselben oder anderen bespricht, schliefslich die betreffenden Eigner der Arbeiten noch einmal zur mündlichen Kontrolle zieht. Zuweilen nimmt man natürlich auch Aufgaben besserer Schüler zur Hand und behandelt die Durchnahme vice versa. Aufgaben, die mehr grammatischer Natur sind, werden weniger Zeit in anspruch nehmen als Aufsätze, von denen man höchstens fünf oder sechs im Laufe einer Stunde erledigen kann. Von einem Diktieren des sogenannten Korrektums wird man wohl in den meisten Fällen absehen, weil die Erfahrung lehrt, dafs das so Niedergeschriebene gewöhnlich ein totes Kapital bleibt, indem selbst eifrige Schüler bereits Abgemachtes wieder einmal vorzunehmen nicht die geringste Lust verspüren. Damit soll aber nicht gesagt sein, dafs man nicht hin und wieder eine gediegene Bearbeitung des Aufgegebenen solle zu Papier bringen lassen.

Die Schulaufgaben (Klausurarbeiten), deren Zahl ohnehin durch den Beschlufs des Lehrerrates geregelt und der höchsten Staatsbehörde unterbreitet wird, sollten, meine ich, in ganz ähnlicher Weise in bezug auf den Stoff verteilt und nach einer achtsamen Korrektur ähnlich den Hausaufgaben durchgesprochen werden. Die Noten setze man noch vor der Einsichtnahme durch die Schüler auf das Blatt. Ich kann nämlich der Ansicht derjenigen Kollegen nicht beipflichten, welche die Mitteilung der formellen Bezeichnung des Ergebnisses den Schülern auf längere oder kürzere Zeit vorenthalten zu dürfen glauben und dies mit der Behauptung zu begründen suchen, man könne sich gerade im Deutschen nicht sofort schlüssig machen, welche Qualitätsnummer dieser oder jener Arbeit beizulegen sei. Wenn das wirklich öfter der Fall ist, was ich nach meiner Erfahrung recht gern zugebe, so dürfte das Versparen der doch einmal notwendig eintretenden Qualifikation viel schlimmere Folgen haben, weil man kaum in der Lage sein wird, ohne wiederholte gründliche Durchlesung, Gesamt- und Einzelmessung das Richtige zu treffen. Dies erheischte nur doppelte Mühe, der man sich wohl nur mit Widerwillen unterziehen wird. Abgesehen aber von allen derartigen Bedenken würde mich schon der Umstand dazu vermögen, die Noten anzusetzen, weil der Schüler ein gewisses Recht hat zu wissen, wie seine Leistungen taxiert werden. — Dies war es, was ich noch in kurzem Anhang den Lehrgenossen zur freundlichen Würdigung übergeben zu müssen glaubte. Sollten nun gegenteilige Anschauungen oder berechtigte Zweifel irgend welcher Art über meine bisherigen Darlegungen überhaupt der Öffentlichkeit in diesen Blättern übergeben werden, so bitte ich, noch abwarten zu wollen, bis ich meine Prinzipien über Lehrgang und Lehrmethode des Deutschunterrichtes in den Gymnasialklassen werde veröffentlicht haben, was mit dem Anfange des nächsten Studienjahres geschehen wird. — Alsdann wird man mich bereit finden, meine Positionen zu verteidigen, erforderlichen Falles auch die eine oder andere aufzugeben.

Regensburg. Dr. Karl Zettel.

Ein Citat des Aristoteles aus Homer.

Im fünfundzwanzigsten Kapitel der „Dichtkunst"[1]) finden sich einige Verse aus der Ilias citiert, die, unserem heutigen Homertext gegenübergestellt, eine so auffallende Anomalie bekunden, dafs es wohl der Mühe wert erscheint, des näheren hierauf einzugehen. Zwar hat bereits Robortelli[2]) den Versuch gemacht, die kranke Stelle zu heilen, und dafs dieser Versuch nicht eben ganz ein unglücklicher war, zeigt die Thatsache, dafs einer der verdienstvollsten Aristoteliker der Neuzeit, Franz Susemihl[3]), die Emendation des alten Italieners in seinen Text aufgenommen hat.

Doch wollen wir einmal die Stelle hersetzen und zwar nach der Ausgabe des Im. Bekker, der für die Poetik den besten Codex[4]) zu rate gezogen; sie lautet: Τὸ δὲ κατὰ μεταφορὰν εἴρηται, οἷον „ἄλλοι μέν ῥα θεοί τε καὶ ἀνέρες εὗδον παννύχιοι" ἅμα δέ φησιν (sc. Ὅμηρος) „ἤτοι ὅτ' ἐς πεδίον τὸ Τρωϊκὸν ἀθρήσειεν, αὐλῶν συρίγγων θ' ὁμαδόν."

Vergebens bemüht man sich, diese Worte, so wie sie hier citiert sind, bei Homer zu finden. Woraus sie genommen sind, hat man freilich schon längst erkannt, nämlich aus der „Doloneia", dem zehnten Gesang der Ilias, Vers 1 und Vers 11 und 13. Unser heutiger, durch Aristarch revidierter Text lautet aber: „Ἄλλοι μὲν παρὰ νηυσὶν ἀριστῆες Παναχαιῶν || εὗδον παννύχιοι" .... und Vers 11 und 13 „ἤτοι ὅτ' ἐς πεδίον τὸ Τρωϊκὸν ἀθρήσειεν || θαύμαζεν πυρὰ πολλά, τὰ καίετο Ἰλιόθι πρό || αὐλῶν συρίγγων τ' ἐνοπὴν ὁμαδόν τ' ἀνθρώπων."

Wie man sieht, ist der elfte und dreizehnte Vers von Aristoteles beinahe ad verbum citiert, während bei Vers 1 fast das Gegenteil stattfindet. Nun versuchte man zwar, dafür einen Vers aus der zweiten Rhapsodie der Ilias einzusetzen[5]) „Ἄλλοι μέν ῥα θεοί τε καὶ ἀνέρες ἱπποκορυσταί || εὗδον παννύχιοι" ... und allerdings scheint dieser Vers besser auf des Aristoteles Citat zu passen; aber es finden sich die oben angeführten Verse 11 und 13 vom zehnten Gesange nicht in der ersten Rhapsodie und somit sind wir wiederum auf die Doloneia verwiesen, da wir schlechterdings nicht

---

[1]) 1461a 16.
[2]) „In libr. Arist. de arte poëtica explanationes", Florent. 1548.
[3]) „Aristoteles über die Dichtkunst." Griechisch und Deutsch. Leipzig, b. Wilh. Engelmann, pag. 142, Anmerk. 1.
[4]) Cf. Joh. Vahlen, „Aristot. de a. p. lib., Berolini ap. Franc. Vahl.", praef. VIII.
[5]) B, 1—2.

annehmen können, Aristoteles habe aus zwei ganz verschiedenen Gesängen Homers einen einheitlichen Gedanken des Dichters zu excerpieren versucht. Aber auch bei dieser Annahme dürften wir kaum im stande sein, den eigentlichen Sinn der aristotelischen Worte richtig zu verstehen.

„Anderes", heifst es in der oben citierten Stelle, „ist wieder metaphorisch ausgedrückt, wie z. B. jenes „die Übrigen nun, so Götter wie Menschen, die schliefen die ganze Nacht hindurch." Bald darauf aber heifst es doch wieder (ἅμα δέ φησιν) „Siehe, so oft er über das troische Gefilde den Blick schweifen liefs, (staunte er) über das lärmende Tönen der Flöten und Pfeifen." „Τὸ γὰρ πάντες," fährt Aristoteles fort, „ἀντὶ τοῦ πολλοὶ κατὰ μεταφορὰν εἴρηται· τὸ γὰρ πᾶν πολύ τι." Der Ausdruck „alle" ist nämlich in übertragenem Sinne statt „viele" gebraucht, denn „alles" ist ja ein „vieles". Der Philosoph also nimmt hier, wie man sieht, den Dichter vor einer allenfallsigen unrichtigen Deutung in Schutz. Homer sagt „alle" schliefen, während es doch gleich darauf heifst, dafs Agamemnon beim Hinabschauen ins troische Gefilde den Schall von Flöten und Pfeifen vernommen und darum sollte eigentlich der Dichter nicht πάντες sagen, sondern πολλοί; indessen, weil „τὸ πᾶν πολύ τι",[1]) kann Homer allerdings metaphorisch von πάντες sprechen.

Was in aller Welt, kann man fragen, wird hier von πάντες gesprochen, einem Worte, das weder im Cod. A', noch bei den betreffenden homerischen Versen sich findet? Da nun aber Aristoteles deutlich sagt „τὸ γὰρ πάντες", so nahm man zu Konjekturen seine Zuflucht und emendierte: „ἄλλοι μέν ῥα θεοί πάντες τε καὶ ἀνέρες κτλ.[2])

Ziehen wir nun aber auch diese verbesserte Lesart ἄλλοι μὲν πάντες in betracht, so ist nicht abzusehen, inwieferne Aristoteles hier von einer Metapher sprechen konnte; denn durch ἄλλοι μὲν πάντες wird ja eine Absonderung, ein Gegensatz angezeigt und unmöglich kann es dem grofsen Ästhetiker angesichts solcher Ausdrucksweise beigefallen sein, mit einem ἅμα δέ φησιν[3]) auf das „metaphorische" derselben hinzuweisen. „Ἄλλοι μὲν πάντες" heifst einfach „die andern alle", wie auch in der Odyssee,[4]) wo es heifst: „οἱ δ' ἄλλοι πάντες δίδοσαν, πλῆσαν δ' ἄρα πύργην." Hätte Aristoteles in seinem Homer bei πάντες noch die Beschränkung von ἄλλοι μέν gehabt, so hätte er doch wohl nicht von einer μεταφορά sprechen können, von einem „πάντες ἀντὶ τοῦ πολλοί".

Aber betrachten wir das in Frage stehende Citat „ἄλλοι μέν ῥα θεοί" ..... nochmals und fragen wir uns, in welchem Gegensatze denn dieses „die anderen Götter" stehe. Es ist in den nachfolgenden Versen

---

[1]) Cf. Schol. zur Od. XII, 374 (nach Vahlen l. c.) „τὸ γὰρ πάντα δηλοῖ τὰ πλεῖστα."
[2]) Cnf. Vahlen, l. c. pag. 67.
[3]) Sollte es statt ἅμα nicht besser ὅμως heifsen?
[4]) XVII, 411.

des zehnten Gesanges lediglich von Agamemnon die Rede; dieser, sagt Homer, ward nicht vom süfsen Schlummer gefesselt. Dafs irgend ein Gott, sei es Zeus oder Athene, in gleicher Weise wie der Hirte der Völker des Schlafes entbehrt habe — davon sagt der Dichter nichts. Wie also, so können wir wohl mit Recht fragen, kann überhaupt hier von ἄλλοι θεοί die Rede sein?

In den Versen der zweiten Rhapsodie[1]) sind diese Worte allerdings an ihrem Platze, denn da heifst es: „Ἄλλοι μέν ῥα θεοί καὶ ἀνέρες ἱπποκορυσταὶ || εὗδον παννύχιοι, Δία δ'οὐκ ἔχε νήδυμος ὕπνος." Hier haben wir sofort als Gegensatz zu ἄλλοι θεοί den Zeus (Δία), während wir im zehnten Gesange diesen Worten (ἄλλοι θεοί) „ἀλλ' οὐκ 'Ἀτρείδην 'Ἀγαμέμνονα, ποιμένα λαῶν" entgegengestellt sehen.

Hier liegt geradezu ein Widerspruch vor und deshalb möchte ich den ganzen Vers, wie ihn der Pariser Kodex gibt, für sehr verdächtig erklären und dafür lesen: „πάντες μέν παρὰ νηυσὶν ἀριστῆες Παναχαιῶν || εὗδον παννύχιοι" κτλ.

Durch dieses einzige πάντες bekommt jetzt des Aristoteles nachfolgende Bemerkung „τὸ γάρ πάντες ἀντὶ τοῦ πολλοὶ κατὰ μεταφοράν εἴρηται sofort die richtige Erklärung; es ist allerdings als eine Metapher zu bezeichnen, wenn man von „allen" spricht, während einige Verse darauf besagen, dafs nur von den „meisten" die Rede sein kann.

Die Frage aber, woher es denn komme, dafs wir in der Poetik „ἄλλοι μέν ῥα θεοί" lesen, dürfte einfach darin ihre Lösung finden, dafs wir irgend eine Verwechslung — natürlich nicht durch Aristoteles — mit dem ganz ähnlich lautenden Vers in Il. B annehmen. Nichts liegt doch näher, als dafs irgend ein Kopist denselben bei dem Citate des Aristoteles aus der Doloneia ad marginem notierte, nichts liegt näher, als dafs irgend ein Abschreiber beide Stellen mit einander verwechselte und so schliefslich in das jetzige Poetik-Fragment sich Worte einschlichen, welche Aristoteles einfach deshalb nicht niederschreiben konnte, weil sie einen förmlichen Widerspruch involvieren. Denn zu sagen „alle anderen Götter schliefen, aber nicht Agamemnon", kann weder einem Homer noch einem Aristoteles beigekommen sein.

Setzen wir also im zehnten Gesange der Ilias — und diesen allein citiert Aristoteles, wie wir aus 1461a 18 ersehen — statt des jetzt in den Ausgaben stehenden ἄλλοι, das vermutlich von Aristarch und vielleicht nicht ohne Beziehung auf die aristotelische Bemerkung eingesetzt wurde, das Pronomen πάντες, so ist die ganze, eben erwähnte Stelle in der Poetik klar, das Beispiel gut gewählt, die Metapher vorhanden.

Regensburg. Dr. Alfons Steinberger.

---

[1]) B, 1 und 2.

Über die Ordnung der ersten 12 Oden des Horaz.

Von der an fruchtbaren Bemerkungen so reichen Abhandlung von Kiessling (Philologische Untersuchungen. Herausgegeben von Kiessling und v. Willamowitz-Möllendorf. 2. Heft. Berlin, Weidmann. 1881. p. 48—122.) hat mich besonders interessiert, aber auch am meisten zum entschiedenen Widerspruch herausgefordert, was er über die Anordnung der Oden von S. 48—75 bemerkt hat. Seine Argumente scheinen mir, wie ich es kurz schon in der Besprechung dieser Schrift (Philolog. Wochenschrift, herausgegeben von Hirschfelder. 1881. Nr. 3.) angedeutet habe, nicht durchschlagend, und manche lassen sich sogar leicht nach der entgegengesetzten Seite verwenden, sodafs die Frage nach der Ordnung noch heute eine offene bleibt.

Es ist jedenfalls eine Thatsache, dafs die ersten 9 Gedichte des ersten Buches in verschiedenen Formen der metrischen Periode abgefafst sind; und wenn aus dieser unbestreitbaren Thatsache Christ und L. Müller den Schlufs gezogen haben, dafs dieselbe auf Absicht des Dichters beruhe, dafs derselbe wie in einem Programm seine πολυμετρία habe zeigen wollen, so läfst sich gegen eine solche Schlufsfolgerung kaum etwas Stichhaltiges einwenden; denn die Thatsache selbst ist, ebenso, wie die, dafs im III. Buche 6 lange Gedichte in demselben Mafse auf einander folgen, jedenfalls bei der sonstigen Gewohnheit des Dichters so auffallend, dafs sie jene Vermutung der Absichtlichkeit geradezu herausfordert. Auch ist die Zahl 9 als Zahl der Musen ja auch an und für sich für diesen Zweck recht ansprechend. Wenn aber Kiessling weiter geht und die ersten 12 Gedichte als eine Einheit zusammenfafst, in welcher der Dichter in 'wohlerwogener Abfolge der Themen dem Leser von vorneherein die Mannigfaltigkeit der Formen, über welche er verfügt, vor Augen stellt', so kann von einer unzweifelhaften Thatsache nicht mehr in derselben Weise die Rede sein, wie bei jener Annahme von Christ und Müller, sondern es bedarf langwieriger Beweise, deren Richtigkeit wir zu prüfen unternehmen.

Betrachten wir zunächst die metrische Seite. Bei der Auffassung von K. haben wir allerdings in dem vermeintlichen Programm des Horaz nicht mehr 9 Strophenformen vertreten, sondern 10. Aber auch damit ist die Fülle der von Horaz in den ersten 3 Odenbüchern gebrauchten Periodenformen nicht erschöpft. Es sind unvertreten die sogenannte hipponakteische Strophe (II, 18) und das ionisch aufsteigende System (III, 12). Beide kommen allerdings nur je einmal vor, aber auch die im Programm vertretene gröfsere sapphische Strophe (I, 8) kommt sonst in den Oden nicht vor, und man sollte meinen, dafs wenn Horaz die Wahl gehabt hätte, welche unter den schon abgefafsten Oden der 3 Bücher er an den Anfang stellen wollte — eine Annahme, von deren Möglichkeit K. überzeugt ist, da er sie häufig benutzt — er gewifs lieber die ernste II, 18 mit einem im Programm gar nicht vertretenen und doch für ihn sehr charakteristischen Thema des Tadels der Ungenügsamkeit an die Stelle von I, 8 gesetzt haben würde; zumal da K. zur Rechtfertigung des Umstandes, dafs I, 8 an den Anfang gestellt ist, nichts anzugeben weifs, als dafs diese Ode ein 'metrisches Kunststück' sei. — Weit wichtiger aber ist der Umstand, dafs bei K.s Annahme das sapphische Mafs in dem Programm 3 mal wiederkehrt, während es nach der Annahme von Christ und Müller nur 1 mal angewandt ist. War die sapphische Strophe etwa das Neue, mit dem der Dichter debutieren wollte? Nein. War sie die häufigste, von ihm bevorzugte? Nein. Wenn eine Strophenform öfter als einmal im Programm vertreten sein sollte, dann war sicherlich die alcäische dazu aus bekannten Gründen am meisten berechtigt. Aber K. findet im Gedicht I, 10, jenem Hymnus an Merkur, eine wesentlich verschiedene Form der sapphischen Strophe, wodurch dann die Berechtigung dieses Gedichtes in metrischer Beziehung neben dem Gedichte I, 2 allerdings erwiesen sein würde. Zugegeben, es wäre so: was fangen wir aber mit I, 12 an? Ist das etwa eine 3te, wesentlich verschiedene Form der sapphischen Strophenform, welche neben I, 2 und I, 10 eine Berechtigung in einem metrischen Programm hätte? Das hat nicht einmal K. zu behaupten gewagt. Wer also K.s Ansicht von einer absichtlichen Anordnung der 12 ersten Oden teilt, mufs darauf verzichten, zu sagen, dafs dieselben auch metrisch eine für sich bestehende vor den übrigen Oden ausgezeichnete Klasse ausmachen, da dieses Prinzip durch die Aufnahme von I, 12 durchbrochen ist. Wenn ferner das 10. Gedicht eine andere Form der sapphischen Strophe darstellen sollte, so fragen wir wohl mit Recht: Warum hat denn Horaz diese metrische Form in den übrigen Gedichten der III Bücher wieder aufgegeben? War es nicht Unrecht, etwas zu versprechen, was man nicht hielt? Aber wir können auch nicht zugeben, dafs I, 10 wesentlich von I, 2 abwiche. Denn die Beobachtung, dafs der Hendekasyllabus 3 mal 'von der Fessel der an die 5. Stelle gebundenen Cäsur entlastet wird', während die übrigen 12 Hendekasyllabi ganz den gewohnten entsprechen, und dafs vor der vorletzten Thesis regelmäfsig, aber wieder nicht ausnahmslos, Wortschlufs eintritt — verliert an Wert, wenn wir bedenken, 1) dafs das Gedicht überhaupt nur 20 Verse hat; dafs, wenn dann also noch Ausnahmen vorkommen, überhaupt von einem Gesetz nicht mehr gesprochen werden kann, zumal da von 20 Versen noch 5 adonii abgezählt werden müssen, 2) dafs jene weibliche Cäsur, wenn auch nur vereinzelt, doch immerhin in den Oden der ersten III Bücher vorkommt, 3) dafs jener Wortschlufs vor der vorletzten Thesis in allen Gedichten sehr häufig, z. B. in I, 2 öfter als der umgekehrte Fall vorkommt, und dafs Horaz auch im 4. Buch nicht zu diesem 'Gesetz' zurückgekehrt ist. Es erklären sich aber die metrischen Abweichungen des 10. Gedichtes sehr einfach aus der Betrachtung des Inhalts desselben. Dieser nämlich ist so dürftig, von der sonstigen Gewohnheit des Horaz, welcher meistens in griechische Originale römischen Lokalton hinein zu tragen weifs, so abweichend, dafs wohl alle Kritiker bisher in dem Gedicht eine Studie aus frühester Zeit gesehen haben, in welcher der Dichter noch zu keiner festen metrischen Norm gekommen war, wie man in den ersten alcäischen Gedichten (cfr. I, 37) ebenfalls, auch in den ersten asklepiadeischen Strophen (cfr. I, 15) Abweichungen von der späteren metrischen Form findet. Mir scheint das Gedicht aus derselben Zeit zu stammen, wie I, 32, weil in beiden Gedichten der Dichter noch nicht im stande ist, dort eine Vorlage des Alcäus (2. Hymnus), hier den Ruhm des Alcäus in alcäischer Strophe zu singen.

Von einem Prinzip der Auswahl und Anordnung in metrischer Beziehung kann also bei den ersten 12 Gedichten nicht die Rede sein. Wie steht es nun mit der wohlerwogenen Abfolge der Themen? K. hält hierbei zweierlei nicht auseinander. Bald sieht er in der hohen Bedeutung der Personen, an die jene ersten Gedichte gerichtet sind, den Grund ihrer Voranstellung, bald wieder in dem Thema der Gedichte selbst. Beide Gesichtspunkte wollen aber durchaus auseinander gehalten werden; denn es ist z. B. bei I, 3 ganz begreiflich, wenn wir an die Bedeutung der Personen denken, dafs es an den Anfang gestellt ist, da Vergil als Dichter und als Mensch obenan steht unter denen, welche Horaz berücksichtigen mufs. Wenn wir aber das Thema selbst in diesem Gedichte ins Auge fassen, so finden wir in ihm, da es sophokleische und callimacheische Gedanken und Bilder über die riesigen Fortschritte der Menschheit in wenig selbständiger Weise ausführt, nichts, was ihm einen Ehrenplatz im Anfang sichert. Umgekehrt ist es z. B. bei I, 9. Hier ist es nicht die Person in ihrer Bedeutung, die der Ode den 9. Platz verschafft, sondern der Stoff, die Aufforderung zum frohen Lebensgenufs, welcher mit einigem Rechte, wenn man an eine berechnete Abfolge der Themen glaubte, der Ode Stellung im Anfange verschaffen könnte, da das Thema ja häufig genug im späteren Verlauf wiederkehrt. In keiner von beiden Beziehungen aber kann I, 10 hierher gehören. Den Versuch, das Thema dieses Gedichtes in bezug zu den vorhergehenden und folgenden zu setzen, ist K. überhaupt uns schuldig geblieben, und er ist auch nicht zu führen; ja, der Inhalt dieser Ode ist geradezu beweisend, dafs der Dichter jene 12 Gedichte nicht zu einer Einheit verbinden wollte, dafs keine absichtliche Ordnung stattfand. Oder war es denkbar, dafs Horaz dem Merkur in diesem Gedichte Eigenschaften nachrühmt, die der griechische Hermes wohl haben mochte, die es aber wenig ins rechte Licht stellen, warum er in der 2. Ode annahm, dafs gerade Merkur in der Gestalt des Oktavian auf Erden wandle. Den Merkur rühmt er im 10. Gedicht als Erfinder der Sprache, der Gymnastik, als Boten der Götter, als Erfinder der Lyra, als Geleiter der Toten, als Träger des goldenen Stabes, vor allen aber — und darin verweilt er mit Behagen — als Gott der List. Es war also

für Oktavian kein grofses Kompliment, wenn der Dichter ihn mit diesem
Gotte verglich, von dem er rühmt: callidum, quidquid placuit, jocoso Condere furto. Es war kein glücklicher Griff, rasch hinter einander Gedichte
folgen zu lassen, in deren einem der Kaiser mit Merkur verglichen wurde,
in deren anderem aber Merkur ohne jeden Bezug darauf recht wenig für
jenen Vergleich passend geschildert wurde. Und wenn in der That Ähnlichkeiten zwischen der List des Merkur und des Kaisers sich ergaben,
dann war der Dichter nicht sehr klug, diese zu sehr hervorzuheben. Und
endlich wenn der Merkur des 2. Liedes nicht als griechischer Hermes gedacht ist, sondern als italische Gottheit, dann hätte der Dichter nicht in
diesen Cyklus I, 10 aufnehmen sollen, wo nur der griechische Hermes
als Merkur gefeiert wird. — Doch kehren wir zu K.s Argumenten zurück.
Es war lange bemerkt worden, dafs die 3 ersten Gedichte an die 3 für
Horaz bedeutendsten Männer gerichtet sind. Es war gewifs Absicht,
dafs dem Mäcen das erste Gedicht zugeeignet wurde mit der Schilderung
und Rechtfertigung des dichterischen Berufes gegenüber den anderen Beschäftigungen der Menschen; es war passend, wenn das 2. Gedicht an
den Retter August gerichtet wurde und der Dichter dadurch seine Aussöhnung mit dem Resultate der Bürgerkriege an den Tag legte; es ist auch
begreiflich, warum dem Vergil das 3., auf die begonnene Äneis, wie
ich glaube, bezug nehmende Gedicht bestimmt ist; aber dafs wir in diesem
Punkte weiter gehen dürfen, bestreite ich. Es folgt Sestius als Empfänger
des 4. Gedichts. Aber Asinius Pollio verdiente seiner politischen und litterarischen und persönlichen Stellung wegen mehr solchen Ehrenplatz.
Wenn nun K. sagt, dafs dieser dadurch geehrt werde, dafs Horaz an ihn
das erste Gedicht des 2. Buches richte, so mag er manchem etwas Glaubliches sagen, obwohl ich das 1. und 2. Buch zu wenig von einander geschieden sehe, wenigstens nicht so, wie die beiden ersten Bücher vom 3.,
und die 3 ersten vom 4.; aber warum kommt Agrippa erst an 6. Stelle,
warum M. Valerius Messala Corvinus, der neben Cassius und Brutus die
bedeutendste Stelle unter den Freiheitskämpfern einnahm, erst ganz hinten
im 3. Buch, und des Dichters innigster Freund und Kriegskamerad Pompeius Varus erst in der Mitte des 2. Buches? Man wendet ein: Das Gedicht
I, 4 ist an den Konsul Sestius gerichtet; darin, dafs Sestius trotz seiner
Kameradschaft mit Brutus und Cassius aus der Hand des Augustus das
Konsulat erhielt, lag das 'beglückende Zugeständnis, dafs August seinen
Feinden nicht mehr grolle, dafs eine neue Zeit hereinbräche'. Wenn von
alledem im Gedichte etwas stände, würde ich zugeben, dafs es mit Absicht
an die 4. Stelle gestellt sei. Aber das Gedicht kann kaum an einen
wirklichen Konsul gerichtet gewesen sein, und beate wird wohl mit mehr
Recht auf irgend welches andere beglückende Ereignis in dem Leben des
Sestius bezogen (cfr. I, 27, 11). Ist es passend, dem Konsul vom Nahen
des Frühlings zu singen, ihn aufzufordern, mit grünender Myrthe das

glänzende Haupt zu umstricken, in schattigen Hainen dem Faunus zu opfern; ist es angemessen, einen amtierenden Konsul zum Lebensgenusse aufzufordern, weil er gestorben nicht mehr Trinkkönig sein werde und schöne Knaben nicht mehr lieb haben könne? Das Gedicht ist gewifs an den jungen, lebenslustigen Sestius geschrieben zu einer Zeit, als er die Bürde des Konsulats noch nicht trug. Es könnte einer meinen: das Gedicht sei symbolisch zu verstehen. Mit dem Frühling sei das Hereinbrechen der neuen Zeit gemeint. Auch diese Auffassung ist bei der Annahme K.s von der Zusammengehörigkeit der 12 Oden nicht möglich. Denn die 9. Ode, welche doch auch in diesen Cyklus gehört, zeigt deutlich, wie wenig der Dichter mit den bestehenden Zuständen zufrieden, wie wenig es ihn gelüstet, in die schwarze Zukunft zu schauen. Ich kann mir nicht denken, dafs der Dichter ein Erzeugnis früher Jahre — ich setze es etwa um 40 v. Chr. — mit seiner verbitterten Stimmung hinter eine Ode gesetzt hätte, die den Anbruch einer neuen Zeit feiern und einen alten Kriegskameraden als Konsul begrüfsen sollte, wenn er die Oden nach einem Prinzip geordnet hätte.

Die Reihenfolge der bedeutenden Männer vom Sestius zum Vipsanius Agrippa wird durch die Erwähnung der Pyrrha (I, 5) unterbrochen. K. will dies dadurch rechtfertigen, weil doch notwendigerweise ein Liebesgedicht hätte vorhergehen müssen, wenn der Dichter im Ged. VI hätte sagen wollen: cantamus vacui sive quid urimur etc. Dies Argument scheint nicht viel zu besagen. Denn oft — in Programmen immer — steht die Ankündigung voran und die Leistung folgt. Auch wählte er dann nicht geschickt. Wollte er sich als Dichter der Liebe einführen, wollte er zeigen, was er für Stoffe besonders behandeln wolle, dann war I, 5 nicht geeignet, welches ihn am Abschlufs einer Liebe, gerettet aus dem Schiffbruch, darstellt. Gerade den Beginn dieser Leidenschaft hätte er uns schildern und malen müssen. Etwas anderes ist es, wenn das 4. Buch mit einem Gedichte ähnlichen Stoffes beginnt. Hier war der Dichter alt und gab nur gezwungen noch ein neues Buch Gedichte heraus, in dem er der Liebe nicht mehr dienen, sondern ernsteren Stoffen sich weihen wollte, und selbst in diesem Anfangsgedicht des 4. Buches ist auf echtdichterische Weise der Gedanke ausgesprochen, dafs das Herz immer von neuem glühe und zur Liebe nie zu alt werde. Auch über den Inhalt dieses Gedichtes kann ich K. nicht beistimmen. Er sieht darin eine Illustration zu: Cantamus vacui; in I, 11 dagegen käme der 2. Teil: sive quid urimur zur Geltung; denn I, 11 sei das erste wirklich erotische Gedicht. Es ist wunderbar, dafs ich gerade zu dem entgegengesetztem Resultat gekommen bin. Ich habe Orelli, Düntzer, Dillenburger, Nauck, Kayser nachgesehen, aber keiner weifs etwas von einem Liebesverhältnis, welches in I, 11 zu grunde läge oder vorausgesetzt werden müfste, da von Liebe und Leidenschaft auch kein Wort dasteht. Es ist I, 11 ein sehr gut gelungener

Scherz oder, wie Kayser meint, ein Stammbuchvers, für eine Freundin gedichtet, die mit Horaz im Seebade weilte und zum Aberglauben Neigung zeigte. Aus dem Ton des Gedichts, der eine gewisse Herablassung zeigt und einen gewissen Übermut verrät, geht ganz deutlich hervor, dafs des Dichters Herz von der Macht der Liebe unberührt war. Dagegen glaube ich in I, 5 Anzeichen zu entdecken, dafs der Verfasser noch nicht ganz überwunden hatte, dafs er sich von einer Liebe geheilt zu sehen wünscht, ohne es zu sein. Dafs der Eingang noch Interesse und die Qualen der Eifersucht zeigt, ist auch Naucks Meinung. Auch aus der Mitte ist zu entnehmen, dafs der Dichter einst wirkliches Weh über die Untreue der Geliebten erfahren hat. Wenn ein Gedicht, so scheint mir dieses auf ein wahres Liebesverhältnis gedichtet zu sein, und, wenn es möglich wäre, — und ich sehe keinen genügenden Grund, der mich daran hindern könnte, wenn auch 'Pyrrha' und 'Neära' in bezug auf Silbenzahl und Quantität von einander abweichen, da 'Pyrrha' und 'Neära' nicht wirkliche Namen sind wie Lesbia (Clodia) und Delia (Plautia), — würde ich nicht anstehen, die Pyrrha dieses Gedichtes zu identificieren mit der Neära in der 15. Epode, da nicht blofs Handlungen und Charaktere der beiden Damen sehr ähnlich geschildert werden, sondern auch des Dichters innere Stimmung und Entschlufs eine gleiche bei beiden ist. Es mag bei dieser Gelegenheit erlaubt sein, auf O. Jägers: Realistische Bemerkungen zu Horaz (N. Jahrb. 81. 5. Heft, p. 341) einzugehen, soweit er über Horaz als Dichter der Liebe spricht. Es heifst dort: „Für eine wirklich tiefe Empfindung sind uns diese Chloë, Glycera, Lydia, Lalage, Lyde u. s. w. einfach schon zu viele: und es zeigt sich, unserer Meinung nach, in allen diesen Gedichten zwar eine grofse Kraft der Anempfindung oder Nachempfindung, nicht aber wirklicher, so zu sagen originaler Empfindung." Nach näherer Ausführung dieser Behauptung heifst es noch, dafs Horaz 'in Wahrheit das gerade Gegenteil einer verliebten Natur gewesen sei, und dafs es unstatthaft sei, einen Unterschied zu gunsten der bona Cinara und Lalage dulce videns zu machen'. Ich kann nicht alle diese Sätze unterschreiben. Dafs man nicht von allen den in den Gedichten vorkommenden Mädchennamen auf verschiedene Personen schliefsen darf, ist seit Lessing wohl wenigen unbekannt. In jeder Ausgabe steht die Etymologie dieser Namen, aus welcher schon die Willkürlichkeit oder Absichtlichkeit in der jedesmaligen Benennung hervorgeht. Dafs Horaz ferner das Gegenteil einer verliebten Natur gewesen sei, ist eine kühne Behauptung weniger den Berichten der Alten, als seinen eigenen Werken gegenüber. Denn namentlich in den Epoden findet sich eine grofse Kenntnis aller bei derb-realistischen Liebesverhältnissen vorkommenden Zwischenfälle, und in den Oden fehlt es durchaus nicht an Stellen, die uns lehren, dafs er Liebesglück und Liebesweh wirklich erfahren und Charakter und Sinnesart der Frauen gründlich kennen gelernt hatte, soweit überhaupt ein

Römer das eigentümliche Wesen der Frau ergründen konnte. Ich erinnere aufser an unser Gedicht z. B. an I, 9, 24. 1, 13, 16—20. I, 19, 12. I, 23, 1-8. I, 27, 18 u. a. und auch III, 9 würde mehr Phraseologie der Liebe enthalten, wenn der Dichter nicht aus Erfahrung die wechselnden Stimmungen und Störungen derartiger Verhältnisse kennen gelernt hätte. Ich bin ja weit entfernt, zu glauben, dafs der Dichter jedesmal, wenn er von Liebe redet, verliebt gewesen sei — wenn solcher Glaube noch herrschte, könnten moderne Dichter ja überhaupt anständigerweise keine Liebesgedichte mehr herausgeben, wenn des Lebens Herbst gekommen ist — ich glaube noch viel weniger, dafs der Dichter so oft sein Herz verloren habe, als er es uns glauben machen will — aber ich werde stets glauben, dafs ein Dichter — kein Dichterling — mindestens einmal an sich selbst das Gefühl der Liebe so erfahren habe, dafs durch dessen Reproduktion in der Erinnerung auch später noch seine Lieder voll ertönen, dafs er, was er von Gefühlen singt, an sich selbst einst gefühlt haben mufs. Also ohne Liebe konnte Horaz keine Liebeslieder schreiben, und wenn es auch nicht viel wert ist, so ist es doch interessant und lehrreich, unter diesen Liebesliedern diejenigen herauszusuchen, welche zu einer Zeit geschrieben wurden, wo diese Liebe noch glühte oder die Erinnerung an dieselbe dem Dichter besonders anschauliche Bilder zuführte, und unter den Frauengestalten, die er uns schildert, diejenige herauszufinden, bei der er mit besonderer Tiefe und Glut verweilte, die ihn die Liebe 'lehrte'. Man wendet ein, dafs Horaz griechische Gedichte nachahmte. Aber auch eine solche Nachahmung setzt eine kongeniale Natur voraus, wenn sie nicht sklavisch ist und wenn sie packen und gefallen soll. Dafs aber die Liebeslieder des Horaz zu allen Zeiten Anerkennung gefunden haben, ja teilweise mehr, als seine doch gewifs ursprünglichen politischen Gedichte und unendlich viel mehr, als jene längst vergessenen Produkte deutscher und französischer Dichter, welche in ungekannten Gefühlen schwelgten, kann keiner leugnen, und dafs auch nur ein Gedicht des Horaz ein Original sklavisch nachahme, nicht römischen Lokalton zeige, nicht eigentümlich horatisch-römische Anschauung, kann keiner behaupten. Wenn also Horaz auch griechische Liebeslieder zuweilen benutzte, so wurden diese Gedichte erst zu dem, was sie wurden, dadurch, dafs der Dichter sie mit eigenem Gefühl durchdrang. Sonst hätte es Flickarbeit gegeben. Ist aber z. B. I, 5 nicht rund und voll, ein 'kleines Meisterstück', worin ich Düntzer durchaus beistimme? Eine solche Nachahmung ist ein Original.

Indem wir I, 6 übergehen, welches ja unzweifelhaft an einen bedeutenden Mann gerichtet ist und auch seinem Inhalte nach für den Anfang pafst, kommen wir zur Frage nach der Berechtigung der Voranstellung der 7. Ode an Munatius Plancus. K. meint, das Gedicht verdanke diesen Platz

1) dem Umstande, dafs von den beiden in der alkmanischen Strophe gedichteten Oden dieses besser passe, als I, 28. Warum ich diesen Grund nicht annehmen kann, ist aus dem Vorhergehenden deutlich. Auch pafst I, 28 vielleicht seinem Inhalte nach noch besser. Denn die in I, 7 ausgesprochene Mahnung zum sorgenlosen Leben hatte der Dichter ja eben erst in I, 4 behandelt. Zweitens aber sei Munatius Plancus für Hor. ein weit bedeutenderer Mann, als er es nach der Darstellung des Velleius, welche tendenziös sei, scheinen könnte. Derjenige, der vom Oktavian zum Censor gemacht sei, verdiene einen Ehrenplatz im Anfang. Auch könne das Gedicht nicht zu den frühesten gehören, da Horaz sonst nicht zu einem so hochgestellten Manne in einer solchen Weise sprechen könne. Es verlohnt sich vielleicht, auf dieses so oft behandelte und gewifs noch lange rätselhaft bleibende Gedicht etwas näher einzugehen, zumal auch K. dabei verweilt und die schwebenden Fragen kurz berührt hat. Von diesen kann nämlich nur eine als gelöst betrachtet werden: dafs wir es nämlich mit einem einzigen Gedichte zu thun haben, zumal da in den ziemlich alten inscriptiones demselben paraenetice beigefügt ist, eine Benennung, welche nur auf das Gedicht als Ganzes pafst. cfr. Zarncke: de vocabulis graecanicis etc. Argentor. 80. p. 35. Auch will es mir scheinen, als lasse sich nicht leugnen, dafs das Gedicht in Form und Inhalt eine auffallende Ähnlichkeit mit Epode XIII zeigt, der wie es scheint, frühesten Dichtung des Horaz — worauf Reiffersheid hinwies. Von der Ähnlichkeit der metrischen Form abgesehen sehen wir hier wie dort den Dichter trübe in die Zukunft schauen und sich selbst zum fröhlicheren Leben auf eine gewaltsame Weise ermuntern, sehen wir hier und dort in loser Weise eine Rede angeknüpft, welche in breiter Ausführlichkeit jenen Rat begründen soll. Es ist also in beiden Gedichten der Dichter noch unversöhnt mit der politischen Lage des Vaterlandes, apathisch sich dem Genufs widmend (wie in I, 9) — oder gibt er etwa dem Plancus einen anderen Rat? tröstet er ihn etwa? Ob er ihm raten soll, in seinem Tibur zu weilen, oder in ferne Gegenden zu enteilen — das weifs er selbst nicht, aber ermuntern will er ihn, wo es auch sei, durch Wein die Sorgen wegzuspülen. In beiden Gedichten endlich, wie auch in I, 28, sehen wir den Dichter noch zu jugendlich und ungeübt in der Dichtung, als dafs er schon den knappen Ausdruck seiner Empfindung gefunden hätte, als dafs er schon fern von epischer Zerflossenheit seine Gedanken hätte zu einer Einheit binden können. Wenn nun das Gedicht in einer sehr frühen Zeit entstanden ist — zu gleicher Zeit ungefähr mit I, 9, I, 18 Epod. 7, Epode 16; also ungefähr ums Jahr 40 — wie konnte aber Horaz dann so kordial mit Plancus stehen? Jedenfalls hatte Horaz schon in jungen Jahren eine weit ausgezeichnetere Stellung, als wir dem 'libertino patre natus' zutrauen. Dafs er von Brutus zum Tribunen gemacht wurde und in seiner Begleitung blieb, dafs Mäcen so lange mit seiner Freundschaft zurückhielt, gibt doch zu denken. Auch

war Plancus ein Freund des Brutus und hatte einst eine Verständigung desselben mit den Triumviren anzubahnen versucht. Wenn endlich Plancus ein Gelehrter war, dann kann es um so weniger auffallen, wenn er mit Horaz näher bekannt war. Ich denke mir danach die Veranlassung des Briefes so: Nach dem perusinischen Kriege flüchtete bekanntlich Munatius Plancus, wie so viele Vornehme, aus Furcht vor der Rache Oktavians im Jahre 40 v. Chr. nach Brundisium, von da zu Antonius, von dem er dann die Provinz Asien zur Verwaltung erhielt. Ich halte es für wahrscheinlich, dafs auf dieser Reise, sei es von Brundisium her, sei es von Asien aus Horaz von Munatius Plancus aufgefordert war, mit ihm Rom und Italien zu verlassen, mit dem Hinweis auf die anregende litterarische Thätigkeit, die er von den berühmten Städten des Ostens aus entfalten könnte. Diesen Ruf lehnt Horaz für sich ab, weil er sich entschlossen hatte, wenn auch fern von der Hauptstadt, doch in Italien zu bleiben und ein römischer Dichter römischer Stoffe zu werden. Den Entschlufs des Munatius dagegen, auszuwandern, mifsbilligt er nicht gerade, indem er ihn auf das Beispiel des Teucer verweist. Auch dieser mufste ja sein Vaterland verlassen und wufste sich schliefslich gefafst in sein Unglück zu finden. Welche Ähnlichkeit bestand nun aber zwischen Munatius und Teucer? Ich wage darüber eine Vermutung zu äufsern. Man machte es jenem zum schweren Vorwurf, dafs er vor dem Jahre 43 in die Ächtung seines Bruders L. Plancus willigte, um selbst in der Gunst der Machthaber höher zu stehen; und seine Soldaten sangen höhnisch bei dem Triumphzuge, dafs er denselben mit dem Blute des Bruders erkauft habe. So ergibt sich eine gewisse Ähnlichkeit zwischen Munatius und Teucer. Wir können es auch nach dem ganzen Charakter des Munatius, wie wir ihn nicht blofs aus Velleius kennen, begreifen, wenn Horaz ihn vom Verlassen Italiens nicht abmahnt. Es zerfällt also das Gedicht in zwei Teile. Im ersten Teil erklärt der Dichter, dafs er bleiben wolle, im zweiten rät er dem Adressaten, dessen Thaten und Leben er durchaus nicht zu billigen scheint, da das Gedicht nicht das geringste Kompliment enthält, in die Verbannung zu gehen. Wir haben also in dem Gedicht einen poetischen Brief, kein einheitliches lyrisches Gedicht, und wir können den diesen Brief voraussetzenden Brief des Munatius aus dieser Antwort etwa erschliefsen. — Wir haben noch die Frage zu beantworten, warum wohl Plancus zu einer solchen Aufforderung an Horaz sich veranlafst gesehen habe. Aus Epode 16 geht hervor, was auch sonst aus manchen Anzeichen z. B. epod. VII geschlossen werden könnte, dafs der perusinische Krieg auf Horaz grofsen Eindruck gemacht hat. Rät er doch den Besten seines Volkes Auswanderung als einziges Rettungsmittel! Es ist daher anzunehmen, dafs Horaz, wie so viele der Edelsten seiner Zeit, sich wirklich mit solchen Gedanken getragen, dieselben aber bald darauf aufgegeben habe. Es scheint mir auch der Gedanke nicht ganz ausgeschlossen, dafs der Dichter in der ersten Zeit nach seiner Rückkehr von Philippi weniger Sympathien für Oktavian hegte, als für Antonius, dessen Gemeinheit ihn erst später empörte. Denn abgesehen davon, daſs viele der durch Gedichte von Horaz ausgezeichneten Männer ausgesprochene Antonianer waren, auch davon, daſs Mäcen ganz besonders bei Horaz vorsichtig war, daſs Antonius trotz mancher späterer, aber immer verhüllter Ausfälle immerhin vom Dichter glimpflich behandelt und sein Name nie genannt wird, scheint mir das Gedicht an Asinius Pollio (II, 1, 8) dafür zu sprechen, daſs Horaz einst, wie jener, mehr Antonianer als Oktavianer war. Um so näher lag ihm dann der Gedanke an Flucht nach der Eroberung von Perusia. Ich ziehe hierher auch II, 6. Man hat das Gedicht in das Jahr 27 setzen wollen aus Gründen, welche man bei Schütz nachlesen möge. Aber was soll denn damals dem Dichter das Leben so vergällt haben? Etwa Krankheit? So hat man gemeint und das Gedichtchen als Ausdruck schwermütiger Klage genommen. Aber in demselben steht nichts von Krankheit. Wohl aber lesen wir: sit modus lasso maris et viarum militiaeque. Die militia war im Jahre 27 doch bereits längst vergessen. Ferner steht da: Gadis aditure mecum et Cantabrum indoctum juga ferre nostra et etc. Es scheint mir nicht richtig, wenn man darin den einfachen Sinn: 'der du aus Freundschaft alles für mich thun würdest', entdecken will. Auch muſs: unde si Parcae prohibent iniquae bestimmter gefaſst werden. Ich vermute, daſs Septimius, ein alter Kampfgenosse des Horaz, ihn aufforderte, in ferne Länder, welche noch nicht römische Herrschaft kennen, in denen der Wille römischer Machthaber noch nichts vermag, vor der Rache Oktavians zu flüchten. Der Dichter aber antwortet mit dem Entschluſs, sei es in Tibur, sei es in Tarent (wenn nämlich die Mächtigen seinen Aufenthalt in dieser Nähe Roms nicht dulden sollten), sein Leben zu beschlieſsen. Das Gedicht zeigt den Dichter allerdings krank, aber nicht an dem modernen Weltschmerz, sondern betrübt über den Zustand des Staates, welcher in seiner Hoffnungslosigkeit ihm den Lebensmut raubt. Auch paſst das Gedicht zu I, 7 auch darin, daſs in beiden Tibur der Preis unter allen Städten zu teil wird. Was wendet man gegen die Annahme einer so frühen Abfassungszeit ein? 1) senectae. Aber auch im Jahre 27 war der Dichter noch kein senex. Wenn er sich im Jahre 40 schon als senex vorkam, so war es jedenfalls begreiflicher nach den trüben Erfahrungen, die ihm Aussicht auf Mannesthätigkeit raubten. cfr. auch epod. 13, 5, wo auch nur im bildlichen Sinne von senectus die Rede ist. 2) vatis. Aber der Dichter hatte schon lange griechische und gewiſs auch lateinische Gedichte gemacht; er verdankte ja seinem Ruhme seine militärische Stellung. Auch pflegt die Jugend weniger bescheiden zu sein als das Alter. 3) Die Erwähnung von Gades, Cantabri und barbarae Syrtes ist, so sagt Schütz, leer, wenn der Krieg noch nicht begonnen war. Aber August kämpfte damals nur gegen das nördliche Spanien. Was sollte also Gades und die Syrten? So glaube ich mit mehr

Recht das Gedicht, wie I, 7, um das Jahr 40 zu setzen. — Ich kehre noch einmal zu I, 7 zurück. Franke meinte, man müsse notwendig den Übertritt des Plancus zum Oktavian voraussetzen. Warum? Leugnet Horaz, dafs Grund zur tristitia, zum 'düsteren Blick in die Zukunft' vorhanden sei? Tröstet er ihn mit der besseren Gestaltung der politischen Verhältnisse? Nein! Wir finden in dem Gedichte dieselbe trübe Anschauung, wie in I, 9, zu dem wir jetzt übergehen, und denselben leidigen Trost, dafs es ja doch einmal besser werden müsse, dafs ja doch einmal auf Regen Sonnenschein kommen werde und dafs es am geratensten sei, bis dahin des Lebens Sorgen mit dem Weine wegzuspülen. Und was den Schlufs von I, 7 betrifft, welcher in den Worten und im Inhalt sich nahe mit bekannten Vergilversen deckt, so braucht man auch daraus nicht auf frühe Abfassung der Ode und Benutzung des I. Buches der Aeneis zu schliefsen, da für beide Dichter Naevius als gemeinsame Quelle angesehen werden kann. cfr. Keller. Epilegg. zu I, 7. Neuerdings endlich hat Knütgen (de Hor. carmine I, 7. Oppeln 82. Progr.) in einer sehr interessanten Schrift glaublich zu machen versucht, dafs Bullatius, der Adressat der epistel I, 11, kein andrer sei, wie unser Munatius, und dafs beide Elaborate od. I, 7 und epist. I, 11 zu demselben Zwecke und kurz hintereinander geschrieben seien. Aber, um von anderem ganz zu schweigen: epist. I, 11 sagt ja v. 20 und 21 ganz unverhohlen, dafs der Adressat nicht den geringsten Grund zum Trübsinn habe, was doch auf Munatius nicht anwendbar ist.

Es folgt I, 9, welches dem Inhalte nach mit I, 7 verwandt ist. Es wird wohl kein Zweifel darüber bestehen, dafs bei Abfassung von I, 9 der Dichter weder mit den Zeitverhältnissen ausgesöhnt war, noch sich aus der Nachahmung des Alcäus allzuweit befreit hatte. Um so weniger wird man zugeben können, dafs in den ersten 12 Gedichten eine wohlgeordnete Abfolge der Themen zu entdecken sei. Denn I, 12 — nach K. das Abschlufsgedicht dieses Cyklus setzt eine ganz andere, weil spätere politische Entwicklung des Dichters voraus. Mag es, wie Haupt und K. betonen, bezug nehmen auf das Ehebündnis des Marcellus und der Julia, jedenfalls steht es in keinem inneren Zusammenhang mit I, 7 und I, 9, sondern im Gegensatz dazu. Auch möchte ich nicht glauben, dafs I, 2 und I, 12 in bezug auf einander gedichtet oder mit Absicht vom Dichter dicht hinter einander gestellt seien. Wurde in I, 2 in Oktavians Wirken eine Ähnlichkeit mit der Thätigkeit des Merkur erkannt, so ist es doch auffallend, wenn I, 12 August wieder als blofser Mensch erscheint und mit scharfen Worten seine Unterthänigkeit unter Jupiter hervorgehoben wird, wenn I, 12 alle möglichen, für Roms Entwicklung teilweise ganz unwichtigen Gottheiten genannt werden — und gerade Merkur fehlt. Und wenn, wie Reifferscheid so ansprechend sagt, an unserer Stelle die Götter besonders genannt seien, welche im Gigantenkampf in erster Reihe standen, so konnte doch Merkur ebensogut eingeschoben werden, als Artemis.

K. sieht in I, 12 gegenüber I, 2 ein Fortschreiten in des Dichters Begeisterung für August — und darin stimmen ihm die meisten Kritiker allerdings bei. Auch wage ich dies nicht zu bestreiten, aber es gibt doch immerhin Gelehrte, welche I, 2 später geschrieben sein lassen als I, 12, die also in jenem das stärkere Lob des Cäsar erblicken. Auch weifs ich nicht, ob mit Recht zu einer Zeit, wo wirklich Ruhe und Frieden ins Reich zurückgekehrt war, die strafende Gewalt Jupiters so sehr hervorgehoben werden mufste, wie es in der letzten Strophe des Gedichtes I, 12 geschieht. Für mich hindert nur: crescit ... fama Marcelli, in der Ode ein Gedicht auf den Sieg von Actium zu sehen, und tu parum castis inimica mittes fulmine lucis auf die notwendige Bestrafung des Antonius und der Cleopatra zu beziehen.

Ich glaube, gegründete Einwendungen erhoben zu haben gegen die Behauptung, dafs die ersten 12 Gedichte vom Dichter absichtlich an den Anfang gestellt worden sind. Ich konnte nicht zugeben, dafs er dabei metrischen Rücksichten folgte, auch nicht, dafs die Bedeutung der durch die Gedichte ausgezeichneten Personen für die Ordnung von Wert gewesen sei, endlich nicht, dafs die Themen der Gedichte einen inneren Zusammenhang zeigten. Leider kann auch ich das Prinzip nicht entdecken, nach welchem der Dichter seine Produkte gestellt hat, wenn anders nicht Ordnungslosigkeit gerade Prinzip bei ihm war. Am ersten läfst sich noch der Behauptung Plüfs' (cfr. die Rede dieses Gelehrten auf der Philologen-Versammlung zu Stettin 1880) zustimmen, dafs wir im ersten Buche die Gedichte im ganzen chronologisch geordnet vor uns haben, wenn auch der von ihm aufgestellte Termin 'etwa bis zum Jahre 30' — hinausgerückt werden mufs. Dafs aber Gründe des Inhalts für die Aufeinanderfolge von Gedichten überhaupt mafsgebend gewesen sind, wie wir diese Annahme zuweilen bei den Erklärern wie Nauck, Kayser, Düntzer finden, scheint mir bis jetzt zu wenig wahrscheinlich gemacht. Wenn I, 32 fast am Ende des Buches stehen konnte, wenn I, 14, welches doch von den meisten allegorisch gefafst wird, Gedichten wie I, 2 und I, 12 nachfolgt, wenn trotz der stoischen Gedanken in I, 22 ein Gedicht wie I, 34, welches von der plötzlichen Bekehrung meldet, weit später folgt, dann können aus der Stellung der Ode keine Argumente für den Inhalt derselben hergeleitet werden (cfr. z. B. Kayser zu I, 30). Um über die Ordnung der Gedichte K.s Ansicht vollständig zu erwähnen, füge ich noch hinzu, dafs derselbe auf den Rhythmus der Zahlen der Gedichte in den einzelnen Büchern aufmerksam macht. 'Das erste Sermonenbuch enthält 10, das Epistelbuch 20, das 2. Odenbuch 20, das 3. 30, das 4. 15 Gedichte'. Von den Schlüssen, die er aus dieser Erscheinung ableitet, erwähne ich nur, dafs 'daher nur unter den 38 Oden des I. Buches sich möglicherweise eine unechte befinden könne'. Für eine solche hält er z. B. I, 20, aus Gründen, die er früher auseinandergesetzt hat (das Theater des Pompejus mit seiner dem Quirinal zugekehrten

Cavea lag gar nicht in der Nähe des Tiber und vollends des Vatican), denen er andere, wie ich glaube, sehr gewichtige hinzufügt. Auch ich glaube nach den von K. angeführten inhaltlichen Gründen, dafs das Gedicht keinen horatianischen Geist zeigt; denselben würde es aber für mein Gefühl haben, wenn man für Vile potabis modicis Sabinum metrisch lesen d ü r f t e: Vile potabo inmodicis Sabinum. Das Gedicht würde dann einen echt horatianischen Gegensatz zeigen, da darauf folgt: Caecubum et prelo domitam Caleno *tu* bibes u. s. w. Es würde allerdings dann keine Einladung mehr enthalten, was die meisten Erklärer annehmen, sondern wie K. mit Recht sagt, 'eine herzliche Erinnerung an die glückliche Genesung und die Sympathien, die damals das Publikum dem Mäcenas bezeugt hat'.

Hirschberg.Emil Rosenberg.

Des Horatius 1. Satire des 1. Buches in deutscher Übertragung.

Wie mag's kommen, Mäcen, dafs niemand mit seinem Berufe,
Mag er ihn eigener Wahl nun verdanken oder dem Zufall,
Jemals zufrieden ist, sich ein jeder des anderen Stand lobt?
„Wie ist der Kaufherr doch so glücklich!" so stöhnt der ergraute
5 Krieger, wenn unter der Last ihm des Dienstes die Kräfte versagen.
Und der Kaufherr seufzt, wenn der Sturm sein Schiff hin und her wirft:
„Glücklicher Reitersmann! denn kommt es zum Treffen, so bringt dir
„Einer Stunde Verlauf die Kugel oder den Lorber."
Und den Landmann lobt sich der rechtsgelehrte Berater,
10 Wenn mit dem Hahnenschrei schon der erste Klient an die Thür pocht.
Und der Mann, der vom Land vor Gericht in die Stadt ist geladen,
Brummt verdriefslich vor sich: „Gut hat es nur, wer in der Stadt lebt."
Alle Fälle der Art zu verzeichnen, erlahmte die Zunge
Eines Fabius selbst — so grofs ist die Zahl. — Doch nun höre,
15 Was ich denn eigentlich will. Wenn die Gottheit sagte: „Nun, Leute,
Gleich soll gescheh'n, was ihr wollt: „Du, der du noch eben Soldat warst,
Sollst nun ein Kaufmann sein, du, Rechtsbeflissner, ein Bauer —
Also die Rollen getauscht: an eure Geschäfte! nun vorwärts!
Nun?!? Dann wollten sie nicht, da sie jetzt doch so glücklich sein könnten.
20 Was verhinderte Zeus, die gefüllte Schale des Zornes
Auszugiefsen auf sie und in Zukunft nimmer so gnädig
Sich zu erweisen, sein Ohr für jeglichen Wunsch zu verschliefsen? —
Aufserdem — doch nein! nicht im Tone des seichten Gespöttes
Weiter — wenn's auch erlaubt ist, die Wahrheit scherzend zu sagen.
25 Gibt ja doch überall ein humaner Lehrer den Kindern

Zuckerbrot, dafs sie Lust bekommen zum Lesen und Schreiben.
Doch jetzt fort mit dem Scherz, betrachten wir ernsthaft die Sache.
Hier der Mann, der sich müht, mit dem Pflug die Erde zu lockern,
Dort der Gauner von Wirt, der Soldat, der verwegene Kaufmann,
30 Der die Meere durchkreuzt — sie alle versichern nur deshalb
Sich so zu plagen, um einst in behäbiger Ruh' zu geniefsen,
Was sie durch sauern Schweifs sich zusammengespart: „auch die kleine
Âmse" — so sagen sie gern — „die unermüdlich geschäft'ge,
Schleppt im Maule davon, was sie kann, und fügt es zum Haufen,
35 Den sie getürmt, und denkt vorsorglich der schlimmeren Tage." —
„Aber die Âmse kriecht, wenn die schlimmen Tage gekommen,
„Nimmer ans Licht hervor und nutzt verständig den Vorrat,
„Den sie sich früher gehäuft; doch du? — nicht Hitze noch Kälte
„Bringt dich ab vom Erwerb, nicht Sturmflut, Brand nicht und Kriegsnot:
40 „Alles gilt dir gleich, wenn kein andrer nur reicher als du ist.
„Was doch hast du davon, wenn du Massen Goldes und Silbers
„Zitternd in heimlicher Nacht in die Tiefen der Erde versenkest?" —
„Aber nehm' ich davon, so ist bald kein Pfennig mehr übrig." —
„Nun, wenn es nicht geschieht, was hat denn für Reiz nur die Masse?
45 „Wenn du nach Tausenden auch von Scheffeln den Weizen gedroschen,
„Wird dein Magen nicht mehr drum fassen als meiner: und wenn du
„Unter der Sklavenschar vielleicht das strotzende Brotnetz
„Auf der Schulter geschleppt, wirst du mehr nicht ein Krümchen
                                                          erhalten
„Als der gar nichts trug. Was verschlägt's dem vernünftigen Menschen,
50 „Ob er nun Tausende pflügt von Jaucherten oder nur hundert?" —
„Aber es ist ein Genufs, so vom mächtigen Haufen zu nehmen." —
„Wenn du vom kleinen jedoch gleich viel uns zu nehmen verstattest,
„Gilt dein Speicher dann mehr als unser bescheidener Mehltopf?
„Wie? wenn du Wasser — etwa ein Eimerchen oder ein Glas nur —
55 „Nötig hättest und sprächst: Ich will lieber vom mächtigen Strome
„Als aus dem Quellchen hier den Bedarf entnehmen?" — So kommt es,
Dafs so gar mancher, der Reiz in der Fülle des Wassers nur findet,
Mit dem Ufer zugleich ein Opfer des mächtigen Stroms wird.
Doch wer soviel nur wünscht als er braucht, trübt weder das Wasser,
60 Das er vom Quell sich schöpft, noch büfst er das Leben im Strom ein.
Aber so mancher Mensch, verführt von dem Teufel des Geizes,
Sagt sich: „Nichts ist genug, denn dein Wert steigt mit dem Besitze".
Was ist mit solchen zu thun? — Lafs ihnen ihr Elend, sie wollen
Selber es besser nicht: wie der reiche Filz von Athener,
65 Der — so berichtet man uns — die Stimme des Volks zu verachten
Pflegte und sprach: „Das Volk verhöhnt mich, ich aber beklatsche
„Selbst mich daheim, wenn ich mir die Dukaten im Spinde beschaue". —

„Tantalus will fast vergeh'n vor Durst inmitten des Wassers,
„Das um ihn sprudelt — du lachst? Pafst nicht mit verändertem
                                                            Namen
70 „Ganz die Fabel auf dich? — Geldsäcke ringsum — du verschlingst sie
„Fast mit dem Blick und darfst doch beileibe den Schatz nicht berühren,
„Darfst dich nur freuen daran, als wär' es ein totes Gemälde.
„Kennst du also den Wert des Geldes und seine Bestimmung?
„Schaffe dir Brot und Gemüs, ein Fläschchen Wein, und dazu noch,
75 „Was der Mensch, wie er einmal nun ist, nicht gern mag entbehren.
„Oder — vor tötlicher Angst nicht mehr schlafen, bei Nacht und bei
                                                            Tage
„Immer zittern vor Brand und Diebsgesindel und Sklaven,
„Die den Herrn, eh' sie flieh'n, erst bestehlen — kann das wohl
                                                            beglücken?
„Wahrlich, vor solchem Glück mag die Gottheit mich gnädig be-
                                                            wahren! —
80 „Doch — wenn im Fieberfrost dein kranker Körper erschauert
„Oder ein anderes Weh ans Lager dich fesselt — du hast doch
„Einen, der stets um dich ist, Umschläge bereitet, den Arzt ruft,
„Dafs er dir helfe, dich bald aufs neue den Deinigen gebe? —
„Da ist kein Weib, das gesund dich wünschte, kein Kind und die
                                                            Nachbarn
85 „Und die Bekannten all' verwünschen dich, Männer und Weiber.
Und du wunderst dich, du, der dem Mammon alles hintan setzt,
Wenn dir mit Liebe, die du nicht verdienst, auch niemand begegnet? —
Wenn du nun aber den Freund, den Natur dir ohne dein Zuthun
Gab, zu erhalten und ganz dir zum Freunde zu machen versuchtest? —
90 Armer, vergebliches Müh'n! Du glichest dem Mann auf der Reitbahn,
Der mit dem Esel die hohe Schule zu reiten versuchte. — —
Kurz — lafs ab vom Erwerb: du hast doch wahrlich genug jetzt!
Fort mit der thörichten Furcht vor Mangel — vergönne dir endlich
Einige Ruhe: du stehst ja am Ziel; sonst möcht' es dir gehen
95 Wie dem Ummidius einst. Nur das eine Geschichtchen!! — Ein Krösus,
Dafs er die Thaler nur mafs, ein Knauser dabei, dafs er niemals
Sich ein besseres Kleid als dem Sklaven vergönnte, so sah er
Immer vor sich das Gespenst des Hungertodes, der sicher
Einst ihn erwarte. Jedoch den Edlen erschlug mit dem Beile
100 Seine Mätresse — fürwahr Klytämnestras gröfsere Schwester. — — —
Was ist also dein Rat? Soll ich wie ein Mänius leben
Oder ein Nomentan? Du fällst aus einem Extrem nur
In das andere, Freund. Wenn ich nicht will, dafs du ein Geizhals
Werdest, so sag' ich noch nicht: Geh! wirf das Geld auf die Strafse!
105 Und — Entmannung und Bruch sind noch sehr verschiedene Dinge.

Alles — mit einem Wort — in der Welt ist an Schranken gebunden:
Über diese hinaus kann das Rechte nimmer bestehen. —
Doch zu der Frage zurück: Wie kommt's, dafs kein Mensch (wenn er geizig)
Sich bescheidet, vielmehr ein jeder des anderen Glück preist?
110 Dafs er grün wird und gelb, wenn des Nachbars Ziege mehr Milch gibt?
Dafs er niemals bedenkt, wie so viele noch ärmer als er sind?
Dafs er den noch und den zu überholen sich abmüht?
Wie bei dem Wettritt auch, wenn der Renner dahin durch die Bahn jagt,
Stets der Reiter nur denkt an den Glücklichen, der ihm voraus sprengt,
115 Und des Armen vergifst, der zurück noch ist unter den Letzten?
Dem, der also sich müht, bleibt stets noch ein stärkerer Gegner.— —
Daher kommt es, dafs schwer nur ein Mensch sich findet, der sagte:
„Ich hab' glücklich gelebt!" der, wenn sein Stündlein gekommen,
Wie ein gesättigter Gast aus dem Leben schiede — befriedigt. — — —
120 Nun ist's genug. Auch kein Wort mehr. Du könntest am Ende noch glauben,
Dafs ich des blöden Krispin Kollegienhefte geplündert.

Kempten.   Kellerbauer.

Zur Notiz.

Meine Antwort auf die Replik des Herrn Kollega Wirth betreffend die **individuellen Merkmale** bei Aristoteles wird soeben in der Vorrede zum Programm der hiesigen Studienanstalt gedruckt.

Dillingen, 24. Juni 1882.   Bullinger.

Die Sophokleischen Gesänge für den Schulgebrauch metrisch erklärt von Wilhelm **Brambach**. 2. Aufl. Leipzig, Teubner. 1881.

Dafs diese neue Auflage der 1870 erschienenen Schrift unverändert geblieben ist, darf wohl als ein Zeichen gelten, dafs der auf dem Gebiete der Metrik und Rhythmik gewiegte Verfasser mit seinen Grundsätzen Anklang gefunden hat.

In der That empfiehlt sich auch das zwölf Bogen starke Buch durch Klarheit und Einfachheit. Es zerfällt in drei Teile, von denen der erste eine rhythmische Vorbereitung, der zweite den Text der Gesänge, der dritte die metrische Erklärung derselben enthält. Gegründet ist es auf des Verf. „Metrische Studien zu Sophokles" (Leipzig, 1869), welche gedankenreiche und lichtvolle Schrift zur Erkenntnis des schwierigen Themas so nötig wie nützlich ist. Indem der Verf. es sich zur Aufgabe macht, zur Abstellung der Verwirrung in der Versabteilung beizutragen, stellt er als Hauptgrundsatz auf, dafs nicht blofs bei der grammatischen Kritik und Exegese, sondern auch bei der metrischen die Überlieferung zu achten sei.

Deshalb verlangt er auch mit Recht, dafs jede neue Ausgabe die Versteilung im cod. Laur. angeben solle. Doch verkennt er nicht, dafs diese Schreibweise nicht die alte ist, und geht daher auch häufig genug von derselben ab. Wie er in dieser Beziehung selbständig verfährt, so thut er es auch gegenüber dem Lehrsatz Böckhs, dafs Vers und Periode mit vollem Worte schliefsen solle, wenn er auch die Rezension von W. Dindorf sehr hoch hält und für den einzigen Ausgangspunkt bei solchen Studien erklärt.

Auf das Einzelne des Systems einzugehen ist mir nicht möglich; ich halte es auch für zwecklos einzelne Partien zu besprechen, deren Anordnung meinem Gefühl nicht zusagt; im ganzen hat der Verf. das Einfache und Natürliche getroffen. Vollkommen einverstanden bin ich mit ihm, wenn er den Satz aufstellt, dafs das metrische Lesen der Chorpartien in der Schule notwendig, die Übung der Deklamation dagegen abzuweisen sei. Für ersteres würde allerdings das Buch leichter zu gebrauchen sein, wenn im dritten Teile die Verszahlen überall angegeben wären; doch kann sich jeder dieselben beischreiben.

Schweinfurt.   Metzger.

Die griechischen Inschriften. Zwei Aufsätze von Charles Thomas Newton, Kustos der griechischen und römischen Altertümer des britischen Museums. Autorisierte Übersetzung von Dr. Imelmann, Professor am k. Joachimsthal'schen Gymnasium bei Berlin. Hannover 1881. Hellwin'sche Verlagsbuchhandlung (Th. Mierzinsky). 102 S. 2 ℳ.

Das uns vorliegende Büchlein ist die wortgetreue Übersetzung zweier Aufsätze des Herrn Charles Th. Newton, von denen der erste (S. 1—35 der Übersetzung) ursprünglich in der 'Contemporary Review' Dez. 1876, der zweite nicht — wie irrtümlich vor der Übersetzung angegeben — ebenda, sondern im 'Nineteenth Century' Juni und August 1878 erschien und die zusammen abgedruckt sind in den 'Essays on Art and Archaeology of Charles Thomas Newton C. B. etc. (London, Macmillan und Co. 1880 I und 472) p. 95—209 unter dem Titel 'on Greek Inscriptions'.

In diesen Aufsätzen versuchte Newton dem 'general student' (in der Übersetzung 'dem gelehrten Nichtfachmann') eine Übersicht über den reichen Schatz von griechischen Inschriften, den die neuere Zeit gehoben und verzinslich angelegt hat, zu geben, ihn in das Verständnis wenigstens einiger wichtigeren einzuführen und an der Hand der Inschriften ihm von alten Einrichtungen und Zuständen ein klares Bild zu verschaffen. In dem ersteren und kleineren der beiden Aufsätze behandelt Newton nach einer kurzen Einleitung über Schrift und Alphabet bei den Griechen Inschriften geschichtlichen und politischen Inhaltes, die ihm als die wichtigeren erscheinen, in ganz freier Anordnung und nur anfangs in zeitlicher Folge. Im zweiten Aufsatz erörtert er in gleicher Weise Inschriften, die sich unter die Rubriken: Tempel; Ritual und Diener der Religion; religiöse Genossenschaften und Klubs; Weihgeschenke; Grabmonumente bringen lassen, also die Religionsantiquitäten betreffen.

Die Aufsätze sind für 'general students' geschrieben, denen man ἱερόδουλοι oder ἀργυραμοιβική oder ἱερεύς oder ἀναθήματα in lateinische Buchstaben umschreiben mufs, und die bei dem Worte 'Leiturgie' über dessen Begriff im griechischen Altertum erst belehrt werden müssen; so kann es uns nicht wunder nehmen, wenn das Werk eingehende Gründlichkeit im allgemeinen wie im einzelnen nicht beansprucht. Dafs aber auch ab und zu thatsächliche Irrtümer und zwar nicht geringfügiger Art vorkommen, werden wir im nächsten zeigen. Diese sind nicht etwa auf Rechnung des Übersetzers zu setzen, sondern derselbe hat wirklich streng, wo es ging, buchstäblich an die Worte des Verfassers sich gehalten und den Sinn richtig wiedergegeben. Wir wollen nun unsere Bedenken im einzelnen vorbringen.

Gleich zu Anfang (S. 1 der Übersetzung) heifst es: 'Sueton erzählt, dafs der K. Vespasian ..... dreitausend Erztafeln sammelte' (he collected three thousand tablets of bronze); die Stelle (Vesp. 8) heifst: aerarumque t. tria milia, quae simul (sc. cum aedificiis) conflagraverant, restituenda suscepit undique investigatis exemplaribus.

Auf derselben Seite stofsen wir auf die Neigung des Übersetzers, Fremdwörter ohne Not zu gebrauchen, hier 'heterogen' (= heterogeneous), S. 33 Isopolity, S. 33 Specimen, S. 35 Paginismus, S. 90 obskureren u. a.

S. 4 der Übersetzung ist die schlechtere Schreibung von suppe*l*ex zu lesen, während N. das richtige supellex hat.

S. 9 heifst es bei Erwähnung der Inschrift von Petilia (Policastro): 'Nach Anrufung der Gottheit und der Tyche' (of God and fortune). Diese Übersetzung des ΘΕΟΣ ΤΥΧΑ ist falsch; denn es heifst 'die Gottheit Tyche' und diese Anrufung will dasselbe heifsen, was in älteren und neueren deutschen Urkunden die Anrufung der Dreieinigkeit oder die Formel 'in Gottes Namen'.

S. 12 lesen wir folgenden bedenklichen Satz: '..... Fülle instruktivster attischer Marmorinschriften vor, von denen einige noch jetzt auf (doch wohl höchstens an) den Wänden des Parthenons stehen' (Some of these are still insribed on the walls of the P.). An den Wänden des Parthenon waren nie Inschriften der Art angeschrieben.

S. 16 ist die Schreibung 'Lycurgos' eine Abweichung von der sonstigen Schreibung. Auf eben derselben Seite lesen wir folgenden ebenfalls bedenklichen Satz: 'Zu den vollständigsten .... Dokumenten gehören die Schatzlisten (lists of the treasure), welche von der Zeit des Perikles bis zum Zusammenbruch der attischen Suprematie im Parthenon und den andern Tempeln auf der A. aufbewahrt wurden' (which, from the time of P. to the downfall of A. supremacy, was stored up in the P. und the other temples on the A.) der ebenso wie der erste Newton auf die Rechnung zu setzen ist.

S. 17 finden wir den kühnen Ausspruch: 'Nach der Anarchie ..... wurden die Schätze, welche zuvor in den Tempeln der andern attischen Gottheiten gelegen hatten, ebenfalls nach dem Parthenon gebracht.

S. 20 wäre es vielleicht für den 'gelehrten Nichtfachmann' interessant gewesen zu erfahren, worin die 'irgend welchen substantielleren Privilegien' bestanden haben.

S. 24 ist 'public assembly' mit 'Versammlung' nicht gut übersetzt. 'Freie Fahrt' hat bei uns einen andern Begriff als den der Sicherheit.

S. 25 finden wir das Fremdwort 'Piraterie' (Newton: piracy) statt 'Freibeuterei' oder 'Seeraub'.

S. 34 steht in der Übersetzung der Druckfehler 'pterocles alchatae' für 'alchata'.

S. 44 heifst es: 'er wird ..... Pächter ..... gegen eine Jahresrente von 300 Drachmen ungefähr 12 Pfunde'.

S. 44 gehört das 'von' nach 'beinahe', das ebenfalls verdruckt ist, hinaus.

S. 93 wäre vielleicht die Form 'Epitaphien' vorzuziehen gewesen.

S. 95 gehört die Citatverweisung 114 nach 'Frau' hinaus.

Zu den Anmerkungen wäre seit dem Erscheinen des Originals manches nachzutragen gewesen. Der Übersetzer hat blofs zwei kleine Anmerkungen neu hinzugefügt.

Mit diesen Bemerkungen schliefse ich die vielleicht schon zu weitläufig gewordene Besprechung.

Nürnberg. L. Bürchner.

Genealogien sämtl. griechischer Götter und Heroen in 18 Übersichtstafeln mit Erklärungen zum Handgebrauche für Freunde des klassischen Altertums, insbesondere für Schüler höherer Lehranstalten, zusammengestellt von Dr. Hans Brendicke. Mit einem Anhange und einem Register. Köthen, Paul Schletters Verlag. 1881.

Lobenswert ist die Absicht des Verfassers, mit seinem Unternehmen der studierenden Jugend zu nützen, und ebenso lobenswert der darauf verwendete, mühsame Fleifs.

Aber ist denn auch der Schule mit allem, was ihr zu gefallen geschieht, wirklich ein Gefallen gethan? Ich glaube, mit der vorliegenden Arbeit nicht. Erstens brauchen die Schüler der Gymnasien von der griechischen Mythologie kein Jota mehr zu wissen, als sie eben aus den Dichtern, in deren Werken die Götter und Heroen in vollkommenster Gestaltung leben, aus Homer und den Tragikern durch die Lektüre lernen können. Das ist der goldene Baum der Poesie, von dem sie pflücken sollen; aber mit dem dürren mythologischen Geäste, das sich bei Apollodor, Diodor, Cicero u. s. w. findet, das in der Kunst keine Blätter und Blüten getrieben hat und nur für den Mythologen von Bedeutung ist, damit sollen wir unsere Schüler doch wohl verschonen. Noch weniger möchte ich sie mit den verstandesmäfsigen Deutungen bekannt machen, die man den Götter- und Heroengestalten hat angedeihen lassen. Oder bringt es irgend einen Gewinn für Herz und Verstand der Schüler, wenn sie z. B. auf Taf. 12 lesen: „Oidipus, Sonnengott, Beschliefser des Löwenjahres" oder auf T. 15: „Pylades, Thürgott" oder „Orestes sol oriens" u. s. w.

Sodann lassen sich die Vorstellungen der griechischen Mythologie, die sich ja im Laufe der Zeit immer mehr erweiterten und sich auch vielfach kreuzten, auf Tafeln gar nicht übersichtlich, geschweige vollständig gruppieren. Von den Kosmogonien des Linos, des Thamyris, des Musaios, der Orphiker, des Apollonius will ich gar nicht reden: wie verschieden ist nicht schon die kosmogonische Auffassung Homers und Hesiods! wie verschieden ist nicht ihre Theogonie trotz aller Übereinstimmung![1]) Auch nur die Mythologie dieser beiden Dichter tabellarisch zusammenzustellen, mufs dem Kundigen als unmöglich erscheinen. Verschiedene Überlieferungen aber zu einem Bilde zu kombinieren, was der Verfasser vielfach thut, ist ein unwissenschaftliches Verfahren.

Um auch einige Einzelheiten herauszugreifen, bemerke ich, dafs Eros nicht blofs mit Pfeil und Köcher dargestellt wurde, wie es auf T. 1 heifst; auch die Fackel war ein charakteristisches Attribut des Gottes. Über die Genealogie des Eros gibt es ferner so viele verschiedene Überlieferungen, dafs sie innerhalb des Rahmens der vorliegenden Arbeit nicht platz finden konnten. Wenn es aber a. a. O. heifst: „Eros, ältester Gott ohne Erzeuger, nach Plat. symp. 186b, Paus. IX. 27", so mufs das erste

---

[1]) siehe vor allem Schömann, opusc. acad. II, 25 ff.

Citat lauten Plat. symp. 178 B u. C, das zweite aber ist falsch angewendet und gehört hinter die Stelle: „auch jüngster Gott als Sohn der Aphrodite". Den Schlufs bilde ein Beispiel aus dem troischen Sagenkreis, in den ja unsere Schüler vornehmlich eingeführt werden. Homer kennt 3 Töchter des Agamemnon, Chrysothemis, Laodike und Iphianassa; Äschylus erwähnt aufser der Elektra, die er auf die Bühne bringt, nur Iphigeneia; Euripides nennt Chrysothemis, Iphigeneia und Elektra; Sophokles spricht gar von 4 Töchtern, indem er Iphigeneia und Iphianassa als 2 Personen unterscheidet.[1]) Brendickes Darstellung nun auf T. 15 ist unvollständig, zum Teil sogar falsch und bringt den Schüler nur in Verwirrung. In der Anmerkung zu Orestes endlich auf derselben Tafel ist die bedeutsame Wendung der Sage, die Äschylus in den Eumeniden bietet, gar nicht erwähnt.

Diese Ausführungen werden genügend beweisen, dafs Brendickes Arbeit unvollkommen ist und nach der Natur des darzustellenden Stoffes auch nicht anders ausfallen konnte. Wünscht aber ein Schüler ein Nachschlagebuch über Erscheinungen der Mythologie, so empfehle man ihm gleich etwas Universales, das ihm auch für andere Gebiete nützlich ist. Und da ist das Beste, was ich kenne, Lübkers Reallexikon des klass. Altertums.

Kaiserslautern. H. Fugger.

Ausgewählte Komödien des P. Terentius Afer zur Einführung in die Lektüre der altlateinischen Lustspiele erklärt von Karl Dziatzko. Zweites Bändchen: Adelphoe. Leipzig, B. G. Teubner 1881. 114 S.

Der Herausgeber, als verdienstvoller Mitarbeiter auf dem Gebiete der Plautus- und Terenzliteratur längst bekannt, hat durch das oben angezeigte Bändchen seinen Ruf aufs neue bewährt. Die Einrichtung desselben ist diejenige, welche Zweckmäfsigkeitsgründe in den neueren Plautus- und Terenzausgaben zu einer stereotypen gemacht haben. Vorausgeschickt ist eine Einleitung, in welcher das Lustspiel vom ästhetischen und literarhistorischen Standpunkt aus beleuchtet wird. Dann folgt Text mit Kommentar unter demselben. In dem letzteren werden vorwiegend sachliche, sprachliche und metrische Verhältnisse behandelt. Kritische Erörterungen sind meistens in den kritisch-exegetischen Anhang verwiesen. Den Schlufs des Ganzen bildet ein Wort- und Sachregister. Allenthalben verrät sich die genaue Bekanntschaft mit den in Frage kommenden Erscheinungen und das löbliche Streben, in Kürze das Nötige zu geben. Ich erlaube mir im Folgenden einige abweichende Meinungen zu begründen oder nötig scheinende Ergänzungen zu liefern.

V. 4 bieten die mss. fast ausnahmslos:
Indicio de se ipse erit, vos eritis iudices.

So schreiben auch Bentley, W. Wagner und Spengel. Ihr Verfahren kann kaum besser gerechtfertigt werden als durch Dziatzko, der im Anhang S. 93 f. Fleckeisens und Ritschls (Bothes) Änderungen mit ausreichenden Gründen zurückweist und bezüglich des *erit* das sonstige Vorkommen pyrrhichisch zu messender zweisilbiger Verbalformen auf t vor konsonantischem Anlaut bei Terenz, wenn auch nicht gerade an dieser Stelle des Senars, mit einigen Stellen belegt. Dem Vorschlag Guyets, den Vers so zu lesen:
De se ipso indicio erit, vos eritis iudices

---

[1]) Il. IX, 145, Aesch. Ag. 1492, Eur. Or. 23, Soph. El. 158; dazu auch Ael. var. hist. IV, 26 und Lucret. de rer. nat. 84 u. 85.

wird mit Recht „die gefällige Gegenüberstellung von *indicio* und *iudices*" in den mss. entgegengehalten. Trotzdem entscheidet sich Dziatzko für Guyets Lesung, weil er die pyrrhichische Messung von *erit* gerade an dieser Versstelle für „sehr bedenklich" hält. Nun ist es zwar recht verdienstlich, die metrischen Gesetze bei Plautus und Terenz mit grofser Gewissenhaftigkeit zu eruieren; aber man sollte sich doch hüten, vor der unrichtigen Vorstellung, als sei die Metrik das einzige Sprachgebiet, das keine Ausnahmen von den Regeln zulasse, und jedenfalls ist es bedenklich, aus so schwachen metrischen Gründen wie hier von der sprachlich und sachlich sonst so tadellosen Lesart der mss. abzugehen.

Noch weniger Rücksicht wird der hdschr. Autorität gegenüber gezeigt V. 37. Mit dem vorhergehenden lautet derselbe nach den mss.:

Quibus nunc sollicitor rebus! ne aut ille alserit
Aut uspiam ceciderit aut praefregerit
Aliquid.

Weil dem Herausgeber *uspiam* als „ein aus V. 28 (?) entnommenes mattes Flickwort für den in alter Zeit unvollständig gewordenen Vers" erscheint, so wird, noch dazu an anderer Stelle, *per tenebras* eingesetzt. Dafs dies hier bezeichnender sei, will ich eben so wenig bestreiten, als dafs *uspiam* etwas matt ist. Wie würde aber Terenz, wie würde überhaupt jeder Klassiker bald aussehen, wenn wir alle Stellen ändern wollten, an denen die Gelehrten im Laufe der Zeit einen bezeichnenderen Ausdruck gefunden haben oder gefunden zu haben glauben, wenn derselbe auch der hdschr. Überlieferung so wenig gleichsieht, wie *per tenebras* dem *uspiam!* Doch es scheint, auch hier spielte die Metrik stark herein. Es wird nämlich schliefslich erwähnt, dafs bei der neugewonnenen Versgestaltung „dem Worte *ceciderit* die bei proceleusmatischen Wörtern gewöhnliche Betonung auf der ersten Silbe gegeben wird." Zwar wird mit rühmenswerter Gewissenhaftigkeit zugegeben, dafs sich für die Betonung auf der zweiten Silbe proceleusmatischer Wörter in den Adelphoe selbst zwei Beispiele finden, denen freilich 36 gegenteilige an die Seite gestellt werden. Doch, so grofs auch die Zahl der letzteren ist, hält derselben hier wohl reichlich das Gegengewicht die hdschr. Autorität. — Wenn für das letzte *aut* (mit Fleckeisen) gelesen wird *ac*, so ist das wegen der Leichtigkeit der Änderung und des entschiedenen Gewinnes für den Sinn gewifs zu billigen.

V. 44. Dziatzko übersetzt die Worte: ille contra haec omnia „jener (thut) umgekehrt alles Folgende". Richtiger wäre wohl: „jener treibt alles dies (es sind die vorher berührten Gebiete gemeint) in gegenteiliger Weise" oder, wie Spengel dasselbe besser deutsch ausdrückt, „er treibt in allem das Gegenteil".

V. 82 f.
Ml. *Quid tristis es?* Dem. *Rogas me, ubi nobis Aeschinus*
Siet, quid tristis ego sim?

So die mss., wenn man von der Interpunktion absieht. Ich gab die letztere zunächst nach Bentley und Umpfenbach. Was dieselben damit für einen Sinn verbanden, ist mir nicht völlig klar, und ich begreife, dafs die neueren Herausgeber eine Änderung für nötig hielten. Fleckeisen und Spengel lesen mit Ritschl:

Ml. *Quid tristis es?* Dem. *Rogas me? ubi nobis Aeschinust?*
Scin iam, quid tristis ego sim?

Näher der hdschr. Überlieferung kommt Dziatzkos Vorschlag, den letzten Vers so zu lesen:

Scies, quid tristis ego sim.

Er thut aber unrecht, die noch näher liegende Konjektur Conradts *sciet*, die noch dazu durch ein hdschr. Testimonium aus Donat gestützt wird (S. 97 Anmerk. 1), als „Germanismus" zurückzuweisen. *Scire* hat freilich besonders im volkstümlichen Latein auch die Bedeutung „erfahren", aber keineswegs ausschliefslich, ja nicht einmal vorwiegend. Beim Futurum wird sich schwer immer ermitteln lassen, in welcher der beiden Bedeutungen es steht. So kann *scies* häufig ebenso gut gefafst werden als „du sollst's wissen" wie als „du wirst's, du sollst's erfahren". Hier allerdings steht *sciet* in einem besonderen Sinne, nämlich in dem einer Vermutung = *scit, opinor*. Wenn dieser Gebrauch des Futurs im Deutschen auch gebräuchlicher ist, so ist es darum doch im Lateinischen nicht unmöglich. Vgl. Phorm. 801 f. (*sic erit*); Dräger § 136; Kühner § 35, 3. — In den nächsten Worten: *Dixin hoc fore* thut Dziatzko wohl daran, Spengel zu folgen, der dieselben noch dem Demea läfst und sie etwas eigentümlich deutet. D. bemerkt mit Recht: „*Dixin h. f.* spricht Micio zur Seite mit Bezug auf V. 79". — Übrigens halte ich es für unnötig, mit den neueren Ausgaben *Aeschinust* für das hdschr. *Aeschinus* zu schreiben. Die Kopula kann in dieser lebhaften Frage doch ganz gut fehlen.

V. 109. Zu *eiecisset* bemerkt Spengel: „starker, die Eile und Sorglosigkeit bezeichnender Ausdruck statt des herkömmlichen *extulisset*". Dziatzko übersetzt das Verbum mit „hinausschaffen". — *Eicere* wird im volkstümlichen Latein ohne weitere Nebenbedeutung im Sinne von ἐκφέρειν, ἐξάγειν gebraucht. So hat Tertullian (?) Iud. 3 extr. *Moyses enim ille, qui nos eiecit de terra Aegypti* (Exod. 32,1); Cyprian Testim. 1,1 führt dieselbe Stelle in etwas veränderter Gestalt vor; doch hat auch er *eiecit* für das Griechische ἐξήγαγεν. In der späteren Vulgata ist dieser Vulgarismus wie so viele andere getilgt und dafür *eduxit* gesetzt. Vgl. Commod. Instr. 192; Rönsch It. u. V. S. 361 f.

V. 133. Die Redensart *quid istic* wird durch Spengel erläutert: „was habe ich dort, bei dieser Ansicht zu fürchten?" Vorzuziehen ist Dziatzkos Ergänzung: „*agendum* oder *dicendum est*, weil ja *agere, facere, dicere* besonders leicht ausgelassen werden können. „Wat sall ik dorbi dauhn?" würde Jung Jochen bei Fritz Reuter wohl dafür sagen.

V. 233. Bei *refrixerit res* konnte auf die Ungleichheit der Metaphern im Deutschen und im Lateinischen hingewiesen werden. Der entsprechende Ausdruck im Deutschen ist „einschlafen, ins Stocken kommen". Vgl. Nägelsbachs Stilist. § 134, 1 gegen den Schlufs.

V. 256. Etwas seltsam sieht Dziatzko in der Wiederholung von *frater* „dieselbe (die auch?) in der folgenden Frage ausgesprochene Verlegenheit, für das Lob des Bruders passende Worte zu finden". Spengel einfacher: „Wiederholung im Affekt".

V. 294 zu *quin semper* und **V. 380** zu *clamo* vgl. unsere Zeitschr. Jahrg. XVI S. 38 und S. 39 f.

V. 340. Zu *si maxime* vgl. Spengel (= *quamvis*).

V. 347. Zu *amiserat* vgl. Dräger § 130, B; Blätter f. d. b. G. Jahrg. V S. 165 f., wo zur Vermeidung eines Mifsverständnisses hätte erwähnt werden sollen, dafs die Komiker, wenn sie das Plusquamperfekt bisweilen aus metrischen Gründen im Sinne eines aoristischen Perfekts brauchten, der volkstümlichen Redeweise folgten.

V. 375. Über die Bedeutung von *ne dicam dolo* vgl. Spengel, der nach seiner Bemerkung im Anhang das Komma vor *absurda* mit Absicht getilgt zu haben scheint. Diese Tilgung ist aber auch dann unangemessen, wenn *ne dicam dolo* nur zu dem zweiten, und nicht, wie es wahrscheinlicher ist, zu beiden Adjektiven gehört.

V. 394. *Tu quantus quantu's, nil nisi sapientia es,
Ille somnium.*

Dziatzko glaubt (Einleitung S. 2) mit Sicherheit aus *quantus quantu's* schliefsen zu können, dafs Demea als grofser, starker Mann auf die Bühne gebracht wurde. Der Schlufs scheint doch etwas zu gewagt,[1]) wenn es auch an sich natürlich erscheint, dafs man dem rustikalen Charakter des Demea auch durch ein plumpes Aussehen seines Darstellers Rechnung trug. *Tu quantus quantu's, nil nisi sapientia es* kann ja auch bedeuten: „Du bist jeder Zoll ein Weiser, ein Mann von Grundsätzen". Wenn nun aber vollends D. zu *ille somnium* bemerkt: „Micio wird mit Übertreibung als schattenhaft in seinem Äuſseren und unklar in seinem Denken, ohne Ziele und Grundsätze bezeichnet" und S. 2 Anm. behauptet: „Das auf Micio angewendete Prädikat *somnium* (etwa „Schattenbild") bildet, wie es scheint, nicht nur zu der dem Demea.. beigemessenen geistigen Fülle, sondern auch zu seiner leiblichen einen Gegensatz", so ist das des Scharfsinns zu viel. Der bildliche Ausdruck *somnium* bezeichnet hier doch wohl lediglich die Haltlosigkeit des Charakters.

V. 411. Dziatzko bemerkt zu *hui*: „Hier stellt sich Syrus über die Kühnheit des Vergleichs erstaunt, was den Demea veranlafst (!), im gleichen Tone fortzufahren"; und dann: „*phy* steigert den in *hui* enthaltenen Ausdruck des Staunens zum Entsetzen." — Woher soll denn hier ein Anlafs zum Entsetzen kommen? Auch von Staunen kann hier gar keine Rede sein. Während der durch Syrus, den Helfershelfer der beiden jungen Herren, geäffte Demea einen salbungsvollen Lobhymnus auf seinen vermeintlichen Mustersohn anstimmt, wendet sich der Schelm höhnend mit *hui* und *phy* bei Seite oder hinter dem Rücken des Demea an das Publikum, das den eigentlichen Sachverhalt besser als Demea kennt. Durch diese Interjektionen mufste bei der Aufführung des Stücks der komische Kontrast zwischen dem Pathos des gerührten Vaters und dem thatsächlichen Verhältnis ungemein gesteigert werden. So fafst offenbar auch Spengel die Stelle, wenn er ohne viele Worte erklärt: „*hui*, ironisch, spricht Syrus bei Seite; ebenso im nächsten Verse *phy*".

V. 418. Über *istaec res est* vgl. Spengel.

V. 421 *ei (pisces) mihi ne corrumpantur cautiost.* Spengel: *cautiost*, cavendum est. Das Verbalsubstantiv auf *io* statt des Gerundiums gehört der Umgangssprache an." (Es folgen nun Beispiele.) Es ist schwer begreiflich, wie Dziatzko nach dieser zweifellos richtigen Bemerkung schreiben kann: *cautiost* = *cavetur*. — Mit dem Verbalsubstantiv auf *io* ist es ähnlich wie mit dem Gerundium oder Gerundiv, besonders in ihrer Verbindung mit *est*.[2]) Beide vereinigen in sich aufser der ursprünglicheren Bedeutung, wornach sie ganz allgemein das Stattfinden einer Thätigkeit bezeichnen, in sich die Bedeutung der Möglichkeit und die der

---

[1]) Jedenfalls würde für die spätere Zeit der beachtenswerte Umstand im Widerspruch zu dieser Annahme stehen, dafs nach den Angaben im Bembinus (vgl. S. 93) die mit A und B bezeichneten Schauspieler im Verlauf der Aufführung ihre Rollen mehrmals gewechselt zu haben scheinen.

[2]) Bei den Verbalien auf *io* tritt die gleiche Erscheinung auch in der Verbindung mit *habere* hervor; vgl. Nägelsb. Stil. § 110, 1 Schlufs.

Notwendigkeit; sie scheiden sich aber so, dafs im Verbale auf *io* (wenn auch nicht im Altlatein) die erstere (vgl. V. 589 *minor est erratio* „man kann weniger leicht irre gehen"), im Gerundium und Gerundiv die letztere vorwiegt. Vergleiche Kvičala, Wiener Studien I S. 234; Nägelsbachs Stilistik § 58, 1, B. Der neueste Herausgeber der Stilistik, Iwan Müller (7. Aufl. S. 177 Anm.), weist mit Recht auf die Bedeutungsanalogie der Verbalsubstantiva auf *io* im Lateinischen und auf σις im Griechischen hin (Soph. Phil. μόνην ἔχοντες τήνδ' ἅλωσιν Ἰλίου = Möglichkeit der Eroberung), und Kvičala (a. a. O. S. 233) findet dieselbe Verwandtschaft zwischen dem Gerundium und dem Verbale auf σις (Hom. Γ, 156 οὐ νέμεσις Τρῶας καὶ ἐϋκνήμιδας Ἀχαιοὺς τοιῇδ' ἀμφὶ γυναικὶ πολὺν χρόνον ἄλγεα πάσχειν = non est improbandum).

V. 453. Anmerkung: „*hic* geht auf Hegio". Es soll wohl heifsen: „geht auf Micio". Spengel fafst *hic* als Ortsadverb.

V. 476. Zu *si dis placet* vgl. Blätter f. d. b. G. Jahrg. XVI S. 39.

V. 501. *Quam vos facillume agitis.* Mit Unrecht verwirft Dziatzko die alte,[1]) auch von Spengel festgehaltene und wohlbegründete Auffassung, wornach zu agitis zu ergänzen ist vitam. Vgl. Forbiger zu Virg. Aen. 1, 445.

V 545. *Nisi me credo huic esse natum rei, ferundis miseriis.*
Diese uns Deutschen widerstrebende Ankündigung eines folgenden Begriffes durch ein Demonstrativum durfte nicht unbesprochen bleiben. Vgl. V. 870 f. *hoc fructi pro labore ab eis fero, odium*; V. 594 f. *qui ita putant, sibi fieri iniuriam ultro*; Blätter f. d. b. G. Jahrgang V S. 166.

V. 572. Es scheint mir nicht ganz überflüssig, zu bemerken, dafs *illius hominis* sich auf den Mann bezieht, in dessen Haus nach der Fiktion des Syrus sich Micio befinden soll.

V. 658. Zu *recte* macht Dziatzko keine Bemerkung; Spengel erläutert es mit „gut! ganz recht!" es hätte aber aufserdem darauf hingewiesen werden sollen, dafs in *recte* hier und an anderen Stellen eine höfliche Ablehnung liege, auf eine unbequeme Frage zu antworten. Vgl. Langen, Beiträge etc. S. 8: Ruhnk u. a. O. S. 108.

V. 660. *Eho, nonne haec iusta tibi videtur poscere?*
Poscere ist eine von Dziatzko recipierte Konjektur Bothes. Ich meine aber, die hdschr. Lesart *postea* bedarf keiner Änderung. Vgl. Spengel, der zu *postea* bemerkt: „dann d. h. wenn solches vorausgegangen ist". Die Bedeutung „unter solchen Umständen, bei solcher Sachlage" teilt *postea* mit εἶτα. Es steht hier wie so oft, besonders im älteren Latein, nicht temporal, sondern zur Bezeichnung einer logischen Folgerung. Vgl. Liv. 4, 4 *At enim vero nemo post reges exactos de plebe consul fuit.* Die Schlufsfolgerung aus diesem Einwurf wird abgelehnt durch: *quid postea?* „was folgt daraus?"

Erlangen. Dombart.

---

[1]) Vgl. Ruhnkeni dictata in Terent. S. 195 „*facile vivere* dicuntur, qui ex animi sententia sine molestiis cum sumptuum tolerandorum, tum aliarum rerum vivunt".

Ciceros Rede für T. Annius Milo. Für den Schul- und Privatgebrauch erklärt von Friedrich Richter. In dritter Auflage neu bearbeitet von Alfred Eberhard. Leipzig, Verlag von B. G. Teubner. 1881.

Die trefflichen Richter'schen Schulausgaben von ciceronischen Reden haben in der Neubearbeitung durch A. Eberhard sichtlich gewonnen. Beweis dafür liefert auch die 3. Auflage der Miloniana. Der Text der Einleitung ist im ganzen unverändert geblieben, dagegen wurden die erklärenden Anmerkungen in sachdienlicher Weise erweitert und vermehrt. Die kurzen Hinweise auf die einschlägige neuere Literatur werden dem Lehrer erwünscht kommen. Wir teilen im folgenden eine Reihe von Bemerkungen aus unserem Handexemplar mit.

§ 1. haec *novi* iudicii *nova* forma: zu der von E. besprochenen rhetorischen Wiederholung von *novus* kann aufser der angeführten — allerdings am häufigsten vorkommenden — Parataxe von *omnis* (vgl. dazu auch Spengel zu Ter. Ad. 299) auch die nicht seltene von *multus* verglichen werden, so Cic. Rosc. Am. § 130 *multa multos* commisisse, bes. gern wie auch bei der Parataxe von *omnis* mit dem genet. plur. dieser Wörter: Cic. fam. 6, 32, 1 *omnia omnium* dicta, ib. 12, 6, 2 *omnis omnium* cursus; ep. ad Att. 11, 9, 1 *multaeque* (sc. litterae) *multorum* ad illum; Suet. Tib. 2 *multa multorum* Claudiorum merita.

§ 3. *hodierno die*: vgl. das griechische ἡ σήμερον ἡμέρα. Einen ähnlichen Überschufs der Rede zeigt die besonders in der Volkssprache beliebte Formel *nemo homo* s. unten zu § 68.

ibid. *prae vestra salute neglexit*: Cicero sagt überall neglegere *prae*, womit nicht in Widerspruch steht die von Osenbrüggen-Wirz beigebrachte Stelle fam. 5, 9 qui . . neglexerit *pro* mea salute, weil dieser Brief nicht dem Cicero, sondern dem Vatinius zuzuschreiben ist; vgl. J. H. Schmalz, über die Latinität des P. Vatinius, Mannheimer Programm 1881 p. 22.

§ 6. nisi *oculis videritis*: vgl. Rosc. Am. § 98 nonne *cernere oculis* videmini, Cluent. § 66 *cernere oculis*.

§ 8 *varietas* hominum *sententiis*; Ammian. Marcellin. hat diese Redensart an mehreren Stellen benützt (vgl. 16, 2, 9; 31, 10, 15), wie er auch den Gedanken, den Cic. in § 10 ausspricht: est igitur haec ... lex, ut si vita nostra in aliquas insidias ... incidisset, omnis honesta ratio esset expediendae salutis sich angeeignet hat (23, 1, 7) cum inruentibus armis externis lex una sit et perpetua salutem omni ratione defendere.

§ 23 ad *causam crimen*que: eine allitterierende Verbindung, die wir auch bei Ovid. met. 2, 614 und Verg. Aen. 12, 600 finden; vgl. Wölfflin „über die allitterierenden Verbindungen der lateinischen Sprache" 1881 p. 50.

§ 24 P. *Clodius* cum statuisset: nach der Gewohnheit Ciceros die narrationes in seinen Reden mit dem Nominativ zu beginnen, vgl. Sulpit. Victor p. 323, 11 H.: etiam illud apertam narrationem facit ferme, si insitum habeat casum *nominativum* ... ut ferme narrationes sunt *Tullianae*.

§ 30 *omnem semper* vim, § 31 quod *multis* in causis *saepe* quaesitum est: bei Livius ist diese Stellung die gewöhnlichere (vgl. Friedersdorf zu Liv. 26, 14, 1 *multis saepe* bellis), während bei Cicero die umgekehrte nicht eben selten ist z. B. p. Quinct. § 43 *saepe multis* in locis.

§ 35 hoc civile *odium*, quo omnes improbos *odimus*: die fig. etymolog. *odio odisse* findet sich auch Catull. 14, 3 und Liv. 2, 58, 5; vgl. meine Abhandlung de figur. etymol. im II. Bd. der acta Erlang. p. 31 und p. 29 *edictum*, quo *edixit*.

§ 49: *properato opus esset*: hier verdient die richtige Beobachtung Thielmanns (in seiner Abhandlung über Cornificius p. 66) erwähnt zu werden, dafs die Schriftsteller der klassischen Latinität von den im alten Latein sehr gebräuchlichen Verbindungen mit opus est und dem ablat. particip. perf. nur einige bestimmte Formeln aufgenommen haben, so besonders *facto, properato, maturato, conrento* opus est.

§ 53 ante *fundum* Clodii, quo in *fundo*: für diesen Gebrauch der Wiederholung des Beziehungsnomens beim Relativpronomen bei Cornificius, Cicero und Cäsar bietet Thielmann in der eben erwähnten Abhandlung S. 23 ff. eine vollständige Sammlung. Es geht daraus hervor, dafs dieser Sprachgebrauch an gewisse Substantiva — hauptsächlich an solche von allgemeiner Bedeutung wie res, locus, dies — gebunden ist.

§ 68. Zur Formel *nemo homo* vgl. meine Abhdlg. de fig. etym. p. 51.

§ 77. *pudor pudicitia*: eine allitterierende Verbindung, die asyndetisch bei Cicero noch har. resp. § 43 steht; s. die Stellen bei Wölfflin in der oben erwähnten Abhdlg. p. 79, wo noch Deiot. § 28 hinzugefügt werden kann.

ibid. bemerkt E. mit Recht, dafs Cic. in der ersten Person *non queo*, nicht *nequeo* sagt; Thielmann hat in diesen Blättern XVI. p. 213 nachgewiesen, dafs Cic. die Formen von *queo* überhaupt nur in negativen Sätzen oder solchen mit negativem Sinn gebraucht.

§ 87 *instabat, urgebat*. Dieses Asyndeton hat Cicero noch ad Att. 13, 32, 1 dreigliederig: urge insta perfice; mit beigefügter Konjunktion Font. § 34 (44), ad Att. 1, 13, 3; de div. 2, 149. Bei Plaut. Merc. v. 725 wird man also nicht mit Ritschl schreiben: Non possum, ita *instas: urges* quasi pro noxio, sondern ita *instas urges*.

§ 93. „*valeant mei cires*" sq. kann verglichen werden mit Tac. ann. 2, 34 init., bes. die Worte *ego cedam atque abibo* bei Cic. mit *abire se et cedere urbe* bei Tac.

Der Druck im Text sowohl wie in den Anmerkungen ist sehr korrekt.

Schweinfurt. Gustav Landgraf.

Neue Beiträge zur Erklärung der Aeneis nebst mehreren Exkursen und Abhandlungen von Johann Kvíčala, ord. Prof. der klass. Philologie an der Prager Universität. Prag 1881. Verlag von F. Tempsky. Preis 4 fl. = 8 ℳ S. VIII und 462.

Herr Professor Kvíčala hat seinen im Jahre 1878 bei Tempsky in Prag erschienenen 'Vergilstudien', worin er seine Ansichten über eine gröfsere Anzahl von Stellen des II. Buches der Äneide und über einzelne Stellen der Bücher II—VI. darlegte und eine Kollation der Prager Vergilhandschrift beigab, in der ersten kleineren Hälfte der 'Neuen Beiträge' (S. 1—222) eine weitere Serie von Besprechungen zweifelhafter und schwieriger Stellen aus dem II., III. und IV. Buche der Äneide folgen lassen. Wenn Kvíčala sagt, dafs seine Vergilstudien bei den 'uiri Vergiliani' freundliche Aufnahme fanden, so kann man das den letzteren nicht eigentlich zum Lobe anrechnen; im Gegenteile, man müfste sie kleinlichen Sinnes zeihen, wenn sie die ihnen gebotenen vortrefflichen Gaben ignorierten oder nicht genügend zu schätzen wüfsten. Wie in den 'Vergilstudien', so läfst Kvíčala auch in den N. B. die verschiedenen Auffassungen schwieriger und zweifelhafter Stellen gewissermafsen Revue passieren, wobei die Berechtigungen der auseinandergehenden Ansichten gegen einander abgewogen werden. Man darf behaupten, dafs der Verfasser in der Regel den einfachsten Weg zur Lösung der Schwierigkeiten findet. Mit eingehender Kenntnis des Dichters und der einschlägigen Literatur paart sich Sicherheit und Besonnenheit des Urteils. Auch da, wo keine festen Ergebnisse gewonnen sind, kann man sicher sein, wenigstens über die möglichen Auffassungen gut orientiert zu werden. So wollen wir denn Kvíčalas Vergilarbeiten allen Fachgenossen, die sich eingehender mit dem Dichter befassen wollen, als hervorragende Leistungen auf diesem Gebiete signalisieren und empfehlen.

Dafs natürlich auch jetzt noch nicht alle Wege geebnet sind, verkennt der Hr. Verfasser selbst am wenigsten, wie es auch jeder begreiflich finden wird, der nur einigermafsen mit der Vergilliteratur Bekanntschaft gemacht hat. Ich will es versuchen, im Folgenden zu einigen Stellen meine abweichende Ansicht des näheren zu begründen.

II, 178. *omina ni repetant Argis numenque reducant,*
      quod pelago et curuis secum auexere carinis.

Ob die von Gofsrau und Kvíčala für die Verwerfung des Verses 179 angegebenen Gründe ausreichen, will ich dahingestellt sein lassen, obgleich ich zugebe, dafs sie nicht ohne Gewicht sind. Jedenfalls aber mufs der Vers, wenn er echt ist, als eine gelegentliche Bemerkung Sinons aufgefafst werden. Ich halte es der Situation nicht für unangemessen, wenn Sinon in seinem Berichte über den Ausspruch des Kalchas zur Erläuterung für seine Zuhörer diese Bemerkung einflicht. Man vergleiche I, 483. 484., wo der Dichter die Beschreibung der Gemälde im Junotempel zu Karthago mit einigen erläuternden Bemerkungen seinerseits unterbricht.[1]) Kvíčala meint, dafs die in einigen Serviushdschr. sich findende Glosse: **reducant**, *placent, reconcilient* nur von einem Erklärer herrühren könne, dem v. 179 nicht vorlag. Diese Annahme scheint mir keineswegs zwingend. Minerva war in ihrem Bilde, dem Palladium, beleidigt worden, also kann sie durch Anwendung der erforderlichen Sühnmittel in demselben auch wieder versöhnt werden. Sehen wir ja in dem Palladium gewissermafsen die Gottheit lebendig und wirksam: die Augen des Bildes sprühen Flammen, Schweifs strömt über die Glieder herab, dreimal springt es in die Höhe. Sollte es da nicht leicht denkbar sein, dafs ein Erklärer den v. 179 vor sich hatte und dennoch *reducere numen* in der Bedeutung 'das Palladium versöhnen' auffafste? Ich stimme freilich dieser Auffassung von reducere nicht bei, schon deshalb nicht, weil ich sie sprachlich für unerweisbar und unmöglich halte, und bin der Ansicht, dafs alle die Schwierigkeiten künstlich dadurch geschaffen sind, dafs man, wie auch Kvíčala thut, *numen* 'Gottheit', 'göttliches Wesen' nicht in der Bedeutung 'Götterbild' gelten lassen will. Sollte diese Metonymie wirklich eine besonders kühne sein, zumal es sich hier um ein göttlich verehrtes **Kultbild** handelt, wo der Glaube an die in ihm wirksame Kraft bewirkt, dafs die Vorstellungen von dem Bilde und der durch dasselbe dargestellten Gottheit leicht in einander übergehen? Man denke nur an die wunderthätigen Heiligenbilder, die gleichfalls die Augen verdrehen, sich bewegen u. s. w. Ja ich behaupte, dafs Aen. I, 447. (templum) *donis opulentum et numine diuae* nur diese Auffassung von 'numen' einen vernünftigen Sinn gibt: „reich ausgestattet in Rücksicht auf die vielen Weihgeschenke und das (wohl aus Gold, Elfenbein und Edelsteinen bestehende) Bild der Göttin". Und was besagt denn v. 183 fg.

    hanc pro Palladio moniti, pro numine laeso
      effigiem statuere etc.

anderes als dafs die Achäer auf Befehl des Kalchas in dem hölzernen Pferd einen Ersatz für das Palladium, für das beleidigte Götterbild aufstellten?

---

[1]) Freilich werden von Gebhardi auch diese beiden Verse beanstandet.

Oder soll man etwa sagen, das Pferd sei zum Ersatz für die beleidigte Gottheit aufgestellt worden?[1]) Warum, fragt Kvíčala, hätte das Palladium nicht gleich vor Troja gesühnt werden können? Weil, antworte ich, Sinon die Abfahrt der Achäer und sein Lügengewebe vom hölzernen Pferde sonst nicht genügend hätte motivieren können. Die Griechen müssen nach Argos zurück, müssen dort neue Auspicien anstellen, das Götterbild mitnehmen, und wohl auch Sühnopfer anstellen. Dann kehren sie mit dem Bilde zurück, dann erst ist der Zweck, den der Raub des Palladiums hatte, erfüllt. Das Bild, welches die Sicherheit Trojas verbürgte, ist nicht mehr in der Stadt, es ist, und zwar versöhnt, im Lager der Griechen und dient ihren Absichten. Zum einstweiligen Ersatze, bis das Palladium wieder zurückkommt, ist das hölzerne Pferd erbaut, und zwar von so kolossaler Größe, dafs die Troer es nicht als zweites Palladium in die Stadt aufnehmen können.

II, 347. fg. *quos ubi confertos audere in proelia uidi,*
   incipio super his.

K. verwirft die von den meisten Erklärern angenommene Interpretation super = insuper. Seine Erklärung: bei dieser Sachlage, unter diesen Umständen (eigentlich: in betreff dessen), welche von der bei Forbiger vorgetragenen Burmanns: *super his* i. e. *propter haec, quia uidebam illis satis animi esse, incipio* nicht wesentlich verschieden ist, erscheint mir nicht passend. Einmal mufs man doch die Grundbedeutung super = de festhalten. Wie matt und prosaisch aber wäre es zu sagen: Weil ich diese sich dicht gedrängt in den Kampf wagen sah, hub ich in betreff dessen an. Dafs aber „in betreff dessen" so viel sein soll als „bei dieser Sachlage", „unter diesen Umständen", leuchtet mir nicht ein. Die von K. beigebrachten Citate über super beweisen nichts, weil in den citierten Stellen super entschieden = de ist. K.s Ansicht, dafs, wenn der Dichter das beabsichtigt hätte, was Forbiger in die Worte hineinlegt: *quamquam uidebam satis illos per se audere ideoque non multo hortatu opus esse, incipio tamen eos his uerbis alloqui*, er auch zur Bezeichnung dieses Verhältnisses die passende Konstruktion quamquam — tamen hätte wählen müssen, teile ich nicht. Insuper, ultro und ähnliche Ausdrücke können recht gut, wie καίτοι, tamen, nihilo minus, das koncessive Verhältnis implicite bezeichnen; also hier: Als ich diese sich dichtgedrängt in den Kampf wagen sah, rede ich sie noch dazu d. i. **obwohl eine solche Anrede unnötig war**, mit folgenden Worten an.

II, 423. ... *atque ora sono discordia signant.*

K. fafst *sono* als Dativ auf in der Bedeutung 'Rede': sie zeigen an, dafs das Aussehen dieser Männer ihrer Rede widerstreite. Diese, sprachlich allerdings mögliche Auffassung, erscheint mir als wenig wahrschein-

---

[1]) Ich würde auch IV, 204:
   dicitur ante aras media inter numina diuom
   multa Jouem manibus supplex orasse supinis.
hieher ziehen, wenn nicht die Variante *munera* statt *numina* von Servius bezeugt wäre. Kvíčala, der diese Lesart billigt, läfst sich hiebei einen Widerspruch zu schulden kommen. Er weist nämlich *numina* auch deshalb zurück, weil *media* und *inter* nur von einer Mehrheit der Götter und Götterbilder gesagt werden könne. Der Dichter habe aber nicht auch an andere Götter denken können, die neben Jupiter im Tempel eine Kultusstätte gehabt hätten. Aber diese Schwierigkeit bleibt auch bei *munera diuom* bestehen. Denn *diuom* kann bei der engen Zusammenstellung mit *Jouem* nur von einer Mehrzahl der Götter gesagt sein.

lich. Zu beanstanden ist auch der Hinweis auf Cic. Tusc. V, 26, 73. *inanes sonos fundere;* de fin. II, 15, 48. *inani uoce sonare.* Hier steht eben 'inanis' dabei; an sich heifst sonus nicht 'leerer Schall', 'inhaltslose Worte'. Nach K. soll nämlich der Dichter ausdrücken wollen, dafs die Worte, mit denen die Troer sich für Griechen ausgaben, nichts seien als leerer Schall. Ihre Rede aber ist nicht leerer Schall, sondern **Lug und Trug**. Die meisten Erklärer fassen *sono discordia* von der **dialektischen Verschiedenheit** auf. Mit Recht aber weist hiegegen K. auf die dem Homer, Vergil und allen antiken Epikern eigentümliche ideale Ignorierung der aus dem Verkehre verschiedener Völker entspringenden Schwierigkeiten hin und betont speziell, dafs weder Homer noch Vergil von einer dialektischen Verschiedenheit der Griechen und Troer irgend etwas wissen. Ich glaube, dafs die Bedeutung von sonus am besten gewahrt wird und die Auffassung dem Zusammenhange am ehesten entspricht, wenn man übersetzt: „sie weisen auf die rücksichtlich des Tones (oder Klanges) nicht harmonierende Sprache (Stimme) hin". Als die Griechen den Troer Koröbus in der Rüstung des Androgeos, den Rhipeus, Dymas und Genossen ebenfalls in griechischen Waffen erblickten, da erkannten sie, schon stutzig gemacht durch den von den Pseudogriechen früher auf sie gemachten Angriff, die Täuschung um so leichter, als die verkleideten Troer beim Kampfe nicht stumm blieben. Da den Griechen die Stimme ihres Landsmannes Androgeos und seiner Gefährten ebenso bekannt war, wie deren Waffen, so machten sie darauf aufmerksam, dafs man wohl die Rüstung des Androgeos u. s. w. vor sich sehe, dafs aber die Sprache der mit den griechischen Rüstungen bekleideten Krieger in Hinsicht auf den Ton sich von der ihnen bekannten Stimme des Androgeos und seiner Gefährten unterscheide.

IV, 158. *spumantemque dari pecora inter inertia uotis*
optat aprum.

K.s Erklärung: „er wünscht, dafs seinen Wünschen ein Eber sich darbiete, ist falsch; uotis ist = cum uotis. Vgl. Aen. X, 279. *Quod uotis optastis, adest.*

IV, 533. *sic adeo insistit secumque ita corde uolutat.*

Betreffs der Vermutung K.s, *insistit* heifse: sie richtet sich auf von ihrem Lager — ist zunächst die **sprachliche** Möglichkeit anzuzweifeln; denn insistere heifst doch zunächst „sich auf etwas stellen, zu etwas hinzutreten". Ebensowenig kann *sic adeo* bedeuten „in diesem Zustande". Vielmehr zeigt das gleich darauf kommende *ita*, dafs auch *sic* sich aufs Folgende bezieht. Die verschiedensten, aufregenden Gedanken durchziehen Didos Brust, wie das vom Dichter v. 529—532 so schön geschildert ist, sie kann nicht zur Klarheit im Denken, sie kann zu keinem festen Entschlusse kommen. Endlich aber bleiben gleichsam die ihre Brust durchwogenden Gefühle und Gedanken **stehen**; das unbestimmte Gewoge derselben kristallisiert sich in folgenden Erwägungen. Vergil weist mit psychologischer Feinheit auf die bekannte Thatsache hin, dafs bei fieberhafter Aufregung die Gedanken gleichsam enteilen, so dafs man Mühe hat, sie festzuhalten.

Die zweite etwas gröfsere Hälfte der 'Neuen Beiträge' (S. 225—449) nehmen Exkurse und Abhandlungen zur Äneis ein. Darunter erregen der 3. und 4. Exkurs besonderes Interesse. Jener handelt vom Anfang und Schlufs der Reden des Äneis, und weist auf die Thatsache hin, dafs bei Vergil etwa ein Viertel aller in der Äneis vorkommenden Reden (81 gegen 255) nicht mit dem Versanfang beginnt und dafs ihm hierin die röm. Epiker folgten, während Homer und die griech. Epiker ausschliefslich die Rede mit dem Anfange des Verses beginnen. Ein ähnliches Verhältnis findet auch bezüglich des Schlusses der Reden statt. Der 4. Exkurs behandelt ausführlich die Wortsymmetrie in der Äneis; wir erkennen daraus, dafs Vergil ein Kunstdichter in des Wortes eigentlicher Bedeutung zu nennen ist. Besonders die Alliteration ist es, von welcher Kvíčala nachweist, dafs dieselbe, wie in der römischen Poesie überhaupt, so besonders bei Vergil nicht eine zufällige Erscheinung, sondern ein mit Vorliebe angewandtes Element der Poesie ist; 7178 Verse von den 9896 Versen der Aneide, also $72^{1}/_{2}$ Prozent der Gesamtsumme, zeigen nach seiner Angabe die Alliteration. Dafs bei einer so umfangreichen Zusammenstellung Versehen und Auslassungen vorkommen, ist begreiflich, ebenso, dafs gar manches als beabsichtigte Alliteration erscheint, was auf Rechnung des Zufalls zu setzen ist. Aber trotz alledem ist es ein hervorragendes Verdienst Kvíčalas, die schon von manchen Erklärern in vereinzelten Fällen aufgegriffene Thatsache durch seine erschöpfende und systematische Behandlung zur Evidenz und in der Hauptsache zum wissenschaftlichen Austrage gebracht zu haben.

München.   ――――――――   Deuerling.

Constantin Ritter, Die quintilianischen Deklamationen. Untersuchung über Art und Herkunft derselben. Mit zwei Facsimile-Drucken und vier Tabellen. Freiburg und Tübingen bei J. C. Mohr. 1881. XIV u. 276 S. 8. Pr. 8 ℳ.

So hoch die Institutio Oratoria Quintilians geschätzt und so häufig sie benützt und verarbeitet wird, ebensosehr werden die Deklamationen, die den Namen desselben Rhetors tragen, vernachlässigt und unbeachtet beiseite gelassen. Ist ja doch seit der trefflichen Bearbeitung Burmanns 1720 (andere Ausgaben wie die Bipontiner 1784 haben keinen selbständigen Wert) keine neuere Ausgabe derselben unter Neuvergleichung und Sichtung der Handschriften meines Wissens versucht worden;[1] bezüglich der Frage über die Echtheit der Schulreden gab man sich mit einem Urteil zufrieden, wie es bei Teuffel, röm. Lit. 320 A. 11 steht: „Es spricht nichts für ihre Abfassung durch den berühmten Rhetor, wohl aber ihre Unbedeutendheit dagegen. Vielleicht sind sie von einem Schüler desselben"; vgl. Westermann, Gesch. der röm. Ber. § 80 A. 28. So machte sich denn Ritter daran, die 19 grofsen und 145 noch von der Zahl 388 erhaltenen kleinen Deklamationen einer eingehenderen Besprechung dahin zu unterziehen, ob sie mit Recht den Namen Quintilians führen, oder ob alle oder nur ein Teil ihm abzusprechen seien.

Nach einer breiten, nicht immer logischen und sachlichen Erörterung gelangt er zu dem Plane, mit der elocutio der grofsen Reden die Untersuchung zu beginnen; denn „wenn das Kleid seinen Besitzer nicht verrät, so zeigt es doch durch Stoff und Schnitt, in welcher Periode es getragen wurde" (p. 7). Es wird nun die Sprache der grofsen Deklamationen durch „Verwendung künstlicher Kriterien" zunächst ohne Rücksicht auf Quintilians I. O. dargelegt, geschieden nach Korrektheit, Deutlichkeit und Schmuck; dann nach „Art im allgemeinen und Vergleichung; hie und da wird dieser letzte Abschnitt noch eine Teilung nach a) und b) erfahren". Aus dieser etwas ungleichmäfsigen Untersuchung ergibt sich dem Verfasser die Überzeugung, dafs die Deklamationen 2, 4, 5, 7, 8, 11, 14—19 Stücke einer

―――――――

[1] Quintiliani declamationes quae supersunt 145 rec. C. Ritter ist bei Teubner angekündigt.

Schule oder eines Mannes sind: die elocutio weise entschieden auf einen
und denselben Verfasser (p. 73); dagegen gehören nach ihm zusammen
decll. 6, 9, 12 näher, 3 und 13 haben zwar grofse Verschiedenheit in der
elocutio mit dieser dritten Gruppe, besonders durch die vielen Antithesen,
aber doch findet der Verf. „dies und das, was allen diesen fünf Stücken
mit einander im Unterschied von den übrigen eigen ist" (p. 60). Eine
solche charakteristische Eigenheit ist ihm die Verwendung von at beim
Einwand, porro, tandem zur Verstärkung der Frage, des steigernden etiam;
dann werden die epiphonemartigen lumina hier meist mit etiam, dort mit
breviter eingeführt. Doch scheint mir all dies kein vollgiltiger Beweis
eines fest bestimmten Unterschiedes zu sein. Was z. B. fortassis anlangt,
auf das der Verfasser so grofses Gewicht legt, so möchte ich darauf hinweisen, dafs das Wort stets vor Vokalen sich findet: 2. 16, 21; 4. 16; 5.
12, fortasse vor Konsonanten: 3. 6, 9; 4. 17, 19, forsitan 3. 6 vor einem
Konsonanten, so dafs hieraus wenigstens sich kein Schlufs ziehen läfst.
Dasselbe gilt von § 37, wo es heifst, „dafs es (fortassis) wahrscheinlich
auch Qu.s Ohren schon „absurd" geklungen hätte". Was soll man da von
Horaz sagen, der es Sat. I. 4. 131, II. 7. 40 hat? was von Plinius u. a.?
Es wäre überhaupt für die sprachliche Untersuchung ein Studium der
Arbeiten Wölfflins über das Spätlatein sehr förderlich gewesen; manche
unkritische Vermutung wäre wohl unterblieben, manches tiefer gefafst
worden. — Decl. 1 und 10 werden von den übrigen getrennt und verschiedenen Verfassern zugewiesen.

Darauf wird die inventio und dispositio der 19 grofsen Deklamationen
besprochen. Was zuerst das Thema selbst anlangt, so erhebt der Verf.
nur gegen 6 und 10 Einwendung und bezeichnet sie als entschieden verwerflich. Dann wird von jedem Stücke eine eingehende Inhaltsangabe
nach den Teilen der Rede gegeben sowie eine sozusagen ästhetische Würdigung auf Grund der von Quintilian I. O. aufgestellten Vorschriften angefügt. Den Schlufs bildet jedesmal eine Vergleichung der einzelnen Stücke
mit den vorhergehenden bezüglich ihrer Zusammengehörigkeit, wodurch
ebenfalls die obige Behauptung als richtig sich erweist.

Interessant ist u. a. die Vermutung, dafs decl. 2 sich als Korrektur
in Erfindung und Anlage der ersten Rede gegenüber darstelle. In einem
Zusatze zu § 27 wird nach Behandlung der decll. 1, 2, 4, 5, 7 eine „pro-
blematische Skizze" von der Art unseres Verfassers entworfen: er verfolge
im allgemeinen die in betracht kommenden Fragen, erschöpfe aber den
Gegenstand nicht; der Fehler liege nicht in der mangelnden Begabung,
sondern in der Bequemlichkeit; ferner gehe ihm die Kraft der Phantasie
ab, ein anschauliches Bild der Verhältnisse und Personen zu geben; alle
Personen erscheinen hohl und eitel, weil dies sein eigener Charakter gewesen. Etwas kürzer werden von § 28 an die zur nämlichen Gruppe gehörigen Stücke 8, 11, 14—19 behandelt; es wird ein allgemeiner Überblick
über ihre Erfindung und Einteilung gegeben, dann folgt die Inhaltsangabe
und Zergliederung der einzelnen Reden, ohne dafs, wie bei den früheren,
eine Würdigung der Rede im ganzen angefügt wird. Von § 29 an werden
die noch übrigen Reden, die zu einer Gruppe verbunden zu sein scheinen,
eingehend besprochen. Ausgeschieden wird die zehnte Rede, die durch
„die grenzenlose Geschmacklosigkeit" und „Lüderlichkeit der Disposition"
einzig dastehe und auch im Ausdruck keine Verwandtschaft oder Ähnlichkeit mit den anderen Reden verrate. Dagegen erweise sich (§ 33 extr. und
34 extr.) der Verfasser von 3, 6, 9, 12 und 13 als der gleiche. Es wird nun
§ 35 das Resultat nochmals erwogen und dahin zusammengefafst, dafs im
ganzen vier Autoren für die Sammlung anzunehmen seien: einer für decl. 1,

einer für decll. 2, 4, 5, 7, 8, 11, 14—19, einer für decll. 3, 6, 9, 12, 13 und einer für die zehnte Rede. Daran reiht sich die Vergleichung der grofsen Deklamationen mit der I. O. des Quintilian bez. der elocutio, wobei die früher bei den einzelnen Reden befolgte Art der Untersuchung eingehalten wird. Die allerdings nicht tief genug gehende Vergleichung zeigt nun richtig, dafs die sog. Gruppe III Quintilian nahe steht, bedeutend weniger decll. 1 und 10; ganz verschieden erscheint die grofse Gruppe II. Dasselbe Ergebnis für die Gruppe III erhält man, wenn man für ihre inventio und dispositio die Lehre des Quintilian als Mafsstab annimmt; dafs dagegen alle übrigen den Vorschriften desselben direkt zuwider sind, mufs man dem Verfasser einräumen.

Nachdem nun bisher nach dem Verfasser der Deklamationen mit künstlichen Kriterien gesucht worden war, werden nunmehr die äufseren Zeugnisse in betracht gezogen. Alle Handschriften seit dem 10. Jahrhundert bezeichnen Quintilian als den Verfasser der ganzen Sammlung. Sehr interessant ist hiebei die Vermutung E. Rohdes, dem die Schrift gewidmet ist, aus der im Par. 16230 enthaltenen Subskription nach decl. 10: Legi et emendavi ego Dracontius cum fratre ierio (l. Hierio) incomparabili. arrico (grammatico Rohde) urbis Rome in scola fori Traiani. feliciter., dafs Hierius und Dracontius wahrscheinlich zur Zeit des Valentinian und Valens gelebt, zumal da Augustinus um das Jahr 379 seine Schrift de pulchro et apto einem Hierius gewidmet habe, der, in Syrien geboren, damals Romanae urbis orator gewesen sei; in der Nähe der bibliotheca Ulpia, in der schola f. T., habe D. Dracontius nach dem Exemplar seines Freundes Hierius (de codice fratris Hieri lautet eine andere Subskription im Par. 16230 sowie Bamb. IV. 13) den Text der quint. Dekl. „gelesen und gesäubert". Auch bei Hieronymus am Ende des 4. Jhrh. wird decl. 13 zweimal als Rede Qu.s erwähnt, abgesehen von späteren zahlreichen Zeugnissen.

Die früheste Erwähnung (§ 42 extr.) von Deklamationen Quintilians findet sich bei Trebellius Pollio um das Jahr 300 (vgl. Teuffel r. L. a. a. O.): fuit (Postumus iunior) ita in declamationibus disertus, ut eius controversiae dicantur insertae. Damit in Zusammenhang bringt der Verf. ein Distichon in mehreren Handschriften: Invidia quondam suppressus rhetoricorum, in tuam redeo Quintilianus ego. Im Nachtrag jedoch erklärt er mit seinem Lehrer Rohde die Stelle dahin, dafs lange Zeit kein Exemplar der grofsen quint. Deklamationen zu haben gewesen sei. Ebenso behauptet Casellius 1582: Sed accepi quosdam manuscriptos praeferre titulum Marci Flori; aber die Vermutung Ritters, Flori sei verschrieben aus Fabi, ist an sich schon unwahrscheinlich.

Daraus zieht nun Ritter die Folgerung (§ 44): decll. 3, 6, 9, 12, 13 seien Quintiliani controversiae, decll. 2, 4, 5, 7, 8, 11, 14—19 seien dem Florus zuzuweisen; für Postumus bestimmt er 1 oder 10 wegen der Verschiedenheit in Darstellung und Inhalt. In dieser Überzeugung beirrt den Verf. auch nicht der Umstand, dafs Quintilian I. O. zwar Werke von sich anführt, so VII. 2. 24, nirgends aber sich als Verfasser von Deklamationen bekennt; denn I. O. I pr. § 7 sage er: duo iam sub nomine meo libri ferebantur artis rhetoricae neque editi a me neque in hoc comparati, III. 6. 68 heifse er sie sermones me nolente vulgati; die Anlage des gröfseren sermo sei so gewesen, dafs auch die bekannten obigen besseren Reden Platz gefunden hätten; denn auch bei griechischen Rhetoren seien τέχναι theoretische Schriften mit praktischen Beispielen, ja es werde damit sogar eine Sammlung ausgearbeiteter Musterstücke im Sinne von μελέται bezeichnet. Und Rohde fügt hinzu, dafs Reinhardt in den Commentat. in hon. Buech. et Us. 1873 p. 27 unter den „artes" des Isokrates bei Cic. Brut. 48 unzweifelhaft richtig die als Muster zur Nachahmung aufgestellten Reden des Isokrates verstehe. Aber unglaublich erscheint mir doch die Annahme, dafs decl. 3 und 6 einen Verfasser haben sollen und gar einen Quintilian, da doch selbst der Verf. p. 159 letztere Rede mit Ausdrücken belegt wie „ins Abgeschmackte übertrieben", „unnatürliche Steigerung der Erbarmungslosigkeit", „geradezu dumm ist die angebliche Rührung der Seeräuber", während er an dispositio und inventio sowie an der Darstellung des dritten Stückes nichts zu tadeln findet. Diese wirklich besonders in der Erfindung und Anlage bestehenden Mängel bestimmen mich zu der Ansicht, dafs decl. 6 nicht von dem Verfasser von 3 herrührt. Das Bedenkliche seiner Behauptung sieht Ritter p. 162 selbst ein; dafs aber absichtlich ein so verschiedener Ton von Quintilian angeschlagen worden sei (a. a. O.), wird R. wohl selbst nicht im Ernste glauben. Dazu kommt noch das fernere Bedenken, dafs I. O. I pr. § 8 es ausdrücklich heifst: quare in his quoque libris erunt *eadem* aliqua (nämlich wie in dem einen liber artis rhetoricae, das nach Ritter die Deklamationen enthielt) multa mutata, plurima adiecta, omnia vero compositiora et quantum nos poterimus elaborata. Es ist darnach unmöglich, dafs in jenem sermo vor mehreren Tagen ausgearbeitete Schulreden eingeflochten waren, es können nur rhetorische Vorschriften oder eine Vorlesung über Rhetorik mit kurzen praktischen Beispielen gewesen sein, ganz in der Art der I. O., wie ja Quintilian a. a. O. selbst sagt. Denn auch griechische Rhetoren, die wie Apsines Rh. Gr. ed. Spengel III. 358 ff. τέχναι verfafsten, führen darin praktische Beispiele aus ihren Schulreden an, aber nicht die ganzen Reden. Und diese Annahme, die ja auch Ritter „am nächsten" liegt (p. 217), d. h. dafs liber artis rhetoricae eine Unterweisung in der Redekunst gewesen sei, dürfte die einzig mögliche sein.

Nachdem nun der Verfasser die Untersuchung über die 19 gröfseren Deklamationen abgeschlossen hat, wendet er sich zu den kleineren Stücken und findet, dafs sie alle von Quintilian herrühren. Das mufs man allerdings zugeben, dafs die meisten bedeutend besser sind als die grofsen Reden; aber selbst auf die Gefahr hin, ebenfalls Ritters Verwunderung zu erregen, möchte ich mich entgegen der Ansicht seiner Gegner bekennen: sie können aus der Schule des grofsen Rhetors hervorgegangen sein, von ihm selbst sind sie nicht; dagegen spricht der klare Wortlaut der I. O., und darauf ist ein gröfseres Gewicht zu legen als auf eine mehr oder weniger subjektive Würdigung. Und wenn sie alle den dortigen Vorschriften entsprechen, warum sollten sie nicht von Schülern eben nach den Regeln des Meisters verfafst sein können? Kann er denn nicht auch fähige Schüler gehabt haben, zumal da auch äufserst schwache Leistungen darunter sind, die sicher des Verfassers der I. O. unwürdig sind? Um nun auch dafür eine Erklärung zu haben, glaubt der Verf., sie seien aus Nachschreibheften der Schulvorträge Quintilians von seinen Schülern gegen seinen Willen früher veröffentlicht worden als die Institutio; die Worte I. O. I pr. 7 sowie III. 6. 68 bezögen sich auf diese Stücke; seine Bemerkung an letzterer Stelle: in ipsis etiam illis sermonibus me nolente vulgatis hoc tamen complexus, vix in ulla controversia translationis statum posse reperiri, verweise auf eine Stelle in verlorenen Stücken, da sie in der erhaltenen Sammlung nicht zu finden sei; es seien also die 145 kleinen Deklamationen der Rest jenes auf Quintilian zurückgehenden und von seinen Schülern herausgegebenen liber artis rhetoricae. Und nun beginnt „eine neue Untersuchung der grofsen Deklamationen". Der Verf. fragt sich: Ist es möglich, dafs die fünf Deklamationen der dritten Gruppe und die kleinen Stücke mit einander in demselben Werke Raum hatten? Wenn dies der Fall ist, so gehören sie unter sich enger zusammen als mit I. O., da sich bei der früheren Vergleichung, wie der Verf. nunmehr einräumt, immerhin einige Unterschiede in der Darstellung ergeben haben. Mit Berücksichtigung aller in betracht kommenden Punkte, da jene fünf Reden nicht in dem bezeichneten liber artis rhetoricae haben enthalten sein können; da es ferner noch weniger glaublich sei, dafs Quintilian sie zu derselben Zeit verfafst habe wie die kleineren Stücke; da es endlich nicht wahrscheinlich sei, dafs sie aus seinem Nachlafs herausgegeben worden: so sieht sich der Verf. nach langen Umschweifen zu der nicht neuen Annahme gezwungen, dafs man in dem Verfasser einen Schüler Quintilians zu sehen habe. Und damit fallen natürlich auch alle früheren Aufstellungen Ritters über die Verfasser der übrigen grofsen Reden. Doch wagt er wenigstens die Abfassungszeit zu bestimmen, indem er die Gruppe III zwischen Quintilian und Septimius Severus und zwar von einem unmittelbaren Schüler des Rhetors verfafst sein läfst; für die übrigen Reden bestimmt er einen Spielraum bis zum Schlufs des dritten Jahrhunderts. Somit bestätigt sich auch nach Ritters Untersuchung wenigstens für die grofsen Deklamationen das Urteil bei Teuffel.

Die angehängten Tabellen bieten 1) Worte und Wendungen, die überhaupt nur in Gruppe II vorkommen, 2) Einzelheiten der Gruppe III, 3) Gemeinschaftliches aller Deklamationen; in der vierten Tabelle sind die Stellen verzeichnet, die nur in decl. 1 und 10 sowie in Gruppe III, aber nicht in Gruppe II, dann jene, die in Gruppe II häufiger als sonst sich finden.

Das Werk ist sehr inhaltsreich und belehrend und besonders in der zweiten Hälfte frisch geschrieben, aber viel zu breit angelegt, so dafs lästige Wiederholungen nicht ausbleiben konnten. Die Darstellung erscheint oft zu unbestimmt, das subjektive Moment und die Freude an langgedehnten Erwägungen tritt zu sehr in den Vordergrund. Unangenehm berühren Stellen wie „dumme Neugier, Hochweisheit" u. a.; statt des öfteren Exzesse dürfte Exkurse, Digressionen u. a. besser lauten. Und wenn der Verfasser mit Recht das hohle Pathos in den meisten Schulreden tadelt und hervorhebt, dafs „das Ganze einen fast sinnverwirrenden Eindruck durch die entsetzliche Konfusion" mache, so hält doch auch er sich nicht von Übertreibungen in der Darstellung überhaupt sowie in einzelnen Ausdrücken frei. Doch trifft dies mehr den ersten Teil, wo vielleicht der Gegenstand der Untersuchung zur Nachahmung verleitete.

Der Druck ist im allgemeinen korrekt (u. a. steht Rhode p. 269 u.), die Ausstattung splendid.

h r.

Iordanis de origine actibusque Getarum. Edidit Alfred Holder. (Germanischer Bücherschatz 5.) Freiburg i. B. und Tübingen, Akademische Verlagsbuchhandlung von J. C. B. Mohr (Paul Siebeck). 1882. 2 Bl., 83 S. kl. 8.

Ob die Aufnahme der Gothengeschichte des Iordanis in den germanischen Bücherschatz gerade jetzt zeitgemäfs war, kann wohl bezweifelt werden.[1]) Doch wird der schweigsame Herausgeber seine guten Gründe zur Veröffentlichung in diesem Augenblicke gehabt haben. Willkommen ist die Ausgabe schon deshalb, weil sie die früheren an Korrektheit, Billigkeit und Eleganz übertrifft. Aber, was ungleich mehr bedeutet, sie mufs

---

[1]) Korrekturnote. So schrieb ich im Hinblick auf die erwartete Ausgabe von Mommsen, die inzwischen erschienen ist.

auch als neue und selbständige Rezension des Textes mit Dank begrüfst werden. Aus dem Programm des Bücherschatzes ist zu ersehen, dafs Holder die alte, 1880 zu grunde gegangene Pfälzer Hdschr. verglichen hatte und aufserdem besonders die Pariser Hdschrr. zu rate zog. In welcher Weise das kritische Material verwertet wurde, entzieht sich zunächst der Prüfung, da nur der fertige Text vorliegt. Was sich bei der Lektüre desselben dem Ref. ergeben hat, mag hier mit Auswahl mitgeteilt werden: praef. 14 ad triduanam lectionem *dispensato* (dispensatoris) eius beneficio libros ipsos antebac relegi. — cap. 1, 15 et ‹ea› nulli cognita, nisi ei, qui [ea] constituit. — 1, 26 (insulas) licet non ab aliquo scriptore *dilucidatas* (dilucidas). — 2, 36 Gallis sive Spanis, ut quibusque *obtenduntur* (adt). *adsimiles* (obs.). — 3, 48 sedes *subhumida* (sub humo) planicie fertilis. — 5, 130 terra vastissima, silvis consita, paludibus *deria* (dubia). — 10, 23 qui *repulsae* dolore (repulsus, d.) flammatus est. — 10, 35 (Xerses) cum sua septingenta et auxiliarium CCC milia *armasset* (armatorum). Cf. Iustin. II 10, 18. — 11, 38 illum solis labores adtendere, et quomodo rotatu caeli raptus, retro reduci ad partes occiduas ‹*videatur*›, qui ad orientalem plagam ire festinarit, ratione accepta quiescere. — 11, 49 reliquam vero gentem Capillatos dicere iussit, quod nomen Gothi pro magno *suspicientes* (suscipientes) adhuc hodie suis cantionibus reminiscunt. — 12, 16 (Danubius) hinc inde suscipiens flumina in modum spinae, *qua* (quae) costas ut cratem intexunt. — 13, 11 Domitianus cum omni *iuventute* (virtute) sua Illyricum properavit. — 13, 12 ductore Fusco *praefecto* (praelato). Cf. 16, 32. Suet. Dom. 6. — 16, 33 Marcianopolim, eiusdem patriae urbem famosam ‹et› metropolim. Cf. 21, 17. — 23, 24 nihil valet multitudo in bello, praesertim ubi et deus *per‹nitiem› mittit* (permittit) et multitudo armata advenerit. — 24, 23 dum in interioris Meotidae ripam *venatione* (venationes) inquirerent. — 26, 6 quid non auri sacra fames compellit *adquirere* (adquiescere)?[1] — 26, 24 vox morientium duriter emissa iam *subrectis* (suspectis) auribus intonavit. Cf. Verg. Aen. IV 183. — 29, 22 ad quam (sc. urbem) *si* (qui) recto cursu... navigatur dextrum latus, primum Epiros... radens palmula navigat. — 30, 3.. quatenus si permitteret, ut Gothi pacati in Italia resident, sic eos cum Romanorum populo vivere, ut una gens utraque credi posset, sin autem aliter, bellando quis quem valebat expellere, *ut* (et) iam securus qui victor existeret imperaret... 31, 27 eosque *desiderans* (deliberans) a Vandalorum incursibus eripere. Cf. 32, 7. — 32, 29 cuncta in *praeda* (praedas) vastare. Cf. 30, 34; 46. — 41, 14 Thorismud bene gloriosos manes carissimi patris, ut decebat filium, *exequiis* (patris exequias) est prosecutus. — 41, 29 humana fragilitas dum suspicionibus occurrit, *magnam* (magna) plerumque *agendarum* (agendam) rerum occasionem intercipit. — 48, 43 quatenus et illius *memoriam imperii* (memoriae semperum) haberent in ore. — 50, 70 Candacis, ‹*ducis*› *Alanorum Vilamuthis* (Alanovilamuthis) patris mei genitor Paria .. notarius .. fuit. — 51, 6 nihilque habundans (sc. gens), nisi armento diversi generis, pecorum et pascua silvaque lignorum.(;) parum tritici ceterarumque specierum; terras (specierum terras) fecundas ‹*non colunt*›. vineas vero nec... cognoscunt, ex vicina *ora* (loca) sibi vinum negotiantes. — 56, 5 quacumque parte vellet, tantum (vellet tantum,) ductaret exercitum. — 57, 7 triumphum in urbe donavit, factusque est consul ordinarius, quod summum *donum* (bonum) primumque in mundo decus edicitur. Cf. 60, 56. — 57, 63 privatum habitum suaeque gentis vestitum

---

[1] Über diese Stelle vergleiche man jetzt H e r t z in den lehrreichen Analecta ad carminum Horatianorum historiam V 19.

deponens, *insignem* (insigne) regio amictu.. adsumit. Weitere Vermutungen fand Ref. bei Clofs schon vorweg genommen, so 5, 14 ‹ad› litus, 10, 33 remorauti, 21, 23 florebant, 23, 19 fuit, 26, 44 petentes, 38, 42 deturbaverunt, 39, 28 adsereret, 42, 20 venturi, 46, 13 iniceret, 57, 56 Romanis

Würzburg. A. Eufsner.

Französische Synonymik für Schulen. Von Dr. Friedrich Koldewey, Professor am herzoglichen Gymnasium zu Wolfenbüttel. Zweite umgearbeitete und vermehrte Auflage der kurzgefafsten französischen Synonymik für Schüler. Wolfenbüttel, Druck und Verlag von Julius Zwifsler. 1881.

Vorstehende Synonymik, die aus der Praxis der Schule hervorgegangen ist, verdient in vieler Beziehung Verbreitung in den Anstalten, wo die französische Sprache gelehrt wird. Die Darlegung des Unterschiedes der synonymen Wörter läfst gar nicht oder nur selten gröfsere Klarheit und Popularität vermissen, ist möglichst kurz und durch treffende Beispiele unterstützt. Ebenso empfiehlt sich die äufsere Ausstattung und der billige Preis (1,80 ℳ) bei 184 Seiten.

Die wenigen Bemerkungen, die hier folgen, mögen, wenn eine neue Auflage, wie zu erwarten ist, notwendig werden sollte, berücksichtigt werden.

Ich finde unter „Beruf" (S. 21) nur die Bedeutung der äufseren Berufsthätigkeit, also die Wörter profession, art, métier nebst ihrem durch die Übersetzung kurz angedeuteten Unterschied. Allein ich vermisse Beruf in der Bedeutung Neigung = innerer Beruf, den z. B. die Vorsehung einem anweist = vocation; z. B. il a embrassé l'état ecclésiastique *sans vocation*, ohne Beruf dazu zu haben. Nach meiner unmafsgeblichen Anschauung wäre es populärer, unter Beruf blofs anzugeben innerer Beruf = vocation, und sodann auf das Wort Stand zu verweisen, mit dem Beruf so oft synonym ist, und wo dann auch profession, art, métier neben état und condition unterzubringen wären.

Auf Seite 132 unter „stolz" findet sich auch superbe, „stolz, mit Gepränge, auch objektiv: un parc superbe" — zwar richtig, aber für manche Schüler unpopulär. Superbe hat nur an wenigen Stellen, wie faire le (la) superbe sich breit, patzig machen, und bei einzelnen Tragikern, die alte Bedeutung „stolz", „übermütig" (= superbus). Anfänger, die schon Latein gelernt haben, fallen sehr gern in den Fehler, „stolz" durch superbe zu übersetzen, dessen Bedeutung „prächtig" im Französischen stereotyp geworden ist.

Sprache (Seite 129) erscheint mir zwar richtig, aber zu wenig populär behandelt. Ich würde mich etwa so ausdrücken: „Sprache" heifst langue als Gegenstand der Grammatik; daher la langue allemande, italienne etc. „Sprache" als individuelle Ausdrucksweise mittelst la langue ist le langage; Horatius und Vergilius z. B. bedienten sich der langue latine; aber die „Sprache" beider ist verschieden; daher le langage d'Horace, de Vergile. In diesem Sinne entspricht langage sehr genau dem im Deutschen gebrauchten Worte „Diktion". Selbstverständlich kann ferner nur langage von der Sprache der Leidenschaft, der Augen etc. figürlich gesagt werden.

(S. 19) „Apercevoir bemerken, wahrnehmen; s'apercevoir de ... deutlich bemerken, gewahr werden." Nach meinen Beobachtungen würde ich nicht so unterscheiden. Apercevoir ist das **sinnliche**, s'apercevoir de ... **das geistige Bemerken**: En passant par telle rue, il aperçut celui qu'il cherchait; je m'aperçois de mon erreur; il s'aperçut du piége qu'on lui tendait. Auch wenn der Gegenstand der Bemerkung sinnlicher Natur, aber in der Form eines abhängigen Dafs-Satzes ausgedrückt ist, welche Konstruktion als geistige Operation erscheint, sagt man s'apercevoir: je m'aperçois que les habitants des faubourgs se portent en masse vers la place publique = j'aperçois les habitants.... qui se portent etc. Die angegebene Unterscheidung: „remarquer unterscheidet sich von apercevoir wie regarder von voir; écouter von entendre; accepter von recevoir" ist richtig. Es fehlt aber der für Anfänger wichtige Unterschied zwischen selbst bemerken und einem andern bemerken (faire remarquer oder faire observer à qn.), man müfste denn diesen Fall der Grammatik an sich zuweisen; erinnert doch letzterer Unterschied an: se souvenir de (lat. meminisse etc.) und faire souvenir qn. de ... (lat. commonere etc.).

Die Unterscheidung von „früher", in komparativer Bedeutung und „früher" ohne komparativen Sinn vermisse ich. In ersteren Fall sagt man plus tôt; im letzteren Falle autrefois; plus tôt verhält sich zu autrefois, wie lat. prius zu antea. Als Beispiel für den Unterschied zwischen beiden Wörtern könnte etwa dienen: *autrefois* le train arrivait *plus tôt* qu'à présent = „früher" kam der Zug „früher" an, als jetzt.

Bezüglich des Wortes „Werk" (S. 161) ist (mit Ausnahme der erwähnten Übersetzung durch *oeuvre* bei den sämtlichen Werken eines Schriftstellers, bei der Sammlung aller Kupferstiche eines Meisters, bei Musikalien) die Unterscheidung zwischen oeuvre und ouvrage vielleicht bei Hirzel schärfer; er sagt unter anderem: *Oeuvre* se dit de ce qui dépend de la volonté, de ce que le coeur engage à faire; *ouvrage* se dit de ce qui dépend de l'art, de l'esprit, de la science. Des *oeuvres* de charité... Les bons ouvriers font de bons *ouvrages* etc. Comme oeuvre se rapporte à l'action d'une puissance, d'une volonté, *ouvrage* au travail de l'industrie, à ce que produisent le soin et l'art, on pourra dire: La création est *l'oeuvre* de la Toute-Puissance: le monde sorti des mains du Créateur est son ouvrage; et: *L'oeuvre* de la création est *l'ouvrage* de six jours.

Andere Wörter hingegen, ich erinnere nur an espérance und espoir, sind in vorstehender Synonymik schärfer und zugleich kürzer von einander unterschieden, als anderswo.

Ich meines Teils dringe beim Unterricht im Gymnasium nicht allzusehr auf Unterscheidung zwischen Wörtern ähnlicher Bedeutung, von der Erfahrung belehrt, dafs hier eine ängstlich ins einzelne sich verlierende Synonymik von der Hauptsache abzieht. Es verhält sich hier oft wie mit der Muttersprache, wo nicht selten ein Wort mit dem andern verwechselt wird, ohne dafs deswegen der Grundgedanke und selbst die Diktion Schaden leidet. Gleichwohl gibt es Vokabeln, bei denen, wie in der Muttersprache, auch in der fremden Sprache eine Unterscheidung unbedingt notwendig ist; ich erinnere beispielsweise nur an die fehlerhafte Verwechslung von fortune und bonheur, während doch im allgemeinen ersteres selten Glück, sondern nur Vermögen (= fortunae) bedeutet, oder an langue und langage, entendre und écouter, regarder und voir u. s. w. In dieser Beziehung bietet die französische Synonymik des Herrn Dr. Fr. Koldewey die trefflichsten Dienste beim Unterricht selbst, abgesehen davon, dafs sie jungen Leuten, die sich speziell mit der franz. Sprache beschäftigen, als ein sehr praktisch eingerichtetes Hilfsbuch empfohlen werden kann.

Freising. Nifsl.

Gottfried Ebeners Französisches Lesebuch für Schulen und Erziehungsanstalten. Neu bearbeitet von Dr. Adolf Meyer. Mit Anmerkungen. Achte, der neuen Bearbeitung erste Auflage. Hannover. Verlag von Karl Meyer (Gustav Prior). 1881.

Dieses Buch liegt in drei Stufen vor uns. Die Beliebtheit desselben beweist der Umstand, dafs die erste Stufe nunmehr in fünfzehnter, die zweite in dreizehnter, die dritte in achter Auflage erscheint. In der neuen Bearbeitung wurde der Text der beiden ersten Stufen gründlich revidiert, weniger sich eignende Stücke ausgeschieden und passendere eingefügt und der zweiten Stufe ein alphabetisches statt eines nicht alphabetisch geordneten Wörterverzeichnisses beigegeben. Die dritte Stufe hat eine vollständige Umgestaltung erfahren. Unter den hier gebotenen 116 Nummern finden sich nur mehr 25 Stücke der alten Sammlung. Dieselben sind Erzählungen, Auszüge aus der Geschichte, aus Rednern und Philosophen, Naturbeschreibungen und Briefe, die sämtlich aus französischen Schriftstellern gezogen sind; diesen Prosalesestücken reihen sich Gedichte, hauptsächlich aus Lafontaine und Béranger an. Die beiden ersten Stufen legen besonderen Wert auf die Verbindung der Lektüre mit der Konversation. Daher sind unter die Lesestücke Dialoge eingereiht, die sehr instruktiv sind, zum Memorieren vorzüglich passen und den Schüler allmählich in die Konversation einführen. Die beiden ersten Stufen eignen sich sohin als Lesebuch für die unteren und mittleren Klassen. Für die oberen Klassen an Gymnasien wird sich der Lehrer zur Benützung der dritten Stufe weniger gern entschliefsen, da dieselbe das Drama vollkommen ausschliefst und der Lehrer somit, wenn er überhaupt einer Chrestomathie sich bedienen will, lieber zu einem Buch greifen wird, in welchem auch dieser Zweig der französischen Literatur Aufnahme gefunden. Im übrigen ist die Ausstattung des Buches eine sehr gute und der Preis (2 ℳ 80 ₰) ein für ein Schulbuch vollkommen angemessener.

München. Steinberger.

Englische Synonymik für die Oberklassen höherer Lehranstalten sowie zum Selbststudium von Dr. W. Dreser. Wolfenbüttel, Druck und Verlag von Julius Zwifsler. 1881.

Die vorliegende englische Synonymik hat vor den bisher erschienenen in mancher Beziehung gerechten Anspruch auf den Vorrang. Der Verf. ist bei jeder Klasse der Synonymen bemüht, durch eine möglichst klare Definition die Unterschiede der Bedeutung darzulegen und wenn dies nicht überall zur Evidenz erzielbar ist, so sind die reichlich beigesetzten Beispiele wohl geeignet, völlige Sicherheit zu gewähren. Die Etymologie findet keine gröfsere Beachtung, als dies z. B. bei der kleinen englischen Synonymik von Klöpper geschehen ist; sie ist gleichfalls bei jeden Klasse in kleinem Drucke am Ende beigefügt. Die Wörterklassen gehen vom Deutschen aus, was vielleicht eine nicht ganz glückliche Anordnung ist, da die Synonymen wohl am häufigsten bei der Lektüre zur Sprache kommen und bei dieser Gelegenheit besser vom Englischen ausgegangen wird. Doch ist dazu auch nach diesem Werke Gelegenheit gegeben, da das am Ende beigesetzte englische Register durch genaue Angabe der Seitenzahl auf jede betreffende Klasse führt. Es ist wohl kaum zu bezweifeln, dafs dieses Werk von den Fachgenossen zum Selbsstudium und zum Nachschlagen freudig benützt werden wird. Der Gebrauch für die Schule wird des grofsen Umfangs halber gröfsere Schwierigkeit bieten. Zu diesem Zwecke reicht im allgemeinen auch das kleine Werkchen von Klöpper aus.

München, 1882. Dr. Jos. Wallner.

Der christliche Glaube und die menschliche Freiheit.
Erster Teil: Präliminarien. Mit einem offenen Brief an Herrn R. v. Bennigsen als Vorwort. Zweite Auflage. Gotha, Perthes. 1881. p. XXXV und 219. 4.ℳ

Ein Buch spekulativen Inhalts mit politisch angehauchter Vorrede in Blättern für Schulwesen zu besprechen, das scheint eine mehrfache Ungereimtheit zu sein. Aber es hebt eine die andere wieder auf. Der „offene Brief" gibt Zeugnis, wie der ungenannte Verfasser in richtiger Erkenntnis sieht, dafs alle grofsen politischen Fragen und Gedanken im letzten Grunde mit religiösen zusammenhängen, mindestens das religiöse Gebiet streifen, oder, mit des Verfassers Worten zu reden, dafs die religiöse Denkweise und Gesinnung in irgend einem Grade mafsgebend ist für die gesamte Haltung und Richtung der politischen Parteien (p. XIII). Auf dieses Mafsgebende bezieht sich aber seine Auseinandersetzung und darum ist sein „politisch Lied" keineswegs garstig. Überdies wendet er sich, mag auch nur eine politisch hervorragende Persönlichkeit unmittelbar Adressat sein, doch an alle, welche an die Idee des Guten glauben (p. 149) und zu denen, dächt' ich, seien die Männer der Schule auch noch zu zählen. Den Verf. hat „seinerzeit der Pionierdienst für die Sache der nationalen Einheit" mit Bennigsen zusammengeführt (p. 15) und die Kenntnis dieses Umstandes nimmt seinem Buche wohl nichts an Interesse. Es sind freilich nur Präliminarien, was hier geboten wird, aber diese „Vorverhandlungen" lassen von den Hauptverhandlungen mit Recht viel erwarten. Im Grund ist das Buch wieder einmal ein Versuch, den vielbesprochenen und immer wieder falsch formulierten Gegensatz zwischen „Glauben und Wissen" zu versöhnen. Falsch formuliert sage ich, weil so die Dinge nicht liegen, vielmehr der Wille, dieser ursprüngliche, vom Wissen und Intellekt unabhängige Faktor von wesentlichem Einflufs auf die Überzeugung, hier auf den Glauben ist. Dies ist denn auch einer der Hauptgedanken, die der Verfasser ausführt p. 113—136. Und der andere Grundgedanke ist: die intellektuelle Ungewifsheit allein ist es, welche eine freie Moralität möglich macht (p. 172). Nur dadurch kann ein selbstbewufster Glaube zu stande kommen, dafs die Möglichkeit gegeben ist, auch anders sich zu bestimmen und dazu ist notwendig, dafs die Wahrheit des Christentums nicht unbedingt offenbar und gewifs ist, notwendig also „das tiefe Incognito Christi, die Anfechtbarkeit und Fehlbarkeit der Schrift" etc. In der Freiheit also findet sich die Lösung „für das Rätsel unserer Unwissenheit und Ungewifsheit und das Rätsel des Bösen und des Übels samt den zahllosen Einzelfragen" (p. 149). Die Präliminarien zerfallen nach der Einleitung in 7 Kapitel: 1) Weltanschauung und sittliche Erkenntnis. 2) Weltanschauung und Sittlichkeit. 3) Die Frage der Religion; Einwände gegen die Glaubenspflicht. 4) Vom Einflufs des Willens auf die Überzeugungen. 5) Der Beweis der Glaubenspflicht und seine Grenzen I. 6) Die psychologische Freiheit als Bedingung aller Moralität. 7) Der Beweis der Glaubenspflicht und seine Grenzen II. Die zwei ersten Kapitel will der Verfasser nur aus Gehorsam gegen die Logik der in der Einleitung gegebenen Fragestellung (p. XXXV) gegeben haben, und rät seinem Adressaten, sie zu überspringen, wenn es ihm an Zeit fehle. Aber auch diese zwei Kapitel gehören wesentlich zum Ganzen, welches Zeugnis gibt von reicher Belesenheit, von gründlicher Bekanntschaft mit unserm philosophischen Schriften von deutschem Sinn und von Innigkeit des Gefühls. Wird es teilweise zu einer Kritik der modernen Denkweise, so geschieht dies mehr unbewufst und versöhnt auch anders Denkende durch eine wohltuende Milde, um nicht zu sagen, durch die Bescheidenheit der Sprache. Ich bin gewifs, jeder aufmerksame Leser des Buches wird es mit tiefer Befriedigung weglegen, und mit dem Wunsche, dafs bald der zweite Teil erscheinen möge.

Zweibrücken. Stichter.

Abrifs der empirischen Psychologie von G. Hefs, Direktor des Gymnasiums und der Realschule I. O. zu Rendsburg. Gütersloh, Bertelsmann. 1881. VIII und 156. 8.

Der Verfasser wollte eine zusammenhängende Erklärung psychologischer Begriffe und Erscheinungen zunächst für Primaner bieten, über Synonyma belehren, nebenbei Stoff zu Besprechungen von Gedichten und Aufsätzen liefern und dem Lehrer das Nachschlagen in gröfseren Werken ersparen, hofft aber auch, dafs Studierende und Freunde der Psychologie mindestens manche Abschnitte des Buches mit Interesse lesen werden. Um schnelles Nachschlagen zu ermöglichen, ist ein ca. 450 Punkte umfassendes Sachregister beigegeben.

Das Buch ist also weder ein Leitfaden zum propädeutischen Unterricht im gewöhnlichen Sinne noch beansprucht es besonderen wissenschaftlichen Wert, dürfte aber den vom Verfasser angegebenen Zwecken im ganzen recht gut genügen. Es verrät grofse Liebe zum Gegenstand, langjährige psychologische Studien und eine nicht geringe selbständige Denkarbeit. Die Schwierigkeit der Herstellung eines derartigen Buches kann nur derjenige vollständig würdigen, welcher diese selbst einmal versucht hat.

Bei der allgemeinen Ordnung des Stoffes scheint der Verfasser dem bekannten Leitfaden von Beck gefolgt zu sein, mit welchem er auch die Annahme von 3 Entwickelungsstufen des Seelenlebens gemein hat, nämlich einer rein sinnlichen, einer sinnlich-geistigen und einer rein geistigen Stufe. Diese 3 Stufen sind aber kaum haltbar. Denn was soll man sich unter einem blofs sinnlichen Seelenleben denken? H. sagt: ein Leben, in welchem die Seele vom „einzelnen zum einzelnen eilt", so dafs also blofs die Sinne thätig wären ohne den Verstand. Aber ein solcher Zustand ist unmöglich. Durch die Sinneseindrücke wird sofort die Verstandesthätigkeit angeregt, indem sich die ähnlichen Eindrücke assoziieren und jeden neu eintreffenden ähnlichen Eindruck sofort apperzipieren, woraus allgemeine Vorstellungen, Urteile und Schlüsse notwendig entstehen. Ebenso unklar ist die rein-geistige Stufe des Seelenlebens, von der H. bemerkt, dafs sie nie vollkommen erreicht wird. Bei ihr müfste die Sinneswahrnehmung gar keine Rolle mehr spielen, was undenkbar ist. So bliebe denn nur die sinnlich-geistige Stufe des Seelenlebens übrig. Aber warum soll man diese gerade sinnlich-geistig nennen? Sinn und Denkkraft sind eben im Seelenleben überhaupt untrennbar. Nach meiner Ansicht gibt es blofs 2 Stufen des Seelenlebens, nämlich die Stufe des unbewufsten und unwillkürlichen Denkens, wie es die Tiere ausüben, und die Stufe des bewufsten und willkürlichen Denkens, zu welchem der Mensch befähigt ist, ohne dadurch die Befähigung zum tierischen Denken zu verlieren. Das Tier ist sich der äufseren Dinge bewufst, nicht aber seiner eigenen inneren Denkthätigkeit, es hat ein äufseres, aber kein inneres Bewufstsein; es besitzt ferner die Fähigkeit, seine Körperteile willkürlich zu bewegen, nicht aber seine Gedanken, hat also wohl einen äuseren, nicht aber einen inneren Willen. Das Tier besitzt Selbstbewufstsein, nämlich von seinem eigenen Körper; es besitzt auch Selbstbestimmung, nämlich über seinen eigenen Körper. Der Mensch aber besitzt das alles und noch dazu inneres Selbstbewufstsein und innere Selbstbestimmung. Diese Verhältnisse lassen sich aber durch die Wörter „Sinn" und „Geist" in keinem Falle verständlich machen.

§ 66 sagt H.: „Im Gefühl ist die Seele ganz auf sich selbst angewiesen und verhält sich weder aufnehmend noch produzierend, sondern bewegt sich und erzittert nur in sich selbst." Dieser Ansicht kann ich nicht beistimmen. Vielmehr halte ich das Gefühl für den Kern und Mittelpunkt des ganzen Seelenlebens, in welchem sich das Vorstellen in Wollen umsetzt. Das Gefühl hat offenbar eine empfindsame und eine begehrliche Seite. Erstere bewegt sich auf den zahllosen Stufen der Freude und des Schmerzes (im weitesten Sinn), letztere in den zahllosen Stimmungen der Liebe und des Hasses (im weitesten Sinn). Hiebei besteht das unwandelbare Gesetz, dafs aus Freude Liebe und aus Schmerz Hafs hervorgehen mufs.

Warum H. von der bisherigen Dreizahl der Hauptseelenvermögen abweicht und neben dem Erkenntnisvermögen ein eigenes Anschauungsvermögen dem Gefühls- und Willensvermögen koordiniert, ist mir nicht klar geworden. Eine Konsequenz dieser koordinierenden Ausscheidung der Phantasie aus dem Verband des Vorstellungs- oder Erkenntnisvermögens wäre die Erhebung des Gedächtnisses zu gleicher Selbständigkeit, schliefslich vielleicht eine gänzliche Auflösung der bisher im Interesse der Übersichtlichkeit festgehaltenen 3 Hauptvermögen in eine gröfsere Zahl koordinierter Vermögen.

S. 44 sagt H.: „Sucht man zu begleitenden Vorstellungen eine bei ihnen befindliche Hauptvorstellung, so besinnt man sich; sucht man Nebenvorstellungen, aus denen heraus sich die Hauptvorstellung entwickelt hat, so entsinnt man sich". Diese Unterscheidung ist wohl nicht richtig. Jede willkürliche Anstrengung des Gedächtnisses ist ein „Sich besinnen". Dagegen entsinnt man sich solcher Dinge, welche nur mühsam aus dem Gedächtnis hervorgeholt werden können, gleichviel ob es Haupt- oder Nebenvorstellungen sind.

S. 56 verwechselt H. den logischen Begriff mit der Definition. Logische Begriffe hatten die Griechen lange vor den Sophisten und Sokrates; aber das Definieren derselben lernten sie erst durch diese.

S. 64 sagt H.: „Manche Dinge ... machen auf den Menschen oft einen tiefen mit innigem Wohlgefallen verbundenen Eindruck. Da dieser sich ... den Sinnen einschmeichelt, ... entsteht das Streben, diesen ... festzuhalten. Hat man dies erreicht, ... so hat man eine Anschauung." Wer dies liest, mufs vermuten, dafs von unangenehmen oder auch gleichgültigeren Dingen eine Anschauung nicht erlangt werden könne.

S. 65 würde ich die Phantasie lieber als das Vermögen definieren, Bilder zu erzeugen. Denn die erzeugten Bilder festzuhalten ist Sache des inneren Willens, und sie wiederzuerzeugen ist Sache des Gedächtnisses. Es ist also wohl nicht korrekt zu sagen, die Phantasie sei das Vermögen, „Bilder festzuhalten und wiederzuerzeugen".

Die S. 69 gebotene Definition des Geschmacks scheint mir unrichtig zu sein. Zu einem guten Geschmack gehört nicht sowohl eine hoch entwickelte Phantasie als ein fein gebildetes Urteil.

Die S. 76 und 77 eingelegten Bemerkungen über Baukunst, Plastik, Malerei, Musik und Poesie gehören meines Erachtens nicht in einen Abrifs der Psychologie.

S. 94 wird von der Liebe gesagt, dafs sie „zu den stärksten Gefühlen gehört". Aber welches Gefühl kann denn überhaupt nicht sowohl sehr schwach als auch sehr stark sein? Die Liebe gehört gerade so gut zu den schwächsten Gefühlen wie zu den stärksten.

S. 95 ist gesagt, dafs Neid und Schadenfreude „den Blutlauf hemmt und die Wangen entfärbt, welche schliefslich wohl eine bleifarbig bläuliche Farbe annehmen". Dies pafst nun wohl auf den Neid, nicht aber auf die Schadenfreude, welche keine Wirkung dieser Art haben kann, weil sie ja angenehm aufregt.

Der in Religionskriegen oft gezeigte Heroismus, von welchem S. 106 die Rede ist, würde für die besondere Macht religiöser Begeisterung ein Beweis sein, wenn nicht in anderen Kriegen, welche nachweislich keine Religionskriege waren, ein eben so grofser Heroismus gezeigt worden wäre.

Ebendort Anm. 1 wird die Behauptung Schleiermachers, dafs alle gesunden Empfindungen fromm seien, als „zu weit gehend" bezeichnet. Aber wenn man den Ausdruck „fromm" richtig fafst, dürfte Schleiermacher ganz recht haben.

Zu unbestimmt scheint mir H.s Erklärung des Sittlichguten (S. 128). Die von ihm gebrauchten allgemeinen Redewendungen sind nicht so korrekt und klar, wie die christliche Lehre von der vernünftigen Gottes-, Nächsten- und Selbstliebe. Meine Ansicht über diesen Punkt habe ich im X. Band d. Bl. (Jahrgang 1874) S. 1—10 darzulegen gesucht.

Die Bemerkung, dafs der Gegensatz zwischen Wachen und Schlafen nur relativ sei (S. 135) würde ich streichen, weil sie nur dadurch einen Sinn erhalten kann, wenn man Wachen und Schlafen bald im eigentlichen, bald im uneigentlichen Sinne gebraucht.

S. 135 Anm. 2 heifst es a. E.: „Auch wachen Schlafende oft auf, wenn ein bisher nicht gehörtes gleichmäfsiges Geräusch aufhört". In dieser Form ist der Satz wohl kaum verständlich. Es soll wohl heifsen: wenn ein bisher zwar den Gehörnerv des Schlafenden reizendes, aber doch dem Schlafenden nicht zum Bewufstsein kommendes gleichmäfsiges Geräusch aufhört. Durch das auch im Schlafe nie ruhende Gemeingefühl wird nämlich eine wichtige Änderung im Zustand des zuerst gereizten, später aber nicht mehr gereizten Gehörnervs dem Bewufstsein bisweilen so kräftig signalisiert, dafs eine Beunruhigung des Gemüts und schliefslich eine Allarmierung des ganzen Organismus eintritt.

Die Ausstattung des Buches ist eine gute, der Druck im ganzen korrekt. Einen sinnstörenden Druckfehler fand ich nur S. 89 Zeile 11 v. o., wo es statt Lustgefühl Unlustgefühl heifsen mufs.

Zur Einführung in unseren Oberklassen dürfte sich das Werkchen schwerlich eignen, weil nicht nur Psychologie, sondern auch Logik bei uns zum Pensum der Oberklasse gehört. Vergleiche ich dasselbe mit der nur um 3 Bogen stärkeren Psychologie von Hagemann (Freiburg, Herder 1874), so möchte ich fast letztere vorziehen, obwohl sie kein Sachregister hat. Dieses ist auch ziemlich überflüssig, wenn man mit dem Inhaltsverzeichnis nur einigermafsen umzugehen versteht. Damit soll natürlich keineswegs dem Buche derjenige Wert abgesprochen sein, welchen der Verf. selbst in der Vorrede ihm beilegt und anerkannt wissen möchte.

Bayreuth. Wirth.

Die Wanderung der Cimbern und Teutonen. Inaugural-Dissertation von Bernhard Sepp. Im Kommissionsverlag von Th. Ackermann, München 1882. Preis 1 ℳ 40 ₰. 84 S.

Die Abhandlung zerfällt ihrem äufseren Umfange nach in 2 Teile. Der erste gibt nach einem kurzen Vorwort und einer Literaturübersicht die Darstellung der geschichtlichen Ereignisse von 113—101, wobei der Verf. mit Absicht die Besprechung kontroverser Fragen vorerst bei Seite läfst; darauf folgt in einem „Rückblick" des Verf. eigenes Urteil über Ausdehnung der Wanderzüge der beiden Hauptvölker; in gesonderten Abschnitten wird sodann die Frage über die ursprüngliche Heimat der Cimbern und Teutonen sowie über das ethnographische Verhältnis der beiden Völker einer kurzen Erörterung unterzogen. Der etwas umfangreichere 2. Teil enthält in zahlreichen Noten und Citaten die Belege und eingehende Begründung vorausgehender Aufstellungen.

Vor allem ist anzuerkennen, dafs der Verf. das vorhandene Quellenmaterial in fast erschöpfender Vollständigkeit benutzt hat. Dabei verrät die Arbeit kritisches Verständnis und klares historisches Urteil. Die Aufstellung, — die der Verf. selbst nur als Hypothese bezeichnet — dafs die Wanderzüge der Cimbern und Teutonen völlig unabhängig von einander aufzufassen seien, indem nur die Teutonen den Rhein überschritten und (mit den Ambronen) Gallien und Spanien überschwemmt hätten, wogegen die Cimbern von vornherein nach Süden (Noricum) gezogen und von dort aus a. 102 nach Italien vorgedrungen seien, hat trotz mancher Gegenbedenken grofse Wahrscheinlichkeit für sich. Dagegen kann ich in einzelnen anderen Punkten dem Verf. nicht zustimmen. Wenn er die keltische Abstammung der Cimbern und Teutonen zu beweisen sucht, so finde ich die vorgebrachten Gründe (S. 70—76) teils anfechtbar, teils zum Beweise ungenügend; auch ist er die Widerlegung der wichtigsten Gegengründe, die für germanische Abstammung sprechen, schuldig geblieben. Der Verf. behauptet, dafs Cäsar (b. g. I, 40) in beabsichtigter Täuschung in seinen Soldaten die Meinung erweckt habe, die Krieger Ariovists seien mit den besiegten Cimbern und Teutonen gleichen Blutes, und dafs er dadurch erst Anlafs zur allgemeinen Annahme germanischer Abstammung derselben gegeben habe. Dafs dies nicht richtig ist, scheint mir vor allem aus Caes. b. g. I, 33 hervorzugehen (Paulatim autem Germanos consuescere etc.); vielmehr ist anzunehmen, dafs Cäsar, wo er von den Cimbern und Teutonen spricht, auf die damals bereits allgemein verbreitete Ansicht von deren germanischer Abstammung bezug nimmt, wenn auch gewifs zuzugeben ist, dafs er durch sein gewichtiges bestätigendes Urteil zur Befestigung derselben vorzugsweise beigetragen hat. Ebensowenig ist die glänzende Rüstung der 15000 Reiter ein Beweis für deren keltische Abstammung. Denn abgesehen davon, dafs diese Angabe Plutarchs bei seiner Neigung zu rhetorischer Ausschmückung und Übertreibung nicht allzuviel Glauben verdient, ist es doch auch so unwahrscheinlich nicht, dafs die Besten des cimbrischen Volkes während ihres 10jährigen Aufenthaltes in Noricum, dem Lande der Erzgruben und Waffenschmiede, sich die eiserne Rüstung, die ihnen bisher abging, zu beschaffen wufsten.

Überhaupt wäre zu wünschen, der Verf. wäre mit der Darstellung Plutarchs und anderer Berichterstatter, die in ihren Schlachtberichten geradezu Unmögliches bieten, noch schärfer zu gericht gegangen. Um anderes zu übergehen, so erscheint die Angabe der 15000 Mann starken Reiterei, wenn man bedenkt, dafs die gallische Reiterei a. 52, zusammengesetzt aus den Kontingenten von mehr als 40 Staaten, nicht mehr als

15000 Mann zählte (Caec. b. g. VII, 64) und dafs die Germanen nie in ihrer Geschichte auch nur mit annähernd gleich starker Reiterei auftreten, als eine lächerliche Übertreibung. Zudem widerlegt sie sich aus Plutarch selbst. Nach Plut. Mar. 25 wählt Marius den Kampfplatz bei Vercellae gerade aus dem Grunde, weil derselbe zur Entwicklung der römischen Reiterei besonders geeignet war. Marius mufs also die römische Reiterei für die überlegene angesehen haben. Dagegen ist die Stärke der beiden römischen Armeen mit 50000 Mann zu gering angesetzt und sind jedenfalls die bundesgenössischen Truppen in diese Zahl nicht eingerechnet.

Den Tigurinern weist der Verf. mit Recht eine selbständigere Rolle neben den Teutonen zu, als es gewöhnlich geschieht. Dagegen kann ich weder als Ort der Niederlage des Cassius die Enge von Fort Écluse, — derselbe ist jedenfalls in der Provinz zu suchen — noch als Ursache der Niederlage einen gelegten Hinterhalt annehmen, — damit reimen sich die Worte Divicos nicht (C. b. g. I, 13): se ita a patribus majoribusque suis didicisse, ut magis virtute contenderent, quam dolo aut insidiis niterentur —. Auch weifs ich nicht, warum er als Grund des Auszugs — mufs es denn eine förmliche Auswanderung gewesen sein? — das Drängen nachrückender Massen annahm. Wenn ein so zwingender Grund dieselben veranlafst hätte, ihr Gebiet zu verlassen, so würden sie gewifs nicht nach ihrem Siege über die Römer die schutzlose Provinz aufgegeben und in die Heimat freiwillig zurückgezogen sein.

Trotzdem ich in diesen und manchen anderen Punkten die Auffassung des Verf. nicht teile, stehe ich nicht an, die fleifsige und gründliche Arbeit der Beachtung der Geschichtskundigen aufs beste zu empfehlen.

Kaiserslautern. o—.

Übersicht der Weltgeschichte in synchronistischen Tabellen zum Gebrauch für Gymnasien und Realschulen sowie für alle Freunde der Geschichte von K. Winderlich. 5. verbesserte und bis in die neueste Zeit fortgeführte Auflage. Breslau. 1881. Kern.

Nachdem dieses Buch bereits in 5. Auflage vorliegt, mufs man sich billig wundern, dafs noch so viele Ungenauigkeiten und Unrichtigkeiten darin stehen geblieben sind, die den Wert dieser Zeittafeln, zumal für den Schulgebrauch, sehr zweifelhaft erscheinen lassen.

Ich beschränkte mich bei der Durchsicht meist auf die alte und deutsche Geschichte, doch liefse sich bei genauerem Eingehen auf diesen Stoff noch ein ansehnlicher Nachtrag liefern. Bezüglich der Geschichtsdaten aller übrigen Staaten dürfte die Ausbeute an Fehlern wahrscheinlich noch beträchtlicher sein, wenn sich jemand der freilich viel Zeit raubenden Mühe des Sichtens unterziehen wollte. Vor allem wäre gerade im Interesse des Autors zu wünschen, dafs in der Einleitung wenigstens die Hauptwerke sich bezeichnet fänden, denen die Daten entnommen sind.

Warum der Verfasser die erste Periode, in der er doch eine Menge historischer Thatsachen angibt, vorhistorisches Zeitalter betitelt, ist mir nicht klar, noch weniger, weshalb gerade mit dem Jahre 800 das historische Zeitalter beginnen soll.

Ich will nun zu den Einzelnheiten übergehen:

p. 5 lies Gerusia statt Gerrusia, p. 21 Herculaneum statt Herculanum. p. 7. 670 als Endjahr des zweiten messenischen Krieges ist nicht beglaubigt. — Tarquinius Priscus regierte bis 578 nicht 574. p. 8. Die Eroberung von Sardes fällt in das Jahr 499, nicht 496; der Zug des Mardonius fand

493 statt, nicht 492. p. 10. Die Besetzung der Cadmea durch Phöbidas geschah 383, nicht 380. p. 11. Phokion ist ein Anhänger der Friedenspartei, nicht Gegner Philipps II. (Phokion und seine Beurteiler von Bernays, Hist. Zeitschr. v. Sybel 1881). Die Vertreibung der Gallier durch Camillus ist nach Mommsen I, 337 eine spät und schlecht erfundene Sage. Die Entscheidungsschlacht im Latinerkrieg war bei Trifanum zwischen Minturnä und Suessa (Mommsen 1, 360).
p. 12. Alexanders Sieg 331 über Darius wurde bei Gaugamela in der Nähe des alten Niniveh erfochten. p. 15. Die Sendung des Regulus nach Rom ist nicht erwiesen. — Die Schliefsung des Janustempels erfolgte 235, nicht 227. — Hannibal eroberte Sagunt 219, nicht 218. p. 17. Der Krieg mit Numantia dauerte von 143—133. Numantia wurde 133 zerstört (Mommsen II, 17), nicht 131. — C. Gracchus erliefs seine Agrargesetze nicht 121, in welchem Jahre er starb, sondern 123. — Im jugurthinischen Kriege ist Sullas Name nicht zu vergessen. — Die Schlacht bei Arausio fand 105, nicht 106 statt. — Cicero ist 106 geboren, nicht 114. — Die Aufnahme von Söldnern und Proletariern in die Legionen geschah durch Marius schon im cimbrischen, nicht erst im Bundesgenossenkrieg. Schon 107 gestattete Marius jedem freigebornen Bürger den Eintritt in das Heer (Mommsen II, 196).
p. 18. Die Eroberung Athens durch Sulla erfolgte nicht 75, sondern 86. Sulla starb bereits 78. p. 19. In der Regel werden nur drei mithridatische Kriege angenommen; der dritte dauerte von 74—64. p. 20. Rhätien, Vindelicien und Noricum wurden bereits 15 v. Chr. erobert, Pannonien wurde erst nach dem Aufstand, 10 n. Chr., als Provinz eingerichtet, Moesia superior 29 v. Chr. unterworfen. p. 20. Nicht schon im Jahre 7, sondern 14 wurde Germanicus von Augustus mit dem Oberbefehl in Gallien und Germanien betraut. Sehr fraglich ist es, ob Germanicus auf Tibers Anstiften vergiftet wurde. p. 21. Die Niederlage erlitt Lollius im Jahre 16, nicht 19. — Der Ausdruck: „Rom wird im Jahre 69 Wahlreich" ist nicht zutreffend. — Der Aufstand der Bataver wird nicht von Vespasian, sondern in seinem Auftrage von Cerealis unterdrückt 70, nicht 71. p. 20. Tiberius zieht sich erst 26 nach Capreae zurück, nicht 22. p. 21. Nicht Claudius, sondern Caligula verschwendete den Schatz des Tiberius. — p. 23. Plutarch ist doch wohl nicht bei der römischen Literatur anzuführen. — Commodus hat den Frieden nicht erkauft, sondern einen leidlichen Frieden geschlossen, so dafs beiderseits die Donau als Grenze anerkannt wurde. — p. 24. Kaiser Carus regierte 282—283. Ihm folgen seine Söhne Carinus und Numerianus bis 284. — Unter den sechs gleichzeitigen Kaisern ist statt Severus zu setzen Maximinus. — Constantius wird erst 353, nicht 350, Alleinherrscher nach Ermordung seines Vetters Gallus. — Julianus fiel 363 nicht 364.
p. 29. Ali regierte bis 661, nicht 660. p. 30. Pipins Erhebung zum König fällt in die letzten Monate des Jahres 751, nicht 752. p. 32. Karlmann, Karls des Grofsen Bruder, starb am 4. Dezember 771, nicht 770. (Abel, Jahrbücher p. 82). — Die spanische Mark wurde nicht 778 durch Karl den Grofsen erobert. (Abel p. 240). Erst Ludwig der Fromme gewann sie 812. — Der Vernichtungskrieg gegen die Avaren dauerte von 791—799, nicht 789—792. — Die kulturgeschichtliche Darstellung aus der Zeit Karls des Grofsen entbehrt der historischen Wahrheit. Als Kuriosum will ich etliche Sätze anführen: „Karl der Grofse lebte minder gut als heutzutage ein gewöhnlicher Handwerker; nicht, weil seinem Palaste (wohnen die heutigen Handwerker in Palästen?) Glasfenster und Dielen fehlten, oder weil er seine Speisen nicht mit Zucker versüfsen konnte, sondern weil er alle Genüsse entbehren mufste, leibliche und geistige, welche die Kultur

mit sich bringt. Die Zeit hatte gar keinen Wert, weil in ihr nichts Besonderes grofs (?) geschah. Die Zeit war bedürfnis-, aber auch genufs- und bedeutungslos." Vergleiche Wattenbachs deutsche Geschichtsquellen im Mittelalter p. 115 ff. oder deutsche Geschichte bis auf Karl den Grofsen von Georg Kaufmann. p. 36. Konrad I. hat die Reichsgrofsen nicht zur Anerkennung seiner Würde gebracht, dies gelang erst seinem Nachfolger. — Otto der Grofse unternahm 2, nicht 6 Römerfahrten. — Von einer förmlichen Gründung einer Mark auf slavischem Gebiete durch Heinrich I. ist nichts Sicheres bekannt. — Die Mark Schleswig ist eine Schöpfung Karls des Grofsen, nicht erst Heinrichs I., der sie nur wieder herstellte. p. 37. Die Notiz „Otto I. konnte kaum lesen" gibt ein falsches Bild von seinem geistigen Streben. Er schätzte die Wissenschaften, ohne selbst eine gelehrte Bildung erhalten zu haben; erst nach 946 lernte er lateinische Bücher lesen und verstehen. Wie Karl der Grofse suchte auch Otto gelehrte Ausländer an den Hof zu ziehen. (Wattenbach, l. c. p. 232.)
p. 40. Heinrich IV. wurde nicht 1066 auf der Harzburg durch die Sachsen gefangen gehalten, dies geschah erst 7 Jahre später. Er siegte über die Sachsen bei Hohenburg oder Homburg, nicht bei Hamburg. — p. 42 lies: Ludwig VI. von Frankreich, nicht Ludwig IV. p. 44. Österreich kam nicht 1153 an Heinrich Jasomirgott, das besafs er ja schon, sondern Bayern wurde Heinrich dem Löwen zugesprochen. Friedrichs erste Romfahrt endete 1155, nicht 1156. Sein zweiter Feldzug nach Italien (nicht Romfahrt, in welche Stadt er diesmal nicht kam) dauerte von 1158—1162. — 1164 entstand der Veroneserbund, erst 2 Jahre später der lombardische. Auch der vierte Feldzug Friedrichs nach Italien war keine Romfahrt; derselbe dauerte 1174—1178. Ebensowenig gibt es eine fünfte Romfahrt gegen die lombardischen Städte 1183. Der Kreuzzug Friedrichs begann 1189.
p. 46. Philipp von Schwaben wird 1198, nicht 1197, zum Könige gewählt, ebenso Otto IV., der nicht 1214 abdankte, sondern den Kampf bis zu seinem Lebensende fortsetzte und sich stets Kaiser nannte. (Winkelmann, Philipp von Schwaben und Otto IV. von Braunschweig.)
p. 48. Friedrichs II. Kreuzzug wurde erst 1228 unternommen. Die Schlacht bei Cortenuova fand 1237, nicht 1238 statt.
p. 50. Das sogenannte Interregnum beginnt erst mit dem Tode Wilhelms von Holland 1256.
p. 52. Die Schlacht am Marchfeld fand am 26. August 1278, nicht 1279 statt. — Sowohl bei Innocenz III. p. 46, als bei Bonifaz VIII. wird der Gipfelpunkt der päpstlichen Macht angenommen. Welcher ist der richtige?
p. 56. Über die Sage von Sifrid dem Schwepfermann als angeblichem Sieger bei Mühldorf siehe Pfannenschmidt in den Forsch. z. d. Gesch. III, 41; und Riezler, Geschichte Bayerns B. II. — Die Belehnung Ludwigs mit Brandenburg erfolgte 1324. — p. 68. Heinrich VIII. von England heiratete Anna Boleyn 1532, nicht 1537. p. 74. Max I. von Bayern trat die Regierung 1598 an. Die Oberpfalz wurde ihm vom Kaiser bereits 1628 übertragen. p. 79. Karl II. von Spanien kam 1665 zur Regierung, nicht 1660. p. 80. Johann Sobiesky wird 1674, nicht 1673, König von Polen. p. 82. statt Villavicissa ist Villaviciosa zu schreiben.
p. 84. Karl VII. wurde 1742, nicht 1740, Kaiser. Gegenkaiser war er überhaupt nicht, weil kein anderer deutscher Kaiser neben ihm existierte.
p. 85. Glucks epochemachende Aufführung seiner Iphigenie in Aulis zu Paris fällt in das Jahr 1774, nicht 1745. Sein Kampf mit Piccini war zu erwähnen. Haydn und Beethoven, unsere grofsen Musikheroen, sind gar nicht genannt. Über den Traktat von Nymphenburg siehe die Untersuchungen Dr. Heigels, „Der österreichische Erbfolgestreit" p. 134 ff.

p. 88. Karl Theodor von Bayern regierte bis 1799, nicht bis 1796. — Kaiser Joseph hob nicht alle Klöster auf, sondern nur eine bedeutende Anzahl. — Die konstituierende Nationalversammlung schlofs ihre Sitzung nicht am 21., sondern am 30. September, mithin konnte die gesetzgebende Versammlung erst am 1. Oktober beginnen. p. 90. Preufsen gewann durch die dritte Teilung Polens nicht 2900 Quadratmeilen, sondern ca. 900 mit 1 Million Einwohner. p. 97. Hiller wird bei Ebelsberg, nicht Ebersberg, von Massena besiegt. p. 98. Der Vertrag von Ried wurde am 8., nicht am 7. Oktober geschlossen. p. 91. In München, nicht in Prag, erfand Senefelder den Steindruck 1797 (Preger, bayr. Gesch. p. 109). p. 120. „Anerkennung des Königs Alfons von Spanien durch das deutsche Reich." Bildet dieser formelle Akt wirklich den ganzen Inhalt der deutschen Geschichte im Jahre 1875?

Zum Schlusse möchte ich noch bemerken, dafs besonders die Kulturgeschichte einer gründlichen Sichtung und systematischeren Behandlung dringend bedürftig ist.

Regensburg. Dr. Gruber.

Grundrifs der Geschichte in pragmatischer Darstellung für die oberen Klassen höherer Lehranstalten von Dr. Julius Brock. II. Teil. Das Mittelalter. 2. Aufl. gr. 8. 128 S. 1,40 ℳ. III. Teil. Die Neuzeit. gr. 8. IV und 173 S. 2 ℳ. Berlin 1882 und 1881. R. Gärtners Verlagsbuchhandlung.

Bei der Bearbeitung des vorliegenden Grundrisses der Geschichte scheint der Verfasser von dem Gedanken ausgegangen zu sein, dafs der Unterricht in der Geschichte nicht blofs die Machtentwicklung der einzelnen Völker darstellen, sondern in die ganze geistige Bedeutung derselben einführen soll. Dies ist dem Verfasser durch übersichtliche Gruppierung des reichen Stoffes und gröfste Präzision des Ausdruckes gelungen. In klaren Umrissen zeichnet der Verfasser die Zeit jener gewaltigen Umwälzung aller Völker- und Staatenverhältnisse, die Zeit der Völkerwanderung, und die Begründung der neuen germanischen Staaten. Die Persönlichkeit Karls des Grofsen, Ottos des Grofsen etc. und der Bedeutung für ihre Zeit ist in trefflicher Weise hervorgehoben. Bei Otto dem Grofsen ist mit Recht auf die Nachteile und Vorteile hingewiesen, welche die Vereinigung der Reiche Deutschland und Italien für Deutschland herbeigeführt hat. Objektiv ist der Investiturstreit behandelt. Neben den Glanzseiten der Regierung des Hohenstaufen Friedrichs II. sind auch die Schwächen berührt. Ziemlich eingehend ist die Kreuzzugsbewegung behandelt, mit vollem Rechte, denn Licht- und Schattenseiten des Mittelalters treten niemals greller hervor, als in dem Jahrhundert der Kreuzfahrten. Der Darstellung des Kulturlebens im Mittelalter hat der Verfasser besondere Sorgfalt gewidmet.

Als ein Verdienst des Verfassers möchte ich noch dieses hervorheben, dafs an geeigneten Stellen die Worte der Quellenschriftsteller und Zeitgenossen angeführt sind, z. B. S. 6 die herrliche Stelle aus Tacitus ann. l. II. über das Ende des Arminius, S. 8 und 9 passende Stellen aus der Germania des Tacitus, S. 17 eine Charakteristik des Attila aus Jornandes, S. 63 die Schilderung Friedrich Barbarossas von seinem Oheime Otto von Freisingen und noch an mehreren Stellen. Die eigenen Worte der Quellenschriftsteller sprechen durch ihre naive Ausdrucksweise in der Regel die Jugend an und können Lehrern und Schülern die Anregung geben, den Zeugnissen der grofsen Vergangenheit unseres Volkes näher zu treten, als es sonst meistenteils geschieht. Ein einziger Ausspruch eines Zeitgenossen reicht sogar hin, um uns die Sinnesweise seines Zeitalters in ihrer ganzen Eigentümlichkeit klar vor die Augen zu rücken. Ich verweise auf S. 66, wo die Lage des Reiches nach dem Tode Heinrichs VI. nicht besser geschildert werden kann, als durch die Worte Walthers von der Vogelweide:

„Untriuwe ist in der sâze, gewalt vert ûf der strâze,
„friede unde recht sint sêre wunt."

Überall sind bei den Angaben die neuesten Forschungen, soweit ich sehe, berücksichtigt. Statt der Schreibweise Chlodwig S. 28 dürfte Chlodovech, statt Mersen S. 37 Meersen richtiger zu schreiben sein. Der Ausdruck Sendboten S. 34 ist nicht quellenmäfsig zu belegen, daher zu streichen. Heinrich I. wird mit Recht S. 48 der Städtegründer genannt. Der Zusatz „bei späteren Schriftstellern der Finkler" ist zu tilgen; denn dieser Beiname ist sagenhaft.

Der III. Teil, die Neuzeit, wird eingeleitet durch eine treffliche Charakteristik der Zeit am Ausgange des 15. Jahrhunderts und beim Anfange des 16. Jahrhunderts. Objektiv ist die Darstellung der Reformation und der Gegenreformation gehalten. Eingehend ist der dreifsigjährige Krieg und die Folgen des Krieges, besonders Deutschlands materielle und geistige Verwilderung geschildert. Auch in diesem Teile ist auf die Charaktere hervorragender Männer und die Bedeutung für ihre Zeit sorgfältig Rücksicht genommen. Die Charakteristik Napoleons ist S. 118 nach Sybel gegeben. Kürzer und treffender läfst sich dieselbe wohl nicht fassen.

Da in beiden Teilen der Lehrer Gelegenheit genug zur Erläuterung und Erweiterung des Stoffes, sowie zur Belebung des Interesses der Schüler findet, darf das vorliegende Buch als eine Bereicherung der Litteratur geschichtlicher Lehrbücher bezeichnet werden.

Münnerstadt. J. E. Kraus.

Féaux, Lehrbuch der elementaren Planimetrie, 6. Aufl., besorgt durch A. Luke. Paderborn, Ferdinand Schöningh. 1882.

Der Vorzug dieses Buches beruht in der ganz aufsergewöhnlichen Klarheit und Einfachheit, mit welcher sämtliche Lehren vorgetragen sind. Daher ist dasselbe ganz besonders zum Selbststudium geeignet, für die Schule möchte es fast allzu ausführlich sein, denn es läfst auch nicht das leichteste Sätzchen unbewiesen, dafs an demselben unter des Lehrers Anweisung die Schüler sich im selbständigen Auffinden des Beweises üben könnten.

Nicht zur Sache gehörig ist die Erläuterung über absolute und relative Null, welche der Lehre von den parallelen Linien angehängt ist.

Das Buch ist übrigens sehr vollständig und enthält alles, was an einem Gymnasium im genannten Gegenstande gelehrt werden kann.

Neuburg a. D. A. Schmitz.

Schelle, Populäre Astronomie und mathematische Geographie für Gymnasien. 2. Aufl. Kempten, Kösel'sche Buchhandlung. 1882. Preis: 1,40 ℳ.

Dieses Büchlein behandelt sein Thema in sehr klarer, einfacher und vollständiger Weise. Besonders zu rühmen sind zahlreiche Übungsaufgaben über mathematische Geographie und Astronomie, obwohl in dieser Hinsicht durch Aufnahme von Aufgaben über Sonnen- und Mondsfinsternisse zu weit gegangen sein dürfte.

Auch die ausführlichen Angaben über Zeitrechnung dürften für ein Gymnasial-Lehrbuch überflüssig sein. Indes, es existiert wohl kaum ein so eng begrenztes Werk, in welchem nur das für den Gymnasialunterricht Vorgeschriebene Aufnahme gefunden hätte, und das vorliegende Büchlein kann dafür auch noch dem am Lyceum und an der Universität sich mit populärer Astronomie Beschäftigenden neben gröfseren Werken als übersichtlicher Leitfaden dienen.

Neuburg a. D. A. Schmitz.

Literarische Notizen.

Gedichte von Martin Greif. 2. stark vermehrte Auflage. Stuttgart, Cotta. 1881. ℳ 3. Elegant geb. ℳ 4,50. S. 368. Die vorliegende Gedichtesammlung enthält 5 Abteilungen: Lieder, Naturbilder, Balladen und Romanzen, deutsche Gedenkblätter, Widmungen, Sinngedichte. Wenn derjenige ein wahrer Dichter zu nennen ist, der alles, was das Menschenherz in Leid und Lust bewegt, der die Empfindungen, welche das Kommen und Gehen der Tages- und Jahreszeiten, Wald und Feld, Wiese und Bach, Heimat und Fremde in der fühlenden Brust hervorrufen, in einfacher, tiefempfundener Weise auszugestalten weifs und dabei Sprache und Vers als Meister beherrscht — so dürfen wir ohne Zweifel unserem heimischen Dichter jenen oft angestrebten, selten verdienten Namen zugestehen. In den Liedern und Naturbildern finden sich wahre Perlen echter Lyrik, Lieder und Gedichtchen, einfach, schmucklos und doch das Herz mächtig ergreifend. Auch in den Balladen und Romanzen herrscht der lyrische Ton vor. Die deutschen Gedenkblätter lassen in Greif den wackeren Patrioten, die Gelegenheitsgedichte den sinnigen Poeten erkennen, der die besonderen Anlässe und Erlebnisse aufs Allgemeine zu beziehen, dem vorübergehenden Ereignis den Charakter des Dauernden zu verleihen versteht. Mögen seine Dichtungen, die man ja nicht zu den flüchtigen Erscheinungen des Tages rechnen möge, besonders in seinem Heimatlande Bayern immermehr die gebührende Anerkennung und Verbreitung finden!

M. Tullii Ciceronis Cato maior de senectute. Erklärt von Julius Sommerbrodt. 9. Auflage. Berlin, Weidmann. 1881. Preis ℳ 0,75. Der Herausgeber hat seine anerkannt gute Ausgabe noch im einzelnen gebessert.

Neue Auflagen aus dem Teubner'schen Verlag:

Xenophons Anabasis. Für den Schulgebrauch erklärt von F. Vollbrecht. 1. Bändchen. Buch I—III. Mit einem durch Holzschnitte und 3 Figurentafeln erläuterten Exkurse über das Heerwesen der Söldner und mit einer Übersichtskarte. 7. verbesserte Auflage. 1881. Preis ℳ 1,50. Der Text ist nach Hug verändert, damit die Schüler, in deren Händen wohl meistens die Teubner'schen Textausgaben sind, in der Klasse und bei der Vorbereitung nicht verschiedene Lesarten zu berücksichtigen haben. — M. Tullii Ciceronis Laelius de amicitia. Für den Schulgebrauch erklärt von Gustav Lahmeyer. 4. Aufl. 1881. Preis ℳ 0,60. In der neuen Auflage sind die in der letzten Zeit bezüglich der Textkritik und Erklärung erzielten Fortschritte verwertet. — Vergils Äneide. Für den Schulgebrauch erklärt von Karl Kappes. 1. Heft Aeneis I.—III. Buch. Dritte, verbesserte Auflage. 1882. Preis ℳ 1,50. 4. Heft. X.—XII. Buch. Zweite, verbesserte Aufl. 1881. Pr. ℳ 1,50. Obwohl stark umgearbeitet und im einzelnen vielfach verbessert, leidet diese Ausgabe doch noch an vielen Schwächen.

G. Gurkes Übungsbuch zur deutschen Grammatik 24. (der neuen Bearbeitung durch Wätzold und Schönhof 1.) Aufl. Hamburg, Meifsner, 1881. 144 S. 80 (?) Pf. Der Übungsstoff ist nach den 7 Jahreskursen der Volksschule geordnet, kann aber selbstverständlich auch in den unteren Kursen der Mittelschulen dem deutschen Unterricht dienen. Liebhaber grammatischer Übungen finden in dem Buch für Orthographie, Wort- und Satzlehre und Interpunktion reichliches Material. Für die Einübung der Interpunktionslehre empfehlen auch wir es den Kollegen. Ein grofser Vorzug des Buches besteht darin, dafs es geistvolle Sätze (grofsenteils Klassikern entnommen) bietet. Die neue Auflage unterscheidet sich von den früheren (vgl. S. 372 des 13. B. d. Bl.) ziemlich bedeutend.

Leitfaden für den Unterricht in der deutschen Sprachlehre von J. Buschmann. 3. Aufl. Trier, Lintz. 1881. 1 ℳ. Das Buch ist S. 214 des 10. B. und S. 372 des 13. B. besprochen und empfohlen worden. Die neue Auflage hat einige Erweiterungen erfahren, so dafs der Leitfaden nunmehr 80 Seiten (früher 62) zählt. Für die Orthographie sind jetzt selbstverständlich die offiziellen preufsischen Vorschriften mafsgebend geworden.

Deutsche Elementargrammatik von Koch-Wilhelm. 7. Aufl. (Jena, Fischer. 1881). Die 6. Auflage wurde im 12. B. S. 267 von Rektor Wollinger angezeigt. Die neue Auflage hat keine wesentliche Veränderung, wohl aber Verbesserungen im einzelnen erfahren, namentlich mit bezug auf die in Rezensionen geäufserten Wünsche. Das Buch ist ein Auszug aus der Koch-Wilhelm'schen deutschen Grammatik, die in sehr ausgedehntem Mafse die Resultate der historischen Grammatik berücksichtigt.

Bilder aus der deutschen Kulturgeschichte von Albert Richter. I. Band, 2. und 3. Lieferung à 1 ℳ. Leipzig, Brandstetter. Das bereits S. 76 d. Z. erwähnte Werk mufs nach den vorliegenden weiteren Heften als eine wirklich interessante Erscheinung bezeichnet werden. Dieselben enthalten eine Schilderung der politischen, sozialen und wissenschaftlichen Verhältnisse unter den Karolingern, behandeln sodann die Einführung des Christentums, die Geschichte der Geistlichkeit und der Klöster. Besonders anziehend ist die Schilderung des Ursprungs der Städte und ihrer Verfassung, die Entstehung der Ratsverfassungen und der Zünfte und des schliefslichen Sieges der letzteren, nicht minder die farbenreichen Gemälde aus dem Lehens-, Ritter- und Söldnerwesen. Der Verfasser, der diese Seite des Mittelalters schon in besonderen Schriften behandelt hat, weifs uns den Zauber jener entschwundenen Zeit mit lebhaften Farben vors geistige Auge zu führen, während beigefügte Bilder den Inhalt des Gelesenen auch zur äufseren Anschauung bringen.

Personalnachrichten.

Ernannt: Der Präfekt am Julianeum in Würzburg Dr. Th. Öchsner z. Prof. d. Religionsl. in Würzburg.

Gestorben: Der qu. Prof. O. G. Sand von Zweibrücken.

Berichtigung.

Im 6. und 7. Hefte S. 240 ist der handschr. Text zu lesen: sequentes cumque; S. 242 stetitsset. — Das S. 242 vermutete parum aptum regte bereits H. J. Müller an, Ztschr. f. d. G.-W. 1876, Jahresb. S. 262.

Zu Scribonius Largus und Marcellus Empiricus.

I.

Wie in allen Zweigen der Kunst und Literatur (die Rechtswissenschaft ausgenommen), waren die Römer auch auf dem Gebiete der Medizin die mehr oder minder gelehrigen Schüler der Griechen. Jahrhunderte[1]) lang blühte das römische Volk, abgehärtet durch die Mühen des Landbaus und gestählt durch die Strapazen des Kriegsdienstes, in Gesundheit und Kraft, ohne das Bedürfnis einer wissenschaftlichen Heilkunde, ärztlicher Kenntnisse und Fertigkeiten in Krankheiten und Unglücksfällen gerade lebhaft zu empfinden. Selten kamen bei der Einfachheit der Lebensweise[2]) gefährlichere Erkrankungen vor und diesen suchte man durch einfache Hausmittel (ein Universalheilmittel war der Kohl[3]) oder durch abergläubische Zauberformeln, durch Gebete, Gelübde und Opfer zu wehren. Gegen die häufigen Fieberanfälle in den sumpfigen Niederungen Latiums nahm man seine Zuflucht zur dea Febris, die zu Rom allein in drei Tempeln verehrt wurde.[4])

Der erste griechische Arzt in Rom war Archagathus, des Lysanias Sohn, der im Jahre der Stadt 535 (219 v. Chr.) aus dem Peloponnes nach Rom kam, unmittelbar vor dem Ausbruch des grofsen hannibalischen Krieges. Er fand freudige Aufnahme, erhielt das Bürgerrecht und übte in einer auf Staatskosten ihm angekauften Bude auf dem Acilischen Kreuzwege seine Kunst aus. Er war ein Wundarzt, vulnerarius, und es liegt die Vermutung nahe, dafs ihm gerade die folgenden Kriegsjahre reiche Gelegenheit zu einer ausgebreiteten Praxis gegeben haben. Aber seine Rücksichtslosigkeit im Schneiden und Brennen zog ihm den Beinamen carnifex (Schinder) zu und machte ihn und seine Standesgenossen bei den Römern

---

[1]) Plin. nat. hist. XXIX, § 11 sagt mit einiger Übertreibung: ceu vero non milia gentium sine medicis degant nec tamen sine medicina, sicuti populus Romanus ultra *sexcentesimum* annum.

[2]) Valer. Max. II, 5, 6: salubritatem suam industriae certissimo ac fidelissimo munimento tuebantur bonaeque valetudinis eorum quasi quaedam mater erat frugalitas, inimica luxuriosis epulis et aliena nimiae vini abundantiae et ab immoderato veneris usu aversa. cll. II, 5, 5 init.

[3]) Plin. n. h. XX, § 80—83.

[4]) Valer. Max. II, 5, 6 Febrem autem ad minus nocendum templis colebant, quorum adhuc unum in Palatio, alterum in area Marianorum monumentorum, tertium in summa parte Vici longi exstat.

verhafst.[1]) Gleichwohl strömten in den folgenden Jahrhunderten, besonders seit der Einverleibung Griechenlands in das römische Reich, zahlreiche Scharen von Ärzten nach der Welthauptstadt, um dort gegen hohen Sold ihre Dienste anzubieten, deren die verweichlichte, durch Schwelgerei und Ausschweifung entnervte und infolge dessen der unverwüstlichen Gesundheit ihrer Altvordern verlustig gegangene Nation bedurfte. Umsonst war der Eifer des alten Cato[2]) gegen die ausländischen Heilkünstler, die immer gröfseren Einflufs gewannen, besonders seit es dem gewandten Asklepiades, dem Freunde des Redners L. Crassus, gelungen war, durch ein der herrschenden philosophischen Richtung angepafstes medizinisches System und durch eine an Charlatanerie[3]) grenzende Meisterschaft in der Ausübung seiner Kunst das herrschende Vorurteil der Römer zu besiegen. Zwar widerstrebte der römischen gravitas die praktische Ausübung der Heilkunde, die deshalb neben den Griechen den Sklaven und Freigelassenen überlassen blieb. Nur wenige der Quiriten befafsten sich damit und auch diese gingen in das Lager der Griechen über und galten bei eifrigen Patrioten für Verräter an der Ehre ihrer Nation.[4])

Unter diesen Umständen kann es uns nicht wunder nehmen, wenn nur wenige Träger römischen Namens als Ärzte genannt werden; noch weniger, wenn uns auf dem Gebiete medizinischer Literatur nur vereinzelte Versuche, die Ergebnisse griechischer Forschung und Erfahrung nach Latium zu verpflanzen, entgegen treten. Dafs vollends von einer selbständigen nationalen Leistung auf diesem Felde der Literatur bei den Römern keine Rede sein kann, ist nach dem Gesagten selbstverständlich. Auch in diesem

---

[1]) Plin. n. h. XXIX, § 12. 13. Cassius Hemina ex antiquissimis auctor est primum e medicis venisse Romam Peloponneso Archagathum Lysaniae filium L. Aemilio M. Livio cos. anno urbis DXXXV, eique ius Quiritium datum et tabernam in compito Acilio emptam ob id publice. vulnerarium eum fuisse tradunt mireque gratum adventum eius initio, mox a saevitia secandi urendique transisse nomen in carnificem et in taedium artem omnesque medicos.

[2]) Plin. n. h. XXIX, § 14: Quandoque ista gens suas litteras dabit, omnia corrumpet, tum etiam magis, si *medicos* suos hoc mittet. iurarunt inter se barbaros necare omnes medicina, et hoc ipsum mercede faciunt . . . . interdixi tibi de medicis, schreibt Cato an seinen Sohn Marcus.

[3]) Plinius, Celsus und Apulejus erzählen, er habe einen Scheintoten wieder ins Leben gerufen. Plin. XXVI, § 14. Celsus II, 6 sub fin. Apul. Florid. IV, 266. Er erklärte, für keinen Arzt gelten zu wollen, wenn er jemals selbst erkranke. Plin. VII, § 124: summa autem Asclepiadi Prusiensi fama est condita nova secta, spretis legatis et pollicitationibus Mithridatis regis, relato e funere homine et conservato, sed maxime sponsione facta cum fortuna, ne medicus crederetur, si unquam invalidus ullo modo fuisset ipse.

[4]) Plin. XXIX, § 17 solam hanc artium Graecorum nondum exercet Romana gravitas, in tanto fructu paucissimi Quiritium attigere et ipsi statim ad Graecos transfugae.

Gebiete der Wissenschaft tritt uns im Gegensatz zur römischen Beschränktheit die Universalität, die forschungsfreudige Beweglichkeit des griechischen Geistes, der sich an jedem Problem menschlicher Erkenntnis versucht, klar entgegen. Welch ein Unterschied zwischen griechischer und römischer Medizin! Auf der einen Seite glänzen die grofsen Namen eines Hippokrates, Herophilus, Erasistratus, Soranus, Rufus, Aretaeus und Galenus neben zahlreichen Gröfsen zweiten und dritten Ranges, denen auf der andern Seite nur Celsus, Scribonius Largus, Plinius und Caelius Aurelianus gegenübergestellt werden können, die sich damit begnügten, die Resultate griechischer Medizin ihren Landsleuten in populärer Form zu vermitteln. Unter den Ärzten und medizinischen Schriftstellern der Römer nimmt Celsus unstreitig die erste Stelle ein. Mufs uns nicht schon die Thatsache die höchste Achtung vor diesem „Encyklopädisten" einflöfsen, dafs es ihm als einem Dilettanten oder Laien gelungen ist, aus dem umfassenden Gebiete der griechischen Medizin von Hippokrates bis auf seine Zeit mit Urteil und Geschmack ein Kompendium des Wissenswertesten für die praktischen Bedürfnisse des Lebens in solcher Vollständigkeit zusammenzustellen, dafs sein Werk bei dem Verluste der vielen von ihm benützten Autoren „nächst der Hippokratischen Sammlung und den Schriften Galens das bedeutendste Denkmal der Medizin des Altertums bildet".[1]) Für den Philologen speziell hat trotz des ihm fremdartigen Inhaltes die Lektüre des Celsus wegen seiner klaren, den klassischen Mustern noch sehr nahestehenden Sprache einen ganz besonderen Reiz.

Auf einer viel tieferen Stufe steht der an zweiter Stelle genannte Scribonius Largus, der den eigentlichen Gegenstand dieses Aufsatzes bilden soll. Von seinen Lebensumständen ist nichts bekannt, aufser was sich aus seinem Werke selbst ergibt. Dasselbe führt den Titel Compositiones medicae (oder medicamentorum) und enthält in 271 meist kurzen Kapiteln eine Sammlung von Rezepten, welche nach den Krankheiten der einzelnen Körperteile, die in der beliebten Ordnung a capite ad calcem aufgeführt werden, geordnet sind. Er war ein Schüler des Apuleius Celsus[2]), der aus Centuripae in Sizilien stammte und in Rom als praktischer Arzt und Lehrer der Medizin lebte, und des Chirurgen Tryphon[3]), den Celsus mit Auszeichnung nennt. Sein Mitschüler bei Apuleius Celsus war (Vettius)

---

[1]) Haeser, Lehrbuch der Geschichte der Medizin I, S. 277, 3. Auflage.

[2]) Scribon. c. 171: Antidotus *Apulei Celsi praeceptoris*, quam quotannis componebat et genere quodam publice mittebat Centuripas, unde ortus erat. cll. c. 94.

[3]) Scribon. c. 175: Accepimus a *Tryphone praeceptore*. Cels. VII, praef. Ac Romae quoque non mediocres professores, maximeque nuper *Tryphon pater* et Euelpistus et horum eruditissimus Meges aliquantum ei disciplinae adiecerunt. cf. Galen. XII, 843 Τρύφωνος (τοῦ) ἀρχαίου ἡ εὔχρους λεγομένη = Scribon. c. 203.

Valens[1]), der Stifter einer neuen medizinischen Sekte, der zu hohem Ansehen und grofsem Einflufs gelangte, aber sein ehebrecherisches Verhältnis zu Claudius' lasterhafter Gattin Messalina mit dem Tode büfste.

Im Jahre 43 begleitete Scribonius den Kaiser Claudius auf seinem Kriegszuge nach Britannien. Er erzählt,[2]) dafs er während seines Aufenthaltes in dem Hafen von Luna in Etrurien Gelegenheit hatte, eine Pflanze, trifolium acutum, ὀξυτρίφυλλον von den Griechen genannt, die sich häufig in Sizilien, in Italien dagegen nur auf den Höhen um Luna finde und gegen den Schlangenbifs schütze, zu sehen. In welcher Stellung er an der Expedition teilnahm, darüber fehlt jede Andeutung. Dafs er nicht, wie man leicht vermuten könnte, kaiserlicher Leibarzt war, scheint aus seinem Verhältnis zu dem Freigelassenen C. Julius Callistus,[3]) dem bekannten Günstling des Kaisers Claudius, dem er sein Werk widmete, hervorzugehen. In der Vorrede spricht er nämlich demselben seinen Dank dafür aus, dafs er dem Kaiser seine (des Scribonius) medizinische Schriften überreicht habe. Wäre Scribonius Leibarzt des Kaisers gewesen, so hätte er hiezu der Vermittlung des Callistus schwerlich bedurft. Jene hochbesoldete und von hervorragenden Ärzten gesuchte Stelle eines kaiserlichen Leibarztes scheint vielmehr der obengenannte Vettius Valens bekleidet zu haben, bis ihn im Jahre 48 mit Messalina und ihrem Anhang die verdiente Strafe ereilte. Aufserdem nennt Plinius noch einen Stertinius als Leibarzt des Claudius, der eine jährliche Besoldung von 500,000 Sestertien bezog.[4])

Scribonius widmete sein Werk seinem Gönner C. Julius Callistus, auf dessen Anregung er dasselbe verfafst hatte. Er rühmt in der Vorrede dessen Güte und Wohlwollen und dankt ihm für die Überreichung seiner Schriften an den Kaiser.[5]) Es geht daraus hervor, dafs Scribonius aufser

---

[1]) Plin. n. h. XXIX, § 8 exortus deinde est *Vettius Valens* adulterio Messalinae Claudii Caesaris nobilitatus pariterque eloquentia. adsectatores et potentiam nactus novam instituit sectam. cf. Seneca ludus de morte Claudii c. 13. Tacit. ann. XI, 30. 31. 35. Lehmann, Claudius und seine Zeit, S. 217.

[2]) Scribon. c. 163: nam in Italiae regionibus nusquam eam vidi herbam (trifolium acutum), nisi in Lunae portu, quum Britanniam peteremus cum deo nostro Caesare, plurimum super circumdatos montes.

[3]) Über ihn vgl. Lehmann, Claudius u. s. Zeit, S. 147.

[4]) Plin. XXIX, § 7 Q. Stertinius inputavit principibus quod sestertiis quingenis annuis contentus esset, sescena enim sibi quaestu urbis fuisse enumeratis domibus ostendebat. *par et fratri eius* merces a Claudio Caesare infusa est. Lehmann, a. a. O. S. 217.

[5]) Scrib. Epistola ad C. Jul. Callistum (pag. 5 Rhod.): quia percepisti utilitatem eorum (sc. medicamentorum), idcirco a me compositiones quasdam petiisti. Ego autem memor humanitatis tuae candorisque animi tui, quem omnibus quidem hominibus plene, mihi autem etiam peculiariter praestas, non solum quas desiderasti, verum etiam si quas alias expertas in praesenti habui, in hunc librum contuli. Cupio enim mediusfidius, qua possum, tuae in me tam perseveranti benevolentiae respondere, adiutus

den uns erhaltenen Compositiones medicae noch andere Werke medizinischen Inhaltes geschrieben hat, die verloren gegangen sind. Die Zeit der Abfassung der erhaltenen Schrift ist dadurch bestimmt, dafs einerseits der Zug gegen Britannien erwähnt,[1]) andrerseits Messalina noch als Gemahlin des Claudius genannt wird,[2]) also ist die Schrift in den Jahren 44—48 entstanden und ihr Verfasser ist ein Zeitgenosse des Seneca, Curtius, Columella und Pomponius Mela. Wie wäre unter diesen Umständen der Charakter seiner Sprache, die Haeser[3]) in seiner trefflichen Geschichte der Medizin ein barbarisches Latein nennt, zu erklären, wenn diese Charakteristik richtig wäre? Dafs aber dieser Vorwurf ganz unbegründet ist, dafs vielmehr die Sprache des Scribonius das Gepräge seiner Zeit deutlich an sich trägt, dafs sie aber dem Inhalte entsprechend trocken und einförmig ist und an vielfachen Wiederholungen des gleichen Ausdrucks leidet, dafs ferner der Verfasser gleich anderen technischen Schriftstellern sich manche Ausdrücke und Wendungen der Sprache des gewöhnlichen Lebens, des sermo cotidianus oder plebeius, gestattet hat, soll in einem zweiten Artikel gezeigt werden.

Welche Umstände den Verfasser nach der Rückkehr aus Britannien von Rom fern hielten, ist nicht zu sagen; er befand sich aber zur Zeit der Abfassung seiner Schrift, wie aus einer Stelle in der epistola ad Callistum (ignosces autem si paucae visae tibi fuerint compositiones et non ad omnia vitia scriptae. Sumus enim ut scis *peregre* nec sequitur nos nisi necessarius admodum numerus libellorum) hervorgeht, nicht in der Hauptstadt.

Was die Quellen anbelangt, aus denen Scribonius seine Rezeptensammlung zusammengetragen hat, so beweisen schon die zahlreichen griechischen Pflanzennamen, dafs er vorzugsweise griechische Ärzte benützt hat. Er nennt als seine Gewährsmänner für einzelne Rezepte die Chirurgen Tryphon (comp. 175. 201. 203. 205. 210), dessen Celsus und Galen gedenken, Meges (c. 202. 239)[4]), Aristus (c. 209), Dionysius (c. 212)[5]),

---

omni tempore a te, praecipue vero his diebus. Ut primum enim potuisti, non es passus cessare tuae erga me pietatis officium, tradendo scripta mea latina medicinalia de nostro Caesari.

[1]) Scribon. c. 163.
[2]) Scrib. c. 60: nam Messalina dei nostri Caesaris hoc utitur (sc. collyrio).
[3]) Haeser, Lehrbuch der Gesch. d. M. S. 299: Seine in barbarischem Latein abgefafste Schrift Compositiones medicamentorum, zu deren Herausgabe ihn, wie er sagt, nur die Liebe zur Wissenschaft trieb, ein auf griechischen Quellen beruhendes, nach den Krankheiten geordnetes, für die Kenntnis der Volksmittel seiner Zeit nicht unwichtiges Rezeptbuch, dessen noch Galen gedenkt.
[4]) Über Meges von Sidon vgl. Haeser a. a. O. S. 252.
[5]) Bei Scrib. steht die Genetivform Dionysi; da aber nur ein Arzt Dionysius, und zwar von Plinius und Galen öfter erwähnt wird, so ist als Nominativ dazu ohne Bedenken Dionysius zu statuieren.

Euelpistus (c. 215)[1]), Glycon (c. 206)[2]) und Thraseas[3]) (c. 204. 208). Aufserdem die Ärzte Cassius (c. 120. 176), den Celsus[4]) den geistreichsten Arzt seiner Zeit nennt und der, wie aus Scrib. c. 120 und Plin. XXIX, § 7 (multos praeterea medicos celeberrimosque ex his Cassios, Calpetanos, Arruntios, Rubrios. ducena quinquagena HS annua his mercedes fuere *apud principes*) hervorgeht, Leibarzt des Kaisers Tiberius war, Julius Bassus (c. 121), ein griechisch schreibender Römer[5]), der wie sein Landsmann Sextius Niger[6]) ein pharmakologisches Werk (περὶ ὅλης) verfafste, das Dioscorides[7]), der ihn wie Caelius Aurelianus acut. III, c. 16 Tullius Bassus nennt, in der Vorrede seines Werkes (Τὰ τῶν ὁλικῶν βιβλία ς') erwähnt[7]), Paccius Antiochus c. 97. 156. 220), Schüler des Philonides aus Catania in Sizilien, welche beide von Galen wiederholt citiert werden, Marcianus (c. 177) und Apuleius Celsus (c. 94. 171). Aber nicht blofs aus den Schriften dieser wissenschaftlich gebildeten Ärzte entnahm Scribonius seine Rezepte, sondern er scheute auch pekuniäre Opfer nicht, um das Rezept zu dem einen oder andern Geheimmittel, mit dem Leute aus dem Volke durch glückliche Kuren Aufsehen erregt hatten, zu bekommen. So führt er c. 122 ein Mittel gegen Kolik an, mit dem ein Weib aus Afrika viele Erfolge in Rom erzielte und fährt dann fort: Postea nos per magnam curam compositionem accepimus, id est pretio dato quod desideraverat, et aliquot non ignotos sanavimus, quorum nomina supervacuum est referre. Ebenso erzählt er c. 171 u. 172, wie er sich ein Mittel gegen Hundswut von einem Kreter durch Vermittlung seines Gastfreundes, des Arztes Zopyrus von Gortyna, der als Gesandter nach Rom gekommen war, verschafft habe.[8])

Auffallend ist es, dafs Scribonius von Plinius in seiner Naturgeschichte niemals genannt wird, obwohl dieser ungefähr 30 Jahre später geschrieben und für die Medizin neben griechischen auch römische Autoren z. B. den

---

[1]) Über ihn vgl. Haeser, S. 252 u. Celsus VII praef.
[2]) Die Identität dieses Glycon mit dem von Sueton. Octav. c. 11 und Cicero epist. ad Brut. I, 6 erwähnten Arzt des Pansa ist wahrscheinlich.
[3]) Bei Scrib. steht der Name im Gnetiv (emplastrum *Thraseae* chirurgi); bei Galen, der vol. XIII, p. 741 das gleiche Rezept wie Scribon. c. 208 von diesem Arzte anführt, steht: ἡ Ἰνδὴ Θαρσαίου χειρουργοῦ.
[4]) Cels. prooem. p. 9 Daremb.: Ergo etiam ingeniosissimus saeculi nostri medicus, quem nuper vidimus, *Cassius* etc.
[5]) Über ihn vgl. Haeser, S. 298. Ex Julio Basso, qui de medicina graece scripsit, Plin. XXXIV. XX. XXI. XXII. XXIII. XXIV. XXV. XXVI. XXVII. In diesen Büchern seiner nat. hist. hat ihn Plin. als Quelle benützt.
[6]) Über ihn vgl. Haeser, S. 299. Sextius diligentissimus, sagt Plinius, der ihn sehr häufig anführt. cf. Dioscorid. praef. ὁ γοῦν διαπρεπὴς δοκῶν ἐν αὐτοῖς Νίγερ.
[7]) Dioscorid. praef. τοῖς μέντοι νέοις οὐ συγκαταθετέον, ὧν ἐστι Βάσσος ὁ Τυλαῖος.
[8]) Scrib. c. 172: Hoc ego quum quaererem ab hospite meo legato inde misso, nomine Zopyro, Gordiense (leg. Gortynense) medico, quid esset, pro magno munere accepi.

Pompeius Lenaeus und Gaius Valgius (Plin. XXV, § 4—7) zu rate gezogen hat. Vielleicht aber waren für Plinius Werke, welche bei der Beschreibung der einzelnen Arzneistoffe aus den drei Naturreichen auch deren Anwendung in der Medizin behandelten, wie unter anderen die des Sextius Niger und Julius Bassus, bequemer und zweckentsprechender als die Rezeptensammlung des Scribonius, die Plinius immerhin gekannt haben mag, aber als für seine Zwecke ungeeignet beiseite liefs.

Dagegen wird Scribonius von Galen in seinen Schriften περὶ συνθέσεως φαρμάκων τῶν κατὰ τόπους und περὶ συνθέσεως φαρμάκων τῶν κατὰ γένη wiederholt citiert. Es sind, wenn ich keines übersehen habe, im ganzen 15 Rezepte, die Galen aus Scribonius anführt[1]); davon sind 9 in dem uns vorliegenden Text des Scribonius erhalten, 6 dagegen verloren gegangen, sei es dafs die compositiones medicae lückenhaft überliefert sind, sei es dafs Galen diese Recepte anderen Schriften des Scribonius entlehnt hat, die nicht auf uns gekommen sind. Denn dafs derselbe aufser dem uns erhaltenen Rezeptbuche noch andere medizinische Schriften in lateinischer Sprache verfafst hat, beweisen seine Worte an Callistus in der Vorrede: ut primum enim potuisti, non es passus cessare tuae erga me pietatis officium tradendo *scripta mea latina medicinalia* deo nostro Caesari. Vielleicht hat Scribonius auch seine gegen den Schlufs der Vorrede bedingungsweise ausgesprochene Absicht (postea tamen, si et tibi videbitur, ad singula quaeque vitia plures compositiones colligemus), eine noch reichhaltigere Sammlung von Rezepten herauszugeben, ausgeführt, der Galen die in dem uns erhaltenen Scribonius sich nicht findenden Rezepte entnommen haben könnte.

Vergleicht man die von Galen angeführten Rezepte mit dem lateinischen Texte, so ergibt sich daraus die Wahrnehmung, dafs Galen, dem es um eine wortgetreue Übersetzung nicht zu thun war, nur deren wesentlichen Inhalt wiedergibt, so dafs sie bei ihm in bedeutend verkürzter Fassung erscheinen. Man vergleiche z. B. Scrib. comp. 227 mit Galen vol. XIII, p. 314 (Kühn):

Scribonius 227	Galen XIII, 314
Haemorrhoidas sic curare oportet medicamento. Perungantur *centaurii* succo denariorum pondo duum. Haec herba latine fel terrae dicitur et ubique in agris nascitur. Est autem tenuis multorum ramorum in rectum surgentium, florem habet exiguum purpureum.	Ἄλλο ἐκ τῶν Λάργου, ὥστε τὰς μόγις προπιπτούσας ἐκστρέφειν αἱμορροΐδας· κενταυρείας χυλοῦ δραχμὰς β΄

[1]) Gal. vol. XII, p. 683 = Scribon. c. 51 u. 52. Gal. vol. XII, p. 738. XII, p. 764 = Scrib. c. 27. XII, p. 843 = Scribon. c. 203. vol. XIII, p. 51. Von den zwei hier aufgeführten Rezepten ist das zweite identisch mit Scribon. c. 75. XIII, 67. XIII, p. 98, 99. 280 = Scribon. c. 122. XIII, p. 284. 314 = Scribon. c. 227. XIII, p. 737 = c. 223. XIII, p. 774 = Scribon. c. 26. XIII, p. 930 = Scribon. 214.

Absinthii denarioruin pondo duum, aluminis liquidi denariorum pondo II, herbae pedicularis denariorum pondo duum, misyis denarii pondo unius, mellis quantum ad comprendenda ea satis erit. Hoc peruncto interius ano aut lana tincta et (del.) interius trusa, quum desederint ad sellam et apparuerint lotae, inedicamento rursus bene tangendae sunt undique et praecipue radices eorum, quas basis dicunt (sic leg.) etc. etc.

στυπτηρίας ὑγρᾶς δραχμάς β', μίσυος δραχμὴν α', σταφίδος ἀγρίας δραχμὴν α', μέλιτι ἀναλάμβανε καὶ περίχριε τὸν δακτύλιον ἢ ἔριον καταβρέξας εἰς τὴν ἕδραν ἐπιτίθει. εἰ δὲ προθυμίαν ἐμποιοῖ τὸ φάρμακον ἐξαναστάσεως καὶ προπέσοι ὁ ὄγκος, κατάπλαττε τοῖς πρὸς αἱμορροΐδας ἀναγεγραμμένοις.

Auf keinen Fall durfte diese Differenz des griechischen und lateininischen Textes von Cornarius[1]) als eine Stütze seiner unbesonnenen Hypothese, Scribonius habe nicht lateinisch, sondern griechisch geschrieben und sei von einem Unbekannten erst ins Lateinische übertragen worden, angesehen werden. Wäre die kürzere griechische Fassung bei Galen das echte Werk des Scribonius und unser lateinischer Text nur eine Übersetzung, gefertigt von einem Anonymus aus der Zeit des Kaisers Valentinian I., wie wäre es, von anderen gewichtigeren Einwänden gegen diese haltlose Vermutung abgesehen, denkbar, dafs der Übersetzer den gerippartigen griechischen Text (man vgl. namentlich Scrib. c. 75 mit Galen XIII, 51 oder Scrib. 122 mit Galen XIII, 280) in so passender Weise abgerundet und durch so geeignete Zusätze erweitert hätte?

Auch ein anderer Grund, den Cornarius für seine Hypothese anführt, ist nicht stichhaltig, nämlich der, dafs der Name des Scribonius von demjenigen nicht genannt werde, der sein Werk in grofsartigstem Mafsstabe ausgeplündert, ja zum gröfsten Teile Wort für Wort abgeschrieben hat, von Marcellus.

Marcellus, mit dem Beinamen Empiricus, aus Burdigala (Bordeaux), unter Theodosius I. und II. magister officiorum, also in hervorragender Stellung am kaiserlichen Hofe, verfafste, ohne Arzt zu sein, zum Gebrauche seiner Söhne, denen es gewidmet ist, ein Hausarzneibuch, eine Sammlung von einfachen und zusammengesetzten Heilmitteln gegen die verschiedenen Krankheiten vom Kopfe bis zu den Zehen. Er benützte hiezu, wie er in der Vorrede angibt, die Werke der beiden Plinius, d. h. des älteren Plinius nat. hist. und die Schrift des sogenannten Plinius secundus iunior de medicina, des Celsus, Apollinaris, Designatianus und von Neueren die Schriften des Siburius, Eutropius, Ausonius und gewifs auch die des Vindicianus de expertis remediis (dem Kaiser Valentinian gewidmet), den er zwar in der Vorrede nicht als Quelle angibt, sondern

---

[1]) In der Vorrede zu seiner Ausgabe des Marcellus Basileae 1536 p. 7 - 8.

nur gelegentlich in seiner Schrift erwähnt (p. 121 ad tussem Vindiciani remedium singulare), dessen Brief an Valentinian er aber nebst anderen medizinischen Briefen seinem Werke vorsetzte. Dafs er das Werk des Vindicianus gekannt hat, beweist das erwähnte Citat und die mitgeteilte Epistola Vindiciani comitis archiatrorum ad Valentinianum imperatorem; dafs er es aber auch benützt hat, läfst sich daraus vermuten, dafs Marcellus häufig mit besonderer Betonung experta remedia anführt und empfiehlt, die er wohl dem Werke des Vindicianus entlehnt hat. Von den sonstigen Quellen des Marcellus sind uns Apollinaris, Designatianus, Eutropius und Siburius nirgends andersher bekannt; Ausonius, der Vater des Dichters Ausonius, war Archiater unter Valentinian.

Aufser den genannten Autoren hat aber Marcellus in ausgiebigster Weise den Scribonius Largus benützt, dessen Namen er entweder absichtlich unterdrückt oder dessen compositiones medicae er für ein Werk des Cornelius Celsus gehalten hat. Zu letzterer Vermutung führt folgender Umstand. Marcellus hat, wie er in der Vorrede selbst bemerkt[1]), in seine Schrift die Briefe oder Dedikationsschreiben derjenigen Autoren, deren Werke er benützte, mit aufgenommen und so gehen denn der Rezeptensammlung in dem uns vorliegenden Texte mehrere epistolae voraus, nämlich der Brief des Largius Designatianus[2]) an seine Söhne, ein von diesem übersetzter Brief des Hippokrates an den König Antiochus, ein zweiter Brief des Hippokrates „ex Graeco translatus ad Maecenatem", dann die epistola Plinii Secundi ad amicos de medicina, ferner zwei Briefe des Cornelius Celsus, der eine an C. Julius Callistus, der andere an Pullius Natalis und die oben erwähnte epistola des Vindicianus. Von den zwei Briefen des Celsus ist der erstere identisch mit der Widmungschrift des Scribonius Largus an seinen hochgestellten Freund C. Julius Callistus. Wie Marcellus dazu kam, diesen Brief dem Celsus zuzuschreiben, ist rätselhaft. Dafs er dem Scribonius angehört, beweist nicht nur die Gleichheit der Sprache (man vgl. z. B. ep. p. 3 si ad hos non responderit curatio mit c. 11 quia nonnunquam vix ad duas tresve respondet curatio oder ep. p. 3 post ubi ne ad haec quidem cedunt difficultates mit c. 229 quum ad nullum malagma aut auxilium cedebant oder ep. p. 2 medici, in quibus nisi plenus misericordiae et humanitatis animus est, omnibus diis et hominibus invisi esse debent mit c. 199 hanc medicus nec quaerere nec nosse debet, nisi diis hominibusque invisus merito esse vult), sondern Scribonius bezieht sich in den Schlufsworten seines Werkes: illud autem te meminisse oportet, mi Calliste, quod initio dixi, eadem medicamenta in iisdem vitiis in-

---

[1]) Epistolas quoque eorum, quorum studium aemulatum me esse scripsi, huic operi ne quid deesset adieci, quorum lectio et incitare vos ad necessariam cognitionem et instruere poterit ad salutem.
[2]) Indem man diesen mit dem Scribonius Largus identifizierte, hat man letzteren mit Unrecht Scribonius Largus Designatianus genannt.

terim melius deteriusve respondere propter corporum varietatem differentiamque aetatum, temporum aut locorum deutlich auf eine Stelle in der epistola zurück, wo er den gleichen Gedanken mit den Worten ausspricht: quoniam revera quaedam quibusdam magis et non omnes (sc. compositiones) omnibus conveniunt propter differentiam scilicet corporum (et affectionum). Es scheint also, dafs Marcellus das Werk des Scribonius für ein Werk des Celsus gehalten hat, den er in der Vorrede unter den von ihm benützten Autoren aufführt. Diese Vermutung wird noch dadurch bestätigt, dafs sich keine Anzeichen in dem Werke des Marcellus dafür finden, dafs er das echte Werk des Celsus benützt habe. Wenigstens ist es mir trotz der angestellten Nachforschungen nicht gelungen, Berührungspunkte zwischen beiden zu ermitteln. Ist die aufgestellte Vermutung richtig, so bleibt dem Marcellus, der in gutem Glauben ein Werk des Scribonius für das des Celsus nahm, wenigstens der Vorwurf der Unredlichkeit erspart; wenn nicht, so hat er den Namen derjenigen Quelle absichtlich verschwiegen, die er zum gröfsten Teil Wort für Wort kopierte, ja vielleicht vollständig in sein Werk aufnahm; denn diejenigen Abschnitte des Scribonius, welche sich in dem uns erhaltenen e i n e n Buche des Marcellus nicht finden, können recht wohl in dem z w e i t e n gestanden haben, auf das Marcellus p. 79 (ed. Basil.) mit den Worten verweist: faciunt bene ad aurium vitia et emplastra, quae scripta sunt in libro *secundo*, das aber verloren gegangen ist. So fehlen denn gerade die Abschnitte des Scribonius über Gegengifte und Pflaster c. 163—221 bei Marcellus.

Zur Orientierung über die Benützung des ersteren durch den letzteren diene folgende Übersicht:

Scribonius ed. Rhodius.	Marcellus ed. Cornarius.	Scribonius ed. Rhodius.	Marcellus ed. Cornarius.
p. 1—6 epistola ad Callistum . . . = p. 22—25		comp. 43—45 . . . . p. 110	
comp. 1— 2 . . . . p. 29		46—47 . . . . p. 83	
3— 9 . . . . p. 30		48—51 . . . . p. 84	
10—11 . . . . p. 30—31		52 . . . . p. 85	
12—18 fehlen bei Marcellus.		53—58 . . . . p. 91	
19—21 . . . . p. 51		59—60 . . . . p. 96	
22—24 . . . . p. 52		61—63 . . . . p. 89	
25—26 . . . . p. 63		64—66 . . . . p. 98	
27 . . . . p. 53		67—70 . . . . p. 104	
28—29 . . . . p. 63		71—75 . . . . p. 98	
30—31 . . . . p. 53		76 . . . . p. 122	
32—35 . . . . p. 59		77—79 . . . . p. 123	
36—37 . . . . p. 63—64		80—82 . . . . p. 110	
38 . . . . p. 54—55		83—85 . . . . p. 124	
39—42 . . . . p. 76		86 . . . . p. 125	
		87—89 . . . . p. 113	

Scribonius.	Marcellus.	Scribonius.	Marcellus.
c. 90— 92 . . .	p. 112—113	c. 146—153 . . .	p. 175—176
93— 95 . . .	p. 114	154—157 . . .	p. 170
96 . . .	p. 114—115	158—160 . . .	p. 246—247
97—110 . . .	p. 133 - 137	161	fehlt bei Marcellus.
111—115 . . .	p. 186—187	162 . . .	p. 247
116—118	fehlen bei Marcellus.	163—221	fehlen bei Marcellus.
119 . . .	p. 203	222—227 . . .	p. 219—220
120	fehlt bei Marcellus.	232 . . .	p. 223
121—122 . . .	p. 203 - 204	233—237 . . .	p. 227
123 . . .	p. 144	238—256	fehlen bei Marcellus.
124 . . .	p. 161	257 . . .	p. 168—169
125—126 . . .	p. 157	258 . . .	p. 158
127	fehlt bei Marcellus.	259 . . .	p. 162
128—132 . . .	p. 161—162	260 . . .	p. 155
133—134	fehlen bei Marcellus.	261 . . .	p. 162
135—139 . . .	p. 210	262 . . .	p. 170
140—142 . . .	p. 198	263—264 . . .	p. 223
143—144 . . .	p. 175	265	p. 169
145	fehlt bei Marcellus.	266—271 . . .	p. 237—238

(Schlufs folgt.)

Augsburg. Dr. Georg Helmreich.

Zu Cornelius Nepos.

Hann. 8, 4.

Praefuit paucis navibus ... hisque adversus Rhodiorum classem in Pamphylio mari conflixit. *Quo* cum multitudine adversariorum sui superarentur, ipse, quo cornu rem gessit, fuit superior.

Das unerträgliche *Quo* hat den Herausgebern viel zu schaffen gemacht. Am leichtesten nehmen es damit die, welche *proelio* aus dem vorhergehenden *conflixit* dem Sinne nach ergänzen lassen, wie Hinzpeter (5. Aufl.) und Halm sowohl in der kritischen als in der Textausgabe. Das wäre aber doch eine unerhörte Freiheit der Konstruktion, die sich Cornel da erlaubt hätte. Daher setzt Fleckeisen (Philol. IV 335)[1]) dieses *proelio* in den Text. Siebelis-Jancovius (8. Aufl.) wagt diese Aufnahme nicht; er drückt sich vorsichtig folgendermafsen aus: „Die Beziehung von *quo* ist dunkel. Vielleicht ist dahinter *proelio* ausgefallen".[2])

Nipperdey nennt in der kleineren Ausgabe (6. Aufl.) das alleinstehende quo mit zu ergänzendem proelio „eine harte Ausdrucksweise".

---

[1]) Ich citiere nach Halm's krit. Ausg.
[2]) Weniger skrupulös ist Siebelis in seiner Übersetzung (Stuttg. bei Hoffmann), wo er die Stelle so wiedergibt: „Wenn aber auch die Seinigen **in diesem Kampfe** der Überzahl der Gegner unterlagen, blieb" er u. s. w.

In der gröfseren Ausgabe aber (ed. Lupus) findet sich Quo eingeschlossen, was durch folgende Bemerkung begründet wird: „Quo läfst sich kaum durch Ergänzung von proelio, was aus conflixit zu entnehmen wäre, erklären. Bei der Beziehung auf in Pamphylio mari müfste es in *quo* heifsen. Es verdankt seinen Ursprung dem unter ihm stehenden *quo cornu* und ist zu tilgen, wodurch ein Asyndeton hergestellt wird" u. s. w. Es ist erstaunlich, dafs Nipp. die richtige Lesart geahnt hat, ohne deren richtige Beziehung zu finden. Man mufs nämlich lesen: „**In** *quo*, das aber nicht auf das pamphylische Meer geht, **sondern auf den Inhalt des ganzen vorhergehenden Satzes hinweist** und mit „hiebei" zu übersetzen ist.[1])

Das nämliche anknüpfende *In quo* gebraucht Nepos an folgenden Stellen:[2])

Ham. I 3 Hoc consilio pacem conciliavit, *in quo* tanta fuit ferocia cet.

Them. II 3 Deinde maritimos praedones consectando mare tutum reddidit. *In quo* cum divitiis ornavit, tum etiam peritissimos belli navalis fecit Athenienses.

Timoth. IV 1 ... decem talenta Cononem, filium eius, ad muri quandam partem reficiendam iussit dare. *In quo* fortunae varietas est animadversa.

Epam. X 1 Hic uxorem nunquam duxit. *In quo* cum reprehenderetur a Pelopida cet. Der hier eingeschobene Satz quod liberos non relinqueret wird mit Recht jetzt fast allgemein als Glossem verworfen.

Ages. III 5 *In quo* cum eum opinio fefellisset.

Praef. 4.

Nulla Lacedaemoni vidua tam est nobilis, quae non *ad cenam* eat mercede conducta.

In den Jahrb. f. Phil. las ich vor Jahren einmal[3]) die ansprechende Verbesserung: *ad ganeam* für *ad cenam*. Wäre es nicht einfacher zu lesen: *ad lenam* oder, wenn's ein Masc. sein müfste: *ad lenonem*? Beides ist leicht palaeographisch zu rechtfertigen.

Phocion 4, 3.

Obvius ei fuit Euphiletus.

Sämtliche mir bekannte Kommentare übergehen die Bedeutung dieses Ausdrucks. Die Spezialwörterbücher aber (von Koch 2. Auflage, Haacke 4., Hinzpeter 5.) geben für obvium esse „begegnen". Das Richtige hat Jacobs zu Sall. Jug. 26, 3 (2. Aufl.): „Obvius sum heifst „**ich trete in den Weg**."

---

[1]) Nipperdey gibt selbst in der kleinen Ausgabe diese Übersetzung.
[2]) Sie sind sämtlich mit Ausnahme von Ep. X¹ bei Nipp.-Lupus zu Them. II 3 aufgezählt. (Nur ist dort Ag. III 5 statt II 5.)
[3]) Herr Müller, der diese Konjektur gemacht, verzeihe mir, wenn ich nicht genauer zu citieren vermag. Die hiesige Bibliothek besitzt den betr. Jahrgang nicht.

Cimon 2, 2.

Idem iterum apud Mycalen ... ducentarum navium classem devictam cepit.

Freudenberg schlägt in den Jahrbüchern 1875 p. 492 vor, nach idem das im vorigen Satz stehende *imperator* zu wiederholen. Ein Wechsel des Ausdrucks scheint mir aber geboten; ich glaube daher, dafs wir *praetor* einzuschieben haben. Es bedarf meines Erachtens keines Nachweises, wie oft Nepos für στρατηγός dieses Wort gebraucht. Die Quelle aber, aus welcher er an unserer Stelle schöpfte, hat hier στρατηγεῖν. Er folgt nämlich hier unzweifelhaft Thukyd. 100: .. καὶ ἐνίκων τῇ αὐτῇ ἡμέρᾳ ἀμφότερα Ἀθηναῖοι Κίμωνος τοῦ Μιλτιάδου στρατηγοῦντος καὶ εἷλον τριήρεις Φοινίκων καὶ διέφθειραν τὰς πάσας ἐς διακοσίας. (Dafs N. Mykale und Eurymedon verwechselte, thut nichts zur Sache.) Und wie leicht konnte der Abschreiber sich irren, da ipr die gewöhnliche Abkürzung für imperator, über dem p̄ = prae des Wortes praetor stand! (cf. Wattenbach Lat. Palaeogr. p. 264, 32).

Atticus 12, 1.

... cum propter suam gratiam et Caesaris potentiam nullius *condicionis* non haberet potestatem.

Meist wird *condicio* hier mit „eheliche Verbindung," „Heiratsbündnis" übersetzt. Am passendsten gibt man es mit „Partie", wofür condicio im Lat. stehender Ausdruck ist. cf. Seyffert zu Lael. (ed. C. F. W. Müller) p. 246.

Frankenthal.   E. Reichenhart.

Zu Posidonius Rhodius.

Die Lebenszeit dieses stoischen Philosophen konnte noch von J. Bake (Posid. Rhodii rell. doctrinae Lugd. Batav. 1810 p. 6 sq.), da die Angabe des Suidas: Π. διάδοχος γεγονὼς καὶ μαθητὴς Παναιτίου cf. Cic. de off. III, 2 de divin. I, 3 weiten Spielraum läfst, nur annäherungsweise bestimmt werden. Erst C. Müller (frg. hist. Gr. Vol. III p. 251 cf. 245) ist eine engere Begrenzung derselben gelungen. Aus Plut. Brut. 1 (= frg. 47 d. P.) erhellt nämlich dafs M. Brutus sein Geschlecht auf L. Junius Brutus, den Stifter der Republik, zurückzuführen suchte und hierin von P. unterstützt ward. Da nun aber M. Brutus, welcher dem plebeiischen Zweig der Junier angehörte, doch wohl erst nach der Ermordung Cäsars sich mit jenem Patrizier, der wie er den Staat vom Tyrannen befreit hatte, vergleichen durfte (cf. Dio Cass. 44, 12), so folgerte Müller mit Recht, dafs P. dieses Ereignis miterlebt haben müsse. Wirklich scheint Cicero selbst in seinen spätesten philosophischen Schriften (cf. de fin. I, 2 de fato 3 verfafst 45 und 44 v. Chr.) von P. wie von einem noch Lebenden zu sprechen.

Nehmen wir nun an, dafs P. im Laufe d. J. 44 gestorben sei und erwägen wir, dafs er nach Lucian Macrob. c. 20 ein Alter von 84 Jahren erreichte, so ergibt sich als sein vermutliches Geburtsjahr d. J. 128 v. Chr. Er war mithin 42 Jahre alt, als ihn die Mitbürger, welche ihn zu ihrem Prytanen d. i. ersten Staatsbeamten erwählt hatten (Strabo XIV p. 655 cf. VII p. 316) $^{87}/_{86}$ v. Chr. mit einer Botschaft an Marius sandten. P. traf ihn bereits sterbend an (Plut. Mar. 45), entledigte sich jedoch seines Auftrages und kehrte alsdann nach Rhodus zurück, wahrscheinlich nicht, ohne, wie drei Jahre später sein Landsmann Molon, in Rom öffentliche Vorträge gehalten zu haben, durch die er Männern, wie C. Aurelius Cotta, Q. Lucilius Balbus, C. Velleius zuerst bekannt wurde (Cic. de nat. D. I, 44). Hier in Rhodus, wo er eine Schule als Philosoph und Rhetor eröffnet hatte, suchte ihn Cicero i. J. 78 auf (Plut. Cic. 4 cf. Cic. de nat. D. I, 3 de fato 3 Brut. 91), hier lernte ihn Pompeius kennen, als er 67 v. Chr. auszog, die Piraten aus der östlichen Hälfte des Mittelmeeres, wie kurz vorher aus der westlichen, zu vertreiben (Strabo XI p. 491). Aber auch auf der Heimreise von Syrien $^{62}/_{61}$ verfehlte der grofse Stratege nicht, dem an der Gicht leidenden Stoiker einen Besuch abzustatten, und einem ernsten Vortrag desselben anzuwohnen (Cic. Tusc. II. 25 Plin. hist. nat. VII § 112 Plut. Pomp. 42). Während aber Pompeius nach Rom eilte, um dort (29 und 30 Sept. 61) einen glänzenden Triumph zu feiern, blieb P., wie wir aus einem Briefe Ciceros (ad Att. II, 1 aus d. J. 60) wissen, auf Rhodus zurück. Erst i. J. 51, also in seinem 77. Lebensjahre, entschlofs er sich, dieser seiner zweiten Vaterstadt — wie einst seiner Geburtsstadt Apamea in Syrien (cf. Cic. Tusc. V, 37) — nachdem er seinen Enkel Jason als Leiter der Schule zurückgelassen hatte, für immer den Rücken zu kehren (Suidas s. v. Ποσειδώνιος Ἀπαμεύς und Ἰάσων Μενεκράτους Νυσαεύς. Natürlich war Rom das Ziel seiner Reise, aber bald führte ihn sein Wissenstrieb zu Land weiter über Ligurien (cf. Strabo III p. 165) nach Gallien (ibid. IV p. 198), das eben in diesem Jahre von Cäsar vollkommen zur Ruhe gebracht war, und Spanien, welches damals von den Legaten seines Gönners Pompeius verwaltet wurde. Nicht weniger als dreifsig Tage verweilte er in Gades, um die Bewegungen der Sonne und des Meeres (Ebbe und Flut) zu beobachten (ibid. III p. 138 cf. II p. 119 III p. 172 sq.). Dann kehrte er (i. J. 50?) — nach einem längeren durch widrige Winde verursachten Aufenthalt an der lybischen Küste, auf den Balearen und Sardinien und einer dreimonatlichen, statt vierzehntägigen Seefahrt (ibid. III p. 144 XVII p. 827) — nach Rom zurück, wo er bis zum Ende seines Lebens blieb. Hatte er sich bisher fast ganz auf natur- und moralphilosophische Abhandlungen beschränkt, so entwarf er jetzt den Plan, eine grofsartige Kosmographie zu vollenden, in der er seine physikalischen Kenntnisse und die wissenschaftlichen Resultate jener Reise niederlegte (wegen ihres reichen geschichtlichen Inhalts führt sie bei Athenäus u. a. auch die Bezeichnung „ἱστορίαι"). Diese Aufgabe beschäftigte ihn die letzten sechs Jahre seines Lebens (49—44) hindurch in der Zurückgezogenheit, welche ihm die inneren Unruhen, zumal nach dem Tode des Pompeius, auferlegten.

Nur diese Darstellung kann den Anspruch machen, mit den Quellennachrichten in Einklang zu stehen. Bake freilich trägt kein Bedenken, jene Reise nach dem Westen schon um d. J. 642 a. u. c. (= 112 v. Chr.) ansusetzen. Aber abgesehen davon, dafs die Zeit des Cimberneinfalls, der darauffolgenden Bürgerkriege in Italien und Spanien (Sertorius), der Piratenherrschaft im mittelländischen Meere einem solchen Unternehmen nicht günstig war, dürfte P., wie einst Polybius, erst durch die Gunst vornehmer Römer (zunächst des Pompeius, dann auch des Cicero, der ihn immer seinen vertrauten Bekannten nennt, des Brutus und Marcellus) zu derselben ermutigt worden sein (so mit Recht Müller a. a. O. S. 246 A.). Da er nun aber von 67 v. Chr. — in welchem Jahre die Freundschaft mit Pompeius begann — bis 51 v. Chr., ununterbrochen, wie wir sahen, auf Rhodus weilte, so bleiben hiefür nur mehr die Jahre 51 und 50 übrig. Dasselbe Resultat ergiebt sich aus folgender Erwägung. Jene Reise mufste P. notwendig über Rom führen (die Route, welche ihm Bake p. 11 sq. vorschreibt, ist völlig unverständlich). Da nun der erste Aufenthalt in der Hauptstadt nur vorübergehend war und der ihm gewordene Auftrag seine schleunige Rückkehr forderte, um von dem Erfolg seiner Gesandtschaft Bericht zu erstatten, von einer dreimaligen Anwesenheit in Rom aber nichts bekannt ist, so läfst sie sich eben nur in die letzte Periode seines Lebens verlegen. Körperliche Rüstigkeit und Geistesfrische in hohem Alter kann uns bei einem griechischen Philosophen, zumal, wenn er der strengen Richtung der Stoa angehörte, nicht befremden. Dafs aber P. wirklich bis in sein letztes Lebensjahr schriftstellerisch thätig war, ist durch das bereits im Eingang angezogene frg. 47 erwiesen.

Auf späte Entstehungszeit seines geographisch-historischen Hauptwerkes weist auch die genaue Bekanntschaft mit römischen Sitten (vgl. frg. 1, 2, 3, 42 sq.), die einen längeren Verkehr mit römischen Familien voraussetzt, die Erwähnung der Boier im hercynischen Wald (cf. Strabo VII p. 293), welche ihm aus Caes. B. G. I, 5 bekannt sein mochten, endlich die Kenntnis des Namens „Germanen", wenn anders nicht Athenäus IV p. 153 diesen willkürlich für „Κελτοί" einschaltete. Jedenfalls wird, was Athenäus a. a. O. aus P. berichtet, dafs nämlich die Germanen bereits damals Wein getrunken hätten, durch das bestimmte Zeugnis Cäsars (B. G. IV, 2 Germani .. vinum ad se omnino importari non sinunt, quod ea re ad laborem ferendum remollescere homines atque effeminari arbitrantur), dessen Autorität uns in allem, was das Leben der Germanen betrifft, neben Tacitus am höchsten stehen mufs, aufs schlagendste widerlegt.

München.   Bernhard Sepp.

Des Horatius 9. Satire des ersten Buches in deutscher Übertragung.

Ging mal den heiligen Weg und war, wie es meine Gewohnheit,
Ganz in Gedanken vertieft — sie waren nicht eben bedeutend.
Da trat einer herzu, den ich nur dem Namen nach kannte,
Nahm bei der Hand mich und frug: „Wie geht es, teuerster Doktor?" —
5 „Nun, man schlägt sich so durch — verbindlichen Dank für die Frage."
Wie er mir folgte, begann ich: „Beliebt noch etwas?" Doch jener
Sagte: „Du kennst mich doch? auch ich bin Doktor." „Kollege?
„Ah, sehr erfreut!" — Ich mühte mich kläglich, ihn los zu bekommen,
Ging bald rascher voran, blieb steh'n bald, sagte dem Diener
10 Irgend etwas ins Ohr, und der Angstschweiſs troff mir aus allen
Poren den Körper hinab. „Bolanus, du glücklicher Hitzkopf!"
Dacht' ich im Stillen bei mir, indessen der Schwätzer von allem
Möglichen sprach, mir die Stadt und die Straſsen lobte. Und als ich
Nichts entgegnete, sprach er: „Umsonst, Freund, willst Du Dich drücken:
15 „Längst schon hab' ich's gemerkt, doch nützt es Dir nichts; ich bin
standhaft.
„Wohin Dein Weg Dich jetzt führt, ich folg' bis ans Ende." „Bemühe
„Weiter Dich nicht, der Kranke ist fremd Dir, den ich besuche;
„Über dem Tiber weit, am Kaisergarten, da liegt er."
„Ah, ich hab' nichts zu thun und bin nicht bequem, ich begleit' Dich."
20 Hangen lieſs ich den Kopf, wie ein recht verdrieſslicher Esel,
Den man über Gebühr bepackt. Da flötete jener:
„Kenn' ich mich anders recht, so wird nicht ein Viscus als Freund Dir
„Höher gelten, ein Varius nicht; wer wäre als Dichter
„Fruchtbar wie ich und gewandt? wer als Tänzer so zierlich geschmeidig?
25 „Wer ein Sänger wie ich? — Ein Hermogenes muſs mich beneiden."
Unterbrechung erschien mir am Platz: „Lebt Dir noch die Mutter,
„Sonst ein Verwandter Dir noch, dem Dein Leben von Wert?" —
„Nicht ein einz'ger,
„Alle schon beigesetzt." — „Die Glücklichen! Ich nur, ich lebe!
„Aber nur zu — es erfüllt sich mein trübes Geschick, das die Hexe
30 „Einst dem Knaben voraus verkündet — so krächzte die Alte:
„Ihn wird nicht schleichendes Gift hinraffen, nicht feindliches Schlacht-
schwert,
„Nicht Pleuritis, nicht Phthisis, nicht schmerzhaft lähmende Fuſsgicht;
„Einem Schwätzer fällt er dereinst zum Opfer; die Schwätzer
„Meide er klüglich darum, wenn er einst zu Jahren gekommen." —
35 Neun Uhr war es vorbei — wir standen am Tempel der Vesta,
Und ein Zufall will, daſs der Mann vor Gericht muſs erscheinen,
Oder der ganze Prozeſs ist für ihn so gut wie verloren.
„Möchtest Du wohl," so begann er, „mir beistehn?" — „Gott soll
mich strafen,

„Wenn ich das Stehn vertrag' und nur etwas weifs vom Privatrecht;
40 „Mufs auch — Du weifst ja, wohin." — „Ich schwanke, Freund, was
　　　　　　　　　　　　　　　　　　　　　　　　　　ich thun soll.
„Lafs ich Dich? den Prozefs?" „Mich, mich!" „Ei bewahre! bewahre!
Damit ging er voran und ich — denn Schritt mit dem Sieger
Halten ist schwierig — ihm nach. „Wie steht Mäcenas mit Dir, Freund?"
Fing er von neuem an: „Ein Mensch von seltner Begabung:
45 „Keiner verstand es wie er sein Glück zu benutzen. Du hättest
„Einen gewandten Akteur für das Fach der kleineren Rollen,
„Wolltest Du meine Person empfehlen; ich wette, Du hättest
„Alle schon längst verdrängt." — „Von solchem Geiste, wie Du glaubst,
„Spüren wir nichts bei Mäcen; kein Haus wohl ist idealer,
50 „Wen'ger dem Zeitgeist hold; so steht mir niemals im Wege,
„Wer da reicher vielleicht ist oder gebildeter; jeden
„Würdigt Mäcen nach Verdienst." „Was sagst Du? kaum glaublich!"
　　　　　　　　　　　　　　　　　　　　　　　„Und dennoch
„Ist es so." „Nur um so mehr machst Du mich begierig, dem Manne
„Nahe zu treten." „Du brauchst nur zu wollen; bei Deiner Begabung
55 „Nimmst Du im Sturm ihn ein; und er ist einnehmbar; und deshalb
„Zeigt er im Anfang sich so gar spröde." — „Lafs mich nur machen:
„Kirren will ich mit Gold die Diener; und weist man auch heute
„Mir die Thüre, was thut's? Ein Tag ist auch morgen; ich nütze
„Zeit und Gelegenheit, ihm zu nah'n. Nichts wirft ja das Leben
60 „Mühlos uns in den Schofs." — Da kam Aristius Fuscus
Eben die Strafse daher; mir befreundet, kannte er jenen
Ebenfalls recht wohl. Er hemmte den Schritt, und wir tauschten
Unser „Woher?" und „Wohin?" dann begann ich am Kleid ihn zu zupfen,
Zog und drückt' ihn am Arm — der schien den Druck nicht zu fühlen —
65 Flehte mit Augenverdreh'n um Erlösung. Aber der Schalk that,
Wie wenn er gar nichts gemerkt, und lachte — ich wollte fast bersten.
„Freund, Du wolltest ja wohl schon lange mit mir im geheimen
„Etwas besprechen, nicht wahr?" „Ganz richtig! Doch lassen wir, Bester,
„Das für geleg'nere Zeit; heut ist Laubhütten — und soll ich
70 „Mit den Juden es wohl verderben?" „Ich machte", so sagt' ich,
„Mir kein Gewissen daraus." „Doch ich — denn ich bin kein Freigeist!
„Also entschuldige mich — für später" — — „Dafs doch mein Unstern
„Heute mich gar so verfolgt! Macht sich aus dem Staube der Unmensch,
„Läfst mich hängen am Kreuz!" — „Wohin, Du Gauner?" so donnert's
75 Plötzlich an unser Ohr. Es war der Gegner des „Doktors",
Der vor uns stand. „Willst Du mir nicht Zeugschaft leisten?" Wohl selten
Sprach ich so freudig ein „Ja"! — Er packte den Gegner, der schimpfte,
Gaffer liefen herzu. — So schützte mich damals Apollo.

Kempten. 　　　　　　　　　　　　　　　　　　　　　　Kellerbauer.

Artemidoros aus Daldis Symbolik der Träume, übersetzt und mit Anmerkungen begleitet von Friedr. S. Kraufs. Wien, Pest, Leipzig, A. Hartlebens Verlag. 1881.

Eine unsichtbare Scheidewand trennt die Gegenwart von der Zukunft. Diese Scheidewand zu durchdringen, die Zukunft zu erforschen und sie dadurch in sein Machtbereich zu ziehen, war von jeher das Streben des Menschen. Zu diesem Zwecke erfreute sich zu allen Zeiten das dunkle Gebiet der Träume (Traumgesichte) einer besonderen Berücksichtigung. Mag nun dieses Nachtgebiet des menschlichen Lebens schon durch seine Dunkelheit und Rätselhaftigkeit eine eigenartige Anziehung besitzen, oder mögen zufällige Erfüllungen von Traumgesichten auf dasselbe hingeleitet, oder mag auch die Erwägung mitgewirkt haben, dafs bei völliger Ruhe des Körpers die Seele, ihrer niederen Funktionen enthoben, ihre erkennende Natur mehr geltend machen und ihren rein geistigen Gesichtskreis erweitern, an die Stelle mühsamen Schliefsens eine Art unmittelbaren Schauens treten lassen könne — zu allen Zeiten und wohl bei allen Völkern finden wir als mehr oder minder deutlich ausgesprochene Thatsache den Glauben, dafs im Traumleben der Verkehr mit einer höheren Welt erleichtert sei. Was soll aber das Traumgesicht, wenn es in jedem einzelnen Falle nur ein dem Erraten anheimgegebenes Rätsel ist, ohne dafs sich seine Auslegung unter eine bestimmte Regel bringen läfst? Daher stammt die in alter und neuer Zeit geübte Kunst der Traumdeuterei. Man sammelte Erfüllungen von Traumgesichten, abstrahierte Regeln, stellte Elemente zur Erklärung fest u. s. w. Die meisten Sammlungen alter Zeit sind uns verloren. Die älteste, welche auf uns gekommen ist, hat zum Urheber Artemidoros aus Daldis (2. u. 3. Jahrh. n. Chr.). Sie liegt uns gegenwärtig in neuer Übersetzung vor.

Zur Rechtfertigung ihrer Arbeit verweisen in der Regel die Übersetzer auf die Wichtigkeit des Originals. Kraufs hat sich diese Aufgabe sehr leicht gemacht. Er citiert einfach Schopenhauer und Hellenbach (S. III. IV.) Es teilt nun wohl nicht jedermann die Ansichten Schopenhauers und sucht aus unserer „träumenden Allwissenheit" unserer „wachenden Unwissenheit" aufzuhelfen. Nicht jedermann wird ferner Lust haben, zur Lektüre einer Übersetzung erst noch Studien in Werken zu machen, die ihm vielleicht nur schwer zugänglich sind. Zudem sind unsere heutigen Anschauungen von den Traumgesichten weit verschieden von denen des Artemidoros. Es ist hier nicht der Platz zu einer Erörterung über das Wesen der Träume; zur Erkenntnis des genannten Unterschiedes genügt schon ein Blick auf die Anschauungen des Artemidoros. Ihm liegt die bewirkende Ursache der Traumgesichte d. h. der unerwartet eintretenden und darum weissagenden Träume aufserhalb der Seele. Diese Traumgesichte rühren von einem Gott her (B. I. c. VI; B. IV. c. II. III. XXII. vgl. B. II. c. LXX; V. c. IX.) und werden daher schon in der Umgangssprache als „gottgesandte" bezeichnet. Wie weit sich hiebei die freie Thätigkeit der Seele erstreckt, gibt Artemidoros nicht mit voller Bestimmtheit an. Sie ist das aktiv Träumende und hat sogar bezüglich der Traumvorstellungen einen freien Spielraum, den sie unter Umständen zu Neckereien benützt. (B. I. c. II; B. IV. Einl.; B. IV. c. II. XXVII. XLII. LIX.). Die Seele verhält sich also bezüglich der Erregung des Traumgesichtes passiv, im Traumgesichte selbst aktiv. Eine genaue Bestimmung dieser Aktivität aber suchen wir bei Artemidoros vergebens. Diesen Anschauungen des Artemidoros gegenüber wäre wohl ein Hinweis auf die moderne Ansicht bezüglich des Traumes am Platze gewesen, sowie einige Bemerkungen darüber, in wieferne die Symbolik des Artemidoros auch heute noch brauchbar ist. Zu dem Citat aus Hellenbach habe ich noch besonders zu bemerken, dafs es sich in der Einleitung zu einer allgemeinen Symbolik der Träume etwas sonderbar ausnimmt. Denn wenn für **jede Individualität** eine **andere** Symbolik der Träume existieren mufs, und nur bei analogen Naturen auch **einzelne** analoge Träume bei **gleichen** somatischen Einwirkungen vorkommen (S. IV.), so scheint mir eine **allgemeine** Symbolik ziemlich wertlos zu sein, da sie nicht einmal auf analoge Naturen eine allgemein gültige analoge Anwendung finden kann.

Geben wir zur Übersetzung selbst über. Dieselbe ist nichts weniger als musterhaft. Wenn die Kunst der Übersetzung zur Vorbedingung die völlige Bemeisterung der zwei in Frage kommenden Sprachen hat und sich in der Nichtverletzung des beiderseitigen Sprachgenius zeigt, dann möchte man zu dem harten Urteil versucht sein, sowohl die Vorbedingung als die Kunst selbst unserem Übersetzer abzusprechen. Ich verkenne nicht die Schwierigkeiten, die ein Autor wie Artemidoros dem Übersetzer bietet; ich mifsbillige es nicht im entferntesten, wenn dieser in seiner Übersetzung „einen möglichst treuen Anschlufs an das Original zu erreichen" (Vorw. S. X.) sucht; wenn aber bei einer sonst wenig ängstlichen Freiheit im einzelnen durch sklavischen Anschlufs an das Original Härten in der Sprache der Übertragung entstehen, die durch leichte Mittel vermieden werden könnten, so habe ich dafür keine Entschuldigung. Zu einem Wiederfinden „der im Grunde genommen eleganten Darstellung des Artemidoros in dieser deutschen Einkleidung" (Vorw. S. X) kann dies keineswegs führen. Wer der griechischen Sprache mächtig ist, wird diese Eleganz lieber im Urtexte selbst kennen lernen; wer es nicht ist, wird in einer derartigen Übersetzung wenig von derselben empfinden. Ich dächte, ein lesbares und elegantes Deutsch lasse weit mehr eine Eleganz des Originals vermuten, als ein Deutsch, durch das man sich oft mit Mühe hindurchwinden mufs. Was soll man zu Sätzen sagen, die sich in einem Gewande wie folgende präsentieren? S. 3: Bedarf es denn auch Worte ohne eigentliche Belege, dir, einem so tüchtigen Redner, gegenüber, den noch kein Grieche zu erreichen vermochte, und der du so verständig bist, dafs du den Sprecher nicht erst ausreden lassen mufst, sondern, noch ehe er beendet, das Ziel, worauf er lossteuert, erfassest? S. 51: Bei diesem Falle gingen einige Ausleger auf falscher Fährte, indem sie es als von guter Vorbedeutung auffafsten. S. 96 lautet eine Zeile: ihnen zu widersprechen, gezwungen zu sein, zu lügen. S. 121 lautet ein vollständiger Satz: „Gleichviel, was sie da sagen, immer ist es die lautere Wahrheit, und man mufs dem Glauben schenken." S. 171: Diejenigen Gottheiten, die selbst und deren Standbilder Glück bedeuten, ist weder zerschmettert und zerschellt gut zu sehen. S. 174: Zu prügeln ist nur die gut... (vgl. S. 290). S. 186. 187: Immer bringt es Heil, wenn man nach einem Fluge auf die Erde herabfliegt und so erwacht, doch am **heilsamsten**, wenn man.... S. 237: So träumte Ruson aus Laodikeia, er habe das Haus seines Freundes gekauft **und hat es erst drei Jahre später käuflich an sich gebracht**. Dieses aber ist das einzige theorematische Traumgesicht, das uns als spät und nicht in der unmittelbaren Gegenwart in Erfüllung gegangen, bekannt ist. S. 238: ... während sich die Menschen das, was Brauch ist, einander selbst vorschreiben, **und man es Sitte nennt.** S. 240. 241: So träumte beispielshalber Aristeides, der Rechtsgelehrte, wenngleich er den Brauch hatte, in weifsen Kleidern auszugehen, während er in einer Krankheit lag, weifse Kleider zu tragen. Diese Stilproben mögen genügen. Es fehlt aber auch an Härten in einzelnen Ausdrücken nicht. „Einer", „einem" u. s. w. für die entsprechenden Formen des griechischen τις kehrt bis zum Überdrusse wieder. S. 19: Unterricht der verschiedenen Künste. S. 23: dasselbe, was wie) vgl. S. 99. 156. 178. 245). S. 26: welche bis ins kleinste Detail **eindringenden** Unterscheidungen abhold sind. S. 85: imgleichen st. in gleicher Weise (vgl. S. 36. 44. u. a.). S. 39: Die Auslegung der Zähne. S. 40 ist „so" störend und überflüssig. S. 41: Einem Sklaven bedeutet es hingegen Freiheit, keine Zähne im Munde zu haben. S. 48: Dagegen sind st. sind dagegen. S. 106: Es **könnte** wohl Niemand in der Nähe eines Donnerkeils verweilen, st: es dürfte wohl niemand über sich gewinnen ... S. 115: „heranziegend" ist eine Spielerei. S. 121: Das scheint mir hinlänglich von den zahmen und wilden Vierfüfslern gesagt zu sein, st. es scheint mir hinlänglich, das ... S. 157: auch führen einige Gestirne den Legenden, welche sich an sie knüpfen, entsprechende Ausgänge mit sich. S. 157: „Dagegen" ohne Gegensatz. S. 193: Zehn neunmal angesetzt (wohl hinzugesetzt, nämlich zu zehn) giebt hundert. S. 210: Inangriffnahmen (S. 227). S. 235: Weibsbild, und öfter im guten und schlechten Sinn (256. 257. 283 u. a.). S. 254: Als er nämlich fragte, ob er nach Rom kommen wird (st. werde)... S. 277 steht „Fehltritt" für „Irrtum". S. 295 könnte st. kann. S. 301: Es war das Jemandes Sklave. Diese Auswahl, welche sich mit leichter Mühe vermehren liefse, genügt wohl vollständig zur Rechtfertigung meines oben ausgesprochenen Urteiles.

Leider sehe ich mich aufser stande, in anderweitiger Beziehung mein Urteil zu mildern. So ist die Korrektur als eine ganz nachlässige zu bezeichnen. Von den drei wichtigen Citaten auf S. VI, bei denen es sich um die Feststellung der Lebenszeit des Artemidoros handelt, ist kein einziges vollständig richtig: statt I. B. Cap. XXVI. lies I. B. Cap. XXVII.; st. III. B. Cap. XXII. l. IV. B. Cap. XXII.; st. II. B. Cap. II. l. IV. B. Cap. II. S. 12: Vieles durch Vieles l.: Vieles durch Weniges. S. 42: stempelte l. stempelt. (Übrigens scheint hier mit Rücksicht auf S. 56, wo ein „brachte" st. „bringt" steht, eher eine falsche Übersetzung als ein Druckfehler vorzuliegen.) S. 56: Moment, der l. das. S. 83, Anm. 3: Sersephone l. Persephone. S. 88: ebdeutet l. bedeutet. S. 193: rdeifsigjährig l. dreifsigjährige. S. 198 findet sich eine durch fünf Zeilen gehende Verschiebung. S. 220, Anm. 1: Cap. XXVI. l. XXV. Anm. 2: μῇ l. μή. S. 232: lebte l. lebt. S. 234: signet l. singt. S. 255. Anm. 1: Appiannos l. Appianos. Die ( ) sind nicht am Platz. S. 256: könnten l. können. S. 266: Anm. 2 l. Anm. 3. S. 296: träumt l. träumte. S. 325: Hülsefrüchte l. Hülsenfrüchte. Auf die häufig fehlerhafte und ungenaue Interpunktion sei nur im allgemeinen hingewiesen.

Die der Übersetzung beigegebenen Anmerkungen sind ziemlich spärlich und, soweit sie nicht den Urtext betreffen, fast durchgängig wertlos. Sie bringen nur Bekanntes und begnügen sich bei Unbekanntem mit der Konstatierung des Unbekanntseins. Ohne stilistische und sonstige Ungeheuerlichkeiten geht es aber auch hier nicht ab. S. 98. Anm. 2 finden sich folgende Sätze: „Der Empfänger übernahm damit die Verpflichtung sowohl zu Gegendiensten als auch zur terminweisen Zurückzahlung der Beiträge, wenn er in bessere Umstände **gekommen sein wird**. Wir sehen also schon im Alterthum Ansätze von Assecuranz-Instituten und garantirten Existenzen, **was** (!) unsere Zeit so sehr charakterisirt." Eine wahre Monstrosität ist Anm. 1. S. 262: Thyateira, ehedem Pelopia genannt, jetzt Akhissar, eine Stadt im Inneren (?) des nördlichen Lydien am Fusse (l. Flusse) Lykos, durch ihre Purpurfärbereien und feine Sitten bekannt. Hier bildete sich die erste (?) christliche Gemeinde. (Strabon XIII, 625. Liv. XXXVII, 37.) Seleukus Nikator restaurirte sie (?), nachdem sie durch Feinde verwüstet worden war. S. 53 lautet die Anmerkung zu den Worten des Artemidoros „deshalb nennen es Einige die Mannheit": So z. B. **unser Schiller**:

Zum Feuergeist im Rückenmark sagt meine Mannheit: Bruder. S. 183, Anm. 1 gebraucht „Legende" in ungewöhnlicher Bedeutung. S. 189 kann es sich der Übersetzer nicht versagen, zu den Worten: dann sprechen auch Kinder die Wahrheit, in Anm. 1 beizusetzen: „und Narren". S. 220, Anm. 2 ist der Ausdruck „Christianer" durch „Christen" zu ersetzen.

An sachlichen Bemerkungen habe ich noch beizufügen: Dafs Cassius Maximus und Maximus aus Tyrus ein und dieselbe Person sind, wird durch das, was hierüber auf S. VIII gesagt wird, keineswegs mit Evidenz dargethan. Die Ausführung S. 27, Anm. 1 befriedigt nicht, da Artemidoros auch sonst ganz gewagte Etymologien gebraucht. Die S. 53, Anm. 1 versuchte Emendation erscheint nicht gesichert, weil beide verglichene Stellen keine volle Ähnlichkeit haben. S. 70, Anm. 1: Die Streichung ist nicht motiviert. Die S. 85, Anm. 1 vollzogene Eliminierung läfst sich beanstanden; denn kann nach B. I. Cap. LXIV. dasjenige, welches das Leben bedeutet, auch die Gattin bedeuten, so ist sicher auch das Umgekehrte möglich. S. 137, Anm. 1 ist die Ergänzung des Grundes unnötig und sogar unstatthaft, da Artemidoros sehr auf Kürze des Ausdruckes zielt. S. 167, Anm. 1: Die Ersetzung von ὄμβρον durch ὄλεθρον ist unmotiviert, da Erdbeben und Regen wohl verbunden sein können, und ὄμβρος ja „stürmischer Regen" bedeutet. Das in Anm. 3, S. 172 Citierte findet sich nicht im ersten Buche. Anm. 1, S. 174 hätte füglich wegbleiben können, ein Schicksal, dessen auch andere Anmerkungen nicht unwürdig gewesen wären.

Burghausen. Dr. L. Haas.

Zakonische Grammatik von Dr. Mich. Deffner. Erste Hälfte. Berlin, Weidmann. 1881. gr. 8. 176.

Der erste Teil des längst angekündigten und sehnlich erwarteten Werkes liegt uns hier vor; da derselbe mitten im Kapitel und sogar mitten im Satze abbricht, so ist zu wünschen und zu vermuten, dafs die zweite Hälfte, welche die Formenlehre behandeln wird, bald nachfolgen werde. Der vorliegende Halbband enthält nämlich nur die treffliche Darstellung der Lautlehre des Zakonischen und einen Exkurs über den Dialekt von Kastánitza. — Indem wir uns eine etwas eingehendere Besprechung des Buches nach seinem vollständigen Erscheinen vorbehalten, beschränken wir uns hier auf eine summarische Inhaltsangabe und einige aphoristische Bemerkungen.

Zuerst behandelt der Verf. die Quellen für die Erforschung des Zakonischen, wobei er die einschlägigen Schriften, besonders das Buch von Deville einer kurzen Würdigung unterzieht. Dann werden die zakonischen Laute im allgemeinen, die altertümlichen Reste des Z., lakonische Eigentümlichkeiten der Mundart, so besonders die Betonung und der Übergang des Schlufs-S in R, sowie die Assimilation dargestellt. Das dritte Kapitel behandelt die Konsonanten, das vierte die Vokale des Z. unter vorzugsweiser Berücksichtigung des Dialektes von Lenidhi. Daran reiht sich der genannte Exkurs über die dem Vulgärgriechischen bedeutend näher stehende und weniger interessante Mundart von Kastánitza.

Eine Eigenschaft des Buches, die eigentlich bei jedem derartigen Werke selbstverständlich ist, mufs hier als ein besonderer Vorzug hervorgehoben werden; wir meinen die peinlich genaue Transkription der Laute; denn in den bisherigen Schriften über das Zakonische war dieselbe nur mit griechischen Buchstaben ausgeführt und daher ungenau und unvollständig. Dafs aber ohne eine solche mit den angegebenen Formen und

Wörtern nur höchst unsicher operiert werden kann, liegt auf der Hand. Von gewissen Seiten allerdings wird wohl auch jetzt wiederum die Anwendung eines phonetischen Alphabets übel vermerkt werden, weil die Abstammung der griechischen Wörter dadurch verdunkelt werde (cf. deutsche Literaturzeitung 1881, N. 8) oder vielleicht, weil, wie Deville meinte, die griechischen Wörter dadurch ein barbarisches Aussehen bekommen — „Was ihr nicht tastet, steht euch meilenfern; was ihr nicht wägt, hat für euch kein Gewicht!" Gerade der Gebrauch des griechischen Alphabets aber ist es, was dem anerkennenswerten Buche von Deville bedeutend Eintrag thut, und ein linguistisches Alphabet ist hier um so unerläfslicher, als das Zakonische 30 einfache Konsonanten hat, die mit den griechischen Lautzeichen unmöglich auszudrücken sind.

Der Wert einer wissenschaftlichen Bearbeitung des z. Dialekts wird dadurch noch wesentlich erhöht, dafs derselbe unter dem nivellierenden Einflusse der neugriechischen Vulgär- und Schriftsprache allmählich auszusterben droht und auch schon wirklich seit den letzten 50 Jahren manche unverkennbare Einbufse erlitten hat. Aus diesem Grunde wäre es auch sehr zu wünschen, dafs sozusagen noch vor Thorschlufs auch andere Gelehrte diesem hochachtbaren direkten Nachkommen des lakonischen Dialektes ihre volle Aufmerksamkeit zuwenden möchten. Denn bei aller Anerkennung, die wir dem V., als dem unermüdlichsten Bearbeiter und tüchtigsten Kenner dieses Gebietes zollen, glauben wir doch, dafs die vollständige Wahrheit wie überall in der Wissenschaft so auch hier nur durch vereinte Bemühungen und durch gegenseitige Prüfung der gewonnenen Resultate zu finden sein wird. Allerdings ist es bei dieser Angelegenheit etwas schwer „die Mittel zu erwerben, durch die man zu den Quellen steigt", obschon die Regierungen, welche in jüngster Zeit zur Förderung archäologischer Studien so mildreich ihre Hand geöffnet haben, vielleicht auch einem solchen Zwecke ihre Unterstützung nicht versagen würden. Um so eher dürfte die Äufserung eines solchen Wunsches berechtigt sein, als, wie schon bemerkt, dieses wissenschaftliche Objekt höchst wahrscheinlich über kurz oder lang ganz verschwunden sein wird. Und wenn auch das vollständige Aussterben des Dialektes noch nicht so nahe bevorsteht, so ist doch sicher, dafs derselbe von Jahrzehnt zu Jahrzehnt, ja von Jahr zu Jahr von seinen Eigentümlichkeiten verliert, und eigentlich mit jedem alten Zakonier und noch mehr mit jeder alten Zakonierin ein Stück neulakonischer Zunge unwiederbringlich ins Grab sinkt. Wie solche Dialekte unter dem Einflusse einer alles beherrschenden Schrift- und Umgangssprache zusammenschrumpfen, das haben wir vor einigen Jahrzehnten in England gesehen, als die letzte Frau starb, die noch kornisch sprach, und mit ihr, wie M. Müller sich ausdrückt, im eigentlichen Sinne des Wortes eine Sprache zu Grabe getragen wurde.

Mancher betrachtet ein aus Inschriften oder sonst neu gefundenes Wort wie ein Kleinod, mancher kann vielleicht nicht umhin, dasselbe sofort in den dicken Rahmen einer gelehrten Abhandlung einzufassen, ein anderer setzt Himmel und Erde in Bewegung, um die älteste Belegstelle einer Form zu bestimmen, wieder ein anderer verwendet unsägliche Mühe auf die Emendation einer alten lakonischen Glosse: hier aber, wo wir sozusagen eine lebende Wörtersammlung und Grammatik des Lakonischen vor uns haben, die nur der Sichtung, Untersuchung und Bearbeitung bedarf, verhalten sich vielfach ebendieselben, wenn nicht geringschätzig, so doch oft indifferent! Diese und ähnliche Wahrnehmungen haben zu obigen durchaus unmafsgeblichen Bemerkungen den Anlafs gegeben.

München.   K. Krumbacher.

Griechische Exercitien für die oberen Gymnasialklassen nebst einem griechisch-lateinischen Vocabularium von Dr. Otto **Retzlaff**, Professor am Altstädtischen Gymnasium zu Königsberg i. P. Berlin, Enslin 1881. Preis ℳ 3,—. S. IX und 283.

Das vorliegende Buch besteht aus 3 Abteilungen. Die 1. enthält 102 zu häuslichen Exercitien bestimmte Stücke, die 2. 36 für den Standpunkt der Abiturienten berechnete Aufgaben, die 3. 87 Extemporalien zur Repitition der Hauptregeln der Syntax. Ein Wörterverzeichnis ist nicht beigegeben, weil der Verf. diejenigen Wörter, deren Kenntnis er bei dem Schüler nicht voraussetzt, unter dem Texte angegeben hat. Statt dessen fügte er in einem Anhange ein griechisch-lateinisches Vocabularium an, welches nach den Rubriken ‚Krieg‘, ‚Staat‘, ‚Recht‘, ‚Religion‘ den Schüler mit den am häufigsten vorkommenden Ausdrücken derjenigen Sphäre bekannt machen soll, in welcher sich meistens der Text der Exercitien sowie der Prosalektüre bewegt. Am Schlusse steht ein Verzeichnis zusammengesetzter Verba von eigentümlicher Bedeutung mit beigesetzter lateinischer Interpretation, z. B. ἀγορεύειν dicere, ἀναγορεύειν renuntiare (magistratum); ἀπαγορεύειν 1. uetare 2. lassitudine confectum esse, uiribus deficere; ἀνταγορεύειν ἀντιλέγειν obloqui, dicere contra etc.

Man sieht es dem Buche an, dafs die Äufserung des Verf., dasselbe sei aus vieljähriger Praxis hervorgewachsen, auf Wahrheit beruht. Ich stehe nicht an, ihm den Vorzug vor ähnlichen Büchern zu geben, wie z. B. dem von Seyffert-Bamberg oder dem von Böhme. Ersteres erfordert nach seiner Anlage ein beständiges Nachschlagen und Vergleichen, letzteres setzt in phraseologischer und stilistischer Beziehung bei dem Schüler der oberen Gymnasialklassen zu viel voraus, in grammatischen Dingen aber können beide nicht eben als sehr instruktiv gelten. Das Hauptverdienst des Retzlaffschen Buches besteht meines Erachtens darin, dafs dem Schüler **immer und immer wieder die wichtigsten syntaktischen Regeln in Erinnerung gebracht werden**. Ich kenne kein Buch, welches dem Lehrer der beiden obersten Klassen handsameres Material zu Haus- und Schulaufgaben böte. Auch in unserer zweiten Gymnasialklasse kann es mit Nutzen zu schriftlichen Arbeiten gebraucht werden, wenn bei den Stellen, wo in der Schule noch nicht zur Erledigung gebrachte Regeln der Grammatik zur Anwendung kommen, vom Lehrer das Nötige angemerkt wird. Das Verzeichnis der Originalstellen, nach denen die einzelnen Stücke bearbeitet sind, kann von der Verlagsbuchhandlung bezogen werden.

Eine Klippe, an welcher die Verfasser ähnlicher Schulbücher zu scheitern pflegen, ist auch von Retzlaff nicht immer glücklich vermieden worden. **Vielfach nämlich ist rücksichtlich der Angabe der griechischen Wörter und Ausdrücke nicht das rechte Mafs eingehalten**. Wörter, die der Schüler aus der Grammatik wissen mufs, da sie in wichtigen Regeln derselben eine Rolle spielen, sollen bei dem Primaner als bekannt vorausgesetzt werden. Ich führe nur einige Beispiele an und bemerke, dafs sich viele ähnliche beibringen liefsen. So halte ich die Angabe folgender Wörter für überflüssig: I, 7, 1 ἀποστερεῖν berauben; I, 11. 3. μετέχειν sich beteiligen; I, 11, 4. προαιρεῖσθαι vorziehen; I, 13, 9. ἀποδοῦναι (Dank) abstatten; I, 13, 13. προςποιεῖσθαι sich den Schein geben; I, 14, 11. ὀστέον Gebein; I, 14, 15. ἀπολογεῖσθαι ὑπέρ τινος jemand verteidigen; I, 16, 2. χάριν ἀποδοῦναι Dank abstatten; I, 16, 10. διαφέρειν sich auszeichnen; I, 24, 37. παραινεῖν ermahnen; I, 39, 2. ἀπειλεῖν drohen u. s. w. Solche Wörter dürfen nicht angegeben werden, selbst auf die Gefahr hin, dafs der Schüler manchmal einen falschen Ausdruck wählt.

Ich erachte das letztere immer noch für besser, als wenn er dadurch, daſs ihm Dinge, die er kennen muſs, immer wieder gewissermaſsen auf dem Präsentierteller vorgesetzt werden, des Nachdenkens und des Vertrauens auf die eigene Kraft entwöhnt wird. Ebenso finde ich eine gewisse Ungleichheit in der Anlage des Buches darin, daſs ganz gewöhnliche Wörter und Ausdrücke, welche der Primaner längst aus dem Gebrauche wissen muſs, angegeben sind, während die Angabe ungewöhnlicherer und schwierigerer fehlt. So liest man: I, 2, 1. Privatmann ἰδιώτης; I, 2, 14. Niederlage ἧττα; I, 5, 5. Schlechtigkeit κακία; I, 10, 10. geeignet ἱκανός; I, 10, 29. erhalten λαμβάνειν; I, 14, 3. Gefängnis δεσμωτήριον; I, 18, 1. rauben ἁρπάζειν; I, 17, 33. gewähren παρέχειν; I, 22, 11. (Geld) ausgeben ἀναλίσκειν; I, 22, 16. Gewinn τὸ κέρδος; I, 23, 11. Schmerz λόπη; I, 23, 25. Stärke ῥώμη; I, 24, 1. Haus οἰκία; I, 79, 9. in Verlegenheit sein ἀπορεῖν u. s. w.; und, um auch von der 3. Abteilung[1]) einige Beispiele anzuführen: III, 19, 1. lebendes Wesen ζῷον; III, 19, 6. bereitwillig προθύμως; III, 19, 19. furchtbar φοβερός; III, 23, 21. und III, 25, 10. sich entschlieſsen ἐθέλειν etc. Dagegen ist die Angabe des griechischen Ausdruckes in vielen Fällen unterblieben, wo dessen Kenntnis bei dem Gymnasialschüler viel weniger vorauszusetzen ist. Auch hier mögen einige Belege genügen: I, 5 Gewissenhaftigkeit; I, 12 einrichten helfen; I, 22 Anekdote; I, 24 Geistesverwirrung; I, 32 Vergötterung.

Auch in betreff anderer formeller und sachlicher Unebenheiten seien einige Beispiele angeführt. I, 13 ist bei ‚Undank‘ das griechische Wort nicht angegeben, wohl aber II, 1, 5. bei ‚Undankbarkeit‘ ἀχαριστία; I, 22 ist Anm. 3 und 21 zweimal bei ‚verfolgen‘ in ganz gleichem Zusammenhang ἐπιδιώκω verzeichnet; I, 12 liest man: „denn durch die anderen Eigenschaften, die wir besitzen, zeichnen wir uns in nichts vor den Tieren aus". Dabei ist in der Note für ‚Tier‘ ζῷον angegeben. Das ist falsch; in diesem Zusammenhang muſs θηρίον heiſsen, wie denn auch bald darauf Anm. 14 ‚nach Art der Tiere‘ durch θηριωδῶς wiedergegeben ist. Bei Isokr. περὶ ἀντιδ., woraus das Stück genommen ist, heiſst es: τῶν ἄλλων ζῴων διαφέρομεν. Natürlich; müſste man ja auch im Lateinischen entweder bestiis (antecellimus), oder ceteris animalibus sagen. I, 17 lautet die Überschrift: Verordnungen Lykurgs zur Verhütung des Luxus. Dazu ist nichts angemerkt, wohl aber innerhalb des Stückes zu ‚Anordnung‘ τάττειν und zu ‚verhüten‘ διακωλύειν; I, 39 lesen wir: „daſs sie nicht folgen würden, auch dann nicht wenn etc." Besser deutsch und in grammatischer Beziehung lehrreicher würde es heiſsen: „daſs sie nicht folgen würden, auch wenn der König selbst u. s. w."

Indem der Verf. von der richtigen Voraussetzung ausging, daſs die griechischen Übungen, welche vorzugsweise stilistisches Interesse haben, vom Gymnasium fernzuhalten seien, legte er das Hauptgewicht auf die Einübung der syntaktischen Regeln. Demzufolge sind die Übungsstücke in der Hauptsache griechisch gedacht, jedoch ohne daſs der deutschen Sprache Gewalt angethan wäre. Kleine Unebenheiten und Schwerfälligkeiten bezüglich des deutschen Ausdruckes sind freilich noch zu beseitigen. Worin II, 1, 2. die Differenz zwischen der griechischen Schreibweise ‚Ἀργινοῦσαι‘ und der deutschen ‚Arginusen‘ begründet sein soll, sehe ich nicht ein. Sodann möchte ich für Ausmerzung der öfters vorkommenden Unform „atheniensisch" plädiren. Warum sagt der Verf. in einem und demselben Satze (III, 55) ‚atheniensisch‘ und ‚Athener‘, obwohl die lateinische Adjektivform ‚Atheniensis‘ auch für das Substantiv gebraucht wird? Konsequenterweise muſste

---

[1]) In der zweiten für die Abiturienten berechneten Abteilung sind mit Recht nur die notwendigsten griechischen Vokabeln angegeben.

Retzlaff auch ‚Athenienser' sagen. I, 11 heifst es: Und so sehr wurden sie (die Alkmäoniden) von den Tyrannen gehafst, dafs jene etc., wobei sich ‚jene' auf Tyrannen bezieht. So weit durfte man dem griechischen Originale (Isokr. περὶ ζεύγους 26. ὥστ' ὁπότε τἀκείνων κρατήσειαν) nicht folgen. Als Druckfehler notiere ich: III, 41: den Befehl über vielen Trieren; I, 14 sind die Noten 12 und 13 verwechselt; I, 16, 16. ist sowohl bei ‚gestrengen' wie bei ‚hervorrief' auf σεμνός verwiesen.

Diese Ausstellungen, welche sich freilich beträchtlich vermehren liefsen, sollen den Wert des geschickt angelegten Buches nicht schmälern. Der Kern ist gut. Ich zweifle deshalb nicht, dafs Retzlaffs ‚Griechische Exercitien' ihren Weg machen werden.

C. Sallusti Crispi de Catilinae coniuratione liber. Für den Schulgebrauch erklärt von J. H. Schmalz, Direktor des Progymnasiums in Tauberbischofsheim. Gotha, Friedrich Andreas Perthes. 1882. IV u. 88 S.

Die Stellung, welche diese neue Ausgabe des Sallust, zunächst des liber de Catilinae coniuratione, unter den vorhandenen einnehmen will, ist von dem Herausgeber in dem Vorworte hinreichend scharf bestimmt. Sie ist eine Ausgabe für Schüler mit dem Zweck, diesen „bei der häuslichen Vorbereitung an die Hand zu gehen und über die Schwierigkeiten, welche die Lektüre des Sallust dem Sekundaner notwendig bereiten mufs, hinwegzuhelfen". Sie ist also weder textkritisch und zwar in dem Grade, dafs auch nicht die geringste derartige Frage angeregt oder behandelt ist — die Rechtfertigung einiger Abweichungen vom Text der zweiten Jordanschen Ausgabe wird für den Anhang der in nächste Aussicht gestellten Edition des bellum Jugurthinum versprochen — noch ein Kommentar in der Art derer, welche durch eine Fülle spezifisch gelehrter Anmerkungen einerseits, andrerseits durch die Lösung fast aller Fragen, welche sich an den Autor knüpfen, sowohl auf die unmittelbare Lektüre des Schriftstellers, von dem sie den Ausgang nehmen, als auf die Übung der Geistesgymnastik, deren Grundlage die Lektüre bilden soll, mehr hemmend als fördernd wirken. Betrachtet man es als die Aufgabe einer Schülerausgabe, an jenen Stellen, von denen man nach der Stufe, für die der Autor bestimmt ist, annehmen mufs, dafs sie auch für den strebsamen, nicht bequemen Schüler auffallend, anstöfsig und ohne zu grofsen Zeitaufwand — die Präparation eines Schriftstellers pflegt doch immer nur eine Aufgabe neben anderen zu sein — in ihrer Schwierigkeit nicht zu lösen sind, geradezu Aufklärungen oder im leichteren Fall Winke zu geben, so wird Schmalzs Sallust das Lob, eine echte Schülerausgabe zu sein, nicht versagt werden dürfen. S. gibt zunächst nur das Allernötigste über Sallusts Leben, Schriften, Sprache, Bedeutung (S. 1—4). Die Anmerkungen enthalten aufser bündigen sachlichen Erklärungen vornehmlich Bemerkungen grammatischer Art, zu denen sich in der eigenartigen Stilist wie Sallust auf Schritt und Tritt Anlafs bietet. Obwohl Schmalz prinzipiell alle Citate spezifisch wissenschaftlichen Charakters ausgeschlossen hat, bleibt es doch keinem, dem die neuere grammatische Literatur nicht fremd ist, verborgen, dafs seine grammatischen Bemerkungen durchweg auf dem Grunde der neuesten diesbezüglichen Forschungen, an denen der Herausgeber selbst lebhaft sich beteiligt hat, beruhen. S. hat sich darum bei der Erklärung der Spracherscheinungen nicht mit der Konstatierung der Abnormität begnügt, sondern vielfach die Begriffe des Archaischen und Vulgären, zum Teil mit belehrendem Hinweis auf analoge Erscheinungen der Muttersprache (z. B. zu 12, 5), eingeführt. Mag man auch zweifeln, ob es — um einen einzelnen Fall herauszuheben — vom strengen Standpunkt der Ausgabe gestattet war, auf die zahlreichen Fälle der Allitteration hinzuweisen, welche sich bei Sallust finden (Anm. zu 2, 3 u. ö.), so wird man wenigstens in den wenigen kurzen Worten, welche dieser charakteristischen Erscheinung gewidmet werden, einen unnötigen Ballast nicht erblicken. Dieser Punkt ist eben, soviel mir bekannt, bisher in keiner Sallustausgabe angeregt worden; gerade hier zeigt sich der Einfluss der neuesten Literatur, speziell der Einfluss von Wölfflins „Allitterierenden Verbindungen der lateinischen Sprache" und von Krauts gleichzeitig und vermutlich unabhängig davon erschienener Abhandlung „Über das vulgäre Element in der Sprache des Sallustius" (Progr. v. Blaubeuren 1881), in welcher S. 12 eine Zusammenstellung sallustischer Allitterationen gegeben ist, evident.

Es sei mir gestattet, bei dieser Gelegenheit einige Nachträge zu Krauts und teilweise auch zu Wölfflins Sammlung zu geben.

    Cat. 1, 5. *virtute corporis* an *virtute* animi (W).[1]
      „ 7, 5. asper atque arduus (W).
      „ 37, 5. probro et petulantia.
      „ 38, 11. aetas animusque.

Kraut citiert nur Cat. 20, 10 viget aetas, animus valet (cf. noch Cat. 58, 19 animus aetas virtus).

    Cat. 51, 16. eos *mores* eamque *modestiam* (W).
      „ 54, 3. miseris perfugium, malis pernicies.
    Jug. 13, 2. vis voluntas (partim — alias) (W).
      14, 9. par particeps.
        (parem cum liberis tuis regnique participem).
      14, 11. scelere atque superbia.
      14, 16. 33, 2. ius et iniurias.
      14, 25. scelus et sanguinem.
      16, 3. fama fide (W).
      29, 3. pecus atque praeda.
      31, 7. non lex, verum lubido. hist. 1, 48, 17. ex lubidine leges imperantur.
      31, 9. damna atque dedecora (W).
      39, 5. licentia atque lascivia (W).
      87, 4. laxius licentiusque.

Auch Jug. 70, 5 ne *praemia* in *pestem* converteret gehört sicher in dieses Gebiet, und, wenn man Wölfflins S. 4 seiner Abhandlung ausgesprochenen Grundsätzen folgt, wohl auch *officio* et *fide* Jug. 10, 4, *carus acceptusque* Jug. 12, 3. 70, 2. 108, 1 (unter selbstverständlicher Voraussetzung der unterschiedslosen Aussprache des c als k), vielleicht auch neque *consilium* neque *inceptum* Jug. 7, 6., sicherer *armis . . . . auro* Jug. 10, 4. hist. 4, 61, 16.

Seine besondere Aufmerksamkeit hat Schmalz darauf gerichtet, durch mehr oder minder ausführliche Andeutungen, seltener durch direkte Mitteilungen eine gute, echt deutsche Übersetzung des Schriftstellers anzubahnen. Ich kann es indessen unterlassen, auf diesen Punkt einzugehen, da ein so kompetenter Beurteiler wie Georges (Philol. Rundschau II, 21. Col. 652—56) das Verdienst der Ausgabe nach dieser Seite hin gewürdigt, beziehungsweise, indem er diesen und jenen Übersetzungs-

---

[1] (W) bezeichnet, dafs zwar die betreffende Verbindung bei Wölfflin sich findet, nicht aber als Citat aus Sallust.

vorschlag beanstandete, auch manche der durch Stichworte oder Umschreibungen gegebenen Andeutungen zur Übersetzung zu reserviert fand, Verbesserungsvorschläge gemacht hat. Durch die Übersetzungswinke selbst oder im Anschlufs an sie sind auch allgemeine stilistische die Schüler fördernde Bemerkungen teils positiver teils prohibitiver Art zahlreich in den Anmerkungen verstreut. Ersterer Gattung sind die Bemerkungen zu 1, 6 (lat. Nebensätze sind oft durch deutsche Substantiva zu geben), 2, 9. (der gen. rerum) 3, 2. (über quisque), 3, 4 u. ö. (die Wiedergabe eines lat. animus durch deutsches Personalpronomen), zu 5, 2. 4. (Subst. auf tor u. sor); weiter zu 6, 5. 7, 4. 10, 5. 12, 3. 13, 1. 15, 2. 4. 20, 11. 25, 1. 27, 1. besonders zu 28, 3. (prohibiti „nicht vorgelassen", gewöhnlicher excludere, wie viele lat. Verba durch eine negative Phrase zu geben sind), 31, 1. 2. 7. 9. 33, 1. 2. 34, 2. 3. 35, 1. 36, 5. 37, 1. 39, 3. 4. 43, 3. 44, 2. 46, 2. 48, 4. 51, 5. 7. 29. 31. 53, 1. 58, 8. 61, 1. Bemerkungen warnender Art finden sich zu 2, 1. 6, 4. 17, 6. 30, 5. 35, 3. 39, 2. 40, 1. 3. 45, 3. 49, 2. 51, 37. 52, 3. 54, 4.

Die angezogenen Parallelstellen sind zunächst aus Catilina selbst, sparsam aus anderen Schriftstellern genommen — Cicero (vieles aus den Briefen), Cäsar, Nepos, Livius, sporadisch Hesiod, Herodot, Terenz, Horaz, Tacitus — und dann entweder vollständig ausgeschrieben oder ihrem Inhalte nach in jener Beziehung, welche ihre Anführung veranlafste, referierend in ausreichender Weise mitgeteilt.

Über Einzelheiten und die Opportunität ihrer Erwähnung liefse sich noch manches sagen, wie Ref. z. B. die Anm. zu 5, 1. über die Abkürzung der römischen Vornamen für Schüler, welche doch schon Cäsar gelesen haben, für überflüssig, die etymologische Erklärung von arbiter zu 20, 2 für unnötig, die Verweisung des Schülers auf Friedländers Sittengeschichte (zu 38, 1) gelegentlich der salutatio clientium für nicht besonders geeignet hält, endlich auch sich von der Vergleichung des Hagedorn'schen Gedichtes „Johann der Seifensieder" zu 10, 2 otium divitiae optanda alias, oneri miseriaeque fuere offengestanden etwas eigentümlich angemutet fand — allein diese vielleicht auf lediglich subjektiver Anschauung beruhenden Ausstellungen vermögen das günstige Gesamturteil, das sich uns bereits eingangs ergab, dafs wir nämlich in Schmalzs Sallust eine echte Schülerausgabe besäfsen, nicht entfernt zu beeinträchtigen und so schliefsen wir mit der aufrichtigsten Empfehlung des Büchleins.

Schweinfurt.   Albrecht Köhler.

Cornelii Taciti de origine et situ Germanorum liber. Edidit Alfred Holder. Freiburg i. B. und Tübingen 1882. Akad. Verlagsbuchh. von J. C. B. Mohr (Paul Siebeck). 2 Bl. u. 22 S. kl. 8.

Nachdem A. Holder schon 1873 in Holtzmanns Germanischen Altertümern den Text der Germania herausgegeben hatte, erschien 1878 im Teubner'schen Verlage eine neue Rezension desselben, welche den im 8. Jahrhundert geschriebenen Archetypus herzustellen suchte und in der Kritik Epoche zu machen versprach. Der Leidener Codex des Perizonius, welchen Mafsmann und Haupt zu grunde gelegt hatten, der Vaticanus, welcher durch Reiffenscheid und Müllenhoff an die erste Stelle gekommen war, ein anderer von Waitz empfohlener Vaticanus mufsten bei Holder einem, wie es scheint, verlorenen und nur aus früheren Vergleichungen bekannten Codex Hummelianus (H) weichen. Die Begründung seines Verfahrens wollte

Holder in einer besonderen Schrift über die Textgeschichte der Germania geben. Aber weder dieses Werk noch die verheifsene erklärende Ausgabe sind bis jetzt erschienen. Dafür erhalten wir einen wiederholten, offenbar höchst sorgfältigen Abdruck des Textes, mit welchem die von einem thätigen Verleger unternommene Sammlung „Germanischer Bücherschatz" in würdiger Weise eröffnet worden ist. Der Abdruck ist jedoch kein unveränderter, sondern weicht an zahlreichen Stellen von der gröfseren Ausgabe ab. In der Schreibung treffen wir jetzt mehrfach Assimilation, wo früher nicht assimiliert war: 13 circundari und 16 circundat, 14 acquirere, 40 quicquam; umgekehrt finden wir die frühere Assimilation unterlassen: 28 conlocati, 31 submittere (und exsanguis), ferner bei vielen mit ad zusammengesetzten Verben, z. B. 3 adfectatur neben 37 affectavere, 5 adficiuntur, 2 adfirmant und 5 adfirmaverim, 35 adsequuntur, 13 adsignant neben 2 assignant, 9 adsimulare, 4 adsueverunt; 35 ist inpotentia aus impotentia, 36 impotentis aus inpotentis geworden. Auch sonst ist die Schreibung geändert: 3 baritum und monimenta neben 27 monumentorum (nach H mit Bährens), 5 und 39 haud neben 23, 28, 34 haut, 5 secuntur neben 35 adsequuntur, 39 patruum, 45 glesum. In den Namen finden sich Unterschiede: 28 Boi (H marg.) statt Osi (H[1]) neben Boii, 42 Varisti zweimal (gegen H nach Müllenhoff) statt Narisci, 43 Lemovii (gegen H) statt Lemonii. Wichtiger sind folgende Varianten: 2 de eo (nach H) statt deo, 4 opinioni statt opinionibus und [aliis] aliarum statt aliis aliarum, 6 inmensum (gegen H) statt in inmensum und galea (gegen H) statt galeae, 7 [si] ante statt si ante, 10 tenent statt temere (nach H mit Bährens), 17 velumina statt velamina (gegen H; Bährens: vellera), 18 ambiuntur statt ambiunt (gegen H und Bährens), 21 [Victus inter hospites comis] statt Victus i. h. communis, 24 spectantium (gegen H) statt expectantium, 30 animis vigor (nach H) statt animi vigor, 36 nomine superiores (nach H) statt minime superiores, 37 Metello et (gegen H) statt Metello ac, 38 ornatorem statt ornatiorem (nach H mit Bährens), 44 otiosae statt otiosa, 45 arborum esse (gegen H) statt arboris. Und die bedeutendste Abweichung zeigt der Anfang des 30. Kapitels. Er lautete früher bei Holder: Ultra hos Chatti .. inchoant; non ita effusis .. locis, ut ceterae civitates in quas Germania patescit, durant, siquidem colles paulatim rarescunt et Chattos suos saltus ... deponit. Jetzt ist geschrieben: Ultra hos Chatti ... inchoant, non ita effusis ... locis, ut ceterae civitates, in quas Germania patescit: durant siquidem colles, paulatim rarescunt, et Chattos suos saltus .... deponit. Eine weniger weit greifende Änderung der Interpunktion begegnet am Schlusse des 35. Kapitels, wo die Worte plurimum virorum equorumque, die Holder früher zu exercitus gezogen hatte, jetzt zu dem folgenden et quiescentibus eadem fama gezogen sind. Welche Gründe für den Herausgeber bestimmend waren, ist in den wenigsten Fällen erkennbar. Hat er, vielleicht durch die Ausführungen von Bährens bewogen, sein Urteil über die Grundlage des Textes modifiziert? Oder hat er durch Vermehrung des Apparates (Vindob. 711) eine breitere Grundlage für seine Kritik gewonnen? Wir erwarten Belehrung darüber in der Textgeschichte, die der Herausgeber wenn auch nur in kurzen Andeutungen hoffentlich bald liefern wird.[1]

Würzburg. A. Eufsner.

---

[1] Korrekturnote. Die vorstehende Anzeige wurde schon im Januar an die Redaktion eingesandt. Erst später konnte ich aus den Mitteilungen in Nr. 5 des Germanischen Bücherschatzes ersehen, dafs für die oben besprochene Ausgabe neues handschriftliches Material verwertet worden ist.

Übungsbuch zum Übersetzen aus dem Deutschen ins Lateinische für die Quarta eines Gymnasiums und die Untertertia einer Realschule 1. Ordnung im Anschlusse an die Lektüre des Nepos von Dr. M. **Schaunsland**, Gymnasiallehrer in Bielefeld. Leipzig, Teubner. 1881. 80 ₰

Das vorliegende Büchlein bietet in 85 zusammenhängenden Übungsaufgaben, deren Inhalt die Lebensbeschreibungen des Cornelius Nepos bilden, reichlichen Stoff zur Einübung der Kasuslehre. Die Komposition der einzelnen Übungsstücke ist als eine gelungene zu bezeichnen und verrät den praktischen Schulmann. Mit dem in der Vorrede ausgesprochenen Grundsatz, dafs man den Schülern Gelegenheit geben müsse, die bereits gelernten Regeln der Grammatik „durcheinander und ohne vorherige Ankündigung" anzuwenden, bin ich ganz einverstanden, halte aber die andere Methode, nach welcher die einzelnen Regeln der Grammatik an speziell hiefür gemachten Beispielen schriftlich und mündlich eingeübt werden, nicht blofs für berechtigt, sondern geradezu für unentbehrlich. Der Herr Verf. befürchtet, dafs durch dieses Verfahren die Denkthätigkeit der Schüler in hohem Grade beeinträchtigt werde, und läfst nun allerdings die gelernten Regeln durcheinander anwenden, gibt aber fast bis an den Schlufs des Büchleins nicht blofs die allergewöhnlichsten Verba, sondern auch deren Konstruktion immer an. So findet man z. B. noch in Nr. 66 celari de aliqua re, Nr. 67 deserere aliquem, Nr. 71 prospicere alicui rei, Nr. 72 favere c. dat., Nr. 84 familiariter uti aliquo angegeben, also Konstruktionen und Ausdrücke, die der Schüler bis dahin längst gelernt haben mufs und die überdies in den früheren Übungsstücken desselben Buches wiederholt vorgekommen sind. Ob auf diese Weise dem vom Herrn Verf. gefürchteten Mechanismus gesteuert wird, möchte ich sehr bezweifeln. Übrigens ist das Buch mit Geschick und Fleifs ausgearbeitet und wird jedem Lehrer der Quarta als ein brauchbares Hilfsmittel zur Befestigung der Kasuslehre gewifs höchst willkommen sein, wenn die Anmerkungen auf ein bescheidenes Mafs zurückgeführt werden.

Freising. G. Gürthofer.

Neuhochdeutsche Grammatik mit besonderer Rücksicht auf den Unterricht an höheren Schulen, zugleich als Leitfaden für akademische Vorträge. Von Dr. Ludw. **Frauer**, K. Professor in Stuttgart. Heidelberg, Karl Winters Universitätsbuchhandlung. 1881. 6 ℳ

Mit den von dem Hrn. Verfasser in dem Vorwort seiner Grammatik ausgesprochenen Forderungen und Grundsätzen bezüglich der Notwendigkeit einer wissenschaftlichen Behandlung der neuhochdeutschen Sprache auf unseren höheren Schulanstalten kann man sich vollkommen einverstanden erklären. Lange genug ist die deutsche Sprache an den gelehrten Schulen überhaupt sehr stiefmütterlich behandelt worden. Man huldigte eben blofs dem Grundsatze, dafs man seine eigene Sprache am besten verstehen lerne, wenn man eine fremde, zumal die lateinische, zu erlernen habe. Das ist nun längst anders geworden; heutzutage nimmt die deutsche

---

Die von dem unermüdlichen Herausgeber auf Grund desselben geführten Untersuchungen haben die einzelnen oben verzeichneten Abweichungen von seiner im Jahre 1878 erschienenen Textrezension veranlafst, während sie diese Rezension im Ganzen bestätigten.

Sprache an den gelehrten Schulen eine, wie es sich gebührt, selbständige und ganz hervorragende Stellung im Unterrichte ein und die bayrische Schulordnung vom Jahre 1874 hat mit Recht die deutsche Sprache unter allen Unterrichtsgegenständen an die erste Stelle gesetzt. Grammatischer Unterricht wird denn auch an den bayrischen Mittelschulen seitdem fünf Jahre lang (von Sexta bis Obertertia) systematisch erteilt. Vieles kann und mufs an der Unterrichtsmethode noch verbessert werden, dafs es aber gerade vorzugsweise an den gelehrten Schulen Süddeutschlands mit dem deutschen Unterrichte „wahrhaft kläglich" bestellt sein soll, diese Behauptung des Hrn. Verfassers ist ein zu starker Angriff auf die Ehre derselben, als dafs man, wenigstens vom Standpunkte der bayerischen Mittelschulen aus, günzlich mit Stillschweigen darüber hinweggehen könnte.

Die meisten Forderungen, welche der Hr. Verfasser in seiner Grammatik stellt, werden in den bayerischen Mittelschulen erfüllt; das Denken über die Muttersprache wird schon in den untersten Klassen angeregt; als Hauptsache werden auch bei uns zahlreiche Beispiele von Lauten und Formen, von syntaktischen Fügungen und Mustern des guten Stils betrachtet. Auch wir bieten den Schülern der unteren Klassen nur die notwendigste Theorie und üben sie meist an Beispielen und Aufgaben, schwierigere Partien der Grammatik für reifere Jahre aufsparend. Die Schüler werden auch bei uns ganz entsprechend den Forderungen dieser Grammatik veranlafst, „teils selbständig, teils mit Hilfe des Lehrers über die Erscheinungen der Sprache nachzudenken und die Gesetze und Regeln zu finden und auszusprechen, welche den Erscheinungen zu grunde liegen". Und wenn bei der Vielgestaltigkeit und Schwierigkeit dieses Unterrichtszweiges überhaupt noch manches zu wünschen übrig bleibt, so wird dies an den gelehrten Schulen des deutschen Nordens aus demselben Grunde mehr oder weniger ebensogut der Fall sein.

Zum Schlusse dieser notgedrungenen Abschweifung bemerke ich, dafs es überhaupt besser wäre, wenn die Verfasser von neuen Lehr- und Hülfsbüchern weniger ins Schwarze malten, wie es sehr gewöhnlich geschieht, weil leicht dadurch der Verdacht entstehen könnte, es geschehe dies, um das eigene Bild desto glänzender sich auf dem dunkel gemachten Untergrunde abheben zu lassen.[1]

In voller Übereinstimmung befinden wir uns mit der Forderung des Hrn. Verfassers, dafs die Deutschen dem alten oft wiederholten Gemeinplatz: „man lernt seine eigene Sprache, indem man eine fremde lernt", endlich einmal den andern ebenso wahren Satz zur Seite stellen sollen: „man lernt fremde Sprachen erst recht, wenn man seine Muttersprache wirklich versteht".

Um diesen Zweck zu erreichen und ein richtiges Verständnis für unsere Muttersprache und deren Gesetze und Erscheinungen zu erlangen, ist diese neuhochdeutsche Grammatik, die Lehre und Beispiel glücklich vereinigt, wohl geeignet. Der eigentlichen Grammatik voran geht eine Einleitung, enthaltend eine Übersicht über die Perioden der deutschen Sprach- und Literaturgeschichte, und eine zweite über orthographische Fragen, in welcher der Hr. Verfasser fufsend auf dem gegenwärtig in Würtemberg geltenden Büchlein über Rechtschreibung seine in einzelnen Punkten abweichenden Ansichten darlegt, die teilweise auf die Berliner Konferenzbeschlüsse zurückgehen, teils den preufsischen und bayrischen Anschauungen sich nähern. Das erste Buch enthält in 107 Paragraphen die Formenlehre,

---

[1] Vergl. die Abhandlung i. d. Zeitschr. f. d. Gymnasialwesen, Sept. 1881. S. 514.

darunter vergleichende Darstellungen der nhd. Vokale mit den alemanischen und plattdeutschen, die Gesetze der Lautverschiebung und zu deren Bestätigung sowie zur Veranschaulichung der zwei Hauptgegensätze in den deutschen Dialekten Sprachproben des alemanischen und plattdeutschen Dialekts. In der Lehre von den Wörtern weisen wir vorzugsweise hin auf die Kapitel von der Bildung und Konjugation der Verba, auf die Lehre von den abgeleiteten und zusammengesetzten Substantiven und Adjektiven und auf die Darstellung von dem verschiedenen Gebrauch der Fürwörter.

Der zweite Teil beschäftigt sich mit der wichtigen Satzlehre, handelt zunächst in sehr anschaulicher und fafslicher Weise vom einfachen und bekleideten Satz und bringt dann ganz ausführliche und lehrreiche Darstellungen der deutschen Kasus-, Modus- und Tempuslehre, die in den meisten unserer bisherigen Schulgrammatiken entweder gar nicht oder doch nur sehr oberflächlich behandelt sind. Ein grofser Vorzug des Buches ist in diesem wie im ersten Teile die Menge von trefflich gewählten Beispielen, vgl. z. B. die Präpositionenlehre, die Lehre von den Arten der Haupt- und Nebensätze, von welchen letzteren die alte Einteilung in Substantiv-, Attributiv- und Adverbialsatz beibehalten ist; etwas neues finden wir in diesem System nicht, nur ist der Substantivsatz Nominalsatz genannt. Es folgt dann eine sehr klare und einfache Darstellung über die Bildung der Perioden nach einer neuen von Götzinger vertretenen Methode, mit der sich allerdings mehr anfangen läfst als mit der von Heyse gelehrten, die zu ganz absonderlichen künstlichen Periodenbildern führte. Ganz passend finden wir hier Schillers historische Prosa (Abschnitte aus der Gesch. des Abfalls der Niederlande) zu Aufgaben verwertet.

Der dritte Teil endlich, die Stillehre enthaltend, bringt mit recht nur wenig Theorie und wirkt mehr durch Beispiele von fehlerhaften Satzbildungen aller Art. Die Belege werden meist aus Zeitungen oder auch von Schülerarbeiten entnommen, weil gewisse Stilfehler, die sich in den Journalen wie eine Krankheit fortpflanzen, auch in der Rede und Schrift der Gebildeten sich breit machen.

Das ziemlich umfangreiche Buch zeichnet sich durch seine Methode im allgemeinen vor vielen anderen Lehrbüchern aus, da es nicht unnötig historischen Apparat verwendet, vielmehr sich für den Unterricht durch Musterbeispiele und fortlaufende Aufgaben praktisch zeigt und durch die fast jedem Abschnitte angereihten Fragen zum Nachdenken über die kurz vorher behandelten Sprachgesetze auffordert. Dasselbe kann seiner ganzen Anlage nach von reiferen Gymnasial- und Realschülern, Studierenden der Universitäten und von jedem gebildeten Deutschen, der seine Muttersprache gründlich kennen lernen will, mit Erfolg gebraucht werden, kann aber auch Lehrern der Mittel- und höheren Schulen zum Unterricht und zum Vortrag gute Dienste leisten, als eigentliches Schulbuch aber dürfte es sich kaum empfehlen lassen, da es infolge der höheren Anforderungen, die es seiner ganzen Einrichtung nach an die Lernenden stellt, den Schülern der drei niederen Klassen gar nicht in die Hand gegeben werden kann und dazu noch einen, wenn auch nicht im Verhältnis zu seinem Inhalt und Umfang, doch für ein zu empfehlendes und einführbares Schulbuch zu hohen Preis hat.

Schweinfurt. Baldi.

Praktisches Handbuch für den Unterricht in deutschen Stilübungen von L. Rudolph. 4. T. 5. Aufl. Berlin, Nikolai, 1882. 3 ℳ. 50 ₰.

Das 4. Bändchen von Rudolphs Stilübungen ist in fünfter Auflage erschienen. Es sei gestattet, gelegentlich der Anzeige dieses abschliessenden Teiles das ganze Werk nochmal in seiner Gesamtheit zu überschauen[1]). Rudolphs Bücher sind zwar ursprünglich nicht für Gymnasien bestimmt, haben sich aber als sehr brauchbare Lehrmittel auch an diesen Anstalten bewährt.

Die drei ersten Bändchen, die ungefähr den Bedürfnissen der bayer. Lateinschulen (bis Obertertia incl.) entsprechen, enthalten folgende Aufsatzformen: Nacherzählungen von (prosaischen) Fabeln, Erzählungen, Parabeln, Märchen, Sagen, Erzählungen aus der Weltgeschichte; Erzählungen nach Gedichten, Briefe, Beschreibungen, Erklärungen synonymer Ausdrücke, Auseinandersetzungen (z. B. Nutzen der Pflanzen, des Holzes; Wozu gebrauchen wir die Tiere?), Betrachtungen, Abhandlungen. Die erzählende und die beschreibende sowie die briefliche Form ist in allen drei Teilen vertreten, die Erklärungen synonymer Ausdrücke und die Auseinandersetzungen sind dem 2. u. 3. Bdch. gemeinsam, Betrachtungen und Abhandlungen bietet erst die dritte Abteilung. Es liegt dieser Einrichtung der beherzigenswerte Satz zu grunde, dafs die einmal behandelten Aufsatzformen später nicht vernachlässigt werden sollen; nur die Anforderungen sollen sich auf mannigfache Weise steigern.

Wir wollen aber auch unsere Bedenken nicht verhehlen. Zunächst bestreiten wir, dafs „unter den vielen Erzählungen, die für kleine Kinder geeignet sind, die Fabeln den ersten Rang einnehmen". (I. S. 20.) Die Fabel ist eine schon reflektierende, allegorische Dichtung, dazu nicht selten scharf pointiert und deshalb für den Anfang weniger geeignet. Viel passender als Fabeln würden Märchen sein (die erst im 2. T. sich finden), wenn sie nicht meistens zu umfangreich wären. Unsere methodisch trefflich geschulten Volksschullehrer beginnen auch nicht mit Fabeln.

Zweitens sehen wir sehr ungern schon so bald Beschreibungen als Aufsatzübungen auftreten. R. kennt die schon von dem Altmeister Hiecke hervorgehobenen Schwierigkeiten dieser Aufsätze sehr wohl (vgl. I S. 135 u. ff.) und ist geneigt, für den Anfang darauf Verzicht zu leisten; um so mehr ist es zu verwundern, dafs er ganz ebenso wie Linnig in den späteren Auflagen seines Lesebuches sich zu der beinahe unverzeihlichen Schwäche verleiten liefs, den Neigungen einzelner Lehrer Rechnung zu tragen. Zu beginnen ist jedenfalls bei dieser Aufsatzübung mit der Beschreibung von Vorgängen[2]), nicht von körperlichen Gegenständen. R. sagt selbst, die Schüler sollen zunächst darstellen, wie etwas wird, nicht wie es ist[3]). Wie läfst es sich aber dann rechtfertigen, wenn (schon I 6. 8. u. 9. Aufg.) die Beschreibung der Stubenthüre, des Federmessers, der Schreibfeder gefordert wird, trotz der von R. selbst erhobenen Klage über die hie und da gestellte

---

[1]) Kurze Anzeigen der einzelnen Teile enthalten der 1., 8., 14. u. 16. B. dieser Blätter.

[2]) Wir führen als Beispiele an: Beschreibung einzelner Spiele (I 135), Schilderung der Vorgänge am Morgen, Abend (I 166 u. ff. und II 223 u. ff.), das Leben am Bahnhof (III 232).

[3]) Vgl. das Holz, das Stroh (I 138 u. ff.) — Einen Fortschritt zu etwas schwierigeren Darstellungen zeigen die recht passenden Beschreibungen der olympischen Spiele (III 121), der Ordalien (III 140).

Aufgabe, eine Schiefertafel, einen Regenschirm zu beschreiben, und trotz der sehr richtigen wiederholten Bemerkung (II S. 162 u. f. III S. 4), wie schwer es selbst Erwachsenen fällt, anschaulich zu beschreiben, und welche Not den Lehrern selbst die Bearbeitung mancher von ihnen gestellten Aufgaben machen würde? Zu der schwierigeren Form der Beschreibung von körperlichen Dingen gehören auch die Tierbeschreibungen, deren schon das 1. Bdch. (S. 149 u. ff.) eine Anzahl bringt[1]).

Grofsen Wert scheint der Verf. auf die Anfertigung von Briefen zu legen. Geübt mufs freilich auch diese Darstellungsform werden, aber, benützen wir sie nicht zur Einkleidung von Erzählungen u. dgl.[2]), so können wir der auch vom Verf. als unpädagogisch bezeichneten Nötigung nur schwer entgehen, den Schüler in fingierte Situationen zu versetzen. Deshalb wird zu einiger Beschränkung der Übungen im Briefschreiben zu raten sein[3]). Was der Verf. I 124 u. f. II 146 über den Ton der Briefe sagt, ist recht vernünftig und nüchtern, steht aber zu dem III 154 u. ff. mitgeteilten Formelkram in auffallendem Widerspruch. III 165 sind die gebräuchlichsten Titulaturen und Unterschriften angegeben, darunter das wunderliche: „Ew. Hoch- und Wohlgeboren". Wir freuen uns, konstatieren zu können, dafs wir Süddeutsche uns einem General gegenüber noch nicht als „unterthänig" unterzeichnen.

Die Erklärung synonymer Ausdrücke darf beim mündlichen Unterrichte keineswegs aufser acht bleiben, für schriftliche Arbeiten aber kann sie unseres Erachtens wenig fruchtbar gemacht werden, weil alle derartigen Übungen auf der für Tertianer noch so schwierigen Begriffsbestimmung beruhen. Schon deshalb sollte man diese Übungen als regelmäfsige Aufsatzform nicht vorschreiben; überdies haben wir in den Mittelklassen sehr viel Wichtigeres zu betreiben. Übrigens sei bemerkt, dafs die von R. gegebenen Beispiele ganz vorzüglich sind und dem mündlichen Unterricht treffliche Dienste leisten werden.

Die vom Verf. gewählte Bezeichnung „Auseinandersetzung" ist ziemlich unbestimmt. Im allgemeinen können diese Aufgaben als leichteste Form der Abhandlung bezeichnet werden, an der die Schüler die Anfangsgründe der praktischen Disposition kennen lernen sollen. Wir halten aus diesem Grunde die „Auseinandersetzungen" für eine sehr empfehlenswerte Stilübung[4]). Dafs unter jenem Titel bisweilen auch Beschreibungen subsumiert sind (z. B. III 289 die offenbar zu schwierige Aufgabe: Wie werden die gedruckten Bücher hergestellt?) und manche „Abhandlung" (z. B. III 339 Was gewährt uns der Schofs der Erde?) unter die Auseinandersetzungen hätte eingereiht werden sollen, ist von ganz untergeordneter Bedeutung. Unter den Auseinandersetzungen finden wir auch (III 286. 305. 309. 310. 312 u. ff.) Vergleichungen, die für Tertia aus mehreren Gründen nicht

---

[1]) Im allgemeinen ungeeignet scheinen uns die Aufgaben: Die Flossen der Fische (II 221), das Atmen der Fische (III 209), die Telegraphen (III 233).

[2]) z. B. zur Nacherzählung von Selbsterlebtem, zu einem Bericht über den Inhalt eines gelesenen Buches u. dgl.

[3]) Recht bedenklich erscheint uns die Aufgabe: Gedanken und Empfindungen am Schlusse des Schuljahres (II 155), weil sie den Schüler leicht zum Heucheln verleitet.

[4]) Eine grofse Anzahl derartiger Aufgaben bietet namentlich auch Hopf in seinem trefflichen „Hilfsbuch zu deutschen Stilübungen" (Nürnberg, Schmid) und Böhm (Deutsche Aufsätze. Berlin, Bornträger. 3. Teil. Obertertia).

entbehrlich sind. Auf eine nähere Besprechung dieser Übungen hat R. verzichtet[1].

Was die Betrachtungen anlangt, so wird ihr Wert namentlich für das Untergymnasium vom Verf. selbst genugsam gekennzeichnet, wenn er (III S. 300) bemerkt, dafs „bei Arbeiten dieser Art der Erfolg ungeachtet aller Sorgfalt von Seiten des Lehrers wohl immer ein zweifelhafter bleiben wird". Verwendbar sind indes die meisten der gegebenen Themen, wenn man ihnen eine dem Schüler verständlichere und geläufigere Form gibt, also z. B. das Thema: Gedanken beim Erwachen des Frühlings (III 301) etwa in der Fassung stellt: Welche Veränderungen in der Natur nehmen wir beim Erwachen des Frühlings wahr? Diese ‚Beschreibung' oder ‚Auseinandersetzung' wird nun der Mehrzahl der Schüler keine Schwierigkeit für die Auffassung und Behandlung des Themas mehr bieten.

Noch ist eine Art von Stilübungen zu erwähnen, die der Verf. III S. 110 (und aufserdem IV 232) anführt und die sich kurz als Erklärung von Gedichten bezeichnen läfst. Als Beispiele sind drei Gedichte erklärt, die wohl zu schwierig sein dürften („Das Mädchen aus der Fremde", „Trost in Thränen" und Goethes Zueignung). Wir halten derlei Übungen unter Umständen bei passender Wahl der Gedichte für sehr verwendbar und empfehlen folgende Aufgaben: Der Blitz (nach Schiller), Die zwei Fensterlein (n. Castelli), Lob des Pfluges (n. Schiller), die Jünglinge (n. Fröhlich: Lafs uns, sprach ein Bach zum andern, lustig durch die Thäler wandern etc.)[2])

Tadeln müssen wir es, dafs der Verf. die Auszüge nicht behandelt[3]), als deren notwendige Vorstufe wir die Anfertigung von Dispositionen der Lesestücke betrachten. Die Auszüge gehören zu den wichtigsten und unentbehrlichsten Aufsätzen, die es nicht nur für die Schule, sondern auch für das Leben, namentlich das wissenschaftliche, überhaupt gibt. Wer nicht exzerpieren kann, kann nicht studieren[4]).

Auch die Sprichwörter bedürfen (etwa in Obertertia) einer gesonderten und sorgfältigen Behandlung, damit der Schüler erklären und historisch beweisen lernt[5]). Die Behandlung der Sprichwörter ist die Grundlage der Hauptübung für Sekunda, der Chrie, gegen deren strenge schablonenhafte Form[6]) man nicht genug eifern kann, die aber in freierer Anordnung und

---

[1]) Unberücksichtigt geblieben sind Vergleichungen ähnlicher Gedichte (z. B. Der reichste Fürst von Kerner und Graf Eberhard im Bart von W. Zimmermann, oder die Notglocke von Kopisch und das blinde Rofs von Langbein) ferner Vergleichungen von Gedichten mit historischen Darstellungen (Der Taucher von Schiller und Kirchers Bericht). — Für Vergleichungen aller Art findet der Lehrer auch in methodischer Hinsicht sehr viel Brauchbares bei Böhm a. a. O.

[2]) Derlei Aufgaben finden sich namentlich bei Geerling „D. deutsche Aufsatz" (Wiesbaden, Gestewitz) I. und II. Stufe.

[3]) Nur III S. 6 findet sich eine kurze Andeutung; auch die Erzählung „Edelmut" (II 36) kann als kurze Inhaltsangabe des ‚braven Mannes' von Bürger gelten.

[4]) Über diese Übungen vgl. bes. in der Zeitschr. f. österr. Gymnasien 1880 S. 135—146 den auch sonst höchst beachtenswerten Artikel „Der deutsche Aufsatz am Untergymnasium" von O. Steinwender.

[5]) Aufserordentlich brauchbar erweist sich besonders auch in dieser Beziehung Hopfs Hilfsbuch. — Was R. im 4. Bdch. bietet, ist durchaus nicht genügend.

[6]) Die rhetorische Unvernunft des starren Chrienschemas hat Laas (d. d. A. S. 216 u. ff.) überzeugend dargethan.

auf die drei Haupttopen der Erklärung, des theoretischen und historischen Beweises beschränkt die unerläfsliche Vorstufe der gröfseren Abhandlungen bildet.

Sonst vermissen wir bei R. keine fruchtbare Art von Stilübungen. Bearbeitungen nach Nepos und Cäsar lagen dem Verf. der Bestimmung seines Buches nach fern, Aufgaben aus der Geographie, die bei mehr oder weniger durchgeführtem Klafslehrersystem sehr zu empfehlen sind, finden sich III 239. 291. 292. 294. 295 und im 4. Bdch. in grofser Anzahl. Manche suchen vielleicht nach Beispielen für „Erweiterungen" [1]) Aber im ganzen gilt von diesen Übungen dasselbe, was man schon längst über die Erfindung von Fabeln und Erzählungen (deren Berechtigung bekanntlich immer aus einer Bemerkung Lessings hergeleitet wird) mit Recht geltend gemacht hat (cfr. R. I, X u. III S. 1): jedenfalls passen die Erweiterungen nicht für alle Schüler und nicht für alle Lehrer. Unter günstigen Umständen freilich können sich auch diese Übungen als nützlich erweisen wie die oben besprochenen Erklärungen von allegorischen Gedichten. Bei ungeschickter Behandlung und schwachen Schülern kann aber allerdings eine Erweiterung „gleichbedeutend sein mit der Verwandlung einer guten Erzählung in ein insipides Gewäsche" (Steinwender a. a. O.).

Der 4. Teil (die neue Auflage weist nur wenig Veränderungen auf) entspricht weniger den Bedürfnissen unserer Gymnasien als denen der Realschulen, bietet aber doch unter den „mindestens 700 Aufgaben" vieles, was sich in Tertia [2]) und auch in den höheren Klassen verwenden läfst. Er zerfällt in eine theoretische und praktische Abteilung. Die erste S. 1—133 enthält ein Summarium der Stilistik [3]). Es ist indes nicht die Absicht Rudolphs, dafs diese nach der Verf. Art ziemlich breit dargestellte Theorie im Zusammenhang gelehrt werde. S. 107 beginnt eine allgemeine Charakteristik der Aufsatzarten, die aber hier nicht mehr wie in den früheren Teilen vom didaktischen, sondern mehr vom rhetorisch-ästhetischen Standpunkte aus besprochen werden. Aufser den schon erwähnten Stilübungen sind (S. 121) auch die Übertragungen aus fremden Sprachen, die Gespräche, Charakteristiken und Reden in den Kreis der Besprechung gezogen. Die Ausarbeitung von Gesprächen bezeichnet der Verf. selbst als eine nur ausnahmsweise vorzunehmende Übung. Die Charakterschilderungen und Reden sind nur allgemein besprochen, nicht methodisch erörtert [4]). Das letzte Kapitel der ersten Abteilung handelt von der „Thätigkeit und dem Verhalten des Lehrers rücksichtlich der anzufertigenden Aufsätze". Dafs der Lehrer des Deutschen sich „womöglich durch Reisen eine umfassende Weltkenntnis, eine reiche Naturanschauung erworben haben mufs" ist eine doch wohl übertriebene Anforderung. Aufser diesem Satz will uns aber auch manch andere Aufstellung in diesem Kapitel nicht behagen. So wird es doch keinem vernünftigen Lehrer mehr einfallen, eine Arbeit nach der anderen bei der Besprechung durchzugehen.

---

[1]) Eine Andeutung dieser Übungen gibt der Verf. an einzelnen Stellen z. B. III S. 6.

[2]) Manche Aufgaben gehören auf eine niedrigere Stufe, so z. B. Freuden des Winters (S. 337).

[3]) ἀποστρέφειν heifst nicht ‚anreden' (S. 62), Kalbsfell = Trommel (S. 64) ist wohl Metonymie (nicht Synekdoche), d. Metapher wäre wohl weit besser aus dem Gleichnis zu entwickeln. Die vor allem wichtige Dispositionslehre ist entschieden viel zu dürftig behandelt.

[4]) Für die Charakteristiken hat recht Brauchbares Dolega (Programm von Ostrowo, 1875) gegeben.

Ein sehr übler Rat ist es ferner, „sich so wenig als möglich auf Verbesserungen einzulassen". Bei starken Klassen verbietet es sich von selbst, überall das Richtige an Stelle des Falschen zu setzen; es gibt aber bekanntlich auch kleine Klassen, und hier werden Verbesserungen von der Hand des Lehrers (oder Schülers) und Reinschriften der Aufsätze, die der Verf. ebenfalls grundsätzlich verurteilt, von sehr großem Vorteil sein.

Die zweite Abteilung (S. 134—444) enthält nur Aufgaben und zwar teils blofse Themenangaben, teils Dispositionen und Skizzen. Wir haben vieles gefunden, was uns gut, vieles aber auch, was uns weniger gefallen hat; die besten Aufgaben schienen uns die dem geographischen Gebiet entnommenen zu sein. Die Unterabteilungen des praktischen Teils sind folgende: Darstellungen aus der Weltgeschichte, Beschreibungen und Schilderungen, Erklärung synonymer Ausdrücke, Auseinandersetzungen, Betrachtungen, Abhandlungen. Letzere sind nach dem Gebiete, dem sie entnommen sind, in 12 Klassen eingeteilt. Die letzte Klasse, welche Themen aus der Pädagogik behandelt, sind zum Gebrauch in Schullehrerseminarien bestimmt. Nachdem der Kreis der Benützung des Buches so weit gezogen ist, scheinen auch einzelne Themen, die sich sonst in diesem Bändchen finden, nicht mehr so auffallend, wie dies sonst der Fall wäre (vgl. S. 343. 389. 405. 409. 433). Ob selbst Schulamtskandidaten nicht zu viel zugemutet wird, wenn sie ‚über Schillers Lebens- und Weltanschauung' schreiben sollen, wagen wir nicht zu entscheiden; der deutsche Unterricht treibt ja an allen Arten von Bildungsanstalten heutzutage bisweilen recht herrlich schimmernde Blumen, und man mufs sich in acht nehmen, zu zweifeln, ob die Früchte den Blüten entsprechen. Aber mifsbilligen müssen wir es, dafs die Aufgabe nach drei citierten Vorträgen bearbeitet — also herausgeschrieben werden soll. Dieser einzelne Fall verdiente keine besondere Erwähnung, wenn es nicht Thatsache wäre, dafs diese Art zu arbeiten oder vielmehr arbeiten zu lassen (namentlich zum Zweck der mündlichen Vorträge) durchaus nicht ungewöhnlich ist, obwohl dadurch der wissenschaftlichen Ausbildung, namentlich aber der Charakterbildung weit mehr geschadet wird als durch das wörtliche Abschreiben der Aufgaben von Mitschülern.

Doch nun genug der Kritik! Schliefsen wir mit der in diesen Blättern schon öfter ausgesprochenen und durchaus nicht übertriebenen Versicherung, dafs der Lehrer in Rudolphs Büchern eine wahre Fülle passender Aufgaben finden und die nicht seltenen Musteraufsätze auf die fruchtbarste Weise wird verwenden können. Jüngere Lehrer werden auch für die zahlreichen von reicher Erfahrung zeugenden didaktischen Ratschläge dankbar sein, welche in jedem Bändchen den einzelnen Aufgabengruppen vorangestellt sind.

Für die nächste Auflage empfehlen wir dem Herrn Verf., sich der offiziellen Orthographie zu bedienen und also auch „Märchen" (st. Mährchen) zu schreiben.

München.   —————   A. Brunner.

Deutsches Sprach- und Übungsbuch für die Unterkurse der Mittelschulen von J. E. Haselmayer und A. Edel. I. Staudinger'sche Buchhdl. Würzburg. 1880.

Dieses auf 2½ Jahre, wie es in der Vorrede heifst, ausreichende Lehrmittel behandelt in 16 Kapiteln die gesamte Wort- und Satzlehre nebst der Orthographie auf eingehende Weise, indem es die einzelnen

Regeln der Grammatik aus zur Anschauung vorgeführten Musterbeispielen ableitet und sodann reichlichen Übungsstoff zur Einübung der Regeln bietet. Diese Unterrichtsmethode, bei welcher der Verfasser, wie er in der Vorrede bemerkt, die besten methodischen und wissenschaftlichen Werke benützt hat, ist an sich vorzüglich, ja bei den Schülern der Volksschule oder einer solchen höheren Schule, in welcher der deutsche Sprachunterricht neben seinem praktischen Zwecke besonders formaler Bildung förderlich sein soll, ohne Zweifel allein angemessen und richtig. Diese der Becker—Wurstschen Schule entstammende Methode ist auch die in der heutigen Volksschule herrschende und geltende. Dafs dieselbe aber nicht für unsere Lateinschulen pafst, wo dem deutsch grammatischen Unterrichte eine ganz andere Aufgabe zugewiesen ist, als in den genannten Schulen, kann nicht bezweifelt werden. Der Verfasser hat denn auch sein Lehr- und Übungsbuch, welches nach dem Titel für die Unterklassen der Mittelschulen geschrieben sein soll, selbst zunächst nur für die Unterkurse der Realschulen bestimmt, wie sich wohl aus seinen Worten in der Vorrede „dafs unsere Arbeit einem wirklichen Bedürfnisse der bayerischen Realschulen entgegenkommt" ergiebt; desgleichen mag wohl nur an Realschulen gedacht worden sein, wenn z. B. in einer Regel des Übungsbuches Seite 4 § 11 gesagt wird: „auch im Deutschen unterscheidet man wie im Französischen nur zwei Geschlechter"; oder Seite 63 § 125: „Das nachstehende Adjektiv (Particip) bleibt im Deutschen unverändert. Nicht aber in fremden Sprachen!"— Die Behandlung der Wort- und Satzlehre ist eine sehr weitläufige und umständliche, wobei manchmal der stufenmäfsige Fortschritt nicht beachtet wird, während es auch an Wiederholungen von bereits Gesagtem oder an Vorführungen von Unnötigem und Selbstverständlichem nicht fehlt, so dafs der bildende Wert solcher grammatischer Exercitien doch recht fraglich erscheinen mufs. Manche Regeln erscheinen für die Anfänger viel zu schwer. Auch aus stilistischen und logischen Gründen wünschten wir gar vielen Regeln eine andere Fassung. Zur Begründung vorstehender Bemängelungen wollen wir nur ein paar Sätze aus dem Buche herausgreifen. Seite 2 § 4. a) Zur Anschauung: Der Abend kommt. — Es kommt der Abend. — Wer kommt? Der Abend. — Wer kommt? Es. — Wer denn eigentlich? Der Abend. b) Regel: Scheinbar finden sich in einem und demselben Satze bisweilen zwei Subjekte. In diesem Falle steht das eigentliche Subjekt nicht, wie gewöhnlich, an der Spitze des Satzes." — § 5: Das blofs scheinbare Subjekt „es" heifst grammatikalisches oder formelles Subjekt. Das den eigentlichen Begriff enthaltende Subjekt dagegen wird logisches (begriffliches) Subjekt genannt." — § 6: Das Wörtchen „es" ist ein Pronomen oder Fürwort, weil es für ein Hauptwort steht. Demnach können auch Pronomina oder Fürwörter als Subjekte stehen." — § 7: a) Zur Anschauung: Lieder schweigen. Die Lieder schweigen. Es schweigen die Lieder. b) Regel: „Der Subjektsbegriff kann im Deutschen durch ein einziges Wort z. B. Lieder, oder durch zwei Worte z. B. die Lieder, oder drei Worte z. B. es — die Lieder (nämlich), gegeben sein. Manche Kapitel sind sehr gut durchgearbeitet, z. B. das 13. (von den Praepositionen), das 15. (Wortbildungslehre). Die Bindewörter § 398—408 hätten übrigens in der That eine eingehendere Behandlung mit reichlicherem Übungsmaterial erhalten sollen.

Amberg. M. Miller.

Grammatisches Übungsbuch für den Unterricht in der französischen Sprache. Zusammengestellt im Anschlufs an die Schulgrammatik des Professors Dr. C. Plötz von W. Bertram. Heft 1. Fünfte neu bearbeitete Auflage. Bremen, Heinsius. 1881.

Neues Übungsbuch zum Gebrauche neben der Schulgrammatik des Professors Dr. Plötz von Bertram. Ebendas.

Übungsstücke zum Übersetzen aus dem Deutschen in das Französische zum Gebrauch für die Oberklassen höherer Töchterschulen. Im Anschlufs an die Schulgrammatik des Professors Dr. Plötz von W. Bertram. Ebendas.

Grammatisches Übungsbuch für den Unterricht in der französischen Sprache etc. Heft 5, enthaltend schwierigere Übersetzungsstücke. Ebendas.

Sämmtliche 4 uns hier zur Beurteilung vorliegenden Bücher sind dazu bestimmt, neben der Plötz'schen Grammatik zur praktischen Anwendung und Einübung der erlernten Regeln zu dienen. Die beiden ersten werden auch an Schulen, die eine grofse Zahl von Unterrichtsstunden für das Französische haben, Verwendung finden können, da sie, soweit die einzelnen Übungssätze gehen, ein überaus reiches und im ganzen gut gewähltes Material bieten. Dafs sich nicht selten in den deutschen Sätzen jene so verwerfliche Wortstellung à la Plötz findet, darf uns nicht in Erstaunen setzen; derartige undeutsche Wendungen und einzelne andere Ungenauigkeiten oder Druckfehler[1]) werden in einer etwaigen künftigen Auflage leicht zu verbessern sein. Auch die zusammenhängenden Stücke sind, obwohl nicht frei von undeutschen Ausdrücken, doch so, dafs man sie ohne Schaden gebrauchen kann. Ganz anders aber steht es mit den beiden für die oberen Klassen geschriebenen Büchern, die — ich hoffe dies zur Ehre unseres Lehrerstandes — wohl zum ersten- und zugleich auch zum letztenmale erschienen sein dürften; es wäre wenigstens ein recht schlimmes Zeugnis für den Betrieb des Französischen auf unseren Mittelschulen, wenn man der Jugend Lehrbücher in die Hand gäbe, in denen ihre Muttersprache auf so schändliche Weise mifshandelt wird, wie hier; gar nicht davon zu reden, dafs auch die Auswahl der Stücke nicht immer eine passende ist und nicht selten sinnstörende Druckfehler oder Ungenauigkeiten sich finden. Was würde man einem Tertianer oder Sekundaner sagen, der in einer Übersetzung oder in einem Aufsatz etwa folgendes Deutsch bringen würde: „Da auch indessen existierten —" (p. 22 Gramm. Übungsb. H. 5); „Indem ich in Avignon ankam, schien es mir" (p. 23 ebenda); „Indem man in Aix ankommt, —; Indem man[2]) auf die letzten Höhen gelangt, — wird man von einem Schauspiele ergriffen" (p. 34); „Der Kampfplatz ist schlüpfrig

---

[1]) So z. B. Neues Übungsb. p. 2 volet st. valet; p. 5 sur st. sûr; p. 17 Genug damit st. davon; p. 19 Ich würde davon gestorben sein st. daran g. s.; p. 29 welcher, nachdem er etc.; p 56 ich habe nie viel Gutes gemacht st. gethan; p. 129 St. Helena, wohin verbannt wurde der berühmte Kaiser —. etc.

[2]) Der Verfasser kennt kaum eine andere Auflösung des französ. Ger. mit en; unter den überaus zahlreichen Fällen, wo er mit „indem" übersetzt, sind ²/₃ undeutsch.

und man thut sehr viele Fälle (on fait bien des chutes)!! (p. 38); „Spaltung säen" (p. 40); „In dieser Zwischenzeit (sic!) ist der Herzog — gestorben" (p. 41); „Von so vielen Übeln niedergedrückt, stirbt der unglückliche Lear, indem er den Leichnam seiner Tochter umarmt und indem er erfährt, dafs der Himmel seine Rache übernommen habe, da seinem Tode derjenige der Goneril vorangegangen war, welche sich erdolcht hatte, nachdem sie ihre Schwester Regan vergiftet hatte." (p. 42) oder noch eleganter und klarer: „Unter diesen Bildsäulen befindet sich diejenige Engelbrechts von Mora, welcher von den Dalekarliern zu Gustav geschickt wurde, als die Verweigerung der Hilfsleistungen, um welche er sie gebeten hatte, nachdem sie ihn hatte die Hoffnung, sein Vaterland zu retten, verlieren lassen, ihn bestimmt hatte, es zu verlassen." sic! (p. 62). Durch nicht minder glänzende und stilvolle Ausdrucksweise zeichnet sich das für die Oberklassen höherer Töchterschulen bestimmte Buch aus, welches unter dem vielversprechenden Titel Musik mit einer trockenen Aufzählung der Elemente — Takte, Pausen etc. — beginnt. So: „Nähstunden für Weifszeug und Kleider" (p. 5); „Thonwaaren —, welche durch ihre — Durchscheinenheit (sic!!!) in Erstaunen setzen" (p. 7); oder „Aber gleich von den ersten Tagen des Aprils an hat ein Lebenshauch geschienen, sich über die Oberfläche unserer Hemisphäre zu bewegen —"; gleich darauf: „die Erde hat geschienen sich zu erschliefsen —" (p. 11); „Tiere, welche nicht entweder ihrer Kraft oder Geschicklichkeit entgehen können" (p. 13). Nicht verdoppeln, nein, verzehnfachen könnte ich die Beweisstellen; aber man erschrecke nicht, ich glaube, mein unbedingt verwerfendes Urteil ist zur genüge begründet. Ist es nicht unerhört, wenn ein Erzieher deutscher Jünglinge, ein — wahrscheinlich akademisch gebildeter — Lehrer einer Mittelschule solch mehr als schülerhaftes, völlig unqualifizierbares Deutsch drucken läfst in der Zuversicht und mit der Zumutung, seine Kollegen möchten es als Bildungsmittel für die Jugend benützen oder gar begrüfsen?

Augsburg. G. Wolpert.

Das französische Verb in der Schule. Von Dr. F. Basedow. Berlin, Weidmann'sche Buchhandlung. 1881. 1 ℳ.

Dieses mit gröfstem Fleifs und voller Sachkenntnis geschriebene Büchlein soll eine Grundlage bilden zur zeitgemäfsen Behandlung eines der wichtigsten Kapitel der französischen Grammatik. Dafs die Erlernung der Formenlehre überhaupt und des Verbums insbesondere für den Schüler nicht mehr reine Gedächtnissache sein darf, sondern ihm Einsicht in die Bildung der Formen verschafft und dadurch das Erlernen und feste Behalten derselben erleichtert werden soll, ist jetzt wohl allgemein anerkannt. In verschiedenen neueren Grammatiken hat man auch hierauf Rücksicht genommen, vorliegendes Werkchen aber bietet in weiterem Rahmen, auf den früheren Arbeiten bedeutender Grammatiker fufsend, in übersichtlicher Zusammenstellung und gründlicher Ausarbeitung die Resultate der Wissenschaft, soweit sie praktisch für die Schule verwertbar sind. Falls der Verfasser der Meinung ist, dafs sein Büchlein in die Hände der Schüler selbst gelegt werden könne, so scheint er uns in mehreren Stücken zu weit gegangen zu sein: es würde dem Verständnis und der Kombinationskraft der Schüler zuviel zugemutet, das Gedächtnis gar zu wenig geübt werden; den Studierenden aber und jedem tüchtigen Lehrer dürfte es als Hilfsmittel zum Unterricht sehr zu empfehlen sein. Eine Ausstellung haben wir nur in zwei Punkten zu machen: den gewöhnlich unter dem Namen des „e muet" bekannten Laut teilt Basedow, wie schon vor ihm A. Benecke, in zwei Laute: „e muet" und „e sourd"; Benecke hat diese Einteilung ausführlich gerechtfertigt (Die franz. Aussprache v. A. Benecke, p. 169), und die Bezeichnung „e sourd" für den Laut in „venir, tenir, mener etc." ist in der That viel genauer als die sonst beliebte (vgl. auch Brachet: Nouvelle Grammaire Française, p. 20 „La lettre „e" sert à marquer 3° Un *son* **sourd** d'une nature particulière etc."). Wenn aber unser Verfasser verlangt, es solle dieses „e sourd" am Ende des Wortes hinter einem Konsonanten gesprochen werden (p. 12; p. 13, Anm. 4; p. 14, Anm. 2), so geht er zu weit; zwar ist dieses „e" wohl von dem wirklich stummen „e" hinter einem Vokal zu unterscheiden, darin stimmen nicht nur die bedeutendsten Orthoëpisten überein, auch jedes geübte Ohr vermag den Unterschied zu fühlen,[1]) würde man aber dieses „e" in Wörtern wie „rom*p*re, aima*b*le, don*n*e" auch nur annähernd wie das „e" in „tenir" sprechen, so wäre das jene Aussprache, welche man zwar zuweilen von Franzosen hören kann, die aber in der Umgangssprache allgemein für affektiert gehalten wird.

Ein Zweites ist die Einrichtung des Verzeichnisses der Verba. Da es nach eben der Reihenfolge zusammengestellt ist, welche in der Abhandlung selbst gebraucht wurde, und da diese in vielen Stücken von der gewöhnlichen abweicht, so wird es im Anfang schwer, schnell das, was über die eine oder die andere Erscheinung gesagt ist, zu finden; durch ein in alphabetischer Ordnung abgefaßtes Verzeichnis mit Angabe des jeweiligen Paragraphen, in dem die einzelnen Formen besprochen sind, würde diesem Mangel leicht abgeholfen werden können.

Augsburg. G. Wolpert.

E. Döring, Lehrbuch der Geschichte der alten Welt mit besonderer Berücksichtigung von Mythologie, Kunst- und Kulturgeschichte für höhere Schulen. Mit einem Vorwort von Dr. Kreyenberg, Dir. d. höh. Töchterschule in Iserlohn. I. Die älteren orient. Völker, die Griechen. Mit 67 Abbildungen und 2 Karten. 237 pgg. II. Die Römer. Mit 61 Abbildungen und 2 Karten. 189 pgg. Frankfurt a. M., Mor. Diesterweg. 1880. 1881. kplt. 4 ℳ.

Der Verfasser bezweckte nach dem Vorwort, ein Schulbuch der alten Geschichte unter besonderer Berücksichtigung kulturgeschichtlicher Bezie-

---

[1]) Ähnlich verhält es sich mit der Aussprache des „h", über welche bekanntlich die verschiedenen Grammatiker sich ganz verschieden äußern. Die einen sagen, „h wird im Französischen nie ausgesprochen", verwerfen deshalb die Benennungen „h muette, h aspirée" und führen als logische die des „h voyelle" und „h consonne" ein; die anderen wollen es ausgesprochen haben; ebensowenig wie die Grammatiker und Orthoëpisten sind die gebildeten Franzosen einer Ansicht; ich selbst hatte einst mit einem französischen Universitätsprofessor einen langen Streit über das „h". Sicher ist, daß es nie so stark aspiriert wird wie unser deutsches „h", kann ja kein Franzose ohne riesige Anstrengung deutsche Wörter wie: „Herr, heute, holen etc." richtig aussprechen; anderseits scheint mir aber auch die Ansicht, als sei gar kein Unterschied zwischen der Aussprache von „h voyelle" und „h consonne", wie sie schon Dubroca u. a., neuerdings wieder Brachet äußert, nicht ganz das Richtige zu treffen; ich hatte stets die Empfindung, als werde das „h aspirée oder consonne" im Munde des Gebildeten ganz zart angehaucht, so daß eben nur der Hiatus vermieden ist.

hungen (gründlichere und namentlich anziehendere Behandlung der kulturgeschichtlichen und mythologischen Ergebnisse ist die der Arbeit zu grunde liegende neue Idee) und mit vielen Illustrationen ausgestattet zu einem Schulbuchpreise herzustellen. Der Stoff ist ausführlicher vorhanden als in den trockenen Leitfäden; das mehr Wünschenswerte ist von dem mehr Notwendigen durch Kleindruck geschieden; Tabellen sollen die Übersicht erleichtern.

Teil I behandelt nach einer allgemeinen Einleitung pg. 4—8 Chinesen, 8—25 Ägypter, 25—34 Inder, 34—54 Babylonier und Assyrier, Phönicier und Israeliten, 54—66 Meder, Perser, Lyder, —63 Allgemeine Zeittafel der älteren orientalischen Völker. pg. 69 Griechen, zunächst geographische Übersicht, gröfstenteils Aufzählung, pg. 75 heroisches Zeitalter, pg. 141—203 die historische Zeit bis 86 v. Chr., dann folgt auf einer halben Seite das Schicksal Griechenlands bis zur Entstehung des heutigen Königreiches Griechenland, pg. 204—34 Kultur der Griechen, dann Zeittafel.

Teil II (in amtlicher Orthographie) geographische Übersicht (3 Seiten Namen), Völkerschaften Italiens, pg. 7 Mythologie und Sagenzeit der Römer, p. 36—115 Rom als Republik mit Zeittafel, pg. 115—145 Kaiserreich mit Zeittafel, dann Kultur der Römer. Das Register umfafst pg. 170—89 in dreispaltigem Druck.

Dörings Buch tritt mit Empfehlungsschreiben (Abdrücke liegen bei) von Autoritäten auf historischem, resp. kunsthistorischem Gebiete, von Dr. Gg. Weber und Dr. W. Lübke in die Welt hinaus und wird von einem Töchterschuldirektor durch ein Vorwort eingeführt (zu jedem Teil), das geradezu hochgespannte Erwartungen weckt. Offen gestanden, ich möchte nicht behaupten, dafs das Buch meine Erwartungen erfüllt hätte; und selbst abgesehen davon, dafs eine Ausdehnung der Arbeit auf mittlere und neuere oder doch wenigstens deutsche Geschichte nicht beabsichtigt scheint — was immerhin von praktischem Belang ist — könnte ich das Buch in seiner jetzigen Gestalt für geeignet zum Unterricht an einem Gymnasium nicht erachten.

Vor allem scheint mir Döring nicht gut daran gethan zu haben, dafs er das Buch für einen so weiten Kreis bestimmte; eventuell soll ja dasselbe sogar einem speziellen Unterricht in Kunstgeschichte oder Mythologie zu grunde gelegt werden können. Schülern eines humanistischen Gymnasiums (und diese habe ich bei Beurteilung des Buches zunächst im Auge) mufs nach meiner Ansicht, mit der ich sicher nicht allein stehe, gerade in alter Geschichte ein anderer Unterricht und darum auch ein anderes Lehrbuch geboten werden als Realschülern und Schülerinnen einer Töchterschule. Dieser Übelstand tritt namentlich darin hervor, dafs der Verfasser sich genötigt sah, auf Schritt und Tritt die gebräuchlichsten Fremdwörter zu erklären z. B. Kultur, Tradition, Barbarei, Industrie, Klima, orientalisch, klassisch („mustergiltig"), I pg. 227 Jambe „Spott" (?), I pg. 60 „das griechische Wort pseudo (!) heifst falsch, unecht"; cerimonia = feierliche (!) Handlung etc., oder dafs er lateinischen und griechischen Ausdrücken vielfach ausweicht z. B. Ekklesia, Bule (cf. I pg. 147 „der Senat, a u c h Gerusia oder Rat der Alten"); Greuelstrasse, wo doch via sacra am Platze war; II, pg. 67 „die Karthager von den Römern auch Pöner oder Punicer genannt"; oder gar in den Abschnitten über Literatur, wo sämtliche Titel deutsch gegeben sind, wobei vielfach nicht einmal zu ersehen ist, ob der betreffende Autor lateinisch oder griechisch geschrieben hat, cf. II p. 168 sq. Ob ein neuerer Übersetzer Choëphoren mit „Grabspenderinnen" wiedergegeben hat, weifs ich nicht, ich finde die Übersetzung undeutsch und unrichtig.

Wo ist ferner das eigentümliche System zu finden, das nach der Vorrede bei Angabe der Betonung fremder Namen befolgt sein soll? Die Quantität der vorletzten Silbe ist vielfach gar nicht bezeichnet, bald fehlt die Bezeichnung im Text, bald im Register. Dafs Döring in den allermeisten Fällen die von der üblichen deutschen Betonung abweichende griechische nicht notiert unter fast gänzlicher Ignorierung des aufgestellten Prinzips, z. B. nicht bei Alexandros, Anaxagoras, Andromache, Antalkidas, Aristagoras, Demosthenes etc. etc., möchte ich ihm am wenigsten zum Vorwurf machen; es wird doch niemand im Ernst Alkibiades, Pylades etc. betonen wollen, und jedenfalls müfste auch hierin absolute Konsequenz und durchwegs Anwendung der rein griechischen Formen gefordert werden. Eine Quantitätsbezeichnung resp. Accentuation wäre jedenfalls nötig bei Kunaxa, Thrasybulos, Kleobulos, Kreusa, Onophyta, Kitháron, Teutonen, Ephoren etc., wie überhaupt für Leute, die des Griechischen nicht kundig, fast bei jedem Wort der Ton bezeichnet werden müfste. Spezielle Versehen: im Reg. Cupído (richt. II, 18), Herodótus (richt. I, 229), spolia opíma, I, 209 Iktínos (richt. Reg.), I, 232 stoísche Philos., I, 57 Dejókes (richt. Reg.), I,58 Mandáne (Reg. Mandáne?), Alyáttes, Synóden st. Synóden, Agápen, Skytálen (Reg.), Skytálen I, 147; besonders auffällige Inkonsequenz I, 131 Iphigenía, 137 Iphigénia und Reg. Iphigenía (gr. Iphigéneia). Ich möchte dem Verfasser für eine eventuelle neue Auflage raten, blofs im Register die Betonung und zwar die allgemein übliche zu notieren und gerade auf Korrektheit des Registers die gröfste Aufmerksamkeit zu verwenden.

Auch das Prinzip, die griechischen Namen in der griechischen Form zu geben, ist nicht durchgeführt, was bei einem Schulbuch begründeten Anstofs erregen mufs. Abgesehen davon, dafs Döring ai stets durch ae, οι stets durch oe wiedergibt, wodurch Formen wie Pökile, Äschylos, Cháronéia entstehen, zeigt sich hinsichtlich der Endungen vielfache Inkonsequenz, z. B. im Reg. Alkander (auch im Text), Antiochus, Text meist -os, Archilochus (Text -os), Aristodemus viermal hinter Aristippos etc. etc. im Text zweimal Terpander, einmal Terpandros (auch Reg.), bald Lysandros bald Lysander, I, p. 187 Überschrift „Alexander", dahinter „Alexandros", I, pg. 196 hintereinander „Antipater, Kassandros, Kassander", auf einer Zeile „Kyros, Cyropädie", Kykliker, cyklisch etc. — Warum ferner II, p. 80 Afrikanus (dem 2. Teil ist die amtliche Orthographie zu grunde gelegt) p. 82 Asiaticus und 83 gar Makedonicus? warum Livius Andronikus, Cloaka Maxima, Reg. Bacchos mit Verweisung auf römische Mythologie? Alle mit griechischem I anlautenden Wörter stehen im Reg. unter konson. J, nur Jole hat sich unter vocal. J verloren, wohin doch alle gehören. —[1]

Was Korrektheit anbelangt, so möchte ich dem Buch vor den mir bekannten Lehrbüchern keineswegs den Vorrang geben; ich will einige Einzelheiten erwähnen:

Teil I pg. 4 Flächenraum und Bevölkerung von China ist übertrieben; p. 9 der „berühmte" Porzellanturm von Nanking ist jetzt zerstört: pg. 7 „die chinesischen Darstellungen von untergeordneten Gottheiten und Dämonen sind seltsam und verkehrt", soll das heifsen „phantastisch"? Den Satz „alles Fremde, das bei den Chinesen eingeführt wurde, ging entweder bald wieder unter, oder es wurde in dem Sinne des chinesischen Volkes umgewandelt. Jetzt befestigte sich auch der Lamaismus, die Religion der neuen Dynastie" verstehe ich nicht. p. 142 Versammlung der Am-

---

[1] Konsequent durchgeführt ist die griechische Schreibung der Namen in C. Wolffs Lehrbuch der alten Geschichte (hier Chaironeia, Euboia etc.), mit Modifikationen in Peters Zeittafeln.

phiktyonen „2 mal jährlich (im Frühjahr zu Delphi)" ist zweideutig; pg. 143 „um 600 v. Chr. . . . Griechen ein Volk von 20 Millionen", ein Beisatz von „etwa" ist das Minimum, was verlangt werden mufs; pg. 146 „Die Lakedämonier[1]) durften in der Volksversammlung erscheinen", von Gilbert, griech. Staatsaltert., verneint, nach Schömann höchstens von einem Teil der Lakedämonier richtig, jedenfalls nicht schlechthin in einem Schulbuch zu behaupten; Gütergleichheit durch Lykurg? 30000 periök. Ackerloose d. Lykurg erfunden (Schömann) cf. Gilbert. Das von den Ephoren Gesagte ist jedenfalls unrichtig, wie auch der Satz p. 147 von der Fortdauer der lykurgischen Gesetzgebung in der allgemeinen Form. pg. 152 „vollständige Demokratie in Athen" durch Solon, gewifs nicht! „Volksversammlung in Athen fast alle 8 Tage berufen"?? pg. 156 „Histiäos, erst mit einer Landschaft beschenkt, dann bei Dareios verdächtigt, ward von diesem nach Susa berufen zum Dank für die ... geleisteten Dienste ... Von Susa aus" etc mufs mifsverstanden werden. Die Todesjahre von Aristeides, Pausanias und Themistokles stehen keineswegs fest. pg. 167 das Ekklesiastikon gehört erwiesenermafsen der nachperikleischen Zeit an; c. 460 auch die richterlichen Befugnisse des Areiopagos beschränkt. p. 168. Die Erzählung vom Ursprung des peloponnesischen Krieges ist keineswegs klar. p. 176 „Lysandros selbst, obgleich Gebieter über Millionen, starb arm", das sind Phrasen, die nur unrichtig zu deuten und auch unwahr sind. pg. 169 „Perikles mit einer Geldstrafe belegt" (warum von 15 Tal., da die Überlieferung von 15, 50, ja 80 Tal. spricht?). Überhaupt würde Döring gut gethan haben, wenn er im Ausdruck vorsichtiger gewesen wäre, so sehr man es sonst billigen mufs, dafs er durch Einzelheiten das Verständnis unterstützen will: mehrfach werden Anekdoten angeführt (in Kleindruck), die als historisch nicht zu erachten sind.

Teil II pg. „Kriegsdienst" und „Verteidigung der Mauern", der Gegensatz verlangt „Felddienst"; Curien-Comitien, ungeläufig für Curiat-Com. p. 32. 33. Das von Tribus und Tribus-Comitien Gesagte (ebenso pg. 47) widerstreitet allem, was ich in neuern Lehrbüchern, aber auch bei Peter, Mommsen, Rein, Lange finde: „Servius teilte auch das Volk (resp. die Plebs) in 30 Abteilungen, wie die Stämme der Patricier Tribus genannt. Das Gebiet teilte er danach in Regionen. Diese Einteilung hatte aber nur auf die Örtlichkeit bezug." Der letzte Satz ist mir unverständlich; übrigens sind die Tribus des Servius eine Einteilung von Land und Bürgern des Gesamtvolkes und haben die Bedeutung von Verwaltungsdistrikten. Der ganze Abschnitt pg. 33 von Tribus-Com. im Sinne der späteren concilia plebis ist anticipiert und hätte allenfalls — ist ja schon von Tribunen die Rede — an das Jahr 493 geknüpft werden können cf. Lange, Altert.; p. 40 12%, Zinsen, Paläste der Reichen? p. 41. Volkstrib. genauer 493; nach Mommsen, Staatsaltert., weist die übereinstimmende Überlieferung auf ursprünglich 2 Trib.; bei den Ädilen war beizufügen „plebeische". p. 44. Der von Döring angeführte 2. Teil der Gesetze des Publilius Volero (durchgesetzt erst 471) ist sehr zweifelhaft, wenn auch auf Niebuhr gestützt, Mommsen und Peter wissen davon nichts, Lange spricht geradezu von ersonnen. Wozu die leges noch vermehren? p. 45 „unser grofser Geschichtschreiber Schlosser", vielleicht hätte Döring besser Stellen aus lateinischen Autoren oder neueren Bearbeitern speziell römischer Geschichte angeführt. Ganz bestritten ist auch pg. 47 die lex Icilia betr. Plebiscite; dafs durch die lex Icilia die Plebs den Aventin erhielt, ist nicht klar. Was pg. 47 von Tribus etc.

---

[1]) Ob Laked. oder Periöken identisch ist? Nach Gilbert bezeichnet οἱ Λακεδαιμ. die Spartiaten und Periöken.

im Anschlufs an die Decemviralgesetzgebung gesagt ist, ist teils unrichtig, teils nicht an der richtigen Stelle: der Abschnitt von den Tribus-Com. (nicht „das Tribus-Comitium") hätte hinter die leges Valeriae p. 49 gestellt sein sollen; die Patricier konnten nun an den Tribus-Com. Anteil nehmen (Lange, nicht aber, dafs jetzt erst die Tribuseinteilung auch auf die Patricier ausgedehnt wurde), allein dies Recht war wertlos für sie; „die Tribus-Com. waren die eigentliche gesetzgebende Versammlung, die Centurienversammlung übte das höchste Kriminalgericht", fortan erst. — Wirkungskreis des Senates sehr vag bestimmt z. B. er entzog dem Heer die Kriegsbeute; dafs die Richter aus den Senatoren genommen, mufste erwähnt werden wegen des bei den Gracchen Gesagten. — Die historisch feststehenden leges, Publilia 339 und Hortensia 286, mufsten jedenfalls nach dem Hauptinhalte berührt werden. pg. 48. Amtsdiener, Gerichtsdiener für Lictoren. pg. 49. Kriegstribunen „sollten" gewählt werden, vielmehr „durften". pg. 55. Prätoren bis auf 16 gestiegen. pg. 65. Unterwerfung von ganz Mittel- und Unteritalien beendet erst 266. pg. 67 zum Jahr 293 „Pest in Rom. Asculap" zu lakonisch; die Tabellen hätten überhaupt auf weniger Zahlen beschränkt werden sollen, andrerseits sollten die tabellarischen Angaben doch verständlich sein und nicht blofs Namen geben. p. 68 Messina, l. Messana; das von Rhegium Gesagte fällt ins Jahr 271, also „wie die Mamertiner gethan hatten"? pg. 70. „Das Kriegswesen der Provinzen leitete ein Statthalter", leicht zu mifsdeuten, als ob die Provincialen militärpflichtig gewesen. pg. 70 Widerspruch: „Steuererhebung durch Quästoren", einige Zeilen unterhalb „die Steuern wurden nicht, wie bei uns, von Staatsdienern erhoben"; allenfalls „das Finanzwesen leitete der Quästor". pg. 72. Das Kleingedruckte betr. Gesandtschaft der Römer nach Karthago ist nach Livius 21, 18 richtig zu stellen; die Karthager ergreifen Ausflüchte, sagen aber keineswegs, dafs Sagunt zur Zeit der Abfassung der Verträge (Liv. redet von zweien, den zweiten v. J. 226 führt Döring an) noch nicht im Bunde mit den Römern gewesen"; solche Angaben können nur verwirren. pg. 88. Vielleicht haben die Sklaven doch nicht blofs mit ihrer Schlechtigkeit Rom vergiftet. pg. 90 Veranlassung zum Jugurth. Krieg unklar. pg. 89. „Diejenigen Bürger, welche Reichtümer erworben, wurden (ohne zu Pferde zu dienen) zu den Rittern gezählt" ohne weiteres? Bemerkungen wie pg. 98 „die von Sulla gegebenen Gesetze waren weise" und pg. 99 „dem Marianer Sertorius erlaubte sein stolzes Selbstgefühl und die Einfachheit und Reinheit seiner Sitten nicht, sich der Nobilität zu unterwerfen" sind von mehr als zweifelhaftem Werte. pg. 117 Germanen, auch Teutonen genannt? pg. 111 Mit bezug auf Cäsars Mörder „noch lebten jedoch in einem grofsen Teile der römischen Aristokratie die Vaterlandsliebe und der alte republikanische Stolz, der keinen Alleinherrscher duldete", ob für ein Schulbuch passend, ob nur ganz wahr? pg. 105 „Des Clodius Gesetz war gegen Cicero gerichtet wegen Unterdrückung des Catil. Aufstandes", doch „wegen der Hinrichtung einiger Catilinarier". pg. 113. Die Ereignisse nach der Schlacht bei Philippi sind keineswegs klar oder vollständig: est ist wohl von Antonius' Schwelgerei die Rede, von Octavian wird blofs gesagt „den Antonius verfeindete seine Gemahlin Fulvia mit Octavian", die Länderverteilung erfolgte erst 40 im Vertrage zu Brundisium; Lepidus lebte zuletzt als Privatmann (resp. Pontifex maximus). pg. 116 Augustus „auf dringendes Bitten nahm die Herrschaft wieder an" wirklich Ernst? (cf. p. 120 Tiber „scheinbar nur durch die flehentlichen Bitten des Senats" etc.) Die Scheidung der Provinzen in prov. „Caesaris" und „senatus" fehlt. pg. 137 Der protest. Standpunkt des Verfassers zeigt sich in Sätzen wie „in der ersten Zeit gab es keine Priester", oder p. 139 „Kon-

stantin hielt eine allgemeine Kirchenversammlung", auch in dem pg. 137 von allgemeinen Kirchenversammlungen Gesagten.
Ich lasse hier noch einige Widersprüche in Zahlen folgen: pg. 8 bei Numa „716—672", dagegen pg. 28 „715—673", pg. 29. 30 „640—17", dagegen pg. 36 „616", Schlufs des Janustempels. pg. 15 „30 v. Chr.", dagegen pg. 114 „29"; pg. 115 bei Octav. „30 v. Chr.", pg. 144 „31 v. Chr."

Die Heranziehung der Kulturgeschichte incl. Mythologie, um auch diese Seite von Dörings Arbeit zu würdigen (Döring legt auf die eingehende Behandlung der Kulturgeschichte gerade ein Hauptgewicht), wird gewifs jeder Geschichtslehrer fordern, und in neueren Geschichtsbüchern findet dieser Punkt auch verdiente Beachtung, wenn freilich die Ansichten noch weit auseinandergehen, wie weit das Kulturgeschichtliche in die Schule gehöre. Ich denke indes, der Geschichtslehrer wird an humanistischen Anstalten in dieser Hinsicht von den andern Lehrern bei der Lektüre der alten Autoren ausgiebig unterstützt werden, und es ist doch sehr fraglich, weil unmöglich, ob der Geschichtsunterricht auf alle Details der gesamten Altertümer sich erstrecken soll, und darum auch, ob das Geschichtslehrbuch zugleich eine Art Lexikon der Altertumswissenschaft zu sein bestimmt ist. Allein ganz abgesehen hievon scheint mir die Art, wie Döring die Kulturgeschichte behandelt, bedenklich und verunglückt: vielfach ists ja blosse Namenaufzählung, worin ich keineswegs die nach der Vorrede angestrebte anziehende Behandlung erblicken und auch keinen Nutzen für Unterrichtszwecke finden kann. Man sehe I, pg. 92. 93, wo die wichtigsten Gemahlinnen des Zeus (aufser Hera), ihrer 13, und deren Kinder behandelt sind (speziell die 9 Musen, dabei wird die Sage von Pegasus und den Sirenen mit angeführt), oder pg. 76 – 78, wo alle Kinder der Gäa aus der Ehe mit Uranus und Pontus vorgeführt werden, so dafs zum Verständnis geradezu genealogische Tafeln geboten wären. Mögen immerhin die sog. 12 Hauptgötter, denen auch Abbildungen beigegeben sind, ausführlicher behandelt werden, das Übrige mufste zusammenfassend behandelt werden. Wofür alle möglichen Geschichtchen z. B. bei Zeus die Mythe von Philemon und Baukis angeführt werden, ist nicht abzusehen. Woran die Darstellung der Mythologie leidet, verrät Döring selbst, wenn er I, pg. 107 schreibt: „Nach der neueren Sage von Eros etc."; was ist eben alte und neuere Sage? Auffällig ist I, pg. 79 „Lucifer der Morgenstern, am Abend Hesperos", ist Lucifer griechisch?

Dafs die Übersicht der Literaturgeschichte dem Stand der Wissenschaft entspreche, wird schwerlich jemand behaupten; es sind Namen mit meist anekdotenhaften Zuthaten oder mit einigen Phrasen und oft fraglichen literarischen Notizen. Man vergleiche I, pg. 227: „Die Dichtung, die sich früher kindlich der Aufsenwelt hingegeben, senkte sich in die Tiefe der Menschenbrust hinab, aus ihr heraus schaffend. Ihre Sprache war von da an („nach der Heraklidenwanderung") die Lyrik. Die ersten Lyriker dichteten Elegien, die wichtigsten sind", folgen 8 Namen mit ein paar Notizen, als 9. Äsopos!! — „Sappho .. dichtete in einem eigenen, dem sapph. Versmafse". „Korinna aus Böotien, das schönste Weib ihrer Zeit. In einem Weltstreit trug sie den Sieg über Pindar davon." p. 230. „Die späteren Geschichtschreiber (Herodot und Thukydides sind genannt) wurden immer oberflächlicher". pg. 233 „bukolische Gedichte (Idyllen) d. h. poetische Gemälde aus dem Leben der Menschenklassen, welche der Natur am nächsten stehen"! In der römischen Literatur, abgesehen von einer Anzahl zu beanstandender biographischer Daten, z. B. bei Livius Andronicus, Naevius, Terentius, Livius etc., II, pg. 165 „Persius, der in seinen Satiren seinen Unwillen über das leichtfertige Treiben seiner Zeitgenossen ausdrückt", wirklich? Horatius wird unter der Überschrift "Satire" nicht genannt, wohl aber beim Epos "die gelesensten römischen Dichter ... waren Virgilius, Ovidius und Horatius" und nochmals mit 8 Zeilen unter "Lyrik" als der berühmteste römische Dichter "schrieb Oden, Epoden und Satiren", ob Episteln? pg. 166 "der seelenvolle Tibullus", pg. 166 Beredsamkeit und Rhetorik, Ciceros Hauptschriften die "vom Redner, vom Staat, von den Gesetzen"; das pg. 167 von Sallustius Gesagte ist mehr als fraglich, pg. 169 Longinus' "ausgezeichnete Schrift über das Erhabene".

Von der Kunstgeschichte gilt teilweise das nämliche; was soll z. B. die Aufzählung einer Reihe von Kunstwerken mit ästhetischen Notizen wie "der farnes. Stier, malerisch ausgeführt, von ergreifender Wahrheit" ohne Abbildung?

Die Karten betr., auf die nach der Vorrede besondere Sorgfalt verwendet ist, glaube ich, dafs in Teil I besser eine Karte vom Reiche Alexanders d. Gr. am Platze wäre statt einer Karte der alten Welt, die auch im 2. Teil figuriert, etwas anders koloriert; die Karte 1 enthält den Alexanderzug, wie stimmt dazu Afrika (sc. proconsularis) und Hellas, Slawen, Finnen und Hunnen? Auch in Teil 2 wäre die eine Karte im Interesse der Deutlichkeit besser auf das Imperium Romanum beschränkt worden; die Schreibung der Namen erregt auch hier mehrfach Anstofs, vielfach mufsten des Raumes wegen störende Abkürzungen gewählt werden; bei Treverorum fehlt Augusta. Auf der Karte von Italia sollte durchgehends die lateinische Namensbezeichnung angewendet sein; nicht besonders deutlich ist der Plan Roms auf dem Karton (Versehen: Regio Exquilina, Via Flam. Lata st. Lata).

Die Beigabe von Abbildungen ist eigentlich nicht neu; schon A. Gindely hat seinem Lehrbuch der allgemeinen Geschichte für Obergymnasien I. Bd. eine Bilderbeilage von XXIX pg. beigegeben, freilich nicht im Zusammenhang mit dem Texte, wie dies Döring vorgezogen hat. Die gegebenen Abbildungen sind im allgemeinen entsprechend, nur vermisse ich z. B. Abbildungen einer Mumie, eines griechischen Theaters, eines Griechen im Chiton, den Plan eines griechischen Tempels etc.

Der Stil ist im ganzen einfach, nicht immer korrekt, oft in Phrasen sich verlierend, namentlich bei Charakterschilderungen. Zu der beabsichtigten Ausführlichkeit will nicht recht passen z. B. pg. I, 59 "Erzählung der Veranlassung zu demselben" (Krieg des Kambyses gegen Ägypten) und so öfters. Cf. besonders Teil I, pg. 1; pg. 144 "durch ihren grofsen Reichtum ergaben sich die Bürger einer .. Üppigkeit"; pg. 147 "um kriegerische Thätigkeit durchzusetzen gab Lykurg auch .. Gesetze"; pg. 171 "Nikias", der Rede mächtig, aber auch gemessen, feierlich uud abergläubisch"; "die Erlaubnis, sich durch Waffenstreckung zu erhalten"; II pg. 34 "einen zur Rede setzen" (st. stellen), pg. 3. "Das Klima der Insel (Sicilien) ist das schönste von Europa, sie ist daher sehr fruchtbar"; pg. 11 "fauler Geist"; "Sieg der mehr nach weltlichen Grundsätzen eingerichteten Bürgerschaft über die mehr theokratisch (gottherrschend) gesinnten Patricier"; pg. 114 "Kleopatra tötete sich selbst durch den Bifs einer Schlange" etc. etc.

Ob man die vorliegende Arbeit als "eine ebenso selbständige, wie gediegene, die nötige Wissenschaftlichkeit überall dokumentierende Arbeit" bezeichnen kann, mufs ich dem Urteile der geehrten Leser dieser Blätter überlassen; ich breche ab, weil ich bereits mehr Raum als zulässig in Anspruch genommen habe, obschon ich noch manche Bemerkung zu machen hätte.

Straubing. H. Liebl.

Blümer H., Laokoonstudien. Erstes Heft. Über den Gebrauch der Allegorie in den bildenden Künsten. Freiburg i. B. u. Tübingen. Akademische Verlagsbuchhandlung von J. C. B. Mohr. 1881. VI u. 91 S. 8.

In einer Reihe von Aufsätzen, welche in zwangloser Folge erscheinen sollen, beabsichtigt der Verf. verschiedene in Lessings Laokoon und den Entwürfen zur Fortsetzung behandelte oder auch nur gestreifte ästhetische Fragen einer eingehenden Untersuchung zu unterwerfen. Abgesehen von der Allegorie in den bildenden Künsten, welche den Gegenstand des vorliegenden ersten Heftes bildet, kündet der Verf. Abhandlungen an über die Frage nach dem Transitorischen in der Kunst, nach dem sog. fruchtbaren Moment, ferner über das Häfsliche, Ekelhafte, Schreckliche, Lächerliche u. s. w.

Als wesentliches Merkmal der Allegorie betrachtet der Verf. die Personifikation. Er teilt die Allegorien in einfache und zusammengesetzte. Einfache sind für ihn z. B. die Personifikationen der Tugenden, der Wissenschaften und Künste, Gestalten wie die der Germania, Borussia u. s. w. Die zusammengesetzten zerfallen wieder in zwei Klassen: „solche, welche irgend einen Gedanken mit Hilfe allegorischer Figuren zur Anschauung bringen wollen", z. B. Hennebergs bekanntes Bild, die Jagd nach dem Glück; und „solche, die einen wirklichen, dem Leben entnommenen Vorgang, sei er historisch oder ersonnen, dadurch über die Wirklichkeit erheben, dafs sie die dargestellten Persönlichkeiten des wirklichen Lebens mit allegorischen Figuren vermischen", wie dies unter anderen Siemering in seinem Fries zur Germania für den Berliner Einzug vom Jahre 1871 gethan.

Nach den einleitenden Bemerkungen wird im ersten Abschnitt (S. 9—63) ein Abrifs der Geschichte der Allegorie in der griechischen und römischen Kunst in ausgeführterer, ein ebensolcher der Allegorie im Mittelalter, der Renaissance und der Neuzeit in knapperer Darstellung gegeben. Die Darlegung bietet dem Fachmann nichts Neues, dürfte aber dem gröfseren Publikum, besonders auch dem Gymnasiallehrer, der mit seinen Schülern Lessings Laokoon liest, — wenn er nicht etwa selber eingehendere kunsthistorische Studien gemacht hat — einen guten Kommentar liefern. — Im zweiten Abschnitt (S. 63—91) erörtert der Verf. die Frage, ob die Allegorie in der Kunst überhaupt berechtigt sei. Da diese Berechtigung nicht völlig zu leugnen, wird dargelegt, unter welchen Beschränkungen und in welchen Grenzen sich die Kunst dieser immerhin mifslichen Darstellungsweise bedienen dürfe. Der Verf., gleich entfernt, sich auf den Standpunkt der rigorosen Theorie zu stellen oder dem Schlendrian der zumeist denk- und erfindungsfaulen Praxis zu huldigen, wird seiner Aufgabe vollkommen gerecht.

Schliefslich möchte ich nicht unterlassen, einen Wunsch auszusprechen. Möge doch der Verf. in seinen folgenden Abhandlungen dem der Fachwissenschaft ferner Stehenden durch Citate das Nachschlagen der angeführten Schriftsteller und besonders der Bildwerke (soweit letztere überhaupt veröffentlicht sind) möglich machen. Wie viel lebendiger spricht nicht die geringste bildliche Anschauung mit wenigen erläuternden Worten, als das beredteste Wort ohne bildliche Anschauung!

München. Leop. Julius.

Leibniz. La Monadologie, publiée d'après les manuscrits de la bibliothèque de Hanovre avec introduction, notes et suppléments par Henri Lachelier, professeur agrégé de philosophie. Paris, librairie Hachette et Cie. 1881.

Eine ganz hübsche neue Ausgabe des berühmten im Jahre 1714 für den Prinzen Eugen von Savoyen, der den Autor um eine kurze Darstellung seiner metaphysischen Ideen und seiner Theologie angegangen hatte, geschriebenen Werkes von Leibniz, im Taschenformat, mit schönem, grofsem Druck, basiert auf die Originalmanuskripte, nämlich das Koncept von Leibniz' eigner Hand und zwei von Leibniz selbst korrigierte Abschriften, und so mehrere sinnentstellende Fehler und eine grofse Anzahl von Ungenauigkeiten in bezug auf Orthographie und Interpunktion, wie sie in den bisherigen Ausgaben standen, entfernend.

In der Einleitung gibt der Herausgeber eine lichtvolle Skizze der Leibniz'schen Philosophie, führt uns vor die „Monaden", diese unendlich vielen einfachen Substanzen, diese metaphysischen, unteilbaren Punkte, die „fensterlos" und ohne auf einander einwirken zu können, in immanenter Kraftthätigkeit sich verwirklichen, jede von ihrem eigentümlichen Augenpunkte aus die Welt vorstellen (in sich spiegeln), diese äufsere sinnliche Welt, die als das gar nicht existiert, wofür wir sie ansehen, ein blofses Phänomen, eine Erscheinung ist. Thatsächlich existieren nur die Monaden und sie stellen die Welt vor, die einen dunkel und unbewufst (wie wir im Schlafe), andere so, dafs sie die verschiedenen Wahrnehmungen von einander unterscheiden und eine Erinnerung davon behalten (die Tierseelen), andere endlich mit in sich reflektiertem, auf Prinzipien gegründetem Wissen. Und zwischen diesen unendlich vielen ganz unbhängig von einander sich abwickelnden Weltvorstellungsprozessen herrscht Übereinstimmung, sie klappen. Das ist die „prästabilierte Harmonie". Die Aufeinanderfolge nämlich der Vorstellungen jeder Monade ist geordnet vom Anfange der Welt an. Gott, die Urmonas, hat den Plan der bestmöglichen Welt gefafst und nach diesem die Monaden zu gesondertem Sein entlassen. In jenem Weltplan Gottes sind alle Vorstellungen und alle Strebungen aller Monaden in ihrer kausalen Aufeinanderfolge vorausgesehen. So begreift sich die Korrespondenz in den Weltvorstellungen der vielen Monaden (die sich zu einander verhalten wie gut gehende, unabhängig von einander ablaufende und doch immer alle die entsprechende Stunde anzeigende Uhren), begreift sich aber auch, dafs — alle unsere Handlungen determiniert sind, dafs wir in unserm Thun und Lassen bestimmt werden durch je prävalierende Vorstellungen, die sich durch eine Art geistigen Mechanismus aus der ursprünglichen Anlage der Monaden, die wir sind, entwickeln. — Das hier in nuce Gesagte wird in der Einleitung auf 42 Seiten mit aller nur wünschenswerten Klarheit ausgeführt und dabei auch auf eine bei Leibniz nebenherlaufende anderweitige, realistische Auffassung der von den Monaden vorgestellten Körperwelt aufmerksam gemacht, mit der es aber Leibnizen keineswegs Ernst war, und der er sich, wie er selbst einmal andeutet, nur in dem Sinne anbequemt, in welchem der Kopernikaner von Sonnenaufgang spricht.

S. 43—82 folgt dann die Monadologie mit Noten unter dem Text, die von grofser Gelehrsamkeit und gründlicher Kenntnis der Philosophie, namentlich auch der Aristotelischen zeugen. Die Wort- und Sacherklärung der Noten findet ihre Ergänzung in den betreffenden Orts citierten am Ende des Buches (S. 83—98) folgenden „Suppléments" (Aushebungen aus anderweitigen Leibniz'schen Schriften).

Wenn in der durchaus objektiven Darstellung des Verfassers etwas den Widerspruch herausfordert, so dürfte es die Art und Weise sein, wie er über die Verträglichkeit des Leibniz'schen Determinismus mit dem Gefühle der Freiheit sich vernehmen läfst. Indem er nämlich referiert, dafs Leibniz den Cartesianern den Vorwurf gemacht, sie hätten sich prostituiert und dem Irrtum Gelegenheit zu einem Triumphe gegeben durch ihre den Materialisten gegenüber gemachte Aufstellung, die Seele könne zwar der Materie keine Bewegung geben, wohl aber die Richtung ihrer Bewegung ändern

— was eine ausgemachte Unmöglichkeit sei; macht sich der Verfasser diese Leibniz'sche Voraussetzung zu eigen und meint, jeder Versuch der Erklärung des Gefühls der menschlichen Freiheit müsse die absolut selbständige, durch moralischen Einfluß unmodifizierbare Bewegung der Materie anerkennen, wie das die ganze deutsche Philosophie seit Kant gethan hätte, wenn auch zugegeben werden müsse, daß die Leibniz'sche Lösung jenes Problems — der Mensch habe, trotzdem er unmöglich anders handeln könne, als er wirklich handelt, das Gefühl der Freiheit, weil er sich als nach Motiven, nach Maßgabe seiner eigenen Vorstellungen sich bestimmend und das Gegenteil dessen, was er thut, wenigstens als keinen logischen Widerspruch involvierend wisse — nicht die einzig mögliche und weniger tief sei als die spätere Kantische. Wir protestieren gegen das von dem Verfasser acceptierte Dogma von der durch psychische Initiative absolut unmodifizierbaren Bewegung der Materie, protestieren nicht minder gegen die Voraussetzung, daß dieses Dogma in der deutschen Philosophie bislang als etwas über allen Zweifel Erhabenes gelte, womit man zu rechnen habe. Die Hegel'sche Philosophie z. B., die doch wohl auch als eine Entwicklungsphase der deutschen Philosophie gelten darf, vielleicht gar ihr Kulminationspunkt ist, sie sieht (cf. Hegels Werke, Bd. XII, S. 326 der 2. Aufl.) in solchem Dogma nichts anderes als den „Aberglauben an die sogenannte Naturmacht und deren Selbständigkeit gegen den Geist". Nein, nein, die Philosophie braucht solches Dogma nicht anzuerkennen; sie kennt die Selbständigkeit der Bewegung der Materie, kennt aber auch die Grenze derselben, resp. die Modifizierbarkeit dieser Bewegung, soweit eine vernünftige Moral ein Interesse für eine solche haben kann. Leibnizen freilich war dieses „Dogma der Physik" sehr erwünscht, es paßte ihm — in seinen Kram, war absolut notwendig für den — Mechanismus seiner „prästabilierten Harmonie". Leibniz war gewiß ein Universalgenie, aber bei aller Hochachtung vor demselben wird man dennoch sagen dürfen, daß sein philosophischer Grundgedanke zwar geistreich, aber nicht wahrhaft vernünftig sei. In seinem Eifer gegen die einseitige Spinozistische Substanzlehre — Spinoza hätte Gott nicht bloß als Substanz, er hätte ihn auch als Geist bestimmen sollen, womit der dauernde Unterschied in der Einheit, trotz der Einheit gegeben gewesen wäre — hatte sich Leibniz zu dem andern Extrem fortreißen lassen und die Einheit zwar nicht geradezu aufgehoben, aber nur noch als den Mechanismus seiner „prästabilierten Harmonie" fungieren lassen. Ob damit nicht wo möglich noch mehr als bei Spinoza die Eine Urmonas alles in allem ist? Höher als der Leibniz'sche steht gewiß ein Idealismus, nach dem die Monaden „Fenster haben", der den Realismus gewähren läßt und dennoch als dessen Wahrheit sich weiß, ein Idealismus, der nicht abstrakter Determinismus ist, vielmehr Willkür und Zufall im Endlichen gelten läßt, ohne dadurch seinen Gott aus dem Koncepte gebracht und den göttlichen Weltplan gestört zu wissen, ein Idealismus, wie ihn im Altertum Aristoteles, in der Neuzeit Hegel zum Ausdruck gebracht.

Dillingen. _____ A. Bullinger.

Lehrbuch der Mathematik. Für den Schulgebrauch und zum Selbstunterricht bearbeitet von Dr. Greve. Berlin. Verlag von A. Stubenrauch. II. Kursus. 1. Teil. (Planimetrie.) 75 S. 2. Teil. (Arithmetik.) 70 S.

Nach dem Erscheinen dieser Fortsetzung des Greve'schen Lehrbuches, über dessen ersten Kurs wir bereits in diesen Blättern berichtet haben (Jahrg. 1881, S. 434), kann man etwas klarer über dessen Zweck und Anlage urteilen. Es stellt sich dar als ein recht populäres, den Selbstunterricht erleichterndes Buch, die Erörterung der einzelnen Sätze läfst im ganzen an Übersichtlichkeit nichts zu wünschen übrig und auf die Einübung der vorgetragenen Lehren wird ein grofses Gewicht gelegt. Der geometrische Teil umfafst die Parallelentheorie, die Sätze über Dreieckswinkel, die wichtigsten Fundamentalaufgaben, die Kongruenzlehre und das Wichtigste vom Kreise. Konstruktionsaufgaben sind sehr zahlreich beigegeben, teils mit vollständiger Analyse, teils in der den Schulzwecken entsprechenderen Form blofser Problemstellung. Die Arithmetik beginnt mit dem Potenzieren, dann folgt ein Abschnitt über die Verwandlung aus einem Zahlensystem in ein anderes, hierauf das Rechnen mit Dezimalbrüchen, das Transformieren algebraischer Ausdrücke und schliefslich die Auflösung der linearen Gleichungen mit einer und mehreren Unbekannten. Zumal die Berücksichtigung der zehnteiligen Zahlensysteme hat uns einen recht guten Eindruck gemacht. In bezug auf die Strenge der Beweise haben wir dagegen leider wieder, wie schon früher, mancherlei auszusetzen. Ein Beweis, wie der S. 2 für das Paralleltheorem gegebene, ist weit schlimmer, als gar kein Beweis und kann den Schülern nur ganz falsche Vorstellungen von dem Wesen geometrischer Methodik beibringen. Ebenso sollte es heutzutage doch nicht mehr vorkommen, dafs $a^0 = 1$ als „Satz" aufgeführt und ganz kühl aus der ausschliefslich für ganzzahlige Werte m und n ($< m$) gültigen Gleichung $a^m : a^n = a^{m-n}$ hergeleitet wird. Etwas mehr Rücksicht auf Rigorosität würden wir dem Verf., je weiter sein Unternehmen fortschreitet, um so dringender anempfehlen.

Ansbach. S. Günther.

Einleitung in die neuere Geometrie für die oberen Klassen der Realschulen und Gymnasien. Von W. Fuhrmann, Oberlehrer an der Realschule auf der Burg in Königsberg (Ostpr.). Mit 4 lithographirten Figurentafeln. Leipzig, Druck und Verlag von B. G. Teubner. 1881. IV. 63 S.

Es ist ein recht klar und übersichtlich geschriebenes Lehrbüchlein der neueren Geometrie, welches wir hier vor uns haben. Der Verf. will dasselbe wesentlich als eine Ergänzung zu dem oder jenem üblichen Lehrbuche der Planimetrie angesehen wissen und hat aus diesem Grunde all' das ausgeschlossen, was über das Gymnasialpensum hinausgeht. Wir wollen hier gleich erklären, dafs eine solche Zweiteilung uns an sich nicht das Richtige zu sein scheint, dafs wir es vielmehr für besser halten, auch in den elementaren Kompendien schon die Grundzüge der synthetischen Geometrie der Neuzeit aufgenommen zu sehen. Wer z. B. von bayrischen Kollegen nach dem Lehrbuche von Th. Schroeder (3. Aufl., Nürnberg 1881) unterrichtet, der dürfte kaum ein Bedürfnis nach einem Hilfsmittel, wie es das Fuhrmann'sche sein will, verspüren. Da aber diese Voraussetzung zur Zeit wohl nur in einer Minderzahl von Fällen zutrifft, so hat unsere Vorlage das Recht, lediglich an und für sich, ohne Rücksicht auf Nebenfragen, beurteilt zu werden, und dafs alsdann diese Beurteilung günstig ausfallen mufs, haben wir oben bereits angedeutet.

Der Verf. beginnt damit, die sogenannte Zeichenregel auseinanderzusetzen, deren Anwendung er ganz passend an dem Beispiele der sectio aurea erläutert; alsdann bespricht er das Wesen der harmonischen Teilung. Die Art der Behandlung ist, im Sinne Steiners, eine algebraisch-goniometrische, doch wird auch sehr bald die v. Staudt'sche Definition der harmonischen Punkte eingeführt, die aber nunmehr naturgemäfs die Form eines Lehrsatzes annehmen mufs. Auch für die Begriffsbestimmung der Involution wird gleich hier — allerdings auf algebraischem Wege -- die Grundlage gewonnen. Im dritten Abschnitt werden die Theoreme von Menelaus und Ceva, sowie der Desargues'sche Satz von den homologen Dreiecken abgeleitet, letzterer ohne Namensnennung des Erfinders. Dagegen ist in dem Anhang zu diesem Abschnitte eine geschichtliche Notiz enthalten, welche dem Referenten neu und erfreulich ist: die Wahrnehmung, dafs die von irgend einem Punkte der einem Dreieck umbeschriebenen Kreislinie auf die drei Seiten gefällten Lothe drei in einer Geraden liegende Fufspunkte ergeben, soll von R. Simson herrühren. Es folgt in IV. die Theorie der Ähnlichkeitspunkte, namentlich für Kreise genau durchgeführt, sodann — natürlich nur für den Kreis — die Lehre von Pol und Polare, von der gemeinschaftlichen (reellen oder imaginären) Sehne zweier Kreise mit besonderer Hervorhebung des Falles, in welchem die Kreise sich orthogonal schneiden, endlich noch ein kurzer Exkurs auf das in der mathematischen Physik zu so hoher Bedeutung gelangte Verfahren der Transformation durch reciproke Radien. Jedem Abschnitte ist eine Reihe brauchbarer Übungsaufgaben beigefügt. Das kleine Buch kann bayerischen Abiturienten, die vor dem Beginne der Universitätsstudien ihr geometrisches Wissen noch etwas abzurunden wünschen, mit gutem Gewissen empfohlen werden.

Ansbach. S. Günther.

Literarische Notizen.

Deutsche Literaturdenkmale des 18. Jahrhunderts. 3. Lieferung. Fausts Leben von Mahler Müller. Heilbronn bei Henninger. 1881. 8. 140 S. Die Fortsetzung der von Dr. Seyffert mit grofser Umsicht geleiteten Sammlung. Eine längere Einleitung gibt über die Geschichte der 1778 zuerst erschienenen Dichtung und ihre Stellung in der Faustliteratur die nötigen Aufschlüsse. Auch Müllers schon 1776 erschienene und „Shakespeares Geist" gewidmete „Situation aus Fausts Leben" ist hier aufs neue abgedruckt. Dem verdienstvollen Unternehmen, das einem lebhaften Bedürfnisse aller Freunde der Literatur des 18. Jahrhunderts entgegenkömmt, ist günstiger Fortgang zu wünschen.

Mittelhochdeutsche Grammatik von Hermann Paul. Halle, Niemeyer, 1881. ℳ 1,20. (Sammlung kurzer Grammatiken germanischer Dialekte II). — Pauls Grammatik ist nach dem neuesten streng wissenschaftlichen Standpunkt der Forschung bearbeitet. Sie weicht daher in vielen Punkten von der Darstellungsform ab, die auch in den neuesten mehr praktischen Zwecken dienenden Kompendien noch üblich geblieben ist. Natürlich finden sich auch manche Aufstellungen, die vorläufig nur als Hypothesen bezeichnet werden können. Ganz dem Charakter des Buches angemessen, ist der gröfste Teil (S. 4—41) der Lautlehre gewidmet, in der Flexionslehre (S. 41 - 69) werden dann so zu sagen nur die Konsequenzen aus den dort entwickelten Grundsätzen gezogen. Der Standpunkt und die Behandlungsweise des Verf. bedürfen keiner Rechtfertigung, doch wird das als ein wissenschaftliches Werk von der Kritik beifällig aufgenommene Buch sich erst für den eignen, der sich nach Weinholds, Lexers oder Kobersteins kleinen Grammatiken mit den Elementen des Mittelhochdeutschen vertraut gemacht hat. Die Hoffnung des Verf., dafs sein Werk auch auf Gymnasien werde benützt werden, dürfte sich daher nur in beschränktem Mafse erfüllen, wenn auch Pauls Bestreben, die Abweichungen des Mittelhochdeutschen vom Neuhochdeutschen anschaulich hervortreten zu lassen, dem Buch für Schulzwecke zur Empfehlung gereichen mufs.

Der deutsche Aufsatz in Lehre und Beispiel von Franz Linnig (4. Aufl. Paderborn, Schöningh, 1882, 3 ℳ) — **Theoretisch-praktische Anleitung zur Abfassung deutscher Aufsätze** von Julius Naumann (4. Aufl. Leipzig, Teubner, 1881, 3 ℳ). Ersteres Werk wurde bereits im 7., 11. und 13. B. dies. Bl. als äufserst brauchbares Hilfsmittel namentlich für Secunda empfohlen, Naumanns Buch wurde ebenfalls schon früher neben Linnigs und Kluges Werken als eine der besten Aufgabensammlungen für das Obergymnasium bezeichnet. Beide Bücher sind nun in neuen Auflagen erschienen, die sich von den vorausgehenden nur unbedeutend unterscheiden. Bei Linnig sind, wenn ich recht gezählt habe, 17 neue Aufgaben hinzugekommen und 4 ausgeschieden worden, eine hat eine erweiterte Fassung erhalten. Bei Naumann beschränken sich die Änderungen zunächst auf Verbesserungen im einzelnen. Aufserdem sind die Dispositionen zu Schülerreden vermehrt und frühere durch neue ersetzt worden. Beide Bücher dürfen in keiner Lehrerbibliothek fehlen, weil sie nicht nur überhaupt für den deutschen Unterricht am Obergymnasium sehr nützliche Hilfsmittel sind, sondern auch angehenden Lehrern als sichere Wegweiser dienen können.

Material zu deutschen Aufsätzen in Stilproben, Dispositionen und kürzeren Andeutungen für die mittlere Bildungsstufe. 1. Bdch. von G. Tschache. 3. Aufl. 1881. Breslau. J. U. Kerns Verlag (Max Müller) 8. VIII und 160 S. ℳ 2,40. Wenn auch bei einzelnen der hier behandelten Themata die moralisierende Tendenz weniger zusagen mag, so bieten doch die 185 Nummern einen so mannigfachen Stoff, dafs jeder Lehrer für seinen eigenen Unterricht daraus nützliche Anregung schöpfen kann; besonders findet sich vieles für die höheren Klassen unserer Lateinschulen Verwendbare. Manchmal sollte mehr auf streng logische Richtigkeit der Gedankenentwicklung geachtet sein, z. B. N. 31. Wert der Zeit . . . . II. Ausf. Deshalb ist ihr Wert so grofs: . . . . . . 3. Weil sie so kostbar ist. — Schiller wurde nicht, wie es S. 155 heifst, von dem österreichischen Kaiser in den Adelstand erhoben, da es im Jahre 1802 einen österreichischen Kaiser noch gar nicht gab.

Leitfaden für den Unterricht in der deutschen Poetik von G. Wirth (Berlin, 1881, Wohlgemuth) 81 S. — Eine Lücke füllt das Buch nicht aus; man mufs sich im Gegenteil wundern, dafs in jüngster Zeit so viele Handbücher der Poetik, die doch in der Hand des Schülers keineswegs ein notwendiges Lehrmittel sind, auf den literarischen Markt gebracht werden. Einteilung und Darstellung bieten nichts Eigenartiges. Der vierfüfsige Trochäus wäre besser gleich (S. 37, nicht erst S. 62) als Vers der spanischen Romanze bezeichnet worden; in den Ghaselen ist der Reim doch immer (nicht „oft") identisch (S. 47); die Ottave besteht in ihrer strengen Form nur aus fünffüfsigen Jamben (zu S. 59). Das Papier dürfte besser sein.

Tropen und Figuren nebst einer kurz gefafsten **deutschen Metrik**; zum Gebrauche für Mittelschulen und zum Selbstunterricht. Von Dr. K. Tumlirz, k. k. Gymnasialprofessor. Prag, 1881. H. Dominicus. S. VIII und 84. Unter der Flut von Büchern ähnlichen Inhalts kann das vorliegende wegen der präcisen und klaren Darstellung sowie der hübsch gewählten Beispiele aus den deutschen Dichtern rühmend hervorgehoben werden. Es bietet auf wenigen Seiten, auch für den Lehrer, das Wissenswürdigste aus der Poetik und Metrik. Beanstanden möchte ich die Fassung der Regel (S. 3.), dafs das Gleichnis in der Regel mehrere Tertia Comparationis habe. Dem Dichter kommt es auf die Anschaulichmachung eines

Gedankens durch das Gleichnis an, wenn auch die ausmalenden Nebenzüge wo möglich ähnlich sein sollen. Wenn es S. 29 heifst, das Polysyndeton male die rasche und unmittelbare Aufeinanderfolge einzelner Handlungen, so pafst das nicht, es malt eher eine gewisse Ruhelosigkeit. In den Uhland'schen Versen: „Und was er sinnt, ist Schrecken, Und was er blickt, ist Wut, Und was er spricht, ist Geifsel, Und was er schreibt, ist Blut," ist doch eher ein Verweilen bei dem Gedanken, ein Hervorheben der Einzelheiten beabsichtigt. Überraschen mufs es, dafs man bei Philologen immer noch der Schreibart Satyre begegnet (s. S. 62). S. 39 ist Acūt zu lesen, nicht Acŭt. S. 40 liest man: Oft überspringt der Hochton . . . . auf die Stammsilbe.

Allgemeine Weltgeschichte von Georg Weber. 2. Auflage, Lieferung 1—7. Leipzig, Verlag von Wilh. Engelmann. 1882. Preis der Lieferung 1 ℳ. Mit Freude begrüfsen wir die 2. Aufl. dieses trefflichen Werkes, das schon in den vorliegenden 7 ersten Lieferungen das Streben des Verfassers zeigt, die gewaltigen Fortschritte der Geschichtsforschung in seiner neuen Auflage zu verwerten. Webers Weltgeschichte wird wie bisher 15 Bände in etwa 100 Lieferungen, sowie 4 Registerbände umfassen und in ungefähr 6 Jahren vollendet sein. Altertum, Mittelalter und die neuere Zeit werden in je 4, die neueste Zeit in 3 Bänden nebst 4 Registerbänden behandelt. Die zweite Auflage wird sowohl in Lieferungen à 1 ℳ. als in Bänden erscheinen, so dafs alle zwei Wochen durchschnittlich eine Lieferung zu 7—8 Bogen, alle 4—5 Monate ein Band ausgegeben wird. Nach dem Erscheinen jedes Bandes wird in diesen Blättern eine eingehendere Besprechung desselben erfolgen.

Naturgeschichte des Menschen von Friedrich v. Hellwald. Illustriert von F. Keller-Leuzinger. Stuttgart, Verlag von W. Spemann. 1881. 9.—12. Lieferung à 50 ₰. Die vorliegenden Hefte des von uns wiederholt erwähnten Werkes enthalten zunächst die Fortsetzung der Schilderung der Polynesier und zwar ihrer staatlichen und sozialen Einrichtungen, ihrer Mythologie und religiösen Sitten. Hierauf folgt in specie die Beschreibung der Maori (d. i. Eingeborenen) auf Neuseeland, der Sandwich- oder Hawaii-Insulaner (sie selbst nennen sich Kanaka d. i. Mann). Besonderes Interesse erregt die authentische Nachricht über James Cooks Tod. Bezüglich der „Weifsen in der Südsee" ersehen wir, dafs die Ausbeutung und Behandlung der Eingebornen durch die Weifsen bis in die jüngste Zeit nicht glimpflicher, ja oft noch schlimmer gewesen ist, als die der Schwarzen in Amerika. Lief. 10 S. 211 beginnt ein neuer Abschnitt, der die Amerikaner zum Gegenstande hat. Nach allgemeinen Erörterungen über ihre Herkunft, ihre älteste Kultur, Schädelformation, Sprache, kommen die Bewohner Nordamerikas an die Reihe und zwar zuerst die östlichen Eskimos oder Inuit rücksichtlich ihrer Natur, Farbe, Schädelgestalt, ihrer materiellen Gesittung, als da sind Nahrung und Beschäftigung, Waffen, Böte, Jagd; ihrer sozialen Verhältnisse (Familienleben, Kommunismus, Blutrache). Auf den letzten Seiten des 12. Heftes beginnt die Darstellung der westlichen Eskimos. Dafs überall die neuesten Berichte und Forschungen verwertet sind, läfst sich von Hellwalds Namen erwarten. Wir erhalten ein reiches Bild von den physischen, sittlichen, politischen und kulturellen Eigentümlichkeiten der bei uns immer noch viel zu wenig gekannten Völker, ein Bild, das durch Keller-Leuzingers treffliche Abbildungen wesentlich an Anschaulichkeit gewinnt. Selbstverständlich setzen manche Schilderungen der Gebräuche und Einrichtungen jener wilden Völkerschaften reifere Leser voraus.

Auszüge.

Württemberg. Korrespondenzblatt. 1881. 7. 8.
S. 295—329. Einleitung in die historische Chronologie von E. Jäger. Ausführliche Darlegung der Zeitmafse bei den verschiedenen Völkern, der Ären und ihrer Reduktion, der Cyklen u. s. w.

9. 10.
S. 381—448. Göthes Faustdichtungen. 1. Teil; von O. Umfrid.
S. 452—458. Der lateinische Unterricht im 2. Schuljahre (Forts. und Schlufs; vgl. Jahrg. 1881. S. 486 d. Zeitschr.) von M. Fick.
S. 458—461. Zu Horaz, Od. IV. 12 von Osterlen. Nach einer prosaischen Übersetzung dieser Ode sucht Ö. nachzuweisen, dafs der daselbst angeredete Vergilius wirklich der Dichter Vergilius sei, welchen Horatius unter heiterer Neckerei zu einem Besuche aufs Land einlade. Bekämpfung der chronologischen Bedenken.

11. 12.
S. 469—479. Einige Familiennamen von E. Weigelin. Astfalk = Ostfale (vgl. Westfal. Sachs. Frank, Düring, Baier, Schwab). Haueisen = Haue oder schneide das Eisen! (vgl. taille-fer, das altfranz. brisefer, das niederdeutsche Griepenkerl d. i. greif den Kerl; Hauschild). Gerok = im Speerwurf ausgezeichnet (aus ger Speer und ok hoch). Pfleiderer = einer der Bleiden d. i. Steinschleudern bedient oder macht. — S. 480—489. Ein Beitrag zur Erklärung des Königs Ödipus von Geib. Der Verf. berichtet über eine Aufführung des sophokl. Dramas im théâtre français zu Paris im August 1881. Das Stück wurde gegeben nach einer französ. Übersetzung des Jules Lacroix in Alexandrinern, wovon einige Proben angeführt werden. Die Inscenierung wird als grofsartig bezeichnet, die auftretenden Schauspieler waren Künstler ersten Rangs. Es wird durch Anführung der wichtigsten Einzelheiten dargethan, dafs das Drama durch die Aufführung einem menschlich näher gerückt wird, dafs es so einen überwältigenden Eindruck macht und dafs manches, was bei der Lektüre abgeschmakt scheinen könnte, wie die häufigen Ausrufe ἰώ ἰώ, φεῦ φεῦ, αἰαῖ, durch die Kunst des Schauspielers zu hoher Wirkung gelangt. — S. 489—513. Göthes Faustdichtungen 2. Teil. Von O. Umfrid. — S. 526—531. Bemerkungen zur Bacmeister'schen Übersetzung der Germania von Kraufs. Es wird getadelt, dafs die Bacmeister'sche Übersetzung zu sehr modernisiere und umschreibe und dadurch oft gesucht und ungenau werde. Beispiele aus Cap. 1 und 2.

1882. 1. 2.
S. 1—29. Henry Wadsworth Longfellow von Ramsler. 1. Teil. Schilderung des Lebensganges und Beurteilung der poetischen Wirksamkeit des amerikanischen Dichters. — S. 29—84. Übersetzung der 4. Satire des Juvenal von Geib. Der Übersetzung ist eine Rechtfertigung des vom Übersetzer gewählten Versmafses (des katalektischen trochäischen Tetrameters) und eine kurze Einleitung in die Satire vorausgeschickt.

3. 4.
S. 105—136. Henry Wadsworth Longfellow II (Schlufs) von Ramsler. — S. 140—145. Dramatisch angelegte Oden bei Horaz. II, 11. III, 19. 28. (Anonym). — S. 145—149. Über zwei Aufgaben aus der deskriptiven Geometrie von R. Reiff: 1. Ein hyperbolisches Hyperboloid ist gegeben, die Schnittpunkte einer Geraden mit demselben zu bestimmen. 2. Ein hyperbolisches Paraboloid ist gegeben,

die Schnittpunkte einer Geraden mit demselben zu bestimmen — S. 149—156.
Der Sprachunterricht in den unteren Klassen der Gelehrtenschulen und die lat. Grammatik von Kuhn und Fick von Ilg.
— S. 157—158. Deprecari von L(udwig). In der Stelle des Justinus II, 9. non mortem, sed, dum Darii corpus sepeliant, dilationem mortis deprecantur vereinigt dieses Verbum die beiden ihm eigentümlichen Bedeutungen: um Gewährung und um Erlassung von etwas bitten „sie baten nicht um Erlassung des Todes, sondern um Aufschub desselben".
5. 6.
S. 181—207. Shakespeares Drama „der Kaufmann von Venedig" von Prof. v. Köstlin. Zuerst wird nachgewiesen, woher Shakespeare die Fabel des Stückes entnahm, nemlich aus den *gesta Romanorum* und einer Novelle des Giovanni Fiorentino, hierauf im einzelnen gezeigt, wie er aus den unbedeutenden Personen seiner Quellen Personen von Lebenswahrheit und Charakterfestigkeit schuf. Charakteristik des Stückes bezüglich der Einheit der Handlung und der zu grunde liegenden Idee. — S. 207—237. Über die Rechnung mit Vektoren von Böklen.
— S. 237—239. Noch einmal deprecari von Ludwig. Nach Abweisung einer anderen möglichen Erklärung von deprecari bei Justin II, 9. wird die oben (Ausz. 1882. 3. 4.) gegebene Interpretation festgehalten. — S. 239—251.
Über einige planimetrische Grundbegriffe von Hertler. Es wird gehandelt über den Begriff und die Definition von Winkel, Richtung u. s. w.

Programme der bayerischen Gymnasien und Lateinschulen vom Jahre 1882.

Amberg: Nusser, Inhalt und Reihenfolge von 7 platonischen Dialogen. — **Ansbach:** Lechner, *De Pleonasmis Homericis.* P. I. — **Aschaffenburg:** Englert, *Commentatio de catalogo archiepiscoporum Moguntinensium Wimphelingiano.* — **Augsburg** (St. Anna): Köberlin, Die Frage nach dem Übersetzer des neuplatonischen Dialogs Asklepius. — **Augsburg** (St. Stephan): Stölzle, Die Lehre vom Unendlichen bei Aristoteles. 1. T. — **Bamberg:** Flessa, Die Prioritätsfrage der sophokleischen und euripideischen Elektra und ihr Verhältnis zu einander sowie zu den Choephoren des Äschylus. — **Bayreuth:** Ebrard, Die Alliteration in der lat. Sprache. — **Burghausen:** Haas, Leben des Sextus Empiricus. — **Dillingen:** Bullinger, Aristoteles' Nus-Lehre (de an. III, c. 4 – 8 incl.) interpretiert. — **Dinkelsbühl:** Wagner, Brasidas der Lacedämonier I. — **Edenkoben:** Schmitt, die Absolventen der Lateinschule Edenkoben von 1840—81. Ein Beitrag zur Schulstatistik aus der Pfalz. — **Eichstätt:** Emminger, Der Athener Kleon. — **Erlangen:** Kettler, *Nonnullae ad Herodianum, rer. Roman. scriptorem, annotationes.* — **Freising:** Höger, Kleine Beiträge zur Bestimmung und Erkl. der im *Codex Falkensteinensis,* im *C. traditianum Garzensis* und im *C. trad. Augiensium* vorkommenden Personen- und Ortsnamen. — **Hof:** Mayenberg, Aufgaben der sphärischen Astronomie. — **Kaiserslautern:** Fugger. Eros. Sein Ursprung und seine Entwicklung. Eine mythologische Studie. — **Kempten:** Rosenhauer, *Symbolae ad quaestionem de fontibus libri qui inscribitur de viris illustribus urbis Romae.* — **Landau:** Jörg, Die Naturwissenschaft des Paracelsus. — **Landshut:** Mayer, *Li Miserere.* pikardisches Gedicht aus dem XII. Jahrh. von *Reclus de Mollens.* Bearbeitet und zum erstenmale veröffentlicht. — **Metten:** Poschenrieder, Die platonischen Dialoge in ihrem Verhältnisse zu den hippokratischen Schriften. — **München**

(Ludwigsg.): Wimmer, Die historische Kulturlandschaft. — **München** (Maximiliansg.): Gerstenecker, Der Krieg des Otho und Vitellius in Italien im J. 69. Beiträge zur Erklärung des Tacitus und Plutarch. — **München** (Wilhelmsg.): Fesenmair, D. Diego Hurtado de Mendoza, ein spanischer Humanist des XVI. Jahrh. — **München** (Realgymn.): Zängerle, Über die Natur der Elemente und die Beziehungen der Atomgewichte derselben zu einander und zu den physikalischen und chemischen Eigenschaften. — **Münnerstadt:** Schneeberger, Die Wechselbeziehung zwischen Schillers Tell und Shakespeares Julius Cäsar. — **Neuburg:** Ruefs, Über griechische Tachygraphie. — **Neustadt a. d. Haardt:** Kühnlein, *De vi et usu precandi et iurandi formularum apud decem oratores Atticos.* — **Nürnberg:** Schröder, Auflösungen von Aufgaben aus der Trigonometrie, II. T. — **Passau:** Abert, Drei griechische Mythen in Calderons Sakramentsspielen. — **Regensburg** (Altes Gymn.): Steinberger, *De catharsi tragica et qualis ea fiat in Euripidis fabulis.* — **Regensburg** (Neues Gymn.): Krebs, Die präpositionsartigen Adverbia bei Polybius (T. I). — **Rosenheim:** Fink, Rosenheims Umgebung in römischer Zeit. — **Schweinfurt:** Völker, Geschichte der Studienanstalt Schweinfurt. 1. T.: Gesch. der alten lateinischen Schule. — **Speier:** Rubner, *De Oratoris Tulliani codice Laurentiano.* — **Straubing:** Jäcklein, Die Frithjofsage aus dem Altnordischen übersetzt. — **Würzburg:** Geigel, Über Reflexion des Lichtes im Innern einachsiger Krystalle. — **Zweibrücken:** Keiper, Die neuentdeckten Inschriften über Cyrus.

Personalnachrichten.

Ernannt: Studienl. Dr. A. Flasch in Würzburg z. aufserordentlichen Prof. für Archäologie und verwandte Fächer an der Universität Erlangen; Stdl. A. Römer am Ludwigsgym. in München z. Gym.-Prof. daselbst; Assistent W. Wurm in Landshut z. Stdl. in Günzburg; Stdl. Dr. J. K. Fleischmann in Nürnberg z. Gym-Prof. in Schweinfurt; Ass. Dr. A. Köhler in Schweinfurt z. Stdl. in Nürnberg; Stdl. J. E. Einhauser in Landshut z. Prof. am Maxgym. in München; Ass. J. Hoffmann in Speier z. Stdl. in Homburg; Stdl. G. Osthelder in Kaiserslautern z. Gym.-Prof. in Neustadt a. H.; Klafsverweser Dr. J. Nusser in Amberg z. Stdl. in Kaiserslautern; Stdl. Dr. W. Harster in Speier z. Gym.-Prof. daselbst; Ass. G. Eberl in Regensburg z. Stdl. in Edenkoben; Stdl. A. Lorenz z. Gym.-Prof. in Speier; Lehramtskandidat B. Sepp aus München z. Stdl. in Eichstätt; Klafsverw. A. Schubert in Bamberg. z. Stdl. in Edenkoben; Prof. Dr. N. Wecklein in Bamberg z. Rektor in Passau; Ass. B. Baier in Würzburg z. Stdl. daselbst; Klafsverw. J. Stadler in Augsburg z. Stdl. in Landstuhl; Stdl. G. Gehr in Würzburg z. Gym.-Prof. in Bamberg; Stdl. A. Sickenberger am Ludwigsgym. in München z. Gym.-Prof. am Maxgym. daselbst.

Versetzt: Stdl. Dr. F. Gruber in Regensburg ans Ludwigsgym. in München; Stdl. F. P. Wimmer zu Günzburg ans Neue Gym. in Regensburg; Prof. Dr. A. Baldi in Schweinfurt nach Würzburg; Stdl. Dr. S. Reichenberger in Homburg nach Landshut; Stdl. J. Sarreiter in Edenkoben nach Speier; Stdl. J. M. Fürtner in Edenkoben nach Landshut; Stdl. Dr. A. Roschatt in Landstuhl nach Straubing; Stdl. K. Zwanziger in Nürnberg nach Würzburg; Stdl. K. Lösch in Fürth nach Nürnberg.

Quiescirt: Rektor J. B. Reger in Passau; Prof. H. Müller am Maxgym. in München; Stdl. K. Brunhuber in Straubing.

Gestorben: Stdl. L. Babel in Landshut.

Junggrammatisches.

Dr. Ziemer in Colberg hat jüngst eine kurze Schrift erscheinen lassen mit dem Titel: „Junggrammatische Streifzüge", die sehr lesenswert ist. Namentlich der 2. Teil derselben: „Das psychologische Moment in der Bildung syntaktischer Sprachformen" hat mich mannigfach angeregt. In der Ueberzeugung, dafs die dort vorgeführten Erklärungen mancher syntaktischen Erscheinungen in hohem Grade Beachtung verdienen, versuchte ich daraus Gewinn für die Praxis zu ziehen. In der That habe ich, indem ich bei der Lektüre die einschlägigen Fragen streifte, erfreuliches Verständnis bei den Schülern gefunden. So habe ich mittels einiger Fragen für alle die Stellen, welche ich unten kurz vorführen werde, die Erklärung von einigen bessern Schülern feststellen lassen und bei den übrigen ein sicheres Verständnis erzielt. Die Theorie ist einfach und bedarf keiner langen Entwickelung. Schüler der 5. Klasse werden leicht begreifen dafs die Gedanken im Kopfe des Sprechenden oder Schreibenden schneller entstehen, als sie durch die Rede oder die Hand fixiert werden können, ebenso dafs es für einen Gedanken verschiedene richtige Darstellungsformen gibt, und dafs diese schliefslich, indem sie sich geltend machen, eine Ausdrucksweise entstehen lassen, die oft vor den Regeln der Grammatik nicht besteht, aber um so natürlicher ist. Da die praktische Anwendung dieser Theorie ohne Zweifel zur Belebung und Vertiefung des Unterrichts beiträgt, ohne dafs etwa notwendigeren Dingen die Zeit entzogen würde, so glaube ich meine Erfahrungen auf diesem Gebiet Fachgenossen nicht vorenthalten zu sollen.

So greife ich denn aus dem 1. Buche Cäsars de bello Gallico Cap. 44 heraus, um meine Aufstellungen zu illustrieren. Ich nehme absichtlich eine Rede, weil naturgemäfs im Affekt leichter Verstöfse gegen die regelmäfsige Form vorkommen, als bei einer kühlern Darstellungsweise, indem die Seele das Ziel so energisch im Auge behält, dafs darüber die Form nicht zu ihrem vollen Rechte kommt. *non sine magna spe magnisque praemiis domum propinquosque reliquisse.* Mit der bisherigen Erklärung dieser Stelle kann ich mich nicht befreunden. Man hat hier ein ἓν διὰ δυοῖν konstatieren zu müssen geglaubt. Ich bekenne mich der Ketzerei schuldig, dafs ich glaube, nie habe ein origineller Schriftsteller bewufst diese Figur zur Anwendung gebracht, sondern dieselbe sei lediglich von den Grammatikern aus gewissen Stellen abstrahiert. Denn wenn z. B. Cicero „Chor" mit catervae atque concentus übersetzt, so haben wir ein Produkt des Studierzimmers vor uns, nicht eines urwüchsigen Schöpfungstriebs.

Mit Hilfe der psychologischen Auffassung lässt sich diese Erscheinung überall erklären. Im vorliegenden Fall ist für mich kein Zweifel, dafs im Geiste des Verfassers zwei Vorstellungen neben einander herwogten, eine positive, praemiis allectum, und eine negative, non sine spe. Indem sich beide vereinigten, entstand die obige Ausdrucksweise.

Amicitiam populi Romani sibi ornamento et proemio, non detrimento esse oportere, idque se ea spe petisse. Statt idque erwartet man eamque. Man könnte zwar id auf den Infintiv esse beziehen; aber die Worte non detrimento würden doch sehr stören. Neben der einen Satzform eamque se petisse lief eine andere Vorstellung her, etwa: idque se expectasse. Davon ist idque im jetzigen Satz geblieben und expectare tritt uns in der Form spe entgegen.

Si per populum Romanum stipendium remittatur et dediticii subtrahantur, non minus libenter sese recusaturum. remittatur kann nur von dem gebraucht werden, der das Recht oder die Macht zu erlassen hat; weder das eine, noch das andere erkennt Ariovist den Römern zu. Aufserdem vermifst man das Objekt dediticiis, das sich freilich aus dem folgenden Satz leicht ergänzen läfst. Ohne dieses Verbun würde sich der Satz ganz glatt lesen. Wollte aber Cäsar Ariovist das Beleidigende, das im Verfahren der Römer lag, hervorheben lassen, so war ein Beisatz, etwa nie invito, angezeigt. Ich glaube daher nicht zu irren, wenn ich auch hier annehme, dem Verfasser habe ein formell anderer, in der Sache identischer Gedankengang vorgeschwebt, etwa si jubeatur remittere. Doch habe ich diese Erklärung den Schülern nicht gegeben, weil man sich hier auch bei der einfachen Uebersetzung beruhigen kann, wobei freilich Cäsars naive Ignorierung des jenseitigen Standpunktes nicht hervortritt.

Provinciam suam hanc esse Galliam, sicut illam nostram. Ut ipsi concedi non oporteret, si in nostros fines inpetum faceret, sic item nos esse iniquos, quod in suo iure se interpellaremus. Betrachten wir *nostram, nostros, nos!* In der oratio obliqua ist für die erste Person überhaupt kein Raum. Aber auch in der direkten Rede wären diese Pronomina nur in einer Rede Cäsars berechtigt. Der römische Standpunkt überwiegt eben bei dem Verfasser so völlig, dafs er noster in der Bedeutung von Romanus braucht, d. h. die Regeln der Logik ignoriert. *Ut ipsi concedi non oporteret.* Wenn concederetur dastünde, würde sich der Satz ohne Anstofs lesen. Ariovist konnte doch nicht sagen: Ihr dürftet es mir nicht gestatten, sondern: Ihr würdet es mir nicht gestatten. Denn er ist himmelweit davon entfernt, eine völkerrechtliche Verpflichtung anzuerkennen, das römische Gebiet nicht zu betreten. In non oportet haben wir den Rest einer Vorstellungsform, die im Entstehen von einer andern verdrängt wurde und etwa formuliert werden kann: Non oportebat me a vobis interpellari. Indessen ist eine andere Erklärung hier auch möglich. Indem Caesar den im Munde eines Römers unumstöfslichen Satz, der ihm vorschwebte:

Ariovisto concedi non oportet in den Vergleichungssatz zog und diesen dem Ariovist in den Mund legte, beging er einen Verstofs gegen die Logik. *item.* Man würde nichts vermissen, wenn dieses Wort fehlte. Es ist das Überbleibsel eines vollständigen Gedankenganges. Logisch kann man sagen: Ut non oporteret, sic nos esse iniquos aber auch: ipsi concedi non oportere, item nos esse iniquos. Beide Formen sind in eine zusammengeflossen.

Noch weniger als im Lateinischen wird man sich beim deutschen Unterricht die Gelegenheit entgehen lassen, die Schüler auf die eigentümliche Thätigkeit der Volksseele bei der Satzbildung aufmerksam zu machen, um so mehr, da hier sprachliche Hindernisse nicht zu überwinden sind. Nehmen wir z. B. den Satz: „Es kommt ein Vogel geflogen." Was können wir an ihm nicht alles lernen! Wir haben hier zunächst die interessante Erscheinung eines doppelten Subjektes. Englmann sagt darüber: „es" steht an der Spitze des Satzes als Vorläufer des nachgestellten Subjekts. Das ist wohl wahr, aber warum? Hier die Erklärung. Das Prädikat wiegt im deutschen Geiste so sehr vor, dafs er sich zunächst ihm allein zuwendet. Es drängt ihn, die neue Erscheinung zu konstatieren, wobei es ihm vorerst gleichgiltig ist, von wem sie ausgeht. Da aber ein Satz ohne Subjekt nicht zu formulieren ist, so tritt hier „es" auf, ganz wie in dem Satze „es schneit," wo der Sprechende ebenfalls unbestimmt läfst, oder auch lassen mufs, von wem die Thätigkeit hervorgebracht wird. Nicht ohne Bedeutung ist, dafs das allgemeinste, so zu sagen geschlechtslose Pronomen die Funktion des Subjekts übernimmt. Erst nachdem die Existenz des Prädikats genügend hervorgehoben ist, sucht der Geist nach der Ursache, resp. dem Urheber und fügt nachträglich das eigentliche Subjekt hinzu. Auch der umgekehrte Fall tritt ein, dafs sich das Subjekt in der Seele so hervordrängt, dafs es zunächst losgelöst von der Satzverbindung auftritt, um dann erst später durch ein Pronomen wieder aufgenommen zu werden. z. B. „Die Kinder, sie hören es gerne." Ähnlich ist der Ideengang der Franzosen in Sätzen wie: Votre frère est-il ici? Das Subjekt wiegt so vor, dafs die Absicht der Frage zunächst zurücktritt. Wenn Plötz sagt, in solchem Falle werde das Substantiv aufserhalb der Satzverbindung absolument vorangestellt, so ist das eine abstrakte Regel, aber keine Erklärung. Nachdem nun Prädikat und Subjekt festgestellt sind, kommen auch die näheren Umstände zur Geltung, in unserm Beispiele in der Form des part. perf. pass. Diese Konstruktion ist der deutschen Sprache eigentümlich; denn wenn der Italiener sagt: venne battuto, so ist das Part. mehr oder weniger reines Perfektum; und das gerundio bei dem spanischen venir ist aus dem part. praes. entstanden. Wie ist das deutsche Perfekt zu erklären? Die Beobachtungen, dafs der Vogel geflogen ist, und dafs er fliegt, tauchten in der Vorstellung des Redenden neben einander auf, und indem beide nach Gestaltung strebten, entstand eine dritte Form, die von jeder einen Teil hat.

Selbstverständlich fehlt es auch im Griechischen nicht an syntaktischen Erscheinungen, die hieher gehören. So lesen die Schüler bei Friedlein § 94,2 Σεισμοί τινες οὐ πρότερον ἔληξαν, πρὶν διαρραγῆναι τοὺς τόπους etc. Es leuchtet ein, dafs logisch zwei Formen möglich waren: Entweder mufste der Schriftsteller sagen: οὐκ ἔληξαν, πρὶν διαρραγῆναι oder: οὐ πρότερον ἔληξαν ἢ διερράγησαν. Beide Formen flossen in den Satz zusammen, den wir vor uns haben, und in dem der Begriff von πρότερον und πρὶν (von demselben Stamm weiter gebildet) so sehr in den Vordergrund tritt.

Xenoph. anab. II, 1, 6, ξύλαις δ' ἐχρῶντο .... τοῖς τε οἰστοῖς πολλοῖς οὖσιν, οὓς ἠνάγκαζον οἱ Ἕλληνες ἐκβάλλειν τοὺς αὐτομολοῦντας παρὰ βασιλέως, καὶ τοῖς γέρροις etc. Man erwartet ἠνάγκασαν, in dem erzählten Fall allein richtig. Das Imperf. verdankt sein Dasein an diesem Platze einem andern, viel allgemeinern Gedankengang, der neben dem ausgesprochenen auftauchte, des Inhalts: die Griechen pflegten es immer so zu machen.

Leicht könnte ich noch viele Beispiele anführen, wo mir die Erklärung gefördert zu werden schien durch den Hinweis auf das psychologische Moment. Allein ich fürchte, schon so etwas zu weitläufig gewesen zu sein.

Bayreuth.	Friedrich Spälter.

Die Mathematik an den humanistischen Gymnasien.

„Es ist eine alljährlich sich wiederholende Klage, dafs die Kenntnisse der Absolventen humanistischer Gymnasien in der Mathematik meist sehr gering sind, weil geringer als in den philologischen Fächern."
So leitet Hr. Kollege Schmitz einen Artikel im 3. und 4. Heft dieser Blätter unter obigem Titel ein. Als Hauptgrund dieser Klage erscheint ihm die diesem Gegenstande allzu kärglich zugemessene Zeit und er sucht nun, wie diesem Mangel abgeholfen werden kann.

Da er die anderen Fächer doch nicht verkürzen will, so bleibt ihm nichts anderes übrig, als die Stundenzahl der Schüler überhaupt zu vermehren und eine Sektion am eigenen Fleische vorzunehmen. Die Vermehrung der allgemeinen Schulstunden soll jedoch nur unten vorkommen, wie auch die Sektion unten eintreten mufs, damit für den allgemeinen Teil der Mathematik mehr Stunden gewonnen werden.

Diesem entsprechend verteilt Hr. Kollege Sch. seinen mathematischen Unterricht und zwar für die erste Lateinklasse: die 4 Grundrechnungsoperationen mit benannten und unbenannten Zahlen und die gemeinen Brüche in einfachen Beispielen, für die 2. Klasse: schwerere Aufgaben über die gemeinen Brüche, Dezimalbrüche, unvollständige Zahlen, Mafse des metrischen Systems, für die 3. Klasse: Schlufsrechnungen aller Art im Wintersemester und im Sommersemester: Ableitung sämtlicher Gesetze nur mit Anwendung der

Zahlen (bestimmter) als Propädeutik für die Algebra. Damit hat das Zifferrechnen ein Ende und es beginnt mit der 4. Lateinklasse die allgemeine Arithmetik. Und um selbst dieses Pensum im Zifferrechnen erreichen zu können, müfste der Rechnungsunterricht in den unteren drei Klassen auf 4 bis 5 Stunden wöchentlich ausgedehnt werden; desgleichen solle in der 4. Klasse die Buchstabenrechnung in 4 wöchentlichen Stunden genommen werden.

Die Richtigkeit des an die Spitze gestellten Satzes vorderhand angenommen, stimme ich zunächst mit meinem Herrn Kollegen darin überein, dafs mit den für den Mathematikunterricht überhaupt ausgesetzten Stunden unter den üblichen Verhältnissen wohl sehr schwer mehr erreicht werden kann, als wirklich erreicht wird, kann aber dem Satze, dafs der Umfang des mathematischen Lehrpensums absolut nicht mehr einschränkbar sei, nicht beipflichten.

Nach meinem Dafürhalten ist der Zweck der humanistischen Anstalten, den Geist so zu schulen, dafs er unter Umständen zur weiteren Fortbildung der mündlichen Anleitung entbehren kann. Nicht eine gewisse Summe der Kenntnisse ist mafsgebend, sondern eine entsprechende Ausbildung des Verstandes und hier in erster Linie des Denkvermögens. Diese Ansicht hat man auch früher gehabt; denn man hat die Mathematik auch die angewandte Logik geheifsen.

Hier dürfte auch der Platz sein, zu erinnern, dafs die früheren Gewerbeschulen in der Mathematik ein viel gröfseres Pensum hatten, als die Gymnasien, und dafs an den polytechnischen Schulen die Absolventen der ersteren Anstalten denen der letzteren im ersten Semester voraus waren, dafs aber dieses Verhältnis sich bereits im zweiten Semester umkehrte. Heute ist es mit den Absolventen der Realgymnasien und humanistischen Anstalten an der polytechnischen Hochschule auch nicht viel anders, wie mir von verschiedenen und glaubwürdigen Seiten berichtet wurde. Ich meine, man solle den Universitäten doch auch noch etwas übrig lassen, und rechne dahin zunächst ein tieferes Eingehen in die sphärische Trigonometrie und die Mechanik. Die Entwicklung der komplizierteren Formeln der sphärischen Trigonometrie und deren Anwendung auf die Himmelskugel hat denn doch blos Bedeutung für die, welche das mathematische Fach ergreifen wollen, alle übrigen, mit winzig kleinen Ausnahmen betrachten es als Ballast; und den wünschenswerten Einblick in die Mechanik bekommen die Studenten doch auch an der Universität, wenn erstens das Kolleg über Experimentalphysik wie früher in zwei Semestern gelesen wird, und wenn zweitens, wie in der theologischen, so auch in den andern Fakultäten vor dem Eintritt ins Fachstudium Admissionsprüfungen über bestimmte allgemeine Fächer abgelegt werden müssen. Fallen diese zwei genannten Zweige am humanistischen Gymnasium weg, so dürfte bei dem bisherigen fünfkursigen Mathematikunterrichte schon so viel Zeit übrig bleiben, um durch Lösung der verschiedensten Aufgaben die theoretischen Sätze auch bei der gröfseren Zahl der Gymnasiasten in Fleisch und Blut überzuführen, vorausgesetzt, dafs der Lehrer in diesen theoretischen Sätzen nicht gar zu weit ausholt.

Zur Würdigung der positiven Vorschläge übergehend, mufs ich vor allem die Gesichtspunkte fixieren, von denen aus ich dieselben betrachte. Der erste Gesichtspunkt ist unstreitig der Schüler in der untersten Klasse in bezug auf seinen Geist, wie in betreff seines Körpers, der zweite ist der Zweck des Arithmetikunterrichtes in den humanistischen Anstalten, der dritte die Bedeutung der Arithmetik für das praktische Leben und der vierte das Verhältnis derjenigen, die die Studienlaufbahn beginnen und derer, die dieselbe wirklich durchlaufen, d. h. das Gymnasium absolvieren.

Was die angehenden Lateinschüler anlangt, so weifs jeder Lehrer, der nur einige Jahre in dieser ersten Klasse zu thun hatte, dafs der Geist derselben noch ungemein unbeholfen ist, dafs Monate notwendig sind, und eine sehr grosse Ausdauer von Seite des Lehrers dazu gehört, um nur ein bischen, selbst äussere, Ordnung in dieselben zu bringen, dafs vielfach auch der Körper nicht so ausgebildet ist, dafs er eine etwas gröfsere geistige Anstrengung ertragen könnte. Es scheint das auch mein Hr. Kollege gefühlt zu haben, denn er sagt: „In den ersten zwei Klassen wird nur das Notwendigste von der Terminologie und den Gesetzen der Arithmetik gelehrt, die Hauptaufgabe ist Gewandtheit im Gebrauche der Zahlen zu gewinnen." Und trotzdem will er eines der schwierigsten Kapitel, nämlich die gemeinen Brüche, in die erste Klasse verlegt haben! Oder will er mit den Worten: „die gemeinen Brüche in einfachen Beispielen" angezeigt haben, dafs man die Brüche in den Lateinschulen so behandelt, wie in den Elementarschulen? Dann brauchte man in den Lateinschulen den Arithmetikunterricht wohl nicht geprüften Lehrern der Mathematik zu übergeben.

Gehe ich zu dem Zweck des arithmetischen Unterrichtes in den humanistischen Anstalten über, so ist er mir ein Zweig des gesamten mathematischen Unterrichtes und zwar wegen der Bestimmtheit der Zahlen der leichtfafslichste und darum unterste Teil. Es lassen sich mit Hilfe der bestimmten Zahlen alle mathematischen Gesetze über Zahlenverbindungen bilden und zum Verständnisse der jungen Leute bringen. Ja, ich behaupte, dafs auf diese Art die Jugend erst zum richtigen Verständnis der allgemeinen Zahlzeichen kommt. Auch das scheint der Herr Kollege zu fühlen; denn er schlägt für die 3. Lateinklasse im Sommersemester vor, sämtliche Gesetze der Arithmetik nur mit Anwendung von Zahlen abzuleiten, so dafs letztere Übungen eine Propädeutik für die Algebra bieten. Ich meine, der ganze Rechnungsunterricht in der Lateinschule, soweit es sich um die Theorie der Zahlenbildung und der Zahlenverbindung handelt, sei, um den nämlichen Ausdruck zu gebrauchen, eine Propädeutik der Algebra, ja ich gehe noch weiter und behaupte, auch die Theorie und Verbindung bestimmter Zahlen ist ein sehr wirksames Mittel zur Geistesbildung und Verstandesschärfung. — Wenn das der Fall ist und ich meine, es läfst sich dem wohl nichts Gegründetes entgegensetzen, warum soll man denn diese Gesetze blos im letzten Semester des Rechnungsunterrichtes zum Verständnis bringen? Ich bin der Überzeugung, dafs man das schon von der 1. Lateinschule weg thun kann und thun mufs, will man anders den Rechnungsunterricht nicht unter die mechanischen Fertigkeiten herabdrücken.

Wer den Unterricht überhaupt in der ersten Lateinklasse nach Notwendigkeit geben will, mufs vor allem eine Hiobsgeduld haben, mufs eine eiserne Ausdauer besitzen und sich einer ehernen Brust erfreuen; denn die angehenden Studierenden sind nur durch unermefsliche Mühe dazu zu bringen, eine gestellte Frage sachlich richtig und in einem erträglichen deutschen Satze zu beantworten, der Lehrer darf es sich nicht verdriefsen lassen, ein und denselben Satz sich ein dutzendmal nachsagen zu lassen, dann darf er den Satz, wenn er anders von besonderer Wichtigkeit ist, bei jeder Gelegenheit wiederholen, wenn er anders will, dafs er haften bleibt. Die angehenden Lateinschüler scheinen mit wenigen Ausnahmen kein Denkvermögen mehr zu haben. Hiezu kommt noch, dafs sehr wenige derselben ein Interesse an dem Unterrichte zeigen, also die Aufmerksamkeit eine sehr geringe, dagegen die Zerstreutheit eine sehr grofse ist; denn es scheinen wenige junge Leute mehr aus Neigung, dagegen die bei weitem gröfsere Zahl von den Eltern gezwungen die Studienlaufbahn zu betreten, weshalb auch die Zahl der mittelmäfsigen, ja mehr als mittelmäfsigen Gymnasialschüler von Jahr zu Jahr gröfser wird. Der Hr. Kollege berücksichtigt mit seinen Vorschlägen das Schülermaterial gar nicht und unterschätzt die geistbildende Fähigkeit des Rechnungsunterrichtes gewaltig, so dafs es mich gar nicht wundern würde, wenn bald einer käme und sagte, man unterlasse den Rechnungsunterricht in der Lateinschule ganz und fange gleich in der ersten Klasse mit $a + b$ an; denn das Zifferrechnen, das man zur allgemeinen Arithmetik braucht, müssen die jungen Leute schon von der Elementarschule mitbringen — Dafs Hr. Kollege Sch. die geistbildende Eigenschaft des Zifferrechnens in der Lateinschule unterschätzt, scheint mir auch in dem Gedanken zu liegen, dafs nach seinem Vorschlage die Lehre von den Proportionen ganz wegfallen soll; denn, sagt er, diese in ihrer Bedeutung zu würdigen und richtig aufzufassen, sei eine der schwierigeren Aufgaben der Elementarmathematik. Ich meine dagegen, die Proportionslehre sei in der 4. Lateinklasse viel eher aufzufassen, als die Lehre von den gemeinen Brüchen in der 2. Lateinklasse. Dann, meint er, seien die Proportionen, wenn man sie nur als ein Rechnungsverfahren lehrt, weitaus weniger nützlich als Regeldetrie und Kettensatz und jedes bei Schlufsrechnungen angewendete Verfahren. Auch in dieser letzten Beziehung bin ich anderer Ansicht; ich halte nämlich das, was man Regeldetri nennt, für gar nichts anderes als eine korrumpierte Proportion und den Kettensatz für eine Schablone, über die bei Gelegenheit die Schüler hinüberstolpern, weil sie eben meinen, wegen der Schablone nicht mehr denken zu dürfen. Mir ist darum selbst als Rechnungsverfahren die Proportion lieber als die Regeldetri und der Kettensatz, weil man bei jeder Aufgabe gezwungen ist, die Verhältnisse mit einander zu vergleichen. Übrigens wende ich, wenn es mir blos ums Rechnen zu thun ist, keine andere Form an, als die, welche sich durch Schlufsfolgerung ergibt; denn es führt diese Form mich sicher und am kürzesten zum Ziele. Überhaupt glaube ich aus dem soeben Citierten herauslesen zu sollen, dafs der Hr. Kollege dem Zifferrechnen keinen anderen Wert beilegt als einen praktischen, und selbst dieses praktische Ziel wird durch die Vorschläge desselben ganz beiseite geschoben. Ich bin aber trotz der grofsen Bedeutung, die ich dem Rechnungsunterricht als geistbildendem Unterrichtszweig beilege, der Ansicht, dafs man in den Lateinschulen den Rechnungsunterricht wegen seines eminent praktischen Wertes viel mehr als bis jetzt pflegen solle. Wie oft kommt in unseren Tagen ein Jurist, ein Theologe, ein Mediziner in Verlegenheit, und wie oft mufs er sich da oder dort, namentlich bei Kaufleuten, rats erholen? Wie oft müssen sie sich sagen lassen, dafs sie im Rechnen ganz unbeholfen seien, das Rechnen nicht verständen, obwohl sie das Gymnasium absolviert hätten. Ein jetzt hochgestellter Verwaltungsbeamter äusserte sich mir gegenüber vor ungefähr zwanzig Jahren dahin, dafs es einem Juristen nur nützlich wäre, das Notwendigste der Berechnung der Staatspapiere, Aktien und Wechsel zu wissen.

Wie mannigfaltig sind die Rechnungsaufgaben, die das praktische Leben stellt! Braucht derjenige, der das Gymnasium absolvirt hat und in den Staatsdienst übergetreten ist, von diesen praktischen Rechnungsaufgaben nichts zu wissen? Oder lassen ihm seine Berufsgeschäfte soviel Zeit übrig, im Bedarfsfalle sich stundenlang vor die eine oder andere Aufgabe hinzusetzen, um nach vielen Irrfahrten endlich einmal zu einem richtigen Resultate zu kommen? Es ist wahr, es wird von der 5. Lateinklasse weg bis zu der Zeit, in welcher der eine oder andere ins praktische Leben übertritt, sehr viel wieder vergessen, aber eben so wahr ist, dafs das Vergessene viel leichter und eher gefunden wird, als das, was man nie direkt gelernt hat.

Angenommen jedoch, aber nicht im entferntesten zugegeben, die Justizbeamten, die Verwaltungsbeamten, die Theologen, Mediziner, Offiziere u. s. w., welche das Gymnasium absolvieren müssen, brauchten vom praktischen Rechnen nichts zu wissen, absolvieren alle, die in eine der unteren Lateinklassen eintreten, wirklich das Gymnasium? Dürfen diejenigen, welche nach 2 oder 3 oder 5 Jahren die Lateinschule verlassen und ins praktische Leben übertreten, für dieses aus der Schule gar nichts mitnehmen als ein klein bischen formaler Geistesbildung? Verdienen diese, deren Zahl gar nicht gering ist, keine Berücksichtigung, zumal die anderen nicht im mindesten geschädigt werden?

Ich habe mir Mühe gegeben, betreffs zweier Anstalten, einer stark und einer mittelmäfsig frequentierten, zu untersuchen, wie viele Schüler nach einigen Jahren noch an derselben Anstalt waren und habe gefunden, dafs in der stark frequentierten Anstalt von denen, die im Jahre 1874/75 in der ersten Lateinklasse waren, nach 4 und 6 Jahren noch 46 und 25 Prozent an der Anstalt sich befanden, von denen, die im genannten Jahre die 2. Lateinklasse besucht hatten nach 4 und 6 Jahren noch 42 und 29 Prozent der Anstalt angehörten, sowie dafs von den Schülern der 3. Lateinschule desselben Jahres nach 4 und 6 Jahren noch 34 und 19 Prozent ihrer Anstalt treu geblieben waren, und dafs in der mittelmäfsig frequentierten Anstalt für die ersten 25 und 25, für die zweiten 43 und 40, und für die dritten 48 und 48 Prozent sich berechneten.

Wenn ich auch zugebe, dafs manche Schüler blos die Anstalt wechseln, so kann ich, ohne der Wahrheit zu nahe zu treten, doch behaupten, dafs von den Schülern der ersten drei Lateinklassen nicht die Hälfte zu einem Gymnasialabsolutorium kommt, sondern die Mehrzahl schon früher ins praktische Leben übertritt. Nach dem Vorschlage des Hrn. Kollegen würde also die Mehrzahl der angehenden Studierenden beim Rechnungsunterrichte nicht unwesentlich geschädigt werden, was gewifs niemand billigen wird.

Dem Hrn. Kollegen Sch. wird es gewifs nicht unbekannt sein, dafs eine grofse Partei existiert, welche in unsere humanistischen Anstalten eine Bresche schiefsen will. Ich meine nun, die wirkliche Einführung seiner Vorschläge würde gerade dieser Partei neue Waffen in die Hand geben, was er wahrscheinlich doch nicht will. Obwohl ich sehr der realistischen Richtung huldige, müfste ich es doch tief bedauern, wenn wirklich eine solche Bresche geschossen würde; denn ich weifs das Studium der beiden alten Sprachen wohl zu schätzen, wenn ich gleich auch der Ansicht bin, dafs man in der Behandlungsweise derselben des Guten manchmal zu viel thut; denn sie sind einmal tote Sprachen und lassen sich durch alle Kunst nicht mehr lebendig machen oder modernisieren.[1])

Um aber nicht blos den Kritiker zu spielen, will ich den positiven Vorschlägen andere positive Vorschläge, soweit es nicht schon geschehen ist, gegenüberstellen, wobei ich, gestützt auf vieljährige Erfahrung, nicht blos die körperliche und geistige Anlage der angehenden Schüler an den humanistischen Gymnasien, sondern auch den Zweck des Arithmetikunterrichtes, sowie dessen praktische Bedeutung berücksichtige, und ich bin der festen Überzeugung, dafs diese meine Vorschläge nicht blos durchführ-

---

[1]) Der Hr. Verf. hat hier jenen Satz der Abhandlung von A. Schmitz im Auge, wo dieser es für überflüssig erklärt, die Übersetzung modern gedachter und modern geschriebener Abhandlungen ins Lateinische zu kultivieren. Anm. d. Redaktion.

bar, sondern auch heilsam sind, obwohl ich mich der Erkenntnis nicht verschliefse, dafs sie Gegner finden werden; denn ich habe schon erfahren müssen, dafs Schulmänner vor den Ausdrücken Brutto und Tara in den Lateinschulen zurückschaudern, weil ihnen ein Häringsgeruch anklebt. Meine positiven Vorschläge wären:

Erste Lateinklasse wöchentlich 4 Stunden (nämlich eine Lateinstunde weniger): Ganze Zahlen und Dezimalbrüche, sowie einfache Rechnungen aus dem praktischen Leben mit unseren metrischen Mafsen.

Zweite Lateinklassse wöchentlich 4 Stunden (nämlich eine Kalligraphiestunde weniger). Praktische Aufgaben aus dem Leben, mit Anwendung der verschiedensten Mafse und gegen das Ende des Schuljahres die Teilbarkeit der Zahlen, gröfstes gemeinschaftliches Mafs, kleinstes gemeinschaftliches Vielfaches und hiezu Gehöriges.

Dritte Lateinklasse wöchentlich 3 Stunden: Gemeine Brüche und Lösung von praktischen Aufgaben auf dem Wege der Schlufsfolgerung.

Vierte Lateinklasse wöchentlich 3 Stunden (nämlich eine Kalligraphiestunde weniger): Die Lehre von den Proportionen, Teilung nach proportionierten Teilen, Mischungs-Rechnungen, die einfacheren Berechnungen der Staatspapiere, Aktien und Wechsel.

Mit dieser Anzahl der Stunden kann man der Zahlenlehre die nötige Zeit widmen und eine beträchtliche Anzahl von Aufgaben aus dem praktischen Leben durcharbeiten, wobei der Lehrer Gelegenheit hat, namentlich den deutschen Unterricht wirksam zu unterstützen, und durch Wort- und Sacherklärungen in verschiedenen Wissenszweigen einzelne Kenntnisse unter seinen Schülern zu verbreiten, an denen diese nicht nur nicht schwer tragen, die ihnen vielmehr da und dort von nutzen sein können. Letzteres wird um so häufiger der Fall sein, je mehr Aufgaben die Sammlung aus dem praktischen Leben enthält, und je weniger sie zu schablonisieren sucht.

Da ich der innigsten Überzeugung bin, dafs die Studierenden schon mehr als genug in der Schule sitzen, mufste ich bei meinem Vorschlage auf eine allgemeine Vermehrung der Schulstunden verzichten und dafür den einen oder den andern Gegenstand zu verkürzen suchen, und da bin ich der festen Ansicht, dafs das Lateinische in der ersten Klasse wohl wöchentlich eine Unterrichtsstunde einbüfsen kann, desgleichen die Kalligraphie in der 2. und 4. Klasse je eine, wenn anders dieser Unterricht nicht in einem blofsen Nachmalen der Buchstaben besteht, und alle Lehrer der Anstalt darauf sehen, dafs stets gut geschrieben und selbst das sogenannte „Allgemeine Heft" reinlich gehalten wird.

Zum Schlusse noch einige Worte über den Gedanken, den Herr Kollege Sch. an die Spitze seiner Abhandlung gestellt hat, und womit ich auch diese Entgegnung eingeleitet habe.

Ist es wahr, dafs die Kenntnisse der Absolventen der humanistischen Anstalten in der Mathematik meist sehr gering sind? welches ist der Mafsstab, den man bei diesem Urteile anlegt, und wenn bei richtigem Mafsstabe die Klage grofsentheils gegründet ist, warum ist es so? Ich stelle obigem Satze folgende Behauptung gegenüber: Ein grofser Teil unserer Gymnasialschüler leistet in der Mathematik soviel als unter den gegebenen Verhältnissen möglich ist, ein anderer, und ich will sagen auch ein grofser Teil, leistet in diesem Gegenstande wenig. Und so ist es im Lateinischen, so im Griechischen und so in jedem andern Unterrichtsgegenstande des Gymnasiums. Für diese allgemeine Erscheinung gibt es auch allgemeine Gründe und für die Mathematik noch spezielle. Dafs die Leistungen der Absolventen eines humanistischen Gymnasiums gering seien, schliefst man aus den Prüfungsresultaten des Gymnasialabsolutoriums. Diese Resultate fliefsen nun hauptsächlich aus zwei Quellen, nämlich aus den schriftlichen Aufgaben und aus dem mündlichen Examinieren, wobei ich nicht verkennen will, dafs beim letzteren wohl die Leistungen des Examinierten während des Schuljahres nicht ohne Einflufs sein werden. Wer Gelegenheit hat, diese beiden Arten von Prüfungsresultaten mit einander zu vergleichen, wird einen nicht unbedeutenden Unterschied wahrnehmen: die Noten aus dem Schriftlichen sind grofsenteils um einen, selbst mehrere Grade tiefer als die aus dem Mündlichen. Es wird das schon seit einer Reihe von Jahren zutreffen und zwar in der bei weitem gröfseren Zahl der Gymnasien. Ich meine nun diese Erscheinung fordert zum Denken auf. Ist es wohl anzunehmen, dafs die Professoren der Mathematik die Taktlosigkeit begehen, zwei verschiedene Mafsstäbe anzuwenden, beim Mündlichen zu grofs, weil diese Noten nicht controlierbar sind, und beim Schriftlichen zu klein, weil die schriftlichen Korrekturen kontroliert werden könnten? Ich meine jeder der Herren wird gegen eine solche Insinuation protestieren, und zwar mit vollem Rechte. Also bleibt doch wohl keine andere Annahme übrig, als dafs die schriftlichen Aufgaben den Leistungsmöglichkeiten nicht entsprechen. Wenn einer die beste aller vorhandenen lateinischen Grammatiken von der ersten bis zur letzten Seite seinem Gedächtnisse eingeprägt hat, und wenn er jede Regel auch ganz gut versteht, wird er damit irgend einen deutschen Aufsatz schon in gutes Latein umwandeln können? Jeder wird sagen „Nein!" es gehört hiezu ungemein viel Übung. Gerade so verhält es sich mit der Mathematik. Mag einer alle theoretischen Sätze inne haben, so ist er noch lange nicht im stande, dieselben in allen möglichen Aufgaben auch zur Anwendung zu bringen. Hiezu kommt noch, dafs in der Mathematik alle theoretischen Sätze sich anzueignen nahezu zu den Unmöglichkeiten gehört, weil die einzelnen Zweige sich noch immer weiter ausbilden. Ich erinnere hier blofs an die Euklidische Geometrie und die neuere Geometrie. Wenn das der Fall ist, und es wird nicht in Abrede zu stellen sein, so sieht man auch leicht ein, dafs man sich beim Mathematikunterrichte am humanistischen Gymnasium blos auf das Notwendige, um nicht zu sagen Notwendigste, beschränken mufs, um eine tüchtige Grundlage für spätere

Studien zu geben. Wenn nun zum Beispiel der eine Mathematikprofessor an seiner Anstalt in die bisherige Euklidische Methode einen ziemlichen Teil Sätze aus der neueren Geometrie hinüber nimmt, werden da Absolutorialaufgaben, die von ihm herrühren, nicht auch denselben Charakter tragen? Werden diese Aufgaben dann an einer anderen Anstalt, wo man noch streng euklidisch vorgeht, gelöst werden? Hiezu kommt noch, dafs man am Gymnasium viel zu wenig Zeit hat, durch Aufgaben die theoretischen Sätze tüchtig einzuüben. Ich bin der festen Überzeugung, dafs ein gut Teil der mathematischen Absolutorialaufgaben über den Rahmen hinausgeht, in welchem sich der Mathematikunterricht an diesen Anstalten bewegen kann. Es ist auch ganz falsch, wenn man meint „es liege ja nichts daran, wenn der Absolvent die Aufgaben selbst nicht richtig löst; man könne ja doch erkennen, ob er etwas gelernt habe"; denn erstens wird er während der Arbeit nur verwirrt, wenn er sieht, dafs er mit der Aufgabe nicht zurecht kommt, und diese Verwirrung ist dann auch von Einflufs auf andere, minder schwierige Aufgaben, und zweitens sagt er sich, dafs er die Aufgabe nicht lösen konnte trotz des 5 jährigen Fleifses, den er auf diesen Gegenstand verwendet hat; er wird mutlos und teilt diese seine Mutlosigkeit auch den weiter unten befindlichen Schülern der Anstalt mit, so dafs allmählich der Eifer für diesen Gegenstand ganz erlahmt. Dem Satze gegenüber, dafs nichts daran liegt, wenn der Absolvent die Aufgabe nicht richtig löse, mufs ich einen Gedanken des seligen Ohm citieren, der dahin ging, dafs man auch am Kleinen erkennen könne, ob der zu Examinierende sein Pensum inne habe oder nicht. Ich meine, man solle die Freude am Mathematikunterrichte nicht auch noch auf solche Art vermindern, denn es gibt so gar manches, was die Studierenden diesem Gegenstande nicht sehr gewogen macht. Hiezu rechne ich vor allem die Unlust der Jugend am abstrakten Denken, daher der Ausdruck „die Mathematik ist so trocken"; dann ist es gar nichts Seltenes, von solchen, die früher selbst das Gymnasium absolviert haben, über Mathematik in einem Tone sprechen zu hören, dafs man die darauf verwendete Zeit für rein verloren halten möchte, endlich sieht der Gymnasiast nicht ein, wozu er die Mathematik braucht; er rümpft fast die Nase, wenn man ihm dieselbe als ein vorzügliches geistbildendes Mittel hinstellt; er will, verdenke man es ihm nicht, einen gewissen praktischen Nutzen sehen. Das sind so die wichtigsten Gründe, warum in der Mathematik nicht mehr geleistet wird, als wirklich geschieht; es sind diese schon einflufsreich genug, man füge also nicht noch mehrere hinzu; denn es mufs sonst eine gewisse Apathie eintreten, die sich zur Antipathie steigern kann.

Ich habe schon vor mehreren Jahren gegen einen gleichen Gedanken des verstorbenen Kollegen Polster mich ausgesprochen, daher möge man mir es auch diesmal nachsehen, wenn ich mich zum Verteidiger des Zifferrechnens aufwerfe; denn die Anmerkung der verehrlichen Redaktion fordert direkt zur Besprechung auf und meint, die Ausführungen des Herrn Kollegen Sch. enthielten immerhin einen beachtenswerten Grundgedanken. Vielleicht enthalten die meinigen auch so den einen oder den andern beherzigenswerten Grundgedanken, wobei ich jedoch den Wunsch nicht unterdrücken kann, dafs sie zum Besten unserer Studierenden wirklich beherzigt würden.

Dillingen. J. B. Eckl.

Zu Demosthenes und Isaeus.

Von allen demosthenischen Reden zeigt wohl kaum eine so grofse Unklarheit und Verworrenheit nach Anlage und Durchführung wie im einzelnen Ausdruck, als die Midiana, die in Folge dessen als unfertig und unvollendet bezeichnet werden mufs. An vielen Stellen haben schon alte Kritiker Anstofs genommen (Schäfer: Dem. und seine Zeit III. B. S. 59). So finden wir getadelt § 149: τὰς ἀπορρήτους, ὥσπερ ἐν τραγῳδίᾳ τὰς τούτου γονάς, wozu die Bemerkung: ἀσαφὲς δὲ τοῦτο τὸ χωρίον καὶ πολλοῖς πράγματα παρέχον. Wie ich glaube, erklärt sich diese Stelle aus Andocides IV; Beziehungen zwischen dieser, dem Andocides zugeschriebenen, aber höchst wahrscheinlich unechten Rede gegen Alcibiades, und § 143—150 der Midiana sind überhaupt mehrere vorhanden; ja es scheinen diese §§ inhaltlich auf Andocides zu basieren; so finden sich die bekannten Anekdoten vom geprügelten Choregen und vom eingesperrten Maler bei And. ausführlich erzählt, sehr skizzenhaft und abgerissen bei Demosthenes § 147 wiedergegeben. Auch manche andere Ähnlichkeiten lassen sich zwischen den beiden genannten Reden auffinden. In § 22 der Andocideischen Rede sagt nun der Ankläger des Alcibiades von demselben: τηλικαύτας ποιεῖται τῶν ἁμαρτημάτων ὑπερβολάς, ὥστε περὶ τῶν Μηλίων γνώμην ἀποφηνάμενος ἐξανδραποδίζεσθαι, πριάμενος γυναῖκα τῶν αἰχμαλώτων υἱὸν ἐξ αὐτῆς πεποίηται, ὃς τοσούτῳ παρανομωτέρως Αἰγίσθου γέγονεν, ὥστ' ἐκ τῶν ἐχθίστων ἀλλήλοις πέφυκεν, καὶ τῶν οἰκειοτάτων ὑπάρχει αὐτῷ τὰ ἔσχατα τοὺς μὲν πεποιηκέναι, τοὺς δὲ πεπονθέναι etc. ἀλλ' ὑμεῖς ἐν μὲν ταῖς τραγῳδίαις τοιαῦτα θεωροῦντες δεινὰ νομίζετε, γιγνόμενα δ' ἐν τῇ πόλει οὐδὲν φροντίζετε. Mit Erinnerung an diese Stelle und mit Anwendung auf Midias scheinen die zitierten Worte der Midiana geschrieben zu sein.

Eine andere kritische Stelle, deren Sinn ein verwickelter ist, haben wir § 209, der wieder eine gewisse Ähnlichkeit zeigt mit And. I. 101. Wie dort Andocides sagt, dafs ihm bei der Anklagerede des Charikles der Eindruck geworden sei, als stände er vor dem Gerichtshof der dreifsig Tyrannen, so fordert auch in der Midiana der Redner die Richter auf, sie sollten sich vorstellen, wie Midias und Leute seines Schlages εἰ γένοιντο κύριοι τῆς πολιτείας sich anstellen würden, wenn sie auch nur über ein geringfügiges Vergehen zu richten hätten. Auch die ganze Form des bei And. angestellten Verhörs, das summarische Urteil und die daran geknüpfte Schlufsfolgerung § 102 οὐχ οὖν δεινόν etc. ist mit § 209 und 210 der Midiana zu vergleichen. Da lesen wir nun § 209 die Worte: ἀλλ' οὐκ ἂν εὐθέως εἴποιεν· „τὸν δὲ βάσκανον, τὸν δὲ ὄλεθρον, τοῦτον δὲ ὑβρίζειν, ἀναπνεῖν δέ; ὃν εἴ τις ἐᾷ ζῆν, ἀγαπᾶν ἔδει;" bei Vömel übersetzt: sed non statim dicerent: „Huncce autem invidum! hunc autem pestilentem! hunc autem esse petulantem! libere autem respirare! quem si quis vivere sinit, contentum esse oportebat?" Es sollen also τὸν δὲ — ἔδει die Worte des zu Gericht sitzenden Midias und Genossen sein. Es würde dann ὄλεθρος in dem Sinne gebraucht sein wie XVIII 127 (ὄλεθρος γραμματεύς) oder wie XXIII 202 (ἀνθρώπους — ὀλέθρους). Ganz abgesehen aber davon, dafs in diesen Stellen ὄλεθρος in Verbindung mit einem Substantivum steht, wer soll denn durch τὸν δὲ — τὸν δὲ — τοῦτον δὲ bezeichnet werden? Immer derselbe, von welchem oben die Rede war, der sich ein geringfügiges Vergehen hat zu schulden kommen lassen, und über welchen Midias und Genossen zu Gericht sitzen? Und was sollen die Infinitive ὑβρίζειν und ἀναπνεῖν? Alle diese Schwierigkeiten sind gehoben, wenn wir τοῦτον δὲ ὑβρίζειν, ἀναπνεῖν δὲ nicht als Worte des Midias und seiner Genossen auffassen; zu dem Vorhergehenden aber erlaube ich mir eine kleine Änderung, die freilich einen ganz anderen Sinn involviert: τῷδε βάσανον, τῷδε ὄλεθρον „dem die Folter, dem den Tod" so dafs wir also ὄλεθρος hier in seiner gewöhnlichen Bedeutung zu nehmen hätten. Zu dem Accusativ, den wir uns als Objekt zu einem zu ergänzenden Verbum zu denken haben, vgl. IV 19. Die beiden folgenden Infinitive aber fasse ich als sogenannte Inf. indignantis, wie wir haben bei Isaeus I 23 und in der pseudodemosthenischen Rede gegen Theokrines (LVIII) § 56 nach Dobrei auch § 47. Vgl. Matthiä § 544. Es ist demnach τοῦτον = Μειδίαν und der Sinn der ganzen Stelle folgender: „Nicht wahr? Sie würden sich wohl beeilen, sich gefällig zu erweisen? Oder würden auf einen aus dem Volke merken? Würde es nicht vielmehr sogleich heifsen: „Dem die Folter, dem den Tod"? Und der da sollte seinen Mutwillen treiben und sich noch rühren? Er, der zufrieden sein sollte, wenn man ihn leben läfst?„

XXIV 53: εἰ τοίνυν τις ἔροιθ' ὑμᾶς, ποτέροις μᾶλλον ἂν εἰκότως ποιήσαιθ' ὁτιοῦν, τοῖς δεομένοις ἢ τοῖς ἐπιτάττουσιν, οἶδ' ὅτι φήσαιτ' ἂν τοῖς δεομένοις· τὸ μὲν γὰρ χρηστῶν, τὸ δ' ἀνάνδρων ἀνθρώπων ἔργον ἐστίν. οὐκοῦν οἱ νόμοι μὲν ἅπαντες προςτάττουσιν ἃ χρή ποιεῖν, οἱ τιθέντες δὲ τὰς ἱκετηρίας δέονται. An dieser Stelle scheint mir besonders ἀνάνδρων anstöfsig. Nach dem Sinne des Ganzen ist das Werk guter Männer τὸ δεῖσθαι, im Gegensatze dazu sollte τὸ ἐπιτάττειν das Werk feiger Männer sein? Oder was soll hier ἀνάνδρων sonst heifsen? Mir scheint die Änderung in ἀναιδῶν ebenso einfach wie notwendig zu sein. Wie die Corruptel entstanden ist, erklärt sich vielleicht aus § 76, wo die σώφρονες καὶ χρηστοί den ἄνανδροι καὶ δοῦλοι gegenübergesetzt sind, dort freilich in ganz passender Weise. Auch heifst es dort von den Oligarchen, dafs jeder von ihnen προςτάξαι κύριός ἐστιν. Aus jener Stelle kann sich vielleicht das falsche Wort in die unsere eingeschlichen haben.

Einen weiteren Vorschlag erlaube ich mir zu den folgenden Worten. Wir haben in denselben eine zusammenhängende Schlufsfolgerung. Betrachten wir die einzelnen Glieder derselben, so haben wir als

propos. minor: Bittende verdienen eher Berücksichtigung als Befehlende

conclusio: οἱ τὰς ἱκετηρίας τιθέντες verdienen eher Berücksichtigung als οἱ νόμον εἰςφέροντες.

Daraus ergiebt sich als

propos. major: ἱκετηρίας τιθέναι = δεῖσθαι, νόμους τιθέναι = ἐπιτάττειν.

Es soll also ἐπιτάττειν von denjenigen gelten, welche Gesetze einbringen, nicht von den Gesetzen selbst. Gegen diejenigen will der Redner eine Abgeneigtheit bei den Zuhörern erzeugen, welche neue, schädliche Gesetze einbringen, nicht gegen die Gesetze überhaupt, was einem athenischen Redner schlecht stehen würde. Diesen Versuch aber, nämlich die Zuhörer gegen die Gesetze einzunehmen, würde sich der Redner zu schulden kommen lassen, wenn wir an den überlieferten Worten festhalten. Ich schlage daher vor, um den darin steckenden logischen Fehler zu beseitigen, mit Umstellung von τιθέντες und geringer Abänderung zu lesen: οὐκοῦν οἱ νόμον μὲν τιθέντες ἅπαντες προςτάττουσιν, ἃ χρὴ ποιεῖν, οἱ δὲ τὰς ἱκετηρίας δέονται.

Is. XI 47. Die entschieden fehlerhaften Worte der Überlieferung lauten: ἆρα μικρὰ τὰ διάφορα ἑκατέροις τῆς οὐσίας ἡμῶν ἐστιν, ἀλλ' οὐ τηλικαύτη, ὥστε μηδεμίαν γενέσθαι περὶ τοὺς Στρατοκλέους παῖδας; Für ἑκατέροις hat Reiske ἑκατέρας geschrieben, was auch Scheibe angenommen hat, der aufserdem das überlieferte τηλικαύτη ändert in τηλικαῦτα und mit Sauppe auch eine andere Interpunktion setzt, freilich mit der Bemerkung: sed ne sic quidem sanus locus videtur. Mir scheint durch diese Änderungen der ursprüngliche Sinn noch mehr verwischt zu sein. Indem ich das hschr. ἑκατέροις acceptiere, lese ich: ἀλλ' οὐ τηλικαῦτα, ὥστε μηδεμίαν ἐμοὶ γενέσθαι παρὰ τοὺς Στρατοκλέους παῖδας. Dies scheint mir besonders zu dem Vorhergehenden gut zu stimmen; von § 37 an nämlich beginnt der Redner, welcher seine Erbansprüche gegen seinen eigenen Neffen, den Sohn seines Bruders Stratokles, verteidigt mit der Zurückweisung eines von Seite der Gegner gemachten Versuchs, die Vermögensverhältnisse der Kinder des Stratokles als zerrüttet, die des Redners dagegen als die glänzendsten hinzustellen. Wie Redner nachweist, verhält sich diefs gerade umgekehrt. § 38—46. Und nun folgen die citierten Worte, die, wie man bisher sehen konnte, eine zusammenfassende Folgerung aus dem Vorhergehenden und eine Vergleichung der beiderseitigen Vermögensverhältnisse enthalten und die nach meiner Konjektur übersetzt also lauten: „Ist nun der Unterschied des Vermögens zwischen uns beiden ein geringer? Ist er nicht vielmehr so grofs, dafs mir keines (= so gut wie keines) geworden ist im Vergleich zu den

Kindern des Stratokles?" Ähnlich drückt sich auch Demosthenes, der Schüler des Isäus, aus in einer ähnlichen Sache, nämlich XXVII 24 οὐδὲν ἐμοὶ γεγενημένον ἀποφαίνουσιν.

Passau. Hans Gölkel.

Zu Scribonius Largus und Marcellus Empiricus.
II. (Schluſs.)

Von den 271 Kapiteln, aus welchen das Werk des Scribonius besteht, hat also Marcellus 172 in seine Kollektion fast Wort für Wort herüber genommen. Selbst persönliche Verhältnisse, Erfahrungen und Erlebnisse des Scribonius hat er wörtlich wiedergegeben. Er steht hierin mit den geistlosen Kompilatoren der byzantinischen Zeit, deren ähnliches Verfahren Haeser, Gesch. d. Med. I. S. 477 charakterisiert, mit einem Theophanes Nonnus u. a. auf der gleichen Stufe der Rücksichtslosigkeit gegen die benützten Gewährsmänner. Die spärlichen mit dem Texte des Scribonius vorgenommenen Änderungen sind gröſstenteils sprachlicher oder stilistischer Natur. Marcellus kürzt oder erweitert nach Gutdünken in dem Bestreben, den Text seiner Vorlage seinen Lesern verständlicher zu machen. Öfters beschränkt er sich darauf, Rezepte, deren Komposition den Anschauungen seiner Zeit (er war ja Christ und schrieb für Christen) nicht zusagen mochte, einfach wegzulassen. Einschneidender Veränderungen an dem ihm vorliegenden Texte hat er sich durchweg enthalten. Für uns erwächst daraus der Vorteil, den Text des Scribonius, der uns in der editio princeps des Ruellius (Paris 1529. fol.), auf welche alle anderen Ausgaben[1]) zurückgehen, nicht eben gut überliefert ist, aus Marcellus an vielen Stellen verbessern zu können. Dies hat schon Johannes Rhodius in seinen weitschweifigen Emendationes et Notae, die er seiner Ausgabe (Patavii 1655. 4°) beigegeben hat, erkannt und für manche Stellen, die bei Scribonius geradezu unverständlich sind, durch Vergleichung mit Marcellus das Richtige gefunden. An weit mehr Stellen dagegen hat er von diesem einfachen Hilfsmittel keinen Gebrauch gemacht oder sich gegen die Lesarten des Marcellus

---

[1]) Ein Nachdruck der editio princeps erschien in demselben Jahre bei Cratander in Basel mit Anton. Benivenius de abditis morborum causis und Polybus de salubri victus ratione Guinterio Joanne Andernaco interprete. — Auſserdem wurde Scribonius in die Sammlungen lateinischer und griechischer Ärzte von Aldus (Venet. 1547 fol.) und H. Stephanus (Paris 1567) aufgenommen. — Auch die Ausgabe des Dänen Johannes Rhodius (Patav. 1655) ist ein Abdruck der ersten Ausgabe; sie ist aber durch zahlreiche sprachliche und sachliche Bemerkungen und Erläuterungen von Wert. — Der neueste Herausgeber J. M. Bernhold, (Argent. 1786) hat ganz kritiklos den Text seines Vorgängers abdrucken lassen, ohne dessen Emendationen zu beachten. So bietet auch die neueste Ausgabe noch den unveränderten Text der editio princeps.

geradezu ablehnend verhalten, zum Schaden seiner Ausgabe. Es dürfte deswegen eine Zusammenstellung der unbedenklich oder ziemlich wahrscheinlich aus Marcellus in den Text des Scribonius aufzunehmenden Lesarten keine überflüssige Arbeit sein. Ich setze die Lesart des Scribonius in eckige Klammer und stelle die des Marcellus daneben.

Epistola ad Callistum:

p. 1 (ed. Rhod.)

divinum munus] deorum immortalium manus. Dafs Marcellus mit manus die richtige Lesart überliefert hat, beweist Gal. vol. XII, p. 966, wo er denselben Ausspruch des Herophilus (οίονπερ θεῶν χεῖρες τὰ φάρμακα) citiert; deorum immortalium ist aber wohl nur eine redaktionelle Änderung des Marcellus statt des ursprünglichen *divinas manus* esse. — probata] comprobata, letzteres scheint durch Sprachgebrauch des Scribon. bestätigt zu werden; cf. c. 97 antidotos usu exactiore *comprobata*. — p. 2 etiam tunc] timidum; ähnlich c. 229 quum timidus fuerit ad sectionem. — ferro] ferro ignique. Dafs ignique nicht etwa ein Zusatz des Marcellus ist, sondern von Scribonius selbst herrührt, zeigen seine Worte weiter unten (p. 3 Rhod.), wo er ebenso wie hier das Schneiden und Brennen in Gegensatz zu den Medikamenten stellt: post ubi ne ad haec (sc. medicamenta) quidem cedunt difficultates adversae valetudinis, tunc coacta (sc. medicina) ad *sectionem* vel ultimo ad *ustionem* devenit. Über die bei griechischen und lateinischen Ärzten so häufig wiederkehrende Verbindung von Schneiden und Brennen (τέμνειν und καίειν, σίδηρος und πῦρ, urere und secare) im Gegensatz zu den Arzneien, die uns auch in dem bekannten Aphorismus des Hippocrates: ὁκόσα φάρμακα οὐκ ἰῆται σίδηρος ἰῆται, ὅσα σίδηρος οὐκ ἰῆται πῦρ ἰῆται, ὅσα δὲ πῦρ οὐκ ἰῆται, ταῦτα χρὴ νομίζειν ἀνίατα begegnet, vergleiche man Welcker, kleine Schriften III, S. 209. — cur ergo aliqui excludant medicinam et usum medicamentorum] cur ergo aliqui excludant medicinam *de usu* med. Die Präposition de dürfte von Marcellus, der auch sonst durch Anwendung von Präpositionen den Text des Scribon. zu verdeutlichen strebt, herrühren und also excludant medicinam *usu* medic. zu schreiben sein. Nachdem hieraus durch Dittographie usum entstanden war, suchte ein ungeschickter Abschreiber durch Einfügung der Copula et dem Sinne aufzuhelfen. Den gleichen Gedanken drückt Scribon. im Eingang der epistola (p. 1) aus durch: qui medicinam spoliare tentant usu medicamentorum. — in tam necessaria parte] in t. n. parte *artis*. Ähnlich p. 5 in caeteris partibus disciplinae. — quod malum cum omnibus animantibus invisum esse debet, tum praecipue] quod m. cum omn. a. inv. esse *debeat*, tum praec. Der Conjunctivus wird durch den Sprachgebrauch des Schriftstellers bestätigt, cf. c. 90 quum autem ad omnia quae supra dixi manifeste prosit, tum praecipue ad phthisim. — p. 3 perfecte iam nato] perfecto iam; nato ist Glossem zu perfecto. — aliosque deterrent] alios *quoque* deterrere. — p. 6 propter differentiam scilicet corporum] propt. diff. sc. corporum et *affectionum*. Der Zusatz et affectionum (affectio = griech. διάθεσις) pafst in den Zusammenhang und bildet einen passenden Anschlufs an das Folgende: quarum initium a capite faciemus. — ut simplicia primo ponamus] ut s. *prima* ponamus. cf. c. 223 quae *prima* posita sunt.

Compositiones:
c. *1* et in duobus rosae commiscetur] et duobus rosae cyathis comm.; cyathis ist unnötig, weil das Wort unmittelbar vorhergeht, dagegen mufs mit Marcell. *et duobus* geschrieben werden, da Scribon. in dieser Verbindung keine Präposition gebraucht; cf. c. 2 rosae folia residuo aceto commixta c. 38 et ita commiscetur caeteris 265 caeterisque commiscentur. — — c. *2* ea ratione decocta] *eadem* ratione dec.; cf. c. 10 *eadem* ratione iniectum veratrum. c. 71. 84. 105. 131. 237. — sphondylion et agni semen] *Dolorem capitis levat* sphondyl. et a. s. Ein derartiger Zusatz ist unbedingt notwendig. cf. c. 53 Item levat aeque dolorem dentium portulaca c. 54 levat dolorem et bitumen. — c. *3* et aceti sextarios tres, decoquere ad dimidias] et *in* aceti sextariis tr. d. ad dimidias. — eodem modo] *et* eodem modo. — c. *4* habeat] hab*e*ant. — c. *8* per cornum infunduntur] per *cornu* inf. wie c. 7 iis rebus infusis per cornu, quod rhinenchytes appellatur. — c. 10 naribus sufflentur] nar. *insu*fflentur. — tincto in aquam] tincto in *aqua*; ebenso Cels. III, 7 und VIII, 4 spongia in aceto tincta. — c. *11* capitis dolorem quemvis veterem] cap. dol. *quamvis* veterem; cf. c. 265 ad dolorem omnis partis quamvis veterem, — donec desinat dolor et obstupescat ea pars] d. des. dol. et *obtorpescat*. Die Wirkung des torpedo (Zitterrochens) ist torpor, dazu ist obtorpescere das signifikante Verbum; cf. c. 162 ad utramlibet podagram torpedinem nigram vivam subicere pedibus oportet, donec sentiat *torpere* pedem totum und Plin. IX, § 143 novit torpedo vim suam ipsa non torpens, mersaque in limo se occultat piscium qui securi supernatantes *obtorpuere* corripiens. XXXII, § 7 Quid? non et sine hoc exemplo per se satis esset ex eodem mari torpedo? etiam procul et e longinquo, vel si hasta virgave attingatur, quamvis praevalidos lacertos *torpescere*? — c. *20* eaque quam poterint sustinere calidissima] *ex aqua* quam poterint sustinere calid. Über poterint vgl. Kühner, Ausführl. Grammatik d. lat. Sprache I § 195 A. 2 und 194 A. 9. — in balnea ducere] in balin*eum* d. Dieselbe Form hat Scribon. selbst weiter unten 2mal: in balneum deducere und c. 214 in balineo non excidet. Celsus III, 7 ducere in balneum opus est. — uno die, spectare] u. d. *exspectare*. — c. *22* quod nomine etiam quidem diaglaucium dicitur] *quo* nomine etiam *quod* dia *glaucio*[1]) (scrib. διὰ γλαυκίου). Ähnliche Namen von Heilmitteln sind c. 26 διὰ σμύρνης, c. 217 δι' ἁλῶν, c. 99 διὰ κολοκυνθίδος, c. 212

---

[1]) Auch bei Plin. XXVII, § 83 liest jetzt Detlefsen: hinc temperatur collyrium quod medici dia *glaucio* (codd. diaglaucia), indem er auf eine Stelle bei Galen verweist.

διὰ καδμίας. — eadem die] *eodem* die. Scribon. gebraucht dies immer als Mascul.: c. 19. 83. — his uti primis diebus collyriis non ceteris auxiliis] his *utor* pr. d. coll. non *sine* cet. aux. — c. *23* sexto septimoque die] sexto sept*imove* die — quae sunt durata diu] quae sunt *dura* diu; es ist zu lesen: quae sunt *dura, tamdiu* teruntur, cf. c. 220 quae sunt dura, teruntur. — dum tollendum est] *cum* t. est. — hoc quidem] hoc qui*dam* — c. *24*. Dafs die Anfangsworte dieses Kapitels: collyrium spodiacum a quibusdam cinereum dicitur einem Lemma ihren Ursprung verdanken, erhellt aus dem Zusammenhang; auch bei Marcell. fehlen sie. — aliave] al*ia*sve — ovi albore] ovi *albo*. Wie Celsus (VI, 6 p. 227. 229. 231 Daremb. VII, 7 p. 279. 281 Daremb. und Plinius (XX, 115. 128. XXVIII, § 66. 168 XXX, § 73) nennt auch Scribon. das Eiweifs ovi album (Plin. sagt auch ovi candidum) cf. c. 26 und 154. Der Ausdruck ovi albor scheint erst einer späteren Zeit anzugehören; er findet sich bei Pallad. XI, 14, 9. Apic. 1, 6. und öfters bei Theodorus Priscianus. I, 8 (p. 15 ed. Gelen.) I, 12 (p. 22). I, 30 (p. 54). — c. *26* Sed praecipue hoc, quod etiam ad pustulas]. Die Worte sed praecipue hoc sind eine unpassende Wiederholung der Anfangsworte des Kapitels; Marcellus hat sie nicht und sie sind deshalb zu streichen. — in corporibus tenuioribus] in c. *tenerioribus*; cf. c. 20 in teneris corporibus, ut mulierum et puerorum. c. 215 ad tenera corpora. c. 212 in teneris corporibus puerorum. c. 252 si tenerum corpus erit. Celsus III, 21 (p. 108 Daremb.) si corpora teneriora sunt. — cum lacte muliebri et ex aqua. Aut] c. l. muliebri. *Ex aqua autem.* Durch falsche Interpunktion ist an mehreren Stellen der Text des Scribon. entstellt; Marcellus bietet hier das Richtige. — c. *27* quia a loco] *'quia loco* (interdum videtur propellere oculum). Die Präposition ist wohl aus einer Dittographie entstanden. cf. Celsus VI, 6, 8 ut oculos sua sede propellat. — levissimum collyrium] *lenissimum* c. Der Gegensatz zu acria collyria, die von c. 28 an aufgeführt werden, bilden nicht levia, sondern *lenia* collyria. cf. Celsus II, 22 quae res lenes quaeve acres sint. VI, 6, 14. 15. 31. VII, 7, 3. 11 sub fin. 12. — eodem modo quae scripta sunt] eodem modo *quo* scripta s.; cf. c. 82 haec omnia ordine quo scripta s. c. 264 contunduntur ordine *quo* scripta sunt. — collyriis levibus] coll. *lenibus* wie oben. — c. *30* si passum adiectum non erit] s. p. ad. *fuerit.* — c. 31 et recipit haec]. Diese Worte scheinen, da sie bei Marcellus fehlen, ein fremder Zusatz zu sein. — habeant. Adiicitur] habent, adiicitur. Durch falsche Interpunktion ist bei Scribonius Vorder- und Nachsatz auseinandergerissen. — aut rursus] *et* rursus; cf. c. 20 et rursus in balneum deducere. c. 204. 213. — c. *33* superiori] superio*re*. — c. *35* cicatrices et quamvis veteres] cicatrices quamvis veteres. — c. *37* donec mellis habeat non nimium liquidam spissitudinem] d. m. h. n. n. *liquidi* spissitud., cf. c. 58 donec in mellis spissitudinem temper*ati* medicamentum redigatur. c. 230 donec habeat mellis liqui*di* temperamentum. — ad delacrimationem, id est ubi desierit mordere medicamen. Rursus invertere] ad delacrimationem *et ubi desierit mordere, rursus* invert. Auch hier ist bei Scribonius durch eine falsche Interpunktion und durch eine Interpolation (medicamen; Scribon. gebraucht nie das Wort medicamen, sondern stets medicamentum) das Verständnis erschwert. Die Stelle ist nach Marcellus zu verbessern. — crassiore] *crassius*; dies wird durch den Zusammenhang und den Sprachgebrauch empfohlen, cf. c. 46 nares crasse oblinire c. 228 id ipsum specillo oblinetur crassius. — c. *38* quos destinaverimus eo ungere] q. d. eo *inungere*. — novas] novas *omnes*. — notas] notas *me* (in hoc libro congesturum). Scribon. läfst den Subjektsakkusativ des persönlichen Pronomens nie weg; omnes erfordert der Gegensatz von quasdam. — c. *39* quae tactae conduplicant se in orbem] q. t. *complicant* se in orb. Ähnlich Marcellus p. 109 Multipedes cutiones qui in stercore nascuntur quique contacti in globulis *complicantur*. Plin. n. h. XXLX, § 136 Milipeda ab aliis centipeda aut multipeda dicta animal est e vermibus terrae pilosum, multis pedibus arcuatim repens tactuque *contrahens* se, oniscon Graeci vocant. — gliris pinguis] gl. ping*ue*. — c. *40* mixtum] mixt*us*. — c. *41* sextarii duo, incoquuntur mala granata] sext*ariis* duo*bus* incoq. mala granata *duo*. — valida] *acida*. Plin. n. h. XIII, § 113 unterscheidet 5 Spezies der Granate: dulcia, acria, mixta, *acida*, vinosa (mala Punica) und bemerkt, dafs man zur Lederbereitung die Rinde der herben Art benützt habe. — c. *42* cicatrix est cludenda] c. est *ducenda*. Diese Lesart des Marcellus wird durch den constanten Sprachgebrauch des Schriftstellers bestätigt, cf. c. 241 emplastrum efficax ad cicatricem ducendam. c. 173. 252. 217. 214. 240. — c. *43* utrisque] utri*n*que. — c. *44* antequam suppuraverunt] antequam *suppurent*; cf. c. 81 ad strumas et ad duritias mammarum mirifice facit antequam *suppurent*. c. 228 hoc et strumas sanat antequam *suppurent*. c. 62 antequam latius serpat. Die beiden Stellen mit dem Indikativ c. 122 und c. 269 sind corrupt, an letzterer mufs mit Marcellus der Konjunktiv hergestellt werden: antequam mustum *deferrescat*. — c. *46* si ex utraque] si ex utraque *nare*; nare ist notwendig, weil sonst eine Zweideutigkeit entstehen würde. — forcipe] *forfice*, cf. Cels. VII, 16 (p. 293, 26 Daremb.) forfice excidi debet und Serv. ad Verg. Aen. VIII, 453 *forfices* sunt quibus incidimus, *forcipes* quibus aliquid forvum tenemus. nam forvum est calidum. — c. *47* chalcitis P. uncia] chalc*itidis* P. uncia. Derselbe Fehler findet sich noch c. 37 (Marcellus richtig chalcitidis). c. 231. 240. 241. 248, dagegen steht c. 208. 223. 226. 227. 242. 248 die richtige Form des Genetivs. — sanguinisque eruptionem] sanguinis eruptionem. — Mit Quoniam interdum ita ist wie bei Marcellus ein neuer Satz und zwar der Vordersatz zu non alienum est scire zu beginnen und nach videntur der Punkt zu tilgen. — praefocati] prae*focari*, cf. c. 94. — involvereque ex fasciola] inv. *eam* fasc. — insita] *instita*. — explere] *et* explere. — circumvolutam mergere] circumvol*uta i*mmergere. — c. *52* non alienum est te eius quoque remedia scire] n. alienum est eius

q. r. scire, cf. c. 47 non alienum est scire und c. 10. Das Pronomen ist durch Dittographie entstanden. — c. 55 et ita dolenti pressum] et it. dolenti *impressum*. — c. 57 atque ita recondere quolibet vase aereo donec hoc medicamentum primo austere et nimis perstringere dentes postea remissius videbitur] atque i. r. q. vase, *dum ne* aeneo: hoc med. pr. auster*um est* et nimis *constringit*, p. r. *videtur*. Ähnlich wie hier dum ne steht c. 121 dummodo. — c. 60 ad dolorem faciundum] ad o*d*orem fac. Übrigens gehören diese, sowie die folgenden Worte: hoc Octavia Augusti soror usa est noch zum vorhergehenden Kapitel. — spica] spica *nardi*. — trita] trit*ae*. — in ollam novam] i. olla nov*a*. — c. *61* cribrata perforato cribro] cr. *tenuiter* perf. cr. Dafs das Adverbium unbedingt notwendig ist, leuchtet ein, denn ein cribrum ohne foramina gibt es überhaupt nicht; soll also das Attribut perforato einen Sinn haben, so mufs es durch ein Adverbium näher bestimmt sein; cf. c. 10 haec contusa tenuiter forato cribro transmittuntur. 75 et per cribrum tenuibus foraminibus eiicere oportet. 90 et cribratur tenui cribro. 156 et per cribrum tenuissimum transmissi. 269 percribratae grandioribus foraminibus cribri. — aut tonsillarum tumorem magnum, ut digito pressius fricentur]. Da Marcellus diese Worte, die den Zusammenhang stören, so dafs schon Rhodius eine Umstellung vornehmen zu müssen glaubte, nicht hat, wird die Vermutung nahe gelegt, dafs sie von fremder Hand herrühren. — c. *68* medicamentorum] fehlt bei Marcellus mit Recht, es ist ein Glossem. — c. *69* git frictum] git *frieti*. — c. 70 cachryos animati] cachryos et *misyos* animati. — sumetur] sumitur perungentur] perunguntur. — c. *74* inde dare fabae magnitudinem, globulum] i. d. f. magnitud*inis* globulum, cf. c. 13 atque inde dare pueris viciae magnitudinis globulum. c. 75 et pilulas faciant magnitudinis fabae c. 77 fiunt globuli ciceris amplitudinis c. 87 finguntur pilulae ervi magnitudinis c. 88 formantur pilulae viciae magnitudinis c. 138 et finguntur pilulae fabae magnitudinis c. 139 fiunt inde globuli fabae magnitudinis c. 142 fiunt collyria magnitudinis nucleorum pineorum. Den Ablativus hat Scribon. c. 173 datur fabae Aegyptiae magnitudine ex aqua. c. 170 3mal, 1mal aber auch den Genetiv. c. 169. 156. 149. — quoad liquefactum fuerit] *quod* liquefactum f. Die Lesart des Marcellus entspricht dem Sinne: Von der Pille wird was im Munde erweicht ist, verschluckt. Ganz ähnlich heifst es bei Theodor. Priscian. I, 17 (p. 54 Gelen.) raucos sic corriges. tragacanthum mundum sub lingua teneant et *quod emaduerit* glutiant. Über die Infinitive dare und tenere ist zu bemerken, dafs tenere als Infinitivus consilii von dare abhängig ist; über diese Konstruktion vgl. Dräger, Hist. Synt. 2. Bd. § 433. Rhodius, der dies nicht erkannte, suchte durch Änderung der Interpunktion zu helfen. Es bleibt also für quoad bei Scribon. nur eine Stelle mit dem Konjunktiv übrig, c. 249. — *c. 75* refertur autem ab Asclepiade nostro] r. a. *in* Asclepiadem nostrum. Dafs man entweder mit Marcellus *in* Ascl. lesen mufs, wie auch bei Scribon.

c. 110 (refertur in Musam Antonium) steht, oder *ad* Ascl. wie es c. 167 heifst haec compositio ad Antipatrum auctorem refertur (und bei Celsus V, 18 [8]. VI, 5. 6 [24]), liegt auf der Hand. — c. *76* faciunt] *facit*. — Dafs in demselben Kapitel die Worte semel in die bisve sumptum profuit multis. Pulmo vulpis unrichtig verbunden sind, dafs vielmehr mit Marcellus nach sumptum interpungiert werden mufs, hat schon Rhodius erkannt. — c. *79* habeat] hab*eant*. — cum aqua mulsa cyathis tribus] c. aqu*ae* muls*ae* cyath. tr. nach konstantem Sprachgebrauch des Schriftstellers, cf. c. 76 cum aquae calidae cyathis tribus. c. 89. 93. 99 ex aquae mulsae cyathis quattuor. 100. 101 — c. *82* ad strumam] ad strum*as*, wie c. 80. 81. 214. 228. 266. Scribon. gebraucht nur den Plural. — c. *83* sumtum] sum*tus*]. — c. *85* faciunt enim] fac. *et*. — balaustium] balaust*ii*. — commiscentur et diligenter pastilli finguntur] commiscentur *diligenter* et past. f.; cf. c. 112 haec quum in unum commixta sunt mortario diligenter. — c. 87 dantur in nocte] d. in noc*tem*, ebenso c. 88. 89. 90. 93. 95. 113. 115. 121. 161. — c. *88* deinde myrrhae ante tritae caeteris contusis aeque admiscentur] d. myr*rha* ante trita c. c. ae. admis*cetur*. — c. *90* pulmones] pulmo*nis*; cf. Celsus IV, 5 destillat autem humor de capite interdum in nares, quod leve est; interdum in fauces, quod pejus est; interdum etiam in pulmonem, quod pessimum est. — praeterea capitis] pra*eter* capitis; ohne Grund will Rhod. praesertim le*s*en. — ad initia phthisim habentes] ad initia phthiseos hab. Dafs man mit Marcellus den Genetiv phthiseos oder phthisis restituiren oder ad phthisim initia habentem, wie es c. 206 heifst parotidas initia habentes, schreiben mufs, ist klar. — myrrhae troglodytis] m. troglody*tidos*; dieselbe Form des Genetivs hat Scribon. c. 94 und c. 169 troglotidis. — c. *91* dantur ad aetatem eius tres] ad aetatem *et vires*, cf. c. 93. — c. *92* apii semen] apii sem*inis*. — imbecillem] imbecill*um*. — ex aqua frigida cyathis duobus] ex aqu*ae* frigid*ae* cyathis duobus wie c. 79. — caeteris ex calida totidem cyathis] c. ex calid*ae* c. — c. *95* prodest et dolentibus] prodest et dolen*ti*. — ἀλεξιπύρετος] lexipyretos oder λη ξιπύρετος; cf. Galen. XIV, 136. — c. 97 Pacchio] Paccio. Diese Schreibweise bestätigt Galen. XII, 751 Παχχίου σφραγίς. ib. 760. 772. 782. XIII. 284. 984. — Philenidis] Phi*lo*nidis. — denarii pondo unius vel unius et victoriati] denarii *unius* aut (leg. vel) victoriati. Derselbe Fehler findet sich auch c. 101, wo gleichfalls nach Marcellus denarii pondo unius vel victoriati gelesen werden mufs. — c. 101 hoc idem] hoc iidem — ad spinam et totius] et ad spinae totius. — c. 103 intellegit] intelleget. — c. 104 Scandina] scauriana (leg. Scaudiana Plin. n. h. XV, § 49. 58). — c. *105* ἄτονον] eccausin, hat auch Rhodius als richtig anerkannt. — iocinerosis] iocineris, cf. c. 120. 123. 124. 125. 126. 258. 259. Neue, lat. Forment. I, S. 561. — c. 106 in aqua] in qua. — praeterea opopanaces] pra*eter* opopanacem. Derselbe Fehler findet sich c. 90. — appellat] appell*avit*. — c. 107 supra omnem opinionem] supra *omnium* op. wie c. 103 init. —

c. *111* lenia tormina] *levia* tormina — rhus Syriaci coquuntur sextarii duo] rhus Syriaci, quo coci utuntur, sextarii duo, cf. c. 113. — c. *113* quum fuerint haec lenia aut ungui nulla pateat aspritudo] q. f. h. *levia, ut* ungui nulla *appareat* (vielleicht pareat?) aspritudo. -- c. 121 quae residuos] residuos, mit Recht fehlt das Relativum bei Marcellus. — quod ῥοῦν ἐρυθρόν] *quem* rhun erythron. — c. *122* et priorem eius loci] et *torporem* eius loci. — cochlea vero] c. *vera* — amplitudines] *aspritudines*. — in consuetudine] in consuetudin*em*. — c. *125* propter vitia dictarum partium] pr. v. *supra* dictarum part. — hoc item] hoc *idem*. — c. *126*. Nach den Worten et vulvae dolorem tollit folgt bei Marcellus der Zusatz: et mammis tumentibus prodest. perduci illud id est epotari ex mulso vino oportet. conficitur sic, den ich schon wegen des Verbums perduci, das Marcellus seinen Lesern durch epotari erläutern zu müssen glaubt, für echt halten möchte, perducere in gleicher Bedeutung steht auch c. 135 extrem. — petroselini, item] petr. *idem*, ebenso hat Marcellus iuniperi *idem*, silis *idem*. — nardi Syriaci] n. Syriac*ae*. — c. *130* solio caldo dimittantur] s. c. *demittantur*. Celsus IV, 31 in pelvem demittere, in aquam calidam demittere. Celsus IV, 27 in lac demittere. IV, 20 in calidum oleum. — ut] *ubi*. — c. *131* contusum ceteris] cont*usis* ceteris. — c. *132* inflatibus lienosis] infantibus lien. — c. *135* Mollit et ventrem] molliet ventrem. Nicht vor mollit, sondern nach ventrem ist zu interpungieren, da molliet ventrem der Nachsatz zu si quis adiiciat ist. — quidem tribus heminis vini ut aloes] Quid*am* tr. h. v. *adiiciunt* aloes. — c. *136* adiecto cochleario] ad. *salis* cochleario, ebenso c. 133. — aspersas] asper*sa*. — ita cum P. quadrante] ita c. *panis* quadr. — c. *138* dantur partibus] dantur *a tribus*, wie im folgenden Kap. — c. *140* contusae, aridae] aridae contusae. — c. 142 in quo ultimo] in quo *vitio*. — ano expositum] ano *adpositum*. — c. 144 dantur] datur — iecinoris] iocineris, wie oben c. 124. 126. — c. 146 Milonis Gracchi] Milonis Brochi — ad quinquagesimum lapidem reddentis] ad q. ab urbe lapidem; das unverständliche reddentis fehlt. — c. *151* suffundere] *findere*. — certum est] fehlt bei Marcellus; es scheint Glossem zu sein. — c. *152* ex aqua cyathis] ex a*quae* c. — qui contunditur] contund*it*. — c. 153 succo] succi *hemina*. — c. *155* trahenda] *detrahenda* — c. *156* Pacchii] *Paccii*. -- c. *157* quum tepere] *et* quum tepere. — c. *158* ad podagram caldam cum fervore] ad podagram c. ferv. — c. *162* Anthero] Anteros. In den unmittelbar folgenden Worten hat man ein interessantes Beispiel dafür, dafs Marcellus den ihm vorliegenden Text an manchen Stellen auch ganz willkürlich geändert hat, indem er hier statt Tiberii libertus supra hereditates remediatus est schrieb: T. lib. supra *fidem* remediatus est. — c. *223* ea et eiusdem partis exulcerationes] eadem *ad omnes* eiusdem partis ex. — c. *224* elaterium sine cera] el. *sincerum*. — c. 227 tincta et interius trusa] tincta interius trusa — radices earum carbasis ducunt] r. earum quas *baseis* dicunt. — totum enim in ea est] totum enim in *eo est*, ein der Sprache des gewöhnlichen Lebens angehöriger Ausdruck, den auch Cicero ep. ad Quint. fr. 3, 1, 1 (totum in eo est tectorium ut concinnum sit) und Columella 12, 4, 3 gebrauchen. — aquario. die] a *quarto* die. cf. Celsus VII, 7, 10 a quarto die vapore aquae calidae fovendum. — c. *232* et sicca] et *sic*. — c. *233* cupressus] cupress*i*, wie c. 53; cf. Neue, lat. Formenl. I, S. 510. — ex faba quasi concha] et faba quasi conchicula. — c. *237* leve] *lene* — cinis] ciner*is*. — c. *267* ne fervescat] *effervescat*, cf. c. 207 ne effervescat medicamentum und c. 45. — c. *268* veri afri] Venafrani (oder ist Venafri zu lesen wie bei Varro r. r. 1, 2, 6 ?). — in unum] in vino. Eine ähnliche Verwechslung ist c. 264 zu beachten, wo statt quod in vino subsidit mit Marcellus quod in *imo* subs. gelesen werden mufs. — recolare] percolare wie c. 271. — c. *269* antequam mustum defervescit] a. m. defervesc*at*. Von den zwei Stellen, an welchen antequam mit dem Ind. steht, ist c. 45 mit Marcellus, wie oben gezeigt wurde, der Konjunktiv zu restituiren; die andere c. 122 ist offenbar verderbt. — c. 269 veri afri] Venafrani cf. c. 268. — Statt in hoc vor et olei mufs mit Marcellus in his vor macerantur res quae infra scriptae sunt gelesen werden. — diebus his solvere, invisere omnia] bis in die solvere et miscere omnia. — c. *271* non nimis contusa] *resque* non n. contusas, wie weiter unten resque non nimis contusas nec cribratas. — perfrigerata] *refrigerata*. — perfusum] per*tu*sum.

Aus dieser Zusammenstellung, die sich bei genauerer Untersuchung leicht noch vermehren liefse, geht hervor, dafs der Text des Scribonius bei Marcellus an vielen Stellen besser überliefert ist als in den auf die editio princeps, die selbst eine schlechte Handschrift zur Grundlage hat, zurückgehenden Ausgaben. Es ist daher zu bedauern, dafs uns nicht auch das zweite Buch des Marcellus, in welchem vermutlich, wie oben bemerkt, die Abschnitte des Scribonius über Gegengifte und Pflaster c. 163—221 aufgenommen waren, erhalten ist. Der Gewinn aus einer Vergleichung des Marcellus mit Scribonius würde übrigens noch bedeutender sein, wenn der eine den andern genau kopiert hätte; nun hat sich aber Marcellus auch willkürliche Änderungen, Kürzungen oder Erweiterungen seines Originales erlaubt. Man mufs daher die einzelnen Differenzen der beiden Autoren genau prüfen und wird nur diejenigen Lesarten des Marcellus in den Text des Scribonius aufnehmen dürfen, die durch den Zusammenhang oder durch den Sprachgebrauch sich rechtfertigen lassen.

Einige Konjekturen mögen den Schlufs dieses Aufsatzes bilden.

C. 13 Donentur autem aquae purae supra medicamentum cyathi duo aut tres. Hier mufs nicht blofs mit Rhodius donentur in *dentur*, sondern auch supra in *super* geändert werden, cf. c. 56 si repetierit aut permanserit nihilominus aliquis dolor, super medicamentum auriscalpium cum lana ex oleo candenti eodem modo imponere saepius oportebit. c. 52 postero die pastillus iste nocte super cibum dandus est. — C. 17 quamvis profuisse quibusdam visa sunt. Trotzdem quamvis bekanntlich auch mit dem Indicativ verbunden werden kann, dürfte doch hier mit einer leichten Änderung der Konjunktiv herzustellen sein, den Scribonius sonst hat: c. 21 quamvis curiose terantur, c. 97 quamvis omnia fecerimus, c. 190 tauri sanguinis potum quamvis quis difficile (dem Sinne und Sprachgebrauch nach unrichtig; Scrib. gebraucht das Adverbium difficulter, vielleicht ist facile zu lesen) celaverit. c. 172 quamvis protinus magna cura hyaenam invenerim et pellem paratam habeam und c. 200 quamvis — exhibuerimus. — C. 21 Nam quae ex cadmia aut aere usto eiusdemque generis pigmentis componuntur, quamvis curiose terantur, naturam suam tamen amittere non possunt. Nunquam enim ut succus diluuntur, sed quum in summam subtilitatem deduci non possint, perseverantia tamen terentium, corpora quasi pulverulenta necesse est maneant. Quorum vero partes velut configunt, certe exterius pungunt foramina prima et tuniculam oculi atque initiis interdum non tam molestam futuram concitant epiphoram. Hier mufs mit Marcellus quum in summam subtilitatem *perducta sunt* gelesen und mit Umstellung der folgenden Worte geschrieben werden: perducta sunt perseverantia terentium (Marc. läfst pers. ter. weg), tamen corpora quasi etc. Auch im Folgenden wird man sich an Marcellus anschliefsen müssen, dessen Text einen guten Sinn gibt: *quae oculorum* partes velut configunt, certe exterius pungunt foramina prima. Dagegen scheint der Schlufs des Kapitels bei Marcellus nicht in Ordnung zu sein, wo es heifst: et tuniculae oculi ab initiis adhibita interdum molestiorem futuram concitant epiphoram. Vergleicht man damit den Text des Scribonius, so möchte man vermuten, er habe ursprünglich geschrieben: et tuniculam oculi atque ab initiis interdum non tam molestam futuram concitant epiphoram. — C. 71 haec omnia intunduntur, cribrantur. Dafs statt intunduntur geschrieben werden mufs *contunduntur*, zeigt der konstante Sprachgebrauch des Autors, der sich durch zahlreiche Beispiele belegen läfst, cf. c. 60 contusa cribrata c. 61. 75. 120. c. 87 contunditur percribratur c. 88 contunduntur et cribrantur c. 90. 92. 94. 106. 128. 140. 255. — C. 107 Illud utique credas interim velim mihi, dum in aliis expertus persuadeam, hoc medicamentum non solum non nocere stomacho etc. Es ist klar, dafs sich das Participium expertus nicht auf den Schriftsteller, sondern auf den Leser, an den er die Aufforderung credas velim mihi richtet, beziehen kann. Dies zugegeben wird man nicht umhin können, für persuadeam zu schreiben: tibi persuadeas. Marcellus läfst uns hier leider im Stich, indem er den Text offenbar willkürlich verändert hat; denn bei ihm heifst es: illud sane prae ceteris mihi credas velim, dum in aliis rebus ipse vim eius experiris, hoc medicamento non solum non noceri stomachum, verum etiam refici et confirmari. — C. 122 transfunditurque cum his quae sunt in mortario calice novo et supra carbones imponitur. Wie c. 13 supra mit super verwechselt worden ist, so auch hier. Dies beweisen folgende

Beispiele: c. 173 fictili patella *super* carbones imposita ib. et rursus patella *super* ignem imponitur. 271 haec omnia infervescunt *super* carbones. 206 haec super ignem liquefacta. 208 bitumen super ignem solutum. 212 haec super ignem moventur. — ibid. quum autem calore temperata et potio datur abducenda, statim dolorem levat. Dafs hier mit Marcellus zu lesen ist quum autem calore temperata *erit* (st. et), ist unzweifelhaft. Noch unbedeutender ist die Änderung von abducenda in obducenda, die schon Paulus Leopardus vorgeschlagen hat, gestützt auf Stellen wie Cic. Tusc. I, 40, 96 Qui quum coniectus in carcerem triginta iussu tyrannorum venenum ut sitiens obduxisset. Senec. dial. I, 3 Male tractatum Socratem iudicas, quod illam potionem publice mixtam non aliter quam medicamentum immortalitatis obduxit. Marcellus hat das der Sprache seiner Zeit fremd gewordene Verbum mit epotanda wiedergegeben, wie er c. 135 perducta durch epotata ersetzt. — C. 160 et dum calet, panno spisso inducto medicamentum imponitur. Statt inducto ist, wie schon Rhodius erkannte, inductum zu lesen; cf. c. 229 cumque cum cinere lixivi diutius terere et aluta inductum imponere oportebit. — C. 176 facit ad pectoris et lateris dolorem et tussim et omnia interanea inflatione alioque dolore aut quovis correpta. Es ist zu lesen: inflatione aliove quovis dolore correpta, cf. 220 quum in mammis mulierum aliove quovis loco duritia fuerit. — C. 200 postea remedia propria ad singula quoque et autidotos sumere. Man ändere quoque in *quaeque*, zu welchem aus dem Vorbergehenden mala medicamenta zu ergänzen ist; cf. epistola ad Call. p. 3 ultimae sortis esse medicum, qui non ad singula quaeque vitia binas ternasve compositiones et expertas et (add.) protinus paratas habeat. ibid. p. 6. postea tamen, si et tibi videbitur, ud singula quaeque vitia plures compositiones colligemus. — C. 206 extr. ad nervorum vitia omnia acopo melius facit. Schon Rhodius bemerkt dazu in seinen Emendationes: Magis placet ad αὔξησιν: *omni* acopo m. f. Dafs er damit das Richtige getroffen hat, beweist c. 156 init. Ad lumborum dolorem et paralyticos antidotos hiera Pacchii Antiochi melius *omni* medicamento facit. — C. 121 Dandum autem his medicamentum ex aqua πόλιον coctum habente aut rutam. Der feststehende Sprachgebrauch des Schriftstellers verlangt statt coctum das Kompositum *incoctum*; cf. c. 10 aqua calida fovere pura vel laurum incoctam habente. c. 100 ex aquae hyssopum aut marrubium incoctum habentis cyathis quatuor vel quinque. Auch das Kompositum decoctus wird so gebraucht c. 114. 182. 121. — C. 233 Item uva passa, nucleata, contusa. Für seine Vermutung enucleata hätte Rhodius auch auf Theodorus Priscianus p. 19 (ed. Gel.) verweisen können: aut uvam passam enucleatam et mediam quantitatem salis immiscebis et teres similiter.

Augsburg.   Dr. Georg Helmreich.

Euripidis Phoenissae. Rec. et comm. instr. Reinh. Klotz. Ed· altera, quam curavit N. Wecklein. Lipsiae, Teubner. 1881. (Bibl. gr. cur. Jacobs & Rost.)

Die Ausgabe ist im wesentlichen ebenso bearbeitet, wie die in d. Bl. Bd. XVII. p. 267 besprochene Ausgabe des Oed. Rex von Wunder. Nur hat sich jetzt der Herausgeber ganz an die Stelle des Verfassers gesetzt, an welchen nur einmal ein stehen gebliebenes nuper und dixi erinnert.

Wie es bei diesem, im ganzen leicht verständlichen Stücke, natürlich, weicht die neue Erklärung aufser in den kritisch unsicheren Stellen nur selten von der früheren ab; doch ist sie dem jetzigen Stande der Grammatik nach oft kürzer und präciser. Der Text dagegen unterscheidet sich, wie ebenfalls nicht anders zu erwarten, an sehr zahlreichen Stellen von der alten Ausgabe.

An ungefähr 30 Stellen stimmt W. mit den Schulausgaben von Nauck und Kinkel überein; sonst scheint mir mit Recht aufgenommen: V. 166 ἐν χρόνῳ, 259 f. ὁρμῶν παῖς, 361 τάρβος. 417 κἄτ' ἐπῆλθεν, 519 ἐκείνου, 983 τί δὴ τόδ' ἔρυμα, 1335 γόους. Das v. 370 von Musgr. aufgenommene und, wie es scheint, beliebte δι' ὅσσων νᾶμα halte ich nicht für richtig und schlage dafür δι' οἴκτων ὄμμα vor.

Eigene Konjekturen hat W. nur wenige in den Text gesetzt; von diesen sind sehr ansprechend: v. 186 Μυκήναις φησίν, 1065 f. γᾶν συναλλαγαῖσι δαιμόνων, 1293 εἱμάτων; zweifelhaft bleibt v. 325 f. δυσόρφναια δ' ἀμφὶ τρόχῃ τάδε σκότια λείβομαι, weil die Erklärung von ἀμφί zu künstlich ist.

Viele Vermutungen sind in den Noten geäufsert, weil sie als zu unsicher im Text nicht erscheinen durften. v. 129 ist vorgeschlagen: οἷος Στερόπης γραφαῖσιν; ich glaube, dafs das einzige Wort ἀγρωπός hier stand. — v. 177 f. σωφρωκός μεταφρένοις πώλων φέρων εὐθύνει; vielleicht hiefs es nur ὡς ἀτρ. κέντρα μεταφέρων πώλους εὐθύνει. — v. 448 f. ὡς ἀμφὶ τείχη καὶ πύλας ξυνωρίδας τάσσων λόχων ἔπεσχον, ὡς —; ich vermute den Fehler in τάσσων und schreibe ἄσσων ἐπέσχον πάλιν. — v. 473 f. ist Naucks Vorschlag mit Recht befolgt; doch schliefst sich gewifs näher an τοὐμόν τε καὶ τὸ τοῦδε προσκοπούμενος. — v. 747 möchte ich statt: ἀμφότερ'· ἓν οὐδὲν θατέρου λελειμμένον die Lesart: ἀμφότερα· λειφθὲν ἓν γὰρ οὐδὲν θατέρου. — v. 790 σάγμασι nach dem schol. zu 779, und 792 f. βαχχεύματι δινεῖς — τετραβάμονι ist unwahrscheinlich, wie auch der Vorschlag zu v. 1256: χολῆς τ' ἐνώμων. — Ebenso unsicher v. 1304 σχεδὸν τύχας ἐπὶ ξυροῦ κρίνει φόνος τὸ μέλλον i. e. jam in ipso discrimine rerum caedes futurum discernet. — v. 815 ff. billige ich die Annahme von Naucks Vermutung; nur möchte ich im Anfang: οὔποτε δ' ἔννομον ἐκ παιδός. — Auch ob v. 302 f. nach fr. 868 zu ändern ist, scheint zweifelhaft; vielleicht schrieb Eur. statt ποδὶ: κάρᾳ.

An einigen Stellen scheint mir die überlieferte Lesart mit Unrecht festgehalten; so v. 826, wo Schenkels geringe Änderung den Sinn sehr klar macht, v. 847, wo des Dichters Geschmack doch zu wenig geachtet wird, — ich vermute ὡς παῖς ταπεινή —, und v. 1652, wo mit der Annahme einer Ironie nicht geholfen ist und der Dichter nach meiner Meinung nur gesagt haben kann: ὃν οὐ χρεών.

Eine ziemlich grofse Anzahl von Versen ist gestrichen; bei 15 Versen stimmt W. mit Nauck und Kinkel überein; auch mit der Verwerfung von v. 141—144, 375—378, 520, 946, 1116—1118, 1235, 1262 f., 1358, 1514 bin ich einverstanden; ebenso halte ich v. 1362 f. für interpoliert, worauf εἰς μέσον μεταίχμιον in 1361 hindeutet, welches ich in εἰς μεταίχμιον δορῶν verwandeln möchte.

Angezweifelt werden in den Noten mit Recht v. 11, 26 f., 123 f., 48⁹), 555—557, 630, 774—777; berechtigt ist auch die Bem. zu v. 1582 ff. in hac parte fabulae fortasse universa non Euripidea alienum fuerit singula ab Eur. ingenio abjudicare. Bezüglich einiger anderer Verse bin ich zweifelhaft; bei v. 275 genügt die Änderung ἄσημα.

Indem ich über weitere Änderungen und Vorschläge hinweggehe, empfehle ich die Ausgabe wohlwollender Aufnahme.

Schweinfurt. Metzger.

Demosthenes' neun philippische Reden für den Schulgebrauch erklärt von C. Rehdantz. Erstes Heft: I—III: olynthische Reden. IV: erste Rede gegen Philippos. Sechste verbesserte Auflage, besorgt von F. Blafs. Leipzig, Druck und Verlag von B. G. Teubner. 1881.

Wir haben zunächst, bevor wir auf diese neue, von F. Blafs besorgte Ausgabe der philippischen Reden des Demosthenes näher eingehen, eine Frage von prinzipieller Bedeutung zu besprechen und glauben dies selbst auf die Gefahr hin thun zu müssen, dafs unsere Worte mannigfachen Anstofs erregen und nicht ohne Widerspruch bleiben.

Die uns vorliegende Schrift gehört zu den Schulausgaben griechischer Klassiker mit deutschen erklärenden Anmerkungen. Nun sollte man zwar annehmen, es sei jetzt, nachdem diese Ausgaben schon so lange und so allgemein im Gebrauch sind, eine höchst überflüssige Sache, nach dem eigentlichen Zweck dieser Schulausgaben zu fragen. Dies ist jedoch keineswegs der Fall. Je nach der verschiedenen Beantwortung dieser Frage ist auch unser Urteil über den Wert der von uns zu besprechenden Schrift ein ganz verschiedenes. Wir fragen: sind diese Ausgaben blofs für den Lehrer bestimmt und sollen sie diesem das zur Erklärung des betreffenden Schriftstellers notwendige Material an die Hand geben und zugleich die Richtung anweisen, die er bei der Erklärung einzuhalten hat, oder haben sie zunächst und vorzugsweise das Bedürfnis der Schüler ins Auge zu fassen? Im letzteren Falle entsteht dann wieder die weitere Frage: ist es ihre Aufgabe, den Gesichtskreis der Schüler überhaupt zu erweitern und sie zum tieferen Verständnis des Altertums und des betreffenden Schriftstellers zu führen, oder haben sie sich darauf zu beschränken, dem Schüler bei seiner Vorbereitung den Weg zu ebnen, die ihm entgegentretenden Schwierigkeiten, zu deren Bewältigung dessen eigene Kräfte noch nicht ausreichen, wegzuräumen, nicht aber neue, oft noch viel gröfsere, zu schaffen? Wer nun wie wir den Schulausgaben nur diese letztere beschränkte Aufgabe zuweist, kann mit der Fassung und Haltung der allermeisten nicht einverstanden sein, am allerwenigsten aber mit der Schulausgabe des Demosthenes von C. Rehdantz, die in der neuen Bearbeitung von F. Blafs ihren eigentümlichen Charakter trotz vielfacher Zusätze und Verbesserungen im ganzen doch treulich bewahrt hat.

Dafs die Rehdantz'sche Ausgabe, deren eigentümliches Prinzip in dem Vorwiegen der rhetorischen und ästhetischen Erklärung besteht, eine treffliche Arbeit und von wissenschaftlichem Werte sei, für den erklärenden Lehrer ein unentbehrliches Hilfsmittel, das gestehen auch wir bereitwillig und gerne zu. Aber ebenso bestimmt behaupten wir, dafs ihr Gebrauch dem Schüler eine Arbeit zumutet, welcher er selbst beim besten Willen nicht gewachsen ist. Ferner behaupten wir, dafs gerade das Vorwiegen der rhetorischen und ästhetischen Erklärung eine grofse Gefahr in sich birgt, eine Gefahr, welche Rehdantz nicht immer glücklich vermieden hat.

Wenn Blaſs da, wo er von der Aufgabe des Erklärers spricht, sagt: besser sogar, es bleibt einmal die grammatische ratio eines schwierigen Optativs bei Demosthenes unbegriffen, als die vom Redner beabsichtigte Wirkung der Stelle ungefühlt, so sind wir ganz seiner Meinung. Aber gerade hiebei ist die gröſste Behutsamkeit am Platz. Wer sagt uns denn, welche Wirkung der Redner mit dieser oder jener Wendung beabsichtigt habe? Ein geistreicher Erklärer, und das ist unstreitig Rehdantz, der neben der rhetorischen Erklärung besonders auch die ästhetische ins Auge faſst und sich stets die Frage vorlegt, was hat der Redner mit diesem oder jenem Worte, mit diesem oder jenem Satze bezweckt, gerät in Gefahr, da und dort etwas zu sehen, woran der Redner nicht entfernt gedacht hat, er gerät in Gefahr, nicht aus-, sondern unterzulegen und so eine Arbeit zu liefern, die, so anregend und geistreich sie auch sein mag, doch nicht für den Schüler geeignet ist. Diesen soll man nicht mit Vermutungen und Hypothesen behelligen, weil ihm der zur richtigen Beurteilung derselben nötige kritische Blick noch mangelt, sondern man soll sich darauf beschränken, ihm Thatsachen und wissenschaftliche Ergebnisse mitzuteilen. Wir sind überzeugt, Demosthenes selbst würde, wenn er aus einem solchen Produkt eines höchst geistreichen Subjektivismus ersähe, was er mit dieser und jener Stelle alles beabsichtigt habe, oftmals aufs höchste überrascht und erstaunt sein. Sodann unterschätzen wir wohl auch die auſserordentliche Wirkung dieses gewaltigsten aller Redner bei all unserer Bewunderung für denselben ganz auſserordentlich, wenn wir glauben, auf Schritt und Tritt dem Leser sagen zu müssen, was bei diesen zündenden Worten die Zuhörer alles gedacht und gefühlt haben und was demnach auch er pflichtmäſsig zu denken und zu fühlen habe. Uns erscheint eine Erklärung, infolge deren man vor all den Ausführungen ü b e r Demosthenes und seine Beredsamkeit fast gar nichts v o n ihm selbst hört, als eine verfehlte. Wir lesen die alten Autoren, um uns durch sie unmittelbar begeistern zu lassen, nicht erst durch die schönen Worte, die man von ihnen macht. Aus eben diesem Grunde halten wir es für viel besser, möglichst viel von Demosthenes zu lesen und darauf zu vertrauen, daſs sein gewaltiges Wort, wie es einst auf seine Landsleute so mächtig gewirkt, auch jetzt noch auf unsere Schüler seine Wirkung nicht verfehlen werde, als infolge einer allzu eingehenden und willkürlich subjektiven Erklärungsweise sich auf 2—3 kleinere Reden beschränken zu müssen.

Indessen hat die Rehdantz'sche Ausgabe wieder so viele und so groſse Vorzüge, daſs wir die gerügten Mängel gerne mit in den Kauf nehmen, woferne sie nur nicht den Anspruch erhebt, für Schüler bestimmt zu sein, sondern sich darauf beschränkt, dem Lehrer Anregung und Erklärungsmaterial zu liefern, aus dem er mit kritischem Blicke auswählt. Für Schüler jedoch erscheint uns die Rehdantz'sche Ausgabe von dem Standpunkte aus, von dem wir uns oben über den Zweck und die Aufgabe der Schulausgaben ausgesprochen haben, nicht nur etwa nicht geeignet, sondern geradezu unbrauchbar. Wir werden dieses nur relativ absprechende Urteil im einzelnen begründen.

Versetzen wir uns in die Lage eines Schülers, der mit der Lektüre des Demosthenes an der Hand der Rehdantz'schen Ausgabe beginnen soll, und zwar in die Lage eines fleiſsigen und strebsamen Schülers! Er nimmt das Buch zur Hand und stöſst gleich hinter dem Titel auf ein griechisches Citat aus Dionysios von Halikarnassos. Die citierte Stelle handelt von dem gewaltigen Eindruck, den die Beredsamkeit des Demosthenes auf seine Zeitgenossen hervorgerufen hat. Aber wer erklärt dem Schüler die Sprache des Dionysios, die gewiſs nicht leichter zu verstehen ist, als die des Demosthenes? Nach unserer Meinung gibt man dem Schüler statt des blofsen Textes einzig und allein deswegen Ausgaben mit erklärenden Anmerkungen in die Hand, weil er eben mit dem blofsen Text allein nicht fertig werden kann. Was sollen nun dem hilfsbedürftigen und hilfesuchenden Schüler griechische Citate, die er beim besten Willen nicht bewältigen kann? Heifst das nicht den vorhandenen Schwierigkeiten neue und noch gröfsere hinzufügen? Wird unser fleifsiger und strebsamer Schüler, dem gleich auf der ersten Seite etwas zugemutet wird, was seine Kräfte übersteigt, nicht durch den ersten Mifserfolg entmutigt werden? Doch er überschlägt eben, was er nicht versteht, und macht sich an die Einleitung. Neugierig, wie die Schüler sind, und etwas mifstrauisch geworden durch das erste ihm unverständlich gebliebene griechische Citat, schaut er zuvor noch nach, wie umfangreich diese Einleitung ist. Da entdeckt er nun wieder zu seinem nicht geringen Schrecken, dafs sie volle 79 Seiten umfafst. Nun läfst selbst der fleifsige und strebsame Schüler, mit dem wir es zu thun haben, den Kopf sinken. Was vollends der weniger fleifsige oder gar bequeme thut, brauchen wir nicht erst anzudeuten.

Was steht nun alles in dieser Einleitung für Schüler? Sehr wertvolle Einzelforschungen, die für den Gelehrten und Kenner von dem gröfsten Interesse, für den Anfänger aber ebenso überflüssig als unverständlich sind.

Unser wackerer und gewissenhafter Schüler macht sich jedoch, wenn auch mit schwerem Herzen, an die Arbeit. Aber gleich auf den allerersten Seiten wird seine Geduld wieder auf eine harte Probe gesetzt; die zahlreichen Anmerkungen enthalten fast blofs griechischen Text, teils aus Demosthenes selbst, teils aus Plutarch, Äschines, Deinarch, Aristides und dem Scholiasten. Glauben wir im Ernste, dafs unsere Schüler, denen wir zu ihrer Erleichterung erklärende Anmerkungen in die Hand geben, alle diese Citate und auch noch das ex Nonno, qui historica Ὑπομνήματα Gregorii Nazianzeni collegit et illustravit, lesen und verstehen? Ja können wir ihnen dieses zumuten? Auf sie haben solche Einzelheiten keine andere Wirkung, als dafs sie vom Ganzen zurückschrecken. Sie werden im besten Falle bestrebt sein, aus dem Vielen, was für sie unverständlich und eben deshalb wertlos ist, das ihnen Nützliche und Brauchbare auszusondern. Aber um dies mit Erfolg zu thun, dazu fehlt ihnen die nötige Kenntnis und Umsicht.

In einer Schulausgabe und besonders in der Einleitung derselben mufs man auf die Besprechung bestrittener Einzelfragen, namentlich solcher, die überhaupt nicht bis zur Evidenz gelöst werden können, verzichten; hier gilt es, sich auf das Feststehende und zum Verständnis Unentbehrliche weise zu beschränken.

Also eine möglichst kurze und allgemeine Einleitung! Das lebendige Wort des Lehrers ist ja auch noch da. Was soll z. B. der Schüler mit der langen Anmerkung [1]) auf Seite 4 in griechischer Sprache anfangen? Was soll er vollends auf Seite 20 und 21 mit den griechischen Citaten aus Aristoteles, auf Seite 24 und 25 mit denen aus griechischen Rhetoren machen? Soll er diese teilweise sehr schwierigen technischen Ausdrücke ohne alle Nachhilfe verstehen und wird er, der zum Verständnis des Demosthenes der Hilfe bedarf, den Aristoteles ohne solche lesen? Welche Zeit müfste er auf diese Aufgabe, falls sie überhaupt für ihn lösbar wäre, verwenden? Das Gleiche ist von den Anmerkungen auf S. 26, 29, 30, 31 zu sagen. Hier finden sich massenhafte Citate aus den schwierigsten Schriftstellern ohne jede Erklärung. Es ist ein schönes Ding um philologische Gründlichkeit, aber auch sie hat ihren Platz und ihre Grenzen. Sollten diese Grenzen nicht z. B. auf S. 39 und 40, wo wir auf 2 Seiten zu wenig Worten der Einleitung fast blofs griechische Citate lesen, erheblich überschritten sein? Ein Schüler wenigstens kommt damit nicht zurecht. Was soll ferner auf S. 53 und 54 diese weitläufige und doch nicht zum Ziele führende Behandlung von Einzelfragen, die für den Schüler von keiner besonderen Bedeutung sind? Auch S. 68 und 69 begegnet uns wieder auf einer Seite nur griechischer Text, als ob der Schüler das Griechische nur so vom Blatt wegläse. Wozu dienen dann die Anmerkungen überhaupt?

Der auf die Einleitung folgende kurze Anhang, der auf S. 76—79 das Notwendigste von der athenischen Volksversammlung gibt, ist doch gewifs, sollte man meinen, nicht für den Philologen und Gelehrten, sondern nur für den Schüler bestimmt und soll diesen in die Sache einführen. Aber wozu macht sich auch hier eine solche Unzahl von Citaten breit? Wir würden den Schüler geradezu bedauern, der, wofern ihm dies überhaupt möglich wäre, alle die Stellen, auf die man ihn hier verweist, nachschlagen würde. Sein Kopf dürfte dadurch kaum heller und klarer werden. Es ist natürlich auch um das Citieren etwas sehr Schönes; aber mufs denn auch das Selbstverständlichste mit einem Schock von Citaten belegt sein?

Schon das bisher Gesagte wird, glauben wir, erkennen lassen, dafs die von uns besprochene Ausgabe, weil sie an die Schüler geradezu unerfüllbare Anforderungen stellt, keine Schulausgabe in unserem Sinne ist. Der praktische Schulmann ferner, so sehr er auch bestrebt ist, seine Schüler in eine ideale Welt einzuführen, wird sich gleichwohl vor jeder Überschwänglichkeit und Überspanntheit der Sprache und Forderungen hüten. Auch dies scheint uns in der Rehdantz'schen Ausgabe nicht immer beachtet zu sein. Dies gilt gleich von den Bemerkungen, welche S. 25 und 26 über die wechselnde Betonung beim Lesen des Demosthenes gemacht sind, nicht als ob wir an der Richtigkeit derselben zweifelten, sondern weil damit an die Schule Aufgaben gestellt werden, denen sie nicht gewachsen ist. Wenn wir mit unsern Schülern Reden des Demosthenes lesen, so wollen wir ihnen eben das Verständnis derselben, soweit es für diese Altersstufe überhaupt möglich ist, erschliefsen. Nun lesen wir aber auf S. 26 bei Rehdantz: Hoffe niemand, Demosthenes' Reden zu verstehen, so lange ihm das Verständnis für solchen Vortrag (wie er im vorhergehenden entwickelt ist) verschlossen ist; S. 75 wird uns gar gesagt: Demosthenes dachte und ordnete niemals ohne Pathos; seine Sprache ist eine in Zorn und Schmerz geborene. Diese wird auch nur verstehen, wer im eigenen Herzen solch Pathos wiederfindet. Müssen wir da nicht, wenn wir ehrlich sein wollen, solchen Anforderungen gegenüber auf die Lektüre des Demosthenes in der Schule überhaupt verzichten? Oder sollen wir wirklich der argen Selbsttäuschung uns hingeben, unsere Erklärung sei im stande, nicht etwa der Mehrzahl, nein, nur einigen unserer Schüler das Pathos mitzuteilen, von dem das Herz des grofsen Redners, bei dem es sich um Sein oder Nichtsein des Vaterlands handelte, erfüllt war? Wenn wir die Dinge nehmen wollen, wie sie wirklich sind, so müssen wir uns in der Schule schon mit bescheideneren Anforderungen und Zielen begnügen.

Von solchen Überschwänglichkeiten abgesehen hat jedoch die Einleitung wieder ganz entschiedene Vorzüge. Die Beurteilung des Demosthenes atmet, ohne in kritiklose, blinde Bewunderung zu verfallen, durchweg eine höchst wohlthuende, anziehende Wärme und hält sich dem vielfach beliebten Verfahren fern, durch alle möglichen Ausstellungen, die jedoch nicht auf dem Boden der Wirklichkeit, sondern blofser Vermutungen beruhen, die natürliche Begeisterung der Jugend für Demosthenes gewaltsam zu ersticken. Sie geht von dem kritisch und psychologisch richtigen Grundsatz aus, ein Mann, der in Wort und That stets das Ideale hochgehalten hat, dürfe auf die blofse Verdächtigung sittlich tief unter ihm stehender Gegner hin nicht blindlings verurteilt werden, sondern müsse solange als Ehrenmann gelten, bis das Gegenteil von ihm bewiesen ist. Jedenfalls ist dies unsern Schülern gegenüber der einzig richtige Standpunkt.

Nach dieser Richtung erscheint nun das Urteil in der von uns zu besprechenden Ausgabe als durchaus gesund und mafsvoll, und einzelne Partien der Einleitung, eben die, welche den rhetorischen, sittlichen und politischen Charakter des Demosthenes behandeln, zeichnen sich wie durch ihr richtiges, treffendes Urteil so auch durch eine herrliche, begeisterte und begeisternde Sprache aus, die von der allertiefsten und nachhaltigsten Einwirkung auf die Jugend sein müfste, wenn die Darstellung nicht jeder immer wieder durch das Eingehen auf Einzelnheiten und die langen griechischen Citate unterbrochen würde.

Werfen wir nunmehr, nachdem wir von dem Plan und der Einrichtung dieser Ausgabe im allgemeinen gesprochen haben, noch einen Blick auf das Einzelne und prüfen wir namentlich, inwieferne sich diese von Blafs besorgte sechste Auflage von den vorhergehenden unterscheidet!

Dafs von Blafs, einem so genauen und gründlichen Kenner des Demosthenes, auch durch diese Ausgabe das Verständnis dieses Schriftstellers gefördert ist, läfst sich durchaus nicht verkennen. Er hat zwar, nach unserer Meinung freilich mit Unrecht, das eigentümliche Gepräge der Rehdantz'schen Arbeit sorgfältig beibehalten, aber überall stofsen wir auf Berichtigungen und Zusätze von seiner Hand. Wir können hier unmöglich vollständig sein, begnügen uns daher, nur auf Einzelnes hinzuweisen. Neu ist der Zusatz S. 11 Anmerkung 2, neu auch der Zusatz S. 13 Anmerkung 1, wie denn Kapitel V der Einleitung überhaupt vielfache Verbesserungen aufweist. Auch S. 30 Anm. 1 stofsen wir wieder auf einen Zusatz von Blafs, ebenso auf S. 33 und 35. Kapitel XI enthält wesentliche Zusätze in bezug auf chronologische Fragen, ebenso ist Kapitel XIII an Zusätzen und Verbesserungen reich. S. 63 lesen wir, der viel unbestimmteren Fassung von Rehdantz gegenüber, die von Äschines durch den amphissäischen Handel angezettelte Gelegenheit bot Philipp den Vorwand, in Griechenland einzurücken; neu ist auf derselben Seite auch die Anmerkung 2. Ebenso finden sich S. 63 Anm. 2 und S. 64 Zusätze. Seite 66 f. ist die Bestechungsgeschichte des Harpalos genauer und eingehender als früher berichtet. Kurz, überall zeigen sich die Spuren einer meist leise und vorsichtig bessernden Hand. Die wesentlichste Änderung in der Einleitung tritt jedoch, wie Blafs im Vorwort selbst hervorhebt, dadurch ein, dafs derselbe die euböische Expedition zur Unterstützung des Plutarchos mit Weil in das Jahr 348, also gleichzeitig mit dem olynthischen Krieg, setzt, während sie Rehdantz mit den meisten andern Forschern in das Jahr 350 verlegt hatte. Den Antrag Apollodors, die θεωρικά ihrer ursprünglichen Bestimmung zurückzugeben, läfst Blafs während des euböischen Kriegs stellen, während ihn Weil schon vor demselben hatte stellen lassen S. 41, Anm. 2. Ebenso erklärt sich auch Blafs gegen die Annahme von Weil, der den Erlafs eines Gesetzes auf Todesstrafe durch Eubulos für den Fall, dafs wieder jemand die Verwandlung der θεωρικά in στρατιωτικά vorschlage, für eine Fabel erklärt. Doch nimmt Blafs den Erlafs eines solchen Gesetzes nicht schon zur Zeit der olynthischen Reden, sondern erst nach der Verurteilung des Apollodoros an.

Wir gehen nunmehr auf den Kommentar selbst über, der ebenfalls neben so vielem Treffenden und Anregenden, das er bietet, an Schüler Anforderungen stellt, denen sie nicht gerecht zu werden vermögen, und, statt sich mit dem Notwendigen und Feststehenden zu begnügen, allzusehr auf das Einzelne eingeht und sich im Subjektiven verliert. Wir müssen hierbei, um nicht endlos zu werden, uns damit begnügen, nach beiden Richtungen hin einzelne recht charakteristische Fälle herauszugreifen.

Gleich am Beginn der 1. olynthischen Rede ist nach unserer Meinung das Mafs, das in einer Schulausgabe zu beobachten ist, weit überschritten. Wenn Demosthenes seine Rede mit den Worten beginnt: Ἀντὶ πολλῶν ἂν χρημάτων ὑμᾶς ἑλέσθαι νομίζω..., so erblicken wir darin eine ganz gewöhnliche, landläufige Redensart, entsprechend unseren Worten: ihr würdet wohl viel Geld darum geben. Was berechtigt uns, in diesen so einfachen und natürlichen Worten bereits eine Anspielung auf den Wunsch des Demosthenes zu erblicken, seine Landsleute möchten gegen ihr Schaugeld den Nutzen des Staates einzutauschen sich entschliefsen, wie sich Rehdantz ausdrückt? Haben einen so unnatürlichen und absonderlichen Gedanken schon die alten griechischen Erklärer gehabt, so wird er dadurch um nichts annehmbarer, sondern dies zeigt uns nur, wie man ohnehin schon wissen, dafs auch diese im blinden Eifer ihrem Autor recht viel untergelegt haben. Wenn Rehdantz daselbst bemerkt, „ὅτι „weil" und ἐπεί „da" würden zu stark, daher (?) unwahr, εἰ „wenn" zu gleichgültig gewesen sein", so halten wir diese Bemerkung für ebenso willkürlich als überflüssig. Die lange Auseinandersetzung, welche Rehdantz an den § 1 knüpft und die darauf hinausläuft, die Einleitung trage hier den Charakter leichten Spottes, es zeige sich hier eine spöttische Gleichstellung von bescheidenen und besonnenen Männern, welche gekommen sind, nachdem sie durch Überlegung ausfindig gemacht haben einen einzelnen Punkt, der brauchbar ist, mit den vorschnellen und den Mund vollnehmenden Stegreifrednern welchen möglicherweise einfällt, aus dem Stegreif eine Menge notwendige, Dinge (πολλὰ τῶν δεόντων!) vorzuschlagen — diese lange Auseinandersetzung erscheint uns so subjektiv und willkürlich, ja teilweise so wenig wahrscheinlich und geschmackvoll, dafs wir in einer Schulausgabe gern auf sie verzichten würden. Wir stimmen hiebei ganz mit dem gesunden Urteil Weils überein. Was soll es ferner heifsen, wenn Rehdantz die Worte in § 1 τοῦτ' ἂν ἀκούσαντες λάβοιτε .. so erklärt: das, was etwa .. könnt Ihr, falls Ihr es anhörtet (Dem. fürchtet in der That, Eubulos u. a. gegenüber gar nicht gehört zu werden) ergreifen? Das soll alles in diesen einfachen Worten liegen? Und das sollen wir alles unsern Schülern sagen?

Ebenso subjektiv und willkürlich ist, was Rehdantz § 2 zu den Worten ἡμεῖς δ' οὐκ οἶδ' ὅντινά μοι δοκοῦμεν ἔχειν τρόπον πρὸς αὐτά, ja er widerspricht sich, wie uns scheint, hier selbst, wenn er sagt: der junge Redner wagt nicht (?) sogleich im Anfang der Rede den vorwurfsvollen Gedanken (πάνυ ὀλιγώρως ἔχειν δοκοῦμεν πρὸς αὐτά) geradezu auszusprechen und wählt, die Unschlüssigkeit der Athener gleichsam im Stil nachahmend, eine eigentlich gezwungene Form des Ausdrucks, und dann diese Worte also übersetzt: wir aber verhalten uns dazu in einer Weise, die ich nicht zu qualifizieren weifs. Ist denn der Ausdruck: wir verhalten uns dazu in unqualifizierbarer Weise, schwächer, als wenn Demosthenes geradezu sagen würde, wir verhalten uns gleichgültig, nachlässig? Es ist bekannt und auch im allgemeinen zugegeben, dafs sich Demosthenes vor dem mifsklingenden Hiatus in der Regel gehütet, ebenso, dafs derselbe auf den Rhythmus in der Rede grofses Gewicht gelegt, auf die Abwechslung zwischen langen und kurzen Silben geachtet und namentlich das Zusammentreffen von drei kurzen Silben möglichst gemieden habe. Allein Blafs scheint uns hierin viel zu weit zu gehen, wenn er daraus fast ein unverbrüchliches Gesetz für Demosthenes macht. Es erscheint uns durchaus unstatthaft, gegen die Autorität der Handschriften, blofs um einen Hiatus in Wegfall zu bringen, den Text zu ändern. So ist z. B. § 4 die Weglassung des logisch bedeutungsvollen αὐτόν hinter πανταχοῦ, blofs um einen Hiatus zu vermeiden, gewifs keine Verbesserung. Ebenso wenig begründet kommt es uns vor, wenn Blafs § 7, wo man allgemein liest γέγονεν αὐτόματον, einfach bemerkt, es ist γέγον' αὐτόματον zu schreiben, damit keine Häufung von Kürzen entstehe. Ebendahin rechnen wir, wenn derselbe § 11 die Worte παρὰ τῶν θεῶν für interpoliert erklärt, weil sie eine unzulässige Häufung von Kürzen hervorbringen würden.

In der 2. olynthischen Rede § 8, um bei diesem Gegenstande stehen zu bleiben, heifst es καιροῦ μὲν δή, ὦ ἄνδρες Ἀθηναῖοι, πρὸς τοῦτο πάρεστι Φιλίππῳ τὰ πράγματα. Hier schlägt Blafs, um den Hiatus zu meiden, die Umstellung καιροῦ μὲν δὴ πρὸς τοῦτ', ὦ ἄνδρ ... vor.

In derselben Rede lesen wir § 21 ἀφανὴ τὰ κακὰ τοῖς πολλοῖς ἐστιν. Hier streicht Blafs einfach τοῖς πολλοῖς und bemerkt: jedenfalls weist die unzulässige Häufung der Kürzen hier auf einen Fehler der Überlieferung. In § 29 dieser Rede entdeckt Blafs einen gegen des Redners Intention im Texte verbliebenen Rest einer ersten Ausarbeitung, entstellt durch einen Hiatus Ἀθηναῖοι εἰσπέρετε und eine viermalige Häufung von Kürzen.

In der 3. olynthischen Rede § 22 ist die Lesart der Vulgata προπέποται τῆς παραυτίχ' ἡδονῆς καὶ χάριτος τὰ τῆς πόλεως πράγματα. Da aber der Codex S und andere Handschriften ἡδονῆς καὶ auslassen, so liest man gewöhnlich τῆς παραυτίκα χάριτος. Blafs dagegen nimmt die Lesart τῆς παραυτίχ' ἡδονῆς mit Weglassung von χάριτος auf und motiviert dies damit, dafs er sagt, χάριτος scheine Glossem zu sein, denn es würde eine regelwidrige Häufung von Kürzen ergeben. In § 31 derselben Rede nimmt Blafs an dem Worte Βοηδρόμια Anstofs gegenüber der alten Variante βοήθεια wegen der drei aufeinanderfolgenden Kürzen in Βοηδρόμια. Uns will es jedoch nicht recht einleuchten, dafs dieses schöne Streben nach Abwechslung zwischen langen und kurzen Silben von Demosthenes soweit getrieben wurde, dafs er ein griechisches Wort, das nun einmal an dem traurigen Makel mehrerer aufeinanderfolgender Kürzen litt, gar nicht in den Mund nahm.

In der 1. philippischen Rede sind die Worte § 7 πάλιν ἀναλήψεσθε wegen der Häufung von Kürzen verdächtig; in § 23 wird οὗτοι in der Stelle οὗτοι οἱ ξένοι wegen des Hiatus einfach gestrichen; in § 35 macht der leidige Hiatus eine Umstellung notwendig und es wird hier gegen die Handschriften τούτων ἑκατέρων οὐκ ἐμέλλομεν αὐ zu lesen vorgeschlagen. § 37 wird einmal auch ein Hiatus geduldet in den Worten παρασκευάζεσθαι ἀναλίσκομεν, da er keiner von den schwersten und das αι elisionsfähig sei. Dagegen mufs in § 42 statt der gewöhnlichen Lesart ὠφληκότες ἂν ἦμεν mit drei unerträglichen Kürzen, etwa ὠφληκότες ἡμῖν ἂν gelesen werden. Endlich ändert Blafs auch noch § 50, um eine solche Häufung von Kürzen zu vermeiden, die Worte ἀναγκασθησόμεθα τοῦτο ποιεῖν in ἀναγκασθησόμεθ' αὐτὸ ποιεῖν. Soll das auch eine Verbesserung sein? Wir gestehen offen, dafs wir solchen Spielereien durchaus keinen Geschmack abgewinnen können. Bei aller Sorgfalt, die die Alten, die namentlich Demosthenes der Form zuwandte, verfiel er doch nicht ins Kleinliche. Davon hielt ihn schon die Heiligkeit der Sache, der er diente, zurück.

Geht hier Blafs in der rücksichtslosen Durchführung eines von ihm aufgestellten Gesetzes unserer Meinung nach viel zu weit, so nehmen wir andrerseits an der allzu grofsen Weitläufigkeit und Weitschweifigkeit so vieler Anmerkungen Anstofs, die jedoch auf die Fassung von Rehdantz zurückzuführen sind. Knappe Ausdrucksweise und gedrängte Kürze braucht deswegen noch nicht in Undeutlichkeit zu verfallen. Unter die Stellen, wo uns das Mafs weit überschritten zu sein scheint, rechnen wir namentlich das zu § 10 und 12 der 1., zu § 8, 9, 13, 22 der 2., zu § 5, 18, 29, 80, 84 der 3. olynthischen, sowie zu § 1, 3, 13, 36 und 44 der 1. philippischen Rede Bemerkte. Trotz des grofsen Wortreichtums wird hier dem Schüler gar vieles doch nicht verständlich werden. Wir heben zum Schlufs noch einige Stellen hervor, wo wir entweder gegen die Lesart oder die Erklärung ein Bedenken nicht unterdrücken können.

Wenn Demosthenes § 23 der 1. olynthischen Rede nach dem Vorgang anderer Schriftsteller τὸν Παίονα καὶ τὸν Ἰλλυριὸν statt τοὺς Παίονας .. sagt, was berechtigt uns dann anzunehmen, er thue dies deswegen, um die Überzahl der ς an den Wortenden zu vermeiden? Sollen wir unsere Schüler mit solchen Velleitäten behelligen?

In § 26 derselben Rede hat, Blafs die gewöhnliche Interpunktion, wornach man las: ἀλλὰ Φωκεῖς; οἱ τὴν οἰκείαν οὐχ οἷοί τ' ὄντες φυλάττειν ἐὰν μὴ βοηθήσηθ' ὑμεῖς· ἢ ἄλλος τις; geändert und interpungiert ἐὰν μὴ βοηθήσηθ' ὑμεῖς ἢ ἄλλος τις. Nach unserer Meinung keine glückliche Änderung. Demosthenes kann nicht einmal hypothetisch davon reden, dafs die Phoker verloren sind, wenn ihnen die Athener oder sonst jemand nicht zur Hilfe kommen. Wer soll denn dieser sonst jemand sein?

In der zweiten olynthischen Rede übersetzt Rehdantz die Worte τὰς πρὸς ἐκεῖνον διαλλαγὰς Ὀλύνθιοι πρῶτον μὲν ἀπίστους, εἶτα τῆς ἑαυτῶν πατρίδος νομίζουσιν ἀνάστασιν in § 1 also: von vorneherein schon (auf den ersten Blick) unzuverlässig, sodann aber auch geradezu etc. Worin aber, fragen wir, liegt denn dies alles? Wie willkürlich ferner und eben deswegen wie ungeeignet gerade in einer Schulausgabe ist die Bemerkung, welche Rehdantz in § 2 an die Worte knüpft: τῶν αἰσχίστων ἐστὶ μὴ μόνον πόλεων καὶ τόπων ὧν ἡμῖν ποτε κύριοι φαίνεσθαι προϊεμένους, ἀλλὰ καὶ τῶν ὑπὸ τῆς τύχης παρασκευασθέντων συμμάχων καὶ καιρῶν. Rehdantz sagt hier: der Ausdruck ist so stark, dafs Demosthenes vielleicht (wer will das sagen?) im Sinne hatte und der Hörer erwartete πρ — δότας!

Auch in § 6, wo Rehdantz den Ausdruck in dem ganzen Paragraphen möglichst geringschätzig findet für die auf ihre Klugheit eingebildeten Athener und die Übersetzung beifügt: unsere Einfalt hat er durch Worte und jenes Fabrikat von vielbeschwatztem Geheimnis, dadurch angelockt, läfst sich über Anschauung und Geschmack streiten. In § 8 sagt Demosthenes: ἢ παρελθών τις ἐμοί, μᾶλλον δ' ὑμῖν δειξάτω, ὡς οὐκ ἀληθῆ ταῦτ' ἐγὼ λέγω. Das heifst doch einfach: es trete jemand auf und zeige mir, oder vielmehr euch (denn ich werde es ihm nie glauben), dafs dem nicht so ist, wie ich gesagt habe. Hiezu bemerkt Rehdantz: hier sehr lebensvoll: nicht Ich bin eines anderen zu überzeugen: Ihr seid es, da Ihr meine Meinung teilt und somit auf meine Person nichts mehr ankommt. Dafs dies nicht richtig ist, ist uns klar; aber nicht klar ist uns, was es überhaupt bedeuten soll. Wenn Rehdantz § 25 zur Begründung des Aorist λογίσασθαι anstatt des Präsens λογίζεσθαι bemerkt, λογίζεσθαι wäre widersinnig, da die Berechnung einem jedem leicht war, nicht aber die Anrechnung und Verwendung (Beherzigung) des Ergebnisses, was der Aorist ausdrückt, so haben wir es hier nach unserem Dafürhalten mit einer sprachlichen Bemerkung von solcher Feinheit zu thun, dafs die Wahrheit darüber abhanden gekommen ist. Subtilius quam verius!

In § 27 nehmen wir an der Übersetzung der Worte πρὶν ἂν τῶν πραγμάτων κρατήσητε „bevor Ihr Eure Sache gewonnen habt" Anstofs.

Dafs bei der Erklärung eines so grofsen Redners der Schönheit und Klarheit der Sprache ein besonderes Augenmerk zuzuwenden ist, versteht sich von selbst. Gegen die Deutlichkeit verstöfst der Ausdruck in der Anmerkung zu § 12 der 3. olynthischen Rede, wo es heifst: ferner war auch bei diesem korrekteren Verfahren die Gefahr einer Anklage nicht zu vermeiden. Dafür wird wohl „nicht zu fürchten" zu sagen sein. In demselben Paragraphen können wir die Übersetzung: „ja und Aufhebung dieser Gesetze mufs sein — an eben diejenigen unsere Forderung, welche sie aufgerichtet haben" auch nicht schön finden. In § 15 scheint uns die Auslassung von εἶσίν hinter ὑμῖν mit Begründung auf die vorhergehenden Begriffe προσεῖναι und ὑπάρχει keine glückliche zu sein. Wenn es § 22 heifst ἐξ ὧν οἱ ἐπερωτῶντες ὑμᾶς οὗτοι πεφήνασι ῥήτορες . . und Rehdantz dazu bemerkt: seitdem aber die Art Redner da zum Vorschein gekommen ist, die links und rechts bei Euch anfragt, und dann weiter ausführt, das Compositum male, wie der Redner zwischen den Reihen des Volkes durchgehend überallhin die hastigen Fragen richtet, so wird man uns doch wohl nicht zumuten, diese Ausgeburten einer ebenso lebhaften als willkürlichen Phantasie für bare Münze zu nehmen. Wie viel könnte Demosthenes selbst von den Kommentatoren seiner Schriften lernen! Wie würde er erstaunt sein, nachträglich zu erfahren, was er bei dieser und jener Stelle alles gedacht und beabsichtigt habe! § 26 heifst es: εἴ τις ἄρ' οἶδεν ὑμῶν ὁποία ποτ' ἐστίν nämlich ἡ Ἀριστείδου καὶ Μιλτιάδου οἰκία. Hiezu bemerkt nun Rehdantz: Demosthenes spricht also im Sinne der, wenn die Frage nach Milt'. Haus an sie gerichtet würde, darüber verwunderten (?) Hörer, dafs sie dies wissen sollen. Zu ἄρα bemerkt er, „wenn einer ja", was möglich, aber nicht sicher ist. Die Häuser hatten eben nichts Hervorstechendes. Wie unnatürlich ist das Ganze hier wieder aufgebauscht! Hier hätte die einzige Bemerkung genügt: ποτέ = tandem = eigentlich. Wir glauben, die Athener, die einen Aristides, Miltiades hochschätzten, haben sich eben gelegentlich auch einmal nach den Häusern derselben erkundigt, nicht weil deren Häuser etwas Auffallendes hatten, wodurch sie auf dieselben aufmerksam wurden, sondern weil sie, wie uns auch die Frage interessierte, in welchen Häusern haben unsere grofsen Männer gewohnt.

§ 32 scheint uns bei den Worten τοιοῦτον ἀνάγκη καὶ τὸ φρόνημα ἔχειν nicht αὐτούς ergänzt werden zu müssen, sondern aus dem vorhergehenden τῶν ἀνθρώπων auch zu τὸ φρόνημα zu gehören.

Aus der 1. philippischen Rede greifen wir, um zum Abschlufs zu kommen, nur noch einige wenige Stellen heraus. In § 10 heifst es hier: πότ' οὖν ἃ χρὴ πράξετε; ἐπειδὰν τί γένηται; ἐπειδὰν νὴ Δί' ἀνάγκη ᾖ. Rehdantz übersetzt dies: was soll erst geschehen sein? es soll, verdamm mich, erst Not sein. Diese Übersetzung will uns ebenso wenig gefallen, als die Behauptung, der Charakter dieser fingierten Entgegnung sei schnippisch. Wir begegnen zwar diesem schnippischen Charakter in der Redeweise des Demosthenes nach Rehdantz öfter, so gleich § 24, wo εἰκότως schnippisch sein soll, können aber, was wir unter schnippisch verstehen, gerade bei Demosthenes fast nie entdecken.

In § 12 erscheint uns die Übersetzung „nach Belieben wirtschaften" den Worten τὰ πράγματα ὅπως βούλεσθε διοικήσεσθε ἄν nicht entsprechend. § 14 ist zu dem Wort καινήν lediglich „novum" bemerkt. Soll damit etwas erklärt sein? Es war zu sagen „neu und deswegen zeitraubend".

Zu den Worten in § 25 κελεύω στρατιώτας οἰκείους ὥς περ ἐπόπτας τῶν στρατηγουμένων παρακαταστῆσαι bemerkt Rehdantz: die Bürger — Soldaten sollen Beschauer der Feldherrenwirtschaft, überwachende Aufseher werden. Das sollen sie eben nicht sein! Durch die Aufstellung eines Bürgerheeres soll gerade der Feldherrenwirtschaft ein Ende gemacht werden. Der Ausdruck Feldherrenwirtschaft ist also hier ganz unpassend.

Was soll es heifsen, wenn wir § 29 zu den Worten προσκομιεῖ τὰ λοιπὰ αὐτὸ τὸ στράτευμ' ἀπὸ τοῦ πολέμου lesen: das Aktiv birgt eine Spitze: das Heer thut das, was pflichtmäfsig dem Staate oblag? Und warum hat hier der Hiatus λοιπὰ αὐτό Gnade gefunden? Wie wortreich und überflüssig sind nicht § 34 die Bemerkungen, die sich an Λῆμνον und ἐξέλεξε knüpfen? Wie gezwungen und unnatürlich ferner ist nicht die Erklärung in § 37, wo es heifst: ἄς.. δυνάμεις οἰόμεθ' ἡμῖν ὑπάρχειν, οὐδὲν οἷαί τ' οὖσαι .. ἐξελέγχονται? Hier sagt Rehdantz: der Relativsatz ist das Subjekt zu ἐξελέγχονται. Wozu dies? warum soll das Subjekt nicht einfach δυνάμεις sein? Die Truppen .. erweisen sich im kritischen Moment als ohnmächtig. Die Übersetzung von Rehdantz: sie legen die Probe ihrer Ohnmacht ab, gerade wo der Augenblick sie (?) fordert, ist wieder undeutlich.

§ 40 sind die Worte ὁ πληγεὶς τῆς πληγῆς ἔχεται übersetzt: der Geschlagene klammert sich an den Schlag. Wie ist das möglich? Richtig ist: er fafst, fährt nach der getroffenen Stelle.

In § 42 fafst nach unserer Meinung Rehdantz und auch Weil ganz mit Recht den Relativsatz ἐξ ὧν αἰσχύνην .. ὠφληκότες ἂν ἦμεν als Subjekt zu ἀποχρῆν, und wir stimmen Blafs nicht bei, der die Westermann'sche Auffassung, wornach zu ἀποχρῆν ein ταῦτα zu ergänzen ist, vorzieht. Nur übersetzen wir nicht wie Rehdantz: zufrieden würden etliche sein mit der Schande — des Vaterlandes, sondern: zufrieden würden einige sein mit einem Zustand, der uns den Vorwurf der Schande .. zuzöge.

In § 48 scheint uns wieder die Übersetzung der Worte περιόντες φασί, „sie faseln pflastertretend" keine glückliche zu sein.

Wenn schliefslich zu den Worten οὕτω προαιρεῖσθαι πράττειν ὥστε τοὺς ἀνοητάτους τῶν in § 49 bemerkt ist, es dominiere hier das scharfe τ, so glauben wir, dafs auch hier wie so oft der Subjektivismus des Erklärers hinter den Worten des Redners mehr sucht und findet, als dieser beabsichtigt hat.

Hof. J. Sörgel.

Das Buch des Horaz über die Dichtkunst. Ins Deutsche übersetzt und mit einer Einleitung und kurzen Anmerkungen versehen von Dr. Friedr. List, Studien-Inspektor und Professor am k. b. Kadettencorps zu München. Erlangen, Deichert 1881. ℳ. 1.

Lists Übertragung der ars poetica des Horatius ist eine durch charakteristische Nachbildung von Einzelheiten geradezu hervorragende Leistung. Um dem Leser einen Begriff von der mitunter glänzenden Uebersetzung zu geben, sei es gestattet, ein paar Proben mitzuteilen: „Wie ganz anders Homer, der in nichts des Taktes ermangelt." V. 333 (aut prodesse volunt etc.) „Was ist des Dichters Begehr? Zu ergötzen oder zu nützen ..." V. 440 u. f. (delere jubebat et male tornatos incudi reddere versus) „da entschied er: fort mit dem Vers, der mifsglückt ist; er mufs zurück auf den Ambofs!" V. 217 (et tulit eloquium insolitum facundia praeceps) „Und halsbrecherisch kühn schuf Kraftausdrücke die Sprachkunst". Diese kleine Auslese zeigt, dafs dem Verf. die Ausführung seines Vorsatzes, „dem Genius der deutschen Sprache vollauf Rechnung zu tragen" durchaus gelungen ist; man wird nicht leicht in die Lage kommen, zum Verständnis der Übersetzung das Original beiziehen zu müssen, ja es gelang die Übertragung häufig so, dafs der deutsche Ausdruck sogar eine ganz vorzügliche Erklärung des lateinischen ist. Unübertrefflich ist z. B. v. 128 (difficile est proprie communia dicere) wiedergegeben mit den Worten: Allgemeines konkret zu behandeln ist schwer. Die treffliche Wiedergabe einzelner Ausdrücke erreicht der Verfasser namentlich auch dadurch, dafs er mit feinem Takt volkstümliche oder der familiären Sprache entnommene Wörter und Wendungen verwertet, die ja dem sermo pedestris des venusinischen Dichters ganz angemessen sind. Man vgl. v. 2 und kleckste (inducere plumas) schillernde Federn darauf, v. 6 glaubts, Pisonen, aufs Haar gleicht solchem Gemälde ein Schriftwerk (persimilem), v. 99 Schönheit thuts nicht allein (non satis est pulchra esse poemata) v. 165 schnell im Wechseln der Flamme (amata relinquere pernix), v. 229 im Fuhrmannston (humili sermone) zuwandert der flusteren Kneipe (migret in obscuras tabernas), v. 252 (der Jambus) ist ein behender Gesell, v. 267 In Summe (denique), 389 u. f. Schliefse ein im Pult das Konzept; denn vernichten kannst du beliebig, was du im Schreibtisch hast, v. 444 als Hahn im Korb (sine rivali); auch das ganz korrekt gebildete und deshalb nicht zu beanstandende ‚Flötner‘ (v. 214) gehört hierher[1]). — Wo die Deutlichkeit des Textes es gestattet, wird — zuweilen mit vollendeter Kunst und in so glatter Form, dafs man an die Mühe, die mancher störrische Ausdruck gemacht haben mag, nicht mehr denkt — eine wörtlich getreue Übersetzung des Originals gegeben und zwar so, dafs selbst der Rhythmus der horazischen Verse im Deutschen genau beibehalten wird. Namentlich das Versende sucht der Verf., auch wenn es bei Horaz Härten hat, rhythmisch getreu wiederzugeben.[2]) Aber in diesem Bemühen sehe ich auch einen Mangel der Arbeit Lists. Man vergleiche folgende Verse des Horatius mit der Übersetzung:

v. 12 sed non ut placidis coeant inmitia, *non ut*
   Nur nicht so, dafs sich paart das Harte mit Zartem, und nicht so
v. 131 publica materies privati iuris *erit, si*
   Dir zu eigen gehört der Gemeinstoff, falls du nicht in dem

Obgleich es die Aufgabe des Übersetzers ist, ein möglichst getreues Bild des Originals auch in seinen Schwächen zu geben, so fragt sich doch, ob der Römer die Schlufsworte der citierten (und anderer) Verse als so unerträgliche Härte empfand wie der Deutsche. Hie und da (z. B. v. 55) begegnen wir übrigens salopen Versausgängen auch an solchen Stellen, wo die Rücksicht auf das Original nicht mafsgebend sein konnte. Endlich sind mir einige, das Ohr etwas verletzende, Messungen innerhalb des Verses aufgefallen, z. B. v. 121, „Traurig Orestes, jó unstät, ein Verräter Ixion", v. 146 „Und nicht beginnet er schon mit Meleagers Tod Diomedes Heimkehr". — Die teilweise Ersetzung der Daktylen oder Spondeen durch Trochäen werden hoffentlich nicht wenige mehr beanstanden.

Wir empfehlen Lists Übersetzung nicht nur jenen, welche des Dichters Werk ohne kundigen Interpreten nicht geniefsen können, sondern namentlich auch den Kollegen, welche Horazens Dichtkunst zu erklären haben. Diesen wird sie sich für eine geschmackvolle Wiedergabe des Originaltextes als höchst schätzenswertes Hilfsmittel erweisen.

München. A. Brunner.

[1]) Aber warum v. 446 nicht „Rotstift" (statt Schwarzstift)? Wegen atrum?
[2]) Doch v. 139 ist das ridiculus mus nicht nachgebildet.

De syntaxi Tibulliana. Dissertatio inauguralis quam amplissimo philosophorum ordini in alma litterarum universitate Wirceburgensi ad summos in philosophia honores rite capessendos obtulit Josephus Streifinger. Wirceburgi. In aedibus Adalberti Stuberi. 1881. (S. IX. 60.)

A. Drägers Werk: „Historische Syntax der lateinischen Sprache, (Leipzig, 1876) hat ein allgemein gefühltes Bedürfnis in der lateinischen Sprachkunde befriedigt. Aber so vortrefflich er auch seine mit aufserordentlichen Schwierigkeiten verbundene Aufgabe gelöst hat, so war es doch der Arbeitskraft eines einzigen Mannes nicht möglich, das weite Gebiet der römischen Literatur in allen ihren einzelnen Vertretern durch erschöpfende Detailuntersuchungen zu bearbeiten und dem Werke eine allseitig befriedigende Vollständigkeit zu geben. Wenn daher seine Arbeit begreiflicher Weise noch mannigfache Mängel in der Darstellung der Spracheigentümlichkeiten einzelner Autoren aufweist, so bleibt es der Forschung anderer Gelehrter vorbehalten, die Behauptungen Dräger's durch Ergänzung und Berichtigung auf grund eingehender Spezialuntersuchungen ins rechte Licht zu stellen und sein verdienstvolles Werk zu einem vollständig befriedigenden Abschlufs zu bringen.

Wie daher schon mehrere Gelehrte solche historisch-grammatische Untersuchungen lateinischer Autoren vorgenommen und die Kenntnis der historischen Sprachentwicklung wesentlich gefördert haben — ich nenne nur Kühnasts „Livianische Syntax' —, so liefert auch die vorliegende Dissertation über die Syntax des Dichters Tibullus einen sehr schätzenswerten Beitrag zu den Forschungen auf dem Gebiete der historischen Syntax der lateinischen Sprache.

In sehr umsichtiger, gründlicher und erschöpfender Weise hat der Verf. in der schön ausgestalteten, und von Druckfehlern völlig freien Abhandlung, alle sprachlichen und stilistischen Eigentümlichkeiten des Dichter gesammelt, das reiche Material nach klaren Gesichtspunkten in sehr übersichtlicher Weise geordnet und in korrektem Latein zur Darstellung gebracht. Dabei bot sich ihm häufig Veranlassung, die Dräger'schen Forschungen durch sichere Beweisstellen zu berichtigen oder zu ergänzen.

Auch darauf richtete er sein Augenmerk, inwieweit sich der Dichter vom griechischen Sprachgeist beeinflussen liefs. Zwar weisen einige Wendungen, besonders der Gebrauch der Kasus auf Anwendung einzelner griechischer Konstruktionen hin, aber im ganzen wusste er sich von der damals bei den Dichtern beliebten Manier der Nachahmung griechischer Muster auch im Sprachgebrauche frei zu halten und beflifs sich einer solchen Reinheit und Einfachheit in seiner Darstellung und Ausdrucksweise, dafs er in dieser Beziehung den besten Dichtern der Römer würdig an die Seite zu setzen ist.

In anbetracht der vielen Verderbnisse des Textes unseres Autors, sowie der von mehreren Seiten nicht ohne Willkür geübten Kritik möchte wohl mancher erwarten, dafs die Untersuchung der Spracheigentümlichkeiten und die daraus gewonnenen Resultate eine lohnende Ausbeute für kritische Feststellung verdorbener Textesstellen bieten würde, allein durch genaue Prüfung bin ich zu der Ueberzeugung gelangt, dafs die Kritik daraus keinen Gewinn ziehen kann; daher hat der Verf. gut daran gethan, sich dieser nutzlosen Mühe zu entschlagen.

Es ist somit die Behauptung wohl berechtigt, dafs die Abhandlung in jeder Beziehung volle Anerkennung verdient.

München.   Dr. J. Haas.

Cornelii Taciti annalium libri I et II. Schulausgabe von Karl Tücking. Paderborn, Ferdinand Schöningh. 1881. IV. 156 S.

Auf den von Kollegen wiederholt ausgesprochenen Wunsch hat sich Herr Direktor Tücking entschlossen, seinen erklärenden Ausgaben der Germania und des Agricola zunächst die an den Gymnasien meist gelesenen Bücher I und II der annales in ähnlicher Bearbeitung folgen zu lassen. Der Text ist aus Halms dritter Recension vom Jahre 1874 — nicht 1877 wie Tücking angibt — abgedruckt. Gegen diese selbstlose Anerkennung der vortrefflichen Leistung Halms ist gewifs nichts einzuwenden; seltsam aber erscheint es, dafs der Hg. an 3 Stellen — nicht weniger und nicht mehr — abweicht, dafs er also Halms Text kritisiert, aber mit dessen Urteil auch in zweifelhaften Fällen fast immer übereingestimmt hat. Wer die zahlreichen, noch nicht endgültig gelösten Schwierigkeiten einzelner Stellen betrachtet, darf vermuten, dafs Halm selbst nach sieben Jahren seine Ausgabe an mehr als drei Stellen der beiden ersten Bücher geändert haben würde. Übrigens ist Tücking in der Schreibung insoferne von Halm abgewichen, als er statt set, opsessor, optempero die geläufigeren Formen wählt. Abweichende Interpunktion hat Ref. II 74 bemerkt, wo die Worte nomine Martinam nicht durch Kommata umschlossen sind, was jetzt bei einigen als Feinheit gilt. Unterbrechungen des Textes durch eingeschobene Überschriften der einzelnen Abschnitte, die in Tückings Ausgabe des Agricola den Leser stören, werden hier glücklich vermieden, indem die betreffenden Andeutungen in den Kommentar verwiesen sind, wohin sie gehören. In den Anmerkungen bewährt der Hg. aufs neue seinen praktischen Blick, der sowohl die Stelle, wo der Schüler einer Nachhülfe bedarf, als auch die Nachhülfe erkennt, welche dem Bedürfnis dient. An Nipperdey und Dräger hat der Hg. vertrauenswürdige Führer, denen er treulich folgt, wie der Eindruck des Kommentars im ganzen zeigt und die Vergleichung einzelner Kapitel bestätigt. Dafs nicht an blindes Nachtreten gedacht werden darf, ist bereits angedeutet, versteht sich übrigens bei einem so gewandten Hg. von selbst. Nipperdeys gehaltvolle Kürze und Drägers Knappheit ersetzt der Hg. durch bequemere Breite, ohne jedoch weitschweifig zu werden. Die Entschiedenheit in der Erklärung, die bei Nipperdey und Dräger den Leser zur Annahme oder Ablehnung, also jedenfalls zur eigenen Entscheidung drängt, ist beim Hg. bald durch Kontamination zweifacher Auffassung bald durch Hinweisung auf eine weitere Möglichkeit der Interpretation abgeschwächt. In der Note zu 1 1,1 Urbem—habuere ist die zweite Hälfte eigentlich durch die Annahme Nipp. bedingt, dafs Tac. den an der Spitze seines Werkes stehenden Satz als Hexameter erkannt und gewollt habe, was aber der Hg. nicht zugibt. — 8,20 remisit wird nach Nipp. übersetzt: „er erliefs es", soll jedoch auch heifsen können: „er liefs es geschehen"; aber die beiden Stellen aus Suet. Aug. 100 und Dio (Xiph.) LVI 34,2, welche diese Deutung unterstützen, werden nicht erwähnt. — 7,3 ne laeti wird durch essent erklärt; aber die nach Nipperdey gegebene Bemerkung, dafs der Konjunktiv von esse, ohne dafs ein koordinierter Konj. folgt, bei Tac. nur noch hist. I 85 ausgelassen werde, ist ungenau gefafst; sie wird durch die Noten zu 11,4 und 47,7 zwar ergänzt, aber immer noch nicht vervollständigt. — Ungenau ist auch die Anmerkung zu 9,7 dafs seit Augustus den Heerführern weder der Titel imperator noch ein Triumph zuerkannt worden sei. Hätte der Hg. auch das III. Buch erklärt, so würde ihn die Stelle 74 concessit quibusdam et Augustus id vocabulum ac tunc Tiberius Blaeso postremum vielleicht zu vorsichtigerer Fassung seiner Worte über den Titel imperator veranlafst haben. Freilich hat ihn die Rücksicht auf

I 55 decernitur Germanico triumphus und II 41 Germanicus triumphavit nicht zu einem Vorbehalt in seiner Äufserung über den Triumph bewogen. — Zu 74,11 crimen verweist der Hs. auf K. 27 und zeigt dadurch, dafs er mit Nipp. (zu I 27) und Dräger (Synt. d. Tac. § 77) hier den appositionellen Accusativ richtig ebenso auffafst wie an den dort angeführten ciceronischen Stellen, was Mifsverstand oder Sophistik jüngst bestreiten wollte. Aber die Bemerkung, dafs crimen Apposition zu insimulabat sei, bedarf darnach einer Abänderung. — Ein eigentümliches Versehen begegnet in der Note 3, 19 f., wo zu den Worten robore corporis stolide ferocem eine analoge Stelle aus Livius citiert und in einer folgenden Note die Worte des Livius statt jener des Tac. kommentiert werden. — Die trefflichen Erläuterungen von Nipp. zu den Eigennamen hat bekanntlich Dräger sehr gekürzt; der Hg. geht noch einen Schritt weiter und bemerkt z. B. über Seius Strabo et C. Turranius 7,6 gar nichts, was doch zu wenig sein dürfte. Unbedeutend, aber wegen des den Schülern gegebenen Beispiels immerhin bedenklich ist die Abkürzung von Gentilnamen wie V. statt Vedius. — 55,13 schreibt der Hg. nach Halm gener invisus, inimici soceri, erklärt aber wie Dräger, der nach invisus nicht interpungirt, inimici soceri als Genetiv. — Kleine Ungenauigkeiten wie die erwähnten, lassen sich wohl aus allen Teilen des Buches nachweisen. Sie zeigen, dafs der Kommentar mit noch gröfserer Gründlichkeit und Umsicht ausgeführt sein könnte; dafs derselbe geschickt und zweckmäfsig angelegt ist, mufs anerkannt werden.

Würzburg. A. Eufsner.

Vita L. Aeli Seiani Tiberio imperante praefecti praetorio. Adumbravit Joannes Jülg. Oeniponti in libraria academica Wagneriana. 1882. 4 Bl., 38 S. 8.

Von dem römischen Ritter, der die Stütze und der Schrecken des Kaisers Tiberius war, läfst sich nicht behaupten, dafs sein Charakterbild von der Parteien Gunst und Hafs verwirrt in der Geschichte schwanke. Denn wenn die Charakteristik des Sejanus bei Vellejus II 127 zu der von Tacitus ann. IV 1 gegebenen einen Gegensatz bildet, so hat dies nur ein neckisches Geschick gefügt. Hätte Vellejus sein Werk erst nach dem Sturze des mächtigen Günstlings veröffentlicht oder wie Valerius Maximus interpoliert, so würde er kaum mit geringerer Entrüstung als dieser IX 11, 4 über ihn geurteilt haben; dies läfst sich aus seiner Haltung gegen Tiberius sicher schliefsen. Sueton und Cassius Dio aber widersprechen dem Tacitus nicht. Die Retter des Sejanus gehören erst der modernen Zeit an; der neueste Biograph zählt jedoch nicht zu ihnen. Ohne die Literatur der jüngsten Zeit zu vernachlässigen oder zu unterschätzen ist er doch bemüht, selbständig aus den Quellen zu schöpfen. Er versucht die von den verschiedenen Gewährsmännern überlieferten Züge zu einem vollen und treffenden Lebensbilde zu vereinigen. Nach seiner Zeichnung erscheint Sejanus als ein durch günstige Umstände, reiche Anlagen und rastlose Thatkraft emporgetragener Streber, der schliefslich als das Opfer seines unersättlichen Ehrgeizes fällt, weil er, der sonst vor keinem Mittel zurückschreckte, im entscheidenden Augenblicke zaudert, das Leben seines kaiserlichen Herrn zu opfern. Wenn der Verf. andeutet, dieses Zaudern könne einer gewissen Dankbarkeit und Pietät entsprungen sein, so scheint dies zu der psychologischen Vorstellung, wie sie aus der Lektüre der Schrift erwächst, nicht zu stimmen. Sejanus ist der böse Genius des Kaisers; er hat ihn mit überlegter Konsequenz an den Abgrund geleitet. Als er noch dessen volles

Vertrauen genofs, hat er ihm seine einzige Hoffnung, den Sohn, geraubt; und jetzt, da er bereits eine Ahnung hatte, selbst bedroht zu sein, sollte ihn eine Anwandlung edler Gefühle vom Kaisermorde zurückgehalten haben? Was ihn hemmte, war jenes Zagen, das nach langem Harren gerade am Ziele den Sinn befällt, eine psychologische Thatsache, die schon der grofse indische Dramatiker kennt. — Doch fast vergäfse Ref. über der Biographie den Biographen, der doch ausdrückliche Anerkennung seiner fleifsigen Untersuchung und klaren Darstellung erwarten darf. Bedenken über Einzelheiten und über sprachliche Versehen können den günstigen Eindruck der hübsch ausgestatteten, Herrn Prof. J. Müller in Innsbruck gewidmeten Schrift nicht verwischen.

Würzburg. A. Eufsner.

Erklärungen deutscher Klassiker. 1. Bändchen. Schillers Braut von Messina. Für Schule und Haus erklärt von Dr. M. Krafft. Kassel 1881, bei Theodor Kay. 8. 156 S.

Wenn immerfort neue Erklärungen zu den Werken unserer Klassiker erscheinen, so kann man gewifs nicht behaupten, dafs der Mangel an bereits vorhandenen Arbeiten sie hervorrufe. Düntzer, Hoffmeister, Roennefahrt, Viehoff und noch wie viele andere haben Erläuterungen zu Schillers Dichtungen versucht. Nichtsdestoweniger müssen wir eingestehen, dafs ein allen Anforderungen entsprechender Kommentar noch zu keinem Drama Schillers geschrieben ist — die vortreffliche Arbeit über Wilhelm Tell von Karl Lucae (Halle 1865) kann nur eine Einleitung in das Stück genannt werden —, und auch die vorliegende Unternehmung gewifs nicht die Arbeiten der früheren Erklärer beseitigen wird. Krafft mag vollkommen recht haben, eine Polemik gegen Düntzer zu unternehmen, wenn er aber den Rat gibt (S. VII) auch der Lehrer in der Schule möge bei der Erklärung des Dichters an den falschen Erklärungen Kritik üben, so dürfte er hiemit zu weit gehen. In einem einzelnen Falle mag es ja geraten sein, irrige allgemein verbreitete Ansichten zu berichtigen, aber die Schule ist gewifs nicht der Ort, wo die Streitigkeiten der Kommentatoren vorgetragen werden sollen. Im entschiedenen Gegensatz zu Düntzer vermeidet es Krafft, über Entstehung des Werkes, seine historische Bedeutung, Schillers Quellen oder Vorbilder Angaben zu machen. Seine Erklärungen sind rein ästhetischer Natur. Auch mag die Behauptung, man habe mit zu grofsem philologischem Eifer die Braut bisher nach ihrem Verhältnisse zur Antike untersucht und Schiller selbst dabei ungerecht behandelt, nicht ganz ungegründet sein. „Sch. meinte es sehr ernst mit seiner Kunst. Die Braut aber ist das vorletzte ganz vollendete Erzeugnis seines Geistes und kann schon deshalb keine launenhafte Schrulle sein; sie ist eine ernste That seines Lebens, vielleicht die allerernsteste." Vortrefflich! und wir müssen Krafft das Verdienst zugestehen, dafs auch er mit Ernst und hingebender Begeisterung für den Dichter an sein Werk geht, aber seine Erklärungen lauten in sehr vielen Fällen sonderbar genug. Die Arbeit ist aus zwei Vorträgen hervorgegangen, von denen der erste hauptsächlich mit der Charakteristik der Personen, der zweite mit dem Chore sich befafst.

Die Charaktere in der Braut unterscheiden sich von denen aller übrigen Schiller'schen Dramen, wie Krafft richtig hervorhebt, vor allem dadurch, dafs sie der Vorwurf, der Dichter lege überall nur seine eigene Subjektivität unter, absolut nicht trifft. Am ausführlichsten wird nun Isabellas Charakter untersucht, gegen die Krafft ein wirklich ungerechtes Vorurteil hegt. Jeder Vers, den sie spricht, zeigt ihm fast immer tadelnswerte Charaktereigenschaften. So z. B. V. 335 (kritisch-historische Ausgabe), der ihren Söhnen vorwirft „die wilden Banden" zur Unterredung mitgebracht zu haben, ist ein Beweis für Isabellas Standeshochmut (S. 40). Wenn der Chor von ihren Vorstellungen erschüttert ausruft, V. 459: „Es sind nur Worte, die sie gesprochen, aber sie haben meinen Mut gebrochen", so liegt nach Krafft darin das Urteil des Dichters (S. 35), dafs Isabellens „Herz nichts weifs von dem, was der Mund redet". Ebenso ungünstige Ansicht hegt Krafft aber von Don Manuel, für dessen Verschwiegenheit kein Tadel und keine Strafe zu grofs. Natürlich ist es eine strafbare Sünde, dafs die Mutter ihn und nicht des Verfassers erwähnten Günstling Don Cäsar bevorzugt. Ebenso befremdet es (S. 77) zu hören, dafs Isabellas und ihrer Söhne, vor allem aber Beatrices und Diegos (!) Gewissen „eine Art Chorelement neben und über dem Chore bilden". Unrichtig ist auch sicher die Annahme des Verfassers (S. 81), in Beatrices Rede (V. 1740) „Werft euch in seinen Weg, ihr Hindernisse" („euch" und „ihr" schreibt die Originalausgabe mit kleinem Anfangsbuchstaben) die Hindernisse, wie in V. 992 den Schrecken und das Furchtbargrofse als „göttliche Wesen" aufzufassen. Selbstverständlich sind das nur „dichterische Personifikationen, wie Herr Düntzer will".

„Der eigentliche Mittelpunkt unseres Dramas ist das Schicksal selbst"; gegen diesen Satz des Erklärers wird wohl niemand Einwendungen machen, aber was soll es heifsen, auf einen geheimnisvollen „Mitspieler, der im Personenverzeichnis nicht genannt ist" hinzuweisen, und diesen dann als das Schicksal zu verkündigen! Krafft hat in der zweiten Hälfte seines Werkes dieses Schicksal in Schillers Tragödie schön und zutreffend als eine „sittliche Macht" anerkannt; er hätte aber dann nicht die Schillers Auffassung widerstrebende Definition der Schicksalsidee beibehalten sollen (S. 78), „als den Glauben an eine düstere, mit Willkür und rechtfertigungsloser Wahl wüste Geschicke über Menschen und Familie verhängende Macht". Solche Schicksalsideen mögen ungeteiltes Eigentum von Müllner, Werner, Houwald und Konsorten bleiben.

Im November 1881 ist in der Beilage zur Augsb. Allg. Zeitung ein lehrreicher Aufsatz über „Schillers sizilianische Dichtungen" erschienen (Nr. 306 und folg.). Der Verfasser zeigt, wie Schiller es verstanden hat, nicht nur die Lokalfarben in der Braut von Messina wiederzugeben, sondern auch Züge sizilianischen Volkscharakters in den Reden des Chores deutlich zu machen. Aber ganz etwas anderes ist es, wenn Krafft (S. 114) in dem Chore nun das Volk Siziliens selbst repräsentiert sehen will. „Zunächst verlangte es schon die Vollständigkeit des geschichtlichen Bildes, dafs dem Leiden und Thun des normannischen Fürstenhauses gegenüber von dem Volke, über welches es herrscht, nicht nur geredet, sondern dafs dasselbe auf der Bühne auch zu lebendiger Anschauung gebracht wurde." Das sei die grofse Versöhnung von Idealismus und Realismus. So wird für Krafft die Braut ein Gegenbild zum Tell; einmal sei eben das schweizerische, das andremal das sizilianische Volk auf die Bühne gebracht. Allerdings hat schon Hinrichs (Schillers Dichtungen nach ihrem historischen Zusammenhang, Leipzig 1837—39) die Braut „eine politische Tragödie" genannt und im Rahmen seiner Arbeit läfst sich das begreifen, wenn auch nicht gutheifsen. Krafft aber hätte doch Schillers eigene Aussprüche in der Vorrede, in Briefen an Körner, Göthes und Wilhelm v. Humboldts Äufserungen etwas berücksichtigen sollen. Hat denn Schiller je daran gedacht, in der Braut „geschichtliche Vollständigkeit", überhaupt Geschichte zu geben? Er hat das Wesen des antiken Chores vielleicht nicht ganz richtig erfafst, oder vielmehr er hat es der modernen Kunst anzupassen gesucht;

ob ihm das gelingen oder nicht, mag dahingestellt bleiben; W. v. Humboldt hat in seinen Briefen an Schiller und in der Vorrede zu ihnen wohl das richtige in Lob und Tadel getroffen: das beste Urteil unter den Neueren fällt A. Kuhn in seinem anregenden Werke „Schillers Geistesgang" (Leipzig, 1863). Aber solch eine realistische Auffassung des Schiller'schen Chores wie sie Krafft gibt, ist denn doch unerlaubt. Nur bei gänzlicher Vernachlässigung philologisch-historischer Betrachtungsweise kann man zu einer Erklärung gelangen, die dem Geiste des Werkes, wie Schillers eigenen Erklärungen so schnurstracks entgegensteht. Ist es hiebei nur Zufall, dafs eine solche Verkennung der antiken Kunst und ihrer Nachahmung von dem Lehrer an einer Realschule vorgebracht wird? Ich dächte, es ist hier kein zu übersehender Beitrag zu der jetzt brennenden Frage zwischen humanistischem und Realgymnasium geliefert. Nur die Kenntnis und Beschäftigung mit der Literatur des Altertums ermöglicht es, den Geist unserer deutschen Klassiker vollkommen zu fassen. Schiller selbst hat das Studium der griechischen Dichter für seine Selbsterziehung unentbehrlich gehalten; möchte seine Lehre und sein Beispiel nicht vergessen werden.

Kraffts Erklärungen bieten neben diesen verfehlten Versuchen gar manches Zutreffende und der Ernst, mit dem er voll Begeisterung nach Erkenntnis des Dichters strebt, verdient alles Lob. Wir möchten aber dem Verfasser doch nicht raten, seine Erläuterungen, wie es die Vorrede verspricht, fortzusetzen. Bei allen Schwächen des Düntzer'schen Kommentars kann doch der Krafft'sche sich ihm kaum zur Seite stellen, geschweige ihn übertreffen oder verdrängen.

Marburg i. H.   Max Koch.

Deutsche Poëtik. Theoretisch-praktisches Handbuch der deutschen Dichtkunst. Nach den Anforderungen der Gegenwart von Dr. C. Beyer. Erster Band. Stuttgart. G. J. Göschensche Verlagshandlung. 1882.

Dieses Werk, dessen zwei Teile nunmehr vor uns liegen, wird sich in nicht zu langer Zeit den ersten Platz unter allen derartigen Werken erobert haben.

Es ist ein Handbuch im vollsten und besten Sinne des Wortes, denn es verläfst den Fragenden nie, gibt dem Zweifelnden raschen und sicheren Aufschlufs und bietet, was den eigentlichen Wert ausmacht, ein überraschendes Gesamtbild der unendlich mannigfaltigen Formen, in die sich der deutsche Dichtergedanke und das deutsche Dichtergefühl einfügt und einschmiegt.

Wer mit einer so selbstlosen und hingebenden Thätigkeit an diese Arbeit geht, wie das bei Dr. Conrad Beyer der Fall ist, der mufs von seinem Gegenstande ganz erfüllt sein und eben deshalb nicht nur die umfassendste Kenntnis der poetischen Gesamtliteratur besitzen, sondern auch ein systematisch angelegter Kopf sein, wenn ihn nicht die Überfülle des Materials geradezu erdrücken soll. Der gelehrte Verfasser wollte den Deutschen den ganzen Lehrapparat der Dichtkunst nach Qualität und Quantität vor Augen legen, auf dafs man zunächst in die Technik der Poesie einen sicheren Einblick gewinne, ohne welchen man, was so häufig der Fall ist, nicht nur die Schwierigkeit einer formvollendeten Dichtung unterschätzen wird, sondern auch kaum sich bewufst werden kann, wie denn die Form den poetischen Gedanken deckt.

Der erste Band behandelt ausschliefslich die deutsche Verslehre, und teilt sich in sieben Hauptgruppen. Die wesentlichen Grundsätze sowohl als die erläuternden Bemerkungen sind von klarer Schärfe, ohne den landläufigen Doktrinarismus zu bekunden. Nachdem der Verfasser alle nötigen Vorbegriffe gegeben hat, verbreitet er sich sachentsprechend über die ästhetischen Prinzipien, nach denen sich jede Dichtung aufbauen mufs, gelangt dann zu der Partie der Tropen und Figuren, die einer aufsergewöhnlich eingehenden Besprechung unterliegen, worauf die Prosodik und Rhythmik einerseits, anderseits die Metrik und die Reimlehre das höchst umfangreiche Werk zu einem gediegenen Abschlufs bringen. Wenn Schreiber dieses mit einem Punkte nicht ganz einverstanden sich erklären kann, so ist es lediglich der Umstand, dafs bei den überaus zahlreichen und mehrenteils sehr charakteristischen Beispielen der Dichter Rückert vielleicht doch etwas gar zu reichlich vertreten ist, wenn man auch nicht in Abrede stellen kann, dafs der grofse poetische Sprach- und Reimmeister sich ganz vorzüglich dazu eignet, die Gesetze für Poetik zur theoretischen Abstraktion zu bringen.

Wir schliefsen diese allerdings sehr gedrängte Anzeige mit dem lebhaftesten Wunsche, es möchten sich nicht nur alle Lehrgenossen, sondern auch die Vorstände der Schulen und Bibliotheken das die betreffende Materie zur Zeit erschöpfende Buch, welches auch eine würdige Ausstattung erfahren hat, beschaffen und geistigen Gewinn daraus ziehen und ziehen lassen. — Der zweite Band, dessen Inhalt die deutschen Dichtungen behandelt, wird demnächst zur Besprechung kommen.

Regensburg. Dr. Karl Zettel.

Neues Handwörterbuch der deutschen und französischen Sprache für den Gebrauch beider. Nach den neuesten Quellen bearbeitet von R. Daniel. I. und II. Teil. Dritte Auflage. Strafsburg. R. Schultz und Comp. Verlag.

Wenn ich ein Urteil über dieses in 3. Auflage vorliegende Handwörterbuch abgebe, so will ich gerne von den Vorzügen absehen, die ein vollständig wissenschaftliches Wörterbuch der französ. Sprache besitzen soll. Es ist hier keine Rücksicht auf die Etymologie der Wörter genommen, es sind die verschiedenen Bedeutungen desselben Wortes nicht durch Beispiele belegt und die Konstruktion der Verba ist nicht in der nötigen Art und Weise angegeben. Es ist aber auch bei den schwierigsten Wörtern keine Aussprache beigefügt und die Aufnahme der Eigennamen in die alphabetische Reihe des Wortschatzes ist nicht vollständig. Es steht z. B. im deutsch-franz. Teil wohl: Christian, m. Chrétien, man sucht aber im franz.-deutschen Teil vergeblich nach: Chrétien, m.. Christian. Dennoch ist dieses Wörterbuch für seinen bestimmten Gebrauch als dictionnaire manuel nicht ohne Wert. Die Vorführung des Wortschatzes beider Sprachen ist möglichst vollständig und die Aufzählung der mannigfachen Bedeutungen der Wörter ist kurz und dennoch genau. Es wird also zum raschen Nachschlagen bei der Lektüre und wegen seiner angenehmen Form auch auf Reisen als gut brauchbar zu empfehlen sein.

München. Wallner.

Die Geschichte des Altertums mit Berücksichtigung der alten Geographie. Für den ersten Geschichtsunterricht auf höheren Lehranstalten von Dr. Hermann Jaenicke. Mit einer Geschichtstabelle. Berlin. Weidmannsche Buchhandlung. 1881. S. 134. 1,40 ℳ.

Bei dem ersten Geschichtsunterricht auf höheren Lehranstalten hat der Lehrstoff hauptsächlich an das Leben und die Thaten hervorragender Männer sich anzuschliefsen. Dieser berechtigten Forderung hat der Verfasser in dem vorliegenden Büchlein überall Rechnung getragen und sich stets bemüht, in anschaulicher, frischer Darstellung das Leben und Handeln hervorragender Männer in den Vordergrund treten zu lassen. Um nicht eine Verwirrung in der Anschauung der jungen Schüler hervorzurufen, hat die Geschichte der orientalischen Völker in kurzen Umrissen passend ihren Platz an erster Stelle erhalten. Die alte Geographie hat die ihr gebührende Berücksichtigung gefunden. Der Geschichte der Griechen und Römer gehen klar und übersichtlich geschriebene Abschnitte über die Geographie Griechenlands und Italiens voraus, welche weder zu knapp gehalten sind, noch Überflüssiges bieten. Mit Recht hat der Verfasser das Heldenzeitalter bei den Griechen und Römern eingehender behandelt und lebendig gestaltet, dagegen die römische Kaiserzeit, welche in ihrer hohen geschichtlichen Bedeutung von der Altersstufe, für welche dieses Büchlein geschrieben ist, nicht annähernd verstanden werden kann, nur durch wenige äufsere Thatsachen gekennzeichnet: überhaupt ist die Verteilung des Materials lichtvoll gehalten. Die beigefügte Geschichtstabelle darf für Schüler dieser Stufe geradezu als mustergiltig bezeichnet werden. Bei der grofsen Schwierigkeit für den ersten Geschichtsunterricht auf höheren Lehranstalten genau das Rechte zu treffen, verdient das redliche Bemühen des Verfassers die beste Anerkennung und wir wünschen der tüchtigen Leistung im Interesse der Schüler recht weite Verbreitung.

Münnerstadt. J. E. Kraus.

Der Ursprung der Sage, dafs Seneca Christ gewesen sei. Eine kritische Untersuchung nebst einer Rezension des apokryphen Briefwechsels des Apostels Paulus mit Seneca von Eugen Westerburg, ordentl. Lehrer an dem Gymnasium zu Barmen. Berlin 1881, bei Grosser.

Im Mittelalter war die Überlieferung über Senecas Christentum ebenso unbestritten als die Echtheit eines Briefwechsels zwischen ihm und dem Apostel Paulus, auf grund dessen der Kirchenvater Hieronymus Seneca in das Verzeichnis der christlichen Schriftsteller aufnimmt. Doch weder kirchliche noch profane Autoren früherer Zeit wissen etwas von Senecas Beziehungen zu Paulus und dem Christentum. Laktantius z. B. nennt ihn mit dürren Worten einen Heiden. Mit Ausnahme der passio Petri et Pauli von Pseudolinus findet man bis in das IX. Jahrhundert kein weiteres Zeugnis für Senecas Verbindung mit dem h. Paulus. Der Verfasser sucht nun nachzuweisen, dafs obengenannte Briefsammlung nicht nur eine Fälschung, sondern nicht einmal ein einheitliches Ganze sei und aus zwei zu verschiedenen Zeiten entstandenen Gruppen bestehe.

Die ältere Gruppe, die Briefe X—XII umfassend, ist der Rest jener vielgelesenen Sammlung des IV. Jahrhunderts, durch die sich Hieronymus täuschen liefs. Die Briefe der jüngeren Gruppe sind dagegen nach Hieronymus, vermutlich erst in der Karolingerzeit, geschrieben und derselben verloren gegangenen Quelle entnommen worden, aus der auch Pseudolinus seine Notiz über das Verhältnis des Paulus zu Seneca geschöpft hat.

Während jedoch die Briefe der älteren Gruppe ein feindliches Verhalten des Kaisers Nero gegen das Christentum voraussetzen, wird in der jüngeren Gruppe ein relativ gutes Verhältnis zwischen Paulus und Nero fingiert.

Der Verfasser stellt nun die Behauptung auf, dafs die verlorene Quelle eine ebjonitische Dichtung von antipaulinischen Tendenzen gewesen sei, um den Heidenapostel in Verbindung mit dem Erzieher des schrecklichen Christenverfolgers zu bringen, der die Vermittlerrolle zwischen Nero und dem Apostel zu spielen hatte.

Die Fabel, dafs Paulus der Freund Senecas gewesen, war also ganz im Geiste der sonstigen ebjonitischen Verdächtigungen, eine boshaft gehäfsige Erfindung der Judenchristen, die Paulus wie Seneca aufs bitterste hafsten.

München.   Gruber.

Albrecht I. und der Ursprung der schweizerischen Eidgenossenschaft von P. Wallnöfer. Wien, Eduard Hölzel, 1881.

Der Verfasser stellt in diesem hübsch ausgestatteten Büchlein die Ergebnisse der neueren Forschungen über die Tellsage und die Entstehung der schweizerischen Eidgenossenschaft für die reifere Jugend zusammen. Er zeigt sich mit der über diesen Stoff bestehenden Literatur vertraut und versteht es, durch eine gefällige und warme Darstellung das Interesse des Lesers zu fesseln, so dafs seine anspruchslose Arbeit als eine populäre Schrift im besten Sinne des Wortes erscheint. Er weist mit Recht nachdrücklich darauf hin, dafs noch immer trotz der evidentesten Resultate der historischen Forschung an der vollständigen Sagenhaftigkeit der Tellgeschichte gezweifelt wird und dafs diese Zweifel nur durch eine genauere Darlegung des Sachverhalts beseitigt werden können. Deshalb geht er auf den Bericht Tschudis und anderer Quellen des näheren ein und zeigt in klarer und einfacher Auseinandersetzung das Unhistorische der Gestalten der Sage und Dichtung. Weniger gelungen als die Behandlung der Tellsage und des wahren Ursprungs der schweizerischen Eidgenossenschaft ist die Charakteristik Albrechts I., der dem Verfasser wohl in gar zu vorteilhaftem Lichte erscheint; die Regierung dieses Königs und seiner Vorgänger auf dem deutschen Throne ist von einem einseitigen Standpunkte betrachtet.

München.   H. W.

Arendts' Leitfaden für den ersten wissenschaftlichen Unterricht in der Geographie. 20. gänzlich umgearbeitete Auflage von G. Biedermann, Studienlehrer in München. Regensburg, Manz'sche Buchhandlung. 1882.

Der Referent hatte in der letzten Zeit die feste Absicht, die Beseitigung des nicht mehr auf der Höhe der Zeit stehenden Leitfadens von Arendts an der Studienanstalt Neuburg vorzuschlagen und unterzog deshalb namentlich die Schulgeographien von Seidlitz einer genaueren Durchsicht. Da erschien die obenangekündigte Neubearbeitung[1], welche für den Unterricht an bayerischen Gymnasien besonders geeignet eingerichtet ist und daher wahrscheinlich eine weite Verbreitung gewinnen wird. Aber gerade des-

---

[1] Dieselbe hat aufser dem Namen und dem Verleger nichts mit dem ursprünglichen Lehrbuche gemein.

halb sei es erlaubt, dieselbe ausführlich zu besprechen und auch auf Einzelnes hinzuweisen, was sich vielleicht noch verbessern liefse, damit wir mit der Zeit in den Besitz eines Geographiebuches kommen, welches hinter den Seydlitz, Daniel, Kirchhoff nicht allzuweit zurücksteht. Um nun zuerst das unstreitig Gute, ja Vorzügliche zu erwähnen, sei der glückliche Gedanke hervorgehoben, dafs namentlich bei der Geographie von Deutschland eine Erweiterung des Stoffes durch fortlaufende Anmerkungen gegeben ist. So verbindet sich auf die einfachste Weise der Lehrstoff der zweiten und fünften Lateinklasse miteinander, ohne dafs der Lehrer unten durch Ausscheidung des Überflüssigen, oben durch Herbeischaffung hinreichenden Stoffes von anderswoher sich bemühen müfste. Nicht nur genügend dem Inhalte nach sind diese Anmerkungen, sie bieten auch willkommene Anhaltspunkte für das, was man im Unterrichte, sei es durch Vorlesen, sei es durch Erzählen dem Lehrbuche anfügen kann; denn der mündlichen Erweiterung bedarf jeder nicht geisttötende Geographieunterricht. Der Stil des Buches ist ungemein klar, so dafs derselbe dem Schüler bei der häuslichen Vorbereitung keinerlei Schwierigkeiten bereitet, und doch möglichst ferne von der Trockenheit, die sich leicht mit der Aufzählung irgend welcher Objekte verbindet. Betrachten wir nun die einzelnen Teile des Buches. Der erste Abschnitt „Vorbegriffe" ist sehr einfach und kurz gegeben, in der ausgesprochenen Absicht, zugleich mit der allgemeinen Übersicht von Europa (anfangs des zweiten Abschnittes) als Lehrstoff der ersten Klasse zu dienen. Hiezu wäre es wünschenswert, dafs auch die Lage der Weltmeere zu den Erdteilen und etwas über die Ausdehnung der letztern in den verschiedenen Zonen angedeutet wäre. Auch die scheinbare Sonnenbahn, die Ekliptik, müfste behufs Erklärung der klimatischen Verhältnisse nur so weit erwähnt werden, dafs in Anknüpfung daran das Ausführliche dem Lehrer mit dem Tellurium überlassen bliebe. Von der Einteilung des Grades in Minuten könnte noch genauer bemerkt werden, dafs dieselbe auch durch Meridiane (und Parallelkreise) geschieht. Die Gebirge teilt man gewöhnlich in Hoch- und Mittelgebirge, nicht auch noch (wie Seite 7) in niedrige ein. Die Einteilung der Gebirge nach ihrer Lage (Vor- und Zentralberge) und ihrer Form (Massengebirge etc.) könnte hier auch noch angeführt werden. Endlich müfste notwendig die Beziehung des Metermafses zum Erdumfang und zur Meile gleich an dieser Stelle vorgeführt werden. — Bei den äufsersten Punkten Europas fehlt die Angabe der Lage hinsichtlich ihrer Meridiane und Parallelkreise; Seen dürften wohl zu wenig aufgezählt sein. Bis hieher wäre nun das Buch in der ersten Klasse recht gut zu brauchen. Die Geographie von Bayern jedoch ist zu knapp gefafst. Statt dem andern Lehrstoffe vorangestellt zu sein, bezieht sie sich sogar durch Citate (Seite 70 verweist auf Seite 30, 28 und 15) auf den Lehrstoff der zweiten Lateinklasse. Oro- und Hydrographie sind zu kurz gefafst, ohne organischen Zusammenhang fast nur tabellarisch behandelt; besonders dürftig erscheinen die Notizen von den Alpen. Nicht recht passend ist die Bemerkung bei den „Nahrungszweigen", dafs ein Teil der Bevölkerung dem Staatsdienste lebt, als ob wir das gerade ausdrücklich den Kindern vorsagen müfsten, dafs wir für den Unterricht an sie bezahlt werden, und als ob das nicht in allen civilisierten Staaten der Fall wäre. Die Gröfse der einzelnen Kreise anzuführen wäre bei unserm Heimatlande nicht überflüssig.

Der Rest des zweiten Abschnittes und der dritte behandeln Europa und die übrigen Erdteile, ohne dafs, abgesehen von den bereits erwähnten laufenden Anmerkungen, ein prinzipieller Unterschied gegen andere Leitfäden sich bemerkar macht. Kartenskizzen wie bei Seydlitz sind vermieden, „weil solche den Rahmen eines Lehrbuches übersteigen, durch Ungleichartigkeit des Mafsstabes und der Ausdehnung dem Schüler kein richtiges Bild der Länderteile erwecken und ihn zur Mifsachtung des Atlas veranlassen; der Lehrer soll durch Ausführung von Einzelskizzen auf der Tafel das Kartenzeichnen der Schüler leiten". Es ist nun allerdings kein Zweifel, dafs für einen erwachsenen, vernünftigen Mann Kartennetz und Bleistift die vorzüglichsten Mittel zur gedeihlichen Betreibung geographischer Studien sind; allein in der Schule stöfst die praktische Anwendung dieser Mittel auf aufserordentliche Schwierigkeiten. Denn ein grofser Teil der Schüler ist unendlich ungeschickt zum Zeichnen und selbst die Geschickteren sind meistens so unverständig, dafs sie ihrem Atlas z. B. unwesentliche Krümmungen der Flüsse mit zweckloser Genauigkeit entnehmen und die wichtige gegenseitige Lage der Objekte übersehen. Zeichnet nun auch der Lehrer auf der Tafel vor, so vermag ein Drittel der Schüler überhaupt nicht mitzuzeichnen, ein zweites Drittel sieht nicht auf die Tafel hinaus und der Rest der Geschicktesten kommt durch Aufmerken auf des Lehrers Anweisungen und durch Ausgummieren der Fehler gar nicht nach. Zu Hause gröfsere Zeichnungen machen zu lassen, nimmt den Schülern unbedingt zu viel Zeit weg und wird oft gerade von den besten Zeichnern als gedankenlose Spielerei betrieben. Ferner sind aber die Karten aller unserer Atlanten so mit Details überfüllt, dafs das Notwendigste und Wissenswerte nirgends vollständig übersichtlich wird und einfache Einzelskizzen als fast unentbehrlich erscheinen. Dazu leisten Kärtchen à la Seydlitz vorzügliche Dienste; das Kartenzeichnen selbst vermag sich so auf die einfachsten Objekte zu beschränken, die wenig Zeit in Haus und Schule in anspruch nehmen und der Lehrer kann auf der Tafel entworfene Skizzen lediglich zum Examinieren benützen. Eine Mifsachtung des Atlas nicht aufkommen zu lassen, ist wohl kaum eine besonders schwere Aufgabe für einen energischen Lehrer; und der Ungleichmäfsigkeit des Mafsstabes begegnet man auch in allen Atlanten, so dafs der mündliche Unterricht dieselbe ohnehin immer erwähnen und die allenfalls entstandenen irrigen Vorstellungen korrigieren mufs. — Die Orographie ist in dem vorliegenden Buche meist ziemlich zusammenhanglos und unorganisch gegeben, während man doch erst durch die Beziehungen der Berge, Ebenen, Flüsse zu einander ein klares Bild des Landes erhält. Der gröfsere Seydlitz namentlich bei Deutschland und der alte Arendts namentlich bei einigen aufsereuropäischen Bergländern sind hiefür vorzügliche Muster. — Seite 25 wird die Zillerthaler Gruppe zu den Ötzthaler Fernern gezählt. Aber dies ist unrichtig. Letztere liegen nämlich, scharf durch niedrige Pässe von andern Bergen getrennt, zwischen Inn, Etsch, Eisack und Sill. Die östliche Grenze bildet die Brennerstrafse. Erst östlich von dieser liegen die Zillerthaler, gewissermafsen die Basis der Ostalpen, der Knäuel, von welchem sich der lichte Faden der hohen Tauern ostwärts abgewickelt hat. Zwischen Tauern und Zillerthalern ist die niedrigste Senke 2500 m hoch, während die Furche des Brennerpasses um über 1000 m tiefer zwischen die letztern und die Ötzthaler Alpen einschneidet. — Leider fehlt in diesem Buche die so schöne Ozeanographie des alten Arendts und in bezug auf die Wasser- und politischen Grenzen der Länder wird immer nur auf die Karte verwiesen. Wahrscheinlich wurde auch nur mit Rücksicht auf die Hilfe der Karte der Orographie nicht genauer bearbeitet. Das dürfte aber in seinen Konsequenzen nicht ganz praktisch sein. Denn das Lehrbuch soll dem Schüler nicht nur eine Ergänzung der Karte sein, sondern auch ein Hilfsmittel, um dieselbe zu lesen und zu verstehen, namentlich in der Zeit, in welcher er zu Hause der Anleitung des Lehrers entbehrt.

Das Kartenlesen, die Aufgreifung der gegenseitigen Beziehungen geographischer Objekte aus dem immerhin reicheren Stoffe der Karten will gelernt sein und wird kaum je einem Schüler so von selbst gelingen. Will man in **einer** Sache des Lehrbuches entbehren, dann kann man überhaupt aufser den Karten nur noch etwa den Sulzbacher Kalender zum Unterricht benützen. Sehr lobenswerth ist in diesem Buche die Abrundung aller vorkommenden Zahlen, aber dieselben sind allzu sparsam und nicht überall konsequent angegeben. Z. B. findet man bei Asien die Länge des Jenisei, nicht aber die des Ob; bei Deutschland die Gröfse von Reufs-Greiz, nicht aber die der andern kleinen Staaten, und die Höhe der Mädelergabel, nicht aber die des Hochvogels. Es müssen aber in einem vollständigen Geographielehrbuch Zahlen zur Vergleichung in genügender Menge vorhanden sein und zwar in Tabellen zusammengestellt, wie sie z. B. Seydlitz, aber leider auch nur für Europa, bietet. Die Tabellen dienen ebenso wie die Karten dazu, ein übersichtliches Bild geographischer Momente zu bieten, derjenigen nämlich, die dem Kartenbilde nicht mit genügender Klarheit zu entnehmen sind. Nicht zum **Auswendiglernen** sollen die Tabellen über Einwohnerzahlen, Flächeninhalt, Bevölkerungsdichtigkeit, Eisenbahn- und Flufslängen und Gebirgshöhen dienen, sondern sie sollen dem Schüler wiederholt vor Augen kommen, so dafs sich ihm die gegenseitigen **Gröfsenverhältnisse** der wichtigern Objekte ebenso ins Bewufstsein einprägen, wie er durch wiederholte Betrachtung der Karte das Wesentliche über die **Lage** der bedeutenderen Elemente sich zum bleibenden Eigentume macht.

Der vierte Teil behandelt als „allgemeine Geographie" die wichtigsten mathematischen und physikalischen Verhältnisse und bietet einen willkommenen, gut gewählten Abschnitt zum Unterrichte in der fünften Klasse. An Einzelheiten wäre vielleicht Folgendes zu verbessern: Seite 247 sind „Beweise" für die Kugelgestalt der Erde gegeben. Seitdem die Gestalt der Erde sowohl durch direkte Messungen, als auch durch regelmäfsige Umfahrung nach allen Richtungen feststeht, sind die genannten Beweise ebenso überflüssig, wie etwa ein Beweis, dafs es ein Paris und London gibt. Diese Beweise, die leider noch in allen Lehrbüchern zu finden sind, machen dem Referenten einen lächerlichen Eindruck. Viel eher wäre es angezeigt, die Gründe anzugeben, welche uns zu dem festen Glauben an eine Bewegung der Erde um die Sonne veranlassen, und einen Beweis für die Axendrehung der Erde zu führen. Eine populäre Darstellung dieser Gegenstände wird sicher auf keine allzu grofsen Schwierigkeiten führen. Die Erklärung der Anziehungskraft durch die grofse Dichtigkeit des Erdinnern (Seite 248, Nr. 4) ist ganz verfehlt. Denn die Schwerkraft hängt nicht von dem spezifischen, sondern von dem absoluten Gewicht, von der Gesammtmasse eines Weltkörpers ab. An dieser Stelle macht sich auch eine Popularisierung geltend, die gedruckt gar nicht gut aussieht, indem der Verfasser erklärt, dafs unsere Antipoden so gut sich oben befinden, wie wir. Eine derartige allzupopuläre Darstellung unterbricht auch noch Seite 259 (die Vergleichung der Erdbewegung mit der eines Schiffes) die im allgemeinen so wohlthätig knappe und strenge Ausdrucksweise. Hingegen könnte das Wort Sintflut, Seite 260, welches die Sündflut unserer Volksschulbibeln ersetzt, eigens erklärt werden. Seite 261 könnte auch bemerkt werden, dafs das Niveau der Meere durch die Verschiedenheit der Anziehungskraft an den einzelnen Punkten beeinflufst wird. Seite 265 fehlt der Grund, warum die Ozeane in der Tiefe eiskalt sind, und wie es sich in dieser Beziehung mit den Binnenmeeren verhält. Seite 270 wäre eine Diskussion der Isothermen und eine Tabelle über die Wärmeverhältnisse der einzelnen Orte erwünscht. Seite 270 sollte einiges Wenige über die Winde auch in den gemäfsigten

Zonen geboten werden. Ein sehr grofser Fehler ist der Mangel eines alphabetischen Registers. Als Gesamtergebnis obiger Besprechung möge nochmals hervorgehoben werden, dafs das Buch sehr viele gute Eigenschaften hat, und dafs die minder guten in einer neuen Auflage leicht verbessert werden können.

Neuburg a. D.   —————   A. Schmitz.

Pädagogische Klassiker, herausgegeben unter der Redaktion von Seminardirektor Dr. G. A. Lindner. VIII. Band: Quintilians rednerische Unterweisungen. Bearbeitet von Gustav Lindner, phil. cand., (XXXVI und 211 S.), und Plutarchs Abhandlung über die Erziehung der Kinder. Übersetzung, Einleitung und Kommentar von Prof. H. Deinhardt (65 S.). IX. Band: Roger Aschams Schulmeister, mit einer Einleitung: R. Aschams Leben und Wirken. Einleitung, Übersetzung und Kommentar von Joseph Holzamer (XXII u. 171 S.). Wien, 1881. A. Pichlers Witwe und Sohn. 8.

In der Einleitung zur Übersetzung der für die Pädagogik wichtigsten Teile der institutiones oratoriae ist Quintilian und seine Zeit geschildert. Es wird dessen Ansicht hervorgehoben, dafs der wahre Redner nur ein rechtschaffener Mann sein könne, und folgendermafsen bewiesen. Die grofsen Redner aller Zeiten haben stets das Gute, die Tugend, die öffentliche Wohlfahrt in ihren Reden verteidigt. Nun ist aber nur derjenige ein vollkommener Redner, der aus Überzeugung spricht. Folglich mufsten die grofsen Redner von dem Werte des Guten überzeugt sein, welches sie verteidigten. Wer aber vom Werte des Guten gründlich überzeugt ist (im Sinne des Sokrates), der mufs es auch üben, d. h. er mufs ein rechtschaffener Mann sein. Folglich waren alle grofsen Redner rechtschaffene Leute. Freilich scheint Lindner selbst von der Richtigkeit des sokratischen Satzes, dafs Tugend ein Wissen sei, nicht recht überzeugt zu sein, weil er S. XXII gegen denselben die Frage erhebt: „Kann nicht ein Professor der Moral ein schlechter Mensch sein?" Auf diese Frage möchte ich antworten: Ein Professor der Moral kann nur dann ein schlechter Mensch sein, wenn er von dem Werte des Guten, welches er lehrt, nicht überzeugt ist, folglich in das Wesen des Guten nicht die rechte Einsicht hat, also nicht weifs, was er wissen sollte. Denn wer in das Wesen des Guten die rechte Einsicht hat, ist von dessen Wert so tief überzeugt, dafs diese Überzeugung über seinen ganzen Geist und infolge dessen auch über seinen Willen zur Herrschaft gelangen mufs.

Weil Quintilian (VI, 1, 14) erwähnt, dafs er als adolescens die causa Cossutiani Capitonis gehört habe, die nach dem Zeugnis des Tacitus (ann. XIII, 33) am Anfang des Jahres 57 statt fand, und die adolescentia vom 17. bis zum 21. Lebensjahre dauerte: so glaubt L. das Geburtsjahr des Quintilian nicht hinter das Jahr 40 setzen zu dürfen, während Dodwell diesen im Jahre 42 geboren sein läfst.

Die Übersetzung umfafst aufser dem Brief an Trypho und der Vorrede an Marcellus Victorius das ganze I. und II. Buch der institutiones, dann das berühmte X. Buch und vom XI. Buch das 2. Kapitel über das Gedächtnis. Jedem Kapitel ist eine Überschrift beigegeben, welche die Orientirung über den Inhalt des Ganzen erleichtert. Die Anmerkungen füllen 76 Seiten. Obwohl S. XXXVI die Ausgaben des Quintilian von Gesner und Spalding genannt sind, sowie die Ausgaben des X. Buchs von Frotscher, Herzog und Krüger, so ist doch nicht gesagt, welcher Text dem Übersetzer vorgelegen hat. Dieser ging nicht sowohl darauf aus, ein möglichst genaues Abbild des Originals zu bieten, als ein gutes Deutsch zu liefern und den Sinn möglichst hervortreten zu lassen. Soviel ich urteilen kann, ist ihm dies auch im ganzen recht gut gelungen. Jedoch fehlt es auch nicht an Stellen, wo noch gefeilt werden könnte. Man vergleiche z. B. Buch XI, 2, 3. Dort steht in der Ausgabe von Spalding, dessen Text dem Übersetzer vorgelegen zu haben scheint: quod illa, quasi media quaedam manus, acceptum ab inventione tradit elocutioni; u. L. übersetzt: „bis es durch eine gewisse mittlere Hand dem Ausdruck übergeben wird".

In der Einleitung zu Plutarchs Abhandlung περὶ παίδων ἀγωγῆς bemerkt Deinhardt sehr richtig, dafs diese für das gröfsere Publikum — die „Väter" — bestimmte Schrift mit einer Art von Herablassung geschrieben ist, die zur Nachlässigkeit wurde, und obendrein durch gedankenlose und fehlerhafte Abschrift unter allen moralischen Abhandlungen Plutarchs am meisten gelitten hat. Er glaubte von einer strengen Übersetzung, bei welcher die einzelnen Textherstellungen hätten bemerkbar gemacht werden müssen, absehen zu dürfen, weil diese nur für die philologisch gebildeten und gearteten Leser ein Interesse hätte. Die Aufnahme Plutarchs unter die pädagogischen Klassiker rechtfertigt er damit, dafs dieser „ein hervorragender Repräsentant seiner Zeit, resp. der mit einander verschmolzenen hellenischen und römischen Bildung ist und seine Schrift allseitiger und deutlicher als irgend eine andere sowohl den damaligen Zustand des Erziehungswesens, als auch die unter den Gebildeten darüber herrschenden Ansichten wiederspiegelt, wenn auch diese mehr oder weniger allgemeinen Ansichten hier und da eine besondere, in Plutarchs Persönlichkeit begründete Zuspitzung erhalten". In den Anmerkungen hat D. gelegentlich auch seine eigenen Ansichten über verschiedene schwebende pädagogische Fragen in zwangloser Form ausgesprochen, z. B. über körperliche Züchtigung (S. 45 ff.), welche er, auf Fichte gestützt, nicht unbedingt verwerfen möchte. Sicherlich ist diese von den Sammlern und Herausgebern an die Spitze der Moralia gestellte Schrift für jeden Pädagogen sehr lesenswert und hat sich D. durch seine in recht gutem Deutsch den Sinn wiedergebende Übertragung ein Verdienst erworben. Den Text des Originals läfst er freilich fast nirgends mehr erkennen; er hat den Plutarch zum mindesten doppelt so frei übersetzt als Lindner den Quintilian.

Dagegen ist Holzamers Übersetzung des „Schulmeisters" von R. Ascham, wie der Verf. in der Vorrede angibt, eine möglichst wortgetreue. Da ich ihren sprachlichen Wert zu prüfen nicht im stande bin, erlaube ich mir über den besonders für Lehrer der lateinischen Sprache interessanten Inhalt einiges zu bemerken. R. Ascham (Askam) ist erst 1857 durch Kristen in einem Programme des Gymnasiums zu Gotha und neuerdings durch A. Katerfeld (Roger Ascham, sein Leben und [seine] Werke, Strafsburg 1879) aus der Vergessenheit hervorgezogen worden. In Karl Schmids Geschichte der Pädagogik (2. Aufl. von Wichard Lange, Cöthen 1868) habe ich seinen Namen vergebens gesucht; auch Raumer hat ihn noch in der 3. Aufl. seines bekannten Werkes nicht erwähnt. Holzamer bietet meines Wissens die erste deutsche Übersetzung des englischen Klassikers. In der Einleitung über Aschams Leben und Wirken wollte er besonders dasjenige bieten, was zum Verständnis des Schulmeisters dienen kann.

Ascham hat nie eine öffentliche Schule besucht; dieser Umstand erklärt einigermafsen sein absprechendes Urteil über die auch jetzt noch in unseren öffentlichen Schulen befolgte Methode des Lateinlernens. Er verlegte sich mit Vorliebe auf das Griechische, weil er der Ansicht war, dafs die Wissenschaft hauptsächlich im Griechischen enthalten sei. Sein erstes gröfseres Werk (Toxophilus oder „die Kunst des Bogenschiefsens") bezeichnet Holzamer als den Grundstein und Ausgangspunkt für die nachherige Blüte der englischen Prosa. (Meines Wissens hat bereits vorher Thomas Morus ein klassisches Werk in englischer Prosa geschrieben.) Ascham wurde 1542 Vicesekretär an der Universität Cambridge, 1548—49 Lehrer der nachmaligen Königin Elisabeth, 1550—53 Sekretär des englischen Gesandten am Hofe Karls V., 1554—58 Sekretär bei der Königin Maria und im letzten Dezennium seines Lebens bei der Königin Elisabeth. Er starb an Schwindsucht am 3. Dez. 1568, allgemein betrauert, da er wegen seines milden, kindlichen Charakters viele Freunde und keinen Feind gehabt hatte.

Das erste Buch des „Schulmeisters" enthält allgemeine Erziehungsregeln, geht aber vom Unterricht im Lateinischen aus. Für denselben lehrt A., angeregt durch Cicero de oratore I. § 155, eine nach seiner Ansicht äusserst bequeme und sichere Methode ohne selbständige Behandlung der Grammatik, welche er als „ermüdend für den Lehrer, schwierig für den Schüler und unbequem für beide verwirft. Er bedarf zur Durchführung seiner Methode 3 Hefte. Ins erste wird ein gründlich erklärter Brief von Cicero vom Schüler übersetzt. Nach Wegnahme des lateinischen Textes wird dann in ein zweites Heft rückübersetzt. Hat der Schüler einige Gewandtheit im Übersetzen gewonnen, so nimmt er ein drittes Heft zur Hand und trägt in dasselbe aus jeder Lektion je 4 Propria, Translata, Synonyma, Diversa, Contraria und Phrases ein. Sind wo viele in der Lektion enthalten, so begnügt er sich mit dreien oder zweien und wenn gar keine vorhanden sind, macht er doch der Ordnung wegen Fehlanzeige, (diversa nulla, contraria nulla etc.)

Im zweiten Buche wird angegeben, wie ein Schüler, der es bei der Angabe der genannten 6 Punkte „zu einer reifen und geschickten Wahl" gebracht hat, weiter zu fördern ist. Der Lehrer läfst ihn nämlich fleifsig den Cicero, Terentius, Cäsar und Livius lesen und gibt ihm alle 2 bis 3 Tage ein von ihm (dem Lehrer) in schlichte Muttersprache übersetztes Stück zum Retrovertieren. A. führt 6 Methoden des Lateinlernens an, nämlich: Translatio linguarum, Paraphrasis (Versuch, den klassischen Text mit eben so vielen anderen lateinischen Worten wiederzugeben), Metaphrasis (d. h. Paraphrasis aus Poesie in Prosa oder in ein anderes Versmafs oder aus Prosa in Poesie), Epitome, Imitatio und Declamatio. Von diesen sechs Methoden empfiehlt A. besonders die Translatio linguarum; die übrigen 5 erscheinen ihm „passender für den Lehrer als für den Schüler, eher für Erwachsene als für Kinder, besser für Universitäten als für Gymnasien." Jedoch bespricht er sie der Reihe nach, um anzugeben, in welchen Fällen sie etwa teilweise brauchbar sind, kommt aber blos bis zur Imitatio. Die Besprechung der Declamatio fehlt; auch ist es auffallend, dafs A. bei der Imitatio nur von Varro, Sallust und Cäsar, nicht auch von Cicero handelt. Die Schrift ist also entweder unvollendet geblieben oder nach dem Tode des Verf. von dessen Witwe unvollständig herausgegeben worden.

Druck und Ausstattung sind gut. Druckfehler finden sich fast nur in griechischen Citaten, in diesen aber auch fast immer. S. XXII. Z. 2 v. u. ist vixit statt visit zu lesen.

Bayreuth. Wirth.

J. Rüefli, Lehrbuch der ebenen Geometrie, der Stereometrie und der ebenen Trigonometrie, nebst einer Sammlung von Übungsaufgaben. Bern, Leipzig und Stuttgart, 1880. Verlag der J. Dalp'schen Buchhandlung.

Das hier verarbeitete planimetrische Pensum entspricht den Anforderungen unserer Mittelschulen und ist nach einer diesen Anstalten angemessenen Methode behandelt; eine Erweiterung erhalten die Euklidischen Elemente durch eine kurze Theorie der Transversalen und einen § über Anwendung der Algebra auf Geometrie. Hinsichtlich der Methode hat der Verf. die Rezeption des Vorgetragenen mit der eigenen Production des Schülers eng zu verbinden gesucht und zu diesem Zweck jedem Abschnitt eine grofse Anzahl von Aufgaben folgen lassen, welche zur Kombination des neu Aufgenommenen mit dem Früheren anleiten. Auffallend ist es, dafs in dem Übungsmaterial Lehrsätze keine Berücksichtigung gefunden haben; auch die Anordnung des Lehrstoffes läfst manches zu wünschen übrig und die inneren Motive für die Lösung einiger Aufgaben (besonders in den §§ 244, 245, 247) würden durch eine vorausgehende algebraische Behandlung mehr hervortreten; die Beweise endlich für die Kongruenzsätze in den §§ 44 und 61 liefsen sich besser durch Nebeneinanderlegen der Dreiecke auf den Satz des § 42 zurückführen.

Die Stereometrie zerfällt in 5 Abschnitte, deren letzter von den regulären Polyedern in Verbindung mit der Kugel handelt. Mit besonderer Sorgfalt sind die Sätze über Kongruenz und Symmetrie der dreiseitigen Ecken, dann die Partie von der Gleichheit der Körper bearbeitet; die Schwierigkeiten für eine fafsliche elementare Darstellung sind hier unläugbar, vom Verf. jedoch geschickt überwunden, so dafs auch den strengsten Ansprüchen genügt ist. Das beigegebene Übungsmaterial besteht in Rechnungsaufgaben, welche zum gröfseren Teile ansprechend und wohl geeignet sind, die algebraischen Kenntnisse zu befestigen; einfache Sätze und geom. Örter blieben ausgeschlossen.

Die ebene Trigonometrie behandelt auf 108 Seiten sehr eingehend den für Mittelschulen üblichen Lehrstoff, dem zahlreiche Aufgaben, darunter die Mehrzahl höchst anregend und belehrend, beigegeben sind.

München. σt.

Übungsbuch für den Unterricht in der Arithmetik und Algebra. Nach der Aufgabensammlung von Heis für höhere Bürgerschulen, Gewerbeschulen, Progymnasien und Realschulen II. Ordnung bearbeitet von Dr. Ludwig Matthiefsen, o. ö. Professor der Physik an der Universität zu Rostock, früher Professor und Oberlehrer der Mathematik am k. preufs. Gymnasium in Husum. Köln, 1882. Verlag der M. Dumont-Schauberg'schen Buchhandlung. VIII. 252 S.

Jeder Lehrer der Mathematik kennt die vortreffliche Heis'sche Beispielsammlung und ebenso die Verdienste, welche sich Prof. Matthiefsen durch seinen ausführlichen „Kommentar" und durch seinen mehr den Bedürfnissen der höheren Mittelschulen entgegenkommenden „Schlüssel" um die weitere Verbreitung und leichtere Benützung des erstgenannten Werkes erworben hat. Gleichwohl war für den, der zugleich das Original und eines der beiden Begleitbücher in der Schule verwenden wollte, die Stofffülle eine allzu erdrückende, und wohl allseitig herrschte das Gefühl, dafs etwas weniger im Interesse des Schulgebrauches thatsächlich etwas mehr wäre. In dieser Erwägung nun hat Herr Matthiefsen einer Aufforderung der bekannten Verlagsbuchhandlung folge gegeben und ein Übungsbuch bearbeitet, welches gewissermafsen den Heis in nuce darstellt, zugleich jedoch alle erforderlichen theoretischen Lehren mit in den Text verwebt aufweist. Wenn nun auch programmgemäfs das Buch für gehobene Bürgerschulen, die sich am besten mit unseren „Realschulen" vergleichen lassen, sowie für Progymnasien, d. h. nach unserer Ausdrucksweise für Lateinschulen mit angehängter I. bis II. Gymnasialklasse bestimmt ist, so können wir doch die feste Versicherung geben, dafs es auch für unsere Gymnasien vollständig genügt. Es enthält die vollständige Theorie der sieben Grundrechnungsarten, bestimmte Gleichungen der beiden ersten Grade mit einer und mehreren Unbekannten und von den diophantischen Gleichungen für unseren Lehrzweck übergenug. Ferner finden sich vor die arithmetischen und geometrischen Progressionen samt den Kettenreihen und ein sehr vollständiger Abrifs der politischen Rechenkunst. Das Einzige, was ein bayrischer Gymnasiallehrer vermissen würde, ist somit die Kombinatorik, allein erstens kann das Wenige, was in unserer Unterprima von dieser Disziplin durchgenommen werden kann, sehr leicht durch Diktieren nachgetragen werden, und zweitens steht der Unterzeichnete wohl nicht allein unter den Kollegen mit der Meinung, dafs gerade dieser Teil unseres Gymnasialpensums schwerlich eine Neurevision des Schulplanes überdauern werde. Das Buch eignet sich mithin völlig für die Aufnahme in das Verzeichnis unserer gebilligten Lehrmittel. Freilich verhehlen wir uns nicht, dafs es schwer für Matthiefsen sein wird, die Konkurrenz unserer Hofmannschen Sammlung zu überwinden, deren Vorzüge nach langjährigem Gebrauche niemand mehr zu würdigen versteht als der Berichterstatter, immerhin aber sichert auch diesem neuen Lehrmittel die innige Verbindung von Theorie und Praxis seinen selbständigen Wert. Zudem hat der Verf. das von Heis herrührende Material sehr sorgfältig gesichtet, die wohlbekannten allzu schwierigen Aufgaben ausgemerzt, in welchem sich Heis gefiel und dafür eine gute Auswahl neuer Beispiele beigefügt. Ziemlich die ganze erste Hälfte rührt übrigens laut Vorrede nicht von Matthiefsen selbst, sondern von Dr. Fischer-Benzon in Kiel her, der sich besonders durch seine Übersetzung dänischer mathematischer Werke einen guten Namen gemacht und auch in diesem Falle einen sehr anerkennenswerten pädagogischen Takt an den Tag gelegt hat. Zumal die Behandlung der komplexen Zahlen (§ 41) hat uns durch ihre Berücksichtigung der modernen Auffassung angesprochen.

Ansbach. S. Günther.

Berichtigung.

Die Anzeige meiner Schrift über die Anfänge Roms im Jahrgang 1882 S. 55 ff. enthält Mifsverständnisse und irrtümliche Behauptungen, welche eine Richtigstellung, beziehungsweise Entgegnung unabweisbar machen. Herr Wimmer, der Rezensent, behauptet, dafs ich von einer falschen Auffassung des pagus ausging, unter dem „sicherlich ein Dorf mit seiner Flur" zu verstehen sei, während für mich der pagus ein geschlossener Flurbezirk ohne Dorf" sein soll. Ich verweise dem gegenüber einfach auf den Satz, in welchem ich das Resultat meiner Untersuchung über den Begriff des pagus zusammenfasse: „Wenn in wirtschaftlicher Hinsicht der pagus nach allen antiken Erklärungen und Anwendungen des Ausdrucks in den Quellen einen gröfseren, geschlossenen Flurbezirk und dessen Angehörige, d. h. die Flurgenossenschaft, bezeichnet, so kann derselbe sowohl die Flur einer Hofgenossenschaft **und eines Dorfes** wie auch einer Ackerstadt darstellen." (S. 47.) Ich behaupte weiter nichts, als dafs der Begriff des pagus nicht unvereinbar ist mit der Existenz geschlossener und bewehrter Siedlungen, d. h. der Stadt im ursprünglichen Sinne des Wortes, welche ja wirtschaftlich auch nur ein Dorf ist; eine Auffassung, die allein schon durch die Schilderung der attischen Zustände vor dem sogenannten Synoikismos des Theseus, — *quondam pagatim* habitantes in parvis illis *castellis* vicisque etc. Livius XXXI. 30, 6 gesichert ist, ganz abgesehen von den Stellen Cäsars über die keltischen pagi. Übrigens verwickelt sich Wimmer in einen eklatanten Widerspruch mit sich selbst, wenn er einerseits die Möglichkeit der Hofverfassung als ursprünglicher Siedlungsform betont und andererseits Gauverfassung und Dorfverfassung als identisch hinstellt, ohne zu bedenken, dafs bei dieser — völlig aus der Luft gegriffenen — Identifizierung jede hofmäfsige Siedlung in einem italischen Gau ausgeschlossen wäre. Wenn der Gau wirklich nur „ein Dorf mit Flur" sein kann, wie steht es denn dann mit den Gauen des Marser- und Pelignerlandes sowie der Sabiner, für welche das Wohnen in zerstreuten Gehöften ausdrücklich bezeugt wird? (cf. S. 58.) — Bezeichnend ist ferner Wimmers Berufung auf die von mir S. 45 ausführlich besprochene Stelle des Dionysius IV. 15, wo es nach Wimmers Behauptung „heifst", dafs die Stadt Rom (die Roma quadrata oder die Siebenhügelstadt?) aus pagi πάγοι zusammenwuchs." Auch diese Behauptung ist rein aus der Luft gegriffen! Denn Dionysius sagt auch nicht mit einem Wort, was ihn Wimmer sagen läfst, sondern gerade das Gegentheil, indem er in seiner verkehrten Weise die pagi erst durch Servius Tullius geschaffen sein läfst! — Ich glaube diese Proben werden genügen, um mir die Berichtigung der sonstigen Ungenauigkeiten der Anzeige zu ersparen.

Erlangen. Robert Pöhlmann.

Auf die vorstehende „Berichtigung" entgegne ich Folgendes:
1. Ich verstehe nach wie vor unter den pagi, in welche der altrömische Boden zerfiel, „Flurbezirke mit den dazu gehörigen Dörfern", P. dagegen fafst offenbar die römischen pagi — und nur um diese handelt es sich — als „Flurbezirke ohne Dörfer" auf. Ob der Begriff pagus blofs auf Gaue mit Dorf- oder auch auf solche mit Hofverfassung pafst, das ist für die vorliegende Frage gleichgiltig, weil nach P.s Darstellung beide Siedlungsformen auf der römischen Campagna von vornherein ausgeschlossen sind. Er läfst ja die Italiker der Poebene schon als Städtegründer von Profession an den Tiber hinabwandern.
2. Aus solchen Campagnadörfern denke ich mir die Stadt Rom zusammengewachsen und finde diesen Vorgang nach wie vor bestätigt bei Dionysius IV, 15. Allerdings ist hier auf grund einer falschen Etymologie (pagus = πάγος = fester Platz oder Burg) die Sache einigermafsen auf den Kopf gestellt. Aber die Gauburgen erscheinen deutlich genug als Repräsentanten der pagi und somit als Stadtkerne, um die sich die Dörfer krystallisierten.
3. Was die „sonstigen Ungenauigkeiten" betrifft, deren ich mich schuldig gemacht haben soll, so verweise ich den Leser, der sich etwa dafür interessiert, einfach auf eine unbefangene Vergleichung meines Referates mit dem P.schen Buche. Dabei wird er sich auch überzeugen, dafs dieses Referat viel wohlwollender gehalten ist, als der ziemlich animose Ton der obigen „Berichtigung" vermuten läfst. **J. W.**

Literarische Notizen.

Einleitung in die homerischen Gedichte von Dr. A. Gemoll. Mit 2 Kärtchen. Leipzig, Teubner 1881. gr. 8. 30 S. 55 ₰. In 4 Abschnitten: Homer und die homerischen Gedichte, Troja und Ilium, Ithaka, die Berechnung der Tage in Ilias und Odyssee will der Verf. eine kurze Darstellung der sicheren Resultate der Homerforschung für Schulzwecke geben. Beigegeben ist eine Karte der Ebene von Troja aus Autenrieths Wörterbuch und von Ithaka aus Schliemanns Ithaka, der Peloponnes und Troja.

Festgabe zur Säkularfeier der Würzburger Universität, gewidmet vom Lehrerkollegium der Studienanstalt Würzburg. **Die Alexandergeschichte nach Strabo.** I. Teil. Vom k. Studienrektor A. Miller. Würzburg, 1882. 66 S. gr. 4⁰. Da Strabo in seiner geographischen Beschreibung der östlichen Länder Asiens, bes. Indiens, die geographischen und naturwissenschaftlichen Fragen genau in der Reihenfolge behandelt, in welcher Alexanders Zug vor sich ging, so folgert der Verf., der wesentliche Inhalt der Alexandergeschichte Strabos sei in dessen γεωγραφικά übergegangen und lasse sich leicht aus der geographischen Umhüllung herausschälen. Diese Rekonstruktion versucht er in der vorliegenden Schrift, welche die ἀνάβασις Ἀλεξάνδρου enthält. Nach einer Fixierung des Verhältnisses Strabos zu seinen Quellen, sowie zu Arrian und Curtius gibt er in 30 Kapiteln in der bei Arrian vorkommenden Reihenfolge Strabos Angaben über die Geschichte Alexanders, vom Kriege gegen die Triballer angefangen bis zum Zuge nach Indien. Dem griechischen Originale sind orientierende Bemerkungen und Hinweise auf die Angaben anderer Autoren beigesetzt, unter dem Texte finden sich sachliche und textkritische Anmerkungen. In einer gröfseren Anzahl von Exkursen werden die Angaben des Strabo über Länder, Völker u. s. w. den Stellen des Plutarch und Curtius über die nämlichen Punkte gegenüber gestellt.

Handbuch der griech. Staatsaltertümer von Gustav Gilbert. 1. Band: Der Staat der Lakedaimonier und der Athener. Leipzig, Teubner. 1881. S. 432. gr. 8⁰. Preis ℳ 5,60. Das Werk, nach grofsem Mafsstabe angelegt, enthält sowohl bezüglich des lakedämonischen wie des athenischen Staates je einen historischen und einen antiquarischen Teil. Zu rühmen ist die Übersichtlichkeit, welche durch Verweisung der Quellennachweise und der Kritik anderer Ansichten in die Anmerkungen unter dem Texte erzielt ist.

Dombart B., Lateinische Übungsstoffe für Sekunda. 2. vermehrte Auflage. Erlangen. Andreas Deichert. 1882. Diese neue Auflage ist durch etwa 60 neu aufgenommene Stücke vermehrt, die gröfstenteils bereits als Anhang zu der ersten Auflage erschienen waren. Es ist von dieser gewifs nicht minder als von dem, was die erste Auflage geboten hat, der ansprechende Inhalt und die zweckmäfsige Konzeption zu rühmen, welche beiden Eigenschaften mit Hilfe der trefflichen und im ganzen das richtige Mafs einhaltenden Anmerkungen dem Schüler das Lateinschreiben möglichst angenehm und die Gewöhnung an ein **gutes Latein** nicht allzu schwer macht. In den Anmerkungen zu den schon in der ersten Auflage enthaltenen Studien nimmt man vielfach die nachbessernde Hand des Verfassers wahr. Gewifs wird das Buch in der neuen Gestalt noch weiteren Eingang finden als bisher.

Grundzüge einer Metrik und Rhythmik für den Schulgebrauch von Dr. J. Methner. Leipzig, Teubner 1881. gr. 8. 28 S. 80 ₰. Das Büchlein soll aus dem Gebiete der Metrik und Rhythmik alles dasjenige enthalten, was der Gymnasialprimaner wissen mufs, um von dem metrischen Bau der Chorlieder des Sophokles ein genügendes Verständnis zu gewinnen. Am Schlusse wird eine schematische Darstellung der chorischen Metra in den beiden Ödipus und in der Antigone, ferner der lyrischen Metra des Horaz in der Art gegeben, dafs nur die Taktzahl der einzelnen Verse (mit Bezeichnung von Anakrusis, Katalexis und Dehnung) bemerkt wird.

Ferdinand Hirts geographische Bildertafeln. Herausgegeben von Dr. A. Oppel und A. Ludwig. II. Teil. Typische Landschaften. F. Hirt, Breslau, 1882. Steif brochiert ℳ 4,40. Gebunden ℳ 5,50. Des 1. Teils der Hirt'schen Bildertafeln wurde schon im vorigen Bande d. Z. S. 58. mit Anerkennung gedacht. Der nunmehr erschienene 2. Teil enthält auf 28 Tafeln eine Fülle von landschaftlichen Bildern, von denen beinahe die Hälfte Europa angehört, während die übrigen sich auf die übrigen Erdteile beziehen. Auf S. 1 — 8 findet sich eine gedrungene Einführung in den Gebrauch des Werkes, ein ausführlicher Text soll demnächst folgen.

Leitfaden für den Unterricht in der Heimatkunde als Vorbereitung des geographischen Unterrichtes von Dr. Döring, Dir. des Gymnasiums in Dortmund. Leipzig, Teubner. 1881. 8. 46 S. 40 ₰ Das Büchlein ist für die Altersstufe von 9—10 Jahren bestimmt und soll die Erkenntnis der geographischen Eigentümlichkeit der Heimat methodisch begründen, ferner für den eigentlichen geographischen Unterricht eine Anschauungsgrundlage bilden. Es wird dem Lehrer hinsichtlich der Methode des geographischen Unterrichtes in der untersten Klasse höherer Schulen manche schätzenswerte Anregung geben, auch wenn es wegen der Verschiedenheit des Lehrstoffes als Leitfaden für den Unterricht nicht vollständig ausreicht.

August Horsters Universalschulfeder. Über dieselbe liegt eine grofse Anzahl anerkennender Gutachten von aufserbayerischen und bayerischen Sachverständigen und Vorständen niederer und höherer Bildungsanstalten vor. Unter anderen spricht sich Oberstudienrat Dr. Heerwagen in Nürnberg darüber folgendermafsen aus: „Nach dem übereinstimmenden Urteil der beiden Kalligraphielehrer der Studienanstalt Nürnberg, welchen Proben der Universalschulfeder zu eingehender Prüfung übergeben wurden, vereinigt die Sorte F alle diejenigen Vorzüge in sich, welche von einer guten Schulfeder erfordert werden. Sie zeichnet sich durch Elasticität, richtig bemessene Weichheit, exakten Spaltschlufs und grofse Dauerhaftigkeit aus und darf daher angelegentlich empfohlen werden. Die Sorte M, welcher ich für meinen persönlichen Gebrauch den Vorzug gebe, wird selbst diejenigen befriedigen, die bisher des Gänsekiels nicht entraten zu können glaubten." Im übrigen verweisen wir auf das im heutigen Hefte befindliche Inserat.

Personalnachrichten.

Ernannt: Der kath. Pfarrer Dr. Fr. Schädler in Walsheim z. Prof. für Religionslehre in Landau; der prot. Pfarrer K. Euler in Karlsberg z. Prof. für Religionslehre in Landau; Ass. K. Müller bei St. Stephan in Augsburg z. Stdl. in Schwabach; H. Faltermayer z. Prof. für Religionslehre in Burghausen.

Versetzt: Stdl. L. Bartenstein v. Kirchheimbolanden n. Schwabach.

Quiesziert: Stdl. O. Hübsch in Schwabach auf 1 Jahr.

Gestorben: Stdl. M. Afsberger in Freising; Stdl. Dr. Chr. Hörner in Zweibrücken.

Bericht über die XXXVI. Versammlung deutscher Philologen und Schulmänner in Karlsruhe.

Erst heuer konnte die ursprünglich auf das vergangene Jahr anberaumte 36. Philologenversammlung stattfinden, da sie damals wegen der grofsen Doppelfeier in der grofsherzoglich badischen Familie hatte verschoben werden müssen. Nachdem schon der Vorabend des ersten Festtages eine grofse Anzahl von Teilnehmern — es mögen gegen 300 gewesen sein — in der altdeutschen, stilgerecht mit Wandmalereien aus Scheffels Schlacht im Teutoburger Walde gezierten Weinstube der grofsen Festhalle versammelt gesehen hatte, erfolgte am 27. September Früh 9 Uhr programmgemäfs die feierliche Eröffnung der ersten allgemeinen Sitzung in der geräumigen Halle des Festbaues durch den ersten Vorsitzenden, Gymnasialdirektor W e n d t, Karlsruhe, in Gegenwart einer äufserst ansehnlichen Versammlung. Der Gedankengang der von ihm gehaltenen Eröffnungsrede war folgender:

Abgesehen von verschiedenen anderen Schwierigkeiten machten die vorjährigen Festlichkeiten, an denen selbstredend die Bürgerschaft Karlsruhes in erster Linie Anteil nehmen mufste, eine Verschiebung des auf der letzten Versammlung zu Stettin hierher verlegten Philologenkongresses notwendig. Wenn mancher vielleicht deshalb seine Erwartungen heuer höher gespannt hatte, so werden sie wohl nicht befriedigt werden. Baden ist ja ein schönes und von seinen Einwohnern geliebtes Land, aber seine Hauptstadt, von der schon Göthe sagte, dafs die Langeweile in ihr täglich zunehme, ist in vieler Augen uninteressant. Es finden sich keine Reste des Altertums, keine romanischen und gotischen Kirchen und Kunstwerke, die Stadt ist vollständig modern, ihre ursprüngliche Anlage ganz entsetzlich regelmäfsig. Auch in der sie umgebenden Natur kann sie nicht mit ihren Vorgängerinen Heidelberg und Freiburg wetteifern; doch ist die Gegend mit ihren schönen Wäldern durchaus nicht reizlos. Zwar kann Karlsruhe nicht als Vorort der Wissenschaft oder Kunst gelten, aber dennoch hofft die frühere kleine Residenz, dafs sie der Ehre, der Sitz der Philologenversammlung zu sein, würdig sei; ist sie ja in den letzten zehn Jahren wesentlich gestiegen: prächtige Neubauten sind entstanden, die Wohlhabenheit nahm zu, reiche Sammlungen wurden angelegt, bedeutende Gelehrte und Künstler wirkten und wirken noch hier; alles bekundet einen grofsen Fortschritt auf allen Gebieten der Kultur, nicht nur in der Hauptstadt, sondern im ganzen Lande. Für ganz Baden sind die letzten zwei Jahrzehnte eine Zeit reichen Segens gewesen. Diesen Fortschritt aber verdanken wir der auf Veranlassung unseres für das geistige und materielle Wohl seiner Unterthanen in gleicher Weise besorgten Fürsten verliehenen einsichtigen Gesetzgebung. Auch das badische Schulwesen hat eine umfassende Umgestaltung erfahren, die philologischen, besonders die griechischen Studien kamen zu höherer Geltung; die Lehrerwelt wurde in konfessioneller Beziehung völlig unabhängig gestellt. Ein Lob über die eigenen Schulen steht uns nicht zu. Sache der Fachgenossen ist es, über dieselben zu urteilen; diese in ihren Mauern versammelt zu sehen, freut sich die

Stadt. Die Bedeutung der Philologenversammlung freilich hat sich nicht wenig geändert: an die zu erzielende Einheit des Vaterlandes braucht sie nicht mehr zu erinnern; immerhin aber ist sie wesentlich dieselbe geblieben: sie soll mit der Wissenschaft ans Licht treten, sie mit der Aufgabe der Jugenderziehung in Verbindung halten. Es wäre unrecht, wollte man alles, was Aufgabe der philologischen Studien ist, auf die Schule übertragen und es läfst sich wohl darüber streiten, was in das Gymnasium gehört. Das Verständnis der Klassiker aber mufs zweifellos immer die Hauptsache bleiben. Es gilt also, die alten Prinzipien vernünftiger gestalten; neue Prinzipien für das Gymnasium annehmen hiefse an den alten, stolzen Baum die Axt anlegen. Nur in einem Punkte mufs eine Änderung eintreten, in dem des unseligen Berechtigungswesens (zum Einjährigen), das einen immer gröfser werdenden Zudrang, einen ungesunden Zustand herbeiführt. Eine jede Anstalt sollte eine Berechtigung nur nach Absolvierung des Ganzen erteilen; das Gymnasium aber bereitet vor allem zur Universität vor. Den Wert der altklassischen Studien eingehend zu erörtern ist nicht Zeit noch Ort; es möge nur darauf hingewiesen werden, dafs wir ohne sie selbst unsere eigene Literatur nicht voll würdigen und verstehen können. Dieses weist Redner an Klopstock, Göthe und besonders eingehend an Schiller nach. Wolle man etwa behaupten, gerade Schiller sei ein Beweis dafür, dafs es genüge, die griechische Literatur aus Übersetzungen kennen zu lernen, so könne man mit demselben Recht aus seinen Schöpfungen den Satz ableiten, es sei zur Kenntnis der Schweiz das Reisen unnötig. Gerade Schiller fühlte noch in späteren Jahren den Drang, die griechische Literatur genauer kennen zu lernen; in seinen Jugendjahren liebte er die Römer, später als ihm der Sinn aufging für den Adel und die Formenschönheit der Hellenen, erklärte er den Tag für den schönsten seines Lebens, da er die Mannheimer Antiken sah. Er fand im Verständnis des Schönen und in seiner Pflege die Einigung der Sinnlichkeit und der Sittlichkeit; er hat sein Volk aus niedriger Alltäglichkeit gerissen und es nach dem Muster der Griechen gelehrt, Schönheit, sittliche Freiheit und Vaterlandsliebe in der vollen Bedeutung des Wortes zu verstehen. So ward Schiller unter dem Einflufs der griechischen Dichter der sittliche Regenerator unserer Nation. Was Schillers Geist sah, sieht unser eigenes Auge. Das Griechische aus der Schule entfernen, wäre ein Unglück und unsere Pflicht und unser Stolz ist es, die Kenntnis des griechischen Altertums, die unsere edelsten Männer anstrebten, unserer Jugend zu vermitteln.

Reicher Beifall bekundete am Schlusse dieser Rede die allseitige Zustimmung zu den geäufserten Anschauungen. Darauf gedachte der Redner jener, die seit der letzten Versammlung das Zeitliche gesegnet haben; das Andenken an sie ehrte die Versammlung durch Erheben von den Sitzen.

Nun hielt der Präsident des Gesamtministeriums, Nokk, eine Ansprache, in warmen Worten die Versammlung namens seines hohen Herrn begrüfsend, welcher zu seinem Bedauern verhindert sei, persönlich zu erscheinen, sowie namens der grofsherzoglichen Regierung, die unter der Ägide des stets für die Pflege der Wissenschaften besorgten Landesfürsten wie bisher so auch fernerhin für eine gedeihliche Entwicklung des gesamten Unterrichtswesens wirken werde. Als Geburtsstätte August Böckhs verdiene Karlsruhe doppelt die deutschen Philologen in seinen Mauern vereint zu sehen.

Es folgten einige Mitteilungen geschäftlicher Natur und ihnen der erste von Direktor Genthe, Hamburg, gesprochene Vortrag über: „Die Beziehungen der Griechen und Römer zum Balticum", da der des Geheimrat Curtius wegen Nichteintreffens der zur Erläuterung notwendigen Modelle auf den zweiten Tag verschoben werden mufste. Der Inhalt der 1½stündigen meisterhaften Rede mag in der Hauptsache hier folgen:

Statt nach Olympia geführt zu werden, mufsten die Zuhörer ihm in die Vorgeschichte des Nordens von Deutschland, eines der schwersten Gebiete für den Altertumsforscher, folgen. Der Boden sei für derartige wissenschaftliche Forschungen noch wenig geebnet, und ein sehr vorsichtiges Vorgehen angezeigt; die literarischen Überlieferungen bieten äufserst wenig, die Sprachenkunde so gut wie gar nichts; so seien denn die Ergebnisse der prähistorischen Forschung bis jetzt gering, aber immerhin für uns Deutsche von hohem Interesse, weil es sich um die Kenntnis des heimatlichen Landes und Meeres handelt. Redner betrachte es als seine Aufgabe, über das in den letzten 15 Jahren gesammelte Beweismaterial zu berichten, es zu sichten und zu vervollständigen. Er spricht nun davon, wie bereits die einschlägige Literatur des 16. Jahrhunderts zu beweisen suchte, dafs die Ostseeländer im Verkehr mit den Römern und Griechen gestanden seien; wie diese Versuche bis ans Ende des vergangenen Jahrhunderts fortgesetzt wurden und zu einer Reihe von merkwürdigen Fälschungen führten, welche die Forscher lange Zeit hindurch irre leiteten und erst seit kurzem mit Sicherheit aufgedeckt sind. Die beiden bedeutendsten Fälschungen sind eine im Mecklenburg-Strelitzischen (griechische Inschriften und Götterbilder), eine zweite in Livland, wo man viele Münzen und Bronzen fand, und auf das Grab eines griechischen Seefahrers gestofsen zu sein glaubte; allein es zeigte sich, dafs alles livländische Produkte, bez. Abgüsse sind. Aber es wurden auch ächte Funde auf dem Festlande, sowie auf den Inseln der Ostsee gemacht; so verschiedene Münzen aus Kyrene, Athen, Rhodus; bei Kopenhagen eine blaue Glasschale mit der Inschrift Εὐτυχῶς u. s. f. Gegen Westen hin hören die Funde fast ganz auf; dieser Umstand in Verbindung damit, dafs die Kenntnis der nordischen Küsten, seitdem Pytheas 325 v. Chr. seine Fahrt bis zur holsteinischen Westküste gemacht hatte, nicht wuchs, lassen die frühere Annahme eines Seeverkehrs von seite griechischer und vor ihnen phönikischer Händler als unberechtigt erscheinen. Dagegen führen Funde ununterbrochen vom baltischen Meere bis nach Griechenland; massenhaft fand man in Livland, Ostpreussen, Posen, Ungarn und Serbien griechische Münzen älteren und jüngeren Datums; so in Posen alte athenische mit dem quadratum incusum, bei Ols in Schlesien Goldmünzen Alexanders, an der March etwa 1000 Goldmünzen des Lysimachos. Es scheint also dieser Handelsweg sich längs der Donau, zur Linken der Karpathen durch Siebenbürgen zur Weichsel hingezogen zu haben. Noch eine zweite Strafse läfst sich vom schwarzen Meere her über die Dniestr und die Weichsel nach dem Balticum verfolgen, also ein Wasserweg, auf dem wahrscheinlich ein Tauschhandel unterhalten wurde, indem die Griechen, hier ohne Vermittlung der Phönikier, binnenländischen Bernstein für ihre Schmucksachen holten und die Bewohner der nördlichen Länder sich mit dem Seesalz von den Sümpfen des schwarzen Meeres versahen. Durch phönikische Hände sind aber selbstverständlich die im 3. und 4. mykenischen Grabe gefundenen Bernsteinkugeln gegangen, und eine zu Lissabon gefundene assyrische Inschrift besagt, dafs eine Karawane den Safran bringe, „welcher anzieht."

Was die Römer anlangt, so verkehrten auch sie vorwiegend zu Lande mit den Bewohnern der Ostsee, obwohl sie viel weiter als die Griechen in die nördlichen Gewässer vordrangen. Im Monumentum Ancyranum heifst es, die Römer seien bis zu einem noch nie erreichten Punkte vorgedrungen, der Name des Ortes ist leider in der lateinischen Kopie unleserlich; vom griechischen Originale wurden jüngst ordentliche Gypsabgüsse genommen, so dafs man bald erfahren wird, ob er dort erkennbar ist. Als unter des Augustus Regierung ein Befehlshaber seiner Flotte bis tief in die Ostsee vorgedrungen war, gingen Gesandte baltischer Stämme nach Rom, und nun herrschte ein auffallend reger Landverkehr zwischen Rom und diesen nordischen Gestaden, der noch mehr an Ausdehnung gewann, seit Nero eine Handelsexpedition zur Auffindung geeigneter Landwege dahin veranstaltet hatte. Fabelhaft grofs ist die Menge der im nordöstlichen Deutschland gefundenen römischen Münzen. Die Zahl der Fundstätten ist weit gröfser als selbst die der bayrischen; allein nicht alles, was sich dort aus römischer Zeit findet, wird direkt von den Römern stammen; viele Bronzegegenstände waren wohl Erzeugnisse der römisch-deutschen Industrie am Rhein. Die Masse des von den Römern vorzugsweise geholten Bernsteins mufs ganz enorm gewesen sein. Das Römerreich ging unter; die Byzantiner nahmen seinen Handel auf; diesen folgten die Araber von dem schwarzen Meere her, was die vielen von der Donau bis nach Preufsen und Posen hinauf verbreiteten arabischen Münzen und Schmucksachen beweisen. Das alte Märchen von den häufigen Seefahrten nach der Ostsee, die man unternommen habe, um Bernstein zu holen, mufs demnach fallen.

Nach Dir. Genthe ergriff noch Bürgermeister Schnetzler das Wort, um die Gäste im Namen der Stadt zu begrüfsen, die es als eine Ehre betrachte, zum Versammlungsorte gewählt worden zu sein. In der Jetztzeit, wo die Jagd nach materiellem Gewinn, die Rücksichtnahme auf den praktischen Nutzen immer mehr hervortrete, müfse man, die idealeren Ziele pflegend, das Wissen um des Wissens willen anstreben. Das thäten die Philologen, die er nochmals in Karlsruhe willkommen heifse.

Um 12 Uhr wurde die erste allgemeine Sitzung geschlossen und die Mitglieder begaben sich in die Räume des grofsh. Gymnasiums, um die Sektionen zu bilden, deren es 6, mit Einschlufs der neusprachlichen, welche sich leider seit der stettiner Versammlung von der germanisch-romanischen getrennt hat, 7 waren; dieses Geschäft war erst um 1½ beendet.

Nachmittags 3 Uhr begann das Festdiner. Schon lange vorher hatten sich die meisten der überaus zahlreichen Teilnehmer im kleinen Saale der Festhalle eingefunden, und unterhaltend war es, zu beobachten, wie in der hin- und herwogenden Menge alte Bekannte, die vielleicht seit Jahren sich nicht mehr gesehen hatten, einander freudig und herzlich begrüfsten, mancher aber auch sich vergeblich nach einem bekannten Gesichte umschaute. Sieben grofse Tafeln waren von den 350—400 Gästen voll besetzt, und das Ganze gewährte ein um so bunteres und heiteres Bild, als auch nicht wenige Vertreterinnen des schönen Geschlechtes erschienen waren; lustige Stimmung herrschte im ganzen Saale. Die Reihe der Trinksprüche wurde durch Direktor Wendt eröffnet, „in der zwar nicht politischen, aber deutschen Versammlung." deren Pflicht es sei, ihre Fürsten zu ehren. „Vor allem," sagte er, „wollen wir des Einigers des Reiches gedenken, welcher in der Sicherung des Friedens auch die geistigen Güter unseres Lebens schützt, nicht minder aber des edlen Landesfürsten." Dieser wünsche innig, die Jugend seines Landes national erzogen zu sehen; er sei voll Herzensgüte und Fürsorge für dieselbe, wie für sein ganzes Land. Mit einem „Hoch auf den deutschen Kaiser und den Grofsherzog" schlofs der Redner. Begeistert stimmte die ganze Versammlung die Jubelhymne „Heil Dir im Siegeskranz" an. Nun brachte Professor Wachsmuth, Heidelberg, einen Toast auf die grofsherzogliche Regierung: er als erst Zugewanderter dürfe offen und laut den grofsen

Umschwung und den gewaltigen Fortschritt anerkennen, den das badische Schulwesen in den letzten zwei Jahrzehnten genommen habe. Das sei in erster Linie das Verdienst des Mannes, welchem die Leitung der Regierung anvertraut sei, des Präsidenten Nokk. Dieser dankte für das gespendete Lob, bescheiden es ablehnend, da das Hauptverdienst den Männern der Wissenschaft und Schule gebühre, auf deren Wohl er trinke. Darauf spendete Prof. Curtius der Stadt Karlsruhe Lob: „Die allgemeine Freundlichkeit und Herzlichkeit that uns wohl; die Stadt hat zwar keine Geschichte, aber sie ist unter edlen Herrschern einer der vorzüglichsten Sitze der Bildung und deutschen Geistes geworden. Wir aus dem Norden bewundern das schöne badische Land und lieben es ohne Neid." In humorvoller Rede dankte Bürgermeister Schnetzler im Namen der „neuen Residenz ohne jedes Altertum," in der doch ein Altes zu finden sei, die alte Liebe zum Vaterland und zur Wissenschaft. Sein Hoch galt dem Direktor Wendt als dem Präsidenten der Versammlung und dem Leiter der Schule. Darauf folgte noch eine ganze Reihe mehr oder minder launiger Trinksprüche auf die karlsruher Jugend, auf Eckstein, auf Curtius u. s. f. Um 6 Uhr verliefs man die Festhalle, um sich um 7 Uhr zu der durch die freundlich-huldvolle Fürsorge seiner k. Hoheit des Grofsherzogs den Festgenossen gebotenen Oper im Hoftheater zu begeben. Die Festvorstellung (es kam das Gluck'sche Meisterwerk „Iphigenie auf Tauris" zur Aufführung) gestaltete sich nach jeder Seite hin zu einem wahren Kunstgenufs: Gesang, Spiel und Scenerie waren gleich vortrefflich und ernteten reichsten Beifall. So fand der erste Tag einen würdigen Abschlufs.

Zweiter Sitzungstag. Donnerstag, 28. September.

Um 8 Uhr schon vereinigten sich die Mitglieder der einzelnen Sektionen im Gymnasium zu ihren Vorträgen, über welche später Bericht erstattet werden wird, soweit es der uns zur Verfügung stehende Raum ermöglicht. Bis 10 Uhr dauerten dieselben und kurz nach 10 wurde die 2. allgemeine Sitzung durch den I. Vorsitzenden eröffnet.

Zuerst gelangte ein Telegramm Seiner k. Hoheit des Grofsherzogs zur Verlesung, worin derselbe seinen Dank für die gelegentlich des Festessens ihm gebrachte Huldigung aussprach, zugleich bedauernd, dafs er dies nicht persönlich thun könne; ferner eine Dankesdepesche von Seiner Majestät dem deutschen Kaiser.

Den ersten Vortrag hielt Prof. Dr. Studemund, Strafsburg, über „Zwei Parallelkomödien des Diphilus". Der Inhalt der von der vollendetsten philologischen Akribie zeugenden, in schöner Diction gesprochenen Rede, welche den Anwesenden einen tiefen Einblick in das Studium mangelhaft erhaltener Handschriften gewährte, war im ganzen folgender:

Die erste Stelle unter den Ausläufern der klassischen poetischen Literatur der Griechen nimmt, besonders seit der Zeit Alexanders, die neue Komödie ein. Sie verzichtet auf Erfindungen einer höheren Phantasie und entnimmt ihre Stoffe zumeist nicht dem öffentlichen, sondern dem bürgerlichen Privatleben, so dafs die Stücke dieser Gattung nicht sowohl Lustspiele im engeren Sinne des Wortes, als vielmehr bürgerliche Schauspiele sind. Da die in ihnen vorkommende Handlung ebenso gut bei einem anderen Volke als bei den Griechen möglich war, konnten sie sehr leicht von jenen Völkern nachgeahmt werden, die ihre Literatur der griechischen entnahmen; dies geschah besonders von den Römern in der fabula palliata.

Die Produktivität der gröfsten Dichter dieses νέα κωμῳδία war eine riesige: Menander hat der Überlieferung nach 108 Stücke verfafst, Diphilus 100, Philemon 97; es war dies nur dadurch möglich, dafs man in einer Reihe von Komödien ganz dieselben oder ähnliche Motive und Verwicklungen wiederkehren liefs, und nur durch ihre Verwendung, sowie durch Beimischung erheiternder Scherze eine anziehende Abwechslung in die verschiedenen Stücke brachte. Freilich berechtigt uns blofs ein Schlufs zu dieser Vermutung, denn direkt sind wir über den Inhalt dieser Art von Lustspielen nur sehr mangelhaft unterrichtet, und die römischen Nachahmungen des Plautus und Terenz geben keinen genügenden Ersatz für die verloren gegangenen griechischen Originale; nur in einem Falle vermögen wir das Fabrikmäfsige jener Komödiendichtung genau zu erkennen: an zwei Stücken des griechischen Dichters Diphilus aus Sinope, **Rudens** und **Vidularia**.

Eines der häufigsten Motive in der „neuen Komödie" ist die Verwicklung durch Schiffbruch und Seeraub und deren Lösung durch eine ἀναγνώρισις, welche nicht selten mit Hilfe von Spielsachen der Hauptpersonen des Stückes herbeigeführt wird, wonach diese Stücke den Namen Crepundienstücke führen. Unter diese gehört der von Plautus wahrscheinlich im letzten Jahrzehnt seines Lebens verfafste **Rudens**, die Nachbildung eines Stückes des Diphilus, dessen griechischer Titel nicht angegeben ist. Den bekannten Inhalt dieses Schauspiels gebe ich hier mit Hervorhebung der in der Parallelkomödie wiederkehrenden Punkte an.

Ort der Handlung ist die Meeresküste von Kyrene, vor einem Tempel der Venus (mit Myrtengebüsch) und dem Hause des Alten Daemones, der früher in Attika in Wohlstand gelebt hatte; nachdem sein einziges, 3 Jahre altes Töchterchen von einem Seeräuber geraubt, und sein Vermögen durch gewissenlose Freunde wesentlich verringert worden war, war er nach Kyrene ausgewandert und hatte sich dort ein neues Heim gegründet. In der Nacht nun, welche der Handlung unseres Stückes vorangeht, war ein Schiff durch einen heftigen Sturm in der Nähe der Küste gescheitert, auf dem ein Kuppler mit einem Gefährten aus Agrigent Mädchen gewaltsam hatte nach Sicilien schaffen wollen; zwei von den Mädchen, Palaestra und ihre Freundin, retteten sich an die Küste. Palaestra ist, wie sich später durch die Crepundien zeigt, des Daemones Tochter; sie war von dem Seeräuber an jenen Kuppler verkauft und später diesem wieder von einem sie liebenden Jüngling um 30 Minen abgekauft worden unter Hinterlegung eines Aufgeldes. Bevor das Ganze gezahlt war, hatte aber der Kuppler in der Hoffnung auf glänzenderen Gewinn sich mit den Mädchen nach Sicilien eingeschifft, dem Liebhaber vorspiegelnd, er wolle mit ihnen im Venustempel opfern. Die Mädchen suchen und finden nach dem Schiffbruche Hilfe im Venustempel; dort findet Trachalio, ein Sklave des Liebhabers der Palaestra, zur Verfolgung des Kupplers nach dem Venustempel geschickt, deren wasserholende Freundin und erfährt von ihr die glückliche Errettung der Mädchen; leider aber sei das Kästchen mit den Crepundien der Palaestra in einem Koffer (vidulus) des Kupplers verloren gegangen, so dafs sie der einzigen Hoffnung beraubt sei, von ihren Eltern wiedererkannt zu werden. Trachalio geht in den Venustempel um P. zu trösten. Nun tritt der ohne Wissen der Mädchen gerettete Kuppler auf, erfährt durch Dämones, dafs sie im Tempel sind, und geht dahin, sie zu holen. Aber auf den Hilferuf Trachalios eilt Dämones mit seinen Leuten herbei, der Kuppler wird gefesselt und von dem Liebhaber vor Gericht verklagt. Nun fehlt nur noch das Kästchen mit den Crepundien, um der Unschuld ihr Recht, dem Bösen seine Strafe werden zu lassen. Aber

Gripus, ein Sklave des Dämones, hat ihn beim Fischfang gefunden und will ihn für sich behalten; Trachalio jedoch, der ihn beobachtet hat, hindert dies, sie geraten in Streit und wählen Dämones zum Schiedsrichter. Trachalio verlangt die Auslieferung des Kästchens mit den Crepundien der P. Dieses wird geöffnet und an den Crepundien erkennt Dämones die Besitzerin als seine Tochter. Diese heiratet nun ihren Liebhaber, Trachalio wird freigelassen und erhält die Freundin zur Frau, und auch Gripus wird frei.

Sehr nahe verwandt mit dem Rudens ist der Inhalt der verschiedenen uns erhaltenen Fragmente der Vidularia des Plautus, was schon der Name zeigt, da auch jener ebenso gut hätte Vidularia benannt werden können. Soweit 2 im Ambrosianischen Palimpseste in Mailand erhaltene Blätter es zuließen, habe ich 1870 unter Berücksichtigung der bei lat. Grammatikern erhaltenen Citate eine Editio princeps der Vidularia-Reste herzustellen versucht. Das Wichtigste, was sich direkt oder indirekt für den Inhalt der Vidularia ergibt, ist:

Ort der Handlung wie im Rudens, Meeresküste, wahrscheinlich in der Nähe eines Venustempels (Myrtengebüsch). Haus des Alten Dinia, wie dort des Dämones; dann das Haus eines Fischers Gorgo. Nicodemus schiffbrüchig wie Palästra; auch er hat einen Koffer verloren, der einen Siegelring enthielt, an welchem ihn später sein Vater erkennt. Er wird von Gorgo aufgenommen und verdingt sich als Arbeiter bei seinem Vater Dinia, den er nicht kennt. Gorgo findet beim Fischen den Koffer und läßt ihn am Ufer; ein Sklave Namens Cacistus sieht ihn vom Myrtengebüsch aus und will ihn nehmen; Gorgo ertappt ihn; sie streiten. Dinia und Nicodemus treten auf; Dinia leiht letzterem eine Silbermine um ihm zu helfen und erläßt ihm aus Mitleid die Arbeit. Die bei den Grammatikern citierten Stellen lassen ersehen, daß der Koffer wahrscheinlich dem Dinia, wie im Rudens dem Dämones, übergeben wird; bei der Öffnung wird vermittelst des Ringes, der mit einem zweiten übereinstimmt, Nicodemus von Dinia erkannt, ähnlich wie im Rudens Palästra von Dämones.

Diese Einzelheiten aus der Vidularia zeigen eine so merkwürdige Ähnlichkeit mit dem Inhalt des Rudens, daß die beiden Stücke wohl als „Parallel-Komödien" bezeichnet werden können, oder mit einem nicht ganz zutreffenden Ausdruck der modernen Kunstsprache für Gegenstände der bildenden Künste als „Pendants." Dieser Grad von Ähnlichkeit hätte kaum in zwei plautinischen Stücken erreicht werden können, wenn nicht die beiden griechischen Originale, denen er sie nachgebildet hat, von demselben Dichter gewesen wären. Da aber im Prolog des Rudens Diphilus ausdrücklich als Verfasser des griechischen Originals angegeben wird, so ist es wahrscheinlich, daß er auch der jenes Stückes gewesen sei, dem die Vidularia nachgebildet ist. „Diese Vermutung," sagte Studemund, „hoffe er mit Hilfe eines vor wenigen Jahren gemachten Fundes zu Gewißheit erheben zu können," und ging damit zum zweiten Teile seiner Rede über. Er setzte auf das eingehendste auseinander, wie es ihm gelungen sei, in wenigen Überresten von Versen und Worten eines siebartig durchlöcherten Einzelblattes des ambrosianischen Palimpsestes den Prolog zur Koffer-Komödie zu erkennen, und seinen Wortlaut in der Hauptsache herzustellen. Er habe mehr als einen Monat gebraucht, um eine nur unvollkommene Abschrift der furchtbar schwer leserlichen Rückseite dieses Blattes anzufertigen; ein Facsimile derselben wurde jedem Zuhörer eingehändigt, um dem Vortrage besser folgen zu können. Im einzelnen können wir leider auf diese Erörterungen nicht eingehen, und beschränken uns darauf, das Endresultat derselben mitzuteilen. Die 7. und 8. Zeile des Fragmentes liefs sich zu folgenden 2 Senaren ergänzen:

Schedia haec uocatast graeco comoedia
Poeta, hanc noster fecit Uidulariam.

Der Titel Schedia aber sei nur für eine Komödie eines einzigen griechischen Dichters bezeugt, nämlich für Diphilus, der mithin als Verfasser der beiden Parallelkomödien erwiesen sei.

Jetzt betrat Geheimrath Curtius, Berlin, die Rednerbühne, um seinen mit grofser Spannung erwarteten Vortrag über: „Die Ausgrabungen in Olympia" zu halten. Den Inhalt dieser Rede, der vermittelst eines sehr grofsen Umrisses des zu Tage geförderten Terrains, vieler Zeichnungen und Gypsabgüsse den Zuhörern erläutert wurde, geben wir möglichst genau wieder, da ihm zweifellos alle unsere Leser grofses Interesse entgegenbringen:

„Vor 7 Jahren", sagte Curtius „ist der erste Spatenstich zu Olympia geschehen; fünf Jahre ist es, dafs ich zu Wiesbaden über die ersten Ausgrabungen berichten konnte; bereits $1\frac{1}{2}$ Jahre hat die mechanische Arbeit an Ort und Stelle aufgehört; was, seit ich zuletzt berichtet habe, geleistet worden ist, übersteigt alle Erwartungen: Denkmäler aus mehr als 10 Jahrhunderten sind zu Tage gefördert worden, von frühgriechischer Zeit bis in die der Byzantiner. Der wissenschaftliche Gewinn ist grofs; nach allen Seiten ist Licht gedrungen. Für jede Art der Architektur ist viel gewonnen: die Geschichte der Kunst und der Künstler wird bereichert; für Inschriften-, Sprach- und Schriftkunde ist viel neues Material gefunden, und Ahrens hat noch zuletzt an olympischen Funden seine letzte Lebenskraft bewährt. Unsere Entdeckungen sind weit über das enge Gebiet von Olympia hinaus fruchtbar geworden. Der genaue Grundrifs des Parthenon und sein Inneres ist jetzt in Folge der Freilegung des Zeustempels vollständig erkannt worden. Der leitende Architekt Dörpfeld hat durch erfolgreiche Untersuchungen über die griechischen Mafse eine neue Aera für die Metrologie begründet. Auch früher haben oft Expeditionen stattgefunden, aber keine kann mit unserem Werke in Olympia verglichen werden; jenes waren nur Touristen, einzelne, die einzelnes untersuchten, deren Beobachtungen dann wieder von anderen berichtigt und ergänzt wurden; hier trat, und das ist die Hauptsache, an Stelle der Touristen eine deutsche Gelehrtenkolonie; im Winter wurde an Ort und Stelle gearbeitet, im Sommer schlossen sich in der Heimat die Studien an; so wurde die deutsche Wissenschaft in Griechenland heimisch, wie nie zuvor: die Ausgrabungen wurden eine Schule der deutschen Gelehrten und Architekten.

Über dreierlei glaubt der Redner sprechen zu sollen: wie die Zeit von $1\frac{1}{2}$ Jahren seit Freilegung der Altis ausgenutzt worden ist; über den Plan des Tempelbezirkes; dann noch über die Tempelplastik.

Man hat seit Beendigung der mechanischen Arbeit keineswegs geruht: schwere Geistesarbeit trat an ihre Stelle; man mufste die wissenschaftlichen Ergebnisse ziehen, das eigene Wissen den anderen vermitteln; die fünf gewaltigen Bände, welche über die 6 Kampagnen erschienen sind, geben annalistisch das, was gefunden wurde. Jetzt ist man mit der Ausarbeitung eines handlichen Bandes beschäftigt, der sozusagen die Quintessenz der anderen, der bisherigen Forschungen enthalten wird. Auch sind bei Weidmann drei Karten von Olympia und Umgegend erschienen; ebenso wird der Grundrifs bald im Buchhandel zu haben sein. Auf meine Anregung sind geologische Untersuchungen von Prof. Bücking vorgenommen worden, die uns erst über die Zerstörungsgeschichte Olympias völlig aufklärten. Nicht der Alpheios hat das Gebiet überschwemmt, wie man bisher angenommen hatte, sondern der Gebirgsbach Kladeos; er hat bis zu 5 Meter Höhe die Stätte mit Erde und Kies bedeckt, und ist so gewissermafsen der Retter der ausgegrabenen Schätze geworden. Der angeschwollene Alpheios hat grofse Stücke weggeschwemmt; durch einen römischen Backsteinbau ist seine Kraft gebrochen und die Altis vor ihm bewahrt worden. Auch der im Norden der Altis liegende Hügel Kronion hat manche Stelle überschüttet, so auch einen Teil des Heratempels. Das Bedeutendste aber, was zu thun war — nach Vollendung der Ausgrabungen — und noch nicht ganz gethan ist, das ist die Restitution der Giebelgruppen. Kaiser Wilhelm hat sie ermöglicht und mit Hilfe des begabten Bildhauers Grüdner schreitet die Arbeit tüchtig voran. In Olympia selbst die Arbeiten noch nicht ganz abgeschlossen. — Dr. Purgold hat eine nochmalige Kollation der Inschriften vorgenommen, und bei dieser, erst vor wenigen Wochen beendigten Nachlese sind noch wertvolle Funde gemacht worden; so wurde die Inschrift auf dem Schilde gelesen, der nach der für die Athener unheilvollen Schlacht bei Tanagra in der 81. Olympiade von den Siegern geweiht wurde. Grofse Schrifturkunden freilich fanden sich nur wenige; dagegen eine grofse Anzahl von anderen Funden: erstens Statuen und Architekturstücke, dann kleinere Sachen in Masse, darunter kleine, wundervoll schön bemalte Terracotten, die für die Geschichte der Architektur äufserst interessant sind: sie dienten zur Bekleidung der Giebel und zeigen, dafs lange Zeit Holzdächer in Gebrauch waren. Von diesen Doubletten im engeren und weiteren Sinne mufsten vertragsmäfsig eine Anzahl Deutschland im Original überlassen werden. Jedoch war bei der Beratung im griechischen Parlament eine grofse Partei, welche nichts herausgeben wollte, da es Hochverrat sei, wenn man Werke der Vorfahren, die auf heimischem Boden gefunden seien, den Ausländern ausliefern wollte; dem entgegen betonte der Ministerpräsident, dafs diese Schätze nicht Eigentum der Griechen allein, sondern der ganzen gebildeten Welt seien, und so wurde denn die Ablassung bewilligt.

Was die Ausgrabungen selbst betrifft, so bleibt noch ein Rest der Arbeit den Griechen, aber die Hauptsachen sind gefunden. Nicht gefunden ist nur das Hippodameion; anderes ist nur teilweise ausgegraben, weil die Mittel ausgingen. So liegt der sogenannte Südwestbau nur zur Hälfte frei; vom Stadion nur ein kleiner Teil; man war so glücklich, den Anfang zu finden, von dem aus die Läufer in den Wettkampf eintraten, und sogar die Stelle, wo ihre Füfse ansetzten; dann suchte man das Ende und fand es bald. Sonst ist alles bekannt: der Zeustempel, das Heiligtum der Hera, das Metroon, die Reihe der Schatzhäuser, wo einst der Reichtum und Kunstsinn aller hellenischen Städte zu sehen war, die Palästra, das Buleuterion, die Altäre u. s. f. Des Pausanias Beschreibung erwies sich durchaus als zuverlässig. Die Aufdeckung der Palästra erhält dadurch besonderen Wert, dafs sie die einzige ist, die bisher auf griechischem Boden gefunden wurde, und ihr Grundrifs, wie ihre Einrichtung klar vor Augen liegen. Der Zeusaltar, dessen Stelle durch Auffindung vieler Asche zweifellos sicher steht, lag — und dies ist besonders interessant — getrennt vom Zeustempel.

Immerhin bleiben eine Reihe strittiger Punkte: erstens war die Nordgrenze von jeher durch eine Mauer bezeichnet? Spuren sind von einer solchen nicht vorhanden; notwendig war sie nicht, weil der Kronionhügel, welcher dicht vor der Altis lag, selbst die Grenze bildete. Aber es kann immerhin eine Mauer den Hain abgeschlossen haben, und der Wasserleitung des Herodes geopfert worden sein. Dann, wo befand sich das Leonidaion, das zur Aufnahme vornehmer Gäste bestimmte Haus? Hier gehen die

Ansichten auseinander. Ferner liegen auch im Westen einige alte Baulichkeiten, deren Bestimmung nicht ganz klar ist. So z. B. lag an der Stelle, wo später die byzantinische Kirche errichtet wurde, ein älterer Bau, in dem man das ἐργαστήριον das Pheidias erkennen wollte; aber dieses lag in der Nähe des Leonidaion, und jener Bau, dessen Plan noch erhalten ist, war ein Prachtbau und keine Werkstätte. Nördlich fanden wir in einem alten Rundbau einen Altar aus Erde, den ich für den Platz des alten Gaiaheiligtums halte. Hier ist dann auch das Haus gefunden, welches dem Priesterkollegium als Wohnung diente; die Priester waren beständig in Olympia, weil die Opfer nicht unterbrochen werden durften.

Drittens will ich noch einen Augenblick bei der Tempelsculptur verweilen. Wenn man uns hier vorgeworfen hat, dafs ein Engländer es gewesen sei, der zuerst über die ästhetische Seite der Ausgrabungen geschrieben habe, so ist darauf nur zu erwidern, „gut Ding will Weile haben"; erst hatten wir noch wichtige Arbeiten zu vollenden, und dann wollte man warten, bis alles ordentlich gesäubert und zusammengestellt war, um erst nach Vollendung des Ganzen ein endgiltiges Urteil über seinen Kunstwert sich zu bilden. Die Gygantenkämpfe an den Giebeln des megarischen Schatzhauses sind gering an Arbeit und Material, wichtiger schon sind die Metopen des Zeustempels, welche — 12 an der Zahl — bis auf 2 wiedergefunden sind, und Thaten des Herakles darstellen. Das Bedeutendste aber sind die 2 Giebelfelder des Zeustempels, der Kentaurenkampf, der den Westgiebel einnimmt, und die Vorbereitungen zum Wagenrennen des Pelops und Oinomaos am Ostgiebel. Auf die Rekonstruktion derselben hat man sehr viel Mühe verwendet, und nach meiner Anordnung hat Grüdner, der in Schapers Schule gebildet ist, das hier aufgestellte Modell des Ostgiebels in einem Zehntel der Originalgröfse angefertigt; der Westgiebel, von dem nur einige Figuren vorliegen, wird um Mitte November vollendet sein. Hauptaufgabe ist es, die Reihenfolge der Figuren festzustellen. Sie wird durch die Giebelform, die Beschreibung des Pausanias und die Fundstätten bestimmt. Der Fundstätten sind aber 3 Arten zu unterscheiden: kleinere Bruchstücke, Köpfe, Arme, Füfse sind willkürlich fortgeschleppt und in den Lehm der Hütten eingemauert worden; die gröfseren Trümmer wurden, falls sie im Wege lagen, nur auf die Seite gerückt; drittens sind in nicht wenig Fällen Fundstätte und Fallstätte identisch. Da die Wirkung des Erdbebens, durch welches der Zeustempel zerstört wurde, nicht an allen Stellen die gleiche war, wurden die Werke in der Südostecke weiter geschleudert, die in der Nordostecke fielen fast senkrecht herab. Dort wurden 3 Figuren zusammen gefunden; die Eckfigur mit den 2 folgenden, nämlich der Kladeos mit dem hockenden Knaben und dem sinnenden Greis, der die Hand an die Wange legt. Geht man von der Mitte des Giebelfeldes aus, so ist die Gruppierung folgende: in der Mitte Zeus, der sogleich das Zeichen zum Wettrennen geben wird, der stolze Oinomaos mit seiner Gattin Sterope rechts, Pelops mit seiner künftigen Braut Hippodomeia links von Zeus. An Sterope schliefst sich Myrtilos, des Pelops Wagenlenker, der, zum Aufspringen bereit, vor den Füfsen der Pferde kauert; ihm entspricht auf der andern Seite eine ähnliche Figur. Nun folgen die beiden Viergespanne, an sie schliefst sich rechts ein sinnender Greis, der wohl den Tod seines Herrn ahnt; links ein würdevoll blickender Mann, der mit ausgestreckter Hand den vom Gott geschenkten Sieg annimmt, beide in sitzender Stellung. Dann folgt eine Frauengestalt und der Alpheios als ruhender Mann; erstere wird die Quelle Pisa oder Arethusa genannt, mit der Alpheios unterirdisch zusammenhängen soll; auf der andern Seite der einen Bachgott darstellende hockende Knabe und der Kladeos, welcher sich in den Alpheios ergiefst. So ist die Responsion in allen Teilen gleichmäfsig durchgeführt.

Am Westgiebel steht in der Mitte der strafend die Hand ausstreckende Apollon, der Beschützer des Gastrechts; um den Gott wogt wilder Kampf, auf beiden Seiten je drei Gruppen von Kämpfern. Kaum konnten die Giebel ein und desselben Tempels in stärkerem Widerspruch stehen; hier die gröfste Ruhe, dort der wildeste Kampf.

Alle Fragen sind aber noch nicht gelöst; es bleibt zunächst noch das Problem der Konkurrenz; offenbar handelt es sich darum in der berühmten Inschrift, welche besagt, dafs Paionios bei der Anfertigung der ἀκρωτήρια den Sieg errungen habe. Es ist wohl anzunehmen, dafs die Priester sich durch die strenge Symmetrie, die feierliche Ruhe und die gebundene Haltung bestimmen liefsen, diesem den Vorzug vor Alkamenes, des Phidias Schüler zu geben. Sodann ist die Frage über den Stil verschieden beantwortet worden. Ich halte dafür, dafs Metopen und Giebelfiguren e i n e r und zwar der attischen Schule angehören. Wenn die Figuren — man mufs nicht mit falschen Erwartungen an sie herantreten, sondern vielmehr von ihnen lernen — nicht immer gröfste Exaktheit in der Ausführung zeigen, so ist zu bedenken, dafs wahrscheinlich einheimische, nicht attische Steinhauer sie fertig stellten, dafs sie im Akkord gearbeitet wurden und vielleicht auch manche noch unfertig zur bestimmten Zeit an ihre Stelle gesetzt werden mufsten, endlich, dafs sie für einen sehr hohen Standort bestimmt waren. Auch so machen sie der attischen Kunst keine Schande.

So am Schlusse seiner eineinhalbstündigen Rede angelangt, hält es Prof. Curtius für seine Pflicht, noch dem Kaiser seinen besten Dank zu sagen, der nicht etwa blofs die Firma dieses grofsen einzig aus Liebe zur Wahrheit unternommenen Werkes gewesen sei, sondern, als die Mittel ausgingen, aus eigenen Mitteln reichlich gespendet habe, um diese grofse That des Friedens nach dem grofsen Kriege vollenden zu können, welche uns niemand in solcher Vollständigkeit vorgemacht habe und die uns auch schwerlich jemand nachmachen werde.

Die herrliche Rede wurde von der gesamten Zuhörerschaft — auch viele Damen waren auf der Gallerie anwesend — durch lauten Beifall gelohnt. Schlufs der II. allgemeinen Sitzung um 12¹⁄₂ Uhr.

Nachmittags fand trotz des wenig versprechenden Wetters die Festfahrt nach Baden statt, zu welcher jedes Mitglied eine Freikarte erhalten hatte. Der um 1¹⁄₂ Uhr abfahrende Extrazug brachte eine zahlreiche Gesellschaft von Herren und Damen dahin; letztere hatten, vermutlich durch die Aussicht auf einen Tanz am Abend gelockt, sich in besonders grofser Anzahl eingefunden. Wie heuer fast alle Ausflüge, so wurde auch dieser vom Regenspender reichlich mit Segen übergossen. Hatte es schon vor der Abfahrt tüchtig geschüttet, so folgte auch bald nach der Ankunft in Baden ein heftiger Gufs, so dafs man leider den kurzen Aufenthalt nicht zur Beschauung der reizenden Umgebung des berühmten Heilortes benützen konnte; nur wenige waren so glücklich, von dem alten Schlosse eine, wenn auch beschränkte Aussicht zu geniefsen. Doch in Baden lassen sich ein paar regnerische Stunden leicht verbringen: man besuchte das Friedrichsbad, welches zur beliebigen Besichtigung von der Badeanstaltkommission bereitwilligst geöffnet worden war, machte einen kleinen Bummel und stärkte Magen und Kehle. Am Abend lauschte man den heiteren Weisen, die zwei Musikkapellen vor und in dem prächtigen Konversationshause abwechselnd spielten. Drinnen aber im hintersten Saale — auch die Räume des Konversationshauses standen uns sämtlich offen — spielte ein eigenes

Orchester zum Tanze auf, und die junge Welt, und auch mancher nicht mehr ganz Junge, drehte sich nach Herzenslust. So kam die Zeit der Rückfahrt immer noch schnell genug.

Dritter Sitzungstag. Freitag, den 29. September.

Zu Beginn der III. allgemeinen Sitzung, welche wie sonst nach Beendigung der Sectionsvorträge um 10 Uhr anfing, erklärte Dir. Wendt, wegen der ungünstigen Witterung das für Samstag beabsichtigte Gartenfest in Pforzheim für abgesetzt vom Programme der Festlichkeiten und gab dann Direktor Hettner-Trier, das Wort zu seinem Vortrag: „Zur Kultur von Gallien und Germanien unter römischer Herrschaft", dessen Inhalt etwa der war:

Wenn Redner sich die Aufgabe stelle, den Kulturzustand in Germanien und Gallien zur Zeit der Römerherrschaft darzustellen, so spreche er von dem Teile Deutschlands, der, links des Rheines sich hinziehend, Germania inferior und Germania superior genannt wurde, dann von dem sogenannten belgischen Gallien. Die Grenze zwischen den beiden germanischen Gebieten, welche übrigens nicht Provinzen, sondern Militärdistrikte waren, und Belgien läfst sich noch nicht überall genau festsetzen; im allgemeinen wird man eine Linie von den Vogesen anfangend, der Grenze zwischen den Bezirken Trier und Koblenz und der Landesgrenze bis Aachen folgend, als Scheide annehmen dürfen. Der Grundunterschied zwischen beiden Ländern, der ganz besonders betont werden mufs, ist dieser: Gallien hatte eine durchaus bürgerliche Bevölkerung; Germanien war Militärgrenze, und von militärischen Rücksichten liefs man sich bei seiner Verwaltung leiten. Von Mainz, das wahrscheinlich, wie Köln, schon von Agrippa gegründet wurde, bis nach Xanten hinauf waren zahlreiche Kastelle angelegt, die Besatzung belief sich auf etwa 90 000 Mann. Da die Soldaten heiraten durften, mufste dieses bedeutende Heer nachhaltigen Einfluss auf die Mischung der Bevölkerung einüben. Vor dem Lager, das immer in der Nähe germanischer Ansiedelungen war, wohnten Weiber und Kinder der Soldaten; so verwuchsen denn beide Niederlassungen bald zu einer Ortschaft, und die Romanisierung vollzog sich verhältnismäfsig rasch; denn dafs das Heer genügend romanische Elemente barg, kann nicht mehr bezweifelt werden, da wir aus Inschriften wissen, dafs die Mehrheit in Oberitalien ausgehoben wurde. Die Bevölkerung aber nahm gerne römische Sitte und Sprache an; die Ubier waren schon bald Freunde der Römer, nicht minder die Nemeter und Triboker, welchen Caesar die von Ariovist erhaltenen Wohnsitze bestätigt hatte; auch das zusammengelaufene Volk, das die agri decumates bewohnte, war natürlich gut römisch. Anders stand es bei den Mediomatrikern und Trevirern in Metz und Trier, denen ein Teil ihres Besitzes genommen worden war; auch war hier der Zuzug aus Italien nie so bedeutend, und so vollzog sich die Romanisierung nie vollständig. Zwar entstanden auch bei ihnen römische Bauten, und war auch bei ihnen das Lateinische die offizielle Sprache, aber das Volk blieb römischer Kultur weit ferner als jenseits des Rheines. So erhielt sich bei den Belgern die Muttersprache bis in das vierte Jahrhundert, wogegen bei den Germanen die römische Sprache bald allgemein verbreitet war; auch die alte Religion behielten sie bei. Die deutlichsten Beweise für die völlige Verschiedenheit liefern die uns erhaltenen Grabmonumente: in Germanien tragen die Grabreliefs italischen Charakter — bewaffnete oder mit der Toga bekleidete Soldaten; häufige Totenmahle etc. —; in Belgien sind die Grabsteine nach Form und Ausführung eigenartig, sie sind tonnenförmig oder pyramidal, oft von bedeutender Höhe — die Igeler Säule an 70 Fufs —; Porträtdarstellungen und Schuppendach kennzeichnen sie.

Nun folgt eine Darstellung der Bauart und der Kleidung, die im Ganzen in Belgien und Germanien dieselbe Entwicklung zeigen. Da wir unsere Kenntnis über den Häuserbau nur aus den aufgefundenen Ruinen schöpfen können, so sind selbstredend noch viele Punkte unaufgeklärt; so hat man ein städtisches römisches Wohnhaus in Deutschland und Frankreich bis jetzt noch nicht gefunden; nur Villen kennen wir. Von diesen lassen sich zwei Arten unterscheiden, solche mit quadratischem Grundrifs, (die kleineren) ohne Atrium, dessen Stelle ein Wirtschaftshof einnimmt; die anderen, eleganteren, mit rechteckigem Grundrifs offenbar Sommersitze der Vornehmen. Das Dach ist mit Ziegeln gedeckt, der Fufsboden zuweilen aus Mosaik; die Räume sind gröfser als in Pompeii, die Wände den dortigen ähnlich. Das Klima bedingt eine Masse Veränderungen der italischen Bauart gegenüber: die meisten Räume sind durch Glasfenster geschlossen und durch Hypokausten heizbar. Am besten erhalten, weil mit unverwüstlichem Mörtel gebaut, sind die Bäderäume. Dafs diese Villen den Grofsgrundbesitzern mit ihren coloni gehörten, beweisen die in der Nähe befindlichen Wohnungen der letzteren, sowie die Wirtschaftsgebäude. Die Bekleidung der Belgier war eine eigentümliche: ein bis zu den Füfsen reichender Mantel, nur mit einem Loche, durch das der Kopf gesteckt wird, mit weiten Ärmeln und einer Kapuze; dies mufs das Sagum sein, das belgische Nationalgewand, welches nach Diodor zumeist buntfarbig war. Darunter trug man ein tunicaartiges Hemd, um den Hals ein Tuch; Hosen hat man noch nicht gefunden. Die Frauenkleidung war wesentlich die gleiche; an den Strümpfen war die grofse Zehe von den anderen getrennt. Zum Schlufs wird die Agrikultur und Industrie berührt: Viehzucht und Obstbau waren weit verbreitet und einträglich; Wein wurde zuerst um die Mitte des zweiten Jahrhunderts gebaut. Die rheinischen Töpferwaren waren berühmt, wurden aber, wie es scheint, nicht exportiert. Bis 250 wächst die römische Kultur, dann mufs sie den eindringenden germanischen Völkern weichen; im belgischen Gallien zeigt sich ein längeres Wachstum, weil hier die Kaiser ihren Wohnsitz nehmen.

Nach Beendigung dieser Rede machte der Präsident darauf aufmerksam, dafs man nun an die Wahl des nächstjährigen Versammlungsortes denken müsse; Direktor Eckstein werde über die Beschlüsse des zu diesem Zwecke bestimmten Ausschusses berichten. Dieser schlägt Dessau vor, da man eine Stadt wählen wolle, die womöglich im Herzen Deutschlands liege; als Präsidenten schlägt er den anwesenden Direktor und Schulrat Krüger in Dessau und als II. Vorsitzenden Direktor Stier in Zerbst vor. Nach einstimmiger Annahme dieser Vorschläge gab Dir. Krüger die Erklärung ab, die Anhaltsche Regierung und die Stadt Dessau heifse schon im Voraus die Philologenversammlung willkommen. Sodann wurde auf Anregung des Präsidenten noch der Beschlufs gefafst, es solle auf der nächsten Versammlung zwei Anträge auf die Tagesordnung gesetzt werden: 1) **Es sollten vom Jahre 1883 an nicht mehr alljährliche, sondern zweijährliche Versammlungen abgehalten werden;** 2) **Die Versammlung solle die durch sie erwachsenden Kosten selbst bestreiten,** damit man bei der Auswahl der Versammlungsorte weniger Schwierigkeiten begegne.

Hierauf betrat Privatdozent Dr. Koch, Marburg, die Rednerbühne und sprach über: „Die Beziehungen der deutschen zur englischen Literatur im 18. Jahrhundert." Gleichzeitig mit Lockes Philosophie übten die Lehrgedichte Popes und Thomsons bedeutenden Einfluſs auf Brockes und Haller; bis Wieland läſst sich dieser Einfluſs verfolgen. Zunächst macht sich dann Richardsons Einfluſs auf das bürgerliche Schauspiel Lessings und der Addisons auf die deutschen kritischen Wochen- und Zeitschriften geltend. Dann kommen Milton und Young und erst nach ihnen tritt der groſse Shakespeare in innige Beziehungen zur deutschen Literatur; er wirkt fördernder als irgend ein Anderer auf die gesunde Entwicklung derselben ein (Lessing, Schiller, Göthe). Teils gleichzeitig, teils nach ihm wurden denn auch die „Reliques of Ancient English Poetry", die Percy 1765 veröffentlicht hatte, beachtet; selbst Göthe schöpfte aus ihnen. In der eingehendsten Weise verbreitet sich Redner über diese Punkte und schlieſst dann: Jetzt erst hatte der deutsche Geist gelernt, unmittelbar an das klassische Altertum heranzutreten, von jetzt ab macht sich aber auch der Einfluſs der deutschen Literatur auf die englische geltend, von der sie bisher das stoffliche Element geschöpft hatte, während das Formale von der französischen Literatur herübergenommen worden war.

Obwohl es unterdessen schon 12½ Uhr geworden war, hielt noch Prof. Böckel, Karlsruhe, seinen Vortrag über „Hermann Köchly", freilich vor einer nur kleinen Schaar, die jedoch mit regem Interesse und gespannter Aufmerksamkeit den Worten des Redners folgte. Gerne würden wir ausführlich die treffliche Rede wiedergeben, doch Mangel an Raum macht uns maſsvolle Beschränkung zur Pflicht.

„Wenn er an dieser Stelle Köchlys gedenke", begann Böckel, „so bedürfe das keiner Entschuldigung; vielmehr erfülle er nur eine Pflicht der Dankbarkeit gegen den Mann, der diese Versammlungen seit dem Jahre 45 so eifrig besucht und gefördert habe und noch bis zu Heidelberg den Vorsitz geführt habe. In Köchlys Persönlichkeit, dessen Thätigkeit als Lehrer er darstellen wolle, zeige sich durchweg ein gewisser frischer, aneifernder, Zug, der ihn nicht zum Stubengelehrten werden lieſs und ihm die Liebe seiner Schüler erwarb; er war zum akademischen Lehrer geschaffen. Schon während er noch am Gymnasium in Dresden lehrte, that er sich hervor; als sich eine Gymnasialreform vorbereitete, befürwortete er eine gebührende Berücksichtigung des Griechischen in der Erwartung, daſs es einst den Ehrenplatz erhalte. In Folge der politischen Wirren muſste er 49 aus Deutschland (nach Brüssel) fliehen. Im Jahre 1850 wurde er an die Universität Zürich berufen; von da an wirkte er mehr als ein Vierteljahrhundert als akademischer Lehrer. Der Vortragende führt im Einzelnen aus, wodurch seine Vorlesungen sich auszeichneten; wie er insbesondere durch die Gründung des Seminars seine Schüler an sich zu fesseln, mit ihnen in enge Beziehungen zu kommen bestrebt war; wie er immerwährend rege Teilnahme für eine gesunde Entwicklung des Mittelschulwesen an den Tag gelegt habe, und gerade Baden ihm in dieser Hinsicht viel Dank schulde. Dann folgt eine ergreifende Schilderung der letzten Lebenstage Köchlys, der noch kurz vor seinem Tode den lang gehegten Wunsch erfüllt sehen sollte, den klassischen Boden von Hellas zu schauen. Im September 1876 reiste er mit dem Erbprinzen von Meiningen durch Italien nach Olympia; nach einem Sturze vom Pferde auf der Ebene von Marathon ergriff ihn zu Athen ein altes Leiden; im Vorgefühl des herannahenden Todes dichtete er sich selbst die auf seinem Grab im Heidelberger Friedhof stehenden Worte:

Ἀρμίνιος Κöχλυς, ὅτ' ἀεὶ γ' ἐπόθησεν Ἀθήνας
Ὑψὲ τυχὼν ἰδέειν, μοῖραν ἴδεν θανάτου.

Die badischen Lehrer, wie alle, deren Meister er war, werden ihm immer ein dankbares Andenken bewahren.

Um 1½ Uhr erst schloſs diese dritte allgemeine Sitzung.

Für den Nachmittag war auf dem Programm ein im Stadtpark abzuhaltendes Gartenfest und Besichtigung der zahlreichen städtischen und grofsherzoglichen Sammlungen vorgesehen; jenes aber wurde selbstredend zu Wasser und auch diese konnten nicht von allen Festteilnehmern besucht werden, da einige Sektionsvorträge wegen Mangels an Zeit auf die Nachmittagsstunden verlegt worden waren; so war die pädagogische Sektion von 4 — 6 1/2 Uhr versammelt.

Abends 9 Uhr fand der feierliche von der Stadt Karlsruhe gegebene Festkommers statt. Die Zahl der Teilnehmer war sehr grofs; 6 riesige Tische waren vollständig besetzt, und auf der Gallerie sah man viele Vertreterinen des zarten Geschlechtes, unter denen einzelne zu unserem Erstaunen mit bewunderungswürdiger Ausdauer bis zum Schlusse des offiziellen Kommerses aushielten. Die geräumige Halle des herrlichen Festbaues zeigte sich bei der grofsartigen Beleuchtung in ihrer vollen Pracht. Kurz nach der festgesetzten Zeit eröffnete der Vorsitzende, Prof. Goldschmid, Karlsruhe, den Kommers und ordnete die Absingung des ersten unter den Festliedern an. Diese, in ein sehr hübsch ausgestattetes Heftchen gebunden, zeichneten sich fast alle durch kräftigen Humor oder Zartheit der Empfindung aus. Aus der grofsen Reihe von Trinksprüchen und Reden nennen wir nur die Eröffnungsrede des Vorsitzenden, welcher in begeisternden Worten den deutschen Kaiser als das würdigste Heldenvorbild für die deutsche Jugend feierte und mit einem Toaste auf ihn und den Landesherrn schlofs. Jubelnder Beifall hallte im Saale wieder, und stehend sang die ganze Versammlung die Jubelhymne ab. Überhaupt herrschte den ganzen Abend hindurch die heiterste Feststimmung, welche auch durch einen unlieben Zwischenfall*) nur kurze Zeit gestört werden konnte; es wurde viel gesungen und noch mehr geredet. Auch Curtius, welchen Stadtrat Böckel wegen seiner hohen Verdienste um die Wissenschaft als Representanten der philol. Gelehrtenwelt hatte leben lassen, betrat unter lebhaftesten Beifallsrufen die Rednerbühne, um zu danken und eine Entstehungsgeschichte seiner olympischen Forschungen zu geben. Die mit glänzender Beredtsamkeit und alle Herzen gewinnender Bescheidenheit gesprochene Rede verdient in der Hauptsache wiedergegeben zu werden. Was er sei und gewirkt habe, verdanke er Griechenland. Eine gütige Vorsehung habe es ihm vergönnt, 4 volle Jahre seiner Jugendzeit voll der Schwärmerei unter dem glänzenden attischen Himmel, in den dunklen Olivenhainen von Hellas zu verbringen; da sei in ihm die Liebe zu jenem einst an Kunstwerken so reichen Lande erwacht. „Damals verhüllte noch der Boden ihre Überreste, und nur im Geiste vermochte man sie hervorzuzaubern," sagte Redner. „Als ich nun einige Jahre später eines Tages in der Singakademie zu Berlin von der Akropolis sprach, da war es die Begeisterung, die mich so ganz erfüllte, welche jener hohen Frau, der Beschützerin der Kunst und Wissenschaft, den Gedanken eingab, mich zum Erzieher ihres Sohnes, des einstigen Thronfolgers, zu erwählen. So kam es, dafs ich durch meine Liebe für Griechenland als Nichtpreufse, als Kind der freien Reichsstadt Lübeck, in das Fürstenhaus der Hohenzollern eingeführt wurde. Und als ich dann meinen Zögling in meine Heimat führte, und ihm auf der weiteren Reise zum ersten Male den Hafen zeigte, der heute der deutsche Kriegshafen ist, da konnte man schon erkennen, dafs er nicht nur für Preufsen, sondern für ganz Deutschland innige Liebe empfand, dafs er Gottes reichen Segen für seinen hohen Beruf empfangen habe. Nicht

---

* Vortrag eines Liedes, das besser weggeblieben wäre, durch einen Hofopernsänger.

minder grofs war seine Liebe für die Kunst, und er verstand es, auch Andere dafür zu begeistern. Nach einer Vorlesung über Olympia fafste Wilhelm IV. den Gedanken, es müsse einst die Zeit kommen, wo man die reichen Schätze, die jener klassische Boden berge, heben könne, und der Kronprinz liefs diesen Gedanken nicht mehr los. Und die Zeit kam: da der grofse Krieg geschlagen, und dem Kaiser die glorreiche Friedens- und Siegespalme zu Teil geworden war, da schaffte er, eingedenk des früheren Wortes, Mittel und Wege und schickte mich nach Olympia, um die Schätze, die in seinem Boden ruhten, ans Licht zu fördern; jenes Olympia, das einst mich an die Stelle geführt hatte, die mich jetzt berief, den dort verborgenen Zauber zu lösen." Dann dankte er, dafs man der deutschen Hochschulen gedacht habe. Universität und Gymnasium müfsten immer enger zusammenhalten, auf dafs die klassische Bildung durch keinerlei Einsprüche geschädigt werde. Welche Wege einzuschlagen seien, das sei ein Problem, das noch der Lösung bedürfe; aber griechische Kultur müsse sich enge mit christlicher Bildung verweben, als der Nibelungenhort deutscher Bildung. Schliefslich brachte er ein Hoch auf das deutsche Vaterland und die ewig spriefsende, hohen Zielen zustrebende deutsche Jugend.

Von den vielen noch ausgebrachten Toasten waren die meisten wenig oder gar nicht verständlich, so lustig und laut ging es zu. Als merkwürdig mag noch hervorgehoben werden, dafs beim Semester-Salamanderreihen der bejahrteste unter den alten Herren gerade 100 Semester aufwies; es war der Privatgelehrte Dr. Müller-Strübing aus London, der im Jahre 1832 aus seiner mecklenburgischen Heimat nach 14tägiger Wanderung zu Fufs nach Heidelberg gelangte, wo er sich nicht genug verwundern konnte „über die Berge, wo der Wein wächst." Die schöne Feier, welche bis nach 3 Uhr währte, wird wohl allen Teilnehmern in steter Erinnerung bleiben.

Vierter Sitzungstag. Samstag, den 30. September.

Neben den zahlreichen geschäftlichen Mitteilungen und Verhandlungen brachte der letzte Sitzungstag in der allgemeinen Sitzung noch 2 Vorträge, da einer der für dieselbe festgesetzten, jener des Dr. Schiller, Giefsen, wegen Unwohlseins dieses Herrn, und ein weiterer des prakt. Arztes Dr. Wilser, Karlsruhe, wegen Mangels an Zeit ausfiel. Der erste Vortrag wurde von Prof. Ziegler, Strafsburg, gehalten: Über die Entstehung der alexandrinischen Philosophie. Er beginnt damit, dafs der Satz, mit welchem das Johannesevangelium anfängt, „im Anfang war das Wort" auch der Ausgangspunkt der Philonischen Religionsphilosophie sei. Dann stellt er die Frage, woher Philo sein philosophisches System genommen habe, ob seine Lehre eine jüdische oder eine griechische sei, und beantwortete sie mit Beziehung auf Zeller und Lucius mit letzterem dahin, dafs in Philos System nicht der griechische, sondern der jüdische Geist Hauptfaktor sei, der freilich vom griechischen stark beeinflufst werde, und führte dies weiter aus. Nur in Alexandria konnte diese Lehre entstehen, da sich dort eine förmliche jüdische Kolonie inmitten der griechischen Bevölkerung und im steten Verkehr mit ihr befand. Nur dort war der Versuch möglich, die religiösen Gegensätze des Orients und des Occidents zu verschmelzen. Dabei blieb Philo Jude, und deshalb ward sein System nicht wie das aller anderen Zeitgenossen ein eklektisches. Für ihn fand sich die platonische Lehre in der Bibel und zwar vermittelst allegorischer Auslegung; diese bildet sein formelles Prinzip. Die Idee des transzendenten Gottes ist bei ihm von hoher Wichtigkeit; zwischen diesem und der Materie vermittelt ein Reich von Kräften, analog den Ideen Platos und den Engeln des alten Testamentes; er fafst es im Logos zusammen. Sein λόγος hat jedoch nichts gemein mit dem pantheistischen der Stoiker; er hat diese Bezeichnung nur darum gewählt, weil er sie für passender hielt als σοφία. Dem guten Gotte steht die absolut böse Materie gegenüber: ein Dualismus, der sich durch seine ganze Lehre zieht. Während der lebensfrohe Grieche über die Anwendung der Folgerungen, die sich aus der Annahme der absolut sündhaften Materie ergaben, leicht hinwegkam, mufste die Ethik des strengen Juden asketisch werden und Abtötung des bösen Leibes vorschreiben. So wird Philo im Gegensatz zu Plato Pessimist; er verwirft jeden Genufs, jede Lust und betrachtet als höchstes Ziel das Schauen Gottes, welches nur durch ein Geschenk Gottes ermöglicht werden kann, so dafs es eines besonderen Gnadenaktes bedarf. Es ist die Ekstase notwendig, um die Gottheit schauen zu können. Wir sehen, die alexandrinische Philosophie ist wesentlich alttestamentlich, nur Einzelheiten sind den Griechen entlehnt.

Die gegenteilige Ansicht stützte sich vorwiegend auf zwei Voraussetzungen: 1. Philo sei ein Kind des Griechentums, da jenes Buch über Therapeuten, als dessen Verfasser er bekannt sei, nur von einem Neupythagoreer geschrieben sein könne. 2. Die Sekte der Essener, welcher Philos System sehr nahe steht, sei eine vorwiegend griechische, dem Judentum feindlich gesinnte; also sei auch die Philonische Lehre nicht jüdisch. Diese beiden Voraussetzungen aber sind von Lucius („Die Therapeuten und ihre Stellung in der Geschichte der Askese" und „Der Essenismus in seinem Verhältnis zum Judentum") als irrig nachgewiesen, und zwar ist seine Beweisführung über den ersten Punkt so schlagend, dafs selbst Zeller sich zu seiner Ansicht bekehrte. L. zeigt, dafs es überhaupt keine Therapeuten gegeben hat, und das fragliche Buch eine Fälschung aus dem 4. Jahrhundert ist. Die Essener, von deren Lehre Redner, an der Hand des von Philo, Josephus und Plinius Berichteten, eine genaue Schilderung gibt, huldigten der Askese und waren echte Juden, auf deren Kultus während ihres Lebens im Exil fremde Religionen bedeutenden Einflufs geübt haben. Nur der Neupythagoreismus hätte vielleicht ihre Lehre hervorrufen können; dieser entstand aber erst mehr als 100 Jahre später. Da nun Philo die Grundlagen seiner Lehre offenbar derjenigen der Essener entnahm, so ist auch er ein strenggläubiger Jude und nicht ein griechischer Eklektiker.

Der letzte Vortrag wurde von Oberlehrer Dr. Soltau, Zabern, gesprochen und zwar: „Über den Ursprung von Census und Censur in Rom." Derselbe mufste wegen vorgerückter Zeit seine Rede an mehreren Stellen, besonders gegen das Ende nicht unbedeutend abkürzen; deshalb, und weil sie ziemlich breit angelegt war, beschränken wir uns auf Wiedergabe des Wesentlichsten.

Wer nach den Ursachen der Gröfse des republikanischen Rom forscht, wird auch der Censur gedenken müssen, denn die Censoren waren die höchsten Wächter über Sitte, Zucht und Ehrenhaftigkeit der Bürger, und übten eine in alle Zweige des Staatslebens eingreifende Thätigkeit aus. Man könnte nun glauben, es sei diese Institution auf einen einzigen Mann (Servius) zurückzuführen; dem ist aber nicht so. Servius kann nach dem, was Redner in seinem Buche über die altrömischen Volksversammlungen nachgewiesen hat, nur ein Reorganisator des Heeres gewesen sein, und keinesfalls den Census eingesetzt haben, i. e. eine in bestimmten Zeiten sich wiederholende Schätzung des Vermögens. Kurz er hat weder die comitia centuriata noch den Census eingeführt. So mufste denn auch die Frage über den Ursprung der Censur eine ganz andere werden, als wofür man sie bisher angesehen hat. Um sie beantworten zu können, müssen wir zuerst feststellen, worin die ursprüngliche Kompetenz der Censur bestand. Nun hat Mommsen in seinem römischen Staatsrecht gezeigt, daſs der Censor seiner rechtlichen Kompetenz nach den Unterbeamten, seinen Ehrenrechten nach aber den Oberbeamten beigezählt werden müsse, und genaue Untersuchungen haben ergeben, daſs die Censur anfänglich ein Unteramt war, dem im Laufe der Zeit höhere Ehrenrechte zuerkannt wurden, so daſs auch ihr Einfluſs stieg. So erhielten die Censoren 3 wichtige Rechte erst längere Zeit nach Einsetzung der Censur: 1. Die senatus lectio, 2. die Ritterergänzung und 3. die censura morum. Ferner verbreitet sich Soltau ausführlich über einige weitere noch nicht genügend aufgeklärte Punkte; so: wie den Censoren als Unterbeamten die lex centuriata de imperio und die Berufung des exercitus zur censorischen Umfrage auf dem Marsfelde und zur lustratio zukam? Wann die Censur als ein Finanzamt mit vierjähriger Amtszeit gestiftet wurde? etc., und sucht dabei nachzuweisen, daſs das römische Staatsrecht sich vielfach an griechische Verhältnisse angelehnt habe, daſs aber ganz besonders die römische Finanzverwaltung durch die Decemvirn im Anschluſs an die attische reorganisiert worden sei.

Nun erfolgte die Berichterstattung über die Thätigkeit der einzelnen Sektionen[1]) von Seite des betreffenden Vorsitzenden; nur über die mathematische Abteilung wurde kein Bericht abgelegt, da dieselbe wegen Abreise einiger Mitglieder schon am Freitag in verlängerter Sitzung ihre Vorträge beendigt und sich aufgelöst hatte.

Es war schon nahezu 1 Uhr, als, der Gewohnheit gemäſs, der zweite Präsident Hofrat Dr. Wachsmuth, Heidelberg, das Wort zum Abschiedsgruſs ergriff, den er „bei des Redens Überfluſs und des Hörens Überdruſs" kurz machte. Er wolle nur die Änderung betonen, welche im Studium des Altertums eingetreten sei. In Göttingen sei 1845 bei Begründung des Vereins deutscher Philologen das Studium der Sachen, die „monumentale" Philologie, wie man sie damals nannte, d. h. die Archäologie in den Vordergrund gestellt worden; jetzt herrsche vielmehr das Studium der Sprache und Literatur vor. Die Fülle des Neugefundenen sei mächtig angeschwollen, seine systematische Verwertung Aufgabe der heutigen Philologie. Vor ungesunder Verirrung bewahre uns dabei der gesunde realistische Boden der monumentalen Thatsachen. Möge aber unsere Wissenschaft noch so geteilt sein, es bleibe in ihr immer ein vermittelndes Band, die klassische Literatur; sie bilde den Boden, aus dem jeder, der dem Ganzen zustrebt, seine Kräfte ziehen müsse; sie müsse für das humanistische Gymnasium den Hauptbestandteil bilden. Dann dankte Wachsmuth in herzlichen Worten den staatlichen und städtischen Behörden, den Einwohnern Karlsruhes und allen, die dazu beigetragen hätten, den Gästen den Aufenthalt angenehm zu machen und wünschte, diese möchten eine gute Erinnerung an Karlsruhe mitnehmen und nicht das Wort Göthes an sich erfahren haben, welches Dir. Wendt in seiner Eröffnungsrede anführte: „die Langeweile wächst hier von Stunde zu Stunde." Er endete mit den Worten: „Hiermit erkläre ich denn diese 36. Versammlung deutscher Philologen und Schulmänner für geschlossen; es lebe die 37.!"

Augsburg. Wolpert.

---

[1]) Das Referat über die Sektionsverhandlungen folgt im nächsten Hefte.

Literarische Anzeigen.

Soeben erschien in 2. Auflage:

Deutsches Lesebuch für höhere Lehranstalten
herausgegeben von
Dr. **K. Kohts**, Dr. **K. W. Meyer**, Dr. **K. Schuster**
in Hannover:

A. für die **Vorschulen höherer Lehranstalten**, Teil I. und II. à 1 ℳ.
B. für die **unteren** und **mittleren Klassen**, 4 Teile für VI., V., IV., III.,
ℳ. 1.50, 1.50, 1.75, 2.—

Sämtliche 6 Bände sind bereits mit **Genehmigung des Königlich preußischen Kultusministeriums** in einer Reihe von höheren Schulen, Gymnasien, Realgymnasien und Realprogymnasien zur Einführung gelangt.

Das Urteil in fachwissenschaftlichen Zeitschriften lautet überaus günstig. Unter anderen sind in der **Berliner Zeitschrift für das Gymnasialwesen** mehrere anerkennende Rezensionen erschienen. In einer derselben heißt es: Schon früher ist ein Vergleich mit dem Lesebuch von **Hopf** und **Paulsiek** gezogen; ich möchte das Gesagte jetzt dahin vervollständigen, daß das letztere (das Hannover'sche Lesebuch) überhaupt **von den vorhandenen Lesebüchern das beste sein dürfte.**

Wir sind mit Vergnügen bereit, Ihnen von einzelnen oder allen Teilen ein Freiexemplar zu senden und bitten um gütige Berücksichtigung bei Neueinführungen.

Hannover. **Helwing'sche Verlagsbuchhandlung.**

Triennium philologicum

oder

Grundzüge der philologischen Wissenschaften,
für Jünger der Philologie
zur Wiederholung und Selbstprüfung
bearbeitet von
Wilhelm Freund.

Heft 1, Preis 1 ℳ., ist zur Ansicht durch alle Buchhandlungen zu beziehen; vollständige Prospekte mit Inhaltsangabe gratis.

Kritische Sichtung des Stoffes, systematische Einteilung und Gruppierung desselben, durchgängige Angabe der betr. Literatur, endlich stete Hinweisung auf die in den einzelnen Gebieten noch nicht genügend aufgehellten Partien sind die leitenden Grundsätze bei der Ausarbeitung dieses ausschließlich für Jünger der Philologie zum Repertorium und Repetitorium bestimmten Werkes.

Jede der 6 Semester-Abteilungen kostet 4 ℳ. — geb. 5 ℳ — und kann auch einzeln bezogen werden. Die I. und II. erschienen bereits in **zweiter** verbesserter und vermehrter Auflage.

Verlag von Wilhelm Violet in Leipzig.

Verlag von **Wilhelm Violet** in **Leipzig**.

Cicero historicus.

Ciceros Geschichtsangaben über die bedeutendsten griechischen und römischen Staatsmänner, Dichter, Historiker, Philosophen, Mathematiker, Redner und Künstler. Für die Schüler der **Oberklassen** der **höheren Lehranstalten** zur **Privatlektüre** und als Vorschule für den korrekten lateinischen Ausdruck aus Ciceros Werken gesammelt und inhaltlich geordnet von

Wilhelm Freund.

Nebst einem phraseologischen Glossar.

Eleg. geh. 2 ℳ. — gbd. 2 ℳ. 50 ₰

Wilhelm Freunds

Sechs Tafeln der griechischen, römischen, deutschen, englischen, französischen und italienischen **Literaturgeschichte**.

Für den Schul- und Selbstunterricht.

Kritische Sichtung des Stoffes, Auswahl des Bedeutendsten, sachgemäfse Einteilung und Gruppierung desselben nach Zeiträumen und Fächern, Übersichtlichkeit des Gesamtinhalts, endlich Angabe der wichtigsten bibliographischen Notizen waren die leitenden Grundsätze bei Ausarbeitung dieser **Literaturgeschichts-Tafeln**.

Preis jeder einzelnen Tafel 50 Pfennige.

Wie studiert man Philologie?

Eine Hodegetik für Jünger dieser Wissenschaft

von

Wilhelm Freund.

Vierte, vermehrte und verbesserte Auflage.

Preis 1 ℳ. 50 ₰, geb. 2 ℳ.

Inhalt: I. Name, Begriff und Umfang der Philologie. — II. Die einzelnen Disziplinen der Philologie. — III. Verteilung der Arbeit der Philologie-Studierenden auf 6 Semester. — IV. Die Bibliothek des Philologie-Studierenden. — V. Die Meister der philologischen Wissenschaft in alter und neuer Zeit.

Allen Primanern empfohlen!

Prima,

eine methodisch geordnete Vorbereitung für die Abiturienten-Prüfung.

In 104 wöchentlichen Briefen für den zweijährigen Primanerkursus

von **Wilhelm Freund**,

ist jetzt **vollständig** erschienen und kann je nach Wunsch der Besteller in 8 **Quartalen** zu 3 Mark 25 Pfennige oder in 2 Jahrgängen zu 13 Mark bezogen werden. Jedes Quartal, sowie jeder Jahrgang wird auch einzeln abgegeben und ist durch jede Buchhandlung Deutschlands und des Auslandes zu erhalten, welche auch in den Stand gesetzt ist, das erste Quartalheft zur Ansicht und Probenummern und Prospekte gratis zu liefern. Günstige Urtheile der angesehensten Zeitschriften über die Prima stehen auf Verlangen gratis zu Diensten.

August Horsters
Universal-Schulfeder.
Neue zweckmässigste und dauerhafteste Schulfeder in Spitze EF., F. und M.

Zahlreiche ehrende Anerkennungsschreiben von ersten Sachverständigen und Tit. Schulvorständen stehen franko zu Diensten. Preis nur ℳ 1.45 per Gros von 144 Stück. Zu beziehen durch alle soliden Schreibmaterialienhandlungen, sowie direkt durch 6(1
August Horsters Verlag, Stuttgart.

Im Verlage von **G. D. Bädeker** in **Essen** erschien soeben und ist durch alle Buchhandlungen zu beziehen:

Lehr- und Lesebuch
für
Fortbildungsschulen
herausgegeben von
F. Schürmann, und **F. Windmöller,**
Lehrer an der höheren Töchterschule in Essen. Lehrer an der Real- und Fortbildungsschule in Essen.

II. Teil.
Preis: dauerhaft gebunden mit Goldtitel ℳ 1,20.

Inhalt:
I. Abteilung: Die Wechsellehre. — II. Abteilung: Briefe über Wechsel. — III. Abteilung: Buchführung. — IV. Abteilung: Gesetzeskunde.

☞ Der I. Teil, welcher 1881 erschien — Preis dauerhaft gebunden mit Goldtitel 2 ℳ — enthält in der I. Abteilung einen Reichtum gediegenen Lesematerials aus dem Gebiete der Natur und Kunst, der Volkswirtschafts- und Gesundheitslehre, der deutschen Geschichte, der Geographie; in der II. Abteilung Geschäftsaufsätze, Geschäftsbriefe, Briefe an Behörden, Aufschriften und Titulaturen, Stilübungen ꝛc.

Zum Zweck einer Einführung erklärt sich die Verlagshandlung bereit, auf Wunsch ein Freiexemplar zu liefern.

Wer billig lachen will bestelle bei der nächsten Postanstalt oder Buchhandlung für **fünfzig Pfg. vierteljährlich** den in **Chemnitz** jeden Sonntag erscheinenden illustrierten
„Dorfbarbier".
Inseraten-Annahme für den „General-Anzeiger zum Dorfbarbier" nur durch **Haasenstein & Vogler.**

Lehrreiche Weihnachtsgeschenke.

Verlag von **Ferdinand Hirt** Königl. Universitäts- und Verlags-Buchhandlung in Breslau.

E. v. Seydlitz'sche Geographie.

Neunzehnte Bearbeitung: In drei Ausgaben.

Illustriert durch eine Reihe nach Originalzeichnungen ausgeführter Kartenskizzen und Abbildungen im Text, sowie einem Illustrations-Anhang, enth. Formationsbilder und typische Landschaften.

Ausgabe C. Größere Schulgeographie. 3,75 ℳ

Diese größte Ausgabe des „Seydlitz" empfiehlt sich als vorzügliches Nachschlagebuch mit ihrem reichen Illustrationsschmuck ganz besonders zum Weihnachtsgeschenk, auch bitte die Gönner des bekannten Buches darum, ihre Schüler auf diese nützliche Gabe für den Weihnachtswunschzettel aufmerksam zu machen.

Lehrreicher Zimmerschmuck für Schule und Haus.

Die Hauptformen der Erdoberfläche

nach der Darstellung in der E. v. Seydlitz'schen Geographie
für den ersten geographischen Unterricht gezeichnet
unter wissenschaftlicher Revision mehrerer hervorragender Fachmänner.

In vielfachem Farbendruck auf feinstem starken Kartonpapier ausgeführt
(1 m hoch, 0,77 m breit).

In 3 Ausgaben: A. Das Tableau mit Kiste 4 ℳ. B. Dasselbe mit Leinwandeinfassung und Ösen inkl. Kiste 5,50 ℳ. C. Dasselbe aufgezogen und mit Stäben versehen mit Verpackung 8,50 ℳ. Porto extra.

Gediegenes und sehr preiswürdiges Weihnachtsgeschenk.

Ferdinand Hirts Geographische Bildertafeln.

Für die Belebung des erdkundlichen Unterrichts und die Veranschaulichung der Hauptformen der Erdoberfläche
mit besonderer Berücksichtigung der wichtigeren Momente aus der Völkerkunde und Naturgeschichte
herausgegeben von
Dr. Alwin Oppel (Bremen) und **Arnold Ludwig** (Leipzig).

Teil I: Allgemeine Erdkunde.

Mit mehreren hundert Illustrationen auf 24 Tafeln.
Steif brosch. 3,60 ℳ. Geb. 4,50 ℳ. Prachtband 5 ℳ Einzelne Bogen 20 ₰
20 Bogen gemischt 3 ℳ. 20 Bogen einer Nummer 2,70 ℳ. — Erläuternder Text (nicht für die Schule, sondern fürs Haus) 1 ℳ.

Teil II: Typische Landschaften.

Mit einführendem Text und 28 Bogen Illustrationen, 172 Landschaftsbilder enthaltend.
Preis steif brosch. 1,40 ℳ. Einfach geb. 5,50 ℳ. Prachtband 6 ℳ.
Einzelne Bogen hiervon sind nicht käuflich.
Erläuternder Text hierzu in Vorbereitung.

Soeben erschien:
Geistbeck, Dr. M., Bilder aus der Völkerkunde.

Reich illustriert. Brosch. 3 ℳ Geb. 4 ℳ.

Druck von H. Kutzner in München.